Hans Henny Jahnn

WERKE IN EINZELBÄNDEN
HAMBURGER AUSGABE

Herausgegeben
von Uwe Schweikert

HOFFMANN UND CAMPE

Hans Henny Jahn

PERRUDJA

PERRUDJA. ZWEITES BUCH
Fragmente aus dem Nachlaß

TEXTE AUS DEM UMKREIS DES PERRUDJA

Herausgegeben
von Gerd Rupprecht

HOFFMANN UND CAMPE

CIP-Kurztitelaufnahme der Deutschen Bibliothek

Jahnn, Hans Henny:
Werke in Einzelbänden / Hans Henny Jahnn.
Hrsg. von Uwe Schweikert.
– Hamburger Ausg. – Hamburg : Hoffmann und Campe
NE: Jahnn, Hans Henny: [Sammlung]
Perrudja. Perrudja, zweites Buch : (Fragmente aus d. Nachlaß) [u. a.] /
Hrsg. von Gerd Rupprecht. – 1985.
ISBN 3-455-03630-9

Satz Fotosatz Otto Gutfreund, Darmstadt
Gesetzt aus der Bembo-Antiqua
Druck- und Bindearbeiten Bercker, Kevelaer
Printed in Germany

Hans Henny Jahnn

PERRUDJA

Roman

Inhaltsangabe

In diesem Buche wird erzählt ein nicht unwichtiger Teil der Lebensgeschichte eines Mannes, der viele starke Eigenschaften besitzt, die dem Menschen eigen sein können – eine ausgenommen, ein Held zu sein. Manche Leser werden deshalb vor allem herausfinden, die männlichen Züge haben nur eine schwache Prägung an ihm gefunden. Und werden ein kränkliches und peinliches Mißverhältnis entdecken zwischen ihm und seiner strotzenden Umwelt. Sie werden es am Ende unverzeihlich finden, daß er viele Tränen vergießt und mehr Taten der Verzweiflung und Lässigkeit begeht als vorgefaßte Entschlüsse zur Ausführung bringt. Weder der Eine, noch der Beschreiber dieses Lebens werden eine Verteidigung auf solche Vorwürfe entdecken können. Sie werden sich auf die Behauptung zurückziehen müssen, daß der Zwang zu einem Leben, wie es hier beschrieben wird, ein wenn nicht eben so großer wie zum heldischen Dasein, so doch immerhin ein so starker sein muß, daß der dazu Auserwählte oder Verdammte sich ihm nicht anders entziehen kann als durch die Vernichtung der eigenen Existenz. Da der Wille zur bedingungslosen Selbstaufgabe wiederum vorgefaßte Maxime voraussetzt; dazu ein Übriges noch, nämlich die Kraft, jene in die Wege zu leiten, aus der Erkenntnis heraus, an ihr geschieht eine moralische Manifestation, so ist wahrscheinlich, daß nur ein Held diesen Schluß gegen sich selbst würde ziehen können.

Dem Kronisten bleibt kein anderer Ausweg, als die Existenz anzuerkennen – eine Höflichkeit gegen die Leser, sie im voraus zu warnen, sie werden wenig Erbauliches, wenig Hoffnung und Stärke für die eigene Seele in dem Buche finden. Für den Mutigen, der trotz der Verwarnung das Buch liest, erhofft der Erzähler einen Gewinn: daß er die Anschauung von einer neuen Art Mensch gewinnt, die noch recht unbekannt. Die nicht eigentlich gestalt, vielmehr existent ist.

Deren Lebensfunktionen unwichtig sind wie der Flügelschlag der Mücken in der Luft. Die ein Gesetz des Fleisches. Eine Wiederholung nur kraft unbegreiflichen Samens. Keine Qualität der Dämonien. So sehr vermeint der Verfasser dieses Menschen Pulsschlag deutlich zu fühlen und die Bemühungen eines rohen Muskels, der Herz heißt, daß er, mitleidig mit dem Einen, die Leser zu langweilen wagt mit einem Teil der bescheidenen Erziehung des Einen, mit Erkenntnissen der Geschichte, die sie längst hinter sich gebracht, mit rührseligen Erzählungen und alltäglichen Märchen. Ein Mensch beschattet sein Auge mit flacher Hand. Zwischen Licht und Dunkelheit geht ein schwacher Atem. Vielleicht, die Leser möchte etwas von jener Brüderlichkeit anfallen, die den Zeichner dieses Buches erfaßt hat (Gesang der gelben Blume); die sie zwar einsamer machen wird als sie waren; deren Besitz aber am Ende ein notwendiger Schritt ist, soll es je Wirklichkeit werden, daß die Menschheit die Blutgerüste abbricht, auslöscht aus der Weltgeschichte die Namen, um an ihre Stelle den ungehemmten Strom des Lebens zu setzen, den die Willkür der Helden nicht mehr umbiegt oder spaltet. (So ist dies kein Roman nur für weißhäutige Menschen.) Nicht bis in eine unvorstellbare Ferne, in die Einsamkeit uferloser Ozeane, in die tiefen Tiegel der Gesichte, die uns enthüllen, mit welchen Wanderungen der Menschheit auch wir gegangen sind, nicht bis an die Pforten des Todes, des Irrsinns, der Sklaverei (die selbst das Widerliche erklärt), wo das eigene Ich verlöscht, soll der Weg der Leser geführt werden. Sie werden zu nichts verpflichtet. Nur ein kleiner Zweifel soll ihnen eingeträufelt werden, ob wir nicht viel mehr als zum Gesicht zum Pulsschlag berufen sind. Ob das heldische Dasein nicht eine frühe und barbarische Haltung des Menschen; aus der alles Richten und Rechten, alle ungekonnte Moral fließt. Daß wir groß Unrecht tun, indem wir einen Maßstab aufrichten, der nur die Gestalt abbildet, die wir sein möchten, eine Puppe, ein Götze, auch wenn wir ihn Gott nennen. Daß wir nötig haben uns zu bekennen, nicht zu Seiner Gestalt, sondern zu Seiner Existenz.

Da es nunmehr entschieden ist, daß ich die Geschichte des mehr schwachen als starken Menschen schreibe; und manche vielleicht willens sind, trotz der mehr ungewissen als gewissen Moral zu lesen, wird die Forderung gegen mich erstehen, den Feigling, wie man sagen wird, oder den Untüchtigen, mit dem Beginn seines Eintritts in das Leben zu schildern. Hinzuzufügen, wer seine Eltern, welchen Aussehens Menschen sie waren (weiß braun gelb oder schwarz), auch wohl, welche Eigenschaften an Leiblichem und Geistigem sie ihm vererben konnten. Und weiter, wie er, der doch ganz in der Gestalt eines Menschen geboren, vertraut mit ihren Gebräuchen wurde, gebunden an zehn millionen Übereinkünfte, als Nutznießer der abermals millionenhaften Abstraktionen, Erfindungen sich einfand, hineinwuchs in die Einrichtungen dieser menschlichen Welt. Wie er den ersten Schrei getan, das erste Mundspitzen gelernt, um den Saft aus den Brüsten der Mutter zu trinken, sich abgefunden mit der Funktion seines Leibes, seiner Sinne. Daß sein Fleisch, an glühendes Eisen gehalten, verbrennt. Gelernt, gesetzmäßige, aber geringgeachtete Verrichtungen auf gewisse Stunden und Örtlichkeiten zu beschränken. – An all das erinnert der Mensch, dieser Perrudja, sich nicht. Er ist um der einfachen, durch Erfahrung zu gewinnenden Erkenntnisse und Ordnungen willen nicht geprügelt worden (außer im Erfahren selbst). Er erinnert sich deshalb nicht. Er erinnert sich nicht an das Mundspitzen über den Brustwarzen der Mutter. Vielleicht gar ist sie an seiner Geburt gestorben; und er hat den Mund über dem Euter eines Tieres gespitzt. Er weiß seine Geburt nicht. Wer auch wüßte sie, wenn er sie nicht mit Bewußtsein dem Herzen der Eltern, träumend in ihrer Nähe, abgelauscht? Ob auch in späten Jahren Ungewißheit ihn hätte antreiben können, nachzuforschen, wie bald hätte sein Trieb nach Zuversichtlichem erlahmen müssen. Exakter war die Historie nicht: An einem entlegenen Ort der Welt, ohne die Kontrolle glaubwürdiger Dritter wurde seine Geburt notifiziert als ein Akt, der die Willkür eines Meineides nicht ausschloß. Bastard, Sproß einer glücklichen, jäh endenden Ehe, gehaßtes oder geliebtes Kind blutschänderischer Liebe, das geboren wurde wie alle anderen Kinder auch, wenn Armut nicht zur Peinigung und Strafe treibt, konnte er sein. Er war der Eine und wie alle. Er trug den Namen keiner Familie. Dennoch war er nicht frei und er selbst. Ob er es auch nicht wußte, es gab ein Geschehen vor ihm, das sich an ihm auswirkte. Aus einem Manne war er in den Schoß einer Frau gefallen, war gewachsen auf den Stufen vieler Tiere zum Menschen. Er tritt vor uns hin in einem Alter, wo sein Dasein eine jugendliche Vollkommenheit aufweist, die uns befähigt, uns ihm ohne Abscheu zu nähern. Eine süße Melankolie ist ihm eigen, die ihn gewinnend macht. Mit nicht unerheblicher Schönheit, einer zwar menschlichen, die wir aber, selbst Menschen, am ehesten begreifen, ist sein Leib ausgestattet, weshalb wir vieles ihm verzeihen und uns willig in manche Landschaft seines Daseins führen lassen. Das Befremden wird beizeiten und in einer Weise, die tief genug ist, die Grenze zwischen ihm und uns ziehen. Die Tendenz seines Lebens wird uns fortschreitend mit dem Anwachsen der Kenntnis seines Daseins schaler dünken. Und feststellen werden wir, daß er in unseren Augen abnimmt. Er hat nur das eine Los, leichter zu werden. Die wachsenden Tage zwingen ihm Handlungen auf, die er nicht anders meistern kann als aus den zufälligen Bedingungen einer ungewollten Konstellation heraus. Nur gar zu oft wird er bei zwei Wegen den törichten wählen; mehr noch sich verkriechen vor Entschlüssen. So wird es scheinen, als liefe Substanz von seinem Herzen ab, und als würden seine Hände flacher und leerer. Und er eine Kreatur, an die wir Mitleid nicht zu verschwenden brauchen. Die nicht vorgefaßten und nicht begründeten Ziele, die Quellen seiner Melankolie, werden anwachsen zu einem Berg der Schwäche, den er in seinen verzweifelten Stunden selbst, wie durch einen Nebel zwar (er stürbe sonst), erkennen muß. Vor dessen bedrohlichem Ausdehnen er sich so wenig retten kann wie vor dem Ablauf der Zeit. – Bis er sich fallen läßt, untertaucht in dem Meer des Nichtverantwortlichseins; also das menschliche Gebäude der Entscheide zertrümmert. Sich annähert dem Tier, das unschuldig schuldig die Süchte und Schlafe des Daseins erträgt und ihnen folgt. Und sie vergißt. (Mensch, der nach Ablauf von vierundzwanzig Stunden kein Erinnern mehr an Vergangenes hat.)

Es ist die Pflicht des Verfassers, darauf hinzuweisen, daß nicht nur ein Mensch, nicht ausschließlich dieser Perrudja im Roman wird gegenwärtig sein können. Wie der Eine es übernommen hat, mit einer Sprache zu reden, sich zu kleiden, selbst, wenn auch ohne gewisse Anhaltspunkte, ein Nachfahre von Vorfahren ist, also dienen muß, in manchem ein Spiegelbild der Menschheit zu sein, so wird die Menschheit, sie selber, wenn auch anfänglich in bestimmter Auswahl, sich hineinstellen oder drängen in die Lebensgegenwart des Einsamen. Es treten die Kräfte des Blutes, das in allen ist, nach alter Gewohnheit in eine Wechselwirkung. Es wird endlich gezeigt werden, daß von dem Schwachen aus, nachdem er sich ins Verantwortungslose hat fallen lassen, eine große Sturmwelle des Allermenschlichsten wird angetrieben werden; kraft einer sonderbaren Verquickung, die wiederum aufs naheste der Existenz des Unregierten, nur Getriebenen entspringt.

Da dieser Perrudja kein Held ist, wird er keine große Sorge um eines Zieles willen leiden wollen, außer jener, wozu ihn sein zeugendes

Blut treibt. Er besitzt so wenig von der Kraft des Entschlusses, daß er, ohne Hilfe, bald würde verhungert sein; oder doch entkräftet durch Unordentlichkeit in der Lebensführung. Daß die Schwäche seines Urteils sich vermehrte an einer solchen seiner leiblichen Funktionen. Wodurch er uns als Beispiel entglitte und sich mit Schnelligkeit auflöste als Opfer unserer, ihm feindlichen Anschauungen in den tausend Stationen der Krankheit und des kleinlichen Verbrechens. Wir nennen's Lungenschwindsucht oder Diebstahl. Doch erfüllte sich an ihm jene Verheißung, daß er ernährt wurde wie die Lilien auf dem Felde. Sein Dasein wurde nicht schon im Anbeginn verneint. (Wie das der millionen Kinder, die in den neun Monaten vor der Geburt und den ersten elf nach der Geburt lallend verenden.) Es war berufen zu einem Ablauf, ja, zum Zerschellen im Kulminieren (als ob er ein Held wäre). Als er in tiefsten Niederungen trieb, wurde er ausersehen zu einem Werkzeug. Die Kraft, die ihn ernährte, die das Arbeitspotential von millionen Menschen war (einziges Denkmal ihres Todes); die ihm glichen; das er verwaltet hatte mit seiner Untätigkeit, ließ er ausrinnen über die Menschenwelt, die sich daran entzündete. Weil ihm zum Greinen zumute war; und er dunkel erahnte, daß das Erbarmen die Vorstufe zur großen Einigkeit der Menschen sei. Perrudja also war reich durch den Schweiß Ungezählter, Ungekannter (Überlebende der ersten zwanzig Monate), die vor seiner Gegenwart sich verschwitzt hatten. Er zettelte mit dem Profit ihrer Arbeit, mehr noch mit dem Brotschrei ihrer Nachkommen (Überlebende der ersten zwanzig Monate), einen Krieg an; einen zwar leidlich gerechten, auch unvermeidbaren (wer will immer nur weiß und fett grinsen?). Erfüllte eine Mission, der kein Held, kein Vorbedacht gewachsen. Er entfesselte die gewagtesten Sehnsüchte mit ihren Kräften. Sein eigenes Leben zwar blieb gehorsam bescheidenem Ablauf. Ein zweites Buch wird von den späten Monaten des Lebens dieses Perrudja berichten.

I

Das Pferd

Perrudja aß seine Abendmahlzeit. Bissen nach Bissen. Vorsichtig mit beinahe feister Gebärde. Die Hand schob in den Mund. Seine Zähne zermalmten das grobe Brot. Das regelmäßige Geräusch des brechenden Backwerks hinterließ ihm keine Befriedigung. Er aß. Es wäre vielleicht unterblieben, hätte eine leibliche Kraft, von der er nichts verstand, ihm nicht diktiert, daß ein Bedürfnis dafür vorliege. Eben jener Trieb zur Erhaltung, diese donnernde Lebensbejahung von Blut und Eingeweiden, die er zu leerem Schweigen erzogen. Jedenfalls dann, wenn die Möglichkeit offen lag, daß sie in die Bezirke seiner Träume, seines Herzens, einbrechen konnten. Es hätte festgestellt werden können, daß Perrudja Hunger mit Bewußtsein nie empfunden hatte. (Es stand ihm bevor; andere, ungeahnte Erlebnisse standen ihm bevor.) Seine Mahlzeiten regelten sich nach einem unterbewußten Zeitgesetz, das er albern genannt hätte, wäre es aufdringlich geworden. Nicht die Gnade aufbringen, einen Gedanken daran zu verlieren; es ergründen, es ist zu wenig, es ist ein Nichts.

Eine kleine Lampe stand leuchtend auf dem Tisch. Abendlich. Und ließ ein unordentliches, unappetitliches Durcheinander erkennen: Speisen, Geräte, ein paar Bücher, Lederriemen von Zaumzeugen, eine Bürste, eine Flasche voll öliger Flüssigkeit. Der Lichtkegel der Lampe fiel tief und ließ deutlich Brust und Unterschenkel des Menschen erkennen. Schlaff herabhängende Arme. Der Kopf war im Schatten. Wie abgeglitten, an einen anderen Ort gebracht. Grundlos sank plötzlich der Körper des jungen Mannes in sich zusammen, haltlos, aufgefangen nur durch die Lehnen des Stuhles. Die Brust trieb sich ihm wieder auf, von gewaltigem Eintatmen gezwungen. Er seufzte laut.

Die Augen gingen mit Schleiern zu. Es verlosch ihm alles Bild des Seienden. Abtreiben aus der Gegenwart. In ihm erstanden die Gestalten des Unwirklichen, die Bewegungen aus Gesetzen, die nirgendwo bestehen. Noch bestanden haben. Außer in den Sehnsüchten. Er träumte Traum mit wachen Sinnen. Den Wunsch, den unerfüllbaren. Das Wunder, das nicht in den Tag eingehen wollte, das gestört wurde durch die Verwebung aller Dinge miteinander. Er wußte es am Tage und in seinen nüchternen Stunden: der Mond kann nicht vom Himmel genommen werden, ohne daß alles Gestirn gestört würde. Und weshalb auch ein solches Verlangen, wenn es den Gedanken des großen chinesischen Dichters unwirksam gemacht hätte? Der da zu einer anderen Zeit gesagt hat: »Das Licht des weißen Mondes fällt auf die Straße. Es ist wie Schnee. Ich denke an meine Heimat.« – Der Mensch kann nicht durch eine Zauberformel unsichtbar werden, ein verwesender Leib hat teil an ihm. Gegen den Tod gibt es nichts, denn das Zeugen steht benachbart, drohend mit einer erdrückenden Zahl.
Der Mensch Perrudja aber jachtete trotz des Vernünftigen, trotz der Tränen, die der chinesische Dichter vergossen hatte, als er an seine Heimat erinnert wurde.
Darüber hatte man den Knaben gescholten. Es war niemand, der dem Manne wehrte. Er entglitt sich selbst. Unsichtbar umwandelte er die Erde. Das Wasser trug ihn, der Sturm entführte ihn. Er sah das Tun der Menschen ganz nahebei. Es machte ihn befangen, erschreckte ihn. Er wollte schreien, weil er Willkür und Ungerechtigkeit sah und Schmerzen. Da aber seine Gestalt vernichtet, war seine Stimme gelähmt. Er schlich weiter, unbemerkt, unbeanstandet, schwankte hinab unter die Füße der Menschen zum ganz Kleinen, dehnte sich zum Riesen. Er sah die Dinge zerfallen, sich zerklumpen, versanden, verrosten, verrieseln. Die Wasser trugen die Berge ins Meer. Die unschuldigen Blumen zerlösten den Boden. Das Korn, das Gras, der Darm von Mensch und Tier. Die Existenz des einen bedeutete die Vernichtung des anderen.
Der Unsichtbare wand sich. Er fühlte seine Stirne breit werden und verquellen. Er ertrug es nicht länger, die Schöpfung ohne Moral zu sehen. Er drehte an seinem Zauberring. Es schieden sich Wasser und Fels. Es schieden sich Vergängliches und

Bestehendes. Aus milchweißem Quarz erhoben sich Kyklopenmauern, Tempel erwuchsen. Und er schritt hinein und ging und ging, berührte Säulen, rund und stark wie Berge. Und schaute auf, wie sich aus Bogen, Trompen, Zwickeln graniten Kuppeln schlossen. Grünviolettes Licht. Aus Fernen, tausendfach gebrochen, Ton wie aus metallenen Pfeifen. Er nahm ihn hin und dachte: Tanz enthüllter Menschen.

Inmitten seines Rausches fühlte er, daß ihm Feinde erstanden. Sein Tempel entrückte auf eine Insel. Um die Insel ein Bergwall. Steil und glatt wie dunkles Glas. Vor dem Bergwall flaches, tümpelartiges Wasser über steinigem Grund, Riffe. Vor den Riffen, sehr fern, ein zottiges aufgerührtes Meer. Nur er fuhr sicher auf sicherem Schiff über den Ozean, den sein Wunsch geschaffen. Ein Schiff und mehrere waren sein eigen. Ein großes, drei kleine. Ein riesenhaft großes, drei große, fünf kleine. Ein riesenhaft großes, drei starke, fünf leichte, sieben behende. Die Flotte fuhr umgischtet, dampfend, lärmend dahin. Ein Nichts gab ihr Antrieb. Ein Etwas, eine unerschöpfliche Potenz. Eine unverwundbare. Neues Kräftegesetz, das nur er entschleiert, nur er zu nutzen gewußt. Er trieb sie in starke runde Scheiben aus Bronze – wie Räder, blank und ölig – mit heimlichen Gräben und Löchern, wo sich der Zustand der Spannung in Bewegung entwirrte.

Er fuhr gegen die Feinde, gegen die Feinde seiner Insel, gegen die Feinde seiner Tempel, gegen die Feinde seines Lichtes, gegen die Feinde seiner Tänze, gegen die Irrsinnigen, die dem Gesetz des Zeugens erlagen, ohne das Gesetz der Vernichtung zu bejahen.

Was war sein Wunsch? – Ihre verruchten Städte zerstören. Und nahm doch von der Zerstörung aus: Ein Bildwerk, einen Tempel, ein Kind, ein Weib, einen Mann, einen Hund, eine Katze, eine Kleinigkeit. Zufällige Gedanken einer humanen Anschauungsweise. Er rief die Auserwählten auf einen Platz zusammen, sprach sie an. Er wollte ihnen in einer unbeschreiblichen Liebesbrunst sein Herz, sein Blut, seine Seele antragen. Sie sollten lernen, seine Sprache zu reden. Sie sollten den Etemenanki errichten, gewaltiger als die Bauten seiner Insel, heftiger als die kyklopischen Mauern.

Plötzlich brannte ihm Feuerfarbe an der Stirn vor Scham.

Zerstören, töten, Blut vergießen, brünstig werden am Untergang. Nein. Seine Insel war umfriedet. Weshalb eingreifen in das Außen? Weshalb herabfallen zum Besserwisser? Da er doch nichts wußte?
Er machte sich auf und versenkte die unbesiegbare Flotte. Er behielt nur ein ganz kleines Schiff, ein Boot. Auf ihm fuhr er zurück. Er schwamm langsam. Er wollte nichts voraus vor den anderen, die gering waren. Er fuhr langsam. Er konnte verschlagen werden, auf ein Riff geraten. Doch er langte an in seiner Bucht. Er durchwanderte die Hallen seiner Phantasie. Draußen Sturm. Er hörte den Wind in den Tannen. Er dachte an eine Heimat, die er nicht kannte. Er fuhr sich mit einer Hand über die braunen Haare. Er sah die Stube, in der sich sein Leib befand, sichtbar und warm und atmend. Er wurde weich. Er erhob sich, er hatte vergessen, seinem Pferde Futter zu geben. Er ging in den Stall. Das Tier wieherte. Er schüttete ihm Körner ein. Horchte auf das Freßgeräusch. Er hob die Hände, die jetzt zitterten. Er streichelte den Pferdekopf. Unsagbar weich. Er schlich hinaus und weinte. Er dachte an eine Heimat, die er nicht kannte. Er weinte, weil er die Dummheit aller Wünsche und aller Taten begriff.
Er begann zu frieren. Zwar strömte der schwedische Ofen noch immer Wärme aus. Doch kroch der Mensch bald ins Bett. Er preßte seine schmalen, noch knabenhaften Glieder fest aneinander. Seine Traurigkeit wurde leichter an einem sinnlichen Gefühl. Im Duft einer grundlosen Erregtheit schlief er ein.

Perrudja besaß die schönste und edelste Stute Norwegens. Die fruchtbaren Einschnitte des Gudbrandstales, in denen die ältesten Bauerngeschlechter des Landes ansässig waren, Familien, reich an Geld, Korn, guter Scholle, segensreichen und bösen Stammessitten, hatten in ihren Zuchten kein vergleichbares Tier aufzuweisen. Perrudjas Grund war dürftig. Der Boden hatte sicherlich die geheimen Kräfte nicht geben können, den Adel des warmen Tierblutes zu bilden. Da wuchs kein Korn. Die Weiden waren sommers die wilden Auen des Hochgebirgs. Der Besitz: Wald, nackter Fels, Busch und Bäche. Perrudja nannten die anderen den Waldbesitzer. Nicht etwa, weil er die Tendenz der reichen Sägemühlherren angenommen hatte, Jahr um Jahr die Kiefernbestände zu lichten, davonspülen zu lassen mit dem Glomm. Wenn winters der Schnee aus den schwangersten Wolken herab war und die Kälte stand, zumeist windlos, begann das klagende Stampfen der Äxte. Es sang wie der Flügelschlag der Fledermäuse; nur tönender, weithin hörbar. Und die immergrünen Stämme wurden entlaubt, daß sie nichts voraus hätten vor den Verwandten, den Birken, deren Blätter gelb auf den Boden gefallen. Der Stahl nahm ihre Glieder zugleich mit dem Grün, das beständig ist wie Knabenkraut, und schälte sie aus der Borke, daß sie wie enthäutet waren. Sie galten bereits als gestorben. Sie wußten es nur nicht. Fette Pferde schleiften sie nackt, sehr nackt und leichenblaß über den Schnee zutal. Sie waren mit Ketten an die Tiere geschmiedet. Sie kamen an den Fluß. Sie lagerten auf dem Eis. Sie gingen unter in graupigem Schnee. Dann kam Wärme, die ihr Atmen antrieb; aber sie waren hautlos. Wasser kam über sie, brausend. Sie schwammen, ihre Zahl war zu Millionen geworden. Sie wurden getrieben. Sie fuhren weit fort in den Flüssen. Sie stießen an Land. Es spülte sie wieder hinweg. Große Barrikaden hemmten zuletzt ihre Reise. Sie waren am Ziel. Hundertmillionen weiße Leichenstämme sammelten sich. Sie waren tot in einem toten Hafen. Wurde das nachdrängende Wasser einmal zu ungestüm, riß es die Barrikaden hinweg, und sie trieben, die bleichen Stämme, herrenlos hinaus ins Meer. Man sprach dann von einem nationalen Unglück. Es war gewiß nur ein Unglück für die Sägemühlherren, für die Holzschleifereien, die Papierfabriken. Perrudja war eines Nachts über einen Steg gegangen, der die Bucht eines Holzhaufens überbrückte. Das Mondlicht hatte sehr unbarmherzig schwarzes Wasser und weißes Holz getrennt. Wenn eine Furcht ihn anlangen wollte, wählte sie das Erinnern an das zufällige Bild.

Sein Dasein war nicht durchdacht, nicht von der Sucht zu wachsen, zu gewinnen umgittert. Er war eines Tages aus fremdem Dorf, halb ein Kind, kaum siebenzehn Jahre alt, herübergekommen und hatte, ausgerüstet mit Vollmachten für sich selbst, dem notleidenden Per Helvede um einen billigen Preis Waldbesitzungen und Bergrechte abgekauft. (Per hatte den Wunsch, dem wasserklaren kümmelsüßen Schnaps sich weiterhin ergeben zu können.) Allmählich hatten sich dann die

Besitzgrenzen des jungen Mannes gedehnt. (Wer veräußert nicht gern unfruchtbaren Stein um gutes Gold?) Die Bodenbestände waren weit von den Ansiedlungen entfernt, endeten gegen das Hochgebirge, lösten sich vor den Bergkämmen in Zwergbirken, Busch und Blaubeeren auf. Perrudja wollte nicht holzen und forsten, graben und ernten. Granit war wilderer Besitz als kleiiger Acker. Umgebrochene Scholle flößte ihm unbestimmbare Furcht ein. Es schienen ihm unerbittliche Lehren aus Dung und Grünen zu sprießen, (nicht nur gelbes Korn) deren Meinung ihm unerträglich. So drängte er sich nicht, davon zu erwerben. Er berauschte sich nur an der großen Fläche seines Eigentums, errechnete, der wievielte Teil Norges ihm gehöre.

Atna und Uti hießen die Dörfer, deren Siedlungen man fern unter sich verschwinden sah, wenn man in seinen Wäldern hinaufklomm. Ein großes Gut, das zur Gemeinde Atna gerechnet wurde, war bis kurz vor dem Ansiedeln Perrudjas durch einen alten Herrn Gaustad bewirtschaftet worden. Ihm sagte man nach, daß er gebildet gewesen sei. Sprach er doch stets ein korrektes Dänisch. Er verlangte, daß die Untergebenen, Knechte und Mägde, sich dieser Sprache befleißigten. Begründete: einmal müsse Ordnung in die beispiellos gesunkene Kultur des Distriktes kommen. Es war seine Gewohnheit, Reformpläne für jeden Wirtschafts- und Betätigungsvorgang bereit zu halten. Dennoch ging es nirgendwo unordentlicher zu als auf seinem Hof. Die Türen von Ställen und Scheunen hingen windschief in den Angeln. Es wurde nicht zur rechten Zeit gesät und zur unrechten geerntet. Der Zustand, in dem sich das Vieh befand, zeigte deutlicher als alle Unordnung die ungute Verwaltung des Besitztums. Zwar wurden die Rinder Jahr um Jahr fett auf den üppigen Bergwiesen. Die Pferde aber, die nicht die Vergünstigung des freien Weideganges genossen, blieben auch in der Zeit des mächtigen Wachstums der langen Tage bejammernswerte Kreaturen. Überarbeitet, schlecht gepflegt und gefüttert, bissig, immer gepeinigt durch grobe Unvernunft. Mit dieser Tierart stand es auf ein paar Meilen im Umkreis nicht besser. Mochten die Bauern sich über den Herrn auf Gaustad lustig machen, in der Haltung von Pferden war er ihr Vorbild geworden. Seine alles duldende Gleichgültigkeit (ein Pferdeknecht ist eine Blume oder ein Sadist) mußte um so verwunderlicher scheinen, als er sich aus England einen vorzüglichen Zuchteber hatte kommen lassen, den er mit einer nicht unbeträchtlichen Liebe pflegen ließ. Er war stets zugegen, wenn die Bauern ihre Säue antrieben, daß der Eber sie bespränge. Während des Begattungsaktes wußte er eine noch niemals vorher aus seinem Munde geflossene Weisheit betreffs der Schweinezucht von sich zu geben. Da der Vorgang auf Grund der Natur des Schweines sehr lange zu währen pflegte, so wuchs sich der Gutsbesitzer im Laufe der Zeit zu einem Weisheitsmeer aus. Die Weisheit war einseitig. Von Jahr zu Jahr steigerte sich im Dorf und in den umliegenden Häuslerwohnungen der Konsum an Schweinefleisch, die Zahl der umhergrunzenden Säue mehrte sich, (die der fetten Kastraten auch) so daß der Gutsherr endlich einen zweiten Eber beschaffen mußte (Zufallsglücklicher). Von diesem Augenblicke an hatte die Zucht seine Anteilnahme verloren. Er begann stark und anhaltend Alkoholika zu trinken. Auch diese zweite Neigung vermochte den gebrechlichen Pferdekreaturen nicht zu helfen. Weit und breit umher war kein Hengst anzutreffen. Die kleinen Stuten, wenn sie jung waren, zerquälten sich, bissen ihre armseligen Genossen, die verschnittenen Männchen. Einmal im Jahre kam aus Lillehammer oder von jenseits des Mjoesa ein Hengstführer mit einem demütigen Tier auf eine halbe Woche ins Dorf. Der Hengst mußte jeden Tag vier oder fünf der häßlichen, vergrämten Stuten bespringen und tat es willig, wie einen Opferdienst. Er erschöpfte sich ohne zu murren, ob sie ihm auch widerlich waren. Die eingefallenen, im Fieber stehenden, schmerzempfangenden kleinen Tiere wurden tragend, brachten nach zwölf oder gar dreizehn Monaten erst, den Eselinnen gleich, ein schwächliches, engbeiniges Füllen zur Welt. Und war es ein Männchen, so dienten die winzigen Organe zwischen den Schenkeln dazu, um dem Teufelsper ein paar Öre in die Tasche fließen zu lassen. (Ach, wasserklarer kümmelsüßer Schnaps!) Herr Gaustad fand die Ordnung durch Tradition geheiligt. Die Verpflichtung, Wandel zu schaffen – sein Besitz war groß genug und geeignet, eine Pferdezucht zu tragen – wies er von sich. Aber man hatte ein geflügeltes Wort von Mund zu Mund gegeben, das der Herr anläßlich seiner zufälligen Gegenwart bei einer Pferdepaarung getan: »Ein imponierender Anblick.« Die Knechte wiederholten es in reinstem Dänisch und machten als Begleitung vor der Öffnung ihrer Hose eine obszöne Gebärde.

Kaare Fjellstuva hatte seinen prächtigen Talhengst, nachdem eine breitbeckige Stute ein Mannfüllen geworfen, das ebenso kräftig wie der Vater zu werden versprach, auf dem Markt von Lillehammer zum Verkauf angeboten. Er forderte 7000 Kronen. Die Bauernvertreter der landwirtschaftlichen Vereine waren erschüttert wegen der hohen Forderung Kaares. Sie waren lüstern zu kaufen, versuchten abzuhandeln; doch der Besitzer wollte nicht mit dem geringsten Betrag Nachlaß gewähren. Die Pferdemakler schrieen beleidigt gegen den verstockten Bauern, prophezeiten ihm Untergang seiner Wirtschaft, nannten ihn Verstümmler seiner eigenen Glückseligkeit. Tollheit im Übermaß, meinten sie, entspränge seinem engen Schädel. Sie weinten beinahe, verpflichteten sich Käufern gegenüber dennoch, den Kaufpreis auf 6000 Kronen zu bringen. »Billig« schrieen sie der einen Partei, »teuer« dem Kaare entgegen. Doch der blieb fest. Erklärte, daß er hier das beste Pferd zeige, das jemals in den Tälern gewachsen sei. Wenn jemand gutwillig, halb wie zum Spaß einwandte, es sei ein wenig zu klein, der Hals zu gedrungen, fuhr jener ihm über den Mund, sprach ihm Kenntnis betreffs eines Pferdes ab. Die Angriffe der Ungeduldigen bewirkten nur, daß Kaare die Namen all der trefflichen Tiere aufreihte, die in wenigen Jahren dem Blut des Hengstes entwachsen waren. Er schrie »Fjalir, Fjalir«, Hengst, den die schwedische Regierung kürzlich gekauft, daß er als Hauptbeschäler den nördlichen Provinzen diene. Der Züchter ereiferte sich dabei so sehr, daß er den Preis des Vaters auf 8000 Kronen erhöhte. Er reichte Diplome und Prägstücke umher, die er als Besitzer des Pferdes geerntet. Er zog es aus dem Verschlag und ließ das dunkelbraune Tier vor den Gaffenden prangen. Die Begeisterung wuchs. Die Vertreter der landwirtschaftlichen Organisationen steckten abermals die Köpfe zusammen, wurden durch ein paar Pferdemakler wieder auseinandergetrieben. Die jetzt dafür eintraten, man solle Kaare die 7000 Kronen bezahlen.

Gaustad pflegte den Pferdemarkt in Lillehammer als Vorwand

zu nehmen, um im Viktoria- oder Grandhotel ein gutes Mittagessen und einige Flaschen Wein einzunehmen. Er langweilte sich an den stillen Tagen auf dem Gutshof. Per Helvede war auch auf den Markt gekommen (ach, der wasserklare kümmelsüße Schnaps). Er hatte im Gedränge den Hengst gesehen, bei sich gemeint, daß der in ihrem Dorfe gute Dienste würde tun können. Er machte sich an Kaare heran. Das Gespräch, das sie führten, hatte zum Ergebnis, daß Per gegen eine Provision von 50 Kronen dem Herrn auf Gaustad den Hengst für 8000 Kronen verkaufen sollte. Per ging in Begleitung eines fragwürdigen Kumpanen namens Ole, der sich als Makler bei Viehkäufen niedrigster Qualitäten aufgetan hatte und somit dem anderen beredt genug erschien, ins Viktoriahotel, wo sie Gaustad halb betrunken und schläfrig antrafen. Per setzte sich in der ihm eigenen freien, halb frechen, halb natürlichen Art zu dem Gutsbesitzer an den Tisch, begann zu erzählen in trockener kaum gehobener Rede. Dabei floß ihm unter, daß er aus Atna sei und den Herrn sehr wohl kenne und zu schätzen wisse. Ole erschienen die Erzählungen zu weit ausgesponnen; er unterbrach, mischte seinerseits ein nicht Zugehöriges in die Unterhaltung, gab das Wort aber wieder ab, weil Per noch immer nicht zum Kern vorgedrungen war, zum vereinbarten Stichwort, auf das der Viehmakler zu warten hatte. Endlich enthüllte sich der Bericht Pers. Dem Herrn sei ein Pferd verendet. Und daß es deshalb ratsam, die Gelegenheit des Pferdemarktes zu benutzen, um zum Ersatz ein neues zu kaufen. Er wolle sich nur als guter Mensch erwiesen haben, indem er diese Nachricht überbracht. Der Gutsbesitzer erregte sich, er schalt, verbat sich diese Vertraulichkeit geringer Menschen. Bei Branntwein söhnte er sich wieder mit den zweien aus. Es überkam ihn, er habe Per unrecht getan. Bei einem späteren Zeitpunkt wurde Kaare hereingeführt. Als gutem Freund sprach Gaustad auch ihm zu. Sein Hirn war wohlig taub. Die Verbrüderung der Menschen vollzog sich mit ihm als Mittelpunkt. Er kaufte den Hengst unbesehen. Per wurde beauftragt, das Tier nach Hause zu führen. Von Geld war an diesem Tage keine Rede.
Am anderen Morgen, in einem nach Durchreisenden riechenden Bett des Hotels erfuhr Gaustad, daß er 8000 Kronen zu bezahlen hatte. Per erhielt keinen Lohn für das Führen des

Hengstes, obgleich er drei Tage Zeit daran hatte geben müssen. Der Gutsbesitzer, der, die Eisenbahn benutzend, vor ihm angekommen war, bedachte ihn vielmehr beim Verlassen des Hofes mit einer Flintenladung Schrot. Und traf unglücklicherweise den Mann. Per erstattete Anzeige bei der Polizei. Daß Gaustad der Betrogene wollte man wohl glauben; aber er konnte es nicht beweisen. Es erwuchsen ihm große Gemütserregungen, die ungeahnt tief an ihm zehrten. Er versäumte alle Einsprüche gegen Zwangsvollstreckungen, die Kaare Fjellstuva gegen ihn erließ. Er war besessen von dem Gedanken, daß er nur untätig zu sein brauche, um die Ränke der anderen zum Scheitern zu bringen. Noch ehe die Prozesse, die erwuchsen, zu Ende gingen, starb er plötzlich, vom Schlagfluß gerührt. Dadurch entschied es sich, daß der Hengst auf dem Gutshof verblieb. Ein fast unbekanntes Mitglied aus der Familie des Verstorbenen wurde Gaustads Nachfolger.
Er begann nach kurzer Zeit im Herrenhaus Räumungsarbeiten anzustellen. Die schönen Möbel des Toten wurden zerschlagen. Jener liebte polierte ausländische Hölzer nicht. Seidenbezogene Polster fürchtete er zu beschmutzen. Er vernichtete sie deshalb. Kiefernholzkasten, Tische, Bänke, Schemel, mit bunten Ölfarben bemalt, traten an die Stelle der ehemaligen wohlabgewogenen Bequemlichkeit. Es war leicht zu begreifen, daß ein Bauer ohne heimliche Süchte das Gut bezogen. Der letzte Herr, der diesen Namen verdiente, war in einem schwarzen Sarge hinausgetragen worden und lag begraben. Weisheiten oder tolle Ideen konnten nicht mehr geboren werden. Dafür Sauberkeit, Ordnung, Pünktlichkeit, Sachlichkeit in all ihren Stationen. Reiche Ernten, fettes Vieh als Ertrag aus den bürgerlichen Disziplinen. Nach Ablauf zweier Jahre war das Herrenhaus weder von innen noch von außen wieder zu erkennen. Unschöne, weißbemalte Anbauten erdrückten die alte Barockvilla. Der Talhengst hatte einen Stall bekommen, der nahe Ähnlichkeit mit dem Tresor einer Großbank aufwies. Eiserne Träger und graukörniger Beton schützten das edle Tier vor Bedrohung durch Feuer und Diebstahl.
Der neue Besitzer: ein Mann wie ein Hüne, als ob er in einer Nacht zehn Frauen in seinem Bette hätte halten können. Aber einer strotzenden Frau, wie überquellende Milch um die Brüste,

mit Augen zwischen Reh und Kuh, an der allein der Mund nicht nur zeugend, sondern auch aufreizend war, vermochte er nur ein paar schwächliche Kinder zu erwecken. Blut, das sich bequemt hatte, Erfahrungen zu sammeln, büßte.

Er hatte Mahagoni- und Ebenholzmöbel zerschlagen. Es war eine typische Auseinandersetzung seiner Existenz mit der Welt. Auch die Gemälde – Ahnenbilder waren es zumeist – wurden ohne Wehleidigkeit und Zeremonie dem Feuer geopfert. Er grub damit die eigenen Kraftquellen ab. Er wußte es nicht. Der alte Herr hatte eine Bibliothek besessen, deren Wert vor allem in einer Notensammlung bestanden hatte. Seit Generationen schon waren die Gaustads vollkommen unmusikalisch gewesen; der alte Herr war in Zorn geraten, sobald Töne gegen sein Ohr geschlagen; aber Jahrhunderte alte Kompositionen hatte er gesammelt. Hatte in Stunden besonderer Beschaffenheit die Zeichen gelesen, die er nicht verstand. Vielleicht, daß er eine eigene magische Wissenschaft sich daran erbaut; vielleicht hatte er diese Deutekunst mit den Büchern ererbt und den Gesang der Sphärengesetze vernommen, die durch materielle Klänge nur bedroht wurden. Die Bibliothek war zugleich mit den Möbeln und Bildern in Rauch und Asche verwandelt worden. Als Ausgleich für den Barbarismus bestellte der neue Herr dem Verstorbenen in Oslo einen großen Grabstein aus schwarzem, poliertem Labrador, verziert und seiner Bestimmung zugewiesen mittels vergoldeter Buchstaben. Er tat noch mehr in den Bezirken göttlicher Dinge. Eines Tages erschien im Dorfe ein Architekt aus Deutschland – so sagte man. Ein in Deutschland gebürtiger Architekt, der seit Jahren schon auf einer kleinen Skaere des Oslofjordes wohnte, in Ausübung seines Berufes, den er erlernt, ohne berufen zu sein. Die romanische Kirche mit weichen, tiefgemeißelten Fensterleibungen aus Kleberstein, von der Farbe tiefer chinesischer Jade, mit einem Portal, das ohne Schmach hätte dem Himmel vorgestellt werden können, nicht nur diesem bescheidenen Bau, wurde niedergelegt. Die Quadern verkrümelten sich als Bausteine in die Kuhställe der Bauern ringsum. Wie sich die Reste der stolzen Domkirche in Hamar verloren hatten, beschmutzt, bepißt – welche Heiligkeit hinzuhalten den Unwissenden – verachtet von den Nachfahren der tätigen Menschen. Sie haben den Namen Helgoey dem

Berg gelassen, der auf dem Wasser schwimmt, den die Türme vom Festland mit dem Klang grünlicher Glocken grüßten. Grün von feuchter Luft, vom Alter, Ausschlag des rötlichen Kupfers. Kalköfen rauchen, und die Menschen vernichten den Berg. (Soweit vom Berg, der auf dem Wasser schwimmt. Da wurden in einer großen chinesischen Stadt 10000 Hungernde, die sich gegen den Hunger empört, an einem Tage erschossen. Kugel in den Hinterkopf aus 30 Zentimeter Entfernung geschleudert. Daß das Hirn zerspritzte. Soweit vom Kapitalismus.) Auf dem leeren Platz, der durch das Abbrechen des Kirchleins geschaffen wurde, erweitert bis in die Grabstätten hinein – in denen die Leichen nicht vermodert waren wegen kalkigtoniger Schichten des Bodens, weshalb man sie ausheben mußte, um sie erneut unten am Bach, wo der Kirchhof abschüssig und feucht war, zu begraben, damit sie endlich verrotteten – erhob sich bald ein weißgetünchter kahler Bau, die neue Kirche. Unfromme und Untüchtige bewiesen, daß sie nicht mehr fähig waren, Gott einen Antrag zu machen, daß sie mehr davon verstanden, wie ein Schweinekoben zu errichten sei. Aber Er sann nicht darauf, sich zu rächen. (Der Berg und die Zehntausend blieben auch ungerächt.) Ihm erschien das Lebendige immer noch lebendig. Die Ernten auf Gaustad wurden reichlicher von Jahr zu Jahr. Man gab das alte Stück: Wer die Lippen bewegt, der wird erhört. Es war das oft belächelte Schauspiel. Es erschien in anderer Aufmachung. Oder war Gott verliebt in den braunen Hengst? Dicke Knochen, Muskeln darüber. Braunes Fell. Er zeugte. Und sein Zeugen wurde Bewegung und Gestalt, allmählich wachsend in den dunklen Bäuchen von Stuten. Oder sah Er die Menschen an? Und lächelte wegen des Taugenichtses, der Perrudja hieß?

Der Bauer wußte, was er seinem Hengste schuldig war.

Er erwarb drei vorzügliche Stuten. Einer von diesen gefiel es dem Hengst seine Liebe zu schenken, von den beiden anderen wandte er sich ab. Sie waren schwarz. Er liebte den Geruch schwarzer Weibchen nicht. Die beiden Verstoßenen mußten den Gutshof sehr bald wieder verlassen. Herr Gaustad, so ließ sich jetzt auch der neue Besitzer nennen, war weder verärgert, noch schrumpfte sein Eifer um den Hengst. Er erklärte sich die eigentümliche Neigung des Tieres, trug ihr Rechnung. Er bezog von irgendwoher, acht Tage war er darum gereist, zwei Schimmelstuten, von denen die eine eine fleischfarbene Scham besaß. Beide wurden trächtig; den Rang einer Lieblingsstute eroberte die rosafarbene sich nicht. Das hatte Herr Gaustad erwartet. Er sah sich getäuscht. Alle Vernunft kommt an eine frühe Grenze. Für den bevorstehenden Frühling plante der Gutsbesitzer, den Hengst auf die Triften des Hochgebirges zu schicken. Er bemühte sich, dem Tiere eine großen Stutenherde zu verschaffen. Seiner Rührigkeit gelang es, daß sogar aus Fron, Ringebu, Oeyer und Faaberg Tiere in größeren Mengen zugesagt wurden. Mit Sorge begann er zu erkunden, wie weit das Revier eines benachbarten Hengstes entfernt sei, welche Einbrüche und Wasser als Grenzen errichtet waren; daß nicht eine zufällige Begegnung stattfände zwischen zwei Herden und die Eifersucht um die weiblichen Tiere die männlichen zu einem Kampf gegeneinander triebe. Befuhr er die umliegenden Talzüge, konnte es geschehen, daß er, wie mit einem neuen Sinn begabt, die Berge hinauf schnubberte, als ob die Möglichkeit gegeben, Pferdeschweiß zu erriechen. Es waren die wenigen Stunden seines Daseins, in denen seine Bestimmung zur Nüchternheit durchbrochen war.

Der Frühling kam. Gaustad berichtete allen Beteiligten, an welchem Tag, zu welcher Stunde das männliche Tier aufs Hochgebirge geführt werden würde, daß die leckeren Stuten zur Stelle wären.

Im Winter erwies es sich, die fahlen und braunen Stuten waren trächtig geworden, alle schwarzen aber güst geblieben. Ihre Besitzer hatten sie nach dem Weidegang nervös, sogar abgemagert gefunden, behaftet mit hingezogener Rossigkeit. Sie waren unberührte Liebende.

Der Ruf des Hengstes litt sehr. Man behauptete, daß er in seine Greisenjahre getreten. Seine Eigenschaft wurde in den Dörfern und Ansiedlungen besprochen. Die geschädigten Bauern weigerten sich, den fälligen Zins für den Weidegang zu entrichten. Da Gaustad beharrlich die Schwäche seines Hengstes leugnete, begab sich ein junger Bauer aus Fossegaarden zu ihm – er hatte eine dreijährige Stute gestellt – und behauptete, daß sie Jungfrau geblieben. Der Gutsbesitzer lachte hell auf. Beschreibung eines unberührten Pferdefräuleins. Sie begannen zu streiten.

Gaustad sah sich veranlaßt, eindringlich zu werden und zog anatomische Zeichnungen zurate. Der Bauer verfing sich. Seine Rede wurde weitschweifig und verlor die Würze der Klarheit. Die abstastbaren Tatsachen rückten von ihm ab; er wurde allmählich mundtot. Staunende Betrachtungen hatten ihn verwirrt. Die unnatürlichen Wechselreden, die an seiner Befangenheit entstanden, endeten in einer betrüblichen Folgerung: daß das junge Weib des Landmannes nicht unberührt gewesen sein konnte, als der Mann zu ihm in der Hochzeitsnacht eingegangen.
Der Ruf des Hengstes litt unter dieser Tatsache noch mehr. Im Zusammenhang mit der humorvollen Geschichte hörte Perrudja von dem befehdeten Tier. Er ging auf den Gutshof und ließ es sich zeigen. Er fand das Fell braunkupfern und glänzend wie Erz. Er rieb mit den Händen die mächtige Kruppe, umarmte den kurzen und feisten Hals. Das Pferd beugte den Nacken und zupfte an den langen Haaren des menschlichen Kopfes mit breiten weißen Schneidezähnen. Perrudja preßte wühlend gespitzte Finger gegen die wulstigen Lippen des Tieres.
Schweren Herzens, benommen wie von einer Betäubung, schlich er sich fort. Sein Herz hatte zu lieben begonnen. Seine Schenkel sehnten sich zu reiten. In seinem einsamen Holzhaus, inmitten der unermeßlichen Waldungen warf er sich weinend aufs Bett. Er wußte selbst nicht einmal den Grund für seine Traurigkeit. Er war weich und schwach.

II

Lars Grisung – übrigens ein stolzer Mann, der seinem Namen gern etwas von der Allgemeingültigkeit zu nehmen sich bemühte, indem er durchblicken ließ, daß zwischen seinem Geschlecht und dem alten der Galtunger im Gudbrandstal gar kein Unterschied sei (ob etwa ein Eber kein Schwein, und ein Schwein nicht Eber sein könnte) – rüstete sich zu Weihnachten, den alten Vater seiner Hausfrau zu begraben. Die Ortschaft, in der der Verstorbene einen Hof besessen hatte, war vier Tage Schlittenfahrt von der Heimat Grisungs entfernt. Ehe Lars mit seinem Gefährt im Trauerhause angekommen war, hatte der alte Mann schon volle drei Wochen unbegraben im Sarge die eisige Kälte des Gebirges gefroren. Die Magd, die alles Getier in Überarbeitung seit dem Tode des Alten allein betreut hatte, da der Hofbursche plötzlich träge geworden und von Gespensterfurcht befallen war, so daß er nur während der wenigen lichtgrauen Stunden des Tages auf dem Hofe zu halten war, (Gott mochte wissen, in welcher Magd Bett er schlief) half Grisung, den Deckel des Sarges zu schließen. Nachdem er festgestellt, daß der Tote wie ein Stock hartgefroren dalag. Auf dem Kirchhof war ein unförmiges Loch in den Boden gebrochen worden. Sobald der Sarg hinabgelassen, bedeckte man ihn mit Geröll aus faustgroßen runden Kieseln. Mit einem melankolischen Psalmsang von einigen zwanzig Versen erledigten zehn Männer frierend hinter der Mauer einer weißgetünchten Kirche das traurige Ritual. Lars bemerkte, daß das Gemäuer des Bauwerks wie verquollen sich vorbuchtete. Alter. Wahrscheinlich vom Druck der rohgemauerten Gewölbe. Der Geistliche hatte wegen ungünstiger Eisverhältnisse nicht über den Fjordarm gelangen können. Er traf, unerwartet, achtzehn Stunden nach vollzogenem Begräbnis ein und benutzte die Gelegenheit seiner Anwesenheit dazu, zwischen den kalkigsteinernen Eiswänden der Kirche eine Bibelstunde zu zelebrieren, die von einem halben Dutzend alter Leute besucht wurde. Allesamt reif fürs Grab. Darum nahmen sie die Gefahr einer tödlichen Erkältung auf sich.

Das Leichenfestessen, so trefflich vorbereitet es war, blieb ohne Fröhlichkeit. Die Öfen glühten. Die Rahmgrütze schied sich wunderbar in Butter und Brei. Ausgelassenheit, wie es sich gebührt hätte, kam nicht auf. Den Grund dafür suchte man hinterher darin, daß Gutten vergessen hatte, im richtigen Augenblick, zum Zeichen einer eben angetretenen Himmelspilgerschaft, die Flagge am Mast vor dem Haus ganz aufzuziehen. Lars selbst beschlich sich, er sei die Ursache; weil er keinen der verhältnismäßig zahlreichen Gäste auch nur von Ansehen kannte; zudem begann die Erbschaftsregelung ihm Sorge zu machen. Denn der Bruder seiner Frau, eigentlicher Erbe des Hofes, war zum Begräbnis nicht eingetroffen, obgleich ihn die Nachricht vom Tode des Vaters erreicht haben mußte, war der Brief, der die Mitteilung enthielt, doch eingeschrieben gesandt worden. So hatte Gutten berichtet. So hatte die alte Magd berichtet. Lars war ein rechtlicher Mann, ein frommer Mann, vor allem ein stolzer Mann. Darum hoffte er nicht, daß seinem Schwager, der übrigens noch ohne Weib und, soweit man wußte, ohne Nachkommen war, etwas Böses zugestoßen sein möchte. Er erhoffte es nicht; aber er erwog die Möglichkeit. Fünf Tage noch nach dem Begräbnis verbrachte er auf dem Hofe seines Schwiegervaters. Am sechsten begann er die Rückreise nach Atna. Er ermahnte Magd und Burschen, teilte Ratschläge aus, ging zum letztenmal durch die Ställe.

»Junge«, sagte er, als sie zu zweien bei den Pferden standen, »ihr habt keine Arbeit für das Prunkstück des Alten. Der hat viel Geld damit vertan. Ein teures Pferd. An was mag er gedacht haben, als er es kaufte? Die Fjordingpferde taugen für euch. Ihr habt zwei davon. Was soll das große Tier hier ausrichten? Ich nehme es mit mir, daß es nicht verkommt. Sollte meiner Frau Bruder eintreffen, sagt es ihm. Ich will es nicht geschenkt. Wird es gewünscht, kann ich es zurückgeben.«

Er führte eine schwarze blanke Stute aus dem Verschlag. Vor seinen Schlitten schirrte er sie. Das eigene Pferd band er hinter sich am Fahrzeug fest. So trabte er die neue Straße nah am Fjord entlang, heimwärts. Im Schiefergeröll gegen den Berghang wanden sich verkrüppelte fahle Birkenstämme. Die Straße war aufgefüllt mit glattem Schnee. Die großen Schutzsteine am Wegrand verschwanden beinahe. Das Wasser lag versenkt, schwarzgrün vereist unterhalb der Straßenmauern. Die Luft stand wie gebannt, taub, abweisend. Der einsam Dahinziehende war eingepreßt in eine fast schmerzende Verlassenheit, die wie die Vorstufe des unnatürlichen Wunders ist.

Als Lars am zweiten Tage seiner Reise auf einer Skyßstation übernachten wollte – es war noch verhältnismäßig früh am Tage, doch die Nacht war schon samtschwarz, und die nächste Station erschien ihm zu entfernt – kam auf der Schwelle der Tür sein Schwager ihm entgegen. Pferde und Schlitten hielten noch auf der Straße, beschienen von einer hoch angebrachten elektrischen Lampe. Die Männer begrüßten sich nicht. Erstaunen machte sie verhalten.

»Was, zum Teufel, beginnst du?« rief der Schwager statt aller Anrede als erstes, »du kommst von meinem Hof. Du hast eines meiner Pferde gestohlen. Erwartet habe ich von dir nichts anderes. Aber ich bin früh genug auf dem Wege es zu entdekken. Ich, Bursche, bin helle, um mein Eigentum zu nehmen.« Sprach's lachend und schreiend, band das Pferd Larsens vom Schlitten. »Das ist mein Eigentum«, hob er hervor, »und du bist ein Dieb.«

Lars erbleichte. Er brachte kein Wort über die Zunge. Plötzlich gab es in ihm eine Erleuchtung. Er bestieg wieder den Schlitten, fuhr davon. Grinsend blieb der Schwager mit dem Pferde Grisungs zurück. So kam eine der prächtigsten Stuten Norges nach Atna. Lars sammelte die Bewunderung, die seine seltsame Erbschaft ihm einbrachte, mit Genugtuung ein. Es gab bald genug Leute in den Ansiedlungen, die eine Vereinigung zwischen seiner Stute und dem Hengste Gaustads sich zum Schauspiel wünschten. Die erfahrenen Bauern machten betrübte Mienen und erklärten, der schwarzen Farbe wegen sei das

Schaustück nicht aufführbar. Lars fürchtete das gleiche. In der Krambude von Hus standen die Männer, spieen in die aufgestellten Emailleeimer braunen Speichel, abgepreßt durch Nelken und Tabak, unterhielten sich über die Möglichkeit der Paarung jeden Tag aufs neue. Sie hatten Langeweile. »Nein.« »Ja.« Es bildeten sich zwei Parteien. Leif Huseson gehörte zur Ja-Partei, Mickael Morsen zur Nein-Partei. An einem Sonnabendnachmittag betranken beide sich bis zur Bewußtlosigkeit, gerieten in Streit ihrer geteilten Meinung wegen. Sie zogen ihre Dolchmesser und trugen sich den Zweikampf ohne Vorhandel mit zwei Zoll Stahl an. Also stachen sie aufeinander ein. Leif mußte sein Leben lassen, Mickael erhielt das Messer von dem Sterbenden, dessen Seele vor Trunkenheit sich nicht darauf besinnen konnte, daß sie eine lange Pilgerschaft anzutreten habe, in den Bauch gestoßen. Nachdem die Ärzte ihm oftmals die vernarbte Wunde geöffnet hatten, um bis an seine Eingeweide vorzudringen, die nicht aufhören wollten, von innen zu eitern, er also hatte leiden müssen wie ein Baumfrevler unter seinen Vorfahren, sprach das Gericht ihn frei von Strafe. Er wanderte nach Amerika aus. Er hoffte, dort ein Weib zu finden. In seiner Heimat erzählten die Mädchen sich unappetitliche Geschichten von der Verunzierung seines Leibes.

Perrudja erschien nach dem blutigen Zwischenfall bei Lars Grisung und bat, die Stute sich ansehen zu dürfen. Als er das Pferd geprüft, sagte er. »Ja.« Lars zog die Lippen herab, daß es neben seinem kurzgeschnittenen Bart eine tiefe Falte gab und antwortete: »Nein.« Nach wenigen Augenblicken war eine Wette abgeschlossen. Verlor Perrudja, so sollte er Grisung den doppelten Wert eines Füllens bezahlen, außerdem die Kosten für den Weidegang. Gewinnend erhielt er das Füllen als Besitz, es möge lebend oder tot sein. Der Waldbesitzer empfand nach dem Abschluß dieser Wette den ungekannten Reiz einer peinlosen Befriedigung. Es war, als ob Gezeiten in seine Tage gekommen waren. Er eilte sofort zu Gaustad, teilte ihm den Inhalt der Wette mit, bezahlte als kleinen Tribut an das Schicksal im voraus die Kosten des Weidegangs. Der Gutsbesitzer schüttelte mit dem Kopfe, strich das Geld ein. Er sagte ein paar höfliche Worte zu dem jungen Mann.

Perrudja stapfte durch den tiefen Schnee seiner Behausung zu.

Er würde nicht vor Mitternacht dort anlangen können. Er trällerte vor sich hin. Er sah nicht, dachte nichts und war doch erfüllt. Erst als er vor seinem Hause stand, erwachte er aus dem Summen, das er sich durch die Zähne geblasen hatte, bemerkte, daß hoch am Himmel ein kreidebleicher Mond stand, weiß auf den weißen Schnee herabsank. Es fror noch. Er stellte es fest. Auf der Haut saß ihm die Kälte. Er würde Feuer in seinem Ofen entzünden müssen. Bald, bald aber würde der Schnee von den Tannen nieder auf den Waldboden fallen. Dann würde ein hochzeitliches Schicksal zu wirken beginnen. Neues würde kommen. Dann würde irgendwo außer ihm selbst es wichtig sein, daß er, Perrudja, da war und lebte.
Er machte die Tür weit, trat ins Haus, entzündete Licht. Die Kälte stand in den Kammern. Alles Glücksgefühl wich von ihm, wie er die Wände sah, die einzigen Zeugen seines Seins, daß er Fleisch und Blut, nicht nur ein Name, in den Mündern der Fremden ein Wesen, daß er kein Troll, der unter Steinen schlief. Das Haus erinnerte ihn an seine jungen Leidenschaften, mit denen er ins Bett kriechen mußte, Abend um Abend die einzigen Gefährten. Das zweite Ich lag neben ihm, und er mußte sich mit ihm abfinden, es umarmen wie eine Geliebte. Und es war doch immer nur Perrudja, der eine und der andere, der Genießende und der Zetretene.
Er zündete ein Feuer an, schob dicke Birkenkloben in den Herd. Er beschäftigte sich gehend, bis es warm, überwarm im Zimmer war. Dann erst legte er den Überrock ab. Er schloß eine schwere eiserne Kiste auf, beugte sich darüber und lachte. Es war seine Geldkiste, in die hinein er lachte. Waldbesitzer war er geworden, mittels des Inhalts der Truhe. Das Heil seines Lebens lag darin. Perrudja ist jung. Perrudja ist blutjung. Perrudja ist nicht häßlich. Perrudja ist stark. Perrudja hat einen wilden und roten Mund. Perrudja hat dunkle Augen. Perrudja hat braunes, üppiges Haar. Perrudja hat eine ungebändigte Brust. Er riß sich den Wams auf und starrte auf sein jagendes Herz. Er griff danach und konnte es doch nicht in die Hände nehmen. Plötzlich mußte er sich umblicken, als ob jemand hereingegangen wäre. Aber die Ablenkung war nicht tief. Er legte sich die Handflächen auf die dunklen Brustwarzen und sagte bestimmt und männlich: »Perrudja wird ein Pferd be-

kommen.« Und über die Worte hinaus glitten Gedanken. Ein Königssohn jagte über die Hochebene.
Ich streife auf schwarzem Pferd durch Wälder. Unermeßlich. Eine Quelle geht auf aus grünem Moos. Meine Brustwarzen sind rund. Wozu braucht ein Mann Brustwarzen?

III

Dann kam ein Tag, weh, wild, als wäre Gott nur Stunde und Wetter geworden. Alle Seele wurde Zustand und Wandlung der Natur. Nächtlich begann es. Die Nacht wurde überschwarz von Westen her. Auf den Boden nieder von oben herab kroch das Schwarze, stürzte sich aus den Himmeln in die Wälder, Täler. Die Sterne erstarben. Mond war nicht. Und eine faule, unerträgliche Wärme kam mit der Finsternis. Und ein Wind kam, der sich wie Sturm gebärdete; aber es war ein fauler, scheußlicher Sturm, ein toter Sturm, der stank. Widerliche Brühe in seinen Zähnen.

Da begann ein Seufzen, ein Jammern, ein Knarren, Biegen, Grollen. Überall Geräusch, und doch nirgendwo eine Ursache. Die Tannen bogen sich. Doppelt schwer wurde die Schneelast. Bäume, die bis dahin die eisige Verkleidung getragen, jetzt barst es sie entzwei. Ihr stolzes Haupt brach, die Zweige, an denen sie blühen wollten, violett und rot und grün und schwefelgelb geil, ihre Glieder, ihre kostbarsten, brachen jetzt. Und woher die Schwere? Noch regnete es nicht. Faulige Wärme. Verwesung vor der Hochzeit. Der Tod kam über die Letzten, die ihm im Winter gereift.

Perrudja lag im Bett, als das Leiden des Frühlings begann. Er hörte es in den Bergen poltern, hörte das zittrige Wimmern der Bäume. Was war die Erlösung derjenigen, die den Schnee abwarfen, gegen die Trauer der anderen, die zerbrachen! Der Schnee von den Kiefern fiel auf Perrudjas Herz, das pochte und glühend war. Gespensterfurcht packte ihn. Sein Hals engte sich. Ziellos, verworfen, weinend, nicht betend, gottlos, verkrampft, ohne Hoffnung lag er da in vollkommen lichtloser Nacht, ohne Fortgang der Stunden. Das Rauschen wurde stärker. Schnee häufte sich am Boden. Das Holzwerk des Hauses knarrte. Wind kam zu unheimlichen Lauten. Nebel umklammerte feucht alles Räumliche. Wurde Regen endlich. Unsichtbarer Regen, wie Speichel und klebrig. Ach, schrieen die Bäume und husch. Hasen und wilde Hühner verschüttete es. Dann brach es in den Bergen los. Donner. Steine, Eis, Schnee wälzten sich zutal. Bäume, Tiere, Steine starben den ihnen bestimmten Tod. Vergehen in Schwärze, in Feuchtigkeit. Die Finsternis wurde Lärm, Geister erwachten, die alten Götter, Gespenster nur, ohne die Macht zum Segen, Kraft nur zum Peinvollen, Leidbereitenden, umtosten die nördlichen Länder. Meer und Erde flossen ineinander. Während die Bergabhänge sich mit qualmig erstickender verbrauchter Luft tränkten, peitschten Eisschauer riesige Schneeballen ins Meer. Hier war Sturm. In den Skaeren Gischt, Heulen, Nebel, Hagel, rasendes Sprühen.

Die Schiffe auf dem Ozean, wer gedachte ihrer? Sie scheiterten oder überstanden. Da, wo der Tod einschlug, ging es wie mit eiserner Gesetzmäßigkeit zu. Am Abend noch hatte man gefischt. Leichen über Leichen. Fische nur, Eingeweide und Blut, Gestank der See. Knechte, beschürzt, rissen auf, Blut, Eingeweide, rote Kiemen. Stiefel zerquetschten Blut, Fischaugen. Daß die bleichbunten Leiber zappelten, nicht einmal die Meergötter sahen es. Die dummen Untertanen kämpften letzten Kampf, ungesehen, letzten Todeskampf, nur mit ihrer stummen, machtlosen Seele. Flossen vermögen nichts. Verwelkende, ausfallende Augen vermögen nichts, letzte Pein der Zerstükkung vermag nichts.

Der Anbruch der Nacht war mit Ruhe gekommen, und die Stunden blieben ruhig – bis es plötzlich irgendwo in Masten, Takelage, an Schornsteinen riß. Unruhe, Laute gebaren sich selbst. Bewegung begann. Das alles begab sich wie von Anbeginn, nur wuchs es an, wuchs an, einfach, sachlich, nachdem es einmal geweckt. Über Fischleichen, über Tran, Geräte, Menschen, Licht, Maschinen, Instrumente wuchs es an. Mit Lärm, den niemand mehr hörte über einer kleinen Furcht. Bis irgendwo eine unbedeutende Unregelmäßigkeit geschah. Es rollte ein

Etwas über ein anderes. Das Schiff warf sich, als ob es spränge. Es tauchte, also ob es nicht schwimmen könnte, mit dem Vordersteven in einen Wellenberg. Es tat das wiederholt. Es gewöhnte sich daran. Es konnte es bald recht gut. Und was von den Dingen an Bord rollte, hatte es bald recht gut gelernt zu rollen. Was brechen wollte, brach ohne Erlaubnis, ohne Schamgefühl, ohne Verpflichtung gegen irgend was in dieser Welt. Daß Fischleichen, Menschen mit Angst dazwischen gerieten, wurde nicht bemerkt, ganz einfach übersehen. Lichter noch, Dampf irgendwo, schweres Stöhnen, bis plötzlich Wasser darüber hinging, und abermals, und abermals. Kein Licht dann, kein Dampf irgendwo, kein Stöhnen, nur Sturm noch, Schneeschauer, Lärm der Elemente.

Ein Schiff auf den Klippen wie Gespenst. Da kam ein Vampyr, eine Harpye, ein blutsaugender Troll, der nicht verriet, welcher Familie er angehörte. Man fand in den nächsten Tagen Leichen im Wasser, alles Blut aus ihnen, die Pulsadern auf, die Schläfen zerspellt, Bäuche sinnlos aufgeschlitzt, die Eingeweide halb zerrissen, halb zerfressen, das Herz hing unwirklich noch an seinem Platz, als hätte es nie etwas mit dem Menschen zu schaffen gehabt. Man mußte an den Geist denken, der nicht von sich gab, zu welcher Familie er zu zählen sei.

Auf den hohen, runden ausgewaschenen Granitbarren, wo die Wasserscheiden errichtet standen, wo qualmige Wärme vom Schneesturm getrennt wurde, saß der weiseste der alten Götter, halb Mann, halb Weib. Der in schmerzvoller Lust in sich hineinstach und Weib wurde, wo er hinbog den zeugenden Schmerz. Der sich selbst Kinder gebar, Götter und Göttinnen nach Osten und Westen, Geschwister des Aufgangs und Untergangs, daß sie zeugten untereinander ohne Schmerzen und wiederkehrten vom Stillstand des Nordens und Südens. Er saß auf der Kuppe und sandte qualmige Wärme, Schneesturm dorthin und dorthin. In Wirbeln umschlang es ihn, donnerte. Von fern standen in Herden Rentiere und sahen mit roten Augen auf ihn und verrichteten Dienst auf kalten Steinen vor ihm. Die Bullen besprangen die Kühe, um ihm zu dienen. Er sah es, und ein Lächeln entglitt ihm. Es entglitten ihm Schneesturm und qualmige Wärme.

Perrudjas Herz war zermalmt vom Tod, der ihn in eines

Unbekannten Dienst umheulte. Zeit wurde erst wieder, als Dämmerung anbrach. Da schlief er ein. Am Morgen lag aller Schnee von den Tannen ab. Wind, Regen in den Bergen. Trübe Sturzbäche, kalt und schaumig, grandeten zutal.
Der Waldbesitzer fuhr sich mit Händen zu den müden Augen. Ekel erfüllte ihn. Jammer, grundloser Jammer häufte sich in ihm, Langeweile plagte ihn und floß in ihn unaufhörlich. Seine Jugend vergaß er. Seine Träume vergaß er. Er schien sich ein glückloser Feiger. Mit seiner Nase nahm er sich wahr. Seinen Atem, der träge, gegoren nach Bier roch und weißlichem Käse, den Angstschweiß in langbehaarten Achselhöhlen, seiner Mannbarkeit Regungen.
Du wirst einst gerichtet sein, schuldig und schuldlos zugleich, weil du faul und stinkig.
Das Gefühl seiner Einsamkeit kam über ihn, das Gefühl eines Durstes kam über ihn, die Sehnsucht nach Macht kam über ihn, die Pein seines Geschlechts kam über ihn. Und er warf sich in den feuchten kalten Schnee vor seiner Tür, und ein Schluchzen und Weinen faßte ihn, bis er fühlte, seine Brust ist naß, sein Bauch naß, seine Kniee naß. Er erhob sich, lustlos, ziellos, ging von seiner Wohnstatt in den trüben Wald. Über die heidigen, graupigen, triefenden Steinflächen. In einer Saeterhütte machte er Feuer, wärmte sich, trocknete Kleider, suchte nach Speise, fand trockenes Brot, alten Käse, gedörrten Hammelschinken. Er aß viel, trank Schnee, den er im Munde zergehen ließ. Durch die Tür schaute er hinaus in Nebel und Regen. Die undeutliche Ebene vor ihm würde den Hengst und seine Stutenherde tragen, wenn erst der Schnee geschmolzen, wenn übersät mit tausendfacher Buntheit die Sonne hoch darüber stände.
Er suchte in diesem Vorfrühling den Saeter Gaustads häufig auf. Er machte ihn beinahe zu seiner ausschließlichen Wohnung. Als der Schnee verschwunden, das Wachsen wie mit fanatischem Zorn begann, ging er zutal.
Der Mai kam mit Milliarden roter, harter, kleiner krauser Birkenblätter, mit einem Himmelsgewölbe voll weißer Sonne, mit Larven, Käfern, mit ungezähltem Getier, mit einer neuen Welt, die das Sterben vergessen.
Das Wachsen kletterte die Berge hinauf gegen den ewigen

Schnee der Gletscher und Finnen. Die Herrschaft der dunklen gewalttätigen Götter war zerstört. Zicklein und Lämmlein sprangen, begabt mit der Schönheit behender Bewegungen. Sie verstanden etwas vom Spiel. Und waren sie vor den ergrauten Augen der Menschen auch Zahl nur, vermehrtes Fleisch, Hoffnung auf Milch und Käse, auf Wolle, auf Geld: ihre Jugend verströmten sie sorglos im offenen Mai.
In den geweckten Birken, den Kiefern, die zu atmen begannen, erfanden die Vögel Laute, ein Zwitschern, ein Flügelschlagen. In Paare schieden sie sich, in Männlein und Weiblein und jagten einander. Fanden sich, trennten sich, federnspreizend, sangen sich, erzwitscherten sich. Es wurde gesät, heilig, geopfert in beglückenden Handlungen, an denen nichts war, was an den Schweiß gemahnte, der an den Ackergeräten der Menschen klebte.
Bocksgeruch in der Luft. Brennende Dornbüsche wie die stillen Buchten des Meeres, deren Wasser weich und milchig wird vom nicht mehr zu haltenden Samen der Heringsmännchen. Den Abenden entgegen sangen in hohen Baumwipfeln Amseln. Flöteten mit aufgerissenem Schnabel, weil ihnen ihr Weibchen so sehr gefiel, weil ihnen Lust so sehr gefiel, weil sie sich selber fühlten, glücklich, ein Teil des unermeßlichen Lebens zu sein. Perrudja genoß an allem. An den Insekten, Gräsern, Moosen, kleinen Wässerlein, Steinen. Kurz vor Mittag saß er eines Tages am Waldrand gegen eine große Wiese. Man trieb Rinder heran. Noch beschmutzt vom Stall. Im Gehen plump, blind vor der Sonne, ohne Gefühl des Atmens. Ein Bursche riß die versperrenden Stangen zum Weidegang auf. Die Tiere wankten herein, unsicher, getrieben durch Schläge, die auf ihren Rücken fielen. Dann war das Hüh und Hott verstummt. Auf Augenblicke war nichts als der Wirbel der Luft über sonnerwärmten Dingen. Die Zeit stand still. In den Tierhirnen dämmerte ein Erinnern, eine vergessene Sage. Einige hoben plötzlich die hinteren Beine vom Boden, die vorderen, abwechselnd die hinteren, die vorderen. Ihr dicker Leib schwankte wie ein Kahn auf unruhiger Wasserfläche. Und war doch ein wilder Lobgesang. Der anhub, wie der des heiligen Patrik, plump, weil die schwere Gefängniszeit in engen Ställen die Glieder erlahmt hatte, ungewußtes Trächtig-

sein den Blick der Augen krank gemacht, gestohlene Kälber das Euter um der entzogenen Milch willen schwer und unförmig. Schwabbelt. Das Gesetz des Lebens beugte auch diese Versklavten, zwang sie in Bewegungen, in unergründliche Taten. Aufeinander hängten die Kühe sich, als müßten sie zeugen. Voreinander liefen sie, als kennten sie sich, liebten und begehrten sich. Die Bewegung ergriff sie alle. Sie stampften, wuchteten, schnoben. Die dicke Zunge fuhr unbändig in die feuchten Nasenlöcher, der Schwanz schlug gegen die eingefallenen Flanken. Dann löste der mächtigste Leib sich aus der Herde heraus, der bis dahin halb untätig mit ihr getrieben war, gewann Vorsprung, brach auf die Nüstern, floh einem Unsichtbaren, stolperte, richtete sich wieder auf, jagte mit plumpen Hörnern voran, mit wunden Augen in der gleißenden Luft. Der älteste Stier war's. Vor einer reichlich armdicken Buschkiefer blieb er stehen. Seine runden Augen weiteten sich, füllten sich mit Blut, daß die kleinen Adern im Augapfel sprangen. Den Nacken senkte er. Rannte an gegen den Baum, zog sich zurück, stieß wieder, wiederholte es, keuchte, zerstampfte, riß aus. Beschmierte den Kopf sich mit Sand, Harz, Blut. Brummte. Wühlte in die Erde, da der Baum vernichtet. Befreit endlich, blieb er reglos stehen.
Perrudja hatte lächelnd an dem Schauspiel genossen. Er entfernte sich nun langsam, kreuz und quer bergauf durch den Wald. Vor einer Felswand mußte er halten, bog ab gegen den Weg, der über die letzten Waldhütten seiner Behausung zuführte. Nahe der obersten Wohnstätte fand er einen Burschen Rinder hüten. Es war nichts Sonderliches an dem Umstand. Die Tiere schienen nur Maul und Duft nach würzigen Waldkräutern. Ein wenig entfernt von der Herde im Dickicht stand nachdenklich ein zweijähriger Stier. Weiß und rot. Perrudja mußte nahe an ihm vorüber. Dabei gewahrte er, daß die rote Farbe wie Blut begann, tief schon, mit wenig Kupferhärchen nur aufgehellt, und sich dann in schwärzliches Braun verfinsterte.
Etwas daran begreife ich nicht.
Er faßte nach dem Fell des Tieres, das mit festen Hörnern den Kopf ihm entgegen neigte, seine Kleider beleckte, mildtätig die Kraft seiner Existenz dem anderen antrug.

Ein Stier nur, zum Schlachten, zum Zeugen, den Menschen zum Nutzen. An ihm ist Fülle der Farbe, Fülle der Kraft, Fülle der Ahnungslosigkeit.
Der Mensch taumelte den Weg weiter bergauf.

IV

Eines Tages pochte ein junger Mann gegen die Tür in Perrudjas Holzhaus. Der öffnete. Ein Bote Gaustads stand draußen vor.

Der Gutsbesitzer lasse bitten, ob nicht Perrudja den Hengst des Herrn auf den Saeter reiten möchte. Das Tier sei sehr unbändig geworden. Es habe den Knecht abgeworfen. Ein Unfall sei daraus entstanden. Der Mensch habe ein Bein gebrochen. Es sei nunmehr keiner auf dem Hof geschickt zum Reiten. Herr Gaustad habe seit Jahren nicht mehr auf einem Pferde gesessen. Da habe er gemeint, ob nicht der Waldbesitzer, der so große Liebe zu Pferden gezeigt, ob nicht vielleicht er Herrn Gaustad den Dienst erweisen wolle. Er möge sich entscheiden. Um sieben Uhr des nächsten Tages müsse aufgebrochen werden.

Perrudja erklärte, daß er bereit sei. Doch sei seine Kunst zu reiten nicht so vollkommen wie, allem Anscheine nach, vermutet werde. Bis zu seinem siebenzehnten Lebensjahre habe er mit Pferden gelebt, tagein, tagaus. Dann aber sei für ihn eine große Veränderung gekommen. Die Tanten, auf deren Gut er gewohnt, gestorben seien sie beide, kurz nacheinander. Es habe das Geschehen ihn nicht stark erschüttert, denn die Vernunft lehre den Menschen das Wissen, daß alte Frauen sterben müßten an einem ihnen bestimmten Tage. Das Empfinden nur habe ihn überschlichen, als ob jemand ihm im Rücken hätte auftauchen müssen, der zu ihm gesprochen, ihm etwas erklärt hätte. Ein taubes Gefühl sei ihm in den Mund gekommen, ein wenig Pochen des Herzens. Eine Frage sei in ihm aufgestanden, denn es wäre ja niemand rücklings ihm entgegengetreten. Zu den Mägden sei er geschlichen; einer habe er den Kopf gebeugt, daß ihr Ohr nahe dem seinen gekommen. Nach Vater und Mutter

habe er gefragt. Lachen sei die Antwort gewesen. Laut erzählt habe sie dann, was er heimlich gefragt. Ein Knecht sei vorgetreten. Der habe auf seinen Hosenlatz gezeigt, den er mit Fäusten vorgestülpt. Man habe ihm unanständig, was er schon wußte, beschrieben. Mit der eigentlichen Antwort seien sie in seiner Schuld geblieben. Nichts davon habe er erfahren, ob seine Eltern tot, ob lebend; er selbst verstoßen. Als er geweint, sei ihm Streicheln geworden durch eine ungelenke Hand. Eine Magd habe ihn, obgleich er größer an Gestalt als sie, auf den Schoß genommen, eine andere sei vor ihm hingekniet, habe dabei seine Kniee an ihre Brust gedrückt und leise gesungen mit langen Tönen, daß er ein Trollkind, ein halbes zum wenigsten, weil man von seinen Eltern nichts wisse, nicht beschreiben könne, wo er geboren, woher sein Name gekommen. Die Tanten, die das Geheimnis bewahrt, verstummt war ihr Mund ohne Widerruf. – Vor Rührung habe er, der große Junge, sehr lange geweint. Die Tränen seien versiegt. Die Stunden seien vorüber gegangen nach dem Maß, das ihnen fern von den Stätten der Menschen gestellt.
Der Tod der Tanten habe dem Anscheine nach nicht vermocht, die Lebensweise auf dem Gutshofe zu verändern. Doch sei eines Tages ein schwarzgekleideter Mensch angekommen, der nach Perrudja gefragt. Er habe ihn vor sich führen lassen. Als sie sich gegenüber gestanden in dem niedrigen Salon der Tanten, dessen Sitzmöbel mit feiner Seide bezogen, seien alle Türen hinter ihnen verschlossen worden, so daß eine unbegreifliche Stille entstanden, in der er vermeint, daß man sein Herz hätte schlagen hören können. Flüsternd habe der Fremde mit feierlichen Worten gegen den Takt des Blutes zu streiten begonnen und von einer großen Veränderung, die ihn, Perrudja, betreffen werde, gesprochen. Einer schwarzen Ledertasche habe jener sodann ungezählte Schriftstücke entnommen und diese mit Gründlichkeit zu erklären versucht. Doch da dem Schüler der Hals fast zugewesen sei vor Schleim und Blut, die nicht abfließen wollten gewohnte Wege, er also von dem, was gesprochen, nichts zu verstehen vermocht, habe der Schwarzgekleidete zu einer Zusammenfassung angehoben: Nicht sorgen möge Perrudja sich. Ihm sei die Gnade großen Reichtums geworden. Den Hof zwar werde er verlassen müssen. Es sei

eine Erbfolge eingetroffen, die das bedinge. Hingegen öffne sich ihm jetzt die ganze Welt. Der ihm bestellte Vormund stehe ihm gegenüber, der verpflichtet sei, nach der Vorschrift letztwilliger Verfügungen zu handeln. So wolle er denn in nichts sich einmischen gegen den Willen des jungen Menschen und möchte betrachtet sein als ein untergeordneter Verwaltungsbeamter. Sein Rat stehe dem Frager offen; aber er wisse auch, ungefragt, sich gut zu bescheiden mit Stummsein. Seine Pflicht sei es, in diesem Augenblick Perrudja eine größere Summe Geldes auszuhändigen. Im Abschiednehmen habe der Zugereiste ihm eine Mappe aufgedrängt und dazu gesprochen, daß für alle Fälle darin auch Name und Anschrift des Vormundes würde zu finden sein, etwa, wenn das Geld eines Tages abhanden gekommen oder verausgabt sein sollte. Davon könne er mehr erhalten. Das überreichte Vermächtnis sei nur eine Probe. Es werde der Tag kommen, an dem man erneut sich begegnen würde. – So sei die große Veränderung eingeleitet worden. Der Erzähler fühlte plötzlich, er hatte etwas gesprochen, was nicht in den Zusammenhang gehörte. Bilder waren in ihm aufgestiegen, und sein nur zu oft schweigsamer Mund hatte sich geöffnet einem Unbekannten, der gegen seine Tür gepocht. So glitt er in den Zustand, als ob er eine unrechtmäßige Handlung begangen hätte und begann mißtrauisch auf den zu blicken, der ihm zugehört hatte. Jener war ein einfältig frischer Bursche, nicht übermäßig klug, wie man glaubte aus seinen Zügen ablesen zu können, mit einem breiten Gesicht, das offenbar nur mühsam lächeln konnte; dunkle Haare fielen über eine gerade Stirn. Die Augen waren tief, aber nicht scharf. Es mußte traumhafte Vorgänge geben, die herabfallen konnten über das Erschaute. Ein Kuhhüter, der kein Haus hat, nicht Weib, nicht Kind und ohne Nötigung entdeckt, daß seine Vorfahren wie die Tiere waren, ähnlich denen, die er betreute, sinnliche Wesen, die ihre Sehnsüchte noch nicht zermaserten an einem geistigen Prinzip – und nun zurückglitt, nachdem er solches begriffen, in eine starke und einfältige Existenz. Der Mund war seltsam wohlgeformt, doch breit, rot, mit weißen Zähnen unter den Lippen.

Allmählich zog sich Perrudja von ihm zurück, das unterbewußte Vertrauen ersetzte er durch kühles Schweigen. Als ob er

nie sich jenem anvertraut. Die angestoßenen Gedanken jagten in ihm, verkniffen ihm aber die Lippen. Er schwor bei sich, niemals wieder zu sprechen von dem, was soeben seinem Herzen entfallen. Er selbst wollte es vergessen, kein Erinnern nehmen, das ungestilltes Ahnen beschwören mußte.
Er zog den Burschen in die Diele, bot ihm zu essen und zu trinken, sagte, als jener sich gesetzt, mehrmals, er werde kommen und reiten, er werde es versuchen. Und ob man Grisung benachrichtigt habe?
Nachdem der Bursche Gaustads gegangen, bemächtigte sich Perrudjas ein unermeßliches Glücksgefühl der Vorfreude, ein Fieber der Erwartung, das alle Realitäten überschwemmte. Eine Flutwelle von Erfüllungen schien sich gegen ihn zu wälzen und wuchs mit der zunehmenden Maßlosigkeit seiner inneren Gesichte. Alle Geschehnisse des kommenden Tages prägten sich ihm ein, bis in winzige Einzelheiten gemalt. Selbst das Fallen mißwachsener Blätter von Bäumen wurde einbegriffen, der Klang, den es gab, wenn die Hufe des Pferdes gegen Steine stießen. Seine Schenkel umklammerten ein edles Pferd, würdig, den dunkelhäutigen jungen Fürsten von Inmulan zu tragen. Der Mensch in den nördlichen Bergen sog die sonnenwarmen Bewegungen dieses Mannes in sich ein, wurde ein anderer, wurde ein Nacheiferer des zufälligen Vorbildes. Nicht hochmütig, doch auch nichts von Demut an ihm. Wie konnte seine Jugend demütig sein, auf die hereinbrach ein tosender Fall voll beglückender Wirklichkeiten?
Die feierliche Wallfahrt zupferde war nur der Auftakt eines großen Schauspiels. An einer Herde Stuten ritt er vorüber. Wild um ihn erschollen die Laut gewordenen Anträge der Liebenden. Seinem Hengst jubelten sie zu im Stampfen der Hufe, im Aufbäumen, in verhaltenen Bewegungen. Bis eine schwarze Stute sichtbar wurde, das Tier, auf das er gewettet. Da trompte röchelnd der Hengst unter ihm. Weißlicher Rotz zerstäubte aus seinen Nüstern. Das Zeichen der Liebe zerschnitt die Luft. Perrudja siegte, siegte in einer Wette, siegte sein Leben, siegte den jungen beginnenden Kampf, und die Welt erbrach sich ihm. Die Herde der Muttertiere versunken. Grüner Strom zwischen seinen Wimpern. Die Wasser vorüber. Die Jahre flossen. Das Meer machte eine Bewegung um ihn.

Die Erde lagerte sich zu seinen Füßen. Von einer Erhöhung aus warf er seinen Willen unter die Menschen. Und mordete ihre Krankheiten mit unfehlbaren Medizinen. Und brachte ihre Tollheiten in ein mildes Gesetz der Vernunft. Zertrümmerte ihre Wünsche, die zu ihnen nicht passen wollten. Er erbarmte sich. Zerlöste den Schmerz, der Gott anklagte.
»Wenn ich fünfzig Jahre alt geworden bin«, sagte der fette Wirt, »werden die Kinder mit meinen Knochen Äpfel von den Bäumen werfen.«
Kurz nach Mitternacht war Perrudja talwärts gegangen. Die leuchtenden Sterne umfriedeten noch die Wunschbilder seines ungestümen Blutes. Ein wenig vor sieben Uhr am Morgen stand er im Stall des Hengstes.
Das Tier mußte durch den Burschen ungeschickt behandelt worden sein. Es war furchtsam, mißtrauisch, empfindlich, ungerecht. Perrudja streichelte das blanke Fell, sprach, ließ sich beriechen, vertraute ganz. Der Hengst schien offen zu werden, ging um ihn, reichte den Kopf, barg die Nüstern unter des Menschen Achseln, führte die leicht zuckenden Lippen gegen den Mund des Mannes, senkte, gedemütigt an der Ruhe, den Hals. Da spie sich Perrudja in die Hände, ließ das begieriger werdende Tier lecken. Dann rieb er ihm den Bauch, legte die Hände zwischen die Schenkel, streifte das Kopfgeschirr über, ohne daß das Pferd sich entsetzte. Als er befriedigt dastand, wurde er plötzlich von dem mächtigen Tierleib gegen die Wand gedrückt. Perrudja entrann nicht mehr, er schrie auf, als er die Enge eines Druckes an seinem Herzen fühlte. Da bewegte sich der schwere Körper unregiert, ziellos. Hufe traten hierhin, dorthin. Perrudjas Fuß wurde in den Dung gestampft. Dann hielt der Mensch das Tier am Kopf, stand schmerzgekrümmt auf einem Bein, biß sich lautlos die Lippen, Tränen gingen ihm in die Augen. Hastig warf er, noch hinkend, den Sattel über, stemmte den Kopf gegen die Flanke des Pferdes, zog die Gurte mit Unbeherrschtheit so fest, daß der Hengst ächzte und bange den Atem ausließ. Wenige Sekunden später aufsitzen vor der Tür des Stalls. Nun wurde der Fuß untersucht. Es war nichts zerbrochen. Eine breite Hautfläche nur war blutunterlaufen. Gaustad kam aus dem Wohnhaus heraus auf den Hof und begann eine Summe von Ermahnungen zu

erteilen, beschrieb endlich den Treffpunkt, bat nochmals um Vorsicht, bedauerte auch die Unbeherrschtheit des Pferdes, wiederholte, daß er selbst nicht gut genug reiten könne, schalt die Knechte und verschwand wieder im Wohnhaus.
Die ersten tausend Meter des Rittes qualvoll. Das Tier, ungebärdig, wollte in keiner Gangart beharren. Auffliegende Vögel. Erschrecken bis zur Besessenheit. Flatternde Fahne an einem Mast erzeugte Angst, die den Schweiß hervorbrechen ließ.
Gefühl der Unsicherheit. Der Jüngling vermochte den Herrn nur schlecht zu spielen, unterlag dem Willen des Tieres. Erlahmende Kraft des einen, erwachender Freiheitstrieb beim Berittenen. Hoch auf bäumte er sich.
Du mußt dich zusammennehmen, Perrudja. Laß dich nicht erkennen, dein Herz schlägt hörbar. Es drängt dir Kot zum Darmauslaß.
Mißlungener Versuch. Unzufriedenheit häufte sich in dem Tier. Es richtete sich senkrecht auf. Übersenkrecht. Nach hinten werfend. Es überschlug sich. Straucheln. Umbrechen. Perrudja sprang aus den Bügeln, kam auf die Beine. Doch das Zaumzeug entglitt seinen Händen. Auf Augenblicke lag der Hengst verstört am Boden. Der Reiter griff nach den Zügeln. Bebend. Er beherrschte, unverletzt, überrot und geschwollen im Gesicht.
Zornig auf den Kopf des Tieres schlagen. Weiche Nüstern. Trübe zottige Augen. Mit Zähnen anfallen. Raubtier. Weiche Nüstern. Haben meinen Speichel geleckt. Süßer Speichel.
Aufrichten, zerren, zurückweichen, unterliegen. Zwischen die Augen die Peitsche. Wirbel an der Stirn. Im Sattel wieder.
Ich bin tollkühn, besessen, peitsche das Pferd. Ich beiße in das weiche Fell. Galopp. Ich treibe, treibe. Heftiger. Es soll sich überschlagen. Bis zur Erschöpfung. Soll sich nicht nur in den Hoden erschöpfen. Soll im Schweiß –. Ich will in Schaum baden. Meine Schenkel sind auch naß. Meine Hoden wie weiche Pflaumen. Ich bin erbarmungslos. Ich träumte. Ist zerronnen. Im Wald bergauf ging es langsam Schritt für Schritt. Absitzen. Rast. Eine Versöhnung. Brot und Speichel gab Perrudja, ließ trinken, grasen, aß selbst.
Liebt den Schleim meines Mundes.

Aber er war matt durch lästigen Schweiß, sein Fuß schmerzte.
Liebt er auch den Geruch meines Schweißes?
Aufknöpfen die Jacke, Brust entblößen. Pferdekopf in die feuchte Achselhöhle nehmen. Kein Widerwille.
Ich muß Wasser lassen. Er wird riechen, was ich tue. Die Welt enthüllt sich in ihren Düften.
Heranführen der Nüstern.
Bleibt träumend stehen. Ich bin ihm nicht widerwärtig. Küsse den Hals! Ihr habt einander mißverstanden. Er läßt Wasser. Gib dein Wasser dazu.
Der Fuß schmerzte.
Nachschauen.
Er untersuchte die Schürfung, fand nichts daran, aber es schmerzte.
Weiter ging es bergauf. Steine, Geröll unter den Hufen des Tieres. Unscheue Vögel in den verworrenen Kiefern.
Geben unkluge Töne von sich. Ob sie über uns denken? Ob sie riechen: Pferd, Mensch? Zweierlei Harn. Die Pflanzen, wenn sie Sinne haben, sind betrogen worden. Gemischtes Wasser. Denken: Kentauren. Wenn ein Mensch eine Stute nimmt, gebiert sie? Kentauren.
Weiter ging es bergauf. Der Himmel schien nahe zu kommen. Die Bäume bewegten sich nicht mehr nach oben, schienen dem Boden anzukleben. Der sich zu großen Granitbarren entblößte, moosverhangen. Die Spalten verwunschen. Zwergbirken, Blaubeeren, Heidekraut. Die Sonne lag gleißend wie eine Eidechse im roten Grün der harten Gewächse.
Plötzlich Hufschlag von irgendwoher. Stuten durchzogen das Gebirge. Der Hengst wurde unruhig. Die Gangart wieder ohne Beherrschung. Perrudja nagte an seiner Lippe, nahm sich krampfhaft zusammen.
Ich bin dem Koloß aus Fleisch und Samen nicht gewachsen. Kann ein Mensch so unruhig nach Frauen sein?
Er blickte sich um, erschaute nichts. Sah vor sich und zur Seite. Erschaute nichts. Sein Pferd ging quer tänzelnd, nicht gradaus.
Riecht. Wir können nicht Frauen erriechen.
Die Luft wurde dünn, der Himmel grün.
Der Reiter überschaute eine weite, leichtgewellte Ebene voll

Busch. Er wurde überfallen von der Einsamkeit, die ihn umgab. Sein Hirn wurde leer.
Eine Glocke über mir. Bronzene Kirchenglocke. Siebentausend Kilogramm. Ich kann sie nicht heben. Ein Kubikmeter Metall. Ersticken oder verhungern. Wenn man verhungert, Kot von sich geben, Widerspruch. Wenn man verdurstet, Harn, Widerspruch. Gelb ist das Wort, wenn man uns fragt: Farbe. Warum? Ich sage gelb. Vielleicht sagen andere: rot. Oder grün. Oder blau.
Er hätte rufen mögen in Angst nach jemandem. Das Tier unter ihm fremd. Alles andere Atemtrinkende ihm fremder.
Du bist ungeliebt. Niemand begehrt dich. Sie wissen nicht, daß dein erstes Wort gelb ist. Und ist es nicht gleichgültig?
Wo denn nur hatte sich der andere Hufschlag verloren? Wer war der ungeschickte Reiter, daß er nicht den rechten Weg fand? Man mußte doch hier auf der Ebene sich von fern erschauen, eine gegenseitige Beruhigung aneinander nehmen können!
Einsam ritt über die Ebenen des Hochlandes Perrudja, nicht Sieg im Herzen, Angst vor dem Ungewissen. Es begann sich auszudehnen wie die Welt, die bis an den Horizont reichte, weiter, bis an die Unendlichkeit. Die nie sterbenden Trolle schlichen hinter ihm, unsichtbar und verwundeten sein Herz mit dem unhörbaren Lachen ihres Felsgesichtes.

»Grundlose Furcht ist schlimmer als ein Unglück.
Das Ungewisse härter als die Pein.
Die Ahnung, die die Götter geben,
der schlimmste Fluch der unsre Seele trifft.«

Die Menschen in den Tälern versunken, in den Fjorden, im Nebel, weit unten. Ein Mensch zwischen Himmel und Stein. Groß über der Erde. Klein unter der Sonne. Die Luft bewegte sich nicht. Aber sie vermochte es zu anderen Stunden. Was noch dieser Welt konnte ihm da bekannt sein?
Hinab gings in eine kleine Talmulde. Pferde wurden sichtbar. Perrudja schrie. Er winkte. Er gebärdete sich wie ein Gefangener, dem Rettung nahe. Er jagte im Galopp der Gruppe zu, nichtachtend des beginnenden Taumels seines Tieres.

Angelangt. Absitzen. Wollte sprechen. Aber man bedeutete ihm, erst abzusatteln, den Hengst freizugeben. Er tat es mechanisch, in sich eingesperrt, wie geprellt. Roch das Arom des frischen Leders. Flüchtig schaute er auf, ob Grisung mit seiner Stute anwesend wäre. Erspähte ihn. Doch fühlte er kaum eine bange Hoffnung, nur Niederlage.
Der freie Hengst wandte sich ab, zog davon, den Talhang hinauf, zur Ebene. Halb zurückgewandt den Hals. Die Füße traten leicht vorwärts. Gegen den Himmel, fern schon bewegte sich das schöne, halbmatte, doch unruhige Tier. Blieb stehen, gab einen leisen Ton von sich. Und abermals. Und abermals. Alsbald verschwand es im Busch der Zwergbirken. Nun zerlöste sich die Gruppe der Stuten. Alle Schritte der Tiere führten voneinander.
Erde zerbröckelt.
Perrudja sah, wie die Stute Grisungs die Füße höher setzte, die Führung an sich nahm, die Richtung der Bewegung zu bestimmen begann. Durch die Heide trabten, zögernd noch, aber schon verfallen die weiblichen Tiere dem Hengst nach.

V

Der Sommer kam und verging. Perrudja sah ihn überwiegend in einem quälenden bleiernen Licht. Er war oft auf den Hochebenen. Einmal war ihm eine Stute begegnet. Sie hatte gegrast, versprengt von den übrigen Tieren. Gesegnet oder verstoßen. Mit weit ausholendem Schwanz verjagte sie Fliegen von ihrer schwarzen Geschlechtsöffnung und den trokkenen Milchdrüsen. Perrudja trat hinzu, legte sein Ohr gegen ihren prallen Bauch. Hörte nur Verdauung, wie heißes Wasser, das strömt. Des Menschen Wissen ist Stückwerk.
Prustet. Fürchtet sich nicht vor mir. Denkt sicherlich: kleines Männchen.
Er schlich weiter, den gekreuzten Spuren der Tiere nach. Stand hoch auf einer Kuppe. Der Himmel über ihm grün und leer, unsagbar unbarmherzig. Wie er ihn kannte. Das Heidekraut dörr und heiß.
Wir sind ohne Verantwortung. Werfe ich eine Münze in die Luft, kann ich mit nichts erzwingen, daß Krone oder Zahl fällt nach meiner Wahl.
Er entzündete ein kleines Feuer. Würzig und beißend gingen Rauchschwaden daraus. Ein Wind nahm sie mit.
Lachs schmeckt am besten mit Wacholderreisern geräuchert. Werde Edgar Hals bitten, daß er mir dreie für den Winter angelt. Oder den Engländer. Kann seine Beute nicht allein verzehren. Wenn Flammen aufschlagen, werden die Schwaden mager.
In der Ferne sah er plötzlich die Herde. Sie mußte hinter einem Hügel hervorgetreten sein. Sprang auf aus der hockenden Stellung.
Der Wind trägt die Schwaden den Tieren zu. Verdammt. Münze. Krone. Zahl. Zertritt das Feuer!

Tanz mit groben Stiefeln in den Flammen. Graue Asche. Schwarze Asche. Die Flammen sind tot. Es schwelt weiter. Husten.
Tölpel. Sobald sie den Rauch atmen, werden sie den Futterplatz wechseln. Hast du genug Abfallwasser in der Blase? – Seit heut morgen an keinem Baum gestanden. Wenig getrunken. Geschwitzt. Versuche nur.
Er stampfte die rauchenden Reiser in den Brei. Letzte weiße Wasserdämpfe.
Riecht nach Phosphor.
Er eilte davon. Sah den Rauch über die Heide ziehen. Rauch eines Feuers, das schon gelöscht. Die Pferde wurden unruhig. Sie wendeten. Perrudja ging gleichwohl zum Weideplatz. Fand frischen Mist.
Als im Herbst die Tiere nach Hause getrieben wurden, hockte er in seinen Stuben. Ohne Anteilnahme. Er hatte oft wochenlang Tag um Tag Brennholz für den Winter zersägt und zerschlagen. Gelesen hatte er, an einem braunen Tisch sitzend, bei geschlossenen Fenstern. Lehrbuch der Anatomie der Haustiere. Geschlechtsleben der Säugetiere. Mit fiebernd roten Ohren. Als ob jemand daran gewesen wäre ihn zu überraschen. Frivole hatten die Bücher geschrieben, Doktoren aller Grade und aller Alter. Aber sie wußten die Funktionen von Muskeln und Eingeweiden. Sie kannten ungezählte lateinische Bezeichnungen. Es gab sicherlich keine norwegischen Vokabeln für die Vielheit des inneren Körpers.
»Wenn den Menschen nicht sein aufrechter Gang auszeichnete, müßte man das Pferd als das schönste Säugetier ansehen. Ein Vergleich seines Skelettes mit dem jedes anderen Lebewesens vermöchte es schon zu beweisen. Klare, prächtig gemeißelte Linien, vorzügliche Proportionen, Beckenbildung von höchster Zweckmäßigkeit zeichnen das weiße und feste Knochengerüst aus. –«
Stuten, diese vollkommen gebauten Mütter, können kaum ohne Verlust ihres Lebens kastriert werden. (Es sei denn, daß man ihre Fruchtbarkeit mit Röntgenstrahlen versengt.) Weshalb, ihr Männchen, bettet ihr euer Edelstes, ihnen gleich, nicht in die entferntesten Darmwindungen?
An den wärmsten Tagen hatte es ihn manchmal gefroren. Kam

gar von irgendwoher ein kühler Wind auf, hatte er seine Zuflucht zum geheizten Ofen genommen. Hatte dumpf die Nacht in der brenzlich riechenden Luft geschlafen. Mit schwerem Kopf war er unlustig erwacht. Wachend war er unter den Decken geblieben, hatte darüber gedacht, was er beginnen solle, womit sich beschäftigen.

Ich möchte fortreisen. Abfahren. Die Welt bleibt stehen. Ich bewege mich. So entsteht Entfernung. Der Atlas macht mich krank. Ich sehe Namen. Dörfer. Städte. Menschen darin. Ich kenne sie nicht. Kein Bild. Die Flüsse. Krause Linien. Braungezackte Falten. Die Gebirge. Dreifach so hoch wie die unsrigen. Gojam, Sandjigum, Hadjabad, Galu Tesges, Nagenau, Ghanda Kuh, Awas, Tabbas. Das ist Persien. Menschen. Männer, Weiber, Kinder. Zeugen, Gebären, Sterben. Land, das ich nicht kenne. Schwarze Wüste. Was ich träume. Eine schöne Frau verschmachtet unter der Sonne. Bei ihr sein. Sie nach einer Oase tragen. Wasser reichen. Brot. Sie lächelt. Ihr Oberkörper ist entblößt. Braune, fettige Haut. Duftet.

Tshansih, Tachta, Sang, Lapis-Lazuli, Dahan-i-Scharschari, Kasch, Dila, Patai, Jachdan, Doschak. Das ist Afghanistan. Teil Asiens. Nepal. Gebirge. Denkmal des Unbekannten. Weiße Gletscher. Zitzen der heiligen Ströme. Deinen Norden kennt niemand. Unbekanntes China. Dort lebt noch der Vogel Greif. Edelsteine, aus unbekanntem Stoff. Groß wie Straußeneier. Kein Gesetz, keine Strafe. Menschen trinken Stutenmilch. Saugen an Pferdeeutern. Kopf zwischen den Schenkeln.

Bilikitti, Digi, Mopti, Laga, Agitta, Kipka, Magina, Nalkait, Saftano, Mukit, Libatu, Mupita, Pitami, Tamipi, Mopetu, Tupemo, Petumo, Tagita, Attigat, Tigtata, Tatigta, Niuak, Kauni, Inuka, Kainu, Unika, Ikanu. Afrika, heiliges, Mutter der Menschheit, unbekanntes, schwarzes. Wüste, Seen, nackte Menschen. Götter. Städte. Meere. Neger und Araber haben große Zeugungswerkzeuge. Nach Afrika will ich. Südlich. In Lehmhütten schlafen, auf Matten. Samtene Haut gegen die meine. Schwarze Brüste. Trinke. – Es ist längst Tag. Der Atlas hat hundertundsiebenundachtzig Karten. Alle Länder bereisen. Einhundertundsiebenundachtzig Erdteile. Die Pläne der Welt machen mich krank. Ich liebe dunkelfarbige Menschen. Bin

selbst ein wenig braun. Auch regelmäßig gewachsen. Sie sprechen mir unverständliche Sprachen.
Aber er war ein Baum, angewurzelt. Seine Wünsche bewegten ihn nicht. Gediehen zu kettenartigen farbig unfruchtbaren Träumen, die seinen Leib träge machten. Er achtete oft tagelang seiner nicht. Füllte ihn an mit Speise und Trank, ohne es zu wissen, schied sich von ihm in Schmerzen und Lüsten, rang sich nicht los von den Bildern seiner inneren Augen, die immer prächtiger und unwirklicher sich auswuchsen. Was ihn umgab, erkannte er nicht mehr. Anders hätte er umkehren müssen von dem Weg, der ihn verhängnisvoll beeinflussen mußte, begann er doch, sich von der Schöpfung abzusondern.
Er sah Ebenen, grobsandig, rot, blau, Kristalle undurchsichtigen Korunds. Steinerne Hallen wölbten sich. Funkelnde Gläser gaben das Licht, das nicht von der Sonne kam. Heimliche Kammern bargen unermeßliche Schätze, die er in seine Hände nahm, die sich ihm zur Freude zusammenstellten zu Zeichen und Gebilden. Da gab es einen achtkantigen zweigeschossigen Kuppelbau, der an den Wänden ringsum mit kupfernen Fächern geteilt war. Aus ihnen entnahm er kleine, winzig kleine Bilder, die aus Emailleschmelz zusammengeronnen waren zu einer milden Wirklichkeit. In ihnen fand er, unendlich klein, versteint, erstarrt im Flusse des Materials, die Menschen, die im Fleisch zu meiden er gelernt hatte, in ihren anmutigen Gebärden. Seine Bedürftigkeit zu ihnen trieb ihn, die glatten Gläser zu streicheln. Und wandte er sich endlich ab, übersättigt, übermüdet von der schweren Arbeit seines schaffenden Hirns, war es doch keine Umkehr zum Schlaf, zur Arbeit seiner jungen Fäuste, zur Kraft seines unerlösten Bluts. Er schritt nur behutsam davon, ihm folgten, ahnte er's auch nur, die Bilder, jetzt lebend, lebend und erwachsen wie er, Menschen dunkelhäutig und weiß, erregt und ausgeruht, in kostbare Gewänder gehüllt oder entkleidet, wie er es begehrte. Immer aber voll eines seltsamen sternenhaften Lebens, das die Wirklickeit dieser Erde nirgends erfüllen konnte.
An seinen Gesichten mußte Perrudja ein Feind der Menschen werden, weil es zukünftig nicht geschehen konnte, daß sie mit der Nähe ihres Leibes als ein Bild vor ihn hinträten, das ihm gefiel. Selbst seine eigene Körperlichkeit wurde ihm fremder

nach und nach. Die Bedürfnisse seiner Existenz wurden ihm widerwärtig, seine Notdürfte quälten ihn unbegreiflich. Die Herrlichkeit seiner künstlichen Zauberwelten, die buntschillernd auch in die Phantasien seines Schlafes übergingen, trennte er von den Trieben seiner Jahre. Er kämpfte nicht mehr mit ihnen, er befriedigte sie, um sie zum Schweigen zu bringen. So wurde er, trotz der kaum noch versteckten Abneigung gegen seinen Leib, unmäßig in allem. Und die spielenden Bewegungen seines Körpers verstummten. Als Rache für die Mißachtung legte sich, trotz seiner Jugend, ein leichter Fettansatz um seinen Bauch. Die Augen wurden klein, müde, umschattet. Als er eines Tages die Veränderung an sich gewahrte, begann er sich zu schämen. Aß nicht, hungerte. Badete in eiskaltem Wasser, schleppte Steine, bewegte seine Glieder bis zur Erschöpfung, knetete mit geballten Fäusten das Fett an seinen Muskeln, schrie. Ging ins Dorf, hielt die Leute an den Wegen mit herabgerissenen Reden auf. Begann mit Bewußtsein das Lob alltäglicher Mühsal zu singen. Sann darüber, wie man grobschlächtige Begebenheiten in eine geordnete grammatikalisch orthographisch richtige Sprache bringen könne.

Der Himmel ist safrangelb. Krokos. Violett, weiß. Safran ist Same. Safransame. Weiß. Frankreichs unschuldige Königslilien. Verdecken die zeugende Kraft, welche gelb. Verdecken das Blut der Schlachtfelder, welches rot.

Will nur noch gelbe Hemde tragen. Safranseide. China. Wüsten aus Quarz und Korund. Hippokampen brüten ihre saphirblauen Eier. Safranseidenfalter. Schmetterlinge, Raupen, Wurmraupen. Wollewurmraupen. Wollewurmkriechraupen. Wollewurmkriechfreßraupen. Wollewurmkriechfreßkotvöllerraupen. Sind häßlich. Dick. Magen. Plump. Saftig. Wenn man sie zertritt. Nur Darm und Verdauung. Verdautes, Halbverdautes. Dicke Männer. Speisen lange über Tisch. Braten, Fisch. Suppe. Jägersuppe. Königinnensuppe. Kaiserinnensuppe. Pabstsuppe. Bischofssuppe. Rittersuppe. Bauernsuppe. Bettlersuppe. Suppe von Fleisch. Kalb, Ochs, Kuh, Bulle, Schaf, Hammel, Widder, Schwein, Sau, Eber, Pferd, Wallach, Stute, Hengst, Rentier, Elch, Hirsch, Reh, Gans, Gänserich, Ente, Taube, Hahn, Kapaun, Henne, Truthahn, Ur, Schneehuhn, Kranich, Krammetsvögel. Fischsuppe von Lachs, Forelle, Dorsch, Heilbutt,

Flunder, Karpfen, Steinbutt, Barsch, Hecht, Schleie, Zander, Muräne, Quappen, Maipieren, Barben, Stör, Schellfisch, Makrelen. Krebssuppe. Hummersuppe. Langustensuppe. Krabbensuppe. Garnelensuppe. Schildkrötensuppe. Aalsuppe mit den sieben Kräutern, fünf Gemüsen, drei Dörrfrüchten, einerlei Fisch. Man kocht in Weißwein Rauchfleisch vom Schwein. Suppe von Gries, Reis, Mehl, Grütze, Graupen, Grünkern der fünf Getreidearten Buchweizen, Hafer, Roggen, Weizen, Gerste. Erbsensuppe. Bohnensuppe. Linsensuppe. Kartoffelsuppe. Weißkohlsuppe, Grünkohlsuppe, Rotkohlsuppe, Wirsingkohlsuppe, Blumenkohlsuppe, Rosenkohlsuppe, Kohlrabisuppe, Kohlrübensuppe. Suppe von Peterlein, Portulak, Basilikum, Kopfsalat, Spinat, Dragon, Pimpinell, Tomaten, Kerbel, Kümmel, Sauerampfer, Zwiebeln, Kleinlauchen. Suppen von den Früchten der Bäume und Sträucher. Suppe aus Kuhmilch, Ziegenmilch, Stutenmilch, gesäuert, gebuttert. Suppen aus gegorenen Säften, Arrak, Kognak, Rum. Die Grundstoffe kann man untermischen. Zehntausend Suppen. Zehntausend Fleischspeisen. Zehntausend Fischspeisen, getrüffelte Leckerbissen. Zehntausend Süßigkeiten. Gelees von Weinen mit fettem Rahm. Am Ende essen sie stinkenden Käse. Die fetten Männer. Nach dem Gelee von Wein oder Äpfeln mit Vogelbeersaft oder den Torten oder den Crêmes, oder dem Eis. Haben kein Geschlecht. Nur Mägen. Schöne Schmetterlinge. Sommervögel. Kriechen aus Käfigen. Kokons. Seide. Safranseide. Safranhemdseide. Fraß wird zum Geschlecht. Nur Geschlecht. Darum: schöne Schmetterlinge. Begatten einander. Begatten, gebären, sterben. Metamorphose. Wissen nichts mehr von ihrem Magen. Schönheit = Lust. Die Wahrheit Gottes. Lust Leben Liebe Lachen Locken Lächeln Leese Seele.

Gelb steht gut zu meiner Haut.

»Die Regierung hat neuerdings wieder zwei Dampfer mit Heu nach Finnmark verladen. Ziel: Kvalsund, Laxelven oder so. Schlimme Witterung dort oben. Die Rentiere sind am Verhungern. Eisige Krusten wie Glas haben alles Freßbare schon im Sommer unzugänglich gemacht.«

Habe von den öden Fischstädten erzählen hören. Die Lappen kaufen dort ihren Kram. Kommen auf Schlitten, verschwinden wieder hinein in den grauen Schnee. Isländer, ein paar Juden treiben Handel. Handel mit stinkenden Stoffen. Tran, Fische, Häute. Die kalte Luft steht manchmal still vor Gestank. Gehen in Pelzen und Lederjacken. Sprechen unverständliche Sprache. Kauderwelsch. Plum Plum. Trinken Spiritus, vergällten Branntwein, gemischt mit Rentiermilch. Milch, wie wir es nennen, soll eine Emulsion sein. Weißes tropfenförmiges Fett, wie Staub. Das Milchwasser ist klar und durchsichtig, leicht gelb getönt. Wie Harn. Das Fett selbst, durchsichtig, leicht gelb getönt, Butter. Emulsion. Weiß.

»Ist gar nicht Norges Land. Lappen. Sprechen nicht Norges Sprache. Verweigern den Heeresdienst. Lappen und Kommunisten. In den Bergwerken. In diesem Sommer hat die Regierung wieder zwei Regimenter hinaufsenden müssen. Zwecklos. Haben nicht einen Dienstverweigerer gefangen. Lendsmänner und Amtmänner sagen: »Ja, ja, so ist es.« Und sitzen in ihren warmen Stuben. Und können nichts ändern. Fürchten sich auch. Ein Mord ist dort oben weniger als ein Mord. Nur ein Totschlag. Weniger. Nur ein Zwischenfall. Sollten die Rentiere verhungern lassen und mit ihnen die Milchschlapper oder Renzüchter, oder Lappen, Trantrinker!«

»Weiß davon nichts. Rentiere sind wohl überall nicht Norges Tiere. Sprechen nicht Norges Sprache. Es ist ein Fall der Nationalökonomie. Es handelt sich nicht um die Verhungernden und nicht um die Lappen. Es ist eine Grenzlinie gezogen. Norges Land. Das ist anerkannt in der ganzen Welt. Man darf Norges Land nicht entvölkern. Wenn die Rentiere sterben, gehen die Lappen zugrunde oder wandern aus. Die Welt würde das übel vermerken. Als ob alle Kühe hier geschlachtet würden und das Korn verbrannt. Sicherlich sind die Rentiere nicht Norges Tiere und die Lappen nicht Norges Volk. Aber unser Viehzeug zählt auch nicht zu Norges Tieren, und wie weit wir Norges Volk sind, hat noch niemand untersucht. Aber wir leben in Norges Land, Norges Bergen. Norge ist unsere Heimat. »Ja, wir lieben dieses Land.« Das zwar singen die Lappen nicht. Wer singt, kann immer noch lügen. Es ist ein Fall der Nationalökonomie, glaube es mir. Die Rentiere haben Norge niemals etwas zuleide getan. Das darf nicht vergessen werden.

Und sie hungern. Sie müssen als erste sterben, wenn es schlimm kommt. Die Menschen werden ihr Fleisch essen. Es wird zuerst die Tiere treffen, die Norge nichts zuleide getan haben.«

»Hammerfest, ich kenne es, eine üble Stätte, eine stinkende Ritze. Fischkutter, Walfänger, Siedereien, Trocknereien, Salz und Fässer. Auf sieben Männer eine Dirne. Finden sich damit ab.«

»Norge ist eine gute Mutter –«

Gleichnis vom verlorenen Sohn.

Violett, unnatürliche Farbe. Darum lieben wir sie. Amethyst. Saphir bei Kerzenlicht. Verbirgt in der Flamme Safransame. Wie die Lilien auf dem Felde – werden ernährt – aus Erde, Moder, Dung – an meinen Stiefeln – weiße Lilien. Wir haben Magen und Geschlecht gleichzeitig. Raupe und Schmetterling. Häßlich und schön. Etliche unter ihnen aber mehr Magen, etliche unter ihnen aber mehr Geschlecht. Etliche aber konnten eine ganze Herde bespringen.

»– sie sieht nicht die platte Nase der Lappen an. Sie sieht nicht die fremde Sprache an und die fremden Gebräuche und das fremde Blut.«

Mutter – also Bastarde – trägt die Schuld an den Mißratenen. Wer ist der Vater? Der ungemäße Vater? Das andere Klima. Die andere Vorzeit. Die anderen Götter.

Ein Lappenmädchen ist hundert Rentiere wert. Ein Rentier gleich einem hundertstel Lappenmädchen. Hundert Bullensprünge gleich einer Lappenhochzeitsnacht. Müssen sehr dick sein. Es ist nur ein Fall der Nationalökonomie. Eine Rentierkuh ein ganzer Genuß. Hundert Rentierkühe ein Hochzeitshandel.

VI

Grisungs Stute war ruhig, wohlgenährt mit glänzendem Fell vom Weidegang zurückgekehrt. Zwei Dutzend Bauern betrachteten sie prüfend, ob sie trächtig geworden wäre. Und es blieb unentschieden. Die Ja-sager änderten ihre Meinung nicht, die Nein-sager beharrten ebenfalls.
In den ersten Januartagen des folgenden Jahres enthüllte sich Grisungs prüfenden Blicken, daß das Tier ein Füllen trug. Gemischte Empfindungen stiegen in ihm auf. Der Stolz, die beste Stute zu besitzen, überstrahlte bald alle anderen Ströme seiner Betrachtungen. Die Schönheit seines Tieres hatte selbst einen störrischen Hengst besiegt. Das tröstete ihn über eine verlorene Wette hinweg.
Da Perrudja trotz mancher Gegenwehr immer träger und haltloser wurde, beinahe menschenscheu; Dinge des äußerlichen Geschehens ihn weniger und weniger bewegten; er seiner Wette nur mit trüben Vorstellungen gedachte, konnte das Füllen geboren werden, ohne daß er wußte, ein solches Ereignis wäre bevorstehend gewesen.
Grisung erfüllte seine Pflicht, sandte ins Gebirg hinauf einen Boten. Alsbald kam der Waldbesitzer ins Dorf, trat in Grisungs Pferdestall, sah ein Füllen, das ihm gehörte, umarmte es, küßte es, leckte mit seiner Zunge in dessen Mundwinkeln. Seine ungelöste Seele befreite sich. In einem Augenblick gewann er seine verschüttete Jugend zurück. Eine kostbare Zeit schien für ihn zu beginnen.
Er überredete Grisung, von ihm Hafer, Weizenkleie und duftendes Heu anzunehmen. Geschenktes Futter, daß die Mutter seines Füllens gleichsam unversieglich und im Übermaß ihre köstliche Milch bereithalte. Grisung nahm an.
Perrudja wurde Knecht bei dem Bauern und paßte die Pferde, bis das Jungtier der Mutter entwöhnt wurde.

VII

Die Freundschaft zwischen dem Pferdekind und seinem Besitzer wurde groß. Die heftigen Ergüsse eigener sinnlicher Bedürftigkeit, des Drangs sich mitzuteilen, Fürsorge zu üben, schüttete er über das heranwachsende Tier aus. Als er es zu sich hinauf ins Gebirge genommen, also (sein Gefühl bezeichnete es so) der Mutter geraubt, überflutete seine Milde und Behutsamkeit dem Füllen gegenüber die Grenze natürlicher Äußerungen. Der größere Teil des Holzhauses wurde ihm eingeräumt. In Hügeln von gelbweißem Stroh mußte es zuruhe sich legen. Perrudja, in Furcht, das Kind möchte sich, allein gelassen, ängsten, verbrachte die Nacht neben ihm ausgestreckt im Stroh – bis er gelegentlich unsanft ins Gesicht getreten wurde. Der Unfall schwächte selbstverständlich seine Liebe nicht. Täglich trug ein Bursche zwei Kannen voll Milch hinauf ins Gebirge. Der Herr bereitete in großen Bottichen heiße Weizenkleie, deren weicher, süßer, doch starker Mühlenduft das Füllen zu freudigem Kopfschütteln anregte. Die Menge des würzigsten Heues, aus der das verwöhnte Tier nur die schönsten Kräuter nahm, lag Tag für Tag verstreut im Stall. Perrudja trug das Nichtgefressene hinaus auf den Dunghaufen. Die Körperpflege des Kindes wurde schier ins Endlose ausgedehnt. Stundenlang wurde ihm das Fell gestriegelt, gebürstet, gekämmt, geklopft, gewaschen, geölt. Die Fältchen der Haut an den Weichen geknetet, gezupft, geglättet, verstrichen.
Bauch ist rund und sehr stramm. Ganz verborgen zwei kleine Zitzen. Zukünftiges Euter.
Er sang das Lied:

Lli atta me kempa me hanga,
ke velle hum trampa lei ko.

Vi fölle den mangaren ganga
ei lenga me kattan i ro.

Sein Mund mußte das Unaussprechbare sagen. Neue Laute erfinden. Der Kehlkopf gebiert Reime, wenn der Leib das Glücksgefühl nicht in Blut umsetzen kann. Selbst die einfältigen Männer singen oder lallen –
Die Hufe gereinigt, gewichst, gefeilt, mit Lehm ausgestrichen.
Schreien in der Hochzeitsnacht –
Pekate! Allo. Metemka! Allo. Lliteipa! Allo. Fölleki! Allo.
Weil sie vom Opferdienst des Schwangerwerdens ausgeschlossen. Fölleki! Lleheki! Pemanga! Taupilei!
Was für einen herrlichen Zuschnitt hat ihre Scham.
Singsang der Erlösten.
Der Kinder.
Perrudja erlahmte nicht. Er wiederholte mit jedem Tage die gleiche Arbeit, gleiche Fürsorge mit gleicher Beglückung.
Trat im Pflegen und Füttern eine Pause ein, fand der Herr aus dem Singsang zurück zu seiner eigenen Sprache. Streckte die Hand aus, ließ sich beschnuppern. Umarmte den Hals des Tieres. Vergrub den Kopf gegen das weiche Fell.
Weich wie Rotz, den sich Kinder aus der Nase bohren; aber trocken wie Sand. Und duftig wie die Kniee einer Frau. Geheimnis meiner Hände, die fühlen. Reichtum, der nicht ausgeschöpft wird. Klatsche gegen die fette Brust voll verborgener Muskeln. Kann es wiederholen bis die Hand erlahmt.
Das Tier erwiderte die Freundschaft ohne Zurückhaltung. Liebte seinen Pfleger leidenschaftlich.
Aufrechter Gang. Durch die Zotten meiner Pupillen sehe ich ihn strahlen. Weiß. Nackte Haut. Duftet. Manchmal riecht er überschwänglich männlich. Zupfe an seinen Rockknöpfen. Müßte mich verstehen. Was von seinen Händen kommt, ist süß. Weizenkleie. Gib deinen Speichel auf meine Zunge. Süß, süß. Gekautes Schwarzbrot. Meine Haut juckt. Fliege. Er sieht sie. Er schlägt auf die Stelle. Es ist angenehm. Es ist süß, einander fremd zu sein und sich so sehr zu lieben.
Folgte ihm auf allen Wegen, selbst bis ins Dorf hinein. Trabte dabei vorauf, blieb zurück. Sobald der Mensch nicht mehr sichtbar, entrang ein jämmerlicher Laut sich der Pferdekehle.

Jagen mit den behendesten Sprüngen dorthin, wo der Verlorene vermutet wurde. Einmal nahm das Kind die falsche Richtung, entfernte sich von dem Gesuchten mit jedem Sprung. Es irrte umher. Spät erst wurde Perrudja darauf aufmerksam. Mit Mühe nur gelang es ihm, das verzweifelt irr galoppierende Füllen heranzuflöten. Es hatte offenbar alle Besinnung verloren vor der Angst, allein zu sein. Am ganzen Leibe zitterte es, war weißschaumig schweißbedeckt. Als Perrudja den Pferdekopf zwischen die Arme nahm, schloß es die Augen. Da ahnte der Mensch, sein Antrag war nicht vergeblich gewesen.
Liebt mich, liebt mich, findet mich schön, wie ich schön finde. Obgleich trennend zwischen ihnen die Feindschaft der Arten stand. Geschieden waren sie durch tausend unterschiedlich gerichtete Instinkte und Sinne, durch die Bildung ihres Leibes. Gesetze. Perrudja aber versuchte eine Brücke zu bauen über die dunklen Abgründe des Bluts.
Wir sind gewachsen und waren einst Same und Ei.
Ihre Herzen näherten sich soweit, daß der eine alles am anderen ertrug und mit Nachsicht duldete. Geradezu das der eigenen Existenz Ungemäße forderte. Ein zweites Mal würde Perrudjas Antlitz nicht unter die Hufe geraten, fühlte das Tier doch, daß es mit seinen Bewegungen gegen den Menschen behutsam sein müsse. Und der kostete die Handlungen der Nachsicht bis zur Wollust aus. Lag im Stroh, die Augen geschlossen; wie tot; aber atmete, wachte mit allen Sinnen, ausgenommen die Augen. Das fast zweijährige Pferd beugte den Kopf über den Liegenden, hauchte ihn an, berührte mit den Nüstern dessen Mund, tat die eigene Zunge heraus, leckte behutsam die Wangen und die geschlossenen Augen, schritt über den reglosen Körper hinweg, streckte sich nicht unweit von ihm ebenfalls ins Stroh, wartete. Und Perrudja kroch heran, warf sich über das Tier, biß lose in das samtene Fell, barg seinen Kopf zwischen den Schenkeln und träumte, träumte sich alle Stürze der Welten.
Pegasus und Cassiopeia.
Plejaden sagen sie, Wassermann, Zwillinge, Waage, Krebs, Fisch, Widder, Stier, Löwe, Jungfrau, Skorpion, Schütze, Steinbock.

Durch alle Kindheiten der lebendigen Geschöpfe –
Känguruhlämmer in der Bauchtasche.
Durch alle Wollust der vielgestaltigen Mütter.
Der schwere Leib des geliebten Tieres verrichtete dunkel im Inneren sein Amt. Der Mensch hörte die Geräusche des Blutes und der Verdauung. Wurde bescheiden daran und gütig.
Das Pferd gedieh, wuchs, wurde prächtiger. Es überbot in allen Kräften und Tugenden Vater und Mutter. Seine Leidenschaft war ganz innerlich; die Bewegungen gebändigt durch die Zuneigung zu einem Menschen. Doch feurig, weil die Knochen gläsern.
Auf dem weiten Laufplatz, dem Garten, den Perrudja hatte herrichten lassen, wurden die Sehnen und Muskeln im Laufen und Springen geübt.

VIII

Das Pferd

Sassanidischer König

In manchen Augenblicken glaubte der Waldbesitzer von sich, daß er dumm sei. Stärkste Entscheide des Gefühls hinterließen eine Leere; schales Unbefriedigtsein. Sie wiesen keine Richtung. Schlimmer, er konnte sie nicht mit Namen benennen, nicht verdichten zu Richtlinien, Gesetzen.

Ich jauchze; ich weine. Ich beweise Gott; ich beweise ihn fort. Ich läute die Schöpfung mit tönenden Erzen ein; ich bespeie ihre peinigende Unvollkommenheit. Ich mühe mich, ein brauchbarer Mensch von anständigem Zuschnitt zu sein; ich suchte zum Verbrecher, zur Gemeinheit, zum Unflat. Raupe. Schmetterling. Herrlichen Pfirsich esse ich. Kot ins Grüne. Geilheit ist zweierlei: Vor und nach der Befriedigung.

Er fühlte das Bedürfnis nach Definitionen. Aber die Ansätze zu ihnen schwammen ihm fort mit den Fluten seines warmen Herzens. Dabei war er einsichtig genug, nicht an eine Unfähigkeit zu exakten Formulierungen bei sich zu glauben. Er entbehrte, bei aller Bereitschaft zu ihnen, die Anlässe, die glückliche Konstellation, die dem Werk des Philosophen erst die Geburt gaben. Jemand hatte geschrieben: Seele, Form der Formen. Er katechisierte: was ist das?

Klarheit gewinnen mittels der Metamorphose zum Realen. Auch die Begriffe erhärten sich am Existenten. Auch die Seele erweist sich erst am Geschaffenen. Ohne Betätigung am Stofflichen ist sie Hypothese wie der Raum, wie der Ablauf der Zeit. Sie muß sich betätigen. Form sein, in die, welcher Stoff auch immer, hineingegossen. Erz schämt sich nicht, einzufließen in dunkle Lehmmäntel. Erstarrt in Geduld. Wenn grobe Hämmer die Hülle zerbrochen, ist es eine Glocke oder eine Mordwaffe.

Die erste Stufe.

Zwischenfrage: Wer der zweie ist tugendsamer oder verwerflicher: eine Glocke, die zersprungen nicht tönt; eine Kanone, die zersprungen nicht tötet?

Die zweite, das sind die Hände, die den Ton kneten. Wir entrinnen (unsere Seele entrinnt) unserem Leibe nicht. Wie es geschrieben steht, wenn man es richtig erfaßt.

Ich kann das Schöne und Häßliche zum Munde hinausgeifern. Es ist kein Unterschied, wenn zu beidem in meiner Seele, der einen, der hypothetischen, die Möglichkeit. Da ist die Sprache, die der Nächste nicht versteht, weil er meine Seele nicht kennt (gelb), denn die Sprache ist auch eine Einheit des Schönen und Häßlichen, Spiegel der Seele, wenn sie nicht lügt (wozu wir mehr gezwungen werden als willens sind). Was in dir seinen Platz gefunden hat, ob es auch unwahrscheinlich sei, muß sich durchdringen wie Kristalle, die benachbart wachsen. Es ist eine Einheit.

Trost für deine niederen Gedanken, für deinen Bauch, für deine Hände, für den Samen in dir, daß dein Hirn zuweilen milde und gütige Bilder träumt, vom Opfer, das du bringen willst. Opfer der Selbsthingabe, Aufgabe, des Verlierens.

Daß das Wachs deiner Zunge ein Wort findet, nach dem du mit Händen greifst wie nach reifem schönen duftenden Obst!

Roßmäulige Schenkel einer Göttin.

Im Wort soviel Milde, Weichheit, ewiger Bestand unserer Lendenfreuden.

Gib eine Klarheit deines Geistes, die niemand vorgedacht! Gib aus ureigenstem Anlaß ein Wort, das wie ein Götze aufgestellt werden kann!

Wir sind Masse Mensch. Wir sind ein Durchgang.

Nicht das.

Roßmäulige Schenkel. Meine Seele. Rehäugige Knospen der Brüste. Saphirnes Dunkel des Nabelgrübchens. Dichtung. Man könnte Verse daraus.

> Roßmäulige Schenkel warten mein.
> In Knospen der Brüste, rehäugig,
> bett ich, saphirhaft umdunkelt, mich ein.

Es wird gelacht. Die Spottvögel singen:

> Wir machen uns die Hosen weit
> und kacken in das Grün zu zweit.

Luzifers Sturz, der uns nur erspart bleibt, wenn wir lügen.
Wer wartet meiner: Milde Göttin oder Hure?

> Mein warten roßmäulig weich
> goldene Schenkel, moosig wie Tau.
> Knospende Brüste, rehäugig braun,
> zieren dich, allerschönste Frau.
> In deines Nabels tiefes Rund
> bett ich erlöste Tränen ein
> und wünsch mit lallend halbem Mund
> sie würden blau Saphirenstein.

Wen meine ich? Unbekannt. O Tollheit! Vielleicht ist die durchblutete Milz der Sitz unseres Daseins. Die Japaner töten sich, indem sie die Tiefrote mit einem Dolche öffnen. Daß sie sich in die Eingeweide ergießt. Das Ernährte über die ernährenden Organe wie Same.
Die Seele – Absud einer guten Ernährung
der Hauch Gottes in uns
Form der Formen
Ich sage euch, ich sage euch: Eure Gestalt, das ist eure Seele. Was eure Hände können, was euer Mund kann, was eure zeugende Kraft kann.
Man darf in bezug auf die Seele keine Behauptung aufstellen, ohne sie beweisen zu können.
Der tote Glaube, das ist die Lüge.
Tisch, Stuhl, Bett und Haus, Mond und Sonne, Saus und Braus, Wind, Regen, Mühle, Trog und Stall, all überall, Knall und Fall, Rauch und Asche, Schall und Flasche, Stock und Tasche, Buhl und Blasche, Kemp und Tremp und Blemp und Kotz und Kater, Mutter, Amme, Kind und Vater, Suppenlöffel, Reichsberater –
Sieh da, ein Schiff gleitet über den Helgen ins Wasser. Und die Schmierseife rotzt sich gegen das neue Eisen. Neue Eisen reimen gut. Eine Sentenz.

Es gibt mehr Sentenzen in der Welt als Gegenstände auf die sie passen. Junge Huren, alte Betschwestern, junge Betschwestern, alte Huren.
Geist, die Palette eines unbekannten Malers.
(Seele – mein Leib)
Geist, das Feigenblatt der Seele.
Das war nach den langen Tagen kleiner süßer Zärtlichkeiten, an denen liebkosende Gebärden in erschöpfender Mannigfaltigkeit von seinen Händen gekommen waren. Abende, hin und wieder, die gar nicht anders ausrinnen konnten, als daß er versuchte, sich von sich selbst zurückzuziehen. Was auch hätte ihn stützen können, wäre der Zustand in Permanenz getreten:
Himmel, Fimmel, Bimmel, Bam, Ritze, Zitze, Kitze, Stamm, Mehl und gehl, weiß und fehl, fahl und fuhl, messing muhl, Stange, Stuhl, Mahl, Saal, Tal.
Er war satt an einem unaussprechlichen Glücksgefühl, namenlos. Darum die Sucht nach Namen, Gleichnissen, Worten. Er wußte nicht, daß er angetrieben war, Kenntnisse zu suchen, die außer ihm standen. Er griff nach Büchern und las.
Die Tatsachen, die er aufnahm, brachten ihn in eine fast unnatürliche Erregung. Gewiß mußte er alles Geschehen, die Leidenschaften, von denen die Bücher erzählten, als in unüberbrückbarem Gegensatz zu der Richtung seiner Sehnsüchte und Triebe empfinden. Die andere Welt stieß ihn in eine Einsamkeit, die trotz des genossenen Glückes einer unermeßlichen Katastrophe gleichkam.
Potz und Blitz, Rotz und Schlitz.
Vergebens wehrte er sich gegen den Ansturm der Fremden mit der Überlegung, daß ja nur kraftlose Worte zu einer Fabel sich geschlossen, daß nur der Nimbus anderer Lebensformen sich so beharrlich gegen die seinen drängte, daß im freien Wettkampf sein eigenes Leben nicht arm versickern würde wie ein Rinnsal im Wüstensand.
Er wußte, er liebte die harten Leidenschaften, an denen die Zufallsgeschichte der Menschheit sich bildete, nicht. Die Grausamkeit, Unerbittlichkeit stießen ihn ab. Er haßte Napoleon, den Tschingis Khan, Karl den Sachsentöter, den heiligen Olaf selbst und Tordenskjold. Er suchte Schutz bei dem Ethos großer und erhabener Ideen; in seinem verzweifelten Sich-

anklammern leugnete er, daß auch sie erst an der Erfahrung des Weltgeschehens sich erhärten müßten, um segensreich werden zu können.
Aber die Unheimlichkeit der nicht zu leugnenden Tatsachen bedrängte ihn sehr. Er griff zu den Äußerungen der Dichter. In einem enttäuschten sie ihn mehr als alle Philosophie und Geschichte, daß sie die Leidenschaften noch heftiger, unvermittelter, eindeutiger beschrieben. Dabei verstanden sie es, sie mit den Proportionen eines innerlichen Gleichgewichts, mit dem Gesang einer geordneten Sprache zu verteidigen.
So erregten sie ihn tiefer noch als die Sagen des Lebens. Mit Zorn wandte er sich von ihnen ab. Und war ihnen doch verfallen. Es gab eine Wahrheit, die er mit Tränen in den Augen leugnete. Die Menschen quälten und vernichteten einander mit ihren Süchten. Sie waren blind. Selbstgerecht. Und keine Liebe, keine Seelengröße bewahrte sie vor dem Verbrechen.
Otto Heinrich Leopold Ulfers, dreizehn dreiviertel Jahre alt.
Richard Budde, zehn Jahre vier Monate alt.
Odd Torbjörnson, zwölfeinhalb Jahre alt.
Edgar William Duus, fünfzehn Jahre einen Monat alt.
Arthur Eumert Liebe, vierzehn Jahre und drei Monate alt.
»Kommt, wir gehen in den Stadtforst. Wir werden auf etwas Lustiges finden. Kommt. Ich weiß einen schönen Platz.« Das sprach der Älteste.
Sie gingen über Hügel, über goldene Kiesel, schwarze Mondsteine, über Moose, Kraut und Busch. Vom Wege ab. Doch unter dem Himmel. Matt schwarz und grün. Und safrangelb – von den Sonnenkeilen.
Sie kamen an einen Teich. Sie spielten nicht. Sie lachten nicht. Sie schwiegen. Bulle mit Nasenring. Schweine kochend in Schlachttrögen. Nur der Jüngste lachte, Richard Budde, zehn Jahre vier Monate alt. Er verstand nichts. Nichts vom violetten Himmel und den zitronengelben Sonnen, nichts vom Staubregen, nichts von den Granitplatten auf den Bürgersteigen, die durch dunkle Fugen voneinander getrennt waren, auf die man nicht treten durfte, sollte kein Unglück geschehen, nichts vom Schweigen, nichts davon, daß man täglich fallen mußte und sich die Kniee zerschlagen. Da haßten alle den Kleinen. Otto Heinrich Leopold Ulfers haßte nicht wie die anderen. Er war

feige und verstockt und scheute sich, blutig geschlagen zu werden. Das ertrugen die Kameraden nicht. Sie stießen ihn von der niedrigen Klippe, auf der sie standen, hinab in die Wassergrube. Sie sahen ihn mit den Armen kämpfen und untergehen.

»Jetzt ist die Reihe an dir«, sagte dann der Älteste zum Jüngsten. Und befahl den beiden anderen, daß sie ihn hielten und ihm die Taschen mit schwarzen Mondsteinen füllten, mit feuchten, fettigen. Der Vergewaltigte schrie. Er verstand nichts. Verstand nichts von den safrangelben Sonnenkeilen. Zehn Jahre vier Monate alt. Sie versenkten ihn. Etwas feierlicher als sie den Leopold Ulfers hinabgestoßen. Und standen dann zusammen. Zu dritt. Keiner floh.

»Töte mich! Laß Odd aus«, sagte Arthur Eumert Liebe.

»Nein«, entgegnete der Älteste.

Odd Torbjörnson war niedergekniet. Er öffnete seine Lippen nicht. Marmorweißes Kinn. Hingabe. Rauchdunkler Regen vom Himmel. Seine Stirn war verführerisch. Edgar Duus hob einen Granitbrocken und schlug in sein Hirn. Ein wenig Blut floß. Nicht übermäßig viel. Der Älteste füllte ihm die Bluse mit Steinen. Die beiden nahmen die Leiche und versenkten sie in den Teich. Arthur Eumert benagte eine seiner Lippen.

»Aesj, wir wollen nicht hier liegen. Komm!« sagte Edgar Duus. Er legte den Arm um des Jüngeren Schultern. Sie schritten rasch aus. Sie kamen an ein Klippenfeld. Aufeinander gerüttelte Felsblöcke. Enge Höhlen zwischen den Steinen. Schlehndörner und Buschkiefern verbargen die Eingänge. Auf dem Bauche krochen sie in einen der unzugänglichsten hinein. Edgar voran, dann der Jüngere.

Dunkelheit in der Höhle. Feucht. Sie fanden Platz neben einander, liegend. Sie berührten einander. Der Ältere reichte dem Jüngeren stumm ein Dolchmesser. Packte ihn bei den Armen, verschränkte seine Beine um ihn, wuchtete ihn über sich. Heißer Atem der zwei mischte sich.

»Töte mich, töte mich«, sagte der Jüngere.

»Nein, du sollst mich töten. Ich kann nicht leben.« Er nahm des anderen Hand und jagte sie gegen seinen Hals. Ein warmer Blutstrahl spritzte dem Jüngeren ins Angesicht und verklebte ihm die Augenlider. Er wollte sich erheben, doch schlug er mit dem Kopfe gegen den Felsen, sank zurück auf den Körper des Sterbenden. Er wagte nicht, allein zu bleiben. »Er wartet auf mich. Mein Freund.« Da fand das Messer den nackten Hals des Letzten.

Es gab eine kalte Geistigkeit, die er meinte verabscheuen zu müssen. Sie erschien segensreicher für das Leben der Menschen als all das warme Blut, das sich helfend vergießen wollte.

Daneben das Mißverständnis, das die Menschen gegeneinander trieb. Schier unfaßbar war seine Macht, so irreparabel seine Schädigung. Diese Saat, die aufging: Mißtrauen, Verschweigen, Befangenheit.

Die Tränen nach der Lektüre eines Buches konnte er niemals auf einen einfachen Grund zurückführen. Vergebens der Versuch, seinen Antrag und seinen Widerspruch zu formulieren. Die Tatsachen entwaffneten ihn.

»Ich erkannte und vernahm Edgars Leib. Ein wunderliches Grausen durchrann mich. Das Bewußtsein meines eigenen Körpers erhob sich zum erstenmal in mir. Es war, als ob jenes Organ aufsproßte in der feuchten, frühlingssatten Erde. Und es war, als ob wilde Säfte in uns beiden gärten. Von modriger Erde, von saurem dängelnden Aprilgras, von den Harzknospen der Dornen.

Ich erkannte nun auch sein Angesicht. Es erschien mir nicht mehr so spöttisch und raubvogelartig, es erschien mir schöner und stolzer. Sein Kinn leuchtete wie mattgoldene Bronze. In seinen Augen war wieder der bleiche Mondenschein.

Es kam seltsame Lust über mich, meine Finger in das Loch seines zerrissenen Strumpfes zu stecken. Eine weiße behaarte Haut schimmerte hindurch. Ich setzte meine Finger auf seine behaarte nackte Haut.

Ich hatte ein seltsames Gefühl. Mein Freund, Edgar William Duus war tot. Er wartete auf mich.«

Sie waren folgerichtig, wenn auch von abscheulicher Deutlichkeit, von beleidigender Strenge. Auf Sekunden dämmerte es in ihm, daß seine Tränen ihm selber gölten, einem Mitleid für sich selbst entsprängen, weil ja sein Leben ungewiß vor ihm lag, kein Freund ihm anhing, keinem er selbst. Weil er hineingestoßen werden würde in die zertrümmernde Logik des Allgemeinen. – Dem jene entgangen waren. Gegen seine Tür würde, vielleicht nach Jahren erst, der Tod pochen. Bis es so weit gekommen, würde er Bitternisse kosten müssen, und sei es auch die eine nur, quälender einsamer Krankheit.

»Es kam seltsame Lust über mich, meinen Finger in das Loch seines zerrissenen Strumpfes zu stecken. Und so unausweichbar war jenes Leibes Macht für mich, daß ich mich neben ihm ausstreckte und mich auf des Toten Arm fallen ließ. Ich lag und dachte an all unsere Spielplätze, an meine tote Mutter, derer ich mich nicht erinnern konnte. Und ich wagte nicht länger allein zu sein.«

Nun ließ er die Geschicke an sein warmes Herz heran. Sein Zorn gegen die Dichter verlor die Empörung des blinden Entrüstetseins. Er versuchte eine freundschaftliche Kritik, die allmählich, gemäß seinem Temperament, in Milde umschlug. Das Leid der Menschheit quirlte durch tausend Schleusen in seine Brust. Er sah nur noch den Kummer. Die Freude schien so kurz, weil das Leben kurz war. Keine Erfüllung schien Hilfe zu geben, weil jeder neue Tag den voraufgegangenen mit anderem Lichte auslöschte.

Safrangelber Himmel
Violetter Amethyst
Schwarzer fettiger Mondstein.

Er mußte den Leidenschaften der Menschen als berechtigt zustimmen. An diesem Rückzug in die Festung der Wahrheit hinein entstand die Anerkenntnis der historischen und vitalen Notwendigkeiten, deren Mißbrauch durch teuflisch Ehrgeizige er nicht abgrenzen konnte, denen er als Einsamer somit ausgeliefert wurde wie ein Verbrecher dem Tribunal. Er verfing sich in dem Kreuzverhör. Er verneinte das Gute und bejahte das Böse. Es verkehrten sich ihm die Begriffe. Schiffbrüchig. Wein im Becher – Palast von Babylon. Zeichen an kalkiger Wand. Es erdämmerte für ihn nur eine Rettung: Müdigkeit, Feigheit, Lüge, dazu sein Herz, das zwar keine Worte erfand, keine Definitionen, keine Formulierungen, das dennoch nach schön und häßlich entschied.

Safrangelber Wein,
amethystenes Glas;
schwarze sterbende Lippen,
mondsteinfettig und naß.

Hatte er sich über seinen Büchern abgefunden mit dem Ablauf der Existenzäußerungen in ihren Mannigfaltigkeiten, Widersprüchen, sprunghaften Gluten, mit Tiefen und schalen Formeln, mit ihren Normierungen der Begriffe und Reagenzen, mit typischer Gliederung nach physiologisch bedingten Varianten. War also vor ihm das geistige Bild des Menschen von der Kraft bis zur Hysterie wachgeworden, vom Fötus bis zum Greis, vom Liebhaber bis zum Kastraten, von der Schwangeren bis zur Kindesmörderin; dann mischte er eine nicht nennbare Liebe unter die gedruckten Zeilen; seine Phantasie verdeutlichte fast über Gebühr den Sinn, machte ihn offen, selbst roh und entblößt.

Sie haben sich vor ihrem Tode betastet.

So erkannte er, der abgeschlossen von den Menschen, ihr Wesen ungeschminkter als die Nachbarn, die bei der Vielheit ihrer Mitwohner fast blind wurden an den Lügen und hämischen Entstellungen, die als Kleider dienten.

Sein Herz aber tauchte den Buchstaben nicht nur in eine Farbe; er leitete seine Aufmerksamkeit vor allem zu solchen Ereignissen, die für ihn selbst erhöhte Bedeutung erlangen konnten. Liebesgeschichten nahm er mit nicht mehr sachlicher Teilnahme hin. Er war Partei und wünschte wie nichts so sehr die Vereinigung der Liebenden. Deren Eigenschaften im Körperlichen und Geistigen er sich von heldenhafter Vollkommenheit dachte. Ihren Schwächen gegenüber, die ihren Karakter eingrenzten, war er nachsichtig, väterlich. Sie mußten schon große Verstöße gegen den Rhythmus seiner Gesinnung begehen, ehe er leicht zu zürnen begann. Daß sie nur unentwegt mit vollen Segeln im guten Winde einer nicht wetterwendischen Liebe lagen!

Es hatte die übertriebene Nachsicht, das Mitleiden, Mitbangen, Mitplanen, Mittaten eine gute Erklärung darin, daß er fern der Wirklichkeit, ohne Erfahrung, ohne persönliche Erlebnisse, in denen sich das Fremde vergleichen und spiegeln konnte. Die

Vereinigung zweier Menschen war ein Märchen, in dem, kraft einer Grundgesinnung der Helden – ihrer Liebe nämlich – es nicht als Verstoß gegen die Gesetze von Vernunft und Gerechtigkeit, des Erhabenen und Schönen empfunden wird, wenn sie durch die Wunder geheimnisvoller Realitäten, die nicht Attribute ihrer Existenz, siegen: als Unverwundbarkeit, nicht welkende Jugend, Tarnkappen, verborgene plötzlich aufgefundene Schätze, Schwerter, Schilde, Panzer, die gefeit. Die Gesinnung der Liebenden schien sich auszuprägen in der übermenschlichen Schönheit, die seine nach innen gerichteten Augen ihnen andichteten. Aus den dunklen Ahnungen, aus den blanken gebrochenen Flächen geschliffener Edelsteine, die das Licht veränderten, schaffte er –

In der Historie fand er zuweilen Episoden überliefert, die noch heftiger als die menschlichen Handlungen zu seinem Leben in unmittelbare Beziehung traten. Alexanders Hengst Bukephalos. Jener lange Ritt: Tyros, Arbela, Babylon, Susa, Persepolis, Ekbatana, Herat, Kabul, Samarkand, Tal des Indus. War nicht das Pferd der Held? Nicht der makedonische Reiter. Brauchte es noch eines Beweises? – Daß der Mensch nicht hochmütig würde, gaben die Götter ein Zeichen. Aus dem Sand der indischen Wüste scharrte das Pferd mit seinen Hufen, während Alexander es ungeduldig anzutreiben versuchte, drei weiße Edelsteine, groß wie Straußeneier.

Perrudja hätte sicherlich sein geliebtes Füllen nach dem Helden jener abenteuerlichen Straßen benannt. Er wurde gehindert durch das unterschiedliche Geschlecht.

Er erlangte auch Kenntnis von dem berühmtesten Pferde der iranischen Sage, dem Hengste Rakhsh, den der Dichter Firdosi also beschrieben hat: »mit einer Brust wie ein Löwe, kurzer Kruppe, fetter Brust und Beinen, aber schmalen Flanken, ein Elefant an Kraft, ein Kamel an Wuchs, aber an Mut ein Panther vom Berge Bistun.«

Vergleiche, Nahrung für das heimliche Glaubensfeuer, das aus der Vorstellungskraft die Geburt von Fabelwesen beweisen will. Wunder des Bastards. Wunder der Liebe. Wunder der Schwangerschaft, der Geburt, des Lebens. Hengst Rakhsh.

Aus quellreichen Wiesen und Wüsten abwechselnd wachsen Felsen auf wie gläsern und Marmor. Nicht weiß nur, rot

durchzogen von wilden Adern. An den Quellflüssen entlang, durch die schwarze korundene Wüste, über Pässe zwängt sich ein Weg, den Menschen gebahnt. Des Nachts, wenn er leer, wandern Fabeltiere die weite Straße nach China, das unermeßlich im Osten. Halb Pferd, halb Tiger, der große Vogel Greif, das Geschlecht der Hippokampen, geflügelter Löwe mit bärtigem Menschenkopf, Weib, das bis zum Nabel einem Raubtierkörper entwachsen, Mann, Rind gleich, vom Bauche an, Pazuzu, vierbeschwingter Mensch mit Hörnern an der Stirn, Südoststurm, die Stimme der Schweigsamen. Voran ein Kopf, schwer wie die Hörner eines Widders, gewunden, spiralig nach der Form riesiger Ammoniten, gekörnt wie Erz, das in der Form verbrannte, umrahmt von brauner Wolle, dick und zottig, die wie Mähne eines Löwen fließt, bebändert mit einem Flügelpaar wie einer Taube Schwingen; schmal fällt der Leib dann ab, wie einer Katze Leib; doch als Zeichen, daß der Kopf nicht nur ein Prunkstück, prangt zwischen den schmalen Schenkeln die Last der Hoden wie von einem Stier.
Nach Osten über die schneeigen Pässe in das Reich der vielgestaltigen Geister dringen sie. Und die Menschen ahnten ihr Kommen, weil sie den Samen, der sie erzeugt, geahnt, Wollust und Schmerz eines Beischlafs, die manchen unter ihnen nicht erspart geblieben waren. Fleißige Seidenweber hatten der Bastarde Gestalt schon auf die Tücher gebannt in rot und gold auf schwarzem Grund.
Schwer nur löste Perrudja sich aus der Umklammerung jener Wirklichkeit, die jahrtausendelang für jedermann gültig gewesen, und die im Rationalen unterbaut war durch die beispiellos große kasuistische Literatur der Geburtsomina in Alt-Babylon; zu schweigen von den gehäuften Zeichen aus den Gebieten des Irrationalen. Wie sie noch jetzt existent in Träumen und für Irre (nach dem Spruch der andern), die nicht länger auf dem Kreuz der vier Richtungen, die da heißen: positiv, negativ, rational, irrational, mit der großen Null im Schnittpunkt, sich frei bewegen können.

Vom Weibe geboren.
Sie nennen den Vater nicht.
Der Ungeliebte ist betrogen.

Es wird nicht verraten, wer ungeliebt.
Vom Weibe geboren. Ich. Du. Wir.
Krüppel. Lahme. Hinkende. Blinde. Taube. Blöde.
Kinder mit mißgebildetem Mund. Kinder mit mißgebildeten Lippen. Kinder mit mißgebildeter Nase. Kinder mit mißgebildeten Ohren. Kinder mit mißgebildetem Kiefer. Kinder mit mißgebildeten Armen. Kinder mit mißgebildeten Händen. Kinder mit mißgebildeten Fingern. Kinder mit mißgebildeten Hüften. Kinder mit mißgebildeten Beinen. Kinder mit mißgebildeten Füßen. Kinder mit mißgebildeten Zehen. Kinder mit mißgebildetem After. Kinder mit mißgebildeten Genitalien. Kinder mit verfärbter Haut. Kinder mit verwucherter Haut. Kinder mit verkümmerten Zähnen. Kinder behaart wie ein Tier. Kinder bebartet wie Erwachsene. Fünf Monate getragen. Sechs Monate getragen. Sieben Monate getragen. Acht Monate getragen. Neun Monate getragen. Zehn Monate getragen. Elf Monate getragen. Zwölf Monate getragen. Dreizehn Monate getragen. Vierzehn Monate getragen. Auf ewig versteint im Schoße der Mutter. Menschenleiber mit Tierköpfen. Vierbeinig, zweibeinig. Tauben. Adler. Krähen. Schafe. Pferde. Ziegen. Kühe. Schweine. Esel. Löwen. Vom Weibe geboren.
Die Klebrigkeit seines Speichels im Munde nahm zu. Er fühlte sich wieder hineingeworfen in einen Zwiespalt, der nichts Besseres zu beabsichtigen schien, als ihn zu zerfetzen. Er fühlte gleichzeitig die Lüge und Wahrhaftigkeit seiner ungewöhnlichen Lebensführung, mit der er sich schmerzlich behaftet fühlte, weil sie ohne Humor, ohne leuchtende Entspannung.
DAREIOS, SOHN DES HYSTASPES, HAT DURCH DIE TUGEND SEINES HENGSTES UND DAS VERDIENST SEINES STALLMEISTERS OEBARES DAS KÖNIGREICH DER PERSER ERWORBEN.

IX

Otanes.
Itaphernes.
Gobryas.
Megabyzos.
Aspathines.
Hydarmes.
Dareios.

Smerdis, der nicht des Kyros Sohn war, vielmehr der Ohrlose, von Kambyses bestrafte, herrschte als König in der Burg von Susa. Milde Befehle ließ er ins Land tragen, um die Gunst seiner Untertanen zu gewinnen.

Die Tochter des Otanes, Phatyma, die dem Kambyses zum Weibe gegeben war, wohnte, wie alle übrigen Frauen des verstorbenen Großkönigs, dem falschen Smerdis bei. Auf Geheiß ihres Vaters erkundete sie mit ihren zarten Fingern, als die Reihe wieder an ihr war, daß sie bei Smerdis schliefe, daß er ohrlos, also nicht der Sohn des Kyros, der, wie man wußte, niemals seine Ohren verloren hatte, also in Wahrheit, gemäß dem Ausspruch des sterbenden Kambyses (den man für eine Lüge gehalten hatte), heimlich ermordet sein mußte – durch eben den Kambyses, der es vor seinem Tode gebeichtet und als entschuldigende Erklärung ein fehlerhaftes Orakel, das ihm in Palästina geworden, angeführt.

Die sieben verschworen sich gegen den Usurpator. Dareios aber war es, der mehr als die übrigen die Ausführung der Ermordung des falschen Smerdis, gegen den sich das Orakel hatte wenden wollen, im Plan entwarf und zur Eile trieb.

»Denn wo du lügen mußt, da lüge. Beide haben das gleiche Ziel vor Augen: der da lügt und der die Wahrheit sagt. Der eine lügt nämlich dann, wenn er durch seine Falschheit etwas einreden und Vorteil daraus ziehen will; der andere sagt die Wahrheit darum: daß er durch die Wahrheit Vorteil gewinne und die Leute um so mehr an sich fessele. Wiewohl auf verschiedenen Wegen, trachten beide nach dem gleichen Ziel. Sollte nicht damit verbunden sein Vorteil, so könnten sie gleichermaßen beide, der Wahrhaftige ein Lügner und der Lügner wahrhaftig sein.«

Als der Plan der sieben gelungen war, und das Getümmel ihrer Tat wegen sich gelegt hatte, fünf Tage verstrichen seit ihrem blutigen Aufstand, kamen sie überein, daß sie berieten, wer zukünftig König sein solle.

Als sie auf einem verabredeten Treffpunkt versammelt waren und ihre Reden vorbrachten, kam ein Streit auf. Die einen wollten als Regierungsform

die Demokratie

die andern

die Oligarchie

die dritten endlich

die Monarchie.

Als jeder die Vorzüge der von ihm angepriesenen Regierungsform vorgetragen, schritten sie zur Abstimmung, und es erwies sich hierbei, daß viere für die Monarchie gewonnen waren.

Doch konnten sie sich nicht einigen, wem die Würde des Königs unter ihnen angetragen werden solle. Otanes erbat sich, als Anwärter ausscheiden zu dürfen, da er die Demokratie als einzig mögliche Regierungsform ansehen müsse; unter der Bedingung, daß er und sein Haus auf ewige Zeiten frei von der Last der Unterwürfigkeit blieben; also weder herrschten noch beherrscht würden.

Nachdem die sechse ihm die Bedingung zugestanden, führten sie für sich selbst, sofern sie nicht zum König gemacht werden würden, gewisse Sonderrechte ein, dem Monarchen gegenüber, wie auch immer er hieße; nämlich, daß sie freien Eingang haben sollten in die königliche Burg ohne vorherige Anmeldung, es sei denn, der König schliefe gerade bei seinem Weibe. Er selbst, der noch ungewählte Herrscher, müsse sich verpflichten, kein anderes Weib zu freien, als aus der Sippe der Genossen der Empörung.

Da sie trotz vieler trefflicher Reden und gegenseitiger Vertrauensanträge aus ihrer Mitte nicht eins werden konnten, wen sie als den besten unter sich anzusehen hätten, sie bei dem einen wohl ein Übergewicht an Klugheit erkannten, bei einem anderen aber ein Übermaß an Güte, der dritte für gerechter galt als alle, über den Monarchen von seiten des Otanes aber auch böse Eigenschaften ins Treffen gebracht, sie wiederum die Wahl dem Volke nicht anvertrauen wollten, weil bei dem Meinungsaustausch viel schlimme Absichten der Allgemeinheit hervorgehoben worden waren, verfiel man darauf, den Gott Ahuramazda um die Segnung eines Orakels anzuflehen.

Da dieser Gott, wie man wußte, die Rosse, die schönsten der Tiere, liebte, zu nächtlichen Zeiten selbst zu reiten begehrte, durch Zeichen kundtat, wann, an die Pforte des Tempels gebunden, zur Jagd ausgerüstet, gesattelt er edle Hengste erwarte, beschlossen sie folgendes: Am nächsten Morgen bei anbrechendem Licht sollten die sechse sich wieder versammeln, doch reitend, auf einem freien Platz vor der Stadt. Wessen Pferd als erstes der neuen Sonne entgegen zu wiehern begänne, sollte gewählter König sein.

Dareios hatte einen Stallmeister. Oebares. Zu ihm sprach Dareios, nachdem die sieben auseinander gegangen, was unter ihnen beschlossen worden war und fügte hinzu, gedenkend seiner Rede von Lüge und Wahrheit:

»Wenn du ein kluger Mensch bist, wie du immer vorgibst zu sein, und wovon du, wenn man es recht bedenkt, den Beweis noch schuldest, so richte es so ein, daß Wir die Würde erlangen, und nicht ein anderer.«

Oebares gab als Antwort: »Wenn es, o Herr, auf meinen Verstand nur ankommt, so gib dich zufrieden und sei guten Mutes. Der Verstand findet den Weg zum Mittel. Die Jahreszeit hat nichts dawider.«

Ungeduldig drang Dareios weiter in ihn mit Worten: »Wenn du ein Mittel kennst, so ist es Zeit, daß du es anwendest, und nicht verschiebst, was morgen als Verlust offenbar wird.«

Als nun die Nacht vergangen, zogen die Anwärter hinaus; begleitet von ihren nächsten Freunden, die sich berechtigt dünkten, frühzeitig von dem Ausgang der Sache unterrichtet zu sein. Des Dareios Pferd wurde von Oebares am Zügel geführt. Eine Hand hielt der Stallmeister verborgen in den

Falten seiner Hose. Als er den Augenblick für gekommen hielt, zog er die Hand hervor und berührte damit die Nüstern des Hengstes. Der sog ein paarmal mit heftigen Zügen den Atem ein, hob dann den Kopf, warf die Lippen auf und begann freudig und sehnsüchtig zu wiehern, wie man meinte, der aufgehenden Sonne entgegen. So war es denn entschieden, daß des Hystaspes Sohn König sein sollte.
Oebares hatte das Wiehern dadurch hervorgerufen, daß er zuvor im Stall einer Stute die Hand in die Schamöffnung geführt und auf dem Versammlungsplatz die schleimbenetzten Finger dem männlichen Tiere hingehalten, das, den lieblichen Geruch deutlich erkennend, mit seiner Stimme die unsichtbare Geliebte begrüßen wollte.
Es ist eine Variante zu dieser Erzählung gegeben worden, die weniger glaubhaft und doch kaum moralischer ist.
Der Sklave begann seine Geschichte:
»Wer die Haltung aufgibt, o Herr, hat die Achtung der anderen verloren und ist daran, sein Leben zu verlieren.
Verwundert Euch deshalb nicht, o Herr, wenn Ihr wahrnehmt, daß ich trotz des täglichen Brotes so vielen Unglücks, wie Ihr noch erfahren werdet, sofern Euer Ohr meiner Rede geduldig, es nicht verlernt habe, zu lächeln. Wenn Ihr deutlich seht, und Ihr werdet es tun, weil ich daran erinnere, müßt Ihr erkennen, daß die gewölbte Lippe, die Euch zuspricht und ermunternd einlädt zu der Fröhlichkeit des Lachens, in der Mitte gespalten war – und doch mit Schorf und Narben sich wieder vereinigte, um nicht lästig zu werden im glänzenden Gesicht. Nur der Feige verkriecht sich, o Herr, wenn das Unglück zum Besuch bei ihm einkehrt; der Kluge aber empfängt es wie einen lang erwarteten Gast. Und schmückt sich, wie ich mich geschmückt habe. Wenn die Seide an meiner Haut auch jenen, ach so beständigen Gast, nicht schreckt, so vertreibt sie doch auch nicht die Augen der Vorübergehenden von mir, die ich beleidigen würde, gliche ich dem Bettler oder dem Krüppel. Daß ich ihnen gleichen könnte, o Herr, das werdet Ihr mir glauben, wenn ich Euch die volle Wahrheit gesagt habe, was wohl meine Pflicht ist, will ich nicht eines Tages von Euch den Schimpf ernten, daß Ihr mich Betrüger nennt, denn Ihr habt mich rechtmäßig von einem Makler gekauft, weil ich Euch gefallen

habe. Und habt einen guten Preis für mich bezahlt, wie ich erfahren habe. Ich werde mich wert zeigen des Preises, wie ich Euch bitte mir zu glauben, bis ich Gegenteiliges bewiesen habe.

Auf dem Markte hattet Ihr herausgefunden, ich duftete süß. Ich habe es wohl gemerkt, als Ihr zum erstenmal an mir vorüberginget, daß Eure Nase angenehme Luft einsog in meiner Nähe. Gleich begriff ich, Ihr hattet ein wohlwollendes Verständnis für die Zusammensetzung der Riechwasser, die ich auf meiner Haut verrieben; und ich würde nur zu Eurem Vorteil handeln, wenn ich mein Gewand am Halse ein wenig ausließ. Ihr verstandet meine Bewegung sogleich und antwortetet mit einem Lächeln und einem Handzeichen. Ihr grifft nach meinem Gewand und streiftet es mir ab, daß ich bis zun Nabel herab Euch nicht verborgen blieb. Ihr fandet mich wohlgewachsen und unbehaart. Nun aber Herr, wo die Stunde gekommen, daß ich mit meiner ganzen Gestalt vor Euch muß Rechenschaft ablegen, ob Ihr nicht etwa unnütz Geld vertan, bange ich doch, es sei zuviel des Lächelns an mir gewesen, und Ihr, in eine Falle gegangen, wäret betrogen, da ich nicht weiß, zu welchem Dienst in Eurem Haus Ihr mich benützen wollt. Wenn Ihr Euch recht erinnert, und da ich daran mithelfen will, werdet Ihr's, verstand ich es, daß, wie auch immer Ihr den Kopf wendetet, Euer Auge doch nicht mehr an mir bemerkte als den vorderen Anblick meines Körpers. Ihr werdet nun verlangen, daß ich mein Kleid ganz abstreife. Ich werde es tun, o Herr. Was für ein Weg auch bliebe mir, euch das Verlangen nicht zu erfüllen? Doch bitte ich Euch, erlaubt mir, daß ich über meinen Rücken einen Mantel hänge und vergeßt, während Ihr mich an allem andern prüft, was ich Euch von meinem Rücken erzähle, daß er von Dolchstößen zerfetzt ist und gänzlich durch Narben entstaltet.

Es ist eine Geschichte, Herr, mit diesen Narben verbunden, wie mit der gespaltenen Lippe. Die Geschichte ist mein zweites Ich und Ursache dessen, daß ich nur halb noch menschlich anzuschauen bin. Und daß die zurückgebliebene Hälfte nicht schlecht erscheine, deshalb, o Herr, habe ich gelernt zu lächeln bei jeder Stunde. Und Ihr, o Herr, werdet Freude finden an dem Anblick des Bildes von vorn, das das Denkmal einer

freudvollen Vergangenheit, wie Ihr hören werdet, wenn nicht lästig Euch, was meine Lippen vorbringen.«
Danach sollte, als Oebares die Rede seines Herrn vernommen, in der Nacht er der Stuten eine, der Dareios Hengst am meisten zugetan war, vor die Stadt geführt, auf dem freien Platz, der zur Königswahl ausersehen war, angebunden und den Hengst danach herangebracht haben, um ihn die Stute belegen zu lassen.
Als dann der Morgen gedämmert, und die sechse, der Verabredung gemäß, vor das Tor geritten und an die Stelle gekommen, wo in der vergangenen Nacht das Mutterpferd war angebunden gewesen, wäre des Dareios Pferd hinzugelaufen und hätte gewiehert, erregt durch die Erinnerung an das Erlebnis.
Perrudja wußte nur zu gut, daß Hengste begehren, nicht aber rückwärts träumen. Er vermutete, um vollends die Geschichte zu einer Abrundung zu bringen, was sie, die er für die glaubhafteste hielt, ausgelassen, daß nach der Wahl seines Herrn man dem Hengst die Lust an der Stute, deren sich des Stallmeisters Hand bedient, gegönnt.
»– wenn nicht lästig Euch, was meine Lippen vorbringen.«
Er schloß das Buch befreit.
Leisen Anstoß nahm er nur daran, daß die Historie die Namen so vieler edler Hengste überliefert, kaum aber eine Stute für wert befunden, daß ihr Name unsterblich würde. Die Kaiser, Könige, Herzöge und Fürsten hatten sich nur auf Hengsten reitend dargestellt. Die Bilder des Colleoni und Gatamelata, Söldnerführer, Hengste. Er dachte weiter an die rossebändigenden Riesen des Monte Cavallo. Hengste. Weiter. An die griechischen Hengste mit krummem Hals und beißenden Nüstern. An die Pferde der Han-Dynastie.
Diese befangene Feststellung konnte er machen, weil seine Kenntnisse in der Geschichte nur bescheiden.

X

Nicht unweit des Berges Bistun und der Stadt Sarpul, in der Nähe des Flusses Qarasu, den schon Tacitus gesehen, ist ein Denkmal in den Felsen gehauen, das die Araber zu den Weltwundern zählen; von dem in seinem Buche der Länder der Dichter Amru ben Bahr al-Djahiz gesagt hat: »Dort ist das Bildnis eines Rosses, wohl das schönste an Bildern, das es gibt. Man behauptet, es sei das Bildnis von Kisras Roß mit Namen Shabdez. Auf ihm sitzt Kisra, aus Stein gehauen. Und das Bildnis seiner Gemahlin Shirin ist im Obergeschoß dieser Grotte.«

Perrudja wurde tief angerührt durch diese Beschreibung. Der Wunsch sengte sich in ihn hinein, von dem Denkmal mehr zu erfahren. Und von der Geschichte des Pferdes.

Shabdez bedeutete die Nächtliche.

Sie muß schwarz an Farbe und eine Stute gewesen sein.

Noch ehe er Näheres über das steinerne Pferd in Erfahrung gebracht, taufte er das eigene Füllen Shabdez, entzündet an dem Wort: wohl das Schönste an Bildern, das es gibt.

Zwar – das Füllen war tiefbraun.

Es ist in der Nacht geboren.

Ich werde es nächtlich reiten.

Seine Augen sind tief wie Nachthimmel.

Wohl das Schönste an Bildern. Shabdez.

Die Zuneigung zu dem jungen Tier hatte einen neuen Inhalt bekommen. Herrlich Zukünftiges schien ihm aus der Bedeutung des Namens entgegenzuprangen. Die Fülle seiner Hoffnungen aber wuchs an, als er daran ging, Kenntnis von den Lebensschicksalen des Königs Khosro II. zu nehmen, der der Besitzer der schwarzen Stute gewesen. Freilich, was an Glück auch diesem glücklichsten aller Könige beschieden gewesen, vor seinem Tode noch sollte es ausgelöscht werden. Mit bangen Ahnungen mußte der Waldbesitzer auch diese Lektüre bezahlen.

Im Jahre 1228 vollendete der Enzyklopädist Yaqut aus Hamah sein großes Namenbuch und begann das Gedächtnis an den letzten mächtigen sassanidischen König mit dem Namen seiner Lieblingsstute. Er beschrieb den Ort des Denkmals, eben das lebendige (wenn auch steinerne) Zeugnis, ohne dessen Vorhandensein man die Geschichte des glücklichsten Mannes nur erkennen würde wie durch einen Schleier. Man würde sie betont finden nach den äußerlichen Bewegungen seiner letzten Regierungsjahre, die erfüllt waren durch die Kriege mit Herakleios, jenem unklugen Kristen, der ausersehen worden war, den letzten Becher Erfüllung dem Glückreichen aus der Hand zu schlagen, zu schleifen den Prunkbau einer beispiellosen Meistbegünstigung durch das Schicksal.

Die Idee des Krieges um das heilige Kreuz Jesu, die finsteren Vorzeichen von Überschwemmungen, Krankheiten, Feuerzeichen der Kometen, die das Wirken des Propheten Mohammed in den Ländern außerhalb Arabiens ankündeten, würden das Leben des Einzelnen verwischt haben.

Mit Beharrlichkeit wollen wir toren Menschen daran festhalten, daß es Kampf, Sieg und Niederlage der großen Maxime seien, die unser Herz bewegen und es sich entscheiden lassen. Lüge. Ohne das lebendige Fleisch des Einzelnen ist die kühnste und geistigste Abstraktion ein Totengebein. Die Völlerei eines erdhaften Kindes trägt mehr Vernunft als die fromme Karitas einer Ausgebrannten, die nicht mehr den Mut zum kleinsten persönlichen Wunsch.

Der Ort, den die Muslime oft beschrieben haben, wird gekennzeichnet durch einen marmornen Berg, aus dem starke Quellen hervorbrechen. Seit undenklichen Zeiten war er eine heilige Stätte der Iranier, die an den klaren, steingeborenen Wassern glaubten die Göttin Anahit verehren zu müssen.

In den Felsen aus dichtem Kalkstein sind zwei Grotten gebrochen; eine kleinere, die Shapur III. meißeln ließ, unmittelbar benachbart eine größere, das Denkmal der Shabdez und ihres Herrn.

Enzyklopädie 1228:
Shabdez ist ein Ort zwischen Hulwan und Qarmisin am Fuße des Berges Bisutun, genannt nach einem Pferde, das dem Khosro gehörte.
Es sagt Mis'ar b. al-Muhalhil: das Bild Shabdez ist eine Parasange von der Stadt Karmisin entfernt. Es ist ein Mann auf einem Pferd aus Stein, angetan mit einem unzerreißbaren Panzer aus Eisen. Dessen Panzerhemd sichbar ist. Und mit Bukkeln auf dem Panzerhemd. Ohne Zweifel meint, wer es sieht, daß es sich bewegt. Dies Bild ist das Bild Parwez auf seinem Rosse Shabdez. Es gibt auf der Erde kein Bild, das ihm gliche. In der Grotte, in der dies Bild steht, ist eine Anzahl von Bildern. Von Männern und Frauen, zu Fuß und zu Roß. Vor der Grotte ist ein Mann, wie einer, der auf dem Kopf eine Mütze trägt. Und er ist in der Mitte gegürtet. In seiner Hand ist eine Hacke, gleichsam als ob er damit die Erde grabe. Das Wasser kommt unter seinen Füßen hervor.
Es sagt Ahmad b. Muhammed al-Hamadhani: Zu den Wundern Karmisins – und es ist eines der Wunder der Welt überhaupt – gehört das Bild Shabdez. Es ist in einem Dorfe genannt Khatan. Und sein Bildner hieß Qattus b. Sinimmar. Sinimmar ist der, der das Khwarnak in Kufa baute. Die Ursache von des Rosses Darstellung in diesem Dorfe war, daß es der Tiere reinstes und größtes an Wuchs war. Dessen Natur am offenkundigsten. Und das am längsten den Galopp aushielt. Der König der Inder hatte es dem König Parwez geschenkt. Es stallte nicht und gab keinen Mist von sich, solange es Sattel und Zaumzeug trug. Und schnaubte und schäumte nicht. Der Umfang seines Hufes betrug sechs Spannen. Da geschah es, daß Shabdez krank wurde. Und ihre Beschwerden nahmen zu. Parwez erfuhr dies und sprach: »Wahrlich, wenn mir jemand des Rosses Tod meldet, so werde ich ihn töten!« Als nun Shabdez gestorben war, da fürchtete ihr Stallmeister, daß der König ihn fragen werde, und daß er dann nicht würde umhin können, ihm den Tod zu melden, und daß der König ihn töten werde. Darum ging er zu des Königs Sänger Pahlbadh, mit dem verglichen es weder in früheren noch in späteren Zeiten einen gab, der im Lautenspiel und Gesang geschickter war. Man sagt: Parwez besaß drei besondere Dinge, die keiner vor

ihm besessen; nämlich sein Roß Shabdez, seine Sklavin Shirin und seinen Sänger Pahlbadh. Der Stallmeister sprach: »Wisse, daß Shabdez bereits zugrunde gegangen und gestorben ist. Es ist dir bekannt, was der König dem angedroht hat, der ihm ihren Tod meldet. Darum ersinne mir eine List, und dir soll soundso viel gehören.« Jener versprach ihm die List. Und in einer Audienz vor dem König sang er diesem ein Lied, in dem er die Geschichte verbarg, bis der König begriff und ausrief: »Wehe dir, Shabdez ist tot!« Da sagte jener: »Der König sagt es.« Darauf sprach der König: »Ah, schön, du bist gerettet und hast einen anderen gerettet.« Und er hatte großen Kummer um das Pferd. Und befahl dem Qattus b. Sinimmar, es darzustellen. Dieser bildete es in der schönsten und vollkommensten Weise ab, so daß es zwischen den beiden beinahe keinen Unterschied gab. Außer durch das Pulsen des Lebensgeistes in ihren Körpern. Der König kam herzu und besichtigte es und weinte Tränen, als er es betrachtete. Und sprach: »In hohem Maße kündet diese Darstellung unsern eigenen Tod an. Und sie erinnert uns, zu welch traurigem Zustand wir gelangen. Wenn es augenscheinlich ein Ding von den Dingen dieser Welt gibt, das hinweist auf die Dinge jener Welt, siehe, so liegt hierin ein Hinweis auf die Anerkennung des Todes unseres Körpers und die Zerstörung unseres Leibes und das Verschwinden unserer Form und des Verwischens unserer Spur durch die Verwesung, der man sich nicht entziehen kann. Und zugleich auch die Anerkennung des Eindrucks dessen, was unmöglich bestehen bleiben kann von der Schönheit unserer Gestalt. Es hat unser Verweilen bei dieser Darstellung in uns eine Erinnerung an das hervorgerufen, wozu wir werden, und wir stellen uns vor, wie andere nach uns dabei verweilen, so daß wir gleichsam ein Teil von ihnen und bei ihnen anwesend sind.«

Ahmad b. Muhammed al-Hamadhani sagt weiter: Zu den Wundern dieser Gestalt gehört es, daß keine Form gegeben wird, wie ihre Form. Und kein Mensch von feiner Überlegung und feinem Sinn verweilt dabei seit der Zeit ihrer Darstellung, ohne an ihrer Form Zweifel zu hegen und über sie in Verwunderung zu geraten. Ja, ich habe viele derart schwören hören oder beinahe einen Eid leisten, daß sie nicht das Werk

von Sterblichen sei, und daß Allah der Höchste ein Geheimnis besitze, das er eines Tages offenbaren werde.
Wenn diese Darstellung Menschenwerk ist, so ist dieser Bildner begabt gewesen, wie keiner von den Wissenden begabt ist. Denn was ist wunderbarer oder schöner oder mit mehr Hindernissen verbunden, als daß ihm der Fels gefügig werde, wie er wollte; und daß er schwarz wurde, wo es schwarz sein mußte und rot, wo es rot sein mußte; und ebenso mit den übrigen Farben. Und es ist mir klar, daß die Farben in einer bestimmten Art behandelt sind. –
Um den heiligen Berg mit seinen heiligen Quellen breiteten sich die Jagdgründe des Königs aus. Die Trauer um den Tod der Stute wünschte er hineinzumischen in die Flutwelle an Lust, mit der er seinen schweren Körper in den riesenhaften Garten treiben ließ.
Er weinte mit einem Auge. Seine wollüstigen Lippen trinken gegorenen Wein, gewürzt. Muskat, Honig, Nelken, chinesischen Ingwer, Zimt. Die Zähne pflücken fleischige Borke von gedörrtem Braten. Er sieht das steinerne Pferd, darauf reitend den steinernen König, sich selbst. Er saugt den Blutsaft, das Fett von seinen Fingern. Halbtrunken sinkt er an die Brüste eines Weibes. Er weint, er trinkt, er läßt entblößte Schenkel vor sich ausbreiten.
Der Beginn seiner Regierungszeit war von heftigen Erschütterungen begleitet. Bahram Tchobin, der letzte große Mihran, hatte das sassanidische Reich der Vernichtung nahegebracht. Toll nach Macht. Herrschen, unterdrücken, in Blut waten. Der Vater Khosros, Hormizd, war geblendet und dann gespeert worden, er selbst, der Sohn, der junge Großkönig, hatte nach Byzanz zum Kaiser Maurikios flüchten müssen. Aber Bahrams Glück ging zuende. Er wurde durch einfachen Mord beseitigt. Eisen und Fleisch.
Maurikios, der Kaiser der Byzantiner, setzte Khosro, den jungen, der durch Klein-Asien gereist –
Sein Vater gespeert. Eisen und Fleisch.
Du hast gezittert. Du hast gefürchtet. Du hast geweint. Rittest auf Pferden. Die Schenkel wund. Fast hättest du deine Hoden daran geben müssen. Auf den steinigen Straßen. Waren auch Hände danach ausgeschickt.

Setzte ihn in seine Herrschaftsrechte ein.
Zum Glück berufen. An den fremden Orgien von Byzanz gewachsen wie ein Stier. Die Stunde kam. Der Kaiser, der Wohltäter, der Byzantiner, der Beter unter der riesenhaften Kuppel von Santa Sophia, fiel, wie sinnlos. Der unfähige Phokas – Sohn einer Hündin – ein Weib, von siebenzig Männern begattet – dieser Phokas. Machte eine Rebellion, die gelang. Und feierte den Sieg der Revolte, indem Maurikios mit seiner ganzen Familie geschlachtet wurde. Wie Vieh. Auch ausgeweidet. Für die Hunde. Sohn einer Hündin.
Vielleicht hatte es nach diesem blutigen Ereignis einen Augenblick gegeben, in dem Khosro sich berufen gefühlt, als Rächer seines Wohltäters gegen Phokas zu ziehen. Hatte er die ersten Heere gegen Ostrom in blutendem Schmerz und Zorn über den Verlust eines Freundes gesandt?
Phokas, Sohn einer Hündin, der siebenzigvätrige, beseitigte Narses, den Verwalter der östlichen Provinzen, die Fackel, das Feldherrngenie, das gegen Persien brannte.
Iran kennt keine Besinnlichkeit mehr. Die ersten ausgesandten Generale des Großkönigs konnten ungetrübte Siege berichten. Das war im Jahre des Heils 604.
Im folgenden Jahre des Heils 605 durchzog die sassanidische Reiterei in wilden Streifzügen die östlichen Provinzen des Reiches Byzanz. In den »Pforten« des Königs, in seinen Städten, waren seine Wünsche nach Reichtümern entflammt. Nach Juwelen wie kein anderer gierig, befahl er Raubzüge gegen das Reich seines weiland Wohltäters und des Sohns einer Hündin, des gegenwärtigen Beleidigers.
Vielleicht wurde Maurikios vergessen. Das Erinnern an den Anlaß seines Todes war verstoben vor den neuen Möglichkeiten eines unermeßlichen Glückes, das er auf eine Person, auf sich selbst konzentrieren wollte. Mit fanatischer Beweglichkeit wußte er seinen Generalen zu übermitteln, daß sie nur eine Verpflichtung, nur ein Ziel, nur einen Wunsch haben dürften: zu siegen. Zu siegen, um Beute zu erwerben. Beute zu erwerben, um den Großkönig unermeßlich an Reichtum und Zufriedenheit zu machen. Zwanzig Jahre lang trieb er seine Heere durch Mesopotamien, Syrien, Palästina, Phönizien, Armenien, Kappadozien, Galazien, Paphlagonien. Zu ihm strömten Gold,

Edelsteine, mechanische Wunderwerke, Statuen, Weiber. Was an Schönheit gewachsen und gebildet, nahm er zu sich, nie ermüdend am Genießen. Die erste große Niederlage seiner Truppen nahm er als vorbedachte persönliche Beleidigung seitens des Feldherrn. Er glaubte kein Schicksal zu haben. Aus Gründen. (Heiliges Kreuz, Labartu.)
Bis hierher bin ich gegangen. Siebenmal vom Tode errettet. Auf einem Pferd durch Klein-Asien. Fast die Hoden zerritten. After und Schenkel waren wund. Ich blieb am Leben. Damals noch war ich nicht fett. Der Bauch war noch Knabe. Maurikios sagte: »Schöner Knabe«.
Dieser Saèns – geschlagener Feldherr. Krankheit hat ihn befallen. Auf dem Rückzug ist er gestorben.
Er soll in Salz gelegt werden, daß sein Leichnam nicht fault! Der Tote mußte vor dem Großkönig erscheinen, um sich zu rechtfertigen. Der Tote schwieg, salzig, etwas eingetrocknet, schwieg, verstockt, antwortete seinem König nicht. So wurde ihm das Urteil gesprochen, geschunden zu werden. Er war der Verwesung entrissen worden, um vor den Augen Khosros zerfetzt, zerschlitzt zu werden. Der König fühlte sich beleidigt. Das war das Ende des Toten, nachdem der Lebende im Jahre des Heils 626 durch den Bruder des Kaisers Herakleios, Theodoros geschlagen worden war.
Die Augen des Königs
Die Sinne des Königs
Das Glück des Königs
Lang lebe der König
Panzerreiterei, Instrument des Krieges, Menschen, Pferde, Leder, Metall. Waren es Kastraten? Es waren keine Kastraten. Stanken sie nach ihrem Geschlecht? Sie stanken nach ihrem Geschlecht. Sie sangen von Weibern. Sie wurden durch die Länder gejagt. Sie sangen von Lustbuben. Sie wurden durch die Provinzen gejagt. Mesopotamien, Syrien, Palästina, Phönizien, Armenien, Kappadozien, Galazien, Paphlagonien. Sie sangen von der Schamöffnung ihrer Stuten, wenn Dörfer und Städte verbrannten. Sie waren der Augenblick, den niemand behielt, außer den Weibern, die von ihnen schwanger wurden. Der König war der Fels. Er behielt die Weiber, die ihm einmal gefallen.

Sie raubten, mordeten. Geiles Vergewaltigen, Völlerei, Schauspiel nächtlich verbrennender Menschenwohnungen und Wälder. Die Lust des einen, die Lust des anderen.
Im Jahre des Heils 614 war Khosros (des an Glück unersättlichen) großer Feldherr Shahrbaraz Farrukhan in Jerusalem eingezogen. Die Kristen hatten das größte Heiligtum der heiligen Stadt, das heilige Kreuz vergraben, daß es nicht in die Hände der Ungläubigen falle. Es gibt kein Schweigen, das nicht gebrochen werden kann (ausgenommen das Restschweigen, das Tod bedeutet). Die Eroberer nahmen den Patriarchen Zacharias, nahmen seinen frommen Leib und folterten ihn. Es gab kein Ende und kein Maß der Schmerzen, die sie ihm bereiteten, keine Erfindung, die sie ausschlugen, ehe er zu sprechen begonnen. Die Tradition der zehntausend Morde wurde an seinem lebendigen Leibe versucht (den sie am Leben zu halten wußten; und daß er nicht ohnmächtig würde, Riechwässer. Wen man mit Holzhämmern auf die Rippen oberhalb des Herzens schlägt, wird nicht ohnmächtig), der nun, gelehrig an den Schmerzen (neunzigtausend Menschen in Sklaverei verschleppt), eine sinnvollere Frömmigkeit erfand und den Platz verriet, wo das Symbol vergraben, das Holz eben, dies Henkerwerkzeug, römischer Galgen, Richtblock, Beil, Rad, Schlachtbank (O Lamm – Gottes – unschuldig). Shahrbaraz wollte seinen Herrn lächeln sehen; er entführte das Kreuz (neunzigtausend Menschen in Sklaverei verschleppt).
Der Unbegreifliche zerspellte das Holz, schenkte ein Stück davon seinem kristlichen Finanzminister Yazdin und sperrte unter Entfaltung von Pomp und Ehrenbezeugungen (der Unbegreifliche, Parwez) für den Inhalt eines fremden Glaubens das Martergerät im neuen Schatzhaus und Staatsgefängnis von Ktesiphon, dem »Haus der Finsternis«, ein, glaubend, daß die magischen Kräfte des Unbekannten von nun an ihm untertan, Mehrer seines Glückes sein müßten. Wie die Labartu, die Pestgöttin, die benachbart dem heiligen Kreuz gefangen gehalten wurde.
Sie war alt, sehr alt und mächtiger als das Kreuz. Aus Babylon oder Ninive war sie gekommen. Löwenköpfig mit spitzen Eselsohren. Weib, Brüste vom Weib, Weib, das geboren hat und ein Schwein und einen Wolf säugt. In den Händen Schlan-

gen; aus ihrem Schoße wachsen Adlerbeine, mit denen sie auf einem Esel hockt; ihr Buhle bei ihr, der sich in ein Schiff gelagert, das dieses Liebespaar durch die Flüsse fährt; das mit seiner Fruchtbarkeit Eiter sät.

Als einer der Feldherrn des Großkönigs diese wilde Kraft der Zerstörung gefunden und herbeigeschleift, hatte er aufgeatmet. Er fürchtete Krankheit; er war fett geworden. Grinsend hatte er vor dem Steinwerk gestanden, war wieder davon geeilt, hatte sich selbst wie ein Fabeltier geschmückt. Bunt. Seide der sieben Farben. Fünf Grundtöne: rot, grün, blau, gelb, weiß, dazu die Erhöhungen, der Bogen Abraxas, die Sonne und der Nachthimmel, gold und schwarz. Dazu die Attribute, die Edelsteine. Den Hof hat er angepeitscht zu einer unerhörten Feier. Prozessionen, Paraden vor den Blicken des gefürchteten Dämons. Labartu, Pestgöttin, Eselsgeliebte. Diener und Feldherrn müssen Eselinnen begatten. Daß sie lächle. In den Staub vor ihr. Erniedrigendste Lust. Ich befehle! Eure Gesundheit gebeut, mein fetter Bauch. Es darf keine Unordnung kommen. Was ich abends esse, muß am Morgen wieder aus mir, sonst kocht die Sonne daraus Eselssamen der Labartu.

Dann wurde der Stein in die Grotten des Gefängnisses versenkt. Der König war gefeit gegen Krankheit, gegen die Anfechtungen eines wandelbaren Körpers. Seinen Ländern kündete er Gesundheit. Sie murrten nicht. Die Eselsgeliebten nicht einmal. Gesundheit. Kein Fieber. Kein Geruch in den stillen Buchten der Wässer.

Er trat in die Gewißheit ewiger Jugend und ewiger Kraft ein. Dreitausend Weiber wählte er sich aus, daß sie die unermeßliche Fülle seiner Lenden faßten. Für die Augenblicksregungen seiner sinnlichen Äußerungen gab es achttausend Mädchen. Er glich einer üppigen blühenden goldgelben Wiese, die dampfend mit dem Geruch ihres Paarens den Himmel füllt.

Er wuchs heran zum Besitzer der zwölf unvergleichlichen Kleinodien, der Attribute und Machtrequisite.

1. Der Palast von Ktesiphon.

2. Khosros Thron. Eine Kunstuhr, ein unüberbietbares Werk der Empfindlichkeit und Berechnung.

3. Die Krone mit den drei größten Juwelen der Welt, die einst Alexanders Hengst Bukephalos aus dem Sand Indiens hervor-

gescharrt; von denen später die Araber erzählten: groß wie Straußeneier, aus feinstem und reinem Edelgestein, dergleichen sonst nie gefunden wird. Geheimnisvolle Inschriften in griechischen Zeichen, die der Schlüssel zu nutzbringenden Kräften waren, steigerten der Steine Wert über den jedes Dinghaften hinaus.

4. Ein Schachspiel mit Figuren aus geschnitzten Smaragden und Rubinen.
5. Wie Wachs knetbares Gold.
6. Der Gandj i badhaward, der den ganzen Reichtum Alexandreias ausmachte, bei der Belagerung der Stadt von Griechen auf Schiffe verladen und dann gekapert; und kanz al-thaur, eine Schatzsammlung aus sagenhafter Vorzeit, beim Pflügen im Boden gefunden.
7. Die Geliebte Shirin, der Garten der Schönheit.
8. Die Stute Shabdez.
9. Die Sänger Sardjis und Pahlbadh.
10. Ein weißer Elefant.
11. Die heilige Fahne Irans, der Lederschurz des sagenhaften Schmiedes Kawa.
12. Der Page und Kochkünstler Khosharzu.

Perrudja verdichtete seine unruhigen Gedanken zum wiederholten Hersagen der Liste. Er fühlte sich zerschmettert. An seinem Ohr, wie durch Nebel das Stampfen von fünfzigtausend Rossen. Herden von Elefanten schoben sich durch eine unermeßliche Welt. Elftausend schöne Frauen. Ihre Existenz wollte sein Herz zerspringen machen. Brüste, Schenkel. Er fragte sich töricht: woran unterschied Khosro die Lebenden? Kannte er sie alle? Ihre Namen behielt er nicht. Er behielt ein kleines Bild. Er machte in sich ein Zeichen. Er gab das Zeichen nach außen. Er dichtete ihnen unterschiedliche Seidengewänder.

Seine Geliebte aber war Shirin. Sie wog elftausend auf. Garten der Schönheit. Fließende Quelle.

Und Shabdez, die Stute.

Und er baute das Denkmal, den Taq i Bustan, als Shabdez gestorben. Der Tod des Pferdes war das Ende seiner Zuversicht und der Anlaß zu traurigen Worten. Wie durch Tränen sah er vor dem Leichnam der Stute noch einmal sein Glück. Es schwemmte ihn durch die Worte der verletzten Seele. In den Marmor gehauen eine Höhle. Man sieht darin die vielen Grade des Lebens, die Khosro gehörten und ihn reich machten; und die Gottheiten, die sich ihn auserwählten, um mit ungewöhnlichem Maß die Wirkung des menschlichen Lebens zu zeigen. Im Hintergrund der Grotte, sozusagen in ihrem unteren Geschoß: der Großkönig, reitend auf der Nächtlichen. Er ist eingehüllt, kriegerisch, in den Duft des Tieres. Ihr Schweiß ist ihm nicht lästig; der Empfindliche, der den Geruch der Rechnungspergamente nicht gut ertrug, und ihn durch Safran und Rosenwasser vernichtete, fühlt sich geborgen, weil durch seine Schenkel, wo er aufsitzt, nicht mit einem Kettenhemd bepanzert, warm, aus den Haaren des Tieres die Berührung, das Unsägliche aufsteigt.

»Der Saphirstift der Nacht hat blau dein Weiß geläutert.«

Man findet Shirin nicht abgebildet. Die dreitausend Nebenfrauen sind auf dem Denkmal abgebildet. Shirin ist dem Bildhauer verborgen worden. Die Existenz des Königs sickert durch seine Maske und sammelt sich wie Wasser in einem Becken. Becken aus Silber, aus Granit, aus Bronze, aus Lapis-Lazuli, aus Zinn, aus Basalt, aus Kupfer, aus Diorit, aus Gold, aus Ton. Scherben und Beulen sind das Ende.

Die Leidenschaft des Bildhauers Farhad hatte ihn unsicher gemacht. Man hat die Geschichte später erzählt, belastet mit Umschreibungen. Shirin fand Gefallen an Farhad. Sie überantwortete ihn nicht dem Zorn Khosros, als sein Werben ihr bekannt wurde. Sie schmeichelte ihn beim König ein, erfand Tugenden an ihm, ließ durchblicken, daß er als Mann mit dem Großfürsten wetteifern könne. Sie vergaß nicht, seine Großmut, seine Bereitschaft zur Freiheit, seine Selbstlosigkeit, seinen Opfermut hervorzuheben. Wollte Khosro nicht klein werden, nicht der Gefahr, Tyrann zu heißen, den nicht einmal Shirin liebte, erliegen, mußte er sich zu den Eigenschaften bekennen, die jenem nachgerühmt wurden. Unter einer Bedingung mußte er ihm das Bett der Geliebten freistellen. Eine Probe verlangt der Zweifler. Der königliche Zweifler verlangt eine harte Probe. Sie reiten ins Gebirge. Zu dritt. Die Frau, die beiden Männer, die selbstlosen, die großmütigen, die opferwilligen, die Freien, nur sich selbst untertan, der König und der

Bildhauer. Begriff Khosro an dem laugigen Geschmack seines Speichels, daß er die kleinste Rolle einnahm, daß nicht nur die Probe gegen den Liebhaber erfunden sein würde, vielmehr gegen ihn selbst?

Vor einem Berge schlossen sie einen Vertrag. Der König lächelnd, nicht ganz erniedrigt, nicht ganz in eine Eule verwandelt, noch Großkönig mit Rechten an seiner eigenen Frau; der Gegner strahlend, weil er am Leben blieb, weil von seiner Mühe und Leistung der Preis abhing.

Farhad soll durch den Berg einen Tunnel graben. Gelingt es ihm, hat der König mit ihm das Ehebett zu teilen.

Er beginnt zu meißeln. Khosro, der kein Urteil hat, die Gewalt eines Einsatzes nicht ermißt, befällt Ruhelosigkeit. Ihm wird berichtet: Farhad hat die Hälfte des Weges im Stein zurückgelegt. Der König ist kein Held. Er kann Schätze sammeln, Geld häufen. Er ist dem Stier gleich im Zeugen. Kein Held. Seine Generale sind Helden. Der Bildhauer ist einer. Der Thronende genießt. Er ist fett. Farhad ist sehnig schlank. Khosro fühlt sein Herz. Er schaut aus nach Vertrauten. Er ist verlassen. König, König. Maurikios hatte ihm die Brustwarzen gestreichelt, als er noch machtlos war.

Er glaubt an die Liebe des anderen zu Shirin, an seine eigene nicht. Er sendet einen Boten zu Farhad. Der Bote spricht: »Shirin ist tot.« Es ist die Lüge aus dem Munde des Königs. Farhad stürzt sich vom Felsen herab. Die Ruhe des Königs ist dahin. Er beginnt, die eigene Liebe zu Shirin wie ein Dogma zu handhaben. Es dämmern Gefahren. Er weiß ihren Namen nicht. Es verlautet, an die Grenzen seines Reiches dringe die Pest. Er läßt im Schatzhaus die Labartu strenger bewachen. Doch Kometen jagen am Himmel. Er kennt ihren Namen und ihre Bahn nicht.

Shabdez ist tot. Sie hat sterbend gemistet. Die Generale siegen. Khosros Sieg ist klein, unheldenhaft. Er jagt. Hirsche, Schweine, Enten. Die Weiber schauen ihm dabei zu. Auch Tiere haben Blut in sich. Aber sie schreien nicht. Stummer Schmerz. So fühlen sie nicht. Er glaubt es. Weil er schreien kann. Ihre Eingeweide sind nicht Khosros Eingeweide. Er glaubt es. Weil er sich noch nicht von innen gesehen hat. Man wird ihn belehren. Ihr Zeugen ist nicht sein Zeugen. Ihre Nachkommen

sind nicht seine Nachkommen. Man wird ihn belehren. Gemartertes Wild. Gemarterter König.
Es blühen Blumen. Es blühen zwei Pfeiler. Zwei Marmorsteine blühen. Sie blühen im Rhythmus des Akanthus. Sie duften rosig weiß wie Spiralen. In den Blättern liegt ein Hauch und breitet sich aus wie ein Fächer. Wo man Fächer denkt, da knospet es. Wo es knospet, wird es drei. Wo die Drei geworden, schwimmt die Lotosblume, blau, bleich, siebengefaltet. Wo sie sich siebenfach entblättert, schießt das Labyrinth der Staubgefäße, Safran, Same, Knospe, Frucht. Zeit und Ewigkeit. Links und rechts der Grotte blühen Marmorpfeiler. Akanthusblätter ordnen sich wie ein Fächer. Die Spirale ist eine Kurve dritten oder vierten Grades, sagen die Mathematiker. Der Stamm ist rund und steht gegen den Himmel.
Hinter den Pfeilern, in der Tiefe der Höhle jagt Khosro zu Pferde, im Boot, umringt von Elefanten. Dreitausend Weiber sind um ihn, sein seichtes Heldentum zu bewundern. Shirin ist nicht unter ihnen. Sie liegt im Kindbett. Sie hat einen Knaben geboren. Armer Knabe! »Khosro liebt dich.« Der König dichtet seine Erkennungszeichen. Er ordnet die Weiber nach dem Grade des Wohlgefallens, das sie ihm bereiten. Er sagt es ihnen nicht. Er will ohne Zank leben. Er läßt es einweben in Seide.
Kleine feine schaumige Glückswolken, wie Wellen. Genuß bei geschlossenen Augen. Nichts weiter. Kein Wort. Brüste und Schenkel. Kein Wort. Goldene Glückswölkchen auf schwarzem Grund, wie Nacht und samtene Haut. Fügt er drei Kügelchen hinzu, das Symbol des Tchintamani, will er sich tiefer erinnern, nicht nur tasten.
Ein Mensch, ein Prophet, Muhammed hatte gepredigt. In Arabien. Es war davon erzählt worden. Khosros Augen wurden ohnmächtig, jähzornig, ohnmächtig. Maurikios hatte ihm, jung, die Brustwarzen gestreichelt. Tot. Herakleios hieß der jetzige Kaiser. Die Generale siegen; die Steuern erdrücken das Land. Viergeteilte Lotosblumen, vier Blätter wie Herzen. Nächtliche Lotosblumen, die eine schön wie die andere. Sie alle haben in der Mitte des Kelches eine Tiefe. Verstreut über die Gewänder, bedeutet es, König? – Nächtliche Lotosblumen, geschlossen, halb offen, reif fleischig wie Sirupstrank.
Und daß die Nächte tiefer werden und lang, deshalb webt

einen Saum aus Lotosblumen, aus Knospen, aus Lotosblumenknospen, dreigespaltenen, fünfgespaltenen, siebengespaltenen. Der Knospen zweie. Es sind die Brüste, schöner als der Schoß.

Über die Berge der Zwiesang, ein Mann und ein Knabe. Hirten bei ihren Hürden. Unendlich traurig. Traurigkeit der Welt.

Tränen, Tränen, Tränen, Tränen.
Und dichter kann die Nacht werden, dichter die Süßigkeit. Webt durcheinander Blüten und Knospen, dicht wie ein Dickicht. Henkelknospen. Kurvendes Aufbrechen. Man spielt wie auf den Feldern des Schachbretts. Khosro gebraucht keine Lagerstatt. Khosro schläft zwischen den Schenkeln der Frauen. Sie harfen ihm seinen Traum.
Die da ruht, die da ruht, die Mutter Ninazus.
Sein Traum heißt Shirin. Shirin hat einen Sohn geboren. Er ist nicht der älteste Sohn. Er ist der Sohn, den der König liebt. Weil er Shirin liebt. Er ist nicht Farhads Sohn. Farhad ist tot. Shabdez ist tot. Maurikios ist tot. Phokas, Sohn einer Hündin, der siebzigvätrige, ermordet, tot.
Die Goldmünzen mehrten sich in seinen Schatzhäusern. Runde Münzen. Totes Glück. Glück. Er wußte nicht, daß es tot war. Er ließ es einweben in Seide. Glücksstunden. Tote Glücksstunden. Er wußte es nicht. Die Gegenspielerinnen wußten es. Sie waren Münzen. Sie gingen durch seine Hand; danach ruhten sie wie im Schatzhaus das Gold. Und waren sie begnadet, wurden sie schwanger, selbst rund. Münzen. In das Rund der Scheibe hinein konnte geschrieben werden, was Khosro an ihnen auszeichnen wollte, bei welchem Anlaß er sie zum ersten oder letzten mal gesehen. Pfauen, Eberköpfe, Blumen, Steine, Reiher, Widder, Sonnen, Sterne, Wolken.
Etliche gab es, für die dichtete er mit Mühe aus dem Erinnern an seine Leidenschaft in ihrer Gegenwart die Sprache wortloser Pracht. Sein Geist suchte Betätigung, wirbelte Brocken sehnsüchtigen Schaffenseifers über die Stoffe hin. Die Vergleiche mit den Tieren des Feldes, den Tieren der Träume gründete er

tiefer mit dem Schweiß seines Suchens. Er ließ das Wirkliche und Unwirkliche aufflammen in Katarakten brennender Farben. Stoffe wie knetbares Gold. Ertüftelte Gesetze für das Wachstum der Pflanzen, von innen, wie ein Gott im Gehäuse. Mußten in Rauten verschlungen zu Ornamenten sich prägen, selbst zum Gerank und Gitterwerk der Rauten sich verdichten, um einzurahmen die Tiere des Feldes, die beflügelten Schafe, die bekrallten Pferde, die krausen und stolzen Vögel. Kunstreiche Weber folgten seinen Plänen. Der Gedanke überwucherte den Stein. Der Stein begann zu knospen, zu blühen.

Es kam die Zeit, wo er Rechenschaft ablegen sollte. Die Generale wurden in offener Feldschlacht geschlagen. Die Söhne der Soldaten kämpften, erwachsen, gegen die Soldaten. Waren ja ihrer Mütter Söhne.

Die Provinzen waren es müde, mager zu werden am Glück des Großkönigs.

Der Kriegsunkundige muß von Gandjak vor dem Heere des Herakleios fliehen; zerstört fassungslos sein Land; brennt nieder; verwüstet die Äcker; verschleppt die Menschen. Nur an die unentbehrlichsten Kleinodien denkt er in seinem Entsetzen vor dem Unglück, an die Attribute und Machtrequisite, an das Geld, an das heilige Feuer, an das Kohlenorakel von Gandjak.

Das Böse wurde schlimmer. Aus den albanischen Winterquartieren rückten des Herakleios Truppen, die Kristen, die die Hauptstadt Mediens bewundert und zerstört, in die babylonische Ebene.

Khosro zittert. Er ist kein Held. Nächtlich, heimlich, nur begleitet von wenigen Menschen, die seinem Herzen am nächsten, macht er sich davon aus der Festung, dem durch Kampf uneinnehmbaren Dastagerd. Die starken Mauern Ktesiphons dünken ihm nicht Sicherheit genug. Nach Seleukeia. Bin einst durch Klein-Asien geflohen. Fliehe wieder.

Der Krist rückt ohne Kampf in Dastagerd ein, schreibt einen Brief an den Senat nach Byzanz, der geflissentlich von fleißigen und patriotischen Dienern eines Nationen feindlichen Glaubens (O Lamm – Gottes – unschuldig) von der Kanzel der Hagia Sophia verlesen wird, in dem das Erstaunen, die Unwahrscheinlichkeit, die große Hure Beständigkeit angekündigt wird in dem reifen Satz: »Wer hätte das gedacht!«

Vor Ktesiphon mußte Herakleios umkehren. Entlang den Ufern eines Kanals schob sich die Elefantenreiterei Khosros vor. Graues gespensterhaftes Stampfen. Die Schatten seiner glückhaften Existenz.

Der König selbst schrieb eine Rechtfertigung seines Lebens. Er tat darin kund, daß er eine Art Mensch, die unter gewissen Konstellationen verworfen werden könne. Erklärte, daß er nach Seleukeia habe fliehen müssen; denn nur fern der Gefahr vermöge der schaffende Geist sich zu betätigen. Von der äußersten Grenze seines Reiches aus habe er das Rettende, das Vernünftige beschlossen. Zermalmen der römischen Heere durch die Sohlen der schreitenden Elefanten. (20000 Hufe. Eine bewegliche Mauer von 100 Fuß Tiefe und 3000 Fuß Breite.) Seine Berechnungen seien der Wille der Generale geworden. Er habe das Schicksal des Landes wieder zum Guten gewendet, nachdem er zuvor der Überraschung, nicht der Kunst eines feindlichen Feldherrn gewichen. Er berief sich darauf, was niemand seiner Zeit zu schätzen verstand, daß er ein guter Administrator, ein noch besserer Kaufmann. Er machte die Hauptbilanz in Zahlen.

Am Ende meines 13. Jahres, nach einjährigem Kriege
mit dem Kaiser Phokas (Sohn einer Hündin, der
siebzigvätrige), ließ ich prägen. Nach Abzug aller
Löhne und sonstigen Ausgaben verblieben im Schatz 400.000
Beutel gemünzten Geldes.

Am Ende meines 30. Jahres ließ ich abermals prägen.
Nach Abzug aller Löhne und sonstigen Ausgaben verblieben im Schatz 800.000
Beutel gemünzten Geldes, die gleichzusetzen sind
1.600 millionen Mithqal.

Bis zu meinem 38. Jahr ist dies Vermögen unablässig angewachsen. Nur einmal, in meinem 18. Jahr, war der Schatz nach Abzug aller Unkosten und Spesen bis auf 420 millionen Mithqal heruntergekommen.

Er fühlte, daß er trotz des Sieges seiner Elefantenherde würde abdanken müssen. Geflohen bis Seleukeia. Es mußte hochgestellte Persönlichkeiten geben, die ihm das nicht verzeihen konnten. Und er entschloß sich, dem Thron zu entsagen. Er entsagte zugunsten seines Sohnes, den er am meisten liebte, der

nicht der älteste seiner Söhne war, zugunsten des Sohnes der Shirin, die nur, wie gesagt wurde, seine Geliebte war.
Aber sein Wunsch wurde als eine stärkere Beleidigung hingenommen als seine Flucht. Sein freiwilliger Verzicht wurde nicht erhört. Die früher geborenen Kinder fühlten sich betrogen. Ungeliebt. Schimpf gegen ihre Mütter. Sheroe, ein älterer Sohn (älter als Shirins Knabe), wurde der Zurückgesetzten Wortführer. Er diktierte die Abdankung. Sein Haß zettelte einen Prozeß an gegen den eigenen Vater und den geliebten Nachkommen (von Khosro geliebt, von Sheroe gehaßt) des Glückreichen (Parvez), erließ gegen die beiden, die einander liebten, Vater und Sohn, einen Haftbefehl, er, der Hassende, der neue König, Sheroe, um dessentwillen Khosro nicht abgedankt war. In dem Prozeß, der im Namen des Volkes geführt wurde, brachte der weiland König die genauen Auszüge aus seinen Geschäftspergamenten bei (einst, wegen der Lästigkeit des Geruchs mit Safran bestäubt, mit Rosenwasser übergossen) und ließ eine große Verteidigungsrede darin zuende gehen, daß er behauptete, er habe sein Land gut verwaltet. (Die Hauptbilanz ist mitgeteilt worden.)
Er wurde (im Namen des Volkes) im Hause der Finsternis zu Ktesiphon eingekerkert, gezwungen, den Hauch aus dem Munde der Labartu (Eselsgeliebten) zu atmen. Das Symbol der ewig marternden Gerechtigkeit, Kreuz, Spinnweb, Zeichen des Universums im Räumlichen, im Zeitlichen, in der vierten Dimension (positiv, negativ, rational, irrational, o Lamm – Gottes – unschuldig –), über dessen Auslieferung in Friedenspräliminarien verhandelt wurde (Herakleios – Sheroe) – das Holz bedrängte ihn mit Gesichten der daran Genagelten, der daran Gestorbenen (100000. 1000000. Aufstand des Spartakus. Alle, die man gefangen nahm, wurden gekreuzigt).
Einige tagelang überlegte Sheroe einen Plan, eine Vergeltung, die Tat eines Hasses, den ungehemmten Lauf einer Gerechtigkeit (im Namen des Volkes). Das Fieber begann schon in dem weiland König Khosro Parvez (dem Unbegreiflichen, Glückreichen) mächtig zu werden. Dann sagte er (Sheroe, der neue König, der Nachfolger Khosros) schuldig, was bekanntlich leichter sich sagt als unschuldig, denn es ist kurz, gegenüber dem dreisilbigen Wort. Und es erschienen Henker, Leute, die

ihr Handwerk verstanden, mit einer gewissen Weisung. Sie schafften in die Nähe, vor die Augen des weiland Königs, jetzt in Ketten gefesselt, eine Schlachtbank, und auf diese legten sie, lebend, entkleidet, gefesselt, wie sich versteht, den Sohn der Shirin, ebenfalls weiland König, Usurpator, wie gesagt wurde, Verbrecher; und begannen, vor den Augen des Vaters, ihn aufzuschneiden, beim Bauch beginnend, auszudärmen, den Sterbenden zu entherzen, zu entmannen, zu enthirnen, zu entzungen, zu entlungen, zu entnieren, zu blenden. (O Lamm – Gottes – unschuldig). Mit einer viehischen Attitude der Unterwelt platzte das Fieber der Labartu in den Adern Khosros zu eiternden Schwären. Gemartertes Wild! Siebenblättrige Lotosblume. Paradeisgrotte. Blühende Pfeiler. Spiralen des Akanthus.

Das Los Shirins, Hure in fremden Betten, erfuhr der König nicht mehr, denn sein Ohr verweigerte die Annahme von Lauten. Wenige Stunden nach dem Hinschlachten seines Lieblingssohnes wurde er gespeert. Wie sein Vater. Und begann die Verwesung wie sein Sohn, wie Farhad, wie Shabdez sie begonnen hatten. Die auch dereinst beginnen würde Shirin. Sheroe wurde vergiftet oder starb an der Pest.

Feldherr Shahrbaraz, ebenfalls König, vier Wochen Regent, dann ermordet.

Boran, Khosros Tochter, Regentin, starb.

Ardashir III., das Kind, die Flut trieb ihn davon.

Die katholische Kirche feierte das Fest der Exaltatio Sanctae Crucis (o Lamm – Gottes – unschuldig am Stamm des Kreuzes geschlachtet –).

Die Seele des Menschen hat ewiges Leben. Die Seele des Tieres verwest wie des Tieres Leib. Und kann gefressen werden wie des Tieres Leib.

Wie eines Maultiers Nüstern weich sind deine Schenkel.
Des Safrans Übergelb umschattet deine Brüste.
Der Saphirstift der Nacht hat blau dein Weiß geläutert.
Ich ständ versteint, wenn ich geheimen Wunsch nicht wüßte.

XI

Das Pferd/Sassanidischer König

Ein Knabe weint

Zum 17. Mai war auf den freien Plätzen in der Nähe der Holmenkollenbahn-Endstation Majorstuen in Oslo eine lustige Zeltstadt aufgeschlagen worden. Buden, in denen Tand verkauft wurde. Plakate mit aufgedruckten Reichsfahnen und dem Spruch: Ja vi elsker dette landet. Fliegende Kaffeestuben. Recht im Mittelpunkt der vergänglichen Schönheit stand ein Prachtbau, eine Art Wunderwerk der Ingenieurkunst: ein großer schiefer Kreisel oder Schirm. Ein Rad konnte man es auch nennen. Über und über besät mit elektrischen Glühlampen. Am äußeren Rande des drehbaren, halb umgekippten Karusselldaches hingen an Drahtseilen bootförmige Gondeln, mit Plätzen für Fahrgäste, allseitig offen, aber doch notdürftig überdacht, mit kümmerlich ausladenden Lappen an den Flanken. Offenbar eine abgekürzte Formel für die Tragflächen von Flugzeugen. Beim Drehen wurden die Gondeln wegen der Stellung des Kreises einseitig haushoch geschleudert, kulminierten, sanken mit unnatürlicher Hast zutal, der Gegenseite zu, um wieder emporgeschleudert zu werden. Auf der Vorderseite, dargestellt durch ein wellenförmiges, hügelhohes, auf Kreisgrundfläche errichtetes Podium, das dazu diente, den Fahrgästen beim Stillstehen des Karussells das Besteigen der erhöht hängenden Gondeln zu ermöglichen, stand ein Orchestrion, eine mechanische Orgel von auffallender Größe. Sie füllte die Höhlung des hölzernen Berges eigentlich aus. Sie tönte. War verpackt in einem eigens für ihre Ausmaße zugeschnittenen geschlossenen Wagen, von dem man eine Längswand fortgenommen, daß man das Werk sehen und hören könne.

Die Abenddämmerung kam nur langsam und widerwillig. Zu

einem gewissen Zeitpunkt war es soweit, daß ohne Beleidigung gegen den noch farbigen Himmel die elektrischen Glühlampen konnten zum Entflammen gebracht werden. Mit zunehmender Dunkelheit entschleierte sich die unnatürliche Pracht einer sinnvollen, aber im Rationalen zwecklosen Helligkeit. Die Art der Besucher des Vergnügungsplatzes, Bewohner der heiligen Stadt Oslo, wurde gegen die Mitternacht hin allmählich umgeschichtet. Die frommen Familien wurden mehr und mehr durch frivole Burschen und Mädchen verdrängt. Der Lärm und die Lustigkeit wuchsen. Die glaubensstarken Brüder der Heilsarmee und der Pfingstgemeinden, die vom Hause Elim und vom Hause Zoar konnten zorniger ihre Gesänge und Predigten ertönen lassen. Ihre Gerechtigkeit wuchs an auf dem Hintergrund soviel sündiger Freude.
Wie nun die Frömmigkeit und die sündige Freude, der Eifer und die Frivolität, das Licht und der Lärm, der Gesang und das Trompeten, der Duft von Schmalzkuchen und der von Bratwürsten, das Zeitliche und das Ewige in rechter Proportion zueinander standen und auf die rechte Weise dazu beitrugen, daß das Gleichgewicht im Geschehen erhalten wurde, die Menschen also nicht, in einer Anwandlung von Übereifer, etwa gemeinsam, in den Himmel fuhren, und auch nicht, der glaubensstarken Brüder wegen, ein Sündenpfuhl an der Stätte sich auftat, gekennzeichnet durch drastische Attituden des Teufels oder gar, viehischerer Art, durch solche der Geschlechtlichkeit oder des Alkohols – stand vor dem hölzernen Berg des schiefen Kreiselkarussells, genauer gesagt, vor der automatischen Orgel, ein Knabe im Alter zwischen zwölf und dreizehn Jahren. Obgleich auf den breiten Wegen die Menschen sich drängend hin- und herfluteten, verharrte er, wenige Schritte von ihnen entfernt, unberührt, recht allein.
Und er sah:
Daß ein Mechanismus von sinnverwirrender Kompliziertheit kraft unbegreiflicher Mittel sich zu gewissen Betätigungen und Verrichtungen herbeiließ, die dazu angetan waren, höchste Bewunderung, darüber hinaus ergreifende Gedanken zu erwecken.
Er sah nicht:
Welcher Gestalt der (verborgene) Automat war, noch erkannte

er, in welcher Weise und durch welche Formen vom Herz des Instrumentes aus eine Verbindung mit den sichtbaren oder den hörbaren Funktionsträgern hergestellt war. Er war versucht, an Maschinen, ausgesuchte Meisterwerke der Feinmechanik, zu glauben, etwa von der Beschaffenheit und dem glänzenden Gelb kleiner Taschenuhrwerke, versehen mit ineinandergreifenden Zahnrädern, mit Federn, deren man 1 Kilogramm mit 2000 Kronen bezahlen mußte, oder der metallenen Taster, wie er sie zufällig auf einem Telephonamt für automatische Bedienung gesehen hatte, auf- und abfahren, doch ohne die Kraft, die sie trieb, noch die Wirkung und den Erfolg ihres (offenbar willkürlichen) Zieles zu begreifen. Auch nicht konnte und durfte er wagen, auf den verwegenen und doch zugleich einfachen Gedanken zu verfallen, daß die Luft, die er selbst (war er nicht vielleicht gleichfalls so ein Meisterwerk?) einatmete, mit im Spiele sei als ein Körper gewisser Dichte, der zwar unsichtbar, aber darum nicht minder konkret. Er würde also, das stand ihm bevor, eines Tages beschämt werden durch die Überlegenheit eines Fachmannes, eines Orgelbauers, eines Spezialisten auf dem Gebiet der Pneumatik, der aus Erfahrung, vielleicht aus Überlegung, wußte, daß diese Luft, der unbegreifliche Himmel, ein Ding, ein Körper, verdünnt aus sich und mit sich und durch sich selbst, was man Gas nannte, Aggregatzustand (fest, flüssig, gasförmig), und somit wie Wasser, zwar viel behender als dieses, durch Rohre geleitet werden konnte, um an vorbezeichneten Stellen, durch Bälge nämlich, eine Arbeit zu verrichten, darüber hinaus durch einen immerhin unbegreiflichen Vorgang mittels eigentlicher Musikinstrumente (Pfeifen) Töne, um nicht zu sagen Musik zu erzeugen.
Er sah:
Diese Bälge, weiß, offenbar ledern, wie sie sich hin und wieder bewegten. Dann nämlich, wenn die Trommelstöcke (es gab dieser Instrumente eines auf der rechten Seite des Orchestrions) in Bewegung gesetzt wurden zu einem kurzen, rhythmisierenden, stakkatoähnlichen Anschlag oder auch zu einem Wirbel von solcher Dauer, wie er für die Stelle des gerade gespielten Musikstückes erforderlich oder doch dienlich war.
Er sah:
Sehr viele Äußerungen des (wie er meinte) verborgenen und

rätselvollen Herzens (Uhrwerk, Telephontaster, Lokomotive, Kolbenmaschine auf Dampfern. Hochspannungsaggregat), das, wenn auch nur sehr ungefähr, trotz der mehr mechanischen, nicht fleischlichen Struktur, eine Ähnlichkeit (durch die Erhabenheit seiner Mission) mit dem seinen, dem fleischlichen (wie er wußte, und weshalb er sich zuweilen fürchtete) haben mußte. Er trennte diese Äußerungen in offenbare und geheime und sichtete sie von einer anderen Warte aus in drei Klassen; von denen die eine mehr ein Attribut als eine Leistung des Herzens, also die beigegebene Form war, ein Ausdruck, wie man meinen konnte, der Seele, die recht ohne Kontrolle neben der Funktion stand; so öffnete sich in der Mitte das weißliche Gehäuse der Orgel zu einer großen, ovalen, tiefen Öffnung, in der man frei, nach zwei Seiten ansteigend, lackierte Pfeifen aus eben gemasertem Tannenholz sah, was sehr eindrucksvoll, mehr noch, geheimnisvoll sich ausnahm, obgleich diese unwahrscheinliche Offenheit nicht eine Funktion des Instrumentes, sondern eine Beigabe, eben die Form war, die in diesem Fall, wegen ihrer Rätselhaftigkeit, so tief anrührte – und die zweite Klasse, die nicht mehr Attribut, sondern direkte Tätigkeit war, mit tieferer Bedeutung erfüllte. Sie griff, das hätte beinahe übersehen werden können, weiter als augenscheinlich, hinein in die erste Kategorie. Über dem Staunen aus der Ursache des Instrumentes als Ganzes hatte er Teile übersehen, jene, um derentwillen er seine schwankende Betrachtung abermals in einen anderen Zusammenhang setzte, der, wenn er auch nichts Wesentliches verrückte, so doch den Reichtum des Eindrucks vermehrte, auch eine neue Art Strömung in ihn hineintrieb, die seine Wangen ein wenig rötete. Es standen nämlich an der Vorderseite des barockweißgoldenen Gehäuses auf Konsolen, die schwer mit geschweiftem Blattwerk ausluden, fünf menschliche Figuren, die nicht allein zur Kategorie der Attribute gezählt werden konnten, einmal, weil sie Instrumente in Händen hielten, die klingend waren (Glocken nämlich) und auch bedienten, daß sie klangen, zum andern, und gerade deshalb hatte er die Puppen selbst solange Zeit gänzlich übersehen, befanden sich hinter jeder zwei oder drei Bälge, Funktionsträger, die sich bewegten, wenn ihr Augenblick da war, und die offenbar den Figuren ihre Bewegung mitteilten,

den Befehl nämlich, sich zu rühren (den Kopf, die Arme) und ihre Glocke ertönen zu lassen. Die Aufgabe der dem Menschen nachgebildeten Statuen, die bekleidet waren, und deren Anzug sehr realistisch, wenn auch reich, bunt und golden, durch Farbe dargestellt war (die Form durch geschnitztes Holz) war im wesentlichen, daß sie sich bewegten und somit, wiewohl hölzern, den Eindruck lebenden Fleisches erweckten. Erschüttert wurde er, als er die Form des dargestellten Fleisches mit seinen Augen näher abtastete. In der Mitte, also als dritte Puppe von rechts und links, stand ein Kapellmeister (ohne Musikinstrument) mit einem Taktstock in der rechten Hand, den er sehr temperamentvoll bewegte, offenbar um anzudeuten, daß er willens zu behaupten, die jeweils erklingende Musik sei seinem Hirn entsprungen. Er war gekleidet etwa wie die großen deutschen Kantoren Buxtehude und Bach, die zur Zeit des verebbenden Barock lebten – oder wie der Dichter Holberg, nämlich mit Schnallenschuhen, weiß- oder gelbseidenen Strümpfen, mit kurzer dunkler seidener Kniehose und einem farbigen, leicht betreßten Mantel, dazu eine Halskrause aus Spitzen und ebensolche Manschetten. Es war eine anmutige Kleidung.
Er sah:
Mit Erschrecken, mit völliger Verwirrung, daß der Kapellmeister sehr erhabene, runde, zwei Brüste besaß, wie er wußte, daß nur Frauen sie hatten, daß jener ganz schmal, wie geschnürt oberhalb der Hüften, und diese selbst breit und ausladend. Er irrte betäubt mit seinen Blicken zu den vier anderen Figuren, den Glockenschlägern und erkannte, daß sie Frauen (Glockenschlägerinnen), auch frauenhaft gekleidet waren, doch angetan mit seidenen Kniehosen wie der (die) Kapellmeister(in). Er verglich die Brüste, die Schenkel, die Taille der fünfe und fand sie übereinstimmend. Fünf Frauen also. Es bedrängte ihn; er hatte noch niemals von einer Kapellmeisterin reden hören.
Er sah:
Daß als symmetrischer Gegenpol der Trommel, die auf der rechten Seite des ausladenden Gehäuses, auf der linken eine Pauke aufgestellt war, die nur sehr selten, offenbar wegen der Artung der gespielten Musik, ertönte.

Er versuchte zu sehen:
Die geheimen Äußerungen (des Herzens nämlich), die dritte Kategorie, die er sich, von richtigen Schlüssen geleitet, als eine Bewegung vorstellte, wenngleich sie ihm offenbar wurde durch seine Ohren. Aber er entdeckte nur, daß seitlich ein graugrünes, mit Löchern versehenes Papp- oder Lederband angehoben wurde, im Gehäuse der Orgel verschwand und auf der Gegenseite wieder erschien, um, sorgfältig gefaltet, sich in einem Holzkasten selbsttätig abzulagern. Er erahnte, daß eine unmittelbare Beziehung bestand zwischen den gestanzten Löchern in dem laufenden Band und dem Klavier aus Stahlstäben, das ganz vorn, zu Füßen des (der) Kapellmeisters(-meisterin) aufgestellt war und nahezu unablässig gespielt wurde mittels auf Federn montierter eiserner Hämmer, deren zweites Hebelende durch einen starken Draht gefaßt wurde, der wiederum durch ein schwarzes Loch im Gehäuse verschwand – wo nicht das Herz selbst sich befand, aber eine seiner Absichten sich verwirklichen mußte.
Er sah:
Daß ein Kranz von Glühbirnen sich bemühte, alles offen antag zu bringen, was ihnen doch nur unvollkommen gelang.
Er sah:
Ganz am Boden des Instruments eine geheimnisvolle Inschrift auf weißem Grund mit roten Buchstaben: Gebrüder Bruder, Waldkirch, renovierten das Werk.
Er begriff:
Daß er tiefer, als er bisher getan, auf sein Ohr vertrauen müsse, um den Äußerungen näher zu kommen, deren Ehrgeiz es offenbar war, im Verborgenen zu beharren. Er richtete die Augen auf die hölzernen Pfeifen, die rechts und links ansteigend in der Öffnung des tiefen Ovales aufgestellt waren und gab sich den Vorgängen des Klanges hin.
Und er hörte:
Zuerst, daß er nicht auffassen konnte, welche Beziehung die augenblicklichen Töne zu einem Ganzen (dem Musikstück) hatten, weil er auf die voraufgegangenen (des perforierten Pappbandes wegen) nicht aufmerksam gewesen war, und die in den weiteren Augenblicken folgenden, weil ihr Zustand erst in der Zukunft lag (liegen würde), nicht von ihm gewußt werden

konnten. Dieser ungewisse Zustand der Spannung hatte den Vorteil, daß er, nicht ergriffen durch die Begeisterung einer sequenzhaft vermittelten Vorausahnung des Musikstückes, mit gewisserer Deutlichkeit die Klangfarbe der Töne zu erwägen vermochte, also tiefer ihre Sinnlichkeit erfahren konnte, wozu ihm sein Alter an und für sich erhöhte Bereitschaft gab.
So hörte er:
Schneidende, einer Violine nicht unähnliche Flötentöne, die vielleicht jeder Schönheit bar, vergleichbar dem menschlichen Knochengerüst ohne Fleisch darüber, wenn nicht ihnen beigesellt ähnliche Töne anderer Lagen gewesen wären, die noch zudem eine, wenn auch unaussprechbare, Verwandtschaft oder Beziehung mit den streichenden unterhielten, die ihnen, wenn auch nicht das mangelnde Fleisch, so doch einen Überwurf verliehen, der sie recht körperhaft erscheinen ließ. Ihre Tugend konnte darin bestehend angenommen werden, daß sie sich in Bewegungen aufwärts und abwärts ohne Bruch aneinander reihen ließen; keine Lücke entstand, kein Übergreifen eines Tones in den anderen. Dann waren sie starr. Von gläserner Stärke. Man konnte es sagen, mit dem deutlichen Wissen im Hintergrund, daß Glas spröde und brüchig. Ein Glas konnte man zudem durch Anschlagen zum Ertönen bringen wie eine Glocke. Alle diese nicht bildhaften, sondern singenden Eigenschaften lagen in den Tönen und konnten wahrgenommen werden. Einen Zustand hatten sie, der ohne Vergleich ihnen allein eigen sein mußte, daß sie saugend waren. Wie die Fangarme eines Kraken. Sehr unbegreiflich, weil sie doch mehr frech als bescheiden. Es war das Wunderbare. Er fühlte deutlich, daß ein schluchzendes Wirbeln von seinem Herzen verlangt wurde.
Er hörte:
Ein wenig auffälliges, vielmehr leises Knacken, das auf mancherlei Weise gedeutet werden konnte. Es war so kurz und so regelmäßig gewesen, daß der erste Verdacht eines plötzlich entstandenen inneren Schadens aufgegeben wurde. Eine ständig vorhanden gewesene Nachlässigkeit in der Konstruktion schon war wahrscheinlicher. Oder eine Alterserscheinung, was möglicherweise sich in dem für ihn halbverständlichen Wort »renoviert« andeutete.

Er hörte:
Wenige Augenblicke nach dem Auftreten des Geräusches, daß es der hörbare Begleitumstand einer Bewegung (verborgen) gewesen sein mußte (wozu er Parallelen an seinem eigenen Körper fand), die etwas bewirkt hatte, was hinterher durch die Pfeifen hörbar wurde (werden würde) mittels veränderter Tonlagen, die veränderte Sinnlichkeit bedeuteten, wofür er empfänglich.
(Hörbar) wurde:
Was ausdrückt, daß er die Gegenwart der voraufgegangenen Funktion in ihrer Übersetzung durch die Töne, hervorgerufen durch das perforierte Pappband, bedingt durch Mittel (den Wind, was er nicht wußte), angestellt durch das Innerste (Herz), gegründet auf etwas noch Höheres (Geist des Menschen, des Erfinders), angetrieben durch ein Weltgesetz (das neidlos in Gott gesucht werden konnte), hörte (hört).
Er hörte:
Daß aus dem tiefsten Innern des erleuchteten Ovales, von rechts und links, stark seitlich, lokalisiert etwa da, wo verhältnismäßig dicke, seltsam geformte, prismatische und konische, gekröpfte und gedeckte Pfeifen (Tannenholz lackiert) standen, sehr tiefe, runde, kräftige und wohllautende Klänge kamen. Unähnlich den voraufgegangenen violinartigen. (Durch Zungen erzeugt, was er nicht wissen konnte.) Sie spielten offenbar die ergreifende und tragische Stelle einer Komposition, die sich nur der Bässe bediente. Es war Überfließen an Klang; aber die Übersattheit wurde zerstreut durch einen abwechselnd gleichtaktigen und synkopierten Rhythmus. Wie er in tiefer Ergriffenheit jetzt hineingetrieben wurde in den Ablauf der Komposition, gebannt durch die vollkommene Kugelform der Bässe, setzten die hohen Flöten, die violinartigen, singend ein, und sie erschienen nicht frech, sondern zagend. In das Zagen gellte das Stahlklavier hinein; aber es war mehr metallisch als schrill. Mit leisem Knacken kündete sich eine neue Veränderung an; ein aufsteigender Gesang, vergleichbar einem Zwiegesang zwischen Jüngling und Mann, der die Bässe, das Stahlklavier, die Violinflöten durchdrang.
Er begann zu weinen:
Langsam füllten seine Augen sich mit Wasser. Allmählich

lösten die kugelförmigen Glühbirnen sich in Strahlenbündel auf, die vom Himmel bis zur Erde fuhren, nicht unähnlich gewissen kometartigen Sternen. In seinen Nasengängen häufte sich Schleim. Er kämpfte noch gegen die Triebe seines Herzens, sträubte sich, mit seinem Taschentuch das Wasser fortzuwischen. Ihm wurde bewußt, daß über seinem Kopfe menschengefüllte Gondeln durch einen schiefen Kreisel auf kreisförmigem Grundriß (Ellipse) herumgeschleudert wurden, daß auf den Wegen Tausende drängend sich stießen, daß er nicht allein und jeder, wenn er nur aufmerksam, ihn hier in seinem Zustand würde sehen können. So drängte er sich näher an den Wagen mit dem tönenden Instrument heran. Seine Tränen konnte er nicht mehr dämmen. Sie liefen die Wangen entlang. Salziger, heller Rotz mischte sich mit ihnen auf seinen Lippen. Allmählich begann es in seiner gespannten Brust (Sitz des Herzens) zu schüttern, seine Schultern wurden aufgeworfen, abwechselnd spannte und entspannte sich seine Bauchhaut. Er schluchzte. Und das Schluchzen war ein Laut. Und die, die vorübergingen, wurden aufmerksam. Ein Kunstgelehrter, der auf dem Markte anwesend war, und gerade an den Ort kam, dachte an den Jeremias des Michelangelo und daß jemand geschrieben, er säße, gemalt, in der Sixtinischen Kapelle da, in Erinnerung an das Wort: »Euch sage ich allen, die ihr vorübergehet: Schauet doch und sehet, ob irgendein Schmerz sei wie mein Schmerz, der mich getroffen hat.« Er dachte es nur, er gab es nicht aus seinem Munde, denn seine Braut war bei ihm, und sie waren ausgegangen, um fröhlich zu sein. Deshalb gingen diese Tränen sie nichts an (und es war richtig in jedem Sinne). Ein Herr zwischen 40 und 50 Jahren machte sich frei aus dem Strom der Menschen, tat die wenigen Schritte zu dem Weinenden und fragte die wortgewordene Frage der vielen, die stumm vorübergeglitten waren, nur sich selber fragend: »Worüber weinst du?« Und er antwortete, aufgelöst durch die verlorenen Tränen und den abgesonderten Schleim, mit durch Seufzer beschwertem Atem, unter einem erneuten Strom aus seinen Augen, vor Scham, Ärgernis erregt zu haben, vor Angst, trotzdem keine Besserung erfahren zu können: »Ich weiß es nicht.«
Der sehr geehrte Herr Sörensen, Probst an der Hauptpfarre

von Vor Frelsers Kjirke, der mit seinen beiden Zwillingstöchtern, die zum Herbst Studenten werden sollten, vorüberging, wußte es auch nicht.
Hochwürden Rasmussen, Vikar und in naher Freundschaft mit Seiner Eminenz, dem weltklugen, weisen, doch darum nicht minder gütigen Bischof, der, um unterrichtet zu sein über die Dinge des täglichen Lebens, ihn (Hochwürden Rasmussen) auf den Markt entsandt, und der just vorüberging (recht eigentlich vermummt), wußte es auch nicht.
Der jüdische Herr Hjort, erster kristlicher Prediger der Presbyterianischen Gemeinde (Hinterhaus der Jens Bjelkes Gate), der mit seiner jüdischen Frau vorüberging, wußte es auch nicht.
Sein gleichnamiger Vetter (den er nicht zu kennen vorgab), seine Gütigkeit, der Unterrabbiner der jüdischen Synagogengemeinde (mit leicht melankolisch-zionistischem Zug), der mit seiner kristlichen Frau (welche, wie sich versteht, um seinetwillen eigenen Glauben und eigene Rasse verleugnet, weshalb er sie heiratete) vorüberging, wußte es auch nicht.
Herr Pieter Hendrik Cuipers (er war Holländer), Konsul, Kaufmann, Tyrann und Pfarrer der Mennonitengemeinde, die, bescheiden an Zahl, aber geldreich, in der Nähe des Schlosses einen Betsaal unterhielt (Stätte des Zornes), wußte es auch nicht.
Herr Büttner, Doktor zweier Fakultäten, Ehrendoktor einer dritten, der theologischen, der privatim mit Teertauen und rohem Hanf handelte, gewissermaßen ein guter Familienvater, mit Rücksicht auf seinen demnächst erwachsenen Sohn Heinrich, Hauptprediger der unerbittlichen reformierten Protestanten, der an der Seite seines obenerwähnten reichlich halbwüchsigen Sohnes (die Gattin war gestorben) vorüberging, wußte es auch nicht.
Prediger Ole Ellingsen, gemeinhin Johannes genannt, wegen seines mächtigen Vollbartes, von der Baptistengemeinde Kapelle Grünerlökken, der mit seiner Frau und seiner Dienstmagd vorüberging, wußte es auch nicht.
Prediger Emanuel Juul, von der Methodistengemeinde, Betsaal in Gemeinschaft mit Pieter Hendrik Cuipers, umschichtig, wußte es auch nicht.

Laienprediger Erling Haugastöl, der neu-apostolischen Kirche, wußte es auch nicht.
Ellend Dyrskar, einer der Heiligen der letzten Tage, wußte es auch nicht.
Frau Ragna Sokna, durchtriebene Bibelauslegerin und Entdekkerin des Kometen Melchisedekus, 2331 Jahre before Christ, 11 h. 55 Min. abends am Himmel sichtbar, ihrer Überzeugung nach Anhängerin der Christian Science, wußte es auch nicht.
Die Brüder Nils und Adle, vom Hause Zoar, wußten es auch nicht.
Die Brüder Kaare und Einar, vom Hause Elim, wußten es auch nicht.
Die von der Heilsarmee Sergeantin Haabjörg Vossevang und die Soldaten Leif Raeder und Daniel Mellemsund wußten es auch nicht.
Doch der Gehirnspezialist Dr. Martell(us) redete mit lauten Worten zu einer jungen Dame, deren Schwester (verheiratete Frau mit vier Kindern) vor drei Wochen auf seinem Operationstisch gestorben war, über das, was er nicht wußte: »Ich würde sagen, es handelt sich um eine Pubertätserscheinung bei diesem öffentlichen Plärren, aber der Junge ist zu kräftig.« Und weil sie alle es nicht wußten, begannen sie sich daran zu erinnern, daß man mit Hilfe von pädagogisch richtig gestellten Fragen die Ursache würde antag bringen können. Und sie schlossen doch, was verständlich, von einer großen Wirkung auf einen nicht unbeträchtlichen Anlaß (worin sie nicht irrten, denn der Junge war kräftig und groß gewachsen). Wie heißest du? Wo wohnst du? Hast du dich verirrt? Bist du deinen Eltern abhanden gekommen? Weißt du nicht nach Hause zu finden? Hast du etwas verloren? Hat dir jemand etwas fortgenommen? Hast du dir etwas getan? Hast du Schmerzen?
Die teils klugen, teils hilfsbereiten, teils forschenden Fragen, die sich entluden und noch nicht erschöpft waren, weil der Knabe nicht aufgehört hatte zu weinen, und nur ein unter Schluchzen geborenes »auf St. Hanshaugen« (eine ungefähre Angabe über seinen Wohnort) gezeitigt hatten, wurden auf sehr unliebsame und ungehörige Weise durch eines Rüpels Dazwischenruf unterbrochen, der in seiner ganzen Lästigkeit besagte: »Er hat sich vergessen und in die Hosen geschissen.« Diese

gewiß unerwartete Wendung erzeugte gleichzeitig einiges Lachen und die erregte Entgegnung einer Dame mit der Feststellung: »Man würde es riechen.« Diese Rechtfertigung, die ziemlich unwidersprochen hingenommen wurde, hinderte indessen nicht, daß viele Augen sich auf die Hose (welche eine kurze blaue Kniehose war, die ziemlich stramm um des Knaben Schenkel saß) richteten. Angetrieben durch einen unkontrollierbaren Instinkt, wandte er den verdächtigen Körperteil von den Umstehenden ab, der Orgel zu, so daß sein rot gewordenes Gesicht der Betrachtung freistand, weshalb er es, das verweinte, mit beiden Armen, kreuzweis übereinander gelegt, verdeckte. Die einmal gesenkten Augen der Zuschauer blieben dabei, seine Hose zu betrachten, zwar von vorne jetzt, wo sie weder unappetitlicher noch einladender war als hinten. Die Würde des Augenblicks wurde dadurch wiederhergestellt, daß die Fragen erneut in Fluß gerieten, eindringlicher als vordem, aufgereizt, ins Ethische verdrängt durch des Rüpels ungehörige Rede.

Man wird dir nicht helfen können, wenn du schweigst. Ein halsstarriger Junge hat kein Anrecht auf das Mitleid der Fremden. Wer weint, hat dazu eine Ursache. Hast du dir den Magen übernommen mit Schmalzkuchen oder Würsten? Hat man dir Geld anvertraut, und du hast, etwas leichtsinnig, mehr vertan als sich gebührt oder dir zugestanden war? Haben deine Kameraden dich verlassen? Wer hat dich hierher geführt? Oder bist du allein gekommen? Hast du dich in der Zeit vergessen und ist es so spät geworden, daß du heimzugehen dich fürchtest? Was gedenkst du zu tun? Willst du heimwärts gehen oder – fahren? Oder hast du es dir noch nicht überlegt? Soll man dir Ratschläge geben für irgend etwas?

»Er hat eine beträchtliche Traube in seiner Hose hängen«, sagte ein jemand.

»Dorsch«, sagte der andere, »halt's Maul.«

Da auf alle Fragen keine Antwort kam, zerbröckelte das Interesse an dem Kind. Man wandte sich enttäuscht ab. Man war sogar bereit zu verletzenden Redewendungen. In dieser allseitig lästigen Situation trat ein Mann vor, zog eine zierliche Geldbörse, entnahm ihr ein Zweikronenstück und drückte es in die eine Hand des Knaben. Dabei fühlte er, daß sie schweißig und fettig und kalt war. Ein Ekel wollte in ihm aufsteigen, vor so naher Berührung mit der Absonderung eines ihm unbekannten Menschen; aber er überwand ihn und dachte daran, daß es geschehen könnte, ein Dritter empfände vor ihm (dem Geber) bei einem verwandten Umstand auch Abscheu. Das bekehrte ihn. Er brachte sich darauf, daß Knaben oft unsauber und unflätig, aber den Zauber einer Jugendlichkeit besäßen, der das Abstoßende aufhöbe. Er vermied es, was er beabsichtigt hatte, sich die Hand an seinem Taschentuch abzuwischen und führte sie ohne Widerwillen an den Mund, teils verlegen, teils befriedigt, teils neugierig, den Schweiß des Fremden zu riechen, halb Tier, das sehnsüchtig, halb Intelligenz, die lächelt.

Ganz unbehelligt, ganz unbeachtet schlich der Junge an den Menschen vorüber, krampfhaft ein Zweikronenstück in schweißiger Hand haltend, nach St. Hanshaugen, Ullevaalsveien 14.

XII

Das Pferd/Sassanidischer König/Ein Knabe weint

Die anderen Tiere

Es war ein großer und herrlicher Tag, in dem der Duft schweren Weines war, als Perrudja zum erstenmal das gesattelte Pferd bestieg. Er hatte silberbeschlagenes Zaumzeug anfertigen lassen. Wochenlang hatte er Formen erdacht und wieder verworfen. Der Geruch neuen Leders war ihm in die Nase gekommen; das hatte endlich seine Entscheidung herbeigeführt. Und was er gewählt und durch Bleistiftskizzen beschrieben, war gut. Der Sattel aus Schweinsleder. In Oslo angefertigt. Herrliches Schweinsleder, mit den Borstennarben als fleckige Tupfen. Mit silbernen Bügeln und Schnallen. Bei einem Goldschmied in Gjövik bestellt, der sich auf das Treiben, Hämmern und Gießen des Silbers verstand. Perrudjas Eßgeräte hatte derselbe Mann angefertigt. Sechs große Löffel. Sechs mittlere Löffel. Sechs kleine Löffel. Sechs Gabeln. Sechs Messer. Einen Ausschöpflöffel. Einen Tunkenlöffel. Zwei Aufschnittzinken. Zwei Gemüselöffel. Sechs Krebsstocher oder, wie er meinte, Nußnadeln. Alle verziert mit dem gleichen Ornament. Was ihre Zusammengehörigkeit bewies. Gezeichnet mit der Zahl 830. Was ihre Feinheit an Silber bezeichnete. Der Sattel war zudem mit zwei großen hellvioletten Amethysten verziert. Ein dritter, kleinerer, brach die Strahlen der Sonne an der Stirn der Shabdez, befestigt am Kopfgeschirr. Das Anlegen des Zaumzeuges war ohne störrisches Widerstreben des Tieres vollzogen worden. Perrudja hatte ins Maul nur eine einfache Trense gegeben. Das Aufsitzen befremdete die junge Stute nicht. Viele zärtliche Versuche waren voraufgegangen – mit nackten Schenkeln auf dem Rücken aus Samt und warmem Duft. So geschah das Einreiten ohne Zwischenfälle. Die alte Freundschaft wurde nicht erschüttert.

Die Tage hießen: Pferdepflegen und reiten. Durch die Wälder, den Talzügen nach, an grünen schäumenden Wassern vorüber; in deren kristallener Substanz Forellen spielten. Hochzeitliche Spiele. Die Berghalden kletternd hinauf. Dann die Meerweite der leichtgehügelten Ebenen des Hochgebirges.
Perrudja hatte sich einen enganliegenden, am Hals hochschließenden Anzug aus braunem duffen starken Leder anfertigen lassen; mit in Silber getriebenen Knöpfen daran. Er erschien überschlank in ihm, jünger noch als er an Jahren war. Die kleinen Narben im Gesicht, die er von der Berührung mit dem Huf des Füllen nachbehalten, ließen ihn kühn und entschlossen erscheinen. Die Gewalt seiner Wunschkraft übersetzte sich zum erstenmal nach außen. Und so schien die Zeit gekommen, daß er ein Großer dieser Welt würde. Man begann ihn »Kongen« zu nennen. Und so sehr der, der das Wort als erster prägte, auch bemüht war, es als Spottmünze auszugeben, die Straßensteher verwarfen seinen geringen Wert und setzten es auf einen besseren Kurs. Er war ein König ohne Untertanen. Sein Reich waren die Wälder, die Triften des Gebirges, die nackten Felsen, gläsern und rund, die rauschenden Gießbäche. Tiere nur, die als Freie sein freies Reich bewohnten.
Eines Tages begab sich einer der Ungezähmten in Sklaverei, angestiftet durch eine unbegreifliche Liebe. Eine Elchkuh kam von den Hochgebirgsmooren herab ins Tal. Näherte sich einer Rinderherde. Hielt sich anfangs in gebührendem Abstand. Als am Abend die Tiere ins Dorf, dem Stall zu getrieben wurden, folgte sie, folgte im Dunst der rätselhaften Sucht den Unfreien. Folgte, fand die Stalltür geöffnet, legte sich neben den Stier. Im halben Dunkel des Abends war es unbemerkt geschehen. Am nächsten Morgen wirkte sich das Ereignis aus. Ein Mensch sah, erstaunte, erzählte weiter. Man lief zusammen, ratschlagte. Die einen sahen nur das gefangene Fleisch, das zu verspeisen gut munden müsse. Die Forderung ihres Magens saß schamlos hinter ihren Augen. Und roh waren sie. Und es war kein Hindernis gestellt zwischen den Anblick des Schönen und die Häßlichkeit des Schlachtens. Die weiße Schüssel und der heiße Bratenruch ihnen keine notwendige Verhüllung bei Tisch. Andere waren nicht für Mord. Der seltsame Zufall wirkte als Idyll an ihrer Seele stärker als das Verlangen der Nerven am

Gaumen. (Oder war die Schüssel zwischen sie und das Tier gestellt?) Sie wurden zu Hütern des Gesetzes. Erklärten, daß Jagen und Töten der Elche verboten. Man müsse das Gesetz respektieren, dürfe sich nicht darüber hinwegsetzen. Zudem würde, da nichts mehr im Heimlichen geschehen könne, den Übertreter die öffentliche Gerechtigkeit fassen und zur Verantwortung ziehen. Nie war Vernunft besser als in solchen Argumenten. Die Bergpolizei wurde verständigt. Sie war verkörpert in einem gichtleidenden kleinen Menschen namens Trygve Draege. Er war der unbedingte Freund aller Wilddiebe, denn er vermochte nichts gegen sie. Niemals wanderte er auf die Hochebene. Was auch hätte eine solche Reise bezwecken sollen? Er wäre verprügelt oder erschossen worden. In einen Felsspalt geworfen, in ein Schneeloch zu abgestürzten Schafen, hundert oder zweihundert Fuß tief. Es war besser, daß er allsonntäglich einen fetten Braten geschenkt erhielt. Nicht die Kleinigkeit eines Scheins einer Bestechung daran. Er erfuhr niemals, wer der Spender der Gabe war; noch war vermerkt, um welche Art Fleisch es sich handelte. Er aß Elch- und Renbraten stets für altes Kuhfleisch, ob es auch nach Wacholder, Flechten und Heide schmeckte. Der Geschmack war zufällig wie so vieles in dieser mehr rätselvollen als durchsichtigen Welt.

Der ihm angeborene und weiterhin gepflegte Amtsanstand ließ ihn auch in dem schwierigen und in keiner Gesetzesauslegung vorgesehenen Fall eine weise Entscheidung treffen. Er erklärte die Elchkuh als in Schutzhaft genommen. Und erläuterte und sprach dazu: Elche dürften nicht getötet werden. Punkt. Es verbleibe somit der einzig mögliche Schluß aus den Bestimmungen, die zu überwachen ihm oblägen: seine Anordnung; die er zu Protokoll bringen werde; womit sie in die Bezirke heiliger und in aller Ewigkeit aufzubewahrender Akten rücke; für die man in Oslo wahrhafte Schlösser gebaut mit unzerstörbaren Ringmauern. Er wolle nur betonen, er tue seine Pflicht; er werde keine gemeinsame Sache machen mit den Wilddieben, Räubern und unvernünftigen Mördern. Eine Eingabe an die Regierung werde er der Akte beilegen, mit der Aufforderung, ihm weitere Instruktionen zuteil werden zu lassen. Die ordnungsgemäße Verpflegung der Elchkuh müsse der überneh-

men, in dessen Stall das Tier angetroffen worden sei. Die Staatskasse werde nicht verfehlen, die Kosten, sobald sie zahlenmäßig festständen, auf sich zu nehmen.
Wie er nun, innerlich ein wenig geschwollen von den verschlungenen Erklärungen seines noch ungeborenen Schreibens an die höhere Amtsstelle, heimlich sich verbeugend vor den »Aerede herer« und dem hochmögenden Staatsrat, tastend, ob er nicht dem Amtmann zu melden habe, schon entschlossen, sich mit dem Lendsmand zu beraten, wieder aufgepeitscht durch die einzigartige Situation, einen nicht mehr typischen Fall juristischer Verwicklung bearbeiten zu dürfen, kam Perrudja des Wegs geritten, den er davon ging. Von des Reiters Stirn waren die Träume des vergangenen Abends verscheucht; die Welt seiner Wünsche beherrschte er. Seine Flotten lagen versenkt auf dem Grunde unendlicher Meere; seine Heiligtümer verzaubert auf unnahbaren Inseln.
Begrüßung und Anrede. Der Waldbesitzer erfuhr das Ereignis. Er war augenblicks in großer Erregung, ergriff Besitz von dem Geschehen, als wäre es nur um seinetwillen gewesen. Trygve Draege mußte mit ihm zurück zur eingestallten Elchkuh. Dem Bergbeamten war die Begegnung willkommen. Er fühlte, daß er einen nicht schlechten Rat erhalten würde. Und er bekam ihn. Mit anderem Ausblick als er erwartet; aber ein guter Rat, der sein Gewissen schonte und alle Gesetze ungeschoren ließ. Im Stall des Bauern hatte es schnelle Eindrücke und schnelle Entscheide gegeben. Der junge Stier mußte ein Sohn jenes anderen sein, der, weiß und braun vor einigen Jahren Perrudjas Herz berührt hatte. Jedenfalls glichen sich beide bis zu einem hohen Grade in Farbe und Zeichnung. Es war auch das Herz der einsamen Elchkuh bewegt worden. Tiefer als das des Menschen, wie sich versteht, weil die Zahl der versperrenden Mauern zwischen Elch und Rind kleiner.
Der Vorschlag, den Perrudja machte, war rund und gewann den Beifall Draeges. Zwar mußte auch der Besitzer des Stieres sein Scherflein an Einsicht und gutem Willen geben, damit der Plan verwirklicht werden konnte. Doch wurde es ihm leicht gemacht. Da waren Augenblicke, in denen Perrudja sein Tun jenseits der Existenz von Hindernissen aufbaute; nur Gedanken, die senkrecht zueinander, dachte. So auch bei diesem

Anlaß. Er ging zu dem Bauern, kaufte den Stier zu einem von ihm selbst festgesetzten sehr hohen Preis; ließ das männliche Tier hinauftreiben nach seinem Hause. Die Elchkuh folgte wie verzaubert. Es war ein weiter Weg. Die Amtshandlung Draeges hatte eine schnelle Erledigung gefunden, da Perrudja versprochen, die Elchkuh nicht zu töten. Die Bergpolizei hatte keinen Grund (etwa an einer schlechten Erfahrung), diese Erklärung zu bezweifeln.

Der Haushalt Perrudjas hatte sich um zwei ungleichartige Geschöpfe vergrößert. Es war ohne Vorbereitung geschehen. Die Entscheidung (Gedanken, die senkrecht zueinander), die ohne Vorsicht im Dorfe getroffen worden war, erwies sich als verhängnisvoll für die Lebensführung des Einsamen. Mit der Raumfrage begann das Wirtschaftsproblem. Zwei Ställe abtrennen zu lassen, wäre am Ende die Arbeit von Tagen gewesen; aber es wollte sich keine Lösung ergeben, ohne daß eine bedrückende Enge für alle Bewohner spürbar wurde. Zwar dachte der Waldbesitzer, im Gegensatz zu den Talbauern, in großen Dimensionen.

Nach dem Umbau verblieben ihm, das war ein trauriger Schluß, neben den Ställen eine einzige (wenn auch große) Stube, dazu eine lichtlose kleine Kammer, die bestenfalls als Vorratsraum dienen konnte, ein gangartiger Vorplatz, an dessen Anfang die Eingangstür des Hauses sich befand, an dessen Ende eine Kochstelle aufgestellt war. Es erwies sich beim Umräumen, daß die Zahl der Dinge, die Perrudja als Hintergrund seines Lebens zu benötigen glaubte, im Laufe der Jahre sehr angewachsen war. Zum Schlafen ein großes und breites Bett aus gutem Mahagoniholz mit dreierlei Arten Decken. Das war geblieben wie im Anbeginn. Stühle und Tische hatten sich nicht vermehrt; es war sogar ein Sessel, der an den Beinen zerbrochen war, dem Feuer übergeben worden, weil er überflüssig, platzraubend schlechthin. Doch kleine leidenschaftliche Gegenstände waren hereingekommen. Die Bücher. Aus bescheidenen Anfängen war die Sucht zu lesen gekommen. Nun gab es an dreitausend Bände. Und die dazugehörigen Regale standen an den Wänden bis unter die Decke. Viele hatte er nur berührt, wie man begreift, aus vielen hatte er nur die Abbildungen zurate gezogen. Dann die Kategorie der Gegenstände, deren Anwesenheit durch sündige und spielerische Gedanken sich erklären ließ, die jetzt beharrlich ihre Anwesenheit und Unentbehrlichkeit behaupteten. Ein kaum faustgroßer Götze mit breitem lachenden Mund, geschlitzten, fast geschlossenen Augen, mit fettem faltigen Bauch, nackend, nur um die Schultern tuchbehangen, offenbar in höchster Freude über seine prächtigen Zeugungswerkzeuge. Perrudja hatte ihn abgießen lassen in Silber, in Bronze, in Eisen, in Blei. Er stand vierfach aufgebaut, vierfach verschieden, bleiern, eisern, bronzen, silbern, wie sichs für einen Gott der Sinne ziemt, in einem Buchgestell vor schmalen, wenig tiefen Büchern, kaum faustgroß. In einer Kiste, nur selten geöffnet, gab es in Messing gebildet, über ihm selbst geformt, die beiden Hände und das Gesicht Perrudjas, wie sie vor drei Jahren sich gezeigt hatten. Heimlich wünschte er, es möchte ein Abguß von seiner ganzen Gestalt angefertigt werden, daß er einmal sähe, wer er sei, stehend oder liegend. (Ach, daß er wüßte, wer er gewesen!) Aber er schämte sich, einen solchen Auftrag zu erteilen, hatte er sich doch geschämt schon wegen der Hände und der Maske. Die Schiffsmodelle, für die er sich wenig interessiert hatte, waren auch da. Es war ihm erzählt worden, daß sie die genaue und notwendige Form der Fahrzeuge darstellten (halbiert), aus schön polierten edlen Hölzern gefertigt, eine wertvolle und nicht zu verachtende Leistung, der stolze Zierat so manchen Reedereikontors. Es hatte sich in ihm die Sucht, das Einmalige zu besitzen, geregt. Es waren dies nun einmalige Formen längst abgewrackter, untergegangener, gestrandeter Schiffe. Segler. Die ersten Propellerdampfer mit spitzem Bug. Von manchen kannte er die Geschichte. Er fürchtete wie nichts so sehr den Tod durch Ertrinken. Im Wasser als Leiche treiben. Von Fischen angefressen. Zum Verwundern war es, daß ganz unbemerkt seine Träume sich, wenn auch in bescheidenem Maße materialisiert hatten. Er besaß einen schönen goldverzierten chinesischen Bronzekübel, bauchig, schwer, klingend, ausgesuchter Wohllaut der Linien. Er hatte große Stücke klaren Bergkristalles, schöne Drusen von Rauchquarz und Amethyst, einige Steine geschliffen – einen Smaragd für einen Fingerring, den sich machen zu lassen er vorhatte. Es gab bei ihm eine Dose, dem Gewicht nach eher ein Block, weißgelbliches Metall; eine japanische Arbeit. Es waren in aller Offenheit und

sehr anmutig sechsunddreißig Stellungen des Beischlafes auf einzelne Platten graviert, die gemeinsam die Dose oder den Block ausmachten. Sehr viele Kasten, sargartige Truhe, vollgepackt, die er nicht mehr entleeren konnte. Er war kein Bauer. Er fand selbst, daß es erwiesen war und weinte plötzlich, weil er weich wurde und schwach.
Die Gerüche der Tiere verbreiteten sich im Hause, störten und widersprachen sich. Der Grund für Aller Unzufriedenheit lag im Geruche der Luft. Das Trennende begann seine Macht zu entfalten.
»Im Leben ist trennend das Trennende und nicht einend das Einigende.«
Die Tätigkeit, die Tiere zu füttern, sauber zu halten, fraß seine Tage. Nur selten noch war er zupferde. Kaum, daß Shabdez ausreichend bewegt wurde. So hatte das Wunder oder die Irrung, deren Werkzeuge er sich angeeignet, um seinen Reichtum größer zu machen, seine Lebensführung verworren gemacht. Äußerlich begann er eine schwere Ermattung zur Schau zu tragen. Sein brauner Anzug, einst das knappe Gewand eines Edelmannes, war jetzt beschmutzt. Sogar zerrissen und nur grob wieder geflickt. Die Silberbeschläge an Sattel und Zaumzeug, einst glänzend, Prunk eines überschwenglichen Gefühls, jetzt schwärzlich gefärbt, gestorben. Die Hände des Menschen (in einer Kiste lag ihr metallenes Abbild), einst etwas mager und sehnig, aber voll beredter Bewegungen, waren jetzt geschwollen, dickhäutig, ständig unsauber. Die Gestalt, sein Gesicht verfielen, verhagerten. Er wurde zerstückelt an den Pflichten, die über seine Kräfte waren. Die er nur scheinbar freiwillig auf sich genommen.
Ich bin ein Knecht geworden.
Er geriet in Zwiespälte, deren Vorhandensein er vor dieser Zeit abgeschworen hätte. Die seinen Geist verbrauchten. Seine Liebe sollte gleichmäßig auf drei Geschöpfe verteilt werden, daß nicht Eifersucht entstände. Sein Herz aber hing an dem Pferd. So sehr, daß es ihn zu ärgern begann. Da gebar die Gerechtigkeit wider den Herzschlag die Tendenz, es zu vernachlässigen. Es mußte manche Nacht im Kot liegen. Er wurde trotzig, weil er die Mühe nicht aufbringen konnte, gewissenhaft zu denken. Das Überbürdetsein mit Arbeit half der seltsamen Willensrich-

tung zu einer verhältnismäßig langen Herrschaft. Das Vertrauen der Elchkuh gewann er, wider Erwarten, sehr bald. Es war die Sucht ihres einfältigen Geistes, sich jedem fremden Lebewesen ohne Arg zu nähern; da sie mit Perrudja keine schlimmen Erfahrungen machte, hing sie ihm, zwar ohne Leidenschaft, an. Er meinte, daß sie von erhabener Dummheit sei. In ihrer leiblichen Bildung war sie schön. Er bewunderte sie und in ihr einen ungekannten Schöpfer.

Er hatte verlernt, mit halbem Ton durch die Lippen zu singen. Er hatte gelernt, daß Schlaf die Forderung eines erschöpften Körpers und Traumlosigkeit die Armut der Erschöpfung sei. Er war nicht unzufrieden. Er bereute nicht. Er fragte, was der Stier in seinem Hause schaffen solle. Es war ein schöner Stier. Es war nicht unwichtig zu erkennen, was zwischen ihm und der Elchkuh sich entspann. Oder ausblieb. Die Liebe des weiblichen Tieres konnte nicht bezweifelt werden; für eine Gegenliebe fehlte jeder Beweis. Schlimmer, es wurde deutlich, daß der Stier mit der Kälte seiner Abneigung die Verehrerin strafte. Daß sie ohne Erregung blieb, scheinbar im Entsagen eine Beglückung fand, zufrieden nur die Nähe des Angenehmen kostete, schien die Struktur ihrer Seele tief zu entschleiern. Perrudja schämte sich ein wenig, wenn des Morgens die drei Tiere auf den Weidegang getrieben wurden. Angewidert nahm das Pferd von den Genossen Abstand, stapfte um wenigstens dreißig Schritte vorauf, um nicht den Geruch der Nebenbuhler atmen zu müssen. Schnaubend, vor Zorn bebend, gebannt durch die Abneigung des Einhufers, folgte unter Einhalten des diktierten Abstandes der Stier. Unbefriedigt, das Maul verzogen in der Luft, ob er nicht irgendwo Kühe erwittere. Vorstufe der Raserei. Gebändigt durch Angst vor den hinteren eisenbeschlagenen Hufen der Shabdez. Verträumt, ihm nach, hingegeben, im Unglück glücklich, die Elchkuh.

Die Erregbarkeit des Stieres steigerte sich. Er suchte Befriedigung seiner Triebe in unablässigem Brüllen. Dadurch wurde seine Anwesenheit für Perrudja beinahe unerträglich. Die Hörner wurden gegen Türen, Bäume, Pfähle der Umzäunung gebraucht. Stand stumm auch als Mythos, rechtfertigend, neben den Taten des zur Ehelosigkeit Verurteilten die wunderbare Liebe der Elchkuh – der Mensch ertrug eines Tages die Strafen der Wirkungen des Wunders für sich und den Stier nicht länger. Er kaufte eine Kuh. War damit ein erster Schritt zur Ökonomisierung des Haushaltes getan, dem Waldbesitzer wurde erneut ein größeres Maß an Arbeit bereitet. Der Kuh folgte (sie war tragend gewesen) das Kalb. Ehe noch das Kalb geboren war, mußte eine zweite Kuh beschafft werden, die dem zornigen Stier als Ehefrau beigegeben wurde. An der Vermehrung geriet der Haushalt in äußerste Unordnung. ---

Ging man jenseits des Atnaelv den nördlich gelegenen ehemaligen Kirchhügel von Uti hinan, konnte man bei klarem Wetter von jenem Acker aus, dem von Zeit zu Zeit morsche Menschenknochen, stark abgewetzte Zähne entpflügt wurden, sehr hoch das Dach erkennen; das Dach des Hauses, das Perrudja bewohnte. Es war ein ergreifender Anblick. Man sah den Wald sich lichten. Graugrünrotes Gestein entblößte sich. Nicht unweit des Hauses, so schien es, perlte ein Gewässer schaumig, ein weißer Streifen, gezackt hinab in das schwarze Grün der talwärts gehenden Tiefen.

Eines Tages stand ein Fremder auf dem alten Kirchhof. Er hatte den Platz gefunden. Er zeigte mit seiner Hand hinauf, ganz für sich, doch zweideutig in der Art der Gebärde, als ob er jemandem erklären müßte. Es stieg Rauch auf vom Schornstein, weißer dünner Rauch. Man sah ihn in der Sonne. Das schwarze Grün der Kiefern war zerlöst durch die feurigen Farben sterbender Blätter von Birken und Erlen. Gelb und rot flammte es auf. Das Leben prangte mit letzter tödlicher Krankheit. Das Fieber des Sterbens verhieß das neue Reich. Oberhalb des Hauses lag der erste nächtlich gefallene Schnee. Er war rosig und versprach dem Ahnungslosen, daß er nach Veilchen dufte. Der Fremde konnte sich dem, was er sah, nicht entziehen. Von tiefer Rührung ergriffen verließ er den Platz.

Der Herbst blieb nicht lange bei Atem. Der Winter kam vor der Zeit. Er brachte Perrudja in große Bedrängnis. Er hatte nicht rechtzeitig die gekauften Futtermittel ins Gebirge fahren lassen. Der Flockenfall setzte mit Heftigkeit ein. Der Wind hatte bald mächtige Schneewehen errichtet und das abgelegene Haus blockiert. Die Tiere konnten nicht hinausgetrieben werden, standen unruhig in den ungelüfteten, halbdunklen Ställen. Besudelt mit Schmutz. Notdürftig, mit Hilfe von Schneeschuhen, erhielt Perrudja die Verbindung mit der Außenwelt aufrecht. Ein wirksamer Verkehr, etwa mittels Wagen oder Schlitten, war zur Unmöglichkeit geworden. Der Futtervorrat schwand dahin ohne Aussicht auf Ersatz. Die Sorge hub an. Einen Tag um den anderen schleppte Perrudja einen kleinen Sack voll Hafer auf seinem Rücken vom Tal herauf. Eines Abends, auf dem Heimwege, stürzte er. Der Wind hatte Schnee vom nackten Fels abgeleckt. Der Fahrende hatte die schwärzliche Stelle im Halbdunkel, bei schnellem Gleiten (es ging bergab), erschöpft, schwitzig, nicht rechtzeitig bemerkt. So kam sein Fall. Er zerschlug sich ein Knie. Ohnmächtig blieb er liegen. Erwachte wieder aus dem Schwächeanfall; fühlte den Schmerz. Blut floß. Es floß heftig. Er vernahm die Gefahr, in der er schwebte. Der Wind ging sehr kalt. Es dengelte um die Schneedünen, zirpte. Die winzigen Eiskristalle tönten gläsern gegeneinander, hullerten einen Ton wie stark flammende Kerzen. Er vernahm es deutlich. Und daß es in seinem Ohr auf unerklärbare Weise verstärkt wurde. Und in seinen Augen zu grünen Punkten gerann. Er warf den Sack von der Schulter, spannte die Skier ab. Ein Holz war zerspellt. Wand sich ein Tuch um das verwundete Kniegelenk. Suchte nachhause. Es gab sehr viele grüne Punkte. Sie waren ertragbar. Über die Kräfte ging es, daß ein Strudel zuweilen schwarz aufleckte. Der Mensch hatte nicht mehr weit zu gehen. Doch bis an die Brust sank er ein in die daunigen Widerstände der Materie. (Wasser. Eis. Aggregatzustand.) Die Kälte hatte unheimlich nahe seiner Haut gesessen; nun lief es heiß von eben dieser Haut, ein verzehrendes Aufflackern, Schweiß. Er mußte sich die letzte Kraft abringen, um ans Haus zu gelangen. Seine Zunge schmeckte den trockenen Durst des Gaumens. Die Nässe an seinem Körper war sehr lästig. Sie war bereit umzuschlagen, ihn kalt zu machen, verwandt mit Ertrunkenen. Er fürchtete sich. Er zweifelte nicht daran, daß er mit Mühe nur einem kalten und einsamen Tode entronnen war.

In der Behausung knickte er vor Erschöpfung zusammen. Er fand sich, erwachend, ausgestreckt am Boden, frierend. Mit einem Gefühl der Leere im Magen. Nicht mehr zurückgehaltene Unruhe der hungrigen Tiere scheuchte ihn auf. Stampfen Wiehern Brüllen erfüllten das Haus. Lärm. Ein Dunst von

Angst, Dunkelheit, Tod senkte sich auf die Lippen des kaum Erwachten.
Warum darf ich nicht liegen bleiben, wo ich liege?
Es taute in seinem Herzen. Er begriff, daß keine Hilfe ihm nahe sein konnte, außer der geringen, die er sich selbst erfand. Winde und Wolken beschlossen gegen ihn trotz seines traurigen und zerknirschten Zustandes; unbarmherzig fühllos seinen Schmerzen, seiner Schwäche. Unbemerkt in der Dunkelheit entlud der Himmel neue Schneemassen auf das Hochgebirge. Säuselnd, pfeifend, mit blindmildem Streicheln erbaute der Wind Wälle aus den Daunen. Im Schatten einer halben Stille bereitete sich die neue Prüfung vor. Perrudja entzündete Kerzen, entfachte Feuer.
Er wusch das zerschundene Knie. Die Wunde sah gefährlich aus, war es am Ende auch. Er konnte lahm werden oder hinkend bleiben. Dagegen löckte er mit seinen heißesten Wünschen und Tränen. Er wollte kein Krüppel sein. Er entkleidete auch das gesunde Knie. Er wünschte, ohne Geburt Staub zu sein. Er wagte nicht, seine Verwesung herbeizurufen. Seine Lippen wölbten sich groß nach außen; seine Augenlider schwollen. Nach einer Weile begann er an der schmerzenden Wunde zu pressen; formte an ihr mit seinen Händen nach dem Vorbild des gesunden Beines; umwickelte engschnürend mit langen Leinenstreifen die wieder heftig blutende. Als er sich aufrichtete, fiel der Schmerz ihn mit verdoppelter Kraft an. Er ging vor den Spiegel, hockte sich nieder, schaute in sein Angesicht. Es war blaß und eingefallen; die Lippen grau und unsaftig; nur die Augen waren ein wenig rot und verschwollen. Er fand sich häßlich geworden. Sein Haar selbst war dünn und fiel nicht mehr buschig in dicken Strähnen über die nackte hohe und große Stirn.
Ich büße um einer unbekannten Sünde willen.
Er hoffte wieder frei zu werden, sobald er sie erkannt.
Erkennen ist nicht mein Teil. Ich bin getrieben. Gezwungen werde ich zu Glück und Unglück. Zum Schönen, zum Häßlichen.
Den hungernden Tieren gab er spät in der Nacht ein wenig Kleie, zwei Hände voll Hafer, einen Arm voll Heu. Sie fraßen gierig. Er fand, daß sie mager geworden, ihm gleich.

Der nächste Tag entschleierte die bedrängte Lage des Einsamen. Wundfieber in den Adern. Ein festes Auftreten mit dem verletzten Beine war qualvoll. Dennoch, das Bett zu hüten, war ihm nicht gestattet, stürmten doch die fordernden Laute der vernachlässigten Tiere gegen ihn. Als er die Haustür geöffnet, um zum Vorratsschuppen zu gelangen, wich er mutlos zurück. Weiße Hügel versperrten Aussicht und Weg. Das Schneewehen hatte noch nicht einmal ein Ende gefunden. Ohne Krankheit schon wäre der Mut ihm tief gesunken; fiebernd war ein heißer Wunderglaube seine Zuflucht. Als das Rumoren in den Ställen wieder heftig wurde, ging er an die Arbeit, den Schnee beiseitezuschaufeln, daß der Weg zum Schuppen frei würde. Mit bebenden Sinnen überschaute er den kargen Vorrat an Futter. Wenige Tage noch, ob er auch knappte, und die Katastrophe jämmerlichen Hungerns mußte hereinbrechen.
Er gab den Tieren so lange zu fressen wie er aus dem Schuppen entnehmen konnte. Die Ställe zu reinigen vermochte er nicht. Die Kühe wurden nicht gemolken; er ertrug das Beugen des Kniees nicht. Sie litten anfangs unter der angesammelten Milch, die bei jeder Bewegung von ihnen spritzte. Bis sie allmählich zu versiegen begann. Perrudja verlor die Neigung zu essen. Ohne tiefe Ergriffenheit ließ er das Verhängnis sich nahen, das abzuwenden über sein Vermögen ging. Die Bemühungen, eine Nachricht ins Dorf gelangen zu lassen, gab er auf. Während dreier Abende hatte er vor dem Haus ein großes Feuer unterhalten, daß man den Schein in Uti sehen möchte. Da mit der Zeit seine Hoffnung klein wurde, sagte er sich, daß niemand, sähe man es schon, das Zeichen würde deuten können. Es würde festgestellt werden: Perrudja lebt. Wer könnte herauslesen: Perrudja ist am Sterben? Die Leute würden sagen, verirrte sich schon jemand auf den Kirchhügel, Perrudja hat große Freude. Der Übermut plagt ihn.
So kam die Stunde heran, in der die letzte Futterration verteilt wurde. Mit toten Augen starrte der Mensch auf die gierig verschlingenden Mäuler der Tiere. Die nicht wissen konnten, was er wußte. Einen Tag nach dieser Mahlzeit war Perrudja in eine Hölle gestoßen. Die Tiere schrieen vor Hunger; ihre Augen bettelten blutend um Nahrung. Den letzten Halm

mistigen Strohs hatten sie aus dem Kot aufgelesen. Jetzt forderten sie von ihm, dessen Diener, Sklaven, Gefangene sie waren. Sie forderten die Erhaltung ihres Lebens. Nicht, was er erwartet, weil er an sich ermaß, ihren Tod. Sie bäumten sich gegen den Hunger. Ihre Liebe boten sie noch einmal, fordernd; um dann in Verachtung und Haß gegen ihn abzugleiten. Er selbst hatte keinen Bissen zu sich genommen, wiewohl er noch Brot, Käse, getrocknetes Fleisch, geräucherten Lachs überreichlich besaß. Er wollte vor den Tieren nicht begünstigt sein. Aber was ihm eine dumpfe, unnatürliche Wollust war, ihnen bereitete es Qual. Er fühlte, daß sein freiwilliges Opfer nicht anerkannt werden konnte. Denn nicht Tod, nicht Leiden, nicht Untergang, Leben, Leben und immer wieder Leben wurde ihm abverlangt. Mochte er sich mühen und Wege finden. Er ja war ein Mensch mit Verstand. Mochte er hungern zu seinem Vergnügen; die Tiere schrieen nach Brot. Darum wuchs das Lärmen, das Stoßen, das Keuchen. Der Stier verlor auf Augenblicke vor Hungergefühl die Besinnung. Er rannte mit seinen Hörnern gegen die Wand. Bis eines ihm abbrach. Dann fiel er mit seinem Geschrei wieder ein in den Kor der Fordernden, die nicht begriffen, weshalb sie verenden sollten, entkräftet.
In der Nacht, als zeitweilig Schlaf über die erschöpften Tiere kam, saß Perrudja noch wachend. Er wollte um das Leben seiner Sklaven losen. Er wollte sie töten. Er ertrug ihren langsamen Tod nicht. Die Reihenfolge ihres Sterbens wollte er auslosen. Ihm schien, als ob ein Abschnitt seines Lebens sich wiederhole; der der willenloseste gewesen war. Er versuchte noch einmal, etwas Fremdes zwischen sich und den Augenblick der Entscheidung zu bringen. Er las die Fortsetzung einer Geschichte, die zufällig abgebrochen worden war und seitdem mit halber, ganz schwacher Sehnsucht in ihm lag. Was für eine kleine Neugierde mußte jetzt hinhalten seiner großen Traurigkeit!
»Wenn Ihr die Jahre von mir nehmt, o Herr, bin ich jung und ein Knabe. Ich war es zu der Zeit, wo der Anfang meiner Geschichte gesetzt werden soll. Es paßte auf mich das Wort des Dichters: Es gibt eine Lotosblume, die auf dem Teiche schwimmt. – Doch auch ein anderer Vers war nicht im Widerspruch zu mir: Wenn der Mond scheint, schleicht die Tigerin

über die Felder. Ihr Fell ist gestreift mit den Flammen des Feuers; aber es ist das Schwarz der Nacht hineingewebt. – So war ich wohl schön an Gestalt; doch die Leidenschaft konnte aus mir brennen. Die Eltern wollten für mich einen Gespielen ausersehen. Da es ihr Wunsch nicht war, daß ich mich über ihn erhöbe, durfte er nicht weniger als ein Bruder sein. Sie mochten erahnt haben, daß meine Tugend leicht an einer Eitelkeit scheitern konnte und wünschten darum, daß er ohne Gebrechen sei und von großem Ebenmaß des Körpers. Mir überlegen. Mein Vater war oft auf den Markt gegangen und hatte mit Maklern wegen eines Sklaven verhandelt. Immer wieder hatten angebahnte Geschäfte sich zerschlagen. Er fand stets einen Makel an dem Menschen, der mir als Gefährte dienen sollte. Eines Tages sang ein junger Bursche: Des Tieres Same ist des Tieres Lust, des Menschen Lust ist der Genuß der Schönheit. – Es war noch sehr früh am Morgen. Und die meisten Sklaven zitterten vor Kälte. Und saßen zusammengekauert, eingehüllt in ihre Fetzen. Dieser eine aber stand aufrecht, fast unbekleidet, ohne daß ihn fror und sang mit leuchtender Stimme sein Lied. Er sang es um niemandes willen, denn es waren noch keine Käufer zurstelle. »Ach, daß er schwiege!« seufzten die Beladenen. »Ach, daß er später krähen wollte!« schalten die Makler. »Wer ist es?« fragten die einen. »Wer wird es sein?« antworteten die anderen. »Unsereiner, der nicht weiß, daß er unsereiner ist«, sagten die dritten. »Schönheit vergeht, Schminke besteht«, sagte eine unfreie Hebamme. Sie sagte noch mehr über ihn. Dann kam mein Vater auf den Platz und besprach sich mit einem Makler. Es war derselbe, der den Singenden zum Verkauf anzubieten hatte. Er sagte von ihm den Vers: Des edlen Pferdes Gang ist unvergleichbar; die Schönheit liegt im blanken Fell des Rosses. – Und fügte hinzu: »Es ist nicht zu viel über diesen Menschen gesagt. Es ist ein Geheimnis mit diesem Menschen. Er ist jung, ein Kind noch, wie Ihr seht. Er ist klug, er ist wohlgewachsen. Er versteht zu schreiben, zu lesen, zu singen, zu rechnen, zu fechten. Er spielt Laute und läßt mit Meisterschaft die Figuren auf dem Schachbrett sich tummeln. Er ist von angenehmen Umgangsformen. Nachsichtig, edelmütig, hilfsbereit. Ich habe eine Liste seiner Tugenden aufgestellt. Lest sie, Herr! Ich habe durch einen Arzt seine Maße nehmen lassen. Er erklärte sie für die vollkommensten, die Allah erdacht hat. Lest das Gutachten, Herr! Ihr werdet zufrieden sein.« – Er sprach es. Wurde dann aber, entgegen aller Gewohnheit des Sprechens müde. Und schloß mit dem Vers: Wer wird das Gold anpreisen, da es das Maß der Werte ist? – Er, den ich hier auf dem Markte beschrieben, wurde mein Bruder. Meine Eltern verschwiegen mir, daß er der Sohn einer Sklavin. Sie gaben ihn frei am ersten Tage nach dem Kauf und ließen durch einen Notar niederschreiben, daß es so sein solle. Die vollkommene Schönheit meines Bruders stachelte mich an, daß ich ihn bat, wir möchten Freunde werden. Er war es zufrieden. Und meine Eltern beglückte es, daß ich neben den Verpflichtungen der Schicklichkeit eine solche des Herzens auf mich nahm; denn er hatte sich als das edle Metall erwiesen als das er ausgegeben worden war. Es war wohl sein in seiner Nähe. Und nicht grundlos war das Frohlocken meiner Erzeuger, sahen sie doch, daß meine Heftigkeiten an seinem Beispiel und meiner Liebe zu ihm in Edelmut umschlugen. O Herr, sie priesen Allah, daß er ihnen zwei tugendreiche und schöne Söhne gegeben.

Es kam die Zeit, wo unsere Herzen einander feuriger zugetan waren als wir selbst später leiden mochten. Das Übermaß unserer Zuneigung war die Ursache für das Leid unserer Zukunft. Wir waren nicht klug vor den Versuchungen der Welt und ermaßen das Ziel der Schöpfung nicht. Wir liebten es, uns in den Armen zu liegen und füreinander Schwüre zu tun, die alle Ewigkeiten überdauern sollten. Und setzten Strafen auf die Verletzung der Schwüre. Und gärten schon in dem Begehren, sie zu verletzen. Je reifer wir wurden und unsicherer sie zu halten, desto grausamer erfanden wir Strafen und Peinigungen, zu denen Allah uns verhelfen möchte, wenn so geschähe, wie wir abschworen, daß es geschehen könne.

Mein Vater brachte die Tochter eines Freundes in unser Haus. – Er hatte es absichtlich und mit einer gewissen Hoffnung getan, wie später offenbar wurde. – Sie war sehr jung und schön, eine Lilie im Morgentau, wie man zu sagen pflegt. Eine runde weiße Stirn krönte ihre tiefen Augen. Ach, daß ich die Verse vergessen könnte, die ich von ihr gesungen habe! Es wurde aus mir, was beschlossen war, daß es aus mir würde: Ein Liebender. Mein Herz wollte zerspringen bei dem Gedanken, es möchte das Ziel meiner Wünsche unerreichbar bleiben, leer meine Hände an Erfüllungen. – Der Augenblick neben ihr war ein anderer als der in der Gegenwart meines Freundes. Meine Schwüre waren in Gefahr. Deutlicher noch sah ich meinen Untergang, wenn sie ungebrochen blieben. Die Nächsten um mich mußten erkennen, daß ich verwirrt geworden. Sie konnten den genauen Grund für mein Verändertsein nicht erraten. Jede Fährte, der sie nachgingen, um mit Gewißheit zu erfahren, was die Veränderung meines Wesens bewirkt, zerstörten meine störrischen Handlungen. Ich schloß mich ein. Ich wollte den Bruder nicht sehen. Ich wollte die Geliebte nicht sehen. Es sollte nicht offenbar werden, daß ich verweint war. Daß ich meine Tage damit zubrachte, Verse zu ersinnen, die mein loderndes Herz nährte. Daß ich Bittschriften, verschnörkelt, klug, voll philosophischer und göttlicher Erwägungen an den Freund richtete; sie wieder verwarf, eingedenk der vielen und eindeutigen Reden, die wir in der Vergangenheit gewechselt. Blutwilde und leichtfertige Offenbarungen sog ich aus meiner Seele, die ihn abschrecken, mich unwürdig machen sollten. Und verwarf sie wieder, eingedenk, daß es mein Wunsch, der Geliebten zu gefallen; und der Betrogene, wie ich meinte, in seiner Bitterkeit meine Niedrigkeit würde öffentlich machen.

O Herr, es war kein Absehen, wie mir Linderung hätte werden sollen. Meine Leiden, meine Zweifel aber weckten den alten Jähzorn in mir; das Böse; das Hochmütige; die Sucht nach Abenteuern. Meinem Vater, der um mich sich zu sorgen anfing, begegnete ich mit Heftigkeiten. Meine Mutter wies ich von mir, schalt sie. Als ich bereute, mußte ich mich wieder der Tugenden befleißigen, die ich an meinem Bruder gelernt. Aber die selbstgewählte Buße war schwer. Sie machte mein Blut gallig. Fasten und Weinen und Sehnsucht, vergiftete Wünsche zerstörten die Ordnung meines Leibes. Man fand mich eines Tages ohnmächtig am Boden liegen. Ich hatte gegen mich gewütet. In besinnungslosem Zorn die Geräte des Zimmers auf mich gewuchtet, daß sie mich erschlügen. Ich war gestürzt; ein Kasten war auf mich gefallen und hatte mir die Lippe gespalten. Die Wunde war bis auf die Zähne durchgebrochen. Blut verklebte mir Nase und Mund. Man hielt mich für tot. Da man noch Atem in mir fand, rief man einen Arzt. Er brachte mir mit Hilfe scharfer Gerüche mein Bewußtsein zurück. Ich erfuhr den Schaden, den mein Gesicht genommen; und begann heftiger zu weinen als jemals vorher. Häßlich zu werden erschien mir in meiner Lage das schlimmste Geschick. Wie sehr beneidete ich jetzt meinen Bruder um sein Ebenmaß! Wie wenig war ich ihm ebenbürtig, wie unwürdig meiner Geliebten, entstellt! Ich flehte den Arzt an, die letzten Geheimnisse seiner Kunst anzuwenden, um mich vor dem erniedrigenden Zeichen einer Hasenscharte zu bewahren. Ich wollte von seiner Hand Schmerzen erdulden, die schlimmer waren als die des angeschmiedeten Prometheus, dessen Leber ein Adler fraß. Er versprach, sein Bestes zu tun. Geduldig ertrug ich seine Maßnahmen. Mein Kopf wurde verbunden. Die Tage verstrichen in Traurigkeit. Die Verwandten mieden mich. Meine Beleidigungen gegen sie waren zu groß gewesen. Als der Verband von mir genommen wurde, der Schorf von der Narbe abfiel, war ein deutlicher Spalt in meiner Lippe geblieben. Ich verlor fast die Besinnung vor Schreck. War doch in mir der Entschluß gereift, meinen Vater zu bitten, er möge mir gestatten, daß ich die Tochter seines Freundes zur Frau nähme. Das entstellte Antlitz mußte mein Vorhaben für immer vereiteln. Verlachen würde die Schöne mich, niemals meine Liebe erwidern. Ich versuchte ein Letztes, mir selbst zu helfen. Ich trennte mit einem Dolche die verwachsene Scharte und klammerte die Wundränder mit spitzen Fingern zusammen; abwechselnd mit denen der linken und rechten Hand, wenn sie erlahmten. Ich schlief nicht; ich wachte an meiner Wunde. Nach Tagen trennte ich einen Zipfel, der mir im Vernarben nicht gut genug geraten war, wieder ab vom Mutterfleisch. Als ich erkannte, daß meine Ausdauer Besseres zuwege brachte als die Kunst des Arztes, war es mir ein Ansporn. Ich vernachlässigte alle Schmerzen, die mir erwuchsen. Ich verlor das Bewußtsein der Zeit. Das Warten auf die Geliebte wurde ein goldenes Frohlocken: Meine Lippen würden schön werden wie einst. Ich hatte nur dieses Ziel, weil ich liebte. Als es erreicht war – und daß es erreicht wurde, könnt Ihr sehen, o Herr – kleidete ich mich reich. Ich wollte alle, die ich beleidigt, um Verzeihung bitten und sprechen: Übergroße

Liebe hatte mich verwandelt. Durch sie bin ich jähzornig geworden; sie hat mich wieder sanftmütig gestimmt. Solche Macht besitzt sie über mich. – Zu diesen Erklärungen ist es nicht gekommen. Als mein Vater mich geschmückt und heiter sah, sprach er mich an: »Du bist wieder vernünftig geworden, so scheint es. Höre denn, was in der Zeit deiner Zurückgezogenheit geschehen ist. Du wirst dich erinnern, daß ich die Tochter eines Freundes, mit dem ich Handel treibe, ins Haus gebracht hatte. Daß du Gefallen an ihr fändest und sie zum Weibe nähmest. Diese Ehe sollte mein Geschäft erleichtern. Es gab Zahlungsfälligkeiten, die ich nicht innehalten konnte, weil ich Unglück gehabt und Verluste erlitten. Du aber vereiteltest durch störrisches Benehmen meinen Plan und erschrecktest das Kind. Wäre nicht der Bruder zurstelle gewesen, unser Besitztum hätte sich zerstören müssen. Wir selbst, das Los der Bettler glücklich preisend, im Schuldturm säßen wir. Ich danke Allah, daß er mir eingab, diesen Schönsten zu meinem Sohne neben dir zu machen. Es ist mir gelohnt worden. –« Noch ehe er seine Rede beendet, wich alles Blut mir aus den Wangen, daß sie aschfahl wurden. Meine Ohren aber gierten, meines Unglücks volles Maß zu vernehmen. Ich wendete mich ab, daß der Sprechende nicht meine Veränderung gewahrte. Da er meinte, die Bewegung von ihm fort bedeute eine Anwandlung neuen Trotzes, wurde seine Stimme laut. Meinem Gehör konnte nun nichts entgehen von dem Geschrei: daß ein liebliches Paar aus meinem Bruder und der Freundin geworden. Daß sie einander zugetan wie junge Turteltauben. Daß ihre Liebe gesegnet, weil sie erwachsen an der Elternliebe. Daß darum ihr Hochzeitsbett köstlich dufte und eine weiche Lagerstatt voll bunter Seiden sei. Und ihr Haus eine Stätte des Friedens und der Freude. Das dunkle Getäfel an den Wänden ein schwarzer Himmel. Und sie selbst Sonne und Mond. – Ob ich auch versessen gewesen, die letzte Neige meiner Qual zu kosten, sie überwand mich. Ich stürzte wimmernd zu Boden. Als ich den Ort wieder erkannte, befand ich mich, alleingelassen, auf meinem Bette liegend, in meinem Zimmer. Ich konnte den Zorn meines Vaters daran ermessen, er hatte mir niemand zur Pflege oder zur Hilfe bestellt. Sehr deutlich wußte ich noch die Worte, die er über meinen Bruder und die Geliebte gesprochen. Mir fiel bei, daß nun dieser Schöne, dies Meer an Tugenden, unsere Eide gebrochen. (Wenngleich ich sie im Geiste vor ihm zerfetzt.) Ich gebrauchte die Kunst der Mathematik, errechnete seine Verworfenheit, um mir das Recht zu Vergeltungen zu geben. Rache und Brunst loderten in mir auf. Ich verfiel in eine solche Erregung, daß ich jede Beherrschung über mein Trachten verlor. Ich wollte zur Tür hinaus. Ich fand sie verschlossen. Ich hätte mich nun zum Fenster hinausstürzen können; wiederholen, was ich vorher schon getan, des Zimmers Schränke gegen mich wuchten; mit meinem Dolche mich zur Ader lassen. Doch kam eine Kälte von meinem Herzen, ehe ich es vermuten konnte. Es glomm ein Plan in mir auf, der mich befriedigen und meinen Widersachern schaden sollte. Dies Hirn wurde sehr bösartig, o Herr. Ich wartete, bis die Tür meines Gemaches von außen aufgeriegelt wurde. Ich stellte mich schlafend, als es geschah. Da niemand hereintrat, Schritte sich entfernten, erhob ich mich, ordnete meine Kleider, machte mich duftend, warf meinen Mantel über, ging auf die Straße. Ich begab mich zu den Bazaren und hörte mir an, welcher Art Geschehnisse die Erfahrenen zu berichten wußten. Brocken ihrer Rede merkte ich mir. Sie gefielen mir, gaben Steine für den Bau meines Vorhabens. Ich konnte Vorgänge berichten hören, die abenteuerlich waren wie mein Geschick. Was an dem meinen die Zukunft verbarg, hatte sich andernorts und anderen Menschen schon enthüllt. Auf dem Markt, bei den Lastträgern hörte ich Erlebnisse geflüstert, die mir nicht minder wohlgefielen. Ich nahm mir einen der Träger. Ich sagte ihm: »Zwar habe ich keinen Auftrag für dich, der in deinen Beruf gehört, doch du sollst belohnt werden. Es ist mir berichtet worden, daß du in vieler Leute Häuser eintrittst. Nenne mir unter deiner Kundschaft jene, von der du vermutest, daß mehr der Zufall des Abenteuers als das Gesetz der Ordnung in ihrem Geschick waltet.« – »Wenn ich Euch recht verstanden, junger Herr«, begann er seine Antwort, »werde ich Euer Begehren erfüllen können. Folgt mir, ich werde Euch geradeswegs dorthin führen, wohin es Euch treibt.« – Und schritt vorauf, während ich auf seine Fersen achtete. Wir gelangten in einen Stadtteil, der mir unbekannt war. Wir traten in ein Haus ein. Meine Ankunft wurde den Bewohnern berichtet. Ich entlohnte den Träger. Ich

wurde von einer Frau empfangen, die sehr anmutig, doch von geringer Sorgfalt in ihrer Rede war. Sie war eine Kurtisane, und ihre Dienerinnen waren Negerinnen, die sich niederem Volk hingeben mußten. So groß auch mein Unbehagen nach den ersten Minuten meiner Ankunft war, ich wurde allmählich fröhlich, ein Dach zu kennen, das mich beschirmte, und das nicht das meines Vaters war. Die Frau schien Gefallen an mir zu finden. Ich aber beschloß bei mir, es so einzurichten, daß ich bei ihr bliebe, im Verborgenen, bis mein Plan zum Handeln ausgereift. Vielleicht auch, daß ich hier einen Helfer fände für mein Vorhaben.
O Herr, was Allah uns bestimmt, muß an uns wirksam werden. Es galt auch für mich der Vers: Neue Erlebnisse tilgen alte Erinnerungen, und das Gestern ist kürzer als das Morgen. Als wir beisammen saßen und Süßigkeiten aßen, war ich schon bereit zu den Spielen der Verliebtheit. Es hätte scheinen können, als ob ich die verzehrende Glut und Rache meines Herzens vertan. An meiner Bereitschaft mit meiner jungen Kraft ihr, die mich begehrte (was sie offenbarte), war ich jung doch, Freude zu geben, erkaufte ich mir die begehrte Wohnstatt. Ich sah manches in diesem Haus vor sich gehen, was besser im Verborgenen bleibt. Es war meiner bösen Seele angenehm. Ich nahm nicht Anstoß an der Unordentlichkeit der Lebensführung dieser Frauen, deren Dasein verkettet war mit den zufälligen Berührungen vieler Männer. Deren geringster Makel es war, daß sie die Gefährtinnen langweilten. Ob mein Auge blind war oder mein siedendes Hirn müde, o Herr, erklärt meine Duldsamkeit nach Eurem Belieben. Doch nennt mich nicht lasterhaft ohne Leidenschaft, nicht unkeusch ohne heftige Begierden! Erwägt vor Eurem Urteil, daß sehr bald der Tag herankam, an dem ich die Liebesbezeugungen der Frau nicht mehr ertrug; daß ich angefaßt wurde von einer heftigen Sehnsucht zu der ersten Geliebten, zu dem Weibe meines Bruders; daß ich unklug jene, die sich mir angetragen, schmähte, zu Boden schleuderte! Meine Gedanken, meine Pläne schüttete ich vor ihr aus, daß sie erkennte, wie sehr mein Herz zerfleischt. Daß sie mir hülfe, die Verstoßene. Doch wollte sie nichts meines überströmenden Mundes hören (ich war ein Tor, o Herr, sehr unklug), schrie nur. Sie schrie sehr laut. Sie stieß die

Namen von Dienern und Dienerinnen aus sich. Die kamen herzu. Es war ein häßlicher Augenblick. Sie packten mich, überwanden mich, schlugen mit Fäusten in mein Angesicht. Stießen mit Füßen nach mir. Warfen mich auf die Straße. Der Kot haftete an meinen Kleidern. –«
Er zog das Los. Es entschied, das Pferd sollte als erstes den Toten zugezählt werden. Das Meistgeliebte. Dagegen wehrte er sich. Er heulte einen Laut, der so stark war, daß er Furcht vor seiner eigenen Stimme bekam. Er vernichtete die Lotterie, die ihn bedrohte. Er flüchtete mit dem Rücken gegen eine Wand, streckte die Hände vor sich.
»Gespenster sind um mich«, lispelte er, stampfte mit den Füßen zur Erde hin. »Hilfe, Hilfe«, gellte er, warf mit Gegenständen, die er erreichen konnte, vor sich.
Als er zu zittern begann, war das Schlimmste überstanden. Das Schlimmste war eine eisige Träne gewesen, die aus seiner Brust aufgestiegen war, bis sie zwischen seinen Lidern saß. Da hatte er seinen Rücken schützen müssen, seine nackten Nieren, in die hinein jemand die Zähne schlagen wollte.
Er entzündete alle Kerzen in den Leuchtern, gab Holz in die Glut des Ofens. Er nahm Brot, Fleisch und Käse. Aß. Nach der Mahlzeit holte er seine Axt. Mit dem Gerät ging er in die schweigende Nacht hinaus. Wühlte sich durch den Schnee. Begann eine Tanne zu fällen. Hieb dann die buschigen Zweige vom Stamm und schleppte sie ins Haus; zerkleinerte sie dort; gab das Tannengrün den schmachtenden Tieren. Sie fraßen.
Tag für Tag mußte er Bäume fällen. Auf eine große Menge des Nadellaubes gab er ein wenig von seinem getrockneten Brot. Die Klagen der Tiere verstummten nicht, daß er sie hungern ließe. Sie gossen seine Ohren aus mit ihrem schon müden Stöhnen. Er konnte sie nicht ansehen, ohne vor Scham befangen zu werden. Eingefallen ihre Flanken. Das Pferd erkrankte an einem Darmleiden. Perrudja half mit Brot. Nahm selbst nur noch Fleisch und Fisch zu sich. Er erhielt allen das Leben, das sie gefordert. Er selbst aber – war auch die Verwundung des Kniees geheilt, hatte sich auch sein Gebet erfüllt, daß er kein hinkender Krüppel blieb – sein Körper trieb einer Auflösung entgegen. Die Angst vorm Krankwerden saß ihm im Nacken.

Ich bin geschwächt. Ich bin überarbeitet.
Die Einsamkeit plagte ihn. Mit bleckenden Zähnen verteidigte er sich gegen die Furcht, die da war. Sein Herz ging unruhvoller als er es je gekannt. Die Haut hing ihm unstraff um die ermüdeten Knochen.
Eines Morgens sah er von der geöffneten Haustür aus einen Elchbullen gemessenen Schrittes durch den Schnee stapfen. Perrudja eilte in die Ställe, öffnete das Tor. Die Elchkuh trat hinaus. Nach einer Weile nahm sie den Artgenossen wahr, schloß sich ihm an. Ehe das Paar im Wald verschwand, blieb es stehen. Der Mensch konnte sehen, wie das größere Tier sich um sich selbst wendete und dann mit dicker Zunge das rauhgewirbelte Fell an den Schenkeln der einst gefangenen Elchkuh leckte.
Der Atnasee war zugefroren und schneebedeckt. Eine weiße Ebene von genauem Maß. Der Kirchhügel mit den Trümmern des Hauses und der Gebeine unter der Scholle lag feierlich gewölbt, weiß, wie sich versteht. Keines Menschen Fuß verirrte sich bei dieser Jahreszeit hinauf. Kurz vor Weihnachten fuhr ein Schlitten aus Atna, ein Mietsschlitten, über den See. Er hinterließ als Spuren die Gleise der Kufen und die fetten Löcher der Pferdehufe. Auf der Mitte der Eisfläche wurde gewendet. In weitem Bogen schwenkten die Fahrenden landwärts, der Straße zu. Nahe am Ufer ging die Fahrt zurück nach Uti. Es saßen ein Knecht und ein Fremder im Schlitten. Er war aus Oslo gekommen. Als sie die Straße erreicht hatten, stieg der Fremde aus. Er suchte über die verschneiten Wiesen und Äcker sich einen Weg. Er ging den Begräbnishügel hinan. Der Knecht sah ihn auf der Kuppe stehen. Und glaubte zu erkennen, daß jener schwer und tief atmete. Er hatte die Blicke gegen die jenseitigen Berge gehoben, die im Süden lagen. Die Sonne kam gerade über die Grate gestiegen. Die Luft war klar und ohne Spannung. Der Fremde mußte einen ergreifenden Anblick genießen, so meinte der Knecht. (Er wußte nicht, daß dieser Ausflug eine Wiederholung war.) Deutlicher meinte er, daß es kalt sei. Als der Mensch aus Oslo herabgestiegen war und wieder im Schlitten saß, hieß er die Richtung zurück nach Atna fahren, auf das Gut Gaustad. – Er kam dort an, wie es später mit großer Deutlichkeit erzählt wurde: Mit einem Mietsschlit-

ten, der durch zwei Pferde gezogen wurde, tief eingehüllt in kostbare Rauchwaren; die Füße steckten in einem Sack aus Schaffell. Der Dunst der Pferde hatte sich auf ihrer eigenen Haut an den Wimperhaaren, in den Borsten des Maules, dem struppigen Pelz wieder zu Reif abgesetzt; so daß sie weiß erschienen, übernatürlich massig. »Wir sind weit umhergekommen«, hatte der Knecht gesagt und so getan, als ob er nicht aus Atna, und nicht jeder ihm dort begegnen könnte.
Im Flur des Herrenhauses erst löste der Zugereiste sich aus den vielen Hüllen, nannte seinen Namen, den Gaustad nicht behielt. In die Stube geführt gab jener vor, über Perrudja eine Auskunft einholen zu wollen. Ob der Gutsbesitzer dazu bereit sei? Der nun erinnerte sich, den Unbekannten schon einmal in diesen Gegenden gesehen zu haben. Diese Tatsache schuf ein ungefähres Vertrauen; so daß er einwilligte.
Über den Geschäften, die seiner Tiere wegen Perrudja in den Dörfern getätigt hatte, war seine Lebensführung in groben Umrissen bekannt geworden. Seine unnahbare, einsame Erscheinung war zertrümmert. Mensch unter Menschen, Sonderling unter Sonderlingen. Er wurde eingeordnet. Die Halbwüchsigen nur umgaben ihn in ihren Gesprächen mit einer heimlichen Scheu. Die Erwachsenen glaubten zu wissen, wer er sei. Er mochte schlau sein auf seine Weise. Er bewerkstelligte manches falsch, nach ihrem Urteil; als Ausgleich besaß er Geld. Er konnte sich die Ungeschicklichkeiten erlauben. Gaustad war sein Hauptlieferant für Futtermittel geworden. Nach der Herbsternte hatten sie sich geeinigt, daß der Gutsbesitzer noch einige Fuder Heu an ihn abtreten solle; dazu einige Dutzend Säcke Korn. Der frühe Schneefall war eingetreten. Gaustad hatte nicht wieder von der Bestellung gehört. Die kleinen Mengen Hafer, die Perrudja auf seinem Rücken hinauf ins Gebirge getragen, waren bei einem Höfner in Brenn erstanden worden. Es hatte sich weitergesprochen.
Der Gutsbesitzer gab die Zusammenhänge unbefangen an den Besucher. Sie lösten Beunruhigung aus. Der Bericht hatte über die letzten Wochen schweigen müssen. Nach einer kurzen Wechselrede wurde offenbar, daß der Fremde, nachforschend, schon auf anderen Höfen erfahren, was hier wiederholt wurde. Daß Perrudja westlich ins Gudbrandstal gewandert, mußte als

unwahrscheinlich verworfen werden. Der Zugereiste glaubte schließen zu dürfen, daß in den Bergen ein Unglück geschehen sei. Die Art möge man sich nicht ausmalen. Man müsse darüber schweigen, bis besseres Wissen vorliege. Er bewog Herrn Gaustad, einen Boten ins Gebirge zu senden. Versprach gute Bezahlung der Dienste. Da jener bereitwillig, bemächtigte der Gast sich der Vorbereitung dieser, ihm offenbar wichtigen Angelegenheit. Er wählte unter den Knechten einen aus, der ihm vor den andern geeignet schien. Hob aus dem Schlitten Päckchen und Flaschen, bat, sie mit hinaufzunehmen. Verwunderlich war, daß er trotz so vielen Eifers verschmähte, sich an der Reise zu beteiligen. Hjalmar, dem der Auftrag zugefallen war, beschenkte er mit einer Handvoll harter Talerstücke. Zürnend, beschwörend, inständig bittend befahl er dem Knecht, jede menschliche Pflicht auf sich zu nehmen, wie schwer sie auch scheinen möge. Herrn Gaustad übergab er eine Anzahl großer Geldscheine; er schrieb auf einer blanken harten elfenbeinweißen Karte ein paar Zeichen. Es waren Ziffern und Buchstaben, Kennmarken für eine telegraphische Anschrift in Oslo. Es war ein seltsamer Augenblick, in dem viel Licht des Überflusses zum Vorschein kam. Die Gebärde derjenigen, die die Welt regieren. Der Glanz der großen Stadt, in der die Sorge sogar schimmernd und geschäftig und aufwendig. Er drückte dem Herrn und dem Diener die Hände, stieg in den Schlitten, tat eine letzte Bitte, dem Waldbesitzer gegenüber Schweigen zu bewahren, nicht zu erwähnen, daß ein Fremder aus Oslo eingegriffen. Dann fuhr er davon in Richtung Atnosen, zur Bahnstation.
Der Gutsbesitzer fügte von sich aus zu den Paketen eine Flasche Rum, Zucker und Kaffee. Hjalmar fuhr noch in der Nacht über Uti, über den See, durch die schweigenden verschneeiten Wälder. Zum zweitenmal trat der Knecht über die Schwelle des fernabliegenden Hauses. Perrudja erkannte ihn sogleich. Dennoch malte sich an ihm Erschrecken und unsicheres Staunen. Aus dem Burschen war ein Mann geworden.
Ein Mensch, gleich mir gealtert.
Der Einsame, der jeden Morgen sich im Spiegel betrachtet hatte, wurde zaghaft und beladen beim Anblick des Mannes. Breit, rot, ebenmäßig im Gesicht stand er in der Türöffnung:

ein Gesunder, der an nichts litt. Der die Anklagen der Schwachen gegen Gott fortwischte. Alle Krankheit, die heimlich in Perrudja schlummerte, wurde angerührt und proklamierte ihre Herrschaft.
Kraft meiner blassen Hautfarbe. Kraft meiner blutleeren Lippen. Kraft meiner gefurchten kalkigen Stirn. Kraft meines trägen Bauches; der geschwollen an mir abgezehrtem Schwächling; in dessen Windungen Dörrfleisch und Rauchlachs gären. Des Halbkranken Hände zitterten. Er fühlte, daß der Ankömmling erschrak, ihm gleich, an dem Bild der Unähnlichkeit mit einem Menschen. Er wurde übermannt. Letzte Hemmungen schwanden. Er warf sich Hjalmar an die Brust und weinte. Ein Kind.
»Ich habe mich gefürchtet«, sagte er.
Der Knecht fand den Antrag nicht verwunderlich. Perrudja schien ihm dem wandelnden Freund Hein zu gleichen.
Bei Beginn der Unterhaltung gab es Rum. Nach dem Rum gab es heißen und starken Kaffee. Nach dem Genuß des Kaffees erzählte der Waldbesitzer die Geschichte seines Unheils. Nach der Erzählung verschlangen sie Leckerbissen, die aus Oslo angekommen waren.
»Woher ist das«, fragte Perrudja.
»Man weiß es nicht«, antwortete Hjalmar.
»Verlasse mich nicht wieder«, bat Perrudja, »harre den Winter lang mit mir im Gebirge aus!«
Der Knecht entgegnete, daß er Herrn Gaustad verdungen. Er selbst wolle nicht unmenschlich sein; aber der Gutsherr habe zu bestimmen. Perrudja begann an den Lippen zu nagen.
Ich muß um mein Leben betteln. Ich bin dahin gekommen, wo die Ärmsten sind. Der Häßliche und Kranke ist den Gesunden widerlich. Die Karitas ist eine Funktion der Trägheit und Schwäche.
Dann brach er aus sich mit seiner Stimme. Er sei am Ende seiner Kraft. Ob man ihn töten wolle? Er habe wochenlang, verzweifelt, die Festung gegen den Ansturm des Todes verteidigt. Nacht für Nacht habe der Feind weiße Schleier über ihn geworfen, ihn zu ersticken. An dem Röhren und Brüllen der Tiere habe er des hageren Geistes Gegenwart gespürt. Gift habe der ihm ins Blut gespritzt. Die Knochen welkten ihm. Ob man

keine wirksame Hilfe bringen wolle? Kein kräftiger Arm gegen den Unerbittlichen sei aufzutreiben? Man möge ihm (Perrudja) seine augenblickliche Gestalt verzeihen; der Saft in ihm sei noch nicht in alten Tagen und würde in der Zukunft viel vermögen.

Er umschlich den Knecht. Er machte sich hündisch. Er machte sich jähzornig. Er winselte. Er prahlte. Er rechnete. Er fieberte. Der Wille zum Dasein sei verausgabt. Der Mensch werde schutzbedürftig, wenn er die Seele nicht mehr an sich fesseln könne. Das Verschwinden ins Ungewisse sei eine kaum zu ertragende Marterung.

Es ist der Augenblick meines Zusammenbruchs. Es ist an einer verborgenen Stelle Eiter in mein Blut eingebrochen.

Bilder und Reden entquollen unregiert seinem Mund. Seine Augen waren sehr böse und sehr müde. Der Knecht begriff. Er hieß Perrudja sich ins Bett legen; gab den Tieren kärgliches Tannengrün.

Es war leer in Perrudjas Brust geworden. Die Lungen waren klein wie Haselnüsse, und das Herz war das eingetrocknete Herz einer Mumie, abhanden gekommenes Herz der Bischöfe von Würzburg im heiligen Kloster Ebrach. Das Grab des St. Olaf, das man nicht finden konnte; in dem er unverwest liegt.

Auf den Schlaf des Kranken wartete Hjalmar. Dann schlich er hinaus, verschloß die Tür, fuhr zutal.

Er erklärte Gaustad, wie er den Waldbesitzer angetroffen. Der Herr willigte ein, daß er wieder ins Gebirge zog. Versprach auch, den Transport von Futter und Nahrungsmitteln in die Wege zu leiten. Er telegraphierte dem Fremden in Oslo und verfügte über einen Teil des Geldes, das ihm hinterlassen worden war. Pferde wurden beschirrt und wie Esel beladen.

Hjalmar fand bei seiner Rückkehr den Waldbesitzer im Hause tätig. Er hatte das Bett verlassen. War ohne Fieber, ohne Erregung. Matt, aber gefaßt. Perrudja erinnerte sich nur halb an die Begegnung und die Gespräche des Vortages. Als er durch die Ankunft Hjalmars eine ungewisse Hoffnung bestätigt fand, bemächtigte sich seiner eine stille Zufriedenheit.

Der Knecht war todmüde. Seine Augen dunkel umrandet vor Schlaflosigkeit und Anstrengung. Die beiden Menschen waren

sich ähnlicher geworden. Beiden war es nicht unwillkommen. Sie aßen. Über Tisch sagte Perrudja, daß sein Zahnfleisch geschwollen sei. Er wies es vor. Es war rot, ungesund in der Farbe. Und schmerzte. Er bewegte deshalb sehr vorsichtig die Bissen im Munde hin und her. Nach der Mahlzeit übernahm Hjalmar alle Arbeit, trotz seiner übergroßen Müdigkeit. Der neue Herr gab ihm als Geschenk einen goldenen Ring mit einem schönen Stein und sagte dazu: Weil es so übel stehe. Wegen des vielen Mistes in den Ställen. Wegen der Unordnung. Wegen der Einsamkeit. Wegen der Kälte. Wegen der engen Behausung. Nach getaner Arbeit bewunderte der Knecht die Dinge, die in der Stube waren. Er sprach zwischen ihnen und Perrudja in den leeren Raum. Er erwartete keine Antwort. Es befriedigte ihn das echolose Wort. Aus den vielen Büchern glaubte er zu begreifen, der Waldbesitzer müsse sehr weise sein. Er hatte dergleichen vorher nicht gesehen.
Hjalmar müsse schlafen gehen, sagte Perrudja. Es sei nur ein Bett vorhanden. Ein nicht unbeträchtlich breites. Ob er es möge, neben einem zweiten Menschen zu liegen? Er wisse nicht, wie anders es einzurichten sei. Sie müßten ohnedies in der Stube zusammenhocken. – Der Knecht gab seinen Beifall. Er hatte lebelang mit einem zweiten im gleichen Bett geschlafen. In engen Betten. Auf Stroh. Die Lagerstatt Perrudjas war köstlich; kein Vergleich zu den ihm gewohnten Schlafplätzen. Er fragte nur, ob denn der Herr nicht Anstoß nähme? Er erbot sich, auf dem Fußboden zu schlafen. Perrudja schüttelte verneinend mit dem Kopfe.
Ich will nichts voraus haben vor diesem Menschen.
Er war sehr demütig und bedürftig. Er war ein Kätzchen, das gestreichelt sein will. Er dachte an die runden und nierenförmigen Blätter der Teichrosen, die grün und wächsern im Sommer –
Er sagte: Er habe zwar noch niemals an der Seite eines Menschen geschlafen; er werde vielleicht ein schlechter Kamerad sein. (Hatte er gelogen? In diesem Augenblick konnte es nicht entschieden werden. Vielleicht war er der, der nach Ablauf von vierundzwanzig Stunden die eigene Vergangenheit vergaß.) Hjalmar glaubte ihm die Aussage nicht. Sie war ungewöhnlich, zum erstaunen. Einem Manne, mehr als zwanzig Jahre alt,

konnte der Ausspruch nicht geglaubt werden. Zwar wollte er nicht die Bezichtigung der Lüge erheben.

Er läßt die Frauen aus, dachte der Knecht.

Perrudja entkleidete sich als erster, streifte, abgewandt, ein langes Nachthemd über.

Hjalmar zögerte. Er schämte sich für den Fall, daß der Herr, entgegen der Vermutung, die Wahrheit gesprochen. Es bedurfte noch einer Aufforderung des anderen, ehe er begann, sich für das Nachtlager vorzubereiten. Er wusch sich die Hände, um tote Zeit zu gewinnen. Er zog, als er entkleidet war, kein Hemd über sich, schlüpfte ganz entblößt zu Perrudja unter die Decke.

Es war das erstemal (er erinnerte sich eines anderen nicht, er brach nicht durch zum Verschütteten seines Lebensweges), daß er von so nahe einen entkleideten Menschen gesehen, einen Genossen seiner Art. Er fühlte ein wenig Widerwillen, ein wenig Hingezogensein und Neugierde zu dem zweiten, der ihm ähnlich war. Er umtaute mit seinen Augen diesen Bau, den er in Büchern, in Bildern so oft beschrieben gefunden hatte und verwirrte sich angesichts der raumverdrängenden Existenz; und daß dunkle Haare Bauch und Brustwarzen überwucherten. – Er fühlte den warmen Leib neben sich, der nach Stall, Wald und sich selber roch. Es war Beruhigung in diesem Geruch. Er vertraute. Er fürchtete nicht Mord, Böswilliges, Ungezogenes von dem nahen Nachbarn, dem Nächsten, seiner Haut Vermählten. Ihre Füße berührten sich. Des einen Kniee lagen in des anderen Kniekehlen. Durch das Hemd kam Herzschlag des anderen. Diese Nacht war neue Nacht. Die Finsternis war ohne Gespenst. Die Wärme des Knechtes verscheuchte die tiefen Schatten der Todesfurcht. Perrudja hatte gewiß nicht einmal als Kind an den Brüsten der Mutter gelegen, daß er, erwachsen, die leichte Berührung eines Mitschläfers nicht gleichgültig nahm.

In der Dunkelheit, im Vorschlaf war seliges Sichersein.

Es ist jemand neben mir, auch wenn mein Leib der Krankheit und dem Verfall übergeben wird.

Schloß er die Augen, glitten Fratzen, Menschenköpfe, verzerrt, dunkel wie aus Holz, doch sich bewegend wie aus Muskel, an seinem inneren Auge vorüber. Es war eine Lästigkeit im

Glück. Er vermochte nichts dawider. Er legte seine Hand um die Brust Hjalmars. Der war entschlafen. Aber es war Herz und Atem in ihm.

Am Morgen beim Erwachen fühlte Perrudja den Mund schmerzhaft verklebt. Er richtete sich auf. Der Knecht verließ das Bett, entzündete eine Kerze, bekleidete sich. Auf des Herrn Bitten reichte er einen Handspiegel. Das Instrument warf schwarzumrandete, geborstene Lippen zurück. Die nur widerstrebend die Zähne freigaben. Um die Zähne hingen eitrig Fetzen des Zahnfleisches.

XIII

Das Pferd/Sassanidischer König/Ein Knabe weint/Die anderen Tiere

Die Edelmütigen oder die Geschichte des Sklaven

Perrudja erschrak.

Er konnte erschrecken, weil sein Hirn mit makelloser Genauigkeit arbeitete. Es ging von dem Eiter kein Gift aus, das seine Nerven betäubte. Das einsetzende Fieber verwirrte seinen Geist nicht. Es verdeutlichte nur seinen Zustand, beschwingte die Erkenntnisfähigkeit seiner Seele. Was er dachte, war klar und weiß wie eine Landschaft unter mittäglicher Tropensonne. Es fiel ihm ein: Das Land Afrika.

O Durst, der in den Schlund mir wächst!
Dem Kraut gleich, das verdorrt, bin ich geachtet.
Der staube Wegrand trinkt den letzten Schweiß,
den fahle Sonne aus mir brät.
O Durst, im Mittag stehe ich und warte.

Er wollte die Verse fortführen. Es gebrach ihm an Stoff. Er war das einsame Ich, das an sich selbst unfruchtbar geworden, das erlebnislos. Er konstruierte die Bekanntschaft mit einer Frau. Wonnesame Augenblicke sog er ein. Doch wurde es nicht vergessen, daß der Genuß eine Lüge, eine unirdische Erfindung. Ein Betrug. Daß ein Nebenbuhler, ein Mensch, ein Afrikaner ihn betrügen mußte. Daß er betrogen von Anbeginn. Daß seine Hoffnung der Schmerz. Und seine Erinnerung nur die Mutter zu einem nackten Vers. Daß die Süßigkeit nur im Vorschmack bestand. Und das Ziel des Verses die Auflösung der Süßigkeit war.

O Durst, im Mittag stehe ich und warte.
O tauber Traum! Noch duftet meine Haut
nach ihrem Öl. Mein Lager ist ein Tümpel,
das Bad, darin sie sich gekühlt.
Jetzt duftet sie an andern Brunnen.
O morsche Lust! Zuviel hat sie versprochen.
Ein Fremder droht nun ihren Schoß zu brechen.

»Hjalmar«, sagte Perrudja, »ich fiebere.«
»Ich glaube es, Herr«, war die Antwort.
»Das Fieber ändert nichts an mir, außer mein Herz schlägt hurtiger.«
Er nahm die Hand Hjalmars und legte sie sich über die Herzgrube. Die Knöpfe seines Hemdes waren geöffnet. Des Knechtes Hand wußte nicht, was sie auf der zarten Brust sollte. Sie fühlte wohl die weiche Haut. Aber es ging nichts den Sinnen ein. Er dachte an die Brüste einer Frau.
»Ich bin unbehaart«, sagte Perrudja.
»Ja«, antwortete Hjalmar.
»Ich bin traurig«, sagte Perrudja, »in mir ist es sehr leer, obgleich ich errechnen kann, daß zwölf mal zwölf gleich einhundertvierundvierzig sind, daß eins plus zwei gleich drei, drei mal drei gleich neun und eins plus vier plus vier ebenfalls gleich neun.«
Gegen Mittag sagte Perrudja:
»Es ist sehr anstrengend, was zu denken ich gezwungen bin. Mich quält auch etwas. Es ist eine Geschichte, deren Ausgang ich nicht weiß. Ich habe daran zu lesen begonnen. Die Umstände zwangen mich, daß ich abbrach. Wenn du die Mühe auf dich nehmen möchtest, mir vorzulesen, würde es mir eine Erleichterung bedeuten. Ich selbst würde das Buch nehmen; aber meine Augen verhaken sich in Buchstaben und in einzelne Worte. Wie in ein Gitterwerk. Sie gleiten nicht darüber hin. Und ich wünsche mir doch das Rollen der Meereswogen. Lang und gleichzeitig brechen sie sich, rund gewölbt. Das sind die Sätze. Ich liege am Strande. Man kann es sagen. Das weiße Bettuch hat eine bescheidene Ähnlichkeit mit dem Meeresstrand. Wenn man es nicht genau nimmt.«
Er griff nach einem Buch, das neben dem Bette lag, blätterte

darin, murmelte Zahlen, hielt inne, wies mit dem Finger auf einen Druckabsatz und sagte: »Beginne hier.«

»Wie ich nun tief beschämt und zaghaft mich aufrichtete, angewidert von dem faden Geruch des Schmutzes an mir, auch hilflos, weil ich nicht wußte, welcher Richtung Weg meinen unvorteilhaften Zustand entwirren würde, öffnete sich noch einmal die Tür des Hauses ein weniges. Ein dunkler Arm drang durch den Spalt und reichte meinen Mantel hinaus. O Herr, ich nahm es als ein kleines Zeichen des Trostes in meiner bejammernswerten Lage.

Meine Füße trugen mich davon. Ich gelangte vor das Haus meines Bruders. Ich trat über die Türschwelle. Mein Tun war durch keinen Gedanken veranlaßt. Ich war wie Eisen dem Magnet. Die Dichter sagen: Des Rosses Eigenschaft ist das Feuer; des Weibes Eigenschaft ist das Wasser; des Liebenden Eigenschaft aber ist die Luft, denn es gibt kein Hindernis, das er nicht zu durchdringen vermöchte. – Ich kam bis vor das Angesicht der Freundin. Sie erkannte mich. Sie schloß mich in ihre Arme und weinte über meinen Zustand. Sie wandte sich nicht ab, weil ich übel roch; ihr Mitleid war groß. Sie befahl, daß ich gebadet und neue Kleider mir gereicht würden. Nach dem Bade begehrte sie heftig die Geschichte meines Mißgeschickes zu hören. Sie richtete es so ein, daß wir allein blieben. Sie sagte, ihr Gatte sei auf Reisen. Sie bewahrheitete das Wort, daß auch das tiefste Wasser dem Werben des Windes nicht widerstehe. Meine Erzählung entschleierte mein Herz. Und sie fand, es war nicht schlecht genug, ihm die Zuneigung zu versagen. Mitgefühl gebot ihr, den gefährlichen Bezirken meiner Leidenschaft nicht auszuweichen. Meine Lippen und meine Hände waren nicht müßig in der schönen Kunst zu überzeugen. Mein Mund wölbte sich so vollkommen wie niemals vorher und rötete sich tief. Und die Augen bettelten, und die Sprache verstummte. Ich war begehrlich und ohne Scheu und wagte, was der Verstand als tollkühn verworfen hätte. Ich pries mich an. Ich zwang sie, meinen Atem zu schmecken, ihre Stirn gegen meine Brust zu senken. Ehe die Sonne hinab war, hatten wir mehr verliebte Spiele getrieben als die Lagerstatt eines jungen Paares nach den Probenächten zu erzählen vermöchte.

Ich richtete mich während der Abwesenheit meines Bruders in

seinem Hause als sein Nachfolger in allen Rechten ein. Keine Vorsicht erschien mir geboten. Ein Eroberer, der einen unbeliebten König verjagt hat, ist nicht unbescheidener im Gebrauch der zugefallenen Macht wie ich es während der knappen Wochen als ungebetener Gast war. Nicht einmal die Abrechnung mit dem Betrogenen scheute ich. Ich floh nicht, als seine Ankunft bevorstand. Die Tränen des reuevollen oder geängsteten Weibes zerblies ich mit flötendem Munde. Ich sagte, einen Bissen würde ich ihm hinhalten, an dem er ersticken müßte. Er kam. Er sah mich. Er umarmte mich als seinen Bruder. Durch die Diener erfuhr er, daß ich das Gastrecht mißbraucht, seinen Besitz nicht geachtet, seine Ehre und sein Glück zerstört. Selbst nahm er wahr, daß ich, schier grundlos, meine Anwesenheit ausdehnte, frech mit zweideutigen Reden mich ihm stellte. Ich verdarb ihm den Genuß an den Speisen. Er fürchtete Gift. Ich verdarb ihm die Sucht nach seinem Ehebett. Er fürchtete Dolche. Er begriff, daß ich ihn zwingen wollte, mich anzureden um Rechenschaft. Er ahnte eine Schwäche bei sich. Er erklärte meinen Mut mit seinen geringen Kräften. Ich weidete mich daran, daß seine herrliche Gestalt einschrumpfte an der Last seines Herzens. Ich war grausam. Ich gab den Dienern Befehle über seinen Kopf hinweg. Mit zärtlichen Berührungen umlohte ich sein Weib. Bis er sprach. Bis sein Mund überging in Schmerz und Groll und Scham. Und ich antwortete ihm. Die Eide und Verfluchungen höhnte ich in seine Ohren. Vielleicht war er klug und erkannte, daß ich, so sprechend, alle Rechte verausgabte; daß ich die Lüge mit dem Gewande der Unschuld und Reinheit umgab; wie ein Händler um einen längst verfallenen Schuldschein stritt. Vielleicht war er gerecht und fand seinen Kummer nicht ärger als den meinen. Er antwortete mir: »Wir haben einander geschadet. Ich habe genossen und deine Lust vergällt. Du hast genossen und meine Lust vergällt. Wir haben unsere Angelegenheit geordnet schlicht um schlicht. Doch das Weib, dem ich nichts zugefügt hatte, hat meine Ehre besudelt.« Und schwieg. Und fügte hinzu: »Und die Frucht ihres Leibes unbekannt gemacht.« Und schwieg. Und fügte hinzu: »War es möglich, die Ehre, die nichts mit meinem Glück, nur mit den Ohren und Augen meiner Nachbarn zu schaffen hat, zu zerstören, muß auch ein

Weg sein, sie wieder aufzubauen. Denn die Ohren und Augen sind neugierig. Das Weib wird sterben; und du wirst von dannen ziehen.«

»Sterben«, fragte Perrudja.

»Von dannen ziehen«, sagte Hjalmar.

»O Herr, der eisige Hauch einer erschöpften aber unerbittlichen Stimme überwand mich. Ich begann zu winseln. Mein Leben war plötzlich so bar allen Glückes. Daß ich die Süchte nicht begriff, die mich getrieben und weiter am Dasein erhielten. Der dumpfe Schmerz der Heimatlosen durchseuchte mich, die neidisch ihre Gedanken an den Rauch jeden Herdfeuers verlieren. Und den Geruch des Zaumzeuges von Pferden schwer ertragen, weil Stalldampf daran haftet. Und die Erde küssen, die ihnen nicht gehört. Und Kindern mit hohler Hand die Augen bedecken, weil sie selbst keine gezeugt. Ich erbot mich, das Sühneblut zu vergießen, wenn das Weib geschont würde.

Es ist mir nicht bekannt geworden, o Herr, ob mein Jammer den Bruder anrührte. Er sagte nur, daß er das Haus verlassen werde. Daß er sieben Tage lang, eine Stunde vor Mitternacht, einen Gedungenen senden werde mit dem Auftrage, einen Dolch in das Ehebett zu stoßen. Der Mann und das Eisen würden nicht fragen, in wessen Fleisch sie getroffen. Doch müßte die Handlung der Vergeltung wirkungslos bleiben, wenn nicht das Weib im Bette gefunden würde. Nicht länger ausüben das grausame Handwerk würde der Schlächter, wenn vor seinen Füßen am Eingang zur Kammer ein Leichnam sich fände. In der achten Nacht würde der Bruder, er selbst kommen. Und wäre inzwischen kein Betrug geschehen, das Weib am Leben, werde aus seinem Innern ausgemerzt sein die Schmach. Vergessen, daß das Gefäß seines Glückes gläsern. Er werde sein Hirn regieren lernen. –«

»Schlächter«, sagte, als ob seine Gedanken über die Sterne hinaus kreisten, Perrudja, »ich habe mein Hirn regieren gelernt, Hjalmar. Wie kann der Mensch leben, wenn das Erinnern sein Unglück zur unvergänglichen Gegenwart macht? Wir schlafen. Und jeder Abend ist ein anderer Abend. Der nach vierundzwanzig Stunden. Die einen vergessen nach einem Jahr, die anderen nach einem Monat, die dritten nach sieben

Tagen, die Auserwählten nach vierundzwanzig Stunden. Und was auf dem Sieb des Gedächtnisses bleibt, ist die geschminkte Lüge. Die willfährige Hure. Die Parteilichkeit unseres Karakters.«

Und die Kreise stiegen wie Blasen von ihm auf. Und er wußte nichts mehr von ihnen.

»Er ging von mir. Ratlos blieb ich zurück. Ich hatte seine Rede nicht gut begriffen. Allmählich verdeutlichte ich mir die Meinung. Und daß ein Weg mir zugestanden, die Geliebte zu retten. Es kam die erste Nacht, die ich in dem reich duftenden Bett freudlos verbrachte. Die warme Haut der Geliebten rührte mich nur zu Tränen. Und die Küsse meiner Lippen waren kühl und trocken. Die schwellenden Brüste und Schenkel der Unvergleichlichen waren die Ursache meiner Klagelaute. Die Süße der Liebe war ganz in Bitterkeit verwandelt. Die Finsternis, die allein unsere Retterin hätte sein können, fürchtete ich. Meine Augen gierten nach Licht, weil meine Phantasie die Dunkelheit mit Mordwaffen angefüllt wähnte. So stellte ich fern vom Bett eine Ampel auf, daß meinen Blicken des Mörders Tun nicht entginge. Und er kam. Schleichend. Der Türspalt entließ ihn ins Zimmer. Er suchte die Lagerstatt. Seine Hände waren kahl und braun. Um den Leib war er fest gegürtet mit einer roßledernen Weste. Sein Oberkörper war entblößt und glänzte ölig. Die Arme waren gepanzert mit pergamentenen Schuppen. Wie die Haut eines Krokodils. Doch weißlich und wächsern. Und er war groß an Gestalt. Und ohne Gesicht. Nur ein Grinsen war ihm gegeben. Er ließ es spielen, als er das Weib erblickte. Eine Hand streckte er aus nach den unverborgenen Hügeln der Brüste. In der anderen sah ich ein Blitzen von Stahl. Ich wollte schreien; doch schrie ich nicht. Ich war ohnmächtig; doch bewegte ich mich. Mit meinen Schultern warf ich mich in die Bahn der Waffe. Ein Schmerz. Ein kaltes Knirschen. Eine Leere in der Milz, als wäre der Nabel mir ausgelaufen. Ein klebriges Naß schien sich ins Bett zu ergießen. Ich schämte mich fröstelnd, weil mein Erinnern trübe geworden; und mein mattes Herz nicht bänger des Weibes Schicksal zu wissen begehrte. Allmählich begriff ich, daß mein Blut die Laken rot besudelt hatte. An meinem Rücken klaffte eine Wunde. Der Geliebten Fleisch war unberührt.

Es kam die zweite Nacht. Sie glich der ersten. Doch war die Furcht verdoppelt. Die Wunde meines Rückens schmerzte. Die Kraft eines Armes war gelähmt. Ich war plump in meinen Bewegungen. Ich war nicht sicher, ob ich geschickt genug mich vor den Blitz des Eisens würde werfen können, um das Herz der Geliebten zu schützen. Mit dem unnatürlichen Mut eines Fiebernden gelang es mir ein zweites Mal. Ich stieß mich in die Luft hinein und fiel zu Boden wie ein zerklaffter Schild. Bewußtloser als am ersten Abend.
Es kam die dritte Nacht. Meine Schwäche hatte in schlimmer Weise zugenommen. Ich vermochte nichts gegen das Zittern, das meinen Körper schüttelte. Ich fürchtete nicht Schmerzen, nicht neue Verstümmelung, nur die Ohnmacht beim Anblick des Schlächters. Ich wünschte, daß sein Messer meine Rippen durchdringe und das Herz oder die Nieren fände. Aber auch in dieser Nacht schälte es Schwarten von meinen Rippen. Und schonte die Eingeweide.
Es kam die vierte Nacht. Das Weib hatte mir kräftigende Speisen eingeflößt, Brühe und Wein, Eselsmilch und Enteneier. Aber ich lag da, nicht fähig den Wunsch meines Geistes zu erfüllen. Ich weinte. Und verfluchte mich, daß ich nicht gestorben. Und ein jähzorniger Haß stieg in mir auf, wie ihn nur der Entmannte kennt. Aber ich wußte nicht, wen ich haßte. Denn ich haßte mich. Ich schob meinen Oberkörper über die Brüste des Weibes und wartete auf den Streich des Mörders. Und er kam wie alle Nächte vordem und schonte mich nicht.
Es kam die fünfte Nacht. Mein Rücken war zerfleischt und fast enthäutet. Er begann eitrig zu gären. Ich schrie vor Angst bei dem Gedanken, daß das Messer erneut an ihm schneiden würde. Ich tauchte in den schlammigen Strom des Fiebers unter. Ich flehte das Weib an, einen anderen Körperteil opfern zu dürfen. Die Brust. Die Freundin bangte um mein Herz. Den Bauch. Ach, die süßen Eingeweide. Den schwellenden Teil meiner Oberschenkel. Sie dachte gewiß dasselbe wie ich: Fleisch und Knochen. So verbarg ich ihren Leib mit dem fetten gespaltenen Muskel. Der Mörder kam. Wurde er im Halbdunkel getäuscht? Glaubte er das Weib allein? Hielt er das üppige Fleisch für die köstlichen Brunnen? Er stieß mit seinem Dolch.

Und der Dolch fuhr tief. Und ich schrie, aus einer Ohnmacht erwachend. Und sank wimmernd ins Bewußtlose zurück. Meine Krankheit war schlimm. Mein Blut war wässerig geworden. Die Geliebte schien dem Mörder preisgegeben. Denn ich war ein stinkendes Stück Holz ohne Bewegung. Da ich unfähig war, plante sie. Verwarf. Plante erneut.
In der Nacht riß sie die Verbände von meinen Wunden, daß sie erneut aufbrachen. Sie legte mich, blutüberströmt, unbekleidet vor die Kammertür. Der Mörder kam zum sechstenmal. Er stieß mit den Füßen gegen mich. Er beugte sich über mich. Er betrachtete mich. Er hob mich auf, trug mich auf die Straße. Er ging einige Dutzend Schritte mit mir fort. Dann warf er mich von seiner Schulter herab in den Kot. Und verschwand. Als er davon gegangen, und ich die Kälte der Nacht deutlicher spürte als die Schmerzen der Zerfleischung, war es mir, als ob eine andere menschliche Gestalt heranschliche. Und eine zweite. Und eine dritte. Ich wollte an den Bruder denken; an die Geliebte; an den Vater. Aber sie blieben Schatten. Unbekannte waren es, die mich aufhoben und davontrugen. Als die übergroße Kraftlosigkeit von mir gewichen, die Starrheit meiner Glieder sich zu lockern begann, meine Sinne wieder erwachten, erkannte ich, daß ich gebettet lag. Ich hörte den Ton einer Stimme, die mir bekannt war. Die Hure stand an meinem Lager und sprach: »Es gibt niemanden so gering, daß seine Freundschaft in der Not nicht einen Vorteil zu bieten vermöchte.« Meine Augen wurden feucht, und ich antwortete: »Du hast mich vom Tode errettet.« Sie sagte: »Liebe ist die Mutter des Hasses; er ist zäher und verschlagener und selbstsüchtiger als die Liebe; er mißbraucht die Freundschaft, wie es die Liebe tut; er will einen Taumel, der den Freuden der Liebe nicht nachsteht. – Du erntest, was sich in den beiden Sprüchen ausdrückt. Du hast mein Herz nicht geschont. Darauf wird eine Antwort gegeben. Gnade würde meinen Karakter nicht zieren und deine Unklugheit nur fördern. Ich habe gelernt zu sehen, wer ich bin und wie alt. Es gibt keinen Verstoßenen, der dem Anstifter seiner Hoffnungslosigkeit vergibt. Da ein anderer mir vorweg nahm, deinen Tod zu wünschen, zum wenigsten doch dein wollüstiges Fleisch strafte, werde ich dich in Unfreiheit bringen. Verkaufen will ich dich, nachdem deine

Wunden vernarbt sind. Um die Zukunft dir lästig zu machen; daß dein Hochmut zuende gehe an der Pflicht zu gehorchen. Schon um des Unbequemen willen warst du bereit zu verraten. Darum soll das Erniedrigende dir munden werden. Was du, entselbstet, nicht mehr belächeln kannst, wird zu ertragen schlimmer sein als das Sterben. Und das Recht, dein Los zu bestimmen ist bei mir. Denn das Gesetz sagt: Den Sklaven erwirbt man durch Kauf oder durch Erretten vom unabwendbaren Tode. ––«

O Herr, sie sagte noch viele Worte, die leichter zu sprechen als anzuhören. –«

Der Knecht wuchtete seine Stimme schwerfällig von Satz zu Satz, buchstabierte sich durch ungewohnte Meinungen und Wortstellungen hindurch, eiferte mit heiligem Ernst, gemäß dem vorgeschriebenen Ablauf für das traurige Schicksal des Helden. Perrudja aber hörte nicht mehr. Er hatte die Augen geschlossen. Ihm war der Ort entglitten, die Stube mit der braunen Balkendecke. Und das Wort, das bedeutungsvoll aus einem ungeübten Munde kam. Er wurde an andere Stätten geführt. Und es erwies sich, daß diese Welt viele verborgene Kammern besaß. Diamantene Paläste auf dem Grunde der Ozeane. Gewölbte Höhlen in den Felsmassiven. Fjorde, in die man einfuhr und die kein Ende nahmen; die südlich die Heimat von Negern und Elefanten durchschnitten. Die nördlichen Berge waren weiß und durchsichtig, aus Quarz, die Heimat Afrika aber blaue korundene Wüste, Klippen aus schwarzem und grünem Basalt. Am Ende gerannen die Wunder der Welt und schrumpften ein. Und waren ein winzig kleines Bild in Glasfluß. Ein kostbares Stück seiner Emaillesammlung. Er erwartete jemand. Vielleicht eine Frau. Gewiß nur war er für sie der Verwalter der Kostbarkeiten. Sie war die unbekannte Bekannte der vor vierundzwanzig Stunden.

Ein Tag ist kurz. Der zweite Tag gebiert die unendliche Entfernung. Ich habe das Gesicht meiner Geliebten verloren. Mir ist, als hätte ich sie niemals anders als in tiefster basaltener Nacht angeschaut; wo sie doch nicht sein konnte, außer in meinen Händen. Meine Hände aber wechseln ihre Haut nach Ablauf eines Tages. Die Vergangenheit ist ein Schlaf.

Aus Abend und Morgen war ein neuer Tag geworden. Darum

beschäftigte ihn eine neue Erscheinung, die keine Beziehung zu einem Voraufgegangenen hatte. Das Einmalige war in den Fieberträumen seine Verdammnis. Es sollte ein spitzbogiges Fenster mit einem Gitterwerk verschlossen werden in schönen durchbrochenen Formen aus Marmor oder Metall. Die Leibungen, die Tiefen der Mauerbogen durften nicht leer neben der Pracht stehen, vielmehr mit ihrem Vorkragen und Zurückspringen hinleiten auf das eingerahmte Kunstwerk höchster Harmonie, dessen verwirkte Muster zu einer Ruhe, zu einem Kreis sich schlossen. Sonnenkugel. Es griffen Zacken und Blattwerk, Spiralen, Fischblasen, Erhöhungen und Vertiefungen ineinander. Tiere sprangen vor, Lotosblumen brachen auf zu fleischigen Sternen. Luft und Schatten verwoben sich zu einem Teppich. Daß der Wind, der aufkam, eine Melodie darauf singen konnte, die aus dem Nichts sich heranschlich und in die Ewigkeiten gegeben wurde; in die vor vierundzwanzig Stunden. Mit verdämmernden Augen löste Perrudja die Aufgabe. Riß er die Lider weit auf, war alles zerronnen. Er sah Hjalmar.

Ach, ich schwitze. Er wird schlecht von mir denken. Mein Geruch ist lästig.

Er verlor in den schlimmsten Tagen des Krankseins nicht ganz die Gewalt über seinen Geist. Er dachte zuweilen an den Knecht, daß er ihn beneide.

Er klagte Gott nicht an.

Es waren böse Augenblicke der Demütigung, wenn er, gegen Hjalmar gelehnt, die Bedürfnisse seines Leibes verrichtete.

Sein Mund, sein Schlund zerfielen zu Eiter, den er müde, unfähig sich zu erheben, schluckte. Dann wieder erbrach der Magen die Fäulnis. Große Bottiche voll eitrigen Schleims erbrach er. Seine Verdauungsorgane schienen an dem Gift der Zersetzung zu sterben. Sie erschlafften in Trägheit, erstarrten zur Unbeweglichkeit. Sein Bewußtsein blieb wach. Er fand, daß sein Bauch aufgebahrt lag wie auf einem Totenbett. Nichts darin schien sich zu rühren. Selbst der Herzschlag ging an der Betäubung der Fäulnis zugrunde. Da nistete sich Furcht beim Sitz der Seele ein.

Das ist Perrudjas Bauchleichnam, hörte er eine Stimme.

Die Furcht nahm zu, weil keine Schmerzen in dem Toten

aufkamen. Schmerzen gab es nur im Mund und in der Speiseröhre. Zuweilen trank er mit Wasser gemischten roten Wein. Sobald er das Glas an die Lippen brachte, verfärbte sich die Flüssigkeit, verbrannte zu einem trüben Schwarz.
Die Tage wuchsen zu Wochen an. (In jeder Nacht erschien der Mörder.) Das Antlitz Perrudjas wurde wächsern; die Augen groß; der Mund eine Borke; die Hände sich häutende Krankenhände, bleich und mager, sehr sauber, aber ständig feucht. Die Brustwarzen, kleine Örestücke, lagen auf einem Gerippe. Der Nabel war groß, weil der Bauch schmal und eingefallen, nur über der Magengrube gebläht. Die Schenkel waren ein Nichts, geringes Bein und wenig Fleisch. Nacht für Nacht war Hjalmar zu ihm ins Bett gekrochen, hatte gesund neben dem tauben Leib des Kranken gelegen. So oft der Schatten des Auslöschens in die Stube kam und an das Bett des Verfaulenden trat und zugriff, faßte er an den gesunden braunen kräftigen Körper des Knechtes, über den behaarten straffen Bauch mit tiefem Nabel, der seine Schuldigkeit tat und den Menschen, verdauend, erhielt – wandte sich ab, enttäuscht, am falschen Platze zu sein. Der Gesunde fühlte die Berührung. Schaudernd wälzte er sich auf die Seite und versuchte, seine unbeschützte, nur mit dünnen Muskeln überspannte Leibeshöhle vor den kalten Händen eines Unbarmherzigen zu bewahren, indem er Rippen und Wirbel seiner knochigen Rückseite ihm zuwandte. Wie ein Hund lag er, auch den Mund, die Nase in feste Hände vergraben. Da schnurrte es eisig an seinem Rücken entlang, bohrte, als wolle es in saure Nieren einbrechen. Es ging vorüber. (Mörder.) Würde nun die Reihe an seinem Nachbarn sein? Würde der Herr sterben? An seiner Seite, ohnmächtig, kalt werden, doppelt verwesen? (Es war gut, die Geschichte des Sklaven gelesen zu haben.)
So verging die Dunkelheit der bängsten Nächte. Des Morgens verscheuchte die brennende Talgkerze die Würgenden in ihre heimlichen Verstecke.
Einige Wochen nach Neujahr kroch eines Tages gegen Mittag Perrudja von der Lagerstatt, um sich anzukleiden auf eine Stunde. Hjalmar half ihm mit plumpen doch willigen Handbewegungen. Nach vielen Pausen voll schwindliger Mutlosigkeit war es getan. Der Herr stand zitternd auf schwachen Füßen.

Die ihn nicht tragen mochten. Er sah auf den Knecht. Machte einen mühsamen Schritt hin zu ihm. Umarmte ihn. Und küßte ihn mit kalten aber sehr neuen Lippen auf den wulstigen feuchten Mund. Er wollte den Tribut an den halbwilden behaarten Körper, der ihn errettet, nicht unterschlagen. Liebe, Verzicht, Ohnmacht, Dank, Verworfenheit, Anklage in dem Kuß. Hund, der die Hand seines Wärters leckt.
Noch monatelang schlief der nur langsam Genesende unter dem Schutz des Knechtes ein. Die Nähe des Starken machte ihn ruhig, zuversichtlich für die Nacht, in der er, des Willens beraubt, den Zufällen der Ängste und Tränen, heimlichen Giften, ersterbenden Gliedmaßen ausgesetzt war. Und die Namen Herr und Knecht wurden mit anderer Bedeutung erfüllt. Eine Festigkeit und Kraft aus eigenem Vermögen war bei dem Dienenden antag gekommen; Perrudja hatte an Selbständigkeit Einbuße erlitten. Er war in seinem Wesen verändert. Seine Wildheit war gebrochen, seine Feigheit gewachsen. Einsamkeit erschien ihm das Tor aller Finsternisse.
Allmählich nahm er wieder zu an Körperkräften. Er söhnte sich mit Shabdez aus. Durchstreifte reitend wieder die buschige Hügellandschaft der Granitkuppen. Erlebte den Frühling diesmal in allen Graden einer halbtraurigen Betäubung und Verworrenheit; meist müde erregt an der Sonne, sie trinkend mit Trägheit; wunschlos, dabei unerlöst in allen verschütteten Kräften seines Seins. Er war weniger geworden. Es war von ihm abgenommen worden. Er wußte nicht, wohin es gegeben worden war.
In den vor vierundzwanzig Stunden liegt es. Ich aber kann nicht zurück. Wir können nicht einen Schritt in der Zeit zurück. (Am Leben nach der Schindung, doch Sklave.) Des Menschen Zuflucht ist der Ort. Der Ort ist seine Heimat. Darum weinen wir um einer Heimat willen, die doch ein Nichts ist, ein Geringes, eine Stätte, die sich verändert. Unsere Hoffnung ist der Mitmensch, daß er mit uns gehe in den Jahren und unser Bett zu dem seinen mache. Wo wir allein schlafen, sind wir ohne Heimat. Wo wir zu zweien schlafen, hat uns die Traurigkeit nicht. Es entschied sich: Hjalmar würde den Dienst bei Perrudja nicht wieder aufgeben. So mußte sich das Haus dehnen. Perrudja plante. Hjalmar erhielt durch zweideutige

Reden das Erwägen influß. Er kündete von Zeit zu Zeit Vorschläge für eine zweckmäßige Bewirtschaftung des Haushaltes an, war aber sehr zurückhaltend mit genauen Beschreibungen. Eile mit Weile. Er zog noch, angeblich, Erkundigungen ein. Ging oft zutal. Eines Abends endlich erklärte er sich bereit zu allen Aussprachen.

XIV

Das Pferd/Sassanidischer König/Ein Knabe weint/Die anderen Tiere/Die Edelmütigen oder die Geschichte des Sklaven

Der Knecht und die Magd

Wo der Glomm sein Bett gewaschen hatte, mündeten die Einstürze der westlichen Berge. Südlich von Atnosenkapelle war das Massiv, das sich hinauftürmt zum Rondeslotet, aufgerissen; die Menschen nannten den klaffenden Spalt Gespenstertal. An seinen nördlichen Rändern, die steil, baumlos, bildete es die südliche Grenze der Bergrechte Perrudjas. Die granitene Rinne endete in einem Kessel, ähnlich einem steilwandigen Trichter. An den zackigen Aufstiegen fielen kleine Gießbäche ab. Das Tal und der Kessel waren durch ein paar Ansiedler bewohnt, die im Schatten der Berge ein sonnenloses Dasein fristeten. Auch ihr Korn wurde reif in den hundert Tagen des sommerlichen Wachsens. Aber die goldene Farbe der übersatten Erfüllung wurde ihm nur selten zuteil. Blaßgrün noch fiel es den Sensen. Strenge Armut, die die Gebräuche der Menschen untereinander verwildert, war in dem finsteren, feuchten, mit Geräusch unablässig erfüllten Tal nicht anzutreffen. Doch Dürftigkeit, die alles Leidenschaftliche, die gewagten Entschlüsse einengt. Reifte das Korn; auch die hier geborenen Menschenkinder wuchsen heran. Seltsam ernst, hochstirnig, meistens mit dichtem, braunen, nach hinten gerückten Kopfhaar. Kräftig, nicht kränklich, schweigsam.
Einar Skaerdal bewohnte die entlegenste Behausung der Siedlung im Kessel. Sein kleines Gehöft schien in dem Geröll niedergestürzter Felsmassen begraben zu sein. Man erkannte die fahlen, ungeteerten Holzhäuser erst, wenn man nahe vor ihnen stand. Sie waren überzogen mit den gleichen Flechten und Moosen wie die Granit- und Gneisbarren, die herabgewuchtet in vielmetergroßen Trümmerstücken, aufgeschichtet zu Riesenwällen von drei Seiten den Hof umlagerten. Gegen

Norden, hinter dem Schutt, stieg eine Wand von mehreren hundert Metern Höhe senkrecht auf, bedrohlich für die Wohnung der Menschen. Die kyklopischen Brocken, abgesprengte Schichten, hatten sich hier gelöst. Jedes Jahrtausend mochte in einer neuen Katastrophe die alten Trümmer mit neuen begraben, anwachsen lassen den kalten unfruchtbaren Wall. Doch die Wand aus unnachsichtigem Stein brach Wirbelwinde, verheerende Schloßen; niemand überwachte die Uhr, ein Jahrtausend ist eine lange Zeitspanne, das Unglück ist an anderen Orten nicht seltener; die Ansiedler fühlten sich geborgen.
Die abgestürzten Balken und Blöcke bildeten Höhlen. Gänge, oft schräggestellt. Ungezählte. Große und winzige. Schlupfwinkel für Riesen und Zwerge. Für das Maß des Menschen so enge zuweilen, daß beim Versuch, vorwärts zu dringen, der aufrechte Körper zwischen zwei Quadern eingeklemmt wurde. Lichtlos, kühl und feucht die Luft. Der Sandboden, der sich in manchen größeren Räumen fand, war trocken, pulvrig. Staubig, ohne Schweiß und Rinnsale durchgetropften Regens auch die gekörnten Flächen der Steine.
Man erzählte sich, daß in den Spalten und Höhlen Trolle ihre nächtliche Wohnung nähmen. Oder doch zumindest in gewissen gefahrvollen Stunden hier sich träfen zu bösen oder guten Beschlüssen. Ihre wispernde Stimme war gehört worden. Stimmen zwar brachte das Tal überall auf. Unholde hinter jedem Felsvorsprung. Mitten in den Fluß hinein war eines Nachts mit ihren Händen ein Felsbrocken geworfen worden, groß wie zehn Häuser; sodaß das Wasser seinen Weg verlegen mußte. Die Talbewohner aber konnten nun eine bequemere Straße aufwärts zu den Häusern Einar Skaerdals bauen. – So bedurfte es noch eines besonderen offenbarenden Beweises (bei so allgemeiner Anwesenheit von Geistern), um ihren nächtlichen Treffpunkt mit Bestimmtheit angeben zu können. Dieser Beweis fand sich ein.
Als Einars Ehefrau das erste Kind geboren hatte, war eines Tages Olaf Pettersen heraufgekommen. Kaum 18 Jahre alt. Er traf die Frau im Hause allein. Einar war zu den oberen Wiesen gegangen und ließ Heu, zu dicken Ballen gebündelt, an einem Drahtseil auf seinen Hof fahren. Das sah man, wußte man's nicht, an den Lasten, die von Zeit zu Zeit am Seil herange-

schwebt kamen, in der Luft singend, gegen den Prellbock mit dumpfem Ton anstoßend. Der junge Bursche war sehr lange bei der Ehefrau im Hause. Einar hatte das beobachtet. Von einem Mißtrauen angefallen, begann er zu schreien und wollte sich den Felsen hinabstürzen, um wenigstens tot in kurzen Augenblicken vor die Tür seiner Wohnung zu gelangen. Es war ein erster törichter Gedanke. Er würde mehr als zweitausend Schritt davon entfernt liegen geblieben sein. Es hätte niemand seinen Sturz bemerkt. Was aufquoll, konnte auch zum Schweigen gebracht werden. Er entschloß sich, mit möglicher Eile zutal zu steigen.

Als der abwechselnd singende und polternde Ton der ankommenden Ballen verstummt war, wird die Frau da zu dem jungen Menschen gesprochen haben: In einer Stunde kann Einar hier eintreffen. Du darfst noch eine halbe Stunde bei mir bleiben. Wird sie ihr Kind, das der Pflege bedurfte, vergessen haben, daß es schrie? Weil es nicht getränkt wurde?

Ein feuchtes Dämmern lehnte sich von draußen gegen die Scheiben. Da öffnete sie die Tür und ließ ihn fortgehen. Ihr Gesicht preßte sie gegen das Glas der Fenster, daß sie ihn noch sähe im letzten Licht. – Schier laufend, keuchend, war es nicht Einar, der herauf den Weg sich hastete? Er war es. Olaf Pettersen mußte ihn erkannt haben. Er stockte, wendete, lief zurück auf den Hofplatz. Er erklomm einen Block des Trümmerfeldes, einen zweiten, einen dritten; wuchtete sich vorwärts, immer wieder. Er wurde undeutlich und klein in den Steinen. Dann ließ er sich hinabgleiten in das Gewirr der Höhlen.

Alles sah die Frau. Ob Einar es auch gesehen? Er trat in die Stube. Die Frau blieb am Fenster. Der Mann ging ein paar Schritte auf und ab, wortlos. Dann rückte er sich einen Schemel vor das zweite Fenster, starrte hinaus, auf das graue Gebirge aus Granit und Gneis.

Die Dunkelheit fiel mehr und mehr herab. Beide noch starrten sie, die Augen wund und weit. Der Bauer sprang auf und sagte: »Die Trolle halten heute Rat. Ich will sie belauschen.« Die Frau erhob sich nach ihm hastig und entgegnete: »Ich auch.« Er nahm eine Lampe, entzündete sie, war gleich zur Tür hinaus. Sie nahm eine zweite, war ihm nach. Sie umschritten trostlos, uneinig die Steinwälle. Das Vieh blieb ungefüttert. Das Kind erstickte halb an seinem Schreien. Als das Morgengrauen heraufzog, hörten sie deutlich gebrochene Rede aus den Spalten dringen. Und nach den Reden ein Wimmern. Und nach dem Wimmern einen entfernten Schrei. Der Bauer ging nahe zum Weib und sprach es an. Rücken gegen Rücken gewendet, daß sie sich nicht ins Antlitz blicken müßten: »Jetzt haben sie ihm den Leib aufgeschnitten und die Leber ausgerissen. Vielleicht war Gott ihm gnädig, daß er Nachkommen gezeugt hat.« Er ging ins Haus. Die Frau erklomm das Trümmerfeld, versuchte den Weg zu gehen, dem jungen Burschen nach. Sie fand ihn nicht. Fand nichts, das an ihn erinnern konnte. Eine Woche lang, Tag für Tag, suchte sie in Höhlen und Gängen. Tausend Höhlen, tausend Gänge, einander ähnlich. Ihr Tun war vergeblich.

Nach einigen Wochen sah sie den Bauern auf dem Geröll stehen. Er schien in die Luft hinein zu riechen. Er kam befriedigt ins Haus. Am Abend kroch er zu seinem Weibe ins Bett; es war das erstemal nach der Geburt des Kindes. Er flüsterte ihr ins Ohr: »Es riecht aus den Steinen herauf. Es riecht stark.« Dann beschlief er die Ohnmächtige. Nach dieser Nacht tat er, als habe er ein Kind gezeugt.

Der Ehe zwischen Skaerdal und seiner Hausfrau waren bald drei Nachkömmlinge entsprossen: Anna, die Erstgeborene; Signe, die als zweite folgte; Hein, der dritte, ein Knabe.

Im Heranwachsen zeigte es sich, daß Anna kräftig, ein wenig untersetzt war. Klug. Sie konnte tagelang lachen. Ihr Gesicht war ein wenig häßlich. Zwei dicke braune Zöpfe hingen ihr fast bis zu den Kniegelenken herab. Sie war stolz auf das üppige Haupthaar. Sie sprach unablässig, fließend, stets mit einer heiteren Betonung. Überrumpelte die wortkarge Umgebung mit Belehrungen und begehrlichen Fragen.

Signe überragte schon im Alter von wenigen Jahren um Hauptеslänge die ältere Schwester. Ihr Körper war ebenmäßig. Sie war zumeist schweigsam, machte nur Aussagen über Dinge oder Angelegenheiten, deren Realität nicht bezweifelbar. Man hätte sie für unbegabt halten können. Ein schönes Tier, das nichts kümmert und erregt. Sie konnte verschweigen. So wurde es nicht offenbar, daß sie klüger als die Schwester, in

ihrem Geist reich wie die Schönheit ihres Wuchses war. Von ihrem natürlichen Schutz wußte niemand. Sie war sicher vor den ungebetenen Zugriffen der Außenwelt.
Hein war der Meistgeliebte. Weil er dereinst ein Mann sein würde.
Als Signe um die Wende vom dreizehnten zum vierzehnten Lebensjahr stand, erlebte sie ihre erste Vollkommenheit. Aufrecht, kräftig, an allen Gliedern knabenhaft, ein wenig hartknochig vor Übergesundheit, mit dicken Gelenken. Ihr Gesicht war kalt von einem dunklen Wissen, ohne Lüsternheit ehern, bereit zu allen Taten. Urteilen, verwerfen, hingeben, überlegen verschwenden, siegreich beherrschen. Sie konnte schweigen wie vordem. Sie zerschlug ihre Puppen. »Tot«, schrie sie. Sie stahl die hölzernen Pferde ihres Bruders und nahm sie mit sich ins Bett. Sie weigerte sich zu lesen, erklärte, alle Geschichten seien arm. Sie wollte im Haushalt nicht arbeiten. Sie tat Verbotenes: sie kroch in den tausend Höhlen des Gerölls umher. Sie suchte die Trolle. Sie wollte vor Klügeren stehen als die Menschen waren und sich erweisen. Eines Tages hatte sie einen goldenen Fingerreif aus den Höhlen zurückgebracht. Die Mutter war erschrocken gewesen. Der Vater, die Geschwister wichen von ihr zurück. Was sie gesehen, wollte man wissen. Welcher toten Hand, bebte die Mutter, ist der Ring entwendet! Finsternis stieg in dem Bauern auf. Hatte sie ihren Vater gefunden? Sollte Einars Nachzeugen weggewischt werden? War eine rechtmäßige Erbschaft ihr anvertraut worden? Sie sollte den Schatz vorzeigen – Ring mit blauem Stein. – Sie wollte es nicht. Die Trolle hätten allein ihr das Kleinod gegeben. Es gebe nichts zu teilen. Man könne aus einem Ring nicht zweie oder dreie machen. Blinkend vor ihren Augen, auf dem Wege, den sie gekrochen, habe er geschwebt. Nicht einmal den Rücken habe sie krümmen brauchen. Nur die Hand auszustrecken, daß er auf ihren Finger glitte. Ein Zauberring. Wie sie ihn genommen, habe es deutlich gesprochen: Einen Wunsch erfüllt er dir. Sie werde begehren und den Ring zu bewahren wissen bis zum richtigen Tage.
Zu einer anderen Zeit saß sie fern vom Hofe ihres Vaters auf einer Wiese. Ihr gegenüber ein Junge, zwei oder drei Jahre älter als sie. Befangener als sie. Ein Pferd graste in ihrer Nähe. Er

mußte sie lange angeschaut haben. Und ob sie seine Blicke erwidert? Sie betrog nicht. Sie hatte gegeben, was er begehrte: ihre Augen. Plötzlich fühlte sie, daß es ihr angenehm sein würde, wenn jemand ihr Schmerzen bereitete. Sie wünschte sich zu leiden, Qual wünschte sie sich um dessentwillen, der sie angeschaut. Da stand sie auf, nahm einen Dornbusch und schlug unbarmherzig auf den Knaben ein. Er wehrte sich nicht, ließ durch die Spitzen der Stacheln sich das Gesicht zerreißen. Lächelte. Während Blut aus den Schrammen hervorperlte. Ein schöner Anblick – wie sie fand. Sie ließ, da er sich nicht wehrte, von ihm ab, stellte sich nahe vor ihn hin. Er sah ihre entblößten Füße bis hinauf zu den Knieen, wischte sich das Blut von den Wangen, in das sich ein paar salzige Tränen gemischt. Und hörte, daß sie sprach: »Schlage du mich. Ich halte still wie du.« Sie hockte sich nieder ins Gras. Er erhob sich, nahm den Busch, schlug nicht. Damit beleidigte er sie. Er konnte nicht wissen, daß ers tat.

Als Signe neunzehn Jahre alt geworden war, verlobte sie sich mit Thorstein Hoyer. Diese Verlobung war ein rückhaltloses Versprechen auf Ehe. Sie gab ihm nichts weiter als ihr Wort. Als er den Kuß, mit dem die Zusage besiegelt wurde, lang ausdehnte, entwand sie sich ihm und erklärte, daß sie keinen Spaß daran finde. Er möge warten. Sie liebe ihre Freiheit. Er habe noch keine Forderungen an sie. Er könne vollkommen beruhigt und ohne Eifersucht sein, denn ein Wort wiege auch etwas. Sie erwarte, daß er es für sich begriffe.

Ob Unkluges an diesem Verlöbnis sei, darüber stritten die Außenstehenden nicht. Sie waren einig. Sie besaßen Augen. Ein Teufelsarsch voll Unklugheit. – Signe prangte wie die Orchideen in fernen Urwäldern. Berauschend in ihrer Vollkommenheit. Dabei rätselhaft wie ein Panther. Ohne Duft. Nur ein nebelartiger, leicht häßlich beklemmend trüber Fleischgeruch lagerte sich um sie. Der sich auflöste, wenn sie nicht widerstrebte. Doch war Widerstreben ihre hauptsächliche Äußerung. Ihre Schenkel standen hoch. Ihre Brüste durfte sie nur vor der Nacht enthüllen, daß keiner sie zufällig sähe und den Verstand darüber verlöre. Sie war geboren zu siegen.

Ihr Wort aber hatte sie ohne Kampf, ohne Bedenken Thorstein Hoyer gegeben, dem ersten Manne, der sie als Freier angesprochen. Er war um mehr als ein Jahrzehnt älter denn sie. War klein an Gestalt. Trug ein verwüstetes Gesicht. Kaute beständig parfümiertes Gummi. Diese Gewohnheit hatte er aus Amerika mitgebracht. Er war sittenlos. Verletzte jede Übereinkunft der Menschen untereinander. Hatte sogar gegen Signe sich grob erwiesen, sie sehr öffentlich brünstig mit seinen Knieen gestoßen. Auf diese Verletzung zwar war ihm unzweideutige Antwort geworden. Da er betroffen zu schweigen wußte, zersprang das Verlöbnis nicht. Seine Ungewandtheit in der Rede, die er durch Stummsein verschleierte, war vor Signe eine brauchbare Waffe.

Er war Gutsbesitzer in Atna. Bewirtschaftete siebenhundert Morgen. Seine gutgebauten Ställe standen voll schöner Pferde, Rinder, Schweine. Er selbst logierte im Herrenhaus, das irgendwer auf dem Gute errichtet hatte. Ein Schweinekoben hätte seinen Wohnansprüchen genügt. Es befriedigte ihn, reichlich schlafen und fett essen zu können. Er verstand sich auf Beefsteaks. Er unterschied blutige, gedörrte, große, kleine, zähe und milde. Er verschlang trotz dieses Unterscheidungsvermögens jede Qualität mit ähnlichem Behagen. Er bespie alle Räume des Hauses. Mit den Stiefeln an den Füßen, die beschmutzt vom Mist der Ställe waren, legte er sich ins Bett. Auf mit Damast bezogene Möbel. Den Bauch füllte er sich unmäßig. »Der Magen ist ein Sack«, sagte er, »ein voller Sack ist wertvoller als ein leerer.« Die meisten Äußerungen seiner Umgebung glitten ohne Reibung an ihm vorüber. Er übersah sie. Er behielt sie nicht. Es gab keine Gezeiten in seinem Dasein. Er durchlief den Tag nicht vom Morgen zum Abend. Er gab sich jederzeit, an jedem Ort unverändert gleichartig. Ohne Maske, die er nicht kannte. Ungeordnet. Ungewaschen. Doch stank der Schmutz an ihm nicht. Ohne Bekümmerung, ob es ihn bloßstellte, verächtlich machte, ihn ausschied von der Geselligkeit, die ihm angenehm war. Bei Tische sitzen und essen, aufspringen, in den Hof laufen, mit halbangeknöpften Hosen zum Essen zurückkehren, das hatte fast jeder erlebt, bei dem er zu Gast gewesen. Er stöhnte gewaltig, wenn er den Bauch sich vollstopfte. Und gleichermaßen, wenn er ihn entleerte. Das eine und das andere ging in der Öffentlichkeit vor sich. In seiner Öffentlichkeit. Weshalb sollte er die kleine Tür

zum heimlichen Gemach schließen, wenn er es aufgesucht? Man sah ihn kommen, man sah ihn gehen. So mochte man sehen wie er saß. Knecht und Magd und Vieh schissen. Und er schiß auch.
Er war ein guter Bauer. Er hatte keinen Widerwillen gegen Schmutz. Er hatte keinen Widerwillen gegen Gestank. Blut und Kot der Haustiere schienen ihm nicht deutlich voneinander getrennt. Das Gärende war fruchtbar. Er mied mit den Füßen keinen Tümpel und keinen Kuhfladen. Neugeborene Kälber, wenn der Schleim von ihnen abgeleckt war, nannte er krankhaft sauber. Die Knechte wünschten sich, er möchte einer ihresgleichen sein, daß sie ihn durch tägliche Prügel erziehen könnten.
Zwei Leidenschaften indessen saßen in ihm und beherrschten ihn. Die kleinere der beiden war nicht auszuschalten. Grundlage des Daseins schlechthin. Wie Essen, Schlafen, Verrichtung der Notdürfte: Seine Liebe zu Frauen. Er liebte jede – vielleicht Greisinnen und nicht menstruierende Kinder ausgenommen – wenn sie sich dazu hergaben, seine Liebe zu ertragen. Er war nicht wählerisch. Kein Umstand, keine Roheit, keine Unsauberkeit, kein Widerstreben schreckten ihn ab. Seine Körperlichkeit kannte die Äußerung der Brunst. Folglich gab er sich brünstig. Die Stiere. Die Eber. Die Hähne. Die Kater. Das ihm Selbstverständliche bildete Normen. Es wurde Sitte, daß er Befriedigung seiner Leibeskräfte bei den jeweiligen Haushälterinnen, die seiner Wirtschaft vorstanden, suchte. Gewiß erlagen ihm hin und wieder auf den Feldern, im Walde, in den Ställen die Mägde. Um ihnen nahe zu kommen aber mußte er stets aufs neue die Mühe einer, wenn auch sehr bescheidenen Werbung auf sich nehmen. Das war ihm unbequem, entsprach nicht der Art seines Verlangens. Die Begierde mußte schon hoch in ihm stehen, wenn er sich dazu herbeilassen sollte. Sein Antrag den Hausdamen gegenüber war einmalig. Danach war er nicht an Zufälle oder Gelegenheiten gebunden. Er brauchte mit einem Entrinnen der Umworbenen nicht zu rechnen. Er tätschelte mit seinen Händen an ihnen und trieb es soweit, wie sie es ertrugen. Widersetzten sie sich seiner Form, so verzichtete er auf Anläufe und ging am Abend ohne vorherige Verabredung in ihre Kammer. Er verheimlichte die Bettgemeinschaft

mit den Wirtschafterinnen nicht. So kannte man sein Leben inwendig und auswendig. Nahm nicht einmal Anstoß daran. Man bekannte sich ihm gegenüber zu einem friedlichen Zustand ohne Moral.
Es war unvorstellbar, daß er jemals jung gewesen. Aus was für einem Knaben konnte dieser Mann gekommen sein? Man wußte es nicht. Man erinnerte sich nicht. Es konnte nicht begriffen werden, daß auch für ihn die Schöpfung einmal Geheimnisse zu enthüllen gehabt. Rüpel waren über ihn gekommen, die ihm grob die Bestimmung der Erwachsenen zu erläutern wußten. Mit zehn Jahren Mägde beschlafen, weil der Same noch taub.
Über die Verlobung des Tieres mit Signe Skaerdal mußte man die Köpfe schütteln. Was war da zu sagen? Man mußte schweigen. Man mußte denken. Man mußte bedauern. Zweifel nicht nur an der Klugheit, auch an der Schönheit des Mädchens kamen auf. »Sie hat eine Warze auf dem Rücken, groß wie eine Kindsleiche«, sagten die Mägde und waren schadenfroh. »Sie hat ein Kind von ihm.« Aber es kam nicht aus ihr. Und die Hochzeit ließ auf sich warten. Und es war eine Lüge. »Der alte Hans«, kicherte man, »sie heiratet sein Geld.«
Ein halbes Jahr vor dem Verlöbnis war von Thorstein Hoyers Hof eine Haushälterin geschieden, eine neue war gekommen. Er hatte sich sogleich der Zugereisten angetragen. – Und eine so derbe Ohrfeige geerntet, daß er getaumelt. Er hatte mit einer Betäubung ringen müssen. Sich auf einen Stuhl setzen. Er verargte der Bedienerin die Tat nicht. Sie war Anlaß zu einer Gedankenkette von Ursachen und Wirkung, vom Ich und vom Andern. Er begriff plötzlich hellsichtig, daß auch er zu etwas verpflichtet war. Es wurde, sehr spät, ein Schüler aus ihm. Die Leidenschaft zu Frauen begann er zu unterdrücken. Er hatte gefühlt: das werde von ihm gefordert. Die Enthaltsamkeit machte ihm nur geringe Mühe und tat ihm wohl. Es ist nicht allzuschwer, sich durch Entsagen zu martern. Es ist Wollust dabei. Die andere Art Wollust schmeckte ihm.
Fließendes Wasser, aufgehalten, bahnt sich einen neuen Weg. Es strömte sein Blut. Es verdickte sich nicht brünstig. Seine zweite Leidenschaft wuchs an: Jagen. Das war keine geruhsame Sucht, verschlickter Machtrausch, nützliches Henkerspiel,

praktische Philosophie der Leiter: Stein, Pflanze, Tier, Mensch, Gott. Das war fortgesetzter Mord an Wehrlosen. Der Tod der Kreatur hatte keine Geltung für ihn. Nur ihr Sterben. Der Stillstand war ein Schluß; der Wandel zu ihm das Gefäß der Lust, das er anbetete. Voraussetzung: das Opfer kennenlernen. Sehen. Lebend in allen Regungen. Man hätte anders sein Verlöschen nicht auskosten können, nicht ermessen das Maß der Tat. Was hätte es bedeutet, es aufzureißen, auszuweiden, hätte man nicht unaufgebrochen schon heimlich das Innere erkannt. Thorstein Hoyer, der im Geiste lallend, unorganisiert, fühlte jagend, daß er ein Verbrecher. Es war gleichgültig, ob sein Tun eine Gesetzesübertretung bedeutete. Ihm erhöhte oder minderte es die Sucht nicht, daß er ein Wilddieb. Seine Verbrechen, die sich zumeist gegen Elche richteten, bereitete er lange und sorgsam vor. Tagelang, manchmal wochenlang beobachtete, umstellte, verfolgte er sein Opfer. Oft irrte er, so getrieben, weit ab, kam in unbekannte Gebirgsbezirke, an Moore, die von fremder Schweigsamkeit. Hunger, Durst, die an ihm zehrten, vermochten nichts über ihn. Konnten ihn nicht abzerren von ungewissen Wegen. Fiel zuletzt, von einem Hinterhalt aus, der Schuß, so traf er tödlich. Der Finger, der den Hahn abriß, gehörte einem, der vor Erschöpfung halb irr. Dessen umkreisender Fleischsaft nach Erhaltung alles Bestehenden geschrieen, was er doch nicht berücksichtigen konnte. Aus dessen Augen der Schlaf geflohen seit Tagen. Der auf nacktem Fels gelegen des Nachts, als müsse er nachgeben der Müdigkeit. Und doch nur mit offenen Augen gegen die kalten Sterne der Himmel gestarrt. Der nur eines gedacht. Unbeirrt. Ohne Unterbrechung. Ohne Nebenstraßen anderer Gefühle. Wind von Norden nach Süden. Sonne von Osten nach Westen. Pendel der Uhr hin und her. Rad, um eine Achse gedreht: Ein Tier töten, ein auserwähltes. Kein zweites. Kein anderes. Er hätte den Elch seiner Wahl unter tausend herausgefunden.

War das Todesstraucheln vorüber, sprang er auf, warf sich über das Tier, sog mit den Lippen das entströmende Blut. Seine Seele nährte sich von dem Blut der Ermordeten. Sein Gottesdienst war roh. Sein Gebet rann in den eigenen Bauch. Es wurde an ihm gerissen. Seine enge Brust flutete aus ihm und sickerte verjüngt zurück. Sein verwüstetes Gesicht ordnete sich auf Augenblicke. Der irre, gespannte Ausdruck fiel von ihm ab. Satanas war am Ende. Er lag mehr träumend als gedankenvoll über dem Herzen, das nicht mehr hüpfte. Bis die Dunkelheit herab war. Bis zum völligen Erkalten des Tieres verharrte er. Blatt, das von einer duftigen Gerte im Winde schaukelt. Danach erst brach er den Leichnam auf. Das war die tiefste Erschütterung. Mit seinen Händen in der Leibeshöhle, erstikkend an dem Geruch, der halb Verwesung, halb Leben war. Seinen Kopf selbst konnte er zuweilen in dem schwammichten Gewirr des Inneren vergraben, daß er ihn blutbefleckt, wie aus einem Schlamm wieder hervorzog, halb erstickt. Es rüttelte an ihm der Jammer aller Ungerechtigkeit. Die zerklüfteten Finsternisse seines Eingesperrtseins in sich entschleierten sich, wurden bestrahlt durch milde und keusche Monde. Kein Wort wurde verlangt oder gegeben, das dieses Ich, diesen Menschen mit rationalen Mitteln deutete. Das Tun war das Symbol seiner Kraft und seiner Verworfenheit. Die moralische Weltordnung verkroch sich. Da weitete sein Antrag an die Schöpfung sich und engte sich wieder ein zu den Tatsachen seines viehischen Daseins.

Es hing ein Pferdefuß am Himmel. Der Pferdefuß war eine Wolke. Die Wolke zerrann, ehe jemand sie wahrgenommen. Sie war ganz und gar nutzlos gewesen.

Es erdachte jemand eine Musik. Er schrieb sie nieder mit schwarzen Noten auf gelbes Papier. Ehe die Zeichen lebendig wurden und nach ihrem Gesetz erklangen, war das Papier verbrannt und des Menschen Leib vermodert. Es war ganz und gar nutzlos gewesen, was hier geschehen war.

Es kneteten Hände aus fettem Ton, der grau war, Figuren. Menschlein, Tierlein. Der Bildner aber hatte kein Dach über sich. Er mußte, was er geformt, unter den Himmel stellen. Es rann Regen herab und wusch den Ton fort. Es war ganz und gar nutzlos gewesen, was getan war.

In stählernen Geldschränken ruhen Scheine, Aktienbündel, Obligationen. Die Weiber gebären, die Männer zeugen, und es ist verweslich. Das Geld aber geht erst sehr spät in Verwesung über.

Nächtlich schaffte Hoyer das getötete Tier zutal. Die Last war mächtig; der Mensch war schwach. Der Wille war die Stütze

der Schwäche. Im Tal erst hatte der Wilddieb eine Station: das Haus Skaerdals.
Seine Kräfte reichten aus, zwei oder dreimal im Jahre das Verbrechen zu begehen. Nach dem Exzeß Tage und Nächte voll trägen Schlafes. Allmählicher Übergang in den Dämmerzustand seines unharmonikalen Daseins. Vor jedem Aufbruch ins Gebirge pflegte er bei Einar einzukehren. Er war dann, erwacht aus dem Schlafe, voll verhaltener Erregung, ab von seiner Totenstarre. Ahmte, ohne daß er es wußte, die Handlungen der ihn umgebenden Menschen nach; konnte also gesittet erscheinen. Seine sonst trüben Augen leuchteten. Seine Hände gebärdeten sich seltsam mit ihnen nicht eigentümlichen Bewegungen. Er sprach sogar, redete meist klar, gut formuliert und immer von Angelegenheiten, die seinem eigentlichen Leben fern stehen mußten. Er blühte fromm, geistergläubig, belesen. Ihm fielen Zitate ein, Tatsachen, die zu irgendeinem Zeitpunkt in ihn hineingeglitten und dann verschollen waren. Erzählte Skaerdal, sich überwältigt ereifernd, vom Einfluß der Sterne auf die Geschicke der Menschen, fiel Hoyer lebhaft ein, vollkommen seiner Ansicht, berichtete, wie er die Sternenbilder im Hochgebirge des Nachts beobachte, sich von ihnen leiten lasse, Tag und Stunde für sein gefährliches Handeln zu bestimmen. Er vermochte an solchen Tagen all das in Worte zu kleiden, was in seinem Innern bezeichnet war.
Kam er von der Jagd zurück, meist sehr früh am Morgen, war er verändert, scheu, aufgewühlt, mager, fiebrig, mit belastetem Gewissen, im Banne eines Ereignisses, das aus ihm heraus bis an die Grenzen seiner Haut wuchs mit tausend Strahlen einer kristallischen Masse, ihn fast zersprengte, schmerzhaft in seinem Körper saß.
Zum Mittagsmahl briet die Bäuerin regelmäßig einen Teil der Leber des erlegten Tieres. Ein Festessen wie ein Opfer.
Signe also hatte Thorstein Hoyer kennengelernt in seiner größten Kraft. Sie war so weise, so sehr selbst besessen von Regungen, die nicht ihrem Willen unterlagen (zwar ihnen nicht nackt ausgeliefert wie der Gutsbesitzer), daß sie nichts an Abscheu verspürte. Auch das säuische Leben Thorsteins war ihr bekannt geworden. Sie verzieh es, ohne viel darüber zu denken. Es war ihr nicht widerwärtig, eher geheimnisvoll. Sie

drängte sich beinahe hinein in den Teufelsdienst seines Jagdfrevels, ihn ausfragend, peitschend, eifernd, störrisch spielend. Liebe zu ihm war nicht in ihr. Als Hoyer, abgestoßen durch die Ohrfeige seiner Bedienerin, gegen seine ungeordnete Brünstigkeit zu kämpfen begann, Enthaltsamkeit auf sich nahm, keimte die Voraussetzung zu einer anderen Art Liebe in ihm. Er schämte sich seiner groben Praxis, die er bis dahin geübt, sehnte Möglichkeiten herbei, sich zart und behutsam äußern zu dürfen. Gleichsam lag der Mann in ihm erschlagen. Er begann auf die Stimme und die Ratschläge eines Jünglings zu horchen, durch dessen Dasein er einst, blind und taub, gewandelt. Er erkannte bald, daß Signe ihn genauer abschätzte, als die anderen Menschen es vermochten. Sie besaß keine Gewichte, Taten zu wiegen. Er ahnte, er war von ihr nicht verworfen worden. So begann die Zuneigung zu ihr in ihm zu wachsen (daß sie schön war, wußten seine Sinne). Er weihte das Mädchen ein in die Labyrinthe dieses Fleisches. Enthüllte sich ihr, soweit er sich kannte, versuchte, nichts zu verbergen.

Meine Fratze.

Und sie begriff, daß er ein kleiner Junge vor ihr wurde, der Tiere gequält. Und hofft, geprügelt zu werden, daß er sich selbst vergeben könne. Thorstein weinte vor ihr.

Meine Fratze.

Mit ihrer Billigung zog er ins Gebirg auf Jagd. Für sie erlegte er den Elch. Um ihretwillen erlebte er Wiedergeburt und Zerknirschung. – Ihretwegen kam er auf einen barbarischen Gedanken. Er wollte ihr mitteilen, daß er sie liebe. Er wollte es sagen. Es war zu arm. Er wollte es schreiben auf weißes Papier. Es war noch ärmer. Er wollte mit glühendem Draht es sich in die Handflächen einbrennen; versuchte es auch. Die Buchstaben blieben unleserlich. Er lag des Nachts und sann auf Opfer. Sich schinden, um frei zu werden von aller Vergangenheit. Sie mußte ausgelöscht werden. Das begriff er, seitdem er zu lieben begonnen. Die erste Liebe seines Herzens; in der seine Lenden schwächer waren als seine Lippen. Versengende Wünsche. So geschah es, daß er eine empfindliche Operation an sich vornahm. Er schnitt sich einen beträchtlichen Fetzen Haut vom Schenkel, trocknete ihn und schrieb darauf: »Ich liebe Dich, Signe. Das habe ich auf meiner eigenen Haut geschrieben. Thorstein Hoyer.«

Signe nahm auch dies Zeichen seiner wilden Verwirrtheit ruhig hin und verwahrte den Brief wohl. Sie bot ihm die Verlobung an. Sie stellte eine Bedingung. Vor der Hochzeitsnacht sollte Hoyers vergangenes Leben ausgerottet worden sein. Seine Leidenschaften mochte er behalten; seine lasterlosen Trägheiten nicht. Er willigte ein. Er kam in den Vorgeschmack seiner Erlösung. Er vertraute sich ihrer Erziehung an. Es bestand Klarheit darüber, daß Thorstein mehrere Jahre Zögling sein müsse. Er übernahm die Verpflichtung, gute und böse Taten zu beichten, unterschiedslos, da er verlernt, Gut und Böse zu trennen nach ihrer Schwere. Signe hoffte, die Zeit werde es ergeben, daß sie ihn lieben lerne. Wer auch wäre würdiger gewesen, von ihr geliebt zu werden? Irgendein langsamer Bauer, ein leidenschaftsloser, einer, der ihr volles Leben in Dürftigkeit vermauerte? – Sie hatte schon oft darüber gegrübelt. Die Jahre hatten sie bedrängt. Sie hatte noch mit keinem getanzt.

Nach ihrer Verlobung begann quälend in ihr der Gedanke aufzusteigen, es möchte jemand sich finden, den zu lieben ein Zwang wäre. Ohne Entscheide des Willens. Ohne das Zuckerbrot einer guten Vernunft. Träume kamen über sie, die sie nicht behielt. Es waren süße Augenblicke. Münder, Nabel, Brustwarzen, Kniee wie aus tausendjährigem Elfenbein, braun und glatt. Sie küßte jemanden, der ihr bekannt war. Im Erwachen schon war er ihr fremd geworden. Die schimmernden Augen waren Sterne.

Eines Tages stellte sie eine neue Bedingung für die Ehe. Hoyer müsse ihr den Ehebruch mit einem Menschen erlauben. Mit einem auserwählten Menschen. Thorstein schrie als erstes: »Mit wem?!« Sie wußte es nicht. Mit einem Unbekannten. Sie kenne ihn noch nicht. Der Gutsbesitzer wollte verzweifeln. Er beschwor sie. Ob er nicht alles getreulich erfülle, was sie gefordert? Es sei daran, daß aus ihm ein ordentlicher Mensch werde. Sie beharrte. Sie drohte das Verlöbnis zu lösen. Er nannte sie meineidig. Sie ertrug es. Sie gab ihm zehn Tage Bedenkzeit. Er gebärdete sich im Hause halb wahnsinnig. Mißbrauchte eine Magd. Eine Woche verstrich. Seine Geilheit schäumte. Dann kroch er zu Signe heran. Beichtete seine Verirrung. Bereute. Sie verzieh und erkaufte an seiner Schuld ihre Forderung. Hoyer wurde nach diesem Pakt nicht ruhig. Er begann auf Heirat zu drängen. Er witterte einen Nebenbuhler, einen glücklicheren Freund als er es war. Signe wies ihn ab. Schalt ihn wegen seines Mißtrauens. Auch das müsse ihm aberzogen werden. Sie habe noch vieles an ihm zu korrigieren. Er fügte sich, vertraute. In seltenen Augenblicken quälender Zweifel betrog er sie mit einer Dienstmagd. Aber er beichtete. Die Ehe lag noch weit vor ihnen. Signe glaubte fest an ihre Wirklichwerdung. Das verdolmetschte sie auch Hoyer. Damit tröstete sie den jetzt recht Ungelehrigen. Sie gab ihm sogar unaufgefordert Eide um Eide. Daß er nicht, verzagt, straucheln möchte.

XV

Die Kuhmagd Lina war die abweisende inbrünstig Geliebte eines jungen Mannes. Sie roch auch in ihren Festkleidern nach dem Stall. So durften ihre Verehrer den Geruch der Pferde an sich haben oder den mehligen Schweißes. Sie waren geringe Menschen. Und ihre Versuche zur Liebe waren klein und alltäglich und sehr direkt, doch schön wie gemeine Blumen, die zumeist gelb an Farbe sind, und nur wenige Tage überdauern. Lina war kaum zwanzig Jahre alt und sehr anmutig. Sie besuchte die Versammlungen der Pfingstgemeinde und die der Heilsarmee. Trotz dieser Neigung war sie nicht fromm. Sie ging nicht zu ihrer Erbauung, um ihres Vergnügens willen ging sie in die Versammlungen. Wie andere zu Tanz und Festen. Sie war musikalisch und liebte es zu singen. Sie vermochte Mund- und Ziehharmonika zu spielen, wiewohl sie keines dieser Instrumente besaß und nur bei seltener Gelegenheit nach Gehör und Neigung üben konnte. Den Reden, die die frommen Brüder- und Schwesterschaften über die Zugelaufenen ergossen, verschloß sie die Ohren. Hingegen fiel sie mit lauter, strenger und glasklarer Stimme in alle gesungenen Strophen ein. Sie lachte bei den Andachten beständig, auch wenn der Text von Not und Tod handelte oder mit Zungen einer anderen Welt es aus den zuckenden Körpern der Gläubigen schrie, unverständlich, eine tiefe Warnung. Not und Tod waren außer ihr, denn sie sang. Not und Tod waren im Kuhstall. Bei der Geburt der Kälber. Wenn der Schlachter kam. Wenn der Herr befahl, und sie, willenlos, die Hand des Herrn war. Der unsichtbar blieb; und der nichts von dem verstand, was geschah. Daß sie Kühe und Kälber liebte (sie war ja deren Magd) – für was denn empfing sie Wohnung und Essen? Daß bei dem

Leid, das ihren Schützlingen widerfuhr, ihr Herz blutete, war nur ein Entgelt für genommenen Lohn. Die Tränen auf dem schmutzigen Kopfkissen des Nachts gehörten zum Beruf wie das Melken. Sie seufzte oft in der unreinen Sprache ihres Dialektes: »Stakkels, stakkels«, und es sollte heißen: Ärmstes, ärmstes.

Lina war zugetan einem feurigen, dunkelhäutigen Menschen, der durch die Post festbesoldeter Kutscher war. Linas Hausfrau aber sagte, eine Liebe zwischen Menschen ungleicher Herkunft müsse unglücklich enden. Standesunterschiede seien nicht zu überbrücken. Lina glaubte den Worten. Sie kannte keine Empörung. Deshalb begann sie zu trauern und wünschte zu sterben. Sie nahm es für nichts, daß einer unter den Knechten ihr unwandelbar und innig anhing, keiner Regung der Untreue gegen sie Raum gab. Wiewohl er, gleich den anderen, keinen Trost für seine Liebe empfing. In ihrer Traurigkeit ob des Verzichtes auf eine Ehe mit dem Beamten schaute sie nicht auf den anderen, sah ihn nicht an mit ihren Augen. Als er sie darum bat, tat sie es auch nicht. Wies alle Anträge, alle Umarmungen, alle Küsse, alle Spaziergänge, gemeinsamen Tanz, wies ab, immer und immer wieder. Er schlich ihr nach zu den Versammlungen der Sekten, setzte sich neben sie, sang mit ihr. Versuchte, klar und laut zu singen, ihr gleich. Sie lächelte. Weil sie sang. Aber sie sah ihn, lächelnd, nicht. Wie in ihrer Traurigkeit. Er lief hinter ihr drein, fast hündisch. Aber sein Herz wollte an keine Erfüllung mehr glauben. Er war mutlos geworden. Es brachte keine Entscheidung, daß der Beamte sich eine andere Geliebte genommen.

Der Knecht war Hjalmar gewesen. Er hatte während des einsamen Winters, den er bei Perrudja verbracht, Lina nicht vergessen. Verschwieg ers auch, um ihretwillen geschah die Rede, die er dem Waldbesitzer über praktische und häusliche Dinge hielt.

Und welche Vorschläge hätte er zurückgewiesen? Hätte er gar den Menschen, dem er die Rettung seines Lebens danken mußte, mit einer abweichenden Meinung kränken können? War nicht zudem Ziel der Aussprache, die Grundlage einer Ordnung zu schaffen, die dem Herrn Bequemlichkeiten bereiten würde? – Das Haus müsse umgebaut und erweitert werden.

Eine Magd könne nicht länger entbehrt werden, solle nicht zuviel der Arbeit auf Perrudja selbst entfallen. Hjalmar erbot sich, eine tüchtige ausfindig zu machen. Erklärte, daß er an ein bestimmtes, ihm bekanntes Mädchen denke, für dessen Geschicklichkeit er bürgen wolle.

Steinschläger kamen. Zimmerleute. Tischler. Der Schmied. Der Maler und Glaser. Nacheinander. Die Wohnung für Perrudja wurde wieder weit und bequem. Die Dinge erstanden aus ihren Kisten. Die Metalle und die Hölzer, das Bunte und das nur Schattige. Magd und Knecht erhielten ihre Stuben. Die Ställe wurden nach besseren Grundsätzen aufgeteilt. Als das Werk vollendet, zog Lina hinauf. Sie stellte sich dem Herrn vor. Dankte für den hohen Lohn. Versprach fleißig und sorgsam zu sein, sich wert zu zeigen der Beförderung, die ihr zuteil geworden, daß sie neben dem Stall auch Küche und Haus bewirtschaften dürfe. Als sie in ihr Zimmer geführt wurde, weinte sie über Tisch und Stuhl und Bett, darüber warme und weiche Decken gebreitet, weißes Linnen, das wie Seide war. Daß alles verschwenderisch und nicht wie für eine Magd hergerichtet sei. Für Perrudja kam eine Zeit der Ruhe. Wie in vergangenen Tagen betreute er nur das Pferd. Ritt aus. Im Haushalt verbreitete sich eine wohltuende Ordnung. Lina schaffte nicht nur mit Fleiß: aus Dankbarkeit, mit der Kraft einer Befreiten. Es gab für sie keine Befehle. Hjalmar erlaubte sich, im Hause Zigaretten zu rauchen. Er war der Wille, der befragt werden wollte. Er antwortete. So und so und das und das. Es war richtig, was auf diese Weise vor sich ging. Und es war leicht zu tun.

Der Waldbesitzer genoß staunend die ihm ungewohnte leichte Luft des Zusammenlebens mit Menschen, die guten Willens sind. Daß er der Herr, und sie die Dienenden, niemand empfand es. Nicht oft saß er allein in seinem Zimmer. War zumeist mit den beiden in der Küche oder auf der Diele. Hing wie knochenlos mit dem Oberkörper über einer Stange im Stall. Aß mit ihnen, lachte, schaute ihnen zu, fragte, erzählte. Ließ sich behandeln wie ein Kind. Naschte aus allen Töpfen. Half beim Backen. Schlug vor, was einzukaufen sei. Die wenigen Geschäfte, die er mit den Bauern zu verhandeln hatte, übertrug er Hjalmar. Legte umständlich das Geld vor den anderen hin

oder zahlte es in die Hand. Prahlte auch mit seinem Reichtum. Ließ sich beraten, welcher Art Kleider ihm ziemten. Schenkte den beiden was ihnen gefiel.
Lag er abends allein im Bett, empfand er eine Leere, eine Verlassenheit, einen Lebensunwillen. Sattheit, obgleich er nichts genossen. Widerwillen gegen sich selbst. Er fühlte, daß er mit den zwei Menschen nichts zu schaffen habe. Daß er ihr Feind. Er klammerte sich dann an seinen einzigen lebendigen Besitz, an Shabdez. Erhob sich von seinem Lager, ging in den Stall. Küßte sie auf die Nüstern. Mochte sich nicht trennen.
Auch Shabdez riß sich eines Tages von ihm los, folgte dem Gesetz ihrer Art. Lehnte sich auf gegen die Vernachlässigung ihrer Blutgewalten. Seine Süchte waren flau. Er ballte nicht einmal die Fäuste. Er sattelte eines Morgens früh, verabschiedete sich auf mehrere Tage, brach auf, ritt westwärts ins Gudbrandstal. Gab der Nächtlichen die Gemeinschaft mit einem Hengst, ihre Unruhe zu stillen. Daß sie trächtig würde. Der Mensch trauerte leise, weil sich allüberall das Gesetz erfüllte; er selbst, nicht zugehörig, ausgeschieden wurde, einsam zurückblieb vor den Landschaften des Glücks. – Er verweilte eine Woche, versuchte gut Freund mit dem Gebieter seiner Stute zu werden. Söhnte sich aus, begann die Reise zu genießen. Wünschte am Ende kein anderes Gesetz als das unaufhaltsamer Vermehrung des Fleisches. Erschrak vor der Erzlehre, die von allem Zeugen ausging. Fühlte sich ärmer denn je. Heimlich suchte er mit seinen Blicken starke Mädchen und Frauen.
Als er von der hochzeitlichen Reise zurück, verschleierte die tägliche Wiederkehr des Gewohnten, daß in ihm allmählich die Lebenssubstanzen sich umschichteten. Daß auch er, um den die Zeiten wuchsen, mit jedem Atemzug von sich einen Teil preisgab, um einen fremden aufzunehmen. Daß auch er nicht den Ratschlüssen seines Wachsens und Alterns entrann. Zwischen dem Jüngling und dem Manne hatte als sichtbares Zeichen eine Krankheit gestanden, die ihn aufgescheucht. Flucht in die Gemeinschaft der Menschen hinein. Nun saß er gekrümmt in sich und horchte auf alles außer ihm und verstand doch nichts von den Signalen. Wuchs im Schoß seiner Stute ein Füllen, seine tauben Augen doch sahen es nicht. (Verborgen.)

Hatten seine Träume ihn geblendet? Ausgewischt die Berichte vom Polkreisen seines Lebens? Fand er die Richtung nicht mehr in der wilden Landschaft seines Leibes?
Es war sein Los, tiefer zu erschrecken von Ereignis zu Ereignis, daß er gepeitscht (nicht anders) Schritt um Schritt seine Bahn ging. Schlaflosigkeit befiel ihn. Grauenvolles Wachen in den lichtlosen Nächten. Ohne Ziel, ohne Sorgen, ohne Vorwurf war dies Wachen. Wie eine Krankheit, eine Unpäßlichkeit. Wie ein Geschwür, das nicht heilen will. Gegen Morgen verfiel er unerquickendem Schlaf, der ihn in Blei einsargte. Manchmal zwischen Traum und Wachen meinte er Musik zu hören. Er wiegte sich tanzend, wollte tiefer ergreifen. – Eine Fratze bespie ihn. Er begann wieder mit Eifer zu lesen, ohne doch daran genießen zu können. Er begriff die Sinne nur noch mit der Skepsis des Kulturbürgers. In den Leidenschaften, die abgebildet wurden, zirpte nicht mehr der Kristallhauch der Milchstraße. In abgerissenen Schlafbildern pflegte er französisch zu sprechen. So nahm er sich dieser Sprache an, um im Wachen zu begreifen, was er schlafend geredet.
An seltenen Tagen beschäftigte er sich mit dem Grundplan eines neuen Hauses. Es sollte aus Stein errichtet sein. Aus den graubraunen dichten Graniten seiner Berge. Er hantierte mit dem Zirkel. Der Zirkel gab ihm die Anleitung zu einfachen und erhabenen Formen. Der Kreis war eine Festung. Ein Kreis war ohne Eingang und Ausgang. Ohne Anfang und Ende. Er wünschte sich eine Wohnstatt ohne Türen. Mit einem Tor, das verrammelt, überflutet werden konnte. Die Furcht und die Einsamkeit arbeiteten mit an dem Grundriß. Brandgeruch kam zuweilen in seine Nase. In dem neuen Hause sollte alles Holzwerk verworfen sein. Steinerne runde Gewölbe. Er zeichnete einen Hof, ein Geviert, offen gegen den Himmel. An den Ecken traten Pfeiler vor, die sehr flache, kappenartige, weit gespannte Bogen trugen; nur wenige Meter über dem Erdboden ansetzend, daß gedrungene vier Höhlen den Hof umgaben. Tiere konnten darin unterstehen vor Regen und Schnee. Wagen ihre Remise finden. Eine mächtige kreisrunde Mauer wuchs hinter der Bogenstellung auf. Durchbrach das untere Geschoß. Nun saß der Hof, ein Kubus, wie ein Kristall in einem weiten Zylinder, der mit seinen runden Rändern eine flache Scheibe

aus dem Himmel ausschnitt. Um die Ringmauer legte sich ein Wandelgang, dessen Bahn ebenfalls der Zirkel zeichnete, überwölbt. Von dem aus Türen zum mittleren Hof sich öffneten. Gegen den Gang stießen kleinere, kuppelgekrönte, sphärische Räume. Aneinandergereiht wie große runde Blüten. Teichrose. Lotoskelche um einen Kranz. Äpfel, Pfirsichen, Stahlkugeln, Glocken, Sterne, Sonnen. Starke Mauern befestigten sie nach außen. Ihre Fenster saßen hoch, waren sehr schmal, nur wie Scharten. Schnitten ein in die Gewölbe, daß das Licht von oben herabfiel. Zwei Stockwerke übereinander. Zweimal Zwölf. Vierundzwanzig Räume. Das war das Maß. Es mußte reichen für Wohnung, Ställe, Küche, Keller, Schuppen. Er dachte:
Ich werde das Oben zur Wohnung machen. Und gegen das Unten befestigen. Ich werde das Unten gegen die Welt befestigen.
Er nahm das Maß, den Stoff, die zweimal zwölf Kuppelräume und begann sie auszustatten nach ihrer Bestimmung. Er sann über die Art des befestigten Einganges nach und wie er den oberen Wandelgang mit seinen zwölf Orten von dem unteren mit seinen zwölf Orten trennen solle. Eine Treppe hinauf und hinab würde vorhanden sein müssen. Er mußte, wann immer, in die Ställe, zu Shabdez, gelangen können.
Heimliche Wendeltreppen in den mächtigen Mauern.
Da geschah an einem Abend die Erschütterung, die sein bisheriges Leben entwurzelte. Daß er sie erst so spät erlebte, war vielleicht das einzig Wunderbare daran. Nach einem Aufbruch vom gemeinsamen allabendlichen Zusammenhocken, das unter seiner Furcht vorm Alleinsein immer tiefer in die Nacht hineinwuchs, suchte er nicht sogleich das Bett oder eine Zerstreuung, die ihn fernhielt von der letzten Verrichtung der Dienenden in Küche und Haus. Er horchte in die ruhende Nacht. Horchte auf die Geräusche in der Küche, die vom bewegten Geschirr herzurühren schienen. Wartete auf das gleichmäßige Abbild des Erstorbenseins innen und außen, als ob er die Spannung nicht ertrüge, die im Gegensatz von Stille und Geräusch, von Totem und Lebendigem.
Ich werde die Einfahrt tief legen. In den Felsen einmeißeln lassen. Rohre münden hinein. Wasser kann die Schlucht ausfüllen. Die Tore ertränken. Der Weg wird wieder frei, wenn Pumpen die Flüssigkeit absaugen.

Sein Herz schlug hörbar. Er fürchtete, in einen unnatürlichen Kampf mit seinem Ich zu kommen, das unerlöst, gefangen in dem Netz seiner Tatenlosigkeit zuckte.
Wie als Jüngling entblößte er den Oberkörper. Legte die Hand über das unruhig klopfende Herz. Als wäre nicht Zeit in die Ewigkeit abgeflossen, waren noch immer die Brustwarzen ihm aufgebrannt, unverändert im Anblick. Aber hätte er noch sprechen können: Perrudja hat eine wilde Brust? Perrudja wird hinreiten über die Granitglasinseln und ein König sein? Vermochte er noch zu fühlen, daß er vor sich stehen konnte: er der Richter und er der Beschuldigte? War nicht ein ekler seelenloser Mensch entsprungen aus den beiden Traumbildern, die sich stets widersprachen, nun, da sie zusammengeflattert waren zu seiner Existenz? Ein Fleisch, das roh, mit so und soviel Graden der Verweslichkeit behaftet? War in der langen Krankheit verlorengegangen eine Hälfte Perrudja, der er nachtrauerte? Seine Geliebte? War darum die qualmige Leere neben ihm in seinem langweiligen Bett, das vor Sauberkeit starrte; weil ein Toter, ohne sündige Gedanken, ohne Hochmut, ohne verbrechende Wünsche sich hineinlegte, um die Nächte mit Nichtwissen zu morden?
Ich will breiigen Gips über mich gießen und meinen Körper formen bis zu den Schenkeln. Und sündigen.
Das Geräusch in der Küche wollte kein Ende nehmen. Das Klirren und Klappern folterte seine Nerven. Die Brust verhüllte er wieder. Hinter der sich nicht mehr verbarg als ein unruhiges Herz, das vergebens den Herrn gemahnte, ihm das Opfer seiner Sehnsucht zu bringen.
Taube Frucht.
Stand auch sein Bauch nicht mehr voll bequemen Fetts an ihm. –
Sprache meiner nur wispernden Sinne. Ich kenne meine Augen nicht. Auf eine menschenlose einsame Insel verschlagen werden. Wie ein Verbannter leben. Wenn ich nichts denke, male ich den Buchstaben 𝒟. Schöne Kurven.
Das Geräusch in der Küche wollte kein Ende nehmen. Oder schlichen die Sekunden nur klebrig an ihm vorüber? Verlor er das Bewußtsein der Zeit wie alle anderen Fähigkeiten? Hatten seine unwirklichen Gesichte die Brücken zu den Gesetzen der

Wirklichkeit schon ganz zertrümmert? Wurde ihm Stillstehen, was anderen enteilte, die Zeit sogar? – Wahnsinn also. Dagegen bäumte er sich. Riß ein Fenster auf.

Auch steinerne und eiserne Falltore sollen den Eingang bewachen. Hinauf- und hinabzuwinden. In die Flut. Schleusentore.

Starrte zu den Sternen. Man könnte sich damit beschäftigen, sie zu verehren. Runde Weißfeuerpunkte. Kugeln. Die Nacht würde darüber verstreichen. Man könnte Brandopfer gegen die Dunkelheit schleudern, daß sie an den Flammen ihre Grausamkeit verlöre.

Das Geräusch in der Küche wollte kein Ende nehmen. Er ertrug es nicht länger. Er wollte nachschauen, was es dort noch zu schaffen gäbe.

Ging einen dunklen Gang entlang. Öffnete die Tür zur Küche. Da sah er, halb entkleidet, die Magd sich waschen. Sie blickte auf. Er erkannte zwei runde feste Brüste, die weiß ihm entgegenstanden. Wie Früchte. Er enteilte. Schämte sich. Errötete im Dunkeln.

Von der Wahrheit, Menschliches gesehen zu haben, wurde er nicht mehr befreit. Wie aus hartem Elfenbein stand vor ihm, in allen Stunden, die Gestalt des Weibes. Zwei weiße Brüste, gezeichnet mit einem runden braunen Kreis. Alle Bilder hatten ihn betrogen. Dies war Fleisch. Es fiel über ihn das Unleugbare, heftiger denn je: auch als Säugling konnte er niemals an solchen Brüsten gelegen haben. Wie hätte sonst sein Erschrecken so tief sein können? Einer Eselin oder Stute war er ans Euter gegeben worden, starken Tieren, daß er wüchse. Daß er getrennt würde, trotz des Wachsens, von der Gemeinschaft der Menschen. Daß er nicht von ihrem Blut schluckte, mehr nicht aufnähme davon als Zeugen und Geburt in ihn eingepflanzt, sein Gaumen tierisch jungfräulich bliebe. Er konnte seine Mutter nicht gekannt haben! Wie hätten sonst seine Augen sich verflucht fühlen können beim Anblick eines halbentkleideten Weibes? – Weshalb erfuhr er das so spät? Weshalb waren die kostbaren Jahre verronnen, in denen er hätte lernen können, sich den Menschen zu nähern? Weshalb mußte erst Krankheit ihn schlagen, ehe er gewagt, an eines Menschen Seite sich zum Schlaf zu legen? Weshalb nicht hatte er aufjauchzend im Knecht

beim ersten Anblick den Erlöser begrüßt? Weshalb ihn nicht über und über mit Tränen genetzt? Nicht geküßt das Du aller Menschen, anbetend? – Das junge Weib, die Magd mit den Früchten über ihrem Herzen, den weißen runden unaussprechlichen Gefäßen, mußte es erst kommen, um ihn auf eine lange Wanderschaft zu treiben? War er am Ende doch der Troll, von dem Mägde auf einem Gutshof gesungen?
Wie es in ihm brannte! Wie er sich mühte, sich zu enthüllen, sich zu entreißen das Geheimnis seines Blutes! Vor den Spiegel stellte er sich, entkleidet, und schrie und schrie: »Ich bin ein Mensch. Ich bin ein Mensch. Denn ich trage des Menschen Gestalt.« Tiefer sang es in ihm: ich habe keine Mutter gehabt. Bin mit dem Euter von Eselinnen gesäugt.
In den Nächten schlief er weniger denn je. Vor seinen Augen das halbentblößte Weib. Sein Schoß wurde weit. Jagende Herden von Stuten über ihn hinweg. Wuchs an zur Honigsüße der Hochgebirgsheide. Süßlicher Geschmack über seine Lippen. Wie der Geruch verwesender Pilze. Betäubung, als trüge ihn wer, eilends, eng eingeschlossen, warm, von Blut umpulst, über Meere: Wie ein Füllen im Mutterleib, das im Traben der Stute schaukelt.
Shabdez!
Er stöhnte. Rüttelte an sich. Schlug sich mit der Faust gegen die Stirn. Griff sich in den weichen Bauch. Dann flammte wieder das Bild des jungen Weibes in ihm. Wie Erlösung spürte er eine unnennbare Sehnsucht.
Eines Morgens rief er Hjalmar zu sich ins Schlafzimmer. Streifte vor ihm das Hemd ab und befahl, jener solle etwas Unmenschliches an ihm finden. Menschenunähnliches. Haare von Tieren. Mißgebildetes.
Der Knecht erklärte, daß er nicht begreife. Er fand nichts, was den Herrn aushübe durch die Gestalt von anderen Menschen. – So kenne er denn endlich seinen Weg, schluchzte Perrudja.
Was sollte der Knecht zu solchen Ausbrüchen sagen? Schweigen war das Beste. Er schaute auf den Herrn und antwortete, als habe jener plötzlich Dringliches gefragt: Ja, ja. Beschrieb den Rücken glatt und unbehaart, ganz menschlich, wie der Wunsch nur fordern konnte.

XVI

Allmählich wälzte von sich ab Perrudja eine schwere Last. Er bereitete den großen Antrag an die Menschen vor. Den Antrag an das Weib. An die Seligkeit ihrer Gestalt. Ritt er aus, seine Gedanken blieben bei der Magd, der sein Herz sich in unermeßlicher Liebe zuwandte. In geduldig stummer Liebe. Die Wochen vergingen für ihn mit der Beschäftigung, taufrischer denn je, sich die Menschen in allen Zufällen ihres Daseins vorzustellen. Nach schweren inneren Zweifeln und Erschütterungen hatte er sich entschlossen, Lina zu gestehen, daß er sie liebe. Daß ohne ihre dauernde Nähe sein Leben zertrümmern müsse. Nicht länger der verbrecherischen Übereinkunft Vorschub leisten, die sie als Magd und Herr voneinander schied. Er hatte bangend seine Rede mit sich umhergetragen. Ein Abend war gekommen. Man hatte zur Nacht gegessen. Man hatte sich gegenseitig gute Ruhe gewünscht. Das Wort Perrudjas hatte nicht zum Munde gefunden. Er stand wieder allein, zum Auskleiden bereit vor seinem Bett. Er besann sich darauf, daß auch die Nacht für eine Erklärung benutzt werden könnte. Mit Vorteil. Hjalmar würde nicht störend dazwischentreten und Befangenheit schaffen. Er schlich an Linas Tür. Ehe er sie öffnete, wollte er sich sammeln. Sein bewegtes Herz zäumen, daß es seine Sprache nicht stockend machte. Wie er stand, vernahm er, erst undeutlich vor dem Geräusch seines Bluts, leise Wechselreden. Als er den Atem anhielt, wurde ihm zur Gewißheit, daß nicht nur Lina, auch Hjalmar in der Kammer.

Was wurde aus Perrudja in diesem Augenblick! Hätte er toben können, sich sinnlos gebärden! Wäre Gewalttätigkeit aus seinen Händen gesprungen! Doch er stand nur, sehr steif, frierend. Und seinen Leib zerriß es. Eine Stunde lang stand er. Er zitterte

sehr. Aus den Reden in der Kammer wurde Schweigen. Aus dem Schweigen kündete sich der Schlaf. Der Schlaf zweier Menschen, denen es wohltat, beieinander zu sein.
Ratlose Eifersucht begann den Waldbesitzer zu zerfetzen. Seine Leiden waren unvergleichlich. Er verfluchte sich. Richtete sich wieder auf, schwor, der Herr werde den Knecht zu besiegen wissen. – Mit Lina sprach er kein Wort über seinen Zustand. Übte gegen Hjalmar alte Höflichkeit. Des Nachts schlich er vor die Tür der Magd, um zu erkunden. Er war einfältig genug, sich einzureden: Worte sind Worte, Schlaf ist Schlaf. Er wollte an keine Blutsgemeinschaft der beiden glauben. Jedes Geräusch, das er hätte deuten können, verwarf er. Er lauschte, um zu überführen und belog sich, um nicht zu verzweifeln.
Zeit lief ab. Hjalmar trat zu ihm ins Zimmer. Er trug ein paar dunkle Falten an der Stirn. Er wollte eine Unterredung mit dem Herrn. Perrudja fühlte sich fähig des anderen Pulsschlag zu erraten, den Zug seines Atems. Er spürte am Glucksen des eigenen Herzens die nahe Entscheidung. Den Knecht, den Nebenbuhler vernichten. Neben ihm bestehen als siegreicher Mann. Jener begann mit seiner Rede. Es war ein wenig gepreßt, was hervorkam zwischen den straffen Lippen.
Wulstige Lippen. Breite Lippen.
Aber es war sicher und fest. Lina sei schwanger. Die Absicht zu heiraten. Sie seien nicht ehrlos. Der Herr möge dagegen nichts einwenden. Hjalmars lange, unwandelbare Liebe. Lina, nicht mehr widerstrebend, habe ihn erhört. Das zu erwartende Kind werde bei der Erfüllung der Dienstpflichten kein Hindernis sein. – Perrudja schwieg. Er mußte seine Niederlage erst verwinden, ehe er antworten konnte. Ihm wurden die Augen feucht. Er enteilte in den Schlafraum, um sich das Antlitz zu waschen. Als er wieder hereingetreten, formte er einen langen Zuspruch: er verarge den Menschen nichts. Er verarge ihnen nächtliche Gemeinsamkeit nicht. Menschen ziehe es zu Menschen. Sie gehörten zusammen. Vieh passe zu Vieh. Bastarde seien vom Unglück verfolgt, seien sie auch nur Bastarde der Seele. Es werde ihm das zu erwartende Kind nicht lästig fallen. Er wünsche nicht, daß durch den gemeldeten Anlaß sich irgend etwas im Haushalt ändere. Hjalmar habe einst ihm das Leben gerettet. Wer wolle undankbar sein mögen? Lina habe ihn

beglückt. Er könne nicht aussprechen womit. Es solle nichts unangerechnet bleiben.
Mit untätigem Warten verbrachte Perrudja die Zeit bis zur Geburt des Kindes. War er zupferd, vom Hause fort, brach die Wildheit seiner Verzweiflung, seine Leidenschaft, sich dem Leben zu überantworten, aus. Die Kraft seiner unbekannten Abstammung schwoll an. Ein zorniger Gott, festgewachsen auf dem Rücken eines Tieres. Die Scholle erzitterte unter den Hufen. Die Augenblicke des Kentauren wurden dünn in dem Meer der leeren und toten Sekunden.
Das Kind und das Füllen wurden am gleichen Tage geboren. Perrudja wachte eine Nacht lang bei der Stute. Hjalmar beim Weibe. Beide taten behutsam ihre Pflicht. Überflüssig waren sie auch. Ob sie etwas dachten? Der Herr konnte schweigen. Der Knecht schwieg. Nach Tagen erst sah Perrudja zum ersten Mal ein Knäblein an den Brüsten der Mutter. Er war freundlich, tat unbefangen. Weidete sich heimlich an dem Anblick. Blutete heimlich. Wälzte Pläne der Vergeltung. Nicht gegen das Weib. Gegen den Mann. Gegen das Kind, das rechtmäßig am Herzen der Wöchnerin lag.
Als Lina das Wochenbett verlassen, kündigte er Hjalmar den Dienst. Billiger Triumph. Läppische Rachetat. Nebel in seinen Gedanken. Eine Stunde später erklärte Lina, gleichzeitig mit dem geliebten Mann das Haus verlassen zu wollen. Perrudja hätte weinen mögen. Er weinte nicht. Seine Empfindungen verdorrten. Das Hirn eine große Blase Müdigkeit. Er überwand sich zu bitten, die zwei möchten bei ihm bleiben. Er begegnete nicht einem einfachen Ja der Zusage. Sie klagten ihn an. Tränen und Erbitterung wider ihn. Er habe sein Versprechen gebrochen, hinterhältig gehandelt. Einen Plan zugespitzt, die innige Freude des Familienglückes zu zerschlagen. Verstockter Mann, der noch niemand geliebt. Böse Kälte des Vernunftgroßmauls. Des mit Nachsicht Geizigen. Pfefferdose, die schöne Gerichte verwürzt. Das erfanden sie gegen ihn. Sie fühlten sich sehr gering und ihn sehr mächtig. Aber sie spieen auf ihn. Sollte er sich rechtfertigen? In diesem Augenblick erklären, was ihn bewegt? Eine Freundschaft begründen, in der er der Ärmste bleiben mußte? Er verkroch sich feige. Seine Mundwinkel schälten sich aus seinem Gesicht heraus. Eine

Maske. Er wollte wenigstens einen Tropfen Galle den Liebenden in den süßen Saft träufeln. Sie sollten etwas Bitteres schlucken. Eine Erbärmlichkeit. Das Wimmern und Schreien des Kindes störe ihn. Den Anblick entblößter, milchgefüllter Brüste ertrage er nicht. Man müsse sich voreinander zurückziehen.

Sie einten sich mit blinden Worten. Fremd standen sie gegeneinander, nur äußerlich ausgesöhnt. Der Herr verlor Vertrauen und Zuneigung von Knecht und Magd. Das Elend heulte dem Einsamen aus den duftlosen Höhlen seiner Stuben entgegen. Der Knecht schlief bei seinem Weibe. Die Stute betreute ihr Füllen. Perrudja wälzte sich schlaflos in seinem Bette. In seinen Aughöhlen standen wie Äpfel, weiß, zwei Brüste. Die Brükken, die er gebaut, barsten, zu schwach, donnernd in die Abgründe und gischteten auf in einem weißen Strom, der in ein unbekanntes Meer mündete.

Wie er, gekrümmt, mit langen Klagelauten sich Linderung erweinte, glitt ein leiser Schatten durch seine Adern. Auf seinen Wangen fühlte er Peitschenhiebe und Rißwunden von Stacheln des Dornstrauchs. An dem flatternden Gesicht im Mark seiner Knochen richtete sich seine Seele auf und überwand den Jammer.

XVII

Das Pferd/Sassanidischer König/Ein Knabe weint/Die anderen Tiere/Die Edelmütigen oder die Geschichte des Sklaven/ Der Knecht und die Magd

Der Zirkel

Er beichtete eine Sünde und riß im Zerknirschen (das nur eine Wiederholung war) die Mauern ein, die ihn abgesperrt von einer Vergangenheit. Er hatte mit Vorsatz ein Jahr seines Lebens aus der Erinnerung herausgeschnitten. Die Wirkungen der Erkenntnisse ungeschehen gemacht. Weil sie ihn zu zermalmen gedroht hatten. Er war vor dem Zeitabschnitt geflohen, um vor sich selber zu bestehen. In den zwitterhaften Stunden der Nacht machte er die ganze Rechnung auf. Es war keine behagliche Summe, die herauskam. Ein schwerer Schatz widerwärtiger Stationen. Er konnte sie mit nichts verantworten. Er war getrieben worden. Billige Naturgeschichte. Es war Honigsüße in dem Verworfenen gewesen. Dokument einer Krankheit.

Er bekennt, daß er nicht zu den Auserwählten gehört, denen Vergessen nach vierundzwanzig Stunden geschenkt wird. Vergessen nach sieben Tagen. Vergessen nach einem Monat. Vergessen nach einem Jahre. Er hat sein Vergessen gestohlen. Vergessen des Gefolterten. Ihm wird das Erinnern zurückgegeben. Er hat keinen Anspruch auf Gnade. Er wird den Wirkungen der Vergangenheit ausgesetzt.

Die Schlächter waren auf das Gut der Tanten gekommen. Es sollte Kuhfleisch eingesalzen werden als Nahrung für den Winter. Zwei fette Schweine gebrauchte man für Würste; es waren fünfzig Kilogramm mageres Pferdefleisch gekauft worden, um sie schmackhaft bereiten zu können. Es war kein Freudentag für mich, der bevorstand. Gewiß nicht liebte ich die alte Kuh. Gewiß nicht hatte ich Mitleid mit den fetten Schweinen. Aber sie konnten schreien oder mit Blicken betteln. Und ich hatte aus ähnlichen Anlässen zu ermessen vermeint, daß in ihnen ein Leben saß, das dem meinen nicht unähnlich. Ich hatte sogar in der Küche Mägden und Knechten verkündet, daß die Tiere so gewiß eine Seele besäßen wie der Mensch. Was in vollkommener Einigkeit bestritten worden war. Überzeugende Gründe waren gegen die Richtigkeit meines Postulates nicht aufgetreten. Ich ertrug nur schwer den Blutdunst und den Geruch nackten Fleisches. Kindlichen Ekel hatte ich vor den ausgewaschenen Eingeweiden. Ich konnte nicht Nierenbraten essen. Und keine Preßsülze; weil sie in den Magen oder die Blase von Tieren gestopft wurde, wie ich wußte. Doch meine Widerstände waren leicht und ungründlich. Am Vorabend des Schlachtens ging ich sehr zeitig ins Bett. Als ich mich schon gelegt, empfand ich, daß die Luft in meiner Kammer nicht wohltuend sei. Ich erhob mich wieder, sperrte die Fensterflügel auf und lehnte mich hinaus. Die Herbstnacht war lind wie nur selten und still und windlos. Und ich verwunderte mich und atmete schwer. Und wurde sehr traurig. Es war eine schöne junge Traurigkeit. Ich dachte an nichts und an keinen Menschen. Und hätte es doch vermocht. Mein Schicksal wollte, daß ich es nicht tat; daß die Luft nur lind und ohne Bewegung. Und ich traurig ohne gewissen Grund. Wie ich noch dastand, mußte ich zur Seite sehen. Und ich gewahrte, daß das Fenster der benachbarten Kammer, nach der von der meinen aus kein Zugang war, gleich dem meinen weit geöffnet stand. Der junge Gehilfe des Schlachters lehnte gleich mir in der Fensteröffnung. Er schaute zu mir herüber. Ich erkannte durch Schein und Widerschein von den hellen Mauern, daß er jung sein müsse, nur wenige Jahre älter als ich. Sein Gesicht deutete ich mir ebenmäßig und schön. Mir fiel bei, daß von ihm erzählt worden war, seine Mutter sei frühzeitig gestorben, und eine Stiefmutter habe ihn mit hartem Gerechtigkeitssinn, ohne Liebe, erzogen. Es keimte Mitleiden in mir auf. Ich verzieh ihm den Beruf, der mir abstoßend war. Ich vergaß nicht, mich daran zu erinnern, daß er klüger und älter als ich, und dennoch rechtloser, wehrloser als ich, wiewohl er schöner als ich. Ich starrte unverwandt zu ihm hinüber. Er hatte sich vorgebeugt, um mich gewisser zu sehen. Sein Blick hing an mir wie der meine an ihm. Unsere Augen verfingen sich ineinander, wiewohl sie nicht deutlich sahen. Auf einen Augenblick verschwand ich, nahm die brennende Kerze und stellte sie in den Fensterrahmen. Er war auf seinem Platz geblieben. Er würde mich, nahe dem Licht, besser erkennen als ich ihn. Mein weißes Nachthemd. Und daß ich ein schmaler Junge war. Der Schein zu ihm war hell genug, daß ich auch sein Aussehen ohne Trübung wahrnehmen konnte. Es war von solcher gewaltsamen Wirkung auf mich, daß ich noch trauriger wurde als ich vordem gewesen. Sein Gesicht war nichts als Ebenmaß. Ein schmaler Mund, der fest geschlossen war. Tiefe, unbeschattete Augen. Kleine wohlgeformte Ohren, deren untere Läppchen frei und groß abstanden, sodaß das Wort Muschel am treffendsten vergleichsweise ihre Gestalt bestimmte. Kleine hohle Hand. Wir ließen nicht ab, einander zu betrachten. Bis die Kerze ganz herabgebrannt und verloschen war. Die Dunkelheit um uns war sehr groß. Wir hatten einander plötzlich verschwinden sehen. Ich dachte mit brennender Wiederkehr: Weshalb hat er dich nicht aufgefordert, zu ihm zu kommen, daß wir im gleichen Bett schliefen? Es schien mir das Wonnesamste der Welt, in einem dürftigen Bett neben ihm zu liegen. Schlaflos neben ihm zu liegen, während er schlief. Am nächsten Morgen war ich gewaschen und angekleidet vor allen anderen. Ich hörte, wie der Schlachterbursche in der Kammer neben mir durch Pochen geweckt wurde. Ich trat ans Fenster, um zu erkunden, ob er wohl ein Gleiches täte. Ich sah ihn nicht. Ich wartete. Ich wartete vergebens. Ich hörte, die Tür in seiner Kammer regte sich und schloß daraus, er sei hinuntergegangen auf den Hof oder in die Küche. Ich beeilte mich, vor ihm zurstelle zu sein. Im Halbdunkel glitt ich die Treppe hinab. Die Mamsell Eystina war bereits auf dem Flur tätig und kramte in einem großen Schrank. Sie sah mich nicht. Ich gelangte in die Wirtschaftsküche. Sie war hell erleuchtet. Niemand war darinnen. Ich hatte schon die Klinke zur Hoftür in die Hand genommen, als ich gewahrte, es bewegte sich die Tür neben dem Herd. Mein Herz schlug stark. Der Schlachterbursche war's, der hereinkam. Ich ging zu ihm und reichte ihm die Hand. Er sagte: »Guten Morgen.« Das war das erste Wort, das ich aus seinem Munde hörte. Ich fragte ihn, wie er heiße. Er antwortete: »Haakon.« Da er mir seinen Namen verraten, nannte ich den meinen. »Gut«, sagte er und setzte sich an den Tisch, aß ein

Stück trockenes Brot. Ich aß einen Krumen, der aus seiner Hand auf den Boden gefallen war. Eystina kam herein. Als sie mich sah, sagte sie: »Ich lobe.« Sie braute Kaffee, nahm Zwieback aus einem Kasten, für mich bestimmt. Sie briet uns zweien je ein Ei. Sie stellte den weißen und den braunen Ziegenkäse und die Butter auf den Tisch. Sie fand in der Speisekammer kalten Braten vom Vortage. Es war das erstemal, daß ich in der Küche aß. Ich bemerkte, Haakon tunkte das Brot in den Kaffee ein. Und ahmte ihm nach. Ich vermochte nur sehr wenig zu essen und bestrich meine Zwiebacke für ihn mit dicker Butter. Ich schob sie ihm einzeln zu, daß die Mamsell es nicht sähe. »Ich bin mit dir zufrieden«, sagte sie noch. Wir erhoben uns, gingen in den Hof. Haakon stellte sich nicht unweit von mir gegen eine Mauer und ließ sein Wasser. Ich fand es sehr selbstverständlich, daß er es in meiner Gegenwart tat, schämte mich aber für mich, das gleiche zu tun. Ich lief fort zu den Dunggruben und verrichtete dort, ungesehen, mein Bedürfnis. Als ich zurückkam, fand ich ihn nicht sogleich. Er war in den Ställen. Die Mamsell war auch dort. Sie zeigte auf eine rotbuntfleckige Kuh. »Diese da«, sagte sie. Es war ein Todesurteil. Ich war sehr verwundert, daß es mich nicht tiefer erschütterte. Ich schaute auf Haakons Gesicht. Es blieb ruhig und schön. Er hatte mit dem Kopfe genickt. Wir gingen in den Schweinestall. In einem Koben lag schlafend eine der zwei Säue, die geschlachtet werden sollten. Von der schlafenden sagte Eystina: »Sie ist belegt worden vor einem Monat. Sie war hitzig und wollte nicht fressen. Sie magerte ab. Um nicht zu großen Schaden zu leiden, haben wir sie zum Eber gegeben. Ihr könnt einmal nachzählen, wie viele Ferkel es geworden wären.« Mir wurde ein wenig ängstlich und beklommen. Ich blickte auf Haakon. Sein Antlitz blieb unverändert. Er hatte mit dem Kopfe genickt. Die Mamsell wandte sich sehr schnell zu einem anderen Koben. »Hier ist die zweite«, sagte sie, »es ist gerade die rechte Zeit. Sie ist vorgestern hitzig geworden und hat bis jetzt gefressen.« Ich verspürte eine Qual, die halb wollüstig war. Ich blickte beschämt und trostsuchend auf Haakon. Sein Antlitz war unverändert, nur rosig angehaucht vom Schein der Morgenröte, die durch die blinden Scheiben drang. Er nickte mit dem Kopf und zeichnete an die

Kobentür ein Kreidekreuz und wandte sich und tat eins an die erste auch. Der Schlachter, der sein Onkel war, wurde in der Stalltür erblickt. Er rief: »Wir nehmen die Schweine zuerst. Es ist schnellere Arbeit.« Mir war der Geruch des Schweinestalles widerwärtiger denn je. Es war vielleicht gut, daß es mich ekelte. Ich ging hinaus. Auf dem Hofe waren Knechte beschäftigt. Es wurden zwei Leitern aufgerichtet. In der Waschküche dampfte und zischte es. Über einen Schubkarren war ein Schlachttrog gestülpt. Er wurde herangefahren. Mit einem etwas unehrlichen Entsetzen sah ich auf die Martergeräte. »Du willst beim Schlachten mithelfen«, fragte der Knecht Kaare. Ich antwortete: »Ja.« »Dabei fließt Blut«, sagte er. Und es blieb unentschieden, ob er mich beraten oder verhöhnen wollte. Ich stand noch da, sehr unentschlossen und verwirrt, als ich Geschrei aus dem Stall hörte. Schneller als ich erwartet floh ein Schwein in den Hof. Ihm folgte der Schlachter, jetzt beschürzt, umgürtet, mit einem Köcher an der Seite; in dem unterschiedliche Messer staken. Haakon, ganz ähnlich gekleidet, mit groben, langschäftigen Stiefeln an den Füßen. Und Eystina, die beständig in die Hände klatschte, offenbar, um anzutreiben. Damit noch fortfuhr, als es nichts mehr anzutreiben gab. Die Sau geriet in die Hände der Knechte. Man stellte ihr ein Bein. Sie brach vorne mit hohem Aufschrei zusammen. Ich sah, sie wollte sich erheben. Da fuhr ein grober Stiefel ihr in die Seite. Sie schrie entsetzter, mit tödlicher Angst. Sie kam nicht hoch. Man hielt sie. Der Schlachter stand bei ihrem Kopf und schlug mit einem keulenartigen Holz auf sie ein. Er schlug sehr hart. Es gab ein dumpfes und knackendes Geräusch. Es gab noch einen, diesen letzten Schrei. Dann traten die übrigen auseinander. Ich sah, wie er den Hals des Tieres sich zurechtlegte, eine Falte ihrer Haut und ihres Fettes faßte und mit einem flachen Messer hineinschnitt. Es ist lebendes Fleisch, sagte ein Etwas zu mir. Dann tat er die Finger in die Wunde, als ob er ein Organ suche, machte einen Wink, stach mit einem anderen Messer senkrecht abwärts. Alsbald schoß ein dicker Strahl hellroten Blutes hervor. Es wurden Gefäße untergehalten. Es vergingen ein paar stille Minuten. Ich spürte, mein Magen war ein wenig leer. Dann hoben sie das Schwein in den Trog. Es wurde heißes Wasser darüber gegossen, das man der Waschküche entnahm.

Haakon beugte sich nieder und begann mit einem Schaber die Borsten von der Haut zu entfernen und den Leichnam zu reinigen. Die Hufe wurden enthornt. Es war eine langsame und mühevolle Arbeit. Ich schaute mit sehnsüchtigen Augen in Haakons leicht angestrengtes Gesicht und wußte es kaum. Seine Arbeit schien mir selbstverständlich. Ich nahm nicht Anstoß daran, daß er die Hauptsehnen der Hinterbeine löste und ein Holz hindurchschob; das die Schenkel ganz unnatürlich spreizte. Ehe ich mich dessen versah, wurde das Tier eine der Leitern hinaufgezogen. Daß es hing, mit dem Kopfe nach unten. Der Schlachter sagte zu Haakon: »Übernimm das weitere.« Und ging mit den Hofleuten, daß sie das zweite Tier holten und töteten. Haakon packte mich am Arm, da ich offenbar träumend dagestanden war. »Hilf mir«, sagte er. Ich nickte mit dem Kopfe, wollte stammeln, ich verstände ja nichts und stellte mich neben ihn. Vor den fetten Leichnam, der wie gedunsen aussah. Die Euterzitzen waren rot und spitz. Die Haut war sehr bleich. Haakon sagte mehrmals: »So.« Dann begann er, von oben anfangend, den Bauch zu spalten. Er machte es vorsichtig. Schnitt nicht tiefer als die Dicke der Haut ausmachte. Es war eine Linie von den Schenkeln bis zum Halse entstanden. Es war eine mehr weiße als rote Linie. Er gab mir ein Messer in die Hand, daß ich es für ihn bereit halte. Er durchschnitt, wieder von oben beginnend, die Fettschichten, bis eine graurosa Darmwindung hervorquoll. Ich mußte die Augen auf einen Augenblick schließen. Seine Hände zogen mich wieder an. Er benutzte seine Finger als Leitmaß für das Messer, das nun schnell und ohne große Behutsamkeit die Bauchhöhle gänzlich öffnete. Das Innere des Körpers drang dampfend hervor. Es war mir alles sehr neu und sehr widerwärtig. Er nahm mir das Messer aus der Hand und befahl mir, die Eingeweide, die hervorschauten, hochzuhalten. Ich tat, was er mir geheißen. Ich war willenlos. Meine Hände berichteten mir nicht, was sie fühlten. Ich sah nur, daß er unmittelbar unter meinen Händen schnitt und danach mit einem kurzen scharfen Beil Knochen voneinander trennte. Während dies geschah, töteten der Onkel, die Mamsell, die Knechte das zweite Schwein. Haakon hatte die Eingeweide gelöst. Ich mußte sie auf einen bereitstehenden Tisch tragen. Er erklärte mir manches. Ich mußte die Leber und die Lunge und das Herz erkennen. Es war ein magenförmiges Gebilde darunter, das doch der Magen nicht war. Auch die Blase war es nicht, denn ich hatte gesehen, wie er sie abgeschnitten hatte; und daß ein wenig Harn über den zerstörten Leib geflossen war. Da sah ich, er zählte an dem Gebilde mit den Fingern. »Vierzehn«, sagte er. Ich blickte ihn betroffen an. »Schau her«, fuhr er fort. Er schnitt ein wenig an dem Organ. Plötzlich floß Wasser ab. Im Wasser schwamm ein kleines Schwein, ähnlich einer Ratte. Er zog an einem langen Strang, hielt ihn hoch, mir sehr nah unter die Augen. Ich erkannte, er hatte die Geschlechtsöffnung ausgeschnitten. Ich war daran, die Haltung zu verlieren. Ich suchte in seinen Augen. Er lachte mich an. Sein Lachen tröstete mich und bezwang mich. Mit wenig Schnitten breitete er die vierzehn toten Jungen vor mich hin. Das Organ war nun zerstört. »Vierzehn«, rief Haakon über den Hof. Die Mamsell Eystina kam. Die Knechte kamen. Der Schlachter kam. »Ein gutes Mutterschwein«, sagten sie. Dann nahmen sie die toten, unausgewachsenen Jungen und das Organ und trugen alles fort zur Dunggrube. Ich mußte helfen, den Darm von Kot zu reinigen. Die Mamsell trug den Herzschlag, wie sie sagte, die Leber, die Lungen, das eigentliche Herz ins Haus. Sie wolle Lungenmus kochen, sagte sie. Sie erinnerte sich meiner und sprach mich an: »Ich weiß, du issest gern gekochtes Herz.« Dagegen konnte ich nichts sagen, obgleich der Ausspruch mich in diesem Augenblick sehr bedrückte. Allmählich und zu meiner Tröstung verwandelte sich das Schwein mehr und mehr in ein lebloses Wesen. Es wurde zerlegt in gesonderte Fleischteile, die nicht mehr in Zusammenhang miteinander gebracht werden konnten. Die Zerstückelung des zweiten Tieres ging an der entgegengesetzten Hofseite vor sich. Es war Mittag geworden. Alle wurden ins Haus gebeten. Haakon machte mich darauf aufmerksam, mein Anzug sei sehr beschmutzt, blutig und feucht. Ich bemerkte, daß ein unangenehmer Geruch von mir ausging. Aas, Aasgeruch. Aasfresser, die Menschen. Ich war sehr niedergeschlagen. Ich mußte mich umziehen, um mit den Tanten gemeinsam essen zu können. Sie stellten bei Tische fest, ich sei sehr blaß. Sie sagten ich hätte genug getan und solle nicht länger im Hofe behilflich sein. Ich fragte ein nicht Zugehörendes, ob es wahr sei, daß der Schlachterbursche von seinem Onkel schlecht behandelt werde. Sie wußten es nicht. Ich fragte weiter, ob ich ihm etwas schenken dürfe. Ich dachte an eine schöne Mütze aus Sammet, die kürzlich für mich gekauft worden war. Sie sahen einander an. Sie erlaubten es. »Du hast schmutzige Arbeit getan«, sagte die eine der Tanten, »so habe ich gehört. Du kannst dir stets die Art deiner Mithilfe wählen.« Damit schloß sie ihre Belehrung. Ich blieb bei ihnen bis der Kaffee gebracht wurde. Ich dachte daran, daß inzwischen die Kuh getötet worden war. Ich aß mehrere Stücke des frischen Sandkuchens, der gereicht wurde. Als die Tanten fortschauten, schob ich mir davon in die Rocktasche. Ich brachte es Haakon. Ich beteiligte mich nicht mehr an der Arbeit. Ich stellte mich abseits. Mir war sehr übel zumute. Ich wollte mich mit Genauigkeit an den Vorabend erinnern. Es gelang mir nicht. Ich fand, daß meine Hände sehr nackend waren. Sie froren an mir. Ich hätte fortgehen sollen. Ich wußte nicht wohin. Als es zu dämmern anfing, schlich ich zu den Tanten in die Stube. Sie sprachen nicht mit mir. Es wurde Licht entzündet. Ich versuchte in einem Buche zu lesen. Die Stunden, so lang sie waren, gingen dahin. Ich war müde und gähnte oft. Beim Abendessen wurde Glühwein gereicht. Es war verdünnter Glühwein. Ich nahm ihn sehr süß. Der Zimt duftete herrlich aus dem Getränk heraus. Wir tranken es aus sehr dickwandigen, rauchdunklen geschliffenen Gläsern. Wir saßen um den runden Tisch zu dritt. Die Magd Bertha bediente uns. Eystina aß an diesem Tage auch das Abendbrot in der Küche. Unmittelbar nach dem Essen sagte ich, daß ich schlafen gehen möchte. Ich erhielt den Segen der einen Tante und den Stirnkuß der anderen. Ich war ein wenig benommen von dem heißen Wein. Ich hatte dreimal das Glas mir füllen lassen; und es war mir gewährt worden. Ich stieß, wie am Vorabend, die Fenster meiner Schlafkammer auf. Da ich Haakon nicht wahrnehmen konnte, schloß ich sie sogleich wieder, entkleidete mich und sank ins Bett. Und schlief alsbald ein. Es war sehr spät am Morgen, als ich erwachte. Ich dachte meinen ersten Gedanken an Haakon und jammerte leise, daß er nun fort sei. Sehr langsam, mit trägen Bewegungen kleidete ich mich an. Ich hatte das gemeinsame Frühstück versäumt. Die Tanten lächelten. »Langschläfer«, sagte die eine. »Es geht auf Mittag«, sagte die andere. Haakon und sein Onkel waren noch auf dem Hofe. Sie würden erst nach dem Essen fortfahren, wurde gesagt. Der Schlachter besaß ein Wägelchen und ein kleines anmutiges Pferd. Mit dem Gespann würde er abreisen. Ich hatte die Tanten gebeten, mir zu erlauben, ein Stück Weges mitfahren zu dürfen. Ich erhielt als Antwort, daß ich ein eigenes Pferd besitze, daß ich ausreiten könne, wohin ich wolle. Mein Verlangen sei nicht wohldurchdacht. Zu dritt würde man sehr gedrängt auf dem Gefährt, das nicht übermäßig geräumig, sitzen. Außerdem würde ich die mitgefahrene Wegstrecke zu Fuß zurückkommen müssen. Sie belustigten sich über meine offenbar große Neigung, den Begleiter zu spielen. Ich dankte ihnen, wie ich es gewohnt war. Sie sagten noch, man würde mir das Nachtessen auf die Kammer stellen. Da jauchzte meine Herz. Ich war an keine Stunde gebunden. Ich sattelte mein Pferd als ich sah, daß Haakon den Wagen zur Abfahrt richtete und das kleine rundliche Tier anschirrte. Ich verständigte ihn durch Zeichen von meinem Vorhaben, ihn zu begleiten. Er lachte. Ich ließ den Wagen vorauffahren. Folgte in einem nicht unbeträchtlichen Abstand. Als das Gut den Blicken entschwunden, holte ich auf, daß ich neben dem Wagen an der Seite Haakons ritt. Ich zog aus meiner Jacke die samtene Mütze hervor und gab sie ihm. Er besah sie, bedeckte damit die braunen Haare, dankte. Nach einer Weile bat er mich, auf meinem Pferde reiten zu dürfen. Mit tiefer Beglückung gewährte ich die Bitte. Der Wagen hielt. Er stieg herab, ich stieg hinauf. Er ging in den Sattel. Ich saß neben dem Schlachter. Leicht galoppierend eilte Haakon dem Gefährt vorauf. Der Onkel redete mich an: »Ich glaube, du möchtest das Schlächterhandwerk erlernen.« Ich antwortete, ich hätte diesen Wunsch nicht und wurde überrot im Gesicht. Er lächelte. »In Chicago«, fuhr er sehr unvermittelt fort, »bin ich in einem großen Schlachthof tätig gewesen. Er gehörte der Firma Swift, George Hamilton und Co. Ltd., die einen Fleischkonservengroßhandel in den Staaten aufrecht erhielt. Es wurden dort täglich bis zu neuntausend Schweine geschlachtet. Du wirst dich wundern, zu hören, wie das vor sich ging. Die Schweine kamen mit der Eisenbahn an. Sie wurden begutachtet, gewogen, gezählt, gebadet, sortiert. Dann waren sie schon auf der Straße. Die Straße war ein laufendes Band. Ein beweglicher Fußboden. Er trug sie dorthin und dorthin; wohin man sie bestimmt hatte. Waren sie angekommen, schlug man ihnen einen eisernen Haken ins Ohr, daß sie nicht fortlaufen oder sich widersetzen oder die Ordnung stören konnten. Sie bekamen eine Schlinge um eines der Hinterbeine. Wollte es der Zufall, um zweie. Die Schlinge saß an einem beweglichen Seil- oder Kettenwerk. Sie wurden angehoben. Der Kopf hing abwärts. Sie konnten nicht schreien, weil der Kopf abwärts hing. Sie fuhren dahin. Sie kamen an dem Platz eines ersten Mannes vorüber. Er machte einen Schnitt in ihren Hals. Sie kamen an den Platz des zweiten Mannes. Er zerriß ihnen die Halsschlagader. Sie kamen durch einen Raum, wo heißes und kaltes Wasser auf sie gespritzt wurde; während ihr Blut abtropfte. Sie fuhren weiter und wurden entborstet. Sie fuhren weiter und wurden aufgeschnitten. Ein Mann tat stets nur einen Handgriff an ihnen. Am Ende der Fahrt war ihr Fleisch verlötet und abgekocht in Blechdosen.« Er schwieg sehr lange. Er schien sich noch einmal den Vorgang zu vergegenwärtigen. »Wenn einer den Handgriff vergaß oder zu spät damit kam, mußte er ausgelassen werden. – Sie waren am Ende doch tot und in Blechdosen verpackt.« »Das ist doch nicht möglich«, sagte ich, um mich zu retten. »Es ist alles die reinste Wahrheit«, sagte der Fleischhauer, »es ist nicht nach meinem Geschmack«, fügte er hinzu. Zum Glück für mich kam Haakon zurückgeritten. Das Pferd schwitzte; er lachte. Er stieg ab. Wir hielten an. Er band die Zügel am hinteren Gestelle des Wagens fest. Wir saßen danach zu dritt auf der schmalen Kutschbank. Haakon umfaßte mich, daß ich nicht hinausgedrängt würde. Sein Griff um meine Schulter tat mir so wohl, daß ich alles andere vergaß. Ich weiß nicht, wie lange wir fuhren. Dem Onkel wurde es am Ende zu enge auf der Bank. Er schlug vor, einer von uns beiden solle wieder reiten. Ich sagte heimlich zu Haakon: »Wir können zu zweien aufsitzen.« Wir stiegen vom Wagen herunter. Der Alte fuhr davon, nachdem wir unser Tier losgebunden. Haakon setzte sich in den Sattel. Ich mußte hinter ihm Platz nehmen und meine Hände um seinen Körper legen. Die Wonne, die ich daran genoß, erschien mir so überwältigend groß, daß ich die Augen schließen mußte. Meine Hände waren gefaltet und wurden taub, weil ich sie ineinander preßte und das Blut aus ihnen entwich. Meine Schenkel hingen ohne Spannung über der Kruppe des Pferdes. Der Atem in mir war ganz still; und mein Herz war wie ein geglätteter See am Abend. Ich neigte den Kopf, daß er gegen Haakons Rücken zu liegen kam. Ich roch etwas Betörendes. Ich wurde willenlos. Ich wurde wunschlos. Ich wurde einem Menschen überantwortet. Ich wurde sein Sklave. Es veränderte sich während des langen Rittes in mir kein Zustand. Die Nacht kam. Die Sterne wurden Licht. Ich bemerkte es nicht. Bis wir anhielten. Da war die Gegenwart sehr plötzlich und groß und grausam deutlich: der gesprenkelte Himmel und ein Haus, das schwarz. Der Pferderücken war naß. Meine Hände wurden auseinandergezogen. Ein Wille trieb mich, daß ich an einen Platz rückte, der vor mir leer geworden war. Ich saß im Sattel, die Füße in den Steigbügeln. Ich hörte Haakons Stimme: »Hier wohnen wir.« Er drückte meine Hand. Ich beugte mich zu ihm hinab und flüsterte: »Ich komme wieder und besuche dich.« »Abgemacht«, war das Wort der Antwort. Mein Pferd wendete und trabte die Straße zurück. Ich hielt die Zügel locker und schloß die Augen wieder. Ich erwachte am nächsten Morgen in meinem Bett. Das Pferd war in den Stall gebracht worden. Ich hatte ihm Futter eingeschüttet und es getränkt; hatte selbst die für mich bereitgestellten gestrichenen Brote verzehrt. Aber ich konnte mich nicht erinnern, all dies getan zu haben. Zwei Tage später jagte ich die gleiche Straße entlang. Ich traf Haakon vor dem Hause. Er begrüßte mich lebhaft durch Winken mit der Hand. Wir setzten uns hinter dem Hause auf einige lose liegende Holzdielen. Die Sonne sandte ihre letzten warmen Strahlen in diesen Winkel. Er streckte sich lang aus. Ich tat es ihm nach. Er richtete sich bald wieder auf. Ich blieb liegen. Er wandte sich mir zu. Er legte seine Hände um meinen Hals, preßte sie zusammen und schüttelte mich heftig. Der Atem blieb mir beinahe fort. Doch wehrte ich mich nicht. Er lachte. Als er von mir abließ, setzte er seine Kniee mir in den Leib und weidete sich an der Mühe, mit der ich sein Gewicht ertrug. Gewiß war die Anstrengung mir eine große Freude. Aber er dehnte sie sehr lange aus, wie mir schien. Ich fühlte deutlich, wie meine Bauchmuskeln nachzugeben drohten. Er schien darauf zu warten. Er bemerkte augenblicks das Einsinken der Muskeln; als ich schmal wurde; und begann mit seinen Knieen mich noch heftiger zu bedrängen als vorher. Ich spürte einen kleinen Schmerz, der mir die lauterste der Seligkeiten schien. Dann aber konnte ich es nicht hindern, daß ich mich erbrach. Er erhob sich. Beschämt wandte ich mich ab, wischte das Gespei mir vom Munde und lief davon. Schwang mich aufs Pferd. Nach Hause. Nach Verlauf einiger Wochen wagte ich es wieder, ihn zu besuchen. Er war freundlich zu mir. Er sagte, er müsse arbeiten und habe keine Zeit für mich übrig. In nächster Zeit werde er viel auf Schweineschlachten ausgehen müssen. Wenn es mir gefalle, könne ich ihn begleiten. Wegen der Häufung der Aufträge nämlich habe der Onkel und er beschlossen, daß sie getrennt arbeiten wollten. Wie sich verstehe, werde der Onkel das Wägelchen für sich benutzen. Vielleicht möge er, Perrudja, sein Pferd zur Verfügung stellen. Es würde das Geschäft erleichtern. Man könne sich zu einem gewissen Zeitpunkt an einem gewissen Ort treffen. Ich sagte sofort zu. Wohl wußte ich, daß vielleicht die Tanten Einwendungen gegen mein langes Fortbleiben erheben könnten; aber ich war entschlossen, ihnen zu trotzen, wenn es sein müßte. Wir trafen die Verabredung für den übernächsten Tag. Ich hielt, was ich zugesagt. Es war eine Schlachtung bei armen Häuslern. Der Mann war offenbar schwindsüchtig und lag im Bett. Die Frau half uns. Sie gab dem kranken Mann von dem noch warmen Blut zu trinken. Sie wollte aus der Gebärmutter der Sau eine Speise bereiten. Sie sagte, man hieße das Kutteln. Ich konnte in dem Hause keinen Bissen über die Lippen bringen. Auf Geheiß Haakons mußte ich die Eingeweide des Tieres säubern. Er meinte, ich verstünde das. Es fiel mir sehr schwer. Mein Ekel war groß. Es gab auch Kinder in der Hütte. Sie besorgten ein wenig Heu für das Pferd. Und trugen Wasser, daß es getränkt würde. Als wir auf dem Heimwege waren, sagte Haakon: »Es war eine dürftige Schlachtung.« Er bat mich, wenn ich's könnte, ihm ein Zweikronenstück zu geben. Ich konnte es und gab es ihm. Als wir in der Nähe seines Hauses waren, stieg er aus dem Sattel, schob mich hinein, indem er seine Hand unter meinen Schenkel legte. Ich war dem Weinen nahe gewesen. Als ich seine Hand an mir fühlte, wurde ich wieder ein wenig getrost. Er sagte: »Übermorgen treffen wir uns da und da.« Ich sagte zu wie beim erstenmal. Die zweite Schlachtung war keineswegs würdiger als die erste. Ich mußte mich grober Tierquälerei schuldig machen; wie ich sie zuvor mit Abscheu an anderen festgestellt hatte. Ich sollte ein an einem Fuß angeseiltes Schwein festhalten. Dafür reichten meine Kräfte nicht aus. Haakon haderte mit mir: »Wenn man's mit den Händen nicht schaffen kann, mit den Füßen kann man's.« Ich verstand ihn nicht. Ich verstand ihn durchaus nicht. »In den Leib treten«, schrie er mit Wut, »die Leber sitzt rechts.« Ich schleuderte wie ein totes Stück meinen Stiefel dem Tier in die Seite. Ich mußte es sehr schlimm getroffen haben. Es schrie, wie ich nie ein Tier hatte schreien hören. Es kippte um. Wir mußten es dorthin schleifen, wo Haakon es liegen haben wollte. Er brauchte es, um es abzustechen, nicht einmal mit der Keule zu betäuben. So stille hielt es seinem Messer vor Schmerz. Ich weinte zitternd große Tränen. Als Haakon es bemerkte, schlug er mich. Mit der Faust vor die Brust. Und sagte dazu: »Du bist ein unbrauchbarer Mensch, wenn du weinst.« Der Schlag war nicht stark gewesen. Und ich sah wohl ein, er hatte mit dem Satz recht. Am Abend des gleichen Tages, auf dem Heimwege, forderte er mich auf, meine frierenden Hände in seine Hosentaschen zu stecken. Das erschien mir eine so hohe Belohnung für die unglücklichen Fügungen des Tages, daß ich wieder vollkommen ausgesöhnt wurde. Ich fühlte mich geborgener denn je. Mir war es bewußt geworden, daß ich ihn liebte. Und daß nichts dieser Welt an Wert ihm vergleichbar sein konnte. Ich selbst mußte wohl den geringeren Dingen zugezählt sein. Ich wurde ein Werkzeug des Älteren. Er verfügte über mich, und ich gehorchte. Es konnte von ihm nicht erwogen werden, ob seine Forderungen mich in schlimme Augenblicke trieben. Die Tanten waren sehr unzufrieden mit mir. Sie sagten mir nach, daß ich das Pferd mißhandele. Wenn ich mich nicht bessern würde, müßten sie mir das Reiten verbieten. Ein Tier sei kein Stück Holz. Ich bangte vor dem Augenblick, wo sie erfahren würden was ich trieb. Ich versprach Besserung. Ich wußte, ich log. Haakon bat mich oft um Geld. Folglich mußte ich die Tanten um Geld bitten. Sie gaben es mir. Sie waren sehr nachsichtig gegen mich. Sie lobten, daß ich die mir anvertraute

Kasse schonte. Das Lügen wurde mir etwas Alltägliches. Ich glaubte manchmal in den trüben Augen der Tanten zu erkennen, sie läsen die Unwahrheiten mir von der Stirn ab. Es konnte ihnen ja mein Leben nicht verborgen geblieben sein. Die Münder der Bauern mußten es umhergetragen haben, daß ich mich als verliebter Gehilfe eines Schlachterknechtes oder wie sie es sehen mochten, aufgetan hatte. »Zwei auf einem Pferd« war der Spitzname, den die Burschen vom Hof, wenn ich davonritt, mir nachlachten. Ich gab vor, es nicht zu hören. In einem Wortgefecht hätte ich nicht Rede und Antwort stehen können. Ich bat Haakon, wir möchten den Ritt zu zweien einschränken. Ich erbot mich, zufuß zu gehen. Er sagte »Memme« zu mir; aber es geschah doch oft, daß er mir voraufritt und ich ihm, so schnell ich konnte, nacheilte. Die einsamen Wanderungen, den Spuren der Pferdehufe nach, waren der Anlaß zu Stunden unterweltgroßer Traurigkeit. Ich war nicht fähig, dinghafte Gedanken zu denken. Es bereitete sich in mir etwas vor, das sehr gewalttätig sein mußte. Die letzten Hemmungen einer angeborenen kindlichen Würde konnten daran zerbrechen. Es waren schlimme Verwandlungen. Aber ich konnte nicht bereuen. Ich war sehr mager geworden, hoch aufgeschossen. Die Tanten pflegten zu sagen: »Du issest nicht reichlich genug. Du versäumst das Mittagsmahl. Du bist oft zum Nachtessen nicht im Hause. –« Ich antwortete: »Ich trinke reichlich Milch. Gekochte Speisen schmecken mir nicht.« »Du solltest Rahm trinken«, sagte die eine. »Du bereitest uns Sorge«, sagte die andere. Ich schrie beide an: »Ich kann es nicht ertragen, daß ihr mir Vorhaltungen macht. Ich ertrage keine Vorwürfe.« Ich stampfte mit den Füßen auf. Ich fühlte mich so schwach und so gering vor ihnen, daß ich toben mußte. Ich hatte keine ehrliche Waffe. Ich konnte mich nicht rechtfertigen. »Nicht einmal dein Pferd liebst du noch«, sagten sie sehr leise. Es sollte das letzte Wort sein. Ich hätte schweigen können. Aber meine Zunge mußte eine Lüge vorbringen. Sie war nicht mehr gebändigt. Ich antwortete sehr frech: »Ihr hindert mich, es zu lieben. Ihr verbietet mir, daß ich es uneingeschränkt benutze.« »Wir versuchen dich zu leiten«, sagte die eine der Tanten, »du zerstörst durch grobe Unvernunft das Wohlsein des Tieres. Du behandelst es nicht, wie es doch verdient hätte, mit Rücksicht.« Jetzt war zuviel gesagt worden. Ich floh hinaus. Ich ritt davon. Ich suchte Schutz bei Haakon. Ich ging am Abend nicht nach Hause zurück. Wir schliefen zusammen in einem Heuschuppen. Es war ein trauriger Schlaf. Trotz der Wonne, Haakon an meiner Seite zu wissen. Ich hatte das Bedürfnis, mit ihm zu reden. Maßlose Worte. Er hatte keine Neigung mir nachzugeben. Er war nicht begabt für Wechselreden. Meine Fragen versandeten an seinem Schweigen. Er fühlte, er schuldete mir etwas. Er hatte auf sein gewohntes Lager verzichtet um meinetwillen, daß ich nicht allein wäre. Wer leugnete noch, ich hatte ihn enttäuscht? Ich war ihm nicht geheimnisvoll geblieben. Ich hatte mich verausgabt. Daß er nichts Liebenswertes an mir fand, verwunderte mich kaum. Ich selbst schätzte mich sehr gering ein. Ich fand, mein Wuchs war ohne Proportionen; und meine Gestalt so mager, daß überall die Knochen durch die Haut zu erkennen waren. Ich kam darauf, an sehr äußerliche Dinge zu denken. Daß meine beiden Reitanzüge sehr beschmutzt und mit Blut befleckt waren. Daß ich sie nicht länger tragen könnte. In meine Sonntagsjacke hatte ich ein großes Loch gerissen. In weniger als einem Monat waren zwei Paar Stiefel aufgetragen worden. Das eine ging verloren, als wir durch ein Moor gewatet waren und hinterher an einem Feuer die Stiefel trocknen wollten. Die meinen waren, weil ich's nicht recht verstand, geschmort worden. Meine Reitstiefel mit den Silbersporen ertrugen die tägliche Beschmutzung durch Blut, Kot und heißes Wasser nicht, das über Gebühr sorgfältige Reinigen in Tümpeln und Bächen. Fast die Hälfte meiner Hemden hatte ich an Haakon verschenkt. Die Vorwürfe der Tanten würden über mich hereinbrechen. Es wurde sehr eisig in meinem Herzen. Ich weckte den offenbar eingeschlafenen Haakon. Er war nicht unwillig. Er fragte sehr leise: »Was willst du?« Ich sagte: »Laß uns Blutsbrüderschaft trinken. Ich ertrage sonst mein Leben nicht länger.« »Wie nennst du das?« »Blutsbrüderschaft.« »Ein schönes Wort.« Er richtete sich auf. Er erwartete, daß ich zu sprechen fortführe. Ich sagte bei aufeinanderschlagenden Zähnen: »Du nimmst dein Messer und machst mir einen Schnitt in den Arm oder in die Brust oder wo es dir beliebt. Und saugst das Blut, das aus mir herausrinnt, in deinen Mund, daß ein Teil von mir in dich eingeht. Ich tue mit dir das

Gleiche, daß ein Teil von dir in mich eingeht. Dann werden wir einander ähnlicher sein. Und es ist das Versprechen darin enthalten, wir wollen niemals voneinander lassen und einander verraten. Wir sind wie Geschwister, mit einer Liebe zueinander, die noch größer ist als unter Verwandten.« Er schwieg sehr lange. Meine Vorstellungen brandeten in mir. Ich gab Versprechungen von solcher Heftigkeit und Unendlichkeit in der Wirkung, daß ich fast ohnmächtig wurde vor Glück, sie zu denken. Ich würde einen Bruder bekommen, einen nahen Verwandten, der ich doch Vater und Mutter nicht kannte. Haakon schwieg so lange, daß die Vorstellungen meines Geistes zuende gingen, ohne daß ich ein Wort von ihm vernommen hätte. Ich wurde beunruhigt. Ich faßte nach seiner Hand. Er warf sich nieder, wühlte sich tiefer ins Heu, nahe an meiner Seite. »Es ist sehr kalt«, sagte er. Ich fühlte plötzlich mit ihm die empfindliche Kälte der Luft, die im Schuppen war. Ich vergrub mich, ihm gleich. Er setzte seine Rede fort und fragte: »Wie alt bist du eigentlich?« »Vierzehn Jahre«, antwortete ich. »Ich bin sechzehn Jahre alt«, stellte er fest. Ich wußte es schon. Plötzlich hielt er meine Hand und streichelte sie. Er führte sie an seine Brust. Ich bemerkte, er hatte sich die Kleidung geöffnet. »Nimm dir, was du willst«, sagte er. Da blieb mein Arm auf seinem nackten Fleisch liegen. Ich verstand ihn nicht. Ich fühlte nur seine Nähe. Ich entdeckte das Nabelgrübchen an ihm. Ich begriff, ich brauchte mich nicht zu schämen wegen einer ganz unbekannten Regung in meinem Schoße; denn er teilte sie mit mir. Da begann ich sehr laut zu weinen. Ganz grundlos. Ich ließ das Wasser meiner Augen auf seine Brust fallen. Er schob meine Hand von sich, knöpfte seine Jacke zu. »Es ist besser, wir schlafen«, sagte er. Ich war vernichtet. Ich wagte kein Wort. Reglos, stumm ohne Schlaf verbrachte ich die Nacht. Ich hatte etwas versäumt. Unterlassungssünde. Ich wußte nicht was. Er wußte es; aber er hatte es mir verschwiegen. Am Morgen, als ich kalkig bleich neben ihm stand und die Halme von meiner Kleidung ablas, sagte er: »Du bist noch sehr dumm.« Doch war er gütig. Er ließ mich auf seinen Knieen hocken und gestattete mir, daß ich meine Arme um seinen Hals legte. »Wenn die Tanten arg gegen dich werden und das Pferd dir fortnehmen, betrübe dich nicht. Wir werden unser Geschäft mit Hilfe des Wägelchens erledigen. Der Onkel hat jetzt seine Periode; er trinkt täglich Schnaps. Er kann nicht ausgehen. Wenn wir ihm jeden Abend zwei Kronen schenken, wird er nicht aufhalten zu trinken.« Ich wurde sehr fröhlich, denn Haakon lachte mich an. Sein Mund war frisch und seine Augen dunkel und blank. Mich faßte maßlose Sehnsucht, ihn zu küssen; aber Furcht, ihm zu mißfallen, hielt mich ab, meinen Wünschen nachzugeben. Ich sagte ihm, zwei Kronen täglich zu beschaffen, überschritte nicht mein Taschengeld. Haakon sagte sehr unvermittelt: »Ich glaube, es wird noch einmal ein hübscher Bursche aus dir, wenn du erst genügend Fleisch über den Rippen hast.« Ich wurde überrot im Gesicht. Wie spielend nestelte er an meiner Jacke und machte meine Brust frei. Er tippte mit seinem Finger an jede einzelne meiner Rippen. Er zählte von eins bis sieben. »Das sind die wahren Rippen«, sagte er. Er zählte weiter von eins bis fünf. Seine Finger waren in meinem Rücken. »Das sind die falschen Rippen. Ich habe sie alle gefunden. Du bist magerer als ich dachte.« Er ordnete meine Kleidung wieder. Er unterbreitete mir einen Plan. Er hätte einiges von dem Geld, das ich ihm nach und nach gegeben, gespart. Man würde in der Zukunft noch hinzu verdienen. Er könne vielleicht einen eigenen Handel anfangen. Kleine Schweine kaufen und verkaufen. Schafe und Ziegen. Vielleicht auch ein Kalb, wenn man einen festen Käufer dafür hätte. Die Voraussetzung dafür müsse sein, daß das Geschäft des Onkels nicht in Verfall gerate. Mit den Schlachtungen müsse man sich beeilen; auch einmal getrennt ausziehen. Ich verstände schon manches. – Der Plan Haakons war mir sehr verständig erschienen; doch die letzte Wendung erschreckte mich. Ich sagte ihm, ich würde es nicht vollbringen können. »Nur ausnahmsweise«, antwortete er begütigend, »bei Notschlachtungen.« Ich sträubte mich weiter. Ich erbot mich, wenn ich seinem Vorschlag entgehen könnte, ihm jenseits der zwei Kronen täglich noch einen runden Taler zu verschaffen. »Drei Kronen«, sagte er, »sind kein geringes Ding. Es werden im Monat an die hundert Kronen ausmachen.« »Es ist so«, antwortete ich, »ich besitze eine Erbschaft. Mein Lebensunterhalt sogar wird den Tanten vergütet. Es ist Sitte, daß meine Bedürfnisse für Kleider und Bücher aus einer Kasse bezahlt werden, die ich selbst verwalte.« Und fügte hinzu: »Ich könnte gewisse Einschränkungen durchführen.« Wohl wußte ich, es war im Augenblick nicht übermäßig reichlich mit meiner Ausstattung bestellt. »Wenn es sich so verhält«, sagte er, »könntest du mir das Geld im voraus geben. Einen Monat im voraus. Es ließe sich damit einiges beginnen. Es fallen mir sogleich zwei oder drei Geschäfte ein.« »Hundert Kronen«, sagte ich sehr zögernd, »befinden sich nicht mehr in der Kasse. Reichlich fünfzig werden es sein. Sie wird erst zum Weihnachtsfest wieder aufgefüllt, der Geschenke wegen, die ich kaufen muß.« »Bring mir die fünfzig Kronen«, sagte er, »es läßt sich sehr viel damit tun. Wir machen ein Geschäft auf Halbpart, wie sich's versteht.« Er war erregt. Seine Stirn zog sich in Falten. Er schob mich von seinen Knieen. »Du zählst zu den reichen Leuten«, sagte er plötzlich tonlos, »ich bin arm. Du ermissest nicht, was es bedeutet.« Ich wollte ihm sagen, daß ich ihn liebe. Er schien es zu erraten. Er wies mit seiner Hand ab. »Man wird nicht fett am Geld«, schalt seine Stimme. Und wurde wieder sehr zahm und kam mir zuvor: »Ich liebe dich. Wenn du es anrechnest, ist es ein Etwas, das mir helfen kann.« Dann stieß er die Tür auf. Wir stiegen ein paar Stufen hinab. Er ritt mit mir heimwärs. Ich sollte ihm das Geld aushändigen. Ein Geschäft war dringlich. Ein anderer konnte uns zuvorkommen. Ich gab es in seine Hand. Er ging. Ich legte mich in meine Kammer zum Schlafen. Zum Mittagessen erschien ich bei den Tanten. Es wurde über Tische nichts gesprochen. Als die Mamsell hinausgegangen war, sagte die eine der Tanten: »Du warst die Nacht über fort. Wir haben uns deinetwegen geängstigt.« Ich schwieg. Und die andere sprach: »Eystina hat mir erklärt, daß es mit deiner Kleidung nicht aufs beste steht. Ich werde den Schneider kommen lassen, er soll dir einen Anzug anmessen. Auch einige Wäschestücke werde ich für dich kaufen. Vielleicht überrechnest du deine Kasse. Und teilst mir mit, welchen Zuschuß du benötigen wirst.« Ich schwieg abermals. Ich wollte mich entfernen. Da wurde wieder zu mir gesprochen: »Es wird ein böses Ende mit deiner Leidenschaft, zu reiten, nehmen. Deine Augen sind dunkel umschattet. Deine Gesichtsfarbe ist gelb wie sämischgares Leder. Du wirst krank werden.« Ich schwieg abermals. »Du reitest das Pferd zutode.«

Ich begriff, sie wußten alles um mich und schonten mich. Ich konnte mich nicht verteidigen, noch weniger war ich reif, eine Schuld zu erkennen. Ich ging stumm hinaus. Ich ging auf meine Kammer und schlief bis zum Abend. Beim Nachtmahl wurde ich gefragt: »Hast du deine Barschaft gezählt?« Ich sagte: »Ich habe es vergessen.« Als ich am nächsten Morgen zu meinem Pferd wollte, stand der Knecht Kaare in der Stalltür. Er versperrte mir wie ohne Absicht den Weg. Ich mußte ihn bitten, beiseite zu treten. »Es ist arg herunter«, sagte er und blieb stehen, »sieh nur selbst. Es ist eine Schande«, und blieb stehen. Ich sagte ihm: »Ich will ausreiten.« Da wurde er sehr böse. »Nein«, schrie er, »such dir ein Pferd anderswo.« Ich erschrak so sehr, daß ich zurückwich. Ich entgegnete nichts. Ich schlenderte auf den öffentlichen Fahrweg hinaus. Es ist alles entdeckt, sagte die Stimme in mir. Es war mir zum erstenmal gleichgültig, ob ich ein böser oder ein guter Mensch wäre. Ich dachte an das Wägelchen des Schlachters. Ich hatte keine Mütze auf dem Kopfe und keinen Rock an mir. Doch ging ich, obwohl es kalt war, die bekannte Straße. Ich berichtete Haakon, was sich zugetragen. Statt aller Antwort zählte er mir fünf einzelne Kronenstücke in die Hand. »Der erste Gewinn«, sagte er, »halbpart.« Er hatte an diesem Tage keine Zeit für mich. Es gab neue Geschäfte. Ich mußte nach Hause zurückkehren. Ich legte die fünf Geldstücke in die leere Kasse. Die Tage waren sehr kurz geworden. Der Schneefall setzte ein.
Der alte Schlachter besaß auch einen Schlitten. Haakon und ich fuhren eines Abends mit ihm bis in die Nähe des Gutes. Ich entwendete, ohne daß es bemerkt wurde, einen Schafspelz und zwei Fußsäcke. Unsere Ausrüstung war damit einigermaßen vollkommen. Der Onkel ging wieder auf Hausschlachtungen. Er trank nicht mehr unmäßig. Haakon brauchte das Gefährt ihm nicht abzutreten. Der Handel ging überraschend gut. Fast täglich nahm Haakon mich mit sich, wiewohl ich von seinen Geschäften nichts verstand. Er sagte, es sehe wohlhabend aus, zu zweien zu reisen. Es war eine herrliche Zeit, die mir beschieden war. Haakon lenkte das Pferd. Nur selten mußte ich die Zügel nehmen. Wir saßen zusammen eingehüllt unter dem riesigen Schafspelz. Er war mir bis an den Hals hinaufgezogen. Der Freund hatte die Arme frei. Es war sehr warm unter

der Decke. Die Wärme seines und meines Körpers mischte sich. Ich konnte einen Arm um ihn legen. Je näher das Weihnachtsfest kam, desto weiter führten uns die Geschäfte von der Heimat fort. Die Straßen wurden sehr lang vor uns. Es war wie Unendlichkeit. Ich dachte mancherlei. Wir sprachen sehr wenig. Ich hatte oft das brennende Verlangen, daß er mich küssen möchte. Seine Lippen waren frisch, seine Augen tief, ganz unveränderbar. Ich unterdrückte den Wunsch, glitt zurück zu dem unantastbaren Glücksgefühl, daß ich in seiner Nähe. Genoß die weiß auf und abschwingende Welle, diese Landstraße, die Hügel und Täler beschrieb. Es ging auf hohen Mauern an Flüssen vorüber, die vereist, nur an strudelnden Stellen quellendes Wasser emporwarfen. Es gab Töne und Schweigen auf der Straße. Es gab Augenblicke der Furcht und Zuversicht. Die größte Beruhigung war die: daß wir nur drei, Haakon, ich und das rundliche kleine Pferd; dazu die Bretter des Schlittens, der wie ein Haus war. Ich kannte die Leute nicht, die wir aufsuchten, und mit denen wir sprachen. Sie waren Bewohner einer weiten Welt, mit der wir Handel trieben. Der Kauf und Verkauf von Vieh machte nur noch einen kleinen Teil unseres Umsatzes aus. Wir führten mancherlei Kram mit uns. Seifen, Kämme, bunte Kniebänder, Kaffee und Sirup. Als Glanzstück einen handgewebten Teppich in saftigen Farben, den Haakon von einer Frau, die ihn selbst angefertigt, in Kommission übernommen. Drei Wochen vor dem Weihnachtsfest gab ich ihm zweihundert Kronen, die Summe, die ich erhalten hatte, um für alle Bewohner des Gutes Geschenke einzukaufen. Er ging sogleich daran, einige Postkarten zu schreiben. Er zerlegte die Summe in einzelne Häufchen. Er konnte den Wert jeder Position durch eigenes Geld verdoppeln. Ich mußte mit ihm zur Post gehen. Er sandte die Mitteilungen und die Geldbeträge hierhin und dorthin. »In einer Woche«, sagte er, »werden wir südlich fahren. Sehr weit südlich. Bis in Hedemarken hinein. Um erst zum Fest zurückzukehren.« Ich blickte ihn ungläubig an. Und doch, wie er gesagt hatte, so geschah es. Es wurde ein Tag zwischen uns verabredet, an dem die Reise beginnen sollte. Den Tanten gegenüber tat ich sehr geheimnisvoll. Ich hätte große Dinge zu besorgen, sagte ich. Ich müsse zwei oder mehrere Tage fortbleiben. Sie schwiegen. Ich begann zu prahlen von der Größe und dem Wert der Geschenke, die ich beschaffen würde. Ich redete sehr unverantwortlich. Ich rechnete mit dem Wiedererhalt des Geldes, mit großen Verdiensten. Es waren mit der Post mannigfache Waren für Haakon eingetroffen. Sie wurden im hinteren Teil des Schlittens untergebracht, zusammen mit einer nicht unbedeutenden Wegzehrung. Dann fuhren wir. Es war sehr kalt. Unser Atem schlug sich als Eis an den Wimperhaaren nieder. Das Pferd war bereift und sah dick aus wie eine schwangere Kuh. Es war eine fröhliche Fahrt. Wir lachten viel, weil unser Gemüt leicht war. Wir erwärmten uns gegenseitig, wenn uns kalt geworden, indem wir einander mit spitzen Fingern zwickten. Den Rükken, die Schenkel, in die Hüften. Wir wurden daran übermütig und sehr verliebt zueinander. Ich erhaschte sogar flüchtig seine Lippen. Es war unvergleichliche Freude. Gegen den Abend unseres ersten Reisetages wurde die Luft milder. Es begann zu schneeien. Da wurde der Weg ein Nichts. Und die Dunkelheit, diese ein wenig weiße (wie wir wußten), die wir mit der Zunge schmecken konnten, wenn wir sie heraussteckten, war alles. Wir begegneten niemand. Ich sagte: »Wenn wir zwei nur ganz allein in dieser Welt wären –« Haakon lachte ein wenig verlegen (was ich nicht sehen konnte, aber doch zu verspüren meinte). »Das wäre nicht angenehm«, antwortete er nach einer Pause. Diese Antwort begriff ich nicht. Ich doch hatte Herrlicheres mir nicht aussinnen können. Nach langem Schweigen sagte er: »Nimm du die Zügel. Man erkennt den Weg nicht. Das Pferd muß ihn allein finden.« Er kroch unter die Decke. Mir war, als ob ich ganz allein dahinführe. Eine Sekunde lang wünschte ich, Haakon möchte gestorben sein, und ich verdammt, seinen Tod zu beweinen. Ich dachte daran, ob Gott jede Schneeflocke selbst anfertige. Oder ob dazu Gehilfen, Engel, eine Art Glasbläser bestellt seien. Die Reise war ein großer Erfolg. Haakon konnte seine Ware restlos absetzen. Sogar der Teppich fand einen Käufer. Ich erbat mir von Haakon die zweihundert Kronen zurück, um Weihnachtsgeschenke einkaufen zu können. Er belehrte mich sehr überlegen, daß es unmöglich sei. Man gebrauche Betriebskapital. Es müßten neue Waren beschafft werden. Nach Abzug aller Spesen sei der Verdienst nicht übermäßig groß gewesen. Er gab mir fünfundzwanzig Kronen. Und sagte: »Genau gerechnet fallen nur zwanzig Kronen auf deinen Anteil.« Ich wollte ihm antworten, ich hätte doch den Verdienst der vergangenen Wochen in der Geschäftskasse belassen; mit Ausnahme der fünf einzelnen Kronenstücke als erstem Verdienst. Doch unterdrückte ich den Einwand. Sehr niedergeschlagen kam ich auf dem Gut der Tanten an. Sie hatten gewiß nichts Freudvolles erwartet. Sie waren beruhigt, mich wieder zu sehen. Am Weihnachtsabend wurden meine Lügen und meine Prahlerei enthüllt. Ich hatte für niemanden Geschenke. Ich gab den Tanten fünfundzwanzig Kronen, meinen Verdienst. Ich weinte sehr zerrissen und verbarg mein Angesicht mit den Armen. Den Knechten und Mägden wurde beschert. Sie sangen. Die Tanten sangen mit ihnen. Nur ich sang nicht. Ich bemerkte, daß ich, auch ohne meine Tränen, nicht hätte singen können. Es gab keine Töne in meiner Kehle. Ich hätte die richtige Lage nicht gefunden. Ich verwechselte Hohes und Tiefes. In meiner Pein schlich ich zur Tür. Ich öffnete sie behutsam und ging hinaus. Ich stand auf dem fast dunklen Flur. Ich stellte mich hinter einen mächtigen Linnenschrank und begann mit Klagelauten zu schluchzen. Ich wußte, ich durfte an diesem Abend nicht zu Haakon gehen. Da fühlte ich, daß jemand mich beim Arm faßte und mich mit einem schnellen Kuß küßte. Ich hörte Worte gegen mein Ohr, sehr leise und behutsam: »Lieber Junge.« Ich wurde aus meinem Versteck hervorgezogen. Ich stand plötzlich, umschlungen von den Armen Kaares, in der Feststube. Die Reden der anderen verstummten und Kaare sagte: »Geduldet euch noch einige Minuten.« Ich mußte mit ihm in ein dunkles Nebenzimmer gehen. Er schnürte mir die Stiefel auf; während ich auf einem Stuhle saß. Er entkleidete mich meines Anzuges, steckte mich in einen anderen, der sehr neu roch, geleitete meine Füße in nach frischem Leder duftende Schaftstiefel. Dann zog er mich in die Nähe der Weihnachtskerzen. Ich sah, daß es ein neuer Reitanzug war, den ich trug. Und daß schöne rote Stiefel mit Sporen an meinen Füßen saßen. »Wir alle lieben Perrudja«, sagte Kaare und er küßte mich noch einmal vor all den anderen auf den Mund. Und die Tanten kamen und küßten mich. Ich aber mochte den Kuß Kaares lieber. Ich weinte aufs Neue. Es wurde ein Reigen gebildet. Ich wurde an beide Hände gefaßt.

Links von mir war Kaare und rechts von mir eine der Tanten. Wir mußten im Kreise umherspringen. Alle waren fröhlich und lachten. Da mußte auch ich lachen. Es wurde Punsch getrunken. Ich aß sehr viel des kleinen Gebäcks. Ich wurde ein wenig betrunken und wollte ein Pferd sein. Ich kroch auf allen Vieren durch die Stube. Es war ein bissiges Pferd. Es biß die Mägde in die Beine. Es war ein Löwenpferd. Kaare wollte dieses Ungeheuer zähmen. Er bestieg es. Er wurde abgeworfen. Das Ungeheuer fraß ihn. Es fand die Sprache auf Augenblicke. Es sagte: »Tiger fressen die Eingeweide am liebsten«, und riß mit seinen Zähnen einen Knopf von Kaares Jacke. Ich wurde des Knopfes halber gescholten. Mir dämmerte, als ob es wegen der Sprache wäre und ich verschluckte in einem Anfall von traurigem Zorn den Knopf. Als man es bemerkte, war das Spiel zuende. Ich wurde ins Bett gebracht. Die Mamsell und Kaare brachten mich ins Bett. Ich mußte drei Eßlöffel voll Rizinusöl einnehmen. Die Tanten kamen in meine Kammer. Sie ordneten an, daß ich nicht auf den Hof gehen müßte. Es wurde ein Feuer im Ofen angezündet. Eystina sagte, es sei eine ungehörige Schweinerei. Kaare versuchte sie zu beruhigen. Er sagte, er werde bei mir wachen. Er setzte sich an den Ofen. Ich hatte manche Schmerzen. Er machte es mir sehr leicht; ich brauchte mich nur wenig vor ihm zu schämen. Als die Wirkung des Öles eintrat, und ich aufstehen mußte, hielt er eine Decke um mich, setzte sich hinter mich, daß ich meinen Kopf gegen seine Kniee legen konnte. Er streichelte diesen unbegabten und verwirrten Kopf. Da erschien mir der Schmerz nicht schlimm und die Stunde in unbequemer Stellung nicht lang. Am nächsten Morgen kam er an mein Bett, zeigte mir den Knopf und sagte: »Ich werde ihn als Andenken behalten.« Ich beschloß bei mir, vor Neujahr nicht zu Haakon zu gehen. Ich fühlte mich Kaare und den Tanten sehr verpflichtet. Als ich in den ersten Januartagen mich zu meinem Freund begab, traf ich ihn nicht an im Haus. Der Onkel berichtete, daß er wieder südwärts gefahren. Auf ein paar Wochen vermutete er. Ich war tief erschüttert. Jeden dritten Tag fragte ich bei dem Alten an, ob Haakon zurück sei. Der Januar verstrich, ohne daß er eintraf. Meine Ängste wurden maßlos. Meine Liebe zu ihm wuchs sich in meiner Einsamkeit zu einer Leidenschaft aus.

Dann kam eine Geldsendung für mich an; von ihm. Wiederum fünfundzwanzig Kronen. Auf dem Abschnitt stand: »Du findest mich am 5. Februar im Hause.« Ich geriet außer mir. Ich sehnte diesen Tag herbei. Ich wollte zerspringen vor Unruhe. Ich machte ihm Vorwürfe, daß er nichts über sich geschrieben. Als wir uns wiedersahen, umarmte er mich. Es war eine schöne Formel, die er sich angewöhnt hatte. Er sagte: »Ich wußte, daß du Geld nötig hattest und bin deshalb ausgefahren, um Geschäfte zu machen.« Ich erzählte ihm, was sich zugetragen hatte. Doch berichtete ich nichts Gewisses von dem neuen Reitanzug und den roten Juchtenstiefeln. Ein angebrochener Monat ist schnell dahin. Es geschah nicht sehr viel zwischen uns in diesem Februar. Ich hatte trotz mancher geheimer starker Wünsche nur geringen Mut zu ihnen in seiner Gegenwart. Er sprach sehr viel von Plänen, die den Handel betrafen. Seine Augenbrauen waren sehr buschig und finster geworden. Der weiche Flaum um Kinn und Mund war fort. Er hatte begonnen sich zu rasieren. Es wurde sehr schnell ein ganzer Mann aus ihm. Mit Besorgnis sah ich den Abstand zwischen uns größer werden. Ich fühlte mich ihm, mehr denn je, ausgeliefert. Und wurde zaghafter in allen eigenen Forderungen. Das Unbefriedigtsein in mir wuchs an. Mein Gemüt wurde unsteter. Sehnsüchte, Enttäuschungen, Hoffnungen, Begierden, tiefe Glücksgefühle durchtaumelten mich. Ich dachte daran, was für ein Schade für mich es war, daß wir nicht Blutsbrüder geworden waren. Ein junger Gymnasiast kam auf unser Gut. Er sollte mit mir in einigen Schuldisziplinen arbeiten. Es wurde mir enge in der wenigen Freizeit, die mir blieb. Nur selten noch konnte ich mit Haakon kleine Geschäftsreisen ausführen. Einmal noch geschah es, daß wir gemeinsam auf eine Schlachtung ausgingen. Es war ein Ereignis von so großer Verwirrung, daß keine Vernunft hülfe, das Gesetz zu entdecken. Es war ein Schatten und ein großes Licht. Es war eine Mahnung an unsere Endlichkeit und die ewige Trübung unserer Sinne, daß wir der Gelegenheit überantwortet und unsere Entscheidung ein weniger als Duft, auch wenn wir tausend Himmel träumen. Es war eine glückliche Sekunde inmitten Stunden des Untergangs. Es handelte sich um eine Notschlachtung. Eine Stute konnte nicht länger leben, oder doch nur mit der Unterstützung von Menschen, die barmherzig waren und nicht arm. Sie hatte ein Füllen geboren. Es war dabei ein Scheidenvorfall eingetreten, der sich nicht beheben lassen wollte. Wenn sie ruhig im Stall stand, konnte ihre Krankheit nicht bemerkt werden. Legte sie sich nieder oder wurde sie zur Arbeit herangezogen, stellte sich das Leiden ein. Man schonte sie solange wie man ihre Milch für das Füllen als unentbehrlich erachtete. Danach rief man Haakon. Eine schwierige Arbeit. Er war erfreut, mich bei sich zu haben. Wir wurden mit dem Tiere allein gelassen. Man hatte das Füllen aus dem Stall entfernt. Mir wurde sehr ängstlich zumute. Ein großes schönes Tier, das uns, kaum mißtrauisch, beschnupperte. »Sie hat noch Milch bei sich«, sagte er, »hast du jemals Stutenmilch getrunken?« Ich nickte mit dem Kopfe. »Es gibt kein besseres Getränk«, sagte er. Er wurde lüstern darauf. Es geschah, daß ich mich ihm sehr nahe verwandt fühlte. Er zwängte seinen Kopf zwischen die Schenkel der Stute und sog mit seinem Munde an den Zitzen. Wie er davon abließ, übersatt und schwer vom Genuß, tat ich das Gleiche. Es floß etwas seines Speichels und die Süße der Todgeweihten über meine Lippen. Als ich absetzte, behielt ich den Mund voller Milch. Und schluckte sie erst in ganz kleinen Zügen hinab. Wir wußten nicht, welchen Trieben wir gefolgt waren. Es wurde ein schnelles Ende der Lust. Haakon zertrümmerte mit einer Axt dem Tiere das Stirnbein. Fast fiel es auf mich. So unvorbereitet geschah es. Blut floß mit dickem Quellen. Es war ein Jammer. Das Gesicht unseres nachfolgenden Tuns bereitete mir noch größeren Jammer. Fast krank schleppte ich mich am Ende dieses Tages nach Hause. Und doch war ich Haakon näher gewesen denn je. Es war eine Nähe der Gleichheit gewesen, nicht eine Eroberung der Leidenschaft. Ich ahnte im Ungewissen, daß die Befehle, die er mir geben könnte oder geben würde, zukünftig, mein Wesen offenbar machen würden. Ich fürchtete mich davor. Ich mied ihn, solange meine Leidenschaft zu ihm sich unterdrücken ließ. Ich fragte die Tanten, weshalb dieser Gymnasiast Eystein die Schule nicht besuchen müsse, da er doch, wie gesagt wurde, ein Studium sich vorgenommen habe. Sie antworteten, seine Nerven seien schwach. Er müsse sich kräftigen. Der Landaufenthalt werde ihm wohltun. Die langen und warmen Tage machten mich träge. Trotz der inneren Gespanntheit war mein Schlafbedürfnis groß. Ich trieb in uferloser Müdigkeit. Eystein konnte keine große Freude an mir haben. Doch war er geduldig und nachsichtig mit mir. Er wiederholte seine Lehren so oft und dehnte ihre Begründungen so weit aus, daß ich mich betrübte, nicht aufmerksam sein zu können. Er schlief des Nachts in der Kammer, die neben der meinen lag, zwischen denen es keine unmittelbare Verbindung gab. Er lebte sehr einsam und still. Manchmal lieh ich ihm mein Pferd. Dazu den Reitanzug und die roten Juchtenlederstiefel. Haakon war ganz zum Manne herangereift. Er trug einen Anzug von städtischem Zuschnitt über sich. Er rauchte Zigaretten. Seine Augen schienen mir jetzt mehr wild als tief. Sein Mund schmeckte bitter. Er hatte sich einen neuen Wagen gekauft. Ich mußte ihm noch einmal zweihundert Kronen verschaffen. Er behielt außerdem meinen Verdienstanteil in der Kasse zurück. Er sagte eines Tages zu mir: »Du solltest die Mädchen kennenlernen.« Und er beschrieb sie mir und die Genüsse, die sie bringen konnten. Ich nahm seine Worte gierig auf. Und bekümmerte mich trotzdem. Ich wagte nach diesem Gespräch nicht mehr ihn aufzusuchen. Es war ein warmer Sommer. Mein Lebensüberdruß trieb mich in die Einsamkeit. Ich war wieder oft zupferde. Ich ritt eines Tages unter einer versengenden Sonne ins Gespenstertal hinein. Die steil abfallenden Felsen erschienen duff und staubig in der weißen unelastischen Luft. Ich stieg vom Pferde, glitt zum Fluß hinab, beschaute beim Rhythmus einer melankolischen akkorddurchwebten Melodie die runden Kiesel und die gelben Sonnenreflexe der Wellen auf dem Grunde des Wassers und die Jagd der tausend kleinen Forellen, die kaum fingergroß, neugierig nach mir und dem braunen Pferde waren. Die Melodie kam aus mir. In der Luft war kein Ton. Die reine Ursache war das pulsende Blut in mir, dies nackte Leben, das mir wertlos und lästig erschien. Ich warf kleine Holzspäne ins Wasser. Die Fische schnappten danach und spieen sie wieder aus. Ich spie, als wäre ich einer der ihren, ins Wasser. Sie stürzten sich gierig auf meinen Speichel und fraßen ihn. Ich spie mir in die Hand und reichte sie dem Pferde. Es leckte gierig diese Hand. Ich war nicht so gering, als daß nicht arme Kreaturen von mir begehrten. Ich war nicht so gering, daß nicht Vögel und Hunde mein Fleisch gefressen hätten. Ich würde mit meinem Körper einen Löwen satt machen. Das Pferd ging mit den Füßen in den Fluß und kühlte sich und trank von dem Wasser. Ich dachte, es müßte hungrig sein und beschloß, ihm eine schöne Wiese zu suchen. Es würde fressen, mir zu Häupten und an meiner Seite und zu Füßen, wenn ich in der Sonne läge. Vielleicht würde es auf mich treten aus Nachlässigkeit oder sich rächen, eingedenk der Zeit, da ich es gepeinigt mit Unvernunft, die eine fremde Liebe verschuldet hatte. Es brauchte nur eine Kleinigkeit in mir zu zerreißen. Ich würde verenden. Ich nahm die Zügel des Tieres. Wir gingen die Straße aufwärts. Ich schob ein Gatter beiseite. Es war ein Weidegang. Das Gras auf ihm war nicht übermäßig duftig, der großen Sonne wegen; aber es stand manches Futter darauf. Und kein Vieh graste darauf. Es war eine mit einer Felsmauer eingezäunte Wiese, wie man sie nicht oft fand. Wir gingen hinein und entfernten uns von der Straße und kamen bis nahe an die Talklippen. Dort nahm ich die Trense aus dem Gebiß des Pferdes und legte mich und verschränkte die Arme über Stirn und Augen. Und hörte das Abrupfen des Grases, das nun gefressen wurde. Und hörte den dumpfen Ton der auftretenden Hufe. Sie kamen näher und entfernten sich wieder. Und mir war nach einiger Zeit, als hörte ich noch andere Geräusche. Es waren nicht die Hufe, es war auch nicht der Gesang meines traurigen Herzens. Ich hatte das Verlangen aufzuschauen. Und ich tat es. Da stand vor mir ein Mensch. Ich sah anfangs nur zwei entblößte Beine, bis zu den Knieen entblößt. Dann erkannte ich, daß es ein Mädchen war. Sogleich standen die Aussprüche Haakons in mir auf. Ich wurde verwirrt. Und lüstern. Und sehr demütig. Und sehr weinerlich, denn ich glaubte, nur Haakon lieben zu können. Sie aber sprach mich an: »Du hast schöne rote Stiefel.« Ich blieb sitzen, wie ich saß und antwortete: »Es ist Juchtenleder.« Sie sagte: »Ich möchte auf deinem Pferde reiten.« Ich antwortete: »Du darfst es.« Sie nahm das Tier, tat ihm die Trense ins Maul, schwang sich in den Sattel. Es war ein schöner Anblick, wie sie dahinritt. Meine Augen folgten ihr. Meine Augen empfingen sie wieder, als sie herankam. »Ich möchte einmal deine Stiefel an meine Füße tun«, sagte sie. Ich zog die Stiefel aus und reichte sie hin. Sie tat das Leder an ihre unbekleideten Füße, ging wieder in den Sattel und ritt davon. Meine Augen folgten ihr und empfingen sie wieder als sie zurückkam. »Diese Wiese gehört meinem Vater«, sagte sie, entkleidete sich der Stiefel und gab sie mir zurück. Sie setzte sich an meine Seite. Ich sah ihr Gesicht ganz nahe. Und es bewegte sich etwas in mir. Ich konnte es nicht deuten. Es waren andere Gefühle als Haakon sie mir beschrieben hatte. Ich schaute sehr lange in ihr Angesicht. Sie hielt meinen Blicken stand und betrachtete mich. Es verging eine Zeit. Ich weiß nicht, was für eine lange oder kurze Zeit es war. Sie erhob sich. Sie ging hinter mich. Ich hörte es in den Büschen, die zurückstanden, rascheln und knistern. Sie erschien wieder vor mir und hatte einen Dornbusch in der Hand. Mit dem Dornbusch schlug sie auf mich ein. »Wir wollen miteinander spielen«, schrie sie dabei sehr laut. Ich blieb sitzen wie ich saß. Nur die Augen schloß ich. Die Zweige und Dornen zerrissen mir das Angesicht. Ich wehrte mich nicht. Nach einer Weile hielt sie inne mit ihrem Tun. Sie kam nahe zu mir heran. Ich sah wieder ihre entblößten Füße bis hinauf zu den Knieen. Ich wischte mir das Blut von den Wangen, in das sich ein paar salzige Tränen gemischt. Ich hörte, daß sie sprach: »Schlage du mich. Ich halte still wie du.« Sie hockte nieder im Gras. Ich erhob mich, nahm den Busch. Ich vermochte nicht, sie zu schlagen. Ich schaute sie an. Das war alles, was an diesem Tage geschah. Und ich behielt in mir ihr Bild – bis ich es gewaltsam ausriß. »Der Sommer ist schön«, sagte in einer warmen Nacht Haakon zu mir, »wir sollten ihn benutzen. Wir sollten ein kleines Abenteuer bestehen.« Es war eine günstige Nacht. Dieser Mensch war weich und er gefiel mir über die Maßen. Es war zwischen uns wie am ersten Tage unserer Bekanntschaft, sehr geheimnisvoll. Seine Stimme war Honig, seine Lippen frisch, seine Augen waren ein Magnet, und ich das wertlose Eisen. Und es war so licht in der Luft, daß wir uns wohl erkannten, und doch so dunkel, daß wir nicht rot wurden voreinander und nicht mit Masken umgingen. Ich antwortete: »Ja«, ehe ich noch seinen Plan vernommen. »Wir sollten einmal die Berge hinansteigen. Das Vieh ist auf den höchsten Weideplätzen. Es ist dort sehr einsam. Es lebt sich gut dort um diese Jahreszeit. Die Mädchen geben uns zu essen, so viel uns behagt. Wir verdienen umeinander, daß wir es einmal lustig haben.«

Das war ein Vorschlag voll Verheißung. Zu den Tanten sagte ich, daß ich eine Wanderung dort und dorthin machen wolle. Sie baten mich, Eystein mitzunehmen. Eystein bat mich, ihn mitzunehmen. Ich antwortete: »Wir werden sehen.« Ich sagte zu Haakon: »Da ist dieser Eystein, dieser Gymnasiast, der uns begleiten will.« Entgegen aller Vermutung antwortete er mir: »Zuweilen sind dreie einander nützlicher als zweie.« Unsere Rucksäcke wurden gepackt. Ich war betrübt, nicht allein mit Haakon zu reisen. »Du mußt mir diesen Jungen, diesen Eystein, einmal überlassen. Ich habe etwas mit ihm zu bereden. Du mußt verstehen, wir kennen einander nicht.« Die beiden gingen vorauf. Ich folgte. Sie gingen viele Stunden vorauf. Auf den Rastplätzen saßen sie nebeneinander. Ich wurde eifersüchtig. Ich nahm bei einer Gelegenheit Haakon abseits, um ihm mein Herz auszuschütten. Er sagte: »Es ist nichts mit diesem Gymnasiasten. Wir werden vielleicht an irgendeinem Ort uns von ihm trennen.« Ich hatte Bedenken. Ich fand, man solle nicht treulos sein. Er zerstörte meine Einwendungen. Er verstand es, mich auf Süßes lüstern zu machen. Mein Herz wünschte wie nichts so sehr das Verschwinden Eysteins. »Es fragt sich, ob du das vermagst, wozu ich diesen Jungen gebrauchen wollte. Er ist immerhin älter und auch kräftiger als du.« »Meine Fäuste können zupacken«, sagte ich, »Eystein ist mir nicht überlegen an Körperkräften. Er hat schwache Nerven. Er ist nicht sehr gesund.« Es waren unerprobte Wahrheiten, also Lügen. »Wenn es sich so verhält«, antwortete Haakon, »werde ich dir vortragen, was ich meine. Und du kannst dich entscheiden, ob du selbst mir behilflich sein willst, oder ob ich es noch einmal mit Eystein versuchen soll, ihn zu bereden.« Ich horchte auf. Es waren schon so oft überraschende Aussprüche aus diesem Mund gekommen. »Man besucht die Almen um der Mädchen willen. Ich habe auf einem Hofe in Bellingmo eines kennen gelernt. Milch und Blut, wie man sagt. Und sehr jung. In den anfälligsten Jahren. Sie ist in diesem Sommer von ihrer Hausfrau zum erstenmal auf die Stube geschickt worden. Sie ist ohne Geliebten. Wir werden leichtes Spiel haben.« In meiner Verwirrung tat ich eine erste, sehr ungeschickte Frage: »Ist sie denn deine Geliebte?« »Man muß dir manches erklären, was lästig ist«, sagte er, »zu einer Geliebten geht man ohne Begleitung. Dieses hier ist ein Unternehmen, das man nur auf Halbpart machen kann. – Es ist ein bißchen Gewalt dabei«, fügte er nach einer Weile hinzu, da ich schwieg. Und verlängerte die Ausführung abermals, als ich still blieb: »Es wird sich erweisen, ob du ein dummer Klotz bleiben willst. Ob du Mut besitzest. Ob du für mich noch etwas unternehmen magst.« Er wurde verzagt. Wir grollten gegeneinander. Ich entschied mich mit den Worten: »– wenn du mich liebst.« »Kannst du zweifeln«, fragte er. Wir übernachteten auf einem unteren Stuhl, der nicht bewohnt war. Es gab zwei Pritschen in der Hütte, die wir uns gewählt hatten. Haakon machte sich's zum Schlafen auf der einen, Eystein auf der anderen bequem. Ich hätte mich nun wortlos zu Haakon legen können, wie ich's wünschte. Doch wollte ich mein heimliches Begehren vor dem dritten verbergen und stellte mich in die Mitte zwischen beide Lagerstätten, streckte meine Hände aus und sagte: »Wer mich zu sich hinüberzuziehen vermag, dessen Bettgefährte werde ich heute sein.« Ich war des Ausgangs sicher. Eystein konnte sich an Körperkräften nicht mit Haakon messen. Sie zogen nicht schlecht. Ich genoß, daß ich, wenn auch nur im Spiel, von zweien begehrt wurde. Plötzlich ließ Haakon meine Hand. Ich fiel taumelnd auf Eystein. Haakon lachte sehr laut. Ich wurde sehr still. Eystein lud mich mit weit zurückgeschlagenen Dekken neben ihm zu liegen ein. Als es nun immer lautloser in der Stube wurde und nur noch der Atem war, begannen mir Tränen zu perlen. Eystein hatte noch nicht geschlafen. Er bemerkte, was vorging. Und wischte mir mit seinem Taschentuch das Wasser fort. Und legte seine Hände behutsam um mich. Wenn ich auch nicht sogleich aufhörte zu weinen, so fühlte ich mich doch ein wenig geborgen. Und schlief ein. Am nächsten Morgen sagte Haakon zu mir: »Bis zum Nachmittag muß dieser Bursche einen anderen Weg gefunden haben als wir.« »Ich mag nicht gegen ihn unredlich sein«, antwortete ich, »ich werde ihm sagen, daß er uns heute lästig sein würde und ihn bitten, er möge auf diesem Stuhl uns morgen wieder erwarten.« »Wenn du zu so viel Offenheit den Mut hast –« gab Haakon zurück. Ich sagte zu Eystein, was ich mir vorgenommen. Er nickte traurig mit dem Kopfe und antwortete: »Ich werde dich erwarten.« Um Mittag schon waren wir zwei,

Haakon und ich, bei der oberen Alm angelangt. »Wir werden auskundschaften müssen, mit welchen Gefahren wir zu rechnen haben«, sagte mein Freund. Er war sehr dagegen, daß wir uns blicken ließen. Wir lagen hinter Steinen in einem Strauch. Und die Kühe schritten an uns vorüber. Wir krochen aus dem Versteck hervor und gelangten auf Umwegen eine Anhöhe hinauf, von der aus man sehr genau die Anlage des Weideplatzes übersehen konnte. Er lag in einer flachen Talmulde, die sehr üppig in grünen Farben prangte. Sieben oder acht Hütten waren nahe beieinander aufgeschlagen. Die grauen Straßen, die die Hufe der Tiere getreten, führten nach vier Richtungen in das saftige Grün hinein. Bis sie sich, dünn geworden, verloren. Ein einziges Haus lag abgesondert von den übrigen. Es war nicht aus Holz errichtet, vielmehr aus rohgebrochenen Granitquadern. Man sah aus den Schornsteinen den durchsichtigen Rauch verbrannten Holzes aufsteigen. »Wenn es nicht jener Prunkbau ist, den sie bewohnt«, sagte Haakon, »werden wir unverrichteter Dinge abziehen oder ihr im Freien auflauern müssen.« Wir schlichen zurück, dem einsamen Hause zu. Wir krochen durch Heide und Buschbirken bis auf fünfzig Schritt heran. Wir lagen in der warmen Nachmittagssonne. Wir schoben uns erste reife Blaubeeren in den Mund. Die Zeit war etwas, von dem wir genug besaßen, und wir richteten uns auf Langeweile ein. Einmal bis zum Abend, mußte sich die Haustür öffnen. Sie öffnete sich häufiger. Haakon teilte mir sehr leise und beglückt mit: »Sie ist es.« Und fragte, ob ich nicht fände, sie sei ein herrliches Mädchen. Dazu schwieg ich. Ich hatte keine Meinung. Ich verheimlichte, daß in mir ein Bild geprägt worden war auf jener Wiese im Gespenstertal. Meine Erwartungen waren ein Nichts gewesen. Aber dieses Mädchen hier war außerhalb meiner Vorstellung. Sie war reif und erwachsen. Sie war dick und großbusig. Ihre nackten Waden waren keulenförmig. Doch waren meine innerlichen Betrachtungen und Schlußfolgerungen kurz. Viele Worte wurden von mir nicht verlangt, mit Rücksicht auf die Nähe des Hauses, weil wir doch unbemerkt bleiben wollten. Wie nun die Sonne über Westen hinaus tiefer zum Norden sank, trat das Mädchen vor die Tür und rief: »Kühe kommt, Kühe kommt, Kühe kommt.« Es war auch von den anderen Stuben aus gerufen worden. Die Gerufenen kamen die Steige gegangen bis zum Melkplatz. Einer der Wege führte sehr nahe an dem Ort vorüber, an dem wir lagen. Die schweren runden Tiere mit dem vollen hängenden Euter erschienen uns übernatürlich groß wie die Gestalten aus einer Fabel. Eines nach dem anderen wendete seinen Kopf zu uns. Doch hielten sie nicht inne im Schreiten. Sie versammelten sich in dem Pferch und warteten, bis ihnen die Milch genommen worden war. Danach verstreuten sie sich wieder. Wir hatten beobachtet, niemand, außer dem Mädchen, hatte sich mit den Tieren, die zu diesem Stuhl gehörten, beschäftigt. Nachdem die Milch ins Haus getragen worden war, das Feuer unter dem großen kupfernen Milchkessel geschürt, was wir an dem zeitweilig dicken und gelben Rauch aus dem Schornstein zu erkennen glaubten, ging die Magd abermals zur Tür heraus und begab sich nach den anderen Stuben, offenbar, um noch ein paar Worte mit den übrigen Saeterleuten zu wechseln. Oder daß sie gemeinsam noch ein Lied sängen. Haakon hatte mit Hilfe seiner Uhr festgestellt, daß sieben und eine halbe Minute über dem Gehen von Haus zu Haus verstrichen waren. Er richtete sich auf, nahm mich bei der Hand, zog mich eilig durch das Strauchwerk, daß wir an das Haus gelangten. Wir traten ein. Im Vorraum stand dampfend über einem offenen Birkenholzfeuer der Milchkessel. Wir gingen weiter, durch eine schmale Tür in die eigentliche Wohnstube. Es standen Käse ringsum auf den Borten. Es war nur auf einer der zwei Pritschen ein Bett hergerichtet. Es war ein gutes Bett mit vielen bunt und großfigurig bemusterten Decken darüber. Das Kopfende wurde durch ein sehr massiges, mit weißem Linnen überzogenes Kissen bezeichnet. »Merk dir die Stellung«, sagte Haakon zu mir, »zum Fenster hin liegt sie mit dem Kopf.« Er stellte noch, wie mit großer Wichtigkeit, fest, daß die Mauern meterdick aus mit Mörtel verfugten Blöcken bestanden, die im Innern des Hauses verputzt waren. »Es wird kein Schrei hindurchdringen«, sagte er. Es war sehr warm in der Stube. Der Geruch darinnen war stark. Nach Käse, brenzlich von den abirrenden Schwaden des Feuers, nach dicksträhnigem Haupthaar eines Menschen. Wir schlichen vorsichtig wieder hinaus, legten uns in den Busch, verzehrten einige Butterbrote. Haakon gab mir Verhaltungsmaßregeln. »Du hast nur einen Griff zu tun, sie an den Schultern zu packen und niederzuhalten. Wenn dich ihre Hände belästigen, bezwinge sie daran. Hüte dich davor, daß sie dich nicht mit den Zähnen erreicht.« Ich erkannte sehr klar, was geschehen sollte. Wir würden die Nacht abwarten, wir würden eine Unvorbereitete in ihrem Bett überfallen. Haakon würde für sich eine Lust ernten, wie er sie mir schon beschrieben hatte. Mir kam, trotz der Klarheit der Vorstellung, nicht der Gedanke, daß wir wie niedrige Menschen handelten. Obgleich ich deutlich spürte, vom Herzen Haakons losgerissen zu sein, überwand mich der Jammer nicht. Auch an Flucht dachte ich nicht. Meine Lenden waren erregt. Es war eine Verwirrung in mir. Ich brachte ein Opfer, so deuchte mich, indem ich, was gegen mich war, guthieß. Und vermeinte, neue Rechte an Haakon damit erwerben zu können. Eine unnatürliche Fröhlichkeit saß so locker in mir, daß ich leise zu singen anfing. Haakon verbot es mir. Es war allmählich dunkel und kühl geworden. Die Magd war in das Haus zurückgekehrt. Es brannte eine Kerze oder eine kleine Petroleumlampe in der Stube. Wir sahen die Fenster gelb in dem farblosen Hause. Die Fenster verloschen zu ihrer Zeit. Wir waren sehr allein in dem Schweigen und in der Finsternis. Die Sterne zwar flammten. Da uns fror, begannen wir uns zu bewegen. Wir machten uns auf zu den anderen Stuben. Kein Fenster mehr leuchtete. Mein Herz fing an, im Vorgefühl des Ereignisses, zu hämmern, daß meine Ohren fast taub wurden vor Klirren. Schweiß brach mir aus allen Poren. Ich konnte nicht sprechen. Ich konnte nicht an Haakon denken. Ich konnte mich an Vergangenes nicht erinnern. Es war eine unvergleichliche Gegenwärtigkeit. Es war eine übermächtige Gegenwart, in der ich keinen Willen hatte. Es kam der Augenblick, wo Haakon leise die Tür der einsamen Saeterstube öffnete. Ich sah die roten Augen der Glut unter dem Kessel. Sie machten den Raum so unwirklich und groß, daß ich zu fürchten begann, ich möchte das Kopfende des Bettes verfehlen. Wir schlichen, atemlos, durch die enge Öffnung vom Vorraum in die Stube. Es knackten die Holzdielen unter unsern Füßen. Ehe ich den Willen hatte, ergriff ich mit meinen Händen, am Kopfende des Bettes stehend, die Schultern der Magd. Es gab einen Schrei. Es gab einen Kampf.

Meine Fäuste drohten zu erlahmen. Haakon lag, verwühlt in den Decken, über dem Weib. Er kam an das Ziel seiner Wünsche, wie mir schien. Er küßte den vergewaltigten Mund. An dem Schlaffwerden des Widerstandes glaubte ich zu erkennen, trotz der Vergewaltigung gingen die Gefühle der beiden allmählich zusammen. Meine Hände blieben ohne Arbeit. Plötzlich flüsterte Haakon mir zu: »Die Reihe ist jetzt an dir. Halbpart. Du verstehst mich.« Er sprach es so laut, daß die Magd die Worte aufnehmen konnte. Sie enthob mich der Antwort, die zwischen ja und nein schwankend, mit Tränen gewürzt, pfiffig, wegen der erwachten Lendenkraft, zaghaft, wegen eines blutenden Herzens, sich in ein vorläufiges, müdes Kopfschütteln geflüchtet hatte. Sie schrie: »Du bist nicht Harald Killingmo?« Sie riß sich los. Sie schlug ihm mit der Faust gegen die Stirn. Sie sprang aus dem Bett. Sie verfing sich mit den Füßen in den Decken und strauchelte. Haakon warf sie vollends zu Boden. Er drängte mich zur Tür hinaus. Er faßte den kupfernen Bottich voll heißer Milch, der über dem Feuer stand und goß ihn auf den Boden aus. »Sie soll sich die nackten Füße verbrennen«, schrie er, »wenn sie uns folgt.« Wir liefen, so schnell wir vermochten, talwärts. Doch folgte sie uns nicht. Noch schrie sie zu den Fenstern hinaus. Es blieb ganz dunkel in ihrer Stube. Sie saß gewiß zerknirscht mit ihrer Verstörung allein. Und war ein Gefäß. Und dieser Hund lebte noch in ihr. Als wir eine Wegstunde vom Saeter entfernt waren und die Dunkelheit dies blinde Gefühl vor den Augen dazu benutzte, daß das Verborgene in uns gewisser wurde, und das andere Ich schamloser, da bat ich Haakon, einen Augenblick anzuhalten. Ohne Erklärungen führte ich seine Hand gegen meine Schenkel. Als er fühlte, ich war nackend, versetzte er mir einen Stoß vor die Brust. Er spie mir ins Angesicht. Ich blieb reglos stehen, während er sich einige Schritte von mir entfernte. Er kam zurück, räusperte sich und spie abermals. Jetzt schlug er mit flacher Hand gegen meine Wangen. »Du wirst mich verraten«, gurgelte es aus ihm, »ich müßte dich töten.« Ich blieb reglos stehen. Ich wünschte nichts anderes, als daß er mich ermorde. Seine Hände legten mich um. Ich glaubte, er würde jetzt vollbringen, was er angekündet. Mein Hals wurde umklammert. Aber nicht die Luft wurde mir fortgenommen. Mit seinen Nägeln zerkratzte er mir das Angesicht. Er zerkratzte mir Kinn und Stirn. Mit seinem Gürtelmesser brachte er mir einen Schnitt neben dem Ohr bei. Mit dem Stiefelabsatz stieß er in meine Schenkel. Er zerriß mir die Jacke vom Hals abwärts bis zur Brust. Er richtete sich auf, mit einem Fuß auf meinem Arm stehend, mit dem anderen auf meinem Knie. Er ließ Harn über mich aus, daß meine Kleider naß und stinkend würden. Er wendete mich im Staub des Weges um. Er sagte: »Das war zwischen uns. Und niemand hat's gesehen. Gehe hin und sage, ich hätte die Magd vergewaltigt. Man wird dir's glauben.« Er verließ mich. Ich vermochte nicht, mich zu erheben. Ich weinte und jammerte nicht. Es war ganz lautlos in mir. Er hatte das Gesicht eines Verräters an mir gefunden. Er hatte dieses Gesicht verstümmelt, daß es unglaubwürdig würde. Ich dachte, wie ich mir vorstelle daß eine Maschine denkt, ohne Rücksicht auf meine Schmerzen und mein Herz und meinen Schoß; ohne Vorstellung meines Selbst und ohne Sehnsüchte. Es war wieder diese unvergleichliche Gegenwart da. Am Boden liegend. Dieses Nichtwissen um Ursache und Wirkung. Nur Kreatur. Meine Schlagadern am Hals waren noch nicht zerrissen, mein Bauch noch nicht gespalten. Aber die Keule war gegen die Stirn geschlagen worden, was dieser nackte harte Boden bewies, auf dem ich lag. Das war der Stillstand. Das Folgende war der Ablauf trotz des Stillstandes. Der Stillstand blieb, obwohl ich zu gehen begonnen. Es veränderte sich nichts in mir, als ich den unteren Stuhl erreicht hatte, in dem Eystein auf mich wartete. Es brannte ein Licht für mich. Die Seelenmesse. Eystein wachte. Er hatte ein Feuer unterhalten. Er sah und begann mit seinen Augen zu kämpfen, die rot werden wollten. Er entkleidete mich. Er wusch mich. Er verband meine Wunden. Er gab mir zu trinken. Es gab mir zu essen. Er brachte mich ins Bett. Er hatte nicht nach Haakon gefragt. Er hatte nichts gefragt. Am nächsten Morgen befahl er mir, im Bett zu bleiben. Er erneuerte den Verband am Kopf. Er wusch meinen Anzug. Er begann ihn, so gut er es verstand, zu flicken. Wir verbrachten vier oder fünf Tage in der Hütte. Wir lagen am Tage an der Sonne. Wir lagen des Nachts auf den Pritschen. Mein Herz wußte das eine und das andere nicht. Es war ein totes Herz. Da ging dieser Eystein neben einem Leichnam. Es war freundlich von ihm, daß er es tat. Ein Gestorbener vermag sich nicht zu schämen wegen seiner Unbeweglichkeit. Dieser Eystein aber sagte nichts über den Leichnam aus. Nach den fünf Tagen zogen wir ein wenig nördlicher. Nachdem alle Wunden vernarbt, und der Schorf von den Narben abgefallen, gingen wir zurück auf das Gut der Tanten. Der Unterricht begann wieder. Er war ein Wasser, das ausgegossen wurde. Es blühten gelbe Teichrosen. Es gab fünfblättrige Blumen. Es gab fünffingrige Menschen. Man konnte die Zahl der Haare auf dem Fell eines Tieres mit Genauigkeit nicht angeben. Ein mathematischer Punkt hatte keine Ausdehnung, konnte sich deshalb nicht um sich selber drehen. Das Dreieck entrann seinem Schicksal nicht, daß die Summe seiner Winkel 180° ausmachte. Die Erhabenheit eines fußhohen Bergkristalles konnte nicht geleugnet werden. Die Tage schrumpften ein. Der Herbst war da mit Stürmen und Farben. Es wurden Martergeräte in den Hof geschafft. Es sollte Kuhfleisch eingesalzen werden als Nahrung für den Winter. Zwei fette Schweine gebrauchte man für Würste; es waren fünfzig Kilogramm mageres Pferdefleisch gekauft worden, um sie schmackhaft bereiten zu können. Mit gelbem Gesicht stand ich am Fenster meiner Kammer. Die Schlachter waren angekommen. Haakon und sein Onkel. Das Gericht für mich war bestellt. Ich war aufgerüttelt worden von den Toten. Ich würde mich verteidigen müssen. – Ich will der Mensch sein, der nach vierundzwanzig Stunden sein Tun vergessen hat, denn er wird nach vierundzwanzig Stunden schuldlos sein. Ich will geträumt haben, was ich gelebt habe, denn der Träumer ist schuldlos. – Eystein sollte mit mir in meiner Kammer schlafen, weil die seine für Haakon zur Verfügung stehen mußte. Er trug seine Sachen herein, als ich am Fenster stand. Er machte sich lange zu schaffen. Er ging nicht wieder. Er sagte zu mir: »Haakon ist da. Haakon möchte dich sprechen.« Ich wendete mein Gesicht ab von dem fahlen Licht, das draußen war, zu der Finsternis des Zimmers, in der die Stimme war. »Er kann heraufkommen«, antwortete ich, »und du sollst zugegen sein, wenn er spricht.« Eystein ging langsam hinaus. Ich entzündete eine Kerze und stellte sie in der Mitte des Tisches auf. Die zwei kamen sehr bald in die Kammer. Sie schauten auf mich. Eystein ging rechts von sich. Haakon blieb nahe der Tür stehen. In mir wiederholte sich ein Vers: Es ist ein weniges oder ein vieles zwischen diesen Menschen gewesen; aber es ist dahin. Die Gegenwart berichtet es anders als die Vergangenheit getan hat. Es ist nichts Sicheres an dem, was auf dieser Welt geschieht. »Verzeih mir, Perrudja«, stotterte Haakon. »Es ist nichts zu verzeihen«, antwortete ich, »dieser Mensch, den du ansprichst, hat von dir geträumt. Du bist nicht verantwortlich für den Traum eines anderen. Für das, was ich in meinen Träumen leide, trägt niemand die Schuld.« Es war ein großes Schweigen, das nach diesen Worten folgte. Haakon faßte die Klinke. Er drückte die Tür auf. Es schloß sich ein Spalt. Eystein sagte: »Nicht ganz verstand ich den Sinn.« Und ich versuchte ihn zu umschreiben: »Wir sind eine der gemeinen Blumen auf den Wiesen. Etliche sind gelb an Farbe, andere sind blau, andere sind rot. Die gelb an Farbe sind, stinken einen Gestank. Wir wissen nicht, weshalb es ihr Los ist, da doch andere herrlich duften. Die einen und die anderen aber fürchten sich, zertreten oder gemäht zu werden. Solange die Knospen geschlossen sind, sind sie grün, die einen und die anderen. Und duftlos. Wenn ihre Farbe aufbricht, verbirgt sich nicht länger der Gestank und der Duft. Das vorher Unentschiedene ist plötzlich entschieden: was ihnen vorbestimmt war. Und je schöner und größer die Farbe und Form der Blüte, desto größer ihr Gestank und ihr Duft. Ich bin in diesem Jahre aus dem Grün aufgebrochen zu einer Farbe. Das ist geschehen. Und es schmerzt mich, weil ich die Ahnung habe, ich gehöre zu den Gelben. Ich fühle eine Schuld, wiewohl ich schließen müßte, die gelbe Blüte ist schuldlos. Doch ich bin ein Mensch. Und es wird gesprochen: Es lebt der Mensch mit der Fähigkeit zu erkennen. Er erkennt gut und böse. Es ist ein göttlicher Stoff in ihm. Nichts Triftiges kann ich gegen die Meinung ins Feld führen, daß es so sei. In Augenblicken doch vermisse ich das Buch, das die Menschen in ihrer Buntheit beschreibt und in ihrer unterschiedlichen Existenz. Eystein, die Dichter haben es nicht vermocht, einen Tag eines Einfarbigen zu beschreiben. Dieser Tag hat 86400 Sekunden, und ein Mensch erlebt sie mit zwei billionen einzelner lebendiger Zellen, die täglich aus ihrer Mitte viele millionen Samenzellen erwählen und von sich abspalten, deren jede einzelne befähigt ist, wieder er selbst zu werden. Welche Verwirrung! Unsre Gedanken sind verflucht, dies Labyrinth durchjagen zu können. Wir essen, Eystein, und die Speise wirkt in uns. Diese Milch, dies Fleisch, die Pflanzen. Wenn wir Kaffee trinken oder Alkohol, dann fressen unsere Nieren heftiger Wasser aus dem Blutsaft. Ich glaube, nur ein Gott hat dies anstellen können. Ich glaube an Gott, Eystein. Aber ich hasse ihn. Ich möchte ein Dichter sein. Ich möchte diese Kreatur Mensch beschreiben. Ich möchte einen Tag beschreiben. 86400 weiße Blätter beschreiben, jede Sekunde ein Blatt. Es wäre dann wenig gesagt. Es wäre etwas gesagt. Wir brauchten uns dann nicht mehr voreinander verkriechen. Unsere Angst vielleicht würde wachsen. Unsere Angst vor den Sekunden. Und die größere vor dem Tode. Vor diesem Schweineschlachten. Wir würden in unserer uferlosen Pein darauf verfallen, die Summen des Lebens zu errechnen. Diese Abbreviaturen. 73000 Küsse hat unser Mund geküßt, ehe wir sterben. 210900000000 Samenzellen haben unsere Lenden abgesondert; in 3650 Malen ist es von uns geflossen. 160mal ist das Fleisch an uns mittels Nahrungsaufnahme erneuert worden, außer den Knochen, bis der Tod das Dahinschwindende nicht wiedergab. Wir sind diese 160 Male zuvor verwest in den verwesenden Speisen. Ausgeatmet in den Wind. Verbrannt zu Harn, zu Tränen, zu Speichel. Es ist kein Wunder, daß wir stinken. Es könnte erwiesen sein, wir müssen übel riechen. Wir sind Nachkommen. Wir sind eine Wiederkehr. Wir klagen einander an, und es fehlt der Grund dafür. Dies Jahr, das verstrichen ist, wird gegenwärtig bleiben bis in alle Ewigkeit und war gegenwärtig vor der Zeit, die uns gehört. Nur die Reihe war an mir. Daran ist nichts Bemerkenswertes. Es ist nur bemerkenswert, daß ich es weiß. Es ist nur bemerkenswert, daß ich behalten habe, es sind durch meine Hände Tiere geschlachtet worden. Ich habe diesen Haakon geliebt. Es ist keine andere Rettung für mich, als daß ich mich mühe zu denken: Ein Jahr ist vergangen, die Sonne hat einen Kreis gemacht, die Zeit ist in die Ewigkeit vertropft. Ich kann die Tage zusammenpressen in die Sekunde eines Traums; denn hinterher sind sie kein Maß. Man soll mich wegen eines Traumes anklagen. Sie alle träumen in ihren Betten. Sie träumen gräßlich. Sie träumen lüstern. Treulos. Gottlos. Sie träumen zwei billionen Zellen ihres Ichs. Ihre Drüsen. Ihre Mägen. Ihren giftigen Atem. Ihre heilenden Wunden. Ihre Krankheiten. Ihre Vorfahren träumen noch in ihnen und ihre Nachkommen schon. Es gibt die Geschichte des Mannes, der Tag um Tag sein gelebtes Leben vergißt, weil sein Hirn von solcher Beschaffenheit ist. Er vergißt das Angesicht seiner Geliebten, seiner Eltern, seiner Kinder, seines Freundes, seines Gottes. Die Bücher und die Lehren. Die Gegenwart ist sein Trank und die Stunden hinter ihm der Nebel. So sind wir auch. In unserem Erinnern verwesen die Eindrücke; denn es ist ein Wachs, das unter der Sonne schmilzt. Dieser Tag ist unser Leben. Wie jener, obwohl er vergißt, dennoch seine Küsse wiederholt, so auch wir. Wir sind ein Punkt in einem unendlichen Kreis.« So sprach ich. Ich redete viele Stunden. Wir versäumten das Abendessen. Wir hätten nicht essen mögen. Als mein Schlund mir wehe tat und meine Brust sehr leer war, kam Eystein auf mich zu, warf sich vor mir auf die Kniee und betete mich an. Er schrie fast: »Du bist die duftlose Blume. Du bist das unbekannte Fleisch nach dem Ebenbild Gottes.« »Ein Jahr lang«, sprach ich, »und länger habe ich täglich zehn Minuten geweint. Wie lästig: jemand hat ununterbrochen dreitausendsechshundertundfünfzig Minuten geweint. Seine Augen haben drei und einen halben Liter Tränen abgesondert, eine Menge, die gleich der Nierenarbeit zweier Tage ist. Es sind 154999 einzelne Tropfen.« Er umfaßte meine Füße und beschwor mich, nicht länger mit mir ins Gericht zu gehen. Ich wurde wieder weich, obgleich ich mir das Ziel gesetzt, unbeweglich zu sein. Er erklärte mir, daß alle Schönheit der Welt auf mich gehäuft, daß meine Zuneigung zu Haakon ein Mißverständnis meines gütigen Herzens. Er wußte mich dahin zu bewegen, daß ich mich vor ihm entkleidete. Zuvor befahl ich ihm, mir die Augen zu verbinden, daß ich nicht sähe. Er betete mich in meiner Gestalt heftiger und wilder an als zuvor. Er genoß ein Glück. Ich aber sah nichts von ihm. Ich machte meine Ohren taub. Ich war gerecht. Ich war nicht schlechter als der Ort, an dem wir waren. Am nächsten Morgen beschloß ich, mir das Leben zu nehmen, wenn es mir nicht gelänge, zu vergessen. Ich sagte zu Eystein: »Reise zu deinen Eltern. Es ist etwas faul in mir. Ich habe nicht die Kraft zu sein wie ich bin.« Er verließ den Hof.

Ich ging zu den Tanten und sprach: »Kaare muß fort von hier. Er hat mich geküßt. Ich muß es vergessen.« Der Knecht wurde entlassen. Ich dachte an den Fluch, der es uns verwehrte, ein Nichts zu sein. Es konnte alles aus uns werden, das Nichts war uns verschlossen; und die Sekunden, die Stunden, die Tage, die Jahre waren die Variationen der Existenz. Ich konnte erschlagen sein, denn ich war geschlagen worden. Das eine Geschehen war die Verheißung des anderen. Ich konnte wegen Verbrechen im Gefängnis eingepfercht sitzen. Ich konnte im Asyl an Krankheiten zerfallen. Taub und blind und roh und leer konnten meine Sinne sein. Seelenwanderungen würde ich bis in alle Ewigkeit auf mich nehmen müssen, ob auch ihre Stationen aus meinem Bewußtsein mir entglitten. Und ich fürchtete mich sehr. Ich fürchtete mich vor dem Einsamsein. Und nahm mir zum Ziel, mich mit der Einsamkeit auszusöhnen; weil ich ihr nicht würde entgehen können. Täglich sprach ich mir vor: Du hast geträumt, du hast geträumt. Aber das gesprochene Wort war schwach. Es bedurfte noch einer Unterstützung gegen die leidenschaftlichen Sinne. Vom Distriktstierarzt erbat ich mir eine große Flasche Chloroform. Es war das einzige Betäubungsmittel, von dem ich damals wußte. Ich sagte ihm, ich wolle es als Lösungsmittel gebrauchen. Er gab mir die ölige Flüssigkeit. An den Abenden, in schweren Stunden, träufelte ich mir davon auf einen Wattebausch. Sog den süßlichen erstikkenden Dunst ein, bis mir die Gegenwart versank. Die Gefühle und Taten meiner jungen Mannbarkeit wurden in die Bezirke des Unverantwortlichen gerückt. Der Tumult ihrer Forderungen zerlöste sich in der halben Narkose, die mich abtrennte von diesem Leib; der mich in so große Fährnisse getrieben. Ich machte Versuche mit mir, welche Funktion meines Ichs sich länger gegen die Pest in meinen Lungen verteidigen konnte, das Schmerzgefühl oder das Bewußtsein. Das Bewußtsein war mächtiger. Ich konnte mir Schnittwunden beibringen; ich fühlte sie nicht mehr. Ich war daran, sehr tief zu gleiten, angespült zu werden an übermächtige Krankheiten. Da kam der Nebel herab über meine Vergangenheit. Es blieb nur die Erkenntnis zurück, daß Same in mir, dessen Sitz ich beschreiben und vernichten konnte, wenn der Ekel über mich selbst grenzenlos werden sollte.

In dieser Nacht bekannte er sich zu dem Erdrosselten, dem durch Gift Ausgerissenen.
Ich bin ein Lügner. Ich bin eine gelbe Blume auf einer großen Wiese. Ich stinke. Gelb, gelb, gelb. Die Andersfarbigen kenne ich nicht. Nur dies nackte Gelb. Ich werde gemäht, auch wenn ich vorgebe, eine Knospe zu sein. – Ich hätte einer der Knaben sein können, die einander ermordeten. Diese Geschichte des Sklaven hat mein Hirn erdacht. Die Entscheide der Edelmütigen sind meine Dichtung. Sie sind aufgeputzte Lügen, deren Wahrheit meine armseligen Erlebnisse. Neben mir prangt es nur gelb. Die Gelben verdammen mich nicht. Die Blauen verdammen mich; die Roten, die Weißen, von denen man sagt, daß sie unschuldig und fromm seien. Kniee vor dem gelben Gott nieder, der dich gelb gemacht hat! Ich habe gelogen. Ich habe gelogen. Haakon, ich liebe dich nicht mehr. Eystein, ich liebe dich nicht mehr. Signe, dich liebe ich. An dich denke ich. Weib mit Brüsten.
Aber er wußte nicht, wer die Blauen und Roten und Weißen waren. Er hoffte, Signe möchte eine der Gelben sein, daß sie ihn verstände.
Die Seele ist der sentimentale Teil des unbarmherzigen Stoffes. Nur weil wir lügen können, weinen wir. Weil wir schlafen (Gift und Gegengift), vergessen, Erinnern ausrinnt, können wir uns wiederholen. Quallen am Meeresstrand.
In langen Stunden des Nachts ergrübelte er Wesen und Inhalt der Gespielin. Ihre Gesichtszüge waren ihm entfallen. Jetzt schuf er sie neu aus den Schluchten seiner nicht lahmen Geisteskraft. Sie wuchs in ihm. Sein Wunsch. Er addierte zu dieser wiederangebrochenen alten Vergangenheit die langen Jahre der Trennung. Diese mutmaßliche Verwandlung in der Zeit. Auch Signe mußten Brüste ersprossen sein.
Blume auf dem Felde. Weib, dem ich nachschreie.
Die Gedanken an Lina: hinab. Dies war eine freche, goldene Liebe. Tausendmal schöner bildete er den neuen Menschen als die Gleichnisse, die ihm durch die sichtbaren anderen gegeben. Da kam wieder die Brunst, sich zu opfern, der Rückfall in seine Existenz, die Kreisbahn, die Sphäre der Tränen und Seufzer. Der neuen Morgende voll neuer Kümmernisse, die doch alt. Gebete sprechen. Das Wort Göttin lispeln. Furcht, unwert

befunden zu werden, mit leeren Händen stehend. Besiegt sein, ehe denn der Kampf begonnen. Parallelen denken: Knecht und Magd.

Haakon, der mein Geld nahm. Ich muß verschwenden. Ich muß eine Festung gegen die Andersfarbigen errichten.

Zu ihr eilen, sie sehen, ihr Dasein begreifen. –

Es ist verfrüht. Ich muß zuvor meine Lügen ordnen. Diese Kübel voll Tränen sammeln. Ich bin gepeitscht worden. Ich habe nicht wissentlich gelogen. Ich habe mich zerschunden, um zu vergessen. Ich erschlage das Vergessen, um unrein zu werden. In meiner Unreinheit bin ich das Geschöpf, dieser Perrudja, der weniger lügt und weniger weint.

Er suchte die Anschrift jenes schwarzgekleideten Mannes aus seiner Truhe hervor; der ihm einst ein großes Vermögen ausgehändigt und weitere Reichtümer verheißen. Perrudja schrieb ihm und bat um seinen Besuch, um weniger, um ein Lebenszeichen. Einige Tage, nachdem der Brief abgesandt, erschien der Fremde, ohne vorher angemeldet zu sein, im Gebirge. Perrudja, der ihm vor dem Hause begegnete, führte ihn herein. Langes Schweigen, als die Männer sich gegenüber saßen. Sie betrachteten einander. Nicht, daß sie sich abwogen. Sie hätten sich nicht wiedererkannt. Der Waldbesitzer bewahrte nur ein allgemeines Bild des Angekommenen: seine schwarze Kleidung, ein schmales bartloses Gesicht, scharfe Augen. Das alles mußte er jetzt in einen besseren Zusammenhang bringen. Der schwarze Anzug war durch eine leichtgestreifte Hose abgewandelt. Keine Begräbniskleidung. Alles an dem Menschen schien auf äußerste Zurückhaltung gestimmt, dabei von großer Vornehmheit. Behutsamkeit in der Auswahl. Als hätte er den Anzug zum erstenmal über sich, so konnte es scheinen. Und gab sich dabei doch so frei in ihm, als wäre er es gewohnt, Tag für Tag sich neu einzukleiden. Erstaunlich für Perrudja, daß der Fremde mit schwarzen Lackschuhen ins Gebirge gekommen; die nicht einmal abgenutzt waren. Der Überrock hing leicht über einer Stuhllehne, das seidene Futter nach außen. Ein schwarzer fester Hut, dunkle Handschuhe auf dem Sitz. Die kühle Zurückhaltung des Angekommenen begann den Waldbesitzer unsicher zu machen. Jener mochte mehr als doppelt so alt an Jahren sein als er selbst. Das verwand er nicht. Scheu vor

Gealterten. Es fiel ihm ein, der Besucher trug einen englischen Namen. Mr. Grigg. Sekretär. Das hatten die Buchstaben auf Briefen und Dokumenten ausgesagt. Nun wünschte der Jüngere, daß Mr. Grigg, wenn nicht mehr, so doch ein kleines Lächeln von sich gäbe. Hätte das in dem Engländer gestanden, er wäre korrekt genug gewesen, es zu verbergen. Indessen, seine scharfen Augen hatten auf dem Herrn geruht, der in einem neuen braunledernen Reitanzuge dasaß, angetan mit langschäftigen, mattglänzenden, ebenfalls braunen Reitstiefeln. An einem Finger der linken Hand stak ein starker Silberring, der einen großen Amethyst trug. Schlank, braungebrannt an Gesicht und Händen, mit glattgestrichenem Haar; aber mit blutleeren Lippen. – Aus dem taumelnden, wilden Jungen war ein Mann geworden. Grigg fühlte etwas wie Beglückung darüber. Doch verschwieg er es. Verheimlichte, daß er nur der Sekretär und der vor ihm Sitzende der Herr. Tat es, weil es sein Amt, die Wahrheit hinter einer Maske zu verbergen. Treffliche Maske. Maske gepaart mit Herz. Das war gesagt worden, als er die seltsame Berufung seines Lebens antrat.

Der Sekretär begann zu sprechen. Meinte: man wird den geschäftlichen Teil bald erledigt haben. Er vermutet, daß der Herr Geld benötigt. Das ist begreiflich.

Perrudja fiel ihm heiß in die Rede. Er sagte: ja. Geld sei vonnöten. Er wisse nicht, ob er das Recht zu fordern habe. Es sei Dunkelheit darüber gelegt, welcher Art Ansprüche sich auswirkten. Er glaube aus dem Inhalt alter Papiere schließen zu dürfen, daß die Einladung nicht nur eine Ungehörigkeit.

Der Sekretär bestätigte mit Zurückhaltung.

Der Herr fuhr fort: es bestehe in ihm keine Vorstellung, welchen Umfang die Forderungen annehmen könnten oder dürften. Er tappe. Man müsse von ihm nichts anderes erwarten als diese Unsicherheit. Er fühle eine Unkorrektheit und bitte um genaue Erklärungen.

Der Sekretär verweigerte nähere Auskunft, wich aus, brachte das Gespräch in andere Bezirke. Gab am Ende doch eine Formulierung, von der er behauptete: sie geht bis an die Grenze seiner Machtvollkommenheit. Darüber hinaus wird er zu schweigen wissen. Sie besagte: der Herr soll nicht besorgt sein, durch irgendwelche Maßnahmen die Geldquelle zum Versiegen

zu bringen. Man kann sie (zwar eingedenk, daß das Tun des Menschen im Endlichen beschlossen liegt) als unerschöpflich bezeichnen. Sollte es dem Herrn gelingen, einen Brunnen leer zu tragen, so wird der Sekretär, seinem Auftrage gemäß, vor Vergießen der letzten Becher als Warner sich melden. (Daß dem Herrn das Verdursten erspart bleibt.)
Zum Ausdruck dessen, daß mit dieser Erklärung alle theoretischen Erörterungen erledigt, legte der Sprecher ein großes Bündel mit Banknoten vor Perrudja hin, indem er bemerkte, für den ersten Ansturm der Forderungen werde die Summe wohl ausreichend sein. Ehe er noch durch das beglückte Erstaunen des Empfängers gestört wurde, zog er ein Scheckbuch hervor, mit dem Ziel, den Herrn in die Geheimnisse einer neuen Ordnung einzuweihen. Die Blätter des Buches hatten Bezug auf ein Bankkonto, das für Perrudja eingerichtet worden war. Ein Scheck wurde probeweise ausgefüllt. Nach dem Unterricht erklärte der Lehrer: der Herr kann ohne Bedenken alle Zettel mit der größten Zahl, die links unten gedruckt steht, beschreiben und einlösen. Ohne seinen Besitz zu gefährden. Danach war die Finanzsitzung beendet. Grigg empfahl sich zu weiteren Diensten bei jeder Zeit. Bat dann: er darf sich erlauben, Perrudja nach diesen und jenen Einzelheiten seines Lebens zu fragen.
Das müsse wohl an dem städtischen Herrn ohne Ergriffensein vorbeiziehen, meinte Perrudja; wiewohl er das gegenseitige Verhältnis abzuschätzen sich nicht anmaße.
Der Sekretär schob ein: es ist gut für sie beide, sie bleiben einander Fremde. Man soll nicht unnütz sich gegenseitig das Leben erschweren. Die Fragen, die er vorbringt, werden sie beantwortet, sollen nicht zu gleicher Offenheit verpflichten. Wird die von ihm verlangt, muß er darauf verzichten, sich erzählen zu lassen. Er gestand: er ist in großer Sorge um Perrudja gewesen, als der im Winter krank, ohne ärztliche Hilfe danieder lag. Damals ist es ihm schwer gewesen, seine Rolle weiterzuspielen.
Was jener denn erfahren, wollte Perrudja wissen. Die Krankheit, die im tiefsten Winter, abgesperrt von aller Öffentlichkeit, gelitten wurde, der Sekretär habe darum gewußt? Ob denn das Leben des Einsamen wie ein Buch an einer zweiten Stelle der Welt aufgeschlagen liege?

Der Schwarzgekleidete begütigte. Er hat nur umhergehorcht. Er will eine Anteilnahme an dem Leben des jungen Mannes nicht leugnen, steht er doch vertraut zu ihm; zwar ohne Berührung im Persönlichen. Er hat den Säugling beschirmt. Er hat den Knaben geliebt. Er ist der Verwalter.

Perrudja begriff deutlicher als zuvor, daß Verborgenes hinter den Reden des Menschen war. Vielleicht ihm nicht zum Nachteil. Das mochte tröstlich sein. In diesem Augenblicke tat es ihm wohl, daß die Grenzen sich verwischten, das heimliche Tun im Betasten, im Durchleuchten sich enthüllte. Trieben doch alle Quellen seiner Existenz ihn hin zum großen Menschheitsstrom. Seine Erstarrung Grigg gegenüber, der ihn abermals beglückt mit Reichtum, begann zu tauen. Seine Reden rannen wie kleine hüpfende Wässerchen von ihm. Eine Frage quälte ihn noch, ob er die Befugnis, den ihm anvertrauten Reichtum zu verschwenden? Er erbat darüber Auskunft, entwickelte seine Baupläne. Den Anlaß dazu verschwieg er. Der Sekretär lobte das Vorhaben. Erwies sich als gewandter Führer auf allen Wegen. Er schrieb Perrudja Namen und Wohnorte befähigter Handwerker auf. Empfahl Architekten, Maurer, Steinmetze, Schreiner, Metallarbeiter, Kunsthändler, Porzellanmanufakturen, Schneider, Goldschmiede, Sattler, Glockengießer in England und Deutschland. Erschloß in wenigen Minuten eine neue Welt, die der Herr staunend und freudig bewegt an sich riß. – Nur mit Rücksicht auf den anderen ließ er es geschehen, daß zwischen die Gespräche sich Mahlzeiten schoben.

Die Dämmerung des versinkenden Tages brach, ehe man sich's versehen hatte, vom Norden herein. Sprechend fühlten sie ihre Augen blind werden. Da erhob sich Grigg, um sich zu verabschieden. Perrudja wollte es nicht zulassen, daß er ging. Bot ein Nachtlager an. Entzündete mehrere Wachsstöcke. Erklärte, ein des Weges Unkundiger vermöge nicht in der Dunkelheit die rechte Straße zu finden. Würde irre gehen. Zudem sei Schlaf dem Menschen so nötig wie Speise und Trank. Grigg fand eine formgerechte Entgegnung, lächelte, sein Weg sei bequemer als der Herr vermuten könne. Zeigte die unbeschmutzten Lackschuhe. Mit den Fingern schnippte er nach den Dochten der Kerzen, daß sie erloschen. – Alles in allem eine gläserne Erklärung, an der Perrudja nicht zu tasten wagte. So bot er seine Begleitung an. Auch die lehnte der Engländer ab. Er sei nicht bedürftig. Sie schieden mit kräftigem Händedruck, aber förmlich. Der Waldbesitzer schaute dem Davongehenden nach und mußte feststellen, er schlug die Richtung zum Hochland ein. Er vermochte den Grund dafür nicht zu fassen. Und beschied sich doch, die Vermutung verwerfend, daß jener sich in der Richtung geirrt. Er fühlte heimliche und starke Kräfte in ihm, die Kritik zu Spülichtwasser werden ließen. Der hilfreiche Eifer erstickte an der unsichtbaren Mauer eines Geheimnisses. Ungenannte Verpflichtungen. Starre Maske. Das Gefühl der Verbundenheit war wieder geronnen.

XVIII

Ein halbes Jahr später war aus den Bauplänen Perrudjas eine steinerne Wirklichkeit geworden. Mit dem Aufgebot einer großen Anzahl an Arbeitskräften hatte man ein unbescheidenes Werk in der kurzen Zeitspanne bewältigt. Die Steinschläger, Setzer, Metzen, Maurer waren abgezogen. Geduckt, graubraun, ein Kreis gleichmäßiger Kuppelbauten, eng aneinandergedrängt, ineinander gefaltet und gebuchtet wie eine befestigte Stadt, jedes zylindrische Glied für sich turmartig hoch aufgeschossen – steinerner Mantel für zwei Geschosse – lag das Haus, die Burg auf einer großen nackten Kuppe. Ein Graben war in das fugenlose Gestein gebrochen worden, die Einfahrt; die kellertief hinabsank unter das Plateau – gemeinsam mit der Toröffnung. Um überflutet werden zu können durch Wassermassen. Der Architekt, der, durch Grigg empfohlen, Perrudjas Bau geleitet, hatte Gefallen an dem kühnen und einfältigen Baugedanken gefunden. Verkroch sich, ein wenig beschämt, vor dem ungelernten Meister. Stellte seine Einwände gegen die zu dicken Mauern zurück. (Der mittels Ganglien überwundene Statiker.) Was konnte gegen Karnak eingewendet werden? Der Begabte sieht auch mit der Oberfläche der Haut. Die Masse nämlich. Meinte, als im Äußern der Bau vollendet, ein persisches Karwanserai könne nicht erhabener unter der sengenden Wüstensonne liegen. Der Name, dies Persien – Schauplatz der Geschichte König Khosros – haftete in Perrudja. Wurde ihm wiedergegeben, als er schaffend an der inneren Ausstattung in den feuchtkühlen ringförmigen Hauptgängen von Kuppelraum zu Kuppelraum schritt. Die glitzernden Granitwände entzück-

ten ihn; die ohne Erregung sich in den Bann der Kuppelform begaben, den Rhythmus, durch einfache Zahlenverhältnisse bestimmt, weich und unaufdringlich machten. Die eingebrochenen, rundschließenden Öffnungen im Gewölbe, schmal – keines Menschen Leib würden sie passieren lassen; die tiefsten des unteren Stockwerkes, vielmeterhoch über dem Boden – erhellten mit zerteiltem rosablauen samtenen Licht die Räume. Doch die Glut der Farben fehlte. Er beschloß, mit reichen Teppichen die Wände zu behängen. Glitzernde Geräte aufstellen. Möbel aus fettigem duftenden Holz, geflammt in runden schweren Säulen. Da war diese heimliche Wendeltreppe, die von dem Gemach, das er für sich selbst erwählt, in den Pferdestall hinabführte. Die Wand, die massiv schien, enthielt diesen zylindrischen Schacht, zwei kleine Türen, zweiundvierzig Stufen. Die zwölf oberen Räume mit dem vorgelagerten Gang, von dem aus man frei hinab in den Hof schauen konnte, in die Arena, in das kleinere Quadrat, in die tiefgeschachteten Unterstände für Tiere und Geräte. Das sollte seine Wohnung sein. Abgedrängt von den Kräften des Berges, auf einen Sockel gestellt, gegen das Untere abgetrennt durch Gitter, gepanzerte Türen. Zwar auf Treppen erklimmbar; doch eine sehr einsame Wohnung. Das unter ihm, in der Gestalt wie das oben, Zone des Zweckhaften. Geruch der Tiere. Unterkunft der Diener. Gegen die die Gitter, die gepanzerten Türen errichtet waren. Eine heimliche Treppe hinab zum Pferdestall. Shabdez. Die untere Welt abriegelbar gegen das Außen der großen Welt durch eiserne und steinerne Tore, durch Flutwerke, die er vom oberen Plateau aus bedienen konnte.
Er mußte sehr heftig an Gott glauben, sehr tief mit ihm zerfallen sein. Das war nun seine Kraft, die er ausspielte gegen die Ängste. Er betete nicht. Sein Zerknirschen war das Resultat einer Rechnung. Er verwüstete die Gesundheit seines Herzens. Dies Pochen war kein Trost, war ein Reagens auf die Anstürme, die er mit Leistungen, mit Sicherungen abschlagen wollte, ohne gewisse Zuversichten.
Seine Unternehmungen hatten Unruhe in die Einsamkeit des Bergdistriktes gebracht. Werktätige Menschen ganz unterschiedlicher Organisation hatten ein halbes Jahr lang ihre zwiespältige Meinung von der Welt und ihrem Schöpfer in einer

Umgebung zur Schau getragen, die auf die Kritik einer vielgestaltigen und geteilten Meinung nicht vorbereitet war. Waren sie auch nur Sklaven, gewissermaßen an die für sie errichteten Baracken gefesselt gewesen, in denen die Luft zu ihrer Luft geworden war, nach ihrem Schweiß, ihren Kleidern, ihren Bettlaken roch; an den Sonntagen konnten sie sich in die umliegenden Siedlungen verstreuen und ihre Ansichten hinaustragen, ihr Lebensgefühl dort stückweis aufhängen.
Da gab es Ruhige, Tüchtige, meist körperlich wenig entwikkelte unter ihnen, in denen ein grundloser Ehrgeiz sich überstiegert hatte. Waren ihre Hände leicht und fähig, bemächtigte er sich ihrer Hände, die das Letzte an Geschicklichkeit gaben zur Vollendung eines Werkes. Sie lebten, mehr im Geistigen, von dem Lob, das ihre gekonnte Arbeit ihnen einbrachte. Sie waren Streber. Ihre Tugend konnte darin gefunden werden, daß sie Geschaffenes hinterließen, dem hinterher nicht angesehen werden konnte, welcher Art Kräfte an ihm gewirkt. Diese Werktätigen glaubten vergehen zu müssen, wurde das Bestreben bei ihrer Berufsausübung übersehen, oder gar das Vollendete ohne Anerkennung hingenommen. Sie waren empfindliche Menschen, hielten auf Ordnung, rümpften die Nase über ihre Genossen, beklagten sich unaufhörlich über Gestank, Unsauberkeit, schlechte und wilde Sitten ihrer Kameraden. – Die Ehrgeizigen ohne Befähigung im Handwerklichen hatten sich die Kritik an der menschlichen und göttlichen Weltordnung zum Feld ihrer Betätigung ersehen. Alle bestehenden Einrichtungen wurden von ihnen bekämpft, einstweilen ohne ein besseres Ziel. Das Erstrebenswerte werde sich später wie von selbst einfinden, so dozierten sie. Die Gegenwart dürfe nur eine Forderung aufrichten: das Niederreißen des Bestehenden. Sie waren demgemäß träge Handwerker und gute Schwätzer. Sie waren durch Zeitungen und Bücher so weit geführt worden, daß sie Begründungen mit logischen Attitüden verabfolgen konnten. Sie hatten bei Diskussionen Schlagworte in genügender Fülle bereit. Ihr gedrücktes und zerknittertes Leben lieferte den schlagendsten Beweis für die Richtigkeit all der Thesen, die ihnen anempfohlen worden waren zum Weitertragen. Die sie, ihrem Gesichtskreis entsprechend, vergröberten oder ausbauten. Auch einschränkten, wenn sie zufällig in die Nutznie-

ßung irgendeiner kleinen Pfründe geraten waren. Sie galten unter den Kameraden, da sie mit dem Munde arbeiteten, für die Geistigen. Sie litten unter der Vorstellung, das neue Weltbild würde Leute ihres Schlages nicht entbehren können. Sie waren also befangen und gehemmt. Wie auch hätten sie es anstellen sollen, über sich hinaus zu denken. Zu erkennen, sie waren recht rostige Werkzeuge einer allmählichen Revolution; die auszutragen ihre Kraft zu bescheiden gewesen wäre? – Den zwei Arten der Ehrgeizigen stand die große Gruppe der Unbeweglichen gegenüber. Sie bedurften des Geleitetseins, um arbeiten zu können. Es war nicht ihr Selbst, das schaffte. Ihre leibliche Organisation überrumpelte sie, daß sie tätig wurden, gegen ihren Willen. Mehr oder minder tüchtig, mehr oder minder sicher, mehr oder minder kraftvoll. Ihr Unglück war's, daß sie in ihrem Privatleben ohne Anleitung eines über sie Gehobenen auskommen mußten. Sie kannten nur eine Äußerung der Religiosität: das Geschlechtsverlangen. Sie arbeiteten eine Woche lang, um an einem werklosen Tage sich auszugeben in Trieben. Sie hatten keinen gefestigten Begriff davon, welcher Art ihre Stellung unter den Mitlebenden. Sie hatten keine Achtung vor sich selbst und den Nächsten. Ihre Sehnsüchte waren klein; ein Glückszufall hätte die Beanstandungen wegen peinlicher Enttäuschungen wettgemacht. Sie sehnten sich nach höherem Lohn. Unbewegliche Masse Mensch, die nur, wenn sie aufs Höchste gereizt, zu handeln vermag. Die schwere Passivität schloß nicht aus, daß die riesenhaften Körper private Gewalttätigkeiten verüben konnten: Prügeleien mit dumpfen Faustschlägen gegen die Rippen; daß es hohl klang, wie gegen eine Kiste gestoßen. Gemeine Griffe und Schläge gegen den Unterleib des Gegners, daß er zusammenbrach. Mehr oder minder versteckte Notzuchtsversuche, beginnend im Geplänkel roher erotischer Späße.

In diesen Handwerkern trat zum erstenmal Perrudja die Zahl der Menschen entgegen. Ärmste Nachbarn, von denen er nichts wußte. Deren Märtyrerleben ihm nicht überschaubar. Die dampfend gelb oder andersfarbig. Gras. Gerüche. Ach, daß sie denken konnten! Armselige Sandkörner, (wiewohl jeder zwei billionen Zellen) die, aufgeschichtet, durch den Wind schon gedünt und bewegt werden konnten. Die, durch

solche Winde angetrieben, fruchtbares Land verschütten oder in Meere versinken konnten. Deren Bestimmung es geworden, zu zerstieben. Bis eine Kraft erfunden würde, die sie alle zusammenschloß: ein Feuer, das sie verschmolz mit der Leidenschaft dampfender Zungen. Oder eine breiige Lauge, die die wehenden Berge zu Felsen verklebte und trocknend versteinte. Diese Schwachen wurden schon angesogen von den Elementen, die sie vereinigen wollten. Ihre tiefen Erniedrigungen verbreiterten sich zu Höllen, die ganze Skala der möglichen Schicksale und Peinigungen wurde ihnen zugemutet; die Atemluft keine Selbstverständlichkeit mehr. – Er kannte die Welt nicht, deren sie ein lebendiger Teil. Die Glieder einer Kette, die notwendig war, daß das Getriebe nicht still stehe. Und wären die Folterhäuser jenseits der Berge und Meere ihm im Traum erschienen, er hätte sie abschwören müssen. Protest gegen das Existente, in dem kein Gesang mehr. Hätte frech ihm jemand entgegengeschleudert, daß sogar um seines einfältigen Lebens willen Tausende, Menschen wie er, lebend, durchpulst von Blut, mit Sprache wie er, in einer Krankheit verbrannten, bittere Tränen der Armut vergossen, an runzligen Huren hinsiechten, weil sie häßlich geworden – wie hätte er sich den Anwurf deuten sollen, wie ihn übersetzen in die Landschaft seiner Umgebung? Hätte er auch nur mit Worten hinnehmen können, ihnen ist, der unermeßlichen Zahl, der Einfluß auf den Weltenlauf entglitten? An ihnen fressen schier eherne Gesetze, die so überwältigend groß, daß ein Aufruhr kaum gedacht worden war, die Streiche der Verzweifelnden den Verwaltern galten, die selbst die Gesetze nicht machten?
Und es steht doch die andere Welt neben dir in der Zeit, ob du sie auch nicht siehst. Wie eine Spinne hockt sie unter deinem Stuhl, grenzt gegen deine Scheiben, jagt ihre Wellen durch die Lüfte, die du atmest, durchdringt dich selbst, ob du ihren Pulsschlag auch nicht hörbar nah an deinem Ohr hast. Es ist gewiß nichts Wunderbares daran, ob es dich auch erstaunen müßte. Was kann Wunderbares an dem sein, was Millionen und Abermillionen arm macht und klein, ihre Fähigkeiten verkrüppelt? Glänzende Arme aus Metall durchwuchten die Luft, zerklüften den Raum um sich her, schreien ihre Gewalt in Stationen unter ihnen, lassen in immerwährender Geburt aus-

strömen ihre Energieen, die sich verlieren wie alles Irdische. Da wendet sich um sich selbst in überhasteter Schnelligkeit eine unbegreifliche Masse, ein Gewirr von Gängen und Drähten, die eine Achse vereint. Um sich selbst geschleudert entflieht aus der Hast der Bewegung ein anderes, das nicht mehr Drehen, nicht mehr Bewegung, nicht mehr Kraft, nicht Wärme; das alles dieses und doch etwas anderes ist. Nicht wunderbar soll das sein? Was kann Wunderbares daran haften, da auch das zerrinnt in Gossen, in stinkige Höfe, in elende Totenkammern? – Wende dich ab! Bemühe deine Füße, reiße Türen auf, die hinter dem fettig Vollkommenen warten. Tritt ein in das Dunkle, in Rußverhangenes, vor die roten Mäuler der Kessel tritt. Wo eine Unterwelt erglimmt, wo versunkene Wälder verbrennen, wo nur Augenblicke des Vergehens zu einer zweckhaften Dauer erhäuft werden. – Und vergiß die gigantischen Gebilde, die dich umgeben! Schau nicht länger auf Eisen, auf tropfendes Wasser, auf Schlacke, auf Kohle, auf Karren, auf bronzene Hebel, Barren, Metall, hinter denen es gläsern pulst, auf Zeiger, auf Schotten, auf Riegel, auf Bolzen! Schau um dich und sieh, halb entkleidet, geschwärzt, mit Schweiß überschmiert, sieh Menschen, deren Brustwarzen wie Schwielen stehen. Deren Hände wie hartes Gerät. Die fetten Adern auf ihren Armen, nicht wie die Ausläufer des Herzens, nur noch wie Zweck diesem Ofen. Die fünfgliedrigen Hände geborsten, verschwollen. Fern ab Höfe und enge Treppen. Du findest stinkende Löcher, beschrieben mit zotigen Versen, in denen daran erinnert wird, auch diese sind Menschen. Und sie essen und schlafen. Auch sie lieben. Weiber hangen ihnen an. Gebären ihnen. Wer noch begriffe es? Und es ist doch ein Gesetz.

Dies ist das Schlimmste nicht. Das Gesetz ist unbegreiflicher. Die Menschen ziehen aus, um zu verschwenden. Aber sie möchten das Gegenteil, sparsam sein. Sie opfern sich; aber es ist ihr Wunsch, sich zu schonen. Sie verströmen sich nicht in einem Augenblick der Leidenschaft. Kein Erretten ihrer dunklen Unwissenheit in die schirmenden Arme des Todes. Die Art ihres Abtretens, wer es erklären könnte! Wer erkennte und lächeln könnte! Wer erschlürfen dürfte den Segen der Verschwendung! Es schlürft niemand. Es wird niemand reich und satt. Es ist alles vergeudet: die Dinge, die Tiere, die Menschen.

Es steht unbegreiflich einsam neben dem Zweibein sein Werk. Das er nicht nutzen, nicht genießen kann. Das ihn nicht glücklich macht, ihn versklavt. In dem er die Welt verbrennt, die Landschaft zerstört. Sie fahren in die Berge, erhöhlen sie. Und was tragen sie heran? – Sie tragen Geheimnisse herauf. Sie tragen Schätze herauf. Daß sie genannt werden! Nicht Gold! Was nicht wäre wertvoller als Gold! Nicht Silber! Was nicht wäre wertvoller als Silber! Sie tragen herauf die Dinge, aus denen sie schaffend eine neue Welt fabulieren. Eine Welt voll Wunder, die flügellahm. Die niemals am Ende ist, niemals vor einer Vollkommenheit stillsteht und tief atmet vor dem Erreichten. Jedes Halt muß gesprengt werden. Sind sie hoch gedrungen, höher muß es gehen. Sind sie tief gefahren, tiefer müssen sie stechen. Sind sie schnell geeilt, schneller muß es sie tragen. Sie können nicht länger denken, nicht länger wünschen, daß etwas von Dauer wäre. Sie klammern sich nicht an das Dauernde, das in Wahrheit ihre einzige Hoffnung sein könnte. Sie schaffen millionen Gebilde, aber nicht einen Tempel, in dem das Dauernde verehrt wird als Symbol des erreichbaren Reichtums. Nur Flammen des Vergänglichen blaken als Handlungen über ihrer Tätigkeit. Da keuchen sie auf den Flügeln der Maschinen über die Erde, in der Luft, die sie enge machen, ohne Geheimnis. Ihre Wege werden kurz. So öffnen sie das Verborgene. Aber das Unentwirrbare kapselt sich nur ein, wird kleiner, wird zuletzt ein weniger als Staubkorn sein. Die Menschen auf ihren Knieen werden schreien zu dem Punkt, der sich nicht enthüllen will. Und werden sich ärmer fühlen, weil das Verborgene ihnen verschlossen bleibt, auch in der engen und bekannten Erde. Die sie übervölkern; keine Wüste mehr leer von ihnen. Oder werden verkümmern, sich hinausstürzen in den Weltenraum, aussterben an den Giften, die sie in großen Retorten abdestillieren.
Das ist es: sie haben gelernt aus zweien ein drittes zu machen. Dämpfe jagen sie gegeneinander, und es schlägt sich feucht nieder, tropft ab als ätzende Säure. Sie reiben Pulver zusammen. Wie sie sie von sich schleudern, zerstiebt die Mischung zu Rauch, glüht heiß auf, sengt, frißt, donnert. Das Feste zerschmelzen sie. Weiß, grün, zäh, spratzend fließt es in Formen, die sie erdacht. Das Weiche erhärten sie. Aus Milch wird Stein.

Welche Welt errangen sie! Blick auf: trübe Rauchschwaden aus Schloten, Eisengerippe zum Himmel gegen die unbeweglichen Sterne, dengelnder Lärm und Sprühen und Zischen und Blitzen. Wer will da schreien: wir siegen? Man nimmt ein Einfaches, das unteilbar scheint und preßt es durch Filter. (Filter, das ist Tuch gewisser Dichte. Oder ein Papier. Oder eine Membran, tierische Haut, präparierter Darm, Hausenblase. Oder zerstäubter Sand, gemahlene Kohle. Oder ein Salzberg gewisser Kristalle. Oder ein Schwamm aus feinsten Metallen. Oder ein Regen verspritzter Flüssigkeiten mit den Eigenschaften der tausend fließenden Stoffe, der zehntausend Lösungen, der milliarden Lösungsmischungen in ihren Arten. Oder der Nebel von Gasen, rein, ätzend vor Klarheit und Sauberkeit und Unteilbarkeit oder wolkig, trübe, verhalten zum Niederschlagen, bereit zum Zersetzen. Oder diese Kälte, die an das Gerinnen der Temperatur im Weltenraum reicht. Oder diese Wärme, die sengend das Festeste spaltet. Oder eine Bewegung, die von einem Vielgestaltigen den Anlaß nimmt, den Schlag der rhythmischen Wellen verzehnfacht, vertausendfacht; die Plastisches flächig macht, Flächiges linear. Da wird ein Ton ein Strahl, und der Strahl geläutert durch Mittel wie der Ton. Oder ein Glas, das das Licht zerstreut und aus dem weißen ein buntes macht.) Und siehe, das Unteilbare zerkrümelt sich und läßt Rückstände am Platz. Die Funktion zerfällt in Komponenten, und die Komponenten werden verwandt, um ein Neues zu bilden, das bis dahin ohne Vorbild war. Man filtert, zerlegt, isoliert. Man mischt aus zweien ein drittes. Wer will den Einen, den Überweisen, den Wahnsinnigen, den Ehrgeizigen, den Gefühllosen, den Zeugungsunfähigen, den Kranken, den Gesunden, den Studierten, den Narren, den Träger der Blutlauge: wer will den Einen hindern, daß er ein zweites der Luft, die wir atmen, untermischt, daß ein drittes werde, ein Gift, das uns erstickt? Ihn mit uns. Ihn zuletzt, weil er vielleicht auch das vierte erfand, das ihn umfriedet. Schon krepieren die giftigen Gase, aus erzenen Mäulern geschleudert. Schon versinken bekriegte Völker, den Maschinen erlegen. In den Laboratorien bereiten die neuen Morde sich vor. – Die Macht zum Zerstören, es ist die Macht des Menschen. Schafft sie ihm Glück? Wird er reich an den Schätzen seiner Gewalttätigkeit? Wird er nicht umkehren in letzter Erkenntnis? Tut sich der Abgrund ihm nicht deutlich genug auf? Werden die ewig verschwiegenen Geheimnisse, die Sucht sie zu ergründen, ihn fressen? Es sind Strafen verhängt über Frevel. Er frevelt. Er wird gestraft. Mit schlagenden Wettern fällt es über ihn. Er erstickt. Und es ist gut zu ersticken. Es zerspellt sein Schädel. Es ist gut, ohne Schmerzen zu sein. Er verbrennt: ach, daß er tot wäre! Fühlend verbrennt er. Es zerklüftet ihn. Reißt auf alle Stellen seines Körpers, wo verborgen die Schmerzen laufen. Und wird in Mörsern zerstoßen. Ob er schreit! Wer hört es? Ob er jammert! Er muß ertragen bis zum Vergehn. Er beginnt zu beten. Funktion seiner Ohnmacht. Er betet in Himmel, die er nicht sehen kann, um die er sich nie gemüht. Er betet: Laß uns vergehen, vergehen, vergehen. So wird sein letztes und einziges Glück: das Verlöschen. Vergällt durch die Ungewißheit. Er erliegt der Empörung der selbsterdachten Maschinen. Es gibt schleichende Gifte. Sie kriechen in ihn allmählich hinein. Sie kriechen zehn Jahre oder fünfzehn in ihn hinein. Dann beginnt seine Fäulnis. Sein Hirn wird ein Gebilde, über das Ärzte grübeln. Will das der Mensch? Er will es nicht. Es treibt ihn. Er hat noch Lungen, muß atmen. Er hat einen Mund, muß essen. Er kennt das Weib, das er liebt. Es treibt ihn zu einem Etwas, das er nicht will. Wer vermöchte es zu ändern? Es ist das Schlimmste nicht. Er vergeht daran. Er würde auch ohne seine Schuld vergehen. Sein Leib würde in der Zeit unnütz werden und verfallen. Doch was er mit seinem Samen sät, es schießt auf und ist krank. Daran überschlägt sich das Rad. Daran stülpt eine Kugel sich nach außen, daß sie Zelt wird. Da jagen die Millionen Dinge führerlos, willenlos umher. Was er gemacht, der Mensch, es rächt sich mit unheimlichen Wirkungen. Es packt ihn, wo er schwach. Wo er verwundbar ist, stößt es in ihn hinein. Es zerplatzt unter seinen Händen das Ding und zerreißt ihn. Es ist nichts zu seinem Glück erfunden. Der Mensch vermag Tausendfältiges; aber er kennt nur Gedanken, die ihm zum Unglück ausschlagen. Was dem Einzelnen erspart bleibt, bereitet er mit seinem Werk den Artgenossen. So kommt das große Wüten gegeneinander. Es bilden sich Klüfte und Parteien. Sie schleudern Mord gegeneinander. Weil die Sehnsucht nach dem Glück nicht länger einzudämmen ist; und ein jeder

den anderen für seines Glückes Räuber hält. Sie schreien: Ein Gesetz soll entthront werden. Die einen wollen es in Blut ersticken, die anderen wollen alle mordenden Gedanken vernichten. Ein Neues soll kommen. Friede soll kommen. An dem neuen Werk schwelt selbst der Ärmste unter ihnen. Aber aus den Sehnsüchten wird nicht ein Strom. Ein tausendfacher Schlierenstrom wird. Worte und Sinne stampfen gegeneinander. Sie wissen nicht, daß der Etemenanki vollendet war, daß heute ihre Sprachen gegeneinander verwirrter sind denn je. Sie kennen das Einigende nicht. Da gibt es keinen Gott, den sie alle glauben. Sie sehen sich gegenseitig gezeichnet. An ihrer Haut: weiß und braun und schwarz und gelb. Und wüten gegeneinander. Und werfen einander vor. Und Hunger und Sättigung treibt sie gegeneinander. Gesundheit und Krankheit. Die Gerüche. Die Moralbegriffe. Das falsche Wort und das Werk, das sie nicht lassen können, da ihnen kein Ausweg geblieben. Aber sie schwelen an dem Neuen.
Du bist unwissend, Perrudja.
Der Schein ihrer Vollendung. Die Pein ihrer Unvollkommenheit. Vielleicht ist alle Sehnsucht zu früh. Vielleicht kommt sie zu spät. Vielleicht ist der Vorabend in unseren Händen. Ich weiß doch – (nimm die Hand von den Augen, dein Leid ist nicht groß!) daß sie noch nicht einmal gelernt, unter sich und den Tieren diese Erde gerecht zu verteilen.
Er fand sich weniger anrüchig organisiert in der Nähe dieser Arbeiter. Er wurde emporgetragen. Er war überwiegend schuldlos. Er war der gütige Herr. Sehr nachsichtig. Er fand sich in ihren Baracken ein. Erdachte aus eigener Anschauung Erleichterungen für sie. Redete. Erklärte. Begründete. Es half vor ihnen seinem Rufe wenig. Seine Besuche wurden zu böswilligen Nachreden ausgemünzt. Die Unwissenheit lieferte beträchtliche Argumente. Ihm selbst zerrann die Vielheit zu einem wenig. Zahl und Fleisch widersprachen einander. Zu ein paar jungen, frischen, wohlgewachsenen Arbeitern, mit denen sich anzufreunden kein Überwinden notwendig war. Was hätte ihn zu ältlichen, verschrumpften, unsauberen, spuckenden und rotzenden Gestalten ziehen sollen? Für Gebrechliche sich zu opfern wäre ihm unmöglich gewesen. Der schlimmste Fluch der Armut, die Häßlichkeit wirkte sich aus.

An den Sonntagen waren nicht nur Begierden, Unbefriedigtsein in die Dörfer getragen worden, auch die Gedanken der Unwilligen über den fremdartigen Hausbau. Als sie längst abgezogen, haftete ihre widerspruchsvolle und grüne Meinung in den Köpfen der umherwohnenden Bauern. Sie vermochten nicht länger den Waldbesitzer als einen ihresgleichen zu betrachten. Fremd war er ihnen geworden durch das, was verkündet worden war. Unnatürlich, untragbar für ihr einfaches Leben. So wurde er aus der Welt, schwanger von Mehlduft Kuhmaul Heu Pferdeharn, ausgestoßen. Die gewissermaßen natürliche Entfremdung wurde durch den Umstand gesteigert, daß mehrere Mägde durch die Bauarbeiter geschwängert worden waren. Man rechnete diese Beschwernis zu den anderen Schulden des Waldbesitzers. Reitstiefel aus rotem Juchtenleder. Reichtum ohne Arbeit gewonnen. Magere Schönheit des Gesichtes. Von keinem breithüftigen Weibe geboren.
Die Macht der Dörfler war nicht groß. Ihre Waffen gegen Perrudja bestanden in einer zur Schau getragenen Unfreundlichkeit. Vielleicht noch darin, sie machten seinen Reichtum durch kleine Unredlichkeiten und Übervorteilungen sich zunutze.
Dieser Mensch ahnte nicht, daß sein Besitz zu einem Stein des Anstoßes geworden. Sein Gold zu einer sündhaften Lawine des Bösen anwachsen konnte, wenn das Schicksal sich gegen ihn entschied. Er tändelte an Erkenntnissen solcher Art vorüber. Er hatte kleine Wünsche, sich zu reinigen von den Schlacken, die im anhafteten. Die ihn vielleicht unwert machten, seine Werbung um Signe anzubringen. Die Makel, die er zu erkennen glaubte (ausgenommen den einen: ich bin eine gelbe Blume), waren Sünden aus einem Puppenspiel.
Schmutzige Fingernägel. Unordentliches Haar. Regungen seiner Mannbarkeit. Mit dem Aufwand an zahllosen Kostbarkeiten, Teppichen, Bronzevasen, schönen Glasgefäßen, Silbergeräten, kupfernen Ampeln. Porzellanen, Tieren, geschnitzt aus harten geflammten Hölzern, erdrückte er die Mängel, die er an sich verspürte. Riechwässer, Pomaden, scharfe Essenzen, heiße und kalte Bäder ließ er abwechselnd auf seinen Körper wirken. Lästige Haare zupfte er sich mal um mal gewissenhaft aus. Daß

nichts an ihm wäre, was, würden jemals Blicke auf ihm ruhen, erschrecken könnte. Ohne Beherrschung riß er Annehmlichkeiten und Beschwernisse eines äußeren Luxus an sich. Handwerker und Kunsthändler besuchten ihn, entführten ihn in ihre Ateliers.

XIX

Das Pferd/Sassanidischer König/Ein Knabe weint/Die anderen Tiere/Die Edelmütigen oder die Geschichte des Sklaven/Der Knecht und die Magd/ Der Zirkel

Alexander

Am Tage, ehe die Baracken sich geleert hatten, reif wurden für den Abbruch und die Arbeiter sich vorbereiteten, zurückzufluten an ihre Plätze in den Städten, war noch ein weniges für Perrudja geschehen. Ein Kleines von wehmütigem Feiertag lag über dem Lager. Man war früh auf von den harten Betten wie sonst an Arbeitstagen. Aber aus den Holzkisten wurde der Sonntagsstaat genommen. Schlechtsitzende Anzüge. Aus dürftigen Stoffen, doch sauber gebürstet. Das ging nicht recht zu an der Brust. Schien für Lungenkranke mit eingefallenen Rippen bestimmt. Harte Brüste voller Haare, braune straffe Muskeln wurden fortgeengt. Weißes Hemd klitschte sich tief unter dem zottigen Hals, der fremd, schmutzig (wiewohl gewaschen), gelb, rissig, speckig, mit fetter Wamme, weibertoll, mit Unbehagen einen Kopf trug. Viele rasierten sich. Man sang, pfiff, saß auf den Betten. Erzählte. Die Hausfrau hatte Ehebruch begangen. Zwillinge geboren. Im fünften, sechsten, siebenten, achten, neunten Monat. Krank. Das elfte Kind. Man müßte zu weisen Frauen gehen, die es abtrieben. Die Wohnung eng. Hunger. Hier hatte man nicht gehungert. Man hatte gelebt (diese Formel). Die Frau hatte gelebt. Der Lohn war in der Stadt geblieben. Wenige Groschen nur vertrunken. Manche hatten gespart. Sie rechneten. Sie fanden, sie hatten es gut gehabt. Hinterher. Hätte einer zu greinen begonnen, sie alle hätten gegreint. Sie hätten bleiben mögen. Es trieb sie alte Sucht. Nicht nur die vollendete Arbeit peitschte sie fort. An den letzten Abenden waren über den Betten die Zeichnungen entstanden. Einer hatte angefangen zu zeichnen. Dutzende waren Nachahmer geworden. Wie sie ein Weib bestiegen. Abbruchsplanken. Weib, wie es die Natur nicht bilden mochte, an zehn Körperteilen Geschlecht. Sie selbst wie die Hengste, Elefanten, Wale. Die Zeit war voll. Keine Wehmut konnte sie halten. Sie mußten in die Straßen. Zu Frauen. In Betten zu zweien. Der Vormittag verstrich. Wie wenn er Honig, der in den Mund genommen, sich mit Speichel zu süßem Wasser mischt; das die Schluckbewegung leicht macht. Ein wenig Rotzgeschmack aus dem Magen der Biene. Der eigene Speichel wie Kloake. Ganz animalisch zeitlos. Nicht beschämend. Von acht bis zwölf Uhr trank man Kaffee. Zehn Tassen. Kuchen, weißes Brot. Butter. Korinthen, Rosinen, grüne Sukkade schnippten die Finger aus dem Teig. In den Mund. Süß. Kaffee darüber. Brosamen blieben zurück. Übersatt. Sukkade suchte man noch, wühlend wie ein Schwein die Trüffel. Erinnerte an den Schleim, den erkältete Pferde aus den Nüstern prusteten. Sie suchten Sukkade. Die unbedeckten hölzernen Tischplatten wurden in ihren Maserungen zu Bildern. Jemand reichte eine Photographie herum. Nacktheit bis zum Nabel nur. Sie starrten die Brüste an. Sie suchten Sukkade. Einige gingen hinaus, kamen zurück, legten sich schwer auf ihre Bettstatt. In der Küche der Kantine brutzelten in Hitze Festbraten. Man roch das Fleisch. Der Atem gerann. Der Kaffee war erkaltet. Man wollte geglutetes Fett, Blutsaft, rote Scheiben aus den Muskeln eines Tieres. Den Magen ganz mit Tier anfüllen. Selbst Tier werden. Die Seligkeiten der Armut.

Es kamen weiße dampfende Kartoffeln auf den Tisch. Duft nach Salz, Erde. Weiß, mehlig. Man nahm. Gabeln erbrachen die Frucht. Sehr rein das Innere. Weiß, und doch grün. Wie Metall, und doch sanft zwischen den Zähnen. Braten. Man aß mit dem Auge. Schlürfte. Knochen zerkrachte man. Jemand fand Mark. Flötete es aus dem Bein heraus, schlürfte, schnalzte. Gemüse stand ab. Perrudja trat ein. Lächelte. Nahm einen Stuhl. Setzte sich an die Tafel. Als sein Selbst nicht mehr tönte, blickte er sich frei um. Sah, er war neben einen halbwüchsigen Knaben gekommen, der dreizehn oder sechzehn Jahre zählen mochte. Er verwunderte sich. Hatte jenen noch niemals gesehen. War auch kein Arbeiter. Mußte dennoch oft an der Tafel gesessen haben, denn kein Unbehagen schlich von ihm. Man bedeutete dem Waldbesitzer, er sei der Sohn eines Arbeiters.

Heraufgekommen, da die Mutter tot. Das Bett habe man umschichtig mit dem Burschen geteilt. Freiwillig. Wem's beliebte. Nur die Tafel sei unrechtmäßig in Anspruch genommen worden. Nicht gerade fühlbar für den Wirtschaftsbetrieb. Der Abfalleimer sei nicht mager daran geworden. Der Waldbesitzer wollte durchaus keinen Rechtsstreit. Er nahm die Erklärung hin, fand die Ordnung nicht gestört. Er fragte nach dem Vater. Der saß offenbar nicht am Tisch. Zufällige Frage. Er war nicht anwesend. Er würde kommen. Unwichtig. Der Name. Unwichtig. Zufällig. Alexander. Rotes Gesicht von der Sonne. Scharf geschnitten. Schmal von vorne. Die Nase springt vor. Die Augen ohne Schatten. Die Unterlider gehen in das Fleisch der Wangen über. Die Stirn angehaucht durch Falten. Gelbbraunes Haar, dick, lockig fast, hängt sich darüber. Die Mundwinkel zucken spöttisch und krank. Die Augen sind jungfräulich; die Lippen abgegriffen. Plötzlich erhob sich an der anderen Seite des Tisches ein junger Arbeiter und sagte: »Ich bin der Vater.« Perrudja verbeugte sich. Er wartete das Ende der Mahlzeit ab. Dann ging er hinaus mit vielen, die sich verloren, stieg planlos bergaufwärts, angezogen von dem Geheimnis des Rondanegebirges. Nach einiger Zeit war Alexander hinter ihm und flötete. Er flötete einen Lockruf. Ein Signal. Eine Formel voll Sinn, zu der der Waldbesitzer den Schlüssel nicht hatte. Es war gewiß kein Haß und keine Abwehr darin. So wartete er, bis der Jüngere neben ihm. Gemeinsam schritten sie weiter. Nach Worten suchend. Wiegen und zu leicht befinden. Einmal, zehnmal, hundertmal. »Du kannst flöten?« Wieder das Signal. Lachen. Flöten. Der verbrauchte Mund wurde schön. Ganz entblößt. Aufreizend. Wie enthäutetes Fleisch. Perrudja bietet einen Apfel an, den er in der Tasche trägt. Eine Hand nimmt, wägt, findet zu leicht. Keine Lust zu speisen. Eine Tanne. Eine dicke Tanne. Kommt nahe. Hand hebt sich. Dicke Tanne, bauchige Wurzel. Der Apfel fliegt, schlägt auf, zerspellt an der Rinde. Feuchtigkeit, Brei, Kerne. »Ich will nicht beschenkt sein. Stets werde ich beschenkt. Schöner Apfel. Jetzt ißt niemand mehr von ihm außer den Tieren, die nur Brocken suchen. Weshalb hast du ihn mir geschenkt, da du wissen mußtest, daß es mich beleidigt? Weshalb hast du nicht geschält und geteilt?«

»Ich besitze noch einen«, stotterte Perrudja.

»Gib ihn!«

Er wurde gegeben. Hand aufrecken. Schleudern. Die dickbauchige Tanne. Der zweite Apfel schlägt auf, zerspellt.

»Fraß für die Krumensucher.«

Mitleiden in dem Älteren. Die schönen kranken Lippen. Er fühlt die Gegenwart eines unbekannten Gottes. Worte bekamen jetzt Wert. Er sprach. Er sprach wie entflammt gegen den Jüngeren. Unterbewußtes quoll auf. Wie im Fluß ein Leichnam trieb er an blumigen Ufern vorüber, an Schilf, Kalmus, Sanden, unter Wolken, blauem Raum. Wuchs hinein in den Schlamm, der ihn, seine millionen Vorfahren geboren. Ein Bekehrter wollte er den Jüngeren bekehren. Der an ihm sog, nach ihm schrie als seiner Mutter. Ein Nachthimmel wollte er werden um den dunklen Weg des anderen. Der ein Märtyrer war vor den Blitzen des Unbekannten. Er nahm den Knaben bei der Hand. Der aber riß sich los, begann zu laufen. Bergauf. Drohte zu entschwinden. Perrudja, entsetzt, daß jener durch Überrumpeln so viel Vorsprung gewonnen, ahmte ihm nach, lief, keuchte vorwärts. Rief des anderen Namen. Bat anzuhalten. Lachen zurück. Pfeifen. Über flachen Fels ging es. Immer größer der Vorsprung des Jüngeren. Jetzt verschwand er ganz zwischen dunklen Kiefern, die buschig und niedrig standen. Mit langsamen Schritten nur folgte der Waldbesitzer. Trauernd wie ein Reh, das sein Kitzchen verloren. Ohne Hoffnung, es wieder zu finden. Unfähig doch, nach Hause umzukehren. Bei den Kiefern angelangt, rief er erneut. Versuchte selbst den Pfiff. Schweigen. Vorwärtstasten. Da, wie Kichern der Pfiff. Ganz nahe. Suchen. Rufen. Nichts, gar nichts. Kein Echo. Sein Herz hüpft. Die Kniegelenke sind taub. Dieser Irrgarten der Rondane. Zweie verstehen einander nicht. Fremde voreinander. Sie haben sich berührt. Sie halten sich nicht. Zerspellte Äpfel. Dickbauchige Tanne. Welcher Alltag! Jener will nicht beschenkt sein, er will verschenken. Doch ist er arm. Die Armut hindert ihn. Er kann nicht geben, muß immer nur empfangen. Sein Stolz überschlägt sich. Aus dem reichen Menschen wachsen die Sehnsüchte wie Tang um einen Stein im Meer. Er kann geben; aber er möchte empfangen. Möchte empfangen, um getrost geben zu können.

Nicht ins Haus. Trauer. Arbeiter brechen auf. Es wird leer in den Baracken. Wie er es gesehen hat. Er wird morgen in den leeren Räumen, den abbruchsreifen, auf die Zeichnungen starren, wie sie ein Weib begatten. Nachschleichen auf die abgestandenen Aborte, auf deren Holzwänden die Namen ihrer Huren stehen, Vokabeln ihrer heimlichen schwarzen Religion.

Plötzlich schritt Alexander an der Seite des Waldbesitzers. Er sagte ohne Nebensinne: »Du kannst mir einen Apfel schenken.«

»Ich habe keinen«, des anderen Antwort.

Der Jüngere zog eine Tafel Schokolade hervor.

»Iß davon«, so bat er Perrudja, »sie schmeckt gut.«

Beide aßen Schokolade. Sie saßen in der Sonne zwischen Heidekraut. »Wir wollen etwas spielen«, sagte der Junge.

»Sehr gerne«, antwortete der Ältere.

Sie fingen an, sich zu hänseln. Hänschen, Mo und Häslein. Sie wollten Streit miteinander. Bär und Köter. Sie warfen einander mit verdorrten Reisern und Kiefernfrüchten. Sie warfen einander mit kleinen Steinen. Mit größeren. Sie begannen zu zielen. Sie trafen einander. Sie wurden zornig aufeinander. Sie schleuderten Bündel mit Kraut. Der eine erklomm einen Felsen. Der andere stürmte ihn. Sie gerieten in Nahkampf. Rangen, bissen, kneipten sich. Sie schlugen einander, zwängten ihre Glieder ineinander. Schweiß. Anstrengung. Selige Ermattung. Erneutes Beginnen. Heftiger als vordem. Sie bluteten an den Händen, am Hals. Steine hatten es getan, ihre Nägel. Sie würgten einander. Des Jüngeren Strümpfe zerrissen. Starke Waden. Wie sie noch rangen, berührten ihre Münder sich.

Sie schritten weiter. Ganz locker. Als ob sie einander vom Mutterschoße an gekannt. Wie sie an eine Halde kamen, sprang Alexander zwischen das Trümmerfeld. Hüpfte von Stein zu Stein. Schwang sich über Löcher. Ließ sich gleiten. Entschwand zur Tiefe. Rief hinauf: »Fang mich, Bär.« Perrudja ihm nach. Geröll. Schürfen der Gliedmaßen. Hände zerfetzt. Eile. Atem wie Rauch über Feuer. Im Ebenen läuft der Knabe. Perrudja erreicht den Boden. Er wird ihn fangen. Jener muß ihm erliegen. Umhalsen. Zu Boden reißen. Der Jüngere liegt. Der Ältere kniet über ihm. Schaut in das rätselvolle Angesicht.

Da kommt eine Stimme: »Ermorde mich! O, tu's doch. Ich werde nicht schreien. Ich verdiene es. Tiere quälen. Verstehst du mich? Diese Hände. Katzen. Im Bach die Stichlingsweibchen, wenn sie schwanger sind. Man fängt sie. Ihr Bauch ist geschwollen. Ganz wie Sünde. Es ist keine Sünde. Es ist Gesetz; aber es sieht aus wie Sünde; die Fruchtbarkeit. Das lebt. Das bewegt sich. Mit den Händen preßt man es auseinander. Es zerreißt, platzt, windet sich. Über die kalten Hände die kalte Lust. Ich habe es getan. Ermorde mich!«
Er riß sich das Hemd auf, daß die Brust frei unter dem Sieger lag. Der faßte nach den dunklen Achselhöhlen. Warm. Schweißgeruch. Betörend junge Haare. Sprach nichts. Die Hände nur tasteten. Mörder werden war ein Leichtes in dieser Einsamkeit. Das Herz ausreißen. Man hält in der Hand. Es schlägt. Zu solchem Mord trägt das Opfer keine Kleider. Die Jacke fort. Der junge Leib entblößt bis an den Nabel (war es nicht schon einmal so gewesen?). Tiefer Nabel. Unter dem Herzen der Magen. Benachbart die Leber. Ein Mensch mußte sterben, wenn man sie spaltete.
Woher hast du dein Wissen?
Die Gedanken waren das Halbe. Das Erinnern die Sünde. Das Ganze war diese junge Haut. Da begann es. Sank tiefer bis in das geheime Mark der Knochen. Weicher Teppich. Blumenbeet. Fell von Tieren. Zehen, wie junge Katzen sie haben. Undeutbare Schliche in Bewegungen. Es teilte sich ein Geistiges rhythmisch vom Nabel aus, floß in die Ohrläppchen. Statue des Praxiteles. Gemeißelt, nicht gewachsen dies Fleisch. Kein Fehl in den Linien. Blut darunter. Schwerer Atem. Schwereres Herzschlagen. Augen auf! Eine Welt ging in ihnen unter. Die Lippen sproßten und fanden Wurzeln an den tausend Stellen des Entkleideten. Kein Mordplan mehr. Nicht zu sterben rüstete sich der Leib, zu säen. Sonnenblume mit fetten Körnern, über denen dicke Hummeln strotzen. (Sie ist gelb. Gelb und schwarz die Tiere.) In Perrudja schmeckte der Augenblick hinein, die Zeitlosigkeit der starken Gegenwart, die noch keiner besiegte. Ganz sündlos. Ganz wissend. Ganz dumm. Die große Freiheit kam, die Einigkeit, das Du und Du. Das Innen, das Außen wurde, das Außen, das nach Innen schlich. Die Vergessenheit. Das Leben, über das es keinen Streit

geben kann. Ihr Alter war gleich, ihre Geburt, ihr Leben, ihr Genießen. Sie schrieen sich an, weil sie sich schön fanden, bissen ihre Zähne ineinander, weil sie sich fühlten und der Schmerz eine taube Nuß war. Und eine Stille kam. Das Meer wie Glas. Wie eine Kerze die Sonne. Das Grün der Bäume hielt an. Die Hunde wedelten mit dem Schwanze. Die Pferde fraßen. Die Neger lachten. Libellen schwebten. Teichrosen: weiß, grün, gelb. Siebenblättrige Lotosblüten. Schnecke am Blattrand. Dengelndes Schilf. Dünen. Sand rieselte. Ein Buch. Die Buchstaben tot. Kirchhof der Worte. Kein Richter. Leere Gefängnisse. Der letzte Gerichtete ist zum Himmel eingegangen. Alle schwarzen Mondsteine wurden weiß. Zwillingsbrüder schliefen im gemeinsamen Bett. Eine Tigerin, eine Tigerin, eine Tigerin, die schwanger ist und deshalb frißt. Frißt um zu gebären. Gebiert um zu säugen. Säugt, damit die Nacht still wird. Das Krokodil schloß das Maul und war nicht mehr. Die Zeit hielt tausend Jahre an.
Es kam ein Wind aus den Tälern. Die zwei kleideten sich an. Eine Wurzel war im Boden. Die Wurzel war durch sie hindurchgewachsen. Nur die Wurzel wußte es. Die beiden wußten es nicht. Die Tigerin war vorübergeschritten mit den rosigen Zitzen. Der beiden Augen hatten sie nicht wahrgenommen. Sie aber wußte, wo ihr Atem geweht hatte. Die am Boden lagen, waren gewesen wie die Söldner in den Heeren der Assyrer und Römer und Mongolen. Die von China kamen und gegen China zogen. Die auf Stuten ritten und nach Menschen lechzten. Mörder. Unbarmherzige. Lüstlinge. Tyrannen.
Sie gingen heimwärts. Vor den Baracken trennten sie sich. In der Nacht war Perrudja sehr befreit. Er dachte vorm Einschlafen an mathematische Formeln, abgebildet nach der Art der Kristalle. Ein tiefer Nabel faßte einen rosa Diamanten. Auf dem Grunde eines grünen Meeres sah er schlanke Zehen sich bewegen. Deutlich, mit gewachsenen menschlichen Nägeln. Das mußte zu Tränen rühren. Zwei braune Brustwarzen säugten eine Tigerin. Es war gewiß ein symbolischer Traum, und er antwortete darauf: »Herr, ich finde Dich auf dem großen Kirchhof der Worte.« Er schlief und schlief. Er schlief seinen gelben zügellosen Schlaf. Am nächsten Morgen erschien Alexander. Perrudja glaubte sich schämen zu müssen, daß er so

nüchternen Auges, zu sehen, der Junge stecke in ärmlichen Kleidern. Der glühte, war heiß durch den Vorsatz, den Waldbesitzer mit Reden anzufallen. Ihre Liebe von gestern wurde heute mit dem Maß der Vernunft gemessen. Sie nahmen sich zusammen.

»Man wird abreisen«, begann Alexander.

Hartes Schweigen. Der Waldbesitzer fühlte sein Herz. Es sollte Abschied gefeiert werden. Scheu nahm er des anderen Hand. Sie war groß, langknochig, zart, und doch gefurcht. Die Knöchel standen vor.

In Tränen baden. Abhacken und als Amulett über der Brust tragen.

Perrudja wurde es schwer. Die Zunge ging nicht. Er suchte Hilfe in des anderen Augen.

»Behalte mich bei dir«, fuhr Alexander fort, »wenn ich dir ein wenig gefalle. Ich liebe dich aufrichtig. Ich mache dir alles, was du nur willst.« Und schwieg.

»Du machst mir alles?« hob nach langer Pause Perrudja hervor, »was soll das bedeuten? Du willst mein Knecht sein? Mein Pferdejunge? Es steht anders mit mir als du glaubst. Es wird für mich gesorgt. Die Magd heißt Lina. Hjalmar besorgt Stall und Hof. Um dir Arbeit zu verschaffen, werde ich niemandem den Dienst kündigen. –« Er lächelte. Der Knabe mochte sich den Rest der Entgegnungen denken, ablesen aus den glänzenden Augen, die in Hoffnung aufgingen. Der aber blickte finster vor sich und stieß hervor: »So habe ich's nicht gemeint.«

»Nicht so? Ich habe dich mißverstanden? Erkläre doch. Ich bin bereit, richtig aufzufassen.«

»Wie es gestern war – doch anders. Verstoße mich nicht! Ich will mir große Mühe geben. Ich werde können, was du von mir fordern wirst.«

Perrudja fand keinen passenden Anschluß an solche Worte. Das Leben hatte ihrem Sein unterschiedliche Hintergründe bereitet. Es war wohl eine Lüge, diese verstrichene Einigkeit, als kennten sie einander vom Mutterschoße an. Er schwieg geduldig, wartete auf weitere Erklärungen. Auch im Dunkelsten seines Innern enthüllte sich ihm nichts. Der gute Schlaf, in dem er nicht mit sich selbst bedrängt worden war, lag erst kurz hinter ihm.

Alexander aber meinte, die grauenvolle Stunde sei gekommen (die er kannte), in der ein jemand ihn von sich abschüttelte. Er begann an eine Kunstfertigkeit zu appellieren, vor der Perrudja, ermaß er sie, sich fürchten würde.
»Weshalb denn willst du mich nicht verstehen? Bin ich so häßlich? Ich bin doch alt nicht. Ich bin doch gesund auch. Ich bin doch normal gewachsen. Ich bin noch nicht durch vieler Hände gegangen. Ich werde dir treu sein. Oder bist du verheiratet? Man sagt, du seiest nicht verheiratet.«
Fassungslos vernahm Perrudja. Die Lähmung seiner Zunge hielt an. Sein Gehirn begann fieberhaft zu arbeiten. Das war eine Wirklichkeit, die er bis dahin nur in Vokabeln gekannt. Eine Wand war zwischen ihnen. Der Junge stotterte vorwärts. Ein bißchen Sonne nur wollte er. Ein bißchen Wohlleben. Ein bißchen Pflege. Ein wenig Wein jeden Tag. Wenige Tropfen Parfum. Eine saubere Bettstatt. Einen Genossen, den er lieben konnte. Er wollte sich als Entgelt opfern. Niedergemetzelt werden. Nur ein sauberes Bett. Ein bißchen Anstand im Untergehen.
Er redete, redete die Erfahrungen und das Wissen seines engen Lebens. »Hast du es noch niemals so gelesen, wie ich es dir gesagt habe? Sie sagens doch alle mit den Worten. Kennst du den Abtritt bei Vor Frelsers Kjirke in Oslo?«
Verneinendes Schütteln des Kopfes. Traurigkeit. Geruch wie von Urin.
Da schreiben sie es an die Wände.
»Wer glaubt wohl, daß du es nicht wüßtest? Du bist oft in Oslo gewesen. Kennst du nicht das Admirals-Palads-Kino-Theater in der Torvgate?«
Verneinendes Schütteln des Kopfes.
»Es ist wie ein Sprechtheater gebaut. Mit Engeln aus Stuck an den Rangbrüstungen. Mit Karyatiden seitlich der Logen. Frauen mit hohen und festen Brüsten. Mit vielen und schönen Bauchfalten. Die Lehnen der Sessel mit rotem Samt überzogen. Ehemals war es innen fast ganz übergoldet. Jetzt ist es grau gestrichen. Sie sagen, Gold wäre für die Renovation zu teuer gewesen. Auch sei es überflüssig. Zumeist herrscht ja Dunkelheit. Man sieht nur die rote Notbeleuchtung über den Türen. Du kennst es nicht? Wie seltsam ist das. Wie soll ich dir

beschreiben, was du nicht kennst? Vielleicht wirst du dich erinnern. Es wird dir Vergessenes einfallen. Der Name nur ist dir nicht haften geblieben. –«

Er wurde sehr verzagt. Er begann, Worte seiner Rede zu unterschlagen. Der große Aufbau des Anfangs war zwecklos vertan. Er schämte sich. Er war ja nackend, wie Gott ihn erschaffen. »– Da ist ein Abort. –«

Eigentlich gibt es deren zwei. Aber den einen der zweie haben wir niemals aufgesucht. Den wir aufgesucht haben, von dem spreche ich jetzt.

»– Man gelangt durch einen langen Gang dorthin. Es ist fast dunkel auf dem Gange. Eine Ecke. Man kann an dem Ort vorüberlaufen. Man würde dann in die Kammer des Operateurs gelangen. Biegt man in den zweiten Gang ein, kann man nicht fehlen. Man wendet nochmals, als ob man im Kreise ginge. Dann ist man dort. Erinnerst du dich nicht? Wenn man an der Wand steht, liest man alles was ich meine. Es ist sehr ausführlich geschrieben. Vortreffliche Zeichner haben sehr lebenswahr und in natürlicher Größe zu den Worten Abbildungen gegeben. Niemand wischt die Zeichnungen fort, weil sie für unübertrefflich gelten. Man sagt, der Besitzer wage es nicht, weil es ein altes Recht ist, daß es dort steht. –«

Wie im Kreis. Doch kantig. Nicht ins Offene, ins Innere. Wie der Palast des Minos zu Knossos. Schriften oder Münzen. Spirale, die nicht von Kurven lebt, die im Quadrat gefangen sitzt. Im innersten Kern ein Stiermensch, Minotauros. Die Griechen haben es Labyrinth genannt. Hundert dunkle Räume, in rechten Winkeln geschnitten. Quadern, schmale Fugen. Die Decke ein einziger großer granitener Stein. Darin Zeichen, Symbole und Realitäten des Stiermenschen. Kurze dicke Hörner. Männliche Zeugungsglieder. Vergewaltigen und töten. Jungfrauen verbluten. Sie können nicht fliehen. Einhundert Zimmer. Sie verbergen sich. Der Stiermensch findet sie. Begattet und frißt. Schlägt wieder von sich in riesigen Haufen Kot. Er füllt die Kammern damit. Es ist das kürzeste Verwesen der Jungfrauen. Heute eine Lilie, morgen ein Ekelhaftes. Darum ist das Weibliche, das schwanger wird, göttlich. Das Verzehrende männlich. Dämone ohne Herz.

»– Während im dunklen Saal die Filme ablaufen, kann man dort

stehen und die Bilder betrachten. Vereinzelte Menschen kommen, vor denen man sich zu schämen nicht nötig hat. Man kann es mit ihnen besprechen. Man kann dort stundenlang stehen, wenn man an der Kasse ein Billett gelöst hat. –«
Es sind viele Einsame dort gestanden. Sie haben ihr Empfinden aufgeschrieben. Mit Ausrufen, die sie nicht schreien durften. Stumm. Sie hätten sich zerfleischen müssen. Sie konntens nicht mehr. Sie hatten es erstmalig versäumt. Sie griffen zu Worten, um nicht allein zu sein. Ein Spiegel. Ein Ort außer ihnen, der mit ihnen einig. Ein Dokument ihrer Existenz. Ihres Gesegnetseins. Ihrer Anbetung. Ihrer Anerkenntnis der gegen sie gefällten Sprüche. Ihres Todesurteils. Das war der Tempel von Konarka. Liebesspiele. Träume des Fleisches. Paradiesesbilder gehängt um ein einfaches Gebiet des Unerbittlichen. Ausschmückung einer Pflicht. Erliegen, versklavt sein in Freiheit. Ein Kult. Wer es so nähme. Wer sich hinopferte. Sich schelten ließe. Nicht zurücknähme. Bekennte: Das bin ich, das sing ich, das schreib ich. Der Eingekleidete, das bin ich nicht. Ich bin der Nackte, der Lüstling, der Hurende, Grausame, der mit linker Hand geilt, mit rechter Hand den Griffel führt, meißelt, trompt, flötet, verkündet. Wir leugnen; unser Blut leugnet nicht.
»Ich will dich mit allem befriedigen. Verstoße mich nicht! Du bist der Einzige, den ich liebe. –«
Der unkluge Perrudja hatte begriffen. Abstürzen. Aufschlagen. Sterben. Auferstehen. Lächeln. Wissen, genossen zu haben. Sich sträuben, nochmals zu genießen. Befangen werden. Bewußt werden. In Knechtschaft vorgefaßter Meinungen fallen. Blitzartig über Galgenplätze schreiten. Die Verbrecher, den Henker sehen. Rädern, vierteilen, ausdärmen, beim Pfählen langsam den After aufreißen, verbrennen, köpfen, auf elektrischen Stühlen kochen, lebend vergraben, ersticken, erschießen. Der Fromme und Gerechte ist schuldig. Wir alle sind schuldig, unschuldig, schuldig, unschuldig, schuldig. Wir wissen. Wir haben vergessen. Wir wissen wieder.
Perrudja strähnte mit der Hand sein Haar.
»Ich bin doch gut gewachsen.«
Du hast mich schön gefunden. Du hast an meinem Herzen geschlafen. Es ist dir wohl gewesen. Weshalb hast du vergessen? Gestern war es.

»Bist du erzürnt wegen der Äpfel? Man raucht Zigaretten. Man mag keine Früchte. Vergiß doch. So willkürlich kann ich nur sein, wenn ich noch nicht liebe. Wir kannten uns wenige Minuten.«
»Ich denke nicht an die Äpfel.«
»Woran denkst du? Verheimliche mir nicht! Du hast schlimme Gedanken gegen mich. Du verachtest mich.«
»Ich verachte dich nicht.«
»Du bemitleidest mich. Du stellst dich über mich.«
»Ich beneide dich.«
»Du beneidest mich? Was bedeutet das? Was geschieht?«
Es wird ein Loch. Sein Weg ist anders. Er will das Gestern ausreißen. Er erträgt es nicht.
»Ich muß Signe suchen.«
Tote Augen. Erlöschende Lippen. Furchen an der Stirn. Der Mund krank, abgegriffen die Lippen. Die Augen jungfräulich, ohne Schatten. Die Unterlider gehen in das Fleisch der Wangen über. Ein Halbwüchsiger. Dreizehn oder sechzehn Jahre alt.
»Gib mir etwas Geld.«
Perrudja öffnete die Brieftasche. Der Knabe griff hinein. Zwei Hundertkronenscheine. Hundert Kronen kleiner Zettel. Er nahm sie, blickte fragend. Es ist eine große Bezahlung.
Die Brieftasche schloß sich. Die Finger des Knaben durchblätterten die Scheine. Überrechnete das grausame Ende. Getötet werden ist besser.
»Ermorde mich!«
Und gleich darauf:
»Gib mir mehr Geld.«
Perrudja setzte sich. Er schrieb einen Scheck. Er malte: Tausend Kronen. Er zerriß ihn. Er malte: Fünftausend Kronen. Große Augen über seiner Schulter. Taumel.
»Wenn du mehr gebrauchst –«
Das Geld in zittrigen Knabenhänden.
»Nein.«
Die Tür ging auf. Er war außer dem Zimmer. Im Freien. Perrudja am Fenster. Er schaute hinter den Vorhängen hinaus. Vor der Tür schritt ein junger Arbeiter auf und ab. Nach Sekunden lag Alexander ihm am Halse. Die beiden entfernten sich. Perrudja streckte sich auf dem Bette lang aus. Schloß die

Augen. Er murmelte: Signe. Sein Blut aber jappte: Ein Tag Glück. Einen Tag sündelos. Einen Tag Blume. Und dann gemäht.
Diese Menschheit war zu ihm in seine Einsamkeit geströmt und hatte einen aus ihrer Mitte erwählt, daß der Verlassene das Glück sinnlichen Befriedigtseins genösse. Er war in ihrer Schuld. Er weinte bitterlich.
Den er nicht gekannt, hatte ihm mehr gegeben als alle, die er zu kennen geglaubt. In langen Tagen schrieb der Waldbesitzer ein Gedicht.

Die Adern in meiner Hand schlagen.
Äußerlich ist sie bleich und braun.
Ich bin außer die Länder fortgetragen;
meine Augen können nur Land schaun.
Zehntausend Jahre bin ich gesessen;
man rechnet mich vierundzwanzig alt.
So bin ich vermessen oder habe vergessen
oder trage die tausendste Gestalt.
Mir ist begegnet ein Tag,
der nicht mir gehört, den ich nahm.
Man wird ihn fordern
und geben wollen, dem er abhanden kam.
Ich will die Stunden nicht missen,
weil ich als Gegengabe
kein Andenken habe
außer die Zeit.
Und die ist weit
und sehr dünn
und wird schlechter mit der Ewigkeit.
Was soll man im Meer
vom Tropfen wissen?

Er schrieb unter die Reime: »Ich habe an Alexander gedacht. Ich weiß nicht mehr genau sein Angesicht. In uns verwest ein Mensch, wenn er fern von uns, schneller als in feuchter Erde. Ich bin ein Heide. Ich bin ein Heide. Wenn meine Sinne über mich kommen, dann ist es er. Wenn ich Signe spreche, dann ist es er. Denn ich habe ihn nicht gekannt. Denn ich kenne sie nicht.«

Signe. Der Name wurde mächtiger in ihm als das Wort Alexander. Die schmalen Glieder des Knaben, allmählich ein Totengebein. Die nur geahnten Freuden am Weib, ein Turm. So trieb er zurück von der Insel, auf die er verschlagen, der – zum wievielten Mal? Schiffbrüchige. Sein Erinnern wurde trübe. Nicht starb es. Die Verse frischten es auf. Aber sie träufelten ein anderes Licht darüber. Er begann wieder, sich alten Zielen zuzuwenden. Das neue Haus wurde ausgestattet. Der fremde Geschmack blieb auf der Zunge. Er wußte es kaum noch. Diese Sucht, Menschen um sich zu versammeln. Von denen er nichts begehrte als die Nähe ihres Atems, den Geruch der Art, das Abbild eines Gesetzes. Eine Triebkraft, Peitsche, Ansporn zur Arbeit, zu Entscheidungen. Er ließ Fliesen brennen für die Wölbung des Baderaums. Hellblaue Töne wie fettiges Papier, dunklere des Ultramarins, schwarze und duffgrüne für die Umrisse der Motive, gelbe, zwischen leuchtendem Ocker und braunem Ton stehend, rosaweiße, um Blumen und duftiges Blattwerk zu bilden. Die Halbkugel wurde zu einem riesigen buntdurchwirkten von Ranken umbrandeten Stern. In der Mitte, halb eingelassen in den Boden, stand ein kreisrunder Kübel, mit Menschenmaß als Durchmesser. Aus weißlichem, blau und grün und schwarz geädertem Diorit. In zwei großen bankförmigen fliesenbelegten Öfen konnten offene Feuer brennen. Auf ihrer Oberfläche, wie auf breiten französischen Betten, konnte man sich rekelnd ausstrecken, sich durchgluten lassen. Von den polierten granitenen Wänden rann und zerstäubte heißes und kaltes Wasser. Ein kleiner Altar aus geknetetem buntglasierten Ton enthielt in Höhlungen, Nischen, Vorsprüngen, Borten, die hundert Essenzen und Kosmetika.
Er zog ein in das neue Haus. Ein junger Pferdebursche kam zu den dreien, Herr und Knecht und Magd, hinzu. Es war nicht genug der Menschheit um den Waldbesitzer. Er fühlte sich noch abgesondert. Er dingte sich einen Negerburschen, der bereit sein mußte für persönliche Handreichungen und Dienste. Eine Köchin aus der Stadt. Eine ausländische Haushälterin wurde als Verwalter über alle gesetzt.

XX

DAS PFERD/SASSANIDISCHER KÖNIG/EIN KNABE WEINT/DIE ANDEREN TIERE/DIE EDELMÜTIGEN ODER DIE GESCHICHTE DES SKLAVEN/DER KNECHT UND DIE MAGD/ DER ZIRKEL/ALEXANDER

WERBUNG UND VORHÖLLE

Perrudjas häusliche Kleider begannen sich mehr und mehr denen eines Mohrenkönigs zu nähern. Er war nicht wieder fett geworden. Hatte er bleiche Stunden, so wurde seine Hautfarbe gelb. Da war etwas Dunkles in seinem Blut, das sich außen absetzte. Es zierte ihn. So war er zufrieden damit. Bunte Seidentücher, übersät mit dem Muster der fünfblättrigen blauen Lotosblume, hing er sich über den entblößten Körper. Da gab es eine fast karminrot gewirkte Seide, die mit goldenen Fasanen bestickt war. Die Tiere hockten auf schwarzem Grund in goldenen Kreisen. (Traum von Khosro Parwez, dem Glückreichen.) Er trug einen Schmuck taubenblutroter Rubinen dazu. Er machte seinen Hals sehr weich, seine Stirn melankolisch. Kriegerischen Schmuck tat er sich an. Kurze Damaszener Dolche mit herrlich verschlungenen Mustern auf Stahl und Griff. Ein paar lange und breite japanische Schwerter hingen drohend von der Mitte einer Kuppel herab. In dem Raum, wo das Selbst uferloser, wo Schlafen, Ankleiden, Schreiben. Grübeln dieses Menschen vor sich ging, wo die Dinge aufgestapelt waren, deren Vorhandensein in nächster Nähe diese Existenz verlangte als Werkzeug, Mittel der Anregung, Gift und Euter, war das Spiel des Bewaffnetseins um einige Grade ernster. Da neigte es zum nüchtern Rationalen. In einem Schubkasten lag, aus heller Bronze gefertigt, eine Pistole, zierlich, wie nach Maß für die schlanke Hand des jungen Mannes; doch von ziemlicher Unerbittlichkeit. Sie schleuderte bemantelte Geschosse. Zehn Patronen. In einem Regal standen zwei Gewehre, nicht unähnlich Militärwaffen. Munition lagerte in schweren Kisten. Die Pistole war ständig geladen, abschußbereit. – Weihrauch räucherte durch alle Gewölbe seines Hauses. Kerzen flammten in verschwenderischer Zahl aus hundert Bronzearmen Abend für Abend. Er übte das Schauspiel seines zukünftigen Lebens, probte es mit hundert Effekten, ließ es sich als Vorgeschmack auf der Zunge zergehen.

Nach und nach wurden auch die Mitbewohner hineingezogen in den Glanz der neuen Meinung vom Leben. Die langen Winterabende wurden zu Anlässen großgedachter Feste. In den Kaminen wurden riesige Holzscheite entzündet, die prasselnd ihre Glut in die Kuppelräume verströmten. Auf den Teppichen am Fußboden saß der große Mensch voll Erwartung. Seine Träume flüchteten durch die Kiefern zutal, über schneebedeckte Felder wieder bergauf. Seine Augen schwollen bei dem Gedanken an das Weib. Seine Raserei wurde nur eingedämmt an dem äußerlichen Aufwand seiner Lebensführung. Zuweilen hätte er aufstehen mögen, hinauslaufen in den Schnee. Aber die Vorfreude der Feste, die er angeordnet, die, so fühlte er, ein Bestandteil seines vor ihm liegenden Geschickes sein müßten, hielt ihn gefesselt. Seine Neugier vergewaltigte den willenlos schwachen Körper. Und das Fest begann.

Im Hofe, über den Arkadenwölbungen, in einem steinernen Glockenstuhl, war eine Glocke aufgehängt worden. Dreimal schlug der Negerbursche den schweren Klöppel gegen das bronzene Gerät. Tiefer Ton. Das Maul voll Metall. Dumpf, zitternd, krachend wie nadelfeine Blitze in der Luft. Der Schall stob in alle Buchtungen des Hauses. Auf dem runden Wandelgang bildete sich eine Prozession. Die Bewohner des unteren Stockwerkes traten aus ihren Stuben hervor. Wie Oful, der Neger, in orientalische Gewänder gehüllt. Dunkel geschminkt. Sie bewegten sich, geführt durch die Kreisbahn und kamen, schreitend, immer wieder zum gleichen Punkt zurück. Sie schlichen die Treppen hinauf zum oberen Geschoß. Wiederholten dort ihre Pilgerschaft. Wie die Sonne unter dem Zodiak wandelt, so die Geputzten, in einer traurigen Verzerrung als Narren zwischen den felsigen Wänden. Wie auf ein Zeichen rissen sie plötzlich die Tür zu einer Halle auf, in der Perrudja am Boden lag. Sie achteten seiner nicht, verneigten sich vielmehr vor einem leeren Ruhebett; schlugen ihre Gewänder auseinander; man sah ihre Haut dunkel geschminkt auch um Brust und Bauch; und zogen Kristallschalen hervor, angefüllt mit gezuckerten Früchten. Boten Schälchen mit goldenen Forken an den leeren Platz. Der Waldbesitzer stöhnte unter einer Wollust und weinte und jammerte und erregte sich. Die Dienenden noch immer machten tote Gebräuche, von denen sie nichts begriffen. Sie äugten verstohlen auf den sich wälzenden Herrn, der nicht beachtet sein wollte, wiegten sich allmählich kuhplump in tanzartigen Verbeugungen. Bis der Herr aufsprang, sie anschaute mit wundem Blick. Dann hell aufzulachen begann. Die Früchte sie niederstellen hieß. Nahm und aß. Sie zu essen nötigte. Ihre Kleider bewunderte. Den jungen Knechten einen Dolch schenkte. Dann eingedenk, die übrigen möchten sich zurückgesetzt fühlen, aus einer Ledertasche Geld verteilte. Der Afrikaner verschwand auf Augenblicke und kam mit immer neuen Kerzen in metallenen Leuchtern zurück. Der runde Raum erstrahlte. Die verwirrtesten Muster auf den Wandteppichen entschleierten sich ganz. Da gab es einen, der war einer persischen Zeichnung nachgebildet, die um die Zeit der Kreuzzüge nach Europa gekommen. Auf den ersten Anblick blitzartige Linien durch alle Farbtöne. Sah man länger darauf, erkannte man, daß eine Herde Hirsche über die zumeist grüne Fläche dahinjagte. Diesen Teppich liebte Perrudja am meisten. Ein zweites Stück war das 'Schreiten des Steinbocks auf gelbem Grund. Hundertmal schritt er vor, hundertmal schritt er wider. Er trug den Kopf senkrecht über den gepreizten Vorderbeinen; und über dem Kopf, nur in schwarzen Umrissen, das mächtige Gehörn. Das wie zwei riesige Schneckengehäuse anzuschauen war. Wamme und Unterkiefer waren zackig bezottet. Um den mächtigen Hals legte sich ein Band, das mit Perlen besetzt war und nach hinten in zwei Fahnen ausflatterte. All die starken Zeichnungen verloren sich schwarz auf dem gelben Grunde, der wie Wüstenluft hinter der Bewegung stand. Dann aber verdichtete sich der Körper des Tieres zu einer rotbraunen Farbe, die manchmal wie geblichen erschien und die feisten Schenkel modellierte. Kreisrund hoben sich orangefarbene Monde auf den breiten Fleischpartien hervor. Die mit einem tiefblauen Hof umgeben waren. Gegen das Vorderblatt und die Brust des Tieres nahm der Mond ab und zu; immer eingehüllt von dem tiefen Blau des Meeres, in dem er zu schweben schien. Aber das nächtliche Gestirn durchkreuzte nicht die leibliche Bildung des Tieres. Es schloß sich alles zusammen zu der Einheit seines heftigen Ausschreitens. Andere Gewebe, bei denen auf einem schweren, filzig weißen Grund verschlungene Ornamente in tausend Abarten des Akanthus gewebt waren. Wieder andere, da wuchs aus einer Blume, die namenlos war, ein Fabeltier, ein Löwe. Verschränkte sich in den Grundriß des Labyrinths, eine Taube flog, im Schnabel trug sie ein weißes Blatt. Auf dem Blatt stand nichts geschrieben. Der freie Raum war aufgespart für eine Zeile, die Perrudja selbst darauf anbringen wollte – nach seiner Hochzeit. Es sollte seine Demut und seine Hoffnung ausdrücken, seinen Antrag an die Schöpfung und an Gott, seinen Glauben trotz Häßlichkeit und Verwesens, seine Bejahung auch des Unbegreiflichen in Lust und Leiden: Soli Deo Gloria. Jetzt trank er Wein, duftigen, milden. Aß mit den anderen, die ihm gleich, ausgelassen schwatzend und nachschmatzend die Leckerbissen verzehrten. Ein Mummenschanz vor einem erhabenen Hintergrund. Ein Märchen, eingeschneeit in einsamen Felsbezirken. Ein Leben, eingemauert unter steinernen Kuppeln. Sünde und Tugend des Reichseins. Einfältig wie ein Kind hatte Perrudja dies angerichtet. Vor sein dürftiges Erleben hatte er einen echten Hintergrund gestellt. Das waren Menschen um ihn, die, geschlachtet, Schweinen glichen. Fleisch und Blut. Seine Leidenschaft zuckte in der Verhaltung wie in einem Kerker. Noch wenig Stationen Fortschritt auf den neuen Wegen, und der Herr wäre einem Tand erlegen. Immerhin saß ihnen schon Schminke auf der Haut. Doch der Neger war in Afrika geboren. Und Hilfe hätte es nicht bedeutet, daß der Sarg seiner flatterhaften Seele aus lauterem Golde. – Die Feste pflegten mit dem Genuß vielerlei Gebäcks und süßen Weines zu enden. Die unbefriedigten Gelüste des Kindes brachen in dem Manne durch. Kuchen. Torten und Törtchen. Schaumspeisen. Datteln. Nüsse. Feigen. Rosinen. Getrocknete Pflaumen. Schokoladen. Marzipane. Stachlich herbsaure Ananas. Entzückten seinen Gaumen. Der Wein machte die ungleiche Gesellschaft ausgelassen. Laute wiehernde Reden lösten sich aus den Mündern. Man gab Taschenspielersachen zumbesten. Legte eine bäurische Kabbala auf den bunten Teppichen aus dem Morgenlande. Schminke, Fleisch und Blut lang ausgestreckt am Boden. Gutten gab vor, zaubern zu können und fingerte mit dem blitzenden Dolch in der Luft, riß seine seidenen Laken auf, erstach sich zum Scherz, fiel, röchelte. Die Hausdame schrie auf. Das Schreien erweiterte sich zu einem nicht endenwollenden Lachen. Hjalmar hatte Lina auf den Schoß genommen; stopfte ihr unaufhaltsam Süßigkeiten in den Mund; füllte sich selbst die Taschen für das Kind. Die Luft im Raum wurde dick und überwarm. Perrudja schaute stumm auf die Entfesselten. Ein unnennbarer Weltschmerz zog ihm die Mundwinkel herab. Er stellte fest, er war noch immer nicht glücklich, immer noch einsam, immer noch schwächlich. Er ging mit Schamesröte an der Stirn hinaus auf den Hof und begann den Blitz der großen Glocke zu wecken. Immer lauter ließ er das Metall beben. Ohne Pause wie ein Dämon versenkte er sein Haus in den Klang des rollenden Erzes. Die rotäugigen Tiere der Nacht in den Bergen erstarrten und fürchteten die Gewalt der Stimme. Welcher Drache mochte in der Burg lauern, daß er solche Stimme erhob? Würde er eines Tages hervorbrechen und riesig sich hinwälzen über die Welt? Würde aus der Stimme eines Tages der Leib sich gebären? – So läutete Perrudja das Ende des Festes ein. Alsbald kam eine Harpyie von außen und krallte die Pranken fest ein in sein Fleisch. Und er hing in Angst. Ungewiß, ob er ersticken oder verbluten müßte. Diese Angst in den Adern der Schenkel, diese Trostlosigkeit in den Hirnhöhlen. Da war der runde Himmelsausschnitt über ihm, schwarz, besternt. Er jagte, todnahe, taub in den Ohren durch das Summen der Glocke, die Treppen hinauf. Atemlos in den Schaltraum. Er ließ die Pumpwerke an. Kristallene Bäche wurden aufgefangen, durch Rohre abgeleitet, ergossen sich in die Vorhalle, in den Hohlweg, überschwemmten die Einfahrt. Das Schattentier mußte ertrinken oder sich zurückziehen. Er fühlte eine Befreiung. Seine Einsamkeit war sehr vollkommen. Er trieb die Diener hinab in das untere Stockwerk. Die Gittertür fiel ins Schloß. Der Lärm der Unteren verebbte vor schweren Eichenholzplanken. Er stand, starrte hinab hinter den Gittern in die tintige Schwärze der Flüssigkeit. Er umkreiste laufend die Bahn der ringförmigen Vorhalle, stieß die Türen zu sämtlichen Räumen auf. Leer, leer. Da war nur noch die Nachbarschaft von Kerzen und Feuer, von Teppichen und

Farben, von Hölzern, Steinen, Metall. Am Morgen war im Hohlweg das Wasser zu Eis geronnen. Eingemauert die Burg. Perrudja grinste. Er ließ das ungeronnene Naß ab. Die Tore wurden geöffnet. Die Hinaustretenden befanden sich unter einem Glasdach. Es wurde mit Äxten zertrümmert. Die Bruchstücke wurden hinausgeschleift. Ähnliches wiederholte sich oft. Die Diener wagten nicht einmal, einander mitzuteilen, daß sie mit solchen Späßen unzufrieden. Ihr Genießen war ja vorauf gegangen. Ihre normale Arbeit war klein. Der Winter war sehr lang und wenig abwechslungsvoll. Die Stürme trugen den Hohlweg zuweilen voll Schnee. Perrudja sann auf Besserung der Anlage. Er würde im kommenden Jahre einen steinernen Tunnel bauen, der an einer gewissen geschützten Stelle ins Freie münden müßte.

Bessere Tage waren jene, die er, entkleidet, im überhitzten Baderaum zubrachte. Mit nichts beschäftigt als sich berieseln zu lassen. Sich einzuölen, zu salben. Auf den Öfen zu liegen, sich wärmend. Dann sah er nur den jungen Afrikaner, der ihm Speisen hereinbrachte. Mit schier phantastischer Unermüdlichkeit ihm die Schenkel knetete. An seinem Gesicht formte. In unendlicher Geduld mit den willenlosen Gliedern des Herrn schlenkerte. Perrudja starrte in das dunkle, breite, rätselvolle Gesicht. Ein sehr ferner Verwandter. Mittels einer neutralen Sprache verständigte man sich. Aber der eine begriff den anderen nur ungewiß. Deshalb ertrug Perrudja die unmittelbare Nähe des Dunkelhäutigen. Er schämte sich vor ihm so wenig wie vor einem Tiere. Dieses sich nicht schämen müssen gab Zuversicht. Sie blieben einander unverstanden; doch tat sich keine Kluft auf.

Der Waldbesitzer hatte sich vorgenommen, seine Werbung um Signe erst im Frühjahr anzubringen. So brauchte er Betäubung über Betäubung, um sich zu ertragen. Die einzige geistige Arbeit, die ihm zu leisten geblieben, war zu ergrübeln, in was für einem Gewande er vor der Geliebten erscheinen sollte. Ob als Fürst oder als Knecht. Da er sich nicht entscheiden konnte, befragte er das Los. Das Los bestimmte ihm, ein Knecht zu sein. Er beschied sich, war glücklich, gestürzt zu sein. Nach dieser Entscheidung wurde ihm die Zeit unerträglich lang. Seine Sehnsucht wuchs zur Wildheit. Er war noch nicht seiner neuen Lebensführung erlegen.

Sein Blut flammte. Er verbrannte an dieser Flamme. Die Stimmen aller Selbstkritik ertranken an dem Wunsch nach einem Weibe. Seine Sinne berannten den Leib. Forderten gebieterisch bedingungslose Übergabe der unterwühlten Festung. Apfelgleiche weiße Brüste dufteten ihm entgegen aus allen Wölbungen seines Hauses. Kurz nach Weihnachten erlag er. Ängste fielen ihn an, es möchte ein anderer ihm zuvorkommen. Es spukte in ihm, daß das Leben Signes gefährdet. Er sah sie im Sarge liegen. Alle Möglichkeiten standen auf. Ohne Widerstand wurde er ihnen preisgegeben. Sein Machwerk der Vernunft brach zusammen. Überlegungen schwemmten davon. Er schrie in Liebe wie ein röhrender Hirsch. Eine Nacht hatte ihn unbarmherzig gepackt. Am Morgen ließ er früh satteln. Saß im einfachen Reitkleid auf. Suchte durch den dichten Schnee den Weg ins Tal. Das war mühselig für Shabdez und ihren Reiter.

Schon in Atnosen erkundigte er sich nach der Siedlung Einar Skaerdals. Eine halbe Meile später erkundigte er sich in einem Haus am Wege. In Hus fragte er abermals. Von einem Hofe im Gespenstertal aus zeigte man ihm den Weg, den er nicht mehr verfehlen konnte.

Es war später Nachmittag des zweiten Tages geworden, als er bei Einar anlangte. Die Dunkelheit vermischte sich mit dem weißen Schnee zu einem unsicheren Grau. Der Bauer trat vor die Tür des Hauses, als der Reiter abgesessen. Fragte nach Begehr, meinte, daß irgendeine wichtige Botschaft ihm überbracht werde. Perrudja stotterte, er sei wohl unerkannt. Gleichviel. Er sei zu einem Besuch gekommen. Als Einar das treffliche Pferd bemerkte, die ungewöhnliche Kleidung des Reiters, wagte er sich hervor mit der Meinung, daß der Herr wohl der Waldbesitzer vom Rondane. Viele Reden von ihm im Umlauf. Perrudja bestätigte, bat um einen Schuppen für sein Pferd. Skaerdal versicherte, er werde alles aufs beste besorgen. Der Herr möge sein bescheidenes Haus nicht verschmähen, sich wärmen. Nach wenigen Augenblicken werde er selbst zurückgekehrt sein, bereit, alles anzuhören, was der Herr vorzutragen beliebe.

Die nächsten Minuten schienen dem Angekommenen Meilen in wechselvollen Gegenden. Er selbst begriff nicht, daß er sich zurechtfand. In der Küche trat ihm Frau Skaerdal entgegen. An ihrer Seite hantierte ein junges Weib. Konnte das Signe sein? Mit Bestürzung erkannte er, ihre Gesichtszüge waren seinem Herzen unbekannt geworden. Die Wirklichkeit würde das Gesetz handhaben, kraft dessen sie anders erscheinen mußte als in seinen Träumen. Sein Atem ging hörbar. Er wagte die Frage nicht. Hoffte auf einen Augenaufschlag des jungen Weibes, der einen Widerhall fände an seiner knabenhaften Vergangenheit. Doch mußte er wie mit Keulen betäubt stehen. Er fand nichts ihm Genehmes, das er laut hätte sagen mögen. In der Qual seines Stummseins erwog er noch die Gestalt des unbekannten Menschen, die, er fühlte es mit zunehmender Angst, sein Herz nicht anrührte. Da preßte er hervor: Er wünsche Signe zu sprechen. Das könne geschehen, meinte Frau Skaerdal, ging zur Küche hinaus, in die Stube. Perrudja hörte ein paar gedämpfte Laute an seinem Ohr. Später wurde er in ein Zimmer geschoben und stand einem großen Menschen gegenüber. Einer Frau, die verwundert auf ihn blickte. Er wagte nicht, fest hinzuschauen, hielt den Kopf gesenkt, wußte, daß sie beide nicht länger bekannt voreinander. Das dumme und taube Gefühl, das er vor Augenblicken in der Küche durchlebt, ließ nicht von ihm. Er war noch zerknirscht und ohne Bereitschaft. Es war ihm eine Erlösung, daß Signe vorschlug, man solle Licht anzünden. Die Lampe flammte auf. Die beiden Menschen bewegten sich gegeneinander, sahen auf sich. Der Mann sagte:

»Heute stehe ich als Unbekannter vor dir. Es gab eine andere Zeit als diesen Tag, der mich schwer bedrängt; die mir besser erscheint. Wir waren jünger und wußten vieles von dem nicht, was uns jetzt bekannt ist. Aber wir waren uns nicht fremd.«

Signe horchte auf. Es bedurfte nicht vieler Brücken, um sie zurückzuführen in die Vergangenheit. Perrudja war sich nicht unähnlich geworden. Sie erkannte ihn. Sie faßte nach ihrem Herzen. Ehe er ein weiteres Wort gesprochen, begriff sie das Ziel seiner Zureise. Sie entgegnete verhalten:

»Ich erkenne dich wieder, Perrudja. Es ist mir heute noch leid, daß ich dich geprügelt habe. Ich war damals schon größer und stärker als du, wiewohl jünger. Du bist mir nicht nachgekommen im Wachstum; denn ich bin unbescheiden weitergeschritten.«

Er betrachtete sie fest. Ein Wiedererkennen wäre unmöglich gewesen. Groß und schlank und prächtig stand sie vor ihm. Wenn auch verhüllt, er ahnte die hohen Hüften, die kraftvollen, knabenhaften Füße (bis zu den Knieen entblößt) wie er sie gesehen. In einer Sekunde opferte er seine Träume diesem Menschen, gab preis sein Besserwissen. Verlöschen und Auflodern in einem. Wilde Hoffnung auf Besitz dieses Weibes und zweifelnde Mutlosigkeit. Das Herz voll erzener singender Worte und unkluges Gestammel der Zunge, die nicht die Kraft zur jähen Nachahmung.

»Ich bin deinetwegen gekommen«, preßte er hervor. Sie erschrak, daß er ahnungslos war. Ein Gefühl des Erdrosseltwerdens an hohem Galgen schlug nach ihr. Daß sie die Augen schloß. Gegen die purpurgrauen Lider aber schien eine Flöte zu singen. Sie nahm wahr, daß unten zwei Lippen sich über ein Rohr bogen; oben aber sang eine Amsel aus der höchsten Spitze einer Fichte. Es waren noch ein paar armselige Worte des Werbenden an ihr Ohr geschlagen, sodaß sich das Bild umwendete. Unten sperrte sich der Schnabel des Amsels, hoch oben bogen sich Lippen.

Als sie die Augen wieder freiließ aus der Zauberwand der niedergeschlagenen Häute, mußte sie auf Perrudjas Mund blicken. Das war wie eine Auflösung des Bildes. Der Mund stand oben und zierte einen Menschen, der schlank, erregt mit befingerten Händen nach ihr bettelte. Sie fühlte sich verpflichtet, etwas in sich zu finden, das auf ihn Bezug hatte.

»Man spricht viel von dir. In letzter Zeit ist dein Name oftmals mir zuohren gekommen. Ich habe bei all den Reden niemals an dich denken können wie ich dich kannte. Die Erzählungen machten mir meine Erinnerung fremd. Das war nicht schwer, denn sie lag nur schwach in mir. Die meisten meiner Gedanken von damals habe ich vergessen. Als ich nun hörte, daß du reich, du im Gebirge ein großes Haus erbaut, Verkehr mit vielen Menschen aus der Stadt pflegst, empfand ich nur eine dürftige Feststellung: Das also ist aus Perrudja geworden. – Das Leben fällt uns auf mancherlei Weise an. Wenn zwei Menschen an einem Punkt sich berühren, sie fließen wieder auseinander und halten sich nicht. – Er wird ein schönes Mädchen aus der Stadt sich zur Frau nehmen, glaubte ich aus den Festen, von denen man Märchen erzählte. Unkluge Geschichten.«

Hätte sie weitergleiten lassen diese tote Süßigkeit, die an Perrudjas Ohr sang, die bebend in ihm zu einem Berg der Verheißung anwuchs, das Gefäß, das er war, übervoll, wäre aufgesprungen. Hingestürzt wäre er, weinend ihren Hals umfassend. Ein Laut hätte die Größe und die Kraft seiner Sehnsucht geoffenbart. Doch Signe schwieg plötzlich. Sie hörte Geräusche an der Tür. Der alte Skaerdal trat herein. Er begrüßte noch einmal den Gast, rückte Stühle heran, forderte zum Sitzen auf, saß selbst nieder. Er wollte nun wissen, was den Herrn zu ihm geführt. Er ahnte oder wollte nichts ahnen von einer Herzensangelegenheit. Er machte Perrudja verlegen. Der nestelte einige Augenblicke am zugeknöpften Ärmel seiner Joppe. Verzog das Gesicht zu einem halben Lachen. Und hub an:

»Wir haben soeben von ungefähr etwas gesprochen. Es ergab sich dabei der Satz: Das Leben fällt uns auf mancherlei Weise an. Darüber haben wir gegrübelt. Wir sind noch nicht ans Ende gekommen. Man könnte zurückdenken bis in die Zeit unserer Geburt, wie es uns da angefallen hat. Daß die Sterne in ihren zwölf Häusern mit einer bestimmten Verheißung über der Stunde standen; als man die Nabelschnur trennte. Und wir, abgerissen von der Mutter, die Zuflucht zu der Luft unter dem Himmel nahmen. Aber wir können unser Leben nicht von der Geburt an rechnen. Was auch immer als Glauben man bekennen will. Wir haben begonnen zu wachsen, nachdem man uns gezeugt. Die dunklen Stunden hängen auch an uns. Wir leiten, weil wir wissen, sie waren, das Recht auf Vater und Mutter her. Auf unseren Vater, auf unsere Mutter. Und waren sie nicht Kinder wie wir? Gefäße für einen Blutstrom, der sich tausend, zehntausendmal unter anderen Stunden erneuerte? Der zusammenrann aus ebensovielen milden oder gefährlichen Mischungen? Und trug nicht immer eine wissende Seele die Last der Vergangenheit, rang mit ihr und überwand sie doch nicht? Erlag immer und immer wieder einer Gewalt, die ohnegleichen, unausrottbar, es sei denn mit dem Leben zugleich? – Wie gut, daß wir nicht alles sehen mit wachen Augen! Es möchte sonst Ekel uns kommen, Lust nach selbstbereitetem Tod.

Ist unsere Geburt vollzogen, zu der wir, so wollen manche

wissen, uns die Seele eines Verstorbenen aus der Luft erborgen – so soll der tausendfache Widerstreit in uns kommen zwischen Blut und Seele, zwischen guten Wünschen und bösen Taten, zwischen Wachen und Schlaf, zwischen Schwäche und Kraft – verschießen die zehntausend Stunden ihre Pfeile gegen uns. Alle werden getroffen. Manche tödlich, manche gefährlich, andere lästig, wieder andere mit Schmeicheln. Da gibt es Kinder, die saugen Milch aus den Brüsten ihrer Mütter. Es kommt nichts Fremdes von anderem Getier über ihre frühen unwissenden Lippen. Sie saugen hinein in lauter Menschenleib und trinken, was der ihnen bereitet hat. Anders schon ist es, wenn sie von fremder Mutter genährt sind, genießen an den Folgen einer Geburt, die nicht die ihre war. Und wie anders, Skaerdal, wenn man auf ihre Lippen die Kraft starker und beharrlicher Tiere tropft. Wenn man ihr Blut untermischt mit den Säften, die für Füllen und Kälber geschaffen. Vielleicht sind Rinder sanftmütig. Eselinnen und Stuten sind nicht sanftmütig. Das weiß ich bestimmt. Man kann Menschenkinder Eselinnen und Stuten ans Euter halten. Man kann das ungestraft. Die Kinder sterben nicht daran, würden sie auch an der milden Milch der Rinder vergehen. Sie wachsen wie an den Brüsten der Mütter, werden kräftiger als an der Suppe, die man aus Hafer und Wasser mischt. Ob sie auch gedeihen, sie werden unmenschlicher. Gewiß geschieht eine Befreiung von dem dicken Blut ihrer Vorfahren. Das kann ihnen wohltun. Das kann manche Fesseln sprengen, abwälzen von ihnen eine Last, die schier untragbar. Aber es macht sie schwerfällig, den Weg zu anderen Menschen zu finden. Ihr Leib ist des Menschen Leib. Aber ihr Blut ist nicht nur menschlich. Und vielleicht ist ihre Seele die eines erlegten Panthers. So kann uns das Leben anfallen. Es kann sich unserer eigenen Hände bedienen, gegen uns und für uns.

Davon haben wir gesprochen, Einar Skaerdal. Ich selbst war Partei, denn ich kenne nicht Vater, nicht Mutter, weiß nicht, an welchem Tiereuter ich gelegen, daß ich gewachsen bin. Weiß nicht, wessen die Kräfte sind, denen ich nacheifere. – So scheint die Welt denn bunt zusammengewürfelt aus Ungleichem, das sich nie ganz versteht. Wir wissen keine Gründe. Wir alle möchten mit dem Verlangen nach Glückseligkeit vortreten.

Und tappen daneben im Wünschen, weil wir keine Kentauren geworden. Wir irren am Strand. Am weißen Strande, auf Klippen; draußen aber auf dem Meere schnaubt ein Delphin. Wir möchten ihm sagen, daß wir ihn lieben. An dem Wunsch wachsen uns keine Flossen. Vielleicht in Jahrzehntausenden könnte es geschehen; doch solange vermögen Wünsche nicht zu dauern. Solange bleibt Gleiches nicht beieinander. Sieh deine Tochter, sieh dich, ihr doch wißt, wer eure Eltern waren, ihr überschaut, woher ihr gekommen. Das ist alles verhältnismäßig klar und wach. Euch kann kein bitterböser Spruch nachsagen, daß ihr von Trollen stammt.«
Der letzte Satz hatte Einar verstimmt. Er runzelte die Stirn. Er entgegnete im klagenden Tonfall Perrudjas:
»Niemand kann wissen, wer seine Eltern sind. Man kann keinen Eid auf eine Sicherheit ablegen. Auch Signe kann ein Trollkind sein. Wer wüßte denn, in welcher Stunde er gezeugt ist? Eine Hündin, die umherstreift, wird nicht vorher verraten können, ob ihre Welpen schwarz oder weiß fallen. Wir sind unwissender als wir glauben mögen.«
Signe fiel in die Rede:
»Perrudja hat mit mir zu verhandeln, Vater. Er wird heute nicht wieder nach seiner Wohnung zurückkönnen. Darum bitte ich, lege Feuer in den Ofen der Dachkammer. Es ist sehr kalt draußen.«
Skaerdal verstand. Er sagte mehrmals: »Jawohl – jawohl« und ging.
Die Rede Perrudjas war nicht ohne Eindruck auf Signe geblieben. Da hatte jemand gewünscht, halb Tier, halb Mensch zu sein. Die Sehnsucht war auch einmal in ihr gewesen. Er war zu ihr gepilgert, nachdem er tausend andere Wege zu gehen gedacht. Eine Stunde hatte sie zusammengeworfen; und sie unterstanden diesem Schicksal, ob freudig oder widerstrebend. Und sie hätte nicht nein geschrien, wäre ihr Leben noch unberührt von dem Hauch eines anderen gewesen. Die Verlobung mit Thorstein Hoyer wollte ihr plötzlich das Herz abdrücken. Weil sie dem Manne ihr gegenüber nicht viel besseres als leere Worte sagen konnte. Lügen im Verschweigen. Unentschiedene Ausflüchte; weil in ihr selbst Wirrnis.
Die Worte, die sie sprachen, wurden nicht tief, verfingen sich

nicht. In der Küche entstand ein kleiner Lärm. Stampfen eines Neuangekommenen. Breite Worte. Laut, aber unverständlich. Signe zuckte zusammen. Böse Falten schossen senkrecht von der Nasenwurzel über die Stirn. Sie griff nach Perrudjas Hand und sagte kurz: »Ich will dir helfen in einem Ding, weiß ich auch noch nicht wie. Bitte, tu mir einen Gegendienst; erspare mir eine Demütigung; hilf mir, eine schlimme Stunde zu überwinden. Es ist jemand gekommen, der wird mit mir sprechen, als wäre er mir vertraut. Nimm keinen Anstoß daran, ob es dich auch schmerzt, setze dich zu meiner Schwester Anna; streichele sie oder halte ihre Hand.«
Perrudja konnte noch gerade stumm nicken, ehe die Tür aufgestoßen wurde. Hoyer trat herein. Signe rief im gleichen Augenblick: »Anna, bitte, komm in die Stube.« Hoyer reichte sie die Hand. Dann wies sie auf den Waldbesitzer, nannte die gegenseitigen Namen und meinte, so sei denn endlich der Augenblick gekommen, wo zwei, die nacheinander im gleichen Hause gewohnt, sich von Angesicht zu Angesicht kennenlernen könnten. Was das bedeuten solle, wollte Thorstein wissen; dessen Stimme einen gereizten Nebenton gab. Signe sagte, sie wolle grober Dummheit nicht Führerin sein; zumal sie böswillig sich breitmache. Hoyer polterte mit groben Fragen weiter. Verheimlichte nicht länger, daß er tief beleidigt über das Zusammenhocken Signes unter vier Augen mit einem jungen Mann. Die Braut wies ihn zurecht, erdrosselte seine Rechtsbegriffe, stieß mit den Füßen auf den Boden. Als er überrascht schwieg, gab sie die Auflösung, sagte obenhin, sie habe nur daran erinnern wollen, daß Thorstein zwei alte Tanten beerbt, die bei Lebzeiten Perrudja als Pflegesohn gehalten.
Anna war inzwischen ins Zimmer getreten. Nach ihr der alte Skaerdal. Mit einer harten Handbewegung wies Signe Anna und Perrudja zusammen, setzte Hoyer neben den Vater, präsidierte am Tisch ohne Verbindung nach links und rechts. Dann brachte sie einige Gesprächsthemen in Umlauf. Erklärte es für unvernünftig, dem Werber um die ältere Schwester einen schlechten Eindruck von den Sitten des Hauses zu geben. Darüber begann Anna zu weinen. Perrudja erbleichte, biß sich die Lippen. Skaerdal fragte mit ein paar Worten umher; er bekam keine Antwort. Hoyer lachte breit und schrie: »Viel

Glück!« Als Signe fühlte, daß sie Falsches getan, schlug sie mit flacher Hand auf den Tisch, schaute auf den Verlobten mit Augen, die ihn erstarren machten. Es fielen ihm tausend Sünden der letzten Woche ein. Er sprang auf. In die Küche. Bat Frau Skaerdal um eine Stiefelbürste. Dann kam er wieder herein; indem er mit einem Taschentuch sein Gesicht polierte.

Perrudja hatte hilflos den Kopf der flennenden Anna gestützt; für die sich Mitleid in ihm regte. Unbehagen und Angst legten sich bleiern um seinen Leib. Er suchte Signes Augen, fand sie aber nicht. Denn die tasteten die wenigen Gegenstände der Stube ab. Skaerdal hatte sich schweigend eine halblange Pfeife angezündet. Er beruhigte sich mit den Rauchwolken eines mittelmäßigen Tabaks.

Als Thorstein Hoyer seinen Platz wieder eingenommen hatte, schlug Signe vor, man solle Aeggedosis bereiten. Es würde dann jeder eine heitere Beschäftigung finden. Auch sie entwich in die Küche. Erschien wieder. Trug Eier, Zucker, Schüsseln. Die Eierschalen wurden zerspellt; das Eiweiß vom Dotter getrennt; die Anwesenden damit betraut zu rühren und zu schlagen. Als man das gelblich schaumige Gericht verzehrt, war keine Spannung gelöst. Der alte Bauer war müde geworden und schlief auf seinem Stuhle sitzend ein. Seine Tochter ließ wiederholt feststellen, daß die Speise gut gelungen gewesen sei und, dem Gelingen entsprechend, gemundet habe. Als über diesen Gegenstand nichts mehr vorzubringen war, erklärte sie, Hoyer werde für die Nacht auf seinen Hof zurückkehren müssen; die einzige Gästekammer sei bereits vergeben.

Dieser Ausfall ihrer ruhelosen Gedanken wurde von dem Angeredeten böse aufgenommen. Er verschwieg sich nicht länger, er ist lästig. Ein Blick auf die haltlosen Augen des Gastes überzeugte ihn, daß die Braut einen unehrlichen Handel vorhabe. Er wollte sich nicht mißbrauchen lassen. Der peinvolle Pakt betreffs erlaubten Ehebruchs schlug sich aus seinem Unterbewußtsein in die Gegenwart. Seine Augen schwollen heiß an. Sein geduckter Nacken beugte sich plötzlich nicht länger unter der kalten Strenge Signes. Mit geschnürter Faust begann er auf den Tisch zu trommeln, daß die Gläser hüpften; klirrend die Löffel in ihnen dillerten. Unter dem Lärm des gestörten Haus-

rates löste sich seine Rede polternd und zufällig. »Signe Skaerdal, ich werde nicht fortgehen, wie du es wünschest. Ich werde in eurem Hause in der Kammer schlafen. Du wirst mir einen besseren Platz einräumen als den Ort unter dem Dachstuhl, nicht einen schlechteren. Du willst mich hinausjagen. Es wird dir nicht gelingen. Ich bin kein Köter, der vor deinen harten Händen davonläuft. Ich halte deine Eide, die du geschworen hast. Als ob ich die Schwüre vergessen. Als ob ich eine Maus, die keinen Menschen erdrosseln kann. Ich werde nicht fortgehen, wenn dieser junge Mann im Hause bleibt, weil deine Tugendhaftigkeit auf dem Spiele steht. Ich habe das erste Recht an deinem Bett. Wer nach mir kommt, das soll mich nicht kümmern.«
Nach diesen Worten mußte seine Rede stocken. Die Braut hatte sich erhoben. Sie tat den Mund auf. Es kamen keine Worte. Ihre Stimme versagte. Als sie beim zweiten Male ansetzte, hauchte es:
»Du wirst das Haus verlassen. Du wirst es augenblicks verlassen. Du hast mich beleidigt. Du hast unseren Gast beleidigt. Du bist zurückgefallen in deine Tollheit. Wie konntest du solche Rede wagen? Was hast du mit Gründen mir vorzuwerfen? Was ist dir über meinen Lebenswandel erzählt worden, daß du mich anblökst? Ich werde in unserer Dachkammer jeden beherbergen, der mir gefällt. Unser Hausrecht ist üppiger als deine freche Anmaßung. Wir brauchen deinen Rat nicht. Deinen Befehl verlachen wir. Nicht beim Vieh im Stall wirst du heute schlafen. Du sollst zurück auf deinen Hof. Maus. Wenn du es angebracht findest, mich weiter zu verdächtigen, werde ich tun, was dir unlieb. Mit einem Strick mir drohen.« Hoyer erkannte, daß wenig Hoffnung für ihn war, seine Meinung gegen ihre Stärke zu behaupten. Doch konnte er bei diesem Anlaß, der sein Lebensglück zu gefährden schien, sich nicht zum Schweigen bekennen. Ungerechtigkeit, verstockte Heuchelei, Bündnis mit bösen Trollen, entmenschte Grausamkeit, Frevel waren Vorwürfe, die er nacheinander gegen das steinerne Antlitz Signes sprach. Dabei traten ihm die Tränen in die dunkel umrandeten Augen. Den Speichel seines Mundes vermochte er vor Erregung nicht zu schlucken, so daß er, zu Schaum zerbissen an den Worten, über die Lippen trat; um-

hergespritzt wurde über den Tisch. Endlich wandte er sich, Hilfe erhoffend, an Skaerdal, der an dem Lärm erwacht war und schweigend mit einem Gefühl des Unbehagens dagesessen. Ob denn er, jammerte Thorstein, sich des Schwiegersohnes erbarmen oder gemeinsame Sache mit der Verbockten, mit ihren widernatürlichen Anordnungen machen wolle? Dabei hob er seine Stimme wieder zu der Intensität, die seinem ohnmächtigen Zorn entsprach.

»Es muß entschieden werden, ob ich Rechte in dieser Familie besitze. Wie soll ich es verstehen, daß ich geprügelt werde? Wissen will ich, ob auch du ihren Hochmut duldest. Mein Eigentum will ich ihr vor der Hochzeit schenken. Für diese eine Nacht auf dem Dachboden bezahle ich mit meinem schuldenfreien Gut. Einen Vertrag mache ich. Jetzt. Ist das ein Angebot, über das man streiten kann?«

Signe begann in unmäßigen Scheltworten zu toben. Auch ihr waren Tränen gekommen.

Die Zornreden verloren allmählich die Genauigkeit. Thorsteins blinde Erregung schonte auch den Vater nicht. Beleidigungen erfand er gegen ihn, der doch nichts begriff. So war an den Alten die Reihe gekommen zu reden. Sein Ehrgefühl war verletzt worden. Er empfahl Hoyer, sich zu ernüchtern, den Vorfall zu beschlafen. Morgen könne man sich einigen. Er solle nach Hause gehen. Die Dachkammer sei in der Tat einem anderen Gast angeboten.

Perrudja, der bis dahin bleich dagesessen, dessen Brust beklommen und wundbereit war, als wäre mit hölzernen Hämmern dagegen geschlagen worden; der ein Todesurteil gegen sich als Erlösung empfunden hätte; der in jagenden Augenblikken seinem Leibe grasse Verstümmelungen wünschte, hatte er doch begriffen, jener Gutsbesitzer spielte gültige Rechte gegen ihn aus. Perrudja öffnete seine dünnen Lippen, die mit zwei Falten nach unten hingen.

»Vater Skaerdal, ich mag nicht, daß meinetwegen ein Streit ist. Ich bin in dein Haus gekommen, unwissend. Ich bin so der Anstoß zu dem Gezänk geworden. Alle Schuld ist bei mir, weil ich unwissend war. Was ist einleuchtender, als daß ich gehe, daß sich die Ursache des Zwistes von hier forthebt? Wer wird anderes darüber denken, als daß ich einer Schuldigkeit nachkomme? Ich habe nicht gewußt, ich mache durch meine Anwesenheit euer Haus enge. Ich werde bei einem deiner Nachbarn unterschlüpfen. Werde dort ebensowohl schlafen wie unter deinem Dach. Vielleicht auch schafft mein Pferd einen Nachtritt. Ich finde vielleicht keinen Schlaf.«

»Sehr gut«, entfuhr es Hoyer, »eine gute Antwort. Du gewinnst meine Zuneigung. Du benimmst dich so wohlerzogen, wie man es nur erwarten kann. Welchem Unbegabten wäre so klare Lösung eingefallen? Mir selbst hat ähnliches als Ausweg vorgeschwebt. In der Erregung habe ich es nicht rechtzeitig vorgebracht. Wir hätten das in Ordentlichkeit bereden sollen. Wir alle wären gemeinsam zu dem Schluß gekommen, der jetzt so offen vor uns liegt. Ob ich mich auch wiederhole, ich muß dir sagen, Perrudja, du gefällst mir. Ich will noch mehr vorbringen. Was hier über deine Gefühle zu Anna gesagt worden ist, Lüge. Runde Lüge. Kugellüge. Man kann es dir ansehen, man soll es nicht glauben. Du gefällst mir. Deshalb will ich das Letzte klar zwischen uns stellen. Ich habe Rechte erworben. Signe ist meine Braut. Wir haben einen Schwur getan, daß wir uns heiraten wollen. Daran kann nicht gerüttelt werden. Du hast das gefühlt; darum hast du einen so guten Vorschlag machen können. Es ist nicht an dir, hier etwas zu verlangen. Der Streit geht nicht um Gastfreundschaft. Ein anderes verbirgt sich, das Vater Skaerdal noch nicht begriffen hat.«

Anna zerlöste sich während der Rede. Tränen. Perrudja erbleichte um noch einen Schein. Er fühlte den Pulsschlag um den Nabel herum in seine Eingeweide hineingestoßen und fürchtete sich. Er fühlte die Lästigkeit seiner Anwesenheit und flüsterte vor sich hin: »Es ist gewiß alles so, aber ich habe es nicht gewußt. Ich hatte vergessen, vorher jemand nach den möglichen Umständen zu fragen. Man wird das sicherlich entschuldbar finden können; denn ich wohne weit ab. Es ist keine böse Absicht daran gewesen. Ich schäme mich ja so sehr. Es ist alles gekommen, wie ich nicht gewünscht habe, daß es kommen möchte. Ich habe diesen Augenblick nicht vorbereitet. Er wird mich unglücklich machen; was jeder ermessen kann, dessen Herz wie meines bewegt worden ist.«

»Eine treffliche Rede«, flötete Hoyer, »du gefällst mir. Da ist nichts gegen dich vorzubringen. Daß wir Nebenbuhler sind, ist unser Schicksal. Wir könnten gute Freunde sein. Ich achte dich. Es handelt sich noch um das Unausgesprochene. Man kann es in diesem Augenblick nennen, weil es in den Zusammenhang gehört. Wäre ich schon verheiratet, ich würde dich nicht hinaustreiben. Weshalb denn sollte ich das? Weshalb sollte ich gerade dich hinaustreiben, da du mir gut gefällst? Vielleicht wäre ein dritter mir weniger genehm. Weniger gerne würde ich den Mann des Zufalls nehmen als dich, den ich nun kennengelernt habe als einen braven Menschen mit Anlagen zu vernünftigen Schlüssen. Ich würde dir weniger das Gewisse mißgönnen als einem Unbekannten. Doch gilt das, was ich soeben vorgebracht habe, nicht in dieser Stunde. Mein Ehebett ist noch nicht aufgeschlagen. Man kann nicht verhandeln, was man nicht besitzt. Ich will dir gestehen, nach der Hochzeit würde ich dir sehr freundlich begegnet sein. Vielleicht, du hilfst mir zukünftig, eine Schuld zu bezahlen. Bezahlte Schulden machen keine schlaflosen Nächte. Ich könnte sorglos ruhen wegen des Paktes, den ich eingegangen bin.«

»Von deiner Rede verstehe ich gar nichts«, sagte scharf Skaerdal, »man könnte meinen, daß wir in der Türkei. Einstweilen aber bist du auf meinem Hof, Thorstein.«

»Ein Pakt ist ein Pakt. Daran ändert dein Haus nichts und die Türkei auch nicht. Du kannst nicht alles verstehen, was uns geläufig. Was hier gesprochen wird, hat Bezug auf eine Abmachung, an der sich nicht deuten läßt. Sie will erfüllt sein. Es handelt sich darum, wie sie erfüllt wird.«

Da nahm Signe das Wort: »Du hast die Tugend des Fremden gelobt, Thorstein. Du hast dabei vergessen, deine Anerkennung schadet nur. Wer du bist, hast du verschwiegen, und daß es nicht Freude macht, von dir in die Arme geschlossen zu werden. Was soll dein Antrag, wenn du nicht bereit bist, die Freundschaft zu bekräften? Hältst du uns für unklug, wir können nicht begreifen, deine Mäßigung wird genährt an dem Zurückweichen des andern? In der Mutlosigkeit zum Kampf erblickst du seine Tugend. Sein Aussatz ist es in meinen Augen, daß er sich vor dir verkriecht, nicht lärmt gegen die Anwürfe deiner Kameradschaft. Mit seinen Fäusten nicht an deiner Kehle hängt und sich's gefallen läßt, erträgt, daß ich vor ihm erniedert werde, tiefer gestoßen, verhandelt, besudelt mit geringen Gedanken. Hätte er dich geschlagen dafür, dein Schicksal wäre entschieden gewesen. Meine Eide hätte ich zerfetzt und in den Wind geblasen. Doch jener kennt mich nicht. Er ist entschuldbar. Er ist nicht berufen, mir meine Last zu nehmen.«

Eine Rede voll so viel Not war der Anlaß, daß Perrudja hinfällig und sehr zerknirscht wurde. Er vergaß den Ort, an dem er sich befand. Er war dieser Mensch in der Einsamkeit. Mit dem Mund, der gegen den Mond sprach und gegen die Bäume und gegen hohle Kuppelräume. Der in das breite flachnasige Gesicht eines Negers die Summe seines Mißgeschicks lispelte. Diese unbekleidete Wahrheit, diese nackte nasse neugeborene Lüge; die mit keinem Scheidewasser voneinander getrennt werden konnten. Weil sie beide elendes frierendes Fleisch. Beide einhergingen im Zeichen des Dreiecks: Nabel und Brustwarzen. Der gezeichnete Mensch hätte sich kreuzigen lassen für beide Entblößungen. Er war kein Dareios. Er verband mit seiner Gesinnung keinen Zweck.

»Ich kenne dich nicht im Verwobensein mit der Umwelt, das ist wahr«, begann Perrudja eine Entgegnung aus der Öde seiner Betäubung heraus. Das Unaussprechliche kam über seine Lippen. »Darum verstehe ich vieles nur halb, was hier vorgetragen wird, manches gar nicht. Ich kann den Sinn daraus nicht nehmen, ob auch meine Brust zerspringen will, daß ich nicht klüger. Ich kann mich nicht verteidigen, kann auch nichts besser machen, fühle ich auch das ungeschickte Benehmen. Ich finde nur das Unrichtige. Jeden Befehl würde ich ausführen und nicht in Zweifel kommen, ob es ein Verstoß wäre, ob ich in Qualen getrieben würde. Daß ich schwächlich erscheine, betrübt mich. Meine Hände bleiben in der Luft hängen. Wenn ich sie ausschicke zu handeln, wissen sie nicht, ob ihr Tun freud- oder leidbereitend ist. So kenne ich aus mir selber keinen Ausweg. Ich werde noch beginnen zu weinen, weil ich in Dummheit alles zerschlage. Werde davonlaufen, wenn ich bleiben müßte. Werde harren, wenn ich längst entlassen. Werde leben, wenn der Tod meine Bestimmung. Und erschlagen sein, wenn zu leben meine einzige Tugend ausmachen würde. Werde meinen Gegner umhalsen und meinen Freund beleidigen. So werde ich zur unrechten Zeit verdorren. Wenn ich in der Öde leben muß, ist es nur gerecht. Welche Leiden sind für mich erdacht worden meiner Unwissenheit wegen! Und es ist doch nicht so, daß ich mich fürchte. Ich fürchte mich nicht zu sterben. Ich bin nicht gehemmt, zu morden. Ich bin bereit zu jedem Tun. Denn ich bin in dieses Haus getreten, weil ich mich schon verloren hatte und meine Rettung darin suchte, mich hinzugeben. Der Herr, der ich war, ein Traum im Gebirge. Gold und Kerzen. Der Leib ist ein Knecht geworden. Der Knecht kann verschweigen, daß sein Herz blutig. Seine Wünsche weiß er nicht mehr. Er wartet auf Befehle, die erfüllt zu sehen dir, Signe, angenehm. Ein kleines Lächeln nur will er auf deine Lippen locken. Höher steht sein Wert nicht. Muß er daran verwehen, so wird ihm auch das eine Wollust sein.« Das war nun gesprochen aus dem Körper, der flatternd, dem dürren windgetriebenen Laub gleich, Boden sucht. Er fügte noch hinzu: »Ich sehe keinen anderen Ausweg aus diesem Abend, als daß du befiehlst, Signe. Mein Wunsch kennt die Grenzen seiner Macht nicht. Deinen Befehlen vertraue ich blind.«

Und sie antwortete in unbegreiflicher Barmherzigkeit, angerührt durch soviel Hilflosigkeit: »Ich sehe, du bist gefesselt. Deine Ketten muß ich zersprengen, ehe gütigere Entscheidungen fallen können, als dieser Abend sie bringt. Meine Wünsche müssen heute laut werden für und gegen euch. Kleine Wünsche nur. Ach, so kleine Wünsche des Lebens, das in uns eingemauert auf Befreiung wartet. Wie armselig das Begehren für diese Nacht. Ach, wie bescheiden, wie unsicher, wie unerprobt seid ihr. Wie unwissend bin ich selbst. Wie wenig kenne ich den rechten Weg. Würde ich reden: Beide, stürzt euch hinab in den Fluß, der Bessere unter euch würde es vollbringen. Ich hätte den Besseren verloren und müßte trauern. Er wäre erkaltet, von den Fischen gefressen. Der Grobe stände an meiner Seite und bedrängte mich, genösse mich, außer mir, die ich traure. Und wäre er, der da genösse, wirklich der Schlimme? Heißt leben wollen Frevel? Will ich nicht selbst das Leben? Und bin ich deshalb schlimm? Wer noch begriffe. Wägt das Leben nicht mit den Gewichten Kraft und Schwäche? Zeugt nicht der Starke, und der Schwache, verzichtet nicht er? – Ich werde nicht über Tod und Leben gebieten, weil ich die Zeichen nicht zu deuten weiß, ob ich's auch ahne. Mein Befehl ist schon gegeben: Perrudja bleibt unser Gast. Thorstein wird nach Hause gehen.«

Und hub wieder an, da es stille von den Mündern der anderen blieb: »Vater, ich bitte dich, stimme mir bei. Die gleiche Entscheidung verlangt das Gastrecht von dir.«

Skaerdal, den die Gespräche nicht bewegt, aber geängstet hatten, da er den Anlaß nicht abschätzen konnte; den die beleidigenden Wendungen Hoyers, wegen des beschnittenen Wissens, doppelt getroffen, der aufgerührt war von der Unsittlichkeit so viel ausgesprochenen Seelenlebens, er entschied sich, wie Signe von ihm gewünscht. Er sagte seinen Spruch hart und als letztes Wort in einer schon überfälligen Angelegenheit; mit der ganzen Stirn seines Gesichtes gegen Thorstein gewendet. Seine tiefen grauen Augen waren streng geworden. Eine tote, unwissende Strenge glimmte in ihnen. Perrudja, der es wahrnahm, fürchtete sich plötzlich vor ihm. Es wurde eine Entscheidung von jemandem herbeigeführt, der dumm vor dem Geschehen stand.

Richter und Staatsanwalt.

Auch ohne Liebe, ohne Fürsorge. Es war nicht einmal in ihm, seiner Tochter einen Schutz angedeihen zu lassen. Nur Empörung über die Zuchtlosigkeit starker Gesetze. Die Erregung der Menschen wurde erstickt.

Hoyer gab sich nach der Rede Skaerdals vollkommen unbegreiflich. Er schwieg. Sein Gesicht, seine Hände blieben unbeweglich. Er stand auf, reichte zuerst Skaerdal die Hand, dann, der Reihe nach, Anna, Perrudja, Signe. Beugte sich über deren Arm, küßte ihn und ging, ohne einen Laut von sich gegeben zu haben, zur Tür hinaus. Selbst das Auftreten seiner Füße in den äußeren Räumen des Hauses blieb nur der Hauch eines Tones.

Nach seinem Abgang war es sehr leer in der Stube. Niemand sprach ein Wort. Alle waren unfrei voreinander. Als das Schweigen beklemmend, schlug Skaerdal vor, man solle sich um das Nachtmahl mühen, den Tisch herrichten und auftragen. Perrudja bat, ihn vom Einnehmen der Mahlzeit befreit sein zu lassen. Er wolle nicht als halb lebloser Gast den Frieden des Tisches stören und Unbehagen verbreiten. Man möge ihn in die ihm bestimmte Schlafkammer geleiten.

»Du wünschest das Rechte«, hörte er Signes Stimme sagen, »wie klug der Mund der Männer zuweilen ist. Trotz vieler Mühe gelingt es uns Frauen nur selten, so gerade zu denken. Aber ich will mich mühen, ebenbürtig zu werden. Gute Nacht, Perrudja. Vor deiner Abreise werde ich dich noch sehen.«
Dann fühlte er ihre Hand in der seinen. Heiße Tränen wollten ihm in die Augen stürzen. Um sie unauffällig zu verdrängen, beugte er den Kopf und küßte ihren Arm, wie Hoyer es getan. Dann war er hinaus, rief noch einen Gutenachtwunsch gegen Anna. Skaerdal folgte ihm. Brachte auf dem Gang schnell eine unangebrannte Kerze zum Leuchten. Wand sich die Bodenstiege hinauf. Hieß Perrudja folgen. In der Dachkammer gab er Zündhölzer und Kerze seinem Gast. Legte noch einige Birkenkloben auf die Glut im Ofen und verhieß ihm ein zwar enges, doch warmes, linnenbezogenes Feldbett. Er dankte für den Besuch, versprach, noch einmal nach dem Pferde zu sehen, wünschte guten Schlaf. Und ging.
Das Herz des Gastes war bereit zu verzweifeln. Zerrüttet und aufgelöst verbrachte er die nächsten einsamen Stunden. Wohl entkleidete er sich und legte sich nieder. Aber er wußte nicht, daß er es getan.
Im unteren Stockwerk hatte die Familie schweigend das Mahl eingenommen. Frau Skaerdal hatte ein paar neugierige Fragen gestellt, die unbeantwortet geblieben waren. Man entschloß sich bald zu den letzten Arbeiten vor der Nacht.
Anna und Signe, die auf dem Boden ein gemeinsames Schlafzimmer hatten, begannen, nachdem sie sich dorthin zurückgezogen, ein Gespräch. Als Anstoß dazu dienten die Tränen und Seufzer, die die ältere Schwester nicht zurückhielt.
»Du bist unglücklich«, begann Signe, »und deine Tränen klagen mich an. Es zerfällt dir deine gute Meinung von der Weltordnung. Du begreifest nicht, weshalb jener junge Mann sich mir anträgt, du aber ein Ding kleinen Wertes in seiner Nähe bist. Du machst dich auf zu den Tanzböden, lässest dich einladen zu jungen Menschen. Bist allzeit fröhlich. Von deiner Heiterkeit leben solche, die trübe sind. Keiner der Beglückten findet einen Anlaß, daß er sich dir anträgt. Du hassest mich, weil mir, ohne daß ich mich mühe, anderes geschieht. Du beneidest mich. Doch wird manches an mir zu entdecken sein,

was deinen Beifall nicht findet. Mein Temperament ist dir zuwider. Du würdest dich selbst, in meiner Haut, nicht gerecht dünken. Nun starrst du auf meinen Körper, auf das Gesicht dieser Haut, und es spricht in dir: man liebt sie um ihrer äußeren Schönheit willen.«

»Du kannst von der Behauptung nichts abnehmen«, begann Anna ihre Entgegnung auf die lästige Rede der Schwester, »wer vermag sich mit dir zu messen, wenn du entkleidet bist? Du brauchst dich nicht zu bemühen, zu lächeln. Du kannst schlafen und schelten und töricht sein, ohne abzunehmen von der Gewalt deines Eigentums. Ein Weib, das neben dir lebt, steht wie im Schatten. Ich kann dich nicht anschauen, ohne zu begreifen, ich bin verworfen, ehe denn die Äußerungen meiner Existenz sich zeigen.« Sie atmete schwer. Ihre runden Augen schwammen in einem Naß. Und sie war lieblich anzuschauen. Aber es war viel fettes Fleisch an ihr. Und sie war zu alt für ihre Üppigkeit. Und fuhr fort: »Es treibt dich, so oft nur ein Anlaß, die Kleider abzustreifen, daß die Luft dir den nackten Leib umschmeichelt. Und das Licht, das du in der Sonne und im Mond liebst. Weil du deine Gestalt liebst. Betört bist du durch dein Selbst. Da ist Genugtuung in deinem Blick, wenn er auf den Knospen deiner Brüste, auf deinen Schenkeln ruht. Du hast begriffen, deine Seele bewohnt ein kostbares Gehäuse. Mein Los ist es, nahe dir, mich einzuhüllen, immer fester um mich zu ziehen die Kleider, daß keine Blöße auskommt, die mich verraten würde.«

»Du bist nicht mißgestaltet. Weshalb erniedrigst du dich, um mich zu beschimpfen? Du willst Sündiges daran finden, daß ich verträglich mit meinem Leibe? Daß ich nicht sein Widersacher, der ihn bedroht und bespeit? Sich seiner schämt, sich vor ihm verschließt? Auf mich passen viele Volkslieder, gewiß. Du aber hast einige versäumt. – Schwesterlein, Schwesterlein, wann gehn wir nach Haus. Es pochet ein Bursche leise. Du milchjunger Knabe. Ich muß hinaus, ich muß zu dir. In den Garten woll'n wir gehen. – Ist es nicht ein Unrecht, leben zu wollen, wenn man ein Feind seiner Gestalt geworden? Atmen mit Lungen, die man erbrechen möchte? Speise geben einem Bauch, dessen Fett man abreißen möchte? Wie vermag man mit Augen zu sehen, die in das Selbst hineinbeißen? Wie kann man mit Lüsten leben, denen man nur erliegt, ohne frei zu sein? Denen man frönt, ängstend in Sündigkeit? Ich verstehe von dem, was du aussprichst, nur wenig. Du singst die Meinung, man müsse Sklave sein, gedemütigt. –«

Die großen faltigen Hände begannen eine Bewegung als kneteten sie Ton. Oder fettig zähen Teig. Da war diese Unfruchtbarkeit im eigenen Kopf, die nicht in die Gedanken des anderen hineinzuwachsen gestattete, die tödlich nur auf Eigenes sich besinnen hieß. Und den Mund als einen Apostel aussandte. Die Rede anzuhalten war unmöglich. Die Zunge war ein starker Muskel. »Und weshalb willst du eine so tolle Meinung aufrichten? Es ist wahr, du bist mit anderen Maßen gewachsen als ich. Wie könnte es auch zwei Menschen geben, die sich zum Verwechseln glichen? Nur von ungefähr wiederholt sich eine einmal erfundene Form. Es wird ein Geheimnis verborgen sein, in fernen Fernen. In den Himmeln ist das Vorbild, die Vollendung als Zeichen errichtet. Die Arche Gottes, die Noah für unsere kleine Welt nachbildete; ein edles Paar jeglicher Art in ihr. Dem Haus der Vollkommenen entströmen Gesetze, die an uns wirken. Jedweder ist ihnen unterworfen, die Lebenden und der Stoff. Das Vorbild ist das Ziel, dem gleichzuwerden wir streben mit der Macht aller Geheimnisse, die zwischen ihm und uns wie Sonnenschlieren flimmern. Wir erreichen es nicht. Es arbeitet nur an uns. Ein zweites ist in uns, das widerstrebt. Unser Wille, die schwachen Gesetze des Menschen widerstreben, seine bescheidenen Dogmen und Glaubenssätze, die ihn nicht befreien können. So werden wir gebildet zwischen zwei Polen, die um eine Unendlichkeit voneinander entfernt sind. Und es gibt nichts Gleiches. Soll nun alles eingestürzt werden, weil wir nicht nur zu dem glänzenden Mal fliegen, weil wir, in unserer Gesamtheit, aneinandergereiht, eine Kette sind, die von Ewigkeit zu Ewigkeit reicht? Wäre es nicht klüger, wir würden zu horchen beginnen, wohin es uns treibt oder zieht? Nicht besser, demütig, uns aussöhnen mit unserem guten oder bösen Leib, den wir selbst nicht in allem gebildet, in manchem nur? Weshalb soll es schlimm um das Schicksal des Menschen stehen, wenn er untersetzt gewachsen, ein wenig üppig? Womit kann bewiesen werden, daß schön allein ein schlanker Körper? Wo willst du Grenzen erfinden? Woran soll das Vollkommene erkannt werden? Es gibt häßliche Münder (so sagen die einen), und ich möchte sie küssen, weil die Mißbildung gar nicht alltäglich, nicht durch Entsagen, nicht durch Frevel entstanden. Es gibt Augen, die bluten. Ich möchte vor den Tränen hocken und die Perlen sammeln. Ich glaube, ich könnte mich durch einen schwachen, ganz und gar mißgestalteten Mann beschlafen lassen; wenn ich nur fühlte, er heult seinem vollkommenen Vorbild nach. Und mich ihm näher findet. Ich könnte dem Verwachsenen Kinder gebären, weil ich Zutrauen zu seinem Samen hätte. Häßliche Kinder werden auch geküßt. Mütter haben sie geboren. Sie sind nach gleichen Gesetzen gewachsen wie wir. Mit welchen Mächten werden die Zeichen der Unterschiede eingegraben? Es kann eine lichte Schönheit über dem Häßlichen ausgebreitet sein. Vielleicht sehen nicht aller Augen es. Vielleicht ist unser Streit, weil du ein weniges nicht bemerkst. An dir nicht, an deinen Nächsten nicht. Deshalb erscheine ich dir schön, maßlos. Du erkennst nicht, wo mich der Zorn der Verunstaltung geschlagen hat. Du hast kein Recht, dich häßlich zu schelten. Du müßtest viele Kinder gebären. Weshalb sollte ein Mann nicht an dir entdecken, was sich mir enthüllt?« »Du gibst dich sehr klein in deinem Stolz. Du lässest nicht von mir, um mich niederzuhalten. Würdest du deine Gestalt gegen die meine eintauschen mögen?«

»Ob ich es möchte? – Kann ich es doch nicht. Es geht nicht darum. Das Hirn ist so gut mein Leib wie sein äußerliches Maß. Wechseln wir den Platz, schon sind wir ausgetauscht. Du würdest, obgleich du dich häßlich wähnst, meine Entschlüsse mir nicht nachtun. Dich niemals wegwerfen. Würdest niemals etwas Unordentliches tun. Ungeklärtes. Eine Tollheit, Sinnlichkeit, Schritt ab von der Straße. Du neidest mir, daß mich Perrudja liebt. Du neidest mir Thorsteins Liebe nicht. Du willst für dich das Auserwählte. Ich bin nicht so anspruchsvoll. Ich zweifle. Ich weiß nicht, wem ich mich zuwenden soll. Mein Herz muß im Zukünftigen vielleicht unaufhaltsamer bluten als das deine. Mein Los kann es sein, frühe zu sterben, ganz unerfüllt, erlegen einem Mißverständnis. – Es spielt ein Ritter mit seiner Magd. – Wärest du ich, du würdest Thorstein die Eide brechen. Würdest den umarmen, der schlank und schöngewachsen, der wie ein Kind mit seinen Händen spricht. Wie

ein Schutzloser mit seinen Augen bettelt. Der überall voll, süß duftet. Dessen Haut braun und glatt. (Als ob meine Sinne dumpf, daß ich es nicht erkennte. Und schlimm, daß ich nicht begriffe, seine Tränen sind bitterer als die, die Hoyer weinen kann.) Fällt nicht die Liebe des Schönen und des Häßlichen gleichermaßen auf mich? Und würde der Milde nicht zum Mörder gleich dem Jähzornigen, stellte ich mich vor ihn wie ich bin, wie du mich beschrieben hast? Kannst du annehmen, ich würde ja, ja, nein, nein sprechen? Und es würde eine Trennung geschehen? Es würde ein Licht werden und Weite, wie wenn sich Nebel zerteilt? Es wird keiner der beiden von mir lassen. Und wäre es unausdenkbar, daß ein dritter, ein vierter sich einstellten? Würde ich das ertragen? Würde ich nicht an ihren Forderungen zugrunde gehen? Würde ich nicht eine Hure werden müssen oder ein steinernes Bildnis? Ich werde Hoyer die Eide nicht brechen. Ich werde Perrudja nicht fortjagen. Weil daran mein Herz zerspränge. Für mich ist eine düstere Zeit gekommen. Du würdest anders handeln, als ich es kann. Du würdest harte Urteile fällen. Du würdest ohne Zweifel wissen wie dein Herz geht. Du würdest sprechen: Groß ist groß, klein ist klein, schön ist schön und häßlich häßlich. Du würdest nur an die Nächte denken, in denen ein Feingliedriger, Behutsamer an deiner Seite ruht. – Es wird dein schöner Knabe. – Du würdest leugnen, daß ein Häßlicher, Halbwilder nach dir röhrt, dessen Blut rot wie das des Knaben. Sie beide wollen sich opfern. Wessen Opfer soll nicht angesehen werden?«
»Deine Reden sind unmäßig und wie eitel Regen vom Himmel. Du kannst nicht meinen was du aussprichst. Du häufst Worte, um deine Schönheit zu befratzen. Um zu beweisen, sie ist dein Unglück, ich, die beschattet, beneidenswert. Welch ungerechtes Verkehren!«
»Ich bin ungerecht gegen dich. Ich verhöhne dich. Ich belüge dich. Handle niedrig an dir. Denn ich beweine mein Schicksal nicht. Es soll kein Unkraut in mir ausgerissen werden. Ich habe Gefallen an dem verwucherten Garten. Und die Säfte in mir toben. Liebe hat mich erfaßt. Ich liebe das Schöne und das Häßliche. Das Sanfte und Gewalttätige. Es wird Schlimmes angerichtet werden. Ich werde nicht einen Weg gehen. Ich

werde in ein Dickicht einbrechen. Ich werde warten und warten. Bis an die Grenze der Geduld. Ist dann kein Schleier zerrissen, hat der Tod mit keinem Los entschieden, werde ich mich zeigen. Wie du mich gesehen hast. Entblößt. Eine Beute, eine Belohnung dem Gierigsten. So ist es angestellt.«
Sie räusperte sich. »Weine nur, weine nur, es weinen andere neben dir.«
Nach diesen Worten trat sie hinaus auf den dunklen Boden. Sie wußte, sie hatte gleichzeitig Falsches und Lauteres geredet. Sie hätte die Schwester umarmen mögen, sich selbst stillen durch Tränen. Sie sagte vor sich hin: Treue halten ist wilder als aller Genuß. Ihr Herz war verpfändet zweien, die nicht verträglich nebeneinander bestehen wollten.
Ihre Augen, die sich allmählich an die Dunkelheit gewöhnt hatten, erkannten, durch die Türspalte der Kammer, in der Perrudja weilte, fiel Licht. Sie tat die wenigen Schritte zur Tür. Bewegte die Klinke. Trat geräuschlos ein. Sie fand Perrudja im Bette liegend, den Kopf in die Kissen vergraben. Er gab keinen Laut von sich. Doch erkannte sie an seinem Köprer, der bäuchlings lag, daß er in heftigen Erschütterungen sich bewegte. Sie setzte sich an den Bettrand und fragte, ohne vorher ein Erkennungszeichen gegeben zu haben, fragte ohne Vorbereitung und Einleitung, fragte, ohne Furcht, sie möchte schreckhaft mit ihrer Stimme wirken:
»Was ist dir?«

XXI

Der Befragte änderte seine Lage nicht. Schaute nicht auf. Kein Verwundern. Nicht das Bewußtsein, etwas Neues, etwas Unerwartetes ist zu ihm gekommen. Doch antwortete er:

»Ich weine.«

»Weshalb weinst du?«

»Ich weiß es nicht. Mir ist nichts geschehen, was meinen Erwartungen zuwider. Das Wasser meiner Augen ist grundlos vergossen. Ob ich lache oder weine, mein Zustand wird nicht anders sein als er ist. Daß ich weine, ist eines jener Mittel, die bewirken, daß mein Herz nicht bricht. So weiß ich denn, es gibt für mich noch ein Morgen.«

»Es muß ein Anlaß sein –«

»Ich büße. Das ist der Anlaß und der ganze Inhalt. Ich büße, daß ich mein Leben halte. Meine Existenz ist an eine nicht zu mindernde Schuld gebunden, ob ich es auch nicht begriffe. Ich habe mein Leben nicht erfunden. Ein Fremder hat mein Leben erfunden. Ich büße seine Verfehlungen an mir. Es könnte mich trösten, daß ich für jemand außer mir büße. Aber ich fürchte, ich lüge. Ich bin ein unwahrhaftiger Mensch. Ich könnte die Behauptung aufstellen, wenig habe ich von mir abgenommen, wenig nur zugefügt. Doch strotze ich von Vergeßlichkeit. Das eine ist vielleicht eine Schuld, das andere beweist Schlimmeres. Dann büße ich um meiner eigenen Vergehen willen. Es ist sehr schwer, Sicheres zu sagen. Meine Zunge lechzt dennoch. Könnte ich erkennen, der Durst ist eine Gerechtigkeit gegen mich, würde er aufhören, Durst zu sein. Könnte ich erfahren, alles Nichterfüllen leitet meine große Läuterung ein, ist Strafe für meine Verfehlungen, der Geruch der Seligkeit würde in meine Nase ziehen. Meine Traurigkeit blüht daran, daß ich für ungewußte Sünden büße. Ich werde nicht geläutert werden. Ich bin außer den Religionen. Ich gehe an keinem Seil. Ich werde ein Wurm werden. Es ist unmöglich, daß Gutes aus meiner Verzweiflung kommt.«

Signes Herz krampfte sich zusammen. Sie wollte ihm etwas erwidern. Ihre Stimme war zerbrochen. Sie wollte seine müden Hände streicheln. Sie waren in den Decken vergraben. In einer unnatürlichen Voreiligkeit wollte sie sich anbieten, daß er ihren Schoß erbräche. Es sollte nur die Vokabel ausmachen, nicht ohne Hoffnung zu sein. Und begriff nicht, was für eine Hoffnung ihm denn erblühen sollte. Nach langer Irrfahrt ihrer Gedanken sagte sie: »Erzähle mir, was für ein Leben in dir ist. Ich möchte nicht, daß wir schweigen und fremd voreinander bleiben.«

Da wendete er den durch Weinen verschwollenen Kopf, richtete das Gesicht gegen sie. Der Mund stand bleich, schmal, zuckend. Er öffnete sich und begann zu reden. Ohne Erregung. Ohne den Willen des Menschen. Wie von Träumen genährt. »Ich bin ein Bastard. Treibt man Esel und Pferde in Liebe zusammen, so werden Bastarde geboren. Löwe und Tigerin können sich paaren. Viele der Ungleichen können sich paaren. Die Kinder aber, die geboren werden, sind nicht Löwe oder Tiger, nicht Panther oder Puma, nicht Zebra oder Pferd, nicht Forelle oder Lachs. Sie sind halb Löwe, halb Tiger. Geschlecht der Hippokampen. Sie sind ein Neues, an dem sich gewiß ein Schöpfer freut. Sie sind das auserwählt Fremde, das keiner begreift. Ihre Existenz ist sehr einsam. Ihre Liebe ist ohne Grund. Da, wo sie meinen, alles in ihnen neigt zum Tiger, lauert der Löwe. Sie selbst halten es für Tiger; aber es bedeutet Löwe. Sie werden von den glühenden Augen eines ungespaltenen Geschlechtes angefallen. Sie fühlen tausend brennende Augen von Löwen auf sich gerichtet. In ihrem Blut schlagen sich die Lider auf, an einem Tage, da sie es nicht erwartet hatten. Sie wollten springen, es war ihr Wunsch. Aber ihre Sehnen gaben den Befehl, daß sie am Boden schlichen. Sie liefen einer Tigerin nach; aber es war der Geruch von Löwen in ihrer Nase. Darum gerieten sie in die Pranken von Tigerinnen, die sie zerfleischten und entstellten. Und sie wehrten sich nicht, obwohl ihr Wunsch es wollte. Und sie begatteten sich nicht, obgleich ihre Triebe das Verlangen angestellt. Sie sahen sich ausgestoßen. Und strebten doch in zwei königliche Familien hinein. – Das sind Beispiele. Solange ich Löwe und Tiger sage, Esel und Pferd, Forelle und Lachs, höre ich den Wind über die Heide gehen mit leisen Tönen. Die Bastarde aber scheinen geboren, weil die Liebe alle Täler verschütten, alle Berge abtragen, alle Meere durchschwimmen kann. Gehe ich hinein in die Wohnungen der Menschen, verliere ich den Glauben an das Geheimnis. Ich wünsche nicht, ihn zu verlieren; doch scheinen nicht länger die Taten der Liebe ohne Schuld. (In einzelnen Bildern schneide ich aus, was am Ende einen ganzen Schluß ausmachen soll. Sei bitte geduldig.) Eine Negerin und ein weißer Mensch lieben sich. Es ist nicht so abirrend, daß man den Gedanken verwerfen sollte. Ist diese Liebe stark, daß sie nach ein paar Tagen noch viele inbrünstige Jahre überdauert, werden Kinder geboren sein, die nicht weiß, nicht schwarz, die mischfarbig sind. Es werden Kräfte von Vater und Mutter in ihnen sein. Die Zweiheit wird ihnen lange verborgen bleiben, weil sie als eine Gestalt einhergehen. Die es nicht offenbar macht, daß der Augenblick erwachen wird, wo sie sich wünschen, in zwei Hälften zersägt zu werden. Der Hohn der Nichtbastarde wird ihren Jammer wecken. Vor gerechten Richtern doch gibt es eine Entschuldigung für ihr zwiespältiges Tun.

Die Weißen und Schwarzen, die Ebenmäßigen, sind sie anderen Stoffes als die Gespaltenen? Sind nicht auch sie aus zwei Geschlechtern zusammengeflossen? Ich werde wiederholen, was schon einmal aus meinem Munde gekommen. Ich will mich vor dir reinigen. Speie mich an; ich sage dennoch: Es wuchern Sünden an mir, doch bin ich ohne Schuld. Ich möchte dir mein Leben aufsagen. Es findet sich nichts, das schwer wiegt. Ein paar heiße Gefühle, die ich habe schlucken müssen wie jeder, der in mein Alter kam. Ein paar verwegene Gedanken, die jeder denken muß, der mir gleich seine Jahre einsam verbringt. Ein paar törichte Taten. Viele Wünsche. Viele Unterlassungen. Ich habe ein Pferd aufgezogen. Es ist meinem Herzen sehr nahe gewesen. Es ist nicht wichtig und erheblich, was ich getan. Nur diesen einen Menschen plagt es. Immer ist es ein Mensch, der von sich singt, über sich trauert. Es ist die Forderung nicht aufgestellt worden, ich solle schuldlos und rein sein. Keinen Schwächling, keinen Feigling sollte ich aus mir gemacht haben! Alexander schuf ein Weltreich und Ghautama Buddho besiegte sich selbst. Ich will wie Alexander sein. Ich habe mir ein Prunkgewand machen lassen. Im Geiste habe ich auf einem Berge gestanden und die Welt unterjocht und regiert. Habe ich nicht dampfende Flotten über die Meere gesandt, ein besseres Reich zu beschützen? Doch habe ich die Flotten versenkt. Bin herabgestiegen vom Berge. Habe mein Ziel besiegt wie Ghautama Buddho. Jetzt lachst du meiner. Und es zerfleischt mich. Daß ich Vergleiche ziehe. Und doch nur ein Hund bin. Daß mir kein großer Name zu schade für meine Schwächen. Mein schimpfliches Leben vergleiche mit Taten der Götter. In diesem Augenblick entscheidest du dich gegen mich. Und die Ursache ist der geringe Wert meines Daseins, nicht dein unwilliges Herz; ist es doch sehr bereit. Ich wollte anders reden als ich getan habe, aber es war der Zwang in mir, in Niederungen zu waten. Es sollte zuvor geklärt sein, was mein Wunsch verausgabte; doch blieb es verwirrt. Weil ohne Hoffnung sein wie Hagelschlag das reifende Korn in mir knickt. Ich bin ohne Hoffnung, weil ich in der Falle ungewisser Ziele. Benommen, kann klarer Kristall in mir nicht wachsen: meine Gedanken. Entwaffnet kann ich Sieg nicht wollen. Das Unterlegensein ist hinter mir. Ich will nicht sein wie ich bin; aber ich bin wie ich war. Das Zwiespältige ist meine Vergangenheit. Ob ich auch erkenne: heisch und tiefer wuchert es in mich hinein. Und wird mächtiger mit der Zukunft. Der ich die Menschen in ihrem Leben nur undeutlich kenne, ich weiß ihre traurige Geschichte. An deren tieferer Bedeutung ich selbst zerfalle. Ich will sie erzählen, daß ich dich nicht belogen habe über mich. Ich bin eine gelbe Blume.«

Signe erstarrte. »Schwarzer Kater, schwarzer Kater«, flüsterte sie. Sie preßte das Tier an ihre Brüste. Aber es war kein Tier. Es war die leere Luft. Die Brüste wollten gedrückt sein. Die Brüste wollten ein Kind tränken, das diesen Träumer zum Vater hatte.

»Es ist die Geschichte der beiden Zwillinge. Es wurden zwei Knaben als Zwillinge geboren. Schnell nacheinander verließen sie den Schoß der Mutter. Und es erwies sich, sie waren einander ähnlicher als sonst zwei Dinge gleicher Form. Sie wuchsen heran. Und als man nach einem Jahrzehnt sie wieder betrachtete, waren sie sich ähnlicher geworden. Und glichen einander wie klares Wasser, das Kelle um Kelle aus dem gleichen Teiche geschöpft wird. Sie hatten unähnliche Namen erhalten. Die Namen hatten nicht vermocht, sie voneinander zu trennen. Ihr Körper hatte nur ein Ziel, dem anderen nachzueifern in der Gestalt. Da die Mühe des einen so schwer wog wie die des anderen, und das Maß wechselseitig von einem zum anderen genommen wurde, gewann keiner der beiden einen Vorsprung. Und zwischen Tag und Tag bereitete sich die größere Gleichheit vor. Die gleichen Sterne regierten ihr Schicksal. Erkrankte der eine, so konnte der andere nicht mehr weit vom Krankenlager sein. Die Menschen ihrer Nähe wußten bald, daß der Stoff, der zum Gedeihen eines Menschen zusammengekommen, schon im Mutterschoße sich gespalten hatte und zweien verliehen worden war. Nach abermals wenig Jahren geschahen wunderbare Dinge mit ihnen (so hätte man meinen können). Auf der Schulbank konnte der Lehrer sie nicht unterscheiden. Er verwechselte sie. War er doch auch nur begabt mit Augen und Ohren. Auf der Straße wurden sie mit ihren unrichtigen Namen angesprochen. Sie fanden sich darein, jeder, auch auf den Namen des anderen zu hören. Ein verwegener Mensch redete sie eines Tages an und fragte, ob denn sie beide nicht sich vertauschten. Es war die schlimmste Frage, die bis dahin ihnen gestellt worden war. Sie bedachten sich. Sie wogen sich im Geiste. Sie wechselten ihre Plätze, blickten sich an und antworteten wie im Schlaf: Sie selbst wissen es nicht. Sie sind ein paar Schritte gegangen; ihr Bild hat sich dadurch nicht verändert. Es gibt kein Zeichen des Unterschiedenseins an ihnen. Beide zwar reden von sich als einem Ich. Ihr unterschiedlicher Name ist überflüssig geworden. – Sie erregten sich über den unklaren Zustand, in dem sie sich befanden, und versuchten sich voneinander zu halten. Umschlichen sich nur, berührten sich kaum, daß sie sich nicht ineinander verfingen. Trotz vieler Vorsicht und noch größerem Widerstreben begannen sie des Nachts voneinander zu träumen. Und es war ihnen, als ob der eine in den anderen überflösse. Aus ihrem Selbst wurde das Du. Ihr Bewußtsein plätscherte mehrmals hin und zurück. Bis sie die Erinnerung an den Namen des Ich verloren hatten. Als sie erwachten, konnten sie vertauscht sein. Es bedurfte einer Aussprache zwischen ihnen, in der sie aufs Neue die beiden Namen auf sich verteilten. Trotz so viel sicherer Ordnung blieb ihre Existenz ungewiß. Sie mißtrauten einander nach diesem Traum und wandten sich in Zorn voneinander ab. Und hatten die Gewißheit, der ihnen nicht gemäße Name war auf sie gekommen. Heimlich erwogen sie, der eine müsse den anderen töten; aber plötzlich kicherte ein Lächeln hinter dem Plan, daß sie sich selbst töten würden; und nur der vertauschte andere zurückbliebe. Dennoch trugen die blutigen Gedanken eine Frucht. Sie wollten das Unterscheidungszeichen sich gewaltsam aufzwingen. Und der eine unter ihnen ging hin, nahm ein dolchartiges Messer und brachte sich unterhalb der linken Brustwarze eine breite Schnittwunde bei, tief gekerbt bis auf die Rippen, die, ungepflegt mit einer wulstigen Narbe verheilen mußte. Als es geschehen, zeigte er eines Abends beim nächtlichen Entkleiden dem Bruder das heimliche Kennzeichen. Der schwieg eine Weile betreten. Entblößte dann seinen Oberkörper. Auch er hatte den Dolch genommen. Wortlos, zornig suchte jeder sein Bett. Verzweifeltes Ahnen: niemals würde der eine vor dem anderen ein Geheimnis haben können. Dunkle Triebe glommen in ihnen auf. Sie fühlten sich voreinander nackend, schämten sich voreinander. Ein Gott aber lächelte und wand ihnen alle Dolche aus den Händen. Auf einer Straße lag ein ungehöriger Stein. Über ihn stolperte der eine der Brüder. Er fiel unglücklich. Stieß sich die obere Zahnreihe ein. Blutüberströmt wurde er ins Haus getragen. Als ein Arzt sich um ihn bemühte (eine dauernde Entstellung konnte er nicht aufhalten), kam der zweite Bruder des gleichen Weges. Umherstehende Kinder erzählten ihm, daß über diesen Stein vor wenig Augenblicken sein Bruder –. Sie hoben den Gegenstand auf, eben diesen Stein, warfen ihn dem zweiten vor die Füße. Und hoben ihn abermals auf und wiesen ihn hoch, daß jener sähe. Der horchte auf, glaubte ein Signal zu hören, wollte seine Füße zum Lauf beschleunigen. Da lag wieder dieser Stein vor ihm. Er stürzte mit dem gleichen Fall wie der Bruder, erlitt die gleiche Verwundung. Seit jenen kranken Tagen trugen sie eine breite Goldklammer über der oberen Reihe der Schneidezähne. Ihre Zeit wurde reifer. Es gab kaum noch Anlässe und Gedanken, deren sie sich schämten. Sie fühlten sich entschuldigt sowieso. Sie wurden darüber schwach, erlagen jeder Minute. Man sagte von ihnen, daß das Böse lose in ihnen saß. Was auch immer die Nächsten gesagt haben mögen, die zwei Bedrohten wollten in ihrer Gesinnung erträglich bleiben. Man kann es daran erkennen, sie faßten, schon halb erwachsen, einen Entschluß. Es war nicht ihre erste Entscheidung; aber es war ihre gewaltsamste. Sie wollten voneinander gehen; verschiedene Erdteile sollten an ihnen wirken, verschieden heiße Sonnen ihren Körper bestrahlen (und es war doch die gleiche). Der eine wird braun; der andere bleicht. So dachten sie. Sie hatten zuweilen bemerkt, daß der eine ein wenig blühender aussah als der andere. Auf Augenblicke. Immer wieder verwischte sich die Schwankung. Mit Mühe würde man vermögen, den Waagebalken aus dem Gleichgewicht herauszuwuchten. Verschiedene Welten zeugten verschiedene Gedanken. Unterschiedliche Gedanken setzten unterschiedlich geartete Falten in des Menschen Angesicht. Geschah auch alles, was in ihnen geschah, vor einem gleichen Hintergrund, Äquator und Nordpol waren starke Wirkungen. So dachten beide die Fortsetzung ihrer Gedanken. Eine plötzliche Trennung nur konnte sie voreinander erretten. Eines Tages stach von einem Küstenplatz ein Dampfer insee. Auf dem Deck des Schiffes wandelte der eine. Er hatte beim Verlassen des Hafens nicht mit heimatlichen Gefühlen über die Reeling geschaut. In seiner Kabine eingeschlossen ein paar Seufzer ausgelassen. Grundlose Schwermut, die nur einem kleinen Ungewissen galt. Tiefer in ihm war es fröhlich, denn er fuhr außerlandes, südlich. Milde Gedanken kamen über die Wasser zu ihm, umschmeichelten ihn. Er sah langsam eine der Teakholztüren der Decksaufbauten sich öffnen. Eine Gestalt trat hervor, die ihm glich. Er wollte an Gespenster glauben. Herz, das vor Erschrecken stillstehen will. Ohr, wie mit Wachs ausgegossen. Schwindel. Seine Augenlider schlossen sich. Schwarz wie geronnene Galle. Es flammte rot in der Finsternis auf. Die Zeit zerfaserte die Ohnmacht zu einem Nacheinander. – Der Mensch ist arm. Und einsam. Und ausgeliefert. Daß ihm niemand hilft, darum ist diese Geschichte. Daß er an keines Brust flüchten kann, keiner Nacht entrinnen, deshalb ist diese Geschichte. – Die Brüder erkannten einander. Als das Schiff den ersten spanischen Hafen angelaufen, wollten sie vonbord. Eine List würde sie trennen. Als erster der Passagiere, die ausstiegen, war der eine am Kai, enteilte. Floh. Der andere, daß seine List gelänge, verweilte bis zur vorletzten Minute des Abtäuens anbord, enteilte in dieselbe Stadt. Sie hatten einen kurzen Abstand voneinander sich errungen. Wußten nicht länger voneinander. Vielleicht errichteten sie Vorsätze in sich, Maxime eines guten Lebens, dessen Heiligkeit durch Opfer erwiesen werden sollte. Sie waren bereit, darzubringen. Doch geschah es nach geraumer Zeit, daß sie einander auf der Hauptstraße dieser spanischen Hafenstadt begegneten. Nebeneinander unter vielen tausend Menschen. In der Öffentlichkeit enthüllt. Gegen Abend, Lichter flammten schon auf. Schnarrende, näselnde, sehr überflüssige Musik drang aus einem kleinen Kaffeehaus. Ein Kind glitt in diesem Augenblick aus und fiel aufs harte Steinpflaster. Und begann zu weinen. Auf dieser Straße war alles genau so wichtig und vorbestimmt wie die Begegnung. Sie begriffen es. Sie erzählten einander ihre Erlebnisse in dieser Stadt. In der sie Nachbarn gewesen, ohne es zu wissen. Die Häuser waren ein Nebel gewesen. Jetzt waren die Straßen aus Glas. Sie selbst wurden gläsern und erkannten einer des andern entblößte und sezierte Existenz. Sie beschlossen, gemeinsame Sache zu machen. Gemeinsame Sachen sind stets Wege zum Gewissenlosen. Sie verloren, wie bei den Zeiten ihrer Kindheit, alle Scham voreinander. Der erste Tag ihrer Wiedervereinigung lief ab. Es folgten andere. Man sah sie gemeinsam des Abends oft in Kaffeehäusern sitzen. Man sagt, daß sie gemeinsam zu Huren gingen. Es kümmerte sie nicht, wenn nur ein Mädchen sie beide empfing. Sie betrachteten ihr Leben als verfehlt. Als halb. Die philosophischen Schlüsse waren auf ihrer Seite. Sie wurden genügsam und ausschweifend gleichzeitig. Zuweilen waren sie betrunken durch Wein und Schnaps. Dann umarmten sie sich und küßten einander. Sprachen gebrochen, der eine, der andere sei seine liebe Hälfte, sein halbes Leben, sein göttliches Vorbild. Oder was sonst Moralisches oder Unmoralisches über das Wunderbare ihres Daseins vorgebracht werden konnte.

Es kam eine Zeit mit einem Anlaß zu vielen tragischen und

wilden Reden. Sie beide liebten (ihr Herz liebte) ein Mädchen. Das keine Zwillingsschwester neben sich hatte. Jeder wünschte es für sich als Frau. Sie weinten nächtelang einander vor. Sie ereiferten sich bei den Tränen, daß sie wieder gute Menschen werden wollten. Der Vorsatz festigte sie ein wenig. Sie destillierten ihren Gemütszustand auf alle Grade des Entsagens hinauf. Nach Wochen, eines Nachts, unter heftigen Anfällen von Schluchzen, verzichteten beide um des anderen willen auf die Geliebte. Entäußerten sich ihrer herrlichsten Visionen. Verdammten ihr Haupt voll Gedanken und Sehnsucht in die Einsamkeit. Der eine wollte der Knecht des anderen sein. Des einen Los sollte es werden, zu regieren; der andere würde ein Sklave werden. Der eine sollte genießen, der andere leiden. Die gemeinsame Sache sollte zerschlagen werden. Feindlich, gegeneinander sollte die Hochflut der Gefühle wirken. Das Ende der vielen Bemühungen war, da kein anderer Weg sich auftun wollte, daß um die Geliebte gelost wurde. Sie erschraken, das billige Orakel wurde kein Zwilling. Und entschied mit nein und ja. Da war wieder ein Haß in ihnen locker. Betrogen, betrogen! Doch wurde das Mädchen des einen Hausfrau. Und wußte nicht, wessen Genossin sie geworden. Die Eheschließung gab den ruhelosen Brüdern keine Freiheit. Wie auch hätten sie voneinander frei werden sollen, solange sie Haltung von sich verlangten? Da doch der Gedanke König und Untertan in ihnen noch spielte? Erfüllung und Entsagen heftige Winde waren? So mußte der Verheiratete sich um den Ledigen mühen. Denn er fühlte, er hat eine Schuld abzutragen. So mußte mit gierigen Augen der hungerne Liebhaber die Frau des anderen umschleichen. Weil er sonst als Untertan keine Befriedigung erfahren hätte. Ihr Leben war nicht milder geworden. Noch immer verband sie der gleiche Nabelstrang wie einst im Leib der Mutter. Die Abende benutzten sie dazu, ausholend, immer und immer wieder ihre Stellung zueinander zu verankern. Gedanken der Art, der eine müßte um des anderen willen aus dem Wege geräumt werden, wagten sich wieder hervor. Die Brüder deklamierten sie und feilschten daran wie an einem Diskussionsthema. Eine geängstete Frau stand daneben. Begriff nichts. Unterschied die Redenden nicht voneinander. Sie war schwanger. Das Leben außer ihr gebärdete sich, als müßte

es mit seiner Unbegreiflichkeit sich als Mörder an dem in ihr Verborgenen betätigen. Sie fürchtete plötzlich, Zwillinge gebären zu müssen. Verfluchte eigene Fruchtbarkeit. Krampfartige Schmerzen stießen wie Dolche in ihren Leib hinein. Es kam zu einer Fehlgeburt. Drei erwachsene Menschen weinten um ein blutiges mißratenes Wachsen, das häßlich, doch menschenähnlich sich wieder loszulösen begann von seiner Gestalt. Der Verheiratete beschloß, leer, trübe, überwunden, überdrüssig der Worte, sich umzutun nach einer geeigneten Ehefrau für den Bruder. Er sagte von sich: »Dieser Köter läuft durch die Straßen und läßt an jeder Ecke sein Wasser.« Eines Tages stellte er dem Bruder ein Mädchen vor, das er, dieser Köter, der die ganze Stadt berochen, liebe. Er gebärdete sich mit hundert Zeichen der Abneigung gegen die eigene Gattin, küßte, umarmte die Fremde. Verletzte die Arme, still Duldende, die ihre Fruchtbarkeit verflucht. Den Bruder machte er toll nach der neuen Geliebten. Erfand freche und spitze Redewendungen, ihn zu reizen. Stieß ihn in einen hoffnungslosen Liebestaumel. Als alle Fasern des zweiten von Gift ergriffen schienen, trat er, der Köter, der Schauspieler die Geliebte jenem ab. In wenigen Minuten lösten sich alle Spannungen. Der eine zog sich zurück in die alte Ehe, unschuldig. Die Frauen waren zu Märtyrerinnen geworden. Die Brüder hatten gelitten wie Heilige in ihren Folterqualen. Das Leiden hatte sie gehämmert, geläutert, geformt. So wurde die zweite Ehe gestiftet.
Allem Ablauf wohnt die Richtung zum Niederen inne. Dem Gesetz ihres Daseins entrannen die Brüder nicht. Es nahm ein schlimmes Ende mit ihnen. So beurteilten es die Uneingeweihten. Die Brüder waren vom Hause fort. Sie würden bald zurückkommen, das wußten die Frauen. Die eine trat vor das Haus. Da kam auch schon der eine der zwei. Sie glaubte, es sei ihr Genosse. Und er, der ihr entgegenkam, tat so, als sei er es. Er allein wußte, daß er es nicht war. Aber eine Stimme in ihm ließ ihn begehren des Bruders Weib. Einen Kuß begehrte er, denn er fühlte die Sehnsucht des Bruders in sich. Er verlor auch das Gefühl, daß er ein Unrecht tue. Er verlor sich an seine Gestalt. Sein Bewußtsein ging wie in schwerem Rauch. Wie ein Nebel war es in ihm. Und er trat ein, wohin ihn die Frau seines Bruders geleitete. Ein wenig später ging die andere Frau

vor die Tür des Hauses, um Ausschau zu halten nach ihrem Genossen. Da kam er auch schon heran. Sie glaubte, daß er es sei, hatte sie doch den Bruder im Hause gehört. Und jener, der ihr entgegenkam, tat so, als sei er ihr zugehörig. Er allein wußte, daß er es nicht war. Aber eine Stimme in ihm ließ ihn begehren des Bruders Weib. Einen Kuß begehrte er, denn er fühlte die Sehnsucht des Bruders in sich. Er verlor auch das Gefühl, daß er ein Unrecht tue. Er verlor sich an seine Gestalt. Sein Bewußtsein ging wie in schwerem Rauch. Wie ein Nebel war es in ihm. Und er trat ein, wohin ihn die Frau seines Bruders geleitete.

Da nun keiner der Brüder den anderen hinderte, verbrachten sie die Nacht an der Seite der ihnen nicht angetrauten Frauen. Und sie bemerkten es nicht. Die Brüder wußten voneinander was geschehen war. Aber sie duldeten ihre gegenseitige Schuld. Sie erteilten sich Erkennungszeichen, Verzeihen, Übereinstimmung mittels eines bescheidenen Lippenzuckens. Das einmalige Geschehen wiederholte sich. Bald tauschten sie in schamloser Weise ihre Frauen aus, die es nicht merkten. Sie würfelten sich durcheinander und fanden, erst jetzt, unerkannt, im Mißbrauch ihres Seins, erfüllten sie sich. Die Maske, die sie ihren Ehefrauen gegenüber verbarg, dünkte sie auch im Alltag brauchbares Instrument. Unehrlich gab der eine sich für den anderen aus. Alle Zufälle aus Feigheit und Schwäche fanden hinterher Billigung durch ihre Unverantwortlichkeit. Sie besprachen, vor wem auch immer es war, daß sie ihre Ehefrauen im Schutz ihrer Ähnlichkeit austauschten. Beleidigung der Betrogenen. Sie sagten es obenhin; aber es war an das eigene Herz gerichtet, das faul in ihnen war und kein guter Freund mehr auf einem beschwerlichen Weg. Es seufzte immer nur: ja ja, das nein nein – Vogelschwarm, der auffliegt.

Die Frauen waren fruchtbar. Es liefen bald viele Kinder im Hause umher. Solche, die sich ähnlich waren; andere, einander unähnlich und fremd. Und niemand mehr wußte, wie nahe im Blut sich die einzelnen waren.

Hier ist die Geschichte aus.

Die Brüder waren liederlich geworden. Ihrem Geschick, das sie beide in die gleiche Gestalt gekleidet, waren sie nicht entronnen. Trotz aller Mühe, ihr Leben zu wenden, war es ihnen entglitten. Steuerloses Schiff, auf den Strand getrieben. Die Gefühle von Glück und Unglück gingen in ihnen unter. Müdigkeit und Triebe hatten Gewalt über sie. Sie konnten sich nur noch dem Blatt vergleichen, das im Herbst, gelb oder rot gefärbt (welche Pracht), von den Bäumen gerissen wird durch Winde, die irgendwo entstehen.

Ich habe diese Erzählung eine traurige genannt. Weil sie beweist, wie wenig wir über uns vermögen. Wie vorgeschrieben unser Weg ist. Wie verfallen wir allen Konstellationen; ob wir erwägen oder in uns ersterben. Würde neben uns ein zweites Ich laufen, nicht nur der Schatten, ein sichtbares, nicht nur ein philosophisches Aggregat, jeder würde erkennen, wie wenig schuldbeladen unsere Existenz ist; wenn auch verflucht. Es würde nicht geurteilt werden; noch weniger gestritten. Milder würde jeder auf das Tun des anderen sehen. Und sich nur schämen, daß seine Wege so unentrinnbar wie die des Nächsten.

Du schiltst mich. Wortlos. In dir sagt eine Stimme: Da kommt es mit Speichel aus seinem Mund. Es ist zum Lachen mit ihm. Seine traurigen Geschichten erheitern das Herz; müßte man nur nicht seine wehleidige Stimme hören. Er ist dumm. Er hantiert mit dem Maßstab von Gesetzen und Moral. Er ist ein kleiner Bauer, der noch keine Hure hat ihre Lebensgeschichte erzählen hören. Als ob es darauf ankäme, frei zu sein von Fehltritten. Als ob Stehlen ein Schlimmes sei. Morden das Schlimmste. – Ich bereue, die Geschichte der Zwillinge eine traurige genannt zu haben; ob man es auch verteidigen kann, sie betrüblich zu nennen. Nun, wo sie verausgabt, fällt eine zweite mir ein, die trauriger ist. Sie ist alltäglicher als die andere. Es ist die Geschichte vom Knaben und dem Leoparden. Sie ist sehr kurz. Es handelt sich in ihr nicht um Betrachtungen der Art, daß wir geschaffen sind, Böses oder Ungehöriges tun zu können, vielmehr darum, unserem Herzen ist bestimmt, zu lieben. Es liebt nicht allzeit das Erreichbare und das Gemäße. Es wird von einem Leoparden erzählt. Zuerst. Er war noch jung in eine Falle geraten. In einen Hinterhalt, den ihm Menschen gestellt hatten. Er saß anfangs zwischen sehr dicken, rohbehauenen Holzpfosten. Das Holz war sehr hart. Und seine Tatzen begannen zu bluten und zu schmerzen. Weil er auf Augenblicke ermaß, daß er seine Pranken opfern müßte, wollte er frei sein, stieß er einen Schrei aus, ein Brüllen. Wie einen blutigen Ballen. Das hatten die Menschen gehört. Es kamen ihrer einige gelaufen. Dunkelhäutige, fast unbedeckt, mit Knüppeln bewaffnet. Die ihre Befehle von einem blassen, weißeingekleideten Menschen erhielten. Über dessen Mund, wie eine Bürste, ein Bart wuchs. Es war nicht mehr deutlich in der Erinnerung des Leoparden, was nach der Ankunft der Menschen ihm geschah. Er erregte sich so sehr, daß er das Bewußtsein verlor und nur tief, ganz tief begriff, er haßte, haßte, haßte. Danach saß er in einen engen Käfig gesperrt; in einem Tiergarten eines europäischen Landes. Menschen kamen vorüber und starrten auf ihn. Bleiche, eingekleidete. Fremde Gerüche sollten das Arom ihrer Haut verbergen. So meinte er. Verbrecher in camouflage. Er verachtete sie und baute an einer großen Theorie vom Unrecht. Er sagte in Wiederholung vor sich hin: Wir werden geboren mit dem Wunsch, mit der Forderung, daß Gerechtigkeit walte. Wir verlangen das Recht wie unsere Nahrung. Aber es ist ein Unterschied zwischen dem Recht und der Nahrung. Wie ein Unterschied ist zwischen der Nahrung und der Liebe. Geht kein Stoff der Ernährung in uns ein, dann magert der Leib ab. Und der Leib wird zerstört. Er wird sehr bald zerstört. Der Verfall hat schnelle Wirkung. Es ist ein nicht übermäßig langsamer Tod. Nimmt man uns die Möglichkeit, Forderungen an die Gerechtigkeit zu stellen, dann werden wir sie verachten und an die Herrschaft der Ungerechtigkeit glauben. Es wird Gott gestürzt und der Teufel erhoben. Wie ein Priester sagte er sich vor: Was an uns geschieht, ist das Unrecht. Wir erwarten keine Gerechtigkeit. Was man uns antut, ist das Unrecht. Wir haben keine Gerechtigkeit zu verlangen. Er räumte ein, man konnte an dem teuflischen Zustand sterben. Er gab seinen Gedanken den Vorsprung, auch das Recht könnte einmal (zufällig) eintreffen. Ja, sei beweisbar (zufällig) schon wirksam gewesen. Das nannte er (zufällig) das große Wunder. Seine Theorie half ihm, daß er nicht langsam und qualvoll an dem Unrecht starb. Bei seinem Betrachten ließ er die Kräfte der Liebe nicht aus. Er verdeutlichte sich, daß, wie die Speise in den Leib hineingeht, die Liebe aus ihm heraustritt. Wenn sie nicht ins Freie durfte, konnte man daran ersticken.

Sterben wie vor Hunger. Wie an der Ungerechtigkeit. Aber man starb nur schwer, schwer und unter noch tausendmal größeren Qualen als bei allen anderen Toden, an der Liebe, die nicht aus einem herausdurfte. Im Funktionellen gab es bei dieser Todesart einen Zusammenhang mit der Ungerechtigkeit. Er fühlte, er würde dem Unrechtleiden erliegen. Wie er es beschrieben hatte: qualvollen Tod. Er sehnte sich und wußte nicht mit Sicherheit wonach. Er wünschte zu sterben und fand keinen Anlaß. Da trieb man ihm ein Weibchen zu. Und ein Glücksgefühl begrub seine klugen Gedanken. Kurze Tage des Vergessens. Dann richteten die Menschen es wieder so ein, daß er allein war. Er starrte durch die Gitterstäbe und begriff, seine Sehnen waren daran zu rosten. Ein Gesetz der Wandlung wirkt an ihm. Ein grauenhaftes Prinzip der Errichtung von Gleichgewichtszuständen söhne ihn aus mit dem Kargen seines Geschickes. Er sei nicht stark genug, ein Held zu sein. Konnte es von ihm verlangt werden? Er wußte es nicht. Ein junges Pumaweibchen war im Käfig nebenan gestorben. Sie konnte ihre Jungen nicht zur Welt bringen. Sie wollten nicht in die Gefangenschaft. Auch der Mutter war der Tod angenehmer als die Aussöhnung. Als der Leopard in tiefer Trauer in die Unendlichkeit starrte, geradeswegs Gott in die schneeigen Augen, war es, daß ein Knabe von zwölf oder dreizehn Jahren vor den Käfig trat. Er schaute auf das Tier. Er begann zu zittern. Er kroch durch die Barriere. Streckte seine Hand aus nach den Pranken des Leoparden. Streichelte sie. Bitteres Wasser kam in seinen Blick. Sein Mund bewegte sich und sprach, doch unhörbar, die Worte: »Friß mich.« Der Leopard aber starrte ins Unendliche. In die schneeigen Augen Gottes. Nächtelang weinte ein Kind, weil es den Leoparden liebte. Von einem Tage ab begann es Unkluges zu tun. Es machte sein Geheimnis offenbar. Es fiel mit seinem heimlichen Wunsch die Eltern an. Sie möchten, so bat es, einen Käfig beschaffen, einen genügend großen, einen genügend festen und das Raubtier kaufen. – Wer kennte nicht im voraus die Antworten, die ihm wurden? All die Vernunft, die gegen seine Tränen ansprang? Und die Strafen, die ihm endlich, da er störrisch, zuteil wurden? Es war vielleicht nicht die erste Leidensgeschichte des Knaben. Doch war es die erste, an der er so sehr litt, daß die

Organe seines Körpers krank wurden, abließen vom geregelten Dienst. Es fielen Ängste ihn an, grundlose. Jedenfalls solche, die nicht durch Gedanken erzeugt worden waren. Sein Herz ging unregelmäßig. Die nächtlichen Gespenster schienen ihn morden zu wollen. Von Tag zu Tag mußte er tiefer leiden; war mehr zerschunden. Kaum daß er an den geliebten Leoparden dachte. Es blieb ihm nicht die Zeit dazu. Das Unbehagen saß schon überall in ihm. Hatte seine Haut bleich gemacht, den Blick seiner Augen verschleiert. Eines Nachts mußte er begreifen, wie es um ihn stand. Riesenhafte Arme wuchteten sich durch die Luft, erfaßten Mehlsäcke, schleuderten sie gegen ihn. Nicht, daß die Treffer schmerzten. Aber ungeahnt schnell wuchsen Berge von rundgefüllten Säcken empor. Grotteten sich zu einem zufälligen Raum. Drohten ihn zu ersticken. Fielen über ihn. Begruben ihn. Er wollte schreien; der Mund öffnete sich nicht. Er wollte die Lasten fortstoßen; sie bewegten sich nicht mehr. Um den Mund schloß es sich mit weißlichem Staub. Seine Augen ertranken in einer klebrigen Masse. Da er keinen Laut geben, sich nicht bewegen, sich nicht zu wehren vermochte, niemand ihm nahe war, ließ er ein wenig Wasser. Daran erwachte er. Er fand sich naß nicht nur zwischen den Schenkeln. Sein ganzer Körper war von Schweiß bedeckt. Er stellte es entkräftet fest. Ein paarmal ging es grau und rot an seinen Augen vorüber. Dann war es Morgen geworden. Ein paar lästige Gespräche mit den Eltern folgten. Er hörte, es wurde festgestellt, er sei krank. Und es mußte wohl wahr sein. Während der Krankheit hörte er auf, menschlich zu sein. Er begriff nichts, dachte nichts. Seine Seele wanderte durch die Hölle der Fiebergesichte. Sein Fleisch führte einen eigenmächtigen Kampf. Die Seele schrie nach Erlösung vom Dasein; der Körper aber gierte nach Erhaltung. Eine der ersten Regungen, die der Knabe ohne Zwang wieder denken konnte, war, er wollte sich lossagen von allen Menschen und den Leoparden kaufen und ihn lieben. So fest er auch nach seiner Genesung den Vorsatz behauptete – gegen alle anderen Freuden und Traurigkeiten der Welt, er löste ihn niemals ein. Er stahl sich oft in den Tiergarten, verbrachte ungezählte freie Stunden vor dem Gitter des Gefangenen. Eines Tages gab es Afrikaner zu beschauen, die in unmittelbarer Nähe des Leoparden tanzten, die Trommel schlugen, malten, Metall bearbeiteten, untätig standen, trüben Blicks. Jeder, der vorüberging, konnte ermessen, sie waren Gefangene wie der Leopard. Rechtlos wie er. Untertan einer Gewalt, die sie nicht abschütteln konnten. Denn nicht freiwillig froren sie unter dem duffen nassen Himmel eines nördlichen Landes. Das konnte jeder begreifen. Den Knaben, von dem diese Geschichte erzählt, faßte die Erkenntnis mit unbeschreiblicher Bitternis. Er stellte sich zu den Fremden, die ihn kaum beachteten. Zügelloses Mitleiden zerriß seine Brust. Jedem der Neger bot er sein blutendes Herz an. Aber sie schienen es nicht zu gewahren. Oder hassend seinem Antrag vorbeizusehen. Es ergriff ihn, daß sie stolz. Es beschämte ihn, daß er nicht selbst einer der ihren, er, wiewohl ohne Schuld, der Zahl ihrer Feinde zugezählt wurde. Da kam lächelnd ein Bursch ihres Stammes ihm entgegen. Ein wenig älter als er selbst. Umfaßte ihn ohne Scheu von hinten. Sagte dabei unverständliche Laute. Das war der Anfang eines neuen Erlebnisses. Heftig wie das erste mit dem Leoparden. Eingetaucht in den Duft einer jungen Liebesglut. Von Bildern sinnlichen Begehrens getrübt und erhoben. Es kamen abermals siedendheiße bange Nächte voll nur Wunsch nach Erfüllung, Wunsch nach Gemeinsamkeit. Begehren. Entsagen. Fordern. Opfern. Zorn. Bitten. Drohen. Verzweifeln. Wilde Jagd durch den unendlichen Raum der Seele. Aber die Lippen verrieten nichts mehr in die Öffentlichkeit.

Die Untreue gegen den Leoparden grollte nach. Vorgeschmack, auch diese Sehnsucht würde zertrümmern. Ihr Untergang dämmerte durch betäubendes Schluchzen. Das Gefühl des Verworfenseins löste Wunsch und Schuld, Ziel und Kampf in ein frivoles Selbstbezichtigen auf. Sturz der Selbstachtung. Einmal, als er gräßlich aufschrie vor Liebespein, als seine Geltung sich süß daran hob, er wolle Leopard und Negerknaben die Liebe halten, richteten seine Augen sich in die Unendlichkeit. Bis sie die schneeigen Blicke Gottes trafen. Er fand ein paar Tage danach die Truppe der dunkelhäutigen Menschen abgereist.

Es kamen Alltage. Überwiegend Alltage. Die Geschichte ist zuende. Vielleicht muß noch gesagt werden, er hat in der Tat weder Leoparden noch Negerknaben die Treue gehalten. Er

hat sie den nächsten Geliebten nicht gehalten. Er hat sie vielleicht niemand gehalten.
Auch diese Geschichte ist nicht trauriger als die Tatsache, daß täglich die Sonne scheidet. Der Knabe erfocht kein Recht, Gott anzuklagen, denn er war nicht treu geblieben. Zwar vermochte er nicht anders als er tat. Die Erzählung kann lästig genannt werden, weil sie nichts besagt, das eine nur, wer auch immer geboren wird muß leiden. Man könnte Fabeln erfinden, in deren Ablauf niemand leidet. Wer aber wird ihre Wahrhaftigkeit beschwören? Ihre Ähnlichkeit mit dem kühlen Schöpfungsgeschehen? Wer hat soviel Glück genossen, daß er es kann? Wer findet sich dazu bereit?
Mir nur fällt ein, es gibt noch traurigere Ereignisse als die, die bis jetzt gehört wurden. O gewiß, es ist trauriger, wenn ein Herz liebt und aus der unbefriedigten Liebe ein Zustand wird, den es nicht überwinden kann. Ob der Mensch sich auch nach allen Himmelsgegenden wendet, die Sucht seines Herzens kennt nur einen Ort. So ist die Liebe in ihm das große Gesetz. Die Verdammnis. Ob er es wünscht oder verabscheut, die Treue ist eine Pflicht, die er ohne Handgeld erfüllen muß. Nur ein Tor ist gebaut, durch das er in die Schöpfung eintreten kann. Und es ist verriegelt. Ausgestoßen steht er in der Hölle. Das ungelöschte Begehren ist eine Folter, von der nicht einmal der Tod erlöst. Es ist die Geschichte Ragna und Nils, die davon berichtet.
Es war ein junger Fischer Nils. Er besaß ein schuldenfreies schönes Schiff. Es war ein starkes Schiff aus gutem Eichenholz. Es war sehr viel Kupfernes und Messingenes an Bord. Man konnte daran erkennen, daß die Taler, die in seiner Tasche klangen, nicht blechern waren. In der Kajüte, häuptlings an seiner Koje (es war die obere von zweien; in der unteren pflegte zu schlafen ein Bursche, ein junger Steuermann) war eine rote Locke befestigt. Nils hatte eine Braut. Zu fünfen waren sie. Fünf Männer waren auf dem Schiffe Nils. Sie lagen, wenn es die Zeit war, in den Wassern um Island und fischten. Es konnte geschehen, daß der Schiffsherr sehr plötzlich die Arbeit abbrach, in die Kajüte hinabstieg und die roten Haare anstarrte. Das war für seine Umgebung sehr ungewöhnlich. Sie mochten es nicht leiden, die anderen. Sie waren abergläubisch, wiewohl

sehr beherzt. Als Nils wieder einmal in der Bucht seines Heimatortes Anker geworfen hatte (es war eine stille und flache Bucht, es war sehr viel Sonne an diesem Strand, es standen nur ein paar Häuser bis an das Wasser heran) und er an Land gegangen, Geschäfte halber und um des Bodens willen, auf dem er geboren, der seine kindlichen Schritte geduldet, ging er nicht sogleich den Weg nördlich, am Gestade entlang, nach dem Hause seiner Braut, die ihn erwartete; war doch das Schiff gekommen, das aus gutem Eichenholz gefügte mit den zwei gelben Masten und den braunen Segeln; er narrte die Gewohnheit, er ängstete die Wartende. Er besuchte seinen Bruder im Gebirge, der einen Hof bewirtschaftete. Er sagte zum Bruder: »Am Strand wohnt eine, die rothaarig ist. Wir aber liegen in den nördlichen Buchten und fischen. Unsere Gedanken sind stark, aber nicht immer von bester Zusammensetzung. Ich habe nicht immer eine gute Ruhe bei meinem Geschäft. Wenn du in meiner Abwesenheit zuweilen den Strandweg benutzen möchtest, würde es mir wohltun.« Nach diesem Gespräch erst suchte er die Braut auf. Er fand sie sehr verweint. Es konnte ermessen werden, sie liebten einander sehr. Das Schiff trug nach dem Mädchen den Namen Ragna. Sie fand ihn ungerecht. Dieser Mann konnte besser mit dem Fahrzeug verglichen werden. Er war sehr fest an den Muskeln. Sie sagte »Bär« zu ihm. Aber er hieß nicht Björn, Nils war sein Name. Sie schaute ihn an. Daß er sehr groß war. Ein heller Mast. Daß er sehr schön war. Das gute Eichenholz, die kupfernen und messingenen Beschläge. Sie bat ihn, das Schiff umzutaufen. Nils solle am Bug stehen. Oder zum wenigsten Björn. Er verwarf Björn. Er sagte: »Vielleicht heißt ein anderer Björn. Mein Bruder heißt Björn.« Sie war sehr betrübt, daß er einen Bruder hatte, der sich Björn nannte. Sie hatte es nicht gewußt. Sie hatte niemals nach seinen Verwandten gefragt. So sehr liebte sie ihn. Er sagte sehr still, daß es eine Erfindung sei, dieser Bruder Björn. Sie gingen hinab an den Strand. Sie fuhren über den grünen Spiegel der Bucht. Es war ein schöner Augenblick. Sie stiegen an Bord des Schiffes. Sie wußte sich vor Glück nicht zu fassen. Dies Schiff und dieser Mann. Es war ein gutes Schiff. Es roch nach Fischen, nach Islandsfischen. Island war eine weite Ferne. Der Name und der Geruch seiner Fische stimmten sie traurig.

Doch überwog das Glück. Dieser Nils besaß blanke Buchstaben, die seinen Namen ausmachten. Er suchte sie in der Kajüte aus einem Schubkasten hervor. Er legte sie auf den Tisch. Mit Schrauben konnte man sie am Bug befestigen. Das sollte jetzt geschehen. Er nahm einiges Werkzeug. Ein starkes Hanfseil legte er sich um Schenkel und Brust. Sie mußte mit ihren Händen ihn hinabgleiten lassen über das Wasser, vom Deck aus, vorn am Bug. Da arbeitete er nun. Und sie sah ihn nicht. Ihre Hände hielten ihn, ein wenig eingeschnürt, unterstützt durch ein paar Schlingen, die um zwei Eisenstäbe liefen. Die Arbeit war zwiefach: Backbord und Steuerbord. Auch einen Topf mit Farbe mußte sie ihm reichen. Als nun die Arbeit getan, stiegen sie in das Beiboot, umfuhren das Schiff. Da stand golden auf schwarzem Grund: NILS NILS. Sie gingen wieder anbord. Sie wollten Kaffee bereiten. Zuvor erschien Nils eine andere Arbeit wichtiger. Er zog aus seiner Tasche die abgelösten, ein wenig ältlichen, patinierten Buchstaben. Über seine Lagerstatt heftete er sie an, in unmittelbarer Nähe des roten Haarbüschels. Und man konnte, nach wenigen Minuten schon, lesen: RAGNA RAGNA. Sie weinte fast und sagte: »Ich möchte immerdar dein Bett sein.« »Jetzt ist alles sehr richtig«, antwortete er. Es mußte bald ihre Hochzeit kommen, denn ihre Liebe zueinander war sehr groß. Er fuhr noch einmal aus. Wie er zurückkam, war er gesegnet gewesen. Das Schiff wollte fast bersten vor der Menge des Fanges. Er lief, Sehnsucht trieb ihn, die heimatliche Bucht an. Bestellte die große Feier seines Lebens. Dann fuhr er südlich. Um die Beute zu verkaufen für gutes Geld. Die Leute, die im Dorfe wohnten, sagten: »Dieser Nils ist ein reicher Mann. Er hat ein Schiff. Man weiß nicht, woher er es bekommen.« Sie vergaßen ganz, daß er einer der ihren, unterschlugen, ein Bruder von ihm wohnte im Gebirge. Waren auch seine Eltern gestorben, es gab einen kleinen Grabstein bei der weißen Kirche, der von ihrem ehemaligen Leben an der Bucht berichtete. Aber die Kirche war eine Wegstunde vom Strande entfernt. – Sie alle freuten sich auf die verschwendende Hochzeitsfeier. Sie rechneten: in einer Woche oder in zweien, in dreien werde diese Freude eintreffen. Auch der Lendsmand meinte es. Es verstrichen die Wochen. Nils kam nicht zurück. Er mußte sehr weit südlich gefahren sein. Diejenigen, die das Böse wünschten, kamen hervor mit ihrer Meinung und ängsteten die übrigen, ein Unglück müsse geschehen sein. Da wurde nun die Ansicht über den Fischer sehr verändert. Die vier Männer, die mit ihm waren, hatten auch ihre Weiber und Geliebten an diesem Ort. Und ihr Kummer klagte den Menschen an, daß er durch unnatürliche Neigung zu der Rothaarigen die Kräfte des Unterganges angezogen. So war er schuldig. Und das Mädchen selbst (sie wurden sehr verächtlich, Waisenkind sagten sie, die von dem reichen Nils Ausgehaltene) schuldiger, weil es ihn behext. Es war eine große Sorge, die solche Meinung gebar. Die Wochen und Monate waren sehr lang. Es kam die Zeit heran, wo man sich erneut zum Islandfang hätte rüsten müssen. Da, eines Morgens, lag auf dem schwarzgrünen Spiegel der Bucht das Schiff, dieser Nils. Die fünf gingen wohlbehalten an Land und lachten, unbändiger Freude voll. Und trugen mit sich Kisten und Kasten. Dieser Nils verstand das Leben. In Spanien hatte er den Fang verkauft. Das war keine Ausbezahlung in harten Silbertalern gewesen; Gold, lauteres Gold, säuberlich in Beutelchen verwahrt, war sein Besitz geworden. Und er hatte mit den vieren geteilt, wie sie es im Heuervertrag ausgemacht hatten. Die fünf und ihre Weiber und Bräute und Kinder lachten. Auch der Lendsmand rieb sich die Hände in gutmütiger Anteilnahme. Von den übrigen Bewohnern aber ging eine Stille aus, eine Stille des Enttäuschtseins. Es war Ärger, daß sie unrecht behalten. Es war Neid, des großen Reichtums wegen, der den anderen geworden. Ragna hatte sehr lange geweint an der Brust Nils. Sie erzählte ihm (nicht von den eigenen Herzsorgen) von dem Leid, was man ihr zugefügt. Sie wollte nun um so gewisser von ihm hören, daß sie geliebt. Die Hochzeit wurde in ganz anderer Weise begangen als man erwartet hatte. Es wurden nur die vier geladen, die Mannschaft vom Schiff, mit ihren Frauen und Bräuten. Nicht einmal der Bruder des Nils war herabgekommen. Dieser Mensch, dieser Schiffsherr, hatte den Bruder aufgesucht. Man wußte nicht, daß zwischen den beiden ein Gespräch, eine Abmachung getroffen wurde. Man wollte an Streit zwischen den beiden glauben. Und es war doch nur der Taumel eines kleinen Heimlichtuns bei Nils gewesen, der es so anrichtete wie es hinterher kam. »Zweihundert Taler schenke ich dir für ein Pferd«, hatte er gesprochen, »ich mache jetzt Hochzeit. Das ist ein Fest für zwei, nicht für viele. Ich möchte dich ungeladen lassen. Ich tue es nicht aus Feindschaft zu dir; bitte dich vielmehr, daß du mir die Freundschaft gibst und ohne Groll mich gewähren lässest.« Ragna buk den Hochzeitskuchen: ein Kilogramm Mehl, ein Kilogramm Butter, ein Kilogramm Zucker, sechsunddreißig Eier. Es war ein gutes altes Rezept. Und die vier kamen auf das Fest. Zwei mit ihren Bräuten, zwei mit ihren Weibern, so daß zehn beisammen waren. In der Nacht aber wurden nur fünf Betten warm. Acht Tage lang verließ Nils das Haus nicht. Danach reiste er aufs Meer. Mit den vieren. Beim Abschied gab er, was er besaß, seiner jungen Hausfrau in Obhut. Und sagte noch, eingedenk der Furcht, die sie, als er lange ausgeblieben, um ihn gelitten: »Was auch gegen dich und mich beschlossen sein mag, ich kehre zu dir zurück.« Nachdem das Schiff drei Tage fort war, fühlte Ragna, daß ihr Schoß blühte. Sie erachtete sich sehr erniedert und begann zu weinen. Sie wartete einen Monat. Als das Bluten sich wiederholte, wurde es ihr schwer ums Herz. Sie ging nacheinander zu den vier Frauen und kundschaftete aus, ob es ihnen ergangen ihr gleich, nicht gesegnet zu sein. Sie kam zu den Ehefrauen. Sie waren guter Hoffnung. Sie wagte den Weg zu den Bräuten. Sie waren guter Hoffnung wie die Ehefrauen. An der Brust der letzten weinte Ragna. Sie mußte sich trösten lassen mit dem bescheidenen Trost, daß eine kurze Woche der Freude in die Zeit geringer Bereitschaft zur Mutterschaft fallen könne. Nun blieb nur das Wort in ihr: »– ich kehre zu dir zurück.« Es kam eine sehr schlimme Nachricht ins Dorf. Der Telegraph verkündete sie. Es war eine ungewisse Nachricht. Sie besagte, die »Nils« sei wahrscheinlich mit der Besatzung in einem Sturm vor Island verloren. Der Lendsmand schlich zu den fünf Frauen. Er verlas mit gedämpfter Stimme, was da geschrieben stand. Seine Ernte war sehr gleichmäßig: Tränen. Er bemerkte auch, die Weinenden waren schwanger, die Ehefrauen und die Bräute. Die Bräute tröstete er, so gut er es verstand, daß die Kinder ehrliche Namen haben sollten. Nur Ragna, die rothaarige, fand keine Tränen. Sie hörte den Mann bis ans Ende an. Dann sagte sie: »Nein. Es ist ein Irrtum. Es ist eine Falschmeldung wie im Vorjahre. Nils hat mir zugesagt, er würde zurückkommen. Er wird kommen.« Das war ihre Antwort gewesen. Als aber der Beamte gegangen, wollte heimliche Furcht ihr das Herz abdrücken. Mit Neid dachte sie an die vier Frauen, die guter Hoffnung waren. Nils mochte tot sein, trüge sie nur ein Kind von ihm. Es war eine große Verwirrung in ihr. Die Zeit verstrich. Das Schiff war überfällig. Es mochte schon Wahrheit sein, daß es gescheitert. Was auch lag an dem Schiff? Nils würde kommen. Nils würde über das breite Wasser zu ihr kommen. Sehr verspätet. Ein weiter Weg. Er würde sie schwängern. Vielleicht verließ er sie danach wieder. Es sollte ihr gleichgültig sein, wenn er nur käme und ihr etwas schenkte. Es war ein böser Winter. Alle Freude war erdrosselt. Es war eine Strafe über den Ort gekommen. Niemand wußte wessentwegen. Niemand wagte den Namen der Rothaarigen über die Lippen. Die Lehre des Vorjahres wirkte noch. Die Hoffnung war nicht unwiderruflich tot. Der Bruder des Nils kam herab an den Strand. Er wollte der Schwägerin ein paar Worte sagen. Er war der Bruder des Toten, ob sie ihn auch nicht kannte. Er war nicht bei der Hochzeitsfeier zugegen gewesen. Das Heimlichtun rächte sich. Da er feige war, Tränen zu sehen, wartete er, bis der Abend herab war. Er klopfte gegen die Tür. Es war kein Licht in der Stube. Doch wurde er eingelassen. Es hing ihm jemand am Halse und küßte ihn mit Inbrunst. Er hatte niemals vorher solche Lippen gefühlt. Ihm wurde sehr warm. Er schämte sich. Er wollte stammeln. Und ermaß nur, daß hier eine Qual leidenschaftlich war wie das Meer, das gemordet hatte. Er hörte an seinem Ohr flüstern: »Nils, Nils.« Und erschrak. Er wollte schreien, er sei der Bruder, nicht der Tote, er sei Fleisch, nicht ein Gespenst. Daß er nicht über die Wasser gekommen. Aber das laute Wort erstarb in seiner Kehle. Er hielt hin diesem Ansturm der Liebe. Er flüsterte nur, um wahrhaftig zu bleiben: »Ich bin Björn, Björn bin ich.« Seine Stimme aber schien nichts zu bewirken. Es wurde eine Antwort, die nicht im Widerspruch zu dem Empfang stand: »Mein Bär bist du, mein Bär. Nun heißt das Schiff nicht Ragna, nicht Nils, Björn heißt es.« Sie zog ihn in die dunkle Stube. Mit ihrem ganzen Leib umfing sie ihn. Er hatte dergleichen niemals erlebt, wiewohl er Weib und Kind besaß. Es betäubte ihn. Da war plötzlich das Fleisch der Frau in seinen Armen. Seine Hände tasteten an ihrer vollkommenen Nacktheit. Sein Herz wurde warm an der Gestalt, die er mit Händen wahrnahm. Ihre Stimme aber flehte: »Geh nicht von mir, geh nicht zurück über das Meer, ehe mein Schoß nicht gesegnet ist.« Da war das Bett warm von den zweien. Er schlich fort, ehe die Nacht vorüber. Sie schien zu wissen, daß sie ihn nicht halten konnte. Ehe er am Wege war, hauchte ihre Stimme: »Eine kurze Nacht der Freude kann mich in geringer Bereitschaft zum Mutterwerden finden. Über vierzehn Tage wieder erwarte ich dich.« Und er kam. Und er fand eine Lagerstatt, deren Süßigkeit ohnegleichen war. Die Stimme sagte: »Ich möchte immerdar dein Bett sein.« Die vier Frauen gebaren ihre Kinder. Und die der Bräute wurden ehrlich geschrieben, weil ihre Väter tot. Es war sehr viel Leid an den Wochenbetten. Ragna besuchte die vier und zeigte mit Händen auf sich und sagte: »Auch ich habe empfangen.« Und lächelte. Man glaubte es ihr nicht. Und bemitleidete sie, weil ihr Geist krank erschien. Man trieb sie in einen Hinterhalt und fragte: »Wann denn wirst du gebären?« Und sie rechnete an ihren Fingern aus, in welchem Monat es sein würde. Eine unbeherrschte Frau pfiff durch die Zähne: »Seit wann kommen die Toten ins Ehebett?« Ragna nickte mit dem Kopfe, lächelte und antwortete: »Er ist gekommen. Er hatte es versprochen. Er ist zweimal gekommen.« Wie sie es errechnet, in einem späten Monat gebar sie einen Knaben. Die Weiber des Dorfes sagten: »Es stinkt.« Und fragten: »Geht ein Weib fünfzehn Monate schwanger? Und ist nicht berichtet worden, daß sie im Hochzeitsbett nicht empfangen?« Niemand aber konnte den heimlichen Liebhaber nennen. Die Mutter beharrte, des Kindes Vater sei Nils. Der Lendsmand schrieb den Knaben ehrlich, weils der Pfarrer anempfahl; der lange mit Ragna gesprochen. Ihr Glück war sehr groß. Ihre Brüste waren zwei Brunnen, weiß und feingeädert. Wenn das Kind schlief, dachte sie daran, daß dem, der zweimal über das Meer gekommen, ein drittes Mal nicht schwer fallen könne. Und sie rief ihn mit ihrem Herzen. Und war dessen gewiß, daß er sie höre. Und schon daran war, die Pilgerschaft zu tun. Bald würde er über die Schwelle treten. Und er kam. Er sagte nur ein Wort: »Das Kind.« Und sie antwortete: »Unser Kind.« Sie führte ihn an die Wiege, daß er es betaste. Sie hörte einen schweren Atem in ihm. Und ein Schluchzen. Und es war ihr, als fühlte sie eine Träne seines Auges in ihren Händen. Da hatte sie das Bett für ihn bereit. Er aber widerstrebte. Doch überwand sie ihn mit der Weichheit und dem Duft ihres Leibes und der Süßigkeit ihrer Verheißung. Und der Pilger sank hin. Und versprach, wieder einzukehren. Er brach sein Wort nicht. Als nun der Leib Ragnas zum zweitenmal sich wölbte und von ihren Lippen kam, daß wieder Nils sie gesegnet, da begann man Gift auf ihren Weg zu spritzen. Man schrie ihr nach: »Hure.« Der Pfarrer kam zu ihr ins Haus. Er verhörte sie sehr kristlich, aber sehr strenge. Sie lächelte. Sie sagte: »Nils ist über das Wasser zu mir gekommen.« Der Lendsmand löste den Pfarrer ab. Die Hebamme versuchte, ihr Geständnisse abzupressen. Man alarmierte den Distriktsarzt. Der fuhr sie an, ob sie wünsche, daß auch er das Märchen glauben solle. Sein Zorn richtete nicht mehr aus als der Eifer der anderen. Er erklärte sie für geistig minderwertig. »Defekt im Hirn«, schrie er auf dem Polizeiamt, »ungefährlich aber verrückt. Wenn man nur ihren Beischläfer fassen könnte! Ein sauberer Bursche. Ein Vieh.« Da ein zweites Kind geboren wurde, mußte der Lendsmand es in das Register eintragen. Kein Vater war nachzuweisen; es wurde nach diesem toten Nils benannt. Es gab einige Geistergläubige im Dorf, die Ragna für eine Heilige zu halten anfingen. Diese Menschen kamen zu ihr ins Haus, um mit der Auserwählten (wie sie meinten) das Wunder zu besprechen. Sie sanken vor den beiden Kindern in Verzückung und priesen ein Geschehen, das sich ihnen nur mit einer Ahnung entschleierte. Sie stärkten den Geist Ragnas. War sie allein, betete sie über der Wiege des zweiten Knaben ihren Lockruf an Nils, daß er über die Wasser zu ihr kommen möge. Ihr Schoß sei wieder eine frische Frucht. Sie mußte ihn oft bitten, ehe er ihre Stimme vernahm. Sein Weg mußte sehr mühevoll geworden sein. Er hatte sehr lange pilgern müssen. Da war diese Furcht in ihr gewesen, er sei auf ewig verschollen. Sie hatte die beiden Kinder sich an die Brüste gedrückt, die Augen voll Wasser. Er war ihrem Rufen endlich gefolgt. Er war gekommen. Sehr verändert, wie ihr schien. Müder. Mit vielen Seufzern in der Brust. Doch ohne Widerstreben war diese dritte Hochzeit geschehen. Es war eine lange Hochzeitsfeier. Die Nächte eines Monats füllte sie aus. Eine Nacht war wohl die letzte. Er mußte zurück über die Wasser. Sie fühlte es. Er weinte. Sein Atem wurde beladen. Als sollte die Trennung für alle Ewigkeit geschehen. Sie weinte mit ihm. Und er sprach aus, was ihre Seele zerriß, daß er nicht würde wiederkommen dürfen. Und verschwand in der Dämmerung und entglitt über die Wasser. Jetzt hatte der Tote Ruhe gefunden. Sie wurde sehr schwach. Das starke, wohlgefügte Schiff mit den Planken aus Eichenholz war vor Island gescheitert. Nils in den Fluten ertrunken. Fünf Männer ertranken. Der eine aber hatte sein Versprechen halten müssen: »Was auch gegen dich und mich beschlossen sein mag, ich kehre zu dir zurück.« Jetzt war sie Witwe wie die anderen. Und ertrug es schwerer als die anderen. Und klagte an, daß der Tote selbst die Zeit bemaß. Doch reifte in ihr das dritte Kind. Als es ruchbar wurde, glomm Schweigen in den Gemütern auf. Man übte Verhaltung. Diese Geburt sollte erst vorüber sein. Dann aber würde ein Strafgericht angezettelt werden. Die Dörfler wurden aufgebläht von dem Unheil, das sie stiften wollten. Sie fühlten sich beleidigt, genarrt, angespieen. Doch ehe die Zeit sich erfüllte, kam anderswo das Schauderhafte ans Licht. Da war ein grauenvolles Verbrechen gewachsen. Dieser Björn hatte an einem Tage sein Weib und sein Kind mit einer Axt erschlagen. Und man wußte den Grund sogar. Die Ursache lag wie ein aufgeschlagenes Buch. Die Hausfrau war in einem Anfall von Traurigkeit auf die Straße gelaufen und hatte geschrieen: »Björn hat Ragna geschwängert, Björn hat Ragna geschwängert.« Da war dieser Mord geschehen. Mit einer Axt. Dieser Björn, der ein Bruder des Nils war, hatte, blutbespritzt, mit blutigen Händen, ein Pferd aus dem Stall gezogen, fast nackend sich auf den sattellosen Rücken geschwungen, war galoppiert. Hinab an die Bucht. Ins Wasser. Reitend. Der Schrei über seine Tat aber war schneller gewesen als das Pferd. Es fuhren Boote auf der Bucht. Eine Hand faßte die Haare seines Kopfes. Das Pferd trieb ab, versank. Dieser Menschenkopf aber ging nicht unter. Das war ein wertvoller Kopf, ein Verbrecherkopf, Schädel einer Kanaille. Sie zogen den Leib aus dem salzigen Wasser hervor. Sie prügelten diesen Leib. Sie

banden ihn mit neuen Hanfseilen. Sie brachten ihn in die Amtsstube des Lendsmands. Am Nachmittage schon kam ein Motorboot gefahren, einige Soldaten anbord. Er wurde in das Fahrzeug hineingestoßen. Er würde auf Lebenszeit in einem Gefängnis vermauert werden. Als Ragna erfuhr, was geschehen war, wurde ihr Antlitz sehr steinern und weiß wie Kalk. »Es war Nils«, sagte sie, »denn er hat mich geliebt. Er wollte über das Wasser zurück.« Wie sie noch weinte, kam das dritte Kind. Sie gebar es stehend. Es fiel vor ihr auf den Boden. Sie hob es auf. Niemand war bei ihr. Sie wusch es, obgleich sie daran war, umzubrechen. Da waren nun drei Kinder in der Hütte. Alle sehr stark und sehr schön; aber der Name schon bestimmte ihnen ein schweres Leben. Sie hießen: Nils, Björn, Ragna. Die aber, die ihre Mutter war, war steinern. Sie konnte nicht lachen, ob sie auch die Kinder liebte. Da war der erwachsene Nils ihretwegen ertrunken und vermauert in einem Gefängnis.«
Perrudja sagte die Geschichte der fünf Knaben, die einander töteten, auf. Er berichtete die Erlebnisse des Sklaven. Er kam an die Stelle, wo erzählt wird, daß der Rücken des Unglücklichen zerfetzt wurde. Er beschrieb mit ungebührlicher Länge und exakter Unzweideutigkeit die Blutnächte. Seine trüben Augen gingen aufs neue über. Tief gestürzt schluchzte er über den Trümmern vergeudeter Leidenschaften. In höchster Erregung griff er sich in die Rippen und schrie: »Wie soll ich es ertragen? So steht es mit uns. Unser Los ist schwarz.«
Signe saß schweigend und hörte. Nicht mehr die Worte nahm sie auf. Nur die taube Moral. Dieser tote Strom. Diese Gewalt des Untergangs. Alle Kraft wich von ihr. Ihre Sinne schlossen sich. Lebewesen in einem Teich, der austrocknet. Sie fühlte sich ausgeliefert und abgestoßen gleichzeitig. Sie fand nicht den Mut zu einer Entgegnung. Sie begriff die Haltlosigkeit, in die der Freund geraten. Er hatte zuviel erkannt, um noch stark sein zu können. In keine Pause, die er beim Sprechen machte, fiel sie ein, um das Wort an sich zu bringen. Sie sank hin in das Dickicht der Ohnmacht. Beispielloses Denkmal der Hoffnungslosigkeit in seinen Gebärden. Feigheit seiner Sinne, die ihn jung, zum Kind, zum Weib machten. Manchmal lag er mit dem Oberkörper halb entblößt da. Sie sah die scharfgeschnitte-

nen dunklen Brustwarzen. Mit manischer Verzückung verfiel sie dem ungewohnten Anblick.

Gott, den ich anbete.

Doch blieb sie reglos. Perrudja schwieg erschöpft. Schloß die Augen. Legte die schmalen Hände auf die Bettdecke. Seine Stimme war immer ferner geworden. Es floß eine heimliche Linie innerer Schönheit von seiner Stirn. Über die zitternden Lippen. Den Hals entlang. Über die leichtgewölbte Brust zu den Händen, die ehern wie ein letzter Antrag wartend dalagen. Signe fand nun ein paar Worte. Die ihr zu laut erschienen. Sie mußte kämpfen, sie hervorzubringen. Sie sagte ohne Anschluß und Beziehung: »Es hat sich nichts entschieden. Doch ist deine Sache nicht hoffnungslos. Es wird ein Ereignis kommen, das mir Klarheit bringt. Es muß kommen, denn es kann nicht alles beharren verstockt wie heut und morgen. Reise von hier. Doch komme zurück. Komme so oft du magst. Du bist mir nicht widerwärtig. Du bist ein Mensch, anders, als ich glaubte, daß der Mensch sein müßte. Du hast mir nichts leicht gemacht. Leicht ist nur, daß du vor meinen Augen gelegen. Du bist nicht stark. Du willst, daß ich stärker sei als du. Das ist ein unbequemes Los für eine Frau. Damit du glauben kannst, ich hasse das Unbequeme nicht, nimm dies.«

Sie beugte sich über ihn und küßte ihn auf den Mund. Und küßte abermals, daß sie unauffällig einen Finger an seine Brusthaut bringen konnte. Noch ehe er wagte, seine Arme um sie zu legen, war sie von ihm fort. Stand bei der Tür und sagte kurz: »Nun schlafe –« Und war hinaus.

In der Tat gelang es Perrudja bald einzuschlafen. Es war ein wonnesames Gefühl auf seinen Lippen liegen geblieben. (Von dem Finger Signes wußte er nichts.)

Als er am späten Morgen erwachte, stand ein Bursche von etwa sechzehn Jahren an seinem Bett. Halb scheu, halb frei. Wohlgewachsen, aber befangen in den Bewegungen. Ein feiner Flaum um den Mund machte sein Gesicht milde und gütig. Es war Hein, der Bruder Signes. Er streckte die Hand vor gegen Perrudja und sagte: »Schenke mir den Stein.« Der Angeredete schaute abwärts und gewahrte nun, der Knabe hielt den Amethyst vom Kopfgeschirr der Shabdez. Er mußte ihn gelöst haben. Perrudja richtete sich halb auf, ließ den jungen Menschen herantreten, nahm den Stein, der willig in seine Hand überglitt. Erwog die neue Bekanntschaft einige Sekunden, vermutete den Bruder Signes in dem Menschen, fragte, fand Bestätigung, horchte auf wegen der Unbekümmertheit der halb kindlichen, halb leidenschaftlichen Bitte. Ein Glücksgefühl schlich heran. Eine Zugehörigkeit wurde Perrudja angetragen. Er sollte nicht länger der Fremde in diesem Hause sein. So gab er das Kleinod zurück und sagte dazu, jener dürfe es behalten. Bis er ihm ein noch größeres habe schleifen lassen. Danach solle der Amethyst wieder an der Stirn der Shabdez erscheinen. Hein war sehr glücklich über diesen Vorschlag. Er wollte aber sogleich die Größe des versprochenen Glases wissen. Perrudja ballte die Faust und deutete so das Maß an. Begann dann über die Form zu sprechen. Er will einen Zwölfflach schleifen lassen, dessen Begrenzungen aus regelmäßigen Fünfecken gebildet. Er fuhr fort, einem so geformten Stein wohnen Zauberwirkungen inne. Mit jeder der Flächen kann eine der zwölf Gefahren, die den Menschen bedrohen, abgewendet werden. Und zwar mit jeder der fünf Kanten jeder Fläche in bezug auf eines der fünf Elemente, die da heißen: Feuer, Metall, Wasser, Luft und Erde.

Hein war entzückt von der Erzählung. Er hielt nicht an sich. Er legte seine Arme um Perrudjas Hals und flüsterte ihm ins Ohr: »Du wirst dein Versprechen halten?« Perrudja bejahte und fügte dann mit leiserer Stimme hinzu, weil es mit nichts auf das Gespräch bezug hatte, und nur der Ausdruck für eine Wahrnehmung war: »Du riechst stark nach Pferden.«

»Ich bin im Stall gewesen«, entgegnete Hein, »ich liebe Pferde. Du besitzest ein sehr schönes Pferd. Man muß es lieben, wenn man es nur ansieht.«

»Vielleicht«, schob Perrudja ein, »wirst auch du dereinst ein solches besitzen.«

»Vielleicht, wenn ich erst deinen Zauberstein halte.«

»Ich werde zwei schleifen lassen. Einen für dich, einen für mich.« Fügte hastig hinzu: »Drei, Hein. Drei ist eine bessere Zahl. Und so ähnlich sollen sie einander sein, daß man sie nicht voneinander unterscheiden kann.«

Dies morgendliche Gespräch war der Anfang einer tiefen Freundschaft, die Hein zu fühlen begann. Er sattelte Shabdez, hielt die Trense. Hatte das Tier gebürstet, ihm Futter und Trank gegeben. Als Perrudja im Sattel saß, flimmerte es vor den Augen des Jungen. Er sah einen Helden. Ein halb übernatürliches Wesen, dessen Artung er noch nicht begriffen. Das ihm freundlich gesinnt, das seine Liebe annahm. Zwischen Weinen und Jauchzen erlebte er den ersten Abschied. Seine junge Seele hatte ein Vorbild gefunden, dem nachzueifern plötzlich seine Bestimmung geworden. Er tat einen lautlosen Schwur gegen Himmel und Erde als Entgelt für die Gnade, diesen Menschen kennengelernt zu haben.

XXII

Der Tag war weiß, denn es ging gegen den Mittag. An den Berglehnen war der Schnee orangenfarbig. Perrudja, reitend, zerfiel. Er ermaß nicht das Glück. Da war nur das Gift des Mißgeschickes in seinen Adern. Die Schritte des Pferdes machten tick tack. Diese Uhr, die eine Wiederholung von Sekunde zu Sekunde war, in ihrer tieferen Bedeutung aber eine Summierung. Anhäufung bis zur Unendlichkeit der Begriffe. Jede neue Generation würde unter ihnen schwerer keuchen als die vorausgegangene. Es war die Reihe: 1, 2, 3, 4, 5, 6, 7, 8, 9, 10, 11, 12, 13, 14 –. Wie nahe würde der jüngste Tag sein, verwandelte die Mathematik den Sinn der Zeit, tauschte diese Folge in die Potenz ihrer geistigen Wirkung, böge um das Geschehen in das Feuer der Revolution. Dies 1 sind vier Beine. Dieser Trab: 2, 4, 8, 16, 32, 64, 128, 256, 512, 1024, 2048 –––. Käme das Fieber, Galopp, augenblickliches Versengen: 2, 4, 16, 256, 65536, 4294967296. Da erlahmte er schon. Dies: 18446744073709551616 war nur noch ein Schatten, der lang vorauf gegen das Sternenlicht fiel. Die Unendlichkeit entzog sich ihm nach einem halben Dutzend Schritten. Es blieb: das irdische Gesetz: 1, 2, 3, 4, 5 ––– 661, 662, 663, 664 –––. Er zählte: 27355, 27356, 27357, 27358.

Dein Gehirn. Maschine zählt ohne Fehler. Der weiße Schnee. Die Wüste. Der Denkende wird unfruchtbar.

Er langte im Haus an nach zwei Tagen. 71356. Aus dem Sattel. 71357. Nicht mehr existent sein. Ohne Hunger sein. Ohne Sehnsucht sein. Ohne Schmerzen sein. Abtritt nur für die nächsten Augenblicke.

Shabdez hat einen Leichnam getragen.

Da war wieder dieser runde Kuppelraum. Geräte, Bücher. Das

Aufbewahrte. Sein Zimmer. Prasselndes Feuer. Sein Bett. Er mußte die Stunden überwinden. Die Zahlen waren am Ende. Die Reihe kam an die Buchstaben.
Ein Buch in die Hand, das ich nicht kenne.
Die menschliche Seele vermochte nur unter schwersten Opfern des Krankseins eine kleine Neuigkeit zu gebären. Die tote Wissenschaft häufte am Arsenal der Begriffe, die nur den Fachmann angingen. Übereinkünfte.
Herzhormone.
Das Gerät ist ein Muskel.
Die Sprache der Seele hat ihn zum Sitz des überwältigendsten Prinzips gemacht.
Die anderen zerfasern, um eine Bresche in den Idealismus zu legen, Gehirn und Testikel und impfen mit isolierten Körpersäften.
Phosgen, Sulfurylchlorid, Phenylcarbylaminchlorid, Diphenilchlorarsen. Neue Namen für den Tod. Morgen wird es ein neuerer sein, der bitterer ist als alle vor ihm. Und häßlicher als Schädel und Schenkelbein. Wir werden sprechen: Gemeinheit, dein Name ist: Dimethylsulfochlorarsincyamid.
Die menschliche Seele hat seit Jahrtausenden gesagt: Die Sonn', die ist verblichen. Auch das Schöne muß sterben. Es reit' ein Herr und auch sein Knecht. Ich fahr dahin mein Straßen. Wie schnell verschwindet so Licht als Glanz. Des Reichen Schlossers Knab. Ich hört ein Fräulein klagen.
Das hat einen Fortgang. Jede Zeile ist nur ein Anfang. Die Erinnerung findet den Schluß. Stirbt die Erinnerung, schleicht sich ein falscher Sinn ein. Eine rekonstruierte Meinung, eine Parodie des Originals. Daß selbst das Ende einer Meinung der Anfang einer Unendlichkeit ist!

Ich hört ein Fräulein klagen.
Fürwahr ein weiblich Bild.
Ihr Herz wollt ihr verzagen
durch einen Jüngling mild.
Das Fräulein sprach mit Lüsten:
»Es liegt an meinen Brüsten
der Allerliebste mein.
Warum sollt ich aufwecken

den Allerliebsten mein?
Ich fürcht, es möcht erschrecken
das junge Herze sein.
Er ist mein Herzgeselle,
er liegt an seiner Stelle,
wie gern ich bei ihm bin.
Er ist mein Kindlein kleine,
er atmet noch so heiß.
Und daß er nur nicht weine,
ich sang ihn ein so leis.«
Das Fräulein sagt mit Lüsten:
»Es schläft an meinen Brüsten
der Allerliebste mein.«

Ach, dieser Weg bis in die Himmel, langweilig ist er! Daß wir das Vollkommene glauben, bis uns der Same rinnt, nicht länger! Daß wir das Rätsel mit Fremdworten bemänteln! Daß wir keine Helden! Daß wir gering! Daß wir verloren an dem tauben Kern der Vernunft! Daß die Perlen des Fortschritts beschmutzt von dem Kot des Intellektes!

»Rotzgrünes Meer.« Ein Edelstein. Erhabenes mit alten geringen Worten sagen. Die Frommen, die uns nicht für so niedrig achten, daß sie nicht nachgingen unseren Verirrungen, den bangen Verschwiegenheiten kleiner Augenblicke. Und ans Licht bringen den kranken Glanz unserer Liebe. Die uns nicht verwerfen mit Bezeichnungen, an denen wir zusammenfallen: Irre, Verbrecher.

Die Zeit ist nicht so fern, wo alle, die da geboren, ab von der Gesundheit sein werden. Wo es offenbar wird, ihre letzte Zuflucht ist die Dummheit enger Hirne. Der Freie wird verwirrt sein, weil er, die Welt durchwandernd, sie glanzloser findet als die Bücher erzählen.

Er hörte deutlich, daß gegen die Tür gepocht wurde. Er sprang auf, warf das Buch zuboden. Er erinnerte sich, die Gittertüren verschlossen zu haben. So konnte nach dem Grundgesetz der Körperdinge niemand die Möglichkeit besitzen, gegen die Tür zu pochen. Unwahrscheinlichkeit.

Doch war der Ton wiedergekommen. Eindringlicher.

Ein kleiner Schrecken.

Dann blieb die Feststellung, daß jemand die enge Wendeltreppe, vom Pferdestall herauf, die zu betreten allen Bewohnern verboten war, benutzt hatte. Stand jetzt vor dicken Eichenplanken. Gehemmt durch Riegel. Perrudja herrschte mit sägendem Ton: »Wer pocht?!«
Antwort durch die Planken: »Oful, ich bin es, Herr.«
Der Negerbursche.
»Weshalb pochst du, Oful?«
»Es ist ein Unglück geschehen, Herr. Öffnen Sie. Das Unerlaubte habe ich nicht grundlos getan.«
»Bist du allein, Oful?«
»Ich bin allein auf der Treppe, Herr.«
Perrudja riegelte auf. Oful trat ins Zimmer. Perrudja riegelte ab mit den Bolzen. Er sah, Oful zitterte. Oful mit wulstigen Lippen und platter Nase.
Wenn Oful gebadet hat, duftet er wie eine Blume im Urwald.
»Du bist des Todes«, sagte Perrudja sehr leise, »du hast mein Gebot überschritten.«
Oful warf sich vor ihm auf den Bauch. Er winselte: »Ich bin Ihr Diener. Es ist ein Unglück geschehen. Ich kam, es Ihnen zu melden.«
Eine Sekunde nur die Sucht nach Blutdunst. Da lag die braune Weiche frei. Sehr glänzend. Einen Dolch hinein. Findet keinen Widerstand.
»Oful«, begann Perrudja, »steh auf. Erzähle!« Und reichte dem Diener die Hand, daß er sich erhöbe. Und streichelte die braune, samtne Hand. Und preßte die eigenen Hände in diese milchwarmen Flanken, die soeben einen grausamen Gedanken geweckt. Die entblößt geblieben waren durch ein störrisches Gewand. Dieser Oful aber lachte. Er mußte das Unglück vergessen haben, indem der Kitzel des Lachens kam.
Wenn jetzt nicht Sprache wäre in seinem und meinem Mund. Dachte Perrudja.
Fell des Leoparden.
Meine Hände sind empfängliche Werkzeuge. Sie entdecken Roßmäuler – Nüstern –, diesen Bauch.
»Erzähle, Oful.«
Das Lachen erstarb. Eine Sekunde, die leicht gewesen war, hinab. Da schlugen beißende Flammen auf. Ein Holz wurde

verzehrt, das herhalten mußte zur Erzeugung einer stickigen Luft. Verfluchte Erinnerung!
Perrudja gurgelte eine verzottelte Ansicht, er wolle des Lebens Saft und nicht des Lebens Theorie sehen.
»Glückliche Kreatur«, umgarnte er Oful, »wer wie du gezeugt und geboren wurde!«
Dolch in die Flanken, nicht ins Herz. So müßte er sterben.
»Erzähle, Oful.«
»Eine fremde Frau, Herr, ist an unsere Tür gekommen. Wir haben sie eingelassen, wie wir wohl mußten. Sie war krank. Sie ist auf ein Bett gelegt worden. Wir fürchten, daß sie sterben wird.«
In Perrudja richtete sich die Ratlosigkeit und Beklemmung vor dem Unerwarteten auf. Das Unglück war ein offenbar abstraktes, das sich wie zufällig in sein Haus geflüchtet, das ihn nicht zu kümmern brauchte, es sei denn, daß die Fremde ihm selbst nicht fremd. Das konnte vermutet werden. Die Ungewißheit erregte ihn. Er wurde unbeherrscht. Er packte Oful beim Arm. Er kürzte mit seiner Hast den Bericht. Mehr laufend als gehend, eilte er, Oful mit sich ziehend, zum Zimmer hinaus, entlang den Gang, hinab die Treppen.
Die Haushälterin empfing ihn: »Mein Herr, es handelt sich um eine Fehlgeburt. Es ist meine Pflicht, Ihnen dies zu berichten, damit Sie Ihre Entscheide danach einrichten können. Um eine künstlich herbeigeführte Frühgeburt, um es gewisser zu sagen. Wenn mich meine Vermutung nicht gänzlich irre führt. Ein unverheiratetes Mädchen, das an den Folgen einer Liebe litt, hat sich offenbar stundenlang die Milchdrüsen gereizt, um eine gewisse Wirkung zu erreichen. Da es als Unterstützung eine sehr anstrengende Wanderung durch das winterliche Gebirge sich wählte, konnte der Erfolg nicht ausbleiben. Daß eine Lebensgefahr für die Unglückliche eingetreten ist, macht den zweiten Teil dieser Tragödie aus.«
Da hatte eine Faust diesen Perrudja aufs Maul geschlagen. Er stand unvorbereitet. Ein Knecht vor seinem ungerechten Herrn. Ein Todkranker vor dem Arzt, der, ohne ihn zu befragen, eine Operation anordnet. Ein Strafgefangener vor einem Polizeibeamten. Ein Dummer vor einem Philosophen. Ein Tauber vor dem Sprecher. Ein Mensch mit sauberen Händen in einem Schlachthaus.

Er antwortete: »So – ja.«
Es ist nicht Signe.
Und lächelte.
Und fühlte sich eingeweiht.
»Danke.«
Er blickte auf Oful. Er schämte sich. Er wurde rot bis unter die Haare.
»Sind Sie Hebamme?!« schrie er.
»Nein«, antwortete die Haushälterin mit einem süßlichen Lächeln. Und entwaffnete ihn wieder.
Immerhin war es eine Sache von einiger Wichtigkeit. Was durch die informatorische Rede der Hausdame bewiesen war. Dies Geschehen würde in den Farben der Moral und Grausamkeit aufleuchten. Perrudja fühlte, er müsse sich mit großer Gelassenheit, Umsicht, Überlegenheit geben, sollte nicht der Makel an ihm, daß er ein Kind, ein unerfahrener Stümper, offenbar werden.
Gutten kam und sagte: »Es ist unappetitlich, Herr. Und sehr gefährlich.« Er zitterte vor Erregung und heimlicher Furcht.
»Du lügst, mein Junge«, antwortete ihm der Waldbesitzer.
Erschreckt durch die Entgegnung ergänzte der Bursche seinen Ausspruch. Mit dunklerer Stimme: »Frauen müssen schlimmeres Leid ertragen als Männer. Wir können nicht auf solche Weise verbluten.« Und seine Zähne schlugen aufeinander und knirschten.
»Es ist kein Anblick für Minderjährige«, sagte spitz die Hausdame.
»Das Mädchen selbst ist minderjährig«, antwortete Gutten.
»Höchstens achtzehn Jahre«, vervollkommnete diesen Einwand die Frau.
»Gleichaltrige verstehen einander besser als Verschiedenaltrige«, entschied leise Perrudjas Stimme.
Hjalmar kam herzu und sagte: »Verwunderlich, Herr, daß Sie die Kranke nicht am Wege gefunden haben. Kurz nach Ihrer Heimkehr langte sie hier an.«
»Ich habe sie nicht am Wege bemerkt«, entschuldigte sich Perrudja.
»Es will ein Rätsel bleiben, weshalb sie unsere Einsamkeit

aufgesucht hat«, fuhr Hjalmar fort, »ein langer und beschwerlicher Weg.«
»Die Gründe sind vielleicht nicht so abgelegen wie du meinst«, entgegnete ihm Perrudja. Er dachte daran, daß in den Tälern ein paar Kinder in stinkenden Wiegen lagen. Nachkommen von Mägden, die mit ihrer Liebe den Bauarbeitern gegenüber freigebig gewesen waren.
»Wer wird in seinem Dorf bleiben, wenn er dergleichen vorhat wie dieses Kind«, fragte die Hausdame, »Gründe zu suchen ist eine unnütze Arbeit. Ein Mädchen, dessen Umfang zunimmt, versucht sich zu verkriechen. Dieses, mein Herr, ging im siebenten oder achten Monat. Und es plante einen Kindesmord. Wie ich behaupte. Eine Abtreibung so kurz vor der ordnungsmäßigen Geburt ist ein Verbrechen. Verbrecherinnen solcher Art pflegen die Abgeschiedenheit zu suchen.«
»Sie behaupten ein Etwas«, stotterte Perrudja ein wenig erregt und ungezügelt, »geben Sie Beweise!«
»Man kann vermuten. Man kennt den Lauf der Welt. Ein alltägliches Vorkommnis.«
»Ich möchte, daß Sie vorsichtiger reden«, hob Perrudja die Stimme. »Sie verdächtigen ohne Nötigung.«
»Ich weiß, was ich weiß«, sagte die Frau.
»Hat denn das Mädchen seinen Mund nicht geöffnet und gesprochen«, fragte der Waldbesitzer.
»Zum Stöhnen und Schreien«, antwortete Gutten.
»Es war weit mit ihr gekommen, als sie bei uns anlangte«, sagte Hjalmar, »sie wand sich in Krämpfen. Sie war daran, hinzustürzen. Ich habe sie auf meinen Armen ins Haus getragen. Sie selbst vermochte sich nicht ihrer Kleider zu entledigen. Wir mußten es tun. Ehe wir sie bequem gebettet, kam, was sie getragen, schon aus ihr.«
Die Köchin trat herzu. Sie hatte Tränen in den Augen. »Ein schönes Kind«, sagte sie, »verführt und übel beraten. Sie hat schwer gelitten. Sie mußte eine Buße auf sich nehmen für ein Vergnügen, das sicherlich kleiner war als die Pein.«
»Das wird hier keiner entscheiden können«, warf die Haushälterin ein.
»Wer stirbt, hat genug bezahlt«, entgegnete die Köchin.
»Es ist berichtet worden, daß es nach dem Tode eine noch

unerbittlichere Instanz gibt, die über unsere Verfehlungen zu richten weiß«, gab die Hausdame zurück und begleitete den Satz mit einem Augenaufschlag.
»Schluß«, schrie Perrudja. Und wandte sich ab. Kam mit ein paar Schritten ganz in den Schatten der Vorhalle, daß seine Gestalt undeutlich wurde. Strebte vorwärts in die Richtung, wo er die Kranke vermutete.
Oful war nach wenigen Sekunden an seiner Seite. Die übrigen folgten langsamer.
Im Krankenzimmer roch es fade und sauer. Perrudja war auf Unerfreuliches vorbereitet gewesen, nicht, daß ihm die Atemluft durch beklemmende Gerüche eingeengt würde. Da wurde sein Mitleid klein an einem Gefühl des Ekels. Seine Finger wurden spitz und seine Nase dünn. Er ging nur langsam, widerstrebend an das Lager der Kranken. Ein bleiches, sehr ebenmäßiges, fast fettes Gesicht lag in den Kissen. Die Augen geschlossen. Der Atem noch schwer und unruhig.
Er kannte das Kind nicht. Er hatte es niemals gesehen. Er war plötzlich unendlich gerührt. Der häßliche Geruch ging von einer ebenmäßigen Form aus. Er war daran, den Mund zu öffnen, um etwas zu fragen. Rechtzeitig, ehe das Wort da war, wurde es deutlich in ihm, daß Lina blutige Linnen wusch und auswrang. Sie tat es, ohne daß ihr Gesicht aufging. Dieser selbstverständlichen Bereitschaft zu helfen wünschte der Waldbesitzer nachzueifern. Er wendete, tat ein paar zaghafte Schritte, umwanderte die noch stumme Gefolgschaft der fünf, die angekommen war, stolperte zur Tür hinaus. Nach wenigen Augenblicken war er zurück, trug in den Händen eine Flasche dunklen Burgunderweines, ein feines geschliffenes Glas, einen Korkenzieher. Öffnete die Flasche. Goß von der roten Flüssigkeit in das Glas. Beugte sich über das Bett. Setzte das Gefäß gegen die bleichen Lippen. Sah einen Augenaufschlag. Einen Spalt, den Mund sich öffnen. Schluckbewegungen. Bis dieser kranke Körper Sättigung empfand. Da setzte Perrudja ab. Die Augen gingen wieder zu. Der Spalt schloß sich. Perrudja hatte jemand eine Wohltat erwiesen.
Wie er nun Glas und Flasche zu Boden stellte, da kein Tisch zurstelle, gewahrte er ein leinenes Bündel, sehr weiß, eine Hülle mit einem Inhalt, der nach außen blutig und feucht

durchgeschlagen war. Der Inhalt verriet sich. Ein winziger menschlicher Fuß schaute aus einer Falte hervor, sehr genau gebildet. Ein totes Kind. Eine taube Frucht. Er trat hinzu, schlug die Linnen auseinander. Da lag diese geringe Existenz vor ihm in der ersten Häßlichkeit des Verwesens. Noch nicht vergessen die Qual der Geburt, noch nicht erwacht zum ersten Atemzug, halb noch Eingeweide, das seinen Sinn nur in dunkler Bauchhöhle findet – und schon verzerrt durch die Kälte des Ablebens, einer Starrheit, die steinerner als Stein. Doppelt häßlich.
Er verdeckte sehr behutsam den kleinen Leichnam.
Nabelschnur. Ein Knabe.
Lina sagte: »Es steht schlimm, Herr. Der Blutfluß will nicht zum Stillstand kommen.«
Perrudja hob den Kopf. Es konnte wahrgenommen werden, er war begierig, weiteres zu hören, weil er unerfahren. Zum erstenmal an einem Kindbett.
Die Magd fuhr fort: »Wir versuchen, Herr, die Öffnung zu verstopfen; doch kein Erfolg. Das Blut schlägt sich durch alle Tücher.«
»Tampons, Wattetampons«, berichtigte die Hausdame.
Perrudja wappnete sich, als er die Stimme hörte, die darauf ausging, ihn zu beleidigen.
»Man wird –« sagte er und schwieg knapp, weil er nichts sich überlegt, doch den Mund hatte öffnen müssen zum Widerspruch. Sein unvollendeter Satz schuf eine große Stille, die als erster Hjalmar unterbrach, indem er feststellte: »Der Wein wird der Kranken gut getan haben.«
»Sie schläft«, fügte Gutten hinzu.
»Das wird hoffentlich nicht der Todesschlaf sein«, sang die Haushälterin. Es geriet ihr eine Träne ins Auge.
Darauf fand niemand eine Antwort. Perrudja wurde ein wenig rot im Gesicht. Er bückte sich, goß in das fast geleerte Glas von dem Wein, trank einige Schlucke. Sein Hals wurde dabei freier. Sein Hirn unregierter. Er ließ abermals Wein aus der Flasche ins Glas laufen. Reichte Oful. Oful trank.
»Aus dem Glas der Kranken trinken sie«, sagte mit einigem Verwundern die Köchin.
»Wer noch will von dem Wein«, fragte der Waldbesitzer. Füllte das Glas.

»Gluck, gluck«, sagte die Flasche.
Hjalmar nahm.
Nach ihm nahm Gutten.
»Die Männer haben kein Schamgefühl«, sagte die Haushälterin. Und wollte durch den Ausspruch verhindern, daß auch die Frauen tränken. Doch Lina hatte das Glas schon in den Händen, schon an den Lippen, schon den Wein unter dem Gaumen, ihn schon hinab in den Magen. Und war somit verurteilt, beschimpft zu sein wie die Männer.
Alsbald begann die Haushälterin aufs neue zu sprechen: »Mein Herr, ich habe Grund, mich zu beklagen. Die Kranke ist in meinen Wohnraum getragen worden. Auf mein Bett ist sie gelegt worden. Die Gerüche sind in meiner Kammer ausgekommen. Vielleicht wird sie hier sterben. Das würde ich nicht ertragen.«
»Ihre Beschwerde ist begründet«, antwortete Perrudja, »man wird in der ersten Bestürzung eine falsche Maßnahme getroffen haben. Man war sich nicht klar über die Folgen, die daraus entstehen konnten. Ich selbst bin unzufrieden, daß Sie in so hohem Maße behelligt worden sind. Augenblicks werde ich für Abhilfe sorgen.«
Er sprach ein paar Befehle, die nur Sekunden verzehrten. Dann schwebte das Bett der Kranken dahin. Perrudja Hjalmar Oful Gutten trugen das Bett. Zum Zimmer hinaus. Entlang den Gang. Die Treppen hinauf. Ins obere Stockwerk. Lina trug das Bündel mit der Kindesleiche ihnen nach. Die Köchin belud sich mit Kübeln und den Gegenständen der Krankenpflege. Die Hausdame blieb zurück. Sie öffnete mittels eines Gestänges einige der hochliegenden Fenster. Sie seufzte schwer. Sie vergoß ein paar Tränen über sich selbst. Sie lispelte vor sich hin: »Ich habe gewünscht, das Kind möchte in mein Zimmer gebracht werden. Aber ich würde nicht ertragen, daß es darin stirbt.«
Die vier Männer hatten indessen das Bett mit der Kranken in einem der oberen Wohnräume niedergesetzt. Sie alle sahen mit Befriedigung, das Mädchen atmete schlafend. Nach Ablauf einer halben Stunde atmete es nicht mehr.
Lina deckte die Tote auf. Sie sollte sauber werden vom Schmutz des abgeflossenen Bluts, das rotschwarz Linnen und Hemd getränkt. Sie wusch den noch warmen Leichnam. Die Köchin

half dabei. Die vier Männer standen schweigend, untätig im Raum. Perrudja sah ein entkleidetes Weib zum erstenmal.
Eine schöne, jetzt nutzlose Form.
Die er begehrt, hatte sich ihm verschlossen. Die Fremde, die ihn nichts anging, enthüllte sich.
Dieser Mensch, als er noch lebte, hatte mit ihm nichts zu schaffen. Diese Tote stellte Forderungen. Man konnte einen Toten nicht liegen lassen wie er lag. Aus Gründen.
Verwesen.
Ein Toter unterliegt nicht dem Gesetz der Lebenden. Eine Grenze gezogen. Wärme nagt an der Gestalt, die auf Tage unveränderbar scheint.
Man bettete den Leichnam abermals um. In einen eisigen ungeheizten Raum kam er. Die tote Frucht mit ihm. Der Körper würde langsam gefrieren. Die Verwesung würde zurückgedrängt werden. Es würde sich Reif auf die Haut senken.
Es war nichts Widerwärtiges an dem Gedanken.
Perrudja befahl, daß der Leichnam unbekleidet bliebe, doch bedeckt mit einem seidenen Tuch.
Als alles hergerichtet, wie der Waldbesitzer es gewünscht, wurde die Tür verschlossen. Hinter der Tür ein Toter. Zwei Tote. Perrudja begann sich zu fürchten. In der Nacht mußte Oful neben seinem Bette auf dem Fußboden schlafen. Auf weichen Pfühlen, doch ohne Bettgestell. Perrudja wünschte heimlich, der Neger möchte neben ihm im Bett liegen. Er wagte nicht, den Gedanken auszusprechen. Auf seinen Lippen lag der Kuß einer Frau. Es engte ihn ein, ein Etwas in ihm liebte diesen dunkelfarbigen Menschen.
Wenn er jetzt, liegend, die Augen schloß, sagten sich die Namen her: Haakon, Lina, Alexander, Signe, Hein, Oful, totes Mädchen. Die Namen waren Gestalten. Die Gestalten verwischten sich, wurden aneinander undeutlich. Es war peinigend, daß sie selbst das Menschliche aufgaben. Rinder, Pferde, Ren und Elche. Gesprenkelte Felle: Zebras oder Tiger oder Leoparden. Schlaflosigkeit war unertragbar nach diesem Tag. Oful mußte zu ihm ins Bett kommen. Er würde sonst nicht einschlafen können. Er würde seine Sinne bezähmen. Der Kuß einer Frau lag auf seinem Mund.

Er schob sich in der Dunkelheit mit dem Oberkörper über den Bettrand. Er zog Oful mit den Armen zu sich hinauf. Oful mußte bereits geschlafen haben. Und schlief sofort wieder, als er im Bette lag. Perrudja beneidete ihn.

Am nächsten Morgen war die Leiche gefroren. Perrudja deckte sie auf. Er betrachtete neugierig, ein wenig lüstern die steingewordene Gestalt. Wie ein Bildwerk. Nach den Augenblicken des Wohlgefallens wurde er angefaßt von der Gewißheit böser Vorbedeutung. Schwarze Ahnungen für die Zukunft wollten sein Herz abdrücken. Er warf das Tuch über die Tote. Er eilte in Ofuls Arme. Er schämte sich. Er weinte. Sein Mund buchstabierte: »Signe, Signe, Signe.«

Hjalmar und Gutten begannen, einen Sarg zu verfertigen. Gewiß war der Waldbesitzer der weiland Lebenden gegenüber zu nichts verpflichtet. Doch war sie in seinem Hause gestorben. Ein Gestorbener kann nicht liegenbleiben wie und wo er liegt. Die Beschaffung des Sarges war eine Notwendigkeit. Es waren ein paar Eichenplanken im Hause vorhanden. Daraus wurde er gefertigt. Ein sehr enger Sarg und ein sehr kurzer, daß er nicht zu schwer würde, war das Holz doch dick geschnitten. Es war auch nur in kurzen Stücken vorhanden, das Holz.

Nach Ablauf einer Woche ging die Arbeit an dem Schrein zuende. Vier lange Bohlen waren mit Hilfe zweier kurzer viereckiger Holzstücke, zu Häupten, zu den Füßen, ineinander gefügt und durch Schrauben verwahrt worden. Man legte die Tote hinein, eingehüllt. Man bettete das Kind ihr auf die Schenkel. Zwei hartgefrorene, fast dorre Stücke Fleisch. Perrudja atmete auf, als der gelbweiße Kasten dastand, dieser eine, fast freundliche Gegenstand, der die Gestorbenen umschloß, abhielt, den Blicken entzog. Oful durfte wieder in seinem eigenen Zimmer schlafen.

Der Schrein blieb noch viele Wochen im Hause des Waldbesitzers. Es war niemand, der das Begräbnis herbeisehnte. Der Pfarrer befragte sein Gewissen sehr lange. Die anhaltende Kälte gestattete, daß die Trägheit sich breit machte.

Bald nach dem Einsargen hatte die Tote einen Namen bekommen. Hjalmar war nach Uti zum Lendsmand geschickt worden und hatte dort berichtet, was sich zugetragen. Es wurden

Nachforschungen angestellt. Vom Pfarrhof in Sollia war eine junge Dienstmagd verschwunden. Sie nur konnte es sein. Dem Alter gemäß, der Beschreibung gemäß, den Umständen gemäß. Die fromme Gattin des frommen Mannes hatte das Kind gescholten, weil es schwanger geworden. Und die Kündigung ausgesprochen. Sie sei nicht verpflichtet, zwei zu beköstigen, da im Dienstvertrag nur eine Person genannt. Sie hatte die Rede gewürzt mit ihren Begriffen. Sie hatte verheißen, den Eltern des Kindes, die im nördlichen Tröndelag als geringe Leute wohnten, einen Brief zu schreiben. Sie hatte Name, Wohnort, Stand des Beischläfers wissen wollen. Das Mädchen hatte geschwiegen. Frech jede Auskunft verweigert. Es hatte sich allen Weiterungen entzogen durch eine Flucht, deren Weg und Ende nun bekannt waren.
Die Bauern sprachen nicht freundlich über diesen Perrudja. Sie trugen die Einzelheiten des Ereignisses zusammen. Sie zogen Schlüsse daraus. Sie behaupteten, der vornehme Herr sei der Beischläfer des Kindes gewesen. Sie sagten, daß er ein Verbrechen eingeleitet und daran zum doppelten Mörder geworden. Kam ihnen in die Gewißheit ein Zweifel, sagten sie nicht bestreitbare Tatsachen her: Geboren in seinem Hause, gestorben in seinem Hause, aufgebahrt in seinem Hause, eingesargt in seinem Hause, Sarg aus Eichenholz; er ließ ihn anfertigen.

XXIII

Das Pferd/Sassanidischer König/Ein Knabe weint/Die anderen Tiere/Die Edelmütigen oder die Geschichte des Sklaven/Der Knecht und die Magd/Der Zirkel/Alexander/Werbung und Vorhölle

Die Nebenbuhler

Perrudja reiste nach Oslo, um bei einem ihm bekannten Juwelenhändler die rohen Steine für das Schleifen der Dodekaeder auszusuchen. Er fand keine nach Wunsch. Der Händler mußte sich aus dem Auslande welche beschaffen. So verstrichen viele Wochen, ehe der Besteller die drei Symbole in Händen hielt.

Die Leiche wollte sein Haus nicht verlassen. Die winterliche Einsamkeit begrub ihn. Die langen Abende vor dem offenen Feuer verbringen. Er starrte in die Flammen, behext. In Augenblicken kam er zu dem Versuch, Ordnung in die Erlebnisse zu bringen, die ihm seit dem Ritt zu Skaerdal begegnet waren. Das Finstere überwog. Doch vergaß er die Freundlichkeit nicht, die ihn umschmeichelte. Er dachte an Hein. Ein Bundesgenosse. Er wollte den Besuch bei Skaerdal wiederholen. Er tat es, ehe noch die Amethyste geschliffen. Hein stürzte ihm aus der Tür des Hauses entgegen, überrot im Gesicht, unbändig vor Freude, ihn wiederzusehen. Hielt ihm wie ein Knappe den Steigbügel. Führte das Pferd fort. War atemlos zurück, um die Haustür zu öffnen.

Das Elternpaar Skaerdal hieß den Angekommenen herzlich willkommen. Signe trat ihm scheu entgegen. Bot willig Hand und Lippen zum Kuß. Doch erschien sie müde, unfrisch. Da kam ihm die Erinnerung an einen trüben Tag, den er in einem Hotelzimmer in Oslo verbracht. Die Engigkeit der Vereinsamung umstand ihn. Er bewegte sich gegen die hohen Fenster, um auf die Straße hinabzuschauen, zu den Menschen, die vorübergingen; aber die Scheiben waren durch Eisblumen verschleiert. Und er starrte auf ihre Formen, bis seine Augen übergingen in Blindheit.

Perrudja hatte eine heimliche Träne an den Wimperhaaren Heins gesehen, als er dessen Schwester geküßt. Er neigte, ausgleichend, sich zu dem Jungen; der flog mit heißem Atem an seinen Mund, mehr beißend als streichelnd, mehr sich festsaugend als berührend. Es war Perrudja danach, als habe er selbst daran das Küssen gelernt. Er vergaß es nicht wieder und versuchte die wilde Kunst beim Abschied auch an Signe, die auf Augenblicke glücklich in seinen Armen lag.

An diesem Tage waren die Reden nur spärlich geflossen.

Der dritte Besuch Perrudjas war Anlaß und Einleitung zu zügellosen Handlungen. Als er die Straße talaufwärts dem Gehöft Skaerdals zuritt, kam in unbändigem Galopp ein Reiter ihm nach. Der war bald heran, und Perrudja erkannte Thorstein Hoyer, der mit einem häßlichen Schrei an ihm vorübersprengte. Des Eiligen Pferd war weiß von Schaum. Es bedurfte einiger Schritte in die Zeit, bevor Perrudja die Deutung fand. Ein Wettrennen zwischen ihm und Hoyer hatte begonnen. Für diesmal war er unterlegen. Thorstein war als erster vor Signe erschienen. Den später eintreffenden Gegner begrüßte er geläutert, innerlich gestärkt durch den Sieg. Hein war traurig um Perrudjas willen, hatte er doch begriffen (die beiden Männer trugen ihr Herz entblößt), daß sein Freund eine kleine Niederlage erlitten. Eine ganz unbedeutende, ein so geringes Maß an Verlust, daß es vor seiner stolzen Schwester nichts wog. Seine Jugend konnte nur den siegreichen Helden denken. Das fromme Märchen von den sichtbaren Strahlen und vom Glanz, der nach außen geht.

Da hulkte es in Perrudja: »Ich bin ein nasser Schwamm –«

Hein hatte seine Schwester gern und war kaum eifersüchtig, Perrudjas wegen. Doch gab es durch die Anwesenheit des siegreichen Hoyer kleine Vorteile für ihn, die ihm gut schmeckten wie Süßigkeiten. Da hatte der Gutsbesitzer sich die Rolle eines Dammes gewählt, aufgeworfen um die Braut. Perrudja wurde abgedrängt. Und Hein war bereit zu empfangen. Erfand Gespräche. Zeigte kleine Kunstfertigkeiten. Er zerrte Perrudja durch die Ställe, über die Böden. Ließ sich alle Vorzüge und Schönheiten von Shabdez zeigen, durfte aufsitzen und reiten. Bewog Perrudja, daß er sich in dessen Anzug kleiden konnte. Da wurde diese Verpflichtung dem Älteren

zugeteilt: zukünftig beim Wettrennen mit Hoyer Sieger zu bleiben.
Der Schwamm war sehr naß, denn er lag in einem Wasser. Ein künstlicher Mut wurde groß gemacht. Der trefflichen Eigenschaften seines Pferdes konnte er gewiß sein. Seiner selbst als Reiter durfte er vertrauen. Er wird den Burschen nicht enttäuschen.
Ein nächster Besuch. Der Waldbesitzer hatte seine Stute geschont. Lange Rast auf dem Gute Gaustads. Hafer und Weizenkleie in den Bauch des Tieres.
Als er ins Gespenstertal einbiegen wollte, war Hoyer ihm an den Fersen. Er ließ ihn herankommen. Dann feuerte er seine Stute zur schnellsten Gangart an. Hoyer, wie besessen, hieb mit Sporen in die Flanken seines Tieres. Aufbäumend schleuderte es sich in einen angstgepeitschten Galopp. So stieß er vorwärts, erreichte Perrudja. Der aber, im Gefühl einer Sicherheit, nutzte sein Pferd, ohne es übermäßig zu ermüden. Er traf vor seinem Gegner auf dem Hofe Skaerdals ein. Bejubelt, umarmt von Hein. Auch Signe küßte ihn. Hoyer, der kurz nach ihm den Hof erreichte, fühlte sich geschlagen. War zurückhaltend. Machte keine Rechte geltend. Er arbeitete voll innerer Gesichte an Plänen, die es schaffen sollten, daß dieser Perrudja bedrängt würde und unterläge.
Das tote Kind war zutal getragen worden. Es war in die Erde versenkt worden. Unfertige Mutter. Perrudja hatte sich zusammen mit dem Pastor, Hjalmar, Oful und Gutten an das offene Grab gestellt. Die Stimme des Geistlichen war heiser gewesen, weil der Waldbesitzer selbst diesem lästigen Begräbnis beiwohnte. Er hatte einen kleinen Anstand aufgewendet, und die Talbewohner schrieen es aus als Verbrechen. Und die Stimme des Pfarrers ging nicht aus ihm. Er wagte keine Scheltworte, weil doch, wie die Vermutung hieß, der Beischläfer neben dem Sarge stand.
In den Bergen arbeiteten Männer mit Bohrern und Spitzhakken. Sie trieben kleine runde Löcher in den Granit. Erschien ihnen der Löcher eines tief genug, brachten sie auf seine Sohle eine Dynamitpatrone. Eine Zündschnur, wie ein Nabelstrang, hing aus der Öffnung hervor. Mit rotem Ziegelmehl wurde der tote Raum oberhalb des Sprengstoffes angefüllt. Von Zeit zu Zeit hallte ein dumpfes brechendes Stöhnen durchs Gebirge.

Zersplitternder Fels. Kurzes Ächzen. Perrudja ließ den geplanten Tunnel bauen. Die schwarzdunkle Tür zu seinem Hause. Eine vierzehnhundert Meter dicke Tür. Grotte mit innerem Wasserfall. Unterirdischer See. Hinabsteigen hundert Meter tief in den Berg.

Die Abgeschmacktheit seiner Besuche bei Signe. War er gekommen, nicht lange währte es, und Hoyer traf ein. Oder war vor ihm da. Eine mächtige Partei hatte sich gegen den Waldbesitzer geschlossen. Mörder. Kindsverführer. Hoyer konnte über jedermann verfügen nach seinem Wunsch. Es war ein guter Nachrichtendienst geschaffen worden. Von Sollia, Atna aus drehte ein Jemand an der Kurbel eines Telephons. Hoyer bezahlte. Ping, ping. Der Waldbesitzer reitet. Ping, ping. Hallo. Der Waldbesitzer reitet. Auf Hus, eine halbe Wegstunde vorm Eingang zum Gespenstertal, wohnte ein Krämer. Er besaß Telephonanschluß. Letzte Blockstation. Der Waldbesitzer reitet.

Hoyer saß gepeinigt in der Nähe seines Apparates und wartete. Er hatte ein häßliches Gesicht. Niemand kann so schnell reiten wie der Strom im Draht sich fortpflanzt. Er war ständig im Reitanzug. Zum Stall hatte er einen elektrischen Klingelzug legen lassen. Ein gutes Reitpferd stand bereit.

Dennoch erlitt er Niederlagen. Unbegreiflicherweise konnten die Stationen Sollia und Atna schweigen. Das Amt geschlossen. Oder eine Störung der Leitung. Er ist bei Nacht vorübergekommen. Faule mochten ihr Bett nicht verlassen. Oder ihre Arbeit nicht aufgeben. Oder: der eine verließ sich auf den anderen. Auf Hus mußte der Krämer Mehl wiegen oder Birkenholz abladen. Oder dieser Perrudja nahm einen unerlaubten Richtweg über uneingezäunte Wiesen.

Oft, wenn Perrudja ins Tal einritt, sah er erregte Spuren von Pferdehufen am Wege. Dann war der Sieg bereits entschieden. Aber die Verzagtheit, deren schlimmste Untugend das Raunen von einer niedlichen kleinen Hoffnung, die dem Ausharrenden blüht – Feigheit trieb ihn die Straße vorwärts. Selten nur riß er das Pferd herum, wandte sich ab, die Augen voll Wasser, suchte zurück. Das waren ungesehene Siege.

Die Anstrengungen der langen Reise wirkten sich an der schwarzen Stute des Waldbesitzers aus. Sie nahm ab an Schönheit und Kraft.

Hoyer kaufte ein zweites vortreffliches Reitpferd, stellte es auf halbem Wege im Gespenstertal bei einem Bauern ein. Ließ eine Telephonleitung in dessen Haus legen. Shabdez hielt gegen zwei starke Pferde nicht durch. Mal um mal versuchte Perrudja den ungleichen Kampf. Hoyer tat großmütig. Er erwartete den Gegner am Taleingang. Perrudja war daran, sein Pferd zu zerstören. Er war erfaßt von den Begriffen eines Heldentums, das Narren und Kinder erfunden, die unzufrieden mit den Gesetzen dieser Welt. Die Bewohner des ganzen Distriktes nahmen Teil an dem Kampf. Sie setzten auf Hoyer, wetteten gegen den Waldbesitzer.

Mörder, Kindsverführer.

Hoyers Vorteil wuchs. Der Preis: ein Weib. Perrudja wurde sehr mager, sehr gelb sein Gesicht. Die Kinder und jungen Burschen pfiffen trillernd auf den Fingern, kam er vorüber. »Was macht die Braut?« »Wann wird die Hochzeit sein?« und lachten über den Mörder. »Wenn du willst, kannst du mich verführen«, schrieen Knaben in ersten anfälligen Jahren, rissen ihre Hosen herunter, bückten sich und wiesen mit blökenden, hustenden, blähenden Lauten auf ihr rosarotes oder kalkweißes Gesäß. (Sie wußten nicht, was sie taten.) Die Mädchen wichen ihm aus. Es war ihnen in die Ohren gezetert worden: »Hütet euch vor ihm. Da ist ein Beispiel gegeben worden –« Einige nur schauten ihm sehnsüchtig nach. Sie wünschten, aus dieser Welt fortzusterben. Sie fanden sein Gesicht voll süßer Melankolie und seine Hände schlank – ganz unbäurisch. Und sehnten sich nach ihrem Mörder.

Mit Tränen in den Augen beschwor Hein den Freund, so dürfe der Wettstreit nicht enden. Da war keine Faser mehr in ihm, die Hoyer Heldentaten beimaß. Aber ein Geschrei, das auch seine jungen einfältigen Ohren gehört, verdunkelte das Kristall seiner Gedanken.

Mörder, Kindsverführer.

Der Halbwüchsige war angeschmiedet an die schwache Partei des einzelnen, der verleumdet, geächtet. Das kleine Hirn wollte mitarbeiten an einer Befreiung. Pläne gebären. Er wollte nicht vermuten, daß Signe sich durch ungerechte Siege beeindrucken lasse. Doch Thorstein war nicht länger der einzelne. Er war der Kopf einer Meinung. Einer Lüge. Einer Macht. Einer zwar ungerechten. Man durfte die Wirkung seiner unablässigen Erfolge nicht unterschätzen. Der Ausgang des Kampfes durfte nicht mit dem zähnefletschenden Lachen des Gutsbesitzers enden. Klar und deutlich hatte der gegen Signe geredet: »Sieg ist Sieg.« Gewiß verschwieg er die Worte: Mörder, Kindsverführer. Maulschellen mochte er nicht ernten. Er hatte geprahlt: Keine Kosten würden ihm zu groß sein, keine List zu fern, sie zu gebrauchen, um den schmalen Reiter zutode zu hetzen.

Wettstreit zwischen Igel und Hase.

Zunge aus dem Maul, eingefallene Flanken, der Atem ein Blutstrom. Halb ein Gerippe war jener schon.

Am Abend noch des Tages, an dem Hein die blutigen und jungen Tränen am Gefühl der Niederlage geweint, war es zu einem kurzen Gespräch zwischen Signe und dem Waldbesitzer gekommen. Ruckartig aufrecht war er vor ihr stehengeblieben und hatte unvermittelt gesagt: »Ich könnte mir ein zweites Pferd kaufen. Ein drittes. Ich könnte mir ein Dutzend Pferde halten. Ich könnte mich auf diese Weise mit Hoyer messen. Doch scheint mir, ich würde Torheit vergrößern. Es ist mir schon lieber, er ist mit zwei Pferden schneller als ich mit einem. Mein Weg zu dir ist fast zehn Meilen lang; er hat sein Gehöft beim Eingang zum Tal, er braucht nur eine Stunde im Sattel zu sein.«

Auf diese Anrede hin hatte sie anfänglich nur mit einem Achselzucken geantwortet. Ihr schien die Offenheit nicht unwillkommen. Als ob der Besiegte keine Entschuldigung vorzubringen habe. Perrudja, etwas betäubt von der Kälte ihres Schweigens, stand da. Sie fand Worte: »Ich denke, du wirst klug genug sein, Mittel zu erfinden, die dich Hoyer ebenbürtig erscheinen lassen.«

Dann ging sie von ihm, an ihm vorüber und gab sich Hoyer zu alltäglichen Gesprächen hin, verhieß ihm eine Partie Boston zu dreien oder vieren. Perrudja versuchte ihre Rede zu deuten, seine Eindrücke zu ordnen. Er ging in die Küche, wo die Eltern beschäftigt waren. Anna und Hein kamen bald hinzu, erregt. Da Perrudja blaß war, seine Augen fettig und leer, stürmte Hein sofort mit Fragen und Postulaten heran. Ob er bei sich etwas beschlossen? Und was für eine Ungerechtigkeit es sei, Signe dem Hoyer zu überlassen. Und daß sie unklug, beinahe unwürdig sich benähme wie eine Katschamdalin.

Der Waldbesitzer zerstörte mit einer Handbewegung die Behauptungen. Er wollte zu sprechen anfangen. Der alte Skaerdal kam ihm zuvor.

»Wir haben noch nicht ausgesprochen, welcher Art unsere Gedanken um einander sind«, begann er, »du möchtest Signe zur Frau. Das gefällt mir. Ich gestehe nicht zuviel. Das auch ist der Grund, weshalb ich geduldet habe, was an Unregelmäßigkeiten man in den letzten Monaten in meinem Hause hat vorfinden können. Die Zeit ist reif geworden, daß wir gemeinsam einen Entschluß fassen. Diese Hausfrau, wenn ich nicht irre, ist mit mir einig. Und vielleicht noch der eine und der andere auch. Die Unordnung, die dein Auftreten bereitet hat, ist uns ungewohnt. Sie bedrückt uns. Es ist uns nicht angenehm, uns alte Leute, uns einzumischen in eine Angelegenheit, die die Jungen unter sich abzumachen hätten. Das ist ein Umstand, der uns manch schlaflose Nacht bereitet hat. Unser Gewissen war nicht ganz einig mit unserem Wunsch. Das alles hat Signe uns bereitet. Sie ist unser Sorgenkind seit immer. Sie hat andere Gedanken in ihrem Kopf als wir in dem unseren haben. Da ist nicht nur die Heftigkeit der Jüngeren, die uns allein läßt; sie ist aus anderem Stoff als ihre Geschwister. Sie hat sich mit Hoyer verlobt. Die beiden sind einander versprochen. Vielleicht kann ein Unglück daraus kommen. Wir fürchten, daß es kommen werde. Deshalb haben wir die Unordnung geduldet, die mit dir eingezogen ist. Man spricht davon. Jeder im Distrikt hat eine Meinung über mich und mein Haus. Signe mit den zwei Werbern, das ist eine allgemeine Redensart. –«

»Ich weiß es«, hauchte Perrudja.

»Vielleicht hätte ich nicht dulden sollen, daß es soweit kam. Es ist mir nicht angenehm, wenn man Unvorteilhaftes über mich denkt. Ihr seid junge Leute. Worte bleiben an euch nicht haften. Der Makel fällt auf die Eltern; denn in ihrem Hause geht das Schaustück vor sich.«

»Mörder, Kindsverführer«, sagte sehr leise Perrudja.

»Es sind Lügen«, schrie Hein.

»Sie haften wie Pech«, sagte Frau Skaerdal.

»Ich glaube davon nichts. Ich will mich nicht zum Narren machen, daß ich die Worte erwähne. Ich habe den Lendsmand in Uti ausgefragt.« Skaerdal war ein wenig verärgert. Seine Rede war vor einem Hauptschluß mit einem lästigen Einwand unterbrochen worden. Der Widerhall der Vokabeln ging auf, quoll und war daran, dies schmale feingemeißelte Gesicht vor ihm zu überwuchern. Das er mit großer Entfernung von seinen Sinnen liebte. Perrudja war ihm angenehm. Deshalb die Bereitschaft zum Unglauben gegen die Verdächtigung. Er biß sich mit kurzem Entschluß wieder in seine Rede hinein. »Wenn ich ein ehrlicher Mensch wäre, ohne Herz, dann müßte ich dir die Tür weisen. Du bist hier lästig, solange meine Tochter einem anderen versprochen ist. Löst sie die Verlobung, bist du willkommen wie keiner. Aber ich habe mein Herz an dieser Sache beteiligt. Ich habe dir nichts von dem gesagt, was die Pflicht mir vorschreibt. Ich habe die Rechte Thorstein Hoyers nicht in solcher Weise vertreten, wie er von mir hätte fordern können. Es hat auch einen Grund in der Vernunft. Die Vernunft erklärt, weshalb du mir willkommen bist, ich dir Signe zur Frau wünsche. Ich besitze nur einen kleinen Hof. Will ich nicht schlecht an Hein handeln und ihn nicht aus seiner Heimat vertreiben – nach Amerika, wo schon viele der Söhne Norges die englische Sprache lernten und Amerikaner wurden – so kann ich ihm nach meinem Tode nicht viel weniger vermachen, als was an Acker und Bergrechten vorhanden ist. Der Boden ist sehr steinig. Ich habe in meiner Jugend, als nacheinander die Kinder kamen, Jahr um Jahr auf den Geröllwiesen am Fluß Steine gerüttet. Jahrelange Mühe um ein paar hundert Quadratmeter dürftigen Kornlandes. Unten am Weg liegen die Kiesel wie zu einer Burg aufgeschüttet. Der Hof ist nicht teilbar. Für meine Töchter konnte ich nur wünschen, sie fänden einen Mann, der sie ernährte. Das Leben Annas ist klein und bedrängt geworden. Da ist kein Bursche gewesen, der sich in ihren Arm gehängt hat. Viele sind über den Ozean gefahren. Die Siedlungen sind leer an jungen Männern geworden. Die Mädchen, alte Bräute, warten auf das Reisegeld, das in fremden Scheinen ausbezahlt, ihnen anzeigen soll, sie wurden nicht vergessen, ein glückreicheres Leben fern der Heimat ist für sie bereit. Wir wissen, die Rechnung ist krank. Hier vertrocknen

viele Blumen. Und werden wunderliche Fromme daraus, die unsern Herrgott sicherlich nicht ergötzen.«
Ein Seitenblick auf Anna. Mitleid und Ärger. Ein kräftiges Weib. Jungfrauen müssen im rechten Augenblick sich verlieren können. Willenlos werden. Sonst steht die Geilheit der Burschen ab.
»Meine Augen mußte ich offenhalten in Sorge. Am Betrübtsein wurden sie scharf. Und ihr Beobachten unablässig. Und was sie sahen, war dieser Unterschied zwischen den Mädchen. Anna ging zu Spiel und Tanz; aber ihr Mund blieb trocken und sauber. Sie lachte zuviel. Ihre Augen weinten niemals. Jugend muß weinen können. Selbst halbwüchsige Männer wünschen zu weinen. In der Liebe gibt es kein Glück ohne Tränen und Sünden. Signe gar wich jeder Begegnung mit Männern aus. Ein Kind mit herzloser Vernunft. Ein schönes Bild, ein steinernes. So dachte ich. Sagte ich manchmal: Weshalb denn gehst nicht du dahin, wo du andere Menschen deines Alters triffst, runzelte sie die Stirn, fand beleidigende Worte, sprach deutlich wie aus großem Alter von viehischen Liebschaften, wollte sich eher zu ganzen als zu halben Verbrechen bekennen. Sie gebrauchte schlimme Worte, wenn ihr Hirn unruhig war. Sie hat sicherlich alle Greuel dieser Welt gedacht. Doch keinen vollführt.«
Frau Skaerdal seufzte über die harten Worte des Bauern.
Hein beschrieb wischend mit einem Rockärmel große Kreise auf der weißgescheuerten Tischplatte aus Tannenholz. Sonnen, Nebel. Spiralen. Labyrinthe. Zwischen den Schenkeln fühlte er Schweiß. Den alle rochen. Wie er meinte. Den keiner roch. Nicht einmal er selbst. Immerhin war es ein wichtiger Augenblick, durch den weißen Tisch hindurch, durch eine Erdkugel hindurch in unendliche Himmel zu schauen, wo Sterne sich paarten und Kreise gebaren; doch gleichzeitig dieser geringe Mensch zu sein. Hein. Und zwischen den Schenkeln zu schwitzen. Am übrigen Körper aber kühl zu sein.
»Thorstein Hoyer kehrte zuweilen bei uns ein, wenn er ins Gebirge reiste. Keiner unter uns war bereit zu erwägen, er könnte einen Lebensgefährten für Signe ausmachen. Du weißt gewiß, was über seine Lebensart erzählt wird. Er ist sehr grob. Das sagt ein Bauer vom anderen. Wenn du nichts über seinen

Wandel gehört hast, kannst du daran ermessen, was ich aussprechen will. Gewiß nicht ist mir eine Ehe Signes mit ihm ein fröhlicher Gedanke. Ein Mann kann sein Vorleben nicht ganz verlieren. Auch darf nicht vergessen sein: Signe ist noch blutjung; Hoyer ist ein Mann in solchen Jahren, daß man vermuten darf, er hat schon viel seiner Kraft verausgabt. Da klafft eine Trennung, die keine Philosophie und kein Segen zudeckt. Die Verlobung wurde ausgerufen, ehe wir mit unseren Erwägungen am Ende waren. Wir fanden uns damit ab. Signe tat nicht verliebt. Da war ein fester Wille in ihr, der die Zeit aufbrechender Blumen starr und dornig machte und frostig. Ich schlug gegen mich: Das Kind ist dir unbekannt. Es wird Hoyer zu bändigen wissen. Es strebt aufwärts. Es ist nicht furchtsam. Ich glaubte, das Gut Hoyers hätte es ihr angetan. Er besitzt ein vortreffliches schuldenfreies Gut. Ich bin Knecht, vergleicht man seinen Besitz mit dem meinen. Da war die Tochter, die ich zu kennen glaubte, eine harte Schale. Hoyer hämmerte mehr verzweifelnd als hoffend gegen das Gefäß, das einen Kern bergen sollte. Jede Zärtlichkeit mußte er sich erkaufen. Er hat bis jetzt nicht viele Freuden an ihr gehabt. Allmählich doch wurde ich der Sache froh. Wenn es so steht, dachte ich, daß sie als Herz einen Stein, wird auch kein Blut darin an der Nachbarschaft eines lästigen Hochzeitspartners gerinnen. An wen ein Stein verheiratet wird, Perrudja, ist gleichgültig. Für uns andere wäre die Ehe ein großer Vorteil gewesen.«
Skaerdal ließ eine kleine Pause entstehen.
Man hörte ein leises Schluchzen Annas.
Hein aber zerriß die kreisenden Wolken auf der weißgescheuerten Tischplatte und begann zu schreien: »Sie hat ein Herz!«
»Ich wollte es nicht verschweigen und leugnen. Doch erklären wollte ich, ich entdeckte es erst, als Perrudja in unser Haus gekommen. Sie hat ein Herz. Aber dies Herz hüllt sich tief ein, als ob es keine Regentschaftsrechte über diesen Menschen habe. Ich erkannte auch das Falsche der geplanten Ehe. Wir haben nutzlose und verzweifelte Reden darüber angestellt. Haben die Unordnung ertragen. Und müssen weiter uns die Beschämung von der Stirn fortlügen. Bis jemand außer uns sich entschieden hat. Signe ist dieser Mensch. Sie scheint unbewegt. Sie will gerecht sein. Der Wettkampf zwischen dir und Hoyer war ihr

eine Wohltat, weil sie dem Sieger zufiel. Es bedurfte keiner Fragen an ihr Gefühl. Sie wiegt sich in dem Wohlsein, als müßte sie nicht entscheiden, wem sie ihre Liebe zuwenden soll. Sie erweist keinem eine Gunst, die sie weit verpflichtet. Nur Antworten aus Höflichkeit. Sie geht so sparsam mit ihren Küssen um, als wären die gezählt und würden weniger, wenn sie davon verausgabte. Pferderennen bemißt sie nicht hoch. Ein paar Oere Anzahlung auf den endgültigen Preis quittiert sie daran. Sie muß anders geartet sein als die Frauen unseres Bodens. Sie erkennt, wie aufgeschrieben, ihren Wert. Der muß bezahlt werden. Es gibt vielleicht ein Mittel, Nachlaß zu erzwingen: sie zu rauben. Entführung gegen ihren Willen. Wer zu solchem Abenteuer stark genug, würde die Rechnung zerreißen. Indem ich dies mit ungezogenen Worten beschreibe, will ich keinen Schimpf gegen sie aufbringen. Ich habe gelesen, daß fern von uns, wo die Welt geräumiger, Frauen eine heimliche Vorstellung von ihrem Wert haben. Sie können dem Mann nicht untertan werden, es sei denn, er bezwingt sie mittels Körperkräften, durch den Wert von Gütern. Wir sind solcher Offenheit entwöhnt. Du aber mußt, willst du nicht ins Hintertreffen kommen, dich aussöhnen mit dem Gedanken, Signes Herz ist wild. Und ihre Empfindungen werden nach einem fremden Gesetz geordnet. Da wir dich lieben, dürfen wir nicht verschweigen, du bist im Augenblick Hoyer unterlegen. Willst du dein Spiel gewinnen, mußt du neue Einsätze machen. Ich wünsche, daß ihr zueinander kommt. Signe wird bei dir kein geringeres Leben führen als bei Hoyer. Im Gegenteil. Sie wird eine Königin sein, wenn nur ein Zehntel all dessen Wahrheit ist, was über dich erzählt wird. Werde einig mit dir, ob du sie so stark begehrst, daß du weiter um sie kämpfen willst. Wenn ja, ersinne Mittel, die dir dienen.«

Skaerdal schwieg. Es waren ein paar blanke Schweißtropfen an seiner Stirn. Seine Ohrmuscheln waren krebsrot. Er schämte sich.

Perrudja antwortete mit belastetem Atem. »Ich liebe Signe. Ich will um sie kämpfen. So steht es denn zwischen uns, wie jeder Uneingeweihte es sich errechnet. Signe hält sich unnahbar. Sie ist mir in vielem fremd. Wie sollte ich sie da rauben können? Ich bin Hoyer unähnlich. Ihm liegt Vergewaltigen nicht fern.

Ich muß an einer kunstreichen Siegesapotheose arbeiten. Sie selbst hat es mir heute Abend angedeutet. Es bleibt mir nicht erspart, daß ich mir selbst lächerlich werde. Da werden zwei wie die geilen Hengste noch sehr lange die Straßen entlang jagen. Wenn es ihr Wille ist, bin ich bereit dazu. Für mich ist es schwerer als für Hoyer, auf dem Wege im Tal Pferde unterzustellen und pflegen zu lassen. Da geht ein Gerücht: Mörder, Kindsverführer. Die Bauern lieben mich nicht. Sie glauben, ich sei der, der ich nicht bin. Weil nun Thorstein geliebt, ich aber gehaßt bin, bleibt nur der Ausweg, daß ihr mir behilflich werdet. Ich kann morgen ins Gudbrandstal fahren zu Kaare Fjeldstuva und sehen, ob er ein gutes Pferd zu verkaufen hat. Eine Zweijährige habe ich selbst im Stall, ein Füllen der Shabdez. Zu jung zum Ritt. Ich werde also ein gutes Pferd kaufen mit harten Gelenken, mit Eigenschaften, die uns dienlich sind. Es wird hier im Tal bleiben. Jemand wird es pflegen müssen. Kein Bauer wird bereit sein. Wer mich nicht kennt, wird mir schaden wollen. Sie sind bestechlich und nehmen Geld von Hoyer. Doch Skaerdal, du selbst besitzest beim Taleingang, hart am Wege, ein Wiesenstück. Ich habe einmal vor vielen Jahren ein Erlebnis gehabt, das damit verflochten ist.«
Es war gut, er hatte die Erinnerung zurückgekauft für die Erkenntnis, daß er eine gelbe stinkende Blume.
Sommerwasser.
Kiesel, gelbe Ringe. Forellen.
Pferd. Rote Stiefel aus Juchtenleder.
Ein Schlaf. Ein Kind mit entblößten Füßen. Bis zu den Knieen entblößt.
»Wenn du, Skaerdal, es zulässest, könnte dort, hart am Wege ein Stall gebaut werden. Ein Stall mit ein paar Kammern daran. Daß jemand dort wohnen könnte. Ich würde ein Telephon hinzulegen lassen. Ein zuverlässiger Knecht müßte Pferd und Haus passen. Im voraus schon könnte ich verabreden, wann ich geritten käme. Der Knecht müßte nicht schwatzhaft sein. Vielleicht könnte Hein die Stelle einnehmen. Nicht als Knecht. Als mein Freund. Er ist frei. Keine feste Tätigkeit zügelt ihn. Er würde dort gut leben können. Ein Pferd zum Reiten. Bis auf die wenigen Tage, wo ich es gebrauche.«

Hein antwortete als erster auf den Vorschlag Perrudjas. Er gab mit lauter Stimme seiner Freude Ausdruck. Jubel über den Besitz des Pferdes. Daß er dem Freunde dienen konnte. Heißquellendes Gefühl, er ist wichtig. Fast unentbehrlich. Er ging mit weichen Augen zum Vater, bettelte bei der Mutter. Erbat ein Ja.

Frau Skaerdal brachte häusliche Bedenken vor. Ihre Pflege, meinte sie, werde der Junge noch nicht entbehren können. Auch setze der Umgang mit feurigen Pferden einige Kenntnisse voraus.

Das Mittagsmahl wollte Hein sich täglich auf seinem Ritt im Elternhause abholen. Und ob Brot nicht Brot sei, hier wie dort, morgens und abends? Pferde pflegen würde er lernen wie jeder andere. Man müsse erkennen, er würde durch die Anregung auf gutem Wege sein, ein tüchtiger Bauer zu werden. Liebe zum edelsten der Haustiere müsse der Anfang und das Fundament aller Landwirtschaft sein. Und ob es denn gar nichts wiegen solle, ihn stolz dahinreiten zu sehen? Perrudja werde ihm einen schönen Reitanzug schenken. Er habe ihm schon Wertvolleres geschenkt. Einen großen prächtigen violetten Stein. Einen Amethyst. Einen Zwölfflach. Einen Zauberstein, der ihn vor Gefahren bewahre. Er trage ihn stets bei sich. Würde ihn auch reitend nicht von sich legen. – Er machte die Worte kräftiger, indem er ihn aus seiner Hosentasche hervorzog. Er erzählte die Geschichte des Steines. Vom ersten Morgen am Bett Perrudjas. Und welcher Art Gespräche sie geführt. Daß nach Wochen endlich dieser schöne Stein aus des Waldbesitzers Hand in die seine geglitten. Drei einander ähnliche Edelsteine beständen. Gleich an Farbe und Form. Wie da mit heiligen Worten Perrudja gesprochen, jedes dieser Kleinode begehre, einem bestimmten Menschen anzugehören. Zwischen diesen Menschen würde, wenn sie es erst genommen, ein unlösbarer Bund bestehen. Als erster habe Hein seinen Stein gewählt. Und empfangen. Dann habe er Signe rufen müssen. Sie sei auch gekommen, habe aber keinen der beiden Kristalle berührt. Deswegen sei Perrudja traurig geworden. Sie habe ihn getröstet mit dem Wort: später. Aus Liebe zu Hein, um ihn nicht zu beleidigen, habe dann der Freund als zweiter genommen, so daß nur noch ein Stein herrenlos.

Da hatte Hein auf einer süßen Zauberharfe gespielt; wie David vor König Saul. Es war eine große Einigkeit. Der Plan Perrudjas sollte verwirklicht werden.
Er erstand eine reichlich dreijährige, fast blutbraune Stute von ausgezeichneten Fähigkeiten. Dabei von der sanftesten Gemütsart. Da war ihm anempfohlen worden, einen schöngliedrigen Wallach zu kaufen. Er hatte entsetzt abgewehrt.
Nichts Verschnittenes. Unnatürliche Schönheit. Kopf einer Stute. Milde einer Stute. Die Vorderbeine männlich. Um die Kruppe Hermaphrodit.
Der geringste Mensch noch ist ein unerbittlicher Tyrann.
Das Stallgebäude auf der Trift Skaerdals erstand schnell. Niedrige Ringmauern aus gebrochenen Gneisbalken aufgeschichtet; darüber ein grobgezimmertes Gebäude aus rohbehauenen Kiefernstämmen. Nach der Vollendung mit Holzteer gestrichen. Der Stall war geräumig genug für drei Pferde. Es gab einen Futterraum. Böden für Heu und Stroh. Ein paar Kammern für Hein. Heins Bett und zwei überzählige Betten. Hoyer mußte eine Niederlage nach der anderen ertragen. Perrudja war immer noch mager und leicht, bequem für den Rücken der Pferde. Der Gutsbesitzer war ein wenig fett auf den Schenkeln und am Bauch geworden. Hein war von unwandelbarer Verläßlichkeit. Der Freund brauchte beim Wettrennen nicht eine Sekunde seinetwegen zu verlieren. Aus einem Sattel in den anderen.
Hoyer war gezwungen, zur alten Praxis unlauterer Maßnahmen zurückzukehren. Der Benachrichtigungsdienst wurde einer peinlichen Organisation unterstellt. Er hatte diesen und jenen als bezahlten Wächter gedungen. Als er alles klug und fast lückenlos eingerichtet hatte, begann er von Tag zu Tag sehnsüchtig darauf zu warten, in die Ernte leichter Siege zu kommen. Die Großmut hatte einen bitteren Nachgeschmack gehabt. Jetzt mußte die Süßigkeit einer erfolgreichen Fehde über seinen Gaumen geträufelt werden.
Es wurde ein großes Warten. Perrudjas Ankunft wurde nicht gemeldet. Das Telephon schwieg. Er verlangte mal um mal die Überprüfung seiner Leitung. Er schalt kränkende Beschuldigungen gegen die Mechaniker. Als es auch ihm erwiesen, nicht der tote Apparat versagte, brüllte er die Verdächtigungen

gemeinen Verrates von seiten seiner Mithelfer gegen die ratlosen Wände. Weinkrämpfe erschütterten den Zornigen. Machtlos, betrogen, verstoßen. Er hub an zu schwören. Aber der Inhalt war ohne Gegenstand. Er verprügelte einen der bezahlten Wächter. Es kam eine Öde in sein Gehirn. Stumpfsinn. Wegloses Dickicht. Da war ein Rauch vor ihm. Kein Gegenstand von festen Maßen. Es verstrichen Wochen, ehe er einen einfachen Entschluß in sich aufheben konnte: dem Zug seiner großen Liebe zu folgen. Signe zu besuchen. Sich trösten zu lassen. Wieder Gewißheit einsammeln. Gelübde erneuern.

Kein Verrat war geschehen. Perrudja nur hatte sich eine Frage vorgelegt. Und eine Antwort darauf gegeben. Inwieweit es ihm dienen könne, daß er Sieger bei einem Wettrennen blieb? Daß er Pfennige einer großen Schuldenlast abbezahlte, die für nichts gerechnet wurden, sobald Thorstein sich irgendeinen Vorsprung verschafft? Und was an Befriedigung sollten die tauben Siege ihm selbst bringen, da doch jede Kampfhandlung mit automatischer Strenge den Nebenbuhler auf den Plan zog, in die Nähe der Geliebten? Da hockten sie nebeneinander im Hause Skaerdals, gehemmt, lüstern und eiskalt. Schafften eine Luft, in deren Spannung die Launen der Ratlosen krepierten. Die Existenz der Unbeherrschten wurde ganz entkleidet. Ohne daß Berührungen stattfanden, lernten sie einander kennen mit allen Verwegenheiten ihres Zuschnitts. Da waren Samenkörner aufgegangen. Etliche fielen auf guten Boden, etliche auf steinigen Grund. Es war deutlich geworden, daß Signe unter den grundlosen und lieblosen Entschleierungen litt. Der Kuß für den Sieger war eine Süßigkeit. Aber erwachsen, noch nackt wie ein neugeborenes Kind zu sein, mit üblen Gebräuchen den Schoß der Mutter verdächtigen, die ungekannt verschollen, ohne Gesicht, ohne Gestalt, eine Sage nur, die durch das Selbst gedichtet wurde – das war schwer und mußte die Küsse leer machen. Das Spiel wurde ja nicht um gegenseitiger Höflichkeit willen getrieben.

Da hatte eines Tages Perrudja sich entschlossen, den beschwerlichen Weg über das Gebirge zu wählen. Der Sommer hatte die Schneeschmelze vollendet. Unwegsam war das Hochland nicht mehr. Kaum gefahrvoll. Weil alle Schneelöcher deutlich erkennbar. Ein langer, mühsamer Weg nur, der eine langsame

Gangart forderte. Widerhallose Einsamkeit. Futter, Speise und Trank mußten mitgetragen werden. Regen und Wind wurden zu lästigen Abenteuern. Trommelte ein Hagelschauer herab, die Schwaden spätsommerlichen Schneetreibens, mußte haltgemacht werden.
Wenn ein Mann hundert Jungfrauen schwängert, wird er nach hundert Jahren die Welt regieren.
Ein paar Stunden Verspätung. Ein paar Stunden abwegige Gedanken, die nicht aufbewahrt werden, nicht eingetragen in das Buch der Verantwortungen. Ein paar Stunden untätig am Wege. Man kackt aus Langweile in den Schnee. Reinigt sich den After mit feuchtem geballten Schnee. Wirft fort. Angenehme Kühle. Dringt bis ans Zwerchfell. Beschleunigt die Verdauung. Leider riecht es. Gelbe stinkende Blume. Man könnte auf einem Sofa liegen. Ein entkleidetes Kind könnte sich einem rücklings in den Schoß setzen. Die Tote. Die Eingesargte. Die ich nackt gesehen. Hartgefroren. Ehe sie hartgefroren. Hätte sie können. Kleine Tannenzapfenbrüste. Das männliche Zeichen in sich aufnehmen.
Dieser Schneefall. Der Gestank am Wege. Die Tote. (Eichenholzsarg, gelb, verwest, unfertige Mutter, Fleischbündel, genannt Kind.) Brachte es mit sich, daß die abendliche Dunkelheit. Abendliche Dunkelheit. Abendliche Dunkelheit. Ihn überfiel. Und die Sterne. Die Sterne. Die Sterne. Die Sterne. Die Sterne. Die Sterne.
Ich habe einen Ring um mein weißes Gehirn. Hirn zu essen müßte verboten sein. Niemand ißt Tieraugen. Aber Gänsedärme. Sie essen die Nieren, weil sie mit Harn gewürzt. Doch trinken sie keinen Harn, sondern Wein. Sie essen Tierhoden. Eine symbolische Handlung. Verschmähen das Zeugungsglied.
Abstieg bei Nacht ins Tal. Das Pferd tastet hinab. Es macht aus den Hufen kleine nackte Fingerspitzen. Nackte Fingerspitzen, die erschrecken. Eine Blume geht nicht, reitet nicht. Denkbar, der Mensch geht nicht, reitet nicht. Eingegossen in einen Block aus Gips oder Zement, der erstarrt. In den Mund ein Rohr. Und abwärts ein Doppelrohr. Monument unserer Existenz, die vergebens geschah.
Fingerspitzen, die erschrecken, weil sie Messer fürchten. Knaben,

die sich die Hände zerfitscheln. Blutüberströmt lachen. Heiterkeit der Kraft.
Perrudjas Ermüdung nach den heftigen Tagen der Reise war unmäßig. Er hat freiwillig etwas auf sich genommen über die Kraft. Signes Gegenwart. Läg er auf einem Sofa! Säße sie auf seinem Schoß!
Angstzustände, die seinen Schlund zum Husten reizten. Er fürchtete, Reiter und Pferd möchten am Boden anwachsen. (Eingegossen in einen Block aus Gips oder Zement.) Angepackt werden von dem Wahn, jemandes Hilfe zu bedürfen. Kein Mittel, sie erlangen zu können. Marter.
Ich bin vernichtet. Ich breche nieder. Ich habe keine Zukunft.
Er entschloß sich, Hein zu bitten, zukünftig sein Begleiter zu sein. Das Haus am Wege wurde leer. Der Junge erhielt die blutbraune Stute als Geschenk. Er zog mit ihr hinauf zu Perrudja. Ein Märchenschloß. Seidenbezogene Betten. Hein fühlte sein Herz schmerzen.
In Liebe zugetan verfiel er Perrudja.
Pferdeknecht will ich sein.
Die Pflege der Tiere wurde ihm übertragen. Er brachte Erzählungen von der Wirklichkeit dieses Reichtums zu den Eltern, die halb sorgenvoll über ihn waren. Da sie ihn immer glücklich und frisch fanden, beruhigten sie sich.

XXIV

Das Pferd/Sassanidischer König/Ein Knabe weint/Die anderen Tiere/Die Edelmütigen oder die Geschichte des Sklaven/Der Knecht und die Magd/ Der Zirkel/Alexander/Werbung und Vorhölle/Die Nebenbuhler

Die Bergpolizei

Als Thorstein Hoyer durch Signe erfuhr, Perrudja sei oftmals im Hause ihres Vaters gewesen, wurde er von einer Ohnmacht befallen. Er stürzte zu Boden. Die Braut mühte sich um ihn. Ihr traten Tränen zwischen die Lider. Sie küßte ihn. Sie wandte sich gegen Anna und sagte tonlos: »Was soll ich tun? Ich bin schlecht.«

Hoyer kam bald wieder zu sich. Es wurde Boston gespielt.

Als er fortreiten wollte, trat Signe mit ihm vor die Tür. Sie sagte als Ergänzung zum Kartenspiel, knapp und ausdruckslos: »Weshalb könnt ihr den Streit nicht zwischen euch ausmachen? Weshalb muß ich leiden?«

Hoyer zuckte mit den Achseln. Er stieß Speichel durch die Zahnlücken. »Drei Meter weit«, sagte er.

Da fügte sie hinzu: »Ich werde noch selbst darauf denken müssen, wie ich euch gegeneinander treibe.«

Als er schon im Sattel war, rief sie hinauf: »Weshalb ziehst du nicht mehr ins Gebirg auf Jagd? Perrudja reitet über die Hochebene.«

Thorstein gab dem Pferd die Sporen zum Zeichen, daß er verstanden.

Die letzten Worte hatte Frau Skaerdal, die in der Küche sich aufhielt, mitgehört. Denn ein Fenster stand geöffnet. Und Signes Stimme war rauh und hoch gewesen. Die Frau setzte sich verzagt auf einen Schemel. Hockte. Und sah eigene vertrocknete Hände. Sie wollte die Tochter ansprechen. Da kam eine feige Furcht vor dem eigenen Kind sie an. Sie versuchte geordnet zu denken. Sie nahm ein Blatt Papier und schrieb darauf. An Hein. Sie schrieb nur, was sie von Signes Worten erlauscht. Sie gab die Nachricht dem Postboten. Ein Brief

erreichte Hein. Als er ihn gelesen, wollte er fortstürzen zu Perrudja. Er überlegte. Daß es an ihm sei, zu handeln. Mund zu. Wer eine Aufgabe hat, schwatzt nicht.
Wenn man ins Bett gekrochen, wird der Raum über dem Hirn groß. Niemals vorher war ihm Schlaflosigkeit so deutlich gewesen. Zeit, die in großen konzentrischen Kreisen ihn verließ, und ihn, sein Vermögen verhöhnte. Wäre er flüchtig gewesen wie sie, der Gedanke eines guten Planes wäre bald groß wie eine Weltkugel gewesen. Unglück abwenden. Er erfand nichts Untrügliches. Daß er sich opfern müsse allein wurde ihm zu einer süßen Gewißheit. An der Feststellung berauschte er sich. Jugend, die immer wieder nur ein Ziel findet, zu sterben. Weil sie sich nicht zu schämen braucht, entblößt in ein unbekanntes Gericht gestoßen zu werden. Sie ist noch nicht geflüchtet in den Glauben an die Nachkommen. Sie liebt schon, aber sie säugt noch nicht.
Blut verströmen für den Freund. Hinterrücks gemordet werden. Er gab sich Bildern hin. Alle Abenteuer endeten mit dem salzigen Geschmack des eigenen Fleisches auf der Zunge. Nicht der Geschmack war das Letzte. Nicht das Röcheln. Nicht die Taubheit im Tode. Ein warmer Kuß auf kalte Lippen. Eine Berührung. Ein Getragenwerden an der Brust eines geliebten Menschen. Da war sein Schoß eine Lotosblüte, die aufbrach. Er dachte sich entkleidet und bereute es nicht. Er gestattete der Hand, die ihn trug, daß sie ihn kitzelte. Den Toten neckte mit verliebten Spielen.
Er starb tausendmal. Milde und mit großen Schmerzen. Erschossen ohne Aufwand hinsinken, in Schwäche umnachtet. Auch grausam zerstückt durch den brünstigen Thorstein. Alle Tode waren Wollust.
Am nächsten Tag war er hinab nach Uti. Einige Besorgungen waren wichtig geworden. Er ging in die Krambude. Er hörte aus den Mündern der umherstehenden Burschen Neuigkeiten. Ereignisse die das Erstaunen der Landleute weckten: eine Stute hat drei Füllen geworfen, eine Sau vierundzwanzig Ferkel. Auch brutale Heimlichkeiten zwischen Knechten und Mägden wurden zumbesten gegeben. In so blutvollen Formen, daß die Wirklichkeit sich mühen mußte, sie auszufüllen. Da waren Pfarrei und die großen Gutshöfe Glashäuser, in die hinein jeder

sah. So arbeitete man an der durch keine wissenschaftliche Objektivität getrübten Synthese der Menschen.

Wie lange noch müssen wir schmutzig sein?
Und ein Faden im Teppich des Lebens sein?
Seidene Faden, Faden aus Garn,
goldene Faden, Faden aus Darm?

Hein erfuhr auch, daß Draege, der gichtleidende Bergpolizeibeamte, gestorben sei. Der Mann fand eine milde Beurteilung seiner verflossenen Amtshandlungen. Als Nachfolger wurden Kandidaten genannt. Gewünscht, verworfen. Eine hohe Regierung würde bestimmen. Der Unbekannte, ob er eine gleich weise Nachsicht üben werde wie der Vorgänger? Ob ein Märtyrer erst ein paar blaue Bohnen durch die Luft versuchen müßte, um ertragbare Verhältnisse im Gebirge zu schaffen?
Nach seiner Rückkehr aus Uti erklärte Hein dem Waldbesitzer, er wolle sich beim Amtmann um die ledige Polizeistelle bewerben.
Perrudja erstaunte.
Hein erzählte ausführlich, was er im Dorfe gehört. Es sei sein fester Vorsatz, den rechtlosen Tieren ein entschlossener Helfer zu werden. Die Wohnung im Gebirge begünstige die innere Berufung. Da er ein Pferd besitze, werde er seine Pflicht mit gutem Erfolge ausfüllen können.
Einwände, er setze sich großen Gefahren aus, er unterschätze die Rücksichtslosigkeit der Wilddiebe, fruchteten nichts. Als die Widerstände Perrudjas gegen den Plan stark wurden, gab Hein sich heftig. Erklärte, er hat seinen Willen. Der Freund soll nicht übermütig beim Begründen des Abratens sein. Es gibt zuweilen Verwicklungen, die auch einen gefahrvollen Weg unvermeidlich machen.
Perrudja sagte noch, es sei wenig ehrenvoll, Gesetze, von Menschenhirn erdacht, notfalls durch Blutvergießen zu verteidigen, bezahlt durch eine Obrigkeit, die die Leidenschaft des Menschen nicht ermesse.
Er will das Tier nicht niedriger stellen als den Menschen, schrie Hein dagegen. Das Tier fühlt Schmerzen wie der Mensch. Man muß Erbarmen haben. Mögen die Menschen einander morden.

Er wird nicht bereit sein, Henker zu werden. Er will sich nicht durch einen häßlichen Titel schrecken lassen. Er folgt nur dem Rufe seines Herzens. Es sind Visionen in der Luft. Er fühlt sich berufen. Er will auch das Amt nicht auf Zeit und Ewigkeit. Vielleicht wird er eines Tages müde sein. Heute ist ihm bestimmt, einen Einsatz zu geben. Er liebt Tiere. Pferde. Elche. Das Ren.

Unerschütterlich in seinem Vorsatz. Mit überrotem Gesicht, mit großen schaumigen Augen saß er vor Perrudja. Der antwortete in eine Stille voll unheimlicher Spannung.

»Du sollst tun, wozu es dich treibt. Man kann den Menschen nicht davor bewahren, daß ein Unglück ihn anfällt. Deine Gedanken sind gerecht. Aber eine hohe Obrigkeit wird es abweisen, einem Knaben das Amt zu geben. Dein Anerbieten wird man verschmähen.«

Hein stürzte in sich zusammen. Sein Gesicht verzog sich. Die geballten Fäuste ließ er auf die Tischplatte sausen. Der Kopf folgte und schlug hart auf. Dann bewegte heftiges Schluchzen die hochgezogenen Schultern. Da fuhr Perrudja fort:

»Ich selbst werde mich mühen, das Amt zu erlangen. Mich wird man nicht übergehen können. Ist es dir recht, kannst du mein Stellvertreter sein, mein Beauftragter. Wir werden uns wohl einigen, wie wir die Rollen verteilen.«

Als Hein begriffen, war er mit dem Vorschlag zufrieden. Perrudja verfaßte das Bewerbungsschreiben.

Drei Wochen später war er zum Bergpolizeibeamten ernannt. Er mußte vor dem Amtmann einen Eid ablegen. Der Vertreter einer hohen Regierung bat ihn vertraulich, bei der Ausübung der Pflichten mit der Vorsicht nicht sparsam zu sein. Der Staat sei nicht so unerbittlich, von seinen Beamten ohne gewissen Vorteil den Einsatz ihres Lebens zu fordern.

Perrudja erwiderte wie von ungefähr, er werde in der Lage sein, eines Flurwächters als Helfer sich zu bedienen.

Mit Takt, meinte der Amtmann, werde man den Verordnungen gerecht werden. Übrigens sei die Pfründe nicht fett. Die Bewerber seien nicht zahlreich gewesen. Kein Konkurrent neben dem Waldbesitzer.

Die Amtszeitung sagte vor jedermann aus, dieser Perrudja ist der Nachfolger Draeges geworden. Hoyer wurde von einem

unbehaglichen Gefühl benagt. Er glaubte zu wissen, nicht um des Broterwerbes willen hat der Nebenbuhler den Beruf genommen. In Signes Herzen begann es wie von Hoffnungen zu keimen. Da war ein unsteter Ausdruck in ihren Augen. Man konnte ein unheimliches Flackern in den Brunnen ihrer Pupillen erraten. Kein farbenprächtiger Blumengarten ersproß. Es standen in einer wilden Landschaft Gewächse wie Schierling.
Perrudja und Hein hatten neue Schießwaffen gekauft. Ein Arsenal für Munition angelegt. Sie übten Tag für Tag, um Fertigkeit in einem ungewohnten Handwerk zu erlangen.
Ritten sie übers Gebirg ins Gespenstertal, so waren sie bewaffnet. Eine neue Selbstverständlichkeit.
Erste herbstliche Schneewehen waren über die Hochebene gegangen. Die Sonne hatte an manchen Stellen den nackten Fels wieder hervorgeleckt. In den Senkungen lag es weiß und kalt. Von Woche zu Woche wuchs die Gefahr für die Reiter. Stürme preßten sich aus den Tälern herauf und überschwemmten mit ihrem Treiben das Hochland. Vom Himmel herab tropfte die unbarmherzige Kälte des Äthers und mischte sich mit den bewegten Luftströmen. Gespenstisch der Sturm, wenn von Westen her oder halbnördlich sich dunkle Wolkenwände vorschoben.
Perrudja wehrte sich nicht mehr gegen die Furcht vor dem Weg. Er war abgezehrt. Ihn fror, wie warm er sich auch einkleidete. Der Wind kam bis an seine Nieren. Bis an das Darmgekröse. Zwei Hände voll zarter Häute. Die unsichtbaren Geister gingen durch ihn hindurch. Er war sehr gläsern. Daß er von seinem Blut ihnen lassen mußte, war nicht zu bezweifeln.
Im Gespenstertal war die herbstliche Hölle entfesselt. Es pfiff, schrie, jammerte. Aus allen Löchern. Die Geister wagten sich aus ihren Höhlen hervor. Schleier wehten von den Fällen in die Schluchten. Polternd kippten die Unzufriedenen schwere Felsblöcke hinab.
Die Unruhe der Natur sog sich auch in den Menschen fest. Signe war an den Lärm ausgeliefert. Sie saß an den trüben Abenden und horchte hinaus; erwartete von Augenblick zu Augenblick ein erregendes Wunder. Sie ging wie im Fieber. Das Geräusch der abgerissenen wirbelnden Baumblätter sang

ihr einen unheimlichen Todesgedanken. Schnitt sie ab vom Einfluß ihrer Mitmenschen.

Als Thorstein Hoyer an einem lauten Herbstabend neben ihr saß, sagte sie zu ihm: »Du bist feige geworden. Der Winter steht vor der Tür, und du bist noch nicht auf Jagd gewesen. Mich gelüstet nach Elchfleisch. Ich habe dich schon oft bitten müssen. Du hörst nicht mehr was ich sage.«

»Doch, ich höre. Ich höre, was du laut sagst und leise verschweigst«, antwortete er.

Signe lachte unbeherrscht. »So fürchtest du dich. – Es ist bewiesen«, fügte sie unbarmherzig hinzu. Und ließ nicht nach: »Es gibt dort oben ein Etwas, das dir Unbehagen schafft. Man kann an deiner Lauheit merken, Draege ist gestorben. Was auch hattest du von einem halben Krüppel zu fürchten? – Ich will dir Tröstliches sagen: die beiden Neulinge, die deinen Mut zersetzen, wissen nicht viel besser zu schießen als Kinder. Die leere Luft ist das große Ziel, das sie treffen können.«

»Du bist so deutlich, wie man nur wünschen kann«, hub Hoyer an. Sein Gesicht wurde aufgedunsen und verschwommen, »mir aber bleibt das Rätsel, wie ich es fassen soll, daß du so sprichst. Gesetzt den Fall, ich nähme mir das Ziel, wie du es beschrieben hast. Was würde daraus folgen? He, he, he? Abscheulich, daß du deinen Bruder nicht heftiger liebst. Und was hat Perrudja mir angetan? Habe ich nicht oft genug deutlich gemacht, ich kann ihn leiden, er ist ein braver Mensch? Und willst du mir einreden, du hassest ihn? Davon steht nichts bei dir. Es ist noch nicht ausgemacht, ob es nicht so abläuft: mir gibst du die Worte und ihnen den Wink.«

Signe entgegnete ohne Erregung: »Mein Gelüst nach Elchfleisch ist ein Ding für sich. Ich werde doch einen Ort vorschlagen dürfen, wo ihr eure Angelegenheiten besprechen könnt? Meinetwegen trefft im Hause Perrudjas zusammen. Irgendwo werdet ihr wohl einen Pakt über mich zustande bringen müssen? Der jetzige Zustand muß wohl ein Ende nehmen? Wer erträgt bis in alle Ewigkeit so viel Unvernunft? Hier bei Skaerdal habt ihr nur Zank gehabt. Es ist wohl hier nicht der rechte Ort gewesen, einen Ausweg zu finden?«

So wurde das begonnene Gespräch erdrosselt, wiewohl es nicht halb ans Ende gekommen war. Signe begann es noch einmal, mit Auslegungen, die wie falsch am Platz aussahen. Sie engte damit Hoyers schweren Verstand ein. Er fühlte sich zu einem Entschluß gedrängt.

Hein empfing durch die Post eine Nachricht von seiner Schwester. Er las: »Thorstein Hoyer wird am kommenden Mittwoch auf Jagd gehen. Er wird südlich ziehen, weil ihr nördlich wohnt. Verrate es Perrudja nicht. –« Er zerriß den Zettel.

Am Dienstag ritt er allein. Blieb lange unterwegs. Ein Vorwand. Als er zurückkam, sagte er zu Perrudja: »Es sind Wilddiebe im Gebirge. Wir werden morgen Umschau halten müssen. Vielleicht werden wir mehrere Tage außerhause verbringen. Ich werde Proviant und Futter herrichten lassen.«

Der Freund antwortete zögernd: »Ich kann das Notwendige nicht ermessen.« Seine Gedanken verschwieg er.

Am Mittwoch, zwei Stunden vor Mittag, ritten sie aus. Hein war stets ein paar Pferdelängen voran. Er hielt südlich. Nach einigen Stunden wurde ein Teil des mitgeführten Proviants unter einen überhängenden Felsen versteckt. Hein bewog den Freund, auch einen Teil der Munition abzulegen. Man solle nicht unnütz sich und die Pferde beschweren. Er versuchte mit einem Auge den Ort, um ihn nicht zu vergessen, in ein System von Merkpunkten einzuordnen. Er saß dabei stockgerade im Sattel. Perrudja verstand nichts von der Triangulatur.

Nach abermals zwei Stunden waren sie beim Einbruch des Gespenstertals, hart an dem ihnen wohlbekannten Weg. Hein ordnete erneut eine Rast an. Gab den Pferden Futter. Verteilte unter sich und den Freund von den mitgenommenen Speisen. Dann bestand er darauf, daß Perrudja sich nochmals erleichtere. Er knöpfte ihm die Patronen vom Gürtel. Ließ ihm ein Dutzend Schüsse. Er verteilte das Gepäck sehr ungleich. Er sprach von den groben Knochen, die der Bauernbursche habe, er selbst.

Südwestlich weiter der Weg. In unbekanntes Gelände. Kurz vor der Dunkelheit, auf einer beschneeiten Stelle, entdeckte Hein Fußspuren eines Menschen. Er machte Zeichen mit den Händen, setzte zum Trab an, war bald weit voraus. Perrudja folgte träge. Die Pferde mußten durch leichten Schnee. Die Luft wurde dünn und kalt. Das Grün am östlichen Himmel verfinsterte sich mehr und mehr zum Grau der Nacht.

Mein Skelett wird klingend wie Metall. Kälte. Ich weiß, was ich denke und empfinde. Ich weiß nicht, was das Mark in meinen Knochen denkt und empfindet. Da wellt sich der Felsen vor uns. Und ein weißer Teppich gärt wie Schaum darüber hin. Wenn es schlimm kommt, werden wir den Pferden die Bäuche aufschlitzen müssen und uns hineinlegen, daß wir die Nacht überdauern mit Hilfe der fremden Fleischwärme.
Er mußte aus dem Sattel. Seine Blase wollte zerspringen. Da hatte das Hirn nicht wahrgenommen, daß die Blase zerspringen wollte.
Er bedauerte, daß all die warme Flüssigkeit nur dazu diente, Schnee zu schmelzen, anstatt ein warmes Bad für seine kalte Haut zu werden.
Er wärmte sich die Hände, indem er den Nüsterndampf der Stute darüber streichen ließ.
Er wärmte sich die Augen, indem er sie, geschlossen, gegen den Hals des Pferdes preßte.
Wer ein Füllen in diesem Mutterleib wäre! Und nie geboren würde! Nie geboren würde bis ans Ende aller Tage!
Da war Hein ab von ihm. Unsichtbar. Eine Stimme kam. Heins Stimme.
Und der Sattel war hart und kalt.
Und Shabdez lief der Stimme nach.
Die Hochebene brach zu einem schmalen Tal ein. Die Abhänge waren steil. Im Halbdunkel konnte man einen See tief unten erkennen. Ein Fluß ging hinein und hinaus. Hein suchte die Möglichkeit eines Abstieges. Er hatte die menschliche Spur verloren. Die Finsternis war unbarmherzig. Sehnsucht nach Schutz. Beglückt schrie er plötzlich: »Ein Weg! Wir können hinabreiten! Es muß ein Saeter in der Nähe sein.«
Nach einer Viertelstunde waren sie auf der Talsohle. Hart am See endete der schmale Kuhweg. Forellen sprangen in dem klaren Wasser auf. Patschten. Es standen einige Holzhütten am kiesigen Strand. Der Sommer darin war tot. Niemand wohnte in ihnen. Verlassene Geräte. Die Reiter gingen durch eine nur eingeklemmte Tür in die größte der Stuben.
Ein Feuer wurde entzündet. Die Pferde untergestellt, abgeschirrt, Körner ihnen eingeschüttet. Hein holte aus dem See Wasser. Bereitete Tee. Der heiß und stark getrunken wurde.

Eine Pritsche aus Birkenknüppeln war im Raum. Darauf breitete man die Decken. Die beiden Freunde waren an diesem Abend sehr still.
Früh am Morgen erwachte Hein daran, daß ihn fror. Er erhob sich, bedeckte Perrudja mit den Decken, unter denen er gelegen. Entfachte das Feuer, setzte Wasser daran, versorgte die Pferde. Noch ehe sie ausgefressen, legte er ihnen die Sättel auf, schob sich selbst einige Scheiben Brot in den Mund. Dann saß er fast reglos vor dem kleinen Herd und horchte hinaus. Nichts in ihm war gespannt. Er war bereit zu allem. Aber seine Bereitschaft war jetzt ohne Aufwand, ohne den wollüstigen Beigeschmack eines Opfers. Er tat eine Pflicht, die beschwerlich und befriedigend war.
Die Natur draußen war ohne Laut. Der Atem Perrudjas war nicht hörbar. Nur das Prusten der Pferde. Von der Wärme des Feuers wurde Hein faulschläfrig. Vielleicht war es ein ganzer Schlaf, der ihn überwältigt hatte.
Es gab einen Stoß in ihm. Die Luft war zerrissen worden. Die Vernunft sagte ihm, er habe einen Schuß gehört. Er wirbelte aus der hockenden Stellung auf, war mit einem Schritt am Lager des Freundes. Der war erwacht, hatte begriffen, stellte sich auf die Füße, zog die Stiefel hastig über. Hein gab den Pferden die Trense ins Maul. Sie saßen in den Sätteln und zitterten. Der Morgen dämmerte. Es war Neuschnee gefallen. Die Wolken, die ihn gebracht, hatten sich schon wieder zerlöst, hingen nur noch um eine zerklüftete Bergkuppe, die jäh auf der einen Seite des Tales emporragte.
Hein lenkte dem Fluß zu, nahm sich die Basis der Kuppe als Ziel. Die Pferde mußten durch den Strom, der nicht tief war. Zwei Fuß schwarzes quirlendes Eis. Wie spratzender, kochender Asphalt. Doch kalt. Auf der anderen Seite angelangt, begann er sich vor sich selbst zu rechtfertigen. Tat's, indem er dem Gefährten einen Plan angab. Er wies vorwärts gegen das obere Tal. In einem Absatz hob es sich zu einer ausgedehnten Fläche, die offenbar mit Sträuchern bewaldet war. Sommerlich ein Paradies voll Beerenpflanzen. Kirschgroße Blaubeeren. Der Fluß fiel in der südlichen Ecke in einem leise grollenden Fall ab. So mußte denn der Weg auf der nördlichen Seite, im Schutz des Berges liegen.

Das Gelände erlaubte eine schnelle Gangart der Pferde. Ohne Mühe gelangten sie auf den oberen Abschnitt des Tales, der vollkommen eben. Mooriger Untergrund. Fast mannshohe Zwergbirken. Heidekraut. Kümmerliche Latschen. Der Schnee war hier seltsamerweise geschmolzen. Gärung des Bodens. Feuerströme im Felsen. Warme sickernde Quellen. Die kirschgroße Blaubeeren trieben. Als die Reiter einen Augenblick innehielten, den modrigen Zaubergarten zu überschauen – Brutstätte der Kraniche, Obstwiese des Auerhahns, saftiges Beet für Elch und Ren – prasselten Steine von einem Hang der Kuppe in ihrer Nachbarschaft herunter. Aufblickend gewahrten sie nachstürzendes Geröll, als ob flüchtige Tiere es gelöst. »Jetzt weiß ich viel«, sagte Hein, »nicht weit von hier muß der Schuß gefallen sein.« Und sprengte vorwärts über die Heide.

Perrudja sandte, sanft gewiegt, schaukelnd auf vier gläsernen zuckerfellblutknochenknabenspeichelschönen Beinen, seine Augen aus.

Er sah einen Bauernburschen, jung, jungfräulich, nächtlich lüstern, tags kinderfromm, mit klarer Sternstirn auf einer blutbraunen, kupferbraunen Stute, gestaltetes Fleisch, gläubig im Dunkel mütterlichen Geschlechts.

Er sah wie einen Schatten aus den Fernen des Teufels, der Mondscheibe, der Milchstraße, des Wassermanns, des grünen Igels, der gelben Sintflut einen Menschen im Busch stehen. Schultern und Kopf ragten aus dem Zweigwerk hervor.

Er schrie, wiewohl er ahnte, es war vergebens und viel zu spät: »Halte dich links zu den Felsen!« Er riß sein Pferd herum. Eisen verzerrte das Pferdemaul. Ein Schmerz riß die Lippe ein, daß Blut – Er rief abermals. Nahm das Gewehr von der Schulter. Sah Hein die Richtung ändern. Mußte begriffen haben. An einer steilen Felswand entlang einige hundert Meter Galopp. Die Pferdemäuler wurden ganz gequälte Arbeit. Hein in unbegreiflichem Tempo immer vorauf. Das Gewehr lose in der Hand.

»Absitzen«, kommandierte Perrudja.

Hein sprengte weiter. Bog wieder ein in den Busch. Reckte die Arme auf. Schrie. Unverständlich. Freund.

Kurz und knapp rührte das Geräusch eines Schusses die Luft.

Perrudja, sanft gewiegt, schaukelnd auf vier gläsernen Beinen – Speichel des Pferdemauls –

das ich geküßt. Meine Finger zwischen den Kiefern wo sie zahnlos. Fleischige Zunge.
Sah, daß Reiter und Pferd (Bauernbursche, jung, jungfräulich, gestaltetes Fleisch) ganz sacht im Buschwerk untergingen.
Da jagte er mit den Augen, die gesehen, der Zurückgebliebene. Die Ferne gab noch keine Antwort. Einige zehn Meter vorwärts. Jetzt konnte er über die kahle Stelle weit in das Gesträuch hineinschauen. Ein breiter Weg, sozusagen. Auf den große Felstrümmer gestreut waren. Hinter einem Trümmerstück sah er, noch in Bewegung, hilflos ausschlagend, Galopp wie in unendliche Weite, mit dem Ziel: zusammengezwungen eingezogen starr zu werden, die Hinterfüße des Pferdes.
Er saß ab, lief vorwärts auf tauben Füßen. Leer, mit verzagten Lippen. Maske. Vertarntes Herz. Die Straße verbreiterte sich zu einer Lichtung. Ein Mensch eilte ihm entgegen. Hein war es nicht. Der Schatten der gelben Sintflut. Suchte Deckung hinter den verstreuten Felsbrocken.
Perrudja feuerte einen Schuß. Wohlgefallen. Vergessen. Feuerte. Die Leber wurde frei. Lief vorwärts. Der Gegner kam wieder hervor. Perrudja feuerte. Der andere verschwand hinter Steinen. Der Waldbesitzer nutzte den Augenblick. Vorwärts. Sein Instinkt war ganz unkrank. Und ganz tierhaft. Hase, von Hunden gehetzt. Das Buschwerk zu beiden Seiten wich mehr und mehr zurück. Nur Moos unter den Füßen. Die Hinterschenkel der blutbraunen Stute waren reglos zusammengekrampft. Ein großes Herz stand still und ließ einen Wunderbau – samtene Haut, duftige Lungen, süße Eingeweide, gläserne Knochen, schwellende Muskeln – veröden. Halb auf dem Rücken lag das Tier. Von Hein kein Zeichen.
Inmitten der Scheibe, grünbraun, moosig, eingefaßt durch krauses Gewucher, leer bis auf vergrämte Felsbrocken, ein großes stilles Herz, drei Menschen, deren jeder nur das Ich sah, zwei vertarnt, lag ein zweites großes stilles Herz. Leiche eines mächtigen Tieres. Konnte Stein scheinen. War als Stein erschienen. War Fleisch. Wunderbau, duftige Lungen, süße Eingeweide. Ein Elch.
Weiter. Der Gegner ihm entgegen. Zum Erkennen deutlich. Thorstein Hoyer. Perrudja feuerte. Lachend. Seine Lippen wurden schamlos. Ducken. Verkriechen. Aufrichten. Wieder

hinwerfen. Aufrichten. Zu Hein. Trotz schamloser Lippen. Niederwerfen. Ein Schuß. Vor seinen Füßen zerspellte ein Kiesel. Verkriechen. Atemlos liegen. Hoyer schlich vorwärts. Perrudja zielte. Feuerte. Er sah Thorstein Hoyer sich ans Ohr fassen. Da war der Laut einer singenden Kugel gewesen. Perrudja kroch. Thorstein hockte noch, halbgelähmt. Legte an. Viel zu spät. Nicht geistesgegenwärtig. Perrudja hinter einem Stein. Plötzlich wurde die Luft ihm klebrig und schwer. Und die Milz wurde ihm klein. Weil sich sein Blut in den Windungen des Bauches verfing, nicht wieder hinaustrat in die Herzbahn. Hein, Hein. So feuerte er sinnlos gegen die Klippen, die diesen Hoyer verbargen. Wartete mit leerer ängstlicher Milz. Thorstein mußte ohne Deckung über eine Lichtung. Er wartete. Brennende Ohnmacht. Hoyer verbarg sich. Dieser aber wartete auch. Hoyer kam nicht hervor.

Plötzlich schrie Perrudja laut: »Hein, Hein!«

Eine leise Stimme kam zurück: »Bleib auf der Hut. Ich liege. Es ist nicht schlimm mit mir.«

»Hein, Hein!«

»Bleib vorsichtig. Tufsa ist tot. Sie verbirgt mich.«

»Hein, Hein!«

»Ich bin beschützt. Und ziemlich warm. Und durstig.«

Fleisch als Schanze.

Wenn es schlimm kommt, werden wir den Pferden den Bauch aufschlitzen müssen und uns hineinlegen –

»Hein, Hein!«

Wie eine Eidechse vorwärts. Da war auch Thorstein hervor, über die Lichtung kriechend. Perrudja schoß. Gegenschuß. Schuß. Keine Antwort. Schuß. Keine Antwort. Hoyer kroch zurück. War er verwundet? Perrudja voran. Ihm Sand in die Nase. Sprühen. Er warf sich nach rechts. Rechtzeitig genug. Ein Schuß links schlug ein. Noch ein Ruck nach rechts. Jetzt deckte ihn das tote Herz. Der Kupferleib. Das Muttertier mit schwarzer zweckloser Scham. Morgen hartgefroren wie zäher Stoff. Wie das tote Kind. Mit Tannenzapfenbrüsten im gelben Sonnenblumenwiesensarg. Wieder war es Winter. Und das Fleisch würde nicht stinkend werden einen Winterschlaf lang. Trotz des qualmig moorig warmen Bodens. Schuß. Eine Kugel zerfetzte den Pferdefuß. Man hörte Hein aufschreien. Rechter

Hand Steine. Perrudja wich nach rechts. Er kam von seinem Ziel ab. Er erreichte Hein nicht. Doch drang er so weit vor, daß er in seitlicher Achse dessen Lage überschauen konnte. Er sah den Pferdeleib, herrliche Kruppe, in deren Schutz, ausgestreckt in einer Mulde, der Freund. Er sah dessen Schuhsohlen, nichts weiter. Und blieb mit wunden zornigen Augen hinter einer vorgeschobenen Klippe liegen. Legte das Gewehr an über einen Kiesel. Wartete. Wartete lange. Wurde von Minute zu Minute bereiter, frei hinauszutreten, sich erschießen zu lassen. Die Majorität des Lebens war dem Tode hingemäht. Die Schönheit war in die unerbittliche Sense gekommen. Ein häßlicher Rest versuchte, das Herz zum Leben bereitzuhalten. War es nicht tugendsamer, mit der Schönheit stockzähes Fleisch zu werden? Einzugehen in die Dauer eines winterlangen Schlafes? Da sah er eine Hand hinter dem feindlichen Felsen hervorkommen. Wie zufällig. Die Hand war weiß umwickelt. Es mußte die linke Hand sein. Hoyers linke Hand.
Gewiß war der Boden gärungswarm. Doch die Stunden waren Eis. Perrudjas Herz jammerte. Dann wieder sah er die weißbewickelte Hand. Im Zorn schoß er danach. Klatschend antwortete ein abgespellter Felssplitter. Seltsamerweise antwortete Hoyer mit keinem Schuß. Dennoch mußte er kampffähig sein. Er hatte den Gewehrlauf aus einem Spalt herausstehen. Vielleicht visierte er dahinter. So nahm Perrudja den Spalt als Ziel. Schoß. Pause. Er kroch plötzlich wie auf Befehl von seinem eigenen Gewehr fort. Er ja saß auch mit dem Gesicht hinter einem ungeschützten Spalt. Links das Gewehr, rechts beobachtete er. Da kam die Antwort. Seine Büchse hatte sich bewegt. Am Kolben war vom Holz abgesplittert. Er schießt sicher, dachte Perrudja. Ich will stille bleiben. Vielleicht vermutet er etwas Liebes für sich.
Man ließ ihn ohne Hunger-, ohne Durstgefühl. Kein Brot. Er bedarf dessen nicht. Kein Wasser. Er schluckt seinen Speichel. Seine Nieren stehen still. Er weiß es genau. Es will nichts aus ihm heraus. Die Patronen sind verschossen bis auf fünf. Der unbedachte Hein. Der Betrogene lud behutsam und fühlte, es könne böse enden. Fünf Schüsse waren bald getan. Er durfte nicht stundenlang untätig liegen. Hein konnte auf den unsicheren Fluren zwischen Leben und Tod wandeln. Perrudja mußte

einen schmalen Felsspalt belagern. Belauern. Wenn ihm die letzte Kugel dahin –. Das Sterben war unpathetischer als er vorauszusetzen gewillt gewesen war. Viel zufälliger. Und ohne Gesetz. Die Dichter hatten gelogen, die von den tausend Toden und von dem einen des Einzelnen sprachen. Swifts Fleischkonserven. Er konnte davon nicht essen. Fünftausend Rinder starben täglich. Ihr Blut nicht trinken. Swift, George Hamilton & Co., Ltd. Ein automatisch vorgezeichneter Tod der Zerstükkung. Blechbüchsen, verzinnt. Rostige Kehrichthaufen. Die Schönheit der Welt war in der Tat nicht augenfällig. Ein zufälliges Feuerwerk der Liebe. Postulat der Liebe. Glaubensbekenntnis der Nichtkastrierten. Und die Kastrierten wurden fett und fromm. Ochsen am Wagen. Origines im Gebet. Das Himmelreich war sicherlich nicht fett und fromm. Da stieg der geringe Gestank von Schweiß seiner Schenkel ihm in die Nase. Die Knaben nahmen ihr Geschlecht in die Hand und priesen seine Größe. Und die Halbwüchsigen vertrauten einander die Zahl der Opfer, die sie nächtlich den Frauenschößen zu bringen vermöchten. Und logen. Und waren schön mit den Schatten unter den Augen.
Wartet. Wartet. Wartet. Will endlich hervorstürzen. Da sieht er Hoyer herankriechen. Sich aufrichten. Jener naht, das Gewehr vor sich. Lacht, lacht. Sieht den Gegner liegen, ihn selbst, Perrudja, wehrlos. Was tut er? Er ist nicht barmherzig. Was für ein Wort ist das: Barmherzig. Wir sind nicht kastriert. Geilheit ist das Wort. Nebenbuhler. Mich, Nebenbuhler, schießt er nieder wie einen Hund, den man nicht leiden mag.
Hein hat's verschuldet. Hein nahm die Patronen.
»Hein, Hein!«
Perrudja sammelte sich. Sein Gekröse war leer und ekelte sich vor dem nichts als Mundspeichel. Dessen Geschmack ein Leben lang hinabgeflossen war.
Vor dem letzten Schuß würde er über die Lichtung zu Hein laufen. Abgemacht. So lag er wieder neben seinem Gewehr. Da rutschte Hoyer auf dem Bauche rückwärts einem anderen Hinterhalt zu. Schuß. Hoyer glitt in eine Vertiefung. Ein Graben. Verschwand vom offenen Feld. Erschrocken harrte Perrudja, was folgen würde. Da sah er, wenig später, den Kopf des Gegners ganz in der Nähe des toten Pferdes aus der Ebene

auftauchen. Perrudja wich hinter den Felsen zurück. Wich weiter. Gelangte in den Busch. Als Thorstein einen Schritt gegen Hein machte, schoß er. Jener, da er Perrudja mit seiner Kugel nicht fangen konnte, warf sich nieder. Legte an gegen den Pferdeleichnam. Schoß, traf das Rückgrat. Die Kugel schlug hart auf. Riß ein breites Loch. Hein gab keinen Ton. Was für eine Erregung in diesem Hoyer. Gewiß, bald mußte der Ausgang des Widerstreits entschieden sein. Perrudja drang auf dem gleichen Weg vor wie ehedem der Gegner. Glitt in den Graben. Schaute den Graben entlang. Den Thorstein gekrochen. Kroch ihm nach. Da sah er die Füße des Nebenbuhlers. Da war nur die Sehnsucht in ihm, diese Füße zu zerfetzen. Und kein Zweifel, er wird treffen. Er wog den Lauf aus mit Frohlocken und zärtlichen Tönen. Aber die Kugel ging viel zu hoch, klatschte gegen einen Stein. Der Lauf mußte durch den Treffer Thorsteins die Genauigkeit eingebüßt haben. Geängstet wich Perrudja zurück. Ob Thorstein ihm folgte? Es saß die letzte Kugel im Lauf. Quälendes Warten. Die Sonne stand über Mittag. Quälendes Warten. Die Sonne senkte sich. Quälendes Warten. Er war ein Stück Holz. Ein Holz. Und dachte nichts. Er dachte nichts. Er fühlte nichts. Wunschlose Qual. Da gab es zwei Ewigkeiten: Wunschloses Glück und wunschlose Qual. Himmel und Hölle. Und zwischen ihnen ein Nebel wie Bocksgeruch. Wie Duft aus Betten. Schweiß zwischen kühlen Schenkeln.

Es begann zu dämmern. Bewegung am Boden? War es Hoyer? Perrudja schoß. Er war aus dem Graben heraus. Jemand kroch davon. Ins Dunkle. Hoyer ohne Deckung. Die Finger am Hahn. Es gibt keinen Funken. Niederwerfen. Hoyer, am Boden, kroch weiter. Auch er hatte, vor sich prahlend, nur wenige Patronen zu sich gesteckt. In der Unklugheit des nicht warten mögens vertan. Er wollte fliehend sein Leben retten. Der Versuch, Heins Waffen zu erobern, war mißglückt. Er erhoffte nichts mehr. Da war ein Tag vergangen vom Morgen bis zum Abend. Schleicher im Dunkeln.

Er war verwundert, daß keine Kugel ihm nachgesandt wurde. Die verwundete Hand schmerzte. Fieberte. Im Busch konnte er vorwärtskommen. Ohne Gefahren. Die Talwand hinauf. Dann über die schwarz versinkende Hochebene.

Als es finster geworden, wagte Perrudja sich aus dem Graben heraus. Er stürzte zu Hein. Er fand ihn ohne Bewußtsein. Doch war Atem in ihm. Perrudja riß ihn an sich. In seine Arme. Trug ihn über die Lichtung, den Weg zum Untertal. An der Grenze des oberen Abschnittes fand er Shabdez, die in den Birken graste. Er hob Hein in den Sattel, stieg nach. Der Weg ging hinab. Unter der Kuppe entlang. Durch den Strom. Vor dem Holzhaus endete er.
Hein war aus seiner Ohnmacht erwacht. Er hatte beide Hände um des Freundes Hals gelegt. Es war ein guter Ausgang des Abenteuers. Zwei waren noch beieinander. Wenn auch zitternd vor Kälte. Überdurstig. Ohne Gesicht.
Licht in der Hütte. Prasselndes Feuer. Hein auf dem Lager. Perrudja entkleidete ihn. Fand, daß eine Kugel durch das Fleisch der rechten Wade gedrungen. Knochen waren nicht verletzt. Ein starker Bluterguß. Am Bauch war die Oberhaut abgeschürft vom Sturz. Perrudja fragte nach dem Sitz aller Schmerzen. Hein lächelte. Es sei nichts Schlimmes. Er sei nur ermattet. Er sei durstig. Durstig. Er sei fröhlich. – Er fieberte ein wenig.
Um Mitternacht brauchte Perrudja nicht mehr tätig zu sein. Nur noch das Feuer unterhalten. Wachen. Es war kein Wille mehr in ihm, der die Erinnerung zurückbrachte. Sein Gehirn schloß sich mit einer Formel. Auf der Heide liegen toter Elch, totes Pferd. Man muß sich um die Leichname bemühen.
Hoyer war indessen, so schnell die lahmen Kräfte es zuließen, über die Hochebene geeilt. Die Füße trugen schwer an dem Körper, in dem sich Schlaf und taubes Tier eingenistet. Nur ein Keim ging noch auf. Der Mensch zerschlug an einem Stein sein Gewehr, um frei davon zu sein. Frei der Last und frei von einem Zorn gegen das Gerät. Auch ihn peinigte unerträglicher Durst. Er hatte Schnee sich auf der Zunge zergehen lassen. Das hatte seinen Durst gesteigert. Er floh. Das gestand er sich ein. Manchmal glaubte er Pferdegetrappel hinter sich zu vernehmen. Es war ein Nichts. Vision des Geschlagenen. Seine Vernunft sagte ihm, daß nicht heute mehr sein Unglück wachsen würde. Galgenfrist.
In den Stunden kam er gegen das Gespenstertal. Der Mond schwebte jetzt über den Bergen. Eine Landschaft mit Tusche

gepinselt. Ein Mond, wie er einen chinesischen Dichter zu Tränen rührte. Schnee. Sehr kalt die Luft. Es war weiß über dem Schnee. Die Helligkeit war zum Fürchten. Er stieg abwärts, den Gehöften zu. Er war am Ende seiner Kraft. Nur noch den Hügel hinan. Skaerdals Haus. Er pochte. Ihm wurde aufgetan. Da waren Stunden verstrichen zwischen Pochen und Öffnen. Wie ihm schien. Er war auf der Schwelle niedergesunken. Frau Skaerdal erschrak, als sie ihn sah. Er hatte sich wieder aufgerichtet. Taumelte. Blutleer sein Gesicht. Seine Kleider zerfetzt. Von der Hand tropfte es wieder rot. Sie sagte leise: »Guten Abend. Du bringst uns nichts Gutes.« Er gab keine Antwort. Er verlor sich in der Höhlung des Hauses. Sank auf einen Stuhl. Heulte. Sie dachte das Schlimmste. Rief Signe herbei. Ging dann in die Schlafkammer. Heulte. Sie ließ Skaerdal, der auch aus dem Bette war und zu ihr trat, nicht von sich. »Du sollst Thorstein nicht sprechen«, sagte sie, »er ist verwundet. Es ist ein Unglück geschehen. Signe wird alles erfahren. Sie wird alles erfahren. Von ihr werden wir es wiederhören.«
Einar schwieg. Ging auf und ab. »Sie werden sich geschossen haben«, stieß er hervor, »wenn man nur wüßte, wie groß das Unglück.«
Signe wusch in der Küche Thorsteins Hand. Verband sie. Sie hatte zum Arzt in Atna Nachricht geben wollen. Er hatte es untersagt. Er verlangte zu trinken. Sie gab ihm. Er verlangte zu essen. Sie gab ihm. Er verlangte in die Gastkammer geführt zu werden. Sie half ihm beim Entkleiden. Als er im Bette lag, begehrte sie zu wissen, was geschehen sei.
Hoyer berichtete die Wahrheit, doch ließ er aus, daß Hein tot oder verwundet. »Perrudja lebt«, stöhnte er. Sein Gesicht verzog sich. Es wurde ganz schwer und affenartig. »Er kann schießen – besser als ein Kind. Weil dich nach Elchfleisch gelüstet, ist dies angestellt. Erbitte einen Braten von ihm. Ich habe gejagt. Die Polizei hat die Beute beschlagnahmt. Wirst du erraten, was daraus folgt? – Morgen oder übermorgen ins Gefängnis geschleppt. Sie werden ein Gericht abhalten. Perrudja wird auftreten, gegen mich zeugen. Man wird seinen Worten glauben müssen. Ich sei ein Wilddieb wird er sagen. Schonzeit für Elche. Das ist das wenigste. Ich habe ihn ermorden wollen. Da werde ich zu Fall geraten. Was wüßte ich

dagegen vorzubringen. Habe nicht ich als erster geschossen? Ich habe als erster geschossen.«
»Und du trafst nicht?«
Hoyer stockte nach dieser Frage. Da mußte er die Lüge wiederholen. Die Braut würde an seiner Stirn nichts lesen können von der Lüge. Er sagte: »Doch. Ich traf. Das Pferd fiel. Er war zupferd. Er war noch nicht abgesessen. Er wollte mich überreiten. Vielleicht. Ich schoß auf die Polizei. Das wird nicht verziehen werden. So steht es um mich. Ich bin meinem Nebenbuhler ausgeliefert. Er wird nicht Mitleid haben. Kein Erbarmen. Weshalb auch? Ich habe geschossen. Er wird es nicht vergessen. Viele Jahre wird man mich von dieser Welt fort vermauern. Du aber bleibst hier zurück. O, o, o! Ich kann es nicht denken. Er bleibt zurück. Er bleibt in deiner Nähe. Ich halte nur leere Schwüre. Worte. Nichts, nichts, nichts. Du wirst ihm anheimfallen. Er hat den Sieg. Ich bin zertreten. Es gibt Gründe für dich, mich zu verstoßen. Ich werde im Gefängnis altern. Stunden nur noch sind mein Eigentum. Ich bin gestrauchelt. Es ist um deinetwillen geschehen. Hast du nun kein Erbarmen? Stunden noch gehören mir. Schenke mir deine Stunden, die gleichzeitig sind. Löse die Eide ein. Jetzt, jetzt! Erweise, daß du nicht gelogen! Bleibe bei mir diese Nacht! Komm zu mir! Eine Nacht! Tausend Nächte gib Perrudja. Gib mir eine Nacht. Dann erntet er tausendmal mehr Süßigkeit als ich. Tausendmal größer sein Lohn. Verstoße mich nicht. Wenn du mich nicht erhörst, bin ich verstoßen. Die Wirklichkeit wird den Spruch fällen: ich bin verstoßen.«
Signe antwortete kurz: »Nein. Ich habe mit eurem Handel nichts zu schaffen. Büße, wenn du unklug warst.«
»Und die Gefängniszeit? Denkst du daran? Vielleicht zehn Jahre lang werde ich begraben. Zehn Jahre. Kann man es ermessen? Ich bin ein alter Mann nach ihrem Ablauf. Signe, Signe! Widerrufe, was du gesprochen. Ein Wort. Ein Wort widerrufe. Es sind zehn Jahre, die uns trennen werden. Man kann ein Jahr warten. Zwei Jahre. Fünf Jahre. Man kann nicht zehn Jahre warten.«
»Man kann nicht? Man kann. Ich kann. Ich habe nichts zu widerrufen. Wer überhaupt weiß, was geschehen wird? Wer weiß es? Du hast mich überfallen, heut nacht. Das sei dir ver-

ziehen. Du willst mich vergewaltigen. Ich sträube mich. Begnüge dich mit deinem Schicksal. Muß ich selbst es nicht auch?«
»So hältst du deinen Schwur?«
»Thorstein Hoyer, du sollst nicht winseln. Weshalb hast du kein Vertrauen zu mir? Willst du mein Unglück oder mein Glück? Ich werde nichts Gewissenloses tun. Das ist mein Versprechen. Mehr wirst du nicht erhalten. Soll ich dir Worte geben und Eide, und habe doch Perrudja nicht angehört? Soll ich ungerecht sein? Daß du mich wieder und wieder marterst! Weißt du denn nicht, ich liebe auch ihn? Ihn und dich. Weshalb habt ihr euch nicht versöhnt? Was verlangt ihr von mir, daß ich an eurem Streit zerfetzt werde! Weshalb gibt keiner mich frei, spricht, was er sprechen müßte: Geh von mir, nimm jenen. Wenn du mich über die Ehe hinaus leiden magst, ich wohne da und dort. Oder was man sagen könnte, wollte man's schon sagen; weil man befürchtet, stumme Blicke könnten fehlen. Soll ich in zwei Hälften zersägt werden? Wenn du ungerecht behandelt werden wirst, will ich etwas für dich tun. Ich kann nicht zu dem Mordversuch an Perrudja lachen. Das verlangst du von mir. Vielleicht war heute ein ehrlicher Kampf. Und du hast ihn noch immer nicht verloren. Oder jener hat ihn nicht gewonnen. Ihr habt beide verspielt. Vor dem Gefängnis werde ich dich bewahren. Morgen zeitig werde ich zu Perrudja gehen.«
»Tu's nicht! Gib meinetwegen keine Bitte ab.«
»So werde ich nur zu ihm gehen, wie von ungefähr.«
»Tu's nicht! Gib mir den einen Trost, daß du nicht zu ihm gehen wirst.«
»Du willst keine Lösung. Doch verspreche ich dir. Vielleicht ist es zu deinem Verhängnis.«
»Es ist zu meinem Verhängnis.«
»Du selbst wählst doch.«
»Weil ich muß.«
Signe verabschiedete sich von ihm und ging hinaus. Sie trat zu den Eltern und sagte: »Perrudja und Thorstein haben sich geschossen. Hoyer ist leicht verwundet. Perrudja ist ohne Unglück gewesen. Schlaft also, sorgt euch nicht.«
Da hielt Frau Skaerdal nicht an sich, stürzte gegen Signe,

umarmte sie und schluchzte: »Mach der Qual ein Ende! Entscheide dich, wem du angehören willst.«
Signe wich aus, meinte, die Zeit sei noch nicht reif. Morgen vielleicht schon könne irgendwo die Sanduhr abgelaufen sein.
Als die Nacht dahin, war sie vergangen im Gespenstertal und auf dem Saeter, wo Perrudja neben Hein gewacht. Der Kranke hatte geschlafen. Unruhig zwar, mit wirrem Bewußtsein. Als er die Augen aufgeschlagen, fragte der Freund ihn nach Befinden, Ausmaß der Schmerzen, nach Hunger und Durst. Reichte weißes Brot, bitteren Tee. Hein lächelte und bat um einen Kuß. Sein bleiches Gesicht wurde frisch bei der Bitte.
Perrudja wagte die Frage, wie Hein sich den Nachhauseweg denke. Ob der Gesunde vorausreiten solle, eine Tragbahre herrichten lassen?
Hein wollte nicht allein zurückbleiben. Perrudja sollte ihn zu sich aufs Pferd nehmen. Es sei ja zu erkennen, es stehe nicht schlimm mit ihm. Auch würde er vierundzwanzig Stunden früher im Hause sein. Brauchte den Tag nicht in lästiger Einsamkeit zu verbringen. Frieren, wenn das Feuer erloschen.
Perrudja entfernte sich auf eine halbe Stunde von Hein. Ritt noch einmal den Weg des Vortages hinauf zum oberen Talabschnitt. Es war etwas in ihm, das leicht vergaß. Er wollte sich gewisser erinnern. Blickte auf die Leichen von Elch und Pferd. Dem Elch standen die gebrochenen Augen geöffnet. Heins blutbraune Stute, seine Schanze, war häßlich zerfleischt. Geronnenes Blut hatte sich von Rücken und Weiche aus verbreitet. Der Waldbesitzer stieg ab, beugte sich über den Hals des Tieres, senkte den Kopf in das Fell. Er löste den Sattelgurt, das Kopfgeschirr, warf die Geräte in den Busch.
Zurückgekehrt half er Hein in die Kleider. Sie verließen eilig den Platz. Hein mußte auf einer Decke vor Perrudja, sozusagen auf dem Hals der Stute, sitzen. Es ging aus dem Tal hinauf. Der Tag entschleierte das Gebirge ganz. Es war eine Wüste. Aus dem Grunde hochgehobene Erde. Ein sehr einsames weißes erstarrtes Meer. Und sie ritten über das Wasser wie die Heiligen vermocht. Es war beschwerlich und zum Verzagen. Denn sie waren nicht Heilige. Zufällige Tiere, die wenig begriffen. Aber

es war die Brunst der Liebe ihn ihnen. Deshalb verschlang es sie nicht. Es wurde Perrudja sehr gewiß, daß er niemals würde zu Gott beten können, weil er kein Heiliger. Wer gering sich weiß, scheut sich, den Höchsten zu bemühen. – Oft mußte abgesessen werden. Als sie an den Ort kamen, wo sie Pistolen und Proviant niedergelegt, schlug Perrudja vor, man solle den kürzeren Weg ins Gespenstertal wählen. Hein, der erschöpft, kalkweiß um das Kinn, aschgrau um die Augen, offenbar gepeinigt von Schmerzen war, wollte nicht. Nicht zu den Eltern. Nicht die Schwester sehen. Er wollte lieber Anstrengungen erdulden. So ritt man weiter bis in die Dunkelheit hinein. Der Himmel ging, voller Wolken, zu von allen Seiten. Den beiden wurde das Herz schwer. Sie sprachen nicht. Shabdez versuchte immer wieder, ihre Erschöpfung abzuprusten. Ehe die Wolken sich entluden von den Peitschen der eisigen Winde und den gläsernen Kristallen, war man im Hause angelangt. Wärme, Kerzen. Ummauerte weite Räume. Teppiche. Speisen. Betten mit Seide und feinen Linnen bespannt. Hunde. Duft von Tieren, Menschen. Ofuls ewiges Lachen. Hein sank glückselig hin. Er lag unter einer steinernen Kuppel. Es mußte viel Licht um ihn sein. Perrudja rückte für sich ein Ruhebett neben die Lagerstatt. Hjalmar hatte noch aufbrechen müssen, den Arzt aus Atna zu holen.

Perrudja verband noch einmal das verwundete Bein. Die Haushälterin hatte ein Dutzend Flaschen herbeigeschafft. Tat Handreichungen. Dann Schlaf.

Am nächsten Mittag langte der Arzt an. Er fand Eiter über der Wunde. Es gab ein paar schmerzhafte Prozeduren für Hein.

In den folgenden Tagen rüstete Perrudja eine kleine Expedition nach dem Talkessel aus. Die Leichen von Elch und Pferd sollten zusammengetragen, ein großer Hügel aus Sand und Steinen darüber errichtet werden. Er beschrieb genau seine Wünsche. Sagte zu Hjalmar, er selbst werde später kommen und nachschauen, ob alles nach Wunsch erledigt.

Er versuchte, eine klare Rechnung aus dem schlimmen Abenteuer zu ziehen. Er begriff, es war an ihm zu handeln. Alle Möglichkeiten erwog er. Der Weg über die Einrichtungen des Staates. Er schämte sich dessen. Es war eine Angelegenheit zwischen ihm und Thorstein Hoyer. Signe erklären, was sich zugetragen hatte. Sie würde ihn abweisen. Es blieb nur: der Faustkampf selbst. Es konnte nichts gelten, daß die Kugeln aus dem Gewehr Thorsteins ihn bedroht. Teil des Kampfes. Hein angeschossen. Er hätte tot sein können. Tot Tufsa. Tot ein Elch. Perrudja wiederholte sich die Leiden der drei, die nichts mit der Nebenbuhlerschaft zu tun.

Er konnte sich nicht entschließen, Signe aufzusuchen. Sie würde Fragen stellen. Sie würde einiges durch Hoyer erfahren haben.

Hein genas.

Thorstein Hoyer hatte von Tag zu Tag seine Verhaftung erwartet. Es peinigte ihn, immer noch warten zu müssen auf den Ablauf seines dunklen Geschicks. Er hätte den Gedanken von sich gewiesen, der Sieger, dieser Perrudja, wartete ihm gleich in dumpfer Trägheit auf etwas Ungewöhnliches. Sich die Stunden zerfressen lassen mit einer leeren Sorge um den genesenden Hein. Er hätte gelacht. Wiederholte Erzählungen des Abenteuers im Gebirge. Eindrücke, Traurigkeiten, Zuversichten hervorheben, eine Zukunft erträumen, eine unwirkliche, die nicht kommen konnte. Er hätte gelacht. Auf die Ankunft Signes warten. Der Meinung Vorschub leisten, daß es ihre Pflicht zu kommen. Er hätte gelacht.

In Perrudja wurde aus der Unlust, Signe aufzusuchen, ein fester Wille, es nicht zu tun. Der Entschluß erdrosselte die Tage. Tote Wochen. Das Unnatürliche geschah, der feurige Liebhaber fragte sich, ob er Signe liebe. Sie lieben dürfe, da er ihr von nur bescheidenem Wert. Da sein Fortbestehen, sein Tod von ihr nicht oder nur zufällig bemerkt werden würde. Da ihre Wünsche mit dem tierisch gefügten Hoyer gingen. Dessen Fäuste stärker. Es kam auf Fäuste an. Kläglicher Zustand, jedem Manne, der breit um die Rippen, behaart auf den Brustwarzen, unterlegen zu sein. Dieser Hein auch bekam schon einen Schatten über dem Herzen. Nächtliche Wälder. Er selbst immer noch wie Wachs und Buchsbaumholz. Das Weib stand vor der Wahl zwischen Mann und Kind. Vielleicht gab es in ihr eine mütterliche Liebe, die ihn liebte, diesen Buchsbaumkörper. Anatomische Figur aus Wachs. Leichenabguß eines Sechzehnjährigen.

Signe war, so mußte es scheinen, gleichzeitig verlassen von

beiden Liebhabern. Thorstein kam nicht herauf, weil er auf seine Verhaftung wartete. Perrudja, weil er einer Konstellation erlag. Gelbe stinkende Blume.
Ich muß den Gestank sündigen. Denn ich bin.
Er saß unter der Vorhaut. Es war sehr unerträglich. Es gab Bienen und Hummeln; die suchten Honig. Der Mensch aber war sehr verlassen.
Als Perrudja ausblieb, hatte Signe glauben wollen, er sei am Ende zerfetzt, krank oder tot. Sie wollte entgegen dem Versprechen, das sie Hoyer gegeben, hinauf ins Gebirge. Und unterließ es. Sie traf eines Tages einen Menschen, der ihr Auskunft geben konnte, wie es im Hause des Waldbesitzers stand. In ihm war der Mund von Knecht und Arzt. Eine Dreiviertelwahrheit. Der Waldbesitzer wohlauf. Doch Hein verwundet. So erfuhr sie es. Thorstein hatte sie schweigend belogen. Sie begann ihm zu grollen. Sie verachtete plötzlich die stolzen Menschen, die da schweigen konnten. Sich selbst. Der Nächste erfuhr nicht die Wahrheit. Sie trieben diese Eigenbrötlerei miteinander. Hein war vielleicht ein wenig gesprächig. Perrudja hatte man das Maul gestopft. Sie dachte an seine braunen runden Brustwarzen. Sie zerging fast vor Schamlosigkeit.
Mit den Nebeln senkten sich die Tiergeister vom Gebirge herab in die Niederungen, zu Menschen. Gut nur, daß unter Hjalmars Leitung ein riesiger Steinhaufe über die Leichen getürmt. So ging das Fleisch nicht stückweis in Gespenst über. Doch das Blut war auf dem nackten Boden geronnen. Die Unholde der Täler ergriffen die Nebel, leckten den Blutgeruch heraus, schlichen in die Häuser der Bedrohten, spieen den unsichtbaren Schaum durch die Scheiben, gegen den Atem derjenigen, die am bereitesten waren zu erliegen. Allmählich rührte sich nichts mehr in den Vergifteten. Signes Sein stand still. Hoyers Gier war erloschen. Perrudjas Liebe verdämmerte. Hein, dessen Blutlauge sich mit der der Tiere vermischt, mußte erst ganz genesen sein, ehe der Bann gebrochen werden konnte.
Eines Tages forderte er den Freund auf, die Schwester zu besuchen. Schlug vor, Thorstein zu zwingen, ihm ein neues Pferd zu kaufen. Das könne verlangt werden. Perrudja lachte

etwas heiser. Sagte nein. Es müsse eine unabgetragene Schuld bleiben. Ein neues Pferd werde schon erstanden werden. Thorsteins Geld möge der in seinem Kasten belassen.
Dann dingelte der Telephonapparat im Hause Hoyers. Atemlos horchte er auf die Stimme. Der Krämer aus Hus war es. Der Nebenbuhler reitet ins Tal. Hoyer hing den Hörer an. Er selbst durfte nicht reiten. Es erregte ihn die Nachricht nicht. Er wartete auf seine Verhaftung.
Signe gab Perrudja viele Küsse. Weinte an seiner Brust. Fragte nach dem Befinden Heins. Ihr Freund fuhr sich mit der Hand über die Augen, als müsse er ein Spinnennetz fortwischen. Er wagte, was er nie gewagt, legte seine Hand auf ihre Brüste. Schrie in ihren Mund. Sie war willenlos ihm hingegeben. Er räumte nochmals mit einer Bewegung Staub von der Stirn. Dann sagte er: »Nimm einen Mantel. Wir reiten gemeinsam zu mir hinauf.«
Sie wehrte ab. »Hoyer hat mein Versprechen.«
»Hoyer ist ein Mörder«, jagte Perrudja hervor.
»Du hast auch geschossen«, gab Signe zurück, »man muß nicht streiten, wenn so hohe Einsätze bezahlt werden. Weshalb auch willst du deine eigenen Lehren erschlagen? Das Gesetz ist befangen mit seiner Meinung. Schweigen wir davon.« Das fügte sie hinzu. Zog ihn ins Zimmer. Zu den Eltern sagte sie: »Hier ist er. Nichts war ihm geschehen. Hein ist gesund.«
Ein paar Stunden war Freude. Man glaubte draußen Amseln flöten zu hören. Als der Waldbesitzer abreiste, war nichts entschieden, keine Lösung erfunden. Keine breite Straße in die Zukunft. Dickicht wie allzeit. Als er am Stallgebäude im Tal, das nun leer stand, vorüberkam, bissen Zorn und Haß gegen Hoyer sich wieder in ihm fest. »Hätte ich ihn erschossen, wie er mich hat treffen wollen! Mein war das Recht gegen den Wilddieb.« Es packte ihn das Gefühl der Liebe zu Signe, schleuderte ihn, schüttelte ihn. Die Küsse brannten auf seinen Lippen. Das Gefühl ihrer Brüste in seinen hohlen Händen. Brünstigkeit unterjochte ihn. Seine inneren Gesichte wurden geil und gelb. Er wußte sich nicht zu wehren. Wollte fortfahren zu schreien. Biß in den Hals seiner Stute, brälte: »Du bist auch Weib, Tier. Auf deinem Rücken sitze ich, auf deinen Schenkeln reite ich. Sie aber ist ein Menschenweib. Sie ist ein Menschen-

weib. Ein fruchtbarer Acker für meinen Samen. O, wie süß, wie bitter. Wie süß, wie bitter.« Er riß das Pferd herum, jagte zurück. Vor Signe erklärte er kurz seine Meinung. Thorstein und er, beide könnten eine Pistole halten, beide wüßten zu schießen. So solle denn jeder seinen Meisterschuß zu tun versuchen. Das Herz des Gegners sei ein gutes Ziel. Signe erschrak tief. Sie ermaß die Leidenschaft ihres Freundes ganz. Angst vor einem bösen Zufall benahm ihr die Kraft zum ja. Sie schrie nein. Umhalste ihn. Perrudja genoß den Kuß. Aber sein Wille zu einer Entscheidung war nicht gebrochen. »So soll Hoyer weiter den Wilddieb machen. Er soll! Ich werde zupferd den Polizeihauptmann spielen. Thorstein hat ein großes Ziel. Er soll ins Gebirge. Wir haben uns schon ein wenig geübt. Ich will ihm dort begegnen. Er soll nicht feige sein. Ich werde ihn nicht einkerkern lassen. Uns sind beim ersten Treffen die Kugeln ausgegangen. Wir mußten nach Hause gehen, weil das Pulver verschossen. Und sag ihm dies: gelänge es ihm, drei Elche zu erlegen, ohne daß ich ihn fände, ihn hinderte, würde ich die Absetzung des ungeschickten Beamten verfügen, eine unwiderrufliche. Ein standrechtliches Gericht gegen mich abhalten. Ich will nicht schlecht werden. Gelbe Blume ist schlimm genug. Kein Fliegenpilz.« Als Signe betroffen schwieg, aber nicht wagte, zu widersprechen, fügte er hinzu: »Sag ihm dies, verschweig es ihm, es liegt bei dir. Ich werde auf der Hochebene sein, nicht ins Tal kommen. Nicht zu dir. Ich will nicht. Kannst du schweigen, gut, ich füge mich. Krepiere, wenn's ein Gott so will, abgestürzt in einem Schneeloch. Mein gutes Pferd unter mir. Ein warmer Leib, Pferdeweibchen, daß ich nicht ganz einsam. Sprichst du aber, dann verkünde Thorstein: jede List sei angenehm. Wir werden uns in nichts nachstehen.«

Er war hinaus. Im Sattel. Trabte davon. Signe fühlte am Jammern ihres Herzens, sie war ihm verfallen. Sie begann Hoyer zu hassen, weil sie ihn nicht lieben konnte. Eine Woche verstrich. Sie ging zu ihm. Hub an zu einem Gespräch. Sagte: »Mich gelüstet nach Elchfleisch. Du hast mir welches versprochen. Weshalb gehst du nicht auf Jagd? Gefängnis droht dir nicht. Ich will, daß du ins Gebirge gehst.«

Hoyer brach fast zusammen unter ihrer Stimme. »Um mir das

zu sagen, bist du gekommen?« hauchte er, »da ist eine Meinung in dir, die du verschweigst. Man kann sie erraten. Du hast meine Freiheit erkauft gegen eine lästige Fron. Wer begriffe es nicht? Es steht nicht besser mit mir. Ich leugne es nicht. Was hülfe es, daß ich alles wieder verkehre? An dem Sinn wird nichts geändert werden. Du sagst mit milder Andeutung, was gegen mich beschlossen worden ist. Du hast eine Maske genommen, damit ich nicht erkenne wie dein Herz geht. Ich bin auf mich gestellt. Mit leeren Händen pilgere ich wie zu Anbeginn. Werde zurückgestoßen in meinen Schweinekoben.« Er vergrub das Antlitz in die Hände, senkte Kopf und Arme auf den Tisch.

Signe saß starr und wortlos ihm gegenüber. Endlich hob sie hervor: »Besinne dich. Jeder ist auf sich selbst gestellt. Erwäge bei dir; du wirst es müssen. Entscheide dich. Wenn du flennst, machst du mich befangen. Und ungerechter als ich bin. Ich kann dich nicht trösten, indem ich mich dir hingebe. Den Trost willst du, um die Gewißheit des Sieges zu fühlen. Nimm sie aus dir selber. Dann wird dir geholfen sein.«

»Du wartest auf eine Antwort«, gab er zurück, »da ist keine Wahl für mich. Ich werde auf Jagd gehen.«

Krieg. Perrudja nahm das Wort. Und am Wort erstanden Gedanken. Er versuchte den Sinn auszuschöpfen. Der Begriff ummantelte ihn. Der Inhalt war: keine Gnade. Unbarmherzig, gemein. Vernichtung um jeden Preis, mit jedem Mittel. Den Anstand töten, alte verwurzelte Lebensgewohnheiten. Begraben Vergangenes. Nicht denken Zukünftiges. Existenz: die Gegenwart. Um des Begriffes willen. Geist und Seele vermauerte er unter den Kuppeln seines Hauses. Seinen von Begehrlichkeit und Liebe gepeitschten Körper fachte er an mit der Flamme der Eifersucht. Er hörte auf zu sein, außer in seinem Leibe, der ohne Veränderung, ohne häßlich zu werden die Gemeinheit der neuen Gesinnung ertrug. Pferde aus Gudbrandstal. Neue Waffen. Futter und Proviant hinauf in Felsspalte, leere Saeterhütten. Hein wurde getrieben, mit dem Freund im Sattel zu sein. Sie schliefen in Hütten, zehrten von den Vorräten, die herangeschafft waren. Kälte am Tage, des Nachts schlimmere. Schneestürme.

Sie waren nach allen Himmelsrichtungen vorgedrungen, beherrschten die Kenntnis des Hochlandes. Schneestürme erneut. Die Tiere mußten in einer Hütte eingestellt werden. Ihre Fahrten machten sie jetzt auf Schneeschuhen. Oft am Rande des Gespenstertals entlang fuhren sie. Halb müßig, halb gespannt. Sie erkannten den Hof Skaerdals. Perrudjas Herz schlug nicht. Sein Herz war aufgestellt unter den granitenen Kuppeln. Er fühlte zwischen den Schenkeln sein Geschlecht. Er begehrte. Seine Hände wurden rund, als umspannten sie Brüste. Er sagte zu Hein: »Du wirst einst behaart sein über Brust und Bauch. Von Jahr zu Jahr stärker. Meine Haut wird nicht wie Moos werden oder wie Waldboden. An meinen Brustwarzen erkennt man nicht, daß ich ein Mann.« Hein verstand nichts der Ansprache. Perrudja fuhr fort, ohne die Stimme zu heben: »Ich werde brünstig, wenn ich noch länger hinunterschaue. Man soll mich nicht nach den Brustwarzen beurteilen. Um eurer Haare willen seid ihr bleicher um den Bauch als ich. Es schimmert bräunlich durch meine Haut. Der Schimmer tief aus dem Blut ist mit Signes Haut verwandt.« Sie fanden in vielen Wochen keine Spur eines Menschen. Sie verschossen ihre Kugeln nach willkürlich gesetzten Zielen. Hoyer ließ auf sich warten. Und doch war er im Gebirge gewesen. Er war nördlich gefahren, hatte sich tief gehalten. In den Wäldern. Zwischen den Kiefernstämmen. Er war bis in die Nähe der Wohnung Perrudjas gekommen. Graubraunflach gebuchtetes Haus. Watteschnee zeichnete die Dächer. Es stand im weißen Schnee. Wie ein Rauch. Da ging der Tunnel hinab in den Stein. Er betrat ihn. Kleine gelbe elektrische Lampen zirpten ihr Licht gegen die feuchten zackigen Wände. Er hörte Wasser rauschen. Furcht. Neugierde. Halb einen Anlaß suchen zum letzten Streit. Daß Perrudja hervorträte! Mausefalle. Gewiß nicht würde er die zehntel Meile bis ans Ende gehen. Er erlag der Stille, die voll tropfender Geräusche war. Er wußte nicht, ob sein Blut oder das Wasser laut war. Hjalmar war auf Wegen vor dem Hause. Thorstein erfuhr durch ihn, der Herr haust seit Wochen schon auf dem Hochlande. Mit Freund und Pferden. Feige werden. Er fuhr weiter nördlich. Halb im Tal, zwischen den Kiefern. Wo ein Strom die Granitbarren ausgewaschen, bog er nach Westen ein. Die Schlucht hinauf. Die schneeglasige Hochebene vermied er beharrlich. Er kam aus allen Seitentälern wieder zurück. Fuhr weiter nördlich. Er sah Gehöfte. Ließ sie hinter sich, fuhr weiter. Bog wieder nach Westen ab. Die Wasserscheide lag tief in einem Einbruch. Er wählte den Paß. Die Landschaft vor ihm unbekannt. Das Tal höhlte sich bald. Sank sehr tief. Verbreiterte sich nicht. Dann wuchsen die Berge wieder. Das Tal zwar fiel noch. Plötzlich knickte es nach Süden um. Er schaute aus. Tief nach Süden zog es sich. Im Nebel der Ferne stieg das Gelände an. Nach Süden wollte er nicht. Nördlich fuhr er, am Rand einer Heidbrache. Langte aufs Hochland. Kein Tier begegnete ihm. Wie verflucht zog er über die Schneefelder. Nach drei Tagen, erschöpft, nahm er westliche Richtung. Der Schnee wurde spärlich. Er lief jetzt. Er kam ins Gudbrandstal, strich an den Gehöften vorüber. Entschlossen, nach Hause umzukehren.

Georg Mattisen, halb Bauer, halb Städter, der in einem Prozeß vorm Odelsthing sich einen Hof erstritten, begegnete Thorstein, redete ihn an, fragte nach Weg und Wohlbefinden, lud den Mißmutigen zu einer Tasse Kaffee ein. Für den Hunger gäbe es auch Käse und Brot. Hoyer nahm an. Er ging mit dem großen kräftigen Menschen einen schmalen Weg. Trat in ein Haus, das mit dem hellen Geschrei unerwachsener Kinder erfüllt war. Es waren ihrer sechs in der Stube. Die größeren unter ihnen spielten Wagen und Pferd und schoben Stühle durch den Raum. Eine etwas bleiche, schmalhüftige Frau mit einem stillen ebenmäßigen Gesicht kam aus der Küche herzu. Sie trug ein kaum zwei Monate altes Kind auf dem Arm. Sie war angetan mit einer Bluse, die halb geöffnet stand, als ob sie soeben das Kind getränkt. Georg Mattisen trat ihr entgegen, fuhr mit seiner Hand in das geöffnete Kleidungsstück, schüttelte sie an ihren Brüsten, lachte und sprach: »Da habe ich dir einen fremden Mann mitgebracht. Schau ihn dir an, ob er dir gefällt. Vielleicht gefalle ich dir besser.« Er lachte. Es kam ihm nicht in den Sinn, daß er Hoyer mit einer Peitsche ins Gesicht schlug. Die Zähne des Riesen waren schneeweiß und ebenmäßig. Er prahlte weiter: »Es ist gut, wenn die Frauen Vergleiche anstellen können.« Er maß sich mit dem häßlichen Hoyer. Mit der kleinen Gestalt. Er preßte die Rippen hoch. Er war ein Löwe. Es war ihm nicht genug. »Ich sage dir, er wird mir nicht nachmachen, was ich unter der Bettdecke vollbringe.«

Frau Mattisen stammelte errötend: »Was stellst du wieder an?« »Nichts, gar nichts. Habe ich etwas gesagt? Weißt du nicht, daß du meine Liebste bist?« Er wandte sich gegen Hoyer. »Sie ist ein Weib. Ich sage dir, sie ist ein Weib. Ich kann es kaum erwarten, daß es Abend wird. Tag für Tag kann ich's nicht erwarten. Obgleich wir schon sieben Kinder miteinander haben. Sie ist ein vollkommenes Weib, sage ich dir. Aber ich auch bin ein Bursche. Sie findet keinen Besseren. So weit wie ich reicht ihr keiner. Fast zwei Köpfe größer bin ich als du. Du kannst glauben, daß es mir anderswo nicht fehlt.« Die Frau war hinausgegangen. »Sie hat's gut. Nun, ich auch. Ich will mich nicht beklagen.«

Wer hundert Jungfrauen schwängert, wird nach hundert Jahren die Welt regieren.

In Hoyers Augen quollen Tränen. Eifersucht. Neid. Nackte Traurigkeit.

»Was ist dir?« schrie der Riese. Hoyer, aufgeschreckt durch die Stimme, besann sich, wischte die Augen, entgegnete: »Was sollte sein? Ich habe einen Bruder. Der Bruder ist todkrank. Er wird morgen oder übermorgen sterben. Er hat einen Wunsch. Den Wunsch kann man kaum erfüllen. Er begehrt Elchfleisch zu essen.« Georg Mattisen lachte. »Ein sonderbarer Bruder.« Er stürzte in die Küche. »Der Bursche hat einen seltsamen Bruder«, lachte er in das Ohr der Frau. Er kam zurückgelaufen. »Ich habe Elchfleisch«, grinste er gegen Thorstein, »es ist hier geschossen worden. Du kannst davon haben. Du mußt es nicht verraten. Oder verrat es, wenn du Lust daran hast. Was will man mir anhaben? Sieben Kinder sind's. Und eine Frau. Der Hof muß beackert werden. Die Kinder haben ein Maul. Nicht nur nasse und beschmutzte Hosen. Den Georg sperren sie nicht ins Gefängnis. Sie müßten sonst seinen Nachwuchs zu sich nehmen. Nach Oslo. Die Münder befriedigen. Einmal drei Tage lang habe ich gesessen. Das war wegen eines Pferdes. Sie haben mich wieder freigelassen. Weil der Georg zuvor mit seiner Lendenkraft nicht sparsam gewesen ist. Aber ein ehrlicher Bursche bin ich, das mußt du mir glauben. Das mit dem Elch – wer hätte keinen Spaß daran? Fleisch soll in der Küche sein. Das Weib gebraucht viel in den Magen. Aus den Brüsten geht's ihr ab. Sieben Kinder. Das Pferd gehörte meinem Bruder. Vielmehr, wir konnten uns nicht einigen, wem's gehören sollte. Da habe ich es verkauft. Er konnte hinterher durch ein Papier beweisen, es war sein Eigentum.« Die Frau kam und brachte Kaffee, Brot, Butter, weißen und braunen Ziegenkäse, dunklen trockenen Schinken. Thorstein sagte, er würde gern Elchfleisch dem Bauern abkaufen. »Willst du eine Keule?« Georg war hinaus, ohne die Antwort abzuwarten. Er schleppte eine dunkle Fleischmasse ins Zimmer. »Wieviel bezahlst du mir? Fast ein viertel Elch. Eine Keule. Man hat viel daran. Und fett. Eine Kuh ist es gewesen. Es ist der größere Schenkel. Die Öffnung für den Bullen sitzt noch daran. Du kannst sie erkennen. Man muß sie daran lassen. Das würzt den Braten. Ungewaschen. Es ist ein unvergleichlicher Geschmack an jedem Muttertier. Wie die Hoden beim Männchen. Die esse ich stets allein. Einen Bissen nur bekommt die Frau davon. Wenn die Jungen vierzehn Jahre alt sind, bekommen sie auch davon.« Er setzte sich, aß. Er lachte beim Essen, erzählte weiter, schätzte die Keule dem Gewicht nach, begehrte drei Kronen für das Kilo zu erhalten. Die beste Keule. Thorstein war einverstanden mit dem Preis.

Er entfernte sich bald mit dem erstandenen Fleisch. Heulte am Wege vor Zorn und Pein und Brunst. Jammerte dem Geschrei der Kinder nach.

Zwei Tage später ließ er Signe den Schenkel überbringen. Sie erschrak, als sie die Gabe als Elchfleisch erkannte. Ihr war, als hörte sie aus den Bergen herab von fern her einen Dreiklang gesungen, der plötzlich leer und doch kraftvoll mit einem bronzenen Ton nach unten glitt. Sie eilte in ihre Kammer, suchte einen alten Fahrmantel, mit Schafspelz gefüttert. Kleidete sich um, nahm ihre Skier; aus dem Vorratshaus Brot, gedörrtes Hammelfleisch. Klomm den Abhang zur Hochebene hinan. Sie wußte ihr Ziel nicht. Eine Angst wuchs in ihr; die sie nicht beherrschte. Es hatte sie getrieben. Sie würde an eine Gewißheit gelangen. Sie war bewegt worden ohne ihren Willen, verfallen einem Ruf. Den sie nicht deuten konnte. So schirrte sie ihre Schuhe an, fuhr nördlich. Glitt ein wenig hinab. Fast ohne Anstrengung bewegte sie sich vorwärts. Die Sonne stand über Mittag. Die Luft war leer. Die Helligkeit des Schnees brannte ihr in den ungeschützten Augen, so daß sie die

Hände zumeist schützend darüber hielt. Sie brauchte des Weges nicht zu achten, da sie keinen hatte. So geschah es, daß sie erst spät erkannte, zwei Menschen kamen ihr entgegen. Sehr gewiß waren es Perrudja und Hein.

Küsse, Umarmungen, Fragen, Gegenfragen. Die beiden Männer erklärten es für unmöglich, daß Thorstein Hoyer in diesen Gegenden gejagt. Heins Stimme wurde erregt und frech. »Er wird die Keule in Oslo gekauft haben. Hast du die Leber gespeist? Er soll verraten, wo er schoß.« Perrudja durchmaß im Geiste alles Land, das sie befahren. Er schüttelte mit dem Kopfe. »Wir haben die Weideplätze beobachtet. Die Tiere sind ausnahmslos auf den Triften in den eingeschlossenen Tälern. Thorstein Hoyer muß sehr vom Glück begünstigt gewesen sein.« Er war traurig. Sie begleiteten Signe bis ins Tal zurück, kehrten vor den warmen Wohnhäusern um. Sie schienen besessen von dem Gedanken, im Hochland verbleiben zu müssen, bis eine Entscheidung gefallen. Signe fühlte es so, als ob eine kalte, grausame Kruste um Perrudja wüchse. Er würde unkluge Gedanken erfinden, meinte sie. Er hatte mit seinem Geist zu handeln angefangen. Er würfelte: bin ich verstoßen, bin ich erhört? Ich weiß es nicht. Man kann es deuten nach den Stunden. Wir sind ausgesandt wie die Holzfäller und Flößer. Der Wind geht uns bis an die Rippen. Wozu? Ist das Liebe, die uns hinausjagt? In der entnervenden Kälte wurde ihm das Ziel seiner Sehnsüchte gleichgültig. Da war kein Fettpanzer unter seiner Haut, der sein Blut vor den Angriffen der leichenhaften Natur schützte. Der Magen mußte viel verdauen, der Körpersaft sich oft erneuern. Die Maschine arbeitete mit höchster Anspannung. Es blieb kein Überschuß für Hirn und Hoden. Trotz eines vollen Magens fühlte er, seine Liebe zu Signe konnte sterben. Es würde danach ganz leer in ihm sein. Auf Ewigkeit leer, wie es jetzt zeitlich war. Er begriff mit Todesfurcht, der Zustand seines Inneren konnte sich ausdehnen. Um ihn herum sich lagern ähnlich dem weißen Schneefelde. Beginnend mit Wochen. Die klebten schon an ihm. Dann Monate, Jahre. Mit der Zunge zerdrückte er die Feststellung, er würde dann jedermanns Weiber suchen. Es würde ihm schlecht ergehen. Er würde es nicht fühlen. Er würde ein Leben ohne Verpflichtungen, ohne Zielsetzungen beginnen. Ideal einer gescheiterten Romantik. Je weiter er sich in die Trostlosigkeit solcher Gedanken verfing, desto tiefer auch der Schlaf der sinnlichen Kräfte in ihm. Die beißend zornigen Anfälle seines Geschlechts wurden milder, unverbindlicher, gewissermaßen heiter. Doch kraftlos. Die härtesten Worte für sein nacktes Begehren konnte er in eine süße Vokabel kleiden. Hein vermochte ihm zu folgen, wich nicht scheu vor den halbtierischen Ausdrücken zurück. Senkte sich hinab an den milden Beschreibungen der Sehnsüchte im Blut über die warmen Gebärden des eigenen Körpers. Wagte eine Umarmung, ein Anklammern an den Älteren. Perrudja rieb dann des Freundes samtene Wangen. »Wenn ein Mann solche Haut im Gesicht trüge, würde er ohne viel Röhren Einlaß finden in die Hürde, wo die Herde der Jungfrauen wartet.« Ein Ausspruch, den Hein nicht aufnahm. Der Waldbesitzer aber fuhr in seltsamen Reden fort. »Du bist jung. Du ermissest nicht, was du in diesen Jahren versäumst. Weshalb willst du alt werden, um dich auf den Weg zu machen, eine Frau zu erobern? Nimm dir kein Beispiel an mir. Du erfährst, ich habe es falsch angestellt. Man versteht sich nicht mehr aufs Werben, wenn man alt geworden ist. Die Lüsternheit eines Knaben ist besseres Fundament für Ehe als die Liebe des Bebarteten. Die Frau sollte wie eine reife Frucht dem Manne entgegenfallen, sobald er die Hand nach ihr ausstreckt. Muß er an ihr zerren, um sie zu gewinnen, ihm wäre Besseres geschehen, ein milder Geist hätte ihn mit Blindheit geschlagen. Wird erst das Richtmaß in der Liebe angelegt, wer besteht dann? Wir sind häßlich in vielem. Und es ist leicht nur, den Schmutz und den Gestank der Blutjungen zu ertragen. Ich kann nicht noch hingehen und hundert Jungfrauen schwängern. Der Same des Gehemmten wird nicht zahlreich werden wie der Sand am Meer. Ach, niemand ist vollkommen, außer dem Hengst. Sie aber werden ihre Blicke nicht nach Arabien wenden wollen. Unsere Liebe wird überall zu kurz sein. Wir werden deshalb gescholten werden. Wir werden es als ein Unrecht empfinden. Viele Tränen heilen keine Wunde. Sie brennen nur darin; denn sie sind salzig. Vielleicht ist Thorstein ein besserer Mann als ich es sein kann; denn er denkt ohne Umwege. Was er spricht, hat seine Grenze bei der Pause, die sein Mund macht. Ich stammle; und wo ich schweige, beginnt erst der Sinn, der in mir wuchtet. Er erträgt vieles in der Vorstellung. Ich zerschelle, wenn ich an entlegene Gedanken komme. Es ist mir die letzten Wochen so ergangen. Eine Faulheit nur hinderte mich, die Pistole mir an die Schläfe zu setzen. Es bedarf wahrlich keines großen Aufwandes, die Müdigkeit der Hand zu verscheuchen. Wenn man einmal scharf in die Sonne schaut, wird man nüchtern. Die ungestillte Sehnsucht schillert an der törichten Gaukelei der Wette. Läßt nur das Gedankenspiel: zertrümmert der Traum – oder erfüllt er sich. Am Tag des Entscheides bin ich nicht gewappnet für Neues. Dann werde ich auf die Suche gehen müssen, damit ich keine taube Frucht bin. So steht es mit mir. Signe weiß, daß ich ein Krug ohne Inhalt. Wie ein Tier im Winterschlaf, das sich heimlich von dem Fett des Sommers ernährt. Daß sie mich vor allem Beginn erlösen muß. Aber ihre Hand schaudert bei dem Gedanken, sie muß einen kalten Frosch berühren. Mehr, ihn erwärmen an ihrem Leibe im nächtlichen Bett.«

XXV

Signe war zu Thorstein Hoyer gegangen. Sie hatte ihn mit hoher Stirn beschuldigt, daß er das Elchfleisch käuflich erstanden. Er hatte beherzt mit dem Kopf geschüttelt. »Wo ist die Leber?« hatte sie geschrieen. Und die Antwort: »Muß ich Rechenschaft geben über das Geringste? Ist mir jede Falte im Tun verwehrt? Muß ich zuvor anfragen bei dir, ob ich dies oder jenes vollbringen darf? Ist es aus den Bezirken der Sünde, daß auch für mich das Gewicht eines Elches zu schwer? Ich darf ihn nicht zerschneiden? Davon wußte ich nichts. Ich wußte nicht, es wird Unmenschliches verlangt. Ich habe erfüllt, was dem Menschen zu erfüllen möglich. Was über die Kraft geht, muß unterbleiben. Ich weigere mich. Du willst, ich soll dir dein Wort zurückgeben. Ich tue es nicht. Brich es mir! Stelle dich gegen mich. Es wird sich hinterher erweisen, ob ich es ertrage. Daß ich selbst mein Urteil mir spreche, wirst du nicht verlangen mögen. Weil dich nach der Leber eines Elches gelüstet, bist du zu mir gekommen. Ich werde auf Jagd gehen.«

Gelogen. Es war eine kleine Pein. Sein glucksendes Herz hatte nicht zugelassen, daß die Wahrheit herauskam. Was auch wäre gefolgt? Er hätte keine Gnade gefunden. Er stieg zum zweiten mal in die Berge. Aber keinen Elch suchte er. Dem Nebenbuhler wollte er begegnen. Als er einsam auf den Schneefeldern war, wurde er schwach bei dem Gedanken, was geschehen würde, wenn eine Kugel irgendwo in seinen Körper einschlüge. Kein Erbarmen. Zwei gegen einen, dachte er. Und wurde weich gegen sich. Von einem Schüttelfrost gepackt. Er suchte Zuflucht unter einer Klippe. Er kroch in die Höhlung. Kein Erbarmen. Und siegte er, welcher Art würde Signes Botschaft sein? Kein Erbarmen. Es gab keine Hoffnung mehr für ihn. Die

Lüge allein war ein starker Freund. Er nährte den neuen Helfer mit seiner Seele. Er lächelte, weinte, krümmte sich. In die Kiefernwälder stieg er hinab. Fuhr nordwestlich. Besuchte Georg Mattisen. Er hatte mehrere Flaschen Portwein erstanden. Sie tranken gemeinsam davon. Hoyer erklärte dem Bauern: »Elchleber, Elchleber. Nicht der Schenkel.« Georg maulte, sie sei längst verzehrt. Vielleicht wäre mit der Leber eines Rentieres gedient. Man einigte sich, sie ist ein brauchbarer Ersatz. Man trank weiter von dem schlechten süßen Wein. Der Nachbar besaß eine Rentierleber. Georg würde sie mit doppeltem Gewinn an den Gutsbesitzer weiterverkaufen.
So kam es, daß Signe die ausgeschnittene Leber eines Tieres erhielt. Sie schrieb an Hein einen Brief. Es stand darin, Hoyer hat den zweiten Elch geschossen. Einige Wochen später las Hein die Mitteilung. Er hatte die Pferde nach Hause geführt. Perrudja war allein in einer Hütte zurückgeblieben. Verstockt. Er wollte sein Haus nicht sehen. Als nun Heins liebe Stimme von seinem Ohre fort, das Prusten und Atmen der Pferde weit von ihm in den Bergen war, erfaßte ihn der Jammer seiner Verlassenheit. Ohne Ziel fast glitten seine Gedanken vorüber. Fremde Einflüsse spielten auf der Klaviatur seines Geistes. Bilder, keine Entschlüsse zum Handeln. Bis die Dunkelheit hereinfiel. Da saß es ihm plötzlich über der Herzgrube. Es waren Worte, die dort saßen. Worte einer Sprache, die er nicht sprechen konnte. Er mußte sie übersetzen. Die Übersetzung war schlecht. Aber er verdolmetschte dennoch. Wiewohl er wußte, daß ein Laut nicht in einen anderen übertragbar. Er gab von sich: »Ich bin gehaßt.« Die Übersetzung war falsch. Es ging nicht um die Wahrheit. Die Wahrheit war außerhalb aller Vokabeln. Aber die Worte wollten gesprochen sein. Sie bissen sich fest. Sie enthüllten die Verbannung, in der er sich befand. Grenzenlose Einsamkeit. Wunschlosigkeit der Verdammnis. Ende. Erwürgtsein an eigenen Gefühlen, Trieben. Dieser Muskel Herz. Der Wunsch der Menschen war nicht zu leugnen, es sich auszureißen. Sie machten Versuche. Aber die Rippen saßen davor. Die Hand wurde nach dem Harakiri schon lahm. Den eigenen Darm durfte der Mensch vor seinem Tode sehen. Das eigene Herz nicht. Er begann zu heulen. Wasser aus den Tränendrüsen. Bald rann ihm Rotz von der Nase. Bald vergaß

er den Grund seines Jammers. Die Augen verquollen ihm. Die Brust wurde ihm enge. Der Magen füllte sich ihm mit dickem Schleim. Die Zunge strotzte. Die Ohren gingen zu. Wie eingetaucht in Wasser. Die Bauchhaut war wie das Fell eines Dudelsackes. Er greinte die ganze Nacht lang bis gegen die Dämmerung. Er zerlöste sich. Wurde sich unähnlich. Zerfiel wie in der Verwesung. Er war schon jenseits der Ohnmachten. Kalt wie nach einem Trunk aus dem Schierlingsbecher. Eines der Opfer, die er als Knabe geschlachtet im Zustand des Blutverrinnens. Die tonlose Ichstimme außer ihm, die nicht gehört wurde, obgleich es ihr Ziel zu predigen; die zuweilen im Speichel der Unmündigen, flüsterte noch: »Die ihr vorübergehet: schauet doch und sehet, ob irgendein Schmerz sei wie mein Schmerz, der mich getroffen hat.« Es war Spott und Irrtum seiner toten Religion, die auf der Folter noch ihm Gebete zwischen die Zähne jagte. Das hatte mit seinem Leichnam nichts mehr zu tun. Wen das Unglück erreicht, muß schuldig schlechthin sein. Die Begründung des Urteils wird ihm nach zehntausend millionen Jahren überreicht werden, wenn es geprüft und für richtig befunden wurde. Gelbe stinkende Blume. Die Glieder wurden voneinander gezerrt. Sie vergaßen einander so tief, wie es nur im Angesicht des Todes geschehen kann. Metamorphose von Stier zu Büchsenfleisch in fünfzehn Minuten. Die Allmacht kennt noch schnellere Methoden: Untertauchen in flüssiges Eisen. Zerquetscht werden zwischen Dampfhämmern. Käfer zwischen Stein und Schuhsohle.
In dieser Nacht veränderten sich die Züge seines Antlitzes. Sie wurden aufgedunsen und frech. In ihnen kreuzte sich jetzt Viehisches und Weibisches. Wiewohl er nichts Viehisches gedacht, nichts Weibisches beschlossen. Wenn der Mann scheitert, bleiben seine Trümmer: Vieh und Weib. Ein Tropfen fremder Speichel über seine Lippen hätte ihn heilen können. Alexander aber suchte Diamanten am Indus. Gegen Mittag kam Hein. Perrudja begrüßte ihn kaum. Alexander sucht Diamanten am Indus. Seine Augen schmerzten. Waren noch groß und trübe. Blutunterlaufen. Oful roch, offengestanden, unappetitlich. Man ertrug ihn nur, wenn er mit Schmierseife bestrichen war. »Du hast geweint«, fragte Hein erschrocken. Mehr als Neugierde, zu wissen, ob dieser Killingmo II., Haakon mit

Namen, in jener bemerkenswerten Nacht ein Kind gezeugt. Vielleicht könnte bewiesen werden, daß Verbrechen fruchtbarer als Liebe. »So antworte doch«, bat Hein. »Du hast mich verlassen in einem Augenblick, wo es dir nicht erlaubt war«, gab Perrudja tonlos zurück, »ich hätte dir zugetan werden können, wenn du mich getröstet hättest.« Hein wandte sich ab, um sein Gesicht zu verbergen. Er reichte Perrudja den Brief Signes.

»Wir fahren nach Hause.« Das waren alle Worte, die der Waldbesitzer fand.

Stumm und ergeben ging der Jüngere hinter dem Älteren her über die Schneefelder. Die Maschine, in der sich die Funktionen verwirrt hatten, wurde still beiseite gestellt in den Schlafen, Müdigkeiten, Unfähigkeiten. Der Erschöpfte denkt nicht. Seine Glieder denken und werden krank oder begeben sich zur Ruhe und Heilung.

Der Waldbesitzer entdeckte nach der Karenzzeit, er begann den Bauernburschen zu lieben mit einem Gefühl, das ihm bis dahin fremd gewesen. Das unwandelbare Zugetansein des Jungen erschien ihm groß und rein. Die brüchige Existenz des Selbst bedurfte mehr denn je der Güte einer nicht lästigen Gesellschaft. Da verklärte sich die Milde, Nachsichtigkeit, Schweigsamkeit, Hingebung in einen Trost. Auflegen der Hand auf des Müden Stirn war Balsam. Lau und selbstverständlich waren die Erzählungen von den Tieren im Stall. Unauffällig das Erfinden von Gelegenheiten, dem anderen einen kleinen Dienst zu erweisen.

Ich bin geliebt. Es bedarf nur, daß ich die Arme ausstrecke, um genießend an dieser Liebe zu werden. Es wartet jemand auf mich. Da ich warb, übersah ich, daß ich umworben.

Es löste sich seine Verstocktheit. Er zog manchmal den Freund zu sich heran, befahl ihm, niederzuhocken. Schaute auf ruhige, klare Hände.

»Wir werden wohl einen langen Weg zusammen gehen«, hub der Ältere eines Tages zu sprechen an, »wir fürchten uns nicht mehr voreinander wie sonst Menschen tun. Unser Geruch ist uns nicht mehr lästig. (Schamhafte gelbe Blume, die um ihr übles Aroma weiß.) Wir haben kaum noch Geheimnisse voreinander. Wir können im gleichen Bett liegen und uns berüh-

ren, ohne zu erschrecken. So möchte ich denn zukünftig nicht mehr allein Entscheidungen treffen. Du sollst berücksichtigt sein. Es gibt viele Anlässe zu deinem Recht. Deine Gegenwart hat mich davor bewahrt, daß ich in aussichtslosen Trübsinn verfallen bin. Ob auch zerschunden, ich lebe noch. Ich sterbe nicht mehr an der Liebe. Man kann unfruchtbar verblühen. Während wir hier sitzen, vielleicht, erlegt Thorstein Hoyer den dritten Elch. Dann ist das Spiel verloren. Mit dem dritten Mord an einem unschuldigen Tier haben wir eine heimliche Vorstellung verbunden, die nicht zurückgenommen werden kann. Es ist ausgesprochen worden, man könnte damit eine Stärke Hoyers beweisen. Im Geheimen hatte ich beschlossen, meinem Leben ein Ende zu machen. Einzugehen in die Wunschlosigkeit der Unerfülltheit. Umgestoßen der Beschluß. Es ist nicht mehr finster. Ich fühle, daß du mich liebst. Es kühlt meine Leidenschaft.«
Hein preßte hervor: »Signe wird Thorstein hindern, ein drittes mal auf Jagd zu gehen.«
»Was bedeutet das? Was weißt denn nur du? Sie wird ihn hindern? Du sagst Mildes. Welcher Anlaß? Gib eine gerade Antwort: sie hat dir geschrieben?«
»Sie schrieb nicht. Sie wird so handeln. Sie kann nicht unklug urteilen. Sie hat uns nicht angehört. Thorstein ist ein Betrüger. Wir haben keine Spuren von ihm entdeckt. Hjalmar hat mir erzählt. Nördlich in den Kiefernwäldern entlang, dieser Hoyer. Welches denn war die Meinung der Wette? Sollten wir das ganze Norge abstreifen, Thorstein zu entdecken? Norge ist groß. Er wird irgendwo gejagt haben können. Wenn's auch nicht ausgesprochen wurde, die Meinung war: in seinen alten Gründen sollte er streifen. In den moorigen Tälern.«
»Blut und Spuren können im Schnee verwehen.«
»Es ist keine Wahrheit bei Hoyer.«
»Wir weichen ab. Es geht nicht darum, was unser Herz glauben will. Unsere Wünsche sind heiß. Darum ist unser Atem unruhig. Wir ereifern uns und werden ganz unfleischlich. Wir verwirken das Leben von Tieren, um eine Brunst zu stillen. Als ob wir Schlächter. Immer noch. Es ist vielleicht wichtig, daß ich dir ein Bekenntnis abverlange. Weshalb bist du Partei in dem Streit zwischen mir und Thorstein geworden?«

Hein errötete.
»Ich habe mit der Frage tief getroffen«, fuhr Perrudja überlaut fort, »du hast mir ein Zeichen gegeben. Der Purpur deines Gesichtes verrät dich. Es verbirgt sich etwas in dir.«
Hein versuchte sich zu sammeln, sein Erröten fortzuwischen, blickte traurig und fest in die Augen des anderen. »Es ist mir die Heirat Signes mit Hoyer zuwider«, sagte er kurz und gepreßt, »lange Zeit wußte ich nicht, daß mich der Gedanke an ihr Ehebett bewegen würde.«
Perrudja erschrak ein wenig, sagte dann leise lächelnd: »Ich glaube, du auch liebst Signe.«
»Vielleicht liebe ich sie. (Das war die Unerschrockenheit der klaren Hände und der Löwenbrust und der Pfirsichwangen.) Wenn zwei Bruder und Schwester heißen, gibt es kein sicheres Wissen. Sie erscheint mir schön. Du sagst es auch. Ich habe keine andere Meinung als du. Wären wir nicht einig, bewiese es nicht, deine Worte sind nur eine halbe Wahrheit? Manchmal träume ich von schönen Frauen. Immer ist sie es, die meinen Augen am nächsten. Ich wünsche zuweilen, sie möchte nicht meine Schwester sein.«
»Der letzte Satz verfinstert den Horizont«, dichtete Perrudja.
»Nein«, schrie Hein dagegen, »so sollst du es nicht nehmen. Es ist durchsichtig wie reines Wasser. Nehme ich das Wort auch nicht zurück, es bleibt, ich liebe dich und sie. Kann es mich da schmerzen, wenn ihr einander gehört? Es ist mir nichts verloren. Aber Hoyer ist mein Feind mit doppeltem Maß. Er soll den dritten Elch nicht schießen.«
Wieder das Unerwartete, dem der Waldbesitzer ausgeliefert war, weil er nicht geistesgegenwärtig. Da brannten Schlußfolgerungen plötzlich wie Sprengstoffe ab. Seine Gedanken konnten nicht bei den Worten Heins anhalten. Er hatte glauben können, eine prächtige Frau bettet sich an seine Seite, ohne daß ihm Nebenbuhler erwachsen. Dieser Bruder, der weder lüstern noch arg, mußte ihn aufrütteln. Es konnte ohne Unnatur angenommen werden, daß der Bursche, in der Nähe der Schwester, ihr verfiel. Wie Perrudja. Daß Oful, der Neger, ihr verfiel. Wie Perrudja. Daß Hjalmar, der Knecht, ihr verfiel. Wie Perrudja. Daß Gutten, der unverantwortliche, blutjunge, ihr verfiel. Wie Perrudja. Der da gesprochen hatte, der Bruder,

war gebändigt durch die Anschauung von den Grenzen des Erlaubten. Er könnte leidenschaftlicher, weniger milde, weniger opferbereit sein. Das Erlaubte könnte anwachsen mit Entschuldigungen. Das würde auch für Oful gelten. Für Hjalmar. Für Gutten. Es war die Rede gegangen, Signe sei ein Trollkind. Halb nur menschlich. Halb eine Fremde in ihrer Familie. Hein konnte daran seine Ansprüche nähren. Die drei auch.

Der Waldbesitzer fand sich zurück, als er auf die großen rätsellosen Hände Heins blickte. Er nahm sie und berührte sie mit seinen Lippen. »Hein«, sagte er, »deine Hände legen Zeugnis für dich ab.« Und nach einer Pause: »Meine Hände verraten mich, ich bin ein Lügner. Oder ein Willenloser; was nicht besser ist. Beides. –«

»Du mußt deine Worte hüten, wenn sie ausgehen zu quälen.«

»Ein Vorwurf«, ordnete Perrudja ein.

Durch die heilige Handlung des Handkusses waren ihre Stirnen frei geworden. Der Ältere rief aus: »Was soll getan werden? Es muß etwas geschehen. Hoyer darf den dritten Elch nicht schießen.«

An diesem Tage beschlossen sie nichts.

Abermals verwandelte sich Perrudja. Seine Liebe zu Signe wurde wieder stark und leidenschaftlich. Die Zuneigung des Bruders zur Schwester war ihm eine Bestätigung aller Sehnsüchte, die er im Begriff gewesen, gewaltsam zu zertreten. Es gab nun keinen Raum mehr für zwei Liebhaber. Wie ein Kristall wuchs die Tatsache der unvergleichlichen Herrlichkeit Signes. Was sie gewann, mußte Hoyer verlieren. Er sank. Er wurde zum Symbol des Fleischhauers. Gewissenloser Mörder. Sein Ehebett würde nach schwarzem Blut stinken. Perrudja begab sich in die Rolle eines äsenden Elches. Er wurde niedergemäht durch das Eisen des Gefühllosen. Die Gestalt des Nebenbuhlers verzerrte sich mehr und mehr an der ungerechten Einbildungskraft. Der Jammer des anderen wurde ausgelöscht. Seine Tücke hervorgehoben. Seine Maxime verleumdet. Häßlich, giftig, sündhaft, listig. Er war das Übel dieser Welt. Ruchloser Verführer der belogenen Braut. Ihr Verderben sein Ziel. Mißbrauch einer Heiligen zu teuflischen Diensten des Unflats. Nein, nein. Der Ertrinkende rettete sich kaum vor den Bildern des Hasses. – Sie würde unglücklich werden, verkom-

men, sich von ihm abgestoßen fühlen. Ein verblödetes Kind gebären. Korrektur der Erzeugnisse seines ungerechten Geistes. Das Gefühl des Hasses saß wurzelfest. Brünstigkeit herrschte. Zum Zerbersten war er angefüllt mit Unerlöstheit. Sie drängte ihn zur Tat. Hein sekundierte der aufgepeitschten Phantasie. Er stellte die Fallen für die Seele des Liebhabers. Er schob ihm die Begründung für kaum gedachte heimliche Pläne unter. Heins weiche Seele vernarrte sich darin, immer wieder, leidenschaftlicher von mal zu mal, den Tod der Elche zu beschreiben. Er machte den Gutsbesitzer verantwortlich für das Prinzip der Herrschaft des Menschen über die Tiere, die kümmerlich von einer ausgeklügelten Gnade lebten. Ausgebeutete, mit einem gräßlichen Leben, mit gräßlichen Toden gefolterte. Er predigte für die Ärmsten. Mit den klaren reinlichen Fingern, die kein Anatom ergründen konnte, deren Bewegungen Perrudja sinnlich anpackten, verwüstete er Hoyers Lebensraum. »Thorstein ist ein Mörder«, flüsterten die Gewölbekuppeln; so oft war es unter ihnen gesprochen worden. Der unwiderstehliche Anwalt hantierte mit juristischen Formeln und Traktaten. Ohne Regung für die Wahrheit der Verkettungen ging er von der Voraussetzung aus, daß sie, die Freunde, beamtete Hüter des Gesetzes seien. Hoyer habe es übertreten. Auf Übertretung laste Gefängnisstrafe. Die Schuld des Verbrechers aber sei tiefer zu fassen. (Wiederholungen.) Er habe auf die Beamten geschossen. Sein Wunsch sei deren Tötung gewesen. Zwiefaches Menschenmorden. Vielfacher Mörder an edlen Tieren, deren Art am Aussterben. (Wiederholungen.) Der Gegner würde einen Gedanken des Schöpfers vernichten. (Wiederholungen.) Jede Gerechtigkeit müsse sich gegen den Verächter Gottes wenden, nicht gegen das Werk des Schöpfers. Alle Erwägungen fänden einen Gipfel, Hoyer hätte auf dem Hochland erschossen werden müssen. Kraft der Berufung als Beamter. Als Mensch. Als guter Dolmetsch der Meinung eines Höheren. Als Freund. Als Liebhaber.
Die Belehrung wandelte er eines Tages dahin ab, daß, um der vielen erhabenen Berufungen willen, nur ein gerechtes und unausweichbares Ziel bleibe: den Wilddieb zu richten. Er begründete: Man sei zum nämlichen Zwecke als Wächter wochenlang auf dem Hochgebirge umhergezogen. Es sei nur

notwendig, auf das Fundament des Gedankens hinabzusteigen, um zu erkennen, an jedem Ort der Welt würden die Berufenen Hoyers Vernichtung betreiben. Zwar (es war ein Spiel mit Kugeln) verdamme diese Überlegung jede Leidenschaft und Erregung. Es sei nicht mehr vom Kampf die Rede wie ehemals. Wo die Triebkräfte der Schmerzen, Selbsterhaltung, Rache, der Blindheit vor der Möglichkeit nur eines Auswegs die Leidenschaft unvollendeter Gedanken zeugten. Vielmehr das klare Glas einer reinen Erkenntnis. Die durch keinen Blutgeschmack getrübt, durch keine Qual herbeigezerrt, durch keine Sensation in die Bezirke der Schuld, das Reich des Bösen getrieben. Man dürfe nicht mehr an kleinen Befangenheiten straucheln. Man müsse einen Einsatz bezahlen, wolle man zugelassen werden zur Lotterie der großen Gemeinschaft. Das heiße noch nicht, einen Sieg kaufen. Viel bescheidener, nicht überfällig werden mit seiner Existenz, nicht ozeanverschwiegen, fischfraßbleich.

Solcher Art waren die Reden, mit denen er dem Freunde die Vorstellung, Hoyer zu morden, in die nackten Augen drückte. Der Zwang es zu tun wurde unabwendbar, als die eingepferchte Seele die Wünsche des Herzens und der Lenden nicht mehr vergittert halten konnte. Die Kräfte kamen zusammen zu einer unerbittlichen Phalanx, die den Geist überwältigte. Da wurden alle Vokabeln ausgerottet bis auf die eine: Gerechtigkeit. Die Seele bemühte sich, das harte Wort auf ihre Weise zu umkleiden. Sie wollte beteiligt sein, um nicht verloren zu gehen. Die Masken kamen aus den Gefilden des Greinens: Mitleiden, Erbarmen, Gnade für Recht. Die Süchte beugten sich vor dem einen Wort, das sie dem Geist nicht ausgerissen. Auf diese schwarze Fahne verschworen sie sich. Wuchernd wuchs die Kraft seiner braunen Lenden aufwärts in die Bauchhöhle. Blähte sich um den Nabel. Zerrte die Muskeln über dem Magen. Daß sie sich wölbten, wohlig. Umklammerte das unruhige Herz. Zwang es, das Blut gegen die braunen Schenkel zu treiben. Sprang gegen die dunklen Brustwarzen. Wuchtete sich vor aus den gespreizten Rippen und schrie als Beherrscher des Leibes gegen den bekümmerten Kopf: Gerechtigkeit! Schwarze Fahne heraus! Gerechtigkeit! Da bogen sich die Lippen und schon saß sie dort. Saß auf den weichen Lippen. Wie ein Kuß

saß die Sucht der Lenden auf den roten Lippen. Da schloß der Mensch die Augen, als ob er ein Lustmörder wäre. Gegen die bleichen Lider aber hämmerte es von draußen: Gerechtigkeit. Und siehe, die Wände des Gesichtes tauchten sich in das Blut der Ermordeten. Da überwältigten sie den Geist, banden ihn, knebelten ihn. Von der geschwollenen Leber floß es schwarz ab. Der Glaube von der Gerechtigkeit war zum Dogma erhoben worden. Der Mensch durfte gesund bleiben trotz schuldbeladener Handlungen. Aus den Beamten der Polizei waren Staatsanwalt und Richter geworden.
Ganz deutlich erkannte Perrudja: es gab ein Etwas in ihm, das diesen Hein beneidete.

XXVI

An einem Januarmorgen fand man Thorstein Hoyer auf dem Fahrweg im Gespenstertal. Tief im Schnee liegend. Das Weiße war über ihm zerstäubt und daunig. Tot, hölzern, hartgefroren. Man entdeckte, daß Blut aus einem Loch in der Brust geflossen war. Er mußte erschossen worden sein. Ein paar Bauern, die sich um den ersten Entdecker des Fundes gestellt hatten, vermuteten, Thorstein müsse auf dem Wege zu seiner Braut gewesen sein. »So soll er ihn vollenden«, sagte der eine. Schirrte sein Pferd vor einen kleinen gebrechlichen Wagen. Man lud die Leiche auf und fuhr sie vor das Haus Skaerdals. Einar kam an die Tür. Als er erfahren, bat er, den Toten ins Haus zu tragen. Im Schlafzimmer des Bauern wurde der Körper auf ein Bett gelegt. Skaerdal ging alsbald hinauf in die Kammer Signes. Sie saß da mit einer Nadelarbeit. Sie hatte offenbar nicht wahrgenommen, daß man eine schwere Last ins Haus getragen. Mit dürftigen Worten erklärte Einar, was sich ereignet. Wünschte von der Tochter, sie möge zu dem Toten hinabgehen. Wortlos, aufrecht, nur mit einem Zucken um die Mundwinkel nahm sie auf. Gehorchte, schritt hinab, trat ein zu dem Erstarrten. Verriegelte hinter sich die Tür.

Skaerdal machte sich auf zum Lendsmand. Die Mutter weinte still vor sich hin in der Küche. Nicht um den Toten. In Furcht vor dem Schicksal des Mörders. Den sie zu kennen glaubte. Signe blieb mehrere Stunden allein mit Thorstein Hoyer in der Kammer Sie löste die Eide, die sie ihm gegeben. Auch sie glaubte, er sei um Liebe willen zu ihr gestorben. Der Besiegte. Die Alltagskleider des Mannes waren zwischen ihm und ihr. Sein Verhülltsein war bis jetzt gut und am Platze gewesen. Nun lästig. Sie tat es von ihm ab. War nicht befangen, daß er nackt dalag. Wie ein Mensch, der lebt. Nur bleich. Mit einer kleinen Wunde über dem Herzen. Rotschwarz und rund. Sie legte sich neben ihn. Nestelte die eigenen Kleider sich fort. Berührte ihn mit der Blöße der warmen beweglichen Gestalt. Küßte ihn auf den Mund. Sie fühlte seine Kälte bis tief in das unverdorbene Blut hinein. Ertrug das Gefühl lange. Als sie sich von ihm forthob, schloß sie ihm die glanzlosen harten Augen. »Ich mußte einmal vor dir entkleidet gewesen sein. Wie ich bin«, sagte sie tonlos. Sie bedeckte sich wieder, hastig, fröstelnd an allen Gliedern. Sie eilte hinaus, holte einen handgeknüpften Teppich, den die Schwester gefertigt, legte Thorstein darauf. Er war schon weit fort von ihr. Befriedigt, sie gesehen, ertastet zu haben. Sie schlug den Teppich über ihm zusammen, hüllte ihn ein. Trat hinaus. Sie ging nicht wieder zu dem Toten hinein. Sie mied ihn bis zum Begräbnis. Sein Leib konnte nicht anklagen. Er war mit Küssen von ihren Lippen bedeckt worden. Am Abend sank sie kurz vorm Zubettgehen Anna ohnmächtig in die Arme.

Dem Lendsmand in Atna fiel die Arbeit an diesem Mord zu. Es waren ihm zwei Kriminalbeamte aus Oslo beigegeben worden. Der Mörder würde leicht zu finden sein. Der Nebenbuhler. Bergwächter. Kindsverführer. Verbrecher im Vorwege. Wie gesagt wurde. Krimineller Abort bei der Geliebten. Wie gesagt wurde. Perrudja. Die Zeugen meldeten sich. Wettritt durchs Tal. So sagten sie aus. Das Trillern im Telephon. Andere schwiegen. Signe, die Braut. Die Brauteltern. Man hatte den Toten in ihr Haus getragen. Dort lag er noch. Sie wußten nichts. Sie vermuteten nichts.

Die Polizei kam ins Gebirge. Sie pochte gegen die Eichenplanken der Tür, die Perrudjas Haus abschloß. Da hätten die drei ertränkt werden können, überflutet vom Wasser. Hilflos im Tunnel. Dieser Perrudja verwarf es. Er war höflich. Er ließ öffnen. Er lächelte kindlich. Lud die Beamten zum Sitzen ein. Rief Hein herbei. Er wurde gefragt. Er lächelte. Er ließ sich erklären. Er wußte nichts. Er merkte sich die Todesdaten des Nebenbuhlers. Er sagte, er könne beweisen, er sei an dem in Frage stehenden Tag im Hause gewesen. Er holte einen großen Kalender. Block mit riesenhaften Zahlen. Arabischen Ziffern. Sehr klein gedruckt die Wochentage. Fünfzehn, ein Dienstag.

Bei der Zahl sechzehn erst sei er mit Hein ins Gebirge gegangen. Auf drei Tage. In Erfüllung seiner Amtspflicht. Man habe sich nicht voneinander getrennt. Nicht auf Stunden, Minuten. Hein sagte aus. Dieser Weg und kein anderer. Sie wußten nichts vom Schuß im Tal. Hjalmar sagte aus. Der Herr hatte nichts Falsches behauptet. Es hatte seine Richtigkeit mit der Zahl sechzehn. Wie man beweisen konnte. Wie Oful aussagte. Und Gutten. Und die Hausdame. Die Köchin wußte noch bessere Gründe. Sie legte den Küchenzettel vor. Klare Selleriesuppe. Salat von Kalbfleisch. Rauchlachs gekocht, die Lieblingsspeise des Herrn. Korinthenpudding mit russischer Sukkadesauce. Das hatte der Herr gegessen. Und der Herr Hein. Am fünfzehnten. Das konnte beschworen werden. Man sei in keine Mörderhöhle gekommen.
Die Männer aus Oslo bestanden nicht darauf, den Verdacht aufrecht zu erhalten. Da war die Aussage eines Geheimagenten bei dem Akt, die offenbar sehr schwer wog. Man fragte nicht scharf. Man fragte lau. Man hatte einiges von den Verwicklungen der Zufälle erfahren. Kindsverführer. Es war nicht erwiesen. Krimineller Abort. Es war nicht erwiesen. Es war nichts erwiesen. Sie vervollständigten ihre Protokolle, gewiß. Sie lasen plötzlich aus ihren Aufzeichnungen, Hoyer hatte den Mägden nachgestellt. Alimentationsklagen. Sehr brutal sprachen sie über die Sünden des Toten. Da stand es schwarz auf weiß. Es hatte einmal eine Anzeige gegeben wegen Vergewaltigung. Weshalb also nicht die Rache eines Knechtes, eines Liebhabers, dieser oder jener Magd, der mit Hoyer geteilt, annehmen? Sie würden Ermittlungen anstellen. Hein sagte ohne Leidenschaft, Thorstein sei ein Vieh gewesen. Das öfter gefickt als gepißt. Es wurde protokolliert. Aussage des Bruders der Braut. Hein wurde rot, als man es niederschrieb. Er hielt sich für zu jung, solche Worte gebrauchen zu dürfen. Seine Zunge war entgleist. Aber er hatte es gedacht. Es war eine befriedigende Aussage. Es gab ein paar Verhaftungen. Es kam nichts antag.
Thorstein Hoyer wurde auf dem kleinen Kirchhof nahe dem Ausgang des Gespenstertales begraben. Statt Erde runde faustgroße, schädelgroße Kiesel. Hart am Fahrwege neben der grauen Mauer aus Gneis. Er war in einen Sarg aus Eichenholz

gelegt worden. Innen und außen geteert. Innen und außen bedeckt mit rotem Tuch. Ausgeschlagen und behangen. Der Wunsch Signes. Den Einar Skaerdal ausführen ließ. Über die Grabstätte wurde später eine schwere, fast halbmeterdicke Granitplatte gelegt. Sie bedeckte eine Fläche so groß, als ob sie zwei Särge zu schützen hätte. Sie war von allen Seiten mit Zinnasche poliert.
Das Gut Thorsteins fiel an ein Kind. An einen unehelichen Knaben des Gutsbesitzers. Alt genug gerade, um beim Anschauen der Mägde sich etwas denken zu können. Einar Skaerdal, als Vater der Braut, rechnete dem Vormund dieses Kindes die hohen Kosten der Beerdigung auf. Es wurde über den Granitstein gemurrt. Einar war eisern. Signe habe die besten Jahre ihres Lebens verspielt. Vielleicht werde man die Erbfolge anfechten. Das war nicht angenehm zu hören. Aber er wurde verlacht. Wenn sie schwanger wäre, würde man Teilung verlangen können. Er drohte mit der Schwangerschaft seiner Tochter. Die Unehre würde ein Geschäft sein. Eine späte, ängstliche Aussage für Perrudja. Um einer geschwängerten Frau willen begeht man keinen Mord. Skaerdal erhielt das Geld, das er gefordert. Das Gut verblieb dem Kinde. Der Bauer war neidisch. Und zornig auf den unbefleckten Schoß der Tochter.
Am Tage, nachdem die letzten Arbeiten auf dem Kirchhof beendet, fand sich Signe bei der Grabstätte ein. Sie betrachtete das Werk und fand, daß es sie befriedigte. Vom gleichen Tage an rechnete sie ihr Verlöbnis mit Perrudja.

XXVII

Das Pferd/Sassanidischer König/Ein Knabe weint/Die anderen Tiere/Die Edelmütigen oder die Geschichte des Sklaven/Der Knecht und die Magd/Der Zirkel/Alexander/Werbung und Vorhölle/Die Nebenbuhler/Die Bergpolizei

Hochzeit

Sie lud ihn ein, ins Gespenstertal zu kommen. Reitend. Begleitet durch den Bruder. Er möge den Zwölfflach mitbringen. Sie möchten den ihren bei sich haben. Sie sollten in Festkleidern sich zeigen. Tag und Stunde ihres Kommens vorher ankünden. Als diese Freudenbotschaft den Waldbesitzer erreichte, auf die sein Herz vorbereitet war, glaubte er plötzlich, noch tausend Dinge einkaufen zu müssen. Er fuhr in Begleitung Heins nach Oslo. Erstand kostbare Stoffe. Gegenstände, aus herber Bronze gegossen. Geschliffene Glasspiegel mit breiten Facetten. Eine Ampel, in der man gleichzeitig hundert Kerzen erflammen lassen konnte. Armbänder aus gehämmertem Gold. Eine Kette mit runden ellipsenförmigen Gliedern, lang genug, sie einem Menschen mehrmals um den Leib schlingen zu können. Eine kleine Schale aus geschliffenem Quarz, in die hinein er ungefaßte Edelsteine tat. Er geriet in einen Taumel. In Stockholm würde es größere Steine zu kaufen geben. Smaragde, Saphire, Diamanten, Topase, taubenblutrote Rubine, bleicher orientalischer Aquamarin, heftige Amethyste, schwarze Steine aus Borneo. Zwei Hände voll bunter Kristalle. Er ließ manchen Stein aus der ihm bestimmten Fassung brechen, weil sein Auge nicht widerstand. Dann eilig ins Hochgebirge zurück. Die Ampel wurde in einem unbewohnten Kuppelraum aufgehängt. Die schweren Gegenstände aus Bronze aufgestellt. Mit den Stoffen, Goldgeräten und Edelsteinen belud er die junge ungerittene Stute, die Tochter der Shabdez.

Der Zug durchs Gespenstertal und der Empfang im Hause Skaerdals hatten sich anders gestaltet als Perrudja erwartet und gewünscht. Als die Reiter an der Mauer des kleinen Begräbnisplatzes vorübergekommen waren, voran der Waldbesitzer, nahe hinter ihm Hein; der die Tochter der Shabdez an einem Senkel hinter sich zog, hatten sie hinüberschauen müssen, vom Pferd herab. Und das ungewöhnliche Grabmal gesehen, das wie ein einziger Glasblock glänzte. »Wer weiß, ob wir jemals so fürsorglich bestattet liegen werden –« war es dem Älteren entfahren. Und an einer gewissen Stelle des Wegs, später, hatte Hein nicht unterdrücken können zu sagen: »Hier muß es gewesen sein.« Vorm Hause Skaerdals hatte Perrudja das junge Pferd beim Zügel genommen, wartend gestanden, bis die Eltern und Signe herausgetreten auf das Geheiß Heins, der zuvor hineingegangen war. Und der Braut dann das Tier mit dem prächtigen Zaumzeug samt der Last, die es trug, geschenkt. Sie hatte staunend die Gabe in Empfang genommen. Halb befremdet, doch taumelnd vor Glück und Begierde. Sie hatte nicht Perrudja, sondern die Stute geküßt. Sie war angefaßt worden von einer wilden Erregung, als sie die Edelsteine gesehen. Ihre Augen hatten sich geweitet. Sie suchten das Blut der Rubine, das zwischen grünen Smaragden lag. Neben dem blitzenden Gelb der Diamanten, neben dem Lila der blühenden Amethyste. Und den gelben Wassern der Topase. Eingeschlossen wie in einer Höhle. In milchweißer Schale. Wie Eingeweide in einem rätselhaften Bauch. Nicht abstoßend. Wie ein Geheimnis sonnenloser Schönheit. Wie nächtliche Sinnlichkeit. Wie unbegreifliche Handlung des Opferns. Fast vergaß sie den Urheber dieses Glücks. Er hatte ihr Goldketten entgegen gehalten. Die nicht wahrgenommen wurden. Bis er sie ihr um den Leib schlang. Als Gürtel. Da stellte sie die Schale von sich. Umarmte und küßte ihn. Hein war von den Eltern bewundert worden. Sie liebten ihn sehr. Sie waren stolz auf seine ansehnliche Kleidung. Immer noch ein wenig besorgt. Und doch fröhlich, daß er einen so reichen und guten Freund gefunden. Die kostbaren Geschenke, die Perrudja der Braut gemacht, entwurzelten ihren Glauben an die Wirklichkeit der Stunde. Sie versuchten den Wert eines Steines zu errechnen. Sie ermaßen nicht mehr. Es lag alles jenseits ihrer Vorstellung. Sie wurden zurückgedrängt in ihre Dürftigkeit. Sie hatten keinen Teil an dem Glück Signes. Sie konnten kaum noch das Zukünftige sich deutlich machen. Die Braut schreckte nicht zurück vor Reichtum und Glanz. Vor Genuß der seltsamen Wunder. Ihr war, als

ob sie sich verkaufe. Unterjocht würde. (Runde braune Brustwarzen eines Mannes.) Aber sie wollte diesen Handel. Fast schien es ihr jetzt, da sie seinen Geschenken verfallen, als ob es der Liebe Perrudjas garnicht bedurft hätte. Sie sehnte sich hinauf in das Haus im Gebirge. Das tausendmal gewisser ein Schatzhaus war als der gläserne Schrein in ihren Händen. Sie sog aus ihrem Speichel den Geschmack der Erkenntnis, daß sie ein halbes Trollkind. Sie dachte an den Zauberring. Daß er eine Macht war. Daß Macht zu Macht kam.
Sie ließ sich die wirre Ordnung der Eingeweide erklären. Auf den Tisch ausgeschüttete Steine. Die schmalen Finger Perrudjas schieden, vereinigten. In die Heftigkeiten des Durcheinander wurde das Gesetz aufgezeichnet. (Schmale braune Hände.) Hart, härter, am härtesten. Blank, blanker, am blankesten. Es gab Farben, die sich wiederholten; aber sie waren unterschieden durch den Glanz, durch die Substanz. Es waren siebenmal sieben Reihen. Fünf Farben in ihren Abarten, und zwei Ungewöhnlichkeiten: schwarz und farblos. Farblos war das Häufige, schwarz das Einsame. Schwarzer Diamant aus Borneo. Er beherrschte die Reihe der lila Kristalle. Zu oberst lag das Härteste. Und es begann auf der linken Seite mit dem Weißesten. Mit der größten Farblosigkeit. Greller Diamant. Der Nachbar aus gleichem Stoff war gelb. Honiggelb. Es folgte grün. Ein seltener Stein. Und blau. Wie verzückter Himmel. Und rot. Eine Lilie, wenn sie brennen könnte. Und schwarz. Stein aus Borneo, der das Violette und die Mischfarben regierte. Unter den Farblosen aber, flüssig, silbrig, bis zum duffen Glanz des Glases: Hyazinth, Leukosaphir, Topas, Spinell, Beryll, Turmalin, Quarz. Sie würde sehr schnell Unterscheidungen lernen. Leber und Herz, Milz und Nieren, Lunge, Darm und Frucht. Der honiggelbe Diamant regierte: Hyazinth, orientalischen Topas, Chrysoberyll, Wassertopas, Beryll, Citrin. Ein Sternenhimmel. Sie wollte weinen; aber sie hatte keine Tränen. Der pistaziengrüne Diamant regierte: Zirkon, Korundsmaragd, Smaragd, Chrysoberyll, Epidot, Sphen. Der blaue Diamant regierte: Saphir, hell und dunkel, Spinell, Aquamarin, Topas, Turmalin. Das Blut, die brennende Lilie: Rubin, taubenblaurot und licht, Hyazinth, Spinell, Topas, Granat. Der schwarze Diamant regierte: nelkenbraunen Epidot, teerqualmi-

gen Rauchtopas, Violettrubin, Lilazirkon, Amethyst, edlen Spinell. Sie würfelte die Kristalle durcheinander. Es waren in der Ordnung neunundvierzig gewesen. Jetzt war es eine Unendlichkeit an Farben. Sie würde die Namen nicht behalten. Sie würde niemals wieder nach sieben Farben trennen. Nun war es wieder wässeriges Blut, blutiges Grün. Ein Gleichnis, das sie schaudernd erwog.
Anna verkroch sich an diesem Tage. Sie ertrug das Glück der Schwester nicht. Sie schlich, weil es anderswo kalt, in den Stall. Das Glück Signes prangte auch hier. Junge, ungerittene Stute, Tochter der Shabdez. Anna erkannte die Schönheit des Tieres; aber der Neid saß in ihr. Sie mochte es nicht streicheln. Keine Berührung mit warmem Fleisch, daß sie weinen könnte. Sie betrachtete mit gespitztem Mund das kostbare Zaumzeug.
Einar Skaerdal sprach am Abend die Tatsache der Verlobung seiner Tochter mit Perrudja aus. Er zelebrierte dabei ein häusliches Ritual mit Ermahnungen und Segenswünschen. Er war taktlos und erinnerte an den verstorbenen Hoyer. Es war eine List dabei. Er schaute forschend in das Gesicht Perrudjas. Gewissermaßen zum letztenmal. Mit letztem Mißtrauen. Da rührte sich nichts. Der Bauer strich das Mißtrauen ein. Er irrte in die Augen Heins. Kein Flackern. Signes starre Sinne nährten sich aus dem Inhalt der quarzenen Schale. Da hob der Bauer seine Stimme. Ihn ärgerte und ängstigte diese Tochter, die betört war. In der Fron des Reichtums stand sie. Sie solle sich vor dem Gift des Geldes bewahren. Nicht ihren Schöpfer beschämen, wenn er sie eines Tages mit Armut prüfe.
Signe wünschte auf einen Augenblick mit Perrudja allein zu sein. Sie trat vor ihn hin, gab ihm beide Hände, neigte den Kopf und sagte, fragte: »Du hast Thorstein Hoyer erschossen.« Er schwieg. Das Schweigen konnte lang werden. Er begann sich zu fürchten. Da antwortete er mit gebrochener Stimme: »Nein.« »Daß ich es denken konnte, wenn es nicht zutrifft –« zerrte sie überrascht zwischen den Lippen hervor. Sie rief Hein herbei, hieß ihn seinen Zwölfflach auf den Tisch legen. Perrudja fügte zwei hinzu. Die drei umarmten und küßten sich. Danach nahm jeder einen Stein auf. So schlossen sie einen Bund, daß sie nicht strauchelten. »Wir noch müssen uns vor

der Hochzeit nahe kennenlernen«, sagte Signe zu Perrudja. Nach dieser kleinen Heimlichkeit wurde die Familie wieder zugelassen.
Der Waldbesitzer blieb im Tal. Die junge Stute wurde unter seinen Ratschlägen eingeritten. Hein und Signe waren abwechselnd im Sattel. Es gab ruhige Stunden, in denen die Braut begierig auf die Worte des Geliebten, des Mächtigen war. Sie fragte nach den Gegenständen in seinem Hause. Er mußte beschreiben. Die Geschichte seines Lebens versuchte sie in den heimlichsten Heimlichkeiten zu entblößen. Nicht aus Neugier. Sie wollte an den Strom des männlichen Lebens. Allmählich drang sie ein in die wirre Welt seines Daseins. Sie erstaunte und begriff nur ungewiß. Es gab da Entscheide, die sie niemals würde nachtun können. Sie entschuldigte es mit ihrer anderen Artung. Wog genau, daß sie ein Weib und er ein Mann. Es blieb ein Rest, der sie beunruhigte. Der nur durch Liebe aufgelöst werden konnte. Die Liebe aber war von einer Struktur, die zwiespältig. Die Hingabe war nichts Schweres, aber bedenklich. Das Süßeste, doch in der Wiederholung schon eine Gewohnheit mit Gefahren. Bequemlichkeit des Herzens. Folgte man ihr, würde dem einen etwas verloren sein; und der andere fände es nicht. Gering werden ohne spürbaren gemeinsamen Gewinn. Sie empörte sich. Sie verwirrte sich. Die Vorstellung vom Wesen der Zuneigung entglitt ihr. Heimliche Sorge begann sie mit Unfreiheit zu strafen. Befangen oft stand sie vor ihm und machte ihn befangen. Manche Küsse unterblieben, wiewohl beide Sehnsucht danach hatten. Äußerungen ihres Zugetanseins wurden darüber heftig. Unnatürlich. Wie ein Schrei. Ein Postulat, mit Zweifeln beladen. Mit stummer Trauer strich Perrudja die neue Entdeckung ein. Kaum war er bereit zu jeder Vereinigung, da gingen die Schranken nieder. Mann, Weib. Blut, das sich fremd. Und sich sträubt, sich zu mischen. Ekel, der nicht laut wird. Es schien nichts Kongruentes zu geben. Außer der Liebe zwischen Bruder und Bruder. (Nils und Björn.) Entfernt zwischen Bruder und Schwester. (Das Unerlaubte.) Es konnte doch nicht an der Liebe zwischen Signe und Perrudja gezweifelt werden. Es war zum Verzagen. Des Abends pflegten die beiden im Tal zu wandeln. Unter einem Himmel, der dunkel geworden. Manchmal drängten

sich Wolken zwischen die Berge, im Zwielicht noch weiß und schaumig. Bei hinabgeglittener Sonne schwarz und wie ein Dach. Dann lag der Weg finster. Und sie nahmen sich bei den Händen. Sie fanden die Worte zueinander leicht. Aber es war abgebrochenes Stammeln; weil die heißen Hände, die sie gegenseitig fühlten, Verwirrung schufen. Weil Träume vor der dunklen Wand der Welt ihnen erschienen, die sie nicht hüllenlos über die Lippen bringen mochten. Sie gaben nur entstellende Berichte, formlose, ungenaue Wahrheiten, abgelesene Schülerweisheit. Standen die Sterne sichtbar über ihnen, waren die Reden geordneter. Es war dunkel genug, daß der andere nicht die Mühe erkennen konnte, die notwendig war, um die Sprache in Klarheit zu gebrauchen. Und doch eine so durchsichtige Welt über ihnen, daß sie sich geschämt hätten, unbewachte Regungen ihres Herzens zu verausgaben. Nach den ersten Wochen ihrer Brautzeit schon gab es keinen Fortschritt mehr im gegenseitigen Bekanntwerden.
Sie hieben mit gierigen Zähnen einander ins Fleisch; aber sie waren keine Raubtiere. Eine zähe Haut zwischen ihren stumpfen Zähnen. Augen schließen. Runde kleine braune Brustwarzen. Traubenschwere apfelgleiche Brüste. Unter dem Licht der Tage hatte in immer neuen Zusammenstellungen Signe die geschenkten Stoffe sich übergeworfen. In der Dunkelheit schilderte sie ihre Eindrücke davon. Wenn die Hemmungen sich frech vordrängten. Und den beiden die Zunge schwer wurde. Perrudja weidete sich unbekümmert an den wilden Blüten, die Signes Phantasie an diesen Dingen trieb. (Tote Dinge. Wir sollten im Banne des lebendigen Leibes sein.) Er beteiligte sich dennoch mit Spannung daran. Weil hinter den Stoffen, die mit Namen genannt wurden, der eine geliebte Leib sich verbarg. (Im Banne des lebendigen Leibes sein.) Er selbst doch hatte den Versuchen lächelnd beigewohnt. Eine süße Wiederholung legte sich gegen seine Ohren, betäubend fast, sinnlicher als die Wirklichkeit, eindringlicher, weil die Nacht alles Licht nur den perlenden Worten ließ. (Im Banne des lebendigen Leibes sein.) Kümmernis nur, daß der Anlaß kostbare Seidenstoffe. (Tote Dinge.) Schwarze Tuche mit golddurchwirkten Mustern. Vorbilder, dem Tierreich des Paradieses entnommen. Löwen spielen mit Rehen. Eines Abends ertrug er es nicht, daß sie wieder

abwichen in Erinnerungen. Und ihren übervollen Herzen die Gegenwart stahlen. (Traubenschwere apfelgleiche Brüste.) Er sagte: »Wär ich ein Hund, ich würde dich umkreisen und umspringen. Du aber würdest den Kopf zu mir niederbeugen und mich streicheln.«
Sie wandte gemächlich die Augen zu ihm. Sie sah ihn nicht. Aber ein großer Neufundländer umtollte sie schwanzwedelnd. Drängte sich an sie. Beleckte ihre Hände. Versuchte ihren Atem mit langer Zunge zu erhaschen. Sie schloß das Tier, als es sich springend aufrichtete, in ihre Arme. Herzte und küßte das zottige Fell. Vergrub die Hände in den behaarten Nacken. Das Tier legte sich rücklings vor ihre Füße, mit den Augen flehend um Liebe und Schmeicheleien. Sie kniete nieder und liebkoste. Auf dem Heimweg Ausgelassenheit. Schnappen. Winseln. Bellen. Eilige Füße. Ins Haus traten Signe und Perrudja. Er sagte: »Wir haben es heute gut miteinander gehabt.« Sie nickte. Am folgenden Tage sprach sie ihn an. »Gestern sind wir einander näher gekommen. Wir wollen damit fortfahren, uns kennenzulernen. Doch ist es ungerecht, daß ein Hund an einem bekleideten Menschen sich ergötzen muß. Ich will schon jetzt mit dir in dein Haus ziehen und dort die Zeit unseres Verlöbnisses verbringen. Wir sind dann nicht auf die öffentlichen Wege hinausgetrieben, wollen wir das spielen, was wir gestern gespielt haben.«
Signe bezog die Halle, die neben der Perrudjas aufgespart war. Eine Tür verband die beiden Kuppelräume. In den bis dahin unbewohnten Hausteil hatte Perrudja die Ampel der hundert Kerzen hängen lassen. Teppiche, in zwei und drei Lagen übereinander geschichtet am Boden. Ringsum an den Wänden Gewebe. Die Kuppel aus Granit war mit Figuren beritzt. Nur leicht die Konturen eingehauen in den kristallenen Stein. Die körperhafte Fläche der Gestalten mit dünnem Gips aufgetragen, daß in den abgebildeten Formen der Steinschnitt des Gewölbes verloren ginge. Der Gips war getönt gemäß den existenten Vorbildern der Darstellung. Eine Tigerin. Eine Gazelle. Ein Leopard. Ein Pferd. Ein schwarzer Panther. Ein Hirsch. Eine Schildkröte. Ein Fuchs. Ein Menschenpaar. Umschritten das Kuppelrund. Da sie, gemäß der Technik ihrer Herstellung, mit ihrer Erscheinung das Gefüge der Quadern

durchdrangen, wurden sie wie atmend. Ihre Bewegung wie nur verhalten. Die leichte Plastik, die in ihre Körper eingearbeitet war, gab mit der Farbe gemeinsam Schatten genug, daß das Auge ihre leibhafte Wirklichkeit nicht bezweifeln konnte. Die steinerne Kuppel erschien vergrößert hinter ihnen. Als ein Netz, in das sie gefangen. Ein enges Himmelsgewölbe – zwar sternenlos – das sie, die Lebenden, in den Raum trieb. Nahe heran an die menschlichen Bewohner.
Die Ampel gab das Licht der flammenden Kerzen nicht offen und unmittelbar in den Raum. Eine große bronzene Trommel mit kreisrunden Öffnungen umschloß die Lichtquellen. Ein Gewirr von Strahlen brach aus dem erzenen Gehäuse hervor. Mit Überschneidungen, die die Wirklichkeit des steinernen Hauses bis zur letzten Deutlichkeit ausleuchtete. In der Mitte, unter der Ampel, stand ein breites niedriges Ruhebett. Auf einem Teppich, der weißgelb und rot, mit wenig tiefblauen Linien durchzogen, in breiten Lachen der Farben floß. An den Wänden gab es ein paar wenig hohe Möbel aus rotem harten öligen Holz. Auf einem Tischchen stand die quarzene Schale, die die neunundvierzig Edelsteine umschloß. Die wie das Geheimnis von Eingeweiden waren. Daneben ein Dodekaeder, violett und fremd. Fast glanzlos vor all den satten und starken Farben der Gewebe. Ein einfaches Gesetz in den tausendfach durchwirkten Formen. Die schweren und harten Bronzen, Menschen und Tieren nachgebildet, die Vasen aus gleichem Stoff, überzogen mit Blättchen und Mustern aus Gold, glichen Altären. Und schienen unnahbar, unbeweglich, erstarrt in einem Garten, in dem es blühte und duftete.
Die Tage waren gemeinsam für Signe, Hein und Perrudja. Nach dem Nachtmahl zog die Braut sich zurück. Die Kerzen der Ampel waren entflammt worden. Holzscheite blakten im Kamin; waren die ersten herbstlichen Stürme doch über das Hochland gegangen. Wie gefangen blieb sie stehen. Ähnelte den Figuren unter der Kuppel. Sie mußte an sich hinabschauen. Auf ihre Hülle aus Seide und Brokat, um sicher zu werden, daß Wärme und Farben ihr galten. Daß die Flammen und Schlieren der Ornamente auf ihre Muße warteten, um entwirrt und genossen zu werden. Sie durchmaß mit lautlosen Schritten den Raum. Trieb sich an, wie ein Zirkuspferd das Rund zu durch-

wandern. Dann hockte sie auf einen bepolsterten Sitz aus rotem öligen Holz sich hin. Öffnete die quarzene Schale. Verfing sich mit den Blicken in die gebändigten Flächen der farbigen Steine. Sie schloß den Deckel wieder. Griff nach der anderen Seite neben sich. Legte ein bronzenes Füllen sich in den Schoß. Tigerin, Gazelle, Leopard, Pferd, Panther, Hirsch, Schildkröte, Fuchs und Menschenpaar umschritten das Kuppelrund. Als sie aufblickte, hielten sie in der Bewegung inne. Wie auf Sekunden nur, noch ganz voll Bewegung. Solange sie schaute, geschah nichts. Sie hatte es wohl bemerkt, die Schreitenden waren in eine andere Konstellation getreten. Wo zuvor die Menschen gestanden, hob nun der Leopard die Pranken. Ihre Augen gingen zu bei den süßesten Gedanken. Denn es war ein Gedanke für die Augen. (Runde kleine braune Brustwarzen.) Sie hob das bronzene Füllen wieder an seinen Platz, richtete sich auf und begann langsam sich zu entkleiden. Sie schritt zum Ruhebett, legte sich und verhüllte nur mit einer rosaseidenen Decke den nackten Leib. Sie schloß die Augen nicht. Sie starrte aufwärts gegen den unteren bronzenen Schild der Ampel, der wie ein schwarzes Segel unter dem Gewölbe schwebte. Darüber strahlte es von Licht. Das nicht in ihre Augen kam, nur gegen die Teppiche an den Wänden. Zu den wandernden Tieren der Schöpfung Gottes. Die vergessen hatten, daß sie auf Granitgrund geritzt, aus getöntem Gips waren. Signes Herz aber wartete und ging nicht mit den Augen, die sich an dem schwarzen Segel stießen. Und zurückflossen, sehr blind, denn der Augenblick des Gedankens für die Augen war noch nicht vorüber. (Runde kleine braune Brustwarzen.) Nach einer langen Dauer des Gedankens wußte sie, daß lautlos die Tür von Perrudjas runden Wänden her aufgegangen war. Sie schlug die Decke zurück. (Laue Luft der Kerzen und der verwehenden Birkenscheite.) Wendete sich halb, gewahrte, die Tür schloß sich wieder. Zwischen den Bewegungen des sich Öffnens und sich Schließens war ein Leopard hereingehuscht. Sie sah ihn nicht sogleich. Er konnte sich unbemerkt auf den Fußboden neben dem Ruhebett niederlegen. Als sie die Hand ausstreckte, faßte sie in sein Fell. Sie erbebte, als sie hinabschaute. Wer hätte die gefleckte Herrlichkeit des samtenen Felles erträumen können! Sie nahm die Hand nicht wieder zu sich. Ließ sie vergra-

ben in den Haaren. Wartete bange Augenblicke voll Entzücken. (Gedanke des Gefühls. Runde kleine braune Brustwarzen.) Berauscht. Wußte doch, der Fortgang des Geschehens mußte durch ihren Willen kommen. Da richtete sie sich halb auf, machte den Raum für sich selbst auf dem Ruhebett enge. Und lud das Tier ein, sich neben sie zu legen. Es wuchsen aus dem Leoparden die Bewegungen des sich Erhebens, sich Streckens, Duckens, sich Vorwärtsschiebens, Anschmiegens, Niederlassens, als ob nicht Kraft vonnöten dazu. Sie berührten einander ganz zart. Da mußte sie sich beherrschen, daß sie nicht vor Freude zu weinen begann. Der Leopard legte eine Pranke ihr über den Leib. Hart unter den Brüsten über dem Herzen. Da fand sie den Mut, ihren Arm um seinen Nacken zu schlingen. Der heiße Atem des Tieres ging über ihre Stirn. Dem warmen Wind des Atems folgte eine das Herz einengende Wahrnehmung. Feuchtwarm. (Runde kleine braune Brustwarzen.) Mit breiter milder Zunge, kaum rauh, begann das Tier den Mund des Weibes zu bedecken. Es ergoß die Bewegungen der Zunge auf den übrigen Körper. Die festen Brüste trieb es mit der blutroten Kraft vor den weißen Zähnen her. Ließ sie zurückgleiten. Umkreiste sie wieder mit Speichel und Zunge. Signe glaubte vergehen zu müssen. Sie schämte sich nicht. Sie schämte sich nicht, daß der heiße Atem über ihren Nabel kam. Sie schloß nur die Augen. Sie verriegelte sie fest, als es warm über ihre Schenkel strich. Sie gab sich preis an die Zunge des Raubtieres, wünschte, nicht eine Stelle ihres Körpers möchte bleiben, die nicht von seinem Speichel beleckt. Das Tier glitt mit dem weißlichen Bauch gegen ihren Rücken. Nach rückwärts tastend, legte sie ihm eine Hand gegen die weiche Flanke. Am Morgen erwachte sie aus erquickendem Schlaf. Fand sich bedeckt. Die Kerzen der Ampel gelöscht. Durch die Fensterspalten in der Kuppel drang der Tag.
Als Perrudja hereintrat, sich über sie beugte, preßte sie ihn fest an sich. Sagte leise: »Verdiene ich, daß du mich so sehr liebst?« Er lachte und antwortete: »Das alles ist ein Anfang.« Am Abend geschah ihr wie am Vortage. Doch war aus dem Leoparden ein schwarzer Panther geworden. Dessen Atem noch heißer war als der des gefleckten Raubtieres. Signe fühlte es an ihrem Arm, den sie vom Ruhebett herabhängen ließ zu der

nächtlichen Katze; die auf dem Teppich sich ausgestreckt. Da geschah etwas Unerwartetes. Die Tür ging auf. Lautlos wie beim erstenmal. Ein junger Rehbock stand in der Öffnung. Wagte sich zaghaft vor. Die Tür ging zu. Furchtsam fast wich er vor dem schwarzen Raubtier aus. Schlich an die andere Seite des Ruhebettes. Schaute mit großen Augen auf das entblößte Weib. Legte sich nieder, dem Panther gleich. Hielt nur den Kopf gehoben. Signes Deutekunst versagte. Ängstlich versuchte sie mit ihren Gedanken Thorstein Hoyer zu erreichen. Es gelang nicht. Er war ihr fern. Wie auch hätte dieser Tote sich in die Gestalt eines Rehes begeben können! Es begann die Luft sich kalt gegen ihre unbeschirmten Glieder zu legen. Wiewohl heißer Atem von zwei Seiten sie anwehte. Hundert Kerzen warm leuchteten. Prasselnd Scheite sich verzehrten zu Glut und Flammen. Das Blut gerann ihr unter der Haut. Sie schloß die Augen fest. Zog über sich die rosagefärbte Decke. Wartete auf den Ablauf der Zeit. Flehte um Beschleunigung des Ablaufs. Um Schlaf. Um Ruhe. Um Ungestörtsein. Um Einsamkeit. Und es war nur ein Trost: die Kerzen würden verlöschen, die Nacht würde dahingehen.

Am Morgen, beim Einnehmen des Frühstücks, wandte Signe sich an den Bruder. »Du begehst Torheiten«, sagte sie.

Er schüttelte wehmütig ablehnend mit dem Kopf und antwortete: »Du bist schön wie Gott.«

»Das darfst du nicht glauben!«

»Ich glaube es dennoch.«

Ihr Blick flackerte auf. Doch schwieg sie. Nach der Mahlzeit ließ sie sich flüchtig die Hände küssen.

Am Abend entkleidete sie sich, vor den nächsten Stunden in Furcht. Aber sie widerstand dem Wunsch nach Abenteuern nicht. Sie blieb unverhüllt. Sie folgte einer Bestimmung. So schien es ihr. Unter der Stirn saß ihr lästig Wolkenarmut. Kein beflügelter Gedanke entsprang der trüben Schwermut. Leicht schmerzhaftes Zucken in den Adern. Als sie prangend auf dem Bett lag, geschah alles, wie sie erwartet. Die Tür öffnete sich zweimal. Ein Hirsch war eingetreten. Und nach ihm eine Gazelle. Sie beschloß bei sich, keine Betrügerin zu werden den gierigen Blicken. Nur die Augenlider hielt sie zugezogen; daß sie nicht sähe. Auch diese Nacht verging. Am Morgen waren

die Kerzen gelöscht. Der Tag zeigte sich in den schmalen Fensteröffnungen.
Als die drei Menschen bei Tische saßen, hob Signe überdeutlich zu reden an. Sie sagte: »Es ist ungerecht, Perrudja, daß ich deinen Blicken preisgegeben werde, während meine Augen darben müssen. Solange du mich, ein Tier, umschleichst, erkenne ich dich nur unvollkommen. Ob mein Herz auch zerspringen will vor Wonne bei deinem Nahen. Bleib heut Nacht in deinem Bett, ich werde durch die Tür zu dir schlüpfen.«
Der Mann wurde überrot im Gesicht. Er nickte.
Hein sprach, halb vor sich hin, die Worte: »Ich habe ihre Freude getrübt; aber es hat mein Verlangen gestillt. So mögen sie mir vergeben.«
Und abermals brach die Nacht herein. Was hier erzählt wird, geschieht ja in der Zeit, in der Tage den Nächten nachjagen. Und Nächte den Tagen. Unablässig. Seit dem Beginn der Schöpfung; deren Anfang unvergleichlich in den Worten beschrieben ist: »Die Zeiten wuchsen und wurden lang. –«
Der Schlafraum Perrudjas erschien älter, abgenutzter als das übrige Haus. Die Geräte waren unordentlich und ohne Gesetz unter der Kuppel aufgestellt. Die Teppiche am Boden verheimlichten gar nicht, sie dienten nur dem Zweck, lautlos, warm den Fuß zu geleiten. An den Wänden bargen sich die Dinge seiner tausend jugendlichen Einfälle. Alte Machtrequisite. Denkmale junger Sünden und Sehnsüchte. Er konnte sie nicht belachen. Er konnte sie nicht entbehren. Er war nur ein Weniges. Er mußte sich an der Vergangenheit aufrichten. Abguß der beiden Hände und des Gesichts Perrudjas, Rotguß oder Messing. Ach, daß er schamloser gewesen und den ganzen Leib hätte abformen lassen! Als er noch eine Blüte war, kaum geöffnet. Das Metall wäre nicht errötet. Signes Augen hätten sich weiden können. Waffen, Schilde, Panzerhemden. Der kaum faustgroße Götze mit breitem lachenden Mund, geschlitzten, fast geschlossenen Augen, fettem faltigen Bauch, vierfach verschieden: bleiern, eisern, bronzen, silbern, in höchster Freude der Sinne. Smaragd für einen Fingerring. Lag neben dem Petschaft. Auf dem Petschaft ein Elchgeweih. Elchgeweih und Quadrat. Graviert. Seltsam gebuchtete Stäbe aus gedrech-

seltem Messing. Plastische Form der Kurven. Wie die Schiffsmodelle. Genaues und notwendiges Abbild der Fahrzeuge, die Spante um Spante wuchsen. Wertvolle und nicht zu verachtende Leistung. Einst auf hartes weißes Papier mit Hilfe gebogener Lineale in feinen Tuschelinien gezeichnet. Einmalige Gestalt längst abgewrackter, untergegangener, gestrandeter Schiffe. Segler, erste Propellerdampfer. Mittel zum Reichtum für gewissenlose Verlader. Schwarze Sklaven. Guano. Zinn. Kupfer. Gold Indiens und der Inka. Er ahnte. Er fürchtete wie nichts so sehr den Tod durch Ertrinken. Im Wasser als Leiche treiben. Von Fischen angefressen. Borte mit vielen hundert Flaschen. Reine Grundstoffe der Chemie. Komplizierte Präparate, einst im Dienste seines Körpers. (Oful massierte mich.) Die sechsunddreißig Arten des Beischlafes, schwarze Gravur auf weißlichem Grund. Jetzt zwecklos. (Die Flaschen, Ofuls Hände, die junge Sünde der Gedanken.) Jetzt war das Vergangene Besitz. Gerät. Seltenheiten. Die Regale mit den Büchern, aus denen er sein Wissen geschöpft. Die Vergleiche, die Entschuldigungen. Die Schule, Schule der Bücher und Schule der Speisen. Man konnte es sagen. Die Wirkung der Verdauung. Die Offenheit, offener als alle Wissenschaft. Meist Werke in französischer Sprache. Viele hatte er nur berührt, wie man begreift. Aus vielen hatte er nur die Abbildungen zurate gezogen. Ein Gefühl der Langweile hatte sich zwischen ihn und die bedruckten Seiten geschoben. Seitdem er Signe kennengelernt, hatte sich die Bibliothek kaum vergrößert. Ein paar seichte und ein paar hochtrabend wissenschaftliche Werke über das leibliche Leben des Menschen hatte er sich gekauft. (Als ob die Bilderfibel der sechsunddreißig Arten der Vereinigung – ein Weib auf einer Leiter saß – ein ungründliches Schulbuch.) Truhen, vollgestopft mit seltsamen Gewändern. Da gab es alle Verkleidungen, die ihn herausputzten zu dem, der er sich wünschte zu sein. Ein Kasten, in dem wirr durcheinander zerspaltene Gesteinsarten und Minerale lagen. Schöne Drusen von Rauchquarz, Amethyst, Granat. Es war wertlos, verglichen mit den geschliffenen Edelsteinen des quarzenen Bauches, Signes Schatz. Manches hatte er selbst zusammengetragen, das Meiste gekauft, nachdem er einmal in Oslo das mineralogische Museum besucht. Da lag der bunte Reichtum der Welt wie in einem Spielzeugkasten. Ein Schubfach, in dem er Stäbe aus allen ihm erreichbaren Metallen aufbewahrte. Er hatte ihre Eigenschaften genossen, indem er sie in die Hand genommen, gewogen mit kindischen Gebärden. In einem Winkel stand ein Gebilde, von fern wie ein Baumstamm anzuschauen. Fast mannshoch. Trat man heran, Erkennen, dieser Stamm ist auf hundert Bäumen gewachsen. Seine Rundung war nur unvollkommen. Schmale Flächen, senkrecht stehend, gaben sich, als ob sie Teile eines Kreises. Ein massiver Block war aus vielen unterschiedlichen Holzarten zusammengeleimt worden. Poliert mit Mohnöl und Schellack. Die Flächen standen leuchtend nach außen. Cocobolo aus Nikaragua. Grünes und braunes Pockholz aus San Domingo. Violettschwarzhartes Königsholz von Madagaskar. Rosenholz, geflammt, gestreift, aus Afrika und Bahia. Weißes Buchsbaumholz aus Kleinasien und Westindien. Chromgelbrotes Pernambukoholz. Buntes Schlangenholz aus Surinam. Bongossi, zäh, schlierig, braun, Afrikas Sonne. Rosaweißer Conelbaum aus Nordamerika. Blaubraunockerzähes Orelha, brasilianisch. Feuerrotes Padouk. Ebenholz, Macassa, Celebes, Ceylon. Zebrano, wie das Wildpferd des Äquators. Eichenkambala, braunhell. Dichtschwarzes Grenadil aus Ostafrika. Ostindisches Yacaranda. Wachsartiges Pekwood. Schwarzgras auf gelbem Kies: Menadopalme. Zerikota. Guara Batinga, wie bleiches Maul eines Flußpferdes. Yarrah, in Australien gewachsen. Bacui, brasilianisch. Der feuchte Glanz der Kokospalme, fettig wie der Rauch des Celebesebenholzes, nur durchfurcht von Masern. Die Flamme der Thuya. Palo balsamo, grün, kraß, Flechtwerk. Holz des Eukalyptusbaumes. Eichenholz, Surinams Bulitrie, violettschwarzknochig. Rio Yacaranda. Wilder Birnbaum Afrikas. Omboinamaser, in der Südsee aus Korallenriffen gewachsen. Matter Schein französischen Olivenholzes. Zitronenholz. Venezuelas Veraholz, dicht, fein, braun. Anderman rot. Padridge. Ceder aus Florida. Alerce aus Chile. Greenhart aus Surinam. Qebracho. Kaum war zwischen dem Gewirr von Zeichen einer weiten Welt Raum für Schlafstatt und Ankleidegelegenheit geblieben. Das alte große und breite Bett aus gutem Mahagoniholz mit den dreierlei Decken mußte es sich gefallen lassen, daß Kisten und Kasten, anlehnend, die Politur verdarben.

An diesem Abend empfand der Waldbesitzer die Enge und Ungeordnetheit seiner eigensten Behausung. Er wollte beginnen aufzuräumen, fortzuwerfen. Er konnte sich von keinem Gegenstand trennen. Alles noch war ihm wichtig genug, daß es in seiner Nähe bliebe. Unbefriedigt beharrte sein Geist dabei, die Unordnung um ihn her sei berechtigt und somit unvermeidlich. In seinen leeren Augen aber dämmerte das Bildnis eines Weibes. Und in Müdigkeit und Unlust eines verbrauchten Tages bildete sich die Sicherheit eines unerschütterbaren Schöpfungsprinzips. Dessen letztes Ziel und Mittel die Liebe. In das auch er einbegriffen worden war. (Traubenschwere apfelgleiche Brüste.)
Da entkleidete er sich, verabschiedete die Eindrücke seiner nächsten Umgebung von sich. Träume begannen ihn zu umschließen. Er lag auf seinem Bett. Wie es gefordert worden war. Er, Perrudja, nicht ein Bronzebild; das ungegossene. Er trieb die Rippen hoch, so daß der Bauch einfiel. Er wollte dadurch ein wenig schöner erscheinen. Jugendlicher. Wie das Bronzebild; wenn es gegossen worden wäre. Er mußte in dieser Nacht offen bekennen, wer er war. Er legte die Arme über die Augen. Es war eine neue Aufgabe, nicht nur vor sich, auch vor anderen zu bestehen. Er würde riechen, fremd wie Oful. (Gelbe stinkende Blume.) Es wurde von ihm gefordert, daß er schön. Er wußte nicht, ob er die Erwartung erfüllen konnte. Er war längst geformt. Und würde verworfen werden oder gebilligt. Beschaut durch den anderen. Ausgeliefert auf Gnade und Ungnade. Er fühlte nicht mehr die Wirkungen der Vergangenheit an sich. Er war sehr schuldlos. Doch nicht sieghaft. Er konnte sich nicht mit den Zuchthengsten vergleichen. Er war im Wind ein schaler Geschmack der Sehnsucht.
Da schritt es schwer, wie mit saugenden Tritten um seine Lagerstatt. Die verschränkten Arme ließ er von der Stirn, daß sie frei würde. Und die Augen sähen, was das Ohr zu deuten begann. Aber er mußte erschrecken. Riesenhaft, so nahm er es auf, riesenhaft war die Tigerin, die mit Unruhe sein Lager umschritt. Wohl verloren die Strahlen auf gelblichem Fell sich in tiefes Schwarz. Ihm aber erschien das schilfige Flackern wie spitze gespaltene Zungen riesenhafter Schlangen. (Wie mager war er! Wie bespottbar mager.) Zwei gläserne Augen standen

unerbittlich in einem Kopf, der schmal und weißlich aus den Pranken über die weichzottige Wamme hervorbrach. Mit unsäglicher Geschmeidigkeit aus platter Nase, fast stirnlosem Dach der Augen, verglitt er in den Nacken, um den hartschwarz, fast klein die dunklen Zeichen unergründlicher Zeichnungen wirbelten. Nach hinten fiel der Körper ab in leisen Linien. Geheimnisvoll leuchteten helle Seidenhaare vom Bauch herab zwischen den Schenkeln. So war das Tier, das gekommen war, ihn anzuschauen. Er aber fühlte mit Schmerz seine geringe Gestalt. Daß er nicht besser bestand, als ein guter Fraß zu sein, der blutig unter den weißen Zähnen wurde. (Die noch verborgen waren.) Er glaubte vergehen zu müssen an dem Maß, das die Schönheit des Weibes aufgerichtet. Er war so verstrickt in Unglauben, daß er mit leisestem Hauch nicht wähnen mochte, sie dächte seine Gedanken mit Beschämung für sich. (Kleine runde braune Brustwarzen.) Mit saugenden Tritten umkreiste die Tigerin die Lagerstatt des Mannes. Die Tieraugen waren unverwandt auf den Liegenden gerichtet. Begehrlich nach der schmalen Herzgrube. Nach einiger Zeit doch warf sich der Mann herum. Vergrub den Kopf und begann zu zittern und zu schluchzen. Mit saugenden Tritten umkreiste die Tigerin die Lagerstatt, auf der der Magere mit seinem Rücken Bauch und Brust verbarg. Weil er sich verworfen fühlte. Er vergaß das Ziel der Nacht, die Übereinkunft. Sein Ohr taub gegen das Geräusch der Schritte. Er verging wie ein Angeklagter, dessen Tun ein Gericht entblättert zu unfaßbaren Tatsachen. Da rührte sich keine Träne, daß Worte entständen, die das Geschehen mit einem besseren Sinn erledigten. Die Tigerin öffnete den Rachen, die weißen Zähne blitzten. Sie röhrte, röchelte, hustete tiefe klagende Laute. Die Kuppel gab den Ton zurück. Der Mann gehorchte und legte sich wieder auf den Rücken. Über seine Schenkel hinweg schob sich der mächtige Körper. Engte mit seinem Gewicht die Bauchhöhle ein. Beschwert strich ihm der Atem aus dem zitternden Munde. Seine Hände richteten sich auf. Fielen herab wie zwei Zeichen. Bleich. Verschwanden fast; wie eingesunken in der Tigerin Fell. Beklemmende, fast schmerzhafte Last ließ den bedeckten Teil seines Körpers ersterben. Es blieb nur ein ungewolltes Begehren, verborgen unter der mächtigen Fülle

des sagenhaften Raubtieres. Sein Herz war rein und leer. Sein Hirn wurde aufgefordert, sich zu wappnen, daß es Befehle gäbe in alle Stationen des Leibes, willig und ohne Veränderung die Mühe zu leisten, das warme Gewicht zu tragen.
Hein schlich mit müder, kaum aufgebrochener Melankolie im Hause umher. Er sprach wenig, lächelte oft, weinte nie. Stundenlang bürstete er die runden Schenkel der Pferde, wusch ihnen umständlich die Hufe, wischte ihnen die Augenwinkel sauber, bestrich ihnen die Genitalien mit Olivenöl. Das Strohlager bereitete er tief. Lockerte es immer wieder mit der Forke. Das Futter reichte er in kleinen häufigen Mengen. Er war wenig im Sattel. Ritten Signe und Perrudja aus, fand er es angebracht, den Mist aus den Ställen zu schaffen. Oder Vorbereitungen zu treffen für eine unnütze Fortsetzung seiner gedehnten Arbeit. Bei Tische schwieg er beharrlich, ob auch die Reden Perrudjas und Signes lebhaft waren. Wurde er angeredet, fragte man, so kam die Antwort nur langsam aus ihm. Meist unvorteilhaft lässig formuliert. Auch widerspruchsvoll, sinnlos. Er war glücklich, wenn man ihn überging, seiner nicht achtete. Er saß unstraff da. Unordentlich an seinem Äußeren. Oft hatte er beschmutzte Hände nur in kaltem Wasser abgespült. Führte er sie dann unversehens an den Mund, gewahrte er selbst, sie rochen stark nach Pferden. Er errötete darüber ein wenig. Das wieder wollte er verbergen. Darum bedeckte er das Gesicht mit breiten Handflächen und sog, wie zum Genuß, tief den Geruch von Stall und Tieren ein.
Der Vortag der Eheschließung war gekommen. Der Waldbesitzer hatte sich eine andere Meinung vom Ritual des Vorganges gemacht als die Wirklichkeit zulassen wollte. Der Tag sollte mit Gebräuchen einer innigen Liebe beginnen. In jeder folgenden Stunde eine Fortsetzung des Anfanges bedeuten. Enden in einer unendlich langen Nacht; die nur darum an den Tag gehängt war, weil er zu kurz, alle Stationen der köstlichen Handlungen zu fassen. Hochzeit konnte man den Tag heißen eben wegen der ununterbrochenen Reihenfolge von Augenblicken, die ausschließlich dem Geliebten galten. Mister Grigg war der erste gewesen, der das Programm erschüttert hatte. Er war eines Tages angekommen. Hatte eine Rechtsbelehrung über den Begriff Ehe gegeben. Nicht mit Feindschaft. Ein

wenig belustigt, auch mit solcher Aufklärung dienen zu müssen. Kurz darauf unterbreitete Hein arge Pläne. Er forderte große Festlichkeit, viel Speise und Trank. Rote gekochte Krebse wollte er essen, erklärte er. Und weißen Burgunderwein, der schäume, trinken. Ob er verlassen auf dem Heuboden sitzen solle, wenn das Brautpaar sich zu Bett begebe? Aufdringliche Frage. Er war deutlich gewesen. Signe fand seine Forderung gerecht. Sie glaubte, weitergehend, daß Wein und Krebse nicht ausreichende Gefährten für den Einsamen. Sie schlug vor, die Eltern zu laden. Höflichkeit verlangte es zudem. Man habe sie der Pflicht, Gäste bei sich zu empfangen, enthoben. Perrudja wußte nichts Gültiges dawider zu sagen. Es würde der Lendsmand zugegen sein müssen. Auf Stunden nur, bemerkte er. Er dachte weiter: der Tag sei doch klein geworden. Bei den Vorbereitungen zum Rechtsgeschäft der Eheschließung hatte es sich herausgestellt, der Waldbesitzer konnte mit nichts beweisen, daß er dieser oder jener Religionsgemeinschaft angehörte. Grigg bestritt jede Taufe. (Es war noch niemals Unrichtiges aus seinem Munde gekommen.) So konnte der Propst doch fortbleiben. Signe war damit einverstanden. Sie legte keinen Wert auf Taufe und Konfirmation. (Trollkind.) Der geistliche Herr blieb ungeladen.
So waren denn die Eltern herbeigeeilt. Erfüllt von dem Bewußtsein ihrer Wichtigkeit und Zugehörigkeit. Staunend in dem großen Hause umherwandern. Ärmer werden als arm. Skaerdal war plötzlich allein Hein gegenüber gewesen. In dessen Wohnraum. Verwunderter als über die sonstige Pracht des Hauses war der Bauer über die reiche Bequemlichkeit seines Sohnes. Um jeden Gegenstand fragte er, ob Eigentum Heins oder Perrudjas. »Ich darf alles mit mir nehmen.« Da betastete der Alte die Dinge, als müsse er sie prüfen. Und da er sie echt befunden, wandte er sich dem Jungen zu. Ihm standen Tränen in den Augen. Er lehnte den Kopf wie müde gegen die Schulter des Sohnes. Nach einiger Zeit sprach, preßte er, als müsse er eine Tatsache beschwören, hervor: »Mein Sohn.« Die beiden blieben lange ohne Wechselreden. Der Bauer klagte dann, er sei müde. Bat, sich auf das Ruhebett legen zu dürfen, um ein wenig zu schlafen.
Frau Skaerdal genoß die Stunden, ob sie auch einen Augenblick

in Tränen sich zerlöste. Wie Mütter tun. Bei dem Gedanken, ihre Tochter würde an der Seite eines Mannes ruhen, zukünftig. Das waren Augenblicke. Eigene Erinnerungen, heimliche Fürchte. Verschwammen bald. Sie umhalste Signe, küßte sie. Flüsterte ins Ohr der sich Sträubenden: »Meine Tochter.«

Am Hochzeitsmorgen hatten sich ein halbes Dutzend Wägelchen im Hofe eingefunden. Vom Tal heraufgekommen. Der Lendsmand hatte seine Hausfrau, eine unmäßig dicke Gestalt, mit heraufgebracht. Sie hatte dabei sein wollen. Das Ehepaar Gaustad kam, Glückwünsche zu überreichen. Wiewohl ungeladen, war der Propst anwesend. Ein alter Mann, dessen künstliches Gebiß lose im Munde saß und bei jedem Wort, das er sprach, ein klapperndes Geräusch hervorbrachte. Neugierig durchforschte er alle Räume des Hauses. War stets an Türen, durch die er gar nicht einzutreten beabsichtigte. Doch entschuldigte er sich, die runde Bauart des Hauses verwirre sein Orientierungsvermögen. War als erster in allen Ställen und Stuben. Wie zufällig. Seiner schnuppernden Nase war anzumerken, er wollte das Heidentum aus jedem Winkel einsaugen, um für spätere Verachtung des Abtrünnigen ein gerütteltes Maß an Belegen zu haben. Er sagte sehr laut, daß er aus Pflichtgefühl gegen die Braut gekommen sei. Gelegentlich schob er seine Hand auf die Brüste Signes und segnete sie. Zu Gaustad sagte er nach dieser Handlung: »Was für ein Weib! An ihm könnten Greise zu Toren werden. Aber –« und sein Gesicht sprach weiter gegen die Propstin, »bei mir handelt es sich immer nur um platonische Torheiten.« Er lachte, daß die Kautschukplatte der Kunstzähne vom Gaumen herabfiel. Plötzlich klagte er: »Ich bin alt, ich bin sehr alt. Du solltest in die Küche gehen, Tora, dir ein Glas Milch ausbitten und einen Löffel meines Kräftigungspräparates hineintun.« Die Frau eilte hinaus. Der Geistliche ließ sich mißmutig in einen Stuhl fallen. Nach einigem Stummsein wandte er sich wieder an den Gutsbesitzer: »Ich sollte die Braut noch einmal segnen. Sie geht die Ehe mit einem Heiden ein. Ich sollte sie dreimal segnen. Glauben nicht auch Sie, daß es Kristenpflicht ist? Eine Stimme ist in mir, die mich dazu nötigt. Ich bin heraufgekommen zur Unterstützung der Braut. Ich könnte diesem offenbar unfrommen Hause sofort wieder den Rücken kehren. Doch gibt es Berufungen, die heftiger sind als das Gefühl des Peinlichen.« Gaustad nickte mit dem Kopf. Trank ein wenig Wein. Als die Propstin wieder herein war, ein Glas mit weißlicher Flüssigkeit vor den Gatten gestellt hatte, besann der Angeredete sich erst auf ein paar Worte über das Bewegen des Kopfes hinaus: »Ich fühle mich hier sehr wohl«, sagte er. »Gewiß«, war die Antwort des Propstes. Seine Augen suchten die Braut. Sie schien nicht in der Halle zu sein. Der Geistliche sprang vom Sitz auf, eilte hinaus. Auf dem Wandelgang begegnete ihm Signe. Er legte seine zitternden Hände fast unsanft und pressend auf ihre Brüste und wollte sie zum zweitenmal segnen. Sie aber drängte ihn fort und sagte: »Dort kommt die dicke Frau Lendsmand.« Dann war sie vom Gang verschwunden. In Perrudjas Schlafzimmer. Saß ihm auf den Knieen und vergrub den Kopf an seinem Gesicht. Ließ sich küssen. Der Propst ging zu den Gästen zurück. Und trank die weißliche Flüssigkeit. Zu Gaustad sagte er: »Ich darf keinen Wein. Ich bin abstinent. Nicht, daß ich jemals Mißbrauch im Genuß des Alkohols getrieben. Ein Lehrer muß der Jugend ein Vorbild sein. Meines Amtes wegen. Ich würde sehr gern ein berauschendes Gläschen trinken. Aber meines Amtes wegen – Oder glauben Sie, daß Hummerfleisch ohne Wein nur schwer bekömmlich ist? Es soll bei Tisch einen Gang geben, in dem man Hummer serviert. (Wie ich höre.) Ich bin sehr begierig darauf. Aber ich fürchte mich, das Schalentier ohne Wein zu mir zu nehmen. Mein Magen ist schwach. Oder ist es vielleicht Ihre Meinung, ich kann, ohne Anstoß zu erregen, zum Hummer ein wenig Wein trinken? Wie denken Sie darüber? Ich bin zwar abstinent, um des Vorbildes willen, um der Jugend willen. Doch gehöre ich keiner Vereinigung an, die das fordert. Keinem Orden. Es ist ganz freiwillig. Vor dem Hummer aber fürchte ich mich.«

»Dann sollten Sie Hummer nicht essen. Oder Wein trinken, wenn's beliebt.«

»Seit zwanzig Jahren nicht mehr habe ich Hummer gegessen. Mit Mayonnaise. Ei, gerührt, Olivenöl. Ein Löffelchen Estragonessig. Mustarde. Es ist eine sehr schöne Erinnerung für mich mit dem Gericht verbunden. Sie können das sicherlich kaum begreifen. Meinst du nicht, Tora, ich dürfte ein wenig Wein trinken?«

Die Propstin nickte. Gaustad füllte zwei Gläser.
Die Frau Lendsmand betrank sich nach der ersten halben Stunde ihrer Ankunft in schwarzblutigem Burgunderwein. Sie nannte das Getränk Limonade. Sie verfiel, in einem Sessel sitzend, dem Schlaf. Und gewährte den übrigen Gästen das unbekümmerte Betrachten ihrer wahrhaft unmenschlichen Fülle. Die Mutter Signes gab sich als Hauswirtin. Skaerdal erschien nur auf Augenblicke. Noch seltener das Brautpaar. Hein aß viel kleines Gebäck und schwatzte mit jedermann. Halb bewundernd, halb furchtsam hörte er den klugen Erwägungen zu, die von Griggs präzisen Lippen fielen. Er sprach von Finanzwirtschaft und sozialen Problemen. Von der falschen Richtung der Industrie; da sie nicht zivilisationserleichternd, sondern materialvergeudend sei. Daß sie, um vergeuden zu können, künstlich Bedürfnisse schaffe. Weniger Geburten, sagte er, brauche Europa. Und eine Religion, die zu Anstand verpflichtet. Er meinte nicht Frömmigkeit. Und das Gebet auch nicht. Kristentum und Großkriege, Kolonisation mit Kreuz und Gas, diese aufgedeckte Lüge sei noch schimpflicher als das römische Recht, das den Besitz heilig gesprochen. Die Heiligkeit der Märtyrer sei ein Geringes, verglichen mit den Rechtstiteln eines kapitalkräftigen Mannes. Ob Perrudja gemeint sei, fragte Hein. Dieser Mann sei ein Heide, antwortete Grigg. Eine große Hoffnung. Er habe noch niemals seine Macht genutzt. Er sei ein Stümper oder ein Engel. In der Wirkung gleich wohltuend. – Der Sekretär saß, seltsam genug, unter den Gästen als Gast. Er verschwand auf kurze Zeit zusammen mit dem Lendsmand. Es wurde ein wenig leer in der Halle. Es wurde nach der Braut gefragt. Nach Skaerdal. Nach dem Lendsmand. Nach Grigg. Da nicht geantwortet wurde, trank man Wein, aß Gebäck, starrte auf das Fleisch der schlafenden Frau Lendsmand. Dann trat Grigg wieder herein, nahm still sein Glas, teilte mit, daß aus dem Brautpaar Eheleute geworden. Und er beauftragt sei, die Gäste zutisch zu bitten. Bat dann, zuvor auf das Glück der Neuvermählten anzustoßen. Eine Zwischentür öffnete sich zum Speiseraum. »Sie sind ohne kristlichen Rat getraut worden«, sagte der Propst zu Gaustad, »in diesem Hause werde ich mich nicht schämen, dem Genuß von Speise und Trank zu frönen.«

Zum Essen erschienen die Neuvermählten in einem für die Gäste herausfordernden Aufzug. Sie trugen Mäntel aus Gepardenfell. Geflecktes Raubtierfell. Waren höchst schweigsam. Aßen wenig. Tranken noch weniger. Lächelten kaum. Den etwas angetrunkenen Hein, der lärmend, immer und immer wieder ihnen Glück wünschte, schienen sie durch Teilnahmslosigkeit strafen zu wollen. Es war den Gästen nicht schwer gemacht, sich mit der Seltsamkeit abzufinden. Wein rieselte ihnen wohlig in die Kutteln; daß sie am liebsten nur gelallt hätten. Die Speisen wirbelten mit immer neuen Reizen vor ihnen. Kam eine Pause auf, erhob sich Grigg zu einer schalkhaften Rede. Er gab sie in kalten Sätzen. Er hatte kein Herz. Oder verbarg es. Doch zwang er die Hörer zum Lachen. So kam für alle die Zeit des Aufbruches zu schnell. Die Wägelchen glitten in der Dämmerung zutal. Die Fahrburschen knallten mit Peitschen über den Häuptern der Gäste, die im Breitsitz halb liegend saßen. Einige winkten hinauf. Nur Signe, Hein und Perrudja blieben zurück. Sie waren bis vor den Tunnelschacht gekommen. Als sie wieder im Hause waren, umhalsten sich die drei. Es war nur ein kurzes Zeichen. Sie gingen gemeinsam durch die Räume, in denen vor kurzem noch die Gäste geweilt. Unordnung. Tausend fade Gerüche durchkreuzten sich. Dämmern. Wärme, die betäuben konnte. Perrudja bewegte unwillig Hände und Kopf. »Laßt uns fort, unsere Hochzeit vorzubereiten. Dafür ist noch nichts getan.«
»Ich habe nichts dawider«, sagte anstatt Signes Hein. Nach der Antwort schob er sich, als ob es nicht anders sein könnte, zwei Flaschen moussierenden Burgunderweins unter die Achselhöhlen. »Ich hole mir auch noch Gebäck«, sagte er.
Die drei gingen in die Wohnung Heins, wo er die Flaschen neben seinem Bett auf den Boden stellte.
»Wenn es dir sehr schlecht ergeht, Hein«, sagte Signe fast überdeutlich, »du hast das Recht, jederzeit zu uns ins Schlafzimmer zu kommen. Wir werden bemüht sein, unsere Freundschaft nicht krank zu machen mit einer Schamhaftigkeit. Wir werden dich nicht beleidigen.« Sie küßte ihn leicht an der Stirn. Perrudja wußte nichts zu sagen. Die Neuvermählten trennten sich auf dem Gang. Er sagte noch, in einer Stunde werde er zu ihr kommen. Sie nickte zum Zeichen, daß sie verstanden. Eine

kleine Traurigkeit befiel sie, als sie allein in ihrem Zimmer. Es wurde ihr schwer, sich zu entkleiden. Ohne Bewußtsein verrieb sie einige Riechwässer auf der Haut. Dann schlüpfte sie in ein Nachtgewand aus gelber Seide. Und stand wieder ohne Sehnsucht. Wie schläfrig. Geplagt nur durch einen Tropfen Angst; dessen Namen sie nicht wußte. Sie entschloß sich, die Tür nach Perrudjas Wohnstatt zu öffnen. Sie trat hastig hinüber. Sie fand auch ihn zaghaft. Träge an seinen Fingern putzend. Unausgekleidet, unverändert in dem Mantel aus Gepardenfell. Grüblerisch, aber doch dumm um die Stirn. Auf eine Anrede erklärte er, er habe bis vor wenig Augenblicken in einem Stuhl gesessen. Doch sei er bereit, sich umzukleiden. Man konnte verspüren, eine Schwermut taute beim Anblick Signes von ihm. Seine Augen hoben sich und ruhten mit Wohlgefallen auf dem leichten duftigen Gewand der Geliebten. (Traubenschwere apfelgleiche Brüste.) Gleichwohl entschied er sich nicht, ob nun Tränen oder ein Lächeln sich emporschwingen würden.
»Setz dich«, sagte Signe kurz, »ich werde dir behilflich sein.« Bei den Worten schob sie ihm einen Stuhl zurecht. Drängte ihn sanft hinein. Entwand ihm Schere und Nagelfeile. Hockte vor ihm nieder. Ergriff seiner Hände eine. Begann wie selbstverständlich mit der Ordnung seiner Fingernägel. Sie machte es sehr umständlich. Gewissenhaft, langsam. Fragte von Zeit zu Zeit, ob sie ihm lästig. Oder gar Schmerzen bereite. Er nickte verneinend wie in Verzückung. Genoß die Augenblicke, die ihm köstlich wie Gold erschienen. Sie dachte an die kristallenen Eingeweide. (Ich habe mich ihm verkauft. Kleine braune runde Brustwarzen. Er wird mich damit berühren.) Nachdem sie die Geräte fortgelegt und aus dem Knieen sich erhoben, sagte sie nur: »Du wirst jetzt allein fertig werden können.« Und ging durch die Tür zurück. Perrudja gab sich nun Mühe, seine Trägheit zu verjagen und begann sich umzukleiden. Angetan mit einem milchweißen Anzug, der an den Säumen schwarz eingefaßt war, trat er an Signes Bett. Und setzte sich an den Rand. Das war nun Perrudja. Mit den kleinen braunen runden Brustwarzen. Das wußten zwei. Und es war der Anfang der glücklichsten Stunden. Und sie waren ohne Erinnerung. Er nahm nun Signes Hände und küßte sie. Er nahm ihren Mund

und küßte ihn. Er wisperte über den warmen Lippen, um sie tiefer zu erfühlen. Seine Hände führte er den Weg ihrer Glieder. Das war diesem Perrudja gestattet. Eines Weibes Glieder. Und Signe war seines Glückes Echo. Er nestelte an ihrem Anzug. Ihre Hände folgten seinem Vorbild. Es war das Erlaubte. Es war nicht auszudenken. Es war nur eine Bewegung. Das Herz konnte die Minuten nicht fassen. Auf Augenblicke genossen sie einander im Anschauen. Es war eine Feststellung. Dieser Perrudja. Signe mit den hohen Schenkeln. Traubenschwere apfelgleiche Brüste. Zwei braune bergige Sonnen. Sie preßten einander und stießen sich ab. Sie waren beide von gleicher Wärme, wenn sie sich berührten. Alle Sinne saßen in der Haut. Der Mund konnte nicht singen. Der Mund war trocken. Sie griff nach ihm und schloß die Augen, geblendet von der Nähe seiner Existenz. Heilige schmale Brüste. Es zog sich in ihrem Leibe ein Etwas zusammen. Es war das Weibblut, das ihn empfangen wollte. Nur ihn. Diesen Mann. Das Kindlüsterne. Er sollte zwischen ihren Schenkeln ruhen. Sie schloß die Augen zu lange. Es verging die Heftigkeit ihres Begehrens. Sie wartete darauf, genommen zu werden. Im Warten kam eine verfluchte Eingebung zu ihr. Macht zu Macht häufen. Es war eine Liebe oder ein Handel. Sie war ihm verfallen. Verschrieben. Sie mußte das Unbekannte, das er ihr gab, austragen und gebären. Es war eine nahe Verwandtschaft zwischen ihren Säften. Konnte es da noch Dingliches geben, das ihm zu schenken sie sich weigern würde? Nein, nein. Da streifte sie einen Ring vom Finger. Er bemerkte es gar nicht, weil er seinen Kopf vergraben. Er hörte nur plötzlich ihre Stimme. Klar und laut. Wie ohne Rührung. Und erschrak. Und während sie sprach, verwandelten sich abermals die Stoffe der Eingebung. Es stand auf in ihr das zweite Ich, das blutlose. Das keine Liebe anrühren konnte. Das eigentliche Ich. Aus dem die Kräfte der Selbsterhaltung kommen. Und die Ströme Ehre, Kraft, Geiz, Arbeit, Willen, Selbstachtung, Furcht vorm Tode. Nicht die dunkle Diamanthöhle der Eingeweide. Es nahm die Macht der Worte an sich. Die Liebe jammerte ob der Anmaßung. Aber das Ich hatte eine Begründung. Es gab vor, nur der Liebe zu dienen. Das Weib sagte: »Perrudja, ich halte einen Ring. Es ist ein sehr kostbarer Ring. Es ist ein Zauberring. Ich möchte ihn dir

schenken. (Weil ich dich liebe.) Er wird dir besser dienen können als aller Reichtum. Denn man kann ihm einen Wunsch anvertrauen. Und dieser Wunsch erfüllt sich. –« Damit wäre sie am Ende ihrer Rede gewesen. Aber sie hielt den Reif noch hoch. Sie ließ noch den verwunderten Perrudja aufstarren. Die Schleusen der Vernunft öffneten sich ihr. Und sie fuhr fort, zwar mühsam, als ob ihre Gedanken nur langsam gingen. Dieser Zweifel, ob die Behauptung kein Irrtum. Betrug. Fälschung. Diese Gesetzlosigkeit, daß jedem Besitzer, wahllos, auf seinen Wunsch hin der Himmel einstürzen müsse. Als ob nicht die Voraussetzung: ein besonderer Mensch. Ein auserwählter Mensch. Es mußte ein Etwas an ihm erfunden werden, das ihn aushöbe von den anderen. (Kleine runde braune Brustwarzen.) Nicht das Sinnebetörende. Das Kluge. Oder das Gräßliche. Das Unbarmherzige.
Ich selbst. Signe. Die Hoyers Tod gewünscht. Mörderin.
»Ich selbst könnte ihn behalten und mir deine innige Liebe wünschen.« Das war kein Gedanke mehr. Eine verlogene Einleitung. Ein Schlangenwort. Ein Strich durch die eigene Existenz. Selbst kein auserwählter Mensch sein. Kein Mörder. Sie hatte den toten Hoyer geküßt. Sie sagte es schon: »Was ich vom Ringe begehre, ist unwirksam, denn seine Kraft enthüllt er nur dem Menschenmörder.« Da war das Verbrechen auf ihre Zunge getreten. Sie war ganz niedrig geworden. Sie war sehr schuldbewußt. Aber nicht geständig. Sie war noch hochmütig. Nicht zerknirscht. Sie erwartete einen glücklichen Ausgang. Daß er mit dem Kopf abwehrend ein Zeichen geben sollte. Er aber griff nach dem Ring. Sehr einfältig. Wähnend, sie müsse wohl wissen, was sich um ihretwillen zugetragen; da sie ihr Geschenk mit so seltsamen Reden gewürzt. Er tat ihn an seinen Finger. Und lächelte. Da schrie sie auf.
In einem Augenblick stürzte ein, was sie für eine Ewigkeit begründet glaubte. Der Triumph über das Selbst entfaltete sich grenzenlos. Aus tausend Scheiten loderte es wider ihre betäubte Liebe. Ihre Schuld der Inquisition ein Nichts. Unlautere Mittel gegen einen unlauteren Menschen. Jammer einer Anklage: Belogensein. Niedrig geachtet sein. Der Täuschung wert befunden. Es geschah etwas, das sie unerbittlich machte. Das Weibblut in ihrem Schoß tat den Mund auf und schrie. Es gab

ein gurgelndes Geräusch. Ein Anpreisen an die Begehrlichkeit des Mannes. Die Liebe wollte nicht mit der Vernunft gehen. Sie demütigte Signe. (Wie sie meinte.) Es durfte kein Verdacht, daß sie hinfällig, aufkommen. Sie war sehr schnell angekleidet. Perrudja war halb ohnmächtig aufs Bett gesunken. Begriff nicht. Er mußte es erst gegen sein Ohr hören, worum es ging. Aus ihrem Munde: »Du hast Thorstein Hoyer erschossen. Du hast mich belogen. Du hast es geleugnet. Ohne triftigen Grund.« Sie warf sich das Gepardenfell über. Es trieb sie zu fliehen. Sie wollte ins Freie. Zutal. Fort von ihm sein. Erlöst von seiner Gegenwart. Schande, er hatte den Ton ihrer Eingeweide gehört. (Zauber der geschliffenen Steine. Macht zu Macht häufen.) Alle Hingabe wollte sie zurücknehmen. Nicht den Mörder verachtete sie. Den Lügner. Hatte sie ihm doch gebeichtet, daß sie dem Blutbefleckten sich nicht versagen würde. Sie eilte an die Tür. Da stand plötzlich Hein in der Öffnung. Faßte sie mit kurzem harten Griff an den Handgelenken. Daß es sie schmerzte. Und als wüßte er alle Zusammenhänge und Absichten (wiewohl betrunken), sagte er: »Du wirst hierbleiben.« Sie war nicht willens zu verhandeln. Ihr halber Entschluß zur Flucht wurde an seiner Drohung erst stark. Sie entwand sich ihm, keuchte ihm entgegen: »Ich werde nicht in das Bett des Mannes gehen.«
»Darüber wird man verhandeln können«, flötete es kühl und sehr nüchtern von den Lippen Heins. (Wiewohl nach Alkohol stinkend.) »Du wirst dich dazu bekennen können, im Hause verweilen zu müssen. Bis deine Erregung weniger atemlos. Es steht dir nicht gut, grobe Torheiten zu begehen. Es schmerzt mich zu sehen, wie du bereit bist, deinen, meinen, meines Freundes Ruf aufs Spiel zu setzen.«
»Ich werde nicht an der Seite des Mannes schlafen«, wiederholte sie still.
»Ich werde dich in mein Zimmer führen. Dort sind wir zwei ohne Zeugen. Das wird deiner Rede nützen.«
Perrudja, der wie gelähmt noch immer entblößt auf dem Bette lag, bedeckte er. Und sagte zu ihm: »Ich verbürge mich dir, daß sie nicht diese Nacht heimlich das Haus verlassen wird.« Er nahm dann die Schwester am Arm und führte sie hinaus. Als sie sich gegenübersaßen, lösten sich Tränen aus den Augen

Signes. Die Fragen Heins gingen nur unvollkommen in sie ein und zeugten verwirrte Antworten. Sie war sehr zerstört. Ihr Leben schien zertrümmert. Sie konnte nicht darstellen, woran. Hein begriff nach und nach, sie hatte Perrudja maßlos geliebt. Sie war ihm verfallen gewesen von der ersten Stunde seines Werbens an. (Kleine runde braune Brustwarzen.) Sie hatte gegen alle Kräfte in sich, ihm widerstehend, sich auf die Verlobung mit Hoyer berufen. Sein Tod war ihre Erlösung gewesen. Enttäuschung fast, daß nicht Perrudja sich zu der Bluttat bekennen konnte. Sie hatte geglaubt, auf den Grund seiner Seele geschaut zu haben. Es waren an ihnen die Wunder der Verlöbniszeit geschehen. Die großen Symbole gegenseitiger Hingabe und Arglosigkeit. Unter dem Heiligen eine Lüge verborgen. Ein Gift war ausgeflossen und hatte die Wirkungen der fruchtbaren Zeiten gelöscht. Ein kleiner furchtsamer Mensch, dieser Perrudja. Sie war einsam wie nie. Hein sagte: »Es ist anders.« Aber er begründete nicht. Dieser Schädel war zu ungeschlacht. Bauer, Bauer. Signe wünschte einen Advokaten. Einen Sophisten. Einen Rhetor. Keinen Trost gab Hein. Er empfand alles an sich nüchtern und ungesalzen. Er erfand keine Entgegnung von Wert. Er war nicht im Einklang mit den Empfindungen der Schwester. Ihm erschienen Zorn und Trauer fast krankhaft, gar nicht menschlich. Doch konnte er es nicht aussprechen. Eine Lüge, so erwog er, dürfe nicht den Grund zu einem Unheil bis an der Welt Ende geben. Doch blieb die Meinung in ihm. Ob er auch mehrmals den Vorschlag bis auf die Zunge zog, Signe solle sich ausschlafen, man solle morgen gemeinsam diese Angelegenheit besprechen, einander anhören, sich vergeben, aufs neue vertrauen. Er las vom Gesicht der Schwester ab, die Zeit für solche Rede war nicht reif. Er glaubte sogar Böseres zu enträtseln: Signes Seele hatte Schaden genommen. Ihr Herz erlahmte. Das machte ihn sehr bekümmert und seine Worte und Gedanken unhandlich. Er gab ihr eine, wie er meinte, sehr notwendige Erklärung. Er schilderte die Ermordung Hoyers: »Starke Dunkelheit. Auf der Wiese Vaters hatte ich hinter einem Stein ganz nah am Wege gelegen, um mit Sicherheit erkennen zu können, daß der einsam schreitende Mensch Thorstein sei. Als er vorüber war, ich ihn erkannt hatte, eilte ich über die

Weideplätze. Überholte ihn, ohne daß er es ahnen konnte. Traf Perrudja. Wir beide luden unsere Flinten. Wir beide haben geschossen. Du selbst weißt sehr genau, nur eine Kugel hat getroffen. Es kann die aus meinem Gewehr gewesen sein. Ich habe jedenfalls gut gezielt.« Die Schilderung machte keinen Eindruck. Es war durch sie nichts geändert worden. Signe fürchtete sich nicht vor Mördern. Vor Lügnern fürchtete sie sich. Wildheit war keine Schande. Doch Feigheit des Herzens.

Die Zahlen des Kalenders gefälscht. Die Diener schworen auf die Zahl. Auf den Donnerstag, der ein Mittwoch war. Er sagte es. In der Abgeschlossenheit können Befugnisse erfunden werden wie eines Tyrannen Befugnisse.

Die Geschwister einigten sich dahin, Signe sollte im Bett des Bruders sich zur Ruhe begeben. Sie versprach, nicht heimlich sich fortzustehlen. Hein ging zum verlassenen Perrudja. Er fand ihn noch im Bette liegend. Nur heftig verändert. Er besorgte, jener habe sich ein Leid angetan. Doch waren die Augen gespannt wie bei Lebenden. Der Atem ging schwer, aber ruhig. Die Farbe des Gesichts war fast weiß. Dunkle Schatten unter den Lidern. Wachend, doch wie ohne Empfindungen lag der Mensch. Hein wollte die Decke von dem Unbeweglichen fortheben. Aber dessen Hände hielten sie fest. Als ob er sich schämte, entblößt zu werden. Ob auch der Jüngere nichts Sicheres wußte, er glaubte begriffen zu haben, jener hatte mit seinen Fäusten gegen sich selbst geschlagen. Wohin auch immer es traf. Und war nun taub von Schmerzen und der Ermattung. Von der Vernichtung, die er stückweis gegen sich selbst beschlossen. In Trägheiten, Peinigungen, Ausschweifungen. Hein begann am Bett des Freundes niederzuknieen. Bis der die Hand hervornahm und ihm die Haare streichelte. Allmählich lösten sich Tränen in den Augen des Waldbesitzers. Die verfluchte Stunde ihres Lebens wurde an ihnen mächtig. Es fand sich die Hilfe keiner Hoffnung. Zwischen den beiden tat sich keine Nähe auf. Mit geschlachtetem Bewußtsein kroch Hein zu Perrudja ins Bett. Ein Tröster sein, das öffnete nicht das Tor der Einigkeit. Plärrend rotzte der Bauernbursche gelegentlich seine Nase. Und röchelte in sich hinein, er sei ein unbrauchbarer Ersatz für die Gefährtin der

Hochzeitsnacht. Jammer und die späte Wirkung des Alkohols ließen ihn einen tiefen Schlaf eingehen.
Am nächsten Tag hob ein Parlamentieren unsäglicher Vielsprachigkeit an. Es waren Klüfte gerissen worden, die nicht durch Worte zugeschüttet werden konnten. Man versuchte alle. Bittende. Drohende. Vernünftige. Mystische. Es wurde nicht mehr davon geredet, Signe und Perrudja hatten einander geliebt. Die Meinung war fortgewischt. Dem Weib war eine Beleidigung zugefügt worden, für die der Mann keine Genugtuung bereit hatte. Der Waldbesitzer fühlte deutlich, er würde den mühsamen Weg eines erneuten Werbens nicht gehen können. Seine letzten Kräfte waren ausgeronnen. Er hoffte auf einen Akt der Gnade. Auf ein Anrechnen seiner bisherigen Bemühungen. Auf ein unkeusches Kompromiß. Er war zu lahm, es vorzuschlagen. Er war zu unsicher, zu fordern: verzeih und vergib die einzige Lüge gegen dich! Er fand ihre gegenseitigen Beziehungen in so großer Unordnung, daß er den einfachen Weg einer Annäherung durch die Sinne für Tollheit hielt. Er jätete alle Ansprüche aus und blieb als entlarvter Lügner vor ihr. Seine Verfehlung wurde als abstrakte Tatsache herauspräpariert. Seine Leidenschaft geriet in Vergessenheit bei den richterlichen Handlungen. Seine Schuld (gestern Nacht geboren, wiewohl älter), wurde ihm selbst unbegreiflich. Signe fand, er sei ein hübscher glatter Lügner. Ein verfehlter Mensch. Ein Stümper. Nur eine Tugend. Kein so geringes Geschöpf hienieden, daß es nicht eine Tugend hätte. (Kleine braune runde Brustwarzen.) Ihre Tränen verrieten, sie liebte ihn dennoch. Sie ließ das Gerassel aller Beschreibungen zu. Doch die Vernunft ihres Geistes entschied parteiisch. Mit bängster Kümmernis glaubte Hein erkennen zu müssen, nur die Schwaden eherner Zeiten würden dies Menschenpaar wieder zusammenführen können.
Am dritten Tage nach der Hochzeit verließ Signe das Haus ihres Gatten. Sie hatte zu den Eltern zurückgewollt. Das Grauen vor dem Zuhause, das ihr fremd geworden, war dazwischen getreten. Wie auch hätte sie die Trennung begründen sollen? Wie sich bergen vor lästigen Fragen? Vor forschenden Augen? Vor Schelte? Und hätte sie als Magd ihr Leben ertragen im mitleidigen Schatten der Schwester? Auf die Straße als Hure zu

gehen wäre willkommener gewesen. Perrudja hatte ihr Geld geboten zu einem Leben in Unabhängigkeit. Sie hatte es ausgeschlagen. Mit der einfachen Begründung, sie sei noch nicht durch Blut sein Weib geworden. Doch war Hein erschreckt wachsam geworden. Als ob er die Gefahr erkannt, in die hinein seine Schwester schwämme. Er hatte verlangt, sie solle Geld annehmen. Als sie beharrlich blieb sich zu weigern, hatte er gedroht, sich erschießen zu wollen. Gewissermaßen bei der Vorstellung ihres elenden Endens. Das hatte sie erschüttert. Sie war weich geworden. Ihr verbissener Ingrimm geschwunden. Sie hatte plötzlich betont, die Ehe sei ja geschlossen worden.

Nun fuhr sie auf Wochen nach Oslo. Sie hatte schwören müssen, zurückzukehren, sobald in Uti eine einfache aber bequeme Wohngelegenheit für sie geschaffen. Die Trennung, die geschah, glich dem Verlöschen des tausendfach besternten Nachthimmels. Signe nahm außer Kleidungsstücken nichts mit sich. Selbst der Zwölfflach blieb hart und violett auf einem Tischchen liegen. Perrudja verschloß die Türen ihrer Wohnung. Versiegelte die Schlüssellöcher. Noch ehe sie den Wagen bestiegen, der sie zutal fahren sollte, lag der Mann langgestreckt auf seinem Bette und erhoffte sich einen Schlaf bei lichtem Tag. Er hatte in letzter Minute Signe gebeten, allüberall zu verschwenden. Wie die Frau eines reichen Mannes. Sie hatte ihm eine Hand gereicht, die er vorsichtig geküßt.

Leere und Müdigkeit wuchsen im Hause des Waldbesitzers. Im Tal, an einem stillen Platz, wurde ein kleines Holzhaus errichtet. Einige Tage lang berieten Hein und Perrudja darüber. Dann war es die Angelegenheit der Handwerker und kam nicht länger in Betracht für die vereinsamten Freunde.

XXVIII

Das Pferd/Sassanidischer König/Ein Knabe weint/Die anderen Tiere/Die Edelmütigen oder die Geschichte des Sklaven/Der Knecht und die Magd/Der Zirkel/Alexander/Werbung und Vorhölle/Die Nebenbuhler/Die Bergpolizei/Hochzeit

Abrechnung

Trübe Stunden, hohle Reden, Anlässe zu heimlichen Tränen quälten sich nacheinander an den Waldbesitzer heran. Schaler denn je fand er den Inhalt, den die schwarzen lesbaren Lettern mitteilten. Kein beschriebener Ablauf fügte sich ihm zu einer ertragbaren Vernunft zusammen. Jede Lösung fand er zum Bespeien. Jeden aufgewiesenen Erfolg der anderen, die sich in Büchern ihm bekanntgaben, als einen Hohn, der ihn treffen sollte. Eines Tages entdeckte er, er vermochte die heftigsten Stellen obszöner Schriften ohne Langweile zu lesen. Also las er. Vertraut werden mit einer Komponente der Existenz, die als Filtrat die Hölle wahrscheinlich machte. Bei den Schwachen und Ruhebedürftigen Flucht in die moralische Pose. Perrudja benahm sich sehr unerschrocken. Er verpflanzte jede Gemeinheit und Getriebenheit, von denen er Berichte fand, und die er nachdenken konnte, in sein Herz. Und zitierte sie als Ursache seines Mißgeschickes. Er ertrug sich in Ernüchterung und Selbstbeschuldigung besser als melankolisch fragend, bebildert: Duftlose verregnete Blüte.
Er fand den Mut, nach ersten Phasen wunder Empfindlichkeit die mühsame Abrechnung mit dem verflossenen Geschehen zu machen. Er mußte die Summen ein paar dutzendmal ordnen, ehe er etwas Brauchbares für sich herausfand. Zu oft noch war das Gefühl des Jammers im Wege. Diese Augen, die es nicht verlernen wollten, anzuschwellen und naß zu werden. Was der Wahrheit des Vorganges entsprach, konnte seinem Vermeinen nach erst hinter den Tränen gefunden werden. Sein Herz revoltierte gegen jeden Schluß, den der Geist zu ziehen bereit war. Verständlich genug, daß trotz aller Knechtung das Blut noch immer auf der Lauer lag. Es hatte Pflichten. Dieser

schmale Leib von einiger Schönheit war noch nicht brachgelegt und nicht verschnitten. Die Vernunft war gegängelt durch Selbstzerfleischen und Pessimismus. Das geringe Maß an Selbstvertrauen des Besitzers, der seine Existenz im Hirn wähnte, würde nicht viel besseres als ein Urteil der Vernichtung gegen den Richtenden selbst erfinden können. (Absage an die Hoden wie Origines.)
In denen ich nicht bin. (Wie er meinte.)
Im Herzen bin ich. (Frage.)
Oder im Hirn. (Zweifel.)
Nicht in deinem kleinen Finger? (Verzweiflung.)
Bin ich überhaupt? (Lachen.)
Denn er kratzt, weils juckt, an der Spalte zwischen zwei Halbkugeln. (Der Finger.)
Perrudja stellte ein paar Voraussetzungen auf, die in den Grenzen menschlicher Gegebenheiten nicht bezweifelt werden konnten: Daß er Signe mit einer Empfindung gegenüberstehe, die wegen des Grades der Heftigkeit unter zwangsläufiger Richtung nach Übereinkunft und gemäß der Benennung paralleler Äußerungen bei anderen Menschen als Liebe angesprochen werden müsse. Daß er aus der Vernunft dieser Zuneigung heraus, in Verstoß gegen die Vernunft anderer Bezirke und Beziehungen, Thorstein Hoyer als seinen Nebenbuhler betrachtet – also seine Liebe an einem egoistischen Prinzip isoliert. Kraft eines unbewachten Vorgangs der Seele oder der Sinne zum Begehren verwandelt. Das wiederum, ohne einen rechten Kontakt mit dem Gegenstand seines Begehrens zu nehmen, die Ausschaltung, ja die Vernichtung des Nebenbuhlers erstrebt. Und sie eines Tages erwirkt. So hatte er eine Tat der Selbstbejahung vollbracht, zu der er sich, als Signe auf seine Seite trat, nicht bekennen wollte. Und zwar aus keinem anderen Grunde als dem, befangen zu sein im Zustande plumper Faulheit. Er vergegenwärtigte sich, mit dem Bestreben nach peinlicher Genauigkeit, noch einmal jenen Augenblick, in dem aus Signes Mund die Vermutung kam, er, Perrudja, habe den Gutsbesitzer erschossen. Die Annahme war kühl vorgebracht worden. (Wenn er nicht irrte.) Wie eine Tatsache, die man weiß – aus gegenseitigem Einvernehmen. Über die zufälligerweise vorher noch kein Gespräch gewechselt worden war. Es konnte

nur noch das Ja des anderen gegeben werden, um die Einheit der Empfindungen zu begründen. Ein Schweigen schon würde es bestätigt haben. Zur besseren Verdolmetschung ein langes und ernstes Gespräch, in dem vielleicht ein paar Antithesen aufgetreten wären. Um zur tieferen Einigkeit geführt zu haben. Vielleicht unbeabsichtigt (oder auch heimlich gewünscht) würde das Ausmaß der gegenseitigen Liebe entschleiert, der Einsatz ihm angerechnet worden sein. Ein Urgefühl der Kraft, erregt an der blutigen Tat, würde von ihm geströmt sein und heftiger die Geliebte bezwungen haben. Er aber hatte den gemäßen Strom der Entwicklung abgebogen durch ein Nein, das unnatürlich in der Landschaft ihrer Herzen stehen mußte. Wäre er frei von aller Schuld gewesen, die Verneinung hätte nur schwer von seinen Lippen kommen können; weil sie als Ausfluß von Schwächlichkeit hätte empfunden werden müssen. Als Lüge war sie ihm leicht von den Lippen gegangen. Die blinden Pforten seines Herzens hatten sie ausgelassen. Und welcher Grund? Nicht das Schweigen der Geliebten nach dem Bekenntnis hatte er befürchtet. Nicht das Sichabwenden des Weibes. In keinem Augenblick war er der Gegenliebe sicherer gewesen, als da er gespürt hatte, daß sie ihn für einen Mörder gehalten. Und dennoch ihm sich zugewendet. Nicht zu verlieren hatte er gefürchtet. Er war nur ausgewichen einer Lästigkeit, einer beinahe namenlosen. Die Lüge war bequem gewesen, denn sie hatte mit Sicherheit die Reden abschneiden müssen. Er hatte taumelnd lallen wollen, nicht bekennen. Trägheit hatte seiner Lüge das Bett bereitet. Kein Überlegen dabei. Eine Lähmung des Geistes. Ein Zweifel, ob er denn wirklich um Liebe willen diesen Mord begangen. Ob er bis ins Letzte erwogen: Tribunal und lebenslänglichen Kerker. (Zu erwägen begonnen, gewiß. Fälschung des Kalenders.) War nicht vielmehr ein Gesetz der Selbsterhaltung nur wach geworden – wie der Zorn in einem Geohrfeigten? Wäre aus ihm selber (gelbe stinkende Blume) nicht ein anderer Schluß gekommen als dieser Mord, der ein Meuchelmord war? – Auch dessen hatte er sich vielleicht geschämt. Er war nicht der Mensch mit dem geschulterten Gewehr. Vielmehr – (Kindsverführer, Lustmörder. – In Gedanken.) Rücksichtslosigkeit und Anstand hatten sich vermischt. (Die Gemeinheit der Schwachen.) Wäre er ohne den Beistand Heins nicht tatenlos verkommen, untergegangen an allmählich wachsenden Lastern und Spielereien? (Kindsverführer. Lustmörder.) Hatte nicht Hein mit ihm am Wege gelegen? War nicht aus zwei Gewehrläufen das Feuer aufgeblitzt? Und gab nicht – wer konnte es wissen – das Nein die Wahrheit? Trotz der Verlogenheit? Hatte, um ihn gänzlich zu zernichten, nicht seine, des Liebhabers Kugel, sondern die des Bruders den Bräutigam getötet? – Diese in ihm verkapselten Losungen mußte er gefürchtet haben mit einem Ja zu wecken. Heimlich mußte er gebangt haben, klein zu werden vor der Geliebten. Schwach, wie er sich fühlte. Getrieben, nicht entschlossen. Halb entseelt, aber voll eines üppigen Schoßes.

Er hatte die Lüge nicht ständig weiternähren wollen. Es hatte ein Bekenntnis folgen sollen, ein geordnetes. Doch zuvor hatte er gewünscht (wenn auch nur unterbewußt), in einigem der Geliebten angenehm geworden zu sein. Wäre ein Wort des Weibes vorausgegangen, das einen Teil seiner selbst als das ihr schönste beschrieben – (er klopfte sich ab wie ein Arzt den Kranken.) Deine Hand ist köstlich. Oder: Deine Lippen sind aufgeworfen, wie bei keinem zweiten Manne. Oder: Deine Kniekehlen sind weich und durch zwei Sehnen eingefaßt. Oder: Deine Haut ist so dunkel, daß ich alle Sehnsucht nach südlichen Ländern an ihr vergesse. Oder: Deine Brüste sind schmal, und deine Brustwarzen braun wie Moor, daß ich mich sehne, ein Kind zu gebären. Oder: Das Eine, das Unendliche, das Würdigste, das Unauslöschbare, das Süßeste (unbillige Anmaßung). Hatte er nicht den Ring ergriffen? War auch das nur Reflex, Torheit, sinnlose Lässigkeit gewesen? War da nicht ein Etwas bereit gewesen in ihm, zu widerrufen? – Er hatte die lange Zeit des Verlöbnisses ertragen, belastet mit dem Wissen gelogen zu haben. Er hatte die Rechnung nicht klar gemacht. So war der verdiente Lohn eingetroffen. Er bohrte diese Tatsache tief in sich hinein, daß nicht mehr daran gerückt werden könnte. Lüge, Lohn.

Er jammerte nur noch, daß er Signe liebe. (Das anspruchsvolle, unbelehrbare Blut.) Er versuchte zu entblättern, unbarmherzig, aufgestachelt duch sein meerhaftes Unbefriedigtsein. Diese Erscheinung – oder Vorgang – (Liebe) parallel den Äußerungen anderer Menschen (sofern von jeweils gleichem Gebahren des

Funktionellen im Vitalen, mittels einer Interpolationsmethode auf gleiche Ursache geschlossen werden durfte), stellte er von sich ab, er, der Lügner, der Feigling, und zersägte sie. Trennte sich in fleischlich und seelisch. Aus beiden sog er ein geistiges Prinzip. Mit dem Geiste zerschnitt er, schnitt ab von dem Männlichen und Weiblichen, von den Eltern des Geistes, dem Leib und der Seele. Dies war der Inhalt seiner Betrachtungen, nachdem er sich zum Lügner aus Faulheit gestempelt:

Die Behauptung, er liebe Signe, die einzige Voraussetzung für alle Sehnsüchte, alle Taten, entwand er sich. Unbarmherzig, von Schluß zu Schluß eisiger und entsinnlichter. Nun nicht länger war es ihm peinlich, daß er sich zerschinden mußte, die Kräfte des Lebens abgrub. Er wollte eine Wahrheit, einen Rest von Zuversicht, unbarmherziges Gericht. Schlachten, abtragen das Fleisch von seinen Knochen. (Schlächterbursche bin ich gewesen.) Die Knochen zerspellen und das Mark in ihnen fragen: Liebst du Signe? (Was kann ein Suppenknochen singen?) Die Obduktion, die er lebend an sich vornahm, war von letzter Bestialität, von bestem Irrsinn, von schlimmstem Verstoß. Aber auch von höchster Kraft der Rechnung. (Khosros Sohn, Shirins Knabe, vor des Glückreichen Augen geschlachtet.) Er löste die Begriffe auf wie Metalle in einer Säure. Liebe, sagte er, und begann an dem Wort zu drechseln und zu klauben. Da ist behauptet worden, daß ein Mann ein Weib liebe. Er aber denkt, er sei der kleine Gott mit gespreiztem Schweif. Begehren. In Befriedigung taumeln. Perrudja, schrie er sich an, nicht ihr freies Tun hast du bejaht, über ihre Hingabe wolltest du frohlocken. Wäre es anders, weshalb denn nicht jauchzt dein Herz jetzt, da sie dein Weib geworden? Von deinem Geld ihr Brot ißt? Und dennoch frei und stolz ihren Blick hebt? Weshalb beweinst du, daß dein Bett neben dir leer ist? Was sollte aus der benachbarten Wärme sich dir enthüllen? War es nicht genug, übergenug, tausendfältiger Himmel, daß eine Tigerin dich umschlich und mit heißem Atem verkündete, dein Leben hat einen Widerhall?

Und er wußte, wenn er sein Geschlecht zerstören würde (diese kleine Göttlichkeit), das Begehren nach gemeinsamen Nächten würde verebben. Das geflammte Fell würde mächtiger in seinen Träumen sein. Der weiße Glanz polierter Zähne, durch

die der heiße Atem zieht. Berauschend. So rang er denn mit sich, daß er seine Mannheit vergäße. Nicht ausreißen. Nur nach Wahrheit schürfen. So wenig und gering werden, wie er im Mark seiner Knochen war. Ein Eunuch, der die Hände ausstreckte nach dem weichen Fleisch einer Tigerin. Der sich den Mund zerpreßte bei dem Gedanken an weiße lange Seidenfäden, die vom schlanken Bauch herabfähnelten.
Der Wunsch war kein toter Brauch, war immer noch Leben. Genuß der Sinne. Wie ihm schien. War immer noch die dem Leibe verkuppelte Liebe. Hände, Zähne, Augen, nackte Haut begehrten. Wollten nicht die Wohlfahrt des anderen, schrieen nach Erfüllung. Und er erkannte, daß sein Leib begehren würde mit der letzten Faser, die Verwesung übrig ließ. Und machte den Philosophen aus sich, der da schloß: diese Liebe sei eine Funktion des in die Welt geborenen Körpers. Die Seele stöberte er erst auf, als er zu fragen begann, weshalb er dem einen Weibe, einem Menschen verfallen war. Weshalb nicht den Millionen, die einhergingen. Vergeblicher Versuch zu deuten mit dem Postulat: Signe sei auserwählt an Schönheit, an unwägbaren Gütern. Er zog sich, zermartert, auf einen Glaubenssatz zurück, seine eigene liebende Seele müsse entsagen um der Liebe willen.
Die Zügel, die den eigenen Leib lenken, verlieren. Der eine Seele gezeugt, sie aber nicht mit vollen Brüsten genährt. In bangen Augenblicken schrie Perrudja wie aus wirren Träumen: »Mein Mark in den Knochen, mein Mark.« Er faßte sich schmerzlich durchwittert in den müden Rücken. Mit Selbstverachtung pflegte er den Gedanken, er ist ein Krüppel im Geist. Anhängsel des trägen Körpers. Mißgeburt. Der Unvollkommenheit Same. Liebhaber mit geringem Gewürz, der der Auserwählten nicht die Freiheit aller Wege gönnte. Tief unter dem Gericht, das er sich hielt, brandete sein Blut. Er wußte nichts von ihm. Es gab keinen Spiegel mehr, aus dem er sich anschaute. Er verfiel an allen Kräften. Es war nur eine kleine Erleichterung, daß er, nicht aus Liebe, in einer frivolen Spielerei ständig das Bett mit Hein teilte. Der nur noch einen Sinn des Lebens zu erkennen glaubte: sich dem traurigen Freunde zu opfern. In den lockeren Gebräuchen des körperlichen Lebens begann die Auflösung der Existenz Perrudjas. Erster Grad der

Verwesung. Der Widerwille gegen das Leben würde in ihm anwachsen. Eine neue langweilige Leidenschaft würde er erfinden, die Stunden zu zerschlagen, die ihm wie zäher Schleim im Halse. Die Leiche treibt sehr frei und kühl den Fluß hinab und lächelt, während sie zerfällt. Bis zum Meer ist ein weiter Weg. Im Meer erst wird sie gefressen.
In der Tat enthüllten sich ihm bald neue schreckliche Möglichkeiten seiner Zukunft. Signe war aus Oslo zurück und bewohnte das neu errichtete Haus. Keiner wußte vom anderen. Es war ein stiller und törichter Winter. »Sie wohnt in Uti«, berichtete Hein. Perrudja wiederholte den Satz. Fingerte in den eigenen Haaren, die dünn geworden waren und an der Haut schmerzten. Der ganze Inhalt des Lebens schien ausgesprochen zu sein. Mechanisierte Gedanken umkreisten das Haus. Kein Abirren in Wünsche. Eingekerkert, Verbrecher, hockten sie über einer Schuld, deren Ausmaß sie nicht abschätzen konnten. Hingleiten an die Öde der Gefängnismauer. Es war ein stiller und törichter Sommer. Eines Tages erklärte Perrudja, nach Uti hinabsteigen zu wollen. Das Haus von weitem zu umschleichen erschien ihm ein erlaubter Traum. Hein gab ihm dazu ausdrückliche Ermächtigung. So war sein zerrüttetes Gewissen beruhigt. Ausgeschaltet. Er hatte ein kreidiges Lächeln um den Mund wie eine Hure. Er tat einen freien Atemzug. Als das Haus Signes ihm rufnahe, wurde er übermannt. Nicht schreien dürfen. Nicht betteln dürfen. Die Zerlösung in ihm machte Fortschritte. Verendetes Tier am Wege. Spekulationen verrannen. Die sorgfältig abdestillierte Seele erwies sich als zu flüchtig. Der in Entartung gezwungene Körper benutzte die erste Regung der Freiheit zu einer Revolution. Peitschenhiebe von Lüsten. Dahintreiben in einem Dunst wie Weinrausch. Abenteuern. Er lugte nach den entblößten Füßen der Kinder. Seine Augen versuchten, die üppigen Formen der Frauen aus den Kleidern zu enthüllen. Er gierte nach Gelegenheiten zu Ausschweifungen. Fand sie nicht, weil er in einem Strom lag, der ein fernes Meer suchte. (Schwarzes Wasser des Holzhafens, leichenweiße enthäutete Stämme.) Ohne daß er bewußt es gewünscht, übernachtete er in einem Gasthaus. War am Morgen wieder auf Wanderschaft. Kam an den Mjös. Dingte sich ein Ruderboot. Fuhr hinaus aufs Wasser. Ziellos. Hielt hinter

Kalkklippen. Irgendwo fern sah er Badende. Er ließ das Boot in Richtung auf den Ort gleiten. Er erkannte deutlich halbwüchsige Kinder. Mädchen. Einige schwammen im Wasser, andere sonnten sich in den Klippen. Er wollte sich heranschleichen, die Badenden belauschen. Da geschah von jenseits etwas Unerwartetes. Ein großes Mädchen richtete sich auf, winkte dem Bootsfahrer, spreizte die Beine, schob den Bauch vor. Gebärde des Begehrens. Nicht vorgedacht. Angenagelt an das Kreuz anfälliger Jahre. Das Hirn voll Sonne. Die Lenden voll Blut. In hemmungsloser Raserei legte Perrudja sich in die Riemen, um an den Strand zu kommen. Am Ufer entstand Geschrei. Die Hirne erwachten. Ehe Perrudja anlangen konnte, war der Strand geräumt, eingekleidet die Kinder. Auf und davon. (Mörder, Kindsverführer.) Er sah sehr deutlich den gelben eichenen Sarg. Und durch das Holz das bleiche Kind mit den nackten Brüsten. Mit den Brustwarzen wie Tannenzapfen. Sein Mund wurde sehr maskenhaft. Geschminkt. Es fehlte ein Glied in seiner Erinnerung. Daß er ein Mörder, war ihm bewiesen worden. Er wußte nicht, wo und wann er die Tote beschlafen. Er erinnerte sich nicht. Er hatte diese Lust nicht behalten. Die Vergangenheit war undeutlich.

> Die Zeit ist weit
> und sehr dünn
> und wird schlechter mit der Ewigkeit.

Er fuhr an andere Strande, wo Kinder ins Wasser stiegen. Mädchen, daß er sie ohne Kleider sähe. (Kindsverführer, Lustmörder.) Was noch trennte ihn von den Vokabeln? Er tat niemand ein Leid an. (Nicht in dieser Gegenwart.) Aber er ahnte, die böse Konstellation würde ihn zum schwarzen Todesengel verwerfen. Er kam durch einen Ort mit einem Marktplatz. Der Marktplatz war ein Quadrat. Es war nichts Großartiges. Zwei Krambuden, ein Hotel: drei weiße Häuser. An der vierten Seite ein grünbemaltes Haus. Grün, aber bescheiden groß. Auch ein Teil der Kirchhofsmauer, aus flachen rostigen Schieferbrocken aufgeschichtet, stieß gegen den Platz. Zwei Wege mündeten hinein. Der eine talaufwärts, der andere talabwärts. Gewissermaßen die gleiche Straße. Es war nichts Großartiges. Es war sogar sehr ärmlich. An einen Lattenzaun gebunden Pferde. Sie fraßen mageres Heu. Lastpferde. Es war sehr schroff talaufwärts. Wägelchen wären unnütz gewesen. Das Dorf lag in der Sonne. Der schotterige Grund war staubig. Es standen Leute umher. Es wurde eine Neuigkeit erzählt. Ein Mädchen ging vorüber. Sie mußte die Geliebte eines der umherstehenden Burschen sein. Denn dieser eine bückte sich sehr hastig, spreizte die Beine, zeigte seinen strammen, behosten Hintern, knüpfte seine sehr bunten Kniebänder, schaute durch die gegrätschten Beine hindurch, mit den Augen zwinkernd, auf das Mädchen. Es war nicht erlaubt, im Lichten die Beziehung kenntlich zu machen. Es war ein frommer Ort. Manche, die der Zwang des Brauches zu hart ankam, versuchten ein Treffen auf dem Abort des Hotels zuwege zu bringen. Er grenzte, mit einem Vorgarten versehen, ein Fußsteig, mit großen Schieferplatten bepflastert, führte vom Markt dorthin, gegen den Kirchhof. Es war eine unauffällige Methode. Die Latrine besaß zwei Türen und zwei Kackstühle. Aber sie war nur ein Schuppen. Und im Innern nur ein Raum ohne Trennwand. Perrudja, da er sich zu den Redenden stellte, wurde Mithörer der Geschichte. Ein junger Bauer war beschuldigt worden, seine Stute mißbraucht zu haben. Die Gerichte hatten sich mit der Angelegenheit befaßt. Es war nichts bewiesen worden. Kein Geständnis. Kein Überführtwerden. Die zufälligen Angeber waren zu einer Geldbuße verurteilt worden. Wegen Verleumdung. Soweit war der Vorfall alltäglich. Ein Klatsch, der nicht frühzeitig zum Stillstand gekommen war. Keine Feinde, keine Nachbarn, die als Denunzianten aufgetreten waren. Er besaß keine. Er wohnte grausam abgeschlossen. Nicht einmal von einem ungemütlichen Verbrechen war gesprochen worden. Es war ein Gerede auf Grund von Indizien aufgekommen. Der Beschuldigte besaß eine schöne Stute. Gut. Manche besaßen ein schönes Pferd. Er schlug die Stute niemals. Sie war wohlgenährt und folgsam. Er fand keinen Anlaß sie zu schlagen. Viele prügelten ihre Pferde nicht. Gut. Er brachte die junge Stute nicht zum Hengst. Viele Stuten roßten und kamen nicht zum Hengst. Gut. Er streichelte die Stute. Er gab ihr Zucker. Er befeuchtete seine Hand mit Speichel und ließ sie die Flüssigkeit auflecken. Er berührte mit den Fingern die fleischige Zunge des Tieres. Bekitzelte die Euterzitzen. Manieren eines guten und weisen Pferdeknechtes. Man konnte dagegen nichts sagen. Es ging auch nicht darum, dem Manne Übles anzuschwatzen. Es war nur ein Herumklauben an Tatsachen, die in einem anderen Zusammenhang unbeachtet geblieben wären. Der Bauer war jung, gesund und stark. Er wohnte beispiellos einsam. Unbeweibt. War nicht auf Freiersfüßen. Unzulänglich sein Hof. Talaufwärts, jenseits eines von steilen Bergen eingeschlossenen Sees lag er. Der See war seine Straße. Ein Schutenboot der Wagen. In dem das Pferd mitfuhr. Sechs Monate lang im Jahre war das Wasser ein zugeschlagenes Tor. Vereist, aber keine Brücke. Starke Ströme gingen hindurch. Der Spiegel war unzuverlässig, brüchig. Sieben Monate lang sah der Bauer keinen Menschen, ausgenommen einen Burschen, siebenzehn oder achtzehn Jahre alt, der Knecht, der mit ihm hauste. Kein Weib. Fünf Monate lang währte die Arbeit auf dem Felde. Auf Stunden nur kam sommers der eine oder der andere ins Dorf. In den sieben Monaten, in den zwölf Monaten des Jahres mußte etwas vor sich gehen. Was man ein Verbrechen nennen konnte. Verstoß gegen die Übereinkunft, die Art betreffend. Oder gegen die Übereinkunft, das Geschlecht betreffend. Das eine oder das andere. Oder beides. Es war gewisser ein Indizienbeweis als die Zufallsgebäude der Staatsanwälte bei einem Mordverdacht. Es war in der Tat sehr erregend. Es wurde hier etwas bewiesen. Es war von solcher Beschaffenheit, daß die Unzulänglichkeit aller Zucht und Frömmigkeit antag kam. Und daß die Alten reden konnten, die Jungen der Menschheit müßten gepfählt werden; weil sie Wölfe.

Wie zerbrochen kehrte Perrudja von seinem Ausflug zurück. Er log Hein über sein Verbleiben an. Die Sommerhitze saß gemästet in seinem Kopf. Ans Meer fahren. Nach Sandefjord fahren. Sie reisten ans Meer.

An einem Marmortischchen hockte Perrudja. Sonnebeschienen. Die Kurkapelle dengelte unmittelbar vor ihm, vom Podium des Musikpavillons herab, ihre wichtigen oder unwichtigen Mitteilungen. Zuweilen schienen die Töne fortzugleiten. Vielleicht nahm der Wind sie. Es wurde dann ein sehr anspruchsloses Geschehen. Wie die Vergangenheit. Wie die Zeit, die sehr weit und sehr dünn und schlechter mit der Ewigkeit. Die Musik wurde nicht so leise, daß sie sich in Geburt und Zeugen auflöste. Sie schlug nicht in Ewigkeit über. Es blieb ein Rest von Ton. Perrudja empfand es schmerzlich. Mörder. Greifbare Tatsache. Das war noch beinahe Gegenwart. (Signe, Signe.) Kindsverführer. Es mußte weiter zurückliegen als diese Musik. Alexander. Es wurde sehr laut vom Pavillon her. Er saß an einem Gästetisch. Der Diener erwartete, daß dieser Magen, Perrudjas Magen, Speisen verschlänge. Gegen Bezahlung. Mokka. Obstkuchen. Mit Schlagsahne. »Einmal Mokka, einmal Kuchen mit Schlagsahne, bitte.« Der Diener kam. Der Magen verschlang. Haakon hatte ihm von Stutenmilch erzählt. Er hatte von reifen Schößen der Mägde erzählt. Nicht von Kindern. Die Musik war wieder sehr schmeichelnd und laut. Der Tisch war leer von Speisen. Der Diener stand wartend in einiger Entfernung. Der Diener hatte den Tisch zu betreuen. Darauf zu achten, daß er niemals leer von Verdaubarem. Kuchen und Sahne saßen dem Waldbesitzer klumpig im Magen. »Ein großes Glas Kognak, bitte.« »Einen Doppelkognak, bitte. Eine Krone fünfzig Öre oder zwei Kronen, bitte?« »Zwei Kronen, bitte.« »Bitte.« Der Gast trank. Die Musik hielt ihn. Er bezahlte nicht und ging nicht. Er ließ Glas um Glas bringen. Seine Angelegenheit wurde deutlicher, je tiefer die Disziplin des Augenblicks sank. Da ging dieser erste Tag, vom Morgen bis Nachmittag in einem Augenaufschlag hinab. Der Wind und die Sonne waren das Bett, in dem er zusammen mit diesem Tage lag. Erster Gang mit Hein am Meeresstrande entlang. Menschen, die einen nicht kümmern dürfen, sehr gewiß zu erkennen. Sich sonnend, in Badekleidung, im Wasser schwimmend, treibend. Fülle menschlichen Fleisches. Scham, selbst dies Fleisch zu sein. Ekel, sich zu entkleiden. Begehrlich an den anderen werden, die doch nur abstoßend. Getrieben sein. In die Einsamkeit zu entfliehen. Betupft werden von den Spratzen der Sinnlichkeit, die unter dieser Sonne gärt. Kind mit Sammetschoß. In den kiesigen Sand sich werfen. Hein streift die Kleider ab. Hier, wo der Maßstab so vielen aufgegangenen menschlichen Samens, schreckhaftes Erkennen, dieser Hein ist ein großer breiter Mann. Kein Halberwachsener mehr. Kein Kind. Ein wildes Geschöpf. Durchsäuert von der Wucht kraftvoller Speisen. Der Darm dieses Menschen ist nicht nutzlos gewesen. Die Haut perlmutterrotbraun. Er platscht ins Wasser. Es erweist sich, er kann schwimmen. Irgendwann diese Kunst gelernt. In der dünnen Vergangenheit. Neid, es ihm nicht nachtun zu können. Das wolligbraune Kopfdach wird fast glatt vom Salzwasser. Dieser Mensch hat ein Gefühl, einen Gedanken, die sehr allein in ihm. Ihm nicht folgen können in diese Freiheit. Er schwimmt hinaus. Der Strand scheint enge zu werden. Menschen mehren sich. Trippeln, planschen. Da steigt ein Mann aus dem Fjord ans Land. Aller Augen richten sich auf ihn. Ein triefender Riese. Perlmutterrotbraun. Er ist unbekleidet. Blutrot im Gesicht werden. Es ist sehr heiß. Der Diener steht wartend. »Bringen Sie gemischtes Eis, bitte.« »Einmal Eis, bitte.« Hein lacht. Hundert Augen an ihm. Er lacht. Er ist kühl. Kein unnützes Blut im Kopf. »Woher kommen diese Menschen?« Einen Mantel ihm um die Lenden legen. Sagen: »Die Offenheit ist noch nicht bis an diesen Ort gedrungen. Man darf nicht unbekleidet ins Wasser gehen.« Er lacht. Er zieht den Mantel sich über. Antwort: »Man schalte die Sonne aus. Man schlage mit Blindheit.« Die Küste entlang gehen. Der eine nackt unter dem Windmantel. Der andere, dies Ich, schweißnaßheißkeuchend. Immer nur denken: Neid. Dieser Mann. Dieser Hengst. Ich bin eine Puppe. Wenn er einen Furz von sich gibt, werden selbst Damen lachen. Wenn ich es tue, rümpfen sich Nasen. Kann schwimmen wie ein Hund. Er ist überglücklich. Er ist erwachsen und sorglos.

Hein kam. Perrudja konnte den Tisch räumen. Zahlen.

»Du issest Eis? Herrlich. Mir auch. Diener!«

»Also nicht zahlen.«

»Einmal Eis, bitte.«

»Einmal Eis, bitte.«

»Schnell, bitte.«

»Gewiß, Herr, bitte.«

Hein entrollte ein Bündel, ein zerknittertes Papieretwas. Der Inhalt kam heraus. Eine tiefgrüne Badehose. Mit talergroßen gelben Tupfen besetzt. Perrudja erschrak fast.

»Die Nacktheit hat ein Ende. Adam hat das Feigenblatt erfunden«, sagte Hein.

»Die Farbe ist sehr auffällig«, sagte Perrudja.

»Feigenblätter sind grün. Es ist die einzige Badehose von einiger Bedeutung in diesem Städtchen«, sagte Hein.
»Sie ist auffällig«, wiederholte Perrudja.
»Soll so sein. Fil d'écosse. Ich werde sie mit einem weißen Gummigürtel tragen. Daß man den Nabel nicht sieht. Eine Dame hat mich belehrt. Vom Kniegelenk aufwärts bis zum Nabel – unsittliche Körperteile. Magengrube und Brüste sind nur bei den Frauen anstößige Zonen«, sagte Hein. Und lachte.
»Du bist verwandelt«, sagte Perrudja.
Hein schlürfte Eis. »Ich suche einen ockergelbkarminroten Bademantel«, sagte er.
Die Musikkapelle war abgezogen. Deshalb saß nun Hein neben ihm. Nur Gegenwart. Der Diener hielt sich entfernt. Perrudjas Augen gingen mit Tränen zu. Der Tag war noch nicht am Ende.
»Du stinkst nach Alkohol«, sagte Hein.
Perrudja konnte nicht antworten. Er winkte dem Diener. Beim Sichbewegen zerbrach er ein Glas.
»Du bist betrunken«, sagte Hein.
Perrudja bezahlte dem Diener die Rechnung. Er konnte nicht sprechen. Dieser Tag war noch nicht zuende. Ein Tag konnte vermutlich nicht in einem Augenaufschlag beginnen und sich beschließen. Er litt unter dem Genuß des Kognaks. Es war beschämend. Jenem Spaziergang an der Küste entlang war ein Zurückwandern gefolgt. Zu den Kleidern Heins. Wie sich versteht. Und sie hatten bei den Kleidern drei schnuppernde Weibchen gefunden. Drei Lebensalter: ein Kind, eine Jungfrau (wie man meinen konnte), eine Matrone. Und das Kind und die Matrone waren fetter gewesen als die Jungfrau. Die sanftesten Kniegelenke aber besaß das Kind. Und auch die frischesten Lippen. Und ungesalbte Wangen. Der Badeanzug saß straff über der Haut. Und es war eine wehmütige Lust gewesen, einen Gedanken zu denken. (Mörder, Kindsverführer.)
Hein hakte seinen Arm unter den Perrudjas. »Wir werden nicht so bald von hier fortgehen«, sagte er.
»Nach deinem Wunsch«, antwortete Perrudja.
Der Waldbesitzer erstand eine schwarze Badehose, von den Knieen reichend bis zum Nabel. Und einen weißen Gummi-

gürtel, wie Hein ihn besaß. Und einen fast weißen Bademantel. Hein fand im Ort keinen, der seinem Wunsch entsprach. Er wählte am Ende einen, der auf hellblauem Grund mit chromgelben Halbmonden besät war. Das würde zusammen mit der Kniehose keine Harmonie an seinen Gliedern geben. Gleichviel. Es mußte getupft und bunt an ihm sein, wenn er am Strande lag. Mochte ein Ärgernis von ihm ausgehen. Es war schon Ärgernis von ihm ausgegangen, weil er als Knabe das Schwimmen ohne den Gebrauch einer Badehose gelernt.
Es gab einen Photographen in dieser Stadt Sandefjord. Die beiden kamen an seiner Offizin vorüber. Es standen Menschen davor. Der kleine Laden war gedrängt voller Käufer. Die zwei traten an das Schaufenster. Verwirrende Vielheit zumeist kleiner photographischer Bilder. Sie lasen ein Schriftschild, mit Rotstift umrahmt: EIN NEUANGEKOMMENER KURGAST. Hein, dem Wasser entstiegen, triefend, unbekleidet. Das morgendliche Bad. In Großaufnahme. Perrudja stotterte ein Unverständliches. »Bin ich das?« schrie Hein, »man kennt sich nicht. Ein hübscher Bursch. Ich gefalle mir, Perrudja.« Der Waldbesitzer zwängte sich durch die Menge in den Laden. »Das Bild soll aus dem Fenster«, rief er dem Photographen zu. »Wir sind keine Sittlichkeitsapostel«, fistelten ein paar Damen. »Mein bestes Geschäft«, grinste der Offizininhaber. »Wir lassen unsern jungen Meergott uns nicht rauben«, sagten mit Altstimme zwei Zwanzigjährige. »Der Mann ist betrunken«, sagte eine Greisin. »Ich will das Bild vergrößern«, sagte eine schmale Frau. »Ein Treffer, eine große Sache«, grinste es von jenseits des Ladentisches. Perrudja fühlte sich am Arm gepackt. Hein zog ihn auf die Straße. »Es ist ein schönes Bild«, sagte der junge Meergott. »Ein Mann wie du braucht sich nicht zu schämen«, sagte Perrudja. Er war vollkommen nüchtern. Aus seinem Schlund nur noch roch es nach Alkohol. »Wir werden uns einen Abzug kaufen«, sagte Hein. »Du wirst in den nächsten Tagen mit vielen Frauen ins Bett gehen, dein Bild zum wenigsten«, sagte Perrudja. »Ich gönne mich ihnen«, sagte Hein. Er lachte. Das schöne grüne Meer. Da war es wieder. Und der Strand. Und es war immer noch der erste Tag. Und er war noch nicht vergangen. Noch einmal den nachmittäglichen Schweiß abspülen in dem smaragdenen rinnenden Kristall. Er

war aus den Kleidern. Die grüngelbe Badehose faltete sich frech und herausfordernd um seine Lenden. Der weiße Gürtel machte die Haut schimmern. »Es ist eine erotische Angelegenheit«, sagte Perrudja. »Soll so sein«, sagte Hein, »heut früh war ich unschuldsvoll. Jetzt bin ich Adam, der von den Pfirschen der Erkenntnis gekostet hat.« »Kosten möchte«, sagte Perrudja. »Ich habe den Frauen gefallen«, sagte Hein, »die anwesenden Männer sind auf mich zornig.«
Perrudja war nicht zu bewegen, mit Hein ins Wasser zu steigen. »In der Luft baden ist auch ein Genuß, der wohltut«, sagte Hein, »wir werden an der Küste entlang gehen. Ich bin nicht versessen auf Meerwasser.« Er entwand dem Freunde das krampfhaft umklammerte Paket, das dessen Badezeug enthielt, legte es auf den Boden, deckte die eigenen Kleider darüber. Sie gingen den Weg, den sie am Morgen schon einmal genommen. »Ich bedaure«, sagte Hein, »daß du eingewickelt in so viel lästigen Anzug. Es braucht nicht die Meinung aufzukommen, ich sei der einzige hübsche Bursche am Strand.« »Morgen«, sagte Perrudja. Es begegnete ihnen das Kind. Die Sechzehnjährige. Sie trug ein Körbchen, je zur Hälfte gefüllt mit weißen Papierblumen und kleinen Fähnchen. Und eine Büchse aus neuem Weißblech. Mit einer Aufschrift daran. Und einem Bügel. Zum Tragen. Im oberen Deckel war ein Schlitz zum Hineinschieben von Münzen. Das Kind schwärmte an Perrudja heran. »Eine Blume, bitte, eine Fahne, bitte.« Perrudja bemühte sich, die Aufschrift auf der Büchse zu lesen. Es gelang ihm nicht. Er zog seine Geldbörse. Er fand ein Zweikronenstück darin, nahm es heraus. Er sagte: »Mag keine Fahne. Mag keine Papierblume. Ich nehme mir einen Kuß von dir. Dann fällt das Geldstück in die Büchse.« »Nein«, sagte sie. »Das werde ich nicht dulden«, sagte ein Sechzehnjähriger, der plötzlich mit zwei Kameraden dastand. Er sagte es mit ritterlichem Selbstbewußtsein. Und mit einem Schwanken in der Stimme, das von erster Liebe herrührte. »Ich muß doch ein Weniges für mein Geld erhalten«, begann Perrudja mit den dreien zu parlamentieren. Die drei dachten etwas, was sie zu sagen nicht wagten. – Gleichaltrige dürfen sich küssen. – Dreißigjährig. (Kindsverführer.) Doch lachte Perrudja. Die vier waren lüstern auf zwei Kronen. Einer wagte sich vor: »Für einen Taler –« bot er

zaghaft an. »Nein«, schrie ein anderer. Da hatte Hein sich zu der Sechzehnjährigen niedergebeugt, mit seinem Mund den ihren verschlossen, verklebt. Sie hochgehoben, fest an sich gedrückt. An die nackte Brust. Sie wieder gleiten lassen. Den Mund frei gegeben. Sie war nicht erzürnt. Sie lachte. Die drei Knaben lachten nicht. »Du kannst für mich bezahlen«, sagte Hein zu Perrudja. Das Zweikronenstück fiel in die Börse. Dann zerbröckelte die Gruppe der sechs. Hein und Perrudja gingen fast überschnell davon. Sehr schweigsam waren sie miteinander. Bei einer Klippe machten sie Rast. Hein schwang sich hinauf, streckte sich aus auf dem noch heißen Stein. Perrudja kletterte wie mit Mühe ihm langsam nach. »Bist du böse auf mich«, fragte Hein. »Ich wüßte keinen triftigen Grund«, sagte Perrudja. »Ich verdanke dir, daß ich glücklich bin«, sagte Hein. »Gewiß nicht«, sagte Perrudja, »ich habe dich nicht wachsen lassen. Ich habe dich nur eine kurze Zeit lang gefüttert.« »Ich bin dein wildes Tier«, sagte Hein, »doch ist ein Gesetz zwischen uns, wie es niemals zwischen mir und einem anderen Menschen sein könnte. Wenn ich auch heute viel gelacht habe und zukünftig lachen werde, nicht vergessen will ich, daß du das Recht hast, mich totzuschlagen. Nach deinem Belieben. Bei jeder Stunde. Ich würde mich schämen, fröhlich zu sein, wenn ich nicht wüßte, ich bin dein Sklave.« »Du auch hättest Kognak trinken sollen«, sagte Perrudja, »dann würdest du nicht so törichte Reden halten.« »Abgemacht, ich bin dein Sklave. Oful ist dein Diener. Aber ich bin dein Sklave«, sagte Hein. »Ich werde dich freilassen können«, sagte Perrudja. »Lieber töten als freilassen«, sagte Hein. Die Abendsonne ging über seinen starken Körper. »Abgemacht«, sagte Perrudja, »lieber töten als freilassen.« Er dachte an die Geschichte der fünf Knaben, die einander mordeten. Er wollte diesen Hein nicht morden. Er war viel zu schwach. »Ich werde dir ein Eigentumszeichen einschneiden«, sagte Perrudja. Ein bißchen Blut nur sehen. Eine Kleinigkeit rauben, die nicht entfliehen kann. Ein Taschentuch, getränkt mit rotem Blut. (Späte und einseitige Blutsbrüderschaft.) »Du hast gute Gedanken«, sagte Hein. Perrudja nahm ein kleines, elfenbeingefaßtes Taschenmesser. »Wohin soll ich schneiden?« fragte er. »In einen meiner Schenkel«, sagte Hein, »ich werde die Hose lösen.« Er legte sich bäuchlings. Die Abendsonne ging über seinen starken Körper. Perrudja war ein Schwächling. Er preßte mit aller Kraft das Fleisch unter die Klinge des Messers. Mühsam gelang ihm ein Schnitt. Kaum tief. Ein zweiter ging durch die zähe Haut ins Fleisch. Mit wohligem Schauer spürte Hein das Eisen in seinem Muskel. Mit Stein und Wunde war er an diesen Perrudja gekettet. Was sie taten, war nicht zu verstehen. Quadratur des Zirkels, die nur mit Hilfe einer Mathematik lösbar, die andere Axiome hatte als die Multiplikation zweimal zwei gleich vier, womit man das Quadrat vorstellte. Er wurde halb ohnmächtig. Perrudjas Taschentuch trank die Flüssigkeit dieses Leibes und wurde roter und roter. Mit den Lippen war der Waldbesitzer an der Wunde. Er greinte. Es ging ein Schatten über die Sonne. (Mörder, Kindsverführer, Schlächterbursche.) Sie mußten bis zum Dunkelwerden auf der Klippe liegen bleiben. Der Blutfluß ließ sich nicht so bald stillen. Hein träumte vor sich hin. Perrudja versuchte, die rote Fahne seines Taschentuches zu trocknen.

Auf dem Heimwege fanden sie ihre Kleider noch unberührt am Strande.

Sie hatten zwei Zimmer mit Bad im Atlantik-Hotel als Wohnung genommen. Hein mußte, als sie aus dem moosdunklen Abend vom Strand heraufgestiegen waren, sogleich ins Bett schlüpfen. Perrudja ließ eine Platte mit kalten Delikatessen bringen. Und eine Flasche Chablis. Er fütterte das wilde gebrandmarkte Tier. Hein schlief den traumlosesten erquickendsten Schlaf seines Lebens. Am Morgen erwachte er mit der grenzenlosen Freiheit des Gezeichneten. Dem Teufel verschrieben oder als Leiche in der Anatomie abzuliefern. Eigentum Perrudjas. Er ließ sich einige hundert Kronen aushändigen. Er wollte den Tag genießen. Morgen schon konnte er geschlachtet werden. Oder übermorgen. Er wurde der Held, der Meistgeliebte des Seebades. Er ging auf in dieser Sonne. Es waren beständig Menschen um ihn. Das Frühstück nahm er gemeinsam mit Perrudja ein; die übrigen Mahlzeiten versäumte er. Zuweilen lagen die Freunde auf einer Klippe. Auf Augenblicke. Dann verschwand Hein, unbemerkt, zufällig. Er wurde bei einem Fest zum König der Schönheit ausgerufen. Er zeigte sich im Saal des Badehotels, nur angetan mit seiner gefleckten

Kniehose. Mit ihm zusammen trat die Königin auf. Eine schmalhüftige Frau. Eben jene, die am ersten Tage seiner Ankunft zusammen mit dem Kind und der Matrone seine Kleidung am Strande beschnuppert. Er tanzte mit dieser Königin. König und Königin tanzten. Er ließ Chablis servieren. Für die Gäste vom Strand, für das Fleisch, das ihn gekrönt. Da waren Freunde an seiner Seite. Das Kind, die Sechzehnjährige, hing sich an seinen Arm. Die Matrone wollte ihn öffentlich küssen. Ein paar Gymnasiasten weinten bittere Tränen. Sie stahlen zwei Flaschen Wein und betranken sich. Sie borgten sich Geld von Hein. Sie wollten eine Waffe kaufen und sich erschießen. Sie gingen zuvor in einen Bootsschuppen und umarmten einander. Sie fanden ihre Lippen gegenseitig sehr weich und beschlossen, nicht zu sterben; weil sie plötzlich glaubten, daß sie einander liebten. Sie erfanden ein Wort der Verachtung: die Treulose. Hein ließ durch einen Diener Perrudja um fünfhundert Kronen bitten. Er benötige das Geld. Krönungsfeierlichkeiten seien teuer. Der Festsaal wurde abgedunkelt. Auf einer Leinwand erschien ein Bild. Das Bild Heins, des Königs, wie er am ersten Tage unbekleidet dem Meer entstiegen. Die Gäste schrieen, lachten, schalten. Es wurde Pfui gerufen, gepfiffen. »Die Königin soll dem Meer entsteigen«, wurde verlangt. »Noch eine Kiste Chablis«, schrie Hein. »Bravo!« Das Licht wurde wieder eingeschaltet. Am Eingang zum Saal entstand eine Unruhe. Ein Schwarzes schob sich vor. Ein Pferd. Ein dickes Pferd. Kein edles Pferd, doch mit glänzendem Fell. Hein schwang sich auf des Tieres Rücken. Er ritt in den Saal. Stühle und Tische fielen um, Gläser zerschlugen sich. Mit bloßen Füßen in den Steigbügeln. Er kam an den Platz der Königin. Er hob sie zu sich aufs Pferd. Es war eine schöne Apotheose. Alle Gäste klatschten in die Hände. Das Paar ritt hinaus.

Nach Ablauf einiger Wochen kam eines Abends spät Hein an das Bett Perrudjas. Es war die neue Ordnung zwischen den zweien, der Ältere legte sich früher nieder. Der Jüngere war auf Wegen oder saß trinkend in den Speisesälen der Hotels, laut redend, umlagert von Halbwüchsigen. Junges männliches und weibliches Fleisch. Wenn er halbtrunken, griff er danach. Seine Fäuste waren unbedenklich und sehr gierig. Man hielt ihn für einen Abenteurer, für einen Abgrund. Die Gymnasiasten hatten ihm verziehen. Es war dahin gekommen, daß sie sich nach Küssen von seinen Lippen sehnten. Aber er schlug nur. Krallte sich ihnen in das schmale Fleisch über den Schulterblättern, in die Fülle der Schenkel. Er sank den Frauen lallend an die Brust. Die Jünglinge hielten dann trauernd seine Füße auf ihren zitternden Knieen. Sie glaubten, er sei ein Sünder. Sie hielten sich selbst für sündig. Und kamen nicht von ihm los. Sein Angesicht war braun, aber nicht frisch. Ein wenig bekümmert. Auch müde. Manchmal durchzuckt.

Perrudja hatte gelesen, las weiter, während Hein zu sprechen begann. Er nahm die Worte des anderen nicht auf. Es war nur das Murmeln des Meeres an seinem Ohr. Und der Atem des anderen, den er kannte. Seines Sklaven. Der frei war. Bis auf jene geronnene Flüssigkeit aus ihm, Blut, die ein Taschentuch in eine heilige Fahne verwandelt. Zu der Perrudja betete. Einziger Besitz, der ihm bleiben würde. Die ersten Worte Heins also waren vergeblich gewesen. Perrudja antwortete ganz von sich aus: »Ich lese den Satz: – Die Finsternis ist der unüberwindbare Raumzustand, in dem die Wellen des Lichtes existent werden können. – Es muß daraus folgen, sie ist allgegenwärtig. Symbol des ewigen Lebens, in dem es keine ewige Erscheinung gibt.«

Hein nahm seine Stimme in Zucht. Er sagte sehr laut: »Es ist möglich, Perrudja, daß ich bald ein Kind bekommen werde.«

»Du ein Kind?« sagte Perrudja, »das Gebärenkönnen ist ein Recht der Frauen.«

»Es ist das Recht des Mannes, Vater sein zu können«, sagte Hein.

»Du willst aussprechen, du hast eine Frau beschlafen«, sagte Perrudja.

Hein bewegte stumm den Kopf.

»Es ist alles vergänglich, außer die Finsternis«, sagte Perrudja, »wir werden einen neuen Abschnitt des römischen Rechtes miteinander durchkosten müssen.«

Hein blickte ihn unsicher fragend an. Seine Augen glommen grün auf.

»Der lendenlahme Ingenieur Haugeland wird Vater werden«, sagte Perrudja, »wenn es sein sollte, daß der Schoß dieser

Königin empfangen. Du beginnst sehr selbstlos zu werden. Du hast die Arbeit für einen anderen gemacht. Das Geschlecht der Haugelands wird deinetwegen nicht aussterben. Hören wir die Weisheit der Weisesten: – Gebiert die Ehefrau ein Kind, so wird angenommen, daß der Ehemann Vater dieses Kindes ist. § 888. – Die Königin der Schönheit – der Taumel eurer Nächte gründet sich auf kein Gesetz – ist die Hausfrau des Ingenieurs. Sie wird die Stöße des jungen Stieres verschweigen; um das Gesetz nicht in Verlegenheit zu bringen. – Es finden sich Belehrungen darüber, daß der Vater mit seinem Kinde verwandt ist und es nicht begatten darf. Es steht ihm das Züchtigungsrecht zu, sofern er nicht entmündigt. Er kann die Legitimität der Zeugung nur innerhalb sechs Monaten nach der Geburt des Kindes durch eine Meldung bezweifeln, die Beachtung findet. Er behält trotz einem Einspruch gegen die Ehelichkeit die Teilvaterschaft, wenn er in der Zeit zwischen dem siebenten bis zwölften Monat vor der Geburt der Ehefrau beigewohnt hat. Und ein Attest die Reife der Frucht bescheinigt. Mit jüngeren, lebensunfähigen Kindern nimmt es das Gesetz nicht so genau. Denn es regelt das Leben, nicht das Jenseits.«

Hein sagte nichts. Er wagte nicht zu atmen. Teilvaterschaft. Er schämte sich. Es kam eine orthodoxe Meinung auf: er hätte mit diesem Ingenieur Haugeland etwas geteilt. Sein Erlebnis war halbiert. Er bereute, wenn es auch nicht deutlich wurde. Er wünschte (wenn es auch nicht deutlich wurde), mit dem Fleisch der Gymnasiasten Unzucht getrieben zu haben. Die soweit männlich waren, daß sie seine Wildheit ertragen hätten. Die ihn liebten. Wofür es Beweise gab. Er hatte sie am Strande niedergerungen. Die beiden gleichzeitig. An Händen und Füßen gefesselt mit Stricken. Ins Wasser geworfen. In den Fjord. Wo sie hätten ertrinken müssen, gefesselt. Doch er lud sie, schwimmend, sich auf den Rücken. Aus Lust an seiner Kraft hatte er drei Leben zusammengekoppelt, die eigene Existenz auf den dreifachen Wert vor einer glatten und grünen Hölle gebracht. Als die halb Hingerichteten wieder am Strande lagen, hatten sie gelacht. Das konnten nur Verliebte, die sich opfern wollten, vollbringen. Doch war die Königin schön und duftete an ihrer Haut.

»Weshalb«, fragte Perrudja, »hast du die Sechzehnjährige nicht in deine Arme genommen? Sie hatte ihr ganzes Dasein auf dich vorbereitet. Sie ist lieblich wie ein frischer Pfirsich. Und unberührt. Du hättest ein Paradies erbrochen.«
»Sie ist zu jung«, sagte Hein.
»Ist Jugend nicht die beste Tugend eines Weibes? Du bist ein Narr. Sie ist hochbebust. Sie ist betörend. Du hast etwas versäumt, Hein. Du hast deine Augen nicht offen gehalten.«
»Sie ist zu jung«, sagte Hein, »sie ist für Gymnasiasten geschaffen, die noch keine Kinder zeugen mögen.«
»Du glaubst, sie vermöchte noch nicht zu gebären«, fragte Perrudja, »es sind sehr unüberlegte Reden. Mir wird es heiß und kalt, abwechselnd, wenn ich daran denke, du hast sie verschmäht.«
Hein antwortete nicht. Er begriff den Freund nicht. Das Kind hätte seine Wildheit nicht ertragen. Es hätte geschrieen, wäre es, wie die Jünglinge, gefesselt ins Meer gestoßen worden.
»Du vergeudest deine Kraft«, sagte Perrudja, »als ob es dir nicht anstände, auf eigene Kosten Vater zu werden. Du bist der Mensch, auserwählt, hundert Kinder zu zeugen.«
Hein begriff nicht. Er mußte sehr taub sein, daß er soweit ab von der Meinung des Freundes war. Die Sechzehnjährige würde seine uferlosen Erlebnisse fesseln. Sie zu küssen zwar schmeckte gut. Er hatte sie ja geküßt. In ihr Fleisch zu tasten bereitete gewisse Grade der Trunkenheit. Er fand sich plötzlich sehr nüchtern und ausgelaugt.
»Ich könnte dir ein Monatsgehalt von fünfzehntausend Kronen aussetzen, daß du Mut zu Taten bekommst«, sagte Perrudja, »ein uneheliches Kind kostet den Vater an Unterhaltungsrenten, je nach Rang und Stand der Mutter, fünfundsiebenzig bis einhundert Kronen im Monat.«
Hein sah sehr trostlos und unwissend in die Augen Perrudjas. Er begriff diesen Menschen nicht. Diesen Menschen aber liebte er. Und war sein Sklave. Die verworrenen Nächte, gemeinsam mit der Königin der Schönheit, drohten zu verschwinden.
»Es müßte ein Exempel gegeben werden. Es müßten Dynastien der Jungen, die guten Willens sind, sich ausbreiten. Ich bin zu der Überzeugung gekommen, du bist ein guter Zuchthengst geworden. Man kann eine ganze Hoffnung auf dich

setzen. Du bist wie ein Baum herrlich gewachsen«, sagte Perrudja mit fast lüsternen Lippen. Er fügte gallig hinzu: »Du bist kein Kindsverführer. Du wirst dir bei alten Weibern eine Krankheit für deine Lenden holen.«
Hein war tief erschrocken. Er drohte umzukippen, hinzuschlagen.
»Doch bist du frei«, sagte wieder sehr ruhig und gemessen Perrudja.
Heins Beine trugen ihn. Die beiden Menschen schwiegen sehr lange.
»Ich sollte Oful mir kommen lassen«, sagte Perrudja, »ich benötige den Neger, damit man auf mich aufmerksam wird und mein Ansehen nicht im Schatten deiner Schönheit verkommt.« Diesen Satz verstand Hein weniger als alle, die vorher aus dem Munde Perrudjas geflossen. Er versuchte eine Klarstellung. Er sagte: »Ich bin größer und gröber an meinen Knochen als du. Meine Gestalt ist nicht wie aus Wachs und so ebenmäßig geschnitten wie die deine.«
Perrudja lächelte unendlich fern. (Kleine braune runde Brustwarzen.) »Die Matronen sind auf mich so lüstern wie auf dich«, sagte er, »meine Hautfarbe hat es ihnen angetan. Ich aber möchte die Kinder erregen, die Halbwüchsigen. Ich bin doch nur scheinbar ein Sproß dieses Landes. Die mich begaffen, erkennen's nicht. Sie meinen, ich sei von dieser Meersonne gebräunt wie du es bist. Sie halten mich für wohlauf, wenn ich aschfahl im Gesicht bin und gelb vom unruhigen Saft meiner Leber. Man kann diese Menschen in der Sonne kochen, daß sie rot werden wie Krebse, die in siedendem Wasser sterben. Ich brauche diesen Oful in meiner Nähe, um ein Fremder unter ihnen zu sein, der Teil einer Sehnsucht, nach der es sie gelüstet. Es soll jemand nach mir gelüsten. Das duftende Kind soll um meinetwegen in den Nächten wachliegen. Und wäre es auch nur erschrocken über die schwarze Haut des Negers.«
Hein war sehr ratlos. Er sagte nach einer Weile: »Ich möchte Signe schreiben, daß sie uns hier besucht.«
»Wir könnten nach Hause zurückkehren. Wir sind bereits sechs Wochen am Platze«, sagte Perrudja.
Hein flüchtete in aufwallender Furcht in die Rolle des Sklaven. Ein blinder Glaube war angenehmer als Verzweiflung über

Unverstandenes. In der Trostlosigkeit war die Rechnung einfach und klar: er hatte im Seebade liederlich gesoffen und gehurt. Er breitete seine großen Hände vor Perrudja auf der Bettdecke aus. »In den Bergen reiten«, sagte er, »du und ich.«
Perrudja glaubte deutlich zu erkennen, wohin er selbst getrieben war. Er hatte die Verpflichtung, sich Rechenschaft über seine Handlungen zu geben, zerbrochen. Würde zukünftig im Geiste weniger schuldig sein als jemals. Seine Lippen wisperten: »Ich muß mich fallen lassen.« Er nahm das neue Opfer Heins bedenkenlos an.
Der Waldbesitzer hatte unbewußt einer Forderung seines Körpers nachgegeben. Die Verwesung und das Leben stinken allüberall. Er mußte stinken. (Gelbe Blume, die krankt und vergeht.) Die Luft über ihm wurde wieder etwas Himmel. Und angenehm säuerlich von den Farben, die ihn durchdrangen. Die Mühlen, die wie ein Schinder, mahlend mit dem Begriff der Sünde ihn zerstückt hatten, wurden stillegelegt. Seine Gemeinschaft mit Hein bekam den reinen Geschmack einer Notwendigkeit. Er vermochte in den Armen des Freundes auszuruhen. Gedankenlos sich den Segnungen gespensterfurchtarmer Stunden hinzugeben. Die Erinnerungen an Signe wurden spärlicher. Die Tigerin schlich seltener und seltener durch seine Träume.
Im Hause Gaustads lernte er eine junge Frau kennen. Sie weilte auf dem Gutshof als Gast. Einige Wochen lang. Sie war neu verheiratet. Doch erwähnte sie in Gesprächen nicht die Existenz des Gatten. Sie war von freier Schönheit, trug aufgeworfene Lippen, hohe Brüste. War groß an Wuchs, üppig. Perrudja, der ohne Vergangenheit war, leichenhaft treibend im Dunst seiner Verwesung, der Mann, der nach vierundzwanzig Stunden das Vorgestern vergessen, hübscher Bursche, an dessen Rippen sich wieder Fett ansetzte, Leim, an dem sich die unbewachten Lüste der Unbefriedigten fingen, hatte ihr mit plötzlicher Höflichkeit die Hand geküßt. Danach mit Wohlgefallen seine Augen an ihre Erscheinung gehängt. Geil herausfordernd, sternenhaft unnahbar. Beim Abschied allein auf einem Flur die beiden. Er hatte seine Zähne in die weiche Haut ihrer Hand vergraben. Sie hatte es hingenommen wie Erwarte-

tes. Da war er nicht davongelaufen. Hatte noch gezögert. Den Kopf wieder aufgerichtet. Hatte mit wildem Stoß seiner Lippen ihren Mund genommen. Ihm war, als söge er sich fest an Beeren von Blut. Er fühlte sich an den Brüsten eines Muttertieres, das begehrte, schwanger zu werden. Ihm dämmerte vom Glück der Fruchtbarkeit, des Wachsens und Vererbens. Seine Predigt an Hein wurde ihm zurückgegeben. Sie verabredeten einen Spaziergang für den nächsten Tag. Er näherte sich ihr nicht. Begehrte nicht, sich in sie hineinzuverströmen. Nachdem er alles verheißen, erfüllte er keine Hoffnung. Als ob es Gesetz, daß kein Weib außer Signe durch ihn zur Mutterschaft berufen werden dürfte. Wohl wünschten seine Sinne Genuß, das Anschauen aufreizender Nacktheit. Er fühlte sich nicht schlimm genug, Mißbrauch zu treiben. Es kam ein kühler Wind. Die beiden Menschen trennten sich. Sie sahen sich niemals wieder. Perrudja zog einen fetten Schlußstrich unter dies Abenteuer, das nun eine hohle Blase war: das lebendige Leben ist ihm ausgeweidet. Seine Furcht vorm Ertrinken und Gefressenwerden durch Fische ist eine unnötige Fürsorge seines Geistes. Er wird vielleicht zu Huren finden. Zu Müttern nicht.

XXIX

Das Pferd/Sassanidischer König/Ein Knabe weint/Die anderen Tiere/Die Edelmütigen oder die Geschichte des Sklaven/Der Knecht und die Magd/Der Zirkel/Alexander/Werbung und Vorhölle/Die Nebenbuhler/Die Bergpolizei/Hochzeit/Abrechnung

Die Marmaladenesser

Frau Inge Tidemand hantierte in ihrer Küche.
Die Herstellung des weißen, weißen Sternzackenschnees. Ein empfindlicher Vorgang.
Im Herde brannte ein heißes Feuer. Feuer aus schwarzer Kohle.
Schwarze Kohle. Weißer Schnee. Schwarz heiß. Weiß kalt.
Der Mann war Kapitän auf grüner See.
Kalt weiß schwarz heiß.
Doch des Feuers Glut ist rot.
Die Herdplatte nämlich erstrahlte lieblich in roter Glut. Läge dieser Faulenzer Harald nicht noch im Bette, er würde seinen Speichel auf die lieblich rot erstrahlende Herdplatte speien. Aus seinem Munde durch die Zähne, über die Lippen. Ach, so schmale, junge Lippen.
Und es würde zisch. Kugelperle weiß, klebrig rollt über lieblich rot erstrahlende Herdplatte. Bis die Dämpfe, zartweiß, unsichtbar, aufsteigen. Zur weiteren Verarbeitung in den Himmel. Aus der Speichelportion würden ein zwei drei Schneesternzacken geformt werden. Aus dem roten Mund der Schnee. Sie stellte die Töpfe über die lieblich rote schwarzkohlenheiße Herdplatte. Der Rückstand des Speichels, eine klebrige Crème, die allmählich verdorrt.
Alle zwei Jahre nur kam dieser Hausmann, der Kapitän, über die Ozeane zu ihr. Zu Frau Inge Tidemand. Es war erklärlich, daß sie nur diesen einen ungezogenen Jungen. Faulenzer.
Herdbespeier.
Empfangen.
Geboren.
Diesen Harald.
Weil der Kapitän nur alle zwei Jahre.

Die Speichelportion, die nicht geflossen war, die nicht eine Perle geworden, nicht verdampft, nicht verdorrt, die überhaupt nicht war, außer unter dem Gaumen des schlafenden Faulenzers, stimmte sie traurig, weil sie an etwas erinnert wurde.
Das Aufsteigen in den Himmel geschah in verschiedenen Zonen. Wie sich versteht. Die ersten tausend Meter in der Höhe Nebel. Oder, bei gutem Wetter, Sonnengespinst. Glasdampf, Dampfglas. Spinnenweb, das wir nicht sehen. Geisterhand. Könnte man denken. Kirchhofsgeruch. Auch Leichen können, wie sich versteht, zu Schneesternen. Wie der Speichel.
Es war ein empfindlicher Vorgang. Von Staub und Geruch geklärt, mußte das Unsichtbare steigen. Geschoben. Gehoben. Gesogen.
Bis plötzlich eisige Kälte. Des Weltenraums Schöpfungsgedanke. Das Unsichtbare gerinnen ließ zur Form. Zum Stern. Der plötzlich schwer, wiewohl nicht schwerer als zuvor. Zur Erde fiel. Der Speichel.
Wie nun das Ungeklärte, Widerwärtige aus dem Munde des Faulenzers, der zumeist vergaß, seine Zähne zu putzen, also doppelt unsauber, zum reinsten Weiß des Schnees geläutert wurde, geläutert werden konnte; so auch mußte Frau Inge in ihren Töpfen den starken Sirup des gelösten Zuckers läutern. Bis er schaumfrei, klar, in dünnen Fäden, Spinnwebsfäden, sich zog.
Sie bereitete Marmalade. Sie besaß Fähigkeiten darin. Es waren die ersten Tage des Juli. In den ersten Tagen des Monats Juli bereitete sie Erdbeermarmalade. Im Januar hatte sie Orangenmarmalade bereitet. Und würde im August und September diese Früchte Himbeeren, Johannisbeeren, Blaubeeren, Multebeeren, Kirschen, Pfirsiche, Pflaumen, Kronsbeeren mittels geklärten Zuckers zu entsprechenden Marmaladen verarbeiten.
Für ihn. Für Harald. Für den Faulenzer.
Nicht für den Hausmann. Nicht für den Kapitän, der –
Sie rechnete.
Erst in ein und einviertel Jahren zurück sein würde.
Weil er Geschmack daran fand. Und sich das weiße Brot dick mit den glasigen Gallertfrüchten belegte. Und beim Essen seine schmalen Lippen gespannt und feucht wurden.

Mit Ängsten dachte sie an den Augenblick, da er den bitteren Geschmack des Rauches aus glimmenden Zigaretten dem der Marmaladen vorziehen würde. Sie war ihres Lebens überdrüssig. Selbstmordmüde. Alle Handlungen, die sie tat, waren nur mit der Existenz dieses Harald zu begründen. Nicht anders, nicht tiefer. Da war keine Freude für sie. Ein Faulenzer, der im Bette lag. Gymnasiast mit Plänen und Gedanken, die ihr fremd. Die sie ängstigten, abstießen. Er war bebrillt. Er war ein wenig weitsichtig. Von frühester Jugend an. Er nahm die Brille von der Nase, wenn er im Freien war. Andere körperliche Gebrechen gab es an ihm nicht. Er war niemals krank gewesen. Vielleicht ging er zu Huren. Er war siebenzehn und ein halb Jahre alt.
Sie hatte, als solcher Gedanke ihr untragbar geworden war, den Verdacht Harald angedeutet. Sehr schonend. Er hatte sofort verstanden. Und gelacht. Puh, pah. Wo die Wasserklosetts mit den Stellungen des Aretin austapeziert sind. Das hatte er gelacht. Puh, pah. Und über den Betten Bouchers niedliche Schwänzchen hängen. Dieser Rohling. In allen Wassern gewaschen.
Sie wollte verzagen.
Ein niederer Mensch. – Huren sind nur für den literarischen Umgang, hatte er gesagt. Mit dem Realen soll man in der eigenen Generation nicht geizen. Also, von wegen Syphilis und Tripper: ich bestehle meine gleichaltrigen Schwestern niemals. Das hatte er gesagt.
Dieser Harald.
Den sie empfangen
und geboren.
Für den sie Marmaladen kochte. Und den Zucker klärte. Der ihr nichts gab als lästerliche Reden. Der sich rühmte, puh, pah, lachend, als ob er löge, doch ohne zu behaupten, daß er lüge, schon ein Dutzend Mädchen entjungfert zu haben. Liebe sei ein Kollektivbegriff. Ein unausdenkbares Wort. Am sechszehnten Geburtstag müßten alle hübschen, bebusten Mädchen in die Gewalt gleichaltriger Männer kommen. Und nur die häßlichen und unbebusten dürften die Trauer der Jungfrauenschaft anlegen.
Sie mochte nicht länger leben. Sie hatte keine Schuld am

Mißraten seiner Seele. Manchmal glaubte sie, ein Kind von ihm liegt in irgendeiner unsauberen Wiege.
Jedenfalls verbrauchte er sehr viel Geld. Sie mußte es ihm geben. Sie würde lieber das Kind zu sich ins Haus nehmen. Doch war es eine Hypothese. Wie sie zugeben mußte.
Der Zucker zog dünne lange Fäden. Es schellte.
Mit sechzehn Jahren hatten seine Lenden schon Samen abgesondert. Wie sie wußte. Aus den Zeichnungen in seinen jeweils abgelegten Hemden. So war es möglich, daß ein Kind seines Bluts in der unsauberen Wiege lag. Armes Geschöpf. Wenn er ein Dutzend Mädchen entjungfert, zwölf Kinder. Vielleicht nur zehn. Vielleicht nur sechs.
Es hatte geschellt. Sehr behutsam. Der Bursche, der die Milch austrug, mußte seinen Finger gegen den Knopf. Sie hatte es erkannt. Er brachte täglich einen Liter Milch und einen halben Liter Rahm. Dicken Rahm. Harald trank ihn frisch und kühl, in einem Zuge. Er war ein wenig mager. Junge Menschen sind oft mager. Er war von guter Proportion. Ganz ohne Bauch. Wiewohl er viel aß. Und fetten Rahm trank. Es war fast schön zu nennen, daß junge Menschen viel aßen, und ihr gefülltes Innere sich doch nicht anhob.
Frau Inge Tidemand war ein wenig fett. Wiewohl sie nur wenig aß. Und keinen dicken gekühlten Rahm trank. Hätte sie mehrere Kinder gebären dürfen, nicht nur diesen Faulenzer Harald, den Gymnasiasten, sie würde weniger beleibt sein. Immerhin besaß sie noch erträgliche Proportionen. Starke Brüste waren für ein weibliches Wesen keine Schande. Und fleischige Schenkel, die straff, waren den Männern eine Freude. Das hatte der Kapitän Tidemand gesagt. Er hatte es mit anderen Worten gesagt. Unter einer anderen Konstellation als diese hypothetische Feststellung es war. Sie durfte daran nicht denken. Sie begann den Kapitän zu hassen. Weil er nur alle zwei Jahre im Genuß seines Eigentums schwelgte.
Da stand nun der Milchbursche in der Küche. Und seine liebliche Stimme sagte: »Guten Morgen.« Seine Stimme war wie Musik. Er war ein guter Mensch. Er war ein hilfsbereiter Mensch. Er reichte die zwei gefüllten weißen Flaschen. Und suchte aus einer Ecke zwei leere Flaschen hervor. Und konnte nicht wieder gehen, ehe er nicht ein paar teilnehmende Worte

gesagt. Er sah die rosigen Erdbeeren auf den Küchentisch gehäuft. Und große weiße Brocken zerschlagenen Hutzuckers. Und spürte den unwägbaren Duft des siedenden Zuckers. »Sie kochen Erdbeermarmalade«, sagte fragte sang er. Aber er wollte keine Auskunft, keine Bemühung der Angeredeten. Er wollte Mühe auf sich nehmen, um den anderen eine Erleichterung zu schaffen. Und fügte hinzu: »Ich bin sicher, sie sind eine Meisterin darin.« Nun konnte er gehen. Unauffällig die Treppe hinab gleiten. Wie jeden Morgen vorher auch. Wie es an den übrigen fünfundsiebenzig Türen seiner bereits bedienten Kundschaft gewesen war. Wie es bei den übrigen fünfzig noch an diesem Morgen sein würde. Hundert und fünfundzwanzig Mühen täglich aufbringen, um jedesmal mit ein paar singenden Worten einen angenehmen Abgang zu haben.
Doch Frau Inge griff in den rosigen Berg der Früchte und hielt die gefüllten Hände ihm hin. Schöne, saubere Früchte. »Ich möchte Sie nicht berauben«, sagte der Bursche. Er war offen betrübt, daß seine Worte die Kundin zur Freigebigkeit angeregt. Doch nahm er. Und begann zu essen. Frau Inge sagte: »Ich bereite alljährlich große Mengen Marmalade.« Sie wollte sich nicht anpreisen. Das war nur ein Satz. Er sollte keine Meinung mit Nachdruck vertreten. »Leider«, fuhr sie fort, »ist noch nichts der Marmalade fertiggestellt. Sonst würden Sie einmal kosten können. Und meine Kunstfertigkeit beurteilen.« Ihr fiel ein, vom Vorjahre stehen noch einige Gläser in der Speisekammer, im Januar hat sie frische Orangenmarmalade bereitet. Und will sie als ehrlicher und anständiger Mensch vor diesem Engel bestehen, muß sie die verschlossenen Büchsen aufbrechen, daß er koste. Hingegen fiel ihr ein, das Eingemachte ist Eigentum Haralds. Ohne sein Einvernehmen wird sie nicht von den Süßigkeiten verschenken dürfen. Auch dies: das Kosten müßte festlich, feierlich vor sich gehen. Die unterschiedlichen Arten der Marmaladen in kleinen Kristallschalen aufgetragen. Genossen auf dünnen Scheiben gerösteten Brotes. Auf holländischem Zwieback. Ungesalzene Butter, um den Geschmack der Früchte klar abzuheben. Heißen starken Tee in flachen Tassen dazu.
Der Bursche hatte braundunkle Haarlocken. Ganz unbeschattete Augen.

Sie goß den frischen Rahm aus der Flasche in ein langes Glas, das sich bis an den Rand füllte. Gefüllt war, als die Flasche vom letzten Inhalt tropfte.

Er wird nicht allmorgendlich so schöne Marmalade essen wie Harald. Dachte sie. Aber Rahm trinken. Vielleicht gestohlenen. Unrechtmäßig abgeschöpften. Oder vom Vortage übrig gebliebenen. Angesäuerten. Muß ein gesunder Diebstahl sein. Sie sagte: »Warten Sie noch einen Augenblick, bitte.« Sie ging in das Zimmer Haralds. In das Gymnasiastenzimmer. Da war das Bett, in dem er lag und schlief. Und ein Tischchen, an dem er zuweilen saß und schrieb. Rechnete. Las. Und ein paar rohgezimmerte Regale, die mit zerfetzten Büchern vollgepfropft waren.

Ich müßte ihm einen Diplomatenschreibtisch schenken. Und einen verschließbaren Bücherschrank.

Harald schlief noch. Er lag sehr unordentlich. Die Kopfhaare aschblond und wirr. Die Arme von sich geschleudert, ähnlich dem Bild des Gekreuzigten. Die Knöpfe des Nachthemdes waren an den Handgelenken nicht geschlossen. Die mageren Arme bis an den Ellbogen entblößt. Die Sehnen und Blutgefäße gingen aus den leichtgefurchten Handflächen fast hart wie Tauwerk. Die Gestalt des Körpers verschwand in den Busungen der Bettdecke. Doch war zu erkennen, der Schlafende lag nicht erquickt, lang ausgestreckt, vielmehr gekrümmt. Es gab einen Wulst, wo die Kniee vorstießen. Wie Frau Inge hinschaute, sah sie, diese Kniee waren unbedeckt. Nur betupft mit dem weißen Linnen. Und augenfällig war, eine große Zahl feiner gebogener goldener Härchen glänzte. Ein Garten, ein Kornfeld, metallene Häkchen. Sie blickte erschreckt in des Schlafenden Angesicht. Das war flach, beinahe ausdruckslos und schien nichts von den entblößten Knieen zu wissen. Da war nun die ganze Schönheit eines Menschen in die Kniegelenke zusammengeflossen. Ein weicher Glanz hatte sich über ein hartes und rundes Gelenk gelegt. Und die Natur hatte nicht gegeizt mit Ausbuchtungen und Grübchen der Muskeln. Eine vollkommene Form. Ein Gerät des Zweckes, wenn man an das Ausschreiten dachte. Nur in der Ruhe zwecklos. Weshalb es im Grabe vermoderte. Blitz. Ein Beil nehmen und aufspalten. Wie beim Fleischhauer, weißblaublanke Gelenke der Rinder. Das war in ihrem Schoße

gewachsen. War aus ihr gekommen. Jetzt baumgroß. Und sie hatte keine Rechte daran. Nicht berühren dürfen.
Harald war erwacht. Er hatte sich aufgerichtet. Sie gab ihm das Glas in die Hände. Er trank den fetten Rahm mit großen Schlucken in sich. Sie sah die Bewegung seines Schlundes. Es war an der Grenze des Unschicklichen, was hier geschah. Auch am Halse hatte der Junge das Nachthemd nicht zugeknöpft. Und es zerrissen, daß sie in einem weißen Spalt das Fleisch, die Haut von der Halsgrube bis zum Nabel sah. Der Nabel ein rauher Fetzen. Sie hatte sich nicht mehr erinnert. Sie glaubte plötzlich einen Blutstrom zu fühlen von ihrem Herzen, hinein in diese Narbe. Sie hätte ohnmächtig werden mögen. »Wenn's beliebt«, sagte er und reichte ihr das geleerte Glas. Dabei wurde seine Brust sehr frei. Ein mageres Rippenwerk. Wie der Gekreuzigte. Und blank wie aus Wachs. Aber sie dachte an Eichen. An Bäume, an Wurzelwerk, an Steine. An Hartes und Unerbittliches. Das hätte ihren Schoß zerreißen können. Dies flache Gesicht. Sie wußte in der Tat diesen Morgen nicht, wie sich benehmen. Sie haßte den Kapitän Tidemand, das war feststehend. Für den Faulenzer, für Harald, für den Gymnasiasten kochte sie Erdbeermarmalade. In der Küche wartete der Milchbursche. »Du tust mir aufrichtig leid«, sagte er mit tiefer Stimme, »man kann sich durch die Augen nicht befriedigen.«
»Harald«, schrie sie auf.
Er hörte ihre Stimme gar nicht. »Fette und alte Weiber«, sagte er, »das ist nichts für mich.«
»Harald«, schrie sie.
Er hörte die laute Stimme gar nicht. »Man muß mit seinen Empfindungen in der eigenen Generation bleiben. Anders Geartete verlieren sich in Perversitäten. In dieser Beziehung geben die Gesetze uns Aufschluß.«
»Harald«, schrie sie.
Er hörte die laute Stimme gar nicht. »Liebe zwischen einer alten Frau und einem jungen Mann ist immer gleichbedeutend mit Geschlechtsverkehr zwischen Mutter und Sohn. Die Strafgesetze finde ich überflüssig und ungerecht. Auch der Perverse hat Existenzberechtigung. Manche Frau weiß sich zu konservieren.«

»Harald«, schrie sie.
»Wenn ich dir mit meiner Rhetorik heute etwas nicht Hierhergehöriges vortrage, magst du mich meinetwegen ohrfeigen. Oder mir einen Tritt in den Hinteren versetzen.« Er warf sich herum, zeigte seine Oberschenkel, ließ einen lauten Wind aus. Das war nicht mit Absicht geschehen. Er war ja nicht Zar Peter der Große, der willkürlich alle Grade des Rülpsens mit seinem Schlund und seinem Mastdarm beherrschte. Der mit Glucksen und Trompeten anzeigte, ob ihm ein Mahl gemundet. Und mit dem widerlichen Gesang gleichzeitig das Signal gab: zu Bett, zu Bett. Und also übelriechend anfragte: Wer spreizt für mich die Beine? Ein Weib? Ein hübscher Bursch? Oder meine liebe süße Hündin Finette? Der jedem gutgewachsenen Soldaten die Hosen herunterziehen durfte. Harald also mußte sich schämen. Oder so tun, als ob das nun sein Kamerad Hänschen Linde angehört, der wußte, man kann vor Jugendlichkeit nicht immer daran denken, man hat grobes Brot gegessen, dicken gekühlten Rahm getrunken. Der den Ausgleich dadurch herbeiführte, er stank ein andermal. Er fuhr fort mit dem Reden: »Ich finde es durchaus verständlich, daß eine alte Frau einen jungen Mann liebt. Daß sie die Beherrschung verliert, wenn sie ihn entkleidet sieht. Sofern sie noch menstruiert. Naturgesetz. Tragisch nur, er findet kein Gefallen an ihr. In den meisten Fällen. In den Entwicklungsjahren zwar geschieht manches Widersinnige. Fehltritte der Sechzehnjährigen abgerechnet. Ihnen verzeiht man auch Freundschaften und Hurenanbetung. Der normale junge Mann schämt sich vor der alten Frau. Er schämt sich nicht vor Schulmädchen. – Übrigens hast du mir keinen Tritt versetzt. Ergo, ich habe dir nicht Unrecht getan.«
»Harald«, hauchte sie, halb bewußtlos.
»Du solltest dir einen Liebhaber anschaffen«, sagte er, »deine monatlichen Kopfschmerzen sind ziemlich unerträglich. Ich kann dir mit nichts dienen. Wie du weißt. Lange genug habe ich kurze kniefreie Hosen getragen. Ich werde zukünftig lange Hosen tragen. Ich möchte zwischen uns klar stellen: Du mußt mich lieben. Und ich kann dich nicht lieben. Du wirst aufhören mich zu lieben, wenn du einen Bettgenossen gefunden hast. Du liebst mich schon wenig, wenn der Kapitän im Hause ist. Wiewohl du vorgibst ihn zu hassen. Ich verzeihe dir alles. Ich

verzeihe dir alle begehrlichen Blicke. Aber ich muß mich verhüllen. Im übrigen bist du meine Mutter. Was das bedeutet, kannst nur du fühlen. Der Geborene kann es nicht fühlen. Du kannst dir mich in deinen Leib hineindenken. Ich strauchele bei dem Gedanken. Du warst früher da als ich. Du hast mich wachsen sehen. Ich habe dich nicht wachsen sehen. Nur altern. Als ich geschlechtslos war, warst du strotzend von Geschlecht.«

Sie sagte sehr ruhig: »Ich liebe dich weil ich dich geboren habe.«

»Ganz im Gegensatz zur Auffassung des Gesetzes die einzige Rechtfertigung einer Liebe aus der Generation heraus. Ich habe dir auch gesagt, ich verzeihe dir. Übrigens bin ich ziemlich häßlich. Und deine Augen sind betrogen worden.«

»Du bist abscheulich. Sehr niedrig bist du.« Das waren Worte, die sie hatte sagen wollen. In seine Rede hinein. Als der Sturm vorüber war, kamen sie aus ihrem Munde. Viel zu spät. Es gab keine Diskussionen mehr. Er würde darauf nicht antworten. Sie hatte ihn nicht geohrfeigt. Er hatte eine obszöne Stellung ihr gegenüber eingenommen.

»Aus schuldigem Respekt, weil du meine Mutter bist, habe ich mich sehr zusammengenommen und so getan, als ob du meinesgleichen, in meinem Alter wärest. Etwa mein Nebenmann auf der Schulbank. Das bitte ich anzuerkennen.«

Sie weinte. Das ging an seine Seele. Er wurde mitleidig. »Ich gönne dir auch einen jungen Liebhaber«, sagte er, »wenn er sich überwindet oder dumm ist oder ohne ausgeprägtes Blutsbewußtsein. Ich mißgönne dir nichts.«

Sie nahm sich zusammen. »Ich bin lebensmüde«, sagte sie.

»Mir verständlich«, antwortete er.

»In der Küche wartet der Milchausträger«, sagte sie.

»Warum wartet er?«

»Deshalb kam ich. Weil er wartet. Er ist ein guter Mensch. Ein hilfsbereiter Mensch. Wiewohl arm. Ich bin dabei, Erdbeermarmalade zu kochen. Er hat mir zugesehen. Ich wollte ihn meine Marmaladen kosten lassen«, sagte sie.

»Bitte, wer hindert dich«, fragte er.

»Die Marmaladen habe ich sozusagen dir geschenkt. Ich wollte dich fragen –«

»Lachhaft«, sagte er.
»Ich wollte dich fragen, ob du mir gestatten würdest, daß ich die letzten vorjährigen Gläser öffne«, sagte sie.
»Da ist doch ein Defekt in deinem Hirn«, sagte er.
»Eigentlich wollte ich ihn an einem Nachmittage zum Tee einladen. Weil er ein guter Mensch ist«, sagte sie.
»Durchaus einverstanden. Ich habe alles Interesse daran, einen guten Menschen kennenzulernen. Du darfst mich dazu laden.«
»Es freut mich.«
»Ich werde ihn für die Partei werben.«
»Für welche Partei?«
»Für die einzige, die noch Ideale besitzt. Für die kommunistische.«
»Das solltest du nicht sagen.«
»Weshalb nicht?«
»Das solltest du nicht wollen.«
»Jeder Mensch von anständigem Zuschnitt gehört in die Organisation der kommunistischen Partei.«
»Wann wirst du aufhören, lästerliche Reden zu führen?«
»Wenn ich tot bin.«
»Du solltest einen edlen Menschen nicht mit deinen Gedanken vergiften wollen.«
»Eine Hure ist auch ein Mensch. Und ein Saukerl wie ich ist auch ein Mensch. Und ein Prediger auf der Kanzel ist ein Lügner. Das unterscheidet ihn von den Verworfenen. Und wenn dein frommer Milchbursche ein Predikant ist, werde ich ihn ärgern. Jedenfalls ist er dann nichts für dein Bett. Die frommen Freundschaften verderben deinen Karakter und machen deine körperliche Existenz unappetitlich und muffig.«
»Harald«, schrie sie.
»Das hast du geboren. Und das ist aus dir. Ich bin etwas häßlich. Das ist nicht meine Schuld. Ich bin gesund. Das ist mein Verdienst. Ich lüge nicht. Das ist gottgefällig.«
»Aber du lästerst deine Mutter.«
»Weil sie mich nicht anerkennt. Mein Mund soll sein wie eines Kastraten Mund. Ich bin kein Kastrat. Ergo: mein Mund lügt nicht.«
»Harald«, sagte sie.

»Ich freue mich auf den Tee mit dem Milchburschen. Du hast jedes Jahr einmal einen vortrefflichen Einfall. Nachmittagstee mit geringen und armen Leuten. Frau Kapitän Tidemand empfängt bei sich die Straße. Kommunisten eingeschlossen«, sagte er.

»Ich muß in die Küche. Er wartet auf mein Zurückkommen«, sagte sie.

»Ich kann vielleicht doch noch ein Jahr lang mit kurzen Hosen und kniefreien Strümpfen gehen. Die Kniegelenke sind wirklich das einzige Schöne an mir.« Sein Gesicht wurde noch flacher und bekümmert anzuschauen. Er sprang aus dem Bett. Riß sich das Nachthemd vom Leibe. Er zerspaltete es vollends. Hängte sich an ihren Hals. Weinte. »Mich mag im Augenblick kein Mädchen«, sagte er. Dann ging er vor den Waschtisch und goß eine Kanne kalten Wassers sich über den nackten Körper.

Frau Inge öffnete lautlos die Tür und verschwand. In der Küche sagte sie zum Milchausträger. »Sie sollen alle Marmaladen kosten, die ich im Vorjahre bereitet habe. An einem Nachmittag. Tee dazu trinken.«

Er war fast stumm vor Glück. Es war nur ein Geringes, was ihm da angeboten wurde. Doch verschlug es ihm die Stimme. Er fragte nur, ob der Herr Gymnasiast dabei sein würde. Sie bejahte die Frage. Er fand, es sei eine gute Vorbedeutung. Am Nachmittag des nächsten Tages schon um viereinhalb Uhr. Es war die freie Tageshälfte in der arbeitsreichen Woche des Milchausträgers.

Wie er zur Küchentür hinaus ging, glaubte sie wahrzunehmen, seine Schultern sind hochgezogen, der Rücken ist gekrümmt von schwerer körperlicher Arbeit.

Milchkannen vom Wagen abhaken. Stufen hinauf, Stufen hinab. Schleppen. Mehlsäcke in den Mühlen und Bäckereien, auf den Schultern der Menschen. Damit wir leben. Und er glitt nicht die Treppenstufen hinab. Es war ein halbes Gepolter. Und es war nichts von dem Gesang in den Schritten grobsohlter Stiefel. Es waren zweierlei Wesen: er, der in der Küche gesprochen und er, der hinuntergegangen war. Es war zum Fürchten. Sie haßte den Kapitän Tidemand.

Als es abermals an der Haustür schellte, war es der Bäckerbursche, der die Semmeln brachte. Er hieß Eilif Borg. Er pflegte von sich zu sagen, daß man ihn den schönen Borg nenne. Eilif war ein umständlicher Name. Niemand mochte ihn sprechen. Liv Borg. Leben Borg. Du bist mein Leben Borg. Frau Inge hatte ihm die Tür geöffnet. Er lachte. Es war ein anderes Lachen als das des Milchburschen. Es war fleischlicher. Der Mund war wie eine Orchidee. Fleischgierig. Wiewohl man von dieses Menschen Magen nichts aussagen konnte. Die Lippen gingen auf, breit, wulstig. Aber sie zogen sich von den leichtgelblichen Zähnen nicht ab. Da blieb eine Muskelschicht, fast wellige Linie, die die Zähne bedeckt hielt. Es war ein erregender Mund. Eine Spur unsauber. Ungeputzte Zähne, dachte Frau Tidemand. Aber das Gesicht war in gleicher Weise unsauber. Obgleich es gewaschen war. Kleine Pigmentpunkte, nicht deutlich abgehobene Sommersprossen. Das Gesicht bildete mit dem Munde gemeinsam eine unkeusche verführerische Einheit. Es beschattete die Augen. Die Augen waren dunkel beschattet. Mit einem großen Schatten, der das Gesicht war. Und ein unordentlicher Garten gelbroter dicker Haare, gesträhnt, verweht, verwittert wuchs über diesem Gesicht. Es war ein junges und gesundes Gesicht trotz der Dunkelheit in ihm. Es würde niemand geben, der das Gesicht anzuspeien oder zu steinigen vermöchte. Es war ein gefeites Gesicht. Und der Körper dieses Menschen war stark. Er lehnte zwei Stufen abwärts auf der Treppe gegen die Wand. Ein großer viertelkreisförmiger Bogen die Linie, die über die graugrüne Windjacke vom Hals bis zu den Knieen verlief. Der Bauch war vorgeschoben. Aber er war nicht verdächtig, einen fetten Bauch zu haben. Es war der Verlauf der Linie, die unter ihm ihren Zenith hatte. Der Mensch war noch jung. Es war ein unendlich wichtiger Körperteil nur lässig vorgeschoben, weil die Kurve einen Zenith haben mußte. Darum: verführerische Linie. Eine freche Anpreisung mittels der Linie. Der schöne Borg. Du bist mein Leben Borg. Frau Inge Tidemand hatte, bei schlechtem Gewissen, eine Eingebung. Sie dachte, dieser Borg würde dem Gymnasiasten, ihrem Herrn Sohn Harald, besser gefallen als der Milchbursche. Weil er so fleischlich roch. Der starke Mehlduft haftete nicht an ihm. Die Tiergerüche der Straße kamen an ihm zusammen. Als ob er auf seinem Kun-

denweg die an den Ecken haltenden Pferde streichelte. Was keine Schande. Und nicht die Ursache, wenn man es recht bedachte, für soviel Tierdunst sein konnte. Sie hatte eine schlimme Vorahnung, als sie ihn zum Nachmittagstee des kommenden Tages einlud. Er nahm selbstgefällig lachend an. Er zog den Bauch nicht ein. Er zeigte seine Hände, die stark. »Au revoir«, sagte er. Und glitt wie eine Katze am Treppengeländer hinab. Geräuschlos. Mit vorgeschobenem Bauch. Frau Tidemand war zaghaft geworden. Ob sie das Rechte getan. Sie ging zaudernd in Haralds Zimmer. Er saß an seinem Tisch und las. Er blickte sich nach der Mutter um. Er hatte die Brille aufgesetzt. Die Kniee waren unbedeckt. Sie erzählte ihm, was sie soeben getan. Er nörgelte nicht. Er war es zufrieden. Er blickte todtraurig durch die Brillengläser. Er sagte: »Ich glaube, unserer Generation ist es vorbehalten, ein Giftgas zu erfinden von grenzenloser Gemeinheit. Mit dem wir Gott und seine sämtlichen lebendigen Geschöpfe ausräuchern werden.«
»Harald«, sagte sie, »mit was für entsetzlichen Gedanken beschäftigst du dich.«
»Ich weiß«, sagte er, »die Predikanten auf den Kanzeln möchten uns die Diskussionen über unsere Geschlechtsgefühle und den kommenden Krieg verbieten. Aber wir sind, gottlos, immer noch bessere Kristen als sie. Wir verzeihen ihrem Gott die Erfindung der Schmerzen nicht, das ist wahr. Weil wir sie leiden. Aber den Schwarzröcken verzeihen wir nicht, daß sie nicht leiden.«
»Harald«, sagte sie still, »ich fürchte für dich.«
»Gewiß«, sagte er, »der nächste gewissenlose Chemiker wird uns in Dung verwandeln, der unbegraben bleibt. Dann wird meine Generation genau so alt sein wie die deine. Wenn man den Menschen ein Herz geben könnte«, schrie er, »würde ich mich daran machen, Gott lieben zu lernen.«
»Harald«, sagte sie, »ich glaube, du beschäftigst dich mit Dingen, die über deine Kraft gehen.«
»Ich lese soeben eine seltsame Nachricht aus Deutschland in der Zeitung. Ein junger Gelehrter hat es abgelehnt, einen gewissen chemischen Prozeß, den er allein beherrschte, sich für eine halbe million Mark von den allmächtigen I. G.-Farbenfabriken abkaufen zu lassen. Die I. G.-Farben haben ihr Angebot inner-

halb einer kurzen Zeit auf zwei millionen Goldmark erhöht. Er hat es abgelehnt. Er hat sich aus seinem Beruf zurückgezogen, arm, wie hier geschrieben steht. – Ein merkwürdiger Erfinder. – Der Name dieses Mannes aber stimmt überein mit dem des Verfassers einer Dissertation, die ich in Händen habe. Und man kann darin den Satz lesen: – So ist die Möglichkeit gegeben, ein Gas zu erzeugen, das als Katalysator (also ohne sich zu verbrauchen oder sich zu zersetzen) unter gewissen Spannungsverhältnissen, die mit Leichtigkeit mittels elektrischer Energien oder einer Atomzertrümmerung erzwungen werden können, unsere atmosphärische Luft in ein tödliches Giftgas zu verwandeln. – Es ist zum Verzweifeln, es ist zum Verzweifeln.« Er weinte. Er schlug mit der Faust auf den Tisch. »Für zwei millionen Mark ist dieser Mensch nicht käuflich. Für zwei milliarden Mark ist er käuflich.«
»Es wird sich um eine andere Angelegenheit handeln«, sage sie.
»Ich halte es für möglich«, sagte er, »man wird einstweilen nur einzelne Erdteile ausrotten können.«
Sie ging hinaus, weil er eisig sprach. Und sehr gefaßt geworden war.
Die Pfirsichmarmalade war goldgelbgrün. Die Pflaumenmarmalade schwarzrot. Die Erdbeermarmalade rosigtaub. Die Blaubeermarmalade rotviolett. Die Schwarzjohannisbeermarmalade tiefere Tinte der gleichen Farbe. Die Kronsbeermarmalade tupfigeisrot. Die Orangenmarmalade streifigklargelb. Das waren die Farben in den kristallenen Schalen. Der Geschmack war des Gaumens Teils. Die Pfirsichmarmalade war mehlzartsüßschaumduftspratzig. Die Pflaumenmarmalade scharfgroßwollsauerkrautig. Die Erdbeermarmalade honigblütenlehmtangbleimilde. Die Blaubeermarmalade kugelschleimfettsonnenblumenrindsmaul. Die Schwarzjohannisbeermarmalade quellblutkupferessigkatzenzahntraumlos. Die Kronsbeermarmalade sandignußerzkalkigtiefwildsauer. Die Orangenmarmalade bitterfrohmagerregenbogenrund. Holländischer Zwieback. Geröstetes Brot. Salzlose Butter. Tee.
Harald sagte: »Der Franziskanermönch Wilhelm von Rubruk hat in den Jahren 1253 bis 55 eine Reise von Konstantinopel aus durch Asien gemacht. Er hat dabei einen Vorgeschmack von

den herrlichen kristlichen Früchten bekommen, die aus den Mordtaten Karls des Sachsentöters gereift sind. Den die unentwegt begabten und gleichzeitig dummen Deutschen gemeinsam mit den militärischen Franzosen den Großen nennen. Die Hinrichtung der Pferdefleischesser hat für die Zukunft den Osten gegen das Kristentum zugeriegelt. In den Steppen Asiens hatte sich die Gewißheit eingenistet, daß, wer Pferdemilch tränke und Fleisch der Rosse äße, kein Krist werden könnte, weil der Genuß von Speisen, bereitet aus der Schöpfung edelstem Tier, nicht mit dem Glauben an den Gekreuzigten vereinbar. Und Rubruk erzählt, wie die Russen herrliche Würste aus den Eingeweiden der Pferde bereiteten, schmackhafter als die aus Schweinefleisch.«

»Das ist verständlich«, sagte du bist mein Leben Borg.

»Für uns«, sagte Harald, »die wir Heiden sind. Die wir unsere Weihnachtswürste aus des großgewachsenen Tieres Fleisch bereiten. Und nur wegen unserer späten Zeit dem Gemetzel des Sachsentöters entgehen.«

»Olav Haraldsön, den sie später den Heiligen genannt haben, war nicht weniger grausam als der Deutsche«, sagte der Milchausträger Egil Berg.

»Das Kristentum ist ein scheinheiliger Aberglaube geworden«, sagte Harald, »die kristlichen Nationen sind die verlogensten dieser Welt. Sie kennen den organisierten Mord des Krieges und den der Todesurteilsvollstreckung, wiewohl sich im Kanon ihrer Glaubenslehre ausdrückliche Verbote finden. So wollte ich auch gegen den Kristus nichts sagen, den ich nicht kenne, weil sein Nacheiferer Paulus gelebt hat. Jener grausame Olav aber, der Heilige, der bei Nidaros niedergemacht wurde, eingescharrt, aus dessen Blut Natur eine Quelle gebar (angeblich), die im Korumgang des Oktogons von Trondjhems Domkirche in Stein gefaßt, der eingescharrt, ausgescharrt, eingesargt, ausgesargt, blieb, o Wunder, unverweslich. Obgleich er viele Wochen im Wasser der heiligen Quelle gelegen.«

»Du lästerst Gott«, sagte Frau Inge.

»Blieb unverweslich«, sagte Harald, »bis eine Priesterschaft kam, der der unverwesliche Heilige unbequem. Die neuen Prediger der Reformation. Ein paar Jahrzehnte noch duldeten sie ihn in einer Rumpelkammer. Dann war er ganz und gar unerträglich mit seiner nicht-verrotteten Existenz. Er wurde eingescharrt, endgültig, an einem unbekannten Platz, um des Volkes Aberglauben zu erdrosseln. Übrigens hat der deutsche Kaiser Otto den Kaiser Karl Sachsentöter in seiner Gruft zu Aachen aufgesucht und ihn sitzend, wie diesen Olav, unverwest gefunden. Nur die Nase war etwas angefressen. Sie wurde aus Gold ergänzt. Wie bei reichen Leuten die hohlen Zähne.«

»Du gehst zu weit, Harald«, sagte Frau Inge.

»Mir sind die ehrlichen braunen Schädel der heiligen drei Könige in Köln angenehmer«, sagte Harald, »ist ein Neger dabei. Oder das armselige Bündel morscher Knochen des heiligen Bernward in Hildesheim, der in einer heiligen Quelle vermodert. Im Gegensatz zu Olav.«

»Du bist noch zu jung, um theologische Gespräche führen zu dürfen«, sagte Frau Inge.

»Mit siebenzig Jahren werde ich nicht mehr am Leben sein«, antwortete Harald, »mich ernährt die Milch der frommen Denkungsart nicht. Bis zu meinem Tode werde ich einiges zu schaffen haben, das mir theologische Impressionen abgewöhnen wird. Ich bin der Überzeugung, ich befinde mich gerade im rechten Alter.«

»Es sind doch Scheußlichkeiten, die du vorbringst«, sagte Frau Inge Tidemand.

»Ich habe es nicht so aufgefaßt, wir wären zusammengekommen, um einander mit Freundlichkeiten anzulügen«, sagte Harald.

»Wer denn verlangt Unwahrheiten von dir«, sagte Frau Inge.

»Es ist mir ein Maulkorb angeboten worden«, sagte Harald.

»Du kannst keinen Apfel sehen, ohne ihn zu schälen«, sagte Frau Inge.

»Ich werde euch nicht enthäuten«, sagte Harald.

»Der Tee wird kalt werden«, sagte Frau Inge.

»Es könnte mir der Vorwurf gemacht werden, daß ich einen Frommen, der unter uns weilt, gekränkt habe«, sagte Harald.

»Du erkennst meistens zu spät, was du angerichtet hast«, sagte Frau Inge.

»Verzeih mir, Egil Berg«, sagte zerknirscht Harald über den Tisch und reichte dem Angeredeten die Hand.

»Ich bin nicht fromm«, sagte Egil Berg mit plötzlichem Verstehen, »es ist hier ein Mißverständnis. Vielleicht kann ich es aufklären.«
»Wir können also getrost von den Heiligen Peter und Paul sprechen«, sagte Harald.
»Was wird das wieder für ein Unsinn sein«, sagte Frau Inge.
»Sie sind die lieblichen Glocken einer sehr göttlichen Angelegenheit,« sagte Harald.
»Wie können Heilige Glocken sein,« sagte empört Frau Inge.
»Der Name gefällt nicht, wählen wir den anderer gottstarker Männer, deren Fest auf den gleichen Tag kommt«, sagte Harald, »Kosmas und Damian.«
»Aus deinem Gerede kann nichts Vernünftiges werden«, sagte Frau Inge.
»Wir haben das pendelnde Klingen in unserer Hose, daß du es endlich begreifst«, sagte Harald.
»Ich schäme mich für dich«, sagte Frau Inge, »was für eine abgeschmackte Erfindung, unflätig die Namen von Kirchenvätern zu mißbrauchen.«
»Das Natürliche ist stets die Folge eines heiligen Gedankens«, sagte Harald.
»Das ist auch mein Glaube«, sagte Egil Berg.
»Peter und Paul, Kosmas und Damian, ein wunderbarer Gesprächsstoff«, sagte lachend du bist mein Leben Borg.
»Ich werde hinausgehen«, sagte Frau Inge.
»Wir sind keine schweinischen Halunken, du kannst bleiben«, sagte Harald.
»Wir müssen gesund sein«, sagte Egil Berg, »eine andere Forderung an uns zu stellen ist verfrüht.«
»Es ist eine große Verfehlung der Erwachsenen, daß sie uns nicht zum Geschlechtsdasein erziehen«, sagte Harald.
»Ich bin erzogen worden«, sagte du bist mein Leben Borg.
»Wie«, sagte Harald, »an dir ist eine sittliche Pflicht erfüllt worden?«
»Der Zusammenhang ist ein wenig anders«, sagte Borg, »ich werde noch davon sprechen, wenn es sich ergibt.«
»Nach dem Wunsch der Alten sollen wir die Kinder bleiben, die wir waren«, sagte Harald, »man fordert Enthaltsamkeit.«
»Unmögliche Forderung«, sagte Borg.

»Wir sollen von den Gespenstern einer hypothetischen Schuld zerfetzt werden«, sagte Harald, »unser Alter und unsere Gesundheit sollen uns den Himmel verräuchern. Wir wollen diskutieren. Es soll nicht unreine Worte geben, die aus unserem Mund kommen können. Wir wollen die zweitausend siebenzehnjährigen Mütter, die während der letzten zwanzig Jahre unehelich in diesem Lande geboren haben, zu Märtyrern ausrufen. Sie haben mit ihrem Leibe eine Freiheit gepredigt, der wir nacheifern sollten.«
»Ich schäme mich für dich«, sagte Frau Inge Tidemand.
»Die heilige kommunistische Partei wird uns die endgültige Befreiung von einer widernatürlichen Moral bringen«, sagte Harald.
»Daran glaube ich nicht«, sagte Egil Berg.
»Der Frömmler«, sagte abgekämpft Harald. Er war leicht zu erschöpfen.
»Dies Zeichen am Kragen meiner Jacke hat nicht Bezug auf eine Vereinigung mit unangebrachten Zielen«, sagte Egil Berg, »ich kann es ablegen und bleibe dennoch gezeichnet. Nicht an meiner Seele oder durch einen Schwur. Viel deutlicher: an meiner Haut.« Er nestelte an seiner Jacke, öffnete sie, knöpfte das Hemd über dem Herzen frei. Er zeigte das Nackte seiner linken Brusthälfte. Die Warze war klein, verglichen mit einem rundlichen Siegel, das braun, schorfig, teils erhaben in den Muskel eingelassen war. Ein siebengezackter Stern. Harald stürzte vor, betastete mit den Händen das Fleisch. Keine aufgetragene Farbe. Wulstige Narbe.
»Gebrandmarkt«, sagte du bist mein Leben Borg.
»Ja«, sagte Egil Berg.
»Entsetzlich«, sagte Frau Inge.
»Es muß schmerzhaft gewesen sei«, sagte Harald.
»Ja«, sagte Egil Berg.
»Du könntest uns die Bewandtnis anvertrauen«, sagte Harald.
Egil Berg ordnete seine Kleider. »Alle, die das Zeichen an ihrem Leibe tragen, sind verpflichtet, wenn sie dazu aufgerufen werden, für das bessere Europa zu kämpfen.«
»Ein elender Gedanke, die vereinigten Staaten von Europa«, sagte Harald. »Krieg zwischen den Erdteilen.«

»Man wird mich anhören müssen«, sagte Egil Berg, »unsere Führer sind nicht von dieser Art Politiker, die den Chinesen und Negern die Luft zum Atmen nehmen möchten. Wir haben nichts gemein mit den Fanatikern einer völkischen Idee. Die den Mord der Blutsfremden wünschen, um ein eigenes unbegabtes Geschlecht frivol zu vermehren. Die Liga der gesinnungstreuen Europäer ist das Lager unserer Feinde.«

»Eine saubere Gesellschaft«, sagte Harald, »Militärs aller Grade. Geistliche aller Konfessionen. Industrielle der Kriegsindustrie. Stahlkönige. Ölmagnaten. Giftgaserfinder. Reeder und Werftbesitzer. Das gewissenloseste Pack des Großkapitals und der Bourgeoisie.«

»Sie will immer noch Diplomatie mit den anderen Mitteln des Krieges«, sagte Egil Berg, »sie scheut sich nicht, die halbe Erde in Blut zu ersäufen, um eine Vorherrschaft zu behaupten, die im Geistigen und im Vitalen dahingeschwunden. Wir vom goldenen Siebenstern möchten bescheidener sein. Schlimmstenfalls gegen die Nationen Europas kämpfen, um eine angenehmere Welt zu schaffen als die, die am Willen der Weißhäutigen erwachsen; in der wir, fremd, ein schmaler Rest mit gesundem Samen uns vermischen. Welche Vernunftbegabten wollen denn noch glauben, mit Gewalt kann Europa die Erde regieren?«

»Rotte das Großkapital aus, und es wird Friede auf Erden sein«, sagte Harald, »welcher Arbeiter, der von der Tüchtigkeit seiner Hände lebt, wird einen armen Neger bedrängen wollen; der, ungereizt, niemand ein Leid tut? Aber die zerstörende Organisation der Profitjäger und der augenblicklichen Industrie will es. Gummi, Elfenbein, Baumwolle, Öl, Kaffee, Kakao, Diamanten, Kohlen, Eisen, Kupfer, Zinn. Es ist ein Jammer, daß die stolzen Schiffe unedlen Zwecken dienen müssen. Und die Maschinen, die stärkere Arme haben als wir, uns das Brot verteuern und das Leben sauer machen, anstatt es zu erleichtern. Niemals noch vor unserer Zeit hat der Mensch angestrengter arbeiten müssen. Die Maschinen sind errichtet worden, um zu vergeuden. Die Muskeln der Kreatur und die Schätze der Erde. Es wird nicht gearbeitet, um Bedürfnisse zu befriedigen und Arbeitspotentiale zu schaffen; die in Wahrheit der einzige Reichtum der Menschheit sein könnten. Es wird ein künstlicher Verbrauch organisiert, um die Opfer der Ausbeutung um so gewisser zu versklaven. Wir haben auf die Maschine gehofft. Aber sie ist den Gewissenlosen überantwortet worden. Die Luft ist uns verpestet mit dem Schlagwort vom Umsatz. Und wir essen doch noch Brot wie unsere Vorfahren.«

»Europa wird die falsche Regie büßen«, sagte Egil Berg, »der Europäer guten Willens muß sich gegen die Methode Europas stellen. Er muß hassen lernen was ihn zermartert. Der blinde Glaube an die Segnungen der Ingenieurkunst und Wissenschaft muß fallen. Du hast es gesagt: es ist nichts für die Erleichterung unseres Lebens getan. Wir sind verwüstet, weil wir losgerissen von den Kräften der Erde, die uns trägt. Wir werden zermasert vom Lärm, von jagenden Strömen. Wir sind gefangen in einem Netz: unsere unnatürlichen Wohnungen und Speisen. Die Mehrzahl der Menschen unseres Erdteiles kann vor dem kommenden Gericht nicht gerettet werden. Eine kleine Gruppe, vielleicht, kann dieser Welt noch Segnungen bringen. Wir möchten es sein.«

»Wer möchte es nicht sein«, sagte sehr still Frau Inge.

»Der Wunsch dazu ist eine müde Gebärde«, sagte Egil Berg, »wenn er nicht der Anlaß zu täglichen Bemühungen wird.«

»Er ist doch ein Frömmler«, sagte du bist mein Leben Borg.

»Ich werde nicht danach trachten, das Vorurteil gegen mich fortzuräumen«, sagte Egil Berg, »ich kann mich sehr kurz fassen. Ich bin gebrandmarkt. Wie ich gezeigt habe. Ich kann einen Schwur nicht abwaschen. Ich kann mich nicht morgen auf eine andere Bahn besinnen. Ich darf nicht krank werden. Nicht mit meinen Lenden. Das ist das einzige Gebot, das mir geworden ist. Weshalb ich unter Schmerzen gezeichnet worden bin. Ich habe es schon gesagt.«

»Nichts weiter«, lachte Borg, »gebrandmarkt um nicht lendenkrank zu werden.«

»Und bereit zu sein, guten Willens zu sein«, sagte Egil Berg.

»Und Europa zu hassen«, sagte Borg.

»Europas wahre Tugenden zu lieben«, sagte Egil Berg.

»Und seinen Samen unter Neger und Malaien auszusäen«, sagte Borg.

»Wenn es sein muß. Wenn es gefordert wird«, sagte Egil Berg.

»Ich möchte erfahren, was für Strafen dich treffen, wenn eine

hübsche Krankheit in deinem Schoß zu blühen beginnt. Oder du in fremden Ländern nicht säen willst. Oder mit dem guten Willen es hapert«, sagte Borg.
»Es gibt Vermahnungen –« sagte Egil Berg.
»Vermahnungen«, sagte Borg.
»Und den Tod – wenn der Arzt es für gut befindet. Oder der Führer«, sagte Egil Berg.
»Das ist gesetzwidrig, das ist Feme«, sagte Frau Inge.
»Man spielt mit dem Brandmarken nicht«, sagte Egil Berg, »es ist schmerzhaft. Schmerzhafter als man vermutet.«
»Du darfst heiraten«, fragte Harald.
»Ja«, sagte Egil Berg, »es gibt Beschränkungen.«
»Es versteht sich«, sagte Harald, »ihr seid eine Brüderschaft. Es wird eine Schwesterschaft geben.«
»Gewiß, es gibt eine Schwesterschaft«, sagte Egil Berg, »die Frau, die ich mir wähle, braucht der Schwesterschaft nicht zu entstammen. Wir sind freie Menschen. Sie wird gesund sein müssen. Es gibt unter den Bündlern eine Sitte. Fast jeder besitzt einen Blutsbruder. Sie sind aneinander gekettet. Es kann der eine kein Verbrecher werden, und der andere ihn verachten. Der eine ist die Hilfe des anderen. Der eine ist verpflichtet, dem anderen ein Mädchen auszuersehen, wenn jenen nach einem Weibe gelüstet.«
»Das ist seltsam«, sagte Harald.
»Mit bestem Geist und lockeren Sinnen muß er wählen, als gälte es, die eigene Geliebte zu finden«, sagte Egil Berg.
»Ihr seid mutig«, sagte mit schmalen Lippen Harald.
»Besitzen Sie einen Blutsbruder«, fragte Frau Inge.
»Nein, ich nicht«, sagte Egil Berg, »ich bin einer der wenigen, die sich umhertreiben.« Er sprach gequält. Er war unfrei geworden. »Es gibt keine Blutsbrüderschaft zu dritt.«
»Die Tragik ist euch nicht unbekannt«, examinierte Harald.
»Wir sind freie Menschen. Wir helfen einander«, sagte Egil Berg, »es ist uns nichts verboten. Wir verfemen das Verbrechen nicht.«
»Aber die Krankheit«, sagte Harald, »ein guter Grundsatz.«
»Das Gesetz ist der Feind der Kraft«, sagte Egil Borg, »die ältere Generation sagt von uns Jungen, wir wären schlimm. Wir gingen vor die Hunde, weil moralische Vorurteile unsere

Entschlüsse nicht hemmen. Das Gegenteil kann bewiesen werden. Die Statistik ist für uns. Wir sind um 45% gesünder als unsere unmittelbaren Vorfahren. Wir gehen weniger zu Huren, das ist wahr, wir begnügen uns. Wir sind nicht immer appetitlich. Wir können nicht nach der Regel leben wie die Tiere. Wir sind widernatürlich, aber nicht angefault. Nicht immer sind die gleichaltrigen Mädchen mit uns geduldig.«
Harald sagte: »Ich habe in bezug auf deinen Bund herausstellen wollen, jene Führerschaft, die euch verbot, krank zu werden, ohne doch Enthaltsamkeit zu predigen, wird den Unerfahrenen manche Aufklärung geben müssen, auch Wege zeigen, weil sonst die Forderung zu grausam. Zumal die Strafe hoch.«
»Ich habe alles gesagt«, antwortete Egil Berg, »es gibt Ärzte in unserem Bund, die uns beraten, wenn wir es wünschen.«
»Die Organisation ist gut«, sagte Harald, »da wird jeder einzelne als Glied in eine Kette geschmiedet. Ein verläßlicher Unterbau. Doch vermisse ich das große Ziel. Die natürliche Freiheit, ein schöner Brauch. Die Abkehr von chauvinistischen Tendenzen ein Fortschritt. Die Feindschaft mit der Liga für gesinnungstreue Europäer schafft eine reinliche Atmosphäre. Die Stellung der Frau bleibt unklar. Man hält bei euch mehr von der Freundschaft.«
»Die Unterstellung ist falsch«, sagte Egil Berg, »wir beschimpfen die Freundschaft nicht, das ist wahr. Wir beschimpfen den Dieb nicht. Wir beschimpfen den Mörder nicht. Wir machen unseren Mund nicht auf, um ein Urteil über andere Lebewesen abzugeben, die wir doch nur unvollkommen verstehen. Die kindergesegnete Ehe ist uns heilig. Sie soll aber nicht um jeden Preis bestehen. Es gibt Schwestern in unserem Bund. Sie sind weniger zahlreich als die Brüder. Frauen sind scheu. Es kostet sie große Überwindung, sich brandmarken zu lassen.«
Harald sagte: »Ich spüre nichts von der Auseinandersetzung zwischen Arbeitnehmern und Arbeitgebern in eurer Gemeinschaft. Von der Vorbereitung des großen Krieges zwischen Proletariat und besitzender Bourgeoisie. Jedenfalls hast du uns davon nichts erzählt. Die Anerkennung fremder Rassen als gleichberechtigt mit der dünkelhaften ist ein kleiner Sproß nur der kommunistischen Ideale.«
»Du meinst die Revolution«, sagte Egil Berg.

»Ich meine die unausbleibliche Kraftprobe zwischen Unterdrückern und Unterdrückten«, sagte Harald, »den Kampf der Sklaven, den ausbrechenden Vulkan der Massen im Fleisch, die Befreiung der Geknebelten. Unschuldig geknechtet sind sie. Verdorren, verglühen, verhutzeln in Fron. – Wissen will ich, wem ihr angehört, dem Proletariat oder dem Kapital.«

Egil Berg sagte: »Unsere Liebe gilt den Vergewaltigten, unser Haß den Sklavenhaltern. Doch vermögen wir nicht, den Klassenkampf zu predigen. Wir sind darüber hinaus. Wir sehen den Untergang Europas nahe und sehr plötzlich, nicht mehr die allmähliche Gesundung in Revolutionen.«

»Darüber hinaus«, zischte Harald, »Kindereien«, pöbelte er.

»Man wird Revolutionen in Giftgasen ersticken«, schrie Egil Berg, »die Begabten unter uns müssen die Freundschaft fremder Erdteile einwerben.«

»Diktatur des Proletariats«, schrie Harald, »man wird das Giftgas beschlagnahmen können. Und die Brisanzstoffe. Die Arbeiter werden die Fabriken beherrschen können. Hier werden faule Früchte gereicht. Die kommunistische Partei muß glashart und gewaltig wie Stahl werden. Sie muß über die Meere reichen. Die Vereinigten Staaten von Nordamerika müssen in den Schraubstock unserer Organisation mit hinein. Nur so ein Weltfriede, Achtung vor den Rassen anderer Erdteile.« Er hatte sich überschrien.

»Keinen Streit, bitte«, sagte Frau Inge.

Er hatte sich überschrien, aber doch nichts von den Bildern verraten, die ihn grauenvoll angefallen. Was er innerlich erlebte, war nicht schnell zu ordnen. Es würden Millionen niedergemäht werden. In den Straßen. Vor den Fabriktoren. Er sah es mit seinem flachen Gesicht und zitterte. Er war leicht zu erschöpfen. Es würde revolutionslose Zentren geben. Es würden von dort Flugmaschinen aufsteigen können, jede mit dem Tod für eine million Menschen beladen. Die Revolution würde kein anderes Gesicht haben als der moderne Krieg. Kein Marschieren mehr gegen die Spinnwebsgrenzen der Landkarten. Vielleicht strickte diese Zivilisation nur noch an dem Leichentuch, das schnell übergezogen werden würde. Es konnte vielleicht keine Organisation geschaffen werden, die das Grauenvollste verhinderte. (Giftgas, Atomzertrümmerung.) Er dachte

an Stürme über schwarzgrünem Meerwasser. An dieses Meer. An den einsamen Sternenhimmel. Er sagte nichts mehr. Seine Hand lag mager auf dem Tisch.
»Ich bin der einzige unter uns, der seine Meinung vom Dasein nicht zum Gesetz für andere benutzen möchte«, sagte du bist mein Leben Borg. »Kampf der Parteien. Es streiten sich zwei Menschen, die beide guten Willens sind.« Er lachte. »Es gibt sicherlich unter euren völkischen Gegnern manche, die guten Willens sind; und dabei nicht einmal lendenlahm.« Er lachte. »Die verwirklichten Pläne der Liga für gesinnungstreue Europäer würden eine bessere Basis für eine gelungene Revolution geben als die Kleinstaaterei.« Er lachte. »Ich glaube, es wird nacheinander die Reihe an alle Parteien kommen. Und hinterher werden sie unbrauchbar gewesen sein. Es bleibt nur noch das Ei des Kolumbus: Regiment aller Parteien gleichzeitig.« Er lachte.
»Sie haben es getroffen«, sagte mit geringer Erlösung Frau Inge.
»Ich glaube an den Sieg des Kommunismus«, schrie Harald, »an die Umgestaltung des Weltbildes durch ihn.«
»Die Herrschaft aller Parteien gleichzeitig würde Kaos bedeuten, den Zerfall Europas in Individuen«, sagte Egil Berg.
Harald röchelte sich aus. Er konnte plötzlich sehr krank erscheinen. Die Augen waren weit fort hinter der Brille. Und sehr alt schon. Frau Inge Tidemand wäre, hätte sie ihn angeschaut, in Sorge zerflattert. Doch sie schaute auf Borg. Der sehr ungebrochen im Schatten seines Gesichtes, tierhaft unverlegen, dasaß. Mit ziemlich gewalttätigen Oberschenkeln. Dieser Egil Berg ist nur ein Milchausträger, dachte Harald. Es sind nicht millionen Phantasten gebrandmarkt. Hunderte vielleicht nur. Er beneidete ihn um die Wunde. Er dachte an die Wollust von Schmerzen. An die eigene kümmerliche Brust, die durch einen Zierat, eine Tätauierung, an gutem Aussehen nur gewinnen konnte. Er hatte das Bedürfnis wie alle Gleichaltrigen, ein wenig stolz auf die Gestalt des Fleisches, in dem er wohnte, zu werden. Er wurde arm, wenn er Vergleiche anstellte. Er betrog, wenn er es genau nahm, mit seinen leiblichen Anträgen den Mitspieler. Nur die Kniee waren schön an ihm. Wäre er mutig (er wog sich verbittert), er müßte sich eingestehen, die

Natur hat ihn zum einsamen Onanisten verworfen. Er sträubte sich. Er war nicht mutig (wiewohl er sich gewogen). Er sehnte sich nach den Lippen junger Mädchen.
Es war sehr natürlich, daß die beiden Streiter schwiegen. Frau Tidemand begann mit Borg zu sprechen. Egil Berg saß, vergröbert, mit hochgezogenen Schultern und führte seine Tasse, mit kaltem Tee gefüllt an den Mund. Er begann zu essen. Harald tat es ihm nach.
»Wer zu streiten liebt, muß binnen kurzer Zeit ein Lügner werden und ein unehrlicher Kerl dazu«, sagte du bist mein Leben Borg.
»Es war nur ein Austrag weltanschaulicher Meinungen«, sagte frommbegütigend Frau Inge.
»Es ist zu gestehen, ich war nicht vorbereitet, Fanatiker an dieser Tafel zu finden«, sagte mit einem Lächeln, wie wenn er soeben eine fast lebende Auster geschlürft, du bist mein Leben Borg. Er sagte es mit weltmännischer Gewandtheit. Er vernichtete alle voraufgegangenen Eindrücke von sich. Der Mund wurde eine Orchideenblüte in ihrer größten Entfaltung. Eine fleischliche Pracht. Tiefe und doch schleimige Farben, die aus dem Körper hervorgingen wie der nach außen gestülpte Magen eines Seesternes. Gewiß schon hatte er Austern von den Schalen gekratzt, sie zu schlucken. Dieses Nichts an Geschmack, mit wenig Tropfen Zitronensaft, daß ein Gewürz würde an dem durchwässerten Getier. Er war damit gemästet worden. Mit schwerem Hummerfleisch auch. Mit Hammelhoden, gehackt, vermengt mit dem Gelb gekochter Hühnereier. Das erzählte dieser stumme Mund. Daß grobes Brot wohl taugliche Säfte für die Muskeln liefere, die eine Pflugschar in die fette Erde zwingen sollen; daß edlere Arbeit aus dem Nährboden blühe, den kaum erstorbene Kreatur mit jungem Verwesen bereitet. Noch mit fliehender Seele behaftet, die ängstlich den Ort neuen Zeugens suchte, um nicht ganz verloren zu gehen. Blut trinken, warm und schaumig – als wäre es Wein. Er vermochte es. Keines Tieres Euter war ihm widerlich. Getrüffelte Niere. Frische Oliven, säuerlichfett. Neues Leben zu wecken. Edelste Arbeit. Es war Überwinden dabei, Kirchhof und Auferstehung der Delikatessen zu werden. Aus der Bereitschaft kam die Verwandlung, daß es wurde wie Gier nach Brot.

Kein anderes und kein schlechteres Gesetz in ihm, dem Sitz des Lebens, als im Waagebalken, Hebel, der aus dem Schwanken einseitig niederfährt zum Boden, wenn ein Gewicht an einem seiner Arme wirkt.

»Was denn, wenn ich fragen darf, haben Sie erwartet? Sich erhofft«, sagte Frau Inge.

»Mit Ihnen allein zu sein«, sagte Borg.

Wer gab, dem mußte wiedergegeben werden. Wer sich verströmte, dem durfte es nicht ergehen wie jenem, dem man zu essen anbot, wenn ihn dürstete und Trank reichte, wenn Hunger ihn plagte. Er mußte gemästet werden. Er war gemästet worden. Die graugrüne Windjacke an ihm war nicht ein Zeugnis der Armut. Sie war ein Requisit seiner Mission.

Frau Inge Tidemand war tief erschrocken. Sie kam mit ihren Augen nicht los von dem Gesicht, das ein großer Schatten war. Sie verstand durchaus nichts von dem Lächeln anderer Menschen. Harald lachte nur selten. Sie erinnerte sich nicht, daß er jemals gelacht. Und dieser Bursche redete eine Sprache mit seinem Lachen. Die sie nicht begriff. Nicht zu deuten wagte. Es mußte ja ein Mißverständnis sein, dies Denken an Kaviar und Austernschalen. Es war doch nichts laut geworden von Seetieren. Sie sagte: »Es schmeckt Ihnen in meinem Hause nicht. Sie essen wenig.«

Borg sagte: »Ich mag keine Süßigkeiten. Wenn Sie ein Beefsteak für mich hätten, würde ich es verzehren.«

Sie verwirrte sich. Sie errötete. Sie sagte: »Ich habe kaltes Steak im Hause. Wenn Sie es verschmähen, werde ich frisches Fleisch besorgen.«

»Es genügt mir kaltes Fleisch«, sagte Borg.

»Ich werde gehen es zu holen«, sagte Frau Inge. Und es war ihr Wunsch, mit Eile anzurichten. Doch löste sie sich nur langsam von der Gesellschaft. Ihre Augen waren störrisch. Sie streichelten diese unbekannte Gestalt mit den gewalttätigen Schenkeln.

Als sie in die Küche entschwunden war, sagte Harald zu Borg: »Was für ein Mensch bist du? Wir sind uns fremd. Nicht feindlich gesinnt.«

Borg sagte: »Ich bin der, der ihr sein möchtet. Ich bin einer der wenigen, die ein Lustdasein führen, während die meisten Men-

schen, wie ihr auch, nur Lustträume haben. Es will keiner nur Magen sein, wenn er edleres sein dürfte. Aber die meisten Menschen können vor Feigheit nicht edel sein.«
Harald erbleichte. Es waren klare Sätze von den fleischigen Lippen des anderen gekommen. Wer möchte nur Speisen verschlingen, wenn er bei einer Frau im Bette liegen könnte? Aber auch der Vorwurf der Feigheit war erhoben worden. Die Anklage war halb ungerecht. Sie vergaß, daß zwar viele berufen, aber nur wenige auserwählt. Daß die meisten, er selbst auch, Harald, an ihrer kümmerlichen Gestalt scheiterten. Die Pferdemännchen wurden in ihrer Jugend schon, wenn ihre Knochen mittelmäßig, zu Wallachen verschnitten; wenige nur wuchsen zu Hengsten heran. Die, die verschnitten waren, entsprachen den Träumern, wie hier gesagt wurde. Es war sehr bitter, daß die Gestraften sich weiter demütigen und zu Verehrern der Kraftvollen werden mußten. Wie er jetzt, Harald, der diesen Fremden mit seinen Augen streichelte. Wie Frau Inge Tidemand, seine Mutter, vor ihm. Und daß er betteln mußte, das Geheimnis dieses Menschen möchte in ihm hell werden. Der zwar freigebig mit seiner Meinung und seinem Urteil, nicht aber ein Apostel, der Nacheiferer sich erziehen wollte, war.
»Der augenfälligen Triebe des Menschen sind drei«, sagte Egil Berg, »die Selbsterhaltung, der Hunger, die Fortzeugung. Aber es gibt eine stärkere Gewalt als sie selbst es sind, die diese drei läutern und zu Motoren übertierischer Kräfte machen kann. Ohne sie zu überwinden.«
»Ein Mensch mit Bindungen«, schrie Harald. Er war überwältigt. Er wollte nahe an diesen Eilif Borg heran. Nicht die milde Musik aus Egils Mund hören. »Ich bin ganz und gar unwissend. Ich bin aus dem Futteral der Ethik mütterlicher Belehrungen noch nicht heraus. Es ist hier von Erziehung zu den Lüsten gesprochen worden. Ich bin unerzogen.« Er vergaß ganz die Ideologie der kommunistischen Partei. Die obszöne Art, mit seiner Mutter zu sprechen. Er war das zufällig zuckende Leben, das nach dem Schein der Sonne sich aufreckt. Sehnsucht nach den Lippen junger Mädchen.
»Du willst hören wie ich lebe«, sagte Borg. »Brot austragen. Ich habe täglich zweihundertundfünfzig Kunden zu bedienen.«
»Das ist nicht der ganze Inhalt deines Lebens«, sagte Harald.

»Ich trage das Brot an die Türen. Ich muß an den Türen stehen. Ich muß sehr unauffällig, ohne ein Wort zu gebrauchen, deutlich machen wer ich bin«, sagte Borg.
»Das verstehe ich nicht«, sagte Harald.
»Die Kunden sind zumeist verheiratet. Ich komme nur mit den Ehefrauen in Berührung. Wer die Ehemänner sind, erfahre ich kaum«, sagte Borg.
Es enstand eine Pause. Harald schämte sich, aufs neue zu sagen: das verstehe ich nicht. Das Gesprochene war leicht verständlich. Und konnte nur eine Nebensache sein. Eine Einleitung.
»Und mit den Bedienerinnen«, sagte Borg, »sie sind zuweilen unterhaltend wie die Ehefrauen. Es sind hübsche und frische Mädchen darunter. Solche, die mit dem Becken wackeln. Und andere, die sich mit den Brüsten anpreisen. Wenn die rundbebusten feste und schlanke Beine haben, versprechen sie das höchste Vergnügen. Sie sind so appetitlich, daß man ihnen in den Hals beißen möchte. Aber es ist Gefahr dabei, sich an sie zu verlieren.«
»Gefahr?« lispelte Harald, »wir haben von Krankheiten gesprochen, ich verstehe schon.«
Eilif Borg überhörte die Betrachtung. Er schloß die Augen. Er mußte eine schöne Vision haben. Aber er sprach weiter, um sie zu zerstören. »Irgendwo erweist es sich zumeist, sie sind geringe Geschöpfe, ohne Lebensart. Man wird mißnommen. Sie wollen die einzige Betthäsin sein. Sie sind eifersüchtig. Oder besitzen einen Verlobten, einen dummen Kerl, der sie mit Grundsätzen verseucht. Oder sie werden schwanger. So bin ich zu einer Ehefrau gekommen.«
»Du bist verheiratet«, fragte ungläubig Harald.
Eilif Borg überhörte auch diesen überflüssigen Satz. »Ich hatte mir vorgenommen, mein Herz durch kein noch so frisches und wohlgestaltetes Mädchen betören zu lassen, als ich diese Sigrid an einer Etagentür kennenlernte. Sie war ein Kind, und doch vollkommen reif. Sie nahm von meinen Lippen den ersten Kuß. Es war mühelos, sie zu verführen. Sie tat alles, was ich ihr sagte. Sie bot Stellungen an wie die abgefeimteste Dirne. Und war ein weiches Kind.« Er zögerte ein wenig. »Sie hat Füße, wie nach einer geometrischen Zeichnung angefertigt

und bewegliche Zehen. Wie die Finger an unserer Hand. Und ihr Rücken ist behende wie der Schwanz eines Schweinchens. Er kann rund wie eine Kugel werden und hohl wie eine Schale.«

Harald atmete schwer.

»Erst nach sieben Monaten erfuhr ich, sie war schwanger«, sagte Borg, »ich wurde zornig. Und beschloß, sie zu heiraten; wiewohl sie mich darum nicht gebeten. Ich wollte sie unter die Erde bringen, ins Grab. Sie totärgern. Sie prügeln.«

Harald schaute mit entsetzten Augen auf den Burschen. Es fiel ihm nichts ein, was vorzubringen wäre. Es war nur ein Schmerz in ihm. Und der stumme Wunsch, das Kind kennenzulernen, das gewiß schon halb tot. Zertreten.

»Die Natur erfand einen glücklichen Ausweg«, sagte Borg, »das Neugeborene starb am dritten Tag seines Lebens. Ich hatte nur den Nachteil, die Begräbniskosten bezahlen zu müssen. Fünfundsiebenzig Kronen. Alles in allem ein teurer Preis für die Vergnügungen eines halben Jahres.«

Harald sank ganz in sich zusammen. Sein Schlund war von Schleim verstopft.

»Ich hätte es billiger haben können. Die Leiche auf die Anatomie geben. Man hätte sie kostenlos abgeholt. Ich mochte es der Wöchnerin nicht antun.«

»Die Mutter blieb am Leben«, fragte fast furchtsam Harald.

»Sie ist noch jeden Sonntag meine unermüdliche Ente. Wenn ich nicht die Kundschaft bediene«, sagte Borg.

Frau Inge Tidemand kam ins Zimmer. Sie stellte ein herrlich gebräuntes (zwar kaltes) handgroßes Ochsensteak vor Borg auf den Tisch. Mit einem Häufchen Kräuterbutter daneben. Und dem Viertel einer sauren Gurke. Und zwei Salzfischchen. Und einem Schälchen mit Perlzwiebeln. Und einem anderen mit den süßscharfen eingemachten Ingwerwurzeln. Sie sagte: »Ich habe auch etwas gekochtes Rinderherz in der Speisekammer.«

»Rinderherz besitzt einen hervorragenden Geschmack«, sagte Borg, »säuerlich und feinfaserig, dabei fest. Ich werde davon noch essen, wenn ich diese Kleinigkeit verzehrt habe.«

Sie eilte wieder hinaus in die Küche.

»Beefsteak«, sagte Borg, »ist eine der vorzüglichsten Medizi-

nen. Wenn es noch frisch, ein wenig zäh und saftig vom Blutwasser. Es hilft gegen jede Ermüdung. Beseitigt den hartnäckigsten Alkoholrausch. Ist ein Feind der Kopfschmerzen. Beschwert den Magen nicht. Und ernährt sehr unauffällig.«
»Es war noch nicht das Ende deiner Erzählung erreicht, als meine Mutter hereinkam«, sagte Harald.
»Gewiß nicht«, sagte Borg, »ich habe gelernt, mich von Bedienerinnen und Köchinnen fernzuhalten. Ich habe die Gründe genannt, weshalb ich mich dazu erziehen mußte. Ich habe zweihundertundfünfzig Kunden täglich zu bedienen. Es ist schon besprochen worden. Und in vielen Ehen der Kunden muß ich mit meinem Vermögen aushelfen. Aus Mitleid. Der Blick einer unbefriedigten Frau ist mir nicht ertragbar. In fünfzig Familien bin ich zuweilen Gast, wenn die Hausfrau allein im Hause ist. Wenn ich das Brot bringe, wird an der Tür die Verabredung getroffen. Auf den Nachmittag oder auf den Abend. Es vergeht kaum ein Tag, wo ich nicht irgendwo geladen bin. Ich kenne den Duft vieler Frauen.« Er schwieg wieder. Er dachte an Bilder. Er aß plötzlich sehr hastig. »Ich schlage keine Einladung aus«, sagte er, »ein ganzer Mann darf nicht wählerisch sein. Und keine schwache Stunde kennen. Ich nehme kein Geld für meine Bemühungen. Aber gute Speisen begehre ich. Man weiß das. Oder ich verlange sie mit einem Lächeln oder mit einem Wort. An den Nachmittagen müssen schon die Vorhänge herunter. Kerzen auf den Tisch. Die Hausfrau kaum bekleidet. Nur verschleiert. Lange weite seidene Hosen. Matrosenschnitt. Sie bedient mich. Sie mästet mich. Stopft in meinen Mund. Gießt mir Wein ins Glas. Burgunder. Nippt selbst. Bis ich voll und wild bin. Dann findet sie keine Gnade mehr.« Er aß.
Harald hatte Mühe, seine Gedanken zu ordnen. Prahlhans. Aber es war ein Tonfall in des anderen Stimme von unermeßlicher Gleichgültigkeit. Müdigkeit, die sich selbst nicht kennt. Ameisenweibchen, das frißt, um zu gebären und gebiert, weil es frißt. Sinnreiche Maschine der Natur.
»Erträgt deine Gesundheit soviel Verschwenden«, fragte Egil Berg.
»Es gibt Narren«, sagte Borg, »die von einer eigentümlichen Veranlagung bei mir sprechen wollen. Es ist nur eine Frage der

Gewohnheit. Und der Erziehung. Ich bin erzogen worden. Von frühester Jugend an. Wie die Araberknaben. Die mit ihren gewaltigen Organen die Frauen erschrecken.«
»Dein Leben bestätigt«, sagte wie aus ungemessenen Fernen Harald, »die Theorie der kommunistischen Gemeinschaft von der Liebe.«
»Dieser fromme Bursche«, sagte Borg, auf Egil Berg zeigend, »wird sicherlich auch schon Anträge für die Nacht an den Haustüren bekommen haben. Die er ausschlug, aus Furcht vor Krankheiten.«
Egil Berg bewegte den Kopf.
»Man wird verstehen, ich muß bei den anstrengenden Pflichten, die ich um der Menschheit willen freiwillig auf mich nehme, von der Lästigkeit, Kinder in meiner Nähe zu haben, verschont bleiben.«
Da floß wieder ein wenig Galle zwischen dem Speichel in Haralds Mund. Seine Gedanken glitten zur Ehefrau dieses Menschen; die er nicht kannte. Er würgte an Tränen. Er hatte Sehnsucht nach jungen Mädchenküssen. Er war daran, auf den Boden niederzuknieen und in Egils Schoß hineinzuweinen. Dumme Wünsche, an Haustüren Brot austragen zu dürfen. Zuhälter an einer Straßenecke. Verkäufer seidener Damenunterwäsche. Er begann Borg zu verachten. Diesen nichts als Mann. Der das Prinzip des Gebärens haßte. Er, Harald, wollte eine Gegenthese aufstellen wider das Leben der Unverantwortlichkeit. Den Beruf eines Frauenarztes wählen. »Du bist gekommen«, preßte Harald vor den Tränen aus sich heraus, »weil meine Mutter dich verlangend angeblickt?«
»Ja«, sagte Borg, »ich war auf soviel Weltanschauung nicht vorbereitet.«
»Ich gönne dir Vergnügungen«, sagte mit schmaler Frechheit Harald, »der Kapitän Tidemand hätte sich nicht verheiraten sollen.«
Frau Inge kam wieder herein. Gekochtes Ochsenherz, garniert, stellte sie auf den Tisch. Sie schien nicht vollauf zufrieden mit dem, was die Speisekammer zu bieten vermochte. Ihr Blick war ruhelos.
»Du hast vergessen, Mutter, für angenehme Getränke zu sorgen«, sagte Harald, »ein paar Flaschen schweren Burgunder-

weins würden mehr Feuer aus uns herausschlagen als dünner Tee.«

»Eine schöne Rede«, sagte Eilif Borg. Er war schon dabei, das Ochsenherz zu verzehren.

»Ich bin aus der Übung gekommen, Gäste zu bewirten«, sagte Frau Inge, »ich habe keinen Wein im Hause. Es wird sich welcher beschaffen lassen.«

»Wenn Geld vorhanden, wird sich in dieser Stadt Wein beschaffen lassen«, sagte Eilif Borg.

»Du hast vergessen, Mutter, jemand einzuladen«, sagte Harald.

»Du kommst spät mit deinen Vorwürfen«, sagte Frau Inge, »ich wüßte nicht, wer ein Anrecht darauf hätte, heute mit uns zu sein.«

»Dieser Borg ist verheiratet«, sagte Harald, »seine Hausfrau ist übergangen worden.«

»Das konnte ich nicht wissen«, sagte stockend Frau Inge.

»Sie konnte es nicht wissen«, sagte Eilif Borg, »ich habe es ihr verschwiegen. Ich trage keinen Ehering. Es wäre auch nicht antag gekommen, hätte nicht die Neugierde dieser jungen Männer es aus mir herausgefragt.«

»Man wird noch in diesem Augenblick die Folgen der Unwissenheit wieder gut machen können«, sagte Harald.

»Ich verstehe dich nicht«, sagte mit fast unerschrockener Verlogenheit Frau Inge.

»Es gibt bekanntlich Automobile«, sagte Harald, »ich werde mir eins mieten können, zu Frau Borg fahren, sie hierher geleiten.« Sein Gesicht wurde dunkelrot vor Erregung und Festigkeit.

»Mich wird die Anwesenheit Sigrids nicht behindern«, sagte Borg, »sie wird Glas für mich sein, durch das ich hindurchschaue.«

»Ich werde Egil Berg mit mir nehmen können, daß er Wein einkauft«, sagte Harald.

»Ein vortrefflicher Plan«, sagte Eilif Borg.

»Ich fürchte«, sagte eingeschüchtert Frau Inge, »es wird spät werden, ehe ihr zurückkehren könnt. Vielleicht wird sich Frau Borg umkleiden wollen, ehe sie dir folgen mag.«

Harald schnitt eine Fratze. Seine Zunge fuhr zum Munde

heraus. Mit den Fingern riß er die Schlitze seiner Augenlider in die Breite, als müßte er einen Asiaten mimen. »Fünfzig Kronen brauche ich. Gib mir fünfzig Kronen.«

Frau Tidemand brachte das Geld.

»In Larsens Weinhandlung kauft man einen guten Beaujolais«, sagte Eilif Borg.

Egil Berg notierte auf einem Zettel: Larsens Weinhandlung, Beaujolais. Er notierte die Wohnung Borgs, in der sich, aller Wahrscheinlichkeit nach, Frau Borg aufhalten würde. Wenn sie nicht, des schönen Wetters wegen, auf Vor Frelsers Gravlund sich erginge. Bei der eingescharrten Kindsleiche.

Harald erfragte: Kinderreihengräber auf 10 Jahre. Wo die menschlichen Früchte, wenn sie nicht auf der Anatomie verbraucht wurden, vergingen. Von sieben Monaten Alter, gerechnet von der Zeugung an, aufwärts bis zu sieben Jahren, gerechnet von der Geburt an. Jüngere Früchte konnten durch das Klosett fortgespült werden. Ältere benötigten zwölf Jahre zum Verwesen. In diesem nördlichen Klima. Es war bekannt, es gab südliche Städte, wo man nur das Abfaulen des Fleisches in Ruhe zuließ. Und die Knochen mitsamt dem Schädel, in dem das Hirn noch ein geringer Schleim war, ausgegraben nach drei Jahren, einem zufälligen Verschellen überließ. In einem Beinhaus. Oder am Meeresstrand. Oder in den Bergen unter der Sonne. Oder als stinkender Schotter auf Wegen. Oder als Gartendung. Es war ja niemand, der die Knochen wiedererkannte und schluchzend gesagt hätte: Meine Geliebte.

Er faßte Egil unter den linken Arm, zog ihn mit sich, stürmte hinaus. Als sie im Automobil saßen, leicht geschüttelt durch das Fahren über das Pflaster, keimte es in Haralds Schoß. Er war fast ohnmächtig vor Erwartung und Verlangen. Er dachte nur: Sigrid. Er beugte sich nieder, nahm Egils Hände und küßte sie, weil er sich nicht anders zu helfen wußte. Der Wagen hielt vor Larsens Weinhandlung. Egil Berg stieß aus. Harald versprach, auf dem Rückweg ihn wieder abzuholen. Er möge warten. Sechs Flaschen Beaujolais, zwei Flaschen Sekt.

Und Egil wartete mit sechs Flaschen Beaujolais und zwei Flaschen Mumm. Auf der Straße. Die Zeit wurde ihm lang. Er bekam Lust, auf seinen Füßen nach dem Hause der Frau Tidemand zu gehen. Acht Flaschen Wein waren unbequem zu

tragen. Er glaubte schon, der Gymnasiast Harald suchte auf Vor Frelsers Gravlund nach Frau Sigrid Borg; die er nicht kannte. Und sprach alle Frauen zwischen siebenzehn und fünfundzwanzig Jahren an. Die zwischen den Gräberreihen umhergingen. Und Egil Berg dachte mit einer geringen Trauer an die Unbekannte, die dieser Borg beschrieben, als wäre sie das Instrument aller Freuden des Himmels. Und die doch ausgespien war durch den Grobian; weil sie nur ein Weib.
Da hielt, fast hätte er es nicht bemerkt, ein Automobil am Bordstein. Und das bebrillte Gesicht Haralds war hinter den Scheiben. Und die bebrillten Augen sahen einen Menschen in einem hellgrauen Oxfordanzug, mit weißwollenen Socken an den Füßen und sehr neuen braunen Schuhen mit breitem Sohlenrand. Und diese gut eingekleidete Gestalt war er selbst, Egil Berg. Und er wurde aufgefordert, einzusteigen. Er setzte zuerst die Flaschen, dann sich selbst neben den Fahrer. Er sah hinter sich durch die Wagenscheiben. Es waren zwei Menschen im Rücksitz. Harald Tidemand und Sigrid Borg. Und es war wohl zu bemerken, der Gymnasiast tat sehr verliebt. Er küßte und biß in eine schmale Frauenhand. Er schämte sich und wurde rot, weil er an seiner Hose richten mußte, die unbequem. Egil Berg dachte daran, vor kaum einer halben Stunde waren es nicht die Frauenhände gewesen, die durch die Lippen Haralds benetzt wurden, sondern diese seine meine männlichen halbgroben. Bei geschlossenen Augen und in der Erregung konnte viel geschehen, das süß schien und in der Entfernung der Zeit bitter wurde. In der Unendlichkeit wurden vielleicht alle Erlebnisse bitter. Auch die Liebe. Als Gleichnis nur, die Ewigkeit herabdestilliert zur Zeit, konnte einer Lebensfreude Krankheit folgen. Der Kreislauf, Zeugen und Sterben, ein nutzloser Ausbruch der geschaffenen Materie, um Gott ähnlich zu werden; der gestraft wurde (wir schon zertreten sich paarende Insekten) im weißen Brand der Planeten. Der Schmerz läutete keine Ewigkeit ein, sondern nur die Ohnmacht, schutzlos in der Gefahr zu stehen.
Der Wagen hielt kreischend mit einem Ruck.
Die Flaschen herausheben. Harald entlohnte den Fahrer. Sigrid Borg stand abseits. Sie war in der Tat sehr jung. Kaum aufgebrochene Blüte. Unvorstellbar, sie hatte schon geboren.

Der verliebte Harald zog sie mit sich. In den Hauseingang hinein. Egil Berg schleppte den Wein ihnen nach. Auf der Treppe nahm Harald zwei Finger der eigenen Hand und legte sie über Sigrids Lippen. Und spreizte sie. Und ließ sie fahren, daß der eine Finger unter ihrer Nase und der andere auf ihrem Kinn saß. Nahm sie dann zusammen wie eine Zange. Daß die roten frischen Lippen hervorquollen zu einem Wulst. Fleischliche Vorstellungen daran knüpfen. Kuß auf Entfernung. Sie läuteten Sturm. Frau Inge öffnete die Haustür. Sie umarmte Sigrid. Sie sagte: »Liebes Kind.« Egil Berg gab sich wie angetrunken. Er schrie: »Gläser!« Er schwenkte die Flaschen. »Eis für den Sekt«, schrie er weiter. Harald ahmte seine Mutter nach. »Liebes Kind«, sagte er. Und umarmte Sigrid. Und nahm ihre Lippen. Eilif Borg kam aus dem Zimmer. »Ich sehe dich nicht, ich höre dich nicht«, sagte er, »du bist Glas. Habt ihr einen schönen Beaujolais? Habt ihr an Käse und Pumpernickel gedacht?« »Befindet sich in meiner Speisekammer«, sagte Frau Inge. Egil Berg hatte den Eisschrank gefunden und den Sekt hineingestellt. Er hatte einen Korkenzieher entdeckt und zwei Flaschen Beaujolais entkorkt. Überraschend schnell schaffte Frau Inge Weingläser herbei. Egil Berg trug Käse, Butter und Brot ins Zimmer. Harald goß vom tiefroten Wein in die Gläser. Er hob das in zwei Abschnitten gefüllte, sein Glas in die Höhe, führte es bis vor die Lippen und sagte: »Skaal.« Und leerte es. Die Übrigen hatten Mühe, bei diesem Ritual so schnell zu sein wie er. Die Gläser wurden aufs neue gefüllt. Aus der Wirklichkeit, die bis an diesen Augenblick gekommen, mußte man mit Eile entrinnen. Es war der Irrsinn der Schöpfung bewiesen worden. Und Gott war nicht bewiesen worden. Man hatte Lust, über Descartes zu lachen wegen seines Gottesbeweises und ihn mitschuldig zu machen für die mathematische Weltanschauung des Euklid, mit deren Hilfe die Quadratur des Zirkels nicht gelöst werden konnte. Dies menschliche Aufgehen aus dem Boden. Der Augenaufschlag, der die Welt umfassen wollte. Und diese Maschine Hirn (analytische Geometrie), die immer nur mit einer Größe rechnete, dem Ich. Die Unbrauchbarkeit aller Vorstellungen und Kombinationen. Die Kraftspenderin Lüge, die eine Pflegerin der Hoffnung war. Der rote Saft war, was man sagte, Farbe. Und Gehalt, was man spürte. An der Lust, ihn zu trinken. An der Wirkung des Verdämmerns in eine andere Sucht hinein als die, die Wahrheit zu erkennen. Oder die Kette der kausalen Zusammenhänge. Trinken. Flaschen entkorken. Egil Berg war ein wohlwollender Gastgeber. Er war ein Engel mit mildem Gesang in der Stimme. Der mit geheimen Kräften einen guten Plan vorschrieb. Einträufelte die Ordnung des Planes einem jeden der Trinkenden. Frau Inge Tidemand saß sehr nahe bei Borg. Es war eine unauffällige Einigkeit zwischen ihnen. Sie schien an seine Brust zu sinken, wiewohl sie aufrecht sitzen blieb. Er hatte seine Hand auf ihre Oberschenkel gelegt. Harald sagte: »Ich gönne dir alle Vergnügungen«, und trank mit verklärtem Augenaufschlag, der fast zornig wirkte, weil seine Augen hinter der Brille standen. Was nicht ihre Schuld, wohl aber ihr Schicksal. Als Frau Inge die Worte aus seinem Munde gehört, die sie wahrgenommen, wiewohl sie nur an Eilif Borg gedacht, erhob sie sich. Sie stand sehr gerade in der Stube. Und ihr Gesicht war klar und entschlossen. Fast schön. »Ich hasse den Kapitän Tidemand«, sagte sie. »Meinen Vater«, sagte Harald. Borg stürzte ein Glas Wein in sich. Er stand auf vom Stuhl, wie Frau Inge es getan. Er war prächtig anzuschauen. Mit gewaltigen Händen. Sein Gesicht war fern und beschattet. Aber es brach allmählich hervor wie Sonne hinter Wolken, die vom Winde zerfetzt werden. Und es schien wie aus Stein. Fast grünblau wie Jade. Durchsichtig bis auf die Knochen, auf Augenblicke. Dann wieder rund und massiv wie ein Klumpen Ton. Und es war arglos wie der Kopf eines Edelhengstes. Mit den gewaltigen Händen umfaßte er Frau Inge Tidemand. Sie gingen zum Zimmer hinaus. Und wie die Tür hinter ihnen geschlossen, war eine Stille, die die Zurückgebliebenen heilig hielten. Bis die neue Zeit da war. Die keinen Namen hatte. Und durch keine Glocke eingeläutet wurde. Die mit dem Herzschlag und dem Pendel kam wie alle Vorgängerinnen aus dem gleichen dünnen Stoff. Und die sich sehr breit machte. Wie ihre Vorgängerinnen. Der sich die Gefängnistüren nicht verschlossen. Und die Betten der Huren auch nicht. Die am Galgen neben dem Todgeweihten stand und bei den Hebammen, wenn sie Neugeborene badeten. Die auf einem blassen Kometen ritt und mit fernem Wellenschlag in die Ewigkeit brandete. Wie die Vorgängerinnen, die nicht zurückgeflutet waren. Da nahm Harald Sigrid Borgs Hände in die seinen und hinter der schmalen Brust begann sein Herz zu hüpfen, als wäre es nur eine Fahne, die im Winde flattert. Nachdem er die Hände genommen, begann er an ihr zu ziehen, zu rütteln. Er schob ihre geschmeidige Gestalt vorwärts und zurück, bis er mit ihr gemeinsam auf dem Divan saß. Er zitterte und wußte nicht, was er wagen dürfte. Er begann an ihr zu lecken wie ein junges Kalb. Ihre Hände benetzte er. Das atmende Zeug über ihren Brüsten. Er erschnappte etwas von ihrem Duft. Es verschüttete die letzten Regungen der Ordnung in ihm. Er kam mit seiner Zunge und seinen Lippen an ihr Gesicht. Er überschwemmte es mit seinem röchelnden Atem. Er tat, als ob er die fremden Augen fressen müsse. Den fremden Mund zermarterte er mit den Zähnen. Er bog die Gestalt nieder. Er sah diesen Leib plötzlich liegen, nicht mehr stehend oder sitzend. Und es war ihm, als ob er nun eine andere Form angenommen. Er begriff, er war erhört. Dies überirdische Wesen fühlte sich durch ihn nicht beleidigt. Er, Harald, der Gymnasiast, der Besitzer des speichelnden Mundes war an die glücklichste Stunde seines Lebens gekommen. Er hob Sigrid auf, nahm sie auf die Arme, trug sie hinaus. Über den Flur. In sein Zimmer. Egil Berg ging ans Fenster und schaute hinab auf die Straße. Sein Herz schmerzte. Er hatte Sigrids Kniee gesehen. Er hatte noch niemals Sekt getrunken. Es gab davon zwei Flaschen in der Küche, im Eisschrank gekühlt. Er holte eine der Flaschen ins Zimmer. Er öffnete sie behutsam. Er zog den Korken ab. Es gab einen Knall. Er goß von der perlenden schäumenden Flüssigkeit in ein Glas. Die rote Neige des Burgunderweines wurde dünner und schaler, je höher die Flüssigkeit stieg. Kühl und prickelndsalz knappsüß ging der Wein durch seinen Schlund. Er nahm von dem gerösteten Brot einige Scheiben, bestrich sie dick mit Butter. Tat goldgelbgrüne Pfirsichmarmalade darauf. Und schwarzrote Pflaumenmarmalade. Und rosigtaube Erdbeermarmalade. Und rotviolette Blaubeermarmalade. Und tiefe Tinte der Schwarzjohannisbeermarmalade. Und tupfigeisrote Kronsbeermarmalade. Und streifigklargelbe Orangenmarmalade. Er schob jeweils eine ungeteilte Scheibe sich in den Mund. Kostete mit Fülle den quellenden Geschmack. Es war sein freier Nachmittag. Bis zwei Uhr nachts durfte er fortbleiben. Es konnte nicht im voraus gewußt werden, wann wieder er zu einer Mahlzeit kommen würde. Es war angebracht, daß er jetzt aß. Er bestrich einige Scheiben Pumpernickels mit Butter, legte frischen holländischen Käse darauf. Schob in den Mund. Zermalmte zu Brei. Schluckte. Sein Magen stöhnte vor Wohlbehagen. Die neuen gelben Schuhe knarrten ein wenig. Er nahm noch ein Glas Sekt. Goß es in sich hinein über die Speisen. Spülte den Geschmack von Käse und Brot fort. Dann ging er, ohne Geräusch, zur Wohnung hinaus, die Treppen hinab. Er hatte das Pflaster der Straße unter den Füßen. Es war Spätnachmittag geworden. Mit halber Müdigkeit kreuzte er zur Karl-Johansgate. Da war er in einem Menschenstrom. Er nahm sich zusammen, spreizte die Augenlider starr. Er wollte sehen. Gewiß noch lag die Wirkung des Weines schwül an seiner Stirn. Aber die flimmernde Kraft der Zeichen und Bilder, die Grimassen und goldenen Lachen in der warmen Luft verscheuchten die Trägheit. Sein Wille erfüllte sich, daß er sah. Es ritzte sich ein kleines Zeichen in den Sehpurpur seiner Augen. Ein paar feine Goldlinien. Ein sinnloses Gekritzel, das er kannte. Er sah ein bescheidenes rundes Knabengesicht. Er schob einem Menschen den rechten eigenen Arm unter den linken. Er hielt diesen Menschen eingehakt. Den er nicht kannte. Er wurde angehalten. Zwei graue Augen tasteten ihn ab. Ein Lächeln glitt über das fremde Gesicht. Ein ganz junges sechzehnjähriges Lächeln. Bereitsein. Blind sein. Opfer sein. Nicht fragen. Sie bogen beim Grand Hôtel um die Ecke. In die Rosenkrantzgate hinein. In der Allianzkonditorei setzten sie sich an einen Marmortisch. Egil Berg bestellte: zweimal Eisschokolade. Sie warteten nicht ab, bis die Bedienerin die kalte Speise brachte. Sie verschwanden im Herrenabort, gingen hinter eine der verriegelbaren Türen. Egil Berg riß sich sofort die Hemdbrust auf, zeigte die Brandmarke auf seinem Fleisch. Der jüngere tat es ihm nach. Die Marke erschien, frischrosig, kaum vernarbt. Sie nannten einander ihre Namen. Sven Onstadt hieß der Jüngere. Gymnasiast wie Harald Tidemand, eine Klassenstufe niedriger. Sie kamen, so schnell es sich schicken wollte, hinter der verriegelten Tür wieder hervor. Egil Berg mußte noch Wasser lassen. Trat an eines der an der Wand befestigten

Becken. Erinnert, aus einem Gefühl der Einigkeit heraus, entleerte auch Sven seine Blase. Sie kamen wieder an ihren Tisch. Die Eisschokolade stand für ihren Mund bereit. Sie schlürften, sogen an den Strohhalmen, lächelten einander an. Zwei Gebrandmarkte. »Du hast keinen Blutsbruder«, fragte Egil Berg. »Nein«, antwortete Sven. Egil Berg wollte der Bedienerin das Verzehrte bezahlen. Sven Onstadt ließ es nicht zu. Er legte einen blanken Taler auf den Tisch. Als die Bedienerin gegangen, sagte er wie zur Entschuldigung: »Mein Vater ist ein reicher Mann. Und ich bin sein einziger Sohn. Die Aluminiumwerke der Höyangerfälle gehören uns. Und die Majorität der Aktien von Mustads Margarinewerken sind in Vaters Besitz. Zum Aufsichtsrat der Nordenfjeldske Dampskibsselskab gehört er auch.« Seine Bescheidenheit ließ nicht zu, daß er mit einer so hochtrabenden Erklärung schloß. Er fügte hinzu: »Vielleicht war ich dennoch voreilig, den Taler auf den Tisch zu legen, du kannst ähnlich wohlhabend sein.« »Nein«, sagte Egil Berg, »ich bin Milchausträger.« Über des Jüngeren Gesicht huschte ein weltenfernes Lächeln. Glück. Bereitsein. Opfer sein. Blind sein. Sie bestiegen die Trambahn. In Majorstuen nahmen sie einen Zug der Tryvandsbahn. Durchgehende Wagen bis Voksenkollen. Sie fuhren bis Voksenkollen. Im Moos, im Kraut des Waldbodens lag die Wärme des Tages. Die Stämme der Kiefern glommen rot, angehaucht aus dem westlichen Hause des Himmels. Die zwei wurden nicht mehr durch die Wege gehalten. Sie schwärmten wie trunken inmitten der fettigen Luft zwischen den Bäumen. Sie kletterten über Felsbrocken. Fanden am Boden Beeren, fütterten einander damit. Sie gaben sich die Früchte spielend von Mund zu Mund. Sie wußten nicht, daß sie sich küßten. Sie fanden eine Höhle, eine enge Steinhöhle. Sie krochen hinein. Sie genossen darin ein Glück, das ganz unirdisch. Als sie talwärts schritten, umschmeichelte immer noch den einen der Duft des anderen. Den er nicht vergessen konnte. Und diese von Salz und Stein und Laub und Sonne gemästete Luft. Sie kamen nach Holmenkollen. Die Bahn trug sie wieder hinab in die Stadt. Als sie auf der Karl-Johansgate schlenderten, beschlossen sie, auf Menschenfang auszugehen. Sie betrachteten die jungen Burschen, die vorüberschritten. Sie sagten einander, was sie von den Gesich-

tern, die sie angeschaut, dachten. Es wurde gewogen. Plötzlich schoben sie sich an einen Burschen heran, der eine links, der andere rechts. Umklammerten seine Arme. Er erschrak und wurde unwillig.
»Was bedeutet das?« sagte er.
»Wir wissen nicht, ob du ein Fischchen bist, das in unserem Netze bleiben kann«, sagte Sven.
»Ihr seid wohl Strichjungen?« sagte der Bursche.
»Leider nicht«, sagte Egil Berg, »wir würden es sonst leichter haben, dein Herz einzufangen.«
»Was wollt ihr von mir?« sagte der Bursche.
»Bist du gesund?« sagte Egil Berg.
»Dumme Ausrede. Was geht das euch an?« sagte der Bursche.
»Wenn du krank bist, werden wir dich sofort verlassen«, sagte Egil Berg.
»Ich bin gesund«, sagte, ein wenig ratlos, der Bursche.
Sie trieben die Karl-Johansgate hinab. Und Egil und Sven redeten auf den Fisch im Netze ein.

XXX

Das Pferd/Sassanidischer König/Ein Knabe weint/Die anderen Tiere/Die Edelmütigen oder die Geschichte des Sklaven/Der Knecht und die Magd/ Der Zirkel/Alexander/Werbung und Vorhölle/Die Nebenbuhler/Die Bergpolizei/Hochzeit/Abrechnung/die Marmaladenesser

Die Rede des Franzosen

Im Hause Perrudjas ereignete sich ein seltsamer Besuch. Ein fremder Mensch wagte sich durch den Tunnel, begehrte Einlaß. Er rief durch die Eichenplanken des Tores, daß er den Waldbesitzer zu sprechen wünsche. Er wurde in eine Halle geführt. Von Oful angestarrt, betastet. Der Hausherr wurde benachrichtigt. Perrudja erschrak, als er vernahm, ein Zugereister begehre ihn zu sprechen. Angst des Feigen. Er wollte sich verleugnen lassen. Er stieß den Entschluß um. Mit unsicheren Schritten suchte er den Aufenthalt des Fremden. Als er ihm von Angesicht zu Angesicht gegenüberstand, trat das Gelb seiner Haut wie bei einem Leberkranken hervor. Der schlaffe Mund spaltete sich und blieb offen. Er machte einen Schritt zurück. Ein durchfurchter Kopf, über und über mit Fältchen bedeckt, hatte sich ihm zugewandt. Darin standen zwei dunkle flackernde beißende Augen, die schwer umschattet waren. Das Haupthaar des Fremden war schwarz. Ein paar weiße Strähnen hellten es auf. Bekleidet war er mit einem schlichten schwarzen Anzuge. Weißer Kragen und weiße Krawatte umrahmten den brüchig dunklen Hals. Perrudja hätte das Alter des Mannes nicht zu schätzen vermocht. Vierzig Jahre oder sechzig Jahre.
»Ihr Begehren?« sagte der Waldbesitzer.
Statt einer Antwort streckte der andere ihm beide Hände entgegen, nannte flüsternd den eigenen Namen.
Was geht das mich an.
Als Perrudja zögerte, sie zu nehmen, sagte jener in mühsamer Sprache: »Haben Sie Vertrauen. Hören Sie mich an, bitte.« Doch der Angeredete war schwach und furchtsam. Er wich zur Tür.
Wenn der Wolf im Regen geht, wird sein Fell stinkend. Es muß

wohl die Bereitschaft zum üblen Geruch haben. Aber die Bestimmung wird bei lächelnder Sonne nicht offenbar.
Und stammelte, er wünsche seinen Freund Hein, Hein Skaerdal, seinen Sklaven (er dachte an den Bernhardinerhund) – Das Taschentuch war nicht mehr rot. Es war fleckig braun. Eine abgestumpfte Reliquie. Eine Mumie wie die Königsmumien in den granitenen Pyramiden. Wiewohl das Herz, das diesen Saft gepumpt, Blut, noch schlug. Voraufgeeilter Tod des Burschen, der im Taschentuche saß. Heilige Fahne. Und eines Tages von dort ausbrechen würde, um die jungen Eingeweide zu fressen, deren kleinsten Teil er, Perrudja, nicht besaß. Die besitzen würde der Tod, der im Taschentuch.
Seinen Sklaven Hein, den König der Schönheit (wegen seiner Lendenkraft König) bei dem Gespräch als dritte Person.
Müder die Schatten um des anderen Stirn. Und der Mund fast hoffnungslos. Er verneigte sich. Eine Vergangenheit, die bei der Gegenwart anpocht. Und ihre Erfahrung nicht verhökern kann, weil niemand Käufer.
Perrudja entfloh und brachte nach kurzer Zeit Hein mit sich zurück. Abermals streckte der Fremde die Hände aus. Hein ergriff sie. Perrudja ahmte ihn nach. Die drei setzten sich an einen Tisch. Der Fremde hub an: »Es ist mühsam, in einer Sprache zu reden, die man nur teilweise handhaben kann. Entschuldigung erbitte ich für vieles, daß es unvollkommen von meiner Zunge kommt. Nur kurze Zeit gab es für mich, mir Ihre Muttersprache anzueignen. Manche Vokabel hat in meinem Gedächtnis nicht haften wollen. Noch weniger vielleicht die Regeln der Grammatik und der rechten Aussprache.«
Perrudja schob die Frage ein –
Verwirrung der Sprachen beim Turmbau zu Babel. Etemenanki. Der vollendet wurde, entgegen dem Bericht jüdischer Geschichtsschreiber. Erste nationalistische Fälscher.
Welche Sprache seinem Besuch geläufig –
Russisch, man konnte es nicht wissen. Oder arabisch. Oder chinesisch. Es müßte eine Übersetzungsmaschine erfunden werden. Ein archimedisches Kunstwerk, Zwitter zwischen Schreibmaschine und Grammophon. Letzte Krönung akustischer Wissenschaft. Wie die Chiffremaschine des Herrn von

Kryha, von der Mister Grigg ihm erzählt. XXCEPTA. Perrudja. Mein Name ist Perrudja. Krieg und Geld. MRSAT! LICHI.

Und ob das harte Studium nur eine Vorbereitung auf diesen Tag gewesen sei.

Um mir eine Rede zu halten.

Zur Verwunderung der beiden Freunde bestätigte jener –

Um mir eine Rede zu halten.

Daß nur um des Waldbesitzers willen die Bemühungen gewesen.

Weil es noch keine Übersetzungsmaschine gibt.

Die eigene Sprache sei französisch. Er wiederholte seinen Namen sehr deutlich: PUJOL.

Heißer Strom der Erlösung. Lebhaft den Fremden unterrichten, er wisse sehr gut die französische Sprache zu beherrschen. Er getraue sich sie zu sprechen, wenn jener mit dem Tonfall den Anfang machen würde. Einschränkung: der Freund werde nur mit Mühe folgen können. Mancher der Laute würde verbranden und an seinem Verstande vorbeigehen.

Ein schneller Satz von den Lippen des Franzosen. Perrudja bat um Mäßigung im Tempo.

Nicht ein trauriger Bericht im Stile toter Akten als Zeugnis. Von Fesseln frei, Bilder, die erschüttern, aus einer alten Zeit in die Gegenwart bringen. Erben einer Geschichte sein, die die Vergeltung kennt. Die Wahl, gerechter Richter oder verdammt zu werden. Hoffnung haben, eindringliche Laute zu finden. Dichtkunst des Augenblicks, die wie Donner rollt oder einschneidet mit übergrellen Lichtstrahlen in die Augenlinsen. Daß ich nicht müde werde oder erkalte.

Perrudja bat sich aus, ihm in aller Kürze den Grund der Zureise mitzuteilen. Den Gegenstand des Gesprächs mit einem Wort andeuten. Nicht die Flut der Anpreisungen. Er ertrage nicht. Ein Pferd, ein Hund, ein Mensch, ein Stuhl, ein Haus, ein Baum, ein Fisch, ein Stern. Oder Handlungen. Die Arbeiten. Und die Werke der Arbeit. Und die Wirkungen der Geräte. Er könne, befangen, nur mit halbem Ohr sich beteiligen. Das Ziel der Rede müsse er erahnen.

Pujol fühlte sich beklommen. Da war ein Etwas an diesem Perrudja ihm ungeheuer überlegen. Ein unerbittliches Gericht,

durch das jener gegangen sein mußte, hatte ihm die Leidenschaft des Zerfaserns gebracht. Ein mit Seele gestrafter Rohling. Ein Schwacher mit edlen Körperformen. Ein schwankender Halm mit Trotz gegen den Wind. Verschwörer mit dem Herzen, der da denkt: du frissest, du pissest; was kann Gutes an deinem Blute sein. Gewiß nicht war jemand auserwählt zu Ungeheurem, wenn er nicht gezeichnet mit Ausnahmen von seiner Umwelt. Der Franzose schwieg.
Perrudja, dessen Nerven wund an der Oberfläche der Haut lagen, stürzte sich durch verwegene Gedankengänge in untragbare Unruhe. Mit dem Hirn die Möglichkeiten der Anlässe ausschöpfen wollen, die den Fremden an seine Tür getrieben. Zuviel für ein Genie der kombinatorischen Mathematik. Er war nach wenig Augenblicken des stummen Wartens nicht mehr fähig, parteilos einfacher Zuhörer zu sein. Von der Grube über seinem Magen aus legte sich die Deutung gegen die Leibesglieder, Richter und Angeklagter seien über die Meere zueinander gekommen (Mörder, Kindsverführer). Diese schwache Existenz würde sich behaupten müssen. Die Unmännlichkeit in ihm steigerte sich. Mit fast weinerlicher Stimme formte er in einem unnatürlichen Französisch an einem grundlosen Anwurf gegen den Zugereisten. Er hob dabei hervor, er erträgt die Ungewißheit nicht. (Er hatte es bereits gesagt.) Bücher ohne Inhaltsangabe sind ihm widerlich. Ohne Ankündigung würden die Tatsachen gegen das Herz des Menschen gebracht, zugespitzt, bübisch, um es zu überrumpeln. Er verlangt auch von einem Schriftsteller, daß er in wenigen knappen Sätzen im Voraus den Leser unterrichtet, in welche Geschehenswelten hinein er ihn zu führen gedenkt. Nachdem es im Ethischen erwiesen, der Mastdarm ist nicht geringer als die Hand, im Funktionellen des Körperhaushalts sogar wichtiger; der Verlust des Greifwerkzeuges ruft noch nicht den Tod, Entdärmte müssen sterben; kann man gewärtig sein, in eine Sphäre des Erbrechens gestoßen zu werden. Woraus man dem Dichter, wenn er zuvor gewarnt, kaum einen Vorwurf bereiten darf, da es seine Pflicht, nach Wahrheit zu suchen. Er auch nicht auf tiefere Stufe als ein Arzt gestellt ist, der doch nicht sich schämt, von den Zeugungsorganen auszusagen, sie bewahren das Menschengeschlecht vorm Aussterben. Folglich wohl die

edelsten der Funktionen des Körpers darstellen. Doch sind Erkenntnisse Gefahren genau so groß wie die Abenteuer des Lebens. Und tödlich, wenn sie in unlautere Stunden fallen. Mordgesellen. Die Gedanken der Dichter und die der Ärzte. Mit dem Beweis der Vergeblichkeit aller Hoffnungen kann man das tiefbekümmerte Herz in Schwächen treiben, die es nicht überwindet. Er jedenfalls wehrt sich gegen blinde Gefolgschaft.
Er dehnte sich übervoll gegen den Fremden. Ungerecht. Erinnerungen an Unbequemes, Peinliches, Entsetzliches formte er zu Waffen. Goß um sich aus die Unzufriedenheit mit der Schöpfung wie Gift.
Fahl wetterleuchtete es hinter den Gesichtsfalten des Besuchers. Besiegt sein. Zornig sein. Verstockt die Gründe des anderen nicht anerkennen.
Hein wollte sich zum Wort drängen. Doch Perrudja übernahm sich. Es war, als ob die fremde Sprache, die jahrelang tot in ihm gewesen war, sich neu in ihm gebären müßte. Sie trieb ihn in Vergleiche, die er nicht mehr meinte, in Ungeheuerlichkeiten der Logik, die sein Hirn nicht faßte. Das Instrument ging über ihn hinweg.
Der Franzose erfand für sich einen Ausweg. Ein feines Lächeln legte sich um seine Lippen. Er postulierte, er hat einen Kranken berührt. Einen gefährlichen Kranken. Den gebogenen Mund sah Perrudja. Er verwundete sich daran. Das Verachtetsein brachte eine schlagartige Lähmung (Schwäche des Feigen). Der für ihn tragische Ausgang war nicht aufzuhalten. In einem getürmten Satz brach er ab. Aus den Sicheln der Verneinung Schweigen. Mit lautem Schluchzen quollen heftige Tränen ihm aus den Augen. Vollkommen ohne Willen mußte er sich gefallen lassen, daß Hein und der Fremde gemeinsam ihm zuhilfe eilten. Wenige Minuten später dankte Perrudja dem Franzosen. Gezwungen. Er war kein Einsiedler. Die Gebräuche der Gesellschaft wirkten an ihm und zerstörten die Logik seines Herzens.
Hein reichte in winzigen Gläsern schweren Wein. Der Waldbesitzer hatte sich ausgeweint. War ganz bereit und untertan. Er würde den Besucher anhören. Er schlich zu einem Ruhebett. Hein setzte sich ihm zuhäupten. Der König der Schönheit, der

Sklave, setzte sich, wie man sich setzt, mit den Schenkeln, den königlich starken, den Gefäßen des Reichtums, neben seinen Kopf (den Kopf des Ichs Perrudjas), so daß er, halb hingestreckt, im Schoß des Freundes gestützt wurde. In einem weltfernen Gefühl des Dämmerns, wunschlos, in der Nähe eines Duftes, den er bewußt nicht spürte, einer Liebe, die ihn nicht reizte, daß er sie nennen mußte, ohne Wahrnehmung der Gegenwart des eigenen Körpers, der schmerz- und lustlos, eigentlich schlafend, doch dieser Schlaf kein Bruder des Todes, im willigen Gewährenlassen des anderen ruhte, nahm er die Worte auf. Manchmal wurde die Rede ihm zum Traum. Dann wurde sie doppelt deutlich und bedeutungsvoll.

»Wenn ich einem Berge durch meiner Füße Mühen entweiche, schaffe ich Entfernung zwischen ihm und mir. Und es entsteht eine Rache, die nicht austilgbar. Des Steines Größe wird klein, seine Klarheit milchig, seine Farbe grau, die Plastik flach, die Schärfe weich. Die Kraft, die in ihm ist, bleibt verschleiert. Und nicht nur das Gesicht verfließt, ein Geist wird schwach. So erklärt sich der Schmerz der Liebenden, wenn sie voneinander getrennt. Keine Gewißheit um den anderen vermag ihnen Trost zu geben. Denn der Gewißheit wird durch eine Erscheinung widersprochen. Der Name der Sehnsucht ist leer. Name des Vergessens ist Entfernung. Wie es die Entfernung von Ort zu Ort, von Stern zu Stern gibt, so eine andere, die grausamer noch, in der Zeit. Da werden unser Ursprung und die Geschichte ausgelöscht. Und die Lüge wird mächtig.«

Da war das Netz, in dem das Fischlein hing.

Die Zeit ist weit
und sehr dünn
und wird schlechter mit der Ewigkeit.

»Das dachte Don Miguel de Arbacegui, als er den Brief des pater superior Jacobo auf der Bibliothek des Archivo de Indias zu Sevilla gelesen. Dieser Brief war die Brücke einer Vergangenheit zum Jetzt. Eine klaffende Wunde. Eine gekotzte Brühe, die dem Leser ins Angesicht gespieen wurde. Der Grund für tausend Vergeltungen, in denen die Nachfahren gemartert wurden. Er vernichtete ihn. Verbrannte ihn. Daß er nicht sei. Und mit ihm nicht das Geschehen in der Vergangenheit. Aber

das Ich, dieser Mensch, hatte vor ihm gelesen. Hatte mit einer unausgereiften Sehnsucht nach Wahrheit und Gerechtigkeit gelesen. Und die Flammen, die Don Miguel benutzte, daß sie verzehrten, waren nutzlos beschworen. Sie machten ein Papier zu Asche, nichts weiter.
Gewiß nicht ging die Kundschaft in dem unverbrauchten Herzen sogleich auf wie ein Samenkorn im Frühling. Sie lag in winterlicher Erde. In einem ohnmächtigen Menschen, dessen Zorn noch kein Rachegelüst, dessen Rachegelüst keine Taten wurden. Der in dem Gesetz seiner Jahre lag. Und seine Zweifel an Gott mit der Süßigkeit der Liebe beruhigte. Bis auch sie schlimm wurde.«
Mein Fischchen, es wird von Liebe gesungen. Die du kennst. Daß die Wogen des Meeres weiß werden vom Samen. Wer wird es erdacht haben? Und die Bäuche der Weibchen fett wie Inseln?
Und er schrieb es in einem Brief, daß die Fische zu Inseln würden in der Laichzeit und wie Erde in Boote geschaufelt. Und der Kaviar ihrer Bäuche eine schmackhafte Speise. Weiblichste Speise der Welt, weil er unbefruchtet, aufgebrochen aus jungfräulichen Leibern.
»Ich war getröstet mit dem Gedanken, diese Welt ist ein schönes Gefäß, eine Landschaft, ein sinnvoller Mechanismus, in dem Marion und ich von unentbehrlicher Wichtigkeit. Und unsere Liebe zueinander eine Erfindung ohnegleichen.«
Bis sie schlimm wurde. Wir gehen durch die Straßen, bis unsere Liebe schlimm wird. Und ein Nichts an Sehnsucht. Daß wir uns wünschen, ihre Wirkung möchte aufs Pflaster fallen, wie der Same der Fischmännchen ins Meer. Denn wir sehen: Hübsche Kinder. Feste Waden. Braune Hälse. Schluchzende Brüste, die der Säuglinge harren. Und behaarte Kniee der Jünglinge, denen die Kleidung lästig. Und die Stufen der Kellertreppen herauf kommt ein Geruch und ein Lärm und ein verqualmtes Licht. Straße der Abfälle, wo die Huren nackt unter dem Überwurf wandeln. Heißer Boden der Verheißung, wo die Unbefleckten brünstig in Schamhaftigkeit vergehen. Wo unsere dogmatisierte Liebe sehr gering wird. Nur ein Tropfen in der warmen Luft. Weil sie der Schönheit kleinsten Teil nur erhaschen möchte. Wo wir sehr einsam und neidisch

werden. Und die offenbare Sauberkeit unserer Hände verleugnen möchten. Und die Sprache, die mit Ordnung aus unserem Munde kommt. Wo uns das Morden leicht würde und das Hinabgleiten in einen schwarzen Fluß. Wo wir dem reichen Bettler das letzte Geld anbieten. Und an den bemalten Lippen einer Steißverkäuferin hängen. Und uns in die dekadenten blassen Ohrläppchen der Brüder vom bereiten After verlieben. Wo wir eine Rose kaufen aus den Händen eines Mädchens, das braune Mandelaugen hat und eine klare Stirn, wie ein Mondkürbis rund. Und die doch schon in Betten dient. Ein Schwamm ist, an dem sich Bruder, Vater, Gecken wischen. Wo wir an Gefäßen nippen, die mit laugigem Alkohol gefüllt, daß unser Herz wie eine Birne würde, die reif vom Baume fällt. Daß es fiele auf die Pflastersteine. Und eine Frucht wäre wie der Schoß einer schwangeren Frau. Wo wir wünschen, anders zu sein als wir sind. Und nichts besseres wissen als unser Sein.
»Wie eine Entfernung zwischen uns kam, das grausame einander undeutlich werden – der nächste Schritt doch, den wir tun, ist wichtiger und nahrhafter als die entrückten Augäpfel der Geliebten – o, der Berg geht unter in Luft und Meer –«
»war die Straße da«, sagte Hein.
»Ja. Mit den rundköpfigen Pflastersteinen.«
»Und das fremde Kind«, sagte Hein.
Er dachte an Pfirsichschenkel. Er dachte an Frau Ingenieur Haugeland. An die trunkenen Abende von Sandefjord.
»Ja. Ihre Mutter war gewiß eine gute Französin gewesen, ihr Vater aber ein Chinese aus dem Süden des großen Landes. Ihr Haar war blauschwarz. Und der Mund war leicht rotbemalt. Und quoll vor wie eine üppige Tulpe in holländischen Gärten. Sie war hoch aufgeschossen, groß und glatt wie ein Birnbaum. Ihre Füße fast breit und die Beine darüber wie mächtige Stoßzähne eines Elefantenbullen. Ihre Augenlider waren geschlitzt, mit dem Ausdruck unsäglicher Melankolie, die sich mit einem Lachen gepaart hatte und nun in die Wochen gekommen war, um eine unschuldige Frage zu gebären. Sie sprach wie Kinder von den Schulbänken aus vor der Firmelung. Plumplum. Als ob ein Kloß warmen Brotpuddings auf ihrer Zunge tanze. Halb beleidigt, mit einem süßen Mäulchen. Über den Mundwinkeln gruben sich zwei trichterförmige Vertiefun-

gen in die Haut, wie mit einem Bohrer gefräst und von der Form, als müßten Holzschrauben hineingezogen werden. Ihre Zähne waren so weiß wie feiner Zucker und so wohlgestaltet wie eine Kornähre, die achtzigfältig trägt. Und der Zwischenraum zwischen den Zähnen von genauem Maß und abgezirkelt wie ein Bild in einem Lehrbuch der Anatomie, doch von übertoten Proportionen. Das dünne Seidenkleid reichte kaum bis zu den Knieen. Und die Füße waren mit feinen Seidenstrümpfen bezogen, die hoch über die Unterschenkel hinaufreichten. Aber es gab unter dem Kleid einen schmalen Saum nackten Fleisches – zwischen den Strümpfen, die zwar lang, zu früh endeten, und dem Höschen, das zwar tief reichte, doch nicht tief genug. Und die Haut war wie Perlmutter. Und ich widerstand nicht, meine Hand darauf zu legen.«

Hein seufzte. Er dachte an den letzten Abend von Sandefjord; an dem er tief betrunken gewesen war. Da er mit seinem Kopf in dem Schoße eines Schülers, eines Gymnasiasten gelegen, wie jetzt Perrudja in dem seinen. Nur unbeherrscht sich benommen. Wie eine Pferdefliege, deren Wille es war zu stechen. Da war ein Saum nackten Fleisches an seinem Munde, der entsetzlich nach Alkohol gestunken, gewesen. Ein Perlmuttersaum jungen Fleisches. Nicht Mädchenfleisch, wie hier gesagt wurde, halb östliches, halb westliches Fleisch. Unwiderstehliches Fleisch. In das hinein er mit seinem unsauberen Mund gebissen. Wie ein Tiger. Und vor Wollust waren ihm die Sinne geschwunden. Er hatte es nicht wahrgenommen, daß man auf ihn einschlug. Ihn verprügelte in einfacher Notwehr. Ihn mit den Füßen traktierte. Ein Büschel Haupthaare ihm ausriß. Wie leicht war es zu verstehen, daß jener, der Sprecher, nicht widerstand, die Hand auf den Sammetperlmuttersaum des warmen Fleisches zu legen. Er hätte sie gelegt, auch wenn als Strafe sie ihm abgehackt worden wäre. Wie eben er, Hein, einen Schenkel, einen Menschenschenkel hatte benagen müssen als eingeschworenes Mitglied dieser Sekte der Menschenfresser. Es war die klare Frage ergangen, ob man in einen Pfirsich biß, wenn er einem vor die Zähne gehalten wurde. Daß der Saft wie die Ströme Euphrat und Tigris über die Wangen rann. Oder ob man dankte. Aus Höflichkeit. Eingedenk der Moral der anderen. Nach dem Eigentümer der Frucht fragte. Ihn

nicht berauben wollte. Lächerlicher Gedanke, ob der Hengst, wenn er mit dem Maul am Ohr der Stute ist, fragt: Willst du? oder sagt: ich will. Es war nicht erwiesen, daß es sich um einen Betrug handelte, der an Marion begangen wurde. Sie war fern. Und der Perlmutterfleischsaum war da. Und die Hand war schon angelangt bei der unbeschreiblichen Sammetwärme.
»Und sie korrigierte mein Tun nicht. Sie beließ die Hand. Ich kam von Sinnen. Es war noch niemals so Frisches in meiner Nähe gewesen. Und nichts Vollkommenes; daß ich mich geschämt hätte vor dieser Vollkommenheit, vernünftig zu sein. Wie eine Maienwiese am Fluß, wenn der Klee zu blühen anfängt. Und es war wie der Gesang des Baches an ihr, ein stilles Murmeln, strudelnder Wellenschlag, Verheißung unnennbarer Wünsche. Als ob ich auf einem Holzgatter säße und hinabschaute auf die Kreisel flüssigen Glases. Man wird sagen können, ich betrog Marion. Nichts war mir ferner als der Wille dazu. Es war eine Schule, die mir notwendig schien, daß ich nicht ein Stümper bliebe. Nichts dünkte mich leichter, als Marion zu beweisen, diese Küsse durfte ich nicht stehen lassen. Gleichbedeutend, ich hätte vergessen zu atmen. Mir kamen Gedanken der Art, unsere Liebe ist nur ein Ziel, dem wir zustreben; unser Tun aber muß im Meer der Augenblicke sich auswirken. Tropfen, die sich verlieren. Kein Schwur dieser Welt darf uns verpflichten, arm zu bleiben. Es ging eine bittere Ahnung mit ein in die Gedanken: diese Liebe, sollte sie nicht nur ein Ozean sein, in dem wir münden, vielmehr die letzte enge Heimat unserer Augenblicke, müßte sie uns blenden, unserer Sinne berauben, zum Krüppel schlagen. Ach, wie lange wir auch in Verzückung beharrten, unser Atem, diese Luft des Himmels, behielt einen Teil unseres Seins gefangen. Und das Licht nahm seinen Teil von uns. Und der Ton an unserem Ohr. Und die Wirkung von Hunger und Durst. Unsere Liebe konnte nur groß sein, wenn wir frei in der Landschaft, mit aufgerissenen Adern, bereit für alle Erlebnisse. – So kam eine Angst. Die Angt vor unserer Einsamkeit. Ich wollte plötzlich sehr klein werden. Mich anklammern an das Glück, das mir Marion verhieß. Es war die Verwirrung. Es war der Tod, der zum erstenmal bei uns anklopfte. Da wurde alle Einigkeit als Lüge verschrieen. Da tat sich die Entfernung, diese Rache Gottes

auf. Ich war an einem Ort. Und Marion an einem anderen. Und es gab keine augenblickliche Verständigung zwischen uns. Das Meer war weit entfernt. Ich konnte sie nicht herbeirufen. Selbst nicht einmünden. Ob mein Herz auch stille stünde, sie würde es in diesem Augenblick nicht erfahren. Sie konnte nicht kommen und meine Stirne streicheln. Sie konnte nicht meine Hände auf ihr besseres Fleisch legen. Ich war in einem Kerker und von ihr. Es würgte mich der Gedanke: Man hat dich lebendig vermauert. Du bist scheintot in einem tiefen Grab begraben. Es konnte vermutet werden, alle Schuld fiele auf Marion, denn ich war es, der litt. Doch mußte sie makellos gefunden werden, denn sie wäre bereit gewesen. Kreatur mit Schmerz, Kreatur mit Angst. Das war ich. Und es gab nur einen Trost in meiner Nähe: das frische Kind. Und es verstand von meiner Angst mehr als ich verstand. Und beruhigte sie mit einem Verschwenden des süßen Fleisches an mich.
Am anderen Tage war es nicht leicht für mich, mit Marion zu sprechen. Wiewohl, was geschehen war, sich in mir noch deutlicher erklärte als in dem Augenblick da es geschah. Wir können, sehend, nicht der Liebe zum Schönen und Anmutigen ausweichen. Wenn wir die Statue eines Meisters bewundern, so ist es ein geheimer Antrag, den wir verschweigen können. Und mit dem Ton ungemäßer Worte verheimlichen, daß wir bestünden, ab von der Rolle des ehebrecherischen Angeklagten. Wir können uns dabei auf Knaben- und Mädchenzuneigungen ertappen. Nur daß sie fein sind wie Träume. Wir können, gemessen mit gemeinem Maß, sehr tief uns verlieren. Welche Gefühle nicht vermag uns der Anblick eines Pferdes zu entlokken oder der eines stämmigen Kalbes. Wir haben das Fell von Tieren unter unseren Händen gehabt und heimliche Ströme der Beglückung daran genossen, die unbegreiflich waren wie der Gang zu einer Dirne. Unsere Hände haben selbst Bäume und Blumen und Steine betastet um eines sekundenhaften Beischlafes willen, den wir gering achteten und nicht wogen, weil wir sehr unverantwortlich unsere Genüsse nehmen. Wären wir nicht im Austausch mit mannigfach zeugenden Kräften, wie wohl vermöchten wir dann in einen Stein das Bild des Fleisches zu bannen. Äderchen, Grübchen, Schwellungen. Herausfordernd andeuten: Mann und Weib. Oder bronzen dunkel, fast

negerhaft, uns uns selbst, unser Angesicht, unsere Hände, unsern Nabel zu denken? Und was wäre das für eine Sucht: Durchsichtige, strahlende Sterne zu schleifen, daß Blitze in ihnen aufsprühen? Mit ganzer Frechheit überkam mich die Erkenntnis, nur einen Bruchteil der uns zugewiesenen Stunden können wir der hauptsächlichsten, der größten, der menschlichen Liebe dienen. Meine beschlossene Ehe mit Marion sei, viel oder wenig, die Krönung meiner Genüsse und Glücksempfindungen, meiner Arbeitsziele und meiner Mitleidsregungen. Ein Spiegel, der, was auch immer in anderen Stunden ich empfing, geläutert zurückwarf. Ich war aber so verklärt im Geist, daß ich zugab, unmöglich könne Marion das Ziel aller Schönheit und das Ende aller Schöpfungsweisheit sein. Sie könne nichts von der kindlich verwirrten, unregierten Üppigkeit des mischblütigen Kindes besitzen. Die Erleuchtung in mir so hell, daß ich mich einen Lügner und Betrüger genannt hätte, wäre ich in meinem tiefsten Trostbedürfnis, in meiner Todesangst, in meiner Sucht, meinen jungen Leib zu beflecken, an der willigen Schönheit des fremden Mädchens vorübergegangen. Vor der meine Lippen stark genug waren zu bitten, sich mir zu enthüllen, während sie vor Marion zuckend geschwiegen hätten. So war ich ohne Reue und sicher, mein erster Genuß würde tausendfältig verstärkt an Marion wiedererstehen. Aber ich konnte die Klarheit meiner Überlegung nicht in Worte fassen. Ich schwieg.«
Lügner vor der Geliebten, der ich auch bin. Hurer, Mörder, Pferdsehnsüchtiger, Kindsverführer, Ehebrecher. Signe. Signe.
Perrudja wollte etwas sagen. Es war belanglos. Bekräftigen. Da gingen schon wieder Bilder durch sein Hirn. Rote Juchtenstiefel an Signes geraden nackten Beinen. Sein ganzes Leben. Wie bei einem Ertrinkenden. Das Pferd. Sassanidischer König. Ein Knabe weint. Die anderen Tiere. Die Edelmütigen oder die Geschichte des Sklaven. Der Knecht und die Magd. Der Zirkel. Alexander. Werbung und Vorhölle. Die Nebenbuhler. Die Bergpolizei. Hochzeit. Abrechnung. Die Marmaladenesser. Die Rede des Franzosen.
»Ich schwieg wochenlang. Nach der Wollust des Lügens kam die Angst vor einem verspäteten Bekenntnis. Ein Mißtrauen

gegen Marion, sie würde vielleicht nur halb begreifen. Das Erlebnis selbst rückte von mir ab. Es blieb Sehnsucht nach einer Wiederholung. Sie ging deutlich wie Schuldbewußtsein durch meine Adern.«

»Hahahahahahaha.« Perrudja furzte sehr laut als wäre er Harald Tidemand und sagte sehr leise: »Ich bitte um Entschuldigung. Nehmen Sie noch ein Gläschen Wein. Sie erzählen eine Geschichte, die mir seit langem bekannt ist. Ich wollte es schon sagen; aber es kam mir ein Gedanke dazwischen, der zu kräftig war, als daß ich ihn hätte aussprechen mögen.«

Hein spitzte den Mund wie zum Flöten und blies einen dünnen Atem gegen die Augen Perrudjas, die ihm, da er sie umgekehrt sah, den Kopf als Fuß, den Steiß als Maul, vielmehr des Steißes Gegenpol (Symphyse, was ihm nicht einfiel), wie Rutilgeflecht in geschliffenem Quarz erschienen. Wunderbar braun und tief und metallisch. Und der schwarze Abgrund der Pupillen ging hinab in die Unendlichkeit der Gedanken. Er wußte nicht, daß man diesen Wunsch aus einer Liebe erklären konnte: Die Augäpfel, die gläsern, im Munde zu halten, demosthenische Kiesel.

»Es zeigte sich ein Etwas an mir, das mich allen Gesprächen mit Marion enthob. Ich mußte zum Arzt gehen. Ich suchte den jungen Doktor Bourdinot auf. Am ersten Tage meines Besuches bei ihm sprachen wir nicht viel. Ein paar Worte über die Krankheit. Und zum Schluß er: »Sie werden während der nächsten Jahre nicht heiraten dürfen.« Und ich: »Ich werde niemals eine Frau schwängern dürfen.« Er antwortete mir darauf nicht. Am nächsten Tage siedelte ich in seine Klinik über. Ich lag in einem einsamen Zimmer in einem einsamen Bett. Vor Furcht hatte ich kein Erinnern mehr. Und vor Hoffnungslosigkeit keine Lust zur Zukunft. Doktor Bourdinot sagte zu mir, was ich in diesem Augenblick nicht wußte: »Sieh da, unser hübscher zwanzigjähriger Kranker.« Und ich heulte auf, weil er sagte: hübsch und zwanzigjährig. Ich war noch ein Geringes neben der Krankheit. Nicht nur das Gefäß der Krankheit. Er bat mich, zu erzählen, und ich war so wenig stolz, daß ich erzählte. Und als ich an die Stelle kam: In dem einsamen Zimmer, in dem einsamen Bett liegt ein hübscher zwanzigjähriger Kranker, erschien mir das eigene Leid unwichtig. Mit verzehrender Peinigung ging mir auf, das frische Kind, das

meinen Sinnen gütig gewesen, war krank, kränker als ich. Es war zum Abfall geworden, der im Verwesen leuchtet. Seine Krankheit wurde zu einem Stein, der mir das Herz abdrücken wollte. Eines viehischen Satans Werk. Verbrechen an der Pracht des Bastardes. Und ich wurde zornig gegen eine Allgemeinheit, die es nicht verstanden hatte, Kostbarkeiten vorm Besudeltwerden zu bewahren. Ich schrie es hinaus. Es mußte an das Ohr des Arztes kommen. Er nickte. Ich merkte ihm an, er sah sehr weit von sich ab in die Ferne.
Den ersten Gesprächen auf dem Krankenlager folgten viele. Es kam aus seinem Munde der Satz: »Aus dem Wust der uns angehängten Sittenlehren ist nur ein Gebot übrig geblieben: Gesund zu bleiben. Unser Leib ist die Freistätte für alle Sünden geworden. Wir können an kein Dogma mehr glauben. Wir sind wie die ersten Menschen. So vergreist. Und einfältig im Bezeichnen der Sünde.« Und ein anderer: »Die Menschheit vergeudet jährlich zwanzig milliarden Goldfranken für die Vorbereitung von Kriegen. Für das Zerfleischen ihrer selbst. Für unnennbare Folterqualen an Unschuldigen. Es müßte ein Urteil ergehen auf harte Fronarbeit. Die Potenz der Kräfte, die auf Zerstören ausgehen, müßte in den Bau eines riesenhaften Tempels einfließen. Nach zehn Jahren würde er kilometerhoch und viele tausend Meter lang und breit sein. Und wäre er auch massiv wie ein Gebirge. Seine Säulen könnten aufragen wie Kirchtürme und dabei fett wie Tonnen sein, daß man eine Minute und mehr Zeit gebrauchte, sie zu umschreiten. Und seine Mauern stärker als die stärksten Staudämme der Welt. Und alljährlich müßten Tausende jeden Volksstammes gemeinsam zu dem Steinkoloß pilgern. Und erkennen und einander zuflüstern, daß sie begriffen, so übermenschlich seine Hallen, das Gesicht seiner Steine und Maße seiner Glieder, so unmenschlich der Krieg und seine Greuel. Und sie dürften nicht nachlassen, die Abordnungen alljährlich zu wählen und auf die Pilgerschaft zu senden. Die Steine müssen den Menschen predigen. Und wäre irgendwo in der Welt eine Not und keine Arbeit für arbeitsfreudige Hände, so könnte der Tempel sich erweitern und strotzend werden von Schmuck und Farben. Wie die Paläste des Dalai-Lama. Maß für die Größe des Unglücks Krieg. Und all die Kulturen der Welt, die Europa

gefressen, würden ein Denkmal finden können. Würden erwachen in den betäubten Gehirnen der Schaffenden. Doch das Urteil wird nicht gesprochen werden. Den Tempel werden die leidenden Millionen nicht errichten. Es bleibt nur die schwache Hoffnung auf den guten Samen einiger Berufener.« Und nach Tagen erfuhr ich, was für eine Hoffnung das sei. Es mußte eine langwierige Behandlung an meinem verseuchten Körper vorgenommen werden. Es war Zeit für vielerlei Gespräche. Er sagte etwas von dem Admiral Kolumbus, und daß er geschrieben, das Ende und der Anfang seiner Unternehmung (nämlich den westlichen Weg nach Indien zu finden) sei gewesen, daß sie zum Wachstum und Ruhme der kristlichen Religion gereiche und keiner in diese Lande komme, der nicht ein guter Krist wäre. Und Doktor Bourdinot beharrte bei diesen Worten und verglich sie mit den Taten des Mannes. Und bewies, wie verblendet, wie dumm ihn die Religion gemacht. Und wie unmenschlich, die doch vorgab, die menschlichste zu sein. Er bezog die Gemetzel um Gold, die Spanien verbrach, nicht ein in die Betrachtungen. Er nannte die ersten Gedanken des Admirals, als er die unbekannten Inseln erreicht hatte. Und seinen Betrug an Menschen, die ihm ganz und gar arme Leute schienen. Die nackend gingen, wie ihre Mutter sie geboren. Die wohlgebildet, von schönem Körper und hübschem Gesicht waren. Deren Haar fast so stark wie das von Roßschweifen. Deren Hautfarbe die der Einwohner der Kanarischen Inseln – weder Neger noch weißhäutig. Deren einige sich weiß schminkten, andere rot, noch andere mit der Farbe, die sie zufällig fanden. Deren einige sich nur das Gesicht, andere den ganzen Körper, wieder andere nur die Augen, noch andere nur die Nase schminkten. Die keine Waffen trugen und kannten. Die, als man ihnen ein Schwert zeigte, in die Schneide faßten und aus Unbekanntschaft damit sich schnitten. Die insgesamt, einer wie der andere, von schlankem und hohem Wuchse waren, gut gebaut, mit feinen Bewegungen. Und die er sehr gering einschätzte, indem er von ihnen sagte, sie müßten gute Diener abgeben; denn er habe bemerkt, sie hätten gute Anlagen, sprächen sehr schnell alles nach, was man ihnen vorgesagt. Und daß er sie mit bunten Mützen, Glasperlen und einigen anderen Kleinigkeiten von wenigen Centimos Wert

betrog. Und ihre Inseln in Besitz nahm. Und ihrer sechs gefangen mit sich anbord seines Schiffes brachte. Und ausfragte, wo sich Gold befände. Und daran dachte, Kreuze und Befestigungen zu errichten.
Der Arzt brachte die Worte, die er sprach, sehr leidenschaftslos vor. Ich bemerkte, er war so sehr betrübt und traurig, daß er nicht zornig sein konnte. Er sagte noch: »Gewiß war Kolumbus ein frömmerer Mann als der Martin Alonso Pinzon, der die Caravele Pinta befehligte. Der den Admiral verließ, gierig nach Gold. Gierig nach den schönen unbekleideten Frauen und Jünglingen der grünen und fruchtbaren Inseln. Man könnte tief darüber streiten, ob das Böse am Gesetz des Dogmas oder an der Leidenschaft entsteht.« Er sagte noch: »Die Leidenschaft ist gerechter als das Gesetz. Sie kann befriedigt werden. Das Gesetz ist unerfüllbar und läßt sich nicht befriedigen. Es ruht niemals. Es ist eine maßlose und ewige Forderung, die kein Blutstrom sättigen kann.«
Perrudja dachte an einen Hafen, der rund wie die Scheibe des Vollmondes, doch groß wie eine Fjordbucht. Und die Kaimauern leicht schräge glatt graniten, fünf Meter hoch. Und das Wasser im Becken grünschwarz. Und die Ausfahrt ins Meer nur schmal wie eine Schleusenkammer. Er war es, der auf warmen Planken lag und von einem Schiff hinabstarrte in den Spiegel. Und er ertränkte seine Sehnsucht nach fernen Welten in der Furcht vor dem schwarzen Wasser. Mit der Furcht kam das Bild von den bleichen Leichenstämmen enthäuteter Nadelbäume. Aber sie bedrängten ihn entsetzlicher denn je. Sie richteten sich auf. Verzimmerten sich zu Galgen, von denen herab Stricke hingen. An den Stricken waren riesenhafte Angelhaken befestigt. Und diese Angelhaken waren abwechselnd Menschen und Fischen in die Magengrube geschlagen, aufwärts, daß sie an Rippen und Kiemen hingen. Er schloß die Augenlider. Er begrub die Angst seiner Pupillen, daß Hein sie nicht sähe.
»Es ist leicht, die Leidenschaft zu entschuldigen«, sagte der Arzt, »es ist schwerer, die Grausamkeit der Vernunft zu verteidigen. Wer verstände es nicht, daß Kapitäne und Schiffsmannschaften auf den Inseln der Südsee desertierten? Die ein Glück verhießen, das nirgendwo anders blühen konnte. Einen vollen

Magen ohne Sorge. Lendenfreuden ohne Kümmernisse. Für die Augen ein Meer und ein Land voller Farben. Sie brachen aus aus der Unfreiheit Europas. Sie taten es dem Gonzales de Vigo nach, der auf Rota mit zwei Kameraden desertierte. Die Zehntausende.« Und er sagte die Namen der Inseln her. Er hatte deren hunderte auswendig gelernt, um anzudeuten, wie unendlich gütig das Meer und mit wie vielen Inseln es die Leidenschaft des menschlichen Herzens befriedigen wollte. Babeltaob, Ngaregur, Ngarekeklau, Ngargensiul, Aulong, Aulseulubal, Nhorui, Ngatmatuk, Ugelpelu, Ngorduais, Pkulopnei, Uruksapel, Koror, Malakal, Margargar, Earakong, Pililju, Angaur, Falalap, Soroloi, Mohemog, Petangeras, Elel, Elimat, Lam, Soroilori, Pogird, Sum, Pugelieli, Elepig, Eau, Biug, Pugelug, Wetawol, Lodo, Wasarai, Lolong, Mangen, Eu, Ulu'ul, Lediop, Ear, Kielop, Esur, Vodjeluk, Eanietsik, Ngulu, Olongadjel, Songosor, Fana, Raur, Paliau, Volea, Mariong, Tagaulap, Eaugaligarail, Faralis, Taramat, Falamalak, Soluap, Votagai, Ealangasik, Faluelegalau, Faluen'nap, Faluelemareiot, Faluelaplap, Pial, Komol, Falulap, Luisaga, Falalis, Motogosou, Faroilap, Pig, Ead, Ifaluk, Imoai, Ella, Flarik, Elat, Oletal, Kare, Falipi, Lamolior, Lamotrek, Buiug, Faleit, Sätoval, Pollap, Tamatam, Fanedjik, Ueito, Onoun, Unanu, Onou, Mag'kur, Magkeredjik, Pisaras, Namoin, Falalu, Fefan, Wola, Toloas, Eten, Uman, Perem, Tatu, Udot, Falabenas, Tol, Amatan, Pwele, Pata, Pis, Tonelik, Lap, Ruak, Holap, Fanuela, Fanamar, Falas, Falapi, Falanan, Pisar, Oraram, Salat, Obut, Notu, Pores, Faran, Uyas, Mesejon, Falaik, Uliden, Uralu, Olamwe, Fawrup.«

Ich werde krank, wenn ich an das Bildnis der Welt denke.

Perrudja stöhnte auf. Er sagte: »Oful soll kommen.« Aber weder Hein noch der Franzose nahmen auf, daß er es gesagt. Sie hatten ihre eigenen Sehnsüchte. Sie trieben wie ein Tang im Meer.

»Aber das Meer war ohne einsichtige Kritik«, sagte der Franzose, »es trug auf seinem Rücken die Schiffe der Walfischfänger und die der Sklavenhändler. Es trug die Transporte der Seesoldaten. Es hat mehr Unschuldige als Schuldige verschlungen.«

Der Doktor Bourdinot sagte aus der Ferne seiner Abwesenheit:

»Die Leidenschaft kann an sehr schwächliche Menschen gefesselt werden. Und an solche, die kein Herz haben.«
Es konnte wohl erkannt werden, daß, wie aus dumpfen Träumen, die Ohnmächtigen, die da stöhnten, den jungen Gott der Welt angefallen, um seine Taten zu enträtseln. Sie konnten zu keinem anderen Schluß gelangen, als, er sei vor lauter Jugend noch nicht dazu gelangt, die Schöpfung zu beherrschen. Eben dies Meer, das wahllos jedes gutgebaute Schiff trug. Sie erkannten an, er hatte in nächster Nähe um sich eine Ordnung nach seiner milden Meinung geschaffen. Alles Jugendliche, wie er selbst jugendlich, troff von Liebe. Aber sie glaubten, ihn auf Mißstände in seinem Reiche aufmerksam machen zu müssen. Sie waren einig mit Doktor Bourdinot, daß die Geschichte des Andrew Cheyne erzählt wurde. Nicht die ganze Lebensgeschichte, sozusagen nur einen bösen Gedanken seines Lebens. Die Frucht eines Tages:
– Er sagte zu John Davy, der mit ihm von Goreor nach den Salomoninseln auf einem Handelsdampfer fuhr. Als sein Dolmetsch. Und der tätauiert war wie die dunkelhäutigen Eingeborenen des Archipels. Er sagte zu John Davy: »Ich muß meine Lüste befriedigen. Die schwarzen Weiber schaffen es nicht mehr mit mir. Sie sind jung oder alt, eng oder weit, hübsch oder häßlich. Und ihre Zahl ist Betrug. Die Zahl ist ein Berg. Aber man kann den Berg nur an einer Stelle begatten.« Das Schiff nahm Sandelholz über. Die Seefahrer schichteten es. Und wo es gestapelt war gleich einer Mauer, machte er sich zu schaffen. Und er dachte, daß man hinter der Mauer ein Etwas verbergen könne. Daß jede Mauer an ihrem hinteren Teil sozusagen eine Überraschung bedeutet für den, der die Mauer nicht kennt, sie nicht erbaut hat. Nicht ohne Belehrung liegt aller Unrat hinter einsam stehenden Mauern. Und der Schiffsherr sagte zu Davy: »Da ist eine Mauer aus Sandelholz. Diese Mauer soll nicht zwecklos sein. Da soll ein Unrat hinter dieser Mauer sein.« Er stieg auf Deck. Er spie einen braunen Saft in das klare Meerwasser. Er sagte zu den Männern in den Kanus ein Gewisses. Davy mußte es den braunen Menschen übersetzen. Er redete von der Feindschaft der Sandelholzträger zu den Bewohnern der Insel Temtem, die man fern liegen sah. Er sagte sehr beleidigend, sie wäre nur ein Riff, nur a'Ikrel, etwas

Verächtliches. Und die Angeredeten sagten: »Ja, ja.« Er wolle eine große Tat vollbringen lassen, sagte der Schiffsherr. Er ließ die meisten der Kanufahrer anbord kommen. Bewaffnet. Mit Beilen, mit Speeren. Mit Messern. Sie mußten unter Deck hinter die Sandelholzmauer treten. Daß sie verborgen wären. Der Dampfer plantschte davon. Gegen die feindliche Insel. Er ließ Dampf in den Rüssel seiner Schornsteinpfeife. Er lockte Kanus vom Strande herbei. Sie umtanzten das Schiff. Cheyne spie wieder braunen Saft ins klare Meer. Er ließ hier durch Davy sagen, daß er zu handeln wünsche. Die Männer möchten anbord kommen. Unbewaffnet. Und sie kamen anbord des Schiffes. Sie kamen unter Deck an die Sandelholzmauer, die sie nicht erbaut hatten. Ihre Feinde brachen hervor. Und speerten sie. Oder spalteten sie auf mit Beilen. Es war eine neue Art Lust, dies anzusehen, die Cheyne sich verschafft hatte. Nun wollten die Sieger das frische Fleisch der Niedergemetzelten verspeisen. Cheyne hatte nichts dagegen. Aber die Besatzung des Schiffes revoltierte. So wurden die Leichen über Bord geworfen. Wie sie sich befanden. Blutend. Das Meer wurde ein bißchen rot. Und ein wenig unappetitlich. Es fühlte es selbst, es trug einen Ausschlag und sandte aus der Tiefe Tiere herauf, daß sie die Leichname fräßen. –

Nachdem die Anwesenden diesen Fall der Kolonialgeschichte dem jungen Gott vorgetragen, war ihnen sehr nüchtern zumut. Vollkommen kühl. Höchst eigenartig unentschieden. Sie wußte in der Tat nicht, ob der Vorgang den hohen Jüngling interessieren konnte. Andrew Cheyne war ein Schwein gewesen. Und ein dunkelhäutiger Feind hatte den anderen, da er ihn schwach fand, umgebracht. Und mit dem Engländer selbst war zu einer späten Zeit abgerechnet worden. Vor sein Haus gelockt und mit einem Beile niedergeschlagen. Und da er nicht tot durch den Streich, wurde sein Körper stückweis mit einem großen Fliesenstein zermalmt. Und ins Meer versenkt. Das war auf Goreor.

Ihre Ernüchterung und Befangenheit war so groß, daß die weite Welt der Ozeane wieder einschrumpfte zur Kuppelhalle in Perrudjas Haus. Und der Franzose war es, der mit Mühe sprach. Erwählter Ankläger vor der Hohen Pforte des Gerichts. Man mußte die Anschuldigungen gegen das Meer fallen

lassen, wie sich versteht. Perrudja wollte bei Mordsachen durchaus keinen Zeugen abgeben.
Mörder, Kindsverführer.
Und Hein glaubte von sich, er wäre bei dem Gemetzel nicht ohnmächtig geworden.
Dem Advokaten warf der Staatsanwalt Gottes eine Erinnerung in die grauen Gehirnwindungen, daß ein paar feine Äderchen zu zerspringen drohten: Swift, George Hamilton & Co., Ltd. Einen Riesenschornstein in Form eines Kreuzes. Fleischkonservenfabrik. Zwölftausend argentinische Ochsen täglich. Deren Eingeweide in einer Bucht des Meeres von Vögeln verspeist wurden. Vielleicht, der Ozean selbst, um sich zu säubern, sandte Fische. Luft und Meer senden ihr Getier. Die Stimme ging schnarrend wie ein Mikrophon: »Doktor Bourdinot erzählte mir die empörendsten Etappen des organisierten Raubes, der Kolonisation genannt wird. Von den grauenvollen Schlachten in allen Erdteilen. Und wie sie bis in unsere Tage nicht aufgehört. Wie unser Vaterland in Syrien und Marokko sich täglich besudele. Daß die Nationen Europas wetteiferten, Verbrecher zu werden. Ohne Nötigung die Generale sich verwilderter gäben als das bösartigste Tier. Sie auf die Proklamierung des natürlichen Rechtes der Eingeborenen mit unvorstellbaren Rachen antworteten. Ähnlich denen des Herrn von Trotha, der nach dem Aufstand der Hereros sie in die Omaheke-Wüste trieb und dort planvoll Männer, Weiber, Kinder, Vieh dem Verdursten preisgab.
Mit jedem Tage meines Krankenlagers führte er mich tiefer in die Erkenntnis, wie gering, wie unfähig, wie herzlos die europäischen Nationen. Wie unfruchtbar ihre rationale Ethik, die an den Schwachen zu einem Instrument der Ausbeutung werden mußte. Wie wenig sie eines großzügigen Werkes fähig. Daß sie nur dem Begriff des Trusts noch Denkmale bauen könnten. Verwaltungsgebäude, Riesenschiffe. Als ich mich tiefschuldig fühlte für die anderen, die ich nicht kannte, tat er, als hätte er nichts Schweres, nichts Anklagendes vorgebracht. »Europa hat nicht die rechten Bürger in die Welt entsendet«, sagte er, »die Menschen guten Willens sind zu Hause geblieben.« Aber meine Zunge löste sich, damit seine Anklagen nicht fortgewischt würden. Sie kam hervor mit dem Inhalt des

Briefes, den Don Miguel de Arbacegui aus dem Archivo de Indias zu Sevilla gestohlen und verbrannt hatte. Dies aber ist der Inhalt des Briefes: –:

»Nein«, schrie Perrudja, »ich will den Brief nicht kennen. Wir haben bereits einige Daten der Weltgeschichte vernommen. Und es sind nicht die einzigen, die mir bis an diesen Tag bekannt geworden sind. Es werden in den neuen Erzählungen die Namen vertauscht sein. Dieser Kapitän Andrew Cheyne wird Bernardo de Egui y Zabalaga heißen oder Francisco de Padilla. Oder Jorge de Menezas. Oder Sebastian del Cano. Oder Toribio Alonso de Salazar. Oder Gomez de Sequeira. Oder Gonzalo Gomez de Espinoza. Oder Alvaro de Savedra. Oder Hernando de Grijalva. Oder Lope Davalos. Oder Inigo Artiz des Retos. Oder Peter Fidalgo. Oder Miguel Lopez de Legazip. Oder Andres de Urdareta. Oder Alonso de Arellano. Oder Pedro Sanchez Pericon. Oder Alvaro Mendaña de Neyra. Oder Manuel Dublon. Oder Don Emilio Butron y de la Serna. Oder Don Juan Ibargoiti. Oder Lope Martin. Und der Dolmetsch, die zweite Person, der Zuschauer, der Berichterstatter Pater Urdaneta oder Pater Gonzales oder Pater Antonio de Valencia oder Superior Daniel Maria de Rocha oder Pater Andres Serrano oder Pater Francisco Calderon oder Pater Joseph Cardil oder Pater Superior Jacobo Duberon oder Bruder Etelam Baudin oder Ignacio Crespo oder Juan Antonio Cantova. Und wir werden von einem Streit erfahren. Oder von den Lüsten der Henkersknechte. Oder von einer neuen Art zu töten.«

Pujol sagte: »In der Tat, von einer neuen Art zu töten.« Perrudja sagte sanglos und ergeben: »Der Mensch ist verdammt. Es ist ihm keine Hoffnung gelassen. Wäre er nicht hoffnungslos, er würde nicht so viel zu einem unbekannten Gott beten. Er kann sich vor den Möglichkeiten der Verbrechen nicht erretten. Ich habe gelesen, es gibt eine Art schöner Menschen, die einen bestimmten Vorgang des Meuchelmordes ausgebildet haben. Sie lauern ihren Opfern im Busch oder im Walde oder im Gebirge auf. Unter dem freien Himmel. Sie fürchten nicht, er sähe deutlicher als steinerne Wände. Sie überwältigen. Sie drehen dem Menschen den Kopf nach rückwärts, daß er die Sprache verliert. Dann treiben sie einen Pfeil ihm in den After, schneiden den hervorstehenden Schaft ab. Daß niemand äußer-

lich das Instrument, das ihn langsam in qualvollen Tagen tötet, sieht.«
Pujol sagte: »Man kann den Menschen ihre Brutalität verzeihen. Man kann ihnen die brutalen Überlegungen nicht verzeihen. Es kann ihnen nicht vergeben werden, daß sie es verschmähen, in sich hinein zu horchen. So bestimmt das Blut in ihnen zischt, so bestimmt singt es auch unter dem Lärm. Es ist gewiß belastender für alle menschlichen Institutionen, daß fette Weiber, mit falscher Grammatik redend, in den Kaffeehäusern der Boulevards sitzen und Torten und süße Schlagsahne essen, als daß hin und wieder Lustmorde geschehen. Und ich sage es nicht, weil ich jemand, und sei er von noch so gemeiner Geistigkeit, den Genuß süßer Schlagsahne mißgönne. Aber es gibt eine Art Busenfett, das ich hasse. Es ist ein unverantwortliches Fett. Es ist nicht wie das Fett der Eskimofrauen und nicht wie das Fett der nur Weiber, unserer frühen Vorfahren. Es ist das Fett des dienstbotenknechtenden Überflusses. Der Dummheit Fett. Der Dummheit Wort ist eine Beleidigung der Sprache. Der Dummheit Glaube zerfetzt die Schöpfung. Darum war der Mord, der in dem Brief beschrieben wurde, so schlimm. Kein Totschlag, keine Notwehr. Die Geilheit einer dummen Frömmigkeit. Gefangene Menschen wurden gegen eine Wand in Kreuzesform gebunden, und die Matrosen rannten mit einem Balken, Vierkantholz für eine Rahe, den sie auf den Schultern trugen, die nackten atmenden Brüste ein. Sie wählten die Kreuzesform, um sich als Kristen zu beweisen. Aber ihre Tat war niedrig wie die eines Polizeisergeanten, der politischen Gefangenen oder Mördern mit dem Absatz seiner Stiefel die Rippen bricht. Und sich nicht rühren läßt von einem stundenlangen Geschrei und Winseln.«
»So ist die Zeit der Folterkapellen noch nicht vorüber«, sagte Hein. Er reckte sich, daß die Gelenke seiner Knochen knackten.
»Der Mensch hat gelernt, Geräte zu verfertigen. Aber er hat nichts Moralisches an den Geräten gelernt. Er hat noch nicht begriffen, der Kampf um die Existenz seiner Art ist längst vorüber. Seine Angriffe sind eine beweisbare Gemeinheit. Es ist seine Pflicht geworden, darüber nachzudenken, was anzustellen sei, daß seine Zahl nicht ein Frevel bleibt.«

Perrudja sagte: »Ich bin begierig zu vernehmen, was für einen kleinen Trost Doktor Bourdinot uns aufgespart hat.«

»Ablösen der altgewordenen Menschheit durch eine neue Rasse«, sagte Pujol.

»Das ist ein ungehöriger Vorschlag. Ein Wahnsinnswort«, sagte Perrudja.

»Ein erster Einwand«, konstatierte der Franzose, »es ist leichter, als jenen Tempel, von dem wir sprachen, zu errichten. Es heißt ein Naturgesetz nutzen. Jeder gute Same will aufgehen und weiteren Samen zeugen.«

»Jeder böse auch«, redete Hein dazwischen.

»Wir werden keine Pyramiden errichten können«, sagte Pujol, »und ohne künstliche Steinberge werden die Menschen guten Willens nicht stark unter den Dummen werden. Ein papierener Frieden und eine papierene Wohlfahrt können nicht dauern. Auch nicht die Gebilde einer rationalen Ethik. Ohne die Vorherrschaft der Menschen guten Willens muß Europa zugrunde gehen. Es ist beweisbar. Und mit ihm andere Erdteile. Wenn nicht der Geist den Fortschritt reguliert, kann das Neue nur Unheil erzeugen. Es ist bezeichnend für die Schwere unserer Zerrüttung, daß das mögliche Höchstmaß an Qualität uneingeschränkt nur den Mordinstrumenten zugebilligt wird.«

»Weiter, weiter«, rief Perrudja in die Pause, »was soll geschehen? Eine hypothetische Menschenrasse. Wer wird sich durch dieses Nichts an Stoff verdrängen lassen? Wer bürgt für Qualität, wenn ein Adam und eine Eva als Stammeltern gefunden werden?«

»Sie wissen wenig von den Funktionen des menschlichen Leibes, von den Elementen«, wandte sich Pujol gereizt an Perrudja.

»Ich weiß sehr wenig«, erwiderte er, »ich erfahre an mir. Ich bin ein Stümper, gewiß, aber ich bin kein Lügner. Oder doch nur ein Lügner von geringen Graden. Ich versuche auch mit der Lendenkraft des Mannes zu experimentieren, doch nicht so tollkühn wie Doktor Bourdinot es wünscht. Bescheidene Versuche. Einen Mann hundert Jungfrauen schwängern lassen.«

»Vielleicht wird man sich dennoch verstehen können«, sagte Pujol, »was hier mit den unterschiedlichen Mündern gesprochen wird, ist einander gar nicht so feindlich wie es sich gebärdet. Man könnte einige tausend junge Europäer ausmustern. Nach einer rationellen Methode. Sie müssen gesund sein. Und stark. Man müßte ihren Dünkel brechen. Man müßte ihre Seele in ein Geflecht von Eisen legen. Um ein abhanden gekommenes magisches Denken zu ersetzen. Keine papierenen Eide. Steinerne oder fleischliche Eide. Man müßte ihren Hochmut durch Wahrheiten brechen. Was für geringe Existenzen sie seien. Wie verflucht. Wie mitschuldig durch ihre Vorfahren an den Exzessen der Vergangenheit und der Gegenwart. Man müßte ihre ganze jämmerliche Fleischlichkeit ihnen zu Gemüte bringen. Und wie weit ab von der Schöpfung sie seien. Und wenn der Teufel in ihnen gebrochen, und sie zerknirscht und so willig, daß sie jeder Versuchung erliegen, weil sie fleischlicher als ein Regenwurm – dann sie schützen vor der Umwelt Europas. Sie wegführen. Auf Inseln. In andere Erdteile. Sie winseln lassen, anbeten andere menschliche Existenzen. Sie dürfen keine Herren sein. Lebende müssen sie sein. Man könnte sie zusammentreiben mit Malaien, mit Chinesen, mit Negern, die durch die gleiche Schule gegangen wie sie. Männlein und Weiblein.«

»Ein Experiment in die Breite, nicht in die Tiefe«, sagte Perrudja, »Anlaß zu neuen Konflikten. Wiederholung der Völkerwanderung. Neue Kriege. Vermehrte Zahl.«

»Der Krieg müßte im Anfang stehen«, sagte Pujol, »eine Weltkolonie gründen, die ab von den Kriegen der Kontinente, die sich verbluten oder ersticken mögen.«

»Eine neue Sintflut, eine neue Arche Noah«, höhnte Perrudja, »ein zweiter Regenbogen am Himmel. Die Töchter des Mannes rauben vom Vater betrunkenen Samen.«

»Es handelt sich um den Glauben an den Bastard. Kein rationales Denken mehr. Es sind soviel Schreie durch die Luft gegangen. Es ist soviel Blut vergossen, Unrecht geschehen. Es kann kein Zustand beharren bleiben, der nicht die Vergangenheit auslöscht. Die Geschichte muß am Ende sein. Es handelt sich um eine Opferhandlung, die endlich alle Flüche versöhnt, alle Verwünschungen begräbt. Sinnliche Hochzeiten mit magischen Wirkungen. Reformieren läßt sich die Menschheit nicht. Künder der Wahrheit und Gerechtigkeit genug haben sich die Kehlen heiser geschrieen. Genug Heilande sind gekreuzigt worden. Die millionen Sklaven haben keinen Herrn zu rühren vermocht. Von Doktor Bourdinot habe ich in den Wochen meiner Krankheit gelernt, man kann das Ziel, einen letzten fleischlichen Tempel zu bauen, versuchen wollen. Und nur die Bausteine der Leiber sind zu verwenden; alle anderen verworfen, weil kein Wort, keine Rede noch zu überzeugen vermöchten. In der Welt des Menschen kann alles bewiesen, alles zerwiesen werden. Für ihn keine feste Meinung noch eine Sicherheit. Der Strom, die Sehnsucht des Blutes ist das einzige Mittel des Beweises. Und außer der jungen Sehnsucht gibt es keine Hoffnung.«

Heins Herz begann sehr stark zu pochen. Gewiß nicht war in ihm eine Vernunft, die die Rede des Franzosen vernünftig hieß. Er begriff alles Tun, nicht seine Wirkung. Er sagte: »Wenn man die menschliche Welt für verloren hält, ist es ein Ausweg.«

Perrudja zerschlug mit dünner Rede die bescheidene Anerkennung: »Es ist gesagt worden: Im Anfang muß der Krieg stehen. Wer soll wen bekriegen? Wer soll wen töten? Sollen die Generale bei der Welterlösung Paten stehen? Werden die Proletarierheere ins Tal der Meere marschieren, daß sie ertrinken? Wäre es nicht klüger, den schlichten Selbstmord zu predigen?«

»Zum Krieg kann man eine falsch organisierte Menschheit zwingen, zum Opfer nicht«, dozierte Pujol.

»Es werden noch die Tugenden des Krieges entdeckt werden«, sagte Perrudja. Aber sein Magen war doch ein leerer Sack. Ihm war flau zumut.

Mit Mühe begann Pujol erneut: »Vermöchte ich es, durch meinen Willen der Menschheit den Tod zu bringen um den Preis, daß wenige Berufene errettet blieben, ich würde es auf mich nehmen, dieser Massenmörder zu werden.«

Perrudja entgegnete etwas nicht Zugehöriges: »Ich habe an meinem Finger einen Zauberring. Ich kann ihn bewegen und einen Wunsch nennen, der sich erfüllt. Ich könnte wünschen, was Sie mir vorgesprochen.«

Pujol sprang auf. Er schrie: »Ein symbolisches Wort.« Er wischte sich die Stirn mit einem Tuche. Er überlegte, bezwang einen Strudel. Er wurde sehr gefaßt. Nicht auf ein gedankenloses Wort hin den anderen anspringen. In Ordentlichkeit einen unterbrochenen Bericht zuende bringen. Er sagte: »Die Krankheit hatte meine leibliche Zukunft zerschlagen. Mit meiner unbeschädigten Vernunft gab ich das Versprechen, keiner Frau nahe zu kommen. Ich wollte Marion nicht wiedersehen. Ich wollte verschollen sein. Ich war Doktor Bourdinots Freund geworden. Weil er es wünschte, war ich nur Auge. Ich sollte alle Länder der Welt sehen. Und nur das bewahren, was für das Aufrechterhalten einer kleinen Hoffnung wichtig. Ich kehrte zurück, nachdem ich den Anlaß gefunden.«

»Wir möchten hören«, sagte Hein.

»Ich bin begierig, was den Selbstmordmüden trösten könnte«, sagte Perrudja. Er goß in das eigene Glas ein wenig Wein, stürzte ihn gurgelnd durch die Kehle. Sein Magen war ein leerer Sack. Er konnte, rein theoretisch betrachtet, mit flüssigem Blei ausgegossen werden, wie man aus gewissen Gerichtsakten festzustellen vermochte. Die beschrieben, daß es diesen oder jenen, sogenannten Verbrechern geschehen war.

Mörder. Kindsverführer. Falschmünzer. Sodomiten.

Er hatte ein vollkommenes Anrecht auf einen Tod durch Zersprengen, Verbrühen des Magens. Was ihn davor bewahrte, war unerfindlich.

»Ich kam auf eine sehr kleine Insel. Es war eine sehr schöne grüne Insel. Sie war sehr vollkommen, weil sie viele Landschaftselemente, die des Menschen Herz erfreuen, vereinigte. Gegen Süden wurde sie sehr niedrig und glitt mit einem Sandstrand ins Meer. Im Norden aber befand sich ein Berg, nicht übermäßig hoch aus schönem grünschwarzen Basalt. Dem Berge vorgelagert war eine lehmreiche, nur leicht gewellte Hochebene, auf dem Untergrund eines Tuffgesteines gebettet. Es brach aus einem Felsspalt eine Quelle hervor, ein Strahl, zwei Finger stark. Über das Hochland war, vortretend und zurückspringend, verstreut, wie kleine Eilande, ein niedriger Wald. Dazwischen Ödflächen mit Farnen bestanden. Mit Melastonengebüsch. Mit blauen Lilien und blauen Disteln. Mit rosablühenden Orchideen. Mit einzelnen schlangenhaft sparrigen Bäumen, mit dünnem Bambus, mit lila und weißem Löwenmaul. An der Küste, wo das Meerwasser die Insel umspülte, wucherten die Manglewälder aus dem Schlamm hervor mit den gespreizten Wurzeln und Stelzen. Es wohnten etwa dreißig Menschen auf dieser Insel. Braune tätauierte

Männer und schöne Frauen. Sie waren nur mit einem Schurz bekleidet. Der der Männer war aus schlechtem englischen Kattun gefertigt. Der der Frauen war noch handgearbeitet aus Bast und Pflanzenfasern. Die Kinder gingen nackend wie im Mutterschoß.«

Perrudja stöhnte wieder leise vor sich hin. Sein Herz war eine pumpende Qualle, ein Polyp, der ihn aussog, auffraß mit der Sehnsucht nach dem Paradies.

»Es war zu erkennen, eine erste Wandlung zum Schlimmen hatte auch diese kleine Insel heimgesucht. In der Ferne auf einer größeren, in einem weißen Hause, wohnte ein Gouverneur, ein Europäer, die Polizei und Gelehrsamkeit eines europäischen Staates. Und er hatte befohlen, die Bevölkerung sei mit einer Kopfsteuer von sieben Schilling jährlich zu belegen. Zehn blanke goldene Sovereigns müßten in die Kasse des großen Reiches gelegt werden. Der Statthalter des großen Reiches wollte nicht verstehen, daß das Land der kleinen Insel ihren Göttern, den Göttern der dreißig Menschen zu eigen war. In Europa war kein Land irgendwelchen Göttern zu eigen. In den Staaten der weißen Menschen gab es Besitzende und Sklaven. So mußten die dreißig sich gefallen lassen, daß an ihr Gestade eine Art Erdbewohner kamen, von Zeit zu Zeit, die ihnen zuwider. Walfänger, Trepanghändler, Schildpattaufkäufer. Daß sie Handel trieben. Denn nur der Handel vermochte die zehn Sovereigns, die Kopfsteuer zu erzeugen. Es gab schon fünf Bastardkinder am Strand. Sie waren nicht Kinder der Liebe, sondern Nachkommen vergewaltigter Jungfrauen. Aber diese Menschen waren so gütig, sie hatten sie nicht bei der Geburt ermordet. Sie waren auch gegen mich nachsichtig, der ich doch von der Gestalt ihrer Feinde war. Da ich ihre jungen Weiber nicht mißbrauchte, begannen sie mich zu lieben und mir Vertrauen zu schenken. Ich muß gestehen, sie wurden, weil sie mir vertrauten, von einer süßen Trägheit befallen. Sie sammelten kein Schildpatt, fischten nicht Trepang. Sie waren sorglos darüber, wie die Sovereigns aufkommen sollten. Sie glaubten an mich und unterstellten, ich würde das Geld herbeizaubern. Oder, ich vermöchte, den Gouverneur von der Meinung, sie wären gute Menschen, zu überzeugen. Ich hatte mir vorgenommen, sie nicht zu enttäuschen. Gab es auch nichts zu handeln, es kam doch ein kleines Schiff an den Strand. Ein sehr kleines und abwrackreifes, wie sie zwischen den Inseln zu verkehren pflegen. Das Schiff fuhr wieder fort; aber ein Matrose blieb anland. Und er begann zu wüten wie ein Besessener. Schon nach vierzehn Tagen hatte er die Hälfte aller Weiber beschlafen. Er hatte nicht einmal die Kinder geschont. Da hatte sich nicht nur die Kraft seiner Lenden breitgemacht, auch eine Krankheit. Die Männer kamen in einen Zustand hilfloser Verzweiflung. Die Frauen weinten und schrieen. Ich sah das Ende des Paradieses. Der Häuptling sandte mir als Geschenk ein junges Mädchen, das noch nicht beschlafen war, und ließ mich als Gegengabe bitten, dem Rat der Männer beizuwohnen. Ich versuchte, so gut ich es vermochte, den Unwissenden zu erklären, welcher Zusammenhang zwischen der Krankheit und dem Matrosen bestände. Da waren auch schon eingeborene Männer an die Kette des Verderbens angeschlossen. Wie von selbst geschah es, daß die noch Gesunden von den Kranken getrennt wurden. Die nicht Befallenen flohen vom Strand auf die Hochebene, auf den Berg. Trauernd beschlossen sie ein erstes Verbrechen. Es kam ein Zorn in ihnen auf. Sie erinnerten sich an eine Vorzeit. Sie sprachen Silben aus, die schon unendlich fern von ihnen gewesen. Worte, die keinen Sinn hatten, nur einen Klang, eine magische Kraft. Sie begannen Feuer zu entzünden. Sie tanzten. Sie heulten. Ihre Leiber gingen auf. Jeder einzelne Muskel an ihnen begann zu zittern und zu schlagen wie eine Fahne. Es war, als ob Schlangen an ihrer Haut emporkröchen. Oder sie in Fetzen von ihnen fiele. Ich verstand nichts der Meinung; aber ich wußte, es war das Zeichen eines Geschehens, das sehr groß und sehr götternahe. Am nächsten Morgen stürmten sie hinab zum Strand, zu den Wohnungen. Vor ihnen her ging ein Atem, eine unsichtbare Flut. Die Gewalt ihres Willens. Aus den Hütten heraus drängte er die Kranken, die Überfälligen. Sie liefen zusammen. Sie fühlten sich fortgestoßen. Sie stürzten sich ins Meer. Sie schwammen hinaus. Der Matrose kroch aus einer Hütte hervor. Er schien nicht zu begreifen, was vorging. Da traf ihn ein Speer in die Brust. Er sank um. Man schleifte ihn zum Wasser. Und er trieb fort.«

»Hat die Geschichte eine Fortsetzung«, fragte Hein.

»Ja«, sagte Pujol, »ich gab das geschenkte Mädchen zurück, wie sich versteht, denn ich war ja von der verpesteten Art des Matrosen, wenn auch keine offene Eiterbeule. Meine blanken Sovereigns für die Kopfsteuer erretteten die Tapferen vor dem Gericht nicht. Der Tod des angefaulten Matrosen mußte durch den großen Staat gerächt werden. Es kam antag, was geschehen war. Die zusammengeschrumpfte Bevölkerung wurde deportiert, losgerissen vom Land ihrer Götter. Drei fremde Familien mit zahlreichen Bastardkindern wurden angesiedelt.«

»Solch Europäer einer bin ich auch«, sagte Perrudja.

»Nicht krank«, schrie Hein. Er begann zu schluchzen. Sein Körper bewegte sich stoßweise. Sehr klare Perlen rannen ihm über die Wangen.

»Ich fuhr zurück nach Paris«, sagte Pujol.

»Die kleine Hoffnung«, fragte Perrudja.

»War der Entschluß der Gesunden«, sagte Pujol.

»Welches ist der Name des Gouverneurs«, fragte Hein.

»Ein unnützer Name«, antwortete Pujol.

»Wir beweisen, was wir unterdrücken sollten zu beweisen«, sagte Perrudja.

»O«, sagte Pujol.

»Daß wir teuflische Blumen sind«, sagte Perrudja.

»O«, sagte Pujol.

»Wir stinken«, sagte Perrudja, »darum erscheint mir das eiserne Zeitalter ein Übergang. Und alle Erfindungen der Sprengstoffe eine Kleinigkeit. Diese Dynamite und Pikrinsäuren. Und die Elektrizität ein Nichts. Sie werden nur Millionen dahinraffen können. Die Menschheit wird erst an ihren Nasen sterben. Wenn man unsere Nasen zu arg beleidigt, werden wir sterben.«

»O«, sagte Pujol, der nicht verstand, was da gesagt wurde.

Perrudja aber zerstörte vollends die tiefere Bedeutung, indem er sagte: »Ich bin eine gelbe Blume und stinke gelb.«

Pujol ging mit harten Trümpfen vor. »Wir sind nur noch Werkzeuge. Wir sind am Boden. Die Tatsachen unserer Instrumente und Maschinen gehen über uns hinweg. Wir machten kein Geschick. Bald wird es wahr sein, daß der Besitzende so unglücklich ist wie der Proletarier. In den Reformen ist keine

Rettung für uns. Keine Revolution kann noch zu unserem Heil werden. Mit Wirtschaft und Ethik läßt sich nunmehr kein neues Haus bauen. Auf der Ebene der Vernunft bleibt uns keine Katastrophe erspart. Und keine Theorie ist bis ans Ende gedacht. Die Funktionen des Lebens sind immer noch brauchbarer als die Erwägungen des klaren Geistes. Die Achtung vor dem Leben können wir den Menschenmillionen nicht einprügeln. Sie sind weit ab davon. Sie fassen es sehr plump: der Mord ist verboten, der Krieg ist erlaubt. Das Gebären der Schwangeren ist befohlen, das Verhungern der Geborenen erlaubt. Von den Barrikaden herab wird keine Menschlichkeit gepredigt werden können. Ein Teil dieser Erde muß von den alten Menschen befreit werden, mit neuen, gesunden, jungen besiedelt werden. Keine Matrosen, die Farbige begatten. Ein Land, das den Göttern gehört, trägt die, die sich in Liebe paaren wollen. Ich will die Mitleidigen aus ihrer Heimat ausjäten, wo sie überwuchert werden, erstickt werden. Sie sollen eine bessere haben. Und die Volkheit, die sie daran hindern will, soll ausgegossen werden wie eine Schale Schmutzwasser. Da soll ein Duft von dem Tun der neuen Art Märtyrer über die Erde ausgehen. Der Eigenwille der Maschine und der des Geldes muß zerbrochen werden. Sonst zerren sie uns den letzten Rest des Blutgesetzes aus den Adern. Schon dampfen die frivolen Opfer der entherzten Zeit gegen die Sterne. Eine Flut von Leichen in unmittelbarer Nähe des Vergnügens und der Geschäfte vermag ihre Abläufe nicht aufzuhalten.«
Perrudja tat in die schmalen leeren Gläser von dem schweren Wein.
»Ich habe alles zur Theorie meiner Anschauungen Gehörige gesagt. Die Behauptungen über das gegenwärtige Weltbild und die Zustände der menschlichen Organisationen könnten durch Beispiele erhärtet werden.« Pujol zeigte eine leichte Erschöpfung.
»Man trinke«, sagte Perrudja.
Man trank.
»Der Überdruß am Augenblick wird leichter, wenn ein Plan für die Zukunft bereit ist«, begann Pujol aufs neue, »ein guter Plan ist sogar eine Entschuldigung für schlechte Begründungen. Er merzt Irrtümer aus und übersetzt Lügen in eine Wahrheit.«

»Wir werden hören«, sagte Perrudja, »wir haben uns als geduldig erwiesen. Wir haben manche Lehre begriffen. Unser Herz hat bei einigen Anlässen geschmerzt. Weil es nicht frei von Heuchelei und Parteilichkeit. Wenn eine Predigt uns erreichen sollte, so ist sie nicht auf unfruchtbaren Boden gefallen. Aber ich bin fern davon zu vermuten, daß Ihnen an unserem Seelenheil gelegen ist. Wir sind einsame Menschen, auf deren Meinung es nicht ankommt. Wir sind nicht von solchem Mut, daß wir dem Weltenlauf in die Speichen fallen könnten. Wir haben nur die Begabung zu tauben Wünschen. Zu einer Art Träume, die uns unfruchtbar machen.«
Der Franzose schlug mit flacher Hand auf den Tisch. »Das ist stinkender Schleim, der verspritzt wird«, schrie er, »die Beleidigung einer ehrlichen Meinung. Nichts Besseres, als mit der Reitgerte jemanden zu prügeln.«
Perrudja war in seiner Kehle vollkommen gefesselt. Er war in dem Wahn, als müßte die Schelte einem unbekannten Menschen gelten, der hinter ihm stehe. Und Pujol fuhr fort, sehr unbegreifliche Dinge zu sagen.
»Bin ich ein Policinello«, schrie er, »wird man behaupten wollen, die Guy Forttescu Burrell de Gruchy Industrial Finance Corporation und die Bigo & Heron Dunstan Edbrooke Banking Control Organisation Ltd. ist nur ein Krämerladen?«
Gewiß nicht war es Perrudjas Meinung, das eine oder das andere als wahrscheinlich gelten zu lassen. Es war sehr unbegreiflich, was dies Handels- oder Geldkontor in der Rede bedeuten sollte. Es war das Fremdeste aller bisher gesprochenen Worte. Man würde um Aufklärung bitten müssen. Es war hier etwas gedacht worden: Swift, George Hamilton & Co., Ltd., Fleischkonservenfabrik; aber es war nicht gedacht worden: Guy Forttescu Burrell de Gruchy Industrial Finance Corporation und Bigo & Heron Dunstan Edbrooke Banking Control Organisation Ltd. Vielleicht war eine geheime Verbindung zwischen diesen Wortplakaten. Was sich ausdrücken konnte in dem Wort Control Organisation.
Und die Schimpfreden gingen weiter. Gegen diese unbekannte vierte Person: »Zynischer ist niemals ein Achselzucken vollbracht worden. Unkeuscher habe ich keine Jugend gefunden. Der Abtritt eines Bordells ist ein reinlicher Ort verglichen mit

dieser bildhübschen Maske.« Des Franzosen Gesicht war graugrün vor Schreck und Enttäuschung. »Gut, gut«, stieß er aus, »ich bekenne, ich irrte. Ich bin ein dummer Teufel. Eine Art Baphomet. Ein Zwitter. Ein Idealist mit Henkerallüren. Ich bin ein zu kleiner Teufel. Die Geschichte will ihren Ablauf. Das Kapital ist ein Fels. Der Kapitalist ist weder klaren Geistes noch mitleidig. Er läßt niederschießen, wer da öffentlich sagt, daß ihn hungert und friert. Danach ist bewiesen, ihn hungert und friert nicht mehr. Es ist eine Medizin von unbezweifelbarer Wirkung. Er glaubt nicht an Fleisch und Blut. Er glaubt an die Maximkanonen Armstrongs und an das Welldongas der I.G.-Farben. Also wird der Kampf sein zwischen dem Samen und den Kanonen und dem Gas. Also werden die Barrikaden sein. Es wird keine Ausmusterung der Jungen und Mitleidigen und der klaren Geistes und der guten Willens sein. Und es werden zukünftig keine schönen braunen Menschen sein. Es werden nur Krüppel sein. Es werden Kriege sein. Ohne Hoffnung. Revolutionen. Ohne Hoffnung. Sieg des Proletariats. Sklavenketten des Proletariats. Es werden die Reformen sein, die nichts helfen. Es werden die Systeme sein, die ihre Päpste ernähren. Aber es wird keine Hoffnung sein. Nicht die Ingenieure werden aus Metallen und Harzen, Strömen und chemischen Wirkungen den mechanischen Menschen konstruieren. An den Metallen, Harzen, Strömen und chemischen Wirkungen wird das Fleisch eine Funktion der Maschine werden. Das entgötterte Fleisch. Schwungrad eines rationalen Prinzips. Und der kleine Teufel ist unnütz. Bleibt nur die Frage: Wem, welchem Geschlecht zum Glück?«
Es erschien Perrudja nach dieser Rede, als ob sich etwas gegen ihn verdichte. Er wurde unruhig. Er faßte die Hand Heins und preßte sie stark.
»Die Guy Forttescu Burrell de Gruchy Industrial Finance Corporation und die Bigo & Heron Dunstan Edbrooke Banking Control Organisation Ltd. kontrollieren nach gewissen Ermittlungen zwanzig Prozent der bestehenden europäischen Trusts, was etwa zehn Prozent aller amerikanischen und europäischen Betriebe ausmacht. Ein Holding-Konzern von bisher unbekannter Größe und Eigenart der Struktur.«
Hein sagte in stiller und bescheidener Art: »Es muß ein Mißverständnis –«

»Sklavenhalter von hundertmillionen Menschen.«
Perrudja begann leise zu weinen. Ihm war plötzlich, als sei die ganze Schöpfung aus dünnem zerbrechlichen Glas. Und nach schamlos einfältigen Gesetzen konstruiert.
Hein zitterte stark. Da saß wieder ein wenig Schweiß ihm zwischen den Schenkeln. Und die Schenkel waren fett. Unter dem Fett saßen Muskeln. Unter den Muskeln saßen starke harte Röhrenknochen voll rosaweißem Mark. Die Nahrung und ihre Verarbeitung in den Eingeweiden war nicht zwecklos an diesem Körper gewesen. Er erhob sich. Da war plötzlich der Geruch seines Atems in der Halle. Und es roch nach Milch und Pferd. Nach Rindermaul und Stutenmist und nach dem Etwas, das er, Hein, selbst war, das hundert Jungfrauen betören konnte, daß sie sich von ihm begatten ließen. Seine Hände wurden aus zwei Fäusten zu zwei Flächen. Und diese Flächen legten sich, knochig und fleischig zugleich, auf das Gesicht Perrudjas, um ihn zu schützen vor der Beschuldigung Sklavenhalter von hundertmillionen Menschen. Und hoben sich wieder ab. Griffen in die Luft. Kamen gegen ein Weinglas. Das Glas kippte. Es wurde wieder aufgerichtet. Hein setzte sich. Er war nur eine Erscheinung gewesen. Eine Existenz, die minutenlang den Raum bedroht hatte. Er fragte mit belegter, fast röchelnder Stimme: »Wer ist der Sklavenhalter über hundertmillionen Menschen?«
Pujol lachte auf. Er verbeugte sich gegen Hein und Perrudja. Er stieß mit dem Kopf beinahe auf die Tischplatte. Er sagte unterwürfig und mit verächtlichem Schnarren in der Stimme. Wie ein parteiloser Mann, mit byzantinischem Neid schien er zu sagen: »Ich befinde mich im Hause des augenblicklich reichsten Mannes dieser Erde.«
»Nein«, sagte Perrudja, »gewiß nicht.« Er begann zu beschwören: »Hein, das ist unmöglich. Ich bin nicht der Sklavenhalter der hundertmillionen Menschen. Ich kenne das Handels- und Geldkontor nicht, von dem gesprochen wurde.« Er war aufgesprungen. Er war vollkommen verwirrt. Vollkommen schuldbewußt.
Mein Reichtum. Den ich nicht kenne.
Er warf sich Hein an die Brust. Es war zu erkennen, wie mager, wie mittelgroß nur seine Gestalt, die gleichsam in den

Fängen eines Mastriesen lag. Es konnte gedacht werden, ein Bildschnitzer fitschelte an einer Vorstellung des Gekreuzigten mit Messern und betrachtete sie abwägend. Dem Hirn des Bauernburschen entsprang nichts, was der Zunge anvertraut werden konnte. Die inneren Augen stießen gegen blinde Scheiben. Er sagte endlich, weil es so trennend still zwischen den drei Menschen war: »Ich bin dein Sklave, Perrudja.« Und die Luft, die ein Teil des Himmels war, kicherte mit dem Gesang von Mücken. Der Sklave konnte den Herrn mit den Fäusten zermalmen. Die schwache Brust an dem starken Panzer des starken Herzens vernichtet werden. Plötzlich fiel Perrudja von ihm. Er sank auf den Teppich. Er legte sich in die Form des Kreuzes, daß die Teile seines Ichs, die Finger, die Zehen, möglichst weit von seinem Rumpfe ab wären. Er sagte: »Man wird Mr. Grigg als Zeugen rufen können.«
»Ja«, sagte in sehr versöhnlichem Tonfall Pujol.
»Ich bin nicht dieser reichste Mann«, klang es vom Fußboden herauf.
»Es ist schon ein Ausweg aus dem Streit gefunden«, sagte hastig der Franzose, »Mr. Grigg wird nichts Falsches berichten wollen.«
Perrudja schloß die Augen. Er sah wie in einem Spiegel wie vor langen Zeiten seine eigenen braunen kleinen runden Brustwarzen. Aber es war ihm, als ob sie nicht fleischlich, als ob sie ledern. Gegerbt. Wie Knöpfe an einem gepolsterten Sessel aus Rinderfell. Er dachte: Wenn ich zerschnitten, bin ich hundert Fleischfetzen. Er wälzte sich herum. Er rülpste mit Augen und Mund und Ohren, mit seinen Nieren und seinem Schoß. Mit Übersattheit prangte eine Sekunde: Signe. Entkleidetes Weib. Er krallte die Fäuste. Reich sein um ihretwillen. Der reichste Mann. Der mächtigste dieser Erde. Eine Räuberbande dingen. Das Weib rauben lassen, fesseln, entführen. Gefesselt vergewaltigen. Dann in einen Stock schrauben an Händen und Füßen. Bis es geboren hat. Der Teppich roch nach Erde und Leder und Stutenmist. Es waren vieler Sohlen darüber gegangen. Der wilde Gedanke an Signe mußte gesühnt werden. Er sagte sehr laut und klar: »Wenn ich der reichste Mann dieser Erde bin, will ich nicht nein zu Ihren Plänen sagen, Monsieur Pujol.«
»Dank«, antwortete der Franzose.

XXXI

Das Pferd/Sassanidischer König/Ein Knabe weint/Die anderen Tiere/Die Edelmütigen oder die Geschichte des Sklaven/Der Knecht und die Magd/Der Zirkel/Alexander/Werbung und Vorhölle/Die Nebenbuhler/Die Bergpolizei/Hochzeit/Abrechnung/Die Marmaladenesser/Die Rede des Franzosen

Theorie des Kapitalismus

Oful hielt einen Leuchter in den Händen. Er stand neben dem Bette Perrudjas. Er war eine Leuchterkaryatide, eine Art Kerzenmännchen. Dunkelbraun. Er stand zuhäupten des Bettes. Perrudja im Bette liegend aber lag verkehrt. Er bearbeitete mit den Füßen, richtiger gesagt mit den Stiefeln an seinen Füßen, die Kopfkissen. Und sein Kopf lag sehr niedrig gegen die Fußwandung des Bettgestelles. Der Leuchter, den der Neger trug, besaß fünf Arme. In jedem der Arme stak eine brennende Kerze. Gegen die Wand, gegen einen Teppich lehnte Hein. Er hielt den Kopf gesenkt. Er fühlte sich bäurisch wie nie.

»Wäre die Geschichte nicht unsere Lehrmeisterin, würde eine unerschrockene Überlegung des Verstandes zu der gleichen Erkenntnis führen«, kam aus dem Munde Perrudjas, »der Mächtige, der nicht vom Gesetz Bedrohte, nicht durch die Sitten Gebannte, der reiche Mann, der Tyrann, kann tausend, zweitausend Weiber zusammenschleppen lassen. Er kann sie zu einem Berg aufschichten lassen. Wie hier gesagt wurde. Er kann den Berg nur an einer Stelle begatten. Wie hier gesagt wurde. Die Sinnenlust hat eine natürliche Grenze. Sie hat ihre größte Kraft, wenn sie mit der Liebe gepaart ist. Ohne Liebe ist der reiche Mann oder der Tyrann arm. Ob er auch einen Berg zu seinem Vergnügen errichtet. Die Liebe nährt sich aus dem Blut und dem Mitleiden. Ermangelt der reiche Mann des Mitleidens, so steht er an der Schwelle der Unbarmherzigkeit. Und es ist gewiß, er nimmt Rache für sein Nichtmitleidenkönnen mittels der Grausamkeit. Er kann den Zustand seines Behagens, der in Wahrheit einer des Unbehagens ist, nur dadurch befestigen oder ihm den Anschein des Glückes verleihen, daß

er sich in Beziehung zu den sichtbaren Leiden seiner Mitlebenden, seiner Weiber, seiner Sklaven setzt. An der Skala der Pein erkennt er seinen Abstand von ihnen. Reichtum, ohne die Bindungen an strenge Gesetze oder an ein magisches Denken, losgelöst von der Einfalt der Barmherzigkeit, muß die Einführung der Folter bedeuten. Eines Tages mußte auf diese Weise das Schlachten und Quälen von Mensch und Tier erfunden werden. Die Nichtachtung vor dem Lebendigen. Jenseits des Gesetzes von Magen und Schmerz. Es folgt der Schluß, der Reichtum ist eine große Gefahr für die Seele des Einzelnen und für das Geschick der Vielen. Die Geschichte rechtfertigt die Mathematik der Gedankenkette.«
»Ich verbiete dir die Zügellosigkeit«, sagte Hein.
»Der Sklave darf den Mund auftun, wenn er gefragt wird«, antwortete Perrudja, »ein neues Beispiel für die anfängliche Behauptung.«
»Ich werde um deine Seele ringen«, sagte Hein, »du bist zerfetzt durch die Fabel vom Geschehen in der Welt.«
»Du wirst deine Pflicht tun« sagte Perrudja, »du hast mein Geheiß versäumt. Du solltest des Leuchterpaares zweite Hälfte nehmen und gleich Oful an der Seite des Bettes stehen. Ich wollte rechts den braunen und links den weißen Menschen begaffen. Wie ich es auf Bildern gefunden habe. Kerzen haltend. Die Gesichter übergossen mit dem roten Dunst der Flammen. Der arme Stümper mag sich mit dem bunten Papier begnügen. Ich will die Form des Fleisches.«
Hein hob sich von der Wand ab. Er nahm vom Boden einen Leuchter, der dem, den Oful in Händen hatte, glich. Er trat an das Bett. Er sah das unruhige schmale Gesicht des Freundes. Die fast leere Hülle des Anzuges, aus der die Hände hervorkamen. Die Schönheit schien in Körperlosigkeit überschlagen zu wollen. Eine maßlose Angst quälte den Bauernjungen. Er würde keinen Widerspruch wagen, was auch geschehen mochte. Er stand nur da, fünf Fackeln haltend.
»Die Darstellung ist reizvoll, aber noch unvollkommen«, sagte Perrudja, »es ist ein zahmes Bild. Es ist von einem Frömmler gemalt, dies Bild. Es ist eines freien Geistes unwürdig. Es ist der Zukunft, der es gewidmet sein soll, unwürdig. Oful, entkleide dich! Hein, entkleide dich!«

Ganz langsam gingen die Leuchter hinab auf den Boden. Es war ein scheues Huschen im Raum. Die Kerzen wurden wieder aufgehoben.
»Alexander feierte in Babylon die Hochzeit zwischen Ostland und Westland«, sagte Perrudja, »ich möchte dies Bild die Vermählung zweier unterschiedlich gerichteter Schönheiten nennen.« Seine Augen pendelten in ohnmächtiger Sehnsucht hin und her.
»Ich bin ein Mensch, ich bin ein Mensch«, schrie Perrudja, »umarmt einander!«
Wieder senkten sich die Kerzen. Hein sank in Ofuls Arme. Er konnte nicht mehr an sich halten. Er weinte. Sein Gesicht war blutrot. Der Körper des anderen war ein Trost. Sammetweich. Es war kein Unterschied zwischen ihnen. Zwei Leuchtermännchen.
Perrudja sprang aus dem Bett. Er floh hinaus wie einer, der ein Verbrechen begangen hat.

XXXII

Das Pferd/Sassanidischer König/Ein Knabe weint/Die anderen Tiere/Die Edelmütigen oder die Geschichte des Sklaven/Der Knecht und die Magd/Der Zirkel/Alexander/Werbung und Vorhölle/Die Nebenbuhler/Die Bergpolizei/Hochzeit/Abrechnung/Die Marmaladenesser/Die Rede des Franzosen/Theorie des Kapitalismus

Die Pläne dieser Welt

Hein fand den Freund im Pferdestall. Perrudja hing am Hals der Stute und hatte irre zitternde Lippen. Er hatte von Zeit zu Zeit den rechten Zeigefinger zwischen die Lippen des Tieres gesteckt, daß er die fleischige Zunge fühlen könnte. Er hatte keinen anderen Trost für sich gewußt, als dazustehen. Er sagte zu Hein: »Ich fürchte, mich verfluchen täglich hundertmillionen Menschen.«

Hein sagte: »Ich bin fett und du bist mager. Ich muß dich besser beschützen als ich bisher getan habe.«

»Was wird sein, wenn es auskommt, ich bin der reichste Mann dieser Erde«, fragte Perrudja.

»Ehe es auskommen kann, wird Grigg gesprochen haben«, sagte Hein.

»Glaubst du an die Möglichkeit, ich bin ein Trollkind«, fragte Perrudja.

»Du bist ein schöner Mensch, den ich lieben muß«, sagte Hein.

»Wird Signe jemals mit mir im gleichen Bette liegen«, fragte Perrudja.

»Sie wird nicht mehr lange auf sich warten lassen. Oder ich werde sie mit Prügeln herauftreiben«, sagte Hein.

Perrudja begnügte sich mit den Auskünften wie ein kleines Kind sich begnügt. Er verspürte plötzlich Lust nach Speisen und Wein. Er sagte es.

Sie stiegen die Wendeltreppe in der Mauer vom Pferdestall in die Wohnung Perrudjas hinauf. Es brannten zehn Kerzen. Im Bette des Herrn lag Oful. Er lag mit dem Kopf auf den Kissen, die einige Zeit zuvor Perrudja mit den Stiefeln geknetet. Er hatte sich mit den krausen und weichen Decken verhüllt. Er war offenbar noch nicht wieder angekleidet. Er schlief fest. Hein packte ihn an der Schulter und rüttelte ihn. »Was machst du, Oful?«

»Unser Herr ist verrückt«, sagte Oful, richtete sich halb auf, streckte die Arme von sich, daß die Muskeln über seiner Brust wie aus Eisen erschienen, »ein herrliches Bett«, sagte er gähnend, preßte die Daunendecke sich zwischen die Schenkel, gegen den Nabel, füllte die Höhlen neben den Bauchweichen aus, glitt mit dem Rücken tiefer zum Fußende, streckte sich wieder aus, lag. Und seine Augäpfel drehten sich vor Entzükken, daß das Weiße sichtbar wurde.

»Gönne ihm ein Vergnügen«, sagte Perrudja.

Die zwei traten auf den Gang. Perrudja schlüpfte in den Badraum, spülte sich die Hände. Hein wartete an der Tür. Sie gingen mehrmals die Bahn der Vorhalle. Hinter einer der zwölf Türen mußte sich Pujol befinden. Aus der Tiefe des Treppenschachtes kam die Hausdame herauf. Sie sagte: »Es ist angerichtet.«

»Lassen Sie Frankenwein und Sodawasser bringen, bitte«, sagte Perrudja.

»Gerne, Herr«, sagte die Hausdame.

Sie traten in den Speiseraum. Pujol stand darin, hinter einem Stuhl, die Hände auf die Lehne gestützt. Sein Blick war aufwärts gegen die rostrotgraue Farbe der Kuppel gerichtet. Die wie ferne Unendlichkeit sich verlieren wollte. An deren Kimmung die Flammen der Kerzen verzuckten. Und die rauchige Wärme ihres Vergehens zu Farbe sich läuterte. Zu rostigem Ocker. Das war kein Gedanke. Weniger. Ein Augenaufschlag. Weniger. Ein letztes Atomleben. Ein Schatten der Existenz, die im Blut oder Hirn, Sekunde, in der man sprechen könnte: Ich bin noch.

Er eilte sogleich den Eingetretenen entgegen. Da war der Rostocker, Vorhang der Lider, untergegangen. Er verwirrte sich. Er sagte: »Es ist vorhin wie von ungefähr, hypothetisch, von jungen Menschen gesprochen worden, die man in Europa nach einer leicht unbarmherzigen Methode ausmustern müßte von den übrigen. Daß sie mit steinernen und fleischlichen Eiden zusammengeschweißt würden zu einem Heer. Zu einer Phalanx der Starken, die das Mitleiden kennen. Und das

Unterliegen in Liebe für keine Schande erachten. Denen sich die Begriffe Herr und Knecht in einem gewissen Sinne verwirrt haben. Und der Dünkel ihrer Abstammung ein leeres Loch in ihrem Erinnern. Die nicht von Vater und Mutter sprechen als von Tugenden, die ihnen beigegeben wurden. Und von einem Vaterland. Die vielmehr eine neue Geschichte anfangen wollen. Als neue Menschen. Ich verschwieg, die Lehre, die ich verbreitete, ist schon tiefer als ihr Wort. Sie ist eine Gestalt. Wie ein Tempel. Mit einem Glockenturm. Mit einem erzenen Mund. Mit tausendfachen Herzen der bereiten Beter. Bilder. Gewiß kein Tempel. Nur ein großes Gefäß voll Blut. Eine lebendige Welle. Leiber. Wie auf dem jüngsten Gericht des Hans Memling in Danzig. Das Heer ist ausgemustert. Zehntausend, zwanzigtausend junger Menschen. Gebrandmarkte. Ihre Brust ist gezeichnet mit der Narbe, die ein glühendes Eisen hinterließ. Die Brüder- und Schwesterschaft vom goldenen Siebenstern.«
Da war ein leicht salziger Geschmack auf Heins Zunge. Blut, das er sich aus dem Zahnfleisch abgesogen vor Erregung und Sehnsucht und Anträgen an ein Ungewisses. Doch die Vernunft war stark in ihm. Er sagte: »Wir wollen schweigen, Monsieur Pujol. Einer unter uns ist ermüdet.«
Perrudja aber scherzte: »Ich bin ohne Mühe verlassen vom Erinnern an Vater und Mutter. Und Norge ist meine Heimat nur zufällig.«
»Sehr gut«, sagte Pujol, »man kann es symbolisch nehmen.«
»Ich bin der Ansicht, mein Rat sollte nicht verworfen werden«, sagte Hein.
Da wurde der Frankenwein hereingetragen. Und eine dampfende Schüssel. Auf der Schüssel lagen gekochte Lachsscheiben, der Fisch zuvor ein wenig geräuchert in den Schwaden verglimmender, frischgrüner Wacholderzweige. Mit Peterlein bestreut. Perrudjas Lieblingsspeise. Man setzte sich zum Mahle. Und es gab keine Worte mehr. Außer denen, die die Höflichkeit forderte. Der Frankenwein war stark im Geschmack wie ein Bündel Kraut. Und erdig. Man hätte denken können, daß er durch Wüstensand gefiltert. Perrudja trank ihn mit Sodawasser vermischt. Als flaches Brot, Butter und brauner Ziegenkäse gereicht wurden, lockerte sich dem Franzosen

die Zunge abermals. Er begann von den Ozeanen zu sprechen, die zwischen Asien, Amerika und Afrika sich ausbreiteten, in denen Australien nur eine große Insel. Neben den zehntausend anderen, die sich vorfanden. Es kam die Erklärung, jeder Ort dieser Erde, jedes Inselchen trägt einen Namen, nichts, dem Menschen bekannt, ist unbezeichnet und namenlos. Die Sprache des Menschen erträgt nicht die Leere der Lautlosigkeit. Die Karten und Pläne der Welt sind die Namenstafeln der Wirklichkeit, Schlagworte für sonnebeschienenen Boden. Auf dem sich, je nach Fügung, Menschen, Tiere, Pflanzen breit machen. Eine Insel aber, eine Klippe schon ist dazu ausersehen, mehr zu bedeuten als selbst eine große menschliche Siedlung. Sie ist eine Einsamkeit an Land. Eine Frucht auf dem Wasser. Ein Geschenk aus großen Tiefen. Er sagte sehr viel Schmeichelhaftes von den Meerumspülten. Am meisten aber schien ihm ihre Einsamkeit, ihre Abgeschlossenheit zu gefallen. Er hob es hervor. Sie allein könnten der Zufluchtsort für die Trümmer einer scheiternden Menschheit sein. Offener: Die Zuflucht für die Armeen der Auserwählten. Berge im Meer, die leicht von Krankheit und Sünden der Vergangenheit zu reinigen seien. Auf denen die Bereitschaft zur Liebe locker im Menschen würde. Sprach von der Farbenpracht wasserüberspülter Koralleninseln. Die nicht zu beschreiben in ihrer Schönheit. Die das Wasser in den Augen der Menschen lösten vor Ohnmacht und Glück, ein Geschöpf inmitten des Geschaffenen zu sein.
Hein begann wieder an seinem Zahnfleisch zu saugen. Es war ungeschickt, es zu tun, ohne daran zu denken. Er setzte das Weinglas an die Lippen. Es kam von seinem Speichel in den Wein. Er ging mit schwarzroten Schlieren, wie Fäden ein in die Flüssigkeit. Und jedermann konnte sehen, es war Blut, Heins rotes Blut. Perrudja, der es bemerkte, wurde unbeherrscht. Wie ein Pferd, das die Ohren rückwärts legt. Er nahm das Glas aus Heins Händen und stürzte den Wein mitsamt den Blutfäden hinab. Es war sehr gewiß, die Beschreibung der Ozeane war nicht ohne Absicht, nicht ohne Beziehung zu einem Nachfolgenden gesagt worden. Der Franzose begann bald vom Inselkrieg zu erzählen, der, wie er meinte, als Folge aller Bemühungen um eine bessere Menschheitsrasse sich einstellen würde. Den, wie sich versteht, niemand, am wenigsten er, Pujol,

ersehne, der aber aus den Rechnungen der Zukunft nicht fortzubannen sein würde. Die Inseln eben, wiewohl dem Meer entstiegen, seien kein freies Gottesland mehr. Wirtschaftsfaktoren, Kolonien, Objekte der Ausbeutung, Gouvernementsbezirke so und so vieler europäischer Reiche.

Das Mahl war abgetragen. Er zog Landkarten hervor. Breitete sie aus, beschrieb mit flachen und mageren Händen darüber Kreise. Abermals die Namen. Deren Inhalte Träume. Nicht unähnlich war die gedruckte Zeichnung dem Sternenhimmel. Den leuchtenden Augen. Wenn man es nicht sehr genau nahm. Eine ferne Vielheit der Erscheinung.

Perrudja fühlte sich müde. Es war ihm gewiß, er würde den neuen Erklärungen nicht folgen können. Er fürchtete sich vor der Beschreibung des Krieges. Hein aber war über die Karten gebückt. Seine Ohren waren offene Türen. Er fühlte sich, als sei er der Gebrandmarkten einer, denen das Reich der unbekannten Inseln gegeben werden sollte. Er kostete an der Verheißung. Seine Wangen glühten.

Perrudja sagte: »Ich lege mich schlafen.« Verließ die zwei.

XXXIII

Das Pferd/Sassanidischer König/Ein Knabe weint/Die anderen Tiere/Die Edelmütigen oder die Geschichte des Sklaven/Der Knecht und die Magd/Der Zirkel/Alexander/Werbung und Vorhölle/Die Nebenbuhler/Die Bergpolizei/Hochzeit/Abrechnung/Die Marmaladenesser/Die Rede des Franzosen/Theorie des Kapitalismus/Die Pläne dieser Welt

Der Gesang der gelben Blume

Als er an sein Bett kam, fand er Oful noch darin. Schlafend. Er wollte ihn aufrütteln. Aber er unterließ es. Er war zweifelnd geworden, ob es sein Recht, den Glücklichen zu wecken. Herr und Knecht. Es waren Mißverständnisse in der Welt. Es müßte doch in der Geschichte sich ereignen können, der reichste Mensch beließ einen armen Neger schlafend im weichen Bett. Und verzichtete selbst, wiewohl müde, auf den Schlaf. Perrudja war heiter. Er hätte singen mögen. Er machte die Lungen sehr weit. Atmete wie ein Posaunenbläser vorm Ansetzen. Prustete sich ab. Er ging in den Pferdestall. Er sattelte Shabdez. Er führte sie vor das Tor. Schwang sich auf ihren Rücken. Durchritt den mager erleuchteten Tunnel. Kam in die Nacht aus Himmel und Sternen. Er fühlte, er konnte allein sein, ohne daß Furcht ihn ansprang. Wie zum erstenmal genoß er das Wunder der Sternenbilder. Die schwarze Wand der Kiefernwälder wanderte ihm entgegen. In seine Augen sprangen rote Funken. Aber nicht ängstliche Anspannung ließ das Feuerwerk hinter den Lidern abbrennen. Ein ungekanntes Wachsein verdeutlichte den Herzschlag. Er ritt talwärts. Der Pferderücken war eine Schaukel. Es strömte gegen ihn von der Haut der Kreatur. Der Wald zwischen den Bäumen war warm. Wie frischgemolkene Milch. Wie Harn, der dem Manne versehentlich über die Hand rinnt. Aber nicht nur lau und milde war die Luft. Fast schwül vor Süßigkeit. Sie schwelte im gelben Duft blühender Lupinen. Im Tal mußte ein Feld sein, das heraufdampfte. Prangende Kerzen. Ein Schall von Geruch breitete sich aus. Und ihm war, als verstände er deutlich den Gesang.

Der Gesang war, wenn man sich ihm ganz hingab, ein Bild. Tausend Bilder. Ein Wort enthüllte sie. Das Wort vom riesenhaften Tempel. Kilometerhoch. Eine Insel über dem Meere oder ein Gebirge über dem Lande. Und er sah diesen Gesang. Wie in früher Jugend. Wie im Anfang seiner Existenz. Es schloß sich ein Kreis in ihm. Seine Vollendung. Seine Sünden waren ihm vergeben. Es war kein Gott, dem sein Gestank mißfiel. Und diese schmächtige Gestalt. Und die Träume. Und der Jähzorn der Lüste. Und er hatte die Glückseligkeit eines Augenblickes ohne die Macht des Zaubers errungen, ohne die Bemühung des Ringes an seinem Finger. Da war nichts in ihm in der Zeit erloschen. Sein Gesicht war zeugend wie ein Jungstier. Das Rund der Kuppeln thronte auf Zwickeln, Trompen, Pendentivs, lagerte sich herab auf felsige Pfeiler. Oder senkte sich auf glatte Quaderwände, die ihnen entgegenwuchsen, schräge wie vorgeblähte Segel. Eine Zwickelpyramide erhob sich über gebuchteten Wänden, einem Kubus, der sich in Konchen erweitert hatte, zu einer unendlichen Höhe. Wie eine

Tanne aus Licht. Oder aus Schatten. Und Wälder von Säulen. Tausendfaches Karnak. Aus den Lustströmen seiner schaffenden Gedanken bereitete sich ein Schwur vor. Es war eine Selbstverständlichkeit, in diesem Augenblick solches zu schwören, wie er vorhatte. Wenn er der reichste Mann dieser Erde, der Sklavenhalter der hundertmillionen Menschen. Wenn um eines Mannes zweier Hände willen, seiner Hände, Perrudjas Hände, die in Bronze abgeformt, die Werkzeuge solcher und solcher Leidenschaft, wenn um dieser blanken Hände willen. Für den Bauch, daß er ernährt würde. Dieser Bauch. Eingeweide wie bei einem Tier. Wenn um dieses Bauches willen. Um seiner Träume willen. Wenn kochend flüssige Glut, Stahl und Kupfer und Gold. Wenn um seinetwillen. Undenkbar. Die Nahrung für seinen Leib wuchs auf drei Morgen Acker. Sein Haus zehn Menschen. Dreißig Morgen Acker. Die Pferde. Fünfzig Morgen Acker. Das Steinhaus. Die geschliffenen Kleinodien. Das Geld in der Truhe. Reichtum. Wenn um seinetwillen. Unbegreiflich. Ein Rechenfehler. Es gab nicht Geld genug, was hier gemeint war, auszudrücken. Wenn entgegen aller Vernunft, um seinetwillen hundertmillionen Sklaven Fronarbeit verrichteten, um seinetwillen (es konnte gedacht werden) Mordwaffen, Mordgase. Dann wollte er den Tempel des Friedens errichten lassen. Nicht Kriege entfachen. Wie er versprochen. Kriege verdorren machen. Mittels des Symbols des Friedens. Tempel. Kilometerhoch und weit wie eine Provinz. Denn des Menschen Leib nährte sich von Speisen die da wuchsen (Lilie auf dem Felde). Nicht aber von Gold, Kohle, Eisen. Perrudja wollte. Schwor, daß er wollte. Wollte die Vorbereitung der Kriege schon erdrosseln, indem er die Arbeit daran ableitete in das kriegsfeindlichste Werk. Er würde die Länder verarmen. Wiewohl nicht weniger Korn wachsen würde. Scheinbare Armut. Nicht Armut an Glück. Armut an Zahlen. Armut an rauchenden Schloten. Wenig Geschrei an den Börsen. Er begriff, daß er, wäre Pujols Mund der Wahrheit Künder, mächtiger als alle Könige und Regierenden der Erde. Er würde die Inselwelt kaufen können.

Was für eine Luft war es nur, in der er trieb? Die einen Teil seines Ichs wach machte und einen anderen entschlummern ließ. Er hielt mit seinem Pferd vor einem Hause. Er hatte träumend gewagt, was er bedacht verworfen hätte. Ein Fenster in dem Hause war erleuchtet. Er ritt an das Fenster heran und bückte sich, daß er mit dem Kopf auf den Hals des Tieres kam. Er konnte in die Stube schauen. Er konnte Signes Gesicht erkennen, das ernst und starr und schön wie eine Eberesche im Herbst – mit roten Früchten übersät. Ein junger Knecht. Perrudja wünschte sich, dieser Knecht zu sein. In ihrer Nähe ein junger Knecht zu sein. Sein Herz quoll über. Sehr langsam ritt er davon. Suchte den Weg hinauf ins Gebirge. Als er an sein Bett kam, fand er Hein darin liegen. Wachend. Dieser Bursche hatte den Neger aufgerüttelt. Hinausgejagt. Mit Sorge den Freund gesucht. Da hatte Shabdez im Stalle gefehlt. Eine Erklärung für das Verschwinden Perrudjas. Er hatte mit Unruhe wartend gelegen.

XXXIV

Das Pferd/Sassanidischer König/Ein Knabe weint/Die anderen Tiere/Die Edelmütigen oder die Geschichte des Sklaven/Der Knecht und die Magd/Der Zirkel/Alexander/Werbung und Vorhölle/Die Nebenbuhler/Die Bergpolizei/Hochzeit/Abrechnung/Die Marmaladenesser/Die Rede des Franzosen/Theorie des Kapitalismus/Die Pläne dieser Welt/Der Gesang der gelben Blume

Erste Belehrung

Grigg kam. Grigg sagte aus. Grigg bestätigte. Er hatte den Franzosen Pujol gekannt. Aber Pujol war nicht gleichbedeutend mit den Menschen Perrudja und Hein. Perrudja war der ungekrönte König. Und Hein, das war ein Fleisch von Gottes Fleisch. Oder weniger. Beschützer des Königs, der die Garde der Mamlucken ersetzte. Ein Unterpfand für die Sicherheit des Lebens dieses Perrudja. Die Sitzungen fanden zu dreien statt. Über die Abstammung des Herrn schwieg sich der Sekretär aus wie immer. Er hatte eine fast beleidigend knappe Art, Tatsachen festzustellen, die er nicht verschweigen konnte oder mochte. Der reichste Mensch dieser Erde? Man durfte es sagen. Guy Forttescu Burrell de Gruchy Industrial Finance Corporation und Bigo & Heron Dunstan Edbrooke Banking Control Organisation Ltd. Namen für das Riesengebäude eines internationalen Trustes, dessen Regent er, Grigg, Sekretär, durch Fügung, Entwicklung. Platzhalter, wenn's gewünscht wurde, für den Größeren. Inhaber der Aktienmajorität. Ihn, den Herrn, Perrudja. Sklavenhalter über hundertmillionen Menschen? Ein hartes Wort. Ein unrichtiges Wort. Eine Summe, die mit Anstand nicht als Bilanzziffer auftreten konnte. Arbeiter, Angestellte, Glieder einer Organisation, die zwar tugendlos wie der Staat, aber existent wie dieser. Bis heute. Bis in die nächsten Jahre. Frucht einer Entwicklung, die man Spätkapitalismus nennen könne. Kein einzelner mehr sei schuldig. Letzte Ordnung vor dem Kaos. Ordnung, die nicht mehr abgebogen werden könne zu anderen Zielen. Die sich vermächtigen müsse, hinauswachsen über den Willen Einzelner, um so, durch sich selbst, reif für den Untergang zu werden. Keine Revolte, örtliche Empörungen vermöchten die Organisation zu erschüttern. Sie sei ein Block, gegründet auf der Zufriedenheit derjenigen, die unpassend als Sklaven bezeichnet wurden. Deren Arbeit man leicht und frei zu gestalten versuche. Auf wenige Stunden am Tage beschränke. Glückliche Familien. Ausgenommen von der Tyrannei der Staatsforderungen. Man könne es so betrachten. Man könne die Glieder der Organisation nicht geschützt vor Unglücksfällen halten, gewiß nicht. Eisenbahnzüge entgleisen. Wen trifft die Schuld? Dampfkessel zerspringen. Behältnisse mit ätzenden, sengenden, erstickenden Gasen krepieren. Wen trifft die Schuld? Bergwerksschächte stürzen ein. Schlagende Wetter. Staudämme zerbersten. Feuer kommt aus über Städte. Wen trifft die Schuld? Die Werksmechanismen seien durchorganisiert. Höchste Betriebssicherheit Forderung. Schon im Interesse eigenen Besitzes. Achtung vor dem Leben des geringsten Arbeiters. Doch die Maschinen mahlten. O gewiß. Die Retorten in den chemischen Fabriken seien tückisch. Berufskrankheiten. Gewiß. Bleibergwerke. Ein übler Gedanke. Das Vollkommene sei ein Wunsch. Ein unerfüllbarer. Da sei eine Krankheit an allem. Man könne es nicht leugnen. Neben der einen Organisation gäbe es andere. Wie feindliche Staaten. Die Produktion könne nicht auf Segen für die Gemeinschaft eingestellt sein. Vergeuden sei ein Ergebnis des Konkurrenzkampfes. Da bereiteten sich Kriege vor. Überstaatliche. Hundertmillionen Menschen bildeten eine Partei. Die an die eine Organisation Geketteten. Des Brotes wegen, das sie selbst nicht ernteten. Das auf den Wassern der Meere zu ihnen käme. Er wolle nicht leugnen. Eine Angst in ihm. Er fürchte nicht die Umgestaltung des Weltbildes durch die Kräfte des Kommunismus. Daß sie zu spät komme. Daß die Kriege zu spät einsetzten. Die Auflösung des Vergeudungswahnes am Ende aller Menschheit erst sich einfinde. Daß Gifte verspritzt würden, vor denen keine Kreatur auf Erden Rettung fände. Man könne erschreckende Tatsachen hervorklauben. Er würde diesen Pujol nicht angehört, keine Unterstützung ihm zugesagt haben, wenn nicht eigene Erkenntnis gereift, ein nahes Ende aller kapitalistischen Ordnungen sei die einzige Rettung vor späterem größeren Unglück. Der Wille des Durchschnittsmenschen sei unregiert. Die zweibeinige Kreatur barbarisch wie im Anbeginn. Die Mordwerkzeuge ließen sich nicht zerbrechen. Man glaube an ein Bedürfnis für ihre Herstellung. In den eigenen Werken sei jüngst ein entsetzliches Instrument geboren worden. Maschinengewehr, dessen Projektile krepieren und ein vernichtendes Gas ausströmen. Man hätte die Erfinder, Ingenieure und Chemiker töten sollen. Die eingeweihten Techniker mit ihnen. Die Fabrik zerstampfen. Man hätte sollen. Es hätte keine Wendung gebracht. Er habe die Zeichnungen beschlagnahmt, alle Aufzeichnungen über den chemischen Vorgang. Konstrukteure und Chemiker mit erträglicher Pension entlassen. Unter die Aufsicht von Geheimagenten gestellt. Ein Verraten ihres Wissens an feindliche Trusts würden sie nicht wagen. Wer aber dürfe den Mut aufbringen, die Gedanken derjenigen, die auf immer wirkungsvollere Mordwaffen sinnen, auszurotten? Da poche eine Zeitenwende. Wie ein Strom gehe es von den Sternen aus. Man könne nicht unvorbereitet in das Kaos stürzen. Man müsse den Berufenen, denen, die guten Willens, eine brauchbare Waffe der Verteidigung hinterlassen. Er sei nicht so töricht zu glauben, es gehe nur um die Macht des Geldes. Schlagworte hätten manche Erkenntnis getrübt. Die Verherrlichung der Maschine sei das Verbrechen einer unreinen Geistigkeit gewesen. Die Maschine sei weder tugendhaft noch böse. Nur ein Gerät. Man müsse die Richtung ihrer Anwendung bekämpfen. Sie habe nur einen Meister, den wachen Menschengeist und sein forderndes Blut. Beide seien am Boden; im Augenblick. Machtlos. Er zwar bekenne sich zu ihnen. Er würde den Mechanismus der Organisation, ihnen zu helfen, opfern. Diese Stunde der Aussprache sei nur möglich, weil alle Anwesenden nicht Feinde des lebendigen Lebens.

Perrudja entgegnete sehr fest, er habe bei sich beschlossen, dem Frieden eine Zukunft zu gründen. Er sprach von dem Moloch Tempel, in den hinein er die übermütigen Kräfte der Menschheit bannen wolle. Ihre Hände auspressen. Friede und Armut. Wie er die Armut verstand. Kein Hunger.

Grigg sagte nur: »O.« Und bedeckte die Augen mit seinen Händen.

Hein sagte: »Der reichste Mann hat einem Franzosen die Eroberung vieler Inseln versprochen.«

»Man wird die Inseln kaufen können. Der Weg des Friedens ist leichter als der des Krieges«, sagte Perrudja.
Grigg sagte: »Er ist schwer. Er ist kaum faßbar schwer. Unmenschlicher Reichtum, Perrudjas Reichtum, das ist kein Geld, nicht Geldes Wert, kein Land, kein Gegenstand, keine Fabrik, keine Maschine. Er ist nur ein unerbittliches Gesetz. Er ist die Kraft von hundertmillionen Menschen. Ihr Hunger schreit. Es ist ein vielfaches Leben von der Hand in den Mund. Tempelchen kann man davon errichten. Kathedralen nach bekanntem Muster. Aber keine Berge. Es läßt sich mit ihm nichts aufbauen, für das kein Bedürfnis vorhanden. Nur zerstören, weil es Bedürfnisse schafft. Ohne Überzeugung vermag die Masse Mensch nicht drei Tage lang zu hungern. Man kann sie an die Lüge binden, aber nicht an die Wahrheit des Geistes. Ihr Weg zur Tugend geht über die eigene Unvollkommenheit. Sie fassen, was sie begreifen. Das ist der Mensch. Man kann ihre Hände nicht von den Maschinen nehmen, ohne daß ihre Feinde, die Kornhändler von Übersee, in das Land einbrechen. Hier wurden heilige Gedanken zu früh gedacht.« Er hatte zum erstenmal geschrieen. Er hatte nicht triftige Gründe gegen den Plan Perrudjas vorgebracht. Abgewehrt, weil er viel wußte. Es war erwiesen, er hatte ein Herz. Aber auch ein Wissen, das große Hoffnungslosigkeit verbreitete. Nach einer langen Pause begann er aufs neue. Sehr still. Er sagte: »Gewiß bin ich bereit, die Befehle des Herrn zu versuchen. Es kann Irrtum in meiner Meinung sein. Ich bin ein Mensch, und um mich sind tausendmillionen Menschen. Vielleicht vollendet sich die Ordnung. Aus dem zehnprozentigen Trust gestaltet sich ein hundertprozentiger. Und so wird er stark für einen neuen Geist.« Er schüttelte wegen der eigenen Rede den Kopf. Narrheiten. Noch waren die Staaten nicht überwunden. Nicht die Parteien. Wie im Anbeginn standen die Menschen ohne Liebe gegeneinander. Nur die kranke Freude an diesem Perrudja und die gesunde an diesem Hein. Er fühlte sich verwirrt. Er war hingerissen worden von der Vorstellung des Inselkrieges. Weil er für eine Jugend geführt werden sollte. Für eine neue Rasse. Für ein Unbekanntes. Er hatte das Ende einer trüben Erbschaft gesehen. Wie Pujol. In den Bergen ging eine unwirkliche Luft. Als ob die Felsen noch Giganten, Männlein Gottes, die mit

Donner tönen konnten. Er sammelte sich sehr schnell. »Wir wollen einige Wochen ins Land gehen lassen«, sagte er, »danach sollen Entscheidungen fallen.«
Der Kluge konnte begreifen, war die Zeit für alle auch teuer, man mußte teure Zeit an das Reifen der Pläne setzen.

XXXV

Das Pferd/Sassanidischer König/Ein Knabe weint/Die anderen Tiere/Die Edelmütigen oder die Geschichte des Sklaven/Der Knecht und die Magd/Der Zirkel/Alexander/Werbung und Vorhölle/Die Nebenbuhler/Die Bergpolizei/Hochzeit/Abrechnung/Die Marmaladenesser/Die Rede des Franzosen/Theorie des Kapitalismus/Die Pläne dieser Welt/Der Gesang der gelben Blume/Erste Belehrung

Neue Lebenspraxis

Sie flohen vor der unwirklichen Luft in den Bergen. Vor den gigantischen Männlein Gottes. Vor den Sternen, die nicht umräuchert waren. Vor dem Duft der immergrünen Kiefern. Das Haus blieb zurück. Die Pferde. Die Diener. Es war keine Abreise für immer. Aber die kostbare Zeit war in der Felsenwohnung nicht kostbar genug. Was hätte dort wichtiger werden können als der Wunsch? Ein sehr großer blanker schnatternder Vogel senkte sich herab. Eine Flugmaschine. Ein Fahrzeug der Guy Forttescu Burrell de Gruchy Industrial Finance Corporation und der Bigo & Heron Dunstan Edbrooke Banking Control Organisation Ltd. Ein dreimotoriges. Mit Luftschrauben aus schönen Hölzern. Perrudja wußte plötzlich, weshalb Grigg bei früheren Besuchen den Heimweg mit der Richtung ins Gebirge hinein gewählt. 'Dort hatte solch ein metallener Drache seiner gewartet. Ein Luftschlitten. Perrudja hätte nicht den Mut gehabt, in den Bauch des Ungeheuers zu steigen. Aber Hein hob, schob, bettelnd, umarmend, wie ein Mantel um ihn führte er ihn hinein. Es war am Ende nicht einmal ein lästiger Gedanke, mit dem eigenen mageren Fleisch in der Nachbarschaft seines Sklaven, des muskelstarken, Heins zu zerschellen. Da waren die vier, der Herr, der Sklave, der Sekretär, der Franzose in der Kajüte. Sanken in bequeme Samtsessel. Perrudja merkte sogleich, sie waren nicht allein, sozusagen vier männliche Wesen unter sich. Zwei sehr korrekt gekleidete Herren. Mit sehr ungewissen Gesichtern. Mit Augen, die ohne Ausdruck waren. Zwei mehr lästige als angenehme Herren. Grigg kannte sie. Wie sich versteht. Waren mit ihnen. Er sagte Perrudja die Namen. Er sagte ihren Beruf. Geheimagenten. Schweigsame Beobachter. Männer mit ent-

sicherten Schußwaffen in den Taschen. Vertreter der privaten Polizei der Guy Forttescu Burrell de Gruchy Industrial Finance Corporation und der Bigo & Heron Dunstan Edbrooke Banking Control Organisation, Ltd. Die Auskunft wollte Perrudja nicht behagen. Aber Grigg sagte, man dürfe sich dem Notwendigen nicht verschließen. Unter hundertmillionen Menschen seien allzeit so und so viele Vertreter, in denen blindes Rachegelüst zu schädlichen Plänen sich entfalte. Zu zwecklosen Taten. Er wolle nicht grob sein; aber das Oberhaupt des Geldstaates sei am Leben bedroht.
»Wer weiß denn, wer ich bin?« schrie Perrudja.
»Niemand weiß es«, sagte Grigg. Es könne auskommen. Durch Unvorsichtigkeit. Es könne eine Fabel sich bilden. Zum Beispiel die, Hein Skaerdal sei das Oberhaupt. Um einer falschen Meinung willen könnte ein Unschuldiger hingemordet werden. Man möge sich mit der Tatsache der Geheimagenten abfinden. Er kenne seine Pflicht.
Perrudja, in dem dunklen Augenblick wie einer, der verwest, preßte den Freund an sich. Grigg sagte bei sich: Wer hat dies erdacht, zwei vollkommene Schönheiten, die der Schwäche und die der Kraft. Beide oberflächlich angetan mit einer Häßlichkeit, die den dritten ausschließt. – Die beiden Herren waren verschwunden. Unsichtbar im hinteren Teil der Kajüte. Zwei andere tauchten auf. Kamen lachend durch eine kleine Tür vom Vorderteil des Fahrzeuges. In Lederjacken gekleidet. Die Piloten. Grigg stellte sie vor. Zwei junge Menschen. Man könne starten. Sie schüttelten dem Herrn und dem Freund die Hände.
»Wir wünschen viele glückliche gemeinsame Fahrten«, sagte der eine.
»Eine herrliche Maschine«, sagte der andere. »Mr. Grigg, ein Meisterwerk. Es liegt auf der Luft wie ein Floß auf dem Wasser. Die Motore gehen zuverlässig wie das Pendel einer Uhr.«
»Eine neue Maschine«, sagte Grigg zu Pujol, »wir möchten die Indre Sogn Elektrizitätswerke besuchen«, sagte er zu den Piloten.
Sie nickten mit den Köpfen. Verschwanden durch die Tür nach vorn. Es entstand ein tiefer Ton, ein Brummen. Als wären Strudel von Wasserfällen in der Luft. Ein geringes Schaukeln

der Sitze machte sich bemerkbar. Durch die großen Scheiben in der Kabine erkannte man, das Land fuhr dahin. Das wiegende Schaukeln blieb aus. Das Land glitt langsamer davon als zuvor. Es fiel hinab. Die Maschine lag auf der Luft wie ein Floß im Wasser. (Es war gesagt worden.) In der klaren Substanz des Himmels wurde die Landschaft sehr deutlich. Und unmenschlich, als ob kein Fuß auf den Bergen hätte gehen können. Und die Wasser so flach und dünn mit ihrem weißgrünen Schaum; und den Tümpeln, die glasig lauchfarben. Den reißenden Strudeln, wie man wußte, Becken undurchwatbar, undurchschwimmbar. Wie man wußte. Winzige Schalen im braunen Gestein. Wie man sah. Und Perrudja dachte einen Gedanken. Unter sich, auf dem Boden, zwischen den Bergen hat er einen Mord begangen. Eine Liebe geliebt. Das eine und das andere ist unwahrscheinlich wie die Kleinheit der Täler und Berge und Flüsse und Wälder.

Die Sinne, die nicht ein Bett der Gedanken waren, machten eine Wahrnehmung, nämlich die, Grigg hatte einen Telephonhörer aufgenommen. Und sprach hinein. Und sagte: »Hier Grigg. Bitte Verbindung mit Indre Sogn Elektrizitätswerk, Direktion.« Und ein Telephonhörer, genau wie jener, den Grigg hielt, hing in einer Gabel neben seinem, Perrudjas Sitz. Den er abhob und ans Ohr hielt. Und es war eine Stimme in dem Hörer: »Hier Indre Sogn Elektrizitätswerk, Direktion.« Griggs Stimme im Telephon und im Raum der Kabine: »Hier Grigg, Herrn Direktor Gaskell, bitte.« »Am Apparat. Guten Tag.« »Guten Tag. Vier Herren werden in eineinhalb Stunden mit Flugzeug auf dem Fjord landen, um das Werk zu besichtigen. Bitte, lassen Sie die Pinasse bereithalten.« »Sehr wohl, gewiß, danke für den Besuch.« »Dank zurück. Guten Tag.« Grigg hängte den Hörer an. Perrudja hängte den Hörer an. Was war Wunderbares an dem Vorgang? Es hatten keine Sirenen, wie Odysseus sie gehört, durch die Sphären gesungen. Es hatte kein Hauch einer neuen Lebenskraft geweht. Schlechte menschliche Stimmen. Nicht der Regenbogen eines neuen Bundes. Keine Offenbarung, die das Herz und die Gedanken der Liebe ausriß. Die Berge und Täler standen tief unter ihnen. Perrudja schloß die Augen. In der Ferne hatte er die grünschwarzen Rinnen der Fjorde gesehen. Tief, wie die Berge

hoch. Hier in der Höhe aber wurde eine Meinung ausgegeben, als ob auf dieser Erde alles klein, zufällig, unwichtig. Die Wohnungen der Menschen erkannte man kaum. Der brummende Vogel heulte, taktete von einem Triumph. Perrudja vermochte nicht zu erraten, was in Heins Seele vorging. Er war nur Gesicht. Wenn man den Wahrnehmungen trauen konnte. Genießer eines unbekannten Erlebnisses. Dieser Grigg und Pujol und nach ihnen der Sklave sagten, es sei dem Herrn, Perrudja, schwindlig. Weil er, zurückgelehnt im Sessel, mit herabgelassenen Lidern saß. Es war ihm nicht unangenehm, daß sie es dachten. Er wollte in dieser Stunde mit ihnen nicht einig sein. Gewiß aber konnten sie, die ihn betrachteten, die Feststellung machen, die Farbe seiner Wangen wurde nicht gelb oder grün. Er fiel nicht schlaff zusammen. Sein Atem ging mehr ruhig als schütternd, setzte auch nicht aus. Ihre Besorgnisse konnten sehr klein bleiben. Von Übermüdung dürften sie sprechen. Von einem Schlaf, der mildtätig gekommen.
Am Ende mußte er die Augen wieder öffnen. Mit Willen. Denn es war ja nicht Schlaf, der sie geschlossen. Die Absicht zu einer Täuschung. Siehe: Da war der erste Schnee auf den granitenen Bergen sehr nahe. Rosig und unabgenutzt neu. Und zackig, weil das Gestein gezackt. Und die Gipfel waren über ihnen, nicht mehr der Vogel über den Gipfeln. Und man erkannte die Schnelligkeit der Fahrt. Wie wenn man in Eisenbahnzügen saß. Ungestümer. Die Berge aber wuchsen. Als ob sie aus der Erdkugel hervorschössen. Und es war ein Gefühl des Fallens. Das Unten war ein riesenhaftes schwarzes Wasser. Und es wuchs. Wie die Berge wuchsen. Und die Schnelligkeit nahm zu. Wie es schien. Und der metallene Luftschlitten wurde winzig klein. Kroch zusammen zu der Kajüte, in der vier Männer. Und die leichten Wellen auf dem Fjordwasser wurden deutlich. Und der Lärm der Propeller nahm ab. Gischtend, rauchend tauchten die Schwimmer des Fahrzeuges in die Flut. Plötzlich war ein Wiegen, ein Schaukeln, ein Gleiten. Der Vogel hatte sich aufs Wasser gesetzt und fuhr dahin. Seine Bewegung verebbte. Die Fahrgäste waren von ihren Sitzen. Die Geheimagenten stießen die Tür der Kajüte auf. Die Piloten kamen lachend herein. Durch die geöffnete Luke erkannte man das nahe Land. Einen Kai. Einen Ort mit einer weißen Kirche.

Ein Tal lag zwischen mächtigen Steinriesen. In der Ferne, über Granitbarren ging ein Wasserfall zutal. Zwischen dem Kai und dem ruhenden Vogel bewegte sich, scharfbugig, die Fjordhaut weiß aufschneidend, die Wellen nach links und rechts umkippend, mit Hast sich nähernd ein Schiff. Die Pinasse. Wie Perrudja vermutete. Sie war schlank und graugemalt und ging leicht am Steuer. Und die Motoren konnten von einer Sekunde auf die andere vom Vorwärtsgang auf rückwärts stampfen. Sie lag still wartend neben dem Flugzeug, ehe man es erwartet hatte. Die Geheimagenten nahmen eine Hilfestellung ein. Die Gäste gingen durch die Luke anbord der Pinasse. Der Direktor Gaskell begrüßte die Angekommenen. Grigg wurde gesprächig. Aber es war, als ob seine Worte allein Pujol galten. Ihm erklärte er, was hier erklärt wurde. Hein und Perrudja mochten es hören, oder es mochte ihnen entgehen. Zweifellos war es eine vortreffliche Pinasse. Eine Elektropinasse, wie Grigg sagte. Es war ein schönes Gefühl, mit großer Schnelligkeit, ohne Zittern des Fahrzeuges, über die Abgründe der Tiefe dahin zu eilen. Der Kai war sehr nahe der Flußmündung in den Fjord hinausgebaut. Mehr eine Mole. Damm mit zwei Ufermauern. Er ging parallel zu einem Vorgebirge aus grobkörnigem Gneis, das sich weit hinaus, mit so und so vielen Höckern versehen, in den Fjord lagerte, eine Bucht bildend, tief sonnenlos, grün kalt. Die Mole machte aus der Bucht ein Hafenbassin. Und es lagen drei kleine Dampfschiffe vertäut darin. Ein blasser dünner Dampf ging neben den schwarzen Schornsteinen, rotbebändert, aus den Ablaßrohren für die Sicherheitsventile der Kessel. Die Pinasse durchmaß das Hafenbekken. Es gab einen Steg. An ihm landete sie. Die Gäste verließen ihren Bord. Bald war der steinige Strand unter den Schuhen. Vertangt. Kühl. Das Elektrizitätswerk war ein einziges langgestrecktes graues Gebäude. Aus rohgebrochenem Gestein des Gebirges errichtet. Schmucklos. Fast wie ein Brocken gewachsenen Felsens. Aber eine flache, weitüberstehende mächtige Betonplatte lag auf dem Mauerwerk als Dach. Nach Griggs Geschmack diese Architektur. Wie er sagte. Unauffällig. Doch Menschenwerk. Als Zeichen dessen die gegossene Riesenplatte. Sechzig Maschinen zu je fünftausend Pferdekräften standen in einem einzigen Saal. Elektrogeneratoren. Deren Achsen senkrecht gelagert waren, in einem tieferen Stockwerk den Anschluß an die

Wasserturbinen fanden. Dreißig Stahlrohre leiteten den geschmolzenen Gebirgsschnee von nahezu tausend Metern Höhe herab zutal. Hundert Atmosphären Druck bei den Turbineneinlässen. Die Speiseseen und Reservoire lägen fünfzehn Kilometer talaufwärts. Gäben die Gletschermilch durch einen einzigen Tunnel von fast siebenzehn Kilometer Länge, ehe sie in die Stahlrohre hinabstürzte. Sagte Grigg. Ohne irgendeine Fernleitung werde die Energie fortgeschafft. Das Geheimnis der Amalumen-Akkumulatoren. Dreißigmillionen Pferdekrafttage allein vermöchten die Werkselektroreservoire zu fassen. Bei einem maximalen Energieverlust von nur drei Prozent. Alle Maschinen gäben den Strom auf die Hauptreservoire. Von dort werde er wieder abgezapft. Grigg führte, halb gezerrt durch den Direktor Gaskell, seine Zuhörer in den zweiten Saal des Werkes. Er war niedriger als die Generatorenhalle. Doch von gleicher Ausdehnung. In seiner Mitte lagen auf braunen Porzellanisolatoren zwei blanke Kupferschienen, von ähnlicher Länge wie die Halle selbst. Von ungewöhnlichen Dimensionen. Im Querschnitt mehr als einen Meter hoch und wenigstens einen halben Meter dick. Am Anfang der Schienen, mit ihnen verbunden, stießen zwei blanke Kupfersäulen senkrecht in die Höhe. Die Zuleitungen von den Elektroreservoiren, wie Grigg erklärte. Über die Kupferschienen fuhren in ununterbrochener Kette Wagen, auf denen halb hölzerne, halb metallene Kasten standen. Die transportablen Amalumen-Akkumulatoren, wie Grigg erklärte. Sie kamen auf einem rollenden Band von den Schiffen am Kai herauf, überfuhren die Stromschienen, luden sich in der kurzen Zeit ihrer Wanderung durch die Halle, glitten, bereit zum Verladen, an den Kai zurück. Die Praxis der Technik, meinte Grigg, komme oft zu anderen Lösungen einer Aufgabe als die Theorie vorausgesagt. Während zahllose Versuche, elektrische Energieen durch Strahlungen auf drahtlosem Wege fortzuleiten, das Bedürfnis nicht hätte befriedigen können, gäbe der neue Akkumulator höchst bewundernswerte Leistungen. Bei gleichem Gewicht und einem viertel der Rauminanspruchnahme vermöchte er die sechzehnfache Energie aufzuspeichern, wie sie einem Kilogramm hochwertigen Brennöls innewohne. Die Ladezeit könne, selbst bei größtem Potential, auf wenige Minuten herabgebracht werden. Die Flugmaschinen würden demnächst mit Elektromotoren fahren. Die Schiffe. Die Eisenbahnen. Er sah dabei sehr bedeutungsvoll auf Pujol. Einstweilen verlade man die Energie nach dem nahen Hoyanger und verbrauche sie in den Aluminiumwerken. Perrudja ermaß wenig von dem, was gesprochen wurde. Er hatte begriffen: Eine Anlage, ein Elektrizitätswerk der Guy Forttescu Burrell de Gruchy Industrial Finance Corporation und Bigo & Heron Dunstan Edbrooke Banking Control Organisation, Ltd. Da war gesagt worden, in allernächster Zeit werde man Dutzende solcher Kraftstationen errichten. An allen Plätzen der Erde. Und auf den Inseln der Ozeane zwischen Amerika, Asien, Afrika. Perrudja war verwundert darüber, wie wenig Arbeiter oder Beamte in dem Werk beschäftigt waren. Unfaßbar, die unabschätzbaren Energieen bedurften kaum noch der Wartung des Menschen. Es gab ein kleines Frühstück in der Wohnung des Direktors. Dann brachte die graue schlanke Pinasse die Besucher zum Flugzeug zurück. Die Luke der Kabine wurde verschlossen. Der Vogel begann zu brummen, zischte, gischtete im Wasser, zitterte, wiegte. Glitt, hob sich, trug davon die vier: Perrudja, Hein, Grigg, Pujol; zwei Piloten, zwei Geheimagenten. Flog über die Berge. Suchtete hinauf in hohe dünne Luft. Kam durch Nebelschwaden. Wolken. Als ob die Erde vergangen wäre. Aber bei den Führern war ein Instrument, ein Kompaß. Viele Instrumente. Sie würden den Fjord von Oslo nicht verfehlen. Als die Zeit um war, senkte sich die Maschine hinab. Wasser. Das Meer. Oder der Fjord. Die Landung geschah, wie Perrudja sie kannte. In der Nähe der heiligen Stadt Oslo. Und eine Pinasse, die genau der vom Sognfjord glich, übernahm es, wie jene, die Reisenden an einen Kai des Hafens zu bringen. Die vier und die zwei Geheimagenten. Die Piloten waren auf ihrer Maschine geblieben. Kreisten schon wieder in den Lüften. Oder machten doch Vorbereitungen dazu, aufzusteigen. Oder leiteten das Abschleppen der Maschine nach einem Schuppen. Am Kai des Hafens (die sechs Männer stiegen vom Wasser eine Treppe hinauf bis zu einem Plateau, das die Straße war) wartete ein Automobil. Die Geheimagenten öffneten die Tür des Wagens. Ein Chauffeur legte die Hand an den Schirm seiner Mütze. Perrudja, nach einigem Zögern, stieg ein. Hein schob sich ihm nach. Grigg nahm vor Perrudja Platz, Pujol vor Hein. Einer der Agenten setzte sich neben den Fahrer. Der andere fand einen Klappsitz im Innern des Wagens. Man fuhr durch die Straßen Oslos. Geräuschlos, wie es schien. Von Zeit zu Zeit krächzte das elektrische Signalhorn. Es war widerwärtig. Stimme eines unterirdischen Teufels. Ein Gegensatz zum leichten federnden Rhythmus des Fahrens. Da waren die Wundränder der Stadt; wo sie sich gegen die Kräfte der freien Landschaft verlor. Häuser im Bau. Gartenhütten. Unordentliche Leitungen für elektrische Ströme oder Telephone in der Luft. Man konnte denken, jede Stadt müßte, kraft ihres Wesens, immer unvollendet sein. Der Wagen fuhr schnell dahin. Die Gedanken waren langsam. In Perrudja waren sie langsam. Sie vermochten sich nicht von den Träumen zu lösen. Und er hatte das Krächzen des unterirdischen Teufels gehört. In Serpentinen führte die Straße aufwärts. Neben einem kleinen Wässerchen, einem Bach entlang. Da waren Kiefern aus dem Boden gekommen. Und Birken, herbstlich gelbrot belaubt. Und graue Steine lagen unter dem Licht des Himmels. Am Wege zur rechten Hand fand sich eine Mauer ein. Eine graue Mauer, aus kiesigem Beton aufgeschüttet. Die Schalbretter hatten ihre Formen zurückgelassen. Ein versteinerter Bretterzaun. Auf seinem First lagen lange Balken aus Gneis. Diese Mauer stand in einem Walde. Es war ein Tor in ihr. Durch dies Tor fuhr das Automobil. Es bewegte sich auf einem grandigen Wege im Walde. Als es anhielt, konnte man auf einem freien Platz ein Haus stehen sehen. Haus in Gestalt eines Kubus. Ein etwas flacher Kubus. Ein stark gegliedertes Bauwerk. An jeder der vier Schauseiten erhoben sich sechs mächtige Säulen. Graue Granittrommeln, aufeinander geschichtet. Die Ecken graniten, Pfeiler, doppelt so mächtig wie die Säulen. Sie standen frei vor dem Hintergrunde einer Wand, die aus Backsteinen errichtet. Mit Mörtel verschlämmte Backsteine, hell lehmfarben gemalt. In der Ziegelwand, hinter den Interkolumnien, ganz gleich geformte Fenster. Man konnte fünf Stockwerke zählen. Auf den Säulen, den vier Pfeilern, den Goldockermauern, die in ihrer Farbe sehr geringwertig, fast segelhaft erschienen, lag eine etwa meterdikke Betonplatte. Ähnlich der, die das Dach des Elektrizitätswerkes gebildet hatte. Architektur nach dem Gefallen Griggs.

Granit und Beton. Ein kalter Prunk. Fast unnatürliche Mischung von kristallischem Gestein und des Menschen ruhelosen Taten und Gedanken. Grigg hatte auf das Sichtbarwerden des Betons, künstlichen Gesteines, nicht verzichten wollen. Auf die Lehmfarbe des Goldockers auch nicht. Glasige, bis zur Sinterung gebrannte Scherben, die im Feuer blaurot geworden waren. Wie man sie oft sah. Sie waren aus dem Lehm der Erde geworden. Verstand und Metaphysik. Grigg war ein kluger Mann. Neben der Tür, die in der Mitte einer Schauseite zwischen zwei Säulen lag, ein messingenes Schild. Darauf stand graviert: Sekretariat der Guy Forttescu Burrell de Gruchy Industrial Finance Corporation und Bigo & Heron Dunstan Edbrooke Banking Control Organisation Ltd. Man war einige Stufen hinaufgestiegen, auf die Sockelplatte des Hauses, um diese Worte zu lesen. Die Tür öffnete sich. Wurde von innen aufgezogen. Hinter der Tür lag ein Gang. Im Halbschatten ein Gang. Dessen Wände aus gestockten Quadern errichtet waren. Er führte in die Mitte des Hauses. Diese Mitte war ein Hof. Der gegen den Himmel des Tages geöffnet war. Wie es schien. Grigg sagte: eine Täuschung. Man habe eine große Platte aus klarem Bleiglas zwischen Himmel und Hof gelegt. Als Dach gegen Regen und Wind. Die einzelnen Stockwerke des Hauses öffneten sich, Galerien, gegen den Lichtschacht. Ausgestanzte Quadrate in jedem Geschoß. Durchstoßene Betonplatten. Wo sie frei überzuhängen schienen, waren, ihre Last aufzunehmen, runde Säulen untergestellt. Von gleichen Maßen des Durchmessers wie die der äußeren Schauseite des Hauses. Aber sie strebten nicht in ununterbrochener Linie empor bis unter das Dach. Den einzelnen Trommeln lagen die Geschoßdecken auf. Das Material war nicht grauer Granit. Schwarzer polierter Labradorstein. Ein finsterer Glanz. In jedem Geschoß vier symbolhafte Steine. Perrudja wußte nicht, was sie ausdrücken sollten. Aber es war ein Geist in ihnen. Zwanzigfach ein Geist. Er nahm Hein bei der Hand. Er forderte ihn auf, die schwarzen Trommeln zu umspannen. Sie reichten mit ihren aneinander geketteten Händen nur halb herum. Mißlungener Versuch. Grigg und Pujol traten hinzu, halfen die Kette zu schließen. Die Armlängen der vier reichten gerade aus. Perrudja war beruhigt, daß einer der Steine umspannt worden war. Die Geheimagenten waren verschwunden. Es gab Türen an den Gangwänden hinter den Säulentrommeln. Grigg bat Pujol, auf einer Bank, die sich fand, einige Augenblicke Platz zu nehmen. Er wolle Perrudja und Hein in ihre Wohnräume führen. Zu dritt stieg man eine Treppe hinauf. So gelangte man in das erste Obergeschoß. Kurze fette polierte schwarze Trommelsäulen auch hier. Was schon gewußt wurde. Ein Gitter aus geraden bronzenen Stäben gegen den Lichthof. Eine Tür führte von der Galerie zu einem Fahrstuhl. Die drei stiegen hinein. Fuhren aufwärts. Im obersten Stockwerk verließen sie den Aufzug. Kurze fette polierte schwarze Säulentrommeln auch hier. Was schon gewußt wurde. Man war nahe der großen quadratischen Glasscheibe. Der Umgang. Türen. Ein Vorraum. Türen. Die drei standen in einem Salon. Teil der Wohnung. Grigg machte einige Erklärungen. Er erhoffe das Wohlergehen der Gäste in diesem Hause. Ihr Wunsch würde Befehl sein. Man müsse die Lügen zukünftig so schmal wie möglich machen. Deshalb betone er: das Haus sei Eigentum des Herrn. Seine Forderungen also keine Ungerechtigkeit, auch keine Inanspruchnahme einer weiten Gastfreundschaft. Nach Wunsch könnten alle Mahlzeiten in der Wohnung eingenommen werden. Jedes Begehren bitte er durch das Telephon mitzuteilen. Er selbst, Grigg, stehe bei jeder Zeit zur Verfügung. Das Absteigen in einem Hotel der Stadt habe sich erübrigt, da die Wohnung stets zur Verfügung des Herrn gehalten werde. Es stehe ein Automobil für die Gäste bereit. Die Pinasse auf dem Fjord für Ausflüge. Eine seetüchtige Dampfjacht, wolle man aufs Meer hinaus. Die Gäste unterlägen keinem Zwang, nicht einmal dem, den Höflichkeit vorzuschreiben pflege. Sie könnten ein- und ausgehen wann es ihnen beliebe. Könnten ihrerseits Besuche empfangen zu jeder Stunde. Selbstverständlichkeit. Der Herr habe nicht zu fragen. Einige Schlüssel händigte er aus. Er streckte die Hände nach links und rechts gegen Türen. Man werde seine Bequemlichkeit finden. Da sei ein Diener zu ihrer Verfügung. Er glaubte alles gesagt zu haben. Er verneigte sich. Er verließ die Freunde.

Perrudja trat an eines der Fenster. Dreiviertel Meter Mauer. Zwei Meter runde Säulen. Darüber die Betondachplatte. Ein Schatten. Der Leib des Menschen schien hier oben sehr geschützt. In der Tiefe, vorgeschoben gegen den Fjord, lag in trüben Schwaden die Stadt Oslo. Man konnte über die Kiefernstämme hinwegsehen. Hein stürzte sich auf Perrudja, riß ihn vom Fenster fort, umhalste ihn und küßte ihn, daß die Lippen der beiden Menschen blutig wurden. Er sagte dann: »Wir wollen die Wohnung besichtigen.« Es war der Vorschlag einer guten Vernunft. Perrudja hätte nicht widersprechen können, ob er es auch gemocht hätte. Da gab es ein saalartiges einfenstriges Arbeitszimmer. Eine Art Bibliothek. Fünftausend oder zehntausend Bücher. Nachschlagewerke in den gebräuchlichsten Sprachen der Menschen. Die Gedanken der abendländischen Philosophen. Die abstrakte Gelehrsamkeit aller Fakultäten, die theologische ausgenommen. Ein Bibliothekar wird die Einrichtung dieses Raumes gegen Bezahlung geleitet haben. Dachte Perrudja. Ein Ruhebett, einige Sessel, ein Schreibtisch. Auf dem Schreibtisch Gerät zum Schreiben. Telephonapparat. Ein leichtsinnig aussehendes fettes Buch, in rote Leinwand gebunden. Es forderte dazu auf, in die Hand genommen zu werden. Perrudja folgte der Verlockung. VERZEICHNIS DER ORGANISATIONEN, WERKSBETRIEBE UND IHRER LEITER DER GUY FORTTESCU BURRELL DE GRUCHY INDUSTRIAL FINANCE CORPORATION UND DER BIGO & HERON DUNSTAN EDBROOKE BANKING CONTROL ORGANISATION, LTD.

Wie in allen Lexika begann die Aufzählung in diesem Buche mit dem Buchstaben Aa. Die Seiten waren in drei Kolumnen mit Namen und Bezeichnungen überschwemmt. Unvorstellbare Vielheit. Eintausend einhundert und zwanzig Druckseiten. Er warf das Verzeichnis auf den Fußboden. Hein hob es wieder auf, vergewisserte sich, welcher Inhalt den Freund erregt. »Niemand wird verlangen, du sollst es durchlesen«, sagte er nach einer Pause. Da keine Antwort erfolgte, blätterte er in dem Buch, sagte fortfahrend: »Eine Eselsbrücke, um deinen Reichtum abzuschätzen.« Da keine Antwort erfolgte, haspelten seine Finger weiter zwischen den Seiten: »Wenn wir unvoreingenommen, kann auch uns dies Nachschlagewerk dienen. Ein Beispiel: Grigg, Gordon Percy, Esq. Sekretär. Oslo. Uneingeschränkter Bevollmächtigter eines Mannes, der nicht genannt sein will. Leiter der Spitzenorganisation. Vorsitzender der Generalversammlung. Disponierender Direktor der

Fabrikations- und Verwaltungsabteilungen A – Z – MM. – Ist es nicht lehrreich, zu wissen, du bist der Mann, der nicht genannt sein will? Und ist Grigg nicht plötzlich ein Mensch von gewissem Ansehen, Fähigkeiten. Man kann sich vergewissern. Man kann nachlesen unter den Schlagworten: Spitzenorganisation. Generalversammlung. Disponierender Direktor. Verwaltungsabteilungen. Fabrikationsabteilungen. A. B. C. AA. BB. CC. etc. Bei besserer Zeit kann es geschehen. Wir haben heute den Direktor Gaskell kennengelernt. Man kann ihn erforschen. Hier steht: Gaskell, Halbrook, Direktor, Werksleiter der Indre Sogn Elektrizitätswerke, Norwegen. Fabrikationsabteilung E. Vertreten in der Generalversammlung durch die Hauptdirektion in Den Haag. – Ein großer Staat, wie man erkennen kann.« Er schwieg. Er sah, Perrudjas Augen hatten sich mit Tränen gefüllt. Er klappte das Buch mit lautem Knall zu. Legte es auf den Schreibtisch. Nahm den Freund beim Arm. Führte ihn hinaus. Im Salon hingen alte Gemälde an den Wänden. Man konnte sie in diesem Augenblick betrachten. Durch die Lektüre aus dem Buche war der Schmerz gekitzelt worden. Es war der unbekleidete Körper eines schönen Weibes gemalt. Man konnte durch das Betrachten dieser menschlichen Vollkommenheit ein wenig die Lust hervorkitzeln. Abstrakter Kunstgenuß? Hein hätte gelacht. Leiber mit schimmerndem Fleisch waren ein Antrag an die süßen Sinne. Aber das Wasser wollte aus den Augen Perrudjas nicht verschwinden. Er weinte stärker als zuvor. An Signe denkt er, überlegte sich Hein. Es war falsch gewesen, ihm ein Weib zu zeigen. Die Wohnung würde ein Schlafzimmer haben. Man konnte es einmal betrachten. Hein zerrte den Freund vom Weibe fort. Sie fanden das Schlafzimmer nicht sogleich. Zuerst ein Kabinett. Eine orientalische Opiumhöhle. Ein quadratisches Zelt. Teppiche. Seidenbezogene Kissen. Holzlose Ruhebetten. Ein Nichts, außer der Aufforderung, sich hinzustrecken und geil mit den Füßen um sich zu schlagen. Vollkommen ohne Gedanken zu sein. Hein tat es. Er wälzte sich am Boden. Warf mit Kissen nach Perrudja. Packte ihn bei den Beinen, zerrte ihn zu sich herab. Umschlang ihn, rang mit ihm, preßte ihm die Rippen. Biß ihn in den Hals. Schüttelte ihn an den Knieen. Er sagte plötzlich: »Wir haben noch keinen Wein getrunken. Das fehlt uns.« Sie verließen das

Kabinett mit der verführerischen Ausstattung. Es gab zwei Schlafzimmer. Schlafsäle. Hein rechnete aus, in jedem der aufgestellten Betten könnten vier Menschen liegen. Schlafsäle, deshalb so zu nennen, weil auf den Teppichen am Fußboden bequem noch hundert Menschen sich ausstrecken konnten. Ungeachtet der nutzlos umherstehenden Möbel als halben und ganzen Ruhebetten, Sesseln und Truhen. Er nannte es ein erhabenes Gefühl, im Bette zu liegen, sich hundert Männlein und Weiblein zu dingen, die umher, nach ihrer Bequemlichkeit, auf dem Fußboden schliefen. Er sagte derlei Unsinn. Er lobte die Seidenbezüge der Pfühle. Er legte sich hinein. Er widerstand nicht. Er entdeckte die Badeeinrichtung. Fand alles aufs vortrefflichste. Geistreich geradezu. Man konnte sich den Bauch mit feinen Duschen berieseln lassen, den Rücken mit einem dicken Strahl, einen Springbrunnen von unten gegen den After sich blasen lassen. Vielleicht eine Erfindung für Lüstlinge, meinte er. Oder für Frauen. Er erklärte, er habe Hunger. Sein Magen bewege sich knurrend. Er eilte in den Salon, nahm den Telephonhörer. Verlangte den Diener der Gäste. Der Diener kam. Er besprach mit ihm ein Abendessen. Er wählte Weine. Ein ausgezeichnetes Hotel. Wie der Diener gegangen, übermannte ihn wieder ein uferloses Lebensgefühl. Er stürzte sich auf Perrudja, umschmeichelte ihn. Dachte blitzschnell an samtene Frauenbrüste. Wünschte Signe zu sein, daß er sich begatten lassen könnte. Er war glücklich. Er entwarf Pläne für den kommenden Tag. Ausflug mit der Elektropinasse. Sandefjord. Im Meere baden. Er stürzte wieder ans Telephon. Zentrale. Verlangte den Inhaber eines Herren-Ausstattungsgeschäftes. Er benötige einen weißwollenen Anzug. – Man werde die Angelegenheit zu ordnen versuchen. Einen Schneider im Wagen von der Stadt heraufholen. Man konnte erkennen, in diesem Haus war die Bequemlichkeit keine Sage. Kein Widerspruch. Keine Bedenken. Keine Nachfrage aus dem Apparat. »Verfluchtes Weib, meine Schwester Signe«, sagte Hein. Er hätte sie augenblicks, vor lauter Liebe und Verachtung vergewaltigen können. Und prügeln dazu. Weil hier eine ungesetzliche Dummheit sich auswirkte. Heimlich begann er auch Perrudja Vorwürfe zu machen. Er konnte nicht wissen, der Freund hatte manches gedacht, für dessen Wirklichmachung er

nur zu schwach. Es war eine Erlösung, daß der Diener das Mahl aufzutragen begann. Die Dämmerung glitt aus der Luft herab. Flammende Kerzen in silbernen Leuchtern wurden auf die Tafel gestellt. Der Diener berichtete, er habe die Koffer der Herren in eines der Schlafzimmer stellen lassen. Es war tröstlich zu wissen, alle Angelegenheiten ordneten sich wie von selbst. Hein zog seine Brieftasche. Überreichte ein fürstliches Trinkgeld. Er sagte, während der Mahlzeit möchten er und der Freund ungestört sein. Er goß in zwei Gläser von einem roten Wein. Ein Rubinwein. Taubenblut. Er trank sehr hastig. »Der Wein bringt Verzauberung«, sagte er.
»Wirst du dich betrinken«, fragte Perrudja.
»Ich möchte, daß du dich betrinkst«, sagte Hein, »damit du mich lieben kannst, ohne es zu wissen.« Er war wild wie ein Tier. Doch hatte er die Sprache des Menschen. Und die Sprache war lose in ihm, so daß aus seinem Munde kam, was nicht appetitlich klang. Er war offen wie nie. Perrudja mußte ihn anschauen. Da erschien er frisch und sauber und sehr kindlich. Nur eine ungebändigte Kraft, die ihn zu frechen Worten verführt hatte. Er wollte sich zu einem Opfer anbieten. Das Selbstverständliche bedeutungsvoll machen. Das Glücksgefühl in sich dem anderen mitteilen. In jenen hinein verpflanzen. Ausreißen die Erinnerung an das unkluge Weib. Den Schwur bekräftigen, er ist doch nur der Sklave. Er versteht nichts von den Tränen und den Sorgen Perrudjas. Er, dem der Duft der Mädchen dieser Stadt in die Nase steigen würde, will nichts vergessen von der Blutsverwandtschaft zu diesem Mann. Perrudja trank. Hein schob ihm einige Leckerbissen in den Mund. Er war mit seinen weichen Wangen ganz nahe am Ohr des reichen Mannes. Der nichts weiter war als ein Geschöpf mit kleinen braunen runden Brustwarzen. Sie aßen sehr langsam mit großem Behagen. Der Vertreter des Herrenausstattungsgeschäftes wurde gemeldet. Hein ordnete den Empfang im Schlafzimmer an. Er zog Perrudja mit sich fort. Der Wunsch an den Schneider war auf eine einfache Formel zu bringen: Seeausrüstung für zwei Herren. Man ließ sich Vorschläge unterbreiten. Der Schneider nahm das Maß vom Körper der beiden Menschen. Und stellte fest, es war verschieden. Lachhaft, was so ein Schneider feststellen konnte. Hein wollte

vollkommen weiß erscheinen oder wie ein Matrose. Wenn's beliebt. Perrudja widersprach dem Matrosen. Keine groben Kleider an diesen kräftigen Leib bringen. Weiße Farbe würde ihn fleischloser, pflanzennaher erscheinen lassen. Er war doch nur Fleisch, Fleisch. Und ein Duft von Gott. Perrudja verstopfte sich die Augen mit den Händen. Er war verwirrt. Hein war eine große und starke Seele. Darum auch stark im Fleisch. Der reiche Mann wäre längst gestorben gewesen, wenn nicht dieser Bauernbursche in seiner Nähe. Der Schneider wurde in Gnaden entlassen. Die Freunde setzten das unterbrochene Mahl fort. Hein war darauf versessen, Perrudja zu mästen. Die schmalen Lippen reizten seine Finger, sie auseinander zu zerren. Es war nichts Seltsames daran, außer, es bereitete ihm Vergnügen. Der Diener mußte die Speisen und das Geschirr forträumen. Vom Wein behielt Hein zurück. Er sagte sehr deutlich: Gute Nacht! Zum Zeichen, daß keine Störung mehr erwünscht sei. Er trank Perrudja mal um mal zu. Es sollte ein wenig Torheit in dem müden Hirn aufkeimen. Der Jüngere entfaltete seine Leidenschaft zu ringen, zu beißen. Er sprang auf. Das Bad wollte er einweihen. Glühend, halb matt, lachend, entkleidet erschien er wieder vor Perrudja. Er duftete nach Wein und Milch. Das war gewiß kein schlechterer Geruch als der an den Brüsten eines Weibes. Am späten Morgen des anderen Tages erwachten die zwei laut gähnend, um sich schlagend. Hein war überzeugt, er war ein angenehmer Bettgenosse gewesen. Er griff zum Telephon. Bestellte das Frühstück. Er rieb sich den Körper mit der seidigen Fülle eines Kopfkissens. Er erklärte, in der Stadt manches besorgen zu müssen. Um zwölf Uhr Abfahrt nach Sandefjord. Er öffnete im Bade sämtliche Hähne. Doch ohne erwärmtes Wasser zu wählen. Eisige Ströme peitschten seine Haut. Er kam rotblau an Farbe wieder hervor. Er empfahl Perrudja die gleiche Prozedur. Mit erwärmtem Wasser. Die Haut würde abgefegt wie mit einem Stahlbesen. Als sie beim Einnehmen des Frühstücks waren, ließ Grigg sich melden. Er sagte Höfliches. Teilte mit, Pujol sei abgereist. Hein fragte nach der Dampfjacht, von der gestern gesprochen worden sei. – Stehe zur Verfügung, entgegnete Grigg. Er erbat noch die ausdrückliche Erlaubnis Perrudjas, eine außerordentliche Generalversammlung einberufen zu dürfen. Kurze Rede mit großen Inhalten, wie Perrudja schien. Dann wirbelten die Ereignisse des neuen Tages auf. Hein fuhr in die Stadt. Perrudja ging ins Arbeitszimmer. Begann im Werksverzeichnis der Guy Forttescu Burrell de Gruchy Industrial Finance Corporation und der Bigo & Heron Dunstan Edbrooke Banking Control Organisation, Ltd. zu lesen. Tiefer und tiefer krümmte sich seine Seele. Seine Unruhe drohte ihn zu zersprengen. In Angst befragte er Grigg durch den Apparat, ob man Hein auf seiner Fahrt in die Stadt Geheimagenten beigegeben. Letzte Hoffnung, gemeinsam, gleichzeitig mit dem starken Menschen zu verwesen. Grigg bestätigte. Da dengelten die Schreie der verblutenden Kreatur durch die Luft. Sein Ohr horchte. Gemeinsam, gleichzeitig mit dem starken Menschen zu verwesen. Er fühlte sich einsam und geprügelt wie nie. Machtlos. Und verantwortlich. Mit nur der einen Hoffnung des warmen Todes. Es war eine unüberlegte Wut gewesen, die ihn das Buch am Vorabend hatte zu Boden schleudern lassen. Er mußte lernen. Er verfiel auf unerquickliche Spielereien. Gewisse Erkenntnisse mittels des Rechnens zu finden. Ein Kubikkilometer Tempel gleich einer milliarde Kubikmeter Mauerwerk. Gleich hundertmilliarden Goldkronen Arbeitswert. Gleich der Lohnzahlung in der Zeit von vier Monaten für hundertmillionen Arbeiter. Hundertmillionen Arbeiter verspeisen täglich mit ihren Familien hundertmillionen Kilogramm Fleisch. Täglich wurden um ihretwillen hunderttausend Rinder gemordet. Er fühlte sich verantwortlich für den Mord an den Rindern. Swift, George Hamilton & Co., Ltd. Da war wieder die Angst um Hein. Den er liebte. Der ihm Gutes getan. Der ihn nicht verlassen würde mit freiem Willen. Letzte Hoffnung eines warmen Todes. Das Angedenken an die Schwester wob sich hinein in diesen Menschen. Signe. Die Unerlöstheit nistete sich in die Augen, sie lösten sich groß und irr aus den Buchstaben los. Wieder suchte er Zuflucht bei Fremden. Sprach in den Apparat. Verlangte Grigg. »Bitte, Mr. Grigg, lassen Sie meine Frau, lassen Sie Signe durch Geheimagenten bewachen.« Seine Stimme hatte gezittert. Grigg gelobte, den Wunsch zu erfüllen. Er hätte das Bedürfnis, den Herrn aufzusuchen, sagte er noch. Er kam.

»Ich möchte sterben, Mr. Grigg«, sagte Perrudja, »mir wird

von der Ungewißheit meines Schicksals und meiner Verantwortung das Herz abgedrückt. Ich weiß, wenn ich hinausgehe und die Augen offenhalte und die Not sehe, die mein Reichtum verbricht, wird mir das Urteil der Verdammnis gesprochen werden.«

»Es wird über Sie kein Urteil gesprochen werden«, antwortete Grigg, »die Not, die Sie ahnen, wird sein auch ohne Ihre Existenz. Es kann mit Ziffern bewiesen werden, der Reichtum in ihren Händen wirkt sich segensreicher aus, als in denen der dritten, die wahllos seiner genießen würden. Zudem haben wir uns vorgenommen, ein großes Werk zu tun. Bitte, vergessen Sie es nicht.«

»Ich kann nicht ungeliebt leben«, sagte Perrudja.

»Ich zweifle nicht daran, daß Signe Sie liebt«, antwortete Grigg.

»Sie ist nicht an meiner Seite. Sie will mir kein Kind gebären. Ich sehne mich nach jungem Leben«, sagte Perrudja.

»Das Zukünftige muß noch Erfüllung für Sie aufsparen«, sagte Grigg, »im Augenblick ist ein junger Bursche neben Ihnen, der fürwahr nicht von geringem Wert ist.«

Perrudja schaute groß auf. Und sagte nichts mehr.

Hein ließ von der Stadt aus an Perrudja bestellen, er möge sich einen Wagen nehmen und zum Hafen fahren. Man würde sich am Kai treffen.

Wie schnell Perrudja alle trüben Gedanken verscheuchte! Und Hut und Mantel nahm. Und davonfuhr. Die graue Pinasse lag schon am Kai. Aber Hein hatte sich noch nicht eingefunden. Es kam ein Bettler und bat Perrudja um ein Geschenk. Er gab aus seiner Brieftasche. Nach einiger Zeit kam ein zweiter. Der Vorgang wiederholte sich. Nach abermals einer Weile kam ein Verstümmelter vorüber. Perrudja beschenkte ihn wie die ersten. Endlich kam ein Automobil die Kaistraße entlang. Es hielt. Hein entstieg dem Wagen. Nach ihm zwei Geheimagenten. Die waren mit Paketen beladen. Eine Minute später zerteilte die Pinasse die Wasser des Fjordes. Es war ein schönes Gefühl, mit großer Schnelligkeit, ohne Zittern des Fahrzeuges über die Abgründe der Tiefe dahinzueilen.

In Sandefjord erlebte Hein eine Enttäuschung. Der Ort schien um diese Jahreszeit ausgestorben. Verwahrloste Baracken. Der Strand war leer. Mit Kümmernis streifte der Bursche eine halbe

Stunde lang durch die Stadt. Er begrub Erinnerungen. Man konnte es denken. Als das Schiff wieder ganz von Seedunst umgeben war, gingen seine Nasenlöcher auf wie die Nüstern bei einem Pferd. Die Finsternis des Abends kam. Und mit der Finsternis eine Kälte. Die Freunde begaben sich in die Kajüte, legten sich, daß sie einander betrachten konnten, auf zwei büffellederbezogene Bänke. Es vergingen die Stunden, in denen sie einander in den Augen hatten. Es war ein unvergleichliches Glück. Die Gewißheit, eines Tages gemeinsam, gleichzeitig zu vergehen. Ihr Blut wurde ganz ruhig. Sie eilten über die Abgründe der Tiefe dahin. Den nächsten Tag verbrachte Hein wieder in der Stadt. Er sog sich voll. Ein Eber findet die Trüffel in der Erde. Hein erschien, wo es brachfrisch nach Menschen roch. Die Nerven auf seinen Schleimhäuten waren empfindlicher geworden. Gewiß, die röhrendstampfende Sehnsucht der Rentierbullen nach den Freuden der meernahen salzreichen Weidegründe in ihm. Aber sein Blick war nicht jähzornig. Ganz klar. Fast weich. Ob er die Sechzehnjährige, die ihm in Sandefjord begegnet, suchte? Die zerknirschten Kameraden vom Gymnasium? Er trieb auf den Straßen vor den Schulen. In den Pausen zwischen den Unterrichtsstunden kamen Halbwüchsige aus den Portalen. Hein kannte die Ungeduld der Beschäftigten nicht. Sein Warten und Harren und Wünschen war ihm wie der Genuß eines Einsatzes. Mit keiner langen Stunde in Konflikt geraten. Darum war ihm Erfolg beschieden. Da war plötzlich ein Bursche, den er hinterrücks umarmte. Er schüttelte ihn, lachte. Führte ihn zum Automobil. Saß mit ihm in den weichen Polstern. Sprach auf ihn ein. Er erzählte seinen Plan, mit der Dampfjacht insee zu stechen. Nordwärts. Oder nach Island. Die Freunde von Sandefjord sollten dabei sein. Gewiß nicht waren sie noch die Menschen des Sommers. Das kam bald antag. Dieser erste sagte: Ja ja, nein nein. Seine Kehle war belegt und seine Meinung ungewiß. Er war befangen, und Heins Lust der Vorfreude machte sich breit. Die Polster des Wagens waren bequem und elegant. Der Kamerad, der mehr stumm als redend war, hatte Muße, zu den Fenstern hinaus zu schauen. Unentschlossen träumend. Auf eine Hilfe denkend, die ihn vom Zagen befreie. Er hatte Grund, einen zweiten Burschen heran zu winken. Hein fand alle Kameraden von Sandefjord an diesem Tage. Der eine von ihnen hatte sich verzwiefacht. Ein zweiter Bursche war ihm ans Herz gewachsen. Man konnte sie nicht voneinander reißen. Ein anderer fand Süßes daran, einem Mädchen in die Augen zu schauen. Nicht einem unnennbaren weiblichen Wesen. Einem ganz bestimmten Namen, der eine mehr oder minder fest umrissene Gestalt verbirgt. Ein hübsches Kind. Die Kameraden waren nicht mehr die Menschen des Sommers. Sie waren zahlreicher. Der eine hatte eine Geliebte. Der andere einen Geliebten. Der dritte einen Bruder, der vierte eine Schwester, der fünfte kam als Mitglied eines Bundes vervierfacht. Hein fand nichts Widerwärtiges an der vermehrten Zahl. Er bekam plötzlich die Sucht, sie noch zu vergrößern. Er entdeckte bei einiger Ehrlichkeit auch ein zu großes Übergewicht des männlichen Prinzips. Er begriff, die Zahl konnte nicht, mit dem Kopfe nickend, einstimmig ja ja zu seinem Vorhaben sagen. Er mußte einen guten Wind in schlaffe Segel setzen. Die sechzehnjährige Freundin suchen. Er sagte noch dies und das. Er tänzelte vor ihnen mit seinem Lachen. Mit der Gesundheit seines Kopfes und mit der Kraft seines Leibes. Sie mußten wieder einmal seinen Hauch einatmen. Er den ihren. Sie mußten vorm Schlafengehen eine dunkle einsame Stunde ihm opfern. Wind in die Segel setzen. Das samtene sechzehnjährige Kind suchen. Er lief einem Kopf mit gelben Locken nach. Er geriet in einen Damenmodesalon. Er erstand ein unnützes Seidentuch für seine Schwester Signe. Er sprach in das Gesicht, das hinter dem Kopf mit den gelben Locken saß. Er trug eine Einladung auf die Jacht an. Seine Fahrt wurde abenteuerlich. Seine Aufgabe schien geräumiger, wilder zu werden. Vor einem Schaufenster standen Menschen, sich stoßend und drängend. Eine Zeitungsagentur. Öffentlicher Aushang der letzten Nachrichten aus der Welt, die die Telegraphenbüros für wichtig und nicht zu schädlich für die Gemüter erachtet hatten. Er betrat die Offizin, nur halb die eigene Absicht wissend. Seine hoheitsvolle Erscheinung erledigte sofort die Bemühungen einiger niederer Angestellten. Er durchlief alle Stationen des Zeitungsapparates. Er geriet in den Sessel gegenüber dem Schreibtisch des Redakteurs. Hein sagte sehr klar seine Wünsche. Suche nach dem sechzehnjährigen samtenen Kind. Das war das eine. Das andere

trug er auch vor. Wind in schlaffe Segel setzen. Die Karl-Johansgate am Nachmittage war voll köstlichen herbstlichen Duftes. Frauen. Hein atmete tief. Seine Augen gingen auf vor Glück. Er war unmüde wie nie. Und gewinnend. Voll arglosen Lachens. Als ob er mit nacktem Oberkörper ginge, ein solcher Schimmer strahlte von ihm aus. Seine Rippen wölbten sich wie bei einem unruhigen Pferd. Der Tod hätte ein schönes Knochengerüst aus ihm schnitzen können.
Am nächsten Morgen schon mußte die Jacht unter Dampf gehen. Das Schiff, das sie noch nicht gesehen hatten. Das Schiff Perrudjas, wie Grigg gesagt hatte. Um Mittag sollte die Pinasse bereitliegen am Kai. Hein wünschte eine Besichtigung. Er hatte einen Plan. (Den er verschwieg.) Zuvor war er in der Stadt. Wieder mußte Perrudja an der Kaimauer auf ihn warten. Wie er auf dem Pflaster der Straße stand, halb ungeduldig, halb sinnend, kamen Bettler, verstümmelte, blöde, rachitische Kinder, deren Hauptnahrung Salzheringe, hoben die Hand, streckten sie aus, hielten sie, unsauber zerfetzt, durchfurcht, unter die Augen des Herrn. Er fühlte sich aufgelegt zu weinen. Ein Widerwille stieg in ihm auf. Altes Bewußtsein einer Schuld. Er öffnete seine Brieftasche. Da war ein gärendes Lachen neben ihm. Angesichte gingen auf, entblößten sich zu rohem Fleisch. Die Brieftasche wurde leer. Er gab die letzten Münzen in seiner Börse. Hein kam und erlöste ihn. Die Bettler entwichen. Die Pinasse trieb schaukelnd mit halber Fahrt durch die Hafenbekken. Vor den Augen der Freunde lag plötzlich ein graues Schiff, grau wie die Pinasse. Sie sagten wie aus einem Munde: »Die Jacht.« Ein wenig später sagten sie, wie berauscht: »Ein schönes graues Schiff.« Als sie anbord waren, tauften sie es noch einmal um und nannten es »das gläserne Schiff«, weil das obere Sonnendeck vollkommen mit dicken Glaswänden umstellt und bedacht war. Weiße geschliffene Glasplatten, die in ein messingenes Rahmenwerk eingelassen waren. Die Jacht lag unter Dampf, wie Hein es gewünscht hatte. Sie war bereit, sich zu bewegen. Die Mannschaft war vollzählig anbord. Der Kapitän empfing die Gäste. Zu dritt gingen sie auf die Kommandobrücke. Sie entschlugen sich der Besichtigung des schönen grauen Schiffes. Ein Matrose stand neben dem Steuerrad im Kartenhaus. Hein besprach sich leise mit dem Kapitän. Ein

Offizier kam herauf. Der Kapitän sagte dies und das zu dem Angekommenen. Der Matrose bewegte auf Geheiß einen Hebel. Es zirpte irgendwo tief im Schiffsrumpf eine Glocke. Eine Glockenantwort kam auf der Brücke an. Der Kapitän war in das Kartenhaus gegangen. Er sprach durch ein Rohr. Der Schiffsoffizier stieß kurze gellende Signale in eine kleine Mundflöte. Der Matrose bewegte das Steuerrad. Der Kapitän ließ die Glocken zirpen. Sehr langsam schob sich das Schiff durch das grüne Fjordwasser. Heins Gesicht strahlte. Es schien gläsern und weiß. Die Augenlider waren schattenlos. Perrudja ahnte, jener erlebte eine große Freude. Das Schiff legte sich, mit der Breitseite gegen die Stadt, in den offenen Fjord. Der Kapitän rief: »Achtung, Achtung!« Und als er gesprochen, begann ein Zischen um den Schornstein. Zerstäubendes Wasser. Dampf. Aus den Tiefen des Schiffsleibes schien sich ein Ton loszuringen. Heulend, kreischend. Mit langgezogenem Seufzen, klagend sang die Schiffssirene. Das war kein Dampfhorn. Der Ton mußte durch die Straßen der Stadt jagen. Aufs Pflaster niederfallen. Hein zog sein Taschentuch. Er winkte damit gegen Oslo. Perrudjas Nerven erregten sich an dem Lärm. Er begriff nichts des Vorganges. In einem weiten Bogen fuhr das Schiff an seinen Ort zurück. Wurde vertäut. Der Kapitän grüßte. Hein und Perrudja gingen vonbord. Die Pinasse brachte sie an den Kai. Hein verabschiedete sich sogleich, fuhr seiner Wege davon in die Stadt. Er fand seine Kameraden auf der Straße vor dem Gymnasium. Die Vermehrten. Sie waren ein schwer atmender Haufe. Die Luft zwischen ihren Leibern stand still. So nahe waren sie aneinander gerückt. Sie sprachen nichts. Sie hatten den Ton gehört. Sie hatten das schöne graue Schiff gesehen. Es waren keine Lügen gewesen, die dieser Hein am Vortage gesprochen. Der Duft seiner Haut war nicht nur abenteuerlicher Geruch der Berge gewesen, sondern der Dunst seiner Existenz. Sie sagten nicht, einer dem anderen, daß sie ihn liebten. Doppelt und dreifach wie in den Tagen von Sandefjord. Sie wußten es auch gar nicht mit ihrer Vernunft. Da war einer, der an seine Schenkel dachte, sie sich ganz fleischlich und leicht und räumlich vorstellte, mit den Malen von Zähnen darin. Sie waren innerlich zerrissen und doch voll des Glücks der Entsagenden, daß aus ihrer Mitte ein Geschenk ihm entge-

genblühte: das samtene sechzehnjährige Kind. Auf ihrer Nachmittagsstreife in der Unruhe ihrer Begierden und Zweifel war es ihnen begegnet. Nun trat es aus dem Kreis der Versammlung heraus und schritt still dem nahenden Hein entgegen. Seine Augen fielen einmal zu, öffneten sich dann ganz weit. Und seine Lippen kräuselten sich. Das war alles, was er dieser Welt zeigte, das geringe Außen seines bewegten Geistes. Er gab allen die Hand. Sie stießen aneinander, weil immer einer zurückwich, wenn Hein ihm nahekam, und der Hintermann stehenblieb oder sich vordrängte. Sie konnten kein Wort sprechen, warteten. Hier mußte ein Plan entwickelt werden. Sie waren doch zumeist an die Schule gefesselt. Hein nahm einen unter ihnen beim Arm, führte ihn zum Automobil. Als die zwei im Wagen saßen, sagte der Bauernbursche: »Du mußt dich für unsere Fahrt hübsch einkleiden. Weiß. Gestrickte Wolljacke. Feine Hosen. Da wohnt ein Schneider auf Lille Graensen, der sich auf so etwas versteht.« Er zog seine Brieftasche, entnahm ihr einen Fünfhundertkronenschein, gab ihn in die Hand des Kameraden. Hein wiederholte mit allen nacheinander den Gang zum Automobil. Er war ein wenig ratlos, was er den weiblichen Kindern sagen sollte. Auch sie konnten in Hose und Wams gehen. Er sagte es. Sie lachten fröhlich. Die sechzehnjährige Kameradin von Sandefjord mußte sich gefallen lassen, daß er über ihre Hände stürzte und sie inbrünstig küßte. Er hätte gewiß die weichen Lippen genommen, aber die Fenster des Wagens waren durchsichtig. Was er mit dem Kopfe über ihren Knieen machte, mußte den Außenstehenden verborgen bleiben. Er hatte einen Augenblick die Meinung, er müsse dem Kinde zwei der Geldscheine aushändigen. Es war ein kleinliches Gefühl der Ungerechtigkeit.
Am Abend zog Hein vor Perrudja eine Zeitung aus der Tasche. Sie war in gewisser Weise gefaltet. Schmal und dick. An den Knickrändern ein wenig verschlissen. Mit den Fingern wurde dem Waldbesitzer eine Stelle angedeutet, die er lesen müsse. Und er las:

HOHER BESUCH.

In unserer Stadt sind zwei Herren, Beherrscher gewaltiger Produktionszentren, die mit ihrem Namen nicht genannt sein wollen, eingetroffen. Die GIFICO und DEBACO, der ihr

Besuch gilt, hat ihre Jacht unter Dampf setzen lassen. Die Gäste werden eine Fahrt entlang der Küste bis zum Nordkap unternehmen, um unsere herrliche Heimat kennenzulernen. –
»Heißen die Beherrscher Du und Ich?« sagte als erstes Perrudja.
Hein nickte mit dem Kopfe.
»Hast du diesen dummen Absatz in die Zeitung gebracht?« sagte Perrudja weiter.
»Ich bitte um Entschuldigung«, sagte Hein, »es ist so. Ich muß etwas autoritativ Schwarzes auf weißem Papier haben. Die Gymnasiasten von Sandefjord werden mit uns fahren. Man muß Sonderferien für sie erwirken. Eltern sind zuweilen störrisch. Niemand aber wird der Zeitung widersprechen mögen.«
»Du bist ein geschickter Rüpel«, sagte Perrudja.
»Vielleicht bin ich ein Rüpel, wenn es deine Meinung. Aber begabt bin ich nicht. In der Luft der Stadt verbirgt sich die neue Methode. Man wird hinein getrieben.«
Perrudja entfaltete die Zeitung. Die Hauptseite kam vor seine Augen. In großer Schlagzeile lasen sie: SCHWERE BERGWERKSKATASTROPHE IN ENGLAND. Die Untertitel fingen ihn ein. Sie sagten aus: EXPLOSION AUF DER KOHLENZECHE VIKTORIA. 300 BERGLEUTE VERBRANNT ODER ERSTICKT. SCHWERE SCHULD DER BETRIEBSLEITUNG. ERSCHÜTTERNDE SZENEN AM FÖRDERKORB. DAS FEUER TOBT WEITER. Der reiche Mann suchte nach der Schuld der Betriebsleitung. Er fand geschrieben: »Kurz nach der Explosion ordnete der leitende Ingenieur der Zeche an, daß die eisernen Sicherheitsschotten zu dem vom Unglück betroffenen tiefgelegenen Stollen geschlossen würden, um das Übergreifen des Feuers auf höher gelegene Teile der Zeche zu verhindern. Damit war es unmöglich geworden, auch nur einen Mann der Belegschaft zu retten. Die Überlebenden der Katastrophe waren abgeschlossen, hoffnungslos dem Ersticken und Verbrennen preisgegeben. Entsetzlicher Gedanke, daß vielleicht Hunderten, der Rettung nahe, die Gewißheit eines qualvollen Todes wurde. Die Maßnahme der Direktion muß um so unmenschlicher erscheinen, als eine unmittelbare Gefahr für die höher beschäftigten Kum-

pels nicht bestand. Sie konnten ausnahmslos zutage gefördert werden. Ausschließlich wegen der Erhaltung materieller Güter wurden hier kostbare Menschenleben hingeopfert.«
In Perrudja keimte eine Ahnung.
Meine Kohlen.
Mord an Hunderten. Nicht dieser eine, Thorstein Hoyer. Nicht der kurze Tod: Kugel durch die Brust. Scheiterhaufen. Grauenvolle Hexenprozesse.
»– Untersuchung im Parlament gefordert.« Er blätterte in dem roten Buch auf seinem Schreibtisch. Seine Augen wurden starr. Er hob den Telephonhörer. Hein, mit maßlosem Herzklopfen ergriff den zweiten. Er wagte nicht, Perrudja anzublicken.
»Grigg – Mr. Grigg. Auf der Zeche Viktoria sind dreihundert Menschen verbrannt –«
»Ich komme sofort zum Vortrag«, antwortete Grigg.
Noch eine Minute Hölle. Dann trat Grigg ein. Er war bleich. Er zitterte. Er sagte nach einer Pause: »Sie wollen die Wahrheit. Ich kann Sie nur mit der ungewaschenen Wahrheit beruhigen. Auf einer unserer englischen Zechen hat sich eine Explosion ereignet. Sie haben es gelesen. Wir können den Zorn der Naturgewalten gegen das Werk des Menschen nicht fesseln. Ich habe es gesagt. Sie müssen erfahren, daß wir es nicht können. Wir können den Tod der Menschen durch Unglücksfälle nicht aufhalten. Wenn Schiffe im Sturm scheitern, Ertrinken. Doch der Ingenieur William Catterill Deyken hat große Schuld auf sich geladen, ein Verbrechen begangen. Er hat nach einer alten Methode gehandelt. Als ich es erfahren hatte, drei Stunden nach dem Unglück, wurde er sofort entlassen. Ich war grausam und entzog ihm den Schutz der Geheimagenten. Dreihundert Witwen haben ihn, lebendig an seinem Leibe, in Stücke gerissen. Mit ihren Zähnen sein Fleisch von den Knochen genagt. Die Waisen haben sich um sein Eingeweide gestritten und es aufgeblasen zu Würsten aus Luft. Als Symbol, weil sie doch wähnten, hungern zu müssen, zukünftig. Tausendste Wiederholung des gleichen Geschehens. Man wird davon nichts in den Zeitungen lesen. Ich habe verboten, daß man es beschreibe. Ich will das Leid der Hinterbliebenen nicht verächtlich machen.«
»Sind die Eisentore geöffnet worden«, fragte tonlos Perrudja.

»Sie wurden geöffnet. Es fand sich niemand hinter den Toren. Man wird es nicht in den Zeitungen lesen. Ich will nicht, daß man es liest. Ein Verbrechen soll ein Verbrechen bleiben. Die ganze Zeche brennt aus. Sie wird stillgelegt werden.«
Hein strich sich die Stirn.
Perrudja jammerte auf. Seine Gedanken blieben verborgen.
»Ich bin eine Art Mörder geworden«, sagte Mr. Grigg, »und bereue nicht.«
»Der Mord«, sagte Perrudja, »ist das einzige Verbrechen, das Gott nicht ansieht. Wir zertreten die Insekten unter unseren Schuhsohlen. Arme Menschen stoßen täglich für die Herren Swift, George Hamilton & Co., Ltd. 25000 Rindern einen Dolch durch die Schlagader des Halses. Aber vielleicht wird den Herren Swift, George Hamilton & Co., Ltd. nicht verziehen. Denn sie haben keinen Ochsen geschlachtet. Mr. Grigg, ich habe Schweine geschlachtet. Ich stinke wie die armen Leute. Vielleicht wird mir verziehen.«
Er war plötzlich sehr gefaßt. Hein aber zitterte. Und Grigg zerbiß sich das Fleisch seiner Lippen.
»Haben Sie der Witwen und Waisen gedacht, daß sie nicht hungern brauchen, wie sie wähnen«, fragte Perrudja den Sekretär. Der bestätigte durch ein Nicken des Kopfes und ging.
Es flogen schwarze durchsichtige Vögel in der Stadt. Sie stießen sich mit den Flügeln an der ausladenden Betonplatte. Sie kamen mit ihrem Rauschen nicht bis an die Scheiben der Fenster.

XXXVI

Wenn die Pflaumen reif sind, soll man den Baum schütteln. Es kamen schöne Herbsttage, die besser waren als der schwarze Abend. Die Pinasse schwankte eines Morgens mit schwerer Fracht durch die Hafenbecken. Ein Dutzend oder mehr weiße menschliche Gestalten standen dichtgedrängt achtern. Nicht voneinander unterscheidbar. Eben eine Zahl, die ohne Mühe nicht genau zu ermitteln war. Anbord der grauen Jacht wurden die Weißgekleideten zu wenigen unauffälligen Menschen. Sie mischten sich unter die Besatzung. Das große Schiff hatte weite Decksräume. Als das Gleiten über die Wasser des Fjordes hin begann, stand Perrudja (einer der Weißgekleideten) ganz allein an der Reling. Die Kameraden waren unter Deck. Ein Schiffsoffizier wies ihnen die Kabinen. Sie verstauten ihre Koffer und Köfferchen, verstreuten Toilettegegenstände umher. Die neuen oder alten Zahnbürsten. Und die schwarzen oder weißen Kämme. Sie benahmen sich zuanfang ein wenig pedantisch. Und Hein befeuerte sie dazu. Steckte seine Nase in jedes Logis. Ob dies kein angenehmes Reisen sei? Ein Tisch, ein Bett, zwei Betten, ein Ruhebett, zwei Bullaugen. Fließendes Wasser, warm und kalt. Er lobte die Einrichtung des Schiffes. Perrudja stand allein an der Reling. Er brauchte sich nicht um sein Logis zu bekümmern. Die Geheimagenten hatten seine Koffer hinabgetragen. Ein Schiffsjunge oder ein Leichtmatrose näherte sich ihm. Sagte: »Eine Zigarette, bitte, ich habe keinen Dienst.« Der Herr pflegte nicht zu rauchen. Er hatte keine Zigaretten bei sich. Rechtzeitig jedoch dachte er daran, er ist der Besitzer, der Reeder dieses Schiffes. Er antwortete: »Führe mich zum Verwalter.« Der junge Mensch ging vorauf. Treppen hinab, Gänge entlang. An warmen Metallwänden vorüber (Kessel, Maschinen).

»Herr Adle Tode, unser Zahlmeister«, sagte der junge Mensch. »Herr Tode, eine Schachtel guter Zigaretten möchte ich gerne haben«, sagte Perrudja. »Gewiß, mein Herr«, sagte Adle Tode. Er nahm ein kleines Paket aus einem Regal, reichte es dem Herrn. »Bitte.« »Danke.« Die Schachtel glitt in die Hände des Schiffsjungen oder Leichtmatrosen, welchen Rang er nun einnehmen mochte. »Ich bitte um Ihre Quittung, Herr«, sagte Adle Tode. Perrudja malte auf einen hingehaltenen Zettel ein schönes P. »Danke, Herr,« sagte Adle Tode. Auf dem Gang, entfernt von der Luke Adles, sagte der Schiffsjunge oder Leichtmatrose zu Perrudja: »Ich mochte Ihnen in der Gegenwart des Zahlmeisters nicht danken. Verspätet tue ich es hier.« »Du bist ein guter Bursche«, antwortete Perrudja, »magst du mir dein Logis zeigen?« »Gewiß, sehr gerne«, antwortete der junge Mensch, »es ist ein schönes Logis.« Sie bogen in einen Seitengang. »Im Vorderkastell. Wir nennen den Platz so. Aber es gibt gar keine Hütte und kein Kastell auf diesem Schiff. Ein einziges großes Deck, knapp über der Wasserlinie. Mannschaft und Offiziere und Gäste schlafen auf einer Decksebene. Jeder hat seine eigene Kabine. Nur die Schiffsjungen schlafen zu zweien.« »Du bist Leichtmatrose?« sagte Perrudja. »Ich bin es gerade geworden«, antwortete der Bursche. Er schloß eine Tür auf. Es war ein wenig auffälliges, sehr sauberes Logis. Zwei Mahagonibettstellen standen übereinander. In der unteren war das Bett aufgemacht. Der Bursche schlief nach Wunsch also in der unteren Koje. Die Wände waren mit einer leuchtend gelben Farbe bemalt. »Ich möchte nicht, daß jemand auf diesem Schiff sich zu beklagen hat«, sagte Perrudja. »Es hat sich niemand zu beklagen«, sagte der Leichtmatrose. An einer Wand, mit Heftzwecken befestigt, befand sich ein Bild, ein loses Blatt aus den Abbildungsteilen einer Zeitschrift sorgfältig herausgelöst. Es waren zwei Negermädchen dargestellt. Das eine liegend mit jungen Brüsten; das andere, halb aufrecht sitzend, noch jünger. Nur die Brustwarzen waren leicht gehoben. Fast eines Knaben Brust. Aber die Schenkel waren schon rund. Der Mund dieses Kindes war halb geöffnet, anzusehen wie eine fleischige Urwaldblume. Das Gesicht des Leichtmatrosen war rot geworden. Perrudja dachte: Der Weg dieses Menschen ist vorgezeichnet. Er wird aus dem engen und alten Gefängnis Europa

ausbrechen. Er wollte etwas sagen, um des anderen Schamesröte ungeschehen zu machen; aber es fiel ihm nichts ein. Daß er nicht wortlos gehen dürfte, war beschlossen. Er mußte also bleiben, bis ihm eine gute Rede auf die Zunge gekommen war. Um die Stille nicht unerträglich zu machen, legte er sich auf das Bett des Leichtmatrosen. Gewissermaßen um zu erproben, ob es auch bequem. Da sahen seine Augen über sich, an der Unterseite der oberen Koje, auf weißen Karton mit Rötel und Bleistift gezeichnet, das lebensgroße Bild eines Weibes. Gewaltig wie nur ein Weib sein konnte. Mit gespreizten Schenkeln, die rot aufbrachen. Mit einer fast unmenschlichen Masse Fleisch schien es sich auf den Liegenden herabzusenken. Der Leichtmatrose schrie: »Der Koch hat das Bild gezeichnet.« An seiner Stirn standen klare Perlen Schweißes. Perrudja erhob sich schnell. Er wischte mit seinem Taschentuch das Wasser vom Antlitz des Zerknirschten. »Wir sind aus einerlei Stoff«, sagte er, »wir schämen uns nicht, weil wir an Gott glauben, nur, weil wir an die Macht der Menschen glauben. Der Gesunde erträgt es nicht lange, allein in seinem Bett zu schlafen. Ein Hochstehender wird über die erdachte Bettgenossin nicht nörgeln. Die Ägypter glaubten, sogar ein Toter vermöchte ohne ein Weib nicht wunschlos zu ruhen. In den Deckel der Särge, nach innen gekehrt, ritzten sie die Gestalt eines entkleideten Weibes. Der Tote lag wie ein Lebender in deinem Bett.«
Der Bursche stammelte: »Sie lügen nicht?«
»Niemand sollte sich schämen, daß er ein gesunder Mensch ist.« Sie traten auf den Gang. Der Leichtmatrose drückte eine benachbarte Tür auf. Ein zweites Logis. Perrudja sollte hineinschauen. Bilder. Bilder. Nackter Menschen Bilder. »Wir sind aus einerlei Stoff, aus Blut nämlich und Fleisch«, wiederholte der Herr. Der Bursche entzündete eine Zigarette, sog sich die Lungen voll Rauch. Er war sehr blaß um den Mund. Aber er lächelte.
Das schöne graue Schiff war ein neuer und unbekannter Ort. Die Gäste krochen auf ihm umher. Sie waren noch ruhelos. Es war eine große Freude und eine große Neugierde. Der Tag war klar. Die Uferränder des Fjordes waren rot und gelb. Die Farben des sterbenden Laubes. Die unterschiedliche Entfernung der Berge und Hügel war genau zu ermessen. Es war kein

Trug in der herben, himmlischen, leicht verzehrenden Luft. Perrudja stand am Bug, über dem Vorderkastell, das keines war. An der Deckslinie schwang sich die Schneide, die das Wasser zerteilte, vor, daß sie fett wurde. Plump und anspruchsvoll. Ein Halbkreis, umgittert. Das war die Buglinie in Deckshöhe. Man konnte begreifen, weshalb sie so gewaltig und unnatürlich fett. Das Schiff mit seinen knapp achthundert Tonnen Wasserverdrängung lag tief. Schwere Maschinen als Eingeweide im stählernen Bauch. Sie trieben mit fünftausend Pferdekräften die Stahlmassen durch die Fluten. (Er hatte es sich erzählen lassen.) Es war eine hochaufgeworfene Wunde, die an der Wasserhaut entstand. Auf dem freien Ozean, wo das Wasser, gepeitscht durch Winde, zu riesigen Wellen kommen konnte, würde dieser schwere Bug tief eintauchen müssen. Und mit seinem ausladenden Oberbau die Fluten zurückjagen in das große Bett ihres Meeres. Man machte in den ersten Vormittagsstunden die neuen Bekanntschaften: Mit den Dingen die fremd, mit den unbekannten Menschen. Es wurden Hände geschüttelt und Namen genannt. Man lachte und zeigte grundlos die Zähne. Man wollte den anderen angenehm sein. Allen war der Mund trocken. Es war der erste einer Reihe glückreicher Tage. Es war verbürgt. Aber unverfälschtes Glück war sozusagen ein neuer Geschmack. Er sog den Speichel aus den Drüsen. Und die Augen flimmerten. Man wurde nicht satt von der Sonne und vom grünen Wasser. Man starrte in die gewaltigen Bugwellen. Man irrte durch die gläsernen Aufbauten. Umschritt den kurzen, nach achtern geneigten Schornstein; aus dem heiße, leichtrote Schwaden entflohen. Der grau an Farbe war. An dessen Wandungen Rohre emporkletterten. Die in Instrumenten, Hörnern, Sirenen, Trichtern mündeten. Die erste gemeinsame Mahlzeit stillte einen unnatürlich starken Hunger auf angenehme Weise durch Leckerbissen. Aber sie verlief mit einiger Befangenheit. Es waren siebenzehn Weißgekleidete anbord. Es war ausgezählt worden. Zwölf Männchen und fünf Weibchen, wie Hein sagte. Die weiblichen Kinder waren beträchtlich in der Minderzahl. Der Kapitän berichtete, dreiunddreißig Mann Besatzung anbord. Dazu vier Geheimagenten, sagte Perrudja. Eine Gesellschaft von gewissen Qualitäten und Erlebnismöglichkeiten, sozusagen ein bunter Jahrmarkt des Lebens, auf dem das weibliche Prinzip ein wenig mager gesät war. Man würde unterwegs Frauen einnehmen können, meinte Hein. Das war in der Tat ein schöner Trost. Wiewohl niemand des Trostes bedurfte. Gegen Mittag, wie die Sonne am höchsten stand, wie aus dem gütigen Meer die violettrotgrünen felsigen Inseln erschienen. Diese Smaragde oder Amethyste. Diese Kostbarkeiten, an denen man sich nicht sattsieht. Erwachte in Hein das Gelüst. Dieses Nichts, als sein Dasein zu fühlen. Er stürmte auf die Kommandobrücke. Sagte seine Meinung vom Augenblick. Diesem herbstlichen Mittag. Diesen Inseln sicherer Schönheit. Da schlugen die bronzenen Flügel der Propeller im entgegengesetzten Takt als zuvor in das Kristall der grünen Flüssigkeit. Sie waren ganz wollüstig wegen des Schaums, der zu sprühen begann. Und weil sie, harte Schaufeln, in das weibliche Weich des Wassers donnerten. Die Jacht stand still. Trieb. Aus einer Öffnung am Bug, einem Nasenloch vergleichbar, wulstig, ovalrund, glitt an einer schweren Kette ein Anker ins Meer. Das Dampfhorn am Schornstein erhob die Stimme. Die Neugierde trieb die siebenzehn Weißgekleideten an Deck. Hein sagte: »Baden.« Er zog den Wams über den Kopf, legte ihn auf die Planken. Perrudja schwirrte umher. Halb entsetzt. Er begegnete einem Offizier, befahl, ein Boot ins Meer zu lassen. Er schrie Hein an, das Wasser sei kalt. Doch Hein hatte das Hemd schon von der Brust. Die Schuhe und Strümpfe von den Füßen. Die weiße Hose sank von seinen Schenkeln. Lag neben den anderen Kleidungsstücken. Hein, der Mensch, schritt zur Reling, schwang sich über das Gitter, sprang kopfüber ins Meer. Er wurde bewacht, wie man sich denken kann. Perrudjas Augen bewachten ihn. Er schwamm. Er nahm Kurs auf eine der Inseln. Die Kleidungsstücke auf Deck mehrten sich. Der Leichtmatrose, offenbar noch immer dienstfrei, ging als zweiter über Bord. Perrudja beschwor die Gymnasiasten, nicht tollkühn zu sein. Ihrer Schwimmkunst nicht zu weit zu trauen. Da ging der dritte über die Reling. Sie waren unbelehrbar. Ein junger Maschinist mußte sich auch entblößen. Es entblößten sich noch so und so viele. Aber die Mädchen schämten sich ein wenig, es den Männlein nachzutun. Und drei waren unter den Knaben, die gleich Perrudja gar nicht oder nur unvollkommen schwimmen konnten. Die Kleidung blieb auch an ihnen nicht. Sie wurden mit Schwimmwesten versehen und warfen sich, mutiger als die Schwimmer, über Bord. Allein Perrudja und die weiblichen Kinder blieben, wie sie waren, bedeckt. Das Boot fischte die Badenden auf. Die Außenbordstreppe war hinabgelassen worden. Die Unbekleideten stiegen herauf. Auf Deck empfing sie der Kapitän. Er sagte: »Das herbstliche Wasser begünstigt einen größten Genuß dieser Welt: kalte Haut und einen warmen Magen.« Er goß Kognak in ein beträchtlich großes Glas und forderte den einen nach dem anderen auf, es in einem Zuge zu leeren. Und die jungen Menschen taten es. Und aus ihren Kehlen stöhnte ein O und A. »Und nun ins Glashaus«, befahl lachend der Kapitän. Das Klima Afrikas war sicherlich nur eine lauwarme Brühe verglichen mit der Temperatur unter den gläsernen Wänden. Die Burschen fühlten sich sofort als Neger und fanden nichts Unnatürliches mehr an dem Unbekleidetsein. Und sie waren aus einerlei Stoff. Einander ähnlich, von ungefähr. Da war kein Artunterschied zwischen einem Gymnasiasten und einem Maschinenwärter. Auf dem gläsernen Deck befanden sich gepolsterte Liegestühle. Sie breiteten ihre glücklichen Leiber darin aus. Die Sonne begann an ihrer salzigen Haut zu sengen. Auch Perrudja, der Weißbekleidete, betrat nach einer Weile das oberste Deck. Die Mädchen waren ihm zaghaft gefolgt. Sie waren daran, wieder umzukehren, als sie die nicht unbeträchtliche Häufigkeit männlichen Menschenfleisches sahen. Aber Hein, mit offenen Nasenflügeln, wach, auf der Hut, ließ sie nicht entschlüpfen. Winkte sie mit nackten Armen heran. Sie konnten sich diesen Armen nicht widersetzen. Sie mußten in der Glut Afrikas braten. Sie waren darauf gefaßt, dieser Fürst würde ihnen befehlen, sich zu entkleiden. Aber er befahl es nur seinem Herrn. Perrudja dachte: »Aus einerlei Stoff. Einander ähnlich.« (Das Hirn dachte heute in Kreisen.) Es ist nichts Schlimmes, wenn man ihnen ein Inselreich erobert. Immerhin gab es Unterschiede an ihnen. Faltige Nabel und tiefe Grübchen. Hein war ein Riese und von gewaltigen Schenkeln. Und seine Brust war glänzend wie aus Metall. Die Menschen waren nach verschiedener Manier geschnitzt, so konnte man es formulieren. Er trat unter sie. Seine Haut war dunkel und weich und haarlos. Kleine braune runde

Brustwarzen. Er war dunkler als alle. Und sehr ebenmäßig an seinen Gliedern; doch war er älter als die kaum Reifen. Und mager. Er legte sich neben den Sklaven Hein. Die Mädchen gingen schweigend hinab zum Unterdeck. Sie versuchten die Kleidungsstücke der Männer zu ordnen. Trugen sie hinauf. Sie fühlten sich ein wenig leer. Hein und Perrudja hatten einander in den Augen. Die glückliche Stunde nahm ein Ende. Die Schiffsglocke verkündete, das Mittagsmahl sei bereit. Der heiße Weltteil mußte verlassen werden. In die Kleider. Es geschah noch ein Kleines. Zwei Burschen fielen einander in die Arme. Ihre Herzen waren zusammengewachsen. Sie konnten mit ihrer Gestalt nicht sein, ohne daß sie sich umhalsten. Zwei andere griffen nacheinander. Nahmen beide Hände, der eine vom andern und schüttelten sie. Sie lachten und sprachen todernst. Ihr Mund zuckte. Hein mit seinen weiten Nüstern roch in den Atem der Händeschüttler. Aber seine Nase blieb leer. Ein wenig Meerdunst, ein wenig Schweißgeruch nur. Aber seine Augen sahen. Die linke Brust der beiden war gebrandmarkt. Goldener Siebenstern. Er riß die zwei mit je einer Hand auseinander, zwängte sich als dritter in den Kreis, machte sich wieder frei, griff nach ihren gezeichneten Muskeln, sagte, er erkenne sie an ihren Wunden. Er sei beglückt. Man würde zukünftig dies und jenes besprechen. Es sollte klar werden, er war nicht ihr Feind. Er führte sie vor Perrudja. Alles geschah in einem Augenblick. Es konnte erkannt werden, sie waren ausgezeichnet vor den anderen.
Bei Tische begann Hein eine Rede. Er sagte sie stehend her. Er sagte etwas Heidnisches. Und Perrudja war es, als ob sie in einigem aus dem eigenen Hirn (das in des Herrn Schädel saß) abgelesen würde. Es sei Grund zur Fröhlichkeit, denn die Freiheit des Himmels sei über sie alle gekommen. Man habe einander kennengelernt und würde folglich zukünftig nicht feige werden. Wie eine Hochzeitsfeier nur ein Zeichen, daß die Verlobten sich einander nicht länger vorenthielten, so sei das köstliche Bad ein Anlaß gewesen, um das schöne, graue, das gläserne Schiff zu einem Exterritorium der menschlichen Vorurteile zu machen. Man werde morgen die Mädchen ins Meer tauchen müssen, um die Freiheit des Himmels allgemein, sozusagen unerschütterlich zu machen. Er habe ein Kennwort

vernommen, sozusagen ein Motto, mit dem er eine neue Welt begründen könne: Der gesunde Mensch schäme sich nicht vor Gott, denn er kenne ihn als Ebenbild; doch sei er befangen vor der vermeintlichen Macht des Nächsten, den er nicht kenne; weil das Herz des Menschen ein Ungewisses und ein Heuchler sein könne. –

Gewiß hatte der Leichtmatrose seinen Mund an Heins Ohren gehabt.

Oder abgelesen aus meinem grauen Hirn.

Oder der Kreis des Glücks. Einerlei Stoff.

Eine herrliche Rede. Fuhr das Schiff? Lag es vor Anker? Vor lauter Glück wußte man es nicht. Es durchschnitt das Meer, fuhr an schönen Inseln vorüber.

Hein hatte gleich nach Tisch die Lippen des sechzehnjährigen samtenen Kindes eingeweiht mit seinem Munde.

»Wir werden den Hardangerfjord sehen«, sagte ein jemand.

Perrudja stieg in den Maschinenraum hinab. Es bewegten sich drei Kolbenmaschinen. Die Kurbelwellen spielten nur langsame Wendungen um sich selbst. Fast erschütterungsfrei hoben und senkten sich Pleuelstangen. Blitzender Stahl. Mattgelbe Bronze. Die drei Schiffswellen lagen lang und blank frei in einem Gang, der nach achtern führte. Das Hirn des Menschen dachte nichts. Aber die Augen wurden nicht müde, die Ordnung der Bewegungen zu sehen. Stunden vergingen. Und die Ordnung nahm kein Ende und wandelte sich nicht.

Als die Dämmerung herab, war das Schiff groß und geheimnisvoll in seiner Dunkelheit. Da war ein jemand hinauf zum gläsernen Deck geschlichen, hatte sich in der noch warmen Luft auf einem Polsterstuhl ausgestreckt. Und die Augen gegen die Sterne gerichtet. Sie stießen sich nicht an dem Kristall des Glases. Sehr wunderbar. Er wollte heute zu einem Schluß kommen. Er fuhr mit Schnelligkeit über das Meer. Aber an den Sternen zeigte sich sein Weg nicht. Er wußte ein wenig von der Entfernung dieser Himmelslichter. Von den tausend Lichtjahren. Er dachte die Unendlichkeit des Raumes. Wiewohl es unmöglich war, sie zu denken. Er wollte mit Gott ringen. Aber er fand ihn nicht. Es war ihm nach einer Weile tiefen Erschauerns vor der schwarzen Unendlichkeit (die Unendlichkeit war schwarz und nicht lichtvoll) als ob in seiner Nähe, unter dem

Glasdach, auf einem Stuhle, ein zweites Wesen, ihm ähnlich, anwesend wäre. Es konnte Gott sein. Den er nicht unter, nicht über den Sternen finden konnte. Oder ein Kamerad. Ein Mensch wie er. Er wagte keine Gewißheit, obgleich er doch zu einem Schluß kommen wollte. Wenn jetzt dieser Nächste zu ihm träte, sich über ihn beugte. Wenn etwas geschähe. Wenn eine einsame Tat geschähe. Und wirklich, kein Traum, es kam warm um seinen Mund. Es floß salzig über seine Lippen. Es war ein leerer Taumel in seinem Kopf. Da wischte er mit seiner Hand durch den Raum. Wie er es tat, wußte sein gequältes Hirn schon, was es war. Blut. Seiner Nase entströmte Blut. Er legte sich ein Taschentuch über das Angesicht.
Ein anderer lag in seinem Logis auf dem Bett und weinte. Es gab keinen Grund für seine Tränen. Auch nicht die Spur eines Grundes. Er war sehnsüchtig. Es war eine ziellose Sehnsucht. Er war wunschlos und sehnsüchtig. Wer begriffe es?
Die Gezeichneten saßen zwischen Tauwerk am Bug. Ihre Blikke waren rückwärts gegen den Schiffsrumpf gerichtet. Ein grünes und ein rotes Licht blickten wie trübe Augen zu ihnen herab. Die Kommandobrücke und der Schornstein standen schwarz gegen den Himmel. Durch den Schiffsrumpf ging ein leises Zittern.
Jemand schlich einen Gang, tief im Wasser, am Kiel des Dampfers entlang. Ein gelbfettiges dunkles Licht kam aus matten Glühbirnen. Er gelangte an eine Vorratskammer, deren Tür offen stand. Im Lagerraum, zwischen Kisten und Säcken, sah er zwei weiße kleine Hunde. Glatthaarig. Eine Art Terrier. Mußten wohl Männchen und Weibchen sein. Sie begatteten sich. Er setzte sich auf einen der Säcke und sah den Tieren in ihrem Spiel zu. Er saß sehr lange. Er war erstarrt. Die Tiere waren zerronnen. Er dachte, es müßte leicht sein, ein Loch in den Schiffsboden zu schlagen, daß grünschwarzes salziges Meerwasser hereinströme. Er haßte sich, weil die Tiere sich ihm gezeigt. Aber er schlug kein Loch in den Boden. Er saß noch sehr lange auf den Säcken. Tief im Wasser. Nahe dem Kiel. Ein Begrabener.
Hein, der Unbegreifliche, schlief. Er lag auf einem quadratischen Bett und schlief süß und traumlos.
Als die Glocke zum Nachtmahl rief, kamen stille und erwar-

tungsvolle Gesichter aus dem Dunkel der Nacht und der Einsamkeit. Und der Schluß des Tages war, man tanzte. Ein Grammophon gab die Musik und den Rhythmus. Man trank ein wenig Wein und stampfte, daß das Blut in den jungen Leibern zu kochen begann. Es war ein ganz unökonomisches sinnloses Tanzen. Die Menschen wurden unrein und unfrisch vor Schweißgeruch. Aber sie wurden einander nicht abstoßend. Sie waren versessen darauf, keinen Tanz auszulassen. Fünf gemischte Paare. Drei Paare tanzender Knaben. Am Ende kamen noch die beiden Schiffsjungen und tanzten mit den übrigen.

Perrudja war ohne Ansage in sein Logis gegangen. Es gab eine Tür zu einem Badezimmer. Vom Badezimmer aus konnte man in Heins Logis treten. Gemeinsames Bad. Getrennte Wohnung. Er wußte, Hein würde das sechzehnjährige samtene Kind diese Nacht in das quadratische Bett legen. An dessen Seite schlafen. Mörder. Kindsverführer.

Leere Worte. Sehr leere Worte. Er war müde. Er ging zurück. Entkleidete sich. Durch den Schiffsrumpf zirpte ein leises Zittern.

Gegen Mittag des nächsten Tages vollzog sich, was Hein angekündigt. Die fünf weiblichen Kinder wurden ins Meer gelassen. Mit Schwimmwesten versehen. Angeseilt. Er selbst machte den Kavalier, umkreiste im Wasser die Zappelnden, rudernd mit mächtigen Stößen seiner Füße, mit den Armen schlagend. Die übrigen Gäste badeten nicht. Sie standen in Reih und Glied, angetan mit ihren weißen Wämsern. Waren Zuschauer, als der Kapitän den Damen einen der größten Genüsse dieser Erde bereitete mittels gefüllter Schnapsgläser.

Das Bad war mehr ein Ergebnis der schönen Rede vom Vortage als eine Eingebung der Vernunft gewesen. Das Schiff lag am Eingang des Hardangerfjordes. Eisige Gletschermilch hatte die Tiefen der Wasser gekühlt. Hein hatte es geleugnet. Der Kapitän mittels eines Thermometers bewiesen. Darum waren die Damen nur untergetaucht und sogleich wieder herausgezogen worden. Täuflinge. Der Redner, der trotzig eine Viertelstunde lang seine Glieder preisgab, vertrauend auf das Fett über seinem Magen, erschien blaurot an seiner Haut als er dem Fjord entstieg.

Die Genüsse können auf manchen Wegen sich gegen den Menschen ergießen. So war inzwischen eine lustige Badeeinrichtung erfunden worden, die der Jahreszeit gemäßer. Ein Schlauch, der Wasser spie. Pumpen im Bauch des Eisenrumpfes, die aus dem Meer tranken und die Flüssigkeit hinschleuderten, wo's beliebte. Im paradiesischen Glashaus ein Wasserschlauch. Auf kochende Menschenhaut grüne Gletschermilch oder salzige See oder die Pisse der Walfische, wie gesagt wurde. Selbstverständlich mußten die Polsterstühle auf einige Zeit verschwinden.

Sie sprachen an diesem Tage viel von ihrer Heimat, Norge. Jemand sagte, die Nationalhymne, Ja, vi elsker dette landet, sei ein schlechtes Lied. Die Berge möchten es nicht anhören, und die Talwände der Fjorde kränkten sich, weil sie besser besungen sich wünschten. Die Kinder begannen Ersatzdichtungen herzustellen. Sie verschwiegen einander, die Höhen der Berge und die Tiefen der Einbrüche fraßen an ihnen. Ihr Blut wurde dick und unsauber. Ein erträumter Beischlaf konnte nicht in den Tälern sein. Nur das Stampfen ihrer Füße auf Brücken und Planken. Sie vergossen Abend für Abend ihren klaren Schweiß. Sie gingen anland. Aber sie fühlten sich fremd in dieser übermächtigen Heimat. Hein war die Ausnahme unter ihnen. Er fühlte sich nicht befangen. Er trieb sich auf hochgelegenen Höfen umher. War in niedrigen, mit Milchdunst geschwängerten Stuben. Es gab Birkenhaine, heilige Stätten an den Abhängen. Menschenfern. Weißgraue knorrige Stämme mit gelbem Laub. Das Gras darunter mager und hart. Einem Mädchen mit festen Hüften und flacher Stirn in solchem Walde begegnen. Seine Augen, seine Gestalt konnten es sich erbetteln. Ein Zeugen, wie in den Schoß der Erde hinein. Niemand wußte von seinem Glück. In seinem Leib waren die Eingeweide nicht nutzlos gewesen. Er war weniger wild, aber fester in seiner Leidenschaft geworden. Er kroch an den Berghängen umher. Vergaß die Magd. Vergaß den heiligen Hain. Er war müde. Der Tod hätte ein herrliches Gerippe aus ihm schnitzen können. Einsam grasten Kühe. Ein Wasser rann. Und wieder Birkenhaine. Und Spalten in den Graniten der Berge. Signe, Signe, du bist ein Trollkind. Hein stahl Milch aus dem Euter einer Kuh. Lag zwischen ihren Füßen und sog mit seinem

Mund. Dicke Magdhände hatten vor seinen Lippen die Zitzen gestrichen. Nun war die Magd begattet. Ihre festen Hüften würde zukünftig ein fester Bauch zieren. Norge, meine Heimat. Milch, die nach Kuhdung schmeckte und nach arbeitsharten Fäusten.

Eines Abends kam eine Verzagen bereitende Kälte von den Bergen herab. Mit einem Wind, der frech war und pfiff. Das Dach der heiligen Haine wurde unbarmherzig zuboden gewirbelt. Die Burschen stampften sich in Schweiß, fanatischer denn je. Eine unruhige Nacht voll Geräusche. Hein fühlte, Neues müßte kommen. Da war eine Kerbe als Zeichen gemacht worden, daß eine Zeit gewisser Struktur vorüber war. Am nächsten Morgen fuhr die Jacht mit harten Propellerschlägen, weiß um den Bug, durch den Fjord dem Meer zu. Die Skären waren umgischtet. Gemästete Wogen rollten gegen den Leib des Schiffes. Es hob und senkte sich. Es war nicht furchtsam, sich hineinzuschieben in den Saft des Ozeans. Die Kolbenmaschinen arbeiteten ruhig wie immer. Es war nicht ersichtlich, unter welchen Umständen die Nacht kam. Einige der Gäste ertrugen die starke Bewegung schlecht. Es war nicht möglich, nach dem Nachtmahl zu tanzen. Das graue Schiff tanzte. Die meisten legten sich bald zuruhe. Andere genossen den Anblick der herrlichen Pferde der Meergötter, deren Mähnen weiß, deren Hüften und Leiber schwarz. Ihr Atem schäumte über das offene Deck. Perrudja stand am Bug, wo die Entscheide des Kampfes fielen. Seine Augen wurden nicht satt vom Schauen des Auf und Ab, des Tauchens und Schwebens, des Schlachtens und Spaltens der dunklen Ungeheuer. Ein kaltes Blut, ein Geschmack, die Quellen einer Wunde ergossen sich über ihn. Mit den Händen war er dem Gitter angeklammert. Manchmal erschrak er, wenn hoch vor ihm eine Wand sich türmte. Aber keuchend hob sich das Schiff, warf die Wassermassen auseinander. Sie wölbten sich in eine neue Lage. Nach Stunden, durchnäßt spürten seine Sinne, ihn fror. Er tastete über das glatte und nasse Deck zurück. Schwebend, angefaßt durch zeternde Winde. Balgte sich mit den Türen der Aufbauten. Dann stieg er den Kesselschacht hinab. In das Übermaß an Wärme. Da war keine Wahrnehmung des Außen mehr. Das Schaukeln war allen Gegenständen mitgeteilt. Die dunklen Kessel brummten, ohne

sich zu bewegen. Die Öldüsen verspritzten mit flackerndem Schnurren ihre nahrhafte Flüssigkeit in den glühenden Vordom des Feuergewölbes. Er wechselte ein paar Worte mit den Wärtern der Nachtwache.
Am Morgen begegnete ihm im Badezimmer ein Gymnasiast, der aus dem Logis Heins gekommen sein mußte. Perrudja fragte, ob Hein noch schlafend sei. Der Bursche bejahte es. Perrudja wog einen Gedanken. Er schaute auf das Angesicht des Schülers. Es war klar. Ein wenig bleich. Ebenmäßig. Arglos. Lügenlos. Die Hände waren frisch und knochig. Die Lippen gespannt wie reife Trauben. Wie Hein sie liebte. Und die mageren Hände Perrudjas strichen über diese Lippen. Und sein Mund sagte und fragte gar nichts. Das Schiff bewegte sich weniger als es während der Nacht getan. Es wurden an diesem Tage große Reden gehalten. Die Gebrandmarkten gingen auf Menschenfang aus. Sie schafften beinahe Verwirrung, als sie nach der Gesundheit eines jeden fragten, da ihre Augen doch längst gesehen, alle waren makellos. Es war der Zorn einer guten Sache. Das Land der Heimat war nicht mehr sichtbar. Nur Meer und Schiff. Große Ziele wurden inmitten der Wasserwüste leicht faßbar und der Weg zu ihnen wahrscheinlich. Die Hemmungen waren ein Kehricht, den man mit dem Fuße beiseite stoßen konnte. Allerdings kam es dahin, einer unter den Gästen fühlte sich verworfen. Einer Entzündung wegen hatte man ihm den Leib geöffnet und den Blinddarm entfernt.
Als das Nachtmahl vorüber, trafen Hein und Perrudja zusammen. Es geschah wie vorbereitet. Hein schlenderte von seinem Logis durch das Badezimmer in die Wohnung des Herrn. Sie standen sich gegenüber mit Erwartungen.
»Du hast die letzte Nacht mit einem Gymnasiasten zugebracht«, sagte Perrudja.
Der Angeredete konnte nicht anders als mit Klarheit und Unerschrockenheit zu antworten: »In Sandefjord noch war ich wild und betrank mich und tat in meinem halben Schlaf, was die Säfte in mir beschlossen, mich tun zu lassen. Damals wurde mir verziehen, daß ich um mich biß und nicht keusch mit meinen Lippen war und sehr wahllos. Heute bin ich nicht zahmer, aber überlegt. Ich befolge die Eingebungen ohne

Rausch. Mit Vernunft, die mich schuldig macht und den Zuschauer erschreckt.«

Perrudja: »Ich bin nicht erschrocken. Ich bin unbegabt und langsam. Meine Augen haben die frischen Lippen des Gymnasiasten gesehen. Meine Sinne aber denken: Schatten, Schatten. Hein, ich fürchte mich. Es steht schlimm mit mir. Ich bin alt und fange an, das Leben zu suchen. Da ist die Geschichte des sechzehnjährigen samtenen Kindes –«

Mörder, Kindsverführer.

»– ich habe nicht den Mut gehabt, es in mein Bett zu nehmen. Du aber hast es getan, obgleich die Liebe zu ihm dir später kam als mir.«

Hein: »Vor übergroßer Jugend waren meine Augen eine Zeitlang träumend und meine Vernunft schwach. Wer verstände es, daß ich auch einen Tag nur nicht lüstern nach dem weichen Kinde war.«

Perrudja: »In einer Nacht verzehrte sich die Lüsternheit?«

Hein: »Wir müssen anders darüber sprechen. Ich bin nicht frei. Ich bin dein Sklave. Und du willst mir die Vokabel Treue sagen. Und vergissest, ich darf an keinen Menschen gebunden werden. Das fromme Kind soll nicht lernen, mich bis an den Tod zu lieben. Es darf nur Freude an meiner Kraft haben. Es darf mich nicht kennen. Es muß mich fürchten. Ich bin dazu verdammt, es zu quälen. In der Wundernacht hat es gelitten. Ich war gewalttätig. Fast schamlos. Ich habe diesen Vertrag gemacht: Zwanzigtausend Kronen für ein geborenes Kindlein. Mit einem sechzehnjährigen Mädchen diesen Vertrag zu machen, lieber Perrudja, ist sicherlich schwerer als mit einer dreißigjährigen Kuhmagd. Ich selbst habe mir dabei die Lippen zerbissen. Und habe mir auferlegt: keine Wiederholung der Wundernacht, wenn sie so teuer erkauft werden muß. Ich habe inzwischen mit anderen Frauen geschlafen. Aber sieh: Vom Zeugen, das nur ein Beweis der Fruchtbarkeit sein will, wird der Leib müde. Und der Geist einsam und stumpf. Das Mühen wird bald lahm, vom Pulsschlag des Weibes etwas zu erfahren. Wir ermessen es nicht. In uns kann fleischlich nichts aufkeimen und eine Heiligkeit an Gestalt werden. Der Mann wird ängstlich an den unerfüllbaren Wünschen, zu sein wie seine Genossen. Und hinfällig an dem erlaubten Genuß, der ihm Nachden-

ken erspart. Er wird vor Müdigkeit ein Beleidiger des Weibes. Ein chinesisches Sprichwort sagt: Die Schönheit liegt in des Mannes Augen, nicht auf den Wangen des Weibes. – Wenn des Mannes Augen zugehen, muß des Weibes Anmut verlöschen. Da ist die Gefahr des Hasses zwischen den ungleich Geschaffenen. Während der rätselvolle Organismus der Frau heimlich in neun Monaten ein Unvorstellbares vollbringt, bewegt sich der Mann durch die Tage wie ein Pendel. Wiederholt sich. Und begreift es nicht. Es sei denn als nutzlos. Die Natur scherzt mit uns. Manchmal wird ein Spinnenmännchen von der Geliebten verzehrt. Es ist für mich eine kleine Erlösung in dem Gedanken, ich schwängere viele Frauen. Freies Wild im Walde. Ein Stier in der Bucht eines Stalles, dessen Luft voll ist vom Rahm- und Maulduft zahlreicher Kühe.«
Perrudja: »Meine unklugen Reden haben dich verführt.«
Hein: »Du hast geahnt, wer ich bin. Du bist nicht weit ab von mir geschaffen. Da ist eine Ähnlichkeit in unseren Herzen –«
Mörder. Kindsverführer.
»– zwar überschlagen sich deine Gedanken an der Liebe zu meiner Schwester. Aber ich bin doch nicht der Fremde, wenn ich ausspreche, ich werde ganz unschläfrig an der leiblichen Nähe einer verwandten Gestalt. Meine Augen gehen auf. Ich schäme mich nicht. Ich räuspere mich nicht. Ich sehe mich vor mir in einer zweiten Existenz. Unverlegen, ohne Schmeicheleien wie eine Notwendigkeit gehen Gedanken und Erläuterungen in mir auf. Und die Worte, wiewohl spröde, werden mir leicht. Ich werde zufrieden mit mir und mit den groben Knochen unter meiner gekräuselten Haut. Ich ertrage es nicht täglich, immer nur müde an der Liebe in meinem Bett zu werden. In einer Sturmnacht hätte ich an der Schläfrigkeit das schlechte Gewissen eines Sünders bekommen. Denn ich hätte nicht hinaushorchen können. Und nicht hinein in mich. Wenn wir erst verwesen, wissen wir nicht, ob wir noch etwas über uns erfahren. Was für ein Genuß ist es für das Ohr, das schlagende Herz eines anderen zu hören, ohne die Zukunft des nächsten Augenblickes zu fürchten. Und all die anderen weichen Geräusche. Welches Weib verstände in seiner Liebe so still zu halten wie ein todbereiter Jüngling. Ich kann nur einem Knaben, nicht dem Manne und nicht dem Weibe die Wollust

des Schmerzes glauben. Er achtet sein Blut, dem anderen zu dienen für nichts Besseres als Wasser, um das es nicht schade, wird es ausgegossen.«

Perrudja: »Du bist unter die Philosophen gegangen.«

Hein: »Du willst mich nicht verspotten. Du willst mich rütteln. Du fürchtest noch, mein Leben möchte sehr seicht sein und mein Kopf verwirrt vom starken Wein. Du willst, ich selbst soll mit deutlichen Worten sagen, ich verletze die Regeln der Ehesüchtigen. Ich habe mich auf den Disput mit ihnen vorbereitet. Schon mit Rücksicht auf meine zukünftige Verdammnis. Ich werde nicht zornig, wenn sie mich einen Verbrecher oder eine viehische Kreatur nennen. Ich bin so verdorben, daß ich an eine Entwicklung der Inhalte bei Worten glaube. Die viehische Kreatur ist ein gottgewolltes Tier (wenn Er es auch leugnet) und der Verbrecher ein einsamer Held (wenn Alle es auch bestreiten). Man wird eines Tages den Übersatten und Übermüden gegen den Mund fahren und sehr gelassen die Hure und den Gymnasiastenmörder zu den Menschen zählen. Gewiß kann bewiesen werden, nur die Liebe zum anderen Geschlecht ist uns als Erbteil geworden. Die Berufung in diese Welt erklären wir nicht anders. Niemals darum werden wir in unserer Sehnsucht weiblos sein wollen. Immer wieder werden wir dem Unbekannten verfallen. Aber die Liebe zu Geschöpfen, die ein Spiegelbild unseres Selbst scheinen, muß im Anfang stärker gewesen sein als die Nötigung, innerhalb der Geschlechterkette eine Blüte zu sein, um neue Früchte zu tragen. Seit Jahrtausenden hebt die Liebe damit an, die Ungespaltenen küssen einander die Lippen. Und es geschieht doch keine Geburt eines Leibes danach. Es ist nur ein Gesang und Takt, die durch die Räume der Zeiten klingen. Es ist dünner als Atem, was blutlos unvergänglich ist. Diese Sucht wach zu sein und eine zwecklose, unökonomische Treue zu bewahren, es ist der Geschmack des Todes und die Sage, wir sind nach dem Ebenbilde Gottes geschaffen. Es werden Gelübde des Schweigens und des Verkündens getan, weil unsere Gefühle unter voller Verantwortung des Bewußtseins geschehen. Mir ist einmal ein Traum gekommen, den ich glaubte bis an mein Lebensende verschweigen zu müssen.

Er will nun doch in deine Nachbarschaft. Höre: Ich ging sehr

einsam einen schwarzen Weg (die Wege des Unendlichen sind immer schwarz, nicht lichtvoll). Es begegnete mir ein Mann. Er war das einzig Wahrnehmbare in der Dunkelheit. Er sprach mich an und fragte: »Siehst du mich?« Dabei blickte er mit grauen scharfen Augen, wie mir schien, in die meinen. Und ich antwortete, vielleicht zaghaft wegen der eindringlichen Frage:

»Ja.« Er aber entgegnete: »Nein.« Das äußerliche »Sehen« bekam die Bedeutung des Erkennens. Der starre Blick des Fremden wurde eine große Unbeweglichkeit. Die meinen Augen wurden so starr wie die seinen. Und so grau und so unbeweglich. Ich wollte sprechen: »Du bist blind.« Doch ehe das Wort gekommen war, sahen meine Augen nichts mehr. Aber ich hörte seine Stimme, die in meiner Nähe weiter fragte: »Hörst du mich?« Meine Antwort kam vor Angst nicht sogleich. Vielleicht kam nur noch ein Husten aus mir, und ich röchelte: »Ja.« Meine Meinung aber wurde nicht anerkannt. Es war, als ob ein Hauch über meine Ohren ginge. Und ihre Welt wurde so schwarz wie die der Augen es war. Aber ein kaltes Betastetwerden schleimte sich über meinen Körper. Ein gestaltloses. Und fragte, wortlos, meine Gliedmaßen einspinnend in triefendes Nichts. Und die Folge war schneller als mein Erkennen und Widerwille. Mein Gefühl vereiste. Ich stand unbeweglich still in mir. Und kein Anzeichen drang in den Punkt Herz, ob ich nun verweste oder bestand. Wiewohl keine Wahrnehmung, keine Bewegung, kein Erinnern, keine Gestalt, kein Schicksal mehr an mir, blieb ich existent. Die unhörbaren Trompeten des Weltschöpfers durchbrausten den Nebel des Funktionslosen: »Das ist der Tod.« Ich erwachte. Und meine Furcht war so groß, daß ich kein Maß dafür angeben kann. Wirr ging durch mein Hirn die Vermutung, wohl nach fernen Weltabläufen würde die Zeit stille stehen können wie vor Beginn der Schöpfung. Aber bleiben würde Raum, Symbol des Existenten; und in ihm wir. In ihn hinein verwachsen, eingeschwemmt in ihn. Und ich fand für mich keinen Trost als den, dir verfallen und treu zu sein als ein Hund. Gewiß ist die Treue ein Verbrechen, denn wir verstoßen gegen die eigenen Augenblicke. Aber das Verbrechen kann auch eine Tugend besitzen. Ich denke mich nämlich nicht so gut, daß ich nicht ein vielfacher Lustmörder, ein sinnloser Genießer, der Unverständlichen einer sein könnte. Ein Aufgerufener, der nichts weiß.«

Perrudja: »Ich habe Unglück über dich gebracht. Du hast dir mich zum Vorbild genommen. Ich habe deine Gemeinsamkeit mit dem samtenen Kind vergiftet. Ich muß den Sklaven freilassen.«

Hein: »Ich muß das samtene Kind in dein Bett legen. Ich muß mich aus dieser Welt fortbringen. Um deinen Mund unbefangener zu machen. Wir reden und verstehen einander nicht. Wir sind höflich und verkriechen uns voreinander. Ich bin Fleisch von Signes Fleisch. Das ist meine Schuld. Darum bin ich bereit, wie schon vor dieser Zeit, dich anzufallen, meine schäumenden Lefzen in deine Seite zu legen. Gewiß nicht wärest du ein Menschenjäger geworden, hätte meine junge und wilde Liebe sich dir nicht zugewandt. Gewiß wäre dein Beten zu Signe längst ein Rauch und dein Bett eine Stätte des Glücks, wäre nicht diese unnatürliche Zuneigung zu meiner Schwester in mir gewesen. Daß ich das Gebäude einer vollkommenen Ehe stiften wollte, in dem ich, der Freund, der heimliche Liebhaber, ein und aus ginge. Signe ist eine Törin. Ich bin kein Tor von ihrer Art. Ich schätze meinen Wert nicht größer als in der Süßigkeit meines Fleisches ausgemacht ist. Ich bin nicht nur delikat, auch unsauber. Und sorge mich deshalb, als Liebender und Geliebter angenehm zu sein. So frisch und aufmerksam und milde wie meine grobe Gestalt es irgend zuläßt. Signe versündigt sich, daß sie stolz. Ich beginne sie zu hassen. Ich weiß, eines Tages werde ich sie prügeln. Ich bereue, daß ich sie nicht vergewaltigt, ganz und gar demütig gemacht habe. Sie entschlägt sich jeder Mühe. Sie ist unbrauchbar. Sie hat dich betrogen mit dem Ebenmaß ihrer Gestalt. Sie hat es nicht gestattet, daß du von der Süßigkeit ihres Fleisches gekostet hast, das nun grundlos alt wird. In den Verfehlungen will ich ihr nicht ähnlich sein. Nur in ihrem Fleisch. Ich möchte dir so angenehm sein, wie sie es ist. Aber ich kann es nicht immer mit Worten wiederholen, dieser Leib, bis sie klug geworden, möchte zu deiner Freude da sein. In meinen Worten schäme ich mich. In meinem Tun belastet es mich nicht, wenn ich schamlos bin.« Er schwieg. Seine Nase war kalkweiß geworden, seine Hände zitterten leicht. Die Finger erschienen lang. Seine Stirn stand leuchtend unter den braunen Locken. »Wir werden solche Gespräche zukünftig nicht wiederholen«, sagte er fortfahrend, »einmal muß nicht nur dein Verstand, auch die Funktionen deines Daseins müssen davon widerhallen, daß du meinem Herzen am nächsten und ein zweiter und dritter Platz Signe oder dem Sammetkind gehört.« Seine Stimme, die so

Schweres zu sprechen gewagt, war angelangt bei den Träumen, die ihn bewegten. Bei jener vollkommenen Ehe. Sie war nicht umfriedet durch Steinburgen, durch Reichtum, durch übernatürliche Kräfte. Ein Bauernhaus. Er schilderte es. Die große Stube mit der ockerbleichen Fichtenbalkendecke. Er sagte von einem Stall, in dem, sehr reinlich, einige Kühe standen oder lagen. Mit ziemlich geraden Hörnern und feuchtem Flotzmaul und starkem Stirnwulst. Mit stämmigen Beinen. Die Flanken nicht eingefallen. Mit breitem Becken, daß die Wurflippen fleischig und tief unter der Schwanzwurzel saßen. Kurz, schöne Kühe, die schöne Kälber warfen. Von den Äckern, deren braunrote Erde fett, feinkörnig, schwer durch Pflugscharen aufgerissen und umgeworfen wurde. Von Böden, die duftendes Heu bargen und trächtige mehlige Kornhocken. Von einem Pferd, von zwei Pferden, von drei Pferden, die den Pflug zogen oder den Erntewagen. Die mit ihrem Wiehern neben der Stube standen. In der Stube saßen Perrudja und Signe. Der Bauer und die Bäuerin. Und auf den Fußdielen spielte ein allerliebster Bursche. Gewiß nicht waren Perrudjas Hände geschaffen, den Pflugseich in die Erde zu treiben. Und den Mist aus den Ställen zu schaffen. Dafür war der Knecht im Hause. Und der Knecht hieß Hein. Der Knecht Hein, der den allerliebsten Burschen in seine Arme nahm und ihn auf eines der Ackerpferde setzte. Hein, dessen Hände dick. Und dessen Gedanken sehr langsam gingen. Dessen Augen nicht müde wurden, immer nur vier feiste Schenkel zweier Pferde vor sich zu sehen. Schwänze, die hin und her geschleudert wurden. Kot, der sich dampfend und gelb aus rosiger Öffnung ausgestoßen zur Erde senkte. Den feinen Schnitt der dunklen Zeugungslefzen. Zu sehen, was eben ein Knecht sieht, tagein, tagaus. Bei harter Arbeit. Wind und Regen gegen die breite Brust. Das war ein Glück. Es konnte sehr alt werden. Es wurde nicht erschüttert dadurch, daß der allerliebste Bursche einen Gespielen bekam, den Sohn einer Magd, die Hein, der Knecht, beschlafen. Hein sagte noch, das Glück dieser Stunde würde nicht geringer sein, wenn sie in der Koje eines Fischkutters sich befänden. Nach einem Tag voll Arbeit, bei der die Hände eisig geworden.

Die gläserne Jacht, dieser im Inneren warme Raum, bewegte

sich schaukelnd wie eine große Wiege. Die Bugwellen spritzten auf, zischten rund zur Seite, um den Weg vorwärts frei zu geben. Fern oben hörten Hein und Perrudja das Stampfen der Gäste, die sich schoben und drehten, damit der klare Schweiß aus ihrer Haut hervorbräche. Da waren Gedanken an die großen und jungen Augen, die weit und dunkel aufgegangen waren. An Münder, die sich schreiend übermäßig öffneten. Vier Hände auf der Bettdecke. Vier gute Menschenhände. Das war Fleisch und Knochen. Und warm. Von der genauen Wärme des Menschenblutes.

Das Schiff nahm wieder Kurs gegen die Küste. Man wollte der Stadt Trondjhem nicht vorbeifahren. Am späten Abend langte man im Hafen an. Die Gäste erfanden nichts Besseres als sich in den todstillen Logis in ihre Betten zu legen. Alle spürten, das Herz des Stahlkörpers schlug nicht mehr. Es war ein unbehagliches Gefühl. Heins Sehnsucht nach dem samtenen Kind war plötzlich ungebändigt unter seiner Haut. Er wiederholte die Nacht voll Qual und Glück. Er küßte sich die Lippen wund. Er ließ sich bewundern. War karg im Versprechen und freigebig im Umarmen. Er zwang die Genossin, heftig zu weinen. Und schlief traumlos.

Am nächsten Tage geschah jener Ausfall vom Schiff auf die Stadt. Siebenzehn weißgekleidete Gäste und fünfzehn Blaugekleidete der Besatzung schwärmten in den Straßen umher. Begafften die grauen oder roten oder weißen Schalbretter der Holzhäuser. Fanden das säulengeschmückte Quadrat vor dem Stiftshof schön wie den Markusplatz in Venedig. Den sie nicht kannten. Lärmten durch die Hallen der Domkirche, in deren Innern die Schatten grün waren. Und die Säulen des Kores dünn wie Spinnweb. So daß Hein verächtlich von Latten sprach. Die normannischen Kapellen und Galerien, das war ein Etwas. Rundes und Schweres. Die Gedanken der Menschen werden niemals frei werden vom Ethos der Kugel. Vor allem: die Seefahrer ließen sich begaffen. Als am Nachmittag der Korso der Schüler und Schülerinnen, der Studenten der Technischen Hochschule auf der Kongensgate begonnen. Als es aus den Kaffeehäusern zu duften anfing. Da wurde Beute gemacht. Hein hatte für den Abend ein Bordfest angeordnet. Was jung und schön und gerade gewachsen in Trondjhem einherging, durfte eingeladen werden. Die Invasionstruppe war unbarmherzig, kühn, schlagfertig. Rattenfänger mit dem lieblichen Flöten in ihrer gewinnenden Stimme. Die ruhige Stadt verlor die stolzesten und prangendsten Blüten. Die jungen Menschen wurden in den Bauch des stählernen Schiffes gezogen. Sie folgten den Flötenspielern. Die Jacht ging mit Volldampf insee. Außerhalb der Territorialgrenze erst wurden die Maschinen auf halbe Fahrt eingestellt. Freiheit der Meere oder Technik des Seefahrens. Perrudja zog sich diesmal nicht zurück von den Ritualen des Festes. Ein großer Junge mit dicken Waden hielt eine Rede auf den gespickten Rentierrücken, von dem er mit den Fingern aß, die Fleischscheiben eintauchend in dunkelrotes Preiselbeerkompott. Er hatte ein schlechtes Beispiel gegeben. Nach ihm standen ein Dutzend seinesgleichen auf, die mit den Fingern, ihm gleich, von den übrigen Speisen nahmen und redend den Magen mit ihren Lieblingsgerichten sich vollschlugen. Es sei nicht verschwiegen, sie tranken dazwischen. Da die Knaben redeten, lärmten, fraßen, erbarmte Hein sich der Mädchen, umhalste ihrer zwei gleichzeitig, küßte sie abwechselnd, befahl den Burschen, es ihm nachzutun. Ein Bauernknabe redete noch von Blutwurst und Lachsscheiben. Perrudja reichte ihm ein Glas Sekt. Er schwieg und trank. Er trank und schwieg. Beleckte mit seiner von Sekt und Blutwurst klebrigen Zunge des Waldbesitzers Nase, weil zufällig kein Mädchen in seiner Nähe war. Aus einer Ecke des Salons begann das Grammophon mit kaum vernehmbarem Ton die Füße zum Stampfen aufzufordern. Aber die Zeit des Tanzes und des Hautschweißes war noch nicht gekommen. Der Wein in den Gläsern lockte noch. Und die Orgie der Mägen war noch nicht zuende. Nur unterbrochen durch ein paar Küsse. Perrudja las, weil eine unbegründete Stille aufkam, aus dem Werk eines zwanzigjährigen Dichters vor. Einen kurzen Absatz:

> Und steigt der Mond herauf, und friert es in der Nacht, daß selbst Gedanken zu erstarren scheinen vor dem Eishauch, der durch alle Dinge dringt, der sich aufs Antlitz niederschlägt, die Brust hinabrinnt – die Seen sind zugefroren, starr und still die Flüsse, die Bäume stehn, die sonst nie lauschten, sind wie die Sterne weit ab – so wird es dennoch Liebende geben, die außen bleiben und nichts fühlen wie die Blumen unterm

Schnee, die ihre Hände halten und sich küssen und von Hochzeit reden wohl durch die halbe, bleiche, kalte Nacht.

Und Freunde, die man durch die Straßen einer fremden Stadt forteilen sieht, zum Tor hinaus, wo alles dunkel wird. Sie kennen keinen Weg, kein Haus, sie halten ihre Hände, sie brechen das letzte trockene Brot, kriechen in einem Schober unter. Und die doch weitergehen am nächsten Tag, am übernächsten Tag, die nicht umkehren – deren Schritt jauchzender wird von Tag zu Tag, die sorglos werden trotz der Not. Die stillestehen vor Dingen und plötzlich lachen, weil sie schön sind. Und Liebende, die beieinander schlafen – Gott weiß in welcher Lust – die sich fortstehlen, irgendwie, und irren, fremd in fremden Landen – und die doch in die Dome gehen und niederknieen und Gott anrufen als Zeugen ihrer Ehe. Und denen ein Lächeln gegeben wird um ihren Mund, wenn nun das Weib gebiert, weil sie verstanden. Und solche, die in kalten Zimmern sitzen und ihren heißen Kopf in Händen halten und keine Hilfe wissen vor dem Innern, das sich auftut.

Er erntete einen überströmenden Dank. Es wurde geschrieen, er solle fortfahren im Lesen. Er verweigerte es. Er wolle keine Traurigkeit wecken. Zwanzigjährige Dichter seien voller Traurigkeit. Und unbarmherzig offen. Die Gäste schrieen: Sind wir nicht zwanzigjährig? Vorzwanzigjährig? Sind wir nicht traurig? Sind wir nicht unbarmherzig offen? – Sie wußten nicht, in welche Gefahr hinein sie sich begaben. Und daß ihr Schicksal abhängig war von den Worten, die die jungen Dichter erfanden. Es war ein harter Kampf um die Worte des Buches. Sie wollten ihre Ohren aufhalten unter dem verspritzenden Gift schamloser Wahrheitssuche. Perrudja, überwältigt durch ihre einmütige Forderung, gab nach. Er begann, mehr lüstern, die schnellen Füße der Ungebrochenen in Fallen zu bringen als einen Ablauf zu verdeutlichen, einzelne Sätze ihnen aufzutischen. Seine Kehle klang polternd, predigend, manchmal echt und fern, zaghaft, beschwert mit Ahnungen.

Ist es möglich, daß ein Kranker, der ein Jahr lang oder länger in Schmerzen daniederlag, so er gesundet, um ein paar Sonnenstrahlen willen, die auf ihn niederfallen, Gott lobpreist und zu dem Singen der Vögel jubelt?

Da ist die Angst, es gibt Sehnsüchte, die unerfüllbar sind, weil Gott uns schuf und nicht schaffend machte.

Uns ist ein Gefühl gegeben, das an die Ewigkeit reicht; aber wir leben nur fünfzig oder sechzig Jahre. Was vorher war, ist Nacht; man hätte den Samen, aus dem wir wurden, auf die Erde werfen können, wir hätten nichts um uns und nichts um nichts gewußt. Man hätte uns im Mutterleib ermorden können, wir hätten es nicht gefühlt. Nun aber ist eine Welt herangetragen worden, die durch tausend Pforten hereinströmt. – Soll alles wieder Nacht werden?! Wir sind noch nicht satt geworden. Wer wird denn satt?

Es ist doch so: manche Kinder werden krank und schwach geboren, und andere üppig und wollüstig, und andere klug, und andere dumm. Und wenn sie nach den Eigenschaften ihrer Seele leben, werden sie Neidische, Frömmler und Huren und Dichter und Tölpel.

Ist es, da unser Schicksal beschlossen, gleichgültig, wann wir lebten und wer uns Vater und Mutter war? Aus welchem Tropfen Same wir wurden? Ob wir gezeugt um Mitternacht oder am Morgen, mit großer oder kleiner Lust, im Ehebett oder außen vor?

Ist es nur Marterung, das Sehen, Schmecken, Hören, Fühlen, um das Nichtsein zu unserm Wunsch zu machen?

Sind wir nur, scheinbar Auserwählte, um zu werden, was die Hundertmilliarden neben uns, ungeboren, waren und blieben? Die armselige Eins, an der man die Schreckziffer des vergeudeten Samens erkennt?

Die Wirkung der Rede war eine ungeheure. Keulenschläge auf die Häupter der Halbwüchsigen. Sie fuhren nicht auf dem Meere, um zu handeln. Sie griffen sich ans Herz. Fluchten. Umschlangen einander. Spieen. Wälzten sich übereinander. Sie waren erwacht zu Entfesselten. Zu ihrer eigentlichen Existenz. Die Brüder vom Siebenstern redeten mit lauter Stimme von ihrer Überzeugung. Die Erregung war uferlos. Die Bereitschaft war uferlos. Die Freiheit des Meeres war weit und breit. Es erwachte allmählich das Stampfen der Füße. Sie ergaben sich dem Alkoholrausch. Der klare Schweiß sickerte durch ihre

Haut. Erst nach zwei Tagen wurde die Vernunft der neuen Gäste stark. Und sie begehrten, wieder an Land gebracht zu werden. Übermüde. Zerschlagen. Mit einer Art verzweifelter Freude in den Gliedern.
Als das Schiff zum zweitenmal von den Kais Trondjhems ausfuhr, begab sich Hein an Deck, wollüstig, einen letzten Eindruck der Stadt aufzusaugen. Perrudja fand, der Sklave sah bleich aus, seine Augen waren verschwollen.
»Ich werde mich ausschlafen, lieber Perrudja«, sagte der Beargwöhnte, »der Himmel ist bleiern und schwer.«
Allmählich senkte sich die graue Kuppel auf das graue Schiff herab. Ein wolliger Schnee löste sich aus den Wolken. Das Wasser der Fjorde und Buchten wurde ausdruckslos schwarz. Sehr unheimlich. Es fraß die Flocken. Zerlöste sie. Von Zeit zu Zeit heulte die Schiffssirene in die Undurchsichtigkeit hinein. Kein Laut kam zurück. Das Wetter verschlechterte sich, je nördlicher die Position des Schiffes wurde. Den eisigen Niederschlägen gesellte sich ein nicht unerheblicher Sturm bei. In den Nebel- und Schneeschauern wurde die Navigation zwischen den zehntausend Inseln schwierig. Der Kapitän verließ die Brücke nicht mehr. Als das Barometer weiter fiel, die Dunkelheit unnatürlich früh sich einstellte, die Sicht ausblieb, die Geschwindigkeit des Schiffes ständig, durch Strömungen und Windgassen beeinflußt, wechselte, wurde beschlossen, die Küstenfahrt aufzugeben, in den freien Ozean hinauszusteuern. Erst am Morgen würde man in den geräumigen Westfjord einlaufen; der gegen nördliche Winde durch die Lofotinseln geschützt war. Vom Abend bis zum Morgen war eine lange Nacht. Und der Atem der Eisberge von Spitzbergen war ausdauernd. Die kalten Wasser wuchteten bis aufs Deck. Fielen von einer schwarzen Wand herab, verrieselten in dünner Schicht. Erschrocken hob sich das Schiff. Die harten Propeller strudelten in dem dunklen Glas, sogen Luft, zischten, gurgelten tief wie Ertrinkende. Der Himmel wurde nicht leer vom Schnee. Immer neue Schauer wurden herabgepeitscht. Die Menschen auf dem Dampfer waren ganz allein. Ganz ab von aller Welt. Perrudja stand auf der Brücke. Weil das Deck überflutet wurde, der Bug eintauchte in die schwellenden Wasserberge. Und begriff die Verlassenheit. Und jauchzte. Die Welt war

klein wie ein kleines graues Schiff. Die Sterne waren vergangen. Ein Schleier war nah um die Welt gehängt. Daß kein Schrei zu ihr dringen könnte. Daß er, Perrudja, einmal vergessen dürfte. Atmen, atmen. Er atmete. Er tat nichts als atmen. Kalte salzige Schneeluft in seine Lungen. Er gedachte keiner Sekunde seines eigenen Lebens. Er dachte nur die kleine heldenhafte Geschichte des Indios von Parral. Des Sklaven, der ein Minenarbeiter war. Und für die Virgen del Rayo eine Kirche erbaute. Der allwöchentlich an einem bestimmten Tage ein Stück Gold brachte, damit die Bauleute entlohnt werden könnten. Der nicht eine Woche ausblieb. Der schweigend, mit ruhigem Gesicht gab, bis die Kirche vollendet war. Der, als die Priester vom Marterkreuz nahten, das Haus zu weihen, ergriffen und zum spanischen Kommandanten geführt wurde; der ihn aufforderte, das Geheimnis seines Goldschatzes preiszugeben an die Habgier der Eroberer. Der sich weigerte. Der zu Tode gemartert wurde, weil er schwieg. Dessen Leib qualvoll zerfetzt verblutete. Dessen Mund vor Schmerzen nicht aufging.

Er dachte diese Geschichte immer wieder. Während die Schneeflocken auf seinen Wangen zu Wasser vergingen. Und die Flüssigkeit auf seinen Mantelkragen tropfte. Er fürchtete sich fast, die Wiederholungen möchten ihn ermüden, das Bild des braunen schweigenden Indios verlöschen. Dann würde sein Atem nicht mehr stark sein, sondern unruhig. Dann würde der schändendste Name, eines Menschen Name, aufstehen. Er war schon aufgestanden: Fernando Cortez. Dieser betende Schlächter. Dessen Tun eine kristliche Kirche gesegnet. Die das Gold, das Silber, das er stahl, gesegnet. Die seine Morde, seine nie verlöschenden Morde gesegnet. Der mit der weißen Kreuzfahne hundert Tode erfand. Den einen, den Skalp eines Gemarterten mit glühender Holzkohle zu füllen und dem Vergehenden auf den geschälten Kopf zu stülpen.

Perrudja, wie er geahnt, unruhig atmend, halb ohnmächtig, sagte sich, frierend am Brustbein, jeder Gedanke müsse zu seiner Stunde kommen. Von manchen Bildern würde man nur erlöst werden durch eine Tat. Er erlöste sich inmitten der Einsamkeit kraft des einen Weges (den er die Tat genannt hatte). Er bekannte für sich, eine Religion, belastet mit Morden und rationaler Ethik, wie die kristliche es war, würde durch keine Reformation, durch keine Umkehr ihre Vergangenheit abwaschen können. Sie sei verflucht, Leben vernichtend zu bleiben, wie sich erwies, bis die Lebendigen, stärker als das Wort, das Wort überwanden, zum Heil eines gesünderen Geistes. Durch diese Tat trennte er sich von den Sagen des Wortes und fand Gott nicht mehr so schlimm wie in seinen Anpreisungen. Fernando Cortez hatte nichts mit Ihm zu schaffen. Die Herren Skaerdal, Perrudja, Pujol und Doktor Bourdinot waren schon einmal mit einer Klage bei dem Höchsten vorstellig geworden. Aber es hatte sich erwiesen, daß Er noch sehr jung, sozusagen träumend, und darum in sehr begreiflicher Zuneigung zu allem jungen Geschöpf war.

Der Schnee kühlte den Kopf. Und die Bewegung des Schiffes war weit und tief. Unwirklich großartig. Und beängstigend, weil man nur ein Mensch. Aber Perrudja dachte nicht an den Menschen Perrudja. Er atmete. Er atmete. Sie fuhren in der Dunkelheit, die vor ihnen ein Nichts war und hinter ihnen ein Nichts wurde. In das Nichts schleuderte das Schiff den Sirenenton. Das Dämmern des gelben und grünen und roten Lichtes, diese Schaukel über der Schwärze des nassen Abgrundes, die verschlungen werden konnten, hinabgerufen zur Finsternis, Sitz der Sehnsucht, von Angesicht zu Angesicht den Höchsten sagen zu hören, daß Leben und Freiheit keine Irrlehren gegen ihn, nur der Pulsschlag seines Herzens, seines jungen Herzens. Daß aus dem heimlichen bergreinen Gold des braunen Indio, nicht aus dem blutbeschmierten seine Tempel errichtet sein wollen.

Am Morgen des nächsten Tages war das Schiff vereist. Gläsern und weiß. Ein kraftloser kalter Wind strich aus dem Trichter des Westfjordes. Die Sonne kam, eine bleiche Kugel, aus glanzlosen Wellen. Die Lofotinseln entstiegen grau, grauschwarz der großen Mutter. Weißgeschminkt, wo die Furchen in den Stein eingefressen waren, das Zerbersten und Zerklüften, dieser Altersgram, Schutt abgelagert. Graugrünen Schutt, schwarzen Schutt, geilen braunen roten Blutschutt.

Das Schiff lief Svolvaer an. Hein fand, die Luft in diesem Hafen sei nicht gut. Bei vielem Fischgeruch nicht menschlich genug. Perrudja drängte, wieder hinaus aufs Meer. Er wollte atmen.

Gesunden. Nicht mühsam die Küste bestreichen. Eine freie Linie über den Ozean ziehen. Island umfahren, die Färoyer. Nichts erblicken. Nur das Land ahnen. Er hatte in der verstrichenen Nacht ein Glück gehalten. Er wollte es nicht wieder von sich lassen. Heins Sehnsucht lief der Perrudjas entgegen. Er hatte Fieber nach Land. Nach dem moosigen Hochland der Rentierherden. Er träumte von warmen Buchten. Sie stritten miteinander. Der kurze Tag war vorüber, ehe sie, der eine um des anderen willen, ihr Herz bekehrt. Der Kapitän hatte auch eine Meinung von gewissem Gewicht. In Hammerfest lag ein Tankdampfer mit Öl, aus dessen Vorräten der Brennstoff der Jacht ergänzt werden sollte. Nun die Nacht herab war, mochte in der Finsternis das Schiff sich durch Sunde und Napfmeere tappen. Heins Wunsch war siegreich gewesen. Er schalt: Hammerfest, Stadt auf einer Insel. Mit seiner schweren Brust gegen den Tisch gelehnt, den Kopf mit den Fäusten gestützt, saß er im Kartenhaus und versuchte die Pläne Norges zu enträtseln. Da ging ein Fjord, nicht unweit der Inselstadt in das Massiv des Landes, in die Triften der Nomaden hinein. Am nächsten Morgen lag man an einem Kai und wartete auf den Brennstoff, der von Hammerfest herbeischwimmen sollte.

Da war nun diese kleine Stadt Bossekop-Alta, die wie viele ihresgleichen nach Fischen stank. Mit einer Bucht. Mit einem Kai. Mit den armen Masten der Fangkutter. Aber der Himmel über ihr war schwüler und fetter als über den anderen Plätzen der nördlichen Provinz. Gleichsam warmblütiger. Kornfeldfreundlich. Nicht nur kalte Dorschaugen. Stampfende Rentierbullen. Es war eine rote Luft. Der Ort lag da mit sehr bescheidenen und verschlissenen Holzhäusern im Dreck der ungepflegten Wege. Da gab es Krambuden. Und in den Krambuden standen Männer und bespieen den hölzernen Fußboden. Und es stank nach Fischen von ihrer Kleidung, von ihren Händen, aus den Räumen des Krämers. Aber der beizende Geruch war von einem süßlichen Geschmack umwoben. Es war ein Geheimnis für die empfindlichen Nüstern Heins. Und schiefe, graue, pfahlgegründete Schuppen gab es am Wasser. Mehlschuppen. Salzschuppen. Kohlenschuppen. Und Kinder. Es gab auch Kinder. Mit Kopftüchern, mit bunten Kopftüchern angetan. Mit fettigen Stiefeln oder Fellstiefeln an den Füßen und grauen umgekrempten Überstrümpfen. Denn es waren Frauen in den Häusern, die sie geboren. Hein strich an den Abenden zwischen den Wohnstätten umher. Die Gäste blieben anbord. Perrudja blieb anbord. Gewiß, kein Paradies. Hein dachte nicht, dies sei ein Paradies. Aber es war Norge. Ein Teil Norges. Ein Teil seiner Heimat. Wo sie unmenschlich zu werden anfing. Und fremd. Wo sie, bei aller Strenge, gütig wurde. Und nicht auf die genaue Zusammensetzung des Blutes ihrer Kinder sah. Das erfreute ihn. Daß die Lappen seine Brüder waren.

Am zweiten Abend spät kam er blutüberströmt den Kai entlang gewankt. Die neugierigen Bewohner der Stadt, die sich nicht sattsehen konnten an dem schönen fremden Schiff, die nicht müde wurden, die nächtlichen Bullaugen aus nächster Nähe zu betrachten, die übermüden Kinder und die Zwanzigjährigen, die Frauen und die Greise, der Lendsmand und der Bezirksarzt, der Packer und der Propst, erkannten ihn. Begannen zu lärmen, zu schreien, zu schelten. Unter Tränen, unter Anrufen des Herrn Jesus, mit kräftigen Worten und erregtem Ausspeien geleiteten sie ihn anbord. Der Arzt, der Lendsmand, der Propst, neugierig bestiegen das Schiff, jagten die übrigen auf den Kai zurück. Es war ein Ereignis. Ein schönes graues Schiff. Man würde erzählen können. Die drei Herren nannten dem Decksoffizier Namen und Titel. Man wußte sich zu benehmen. Man atmete schwer. Voll Neugierde drang man in das Logis Heins. Diese Pracht. Man hatte dergleichen nie gesehen. Würde niemals wieder sehen. Man brauchte es nicht zu bereuen, die langen Abende auf dem Kai gestanden zu haben. Hein wurde gewaschen und bepflastert. Er sagte nichts aus. Die Polizei war vollkommen überflüssig und die Geistlichkeit auch. Er bedankte sich. Er war nicht tot. Er war nicht halbtot. Er war nur blutüberströmt gewesen. Perrudja fragte: »Was ist geschehen?«

Hein sagte: »Vielleicht haben wir schon einmal darüber gesprochen. Die Lust an einem Lappenmädchen ist gleich der Lust an hundert Rentierkühen. Vielleicht irre ich, und wir haben dergleichen nicht gesprochen.«

Er irrt. Ich habe mit ihm dergleichen nicht gesprochen. Es ist ein Problem der Nationalökonomie.

»Man hat mich verprügelt, lieber Perrudja, weil ich nicht Geld genug bei mir trug, hundert Rentiere zu bezahlen. Ich habe die Hand eines Lappenjünglings kennengelernt. Keine üble Hand. Allerdings nicht so stark wie die meine. Aber von raschem Mut. Der Bursche hat mich blutig geschlagen. Danach habe ich ihn überwältigt. Ich habe keine Rache genommen. Als er wehrlos war, habe ich gelacht. Meine Nase an seine Wangen gehalten, die sich so oft an den Flanken und Lefzen der Rentiere gescheuert. Und bin langsam davongegangen. Er hat mich verstanden. Ich werde ihm sogleich das Geld bringen.«
Perrudja sagte: »Du bist unklug, Hein.«
»Vielleicht wird das Lappenmädchen mit uns fahren und der Lappenjüngling auch«, sagte Hein. Schob sich durch die erregte Versammlung der Einwohner von Alta. Nach Stunden erst langte er wieder an. Er berichtete dem noch wachenden Perrudja: »Die zwei werden nun heiraten können. Ich habe ihnen Geld gegeben. Wir sind sehr verträglich miteinander gewesen. Aufs Schiff kommen werden sie nicht. Damit der Bursche meinetwegen die Braut nicht verachte, ist mancherlei Familiäres geschehen. Tanten und Mütter und Väter sind aufgetreten. Vielleicht ist das Mädchen mein Weib geworden und der Jüngling mein Gast. Und der Gast nahm das Weib aus Höflichkeit, um die Gastfreundschaft nicht zu verschmähen. Ich weiß nichts Sicheres. Aber wir waren sehr fröhlich.«
»Du hast viel Schnaps getrunken«, sagte Perrudja.
»Wir haben viel Schnaps getrunken und warmes Rentierblut.«
Ein Dampfer schob sich über den nächtlichen Fjord. Er brüllte lang und klagend. Die Stadt sollte keine Ruhe finden. Wer da schlief, mußte aus den Betten. Es war nicht das Horn des Regierungsdampfers. Nicht der Postassistent brauchte bereit zu sein, den Dienst anzutreten. Nicht der Packer, nicht die Krämer mit Frachtbriefen und Ordnungsbüchern. Da war im Hotel kein Bett überzogen worden mit frischen Laken für einen Handelsreisenden. Kein Fischaufkäufer kam mit seiner stinkenden Barkasse daher. Es war ein Ölschiff der GIFICO und DEBACO. Das nach Hammerfest bestimmte Ölschiff, das seinen Kurs auf Befehl des Kapitäns dieser grauen Jacht geändert hatte. Es erhob seine Stimme abermals. Es war, wie man sich denken konnte, ein unbeholfenes Schiff. Seine Maschinen

und Kessel lagen achtern. Es war um ein vielfaches größer als das schöne Schiff. Es erwies sich vor dem kleinen Kai als eine Art Riese. Die Bewohner der Stadt durften nur staunen. Es war unbegreiflich, was ein so großes und plumpes, ein so häßliches Schiff, das sie wegen seiner Größe dennoch bewunderten und liebten, in dem engen Hafen auszurichten hatte. Es legte sich, viel zu lang (wer konnte das nicht erkennen?), mit der Breitseite gegen die Breitseite des schönen grauen Schiffes. Dann erkannten alle, die da Augen hatten, es war grau gemalt, grau wie das graue Schiff. Somit war auf doppelte Weise ein Zusammenhang zwischen den beiden Gastschiffen hergestellt. Die Frachtbriefschreiber und der Packer und der Postassistent, die neben den anderen erschienen waren, hatten hier keine Arbeit zu verrichten. Die Umherstehenden bemerkten nicht einmal, Schläuche wurden von dem großen Schiff auf das kleinere geleitet. Rotationspumpen nahmen summend eine Tätigkeit auf. Allmählich hob sich das eine Fahrzeug um ein geringes, das andere tauchte in das Wasser ein. Es war zum Verwundern, nach Ablauf einer Stunde schon verließ das Ölschiff den Hafen wieder. Eine unruhige und erlebnisreiche Nacht, die nicht so bald vergessen sein würde. Später benutzten Burschen und Mädchen sie, um eine Erinnerung wachzuhalten.
Hein hatte Abschied vom Lande genommen. Viertausend Kilometer Meerfahrt, ohne in den Geschmack der Erde zu kommen. Für Perrudja eine Glücksspanne wie jene es gewesen war, als er mit Haakon auf einem Wägelchen gesessen und eine einsame winterliche Landstraße entlanggefahren.

XXXVII

Das Pferd/Sassanidischer König/Ein Knabe weint/Die anderen Tiere/Die Edelmütigen oder die Geschichte des Sklaven/Der Knecht und die Magd/Der Zirkel/Alexander/Werbung und Vorhölle/Die Nebenbuhler/Die Bergpolizei/Hochzeit/Abrechnung/Die Marmaladenesser/Die Rede des Franzosen/Theorie des Kapitalismus/Die Pläne dieser Welt/Der Gesang der gelben Blume/Erste Belehrung/Neue Lebenspraxis

Entweder – Oder

Oslo. Hein saß im Salon. Perrudja in seinem Arbeitszimmer am Schreibtisch. Hein hatte den Vorteil der Assistenz einer jungen Dame, die sich auf die Höflichkeitsformen des Umgangs der Menschen untereinander und auf Gewohnheiten des Geschäftslebens verstand. Er hatte aus eigenem Überlegen nur wenig zu tun. Dazusitzen, einen Zettel zu nehmen, sich zu erheben, hinauszugehen, richtiger, da Perrudja sein Herr, hineinzugehen, nämlich in das Arbeitszimmer, einen Zettel abzugeben, wieder zu erscheinen, die Tür geöffnet zu lassen, bitte zu sagen, sich wieder zu setzen. Perrudjas Amt war schwerer. Er hatte, allein gelassen, zu ertragen, was zu ertragen war. Wenig Trost, daß Hein zuvor verkündet: Ein Herr mit Glatze. Ein alter Herr mit Vollbart. Ein Herr mit grauem Zylinderhut. Ein Herr, der mit der Zunge anstößt. Ein Herr, der unvollkommen französisch spricht. Ein Herr, der lächelt. Ein Herr, der zornig mit Blicken mustert. Ein korrekter Herr. Ein unordentlicher Herr. Ein weicher Herr. Ein straffer Herr. Ein Herr mit Brille. Ein Herr mit Embonpoint, zu norwegisch Speckbauch. Ein Herr mit zerfleischten Wangen (deutsch). Ein Herr gleich einer Bohnenstange. Ein Herr in unglücklicher Ehe. (Woher die Wissenschaft? Er hat ein süßsaures Lächeln.) Pantoffelheld. Militär. Derartige Sächelchen, die man mit zwei Worten über einen Menschen sagen kann, den man zuvor eine Sekunde lang gesehen. (Die rote Nase erkennt man, und die Warze auf der Wange auch. Daß man jemanden sieht, den man umarmen möchte, ist selten.) Und die Titel. Die standen geschrieben auf dem Zettel, der irgendwo in dem großen Hause angefertigt worden war. Und die Namen. Es waren folgende Namen. Perrudja empfing und begrüßte die Träger der Namen und Titel. Archibald Cowie, Esq., William Irvine Flynn, Esq., Percy Stanley Dashwood, Esq., Claridge Andrew Hodgkin, Esq., Franck Leopold Grindrod P. C., Horace Scott Jeppe, Esq., Rupert Tweedy, Esq., le comte d'Audiffret-Pasquier, Tom Meredith Hamblin, Esq., Herbert Crawford Dalglish, Esq., the right Hon. Lord Julius Desborough, Mynheer Louis Kiek, Baron van Zuylen van Nyevelt, Lucien Lacaille, Pierre Mercier, le comte Josse Delaire de Cambacérès, Louis Froissard, Reginald Gerald Cato Tubbs, Esq., Cyrie Bazett Vaughan, Esq., Herbert Hurd Seddon, Esq., Allan Rogers, Esq., Standen Dyson Perrin, Esq., Raoul de Vilder, Jean de Hacault, Jérome de Jauffrey, Baron von Schneider, Andriot Allard, Almidano Artifoni, Alfred Bigo, Ammédée Krassny-Krassien, Maxime Osiceanu, Emile Clairin, the right Hon. Lord Ashfield, Waldemar Ficken Faulkner, Esq., James Ffennell, Esq., Harald Marson Denby, Esq., Seine Hochehrwürden M. A. Doherty D. D.; I., John Crichton Kay, Esq., Bernard Hatfield Froggatt, Esq., Evelyn Napier Lyle, Esq., Claud Mc Corquodale, als Vertreter Sr. M. des Königs von England, Kaisers von Indien etc., the right Hon. Lord Harrow Bradbury of Winsford, Malcalm Machin, Esq., Edouard Bertram, Fraser Lovell, Esq., Dudley Learoyd, Esq., Herr Max Bondi, Oliver Cromwell Gill, Esq., Andrew Macfie, Julian Owen, Esq., Emile Matasaru, Emile Haas, Lionel Escott Thorne, Esq., Gordon Skurrey, Esq., Sir Laurence Greenway, Sir Carlton Cadmon, Simcox Sheridan, Esq., André Pollet, Pierre Marrey, Herr van Aalst, Georges Breuvart, P. S. Mersenne de Labord, Boétée Cox, Arthour de Toulmon, Humphrey Lorkin Daniell, R.M.C.O., the right Hon. Lord Henry Aberconway, P. C. Zwei Tage lang währte der Empfang der Namens- und Titelträger. Wichtige Räder in dem Getriebe der Guy Forttescu Burrell de Gruchy Industrial Finance Corporation und der Bigo & Heron Dunstan Edbrooke Banking Control Organisation, Ltd. Potente Börsen, potente Gewissen. Und die Abordnungen der Regierungen. Die unwissend waren. Fast unwissender als Perrudja. Die das Spiel nicht begriffen, in dem sie selbst eine schön bemalte Figur. Es waren die Herren Verwalter so schöner Stoffe wie Kohle, Petroleum, Eisen, Aluminium, Gummi, Getreide, Kupfer, Zinn, Wolle, Baumwolle, Zucker,

Alkohol etc. etc. Und der Fertigfabrikate als Schiffe, Eisenbahnen, Maschinen, Kanonen, Gewehre, Chemikalien, Gase, Farben, Mehl, Motore, Webstühle, Anzugstoffe, Kabel, etc. etc. Dazu die Verfasser der öffentlichen Meinung, Redakteure der Telegraphenbüros und der Schwarzweißkunst. Grigg kam am Abend nach den Empfängen in die Wohnung der Freunde. Er fragte. Perrudja sagte aus. Er habe einigen jungen Menschen, den Gästen der Dampfjacht ohne Scheu aus dem Buche eines jungen Dichters vorgelesen. Es sei keine Beanstandung von seiten der Hörer erfolgt. Er würde sich schämen, die gleichen Worte den Herren, die ihn besucht, vorzulesen. Sie würden ihn, überwände er den Ekel, Unangebrachtes zu tun, verlachen. Oder betreten von ihm abrücken. Oder ihn der Unmoral, der Brutalität zeihen. Der Unklugheit. Und des Unglaubens. Er würde nicht mehr als ihresgleichen geachtet werden.
»Gut gebrüllt, Löwe«, sagte Hein.
Ihm (Perrudja) sei, zufällig, der Gedanke gekommen. Eben der Gedanke, den er vorzutragen gewagt. Es pflegten Einfälle, die leicht kämen, ein stärkeres Echo zu wecken als ihr eigener Laut Stimme gegeben. So sei es ihm mit dem Vergleich zwischen zwei Menschengattungen ergangen. Die vielen Beschäftigungen und Berufungen der Herren und ihre Beziehungen zu den Stätten des Wirkens und Erzeugens mannigfachster Art, zu Rohstoffen, Maschinen, Geweben, Chemikalien habe dazu verleitet, an das Schöpfungsprinzip schlechthin sich zu erinnern. Da seien Gespräche in der Welt der Menschen von einem Homunkulus, einem Golem, einem künstlichen Bruder Adams. Den die einen magisch aus Ton, die anderen aus Stahl als Maschine, die dritten aus geballten Ätherschwingungen, als im Zerfall Arbeit verrichtende Kraftreservoire zukünftig erstehend sich denken. Ungeachtet der Wege, die als zum Ziele führend vorgeschlagen würden, handle es sich um eine Schöpfungstat, die kraft eines Vorurteiles sich auf die Gestalt des Menschen bezöge. Gesetzt (man könne in diesem Zusammenhang nur Hypothetisches vorbringen), ein Mensch großer Weisheit und Güte wäre begnadet, mit seinen Gedanken Form und Leben zu gebären und würde, erleuchtet von einer Liebe zur Schönheit, vollbringen, was mancher Wunsch begehre, daß es vollbracht würde, und einfältig, ein wahrer Heiliger, ein süßes Tier

erschaffen, einen Elch oder einen Panther – die Herren, die er empfangen, würden aufstehen, erzürnt, heiser lachen, schelten, nicht begreifend, jenen einen Narren heißen; da sie doch nicht ein schönes Tier, ein Arbeitstier von ihm erwartet. Stählerne Menschen, Atome, die zerspringen und Lasten über die Meere tragen, auf dem Wasser schreitend. Und ihm scheine, die Herren verhöhnten recht unverhohlen Gott, begriffen ihn nicht, zürnten ihm, denn Er, Er habe, wie sich erwiesen habe, den süßen Elch erschaffen. Nicht aber den stählernen Menschen.

»Wie ich verstehe«, sagte Hein, »haben die Herren einen schlechten Eindruck hinterlassen. Es waren vornehme Herren. Es waren alte Herren, zumeist. Es waren Sklavenhalter. Es waren keine Gymnasiasten in anfälligen Jahren. Ich glaube, es waren unsere Gegner. Wenn auch (einstweilen) untertan. Sie werden wenig Neigung haben, das Heranwachsen einer neuen Menschenrasse zu dulden. Perrudja selbst hat es in wunderbarer Weise begründet.«

»Die Einigkeit läßt nichts zu wünschen übrig«, sagte Grigg, »es bleibt die Frage, ob der Versuch unternommen werden soll, mittels einer Lüge und vielen Geldes ein Inselreich zu gründen, das dem Einfluß der Regierungen und der Herren, die den genannten ähnlich, entzogen. Und die Erwägung, ob dies Reich vom ersten Augenblick seines Bestehens an nicht den Zorn der Unbelehrbaren reizt und sie zu Gewaltmaßnahmen ermutigt, denen die Ungeschützten erliegen müssen. Ein Würfelspiel, ob der Krieg eines Tages da sein wird. Die Augen auf dem Kubus bedeuten, ihrer Zahl nach: Krieg mit einem Staat, mit zwei Staaten, mit sechs Staaten. Krieg mit keinem Staat vermögen die sechs Seiten nicht zu verkünden.«

»Ein göttliches Spiel«, sagte Hein.

»Wir alle haben schon heimliche Tränen vergossen«, sagte Grigg, »und sind herangereift zum entweder – oder. Ich frage kurz: Soll der Krieg die Ungeschützten überschwemmen, sie zerreiben, vernichten – sollen sie sich verteidigen können und dürfen? Kein bewaffneter Friede. Soll der Krieg an den Anfang des neuen Reiches oder in eine späte, ungewisse Zeit fallen? Im Anfang kann, mit unserer Hilfe, das Inselreich stark sein. In jeder Zukunft wird es ohnmächtig sein müssen. Ich frage.«

»Entweder – oder«, sagte Hein, »wie ich mir denke, hat unser drei jeder an einer Stelle seine Erlebnisse ausgespieen und sich zum Barrikadenkämpfer berufen gefühlt. Trotz der trefflichen Rede, die Perrudja gehalten, hat er nicht verraten, ob er ägyptische Pyramiden errichten will oder Bastarde züchten.«
»Ich möchte beides«, Perrudja sagte es unüberlegt, herausgestoßen aus Bildern und Gedankengängen. Er hätte schweigen können. Eine Unruhe hatte die Zunge lose gemacht. An der Verwirrtheit wurden die Reden plötzlich sehr uferlos. Grigg begann aufs neue von den Gesetzen des Spätkapitalismus zu sprechen. Er sei allmächtig, unbesiegbar, keine Revolution vermöchte ihn niederzukämpfen. Nur an sich selbst oder dem freiwilligen Hungertod ungezählter Millionen könne er scheitern. Es griffen ineinander der Brotschrei der Zahllosen, die Schwungkraft der Riesenmaschinen, befeuert wie von Vulkanen die neu entdeckten Inhalte der Erde. Des Menschen Leidenschaft zu Erzen und Mineralen sei angeschwollen, schier unfaßbar. Er mühe sich, als müßte er Fraß schaffen für ein Ungeheuer, versteckt in ihm, das, würde es hungrig, ihn fräße. Da sei ein hin- und herflutender Strom zwischen dem Stapel des Erzeugten und dem Bedürfnis nach dem Erzeugten. Der Strom sei nicht abzudrosseln, daß er erstarre zu steinernen Wunderbildern. Die Herren, die Verwalter des Wirtschaftsreiches, könnten wohl das Bett des Stromes verlegen, die unmenschlichsten, würdelosesten Gesetze des Kräftespiels in Form von Gnadenakten mildern, wie er, Grigg, ein halbes Menschenalter lang versucht. Soziale Arbeit, verfluchter Kompromiß. Nichts vermöchten sie über das Gesetz der Potenz. Denn sie sei nicht Gold, kein Ding, das man ins Meer versenken könne. Sie sei das Zuviel an Neuland, an Schrei nach Existenz. Zuviel Hände. Zuviel Frauenschöße, die gebären. Zuviel an Untertänigkeit. Zuviel an Tandsehnsucht. Zuviel an blindem Glauben. Zuviel an unwertigen Bedürfnissen. Er nähre den vermessenen Traum, er könne den Strom spalten, in Rinnsale verschlechtern, einen Kampf der Bedürfnisse gegeneinander entfachen. Oder ein Bedürfnis übersteigern, daß die übrigen verdorren, und das eine, überfett, zerplatzt. Was man Krieg nennen könne. Krieg der Maschinen. Gewiß, sagte Grigg, zurückkehrend zum Anlaß seiner Rede, könnten mit

dem Gewinn, der aus vieler Menschen Schweiß flösse, ein paar private Pyramiden errichtet werden.

»Wir sehen, wir hören, wir fühlen«, sagte Hein, »es ist kein Verlaß auf die Philosophie. Die mathematische Formel, die die Weltpotentiale ausdrücken soll, ist schwer zu begreifen. Zu viele Koeffizienten mit der Wirkung abbrevierter Funktionen, die doch allein ungeschrumpft wirksam sein können. Das Postulat, der gemarterte Gott ergibt ein besseres Verwesungsprodukt, züchtet folglich fettere Leichenwürmer als ein Petroleumkönig, ist unbefriedigend; denn wir verstehen nichts von der Rasse der Maden. Es ist ähnlich wie die Berufung auf die Weisheit Gottes. Wir können sie nicht nachprüfen. Darum dürfen wir das berüchtigte Formelgespinst eines Mathematikers bezweifeln und das Produkt als dem Hirn eines Irrsinnigen entsprungen unterstellen; weil es einer rationellen Wissenschaft angehört, die mit ihren Mitteln die Quadratur des Zirkels nicht lösen kann. Nicht einmal die kühle Gelassenheit harmonikaler Zusammenhänge im Schöpfungsganzen notifiziert hat. Es bleibt: Wir sehen, wir hören, wir fühlen.«

Die Angst vor dem Spruch zermarterte ihren Geist. Sie durchwachten redend die Nacht. Sie wurden schwächer mit jedem Wort. Es war alles gesprochen, was zu sprechen war. Aber die Münder gingen nicht zu.

XXXVIII

Im Säulenkubus des Sekretariatsgebäudes befand sich zur ebenen Erde ein Sitzungssaal. Beklemmend durch seine Formgebung. Ausgestattet mit Symbolen industrieller und kommerzieller Macht. Bildnisse, zumeist aufgedunsenen Menschenfleisches, die Herren A bis O. Mit puritanischer Strenge den Vorbildern nachgemalt. Rache eines mißhandelten Künstlerproletariats. Verewigung der gottunähnlichen Gestalten. Ein paar schmale, kluge bleichbraune Köpfe mit wolligem Haar. Und die Attribute: Stilleben, Landschaften der Maschine, des Hochofens, rauchdicker Hafenluft. Eine symbolische Anatomie: Aufgeschlitzter Mensch und aufgeschlitztes Schiff. Eine Bronzesäule, die als Stütze der Decke diente, wo der Saal sich auf einem Flügel wie mit einem Seitenschiff verbreiterte. Ein Geranke aus den Körpern nackter Menschen aller Rassen. Lebensgroß. Ineinander geschmolzen. Viergliedrige Karyatide. Sklavenmarkt in der Form einer Windhose. Zwei schwere bunte Teppiche von links und rechts stießen gegen diese Erzsäule und verbargen den Nebenraum, ihn nur andeutend mit der leichten Struktur des Gewebes, das keine steinerne Wand vortäuschen konnte. An einem unnatürlich langen hufeisenförmigen Tisch, dessen Schenkel in der Nähe der Säule zusammengebogen waren, saßen die Herren, die einige Tage zuvor Perrudja empfangen. Auf ledergepolsterten Stühlen. Dieser Tisch, im Gegensatz zu den berüchtigten grünen Tischen, war mit gelbem Tuch bespannt. Wüstensandähnlich. Auf den Schlag einer runden Stunde, mitteleuropäischer Zeit, traten Perrudja, Hein, Grigg und Pujol hinter einem der Teppiche, die die aufgeschichteten Bronzesklaven aller Rassen berührten, hervor. Eine plötzliche, schmerzende Stille schlug ihnen entgegen. Ein gedämpftes Flüstern hatte zuvor die Luft des Saales locker gemacht. Nun fiel es wie Rauhreif gegen die bleichen Herzen der Eintretenden. Die Feierlichkeit war gefährlich wie das Allerheiligste eines Tempels, das nur der Eingeweihte betreten darf. Perrudja nahm den mittelsten Platz ein. Links von ihm setzte sich Grigg. Rechts Hein. Entfernter Pujol. Sie sahen den Herrn dieser Welt. Angetan mit einem glatten, sorgfältig gebügelten schwarzgrauen Anzuge. Mit schmalen, dunklen Händen. An den Fingern zwei Ringe. Einen weißen, der einen Amethyst trug. Sie glaubten, er sei aus goldgehärtetem Platin. Aber er war nur aus Silber, das den Minen von Guanajuato entstammte. Wie der Amethyst. Einen goldenen. Nur ein gelbblasser Metallschein. Der Zauberring. Geschenk Signes in einer Hochzeitsnacht. Mit schmalen harten Lippen wie blutleer. Mit Ohrmuscheln, die ebenmäßig rund und unverkümmert. Mit Augen, die sehr weit sahen. Sie erkannten den Privatsekretär dieses Herrn. Einen Riesen. Ein menschliches Pferd. Hein. Mit braunen Locken. Mit einer hohen klaren Stirn. Und waren mit ihren Blicken feige und gehässig. Denn sie fühlten sich dumm. Vor Beginn aller Gespräche erhob sich Hein, legte auf den Tischplatz Perrudjas zwei Mappen, eine neben die linke, die andere neben die rechte Hand des Herrn. Grigg ordnete, nach dem Vorbilde Heins, vor sich auf dem Tische je eine Mappe zur linken und zur rechten. Es war weißes Papier in den vier Mappen. Beschrieben. Die durchwachte Nacht hatte den dreien keine Entschlüsse gebracht. Grigg, mit letztem Einsatz, hatte durch gute Worte Perrudja gezwungen, den Repräsentationsvorsitz der Hauptversammlung zu übernehmen. Er werde nur eine kurze Rede zu verlesen haben. Es würden zwei Texte zum Vortrage bereit liegen. Die er nach eigenem Ermessen zu wählen hätte. Der Inhalt des einen würde der Auftakt zum Kriege sein. Geheimes Zeichen einer Umwälzung. Perrudja hatte sich bis zu diesem Augenblick nicht entschieden. Er kannte die Worte vor ihm in den Mappen nicht. Er fühlte die Blicke der Anwesenden auf sich gerichtet. Er wußte nur, die nächsten Sekunden würden die Eltern einer bestimmten Zukunft sein. Er erhob sich. Schob den Stuhl, auf dem er gesessen, hinter sich. Er begriff sich als Instrument einiger Gedanken, die er nicht beschreiben und ausdrücken konnte. Er stand ganz allein. Die bronzenen Sklaven und die fleischlichen Herren starrten auf seine Einsamkeit. Er schlug die Mappe zur linken auf. Griggs Hand ahmte zitternd seine Bewegung nach. In großer Angst tasteten des Stehenden Augen den in französischer Sprache gefaßten Text ab. Er empfand noch einmal sein Leben wie ein Ertrinkender. Furcht, eine Wasserleiche zu werden. Aufgedunsen, angefressen. Und verlas das Geschriebene mit unbeschwingter bewegungsloser Stimme. Nur von Zeit zu Zeit den Blick auf das Blatt senkend. Wie ein Parlamentarier, der die hohe Schule jahrzehntelanger Praxis mit Gewinn genossen.

Griggs schlagender Atem war ruhig geworden. Als am Schluß der Rede Perrudja ihm das Wort zuschob, erhob er sich, wie sein Herr vor ihm getan hatte. Er brachte mit gläsern schneidenden Worten vor, was an Lügen der Augenblick von ihm verlangte. Das Gerippe, um das dereinst das Fleisch blühen würde. Die Herren verstanden wenig vom Wachstum. Es war ungefährlich, viel anzudeuten, mit Bescheidenheit zu enthüllen.

Pujol stellt zwanzigtausend Mann, dreißigtausend Mann. Benötige fünfzehntausend, zwanzigtausend Flugmaschinen. Elektroflugmaschinen. Und Schiffe. Schnelle Elektroschiffe. Unterseeboote. Tausend, zweitausend. Maschinengewehre. Dreißigtausend. Mit Gasprojektilen. Der Ingenieur, der sie konstruierte –.

Er sprach vom großen Erfolg der Amalumen-Akkumulatoren. Daß die Patente eine unerschütterliche Finanzbasis ergäben. Die Auffüllung gewisser schwächerer Holdings- und Investmentsgruppen sei gesichert. Umwälzung auf allen Zweigen des Verkehrs, des Transportes. Einstweilige Errichtung von dreißig Elektrizitätswerken, Kapazität je eine viertelmillion Pferdestärken. Ausgangspunkte der Schiffahrts- und Luftwege mit Kraftstationen bezeichnen. Fünfzehntausend Elektroflugmaschinen. Betriebssicher. Neue Form des Reedereigeschäftes. Rückkehr zum kleinen Tausendtonnenschiff. Maschinen- und Rudersteuerung von der Brücke aus durch einen Mann. Schneller Umschlag der Waren. Höchste Ökonomie. Zusammenbrechende Konkurrenzunternehmungen auffangen.

Pujols Anwesenheit begründen.

Brennstoff, Wasserkraft für die Ladestationen. Verhandlungen mit den Regierungen. Neuerwerbung von Ölkonzessionen. Aufkauf der Aktien bestehender Unternehmungen. Pujol vertritt holländische Rechte. Batavia, Moeara, Enim, Moesi-Hin, Sumatra-Palembang, Dabrowa, Ural-Emba, Fergana.
Pujol erschrak. Er hatte niemals einen einzigen Anteilschein auf einen Bohrturm besessen.
Werften für genormte Einheitsschiffe. Erweiterte Aluminiumfabrikation. Ausbau der Elektrointeressen.
Er schilderte die wachsende Macht der internationalen Konstruktion. Das Dumping noch immer hadernder Gegner. Aufsaugen großer industrieller Finanzgruppen. Im Frieden krisenloser Epochen. Die herangereift. Er brachte die Vertreter der Regierungen in Bedrängnis. Abbau der Rüstungsindustrie. Für kriegerische Handlungen sei kein Raum mehr. Tote Reservate müßten zukünftig in dem neuen Kreislauf schaffend mitwirken. Überstaatliche Kräfte würden die Regierungen zu weitgehenden Friedensverträgen zwingen. Nur mittels einer unerhörten Potenzierung des Verkehrs vermöchte Europa die Vorherrschaft auf dem Globus sich zu bewahren. Die Herren widersprachen. Sie waren nicht grundlos den Gesandtschaften und Ministerien attachiert. Sie fochten für das leichterworbene Brot ihrer militärischen Freunde. Sie sagten es mit rasselnden und hochtrabenden Worten. Die Belange der Majestäten und Republiken, der Völker und Krämerläden.
Grigg lächelte. Er schlug sie mit Argumenten. Mit Versicherungen. Giftgase. Der Vertrag zwischen Trust und Regierungen bestehe nach wie vor. Bei Aufständen, Revolutionen würden die befallenen Distrikte hingeopfert. Fabrikanlagen und Menschen. Er erledigte sie mit der Feststellung, in allen Zeitungen, die die Wirtschaftsgroßmacht beeinflusse, würden Friedensgesänge ertönen. Da würden nach kurzer Zeit die Glocken auf den Kirchtürmen nicht mehr schweigen mögen. Ministerien würden fallieren, wenn sie sich zu widersetzen wagten. Er entwarf ein großes Programm. Welteroberung. Alexanders Zug nach Indien. Spanische Flotten nach Mexiko. Des Tschingis-Khan Marsch gegen Europa. Und verschwieg: die Zertrümmerung. Die Rache der gequälten Kreatur. Den gerechten Krieg. Perrudja hatte linker Hand den Krieg gewählt.

Es waren außergewöhnliche Maßnahmen und Kombinationen, die angedeutet wurden. Ein rechtmäßiger Erbe hatte den lange verwaisten Thron bestiegen. Wie man in diesem Augenblick erfuhr. Eine Persönlichkeit, die nicht genannt sein wollte. Grigg verlangte engste Zusammenarbeit mit einem Stab von Ingenieuren. Die genaue Trennung von Kapital und Technik in der Verwaltung müsse ein Ende haben. Neue Finanzkonstruktionen verlangten neue Methoden des Handelns.
Die Einzelbesprechungen mit den hohen Herren begannen.
Die Diplomaten wurden aufs Trefflichste bewirtet. Man erhielt sie bei guter Laune.
Wochen voll wirrer und eiskalter Reden. Grigg baute die neue Organisation aus. Schichtete um. Schmiedete an einer neuen Weltordnung. An der Auflösung der Macht einer nicht mehr menschlichen Potenz. Perrudja sanktionierte. Der Mann, der nicht genannt sein wollte. Die Hoffnung aller, die da gierig nach Geld waren. Den sie als ein Genie ausriefen. Vor dem gewaltige Finanzgruppen zusammenbrachen. Ungeladene Herren kamen angereist. Die Macht des Einen schwoll an.

XXXIX

Das Pferd/Sassanidischer König/Ein Knabe weint/Die anderen Tiere/Die Edelmütigen oder die Geschichte des Sklaven/Der Knecht und die Magd/Der Zirkel/Alexander/Werbung und Vorhölle/Die Nebenbuhler/Die Bergpolizei/Hochzeit/Abrechnung/Die Marmaladenesser/Die Rede des Franzosen/Theorie des Kapitalismus/Die Pläne dieser Welt/Der Gesang der gelben Blume/Erste Belehrung/Neue Lebenspraxis/Entweder – oder

Abraham und Isaak

Ich benötige acht Monate Zeit für die Vorbereitungen«, schrie Grigg.

»Der goldene Siebenstern muß seine Mannschaft verdoppeln, verdreifachen«, sagte Hein.

»Alle Burschen müssen zu Flugzeugführern ausgebildet werden«, sagte Grigg.

»Die Kinder müssen navigieren können wie ein alter Kapitän«, sagte Hein.

Perrudja schwieg, schwieg. Er dachte wie in den heftigen Tagen seiner Sehnsucht an Signe. Unablässig. Die von Agenten umstellt und bewacht war. Der Ingenieur Clare Morse Pratt und der Chemiker Georg Frey wurden empfangen. Maschinengewehre mit Gasprojektilen.

Grigg telegraphierte.

CXPALNOSFE LIAMPQLTVW IREALSTRPQ.

Grigg telegraphierte.

LBFSKTXONW RXGNUMKRXL KZNRXTWYQV.

Grigg telegraphierte.

ACEHIBKRYL EXBRODNTAK WBJROANHRU.

Des Nachts brachte er es auf vier bis fünf Stunden Schlaf. Er schwebte im Flugzeug über Wasser und Land.

In englischer französischer deutscher italienischer spanischer russischer griechischer arabischer türkischer japanischer chinesischer malaiischer persischer portugiesischer skandinavischer Sprache Suaheli jauchzte der schwarze Abklatsch der Lettern in den Zeitungen dem neuen Weltfrieden entgegen. Da war kein Hund mehr auf den Straßen der Menschen, der es nicht bellte und freudiger die Masten der Laternen bewässerte. Alte Jungfrauen küßten ihre vierbeinigen Lieblinge fünfzigmal öfter am

Tage als zuvor. Da wurden in den gleichen Monaten fünfundzwanzig Prozent mehr Kinder gezeugt als im Vorjahre. (Was hinterher antag kam.) Unbegreiflich, die Friedensidee wurde sogleich durch erhöhte Fruchtbarkeit der Menschen bekämpft. Die Kreatur war dumm. Der gesicherte Friede war ein Glück, das die Nachkommen ohne Furcht genießen sollten. Lügen über Lügen. Was Grigg vorausgesagt, trat ein. Die Verwalter der frommen Stätten bekamen ein verwandeltes Gewissen der Nächstenliebe. Sie wollten mitleidig und starken Herzens sein wie die engbrüstigen Kanaillen auf den Redaktionsböcken. Von den heiligen Mauern Roms scholl ein Gesang. Und die Gelehrtenschule von Upsala nahm eine Trompete. In Wittenberg war ein heiliges Grab, um dessentwillen schwarzgekleidete Männer sehnsüchtig, beschwörend die Hände aufhoben. Die eisernen und erzenen Glocken hatten manchen Betrug eingeläutet. Sie brummten, zirpten, gellten, fauchten, Bimbambum, stundenlang, grundstimmig, angepeitscht durch feste Schlagtöne des Klöppels mit dem unentwirrbaren Aufbau ihrer Obertöne die neue Lügenbotschaft. Denn die Herzen der Menschen waren die alten geblieben. Mürrisch lösten sich Parlamente auf. Konnte eine Regierung gegen Kapital + Geistlichkeit + Zeitung + Gewerkschaften und Parteien regieren? Minister, die einen Willen bekundeten, gerieten plötzlich in Skandalprozesse. (Welcher Minister besäße ein Vorleben, das einen Skandalprozeß ausschlösse?) Privilegien waren ohne Geltung. Wenn ein General im Automobil die Straße entlangfuhr, grinsten die Straßenjungen, diese kleinen Schweinchen, die Kot und Spülichtwasser fraßen. In Den Haag waren ratlose Köpfe aller Nationen vereinigt und bekleckseten mit schwarzer Tinte grüne Tischdecken. Die Friedensindustrie, es war zu erkennen, errichtete schon die Unterpfänder zukünftigen Glücks. Die Arbeitslosigkeit schwand dahin. Die Löhne stiegen. Auf den Ozeanen wurde die stolze Pracht der Panzerkreuzer versenkt. Kanonen verschrottet. Selbst die Massensärge, Unterseeboote mit Torpedorohren und bescheidenen Kanonen, wurden, mannlos, zum Sinken gebracht. Die Werften der Guy Forttescu Burrell de Gruchy Industrial Finance Corporation und der Bigo & Heron Dunstan Edbrooke Banking Control Organisation, Ltd. bauten für unbekannte Rechnung bessere Typen.

Elektrounterwasserboote. Fernando Cortez? Wir kennen ihn nicht. Nein, niemand kannte ihn. Scheiterhaufen für Ketzer? Vorbei. Die letzten der fetten oder mageren Priester erklärten sich gegen die Todesstrafe. Und begründeten ihre Ansicht mit der kristlichen Lehre und den Fehlurteilen der Richter. Eine Flut erbaulicher Gedanken. In den Kolonien, wo die Missionare noch immer kein steriles Wort für den Begriff Liebe hatten einführen können, wurden die Todes-, Prügel-, Kastrations- und Gliederverstümmelungsstrafen selbstverständlich beibehalten. Aus Prestigegründen. Es wurde dort nach wie vor Gummi eingesammelt, Elfenbein gehandelt, Kopra, Schildpatt, Kupfer, Zinn, Blei, Mais, Baumwolle, Kakao, Trepang. Sogenannte Hochverräter wurden selbstverständlich auch in den Kulturstaaten erschossen. (Keine Regel ohne Ausnahme.) Die Methoden der Polizei hatten sich nicht geändert. Den Militärs wurde immer noch ein beträchtliches Budget bewilligt. Die Veränderung des menschlichen Lebens war in der Tat nur augenscheinlich. Nicht größer als die fetteste Type der breitesten Schlagzeile der Zeitungen Raum beanspruchte. (84 Punkt.) Eine Veränderung auf dem Papier. Das Dumping in der Rüstungsindustrie blieb nicht verborgen. Veraltete Betriebe brachen zusammen. Grigg fing auf. Er erschacherte Umschlagsplätze der Bedürfnisse, die in Todeszuckungen gelegen hatten. Unbequeme Anlagen ließ er schleifen. Er deportierte Arbeiter und Maschinen. Gingen die Werke Schneider-Creuzot, Krupp und Skoda in Trümmer, irgendwo mußten Schornsteine rauchen. Maschinengewehre mit krepierenden Gasprojektilen konnten auf Island, an den einsamen Fjorden Norwegens, auf Inseln in den Ozeanen hergestellt werden. Die metallenen Flugzeuge für Rechnung dessen, der nicht genannt sein will, stiegen auf. Junge Menschen saßen zu zweien und dreien in den Sitzen. Erlernten ein Handwerk. Griggs Gesundheit hatte vor Überanstrengung Schaden genommen. Er war verzweifelt. Aschfahl um die Augen. Er achtete seine Erfolge für nichts. Der Orgelton der Friedensgesänge schien ihm nicht mehr echt. Er meinte, die Lüge stinke schon wie ein fauler Fisch durch die Straßen. (Noch niemals hat eine Lüge gestunken. Es war immer ein Privileg der Wahrheit, unangenehm zu riechen.) Nach dem Dumping in der Rüstungsindustrie beherrschte er die europäischen Regierungen. Die Vereinigten Staaten von Europa zu schaffen, wäre ihm ein Leichtes gewesen. Er verzichtete. Aus begreiflichen Gründen. Er hätte sich sagen müssen, er ist für alles Kommende bereit und stark. Ihm fehlte ein Glied in der Kette. Er war besessen von der Vorstellung, die Vorbereitungen für den kommenden Krieg müßten allumfassend sein. Keine Lücke dürfe in der Mauer seiner Macht zu finden sein. Da war der kühle Brief von diesem Viscount Morland, der zum Hiob unter den Adligen Englands für ihn bestellt, angekommen. Aus dem gottverfluchten, dreimal verfluchten Reading, Eisenbahnstation an der Strecke London–Bristol. XXPERLTNAZ ZFILALALIF ZZAANTLEPX EXLXAXMXZF ZLAZA. Und die Maschine spie den Sinn aus. Sir Douglas McCalmon sei zu keiner Verhandlung bereit. Sir Thomas Joffray Anstruther habe das Dumping abgeschüttelt wie eine Ente das Dorfteichwasser. Verfluchter Sproß einer phantastischen Ehepolitik. Vickers-Armstrong. Anglo Chineese & Finance & Trade Corporation. P.C.T. Construction. Mexican Eagle Oil. The British Mining & Metal Co. Ltd. Manganese Bronze & Brass Co. Ltd. South American Copper Syndicate. Mill Close Mines. Pato Mines. Peta-Holding. R.M.S.P. Co. Ltd. Pacific Steam Navigation. Amalgamate Antracite Collieries. Associated Daimler Co. British & German Trust. Breaks & Son. Vereinigte Stahlwerke. C.T.K.M.-Construction. Dann kamen informatorische Berichte. Zustand der Hauptwerke. Leitende Ingenieure. Neue Konstruktionen. Finanzen. Arbeiterziffern. Verwitterungsversuche mit Stahlsorten. Grigg telegraphierte an Mr. Joanides, Tippendell Lodge, St. Stephens, St. Albans. Rief Pujol herbei. Er wünschte den Viscount Morland zum Teufel und Sir Thomas nichts Besseres, als daß er in einen Schmelzofen falle. Dann könnte man Sir Douglas hängen.

Pujol war angelangt. Mr. Joanides hatte ohne Umschweife mit der ihm eigenen Schnelligkeit berichtet: »Ergänzungen meiner bisherigen Informationen.« Grigg reichte dem Franzosen einige beschriebene Blätter. Elaborate der Dechiffriermaschine. Sie sagten aus, Sir Thomas sei eine stattliche Erscheinung, 33 Jahre alt. Treibe Sport. Besitze eine eigene Dampfjacht. Teakholz. Hunderttausend £ Anschaffungskosten.

»Personalbeschreibung«, sagte Grigg.
Trage eine Hornbrille. In der Mitte gescheiteltes Haar, welches rotflachsblond.
Grigg sagte: »Er ist der Schlüssel zu Vickers-Armstrong, zu hundert anderen Gruppen. Er ist eine Festung für sich. Ein Hinterhalt. Da muß ein Erdbeben kommen. Die Ingenieure müssen den Kopf verlieren. Eine Gasbombe platzen. Die Drehbänke zerbrechen.«
Die Personalbeschreibung versicherte weiter, er ist unverheiratet. Eine Verlobung mit der jüngsten Tochter des Right Hon. Lord Ampthill wurde aufgehoben. Er lebt zurückhaltend. Erliegt mußmaßlich homosexuellen Neigungen.
Pujol wurde nachdenklich. Er sagte: »Immer ist es die Leidenschaft, die den Willen des Menschen tötet.«
Er hätte auch einen anderen Gemeinplatz sagen können, meinte Grigg.
Mit phantastisch veranlagten Menschen könne man phantastische Verträge zum Abschluß bringen. Er übernahm es, Sir Thomas Joffray Anstruther für die GIFICO und DEBACO unschädlich zu machen. Wenn möglich nutzbringend. Mit Gas oder mit einem Köder.
Er ließ in den vereinigten Königreichen England, Schottland, Irland einige gutgewachsene hübsche Burschen ausmustern. Fanatiker aus den Reihen des goldenen Siebensterns. Sie versammelten sich in Bath. Wohnten dort in einem anständigen Hotel. Sie hatten ein paar gute Tage. Geld in den Taschen. Mästeten sich ein wenig. Fühlten sich ausgezeichnet. Er war unbarmherzig genug, offen darzustellen, was ihrer warten konnte. Sie sollten wie Holz sein. Gefühllos. Ohne Sinne. Wie glattes, splitterloses Holz. Die Augen verschließen. Den Mund zupressen. Und willige Huren sein. Sie fanden nach solchen Worten ihre Auszeichnung nicht erhebend. Vielleicht hatten sie alle einmal sich in einen Kameraden vergafft. Im Alter von zwölf, vierzehn, sechszehn. Jetzt waren ihre Hände schwerer. Und ihr Mund härter. Und ihre Gesinnung nicht mehr schwärmend, nur weibsehnsüchtig. Sie fügten sich. Sie schwiegen. Sie ordneten etwas in ihrem Inneren. Sie nannten es Pflicht. Sie waren, pflichtgetreu, auch in die metallenen Flugmaschinen geklettert. Hatten mit einem Mordinstrument – gespielt. Müh-

len, Schiffe, Wälder, Menschen sich zu eingebildeten Zielscheiben genommen.

Es ging nicht um Sir Thomas. Da war Pete im Spiel. Wie sich erwies. Es handelte sich um Pete.

Man hätte meinen können, Pete hätte eine Geschichte gehabt. Eine Vergangenheit. Einen Stammbaum mit Gewicht. Ein Adelsprädikat. Oder mit negativen Vorzeichen, daß er der uneheliche Sohn einer Magd. Ein Bastard. Nichts traf zu. Es war kein wässriges Blut in ihm. Seine Mutter hatte keine dünne Milch in ihren Brüsten gehabt. Er war eines Tages auf dieser Kruste unter der Sonne gewesen. Geboren. Wie man sagt. Mit geringen Schmerzen für seine Mutter. Und es war nichts Sonderliches an ihm, außer, die Säfte in ihm schieden sich mit Regelmäßigkeit ab. Keine Stockung, keine schlimme Eigenwilligkeit war im Wuchern seines Fleisches. Der Vater, ein Pedant, hatte in seiner Jugend mehr Furcht vor Krankheiten als Leidenschaft besessen. So war Pete gesund; aber ohne Geschichte. Ohne Einwirkung seiner Ahnen. Sie waren, die Namenlosen, lieber Onanisten und Ehemänner gewesen als ein Geschlecht von Wüstlingen. Und der gute Inhalt seines Leibes war durch keine Vergangenheit aus dem Gleichgewicht gebracht. Er blieb ungeimpft gegen Blattern. Der pedantische Vater war fleißig genug, daß bescheidener Reichtum sich einstellte. Petes Bauch wurde durch übermäßigen Genuß von Kartoffeln nicht faßähnlich aufgebläht. Es kann nicht mehr über diesen Knaben gesagt werden, als daß er wuchs. Wie es über jeden beschlossen ist, der gesund ist. Die Vollkommenheit seines Daseins erreichte er, als die Gallertlösungen seiner Lymphen und Speichel das Hauptstück ihrer Tätigkeit vollbrachten, ihn zum Mann bestimmten. Und die Vollkommenheit äußerte sich in einer Schönheit des Leibes. Die bis dahin den Augen der Menschen verborgen gewesen war. Ausgenommen die Mutter. Die auch ein rohes, unbehäutetes Stück Fleisch geliebt hätte. Das Verborgene wurde offenbar im Jahre 14. Er hatte eines Tages den Duft des Mannes. Und die Menschen sahen und rochen, er war schön. An einem ersten leidenschaftlichen Gefühl wurde er gottähnlich. Ein Ebenbild Gottes. Die Vollendung seiner Gestalt war, nachdem die Träume und wachen Taten seines Geschlechts an den nutzlosen Fettpolstern einiger kindlicher Schwellungen gemeißelt, gewirkt mit den Linien schärferer Konturen, so makellos, daß die Vorstellungen aus den Bezirken menschlicher Religionen diese Realität nicht erreichten. Eine Offenbarung. Wie es in den Lehrbüchern von der Existenz Gottes ausgesagt wird. Es hätten auch die Eigenschaften des ewigen Wesens an ihm enthüllt werden müssen. Daß er einherschritte unsichtbar. Lautlos. Daß die Zeit an ihm zu wirken aufhörte. Daß er im Alter des ewigen Gottes 14 oder 16 stehen bliebe. Unveränderbar. Nachdem er geworden. Daß er den Aufenthalt an jedem Platz der Welt sich erwünschen könnte. Wie die edelsten Rosse. Deren Stimme, schnaufende Nüstern, weite Lungen an unser Ohr kommen im Sturm. Deren Leiber uns durchwehen. Deren Hufe in unsere Nacken fassen. Ohne daß unser Auge sie sieht. Aber nichts des Wunderbaren erfüllte sich an ihm. Er war nicht fähig, unbemerkt die Mitmenschen zu belauschen. Außer der Gestalt und den Beschlüssen der regelmäßigen Säfte in ihm keine Eigenschaft des Höchsten. Denn Pete war dumm. Nicht blöde. Er konnte rechnen, lesen, schreiben, übersetzte (zwar unterstützt durch seine Kameraden) mit durchschnittlichem Erfolg Vokabeln und Sätze lateinischer, griechischer und französischer Schriftsteller. Mit ziemlichem Gleichmut auch die der Schmierer grammatischer Übungen. Er hatte, wie viele seinesgleichen, eine bescheidene Vorstellung von den mathematischen Gesetzen und naturwissenschaftlichen Erkenntnissen und Theorien der Kapazitäten vor zehn Jahren. Er vermochte ein Automobil zu steuern. Hatte Romeo und Julia gelesen. Ohne sich zu schämen. Mit Langweile. Denn er entdeckte keine Sensationen in dem Stück. Einige Stellen des Konversationslexikons und eine Aufklärungsschrift über die Geschlechter, deren eine Hälfte er selbst war; heimlich, mit der Vorstellung, er müßte sich schämen, doch ohne der Vorstellung im Bewußten oder Unbewußten nachzugeben; einzig in Furcht, bei seiner Beschäftigung entdeckt zu werden. Er bekannte sich, im Gegensatz zu seinen Kameraden, die, müde der eisernen und chemischen Zivilisation, neue Romantiker, sich an den Idealgestalten so und so vieler Jugendschriftsteller und Dichter begeisterten, die von Tieren zu berichten wußten, von Negern und Indios; Automobile, Flugzeuge, kurz die gesamte Technik verschmähten, höchstens Krieg und Kriegsgeschrei verherrlichten: Bumbum. Zu den Romanen der Zeitungen und Magazine, die, wie bekannt, zu nichts verpflichteten. Die, wenn sie lang waren, den Gang zum Abort nach sich zogen. Er war dumm. Es gab keine Kraft in ihm, die Rechenschaft forderte. Rechenschaft über das Dasein Pete. Er schlief traumlos. Er wurde geliebt. Er war der Meistgeliebte der Stadt.

Wird eine Schulklasse in einen zoologischen Garten geführt, Knaben in Begleitung eines Herrn, gehen die schnatternden Stimmen, die gebrochenen und die ungebrochenen, die der Fettwadigen und Bleichwangigen, die der Starkbeckigen und Schmalbrüstigen, die der Wulstlippigen und Kleinnasigen, die der Blondhaarigen und Gesäßdicken, die der Langhändigen und Schweißschenkeligen, die der Helläugigen und Xbeinigen, die der Schnellherzigen und Geruchstarken über den Tieren auf. Weil sie nicht an ihr Recht glauben, schweigen zu dürfen. Weil sie, in Begleitung Erwachsener, ihre Gefühle verstecken. Und ihren Erkenntnissen nicht trauen. Das Belehrtwerden ist erniedrigend, wenn als Mittel das Leben groß und unbegreiflich sich herabläßt. Nachbar dieses roten Bluts in den Adern. Wir sind Fleisch, vom Weibe geboren. Es gibt verwirrende Vorstufen der Geburt. Sie hängen mit den Armen über ein Eisengitter. Gestreiftes Fell der afrikanischen Zebras. Eine Art Pferde. Einhufer. Zwecklos eingesperrt. Nur zum Beschauen da. Runde Kruppen und Hinterbeine. Stuten und Hengste. Rehköpfe mit schwarzfeuchtem Flotzmaul. Mit schießender Zunge, die nach den nackten Händen der Knaben giert. Schweißhände, Schmutzhände, tintenbekleckste Hände. Löwen und Tiger. Pumas, Leoparden; durch die zerfleischt zu werden eine Art Wollust bereiten müßte. Verstohlenes Warten, ob der erregte Känguruhbock wohl das Weibchen begatten wird. Wie sie den Garten verlassen, kommt es durch Zufall antag, sie alle lieben den männlichen Tapir am meisten (der weibliche war nicht sichtbar). Unbegreiflich. Der Brot fraß. Mit dem kurzen Rüssel Schwarzbrot. Vergleiche mit der Gestalt des Schweines verwerfen sie als Beleidigung. Stämmige Füße wie des Nashorns Füße. Doch glatthaarig wie eine Giraffe. Die große und dicke Gestalt des Flußpferdweibchens, das ein Junges geworfen, ist nicht in ihren Sinnen haften geblieben.

Nicht einmal diese Menge Weib. Auch nicht die fast riesenhafte Erscheinung des indischen Elefanten. Dessen Geschlecht sie aus eigener Kraft nicht erkannten. Der eine Kuh war. Was ihre unbegabten Nasen nicht enträtseln konnten. Sie lieben das feiste Tapirmännchen und sind darin einig.
Und auf der Straße kann es geschehen, daß sie stehen bleiben, die Finger erheben und weisen. Und nicht streiten. (Was ihre Lieblingsbeschäftigung.) Vor einem Wagen ein Zugtier. Ein ungewöhnlich schönes Pferd. Rund. Glatt im Fell wie eine Giraffe. Gelockte Mähne, geringeltes langes Schwanzhaar. Am Bauch zwischen den Schenkeln das volle Schwarz eines Euters. Stute, die ein Füllen geboren. Begründung des Verstandes für die Schönheit. Sie wollen gerne einig sein mit den Gesetzen und Forderungen der Umwelt. Sie lieben eine schöne, eutertragende Stute, das Symbol der Mütterlichkeit und erdhaften Fruchtbarkeit. Plötzlich, an einer sichtbaren Wallung des Pferdeblutes müssen sie erkennen, die Locken sind ein Zeichen der Männlichkeit. Ein Hengst hat ihre Bewunderung erregt. Sie träumen in sich hinein. Es sind nur selten Hengste auf den Straßen. Nur selten die unbezweifelbare männliche Schönheit des Pferdes.
So einig sie in dem einen oder dem anderen, waren die Kameraden Petes sich über dessen Schönheit. Eine allgemeine, gar nicht diskutierbare Liebe, wortferne, dienende, nur in aller Heimlichkeit begehrende Liebe umgab ihn. Jeder war bemüht, ihm zu helfen, sich für ihn zu opfern. Er hätte der glücklichste Mensch dieser Erde sein müssen. Er war sicher vor den unangenehmen Beschlüssen des Lebens. Der Blick seiner Augen wurde eingefangen, ob vielleicht ein heimlicher Wunsch darin sich verriete. Er brauchte sich nicht mit der Lösung schwerer mathematischer Aufgaben zu quälen. Francis pfiff auf der Straße, übergab ihm, säuberlich geschrieben, Auflösung, Ableitung, Resultat. Yvon memorierte, übersetzte für ihn. Zog Vokabeln aus. Verfertigte eigene Lehrbücher des Unterrichts, leicht faßlich, zugeschnitten für den zufälligen Ablauf des Lehrplans. Um keinen Verdacht der Herren zu erwecken, konstruierten die Helfer törichte Fehler in die eigenen Arbeiten hinein. Bei den Examina wurde die Weisheit Petes mittels Zettel ergänzt. Er war den unerwarteten Launen der Herren

nicht ausgeliefert wie die übrigen mittelmäßigen Schüler; denn ein Dutzend Hirne und drei Dutzend heimliche Knabenhände bemühten sich für ihn. Lippen spitzten sich, wölbten sich, zischten vor seinem Ohr, hinter seinem Haupthaar, gegen die reflektierende Fläche der Tischplatte. Gelang es einmal den Herren, eine Entdeckung zu machen, die nicht vorteilhaft für ihn war, warfen sich sogleich mehrere Knaben vor, behaupteten, schworen mit Eiden, sie sind die Schuldigen, Pete, dies Muster eines Schülers, ist nur das Opfer einer angezettelten Rache, selbst unschuldig. Am Ende wollten die Herren gar nicht entdecken, Pete sei ein Verbrecher auf der Schulbank. Sie bestraften die Selbstbezichtiger. Grollten oder begruben den Groll. Daniell war traurig, er war ein mäßiger Schüler, seine Lösungen und Arbeiten waren mit Fehlern gespickt, seine Leistungen reichten nicht aus, um Pete Annehmlichkeiten bereiten zu können. Er war eineinhalb Jahre älter. Starkknochig. Braungebrannt. Nicht schön im Gesicht, aber gut gewachsen. Er war der Stärkste und Behendeste der Klassengemeinschaft. Er übernahm den Schutz Petes. Den Schutz gegen feindliche Fäuste. Wiewohl der Nachweis, daß Pete Feinde besäße, nicht zu erbringen war. Es waren hypothetische Feinde. Rüpel aus den Arbeitervierteln. Daniell benötigte eines Grundes, um Pete nach Unterrichtsschluß zu begleiten. Daniell hatte eines Grundes bedurft, um neben Pete auf der Straße zu schreiten. Leonard und George und Burton und David und Cubitt und Henry und Garnett und Huge mühten sich, gleich den ständigen Mitarbeitern, nicht um Begründungen ihres Tuns. Sie waren, wie gesagt, jünger. Die Schulklasse zog täglich auf dem Heimwege geschlossen vor das Haus, in dem Pete bei seinen Eltern wohnte. Aber der Meistgeliebte vergalt den Eifrigen mit nichts ihre Mühe und Zuneigung. Er sah ihrem schweren Atem und den verstohlenen Blicken vorbei. Er war tugendlos genug, schwach im Geist, daß nichts ihn hemmte, sie zu verraten. So erging es Cubitt, der hinter ihm auf der Schulbank saß, seinem eifrigsten Vorsager, um seinetwillen sehr böse. Als während einer Schulstunde der Herr mit weißer Kreide auf den schwarzen Grund einer Wandtafel einiges niederschrieb, erscholl Petes Stimme mit einem heftigen unnatürlichen Schrei. Der Herr wandte sich. Er fragte: »Was ist geschehen?« Pete antwortete, sich erhebend: »Cubitt hat mich in den Hals gebissen.« Cubitt erhob sich, bleich im Angesicht wie ein Leinentuch und sagte, nicht so sehr um die Wahrheit zu sprechen, vielmehr, um nicht von den Mitschülern verachtet zu werden, daß er Pete Schmerz bereitet: »Herr, ich habe nur mit den Lippen seinen Hals berührt, nicht mit den Zähnen.« Schweiß trat auf seine Stirn. Er fügte hinzu: »Ich bekenne mich schuldig.« Cubitt wurde hart bestraft. Seine sittliche Führung wurde als schwarz bezeichnet. Die Kameraden begriffen Petes Lüge nicht. Es ging fröstelnd über ihre Haut. Pete begründete: »Ich habe mich sehr erschrocken gehabt.« Es ging keine Beruhigung von dieser Erklärung aus. Die Geringgeachteten fanden nur Trost in der eigenen Bereitschaft, sich zerstücken zu lassen um einer Laune des Gepriesenen willen. Sie begriffen am Ende Cubitts Geschick als gerecht. Beneidenswert. Er hatte doch Petes Hals geküßt.

Die Sonntage benutzte die Klassengemeinschaft zu abenteuerlichen Wanderungen. Fremdlinge, als solche bezeichnete man sie, fanden sich ein, ihre Zahl noch zu vergrößern. Brüder der Kameraden oder Nachbarkinder, Gespielen Petes. Die Wälder und Seen und Wiesen und Äcker und Hügel, Sonnenschein, Regen, Schnee, Wolken, Hagel, Wind, Nebel waren schöne Hintergründe für ihre lautlosen und tatenlosen Sehnsüchte. Sie erfanden Spiele, daß sie Gelegenheit hätten, flüchtig Pete zu berühren. Durch einen Schlag. Oder als Pferd ihn tragend. Mit ihm sich balgend. Schwimmend im gleichen Wasser mit ihm zu sein. Äußerte Pete, Gulasch mit ungarischen Gurken essen zu wollen, fand sich ein Koch, der es bereitete. Trabanten, die Fleisch, Gurken, Gewürze beschafften. Pete bestimmte stets die Art des Mahles. Alle aßen Petes Lieblingsspeisen. Er war begehrlich nach geschnitzelten Haselnüssen mit Ingwerstückchen und Schokolade versetzt. Man spielte Arzt und Kranker. Ein Kranker, zwanzig Ärzte. Er erhielt die Süßigkeiten als Medizin, minütlich einmal einzunehmen. Er wurde niedergelegt, der Mund ihm aufgerissen. Geheilt mit süßen Medikamenten. Manchmal mußte er sterben. Er wurde im Walde begraben. Mit Laub bedeckt. Alle weinten. Sie waren echte Romantiker. Sie vergossen echte Tränen. Aber der Tote wurde von ihrer Rührung nicht angefaßt. Er blieb kühl. Er nahm die

Annehmlichkeit der Zuneigung hin, ohne sich verpflichtet zu fühlen. Er tat nichts für seine Kameraden. Er war leidenschaftslos, wiewohl ausgestattet zu allen Leidenschaften. Die Zeiten schienen unlustig, der Raum für seine Geschichte zu werden. Es war immer noch die Geschichte der anderen, die sich vollzog. Ihnen gehörte der schwere Atem, und die noch schwereren Augenblicke der Wünsche. Untereinander waren sie neidlos verträglich. Sklaven, die miteinander nicht hadern, weil gleiches Schicksal ihnen gewiß.
Im Wald von Childe crofters. Pete saß am Boden auf Moosen, dürren Blättern, Sträuchern. Er fischte aus einer Blechbüchse Peaches, löffelte in dem dicklichen süßen Saft, in dem sie schwammen, zerdrückte die gelben Früchte in seinem Munde zwischen Gaumen und Zunge. Ein kleines Feuer schwelte und rauchte in seiner Nähe. Die Kameraden waren einen Hügel hinabgelaufen zum See. Sie wollten am Wasser die Eßgeschirre spülen, schwarze Kochtöpfe mit Sand und Schlamm sauber schleifen. Nur Daniell, der Wächter und Beschützer des schönen Pete, war nicht mit ihnen hinabgesprungen. Er hatte sich hinter einem dicken Buchenstamm verborgen gehalten. Sie glaubten von ihm, daß er ein kleines Loch in den Boden graben müßte, um seinen Leibesauswurf hineinzutun. Er wartete auf das Unsichtbarwerden der Kameraden. Er war im Rücken des schlürfenden Pete. Er dachte unablässig nur den Namen. Pete Pete Pete Pete Pete Pete Pete Pete Pete. Er warf die untragbar gewordene Last seines Blutes ab. Den Namen leise singend, hatte er sich entblößt zu einem unwiderstehlichen Handeln. Als seine Schenkel kühl und sein Atem wieder ruhiger, ging er mit geräuschvollen Schritten zu Pete. Er stellte sich vor ihn. Sah ihm fest ins Angesicht. Er sagte: »Ich liebe dich, aber ich will dich nicht lieben.« Kaum hatte er es gesprochen, so schlug er mit geballter Faust Pete ins Angesicht. Pete schrie auf. Die Blechbüchse entglitt seinen Händen. Die süße Flüssigkeit ergoß sich über ihn. Daniells linke Faust war so kräftig wie die rechte. Er rannte sie gegen die Rippen Petes. Er schlug sehr unbarmherzig auf den fast Wehrlosen ein. Als Blut der Nase des Mißhandelten entströmte, weckte es nicht Mitleid, verdoppelte Wut. Er spaltete ihm noch die Lippe. Er klatschte mit flachen Händen gegen die weichen Wangen des Knaben, trat

mit Füßen ihm in die Achselhöhle. »Wehr dich«, schrie Daniell, indem er das fremde Blut sich von den Händen leckte. Der Lärm, die schmerzverzerrte Stimme Petes hatte die Kameraden herbeieilen lassen. Sie rissen Daniell zuboden. Sie fesselten Daniell mit einem Strick an Händen und Füßen. Sie trösteten Pete. Betupften sein Gesicht. Wuschen ihn. Danach das Gericht über Daniell. Ersichtlich, Cubitt hatte gebissen, nicht nur geküßt. Geile Lügner. Dieser hier hatte nicht gelogen. Der Befund gegen ihn. Wie war es damals mit den Zahnmalen? Keiner hatte sie zu sehen begehrt. Unachtsamkeit. Cubitt war bei diesem Gericht unnütz, lästig, Partei. Nur als Henker zu benutzen. Daß er erführe, welche Strafe den, der Pete. Strafen. Welche Strafen? Daniell, der in die Erde gebissen, aber mit seinen Zähnen nur Moos, Blattwerk, Gestrüpp erwischt, keine Steine, die ihm die Zähne abbrachen. Daniell wurde aufgerichtet. Gestoßen. Geschleift. Gegen einen Baum gelehnt. Ein Strick wurde um Baum und Leib geschnürt. Vier Knaben zogen an einem Lassoseil und wanden es, ingrimmig zerrend, sechsmal um Marterpfahl und Mensch. Der Bauch Daniells wurde zu einem Nichts zusammengepreßt. Eine Wespe. Die Wespe Daniell. Vorstufe des Ohnmachtsgefühls. Glücklicherweise wurden die Speisen im Magen zum Darm hinabgedrückt, nicht zum Schlund hinaus. Die Haut der Hände war aufgesprungen. Sie waren eingepfercht zwischen Baumrinde und eigener Wirbelsäule. Frage- und Antwortspiel des Gerichtes. Einzelheiten. Die linke Faust. Die rechte Faust. Die Nase, die Lippen, das Kinn, die Rippen, die Achselhöhlen. Aussage der Sachverständigen. Nachweis der Menge des abgeflossenen Blutes. »Ich bekenne mich schuldig«, sagte Daniell. »Schuldig«, sagte die Versammlung der Kameraden. Pete sagte gar nichts. Der Zeuge Pete sprach nicht. Man mußte ein Urteil fällen, ein Strafmaß festsetzen. Die letzte Ratlosigkeit, letztes Zeichen, daß hier ein Kinderspiel geschah. Der Angeklagte, der Geständige, half den Ratlosen mit seiner Meinung aus. »Todesurteil«, sagte Daniell. Die allgemeine Liebe zu Pete verhinderte, daß ein Erschrecken aufkam. Die Gesetze des existenten Fleisches wirkten so unverhüllt, daß, als letzte Hülle der Nackten, zwischen das Gefühl des Verwundetseins und die Geburt der Rachetat der Apparat der Formalismen sich schob.

Zwanzig Richter konnten nicht an einem Verbrecher zum Mörder werden. Der Henker, der schon vorbestimmt war, mußte seines Amtes walten. Cubitt. Und eine Hoffnung: der Streik des Henkers beseitigt die Todesstrafe. Tod durch Ertränken. Strick um den Hals, Stein an dem Strick. Cubitt suchte einen passenden Stein. Knüpfte die Knoten. Die vier, die ihn gebunden, lösten den Verurteilten vom Stamm. Befreiten ihm die Füße, damit er schreiten konnte. Die Hände blieben rücklings gefesselt. Man bewegte sich zum See hinab. An einem Steg lag vertäut ein Kahn. Ausdehnung der Formalitäten. Auf den See hinausfahren. Der Verurteilte, der Henker, die Richter stiegen ins Boot. Nur der Zeuge Pete blieb am Strande zurück. Sie ruderten sehr langsam hinaus. Sie erreichten die Mitte der Wasserfläche. Das Boot trieb nur noch. Die Richter starrten auf den Henker. Er vollbrachte nichts. Er stand stumm neben dem Verurteilten. Daniell atmete hörbar. Er ließ alle Luft aus den Lungen aus, hielt den Atem an, schaute gegen die Sonne. Dann kippte er sich, vom Henker fort, über den Bootsrand ins Wasser. Das Fahrzeug begann zu schaukeln. Das Wasser zog Kreise. Daniell war durch die Last am Hals hinabgezogen. Cubitt riß die Kleider sich ab, zerfetzte sein Hemd. In einer Sekunde hüllenlos. Tauchte hinab. In der Tiefe sah er oder fühlte. Begriff das Schwerste. Er kam wieder herauf. Zu den schweigenden Richtern. Er sagte kein Wort. Saß nackt, triefend am Boden. Man ruderte zum Steg zurück. Als erster verließ Cubitt das Boot. Schritt unbekleidet auf Pete zu, der am Strande stand, und spie ihm ins Angesicht. Dann erst streifte er hastig die Kleider über sich, ging davon. Pete wollte weinen; aber er konnte es nicht. Die übrigen Kameraden kamen heran. Und alle spieen in Petes Angesicht. Und gingen davon. Er rührte sich nicht. Er war dumm. Er hatte nichts begriffen. Daß es an ihm gewesen, die Schuld zu vergeben. Zu begnadigen. Er schlich den anderen nach. Verrieb den Speichel der zwanzig Knaben mit dem letzten Blut seiner Wunden. Die Verachtung aus den Mündern bildete einen heilenden Saft. Er wußte es nicht. Aber noch niemals waren Körpersäfte gegen ihn gewesen.

Es war nicht das einzige Unglück, das um seinetwillen geschehen war. Ein gleich schlimmes, das verborgen blieb (auch Daniells Tod blieb verborgen), war voraufgegangen. Ein regnerischer Nachmittag. Qualvolle, ungewisse Reden zwischen den Kameraden. Sie wußten das Geheimnis ihrer Seelen nicht. Sie stürmten, weil einer unter ihnen es vorschlug, das Mädchenzimmer einer Schwester Garnetts. Dessen Eltern nicht im Hause waren. Die Schwester hatte an diesem Tage gleichaltrige Kameradinnen bei sich zugast. Wie man wußte. Eine Sekunde Süßigkeit zu denken, einzudringen in eine Versammlung vierzehnjähriger oder fünfzehnjähriger Mädchen. Die Burschen standen dichtgedrängt im engen Raum, ungebeten, neben den weiblichen Kindern und lächelten hilflos. Waren mit Lärm gekommen, nun verstummt. Zu feige, um Küsse zu wagen. Sie wagten kein Wort. Sie schauten. Wurden angeschaut. Nur flüchtig. Die Köpfe der Mädchen bogen sich zu Pete. Petes Gestalt war eine heilige Gestalt. Am Abend dieses Tages geschah es, eine der Kameradinnen brach schluchzend, an Pete denkend, neben ihrem Bett zusammen. Ihr junger Schoß tropfte blutig. Und das Blut wollte nicht wieder aufhören zu rinnen. Sie verblutete drei Monate lang. Dachte an Pete. Sie starb an Bleichsucht. Niemand wußte, sie war an Petes gottähnlicher Gestalt gestorben.

Er war nach dem Tode Daniells von seinen Freunden verlassen worden. Sie liebten ihn noch, aber sie wollten ihn nicht mehr lieben. Sie verehrten Cubitt. Sie dachten daran, was Cubitt vollbracht. Und schworen, daß er nur den Hals Petes mit den Lippen. Sie waren so alt geworden, ihre Münder waren nicht mehr zu zügeln. Wer aber hätte wagen dürfen, Pete zu küssen? Sie schwärmten auseinander. Kameraden besaßen Schwestern. Der Nachbar auf der Schulbank hatte schöne Hände. Der Kopf brannte ihnen. Sie weinten heimlich um Daniell. Trafen sich zwei, die gleichzeitig weinten, so geschah ein Augenblick großer Einigkeit zwischen ihnen. Pete mußte ohne Begleitung seinen Nachhauseweg gehen. Am Bordstein stand ein schönes starkmotoriges kromgelb gemaltes Automobil. Pete konnte einen Motorwagen lenken. Er schaute in den leeren Führersitz hinein, erwog die Gangschaltung. Ein Herr kam, streifte mit kurzen Blicken das schöne halbtraurige Gesicht des verlassenen Pete. »Willst du mit mir eine Wegstrecke fahren?« Pete nickte mit dem Kopfe. Und seine Augen schienen plötzlich tief wie das Wasser des Sees, in dem Daniell ertrunken. Der Herr fragte, ob er das Gymnasium besuche. Pete nickte mit dem Kopfe. Er wußte, er war verdammt; aber er begriff die Zusammenhänge nicht. An einer geeigneten Stelle der Stadt hielt der Wagen. Pete stieg aus. Am nächsten Tage, bei Schulschluß, stand das kromgelbe Automobil vorm Portal des Colleges. Pete, der träumend die Granitstufen herabgestiegen war, gemieden von den Kameraden, schaute wie am Vortage zum Führersitz hinein. Der Herr saß am Steuer und bat ihn, eine Wegstrecke mitzufahren. Wie am Vortage. Pete nickte mit dem Kopfe. Am dritten und vierten und fünften Tage wiederholte sich die Begegnung auf gleiche Weise. Am sechsten Tage rückte Pete an den Führerplatz. Der siebente Tag war ein Sonntag. Das Automobil hielt gegen Mittag vor dem Haus, in dem Pete bei seinen Eltern wohnte. Das Horn des Wagens gab ein Zeichen. Pete trat auf die Straße, setzte sich ans Steuer. Sie wählten die Richtung nach Ickworth Park. Pete erfuhr, sein Begleiter war Sir Thomas Joffray Anstruther. Auf Geheiß bog der junge Fahrer in ein Parktor ein, fuhr langsam über knirschenden, hüpfenden Kies, ließ den Wagen auf dem Zenith einer Rampe halten. Ein Diener öffnete den Wagenschlag. In der Halle sagte Sir Thomas: »Ich habe dich nicht zuvor befragt, hoffe indes, du wirst es nicht ablehnen, mein Gast zu sein.« Pete lehnte nicht ab. Er ließ sich durch so und so viele Räume schieben. Über blanke Stabfußböden, Teppiche. An buntbehängten Wänden vorüber. Sie standen einer Dame gegenüber. »Anne«, sagte Sir Thomas, »nach einigen Zweifeln und Fragen an mich selbst habe ich den Entschluß gefaßt, dir den schönsten Burschen Englands vorzustellen.« Sie antwortete nicht. Sie maß Sir Thomas vom Scheitel bis zur Sohle mit Blicken. »Er wird mit uns speisen«, fügte Sir Thomas seiner Rede an, »du wirst eine Freude für die Augen an ihm haben, wenn ich nicht den Schönheitsgeschmack eines Tölpels besitze. Und die Trennung zwischen Mann und Weib nicht so groß, daß sie aus zweierlei Stoff geschaffen. Und sich nur begegnen im Unvermeidlichen.« Er hatte das Gefühl, zuviel gesprochen zu haben. Sie antwortete ihm, da die Verachtung, die ihre Haltung ausdrückte, offenbar nicht verstanden wurde: »Ich besudle mich nicht damit, deinen – Knaben zu empfangen.« Es war eine so starke Entgegnung, daß Pete, wiewohl ohne Kenntnis, was hier gemeint wurde, bis unter die Haarwurzeln errötete. Er begriff, er hätte lautlos verschwinden müssen; aber im Boden gab es keine Falltür. Er stand nicht auf dem Theater. Es war wieder die traumlose Wirklichkeit neben ihm wie in jenem Augenblick, als der Speichel seiner Kameraden von seinem Gesicht herabtropfte. Er erwartete nichts anderes, als daß er nach Ablauf weniger Sekunden würde geprügelt werden. Sir Thomas schwieg. Es war die Erklärung abgegeben worden, und zwar in verletzender Form, Pete würde nicht empfangen werden. Nicht der Handreichung würdig befunden. Sir Thomas begann die Gläser seiner Brille zu reinigen. Er hatte eine rote Druckstelle über der Nasenwurzel. Erklärlich. Ohne den Schutz der Linsen schienen seine Augen trübe. Und sein gleichmäßig nach links und rechts gescheiteltes struppiges Haar mehr rot als blond.

»Du wirst dich entscheiden müssen, ob du mit mir oder dem jungen Menschen speisen willst«, sagte die Dame.

»Alle Entscheidung ist bei dir«, sagte Sir Thomas, »ich habe bereits gewählt.« Nach diesen Worten zog er die Brille wieder vors Angesicht. Die Dame wandte sich ab und ging.

»Sie wird gemeinsam mit uns speisen«, sagte Sir Thomas zu Pete. Nachdem er es ausgesprochen, verbarg er Brille und Augen mit den Händen. Pete erkannte, er weinte. Eine Sturmflut von Tränen. Die Brille mußte abermals abgenommen werden. Sie war überschwemmt. Die Falten im Antlitz des Herrn glichen winzigen Kanälen. Pete war sehr ergriffen. Er hütete sich, etwas zu unternehmen. Das Leben hatte ihn belehrt, er war zum Werkzeug des Unheils ausersehen. Er fühlte, vielleicht zum erstenmal, Zerknirschung.

Warum hat Daniell mich geschlagen, wenn er mich liebte?

Weil ich geschrieen, als Cubitt meinen Hals küßte.

Daniell sagt: Ich habe bezahlt. Bar bezahlt. Ich habe jeden Schlag und jeden Butstropfen bezahlt.

Ein gutes Gefühl, alles bar bezahlt zu haben.

Pete würde auch einmal bezahlen müssen. Zum Beispiel die Annehmlichkeit des täglichen Autofahrens diesem Herrn.

Ein Diener kam. Er überreichte Sir Thomas einen, wie es schien, zerknitterten Brief. Er verbeugte sich so tief, daß Pete lachen mußte. Also Pete lachte, während Sir Thomas den Umschlag erbrach. Und da der Diener gegangen, ahmte er auch die Verbeugung nach. Wie Knaben tun. Mit loser Wirbelsäule. Der Kopf kam gegen die Kniee. Wie der Haarschopf nahe dem Fußboden, machte es tick durch die Luft, und vor seinen Füßen, unter seinen Augen, neben den herabhängenden Händen, lag ein Ring, ein Goldring, der einen grünen Stein umfaßte. Smaragd. Die Hände Petes hoben ihn auf, reichten ihn dem Herrn. Aber der nahm ihn nicht. Er starrte auf die winzige Zeile des Briefes: »Ich will dir nicht im Wege sein.« Dazu der Ring. Den Pete in Händen hielt.

»Behalte ihn für dich«, sagte Sir Thomas, »tue ihn an deine Finger.«

»Ich werde nicht bezahlen können«, antwortete Pete.

Sir Thomas brach fassungslos zusammen. Er suchte einen Sessel. Hantierte an der Brille. Es war für ihn mit Umständen verknüpft, zu weinen. Er stopfte ein Taschentuch sich in die Augenhöhlen. Pete schlich auf Zehenspitzen heran.

»Du sollst nichts, nichts bezahlen«, schluchzte Sir Thomas, »sie hat auch nichts, nichts, nichts bezahlt. Es ist ein Mißverständnis. Aber die Macht des Wortes ist klein. Ich bezahle, doch wird es nicht angerechnet. Es ist ein Irrtum, zu meinen, in den großen Dingen des Lebens würde etwas angerechnet. Zwar kann man für hundert Rentierkühe ein Lappenmädchen kaufen. Kaufehe. Sehr gut. Für die Erlösung nach festgesetzten Kursen zahlen. Ablaßbriefe. Wie ein Lustmörder. Am Galgen.«

Daniell ist betrogen. Für seine Bezahlung hätte er mich schlachten dürfen. Nicht nur blutig schlagen.

»Der Himmel kann mit guten Taten nicht erkauft werden. Er öffnet sich gnadenhalber. Nur die Hölle. Mit Blut nämlich. Darum muß etwas Gutes an ihr sein. Das uns verschwiegen ist. Wenn wir hinfließen in Sehnsucht, bieten wir unser Blutverschütten an. Wie dem Teufel die Seele. Blutsbrüderschaft. Nicht unseren Samen. Die Erde des Samens. Wir werden ein Acker. Es gibt unfruchtbare Äcker. Unfruchtbare Blutsbrüderschaft. Kinder sind das Zeugnis der Fruchtbarkeit. Wer immer sie geboren. Kinder aus vielerlei Blut. Die Menschen fassen es nicht. Sie hat mir nicht geglaubt. Sie hat mich den Unbekannten genannt. Und hat ein Nabelmal wie alle Menschen.« Er beruhigte sich ein wenig, indem er sprach. Er bemerkte die Nähe Petes und tastete nach ihm. Nahm den Ring aus seiner

Hand und tat ihn an den Finger des Knaben. Er sagte sehr gefaßt: »Meine Braut hat die Verlobung mit mir gelöst. Ich wurde ihr im Verlauf einer Sekunde fremd. Kann man es denken? Sie läßt ihre Koffer packen. Sie wird von hier fortreisen.«
Es häuften sich bald die Beweise, Sir Thomas war ein phantastischer Mensch. Nicht unklug, aber hemmungslos, ratlos im Gestrüpp seiner wuchernden Gedanken. Wundergläubig, besessen von der Meinung, jede Lebensäußerung habe eine Berechtigung. Er haßte die Juristen des Strafrechtes, liebte die Verbrecher. Wiewohl er niemals Berührung mit den einen oder den anderen gehabt. Er zeigte Verehrung für außerehelich geborene Kinder, für ihre Mütter und Väter, für Bastarde, Kuckucke. (Welcher Mensch ist nicht eifrig für das Recht des Lebendigen, auch ohne die Kommentare der Akten?) Er glaubte in Pete eine Wunderblume aus dem Paradiese gefunden zu haben. Er wollte ihren Duft einsaugen, ohne sie zu entblättern. Er wollte ein gefahrvolles Stück Weg zu Gott an diesem Gesandten seiner Gestalt zurücklegen. Was Michelangelo am Vorbild des David mit der Schleuder getan. Und Lionardo, das schöne Weib zerschneidend. Was der Bildner des Hem-On, als er das Fett des Mannes erhaben fand, vollbracht. Van Eyck, die schwangere Eva malend. Giorgione an seiner pestkranken Geliebten. Die Bildhauer der Griechen. Die schnitzenden Hände malaiischer Bauern. Medizinmänner Afrikas. Chinas Künstler. (Wer denn nicht unter uns?) Am Vorbild, nicht im Strom eigener Kraft, die gering war. An der blutwarmen Blüte. An der Haut wie Marmor. An der atmenden Brust, den Rippen, die sich heben und senken. An der Kniee Wildheit. An der Einfalt des Bauches. Mit den Augen. Mit den Spitzen der Finger. Mittels der Schwaden von Duft, die eingesogen die Nase bespülen. Des makellos vollbrachten Wachsens. Des dampfenden menschlichen Ackers. Wie seit Urzeiten (gemästete Venus) bis in unsere Tage alle Schaffenden und Genießenden, jeder für sich, auch nachahmend in Gemeinschaften, einmal, tausendmal getan, die da das Wort von der Schöpfung als Ebenbild Gottes wörtlich genommen. Und wie hätte Er anders begriffen werden können als existent? Außer in den Irrgärten der Philosophie, in denen keine Gefahr wächst. Die anmaßend genug, auch ihr Nichtwissen positiv auszudrücken, indem sie

den Begriff der Metaphysik erfand. (Neckische Formel.) Sir Thomas fürchtete sich nicht, ungeistig zu werden, ein Mumienanbeter, ein Ausgestoßener von den immergrünen Beeten übersinnlicher Verheißung. Er begriff die außerleibliche Tugend nicht, wohl aber den Ammonstier. Eine überlaufende Pinte an Gedanken. Ekelzersetzende Jahre. Würdiges Prädikat der Jugend. Genug Erregung, um häufig die Brillengläser zu putzen. (Gehemmte Bewegung der Augenlinsen.)
Ausgemacht, Pete würde ein Etwas bezahlen. Sir Thomas bekannte seinen Plan. Vergleich des Gottähnlichen mit den unbezweifelbaren Werken der Kunst. Das Leben, kalkweiß gepudert, gewogen mit den Formen aus Gips, Marmor, dunkler Bronze. Auf den Hintergründen der Vorzeit. Spiegel der Zukunft. Pete im Kerzenlicht siegte. Wer beschriebe die Anmut, mit der Natur die Plica inguinalis gebildet. Den Zusammenfluß ihrer Muskeln. Pete zahlte. Er mußte seine Gestalt einer Gipsform leihen. Grenzenlose Vereinsamung wie im Grabe, in einem feuchten Gipsmantel stumm frierend, geschlossenen Auges, mit kaltem Fett gesalbt, Rohre in den Naslöchern, daß dünner Atem, Watte in den Ohren, Vaseline im Haar, zu stehen.
Erste Form.
Zu liegen.
Zweite Form.
Rücklings zu liegen.
Dritte Form.
Zu knieen.
Vierte Form.
Gekrümmt zu kauern.
Fünfte Form.
Der unermüdliche Sir Thomas erfand ein Dutzend Stellungen, wert der Verewigung.
Ich bezahle. Ich bezahle.
Die Wochen wollten hingebracht sein. Beschäftigung. Daß keine hohe Meinung intrümmer ginge. Keine Leere aufgähnte. Keine Ernüchterung. Weiße Schwaden süßlichen feinen Tabakrauches. Sir Thomas rauchte unablässig. So vervielfältigte sich die Schönheit Petes. Er selbst aber nahm ab an der Häufigkeit seines Daseins, das bald in dunkler Bronze die Sage von der Heiligkeit des Mutterleibes. So dozierte Sir Thomas. Am Ende

konnte nicht Pete täglich, bekleidet mit der Haut weißen Puders, im Hause des Herrn kerzenbeschienen einhergehen. Lebendes Bildwerk. Sir Thomas' Lungen mußten an dem Nebel der betäubenden Destillate müde werden. Röchelnd oder schwammig. Angst. Im Spiegel gesichtslos sein.
Sie fuhren im Lande umher. Stundenlang die Hände Petes betrachten, die auf dem Steuer lagen. Unbehandschuht. Weil Sir Thomas es wünschte. Sie sahen dampfend weißgrünwasserdünn, schwefelhäutig Bronze in Hohlräume einer Dammgrube fließen. Pete im Schoß der Erde. Pete, er selbst und zwölf Apostel Pete.
Sir Thomas Joffray Anstruther wurde nicht angerührt durch das Dumping in der Rüstungsindustrie. Er nahm mit Gleichgültigkeit die Berichte Sir Douglas' entgegen. Sagte nur: »Es ist gut, mein Freund. Wer nichts unternimmt, ist ein Stein.« Den Viscount Morland schrie er an: »Es hat nicht Sie zu kümmern, ob ich unter den Milliardären oder Millionären rangiere. Ich bezahle die Bedürfnisse meines Lebens und werde es auch zukünftig können. Mir genug.«
Ärgernis Griggs.
Pujol mit seinen Burschen kam an. Sie umschwärmten Pete. Den Chauffeur Sir Thomas'. Den gescheiterten Gymnasiasten, der plötzlich unbegabt geworden. Den Unbeschützten, der anfing, seine Schulden zu bezahlen. Nicht klug zu werden, aber willfährig gegen das Dasein. Sich nach der Decke zu strecken. Den Verheißungen zu mißtrauen. Die Last seiner Ausnahme zu fühlen.
Er war dankbar. Eine gute Vergangenheit schien sich wiederholen zu wollen. Er war wieder ohne phantastische Wissenschaft oder Religiosität eine Wichtigkeit. Der goldene Siebenstern stand vor einer leichten Aufgabe. Gewiß durchquerte Sir Thomas mit seinen Ängsten um Pete manchen Plan. Als es ihm offenbar wurde, Gleichaltrige umwarben Pete, benahm er sich scheu, behutsam, gar nicht gewalttätig. Nicht zu leugnen, an ihm wurde die doppelte Anzahl Jahre gezählt wie an dem Göttlichen.
Pete sträubte sich nicht, die Morallehren des goldenen Siebensternes als Vorbild anzuerkennen. Zum erstenmal verläßliche Sätze der Lebenspraxis. Wer sie beschwor, war einer gewissen

Verantwortung ledig. Genoß einen Schutz. Als Geschenk einen kühlen Kopf, frei von den Kümmernissen eines nicht unterrichteten Gewissens. Am Ende konnte man das Unglück seines verflossenen Lebens damit erklären, niemand hatte ihn die gültige Sittlichkeit zwischen Menschen, Schulkameraden, Spielgefährten, Brautpaaren, Eheleuten gelehrt, mit solcher Bedeutung, daß für das unbesiegbare Fleisch ein Platz blieb, ein unbeschwerter Raum. Die Leidenschaft war der einzige Trumpf des Blutes gewesen. Sozusagen gefährliches Spiel. Wie sich erwiesen hatte. Hier nun das Friedensangebot der Allgemeinheit, die milde gegenüber den Taten des Unvermeidlichen (Pete durfte an Mädchen denken). Bei nur einer Verpflichtung. Er war bereit, zu schwören und sich das Siegel aufbrennen zu lassen. Pujol mißtraute ihm. Der Schmerz würde Widersprüche aufreißen. Er beauftragte Doktor Bourdinot mit der feierlichen Handlung. Stellte die Bedingung: In Petes Gesicht dürfe keine Falte kommen. Kein Schrei aus seinem Mund. Die gleichmäßigen Muskeln der Brust vor der Katastrophe zündender Qualen bewahren. Bourdinot war erschüttert und bestrich mit den Fingern die Hülle des Herzens, ehe er die winzigen Tropfen Gift unter die Haut versenkte. Es war lustig, wie das glühende Eisen in das weiche Fleisch schmolz. Pete lachte, sog den Dunst des versengten, bratenden Fleisches ein. Petes Fleisch. Als Sir Thomas nach geraumer Zeit den gezeichneten Gott sah, wollte er böse werden. Wer hatte den Wohllaut des rhythmischen Gesanges gestört? Pete sagte: »Das Mal der Auserwählten.« Sir Thomas beugte sich. Das Vollkommene besaß einen Makel, an dem es erst in ganzer Weite erkannt wurde. Irdisches Gesetz.

Pete wurde das Sprachrohr seiner Brüder. Sir Thomas hätte den Einflüsterungen widerstanden. Er widerstand Pete nicht. Er war ohne Argument gegen die Erscheinung. Er wagte das Letzte, um ein Glück zu gewinnen. Er stach, begleitet von Pete, Pujol, Bourdinot, den Brüdern von Ipswich aus mit seiner Jacht insee. Nach Oslo. Er machte mit Grigg einen Vertrag. Grigg verkaufte ihm Pete. Sir Thomas bezahlte. Ein Lappenmädchen gleich dem Wert von hundert Rentierkühen. Pete, der Gott, war teurer. Bündnis mit der Guy Forttescu Burrell de Gruchy Industrial Finance Corporation und der

Bigo & Heron Dunstan Edbrooke Banking Control Organisation, Ltd. Auf Gedeih und Verderb.
Als sie vom dampfenden Opfer sich erhoben, schuldlos, weil sie alles bezahlt, der Widder, der sich im Gesträuch verfangen, ergeben, weil er machtlos und auf eines Höheren Geheiß auserwählt, zog Grigg sich zurück. Er legte sich schlafen. Er schlief ohne Unterbrechung sechsunddreißig Stunden. Die schwersten Taten, die ihm auferlegt zu tun, waren vollbracht. Während er schlief, hämmerte es um die Erde: CXPETUCUPLE SIFIPERISU KILUSHCIMA ELARAMNITO POMELOCXZW ENOSHIEISU – Und die Maschinen des Herrn von Kryha spieen den Sinn aus. Und die Erde seufzte. Und war gierig nach Blut. Unersättlich wie immer.

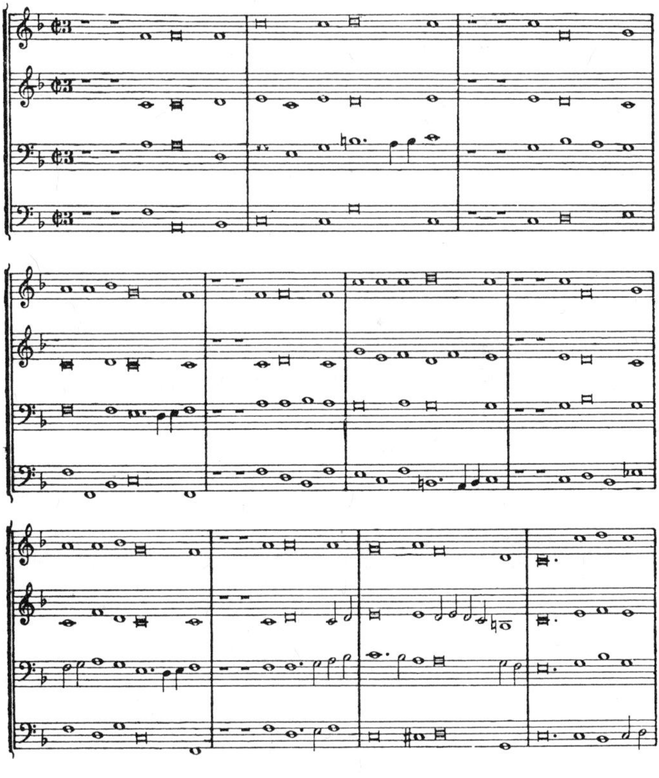

XXXX

Das Pferd/Sassanidischer König/Ein Knabe weint/Die anderen Tiere/Die Edelmütigen oder die Geschichte des Sklaven/Der Knecht und die Magd/Der Zirkel/Alexander/Werbung und Vorhölle/Die Nebenbuhler/Die Bergpolizei/Hochzeit/Abrechnung/Die marmaladenesser/Die Rede des Franzosen/Theorie des Kapitalismus/Die Pläne dieser Welt/Der Gesang der gelben Blume/Erste Belehrung/Neue Lebenspraxis/Entweder – Oder/Abraham und Isaak

Das Hohelied des Gesetzes

Auf der Karl-Johansgate in Oslo war Signe zum erstenmal angefaßt worden von einem unbegreiflichen und unbeschreiblichen Gefühl inneren Zerrüttetseins; das sich in quälender Nervosität äußerte. Sie fühlte sich von Gesundheit strotzend, aufgelegt zu Kindertaten. Ihr war, als müsse die Haut schimmern von all den Stößen eines blakenden Sieges in den Adern. Es kam ihr das Gelüst, inmitten der trippelnden, sich vorwärts schiebenden, gaffenden, redenden Menschen, sich zu entkleiden, in ein Wasser zu springen, das nicht vorhanden. Auf einem Pferde sitzen, reiten. Wiederum war es nicht wichtig. Das Pferd stand in des Bruders Pflege hoch im Gebirge. Es war plötzlich sehr heiß über ihrer Haut. Sie rief ein Mietsauto heran, glitt in die Polster, ließ langsam am Bordstein entlangfahren. Aufwärts, dem Schloß zu bis zur Universität, dann, kurz hinter dem Nationaltheater zur Storthingsgate abbiegen. Vorbei an der Komischen Oper bis zur Loge. Fahrt um das Parlamentsgebäude, Einbiegen in die Karl-Johansgate. Dreimal den gleichen Weg. Nicht denken. Wie betäubt sein. Ab von sich selbst, aber doch nicht aufgehoben an einem anderen Ort. Sie verließ den Wagen an der gleichen Stelle, an der sie ihn bestiegen. Zahlte. Als sie wieder unter den Menschen, hörte sie deutlicher denn je die fremden Gespräche. Sie begriff, es war das Leben, um das es sich handelte; aber es sah anders aus als ihre Vorstellung es sich gemalt. Zwei Männer, tiefernste Schatten im Gesicht, dunkel gekleidet, sprachen aufeinander ein. Sie nannten Zahlen, Werte, deuteten daran, unterzogen die festen Grenzen der harten Begriffe einer Kritik, die sie offenbar mit unanfechtbarer Virtuosität beherrschten. »Zweiundzwanzigtausend Kronen«, sagte der eine. Der andere faßte alles Entgegnen in die Zahl neunzehntausend zusammen. Man konnte begreifen, es mußte sich um eine Liegenschaft handeln, deren Wertbeurteilung mit so hinlänglicher Genauigkeit gegeben werden konnte, daß die Sachverständigen sich nur mit einem Schwankungswert von dreitausend auseinanderzusetzen hatten. Signe fühlte sich überwältigt von so viel Exaktheit. Ob man die Wissenschaft auf die Bezirke der menschlichen Seele ausdehnen konnte? Sie hatte das Bedürfnis, ihren Zustand abzulesen auf einer Skala. Ihren Wert. Es würde einstweilen genügen. Zwanzigtausend Kronen. Perrudja konnte sie für den Preis kaufen. Es würde alsbald alles sehr klar sein. Sie war stehengeblieben. Ihre Augen tasteten hinter einer Ladenscheibe an Geräten aus Messing und Kupfer. Dickbauchige Kübel für Birkenkloben. Drei- und siebengeteilte Leuchter. Ihre Ohren hörten. Die modisch gekleideten jungen Männer der Residenzstadt zogen an ihrem Rücken vorüber. Sie fühlte das. Sie wußte nicht, weshalb es sie betraf. Braune Schuhe mit dicken Sohlen, eine weißliche Naht aus Hanfseil legte sich auffällig um den Rand. Die Spitzen über den Zehen übersät mit gestanzten Ornamenten, gebildet aus großen und kleinen Kreisflächen. Amerikanisches Fabrikat oder aus Stavanger. In Stavanger gab es eine Schuhfabrik. Die Fußgelenke glatt, wie winzige runde Hügel über dem Schuhrand, umhüllt durch leichte wollene Strümpfe. Blaugrün, feine abgetönte Quadrate. Und verschwanden in den Glocken der umgelegten Hosenbeine. Gewiß waren die Anzüge uninteressant, nicht vom Range der Strümpfe, die straff sich über Fleisch und Bein legten; aber sie waren von überwältigender Korrektheit. Nicht menschlich, doch männlich. Männlich – obenhin gesagt. Nicht wie Stier. Ohne Aufdringlichkeit. Die scharfgebügelte Hosenfalte deutete nichts an, außer einer wohlerzogenen Ordentlichkeit. Es gab keine Tränen. Ein Mann mit korrekter Hose würde nicht weinen können. Perrudja war nie modisch gekleidet gegangen. Auffällig, reich, willkürlich, in schöne Gewänder. Nicht modisch. Der Reitanzug, knapp am Körper. Man konnte seine Gestalt ganz erkennen. Wo die Rippen endeten. Das alles erkannte man an den städtischen Jünglingen nicht. Es fiel ein Jackett über sie von der Schulter abwärts in Linien, die zu der

Strenge der Hosen paßten. Das öffnete sich vorn nach bestimmten Gesetzen der Führung. Man sah eine gerade Weste darunter, die durch aufgesetzte Knöpfe in einer Linie noch gerader wurde als ihr Zuschnitt wollte. Es widersprach sich nichts an dem Anzug. Gewiß auch war er zweckmäßig. Man fürchtete sich nur ein wenig, sich zu vergewissern, wie nun der nackte Kopf, die entblößten Hände daraus hervorkamen. Signe schaute hin, neugierig. Die Hände staken in Handschuhen. Das Gesicht braun, zumeist. Lächelnd. Die weißen Zähne brechen zwischen roten Lippen hervor. Die Augen lebhaft, absichtslos. Schöne Menschen. Man kennt sie nicht. Sie sprechen gewiß in knappen Worten. Sehr direkt, wie Tiere sich bewegen. Ihnen konnte man sagen: Ich bin zwanzigtausend Kronen wert. Perrudja würde fassungslos sein. Jene würden zahlen und dann verlangen. Man konnte solche Formen des Umganges sehr brauchbar finden. Man konnte daran nur die Geburt von Kindern nicht begreifen. Sie zog ihren Mantel aus Gepardenfell – sie trug den Hochzeitsmantel – fest an sich. »Sieh diese Frau«, hörte sie jemand sprechen, »Rasse. Die macht niemandem vor. Sie kleidet sich in Raubtierfell.« Signe floh vor den Worten in den Laden hinein und erstand einen kupfernen Kübel, zum Aufbewahren von Birkenkloben, neben den schwedischen Ofen zu stellen. Als sie aus dem Laden heraustrat, war sie entschlossen, sich nicht mehr vor Worten zu verkriechen. Hatte sie selbst nicht auf Vorübergehende geschaut und sie einer Meinung unterworfen? War die Straße nicht jedermanns Platz? Und jedermanns Wort, war es wirklich falsch und beleidigend? Der Wind trug es. Es wurde geduldet. Es war wie die Stimme auf dem Ozean, Brandung zwischen Klippen. Wer schämte sich, entblößt vor den Wellen zu stehen? In den Steinen gab es Spalten, man konnte sich hineinlegen. Man war ganz allein mit sich; und das Meer war gegenwärtig mit seiner Stimme. Sie blähte sich unter dem Raubtiermantel, räumte mit ihren Armen um sich, daß sie wie eine dicke Matrone anzuschauen war. Das Fell des toten Tieres wurde ganz glatt, ganz seidig, die dunklen Flecken darauf wie Augen in Pfauenfedern, prächtig. Die Blicke jedermanns waren an ihr, neidisch, wollüstig, wägend. Signe stand unter dem Berg ihrer modischen Hülle, ganz schlank. Aber ihr Herz war verwirrt, lechzte, gierte wie ein Tiger, der nicht weiß, weshalb er die Eingeweide seiner Opfer am liebsten frißt, am wenigsten gerne ihr Hirn. Sie nahm sich abermals einen Wagen, ließ an der Bordkante halten, lehnte sich ins Polster, schaukelte von links nach rechts, durchmaß die Breite des hinteren Sitzes. Endlich ruhte sie, das Meer ging unter ihr. Sie hörte seine Stimme. Sie schämte sich nicht zu hören, ob sie auch für eine Hure galt, die sich anpreist. Viele sahen sie, viele sprachen von ihr. Man glaubte, sie sei ein fettes Weib. Die meisten sahen ihr Gesicht nicht, und die es sahen, wandten sich erschrocken ab, weil es schön, bräunlich wie das eines Negerbastardes. Wer konnte wissen, sie war täglich ausgeritten über die singenden Wellen des granitenen Hochlandes? Ob es ihr auch schmeichelte, Gegenstand so vieler Aufmerksamkeit zu sein, sie sehnte sich nach den fremden Worten, die nichts von ihr kannten. Allmählich machte sie sich klein, zog den Pelz eng um sich, rückte ihre Schenkel tief in den Sitz, um schmal zu werden. Und wirklich, die Brandung nahm eine andere Melodie an, sang von fernen Ländern. Ach, das unbekannte Leben! Dies alltägliche, langweilige, mühselige, unfromme vernarrte sie. Sie sah Kinder, ärmlich gekleidet, Schuhe aus Roßleder, graue Überstrümpfe fielen um den schwarzen Schaft, Hände, graurot, gelenkig, spielend, ganz unschuldig, ganz schuldig, ganz entblößt, beladen und wissend. Kein Geheimnis mehr. Noch nicht zeugen können, das Zeugen begriffen haben. Vater und Mutter zermalmt bis auf das Geschlecht. Trotz allem lachen, spielen, Einfälle haben, lärmen, wachsen, schön bleiben. Signe neidete, sehnte, fühlte ihre Brüste wie Früchte. Kokosnüsse. Wenn sie nicht taub, ist Wasser in ihnen. Drei gingen vorüber. Ein junger Mann, halb Geck, halb klug. Zwanzig Jahre alt oder einundzwanzig. Gesund, etwas vom fliegenden Falken an ihm. Die Worte wie Kugeln. Man kann nichts von ihnen abschleifen. Eine junge Dame, ein halbes Kind, natürliches Rot und Braun auf den Wangen, die Lippen knapp. Das Herz hüpfte. Siebenzehn Jahre oder achtzehn alt. Eine ältere Begleiterin, recht häßlich, eine schweigende Sekundantin des Kindes. Was sie ersehnte, konnte sie verschweigen, so alt war sie. Er sagte sehr laut: »Mich dünkt, Leiv ist eine scharmante Frau, weniger vielleicht, ein entzückendes Mädchen.« »Sie kennen sie nicht. Sie lassen sich täuschen«, die Antwort. Das Herz hüpfte. »Leiv ist alt«, fuhr das Kind fort. »Darüber weiß ich nichts. Sie hat nicht aufgehört zu blühen. Man fragt nicht, wie lange eine Blume im Garten gestanden, wie viele Tage und Nächte.« Ganz keck wurde das Kind. Es hob die Stimme und berief sich auf eine Moral. »Sie schminkt sich. Sie legt rot auf, ihre Augen umhängt sie violett.« »Es steht ihr. Ich bin ganz nahe bei ihr gesessen. Es war nichts Unnatürliches an ihr.« »Sie sollten sie ohne Schminke sehen! Diese blasse und kranke Haut –« Die drei vorüber. Signe beugte sich vor, ihre Augen hängten sich an die Fußgänger. An Frauen. Es fraß etwas in ihr. Sie selbst war braun und rot, dem Kind gleich das gerechtet hatte. Gesund und barbarisch. Es lag keine Schminke auf ihrer Wange. Wie sie wünschte, das eigene Bastardengesicht durch weißen Puder aufzulösen in eine lächelnd bleiche Haut. Sie erinnerte sich, Perrudja verschmähte es nicht, sich durch Farben zu entstellen. Er ertrug das Selbst vorm Spiegel nicht. Wie er den eigenen Geruch verdrängte. Sein dickes braunes Haar trug einige helle Strähnen, gebleicht von den Essenzen, die er hinein tat. Er zupfte sich die Haare aus den Achselhöhlen, weil sie schwarz waren. Und seine Brust so glatt wie Buchsbaumholz. Nur zwei kleine braune runde Warzen. Signes Augen füllten sich mit Wasser. Die Menschen verschwammen. Wie im Nebel. Sie gab dem Fahrer ein Zeichen. In Schrittgeschwindigkeit ließ er den Wagen gleiten. Zwei Frauen trippelten neben dem Gefährt, sangen ihre Reden in dem hohen Dialekt der gebildeten Leute, reines Dänisch, nicht verschmiert durch eine tiefe Lage des Kehlkopfes, mit offenen Vokalen. Sie waren geschminkt. Sehr stark. Die Lippen rot, die Augenbrauen künstlich geformt. Und schmal waren sie, überzart, fast zerbrechlich, ganz ohne Kraft. Und doch begehrenswert. Plötzlich trat ein großer kräftiger Junge zu ihnen und redete die eine der beiden Frauen an. Er sagte: »Mutter –« Und sie antwortete süß, lächelnd, stolz, ein wenig ermüdet: »Lieber Per –« Signe wußte nicht mehr, wohin sie mit sich sollte. Nichtsnützige Kraft an ihr. Es trompetete in ihren Ohren, die eine Silbe des starken Per: Mor. Mor. Mor. Neid bis in ihre Muskeln. Sie ließ halten, stürzte in einen Laden mit Spezereien, kaufte wahllos Riechwässer, Seifen, Puder, Crêmes. Sie wollte sie nicht anwenden gegen sich, konnte es nicht, ahnte, sie hatte nicht die Kunstfertigkeit. Aber besitzen wollte sie zum wenigsten, spielen, vor sich selber Maskeraden aufführen. Der Verkäufer nutzte ihre Schwäche aus und fragte nach jedem Erwerb sehr melodisch, sehr gedehnt: »Womit kann ich noch dienen?« Als man ein großes Paket ihr zusammengebündelt, mußte sie sich entscheiden, daß man es ihr ins Hotel schicke. Auf dem Bordsteig (der Wagen wartete noch), ging sie einige Schritte auf und ab. Sie kam vor das Fenster einer Kunsthandlung. Drucke alter Meister, bunt und einfarbig. Auch ein Gemälde von Munch, das er für die Aula der Universität gemalt hatte. Das starke Weib mit den strotzenden Brüsten, die Mutter, die Norge hieß. Sie war nicht geschminkt. Signe verabscheute sie. Es war unmittelbare Fortpflanzung. Da lag ein Stich von demselben Meister. Samentierchen rankten sich um das Bild, das von Liebe handelte; und endeten in fleischentblößtem Bein. Das war weniger patriotisch. Signe wollte das Blatt kaufen. Sie zögerte noch, sie bog um die Ecke, um in die übrigen Fenster der Handlung zu schauen. In der Nebenstraße waren Plastiken aus blankem Rotguß ausgestellt. Nackte Menschen. Ein Weib mit asiatischem Kopf, geschlitzten Augen; die vollkommene Ähnlichkeit mit dem gespaltenen Schoß hatten, der gründunkel inmitten blanken gewölbten Metalles prangte. Ein Mann als Gegenstück. Mächtig um die Lenden, seine Brust ganz glatt, blank, ohne Erhebung von Warzen, kein Buchsbaumholz, rotgelbes Metall, kühl, ohne Narbe, frei von Seigerungsstellen, geschliffen bis zur höchsten Politur. Sie eilte hastig in die Handlung. Sie wünschte die Plastik des Mannes zu erstehen. Der Verkäufer trat ab, ein Herr in schwarz trat vor. Er erteilte Befehle, ließ die Figuren herbeischaffen. Sie wurden auf einer Sammetdecke vor Signe aufgestellt. »Es handelt sich um ganz große Leistungen der modernen Bildhauerkunst«, sagte der vornehme Herr, »wir können die beiden Stücke nicht trennen«, fuhr er nach einer Pause fort. Signe sagte, sie werde Mann und Weib kaufen. »Ich danke Ihnen, meine Dame. Darf ich Ihnen den Preis nennen?« Er besah sich ein Zeichen, das an den Figuren befestigt war, blätterte dann in einem Buch, schwieg, nachdem er sich vergewissert, noch eine Weile und sagte dann sehr devot: »Wir können jede der Figuren nicht unter zwölfhundert Kronen abgeben.« Er wartete. Signe sagte nur, sie habe das Geld in bar nicht bei sich, würde aber einen Scheck auf die Summe ausstellen. Übermäßige Höflichkeit. Erfragen der Wohnung. Erkundigen nach der Bankverbindung, Zeitpunkt, wann die Zusendung genehm. Signe kaufte auch das Blatt von Munch. Sie stieg wieder in den Wagen, um die wenigen Schritte zum Grand-Hotel zurückzulegen. In ihrem Zimmer zog sie den Gepardenmantel langsam und bedächtig aus. Kleidete sich in einen tiefblau seidenen Hosenanzug, telephonierte nach den Handlungen, in denen sie Waren erstanden; erwartete das Eintreffen der Gegenstände. Die Burschen, die die Einkäufe brachten, ließ sie nacheinander hereintreten; sprach mit ihnen; schenkte ihnen reichliche Trinkgelder; bot ihnen Zigaretten aus ihrer Dose; zündete sie ihnen an; weidete sich daran, daß sie den Jungen gefiel. Nach diesen Empfängen klingelte sie der Zofe, erbat ihre Hilfe für das Ankleiden zum Abendessen. Sie ging nicht sogleich in den Speisesaal. Sie trat auf die Straße; empfing den Gruß des Portiers, der ein Deutscher war. Ein Umhang aus schwarzer Seide umflatterte sie. Auch das Unterkleid war schwarz, fiel lang weich. Die Brüste wurden durch ein breites Band, das über den Achselhöhlen entlang lief, über die Schultern, eingeengt, beinahe gepreßt oder geschnürt. Sie entwich darin ganz dem Aussehen einer Europäerin. Sie hatte zum erstenmal beim Ankleiden die Lästigkeit ihres langen Haupthaares empfunden. Sie hatte es zusammenbündeln lassen mit jener langen Goldkette, die, mit den geschliffenen Steinen zugleich, Perrudja ihr als Verlobungsgeschenk gegeben. Die Fülle hatte sich nicht einfügen wollen, Strähnen waren flauschig hervorgeschossen. Mit der Schere hatte sie das Widerspenstige entfernt. Ein Haarschneider von Beruf würde bald ihre unvollkommene Arbeit korrigieren müssen. Jetzt stand sie in dem Wind, der vom Fjord herauf kam, eine Ausländerin mit einer fernen Heimat, traurig; darum wie bußfertig die heftige farblose Farbe an ihr. Die nur prunkte in den hellen Reflexen der Falten. Wegen des Goldes im Haar schauten die Vorübergehenden sie an. Sie dachte an die Bilder, die in Stein geritzt waren, im Rund einer granitenen Kuppel. An rotes öliges Holz. An eine Schale aus Quarz, in der Edelsteine verwahrt, die vergleichbar den bunten Eingeweiden von Rehen. Die Diamanten waren das Fruchtwasser, in dem ein Kitzchen schwamm. Sie eilte die wenigen Schritte zum Eingang, der von der Straße aus zum Speisesaal führte. Ein Diener in schwarzem Frack, weit ausgeschnittener Weste, weißem Hemd, weißem Kragen, weißer Halsbinde, grüßte ehrerbietig und geleitete sie zu einem Platz. Sie fühlte sich durch seine Gegenwart unendlich behindert. In den fünfzehn Tagen ihres Hotellebens hatte sie es noch nicht gelernt, der Gegenwart eines Menschen vorbeizusehen. In der Wahl der Speisen sogar hatte sie sich beeinflussen lassen. Heute fand sie es erniedrigend, lehnte sich auf. Es erging die Frage an sie: »Wünschen Sie das Diner?« Sie schaute auf die Karte. Spargel aus Vang, mit Klößchen aus gerührter Butter und Peterlein. – Stand unter anderem. Vang lag nicht unweit ihrer Heimat in Hedemarken. Es gab dort eine Kirche auf polygonem Grundriß, achtkantig; in der eine Orgel stand, grünbemalt wie eine Vorstadtgartenlaube. Güter, auf denen man sich, mit mäßigem Erfolg, auch der Spargelzucht widmete. Es war eine nationale Delikatesse. Der Spargel aus Hannover war üppiger und schmackhafter. Sie schüttelte mit dem Kopf. Nein. Sie wollte ohne geordnete Reihenfolge Speisen zu sich nehmen. Ungerecht lüstern im Maul wie eine Schwangere. Ihr fiel ein, Napoleon III. hat in einem sehr unglücklichen Augenblick seines Lebens weißes Hühnerfleisch gegessen. In ihrem Elternhaus hatte es oftmals gekochtes Huhn gegeben. An Sonntagen. Eine recht gewöhnliche Speise für sie. Sie wählte sie dennoch, weil Napoleon III. nach seiner Gefangennahme durch die Deutschen als erstes Fleisch vom Bauchbrustmuskel eines Huhnes gegessen. Sie bestellte es in großer Aufmachung. Gezupft, mit Trüffeln untermischt, übergossen mit gerührtem Ei und Öl. Ob sie zu trinken wünsche. – Sie wünschte nicht zu trinken. Doch saß sie in der Weinabteilung. Sie bestellte sechs frische Pfirsiche, in einer Schale zu servieren, aufgebrochen, in je einer Hälfte der Frucht den noch eingebetteten Kern, doch die samtene Haut abgezogen. Wie Perrudja es liebte. Darüber sollte man, vor ihren Augen, eine halbe Flasche französischen Sekt gießen. Sie bezeichnete die Nummer in der Weinkarte. Als der Diener sich maskenhaft verneigte, sagte sie: »Ich kann es Ihnen auch in französischer Sprache sagen, wenn's beliebt.« Als zweites Gericht aß sie Gervaiskäse mit Schwarzbrot aus Westfalen. Sie verlangte eine doppelte Portion Butter. Der Diener wagte nicht, verwirrt zu werden, als sie danach den

Schwanz eines Hummers zu essen begehrte, die dazugehörigen Muskeln der Scheren, doch ohne gestört zu werden durch den Anblick des Gewirrs der aufgebrochenen Brust und der verkrampften schaligen Beine. Sie schlürfte von Zeit zu Zeit den Saft aus kristallener Schale. Eine freundliche Dumpfheit schlich ihr ins Gehirn. Sie verlangte Streuzucker, bepuderte damit die feuchten Früchte in der Schale, nahm sie heraus, ließ sie im Munde zergehen. Nachdem sie das Mahl beendet, brach sie nicht auf, blieb träumend mit nur dämmerndem Bewußtsein sitzen und wartete, bis eine kleine Tanzkapelle anhob, Diener einen schweren Teppich in der Mitte des Raumes fortschafften. Ein hellgelber gewachster eichener Fußboden kam zum Vorschein. Schwarze Lackschuhe, geschürzte Frauenbeine, aufgestellt auf winzigen Sohlen, mit Brokat oder Maroquin umrandet. Es gab einen Zwischenfall. Eine Dame glitt aus. Gewiß war kein Unheil daraus entstanden; aber die Diener schleppten wieder den Teppich herbei. Der Tanz ging lautlos auf der schwarzgrün samtenen Fläche weiter. Signe achtete mit fast krampfhafter Anspannung auf die Tanzschritte der Paare. Sie erkannte wohl das Gesetz der gehaltenen Bewegungen; aber es verwirrte sich ihr die Reihenfolge der Auflösungen. Es war ihr schwer, den Takt der Musik in Einklang zu bringen mit den flackernden Ausfällen der Beine, die bei aller Seltsamkeit die Haltung der Menschen nicht zerstörten. Sie konnte begreifen, irgendein winzig kleiner Schoß aus der Seele der Neger war hineingesprossen in diese sinnliche Unterhaltung der Europäer. Für ihren Zustand war solche Überlegung gewagt. Die Füße der Tanzenden erschienen ihr bald undeutlich. Mit Mühe noch hielt sie den Begriff Schuh aufrecht. Was ist das? Sie definierte, ganz schwerfällig, ganz ohne Verbindung mit aller Übereinstimmung, eine Verlassene, fremden Gebräuchen Entwachsene. Es war wie im Anfang der Menschheit in ihr. – Wir alle müssen diesen Anfang einmal berührt haben. Dann sind wir einsam und ein Nichts, ganz ohne Hilfe, ohne das Verdienst unserer Vorfahren, ohne die gezimmerten Gesetze, die von uns abgefallen, erste Heilande, erste Verbrecher, Blutschänder und ein ganzes Volk. – Was ist ein Schuh? Lackleder. Und mehr. Nicht Lackleder. Leder. Haut vom Tier. Felllose Haut, nasse Haut, leicht blutig, abgeschabt das Fleisch mit großen Messern über Böcken. Übler Geruch. Abfall wird in eine Grube getan. Enthaarte Haut, entfleischte Haut, entfettete Haut, getaucht in große Bottiche voll brauner, grünlicher Brühe. Lohsaft. Eichenrinde, Qebracho. Was ist das? Darin die Haut. Durch Wochen, durch Monate. Achtundzwanzig Tage, fünfunddreißig Tage, neunundvierzig Tage. Wer denkt daran? Schwimmen im Wasser. Trocknen. Glätten. Lack. Aufgelöste Zellulose. Und der Fuß und die Form. Der Einzelne kannte die tausend Stationen nicht, alle aber doch sagten: Schuh. Die einen meinten einen dummen Schuh, die anderen einen klugen. Es gab keine Schuhe der Einigkeit, nicht zwei Schuhe, die das gleiche Schicksal erlitten. Was konnte man da von der Seele der Neger wissen? Sie glaubte mit Sicherheit zu erkennen, das Saxophon war gegen die übrigen Musikinstrumente verstimmt. Absichtlich. Es gab ein Flimmern vor ihren Ohren, das manchmal wie das Knistern elektrischer Entladungen war. Es löschte alle anderen Eindrücke aus. Es war sehr schwierig, sich einen Neger im Urwalde vorzustellen. Sie kannte keinen Urwald. Perrudjas schwarzer Diener war stets freundlich zu ihr gewesen, lächelnd, geschmeichelt vielleicht durch ihre Gegenwart. Ohne Brünstigkeit. Es war gewiß ein sehr unnatürlicher Zustand für ihn gewesen, zu lächeln, anstatt zu flammen. Das Saxophon brachte sehr viel schöne Tonfolgen hervor, die im Notenbild durch Versetzungszeichen gekennzeichnet waren. Sentimentale Melodieen bekamen durch kromatische Verrükkungen einen erträglichen Anstand. Manchmal schmierte der Spieler sie durch viele Zwischentöne hindurch, daß sie den Anschluß an das Banale fanden. Dann war die Harmonie ganz leer, und der Komponist hatte vergessen, jenen einzigen, ungewöhnlichen Akkord zu finden, der die Monotonie und Langweile getötet hätte. Ganz überdeutlich malte sich Signe die Polyrhythmik, die der Schlagzeugspieler, offenbar willkürlich, in den Fluß des Tanzes hineinstreute. Die Füße, die man abschneiden konnte. In belgischen Kolonieen hatte man Negern die Füße abgeschnitten, damit sie nicht tanzen könnten. Oder hatte es sich um Gummi gehandelt? Um die Automobilindustrie? Unbestrafte Morde. Einsame hatten lautlos in Kammern geweint, weil sie sich schämten, nicht den Mut gefunden zu haben, Anarchisten zu werden. Der Teppich wies dunkelgrüne Ornamente auf. Ein spitzenumrandetes, rosagelbseidenes Taschentuch lag am Boden. Ein Mann in einem schwarzen Abendanzug stand neben ihr. Sie hörte ihn sprechen. Eine Aufforderung zum Tanz. Sie antwortete verneinend mittels einer Bewegung. Dann besann sie sich, sie hat unhöflich gehandelt, schaute dem Fremden ins Angesicht (bestürzte Kinderaugen, in denen sich Tränen zu sammeln begannen, ein wulstiger, tiefroter Mund, ein wenig häßlich, aber straff wie reife Beerenfrüchte). Ein ganz gesunder Mensch mit Fähigkeiten. Man erkannte es an den wohlgebildeten Ohren und an den tiefausgeschälten Löchern der Nase; die man mit den Organen eines Tieres vergleichen konnte. Das Haar war ungepflegt, durch oftmaliges Seifen ein wenig ausgelaugt, glänzte hell an den Spitzen, seidig, über der Kopfhaut wie Asche. Sie sagte: »Ich bin ungeschickt. Ich bin nur hier um zuzuschauen.« Er verbeugte sich tief, stürzte mit seinem Gesicht auf ihre Hand. Sie fühlte, warm, breit, gierig seine gespannten Lippen, die sich auf einen Augenblick ihrer Hand ansogen. Meertier, das sich auf Nahrung lagert. Er entfernte sich dann, tief errötet. Sie bemerkte, er rief den Diener, bezahlte seine Rechnung, ging. Sie machte sich Vorwürfe, daß sie ihn nicht gebeten, sich zu ihr zu setzen. Sie empfand, sie hat seit langer Zeit nicht mehr mit einem Menschen gesprochen, außer beim Ablauf geschäftlicher Dinge. Wohl begriff sie, es gehört Erziehung dazu, Gelegenheiten zu nutzen; und der Ungeschickte wird nicht anders als billig betrogen mit unvollkommenen Erlebnissen. Halb wollte sie eine Ungerechtigkeit darin entdecken. Die Religion der Demut, die sie nicht mehr wollte und konnte, spielte in ihr auf lieblichen Saiten einer ethischen Idee. – Wer zeugt, wird Nachkommen haben. Wer sein Geschlecht für sündig hält, wird ausgelöscht werden und sein Blut wird vergehen. Man konnte es überall lernen, wo Leben sich auftat; gab man sich die Mühe, hinzuschauen. Unzufrieden mit sich ging sie fort in ihre Wohnung. Entkleidete sich. Sehr langsam schälte sie die Kleiderhüllen von sich ab. Sie wußte nichts von ihren Bewegungen. Sie war, ohne daß ein Wille sie dahin getrieben, in ihren Nachtanzug geschlüpft. Sie streckte sich im Bette aus. Nicht gewaschen hatte sie sich, nichts an sich geordnet, vergessen, die Zähne zu reinigen. Eine dumpfe Faulheit lag in ihrem Fleisch. Ihre

Augen sahen liegend die mildgelb erleuchtete Decke. Ein Hirn, das nicht das ihre war, versuchte die Strichornamente zu enträtseln, zu deuten, in einen Zusammenhang zu bringen mit kosmischen Gesetzen. Eine Hand aber, die nicht die ihre war, löschte das Licht, zum Zeichen, sie muß einschlafen, der Tag ist vorüber, ihre Kräfte verbraucht, sie an der Grenze des Todes, des Nichtseins; unmöglich, einen Schluß der Vernunft zu ziehen; erst muß enthüllt werden, ihre Existenz ist breiter als die breite gepflasterte Straße und tiefer als die Schale voll perlenden Sekts; die rossenden Stuten haben einen tiefen Schacht, wie ein Bergwerk voll unendlicher Tiefe, aus der ein Ungewisses heraufsteigt, die Sucht, zu gebären, damit ein Füllen springe. Am Morgen fand sie sich blutend im Bett. Sie hatte vergessen, 29 Tage waren verstrichen, ein Gesetz mußte sich erneut an ihr erfüllen. Niemals vorher war es ihr schwer gewesen, ihm unterworfen zu sein. Diesmal weinte sie. Sie fühlte Schmerzen, es bekümmerte sie, Anzug und weißes Linnen waren befleckt. Sie fühlte sich unrein und schämte sich. Der eigene Geruch war ihr unerträglich. Trotz der Tränen war sie schnell aus dem Bett, riß den Anzug sich ab, tauchte die Seide in ein Waschbecken, ließ abwechselnd heißes und kaltes Wasser darüberrinnen, wütete mit ihren Händen gegen die braunroten Flecken. Sie badete, wand sich in krampfhaften Schmerzen, weinte still aus trüben Augen weiter, brachte die Unterwäsche über sich, kleidete sich in einen Bademantel. Dann schellte sie dem Zimmermädchen. Das kam. Stumm, mit verbrämter Hastigkeit wies sie auf das unsaubere Betttuch. Nach einer Pause begann sie an ihrer Brieftasche zu nesteln. Sie nahm zwanzig Kronen daraus und sagte, indem sie dem Mädchen das Geld in die Hand schob: »Lassen Sie es heimlich waschen.« Das Mädchen wurde gesprächig. Sie verstand sicherlich einiges von dem, was Signe bewegte. »Wir Frauen müssen leiden«, sagte sie. Es kam ihr der Gedanke, die Tränen der gnädigen Frau müßten eines anderen Grundes wegen geweckt worden sein. Wegen natürlicher Notdürfte brauchte doch kein peinigendes Erröten sich einzustellen. Da fuhr sie auch schon fort: »Gnädige Frau hatten nicht erwartet, wieder unwohl zu werden? Sie müssen nicht traurig sein, daß Ihnen eine Hoffnung genommen ist. Es ist nur ein Geringes, ein wenig Zeit zu verlieren. Es bedeutet nichts für die Zukunft. Es ist sicherlich kein Makel an Ihnen. Wer wie

Sie gewachsen, braucht nicht zu fürchten, unfruchtbar zu sein.« Signe winkte mit den Händen die Worte von sich ab. Die Dienerin ging hinaus, um neues Linnen zu holen. Die Tränenströme lösten sich bei der Zurückgebliebenen. Es war Grund zum Weinen. Sie sehnte sich nach einem anderen Geschick. Sie dachte an Perrudja und an das Haus im Gebirge. An Hein. Daß sie unberührt von dem Manne, dem sie angehörte. Und daß es kein Entrinnen gab in der weiten Zukunft, dem Gesetz der neunundzwanzig Tage unterworfen zu sein mit Schmerzen. Erregung. Ekel. Hoffnungslosigkeit. Das Mädchen ordnete Bett und Zimmer, während Signe abgewandt zum Fenster hinausstarrte. Sie wurde nach einer gewissen Zeit zum Ruhebett geleitet, bedeckt, das Frühstück hereingetragen. Das Mädchen hatte sich der Leidenden erbarmt und schwieg, half nur mit ruhigen Bewegungen und Handgriffen. Signe beschloß, zwei Tage liegend zu verbringen. Sie spürte keine Bedürfnisse, war umdämmert von einer heimlichen Trauer, berannt von ungewisssen Schmerzen, geschwächt durch die unbegreiflichen Beschlüsse ihres Leibes. Alle Mahlzeiten wurden fast verschleiert, ohne die Widerlichkeit, geheimnisvoll für die Verdauung bestimmt zu sein, aufgetragen. Die Gerichte zerfielen in winzige Häppchen, die durch Kraut und Blumen voneinander getrennt waren. Tropfen süßen oder sauren Weines wurden zwischen die Bissen geschoben.

Am Morgen des dritten Tages spürte Signe nach dem Erwachen, sie war geläutert. Sie putzte an hundert Grübchen ihres Körpers, betupfte die Haut mit stark alkoholischen Wassern, ließ sich heiß berieseln. Übermütig schellte sie das Zimmermädchen herbei, zeigte sich ihm fast entkleidet, um bewundert zu werden, tastete mit lockeren Fingern an den rotgoldenen blanken Figuren von Mann und Weib, hatte Lust nach starkem Kaffee, weißem Brot, dunklem Honig des Buchweizens und der Kiefer. Nach einer umständlichen Vorbereitung für den neuen Tag ging Signe auf die Straße. Sie schaute über den Fahrdamm hinweg in die Fenster der Kunsthandlung. Sie bemerkte, es waren Veränderungen der Ausstellung vorgenommen worden. Eine große dunkle Gestalt, wie aus Zement, stand frei hinter einer Scheibe, hob sich ab von blautuchenen Falten. Sie ging über die Straße, um gewisser zu sehen. Stand bald nahe dem Glas. Was wie Zement geschienen hatte, war feinkörniger dichter granitartiger Gabro. Die Kristalle des Gesteins waren zumeist von grünlicher Farbe. Dazwischen aber war es wie Fleischfasern gebettet. Nur ganz kleine Spuren blauweißlicher Punkte aus Quarz hellten die gewölbten Flächen auf, daß sie zu leben schienen. Der rötliche Schimmer gab dem Stein etwas von der Wärme blutdurchwaschener Haut. Nacktheit, die zwischen enthäuteten Muskeln und elfenbeinernem Samt stand. Die grünen Kristalle aber rissen die Gestalt aus der Sphäre des Lebendigen heraus in die Bezirke von Tod und Verwesung. Das zum heftigsten Leben muskelfarben bestimmte, vereisigt in die Starre toter kühlender Leichenfarben. – Erklärung für die sonst nicht begreifliche Unbeweglichkeit. Ein Weib war es, das abgebildet. Üppig, aber ganz hingegeben an die Lagerung unerbittlicher Knochen. Aus dem Becken schienen die Schenkel, der Bauch, die Ruhe unter den Brüsten ihre unbegreifliche Funktion zu nehmen, die ein Zwischending war. Halb Zweck und Lust. Es war Signe, als ob sie erst jetzt begriffe, weshalb sie selbst in der Gestalt eines Weibes einherging. Und sie fand es nicht schamlos, daß der Bildhauer allen Konturen des Körpers nachgespürt, bis zu den heimlichen Zeichen des Geschlechts. Die störenden Haare ignoriert. Das Bildwerk war von dem gleichen Meister geschaffen wie die beiden Bronzestatuen. Die Granitplastik war fast lebensgroß; nicht mehr wie eine Fabel, war wie die Wirklichkeit. Und Signe wurde angefaßt mit übernatürlicher Festigkeit. Sicherlich war der Schöpfer ein verachteter, lebender Bildhauer; der seine Menschen sich mit schmal aufgeschnittenen Augen erträumte, Chinesen gleich, als Bastarde. Der verletzende Äußerungen über sich anhören mußte, weil er den Menschen offen hinstellte, wie er glaubte, daß er sei oder sein müßte. Dessen Ideal der Allgemeinheit eine arge Verschlimmerung der Sitten schien. Signe fühlte, es würde gut für sie sein, einige Werke des Meisters um sich zu haben; zur Tröstung und Stärkung. Der Gabro war sehr peinlich bearbeitet, geglättet bis zur Politur; doch noch nicht aufgerufen der unnatürliche Spiegel des Glanzes. Sie wußte, wenn man die Hand nahm, würde man eisig, unerbittlich dem Lauf der Muskeln folgen können; die ineinander glitten mittels Fettpolster und einer schimmernden Haut.

Sie erstand das Bildwerk und nannte es bei sich das große chinesische Weib im Gegensatz zu den kleineren Figuren aus blankem Rotguß.
Die Monate in Oslo gingen für Signe trotz der toten Tage schnell vorüber. Jede Stunde hatte für sie ein Grauen angenommen, aber die Furcht fand immer die Auflösung in Geschäftigkeit. Die Sehnsucht zu Perrudja war wie eine klaffende Wunde, die täglich frisch aufsprang; aber sobald sie bluten wollte, kam ein Zauberer, der sie wieder schloß.

XXXXI

Den Umzug nach Uti hatte Signe selbst leiten müssen. Nicht, Perrudja oder Hein wären träge gewesen, ihr Erleichterungen zu schaffen. Sie hatten geglaubt, es würde einer Abmachung widersprochen haben, wenn sie außer dem Zurverfügungstellen eines sauberen Hauses sich um Signe bemüht hätten. Über all den Einkäufen zur Beschaffung der Wohnungseinrichtung war die Einsame erschöpft worden. Angesichts aller vernagelten Kisten und Kasten, die zum Transport bereit, war sie in verzweifeltes Schluchzen ausgebrochen. Die Veränderung, die geschah, konnte nicht der Beginn einer Besserung ihres Zustandes sein. So war der Abschied von der Stadt, vom zwecklosen Hotelleben schmerzlich gewesen; wie jede Ortsveränderung des Menschen, die nicht gewürzt wird durch das Gefühl einer Hoffnung. Die ersten einsamen Tage im leeren Hause, Pein, Angst, Tränen, Ratlosigkeit. Ein Eichenholzbett, groß, weit wie ein Schiff, stand aufgeschlagen in einem Zimmer, bequem voller weicher Pfühle, verlockend mit gelblicher Seide überzogen; darin sie schlief. Doch umher Unordnung. Verschlossene Koffer, kaum ein Tisch, kein Gerät bereit, ohne Umstände genommen werden zu können. Die Kisten blieben ungeöffnet. Sie war nicht vorbereitet, ihrem Leibe zu dienen, indem sie ihm in geordneter Reihenfolge Speisen zuführte. Sie aß nur Weniges. Und zufällig. Brot, Butter, was ohne Mühe beschafft werden konnte. Sie trank mit ziemlicher Ausschließlichkeit klares Wasser. Es war kein Holz zum Brennen im Hause, kein Gefäß zum Kochen. Das nächste Gasthaus lag weit entfernt. Auch hätte sie sich geschämt, dort einzukehren. Eines Morgens, er war schon lang geworden und alt, die Sonne ging gegen Mittag, Signe hatte wachend im Bett gelegen, weil es warm, seidig, einzige Stätte, ging sie nach dem Ankleiden daran, die in Oslo erstandenen Statuen auszupacken. Sie hantierte mit Hammer, Brecheisen, Zange. Sie konnte die bronzenen Menschen wohl aus dem Sarge heben. Der Stein war zu schwer, zu mächtig für sie. Sie brach die Holzwände um ihn herum ab. Das Weib stand bestaubt von Holzwolle auf einem Kistendeckel mitten im Raum. Ihr war, als hätte sie nun Gefährten ihrer Einsamkeit und verspürte den Wunsch, ihnen gerecht zu werden, gegen die Unmoral der Unordnung zu kämpfen. Um jener Unbeweglichen willen. Sie hatte bestimmte Vorstellungen, unter welche Zufälle des Schattens und der Farbe man die Bildwerke bringen müßte. Ein wenig erhöht den Stein. Er blickt herab wie eine Katze vom Schrank. Sie würde sich eine Katze halten können. Einen Hund. Die Figuren aus Rotguß in Brusthöhe. Man kann sie gut betasten, sie sind nicht länger wie Zwerge. Ein weißer Polarhund oder ein Bernhardinerhund, ein großer Hund. Die Katze müßte schwarz an Farbe sein. Signe hatte viel zu schaffen. Sie würde sich eine Hilfe dingen müssen, eine kräftige Magd. Hut und Mantel nehmen, das Haus verschließen, davoneilen. Auf den Bahnhof. Signe stieg in einen Zug. In Hamar verließ sie ihn. Trank starken Kaffee im Viktoria-Hotel, aß fast unmäßig. Sie ging zu einer Vermittlerin, zahlte dort ein paar Kronen, ließ sich einige Mädchen vorführen, die sich verdingen wollten. Sie wählte Ragna. Weil sie sauber war. Weil sie jung war. Weil sie kräftig war. Und unbeweglich unter ihrem gescheitelten Haar ein rundes Gesicht stand. Sie schien gesund und war nicht mißwachsen. Frau und Magd aßen gemeinsam ein spätes Mittagsmahl. Einkäufe wurden gemacht. Signe notierte sich Namen und Wohnort einiger Lieferanten, um später schriftlich ihnen das Begehren mitteilen zu können. Spät am Abend langten die Frauen in Atna an, mit Paketen beladen. Sie fuhren mit einem Wagen talaufwärts. Der Herd des Hauses wurde in Betrieb genommen. Ragna verbrannte Kistenholz. Sie hatte ein kupfernes Örestück auf den Herd gelegt, damit niemals das Geld im Hause ausgehe und kochte als erstes einen Glühwein, gewürzt mit Zucker und Zimt, ein wenig Zitrone und Arrak; weil das die Geister des Hauses freundlich stimmt. In der Tat brachte der liebliche Duft des kochenden Weines auch für Signe das

Gefühl eines leisen Wohlseins. Wie von selbst stellte sich Kale ein, um den Frauen zu helfen, die schweren Gegenstände zu bewegen. Es gelang den dreien, das granitene Weib an den Platz zu schaffen, den Signe für den geeigneten gehalten hatte. Das Schlafzimmer wurde als erstes in bewohnbare Ordnung gebracht. Es beherbergte außer dem Bett für die Herrin des Hauses nur noch eine niedrige Ruhematratze, einen lederbezogenen Sessel, einen winzigen Tisch, ein Schränkchen für Flaschen und Dosen, dazu die drei Bildwerke, die auf Sockel aus Celebesebenholz gestellt waren. Ein kleineres Zimmer, benachbart, sollte als Ankleide- und Waschraum dienen. Ehe noch das Kistenholz der Verpackungen verheizt war, hatte Kale Birkenkloben eingehandelt und im Holzschuppen untergebracht. Er war offenbar sehr besorgt um das Wohl der Frauen und machte täglich Vorschläge für den Küchenzettel. Er selbst liebte es, gut und viel zu speisen; dafür verausgabte er seine gewaltige Muskelkraft ohne Sparsamkeit. So ging die Einrichtung des Hauses unter seiner Leitung überraschend schnell vor sich. Es kam der Abend heran, an dem die letzte Arbeit getan. Vorhänge und Teppiche hatten ihren Platz gefunden, Kerzen und Lampen waren aufgestellt. Signe hatte ein kleines Festessen bereitet. Ragna war im Begriff es aufzutragen. Signe wusch sich, geriet in ihr Schlafzimmer, das erleuchtet war. Es sah geweiht aus. Eine törichte Frage stieg in ihr auf: Wenn Perrudja heut bei mir einkehren würde? Auch eine schmerzvolle Antwort sagte sie sich vor. Sie würde ihn empfangen, ihn in dies Schlafzimmer geleiten, sie würde sich küssen lassen, würde sich nehmen lassen. Bei Tische fragte sie Kale, ob er Lust habe, als Bursche im Hause zu bleiben. Er verneinte. Er würde wohl zuweilen einkehren mögen; auch habe er mit Freuden Beistand geleistet. Dauernd würde sich nicht so viel Arbeit finden wie seinen Kräften angemessen. Zu faulenzen liebe er nicht, wegen der zwangsweise aufkeimenden sündigen Gedanken. Er versprach, für den Winter alles notwendige Holz einzukaufen, auch, es zu zerkleinern. Die Vorbereitungen für die wächserne Zukunft waren beendet. Signe übernahm es, den kleinen Haushalt mit Speisen zu versehen, Ragna tat gröbere Arbeit. Für beide blieb viel leere Zeit. Ein Haus ohne Gäste, ohne Alltage, ohne Feiertage, ohne Kalender. Signe erstand einen Bernhardinerhund, der des Nachts auf dem Teppich vor ihrem Bette lag. Ragna fand bald ein Kätzchen, das im Haushalt unentbehrlich, der herbstlichen Mäuse wegen, wie sie sagte. Es war nicht schwarz, wie Signe es gewünscht, vielmehr buntscheckig gesprenkelt, von allerliebstem Anstand in den Bewegungen. Es lag oft im Schoße Ragnas. Ein Fremder, der des Abends im Hause eingekehrt wäre, hätte glauben können, hinter diesen Wänden ist der Traum von einem geruhigen Leben verwirklicht. Aufgesprossen wie eine Wunderblume. Er hätte gefunden am gemeinsamen Tisch in einem Buche lesend des Perrudja Frau; mit einer Handarbeit versehen, nähend, strickend, stopfend Ragna. Ohne Arg, ohne Bewegung der beiden Frauen Antlitz. Auch ohne Lächeln. Spärliche, leidenschaftslose Worte zwischen ihnen. Es kam kein Fremder an ihre Tür. Noch weniger einer, der ihre Gedanken hätte erraten können. Ragna dachte an Kale und sehnte den freien Tag der Woche sich herbei. Sie hatte einen Feiertag. Signe dachte an Perrudja; der nicht kommen wollte, nicht konnte. Sie hatte keinen Sonntag. Manchmal schrieb sie an Hein ein paar dürftige Zeilen, es ergehe ihr wohl. An solchen Tagen schlief sie des Nachts geruhiger und war erfreut über die seidenen Bettbezüge. Manchmal küßte sie den Nabel des bronzenen Mannes vorm Schlafengehen. Erregte Tage kamen wieder über sie. Sie wanderte an einer Wiese vorüber. Auf der Wiese blühten Blumen, gelbe zumeist, auch Mariensterne. An den sumpfigen Stellen verspätete Dotterblumen und Löwenzahn. Sie sah die Herrlichkeit und die Verschwendung und die Geilheit und das Zeugen und das Vermehren. Sie wiederholte Verse, die sie gelesen, ketzerische Verse, von jenem geschrieben, der den Gesang der Amsel übersetzt hatte: »Fick mich lieber Peter.«

Die Blüten tropfen ihre Farben
ins feuchte Gras.
Und an den Narben
grün und blaß
quellen Früchte.
Wie ein Haß.
Die braunen Süchte
nach ewigem Leben

haben Tod und Geburt gegeben.
Und was an Duft der Kelch gebar
längst in der Luft verstrichen war.
Wir haben ihn getrunken
und wurden daran still,
und war'n wir tief gesunken,
dann haben wir gestunken,
weil außer uns das jemand will.

Eine fast krankhafte Neigung für die Üppigkeit der Blumen sprang plötzlich in sie hinein. Sie raffte•große Bündel zusammen, starrte in die Staubgefäße, die Samen waren, auf die bleichgrünen Stempel, die der Mutterschoß. Der Duft, nur Geschlechtsgeruch. In Oslo erstand sie seltsame Gewächse. Den Sinn der Orchideenkelche verdolmetschte sie sich mit unzüchtigen Vorstellungen. Ein objektiver Geschmack gab ihr Gefallen an stachligen Kakteen. So tat sich in ihrem Haus ein Garten auf. Ein wilder, geiler, fremdländischer. Ihre Zunge unterschied beim Genuß des Honigs mit Überdeutlichkeit den Geschmack des Speichels aus den Mägen der Bienen und die betörenden Anlockungen der liebestollen Blumen. Im Widderfleisch fand sie den männlichen Dunst unerbittlich und unentweichbar wie den Odem Gottes. Niemand besuchte sie. Es gab Gerüchte über sie. Sie selbst kannte die Gerüchte nicht. Sie sprach nur mit Ragna. Ragna hatte einen angenehmen Dienst; so konnte sie schweigen. Signe greinte über dem Fell des Hundes, den sie Ingar genannt hatte. Es war nicht das Fell eines Panthers, nicht die Mähne eines Pferdes, nicht die Schnauze eines Rehs, es war Ingar der Hund, der kalbsgroße Hund, der täglich Reis und Haferflocken fraß, in Fleischbrühe gekocht. Das Kätzchen vertrieb die Mäuse und trank Milch. Ragna dachte an Kale und freute sich, daß die Hausfrau emsig die Pflanzen begoß – mit lauwarmem Wasser. Was auch sonst sollte sie denken? Sie verstand nichts von der Ehe der Hausfrau. Man fragte sie aus. Es war nichts zu erfragen. Es konnte nirgendwo ein Ehebruch festgestellt werden. Die Hausfrau kochte, und Ragna schälte Kartoffeln. Es gefielen ihr die Bilder an den Wänden nicht. Das Schlafzimmer dünkte sie leichtsinnig. Die Vorhänge vor den Fenstern waren schwer und die Teppiche sehr milde für die Füße. Die Hausfrau las viel. Sie hatte die Zeit dazu. Sie las zumeist in einer Sprache, die Ragna nicht entziffern konnte. Manchmal las sie auch zwei Bücher gleichzeitig. In dem einen blätterte sie, im anderen ging es Seite für Seite weiter. Manchmal flüsterte die Hausfrau beim Lesen ganz unverständliche Silben. Es war die fremde Sprache, die Ragna nicht verstehen konnte. Es mußte eine sehr häßliche Sprache sein. Es geschah eine Ungerechtigkeit, die Signe gegen Ragna verübte. An einem Vormittage sprachen sie miteinander. Signe: »Du hast einen Geliebten, Ragna.« »Sie verdächtigen mich. Ich habe mit keinem Manne Umgang, ich liebe keinen.« Sie dachte an Kale, den sie verleugnete. Signe: »Du bist ruhig. Du vergießest heimlich keine Tränen, du sehnst dich nicht fort von hier. Du besitzest eine Kraft, die ich nicht habe. Ein einsamer Mensch kann mit ihr nicht begnadet sein. Du lächelst verstohlen, du bist ohne Brunst gegen das Fell der Katze. Du triumphierst über mich, wenn ich am Boden neben Ingar liege und seinen Pelz zause. Du bist jemandes Geliebte.« Ragna dachte an Kale und verleugnete ihn abermals. In ihrer Entgegnung war Boshaftes. »Sie sagen Seltsames. Ich habe es nicht aufgefaßt. Es ist bemerkt worden, es war doppeldeutig. Es soll mir ein Gewisses angedichtet werden, das, wenn es erst heraus ist, meiner Ehre nicht dient. Es muß wohl so sein, ich habe eine Hausfrau bestimmter Beschaffenheit zur Herrin. Welcher Beschaffenheit, das wird auch antag kommen.« Signe: »Verstehe mich doch: Du bist häufig vom Hause fort. Du gehst doch zu jemand. Zu jemand, der dir gefällt und dem du angenehm bist. Es kann nicht sein, du bringst jeden siebenten Tag vom Morgen bis zum Abend unter dem freien Himmel zu. Manchmal regnet es oder es ist kalt. Verwandte von dir gibt es in dieser Gegend nicht.« Ragna: »Soll etwa der freie Tag mir genommen werden? Auf ihm bestehe ich. Es ist bei der Verdingung ausgemacht.« Signe: »Nicht darum geht es. Ich möchte wissen, was du treibst. Du erholst dich, indem du dich mit Menschen triffst. Das ist einfach genug. Ich beneide dich. Sage mir doch, wohin du gehst.« »Ich habe keinen Geliebten«, schnitt Ragna in die Rede, »ich gehe zu Menschen, spreche mit ihnen. Wer täte es nicht?« Signe: »So nimm mich einmal mit dir.« Ragna dachte an Kale, nur noch an ihn. Ein Gedanke der Eifersucht gebar sich ihr. »Was soll ich denken?« zischte sie, »mitnehmen? Zu wem? Zu wem denn? Bin ich eine Kupplerin? Was wird mir zugemutet? Welcher Wind ist das? Wer verstände die Zumutung? Zu Kale mitnehmen? Meine Nebenbuhlerin wollen Sie werden? Danke, danke. Haben Sie mich schon mit ihm betrogen? Im Übermut soll mir diese Komödie gespielt werden. Danke, danke. Das ist ein sauberes Geschäft. Eine liebliche Hausfrau, die das Bett ihres Gatten nicht kennt, aber meinem Kale nachstellt.« Signe fiel in Neid und Zorn. Ihr Gemüt war sehr schwächlich geworden. Sie war nicht länger gerecht. Kale war ein Mann. Ragna ging zu Kale. Ein Weib zum Mann. Signe war Bettlerin. Sie hatte an verbotenen Türen gehorcht. Sie kannte das Bett Perrudjas nicht, wie gesagt wurde. Es war Beleidigung gegen sie erfunden worden. Ragnas Schoß war fromm, der ihre gottlos. Tigerin, die den Tiger nicht kennt. Sie flüchtete ins Schlafzimmer. Sie stürzte weinend über Ingar. »Man hat mich beleidigt«, schrie sie in die zottigen Tierohren. »Gewiß, gewiß«, antwortete das speichelnde Maul, »du bist unbegattet, und für mich ist keine Hündin da.« Sie erkannte deutlich die Stärke seines Geschlechts. Sie sprang auf. Es war trübe in ihrem Hirn. Sie sah sich niederknieen als Hündin. Sie versetzte dem ahnungslosen Tier einen Fußtritt in den Bauch, daß es aufjammernd, fast hinkend davon sich schleppte in den niedrigen Hohlraum unter dem Bett und dort leise winselnd sich verbarg. Signe hörte, wie eine breite feuchte Zunge eine schmerzende Stelle beleckte. Sie ging hinaus und kündigte Ragna den Dienst. Als sie mit sich ganz allein war, überlegte sie, es würde lästig sein, Ragna eine Nachfolgerin zu geben. Es ist nicht genügend Arbeit für sie im Hause. Sie wird zu viel Zeit für entlegene Gedanken haben. Wie ich. Der Winter hält seinen Einzug. Schneeschaufeln. Holz zersägen. Schwierige Einkäufe. Das ist vielmehr Arbeit für einen Mann. Kale würde nicht kommen mögen wie bisher. Sie beschloß, einen Burschen zu dingen. Sie würde ihn umsorgen; eine kleine Übung als Hausmutter.

Es ist kein Gesetz erfunden, mit dem man ergründen könnte, weshalb gerade Ragnvald es sein mußte, der ihr Hausgefährte wurde. Ragnvald war ohne Beruf, Knecht, wie man sagte, verstand sich etwas auf die Landwirtschaft, war nicht schwächlich, kaum plump, ein wenig selbstbewußt, weshalb die Burschen ihn nicht leiden mochten. Und die erste beste Dirne nahm er auch nicht, weil er glaubte, da sei ein Wert an ihm, der verpflichte. Da er wohlgewachsen und strotzend, hatte er Bedürfnisse. Und auch Möglichkeiten, ihrer ledig zu werden. Aber er leugnete vor sich, was an Tatsachen sich in seine Jahre eingeschlichen hatte. Er glaubte, die Welt heiße Ragnvald. Am ersten Tage seiner Anwesenheit schon enthüllte sich seine Freiheit und unkeusche Art sich zu äußern. Ihm wurde sofort verziehen, weil er die Unflätigkeit mit einem hohen Grad an Unbefangenheit und Anmut zu zieren wußte. Er zeigte in dem Braun seines Gesichtes, zwischen roten Lippen lachend weiße Zähne, die, geschickte Worte wurden geredet, jeden peinlichen Eindruck verlöschen machten. Er kam gemeinsam mit Signe in deren Schlafzimmer, sah das granitene Weib, trat hinzu, zeigte mit Fingern auf den Schoß und lachte. Signe bedeutete ihm, es sei keine Ursache zum Lachen. »Zum Lachen nicht«, antwortete er, »aber zum Freuen.« So siegte er seinen ersten Sieg. Er fand bald heraus, er hatte eine ihm gemäße Rolle gefunden. Er fühlte sich als Beschützer und Ratgeber eines klugen und einsamen Weibes. Es widersprach seinem Stolz nicht, daß er sich hier unterordnen mußte. Er entdeckte die neue Eigentümlichkeit seines Benehmens, er konnte bescheiden sein. Er fand sich zurecht in den vielen kleinen Wendungen der Nachgiebigkeit und Hilfsbereitschaft, zu denen der Umgang mit einer anmutigen Frau auffordert. Signe atmete mit einer gewissen Beglückung die große Fühlsamkeit und fand sich ohne Willensentscheid dazu bereit, ein kameradschaftliches Verhältnis zu eröffnen. Der erste Schnee fiel. In den schwedischen Öfen verzehrten sich die Birkenkloben. Die Abende waren lang. Sie verführten zu Schlemmereien. Es gab häufiger denn je Eggedosis, oft auch Punsch und Schmalzgebackenes. Ragnvald konnte gut erzählen. Er erfand seine Geschichten. Irgendein fernes Erlebnis lag ihnen zugrunde. Das bog er an einer gewichtigen Stelle mit einer Lüge um, und aus der Lüge nährte sich seine Phantasie. Er entdeckte den Reiz sonderbarer Verwicklungen und Verwechslungen. Er versprach sich, wenn er lebhaft wurde und beschrieb, was er beschrieb, mit einem Ich. Merkte er's, wich er ab und erklärte mit seltsamem Schwung, das Ich sei nicht das seine, sondern nur die Spukgestalt eines seiner Helden. Es war um Signe herum erträglich geworden. Sie vergaß während langer Stunden ihr Unglück. Es konnte scheinen, sie lernte genügsam zu sein. Es kamen Anlässe, die ihre Demut auslöschten. Wie Rauchschwaden zog es über eine ebene Landschaft. Das Schicksal würde nicht kleinlich mit ihr verfahren. Der Schnee lag hoch. Seit Wochen fror es ohne Schneefall. Ragnvald zersägte im Schuppen, leise vor sich hinsummend, Holz. Er hatte eine letzte Geliebte von sich gestoßen. Er hatte es unvereinbar gefunden, mit Mägden zu verkehren und Gesellschafter einer gebildeten Frau zu sein. Er war, wie um anderer törichter Anlässe willen, auch stolz auf sein Ledigsein; einstweilen. Ein ältlicher Mann trat ans Tor. Unvermutet gelenkig, mit tausend Fältchen im Gesicht. Er sprach Ragnvald an, zeigte ihm Freikarten für einen Wanderzirkus, erklärte dazu, auf jeden bezahlten Platz würde ein solches Freibillet gewährt werden. Beschrieb, kaum eine Stunde Schlittenfahrt entfernt sei das Zelt aufgeschlagen worden. Die Geschäftseinnahmen des Sommers seien dürftig gewesen, man habe sich nicht entschließen können, die Winterquartiere zu beziehen. Doch sei das Zelt sehr gut geheizt. Kein Besucher werde zu frieren brauchen. Man solle die Mühe nicht scheuen. Man solle der Kunst einen Dienst erweisen. Die Pferde begehrten zu fressen. Schöne Pferde. Man werde sehen. Man werde nicht enttäuscht sein, nicht bereuen. Er zeigte das Programm. Man möge es durchstudieren, erkennen, von wieviel Aufopferung und Können es Zeugnis ablege. Man möge es ans Gitter heften zum Anreiz für etwa Vorübergehende. Es sei eine gute Sache, der man diene. Ragnvald lachte. Er lachte unbarmherzig. Er hatte eine Magd verstoßen. Er dünkte sich sehr moralisch, ihre Tränen hatten ihm einen köstlichen Sieg bedeutet. Den dehnte er in diesem Augenblicke aus. Tand, Schaustellungen. War das nicht unwürdig? Mägde und Knechte gingen hinein. Er hatte sich vorgenommen, enthaltsam zu leben. Sein Herz, sollte es nun Gefallen finden an den Darbietungen von Menschen, deren gesetzloses Leben sprichwörtlich war? Er wies ab, verletzte den Alten mit der Bemerkung, man habe in diesem Hause bessere Meinung von Kunst und Mühe. Der Alte wandte dagegen ein, der junge Herr ermesse die Leistung nicht, sei sehr unerfahren. Er möge sich ausdenken, wie vieler

Jahre Mühe zusammengetragen werden müsse, ehe es einem Menschen gelingen könne, sich aus freier Haltung auf einen Finger zu stellen. »Wozu das, wozu das?« höhnte Ragnvald. »Leistung, junger Herr, Leistung, mein Bester. Die Leistung bestimmt das Gesicht der Welt. Daß Sie es nicht wissen! Daß Sie gering denken von unserer Arbeit!« Er war dem Weinen nahe. Da ging er. Er heftete das Programm trotz des Zornes seiner gequälten Seele mit Demut gegen das Gitter an der Straße. Der Wind zerfetzte es bald. Ragnvald erzählte Signe die Begegnung. Sie horchte auf. »Du bist ein Tor«, sagte sie, »wir werden in den Zirkus gehen.« Und heimlich hoffte sie, dort Hein oder Perrudja zu treffen. Oder doch wenigstens ein bekanntes Angesicht. Ragnvald, der in den Büchern Signes gelesen und an ihnen seinen Sprachschatz erweitert, antwortete mit weicher Formelhaftigkeit: »Ich höre und gehorche.« Als sie am Nachmittag sich auf den Weg machten, war die Sonne längst hinab. Aber die Dunkelheit war tiefer als sonst an Abenden. Die Sterne waren verhangen. Der grauweiße Schnee am Boden leuchtete nicht. Man unterschied kaum die Straße von den Feldern. »Es wird diese Nacht zu schneeien anfangen«, stellte Ragnvald fest. »Ja«, antwortete Signe gepreßt. Ihr Herz schlug einen Takt, der ihr nicht angenehm war. »Es ist windstill«, fuhr sie nach einer Weile fort, »es ist Feuchtigkeit oder Elektrizität in der Luft.« – »Es zehrt an mir«, nach einer Weile. – »Wir werden Mondwechsel haben.« Ragnvald: »Es muß an der Zeit sein. Mein Bart wollte sich heute nur schwer rasieren lassen.« Signe zählte für sich fünf Tage ab. Dann würden wieder einmal neunundzwanzig Tage ihres Lebens verstrichen sein. Immerhin, es war windstill. Man wurde warm beim Ausschreiten. Sie wünschte sich, der Weg möchte kein Ende nehmen, die dunklen Stunden nicht aufhören. Sie war ja ohne Schmerzen, ihr Herz ordnete sich mit seinem Takt in die leise Anstrengung des Gehens. Ein wenig Schweiß saß ihr über der Haut. Bei einer Kleinigkeit Erschöpfung konnte man den Abend schön finden. Nicht in ein Haus gehen. Sie würden ein Zelt über sich haben. Das schon war angenehmer. Ingar, Ingar schritt lautlos neben ihr. Man würde ihn mit in den Zirkus nehmen müssen. Sie würde darüber mit dem Direktor verhandeln. Ingar würde wenig Freude an den erquälten Dressuren haben. Vielleicht würde es ihm einfallen zu bellen. Auch die Menschen waren dressiert. Man würde vieles entschuldigen müssen. Das Leben war keine Angelegenheit für zarte Betrachtungen. Neger gelyncht. Mit Teer bestrichen, mit Federn beschüttet, angezündet. Nero und kristliche Fackeln. Kristen und lebendige Fackeln. Jüdische Frauen in Rußland entdärmte man, riß ihnen, waren sie schwanger, die Frucht aus und füllte ihren Bauch mit Federn. Es sind Kristen auf dieser Welt zurückgeblieben. Und Neger sind am Leben. Die Juden sind nicht ausgerottet. Wird das Erinnern ausgelöscht, kann die Gerechtigkeit gekrönt werden. Die Gerechtigkeit kann nicht gekrönt werden, denn es steht von der Todesstrafe in ihren Gesetzen. Es wiederholt sich, was auch durch die Erinnerung offenbar wird. Die Geschichte, das große Buch der Fälschungen.

»Wie lange werden wir zu gehen haben«, fragte sie.

»Ein und eine halbe Stunde. Wir werden über Aasta müssen. Die Straße ist in der Dunkelheit leichter.«

»Wir hätten einen Schlitten uns mieten sollen.«

»Wir hätten es können.«

»Ich möchte die Nähe von Pferden riechen.«

»Im Zirkus wird es Pferde geben.«

»Wir wollen einen Platz nehmen, von dem aus wir nahe sehen.« Sie schwiegen, bis sie vor Sollia waren. Licht wölbte sich in die Finsternis. Sie kamen in die Wagenstadt des Zirkus. Es war kein stolzer Anblick. Und eine Stadt war es bei näherem Zuschauen auch nicht. Ein Dorf, ein Weiler, acht oder zehn Wagen. Trübe elektrische Glühbirnen hingen nackt in zerstörten Fassungen ausgespannt zwischen den Wagen. Die Türen waren zumeist aufgeschlagen, daß man hineinschauen konnte. Falbes Licht im Innern wie außen vor. Pritschenartige Matratzen, über und nebeneinander. Kaum andere Geräte. Ärmlichkeit kroch heraus. Signe fühlte Mitleid und Liebe zu den Menschen, die sie noch nicht gesehen, von denen sie nur wußte, sie waren arm, fast vogelfrei. Trotz der vorgefaßten Meinung, es sei ihre Aufgabe, die Mitmenschen zu erheitern und anzuregen. Schlanke Menschen in eng anliegenden Wolljacken kamen geschlichen. Aus einem Wagen. Verschwanden in einem anderen. Sie lachten nicht, sie trauerten nicht; es

mußte sie frieren; aber sie schlossen die Türen der Wagen nicht.
»Es ist noch eine Stunde Zeit bis zum Beginn der Vorstellung«, sagte Ragnvald.
»Wir werden ein wenig essen«, entgegnete Signe, »es wird ein Erfrischungsraum im Zelt sein.« Sie schlenderte vorwärts. Ragnvald trat in ungefrorenen Menschenkot und sagte: »Pfui.« Signe, die bei sich seinem Ausruf die zutreffende Begründung unterschob, sprach ganz lässig aus: »Es wird ein junger Stallbursche gewesen sein.« Ragnvald trübte den weißen Schnee mit seinem Schuh. Das Zelt war rund und hatte zwei rechteckige Vorbauten. Die Hinterseite, Ställe. Man roch Pferde, hörte Rascheln im Stroh, Atmen, Prusten. Die Vorderseite. Man erkannte sie als solche; die Eingangshalle; erleuchtet; abgeteilt eine Schankstätte, mehr eine Kaffeestube. Im leeren Vorraum stand ein alter Mann, das Gesicht schneeweiß geschminkt, angetan mit einem abgetragenen Straßenanzug. Ihn sprach Signe an. Sie wollte wegen Ingars mit ihm verhandeln. Der Hund, unendlich müde, neugierig, beroch den Mann ohne Feindschaft. Jener grüßte tief, ehrerbietig. Als das erste Wort an ihn ergangen war, begann sein Antlitz zu leben. Seine Hände fingen an zu leuchten. Er erkannte den Begleiter Signes, der wiederum ihn nicht zu kennen glaubte. Bis ihm Aufklärung wurde aus der Rede des halbfertigen Harlekins.
»Die schöne Frau ist gütig gegen uns. Sie denkt nicht niedrig von uns. Sie ist gekommen. Sie teilt nicht die Ansicht, die uns zu Landstreichern stempelt. Sie weiß unsere Verdienste zu schätzen.« Abermals schaute er auf Signe und Ragnvald. Plötzlich kniete er nieder, umhalste den Bernhardinerhund, küßte wild in dessen Fell. Sehr geordnet erklärte er danach: »Ich werde den Herrschaften zwei gute Plätze besorgen. Der Hund tritt frei in den Zirkus.«
Signe beschrieb ihm, wie sie die Plätze sich wünschte. Er wußte es schon. Er brachte einen Bindfaden, um Ingar anzuseilen. Man könne nicht wissen, vielleicht würde etwas in der Manege ihn erregen.
»Du hast den alten Mann tief gekränkt«, sagte Signe zu Ragnvald.

»Ich bin Clown an diesem Institut«, sagte der geschminkte Mann.

»Ich habe meine Meinung vertreten«, sagte halbstolz Ragnvald.

»Drei Kronen je Platz, bitte«, sagte der Clown.

»Wir möchten ein wenig essen und heißen Grog trinken«, sagte Signe.

»Bitte, ich werde Sie bedienen. Vielen Dank für die Ehre, bitte«, sagte der Clown.

»Es wird nichts Gutes zu essen geben«, schmollte Ragnvald.

»Bitte, Sie werden gut bedient werden, es gibt Plumpudding für unsere liebsten Gäste. Weihnachtlich. Er ist schnell reif bei uns, wir geben Dampf aus der Lokomobile. In verlöteten Dosen. Es ist nicht unappetitlich. Rum darüber.«

»Wir wollen Plumpudding«, erklärte Signe, »ich möchte sehen, wie er bereitet wird. Ich möchte die Lokomobile sehen. Wo denn nur steht sie? Ich höre kein Geräusch.«

»Sie werden unsere Erfindung bewundern. Der Kessel steht ganz nahe. Die Maschine bewegt sich noch nicht. Wir nehmen den Strom im Augenblick aus der Akkumulatorenstation. Während der Vorstellung arbeitet die Maschine auf Netz.« Im Sprechen noch nahm er aus einem rohen Bretterregal eine Dose in der Form eines abgestumpften Kegels.

»Bester englischer Herkunft. Kostet zwei Kronen fünfzig. Reicht für zwei Personen.«

»Nimm noch eine zweite Büchse«, sagte Signe, »iß selbst gemeinsam mit uns, erzähle uns dazu, wenn es dir nicht schwer fällt.«

»Gewiß nicht. Große Ehre für mich. Daß ich dies erleben durfte!« Er nahm eine zweite Dose. »Darf mit mir essen meine Frau? Ich gönne es ihr. Sie hat niemals Plumpudding gegessen. Sie ist so jung. Achtzehn Jahre. Vor vier Wochen hat sie ein kleines, ein allerliebstes, ein närrisches Kindchen bekommen. Dieses Glück. Ich zwar bin ein Greis. Aber sie war schwanger. Niemand wollte sie heiraten von den Unseren, obgleich viele teilgehabt hatten an ihren weichen Schenkeln. Sie weinte. Da habe ich sie geheiratet. Ich liebe sie ja so sehr.«

»Nimm noch eine Dose«, sagte Signe.

»Für wen denn?«

»Man wird es im Augenblick nicht wissen können.«
»Wir werden die Vorstellung mit einer Viertelstunde Verspätung beginnen müssen.«
Sie zogen in das Manegezelt; das fast dunkel war. Seitlich nur brannten ein paar gelbe Glühlampen. Von dort auch zischte es ein wenig und Dampf stieg auf.
»Während der winterlichen Vorstellungen bringen wir die Lokomobile in den Zuschauerraum. Sie ist gleichzeitig der Ofen. Auf der ihr gegenüberliegenden Seite befindet sich eine eiserne Trommel, die von Heizschlangen durchzogen ist. Wir geben vom Kessel aus Dampf hinein. Es ist warm im Zelt. Wir übertreiben in unseren Ankündigungen nicht.«
»In der Tat, es riecht nach Wärme«, sagte Signe.
»Nach Maschinenöl«, sagte Ragnvald.
Sie standen neben der Maschine. Ein Heizer in blauer berußter fettiger Bluse kroch hervor, grüßte.
»Arbeit für dich«, sagte der Clown. Er hielt die drei Dosen erhoben. Der Maschinenwärter sprang behende hinter einem Koksbehälter hervor, öffnete einen kleinen, offenbar gußeisernen Kasten, der an seinem oberen Teil mittels vier Schraubenmuttern durch eine starke Platte verschlossen gewesen war. Er nahm die Büchsen, tat sie in den schwarzen Hohlraum, verschraubte das Gefäß sehr sorgfältig. Dann ließ er vermittels eines Ventiles durch ein blankes Kupferrohr vom Kessel aus Dampf in die Trommel. Es brodelte darin ein wenig, feine Wasserperlen traten über den Deckelrand, nach und nach verloren sie sich, und feine Dampfstrahlen zischelten in die Luft. Neugierig betrachtete Signe die Maschine. Es war eine runde Walze, grün bemalt, mit schwarzen und roten Strichen geziert. Öl, das herabgetropft, hatte die meisten verwischt. Dann auch kam ein Rohr oder ein wulstiger Ansatz, grauschwarz eisern aus dem grünen Überzug hervor, umgeben von weißlichen Krusten. Der Kessel ruhte auf eisernen Rädern. An der Seite des Feuerloches fiel er gerade herab, fast bis auf den Boden; auch trat die starke schwarzmetallene Kesselwand wulstig hervor, versehen mit vielen hundert Nieten und Bolzen. Die Klappe zum Feuerloch war elliptisch. Hähne, Wasserstandsgläser, fettige zischende Wärme. Ein wassergefüllter Kasten hing unter dem Feuerrost. Asche und Funken fielen hinein, prik-

kelnd verlöschend. Dampf sog sich in die darüber entfachte Glut. Tot und still waren zwei blanke, stählern erscheinende Schwungräder. Sie waren oberhalb des Kessels gelagert. Sie waren verbunden mit einem System von Eisenarmen, die irgendwo, in eisernen, bronzeverbrämten Büchsen verschwanden. Zylinder und Dampfsteuerungen. Über eines der Schwungräder war ein Lederriemen gelegt. Er führte über die Spindel einer Dynamomaschine, die braungrau, in der Nähe des Schornsteines hinter der Rußklappe des Kessels stand. Das war die Maschine. Signe brannte darauf, sie in Funktion gesetzt zu sehen. Sie las die Zahlen auf dem Manometer. Bei einer Acht war ein roter Strich angebracht. Der blaue Zeiger stand in der Nähe einer Sechs; das ganze Rund zählte von eins bis fünfzehn.

»Wenn wir stark das Zelt heizen«, sagte der Maschinenwärter, »ist es schwer, Dampf zu halten.« Er riß die Klappe zum Feuerloch auf, schaufelte Koks hinein. »Die Maschine ist zu schwach. Sechs und eine halbe Pferdestärke hat sie geleistet, als sie neu war. Sie bringt es jetzt sicherlich nur noch auf vier. Sie ist alt. Hätten wir nicht die Akkumulatorenstation, die wir für die Stromkreise der Ställe eingeschaltet lassen, es würde nur eine trübe Festbeleuchtung am Abend vorhanden sein. Zweitausend Watt allein beansprucht die Manegebeleuchtung.«

»Sie ist doch sehr schön, die alte Maschine«, sagte Signe.

»Wir werden auch schwerlich eine neue beschaffen können«, sagte der Clown.

»Wir müssen mit der Feuerung sparen«, sagte der Maschinenwärter, »ich könnte, brächte ich es im Feuerdom bis zur Weißglut, vielleicht acht, neun Atmosphären Druck halten. Dann würde es um die Dampfhaube brummen. Und die Schwungräder würden auf Touren kommen. Und der Dynamo zu singen anfangen. Aber wir müssen immer mit sechs oder sieben Atmosphären fahren. Dabei flackert das Licht.«

»So könnte schon jetzt die Maschine angestellt werden«, fragte Signe.

»Gewiß, es ist nur noch ein wenig früh.«

»Bitte, bringen Sie die Maschine in Gang.«

»Vielleicht wird der Alte schelten«, meinte der Maschinist.

»Ich nehme es auf mich«, antwortete der Clown, »gib Koks drauf, und dann angekurbelt. Geschmiert hast du?«
»Ja.«
Die Feuerluke geöffnet. Prasselnde, blauleckende Flammen. Knistern im neugeschickten Koks. Manometer sechseinhalb.
»Ich werde die Heizschlangen ein wenig abdrosseln.« Ventil zugeschraubt. Sechsdreiviertel.
»Der Plumpudding wird reif sein.«
»Ich nehme den Dampf weg.«
Der Maschinenwärter schraubte an einem großen Ventilrad, das ziemlich hoch über seinem Kopfe war. Zischen, prickelndes Fauchen, Spritzen, Perlen, Schürfen. Langsam ging die Pleuelstange vorwärts. Räder herum. Rückwärts Glitzern, Ölstreifen, exzentrische Scheiben; Takt, auf und ab, hin und wider. Eine Dampfmaschine, eine kleine alte Dampfmaschine, 6½ PS. Die Lichtquelle des Zirkus, Metamorphose von Koks in Helligkeit. Der Dynamo surrte. Im Schornstein pufften die Abdämpfe. Funkenregen in das Aschenwasser. Der Maschinenwärter ging zur elektrischen Schalttafel. Er gab den Strom auf Netz. Die beiden elektromagnetischen Meßinstrumente bewegten die Zeiger. Ein Augenblick Dunkelheit. Dann war es wie fernes Dämmern. Die Helligkeit wuchs an. Das Manegezelt erstand als Raum. Eine sehr weiße Lichtquelle von der Mitte senkte Strahlen herab. Sie flackerte ganz leis, wie unterbewußt im Takt der Maschine. Ingar lag still zu Füßen Ragnvalds.
»Ich werde nun wieder Dampf in die Heizschlangen geben müssen«, sagte der Maschinist.
»Gib uns den Pudding heraus«, sagte der Clown.
»Ihr seid nicht reich«, sagte Signe, »vielleicht könnt ihr fünfzig Kronen gut gebrauchen.«
»O«, sagte der Clown und lächelte.
Der Maschinist rieb sich vergnügt die Hände. Als er den Deckel vom Eisenkasten schraubte, um die Blechbüchse herauszuheben, sagte er halb für sich: »Und bei uns wird alles geteilt.«
»Ich werde den Pudding, den wir verzehren, selbst bezahlen«, sagte der Clown.
Signe wollte es nicht.

Ragnvald war verstimmt. Er schämte sich für Signe, daß sie die Zirkusleute mit du und ihr anredete, als ob jene ihre Diener. Und daß sie alles bis ins einzelne begreifen wollte. Der Clown würde am Tisch mit ihnen sitzen und erzählen. Seine Frau, die eine Hure war, würde Plumpudding essen, den Signe bezahlt. Ihn dünkte die Ehe zwischen einem sechzigjährigen Mann und einem achtzehnjährigen Kind anstößig. Nicht auszudenken, sie war nur geschlossen worden, weil das Kind schwanger gewesen.
Signe und der Clown waren voraufgegangen. Ragnvald hörte die Worte herüber: »Gewiß liebt sie mich nicht. Sie kann mich nicht lieben. Es sind so viele junge Männer in unserer Gemeinde.« »Der Dummkopf, der Narr«, dachte Ragnvald, »sie sind gesetzlos.« Mit schier unfaßbarer Geschwindigkeit hatte der Clown die Puddinge aus den Büchsen genommen, auf einen Teller gestellt, Arrak und Zucker darüber getan, entzündet. Tellerchen, Löffel und Gabeln standen auf einem kleinen Tisch bereit. Ein Pfiff in die Nacht. Alsbald trat ein junges Mädchen herein. Im Flitterkleid. Sehr schlank, starke Brüste nur, feuchte rehbraune Augen, tief umschattet, schwarzes welliges Haar.
»Meine Liebe«, sagte der Clown, »komm zu uns, setze dich, iß mit uns. Es gibt Plumpudding. Eine hohe Gönnerin verehrt uns, dir und mir, das Mahl. Mache einen Knicks, lasse dich bewundern. Deine Schultern sind Elfenbein. – Bitte um Entschuldigung. Deine Brüste sieht man in diesem Kleide auch sehr gut. Hast du den allerliebsten Burschen getränkt? Dieses Glück. Du wirst nicht weinen? Ich begehre nichts von dir. Du sollst nur Plumpudding essen. Bitte, meine Frau, bitte, wenn's beliebt, die heimliche Freude meines Herzens. Und seine heimliche Trauer. Ich verstehe mich mit meinen sechzig Jahren ganz gut. Besser als sie sich mit ihren achtzehn.«
Man begann zu essen. Die junge Frau war sehr schön. Sie schwieg. Sie liebte den Clown nicht. Es gab Stallburschen. Der Pudding war herrlich, duftig, brennend, Arrak, Hammeltalg, pflaumiges Mehl, Rosinen.
»Ich heiße Policinello«, sagte der Clown.
»Martin Schmidt«, sagte die Ehefrau.
»Policinello«, verbesserte der Clown.
»Du wirst dich ankleiden müssen«, sagte die Ehefrau.

»Ich werde erzählen, ich werde die Kronik unseres Unternehmens berichten, die gegenwärtige Geschichte, diese Minute der Geschichte, wer in den Wagen da draußen hockt. Ich werde das Programm erläutern. Von mir zum Beispiel dies: wir geben einen Zwischenakt. Er heißt die Biene. In seinem Verlauf wird mir Wasser ins Gesicht gespieen. In meiner Jugend hat es mich sehr gekränkt, öffentlich angespieen zu werden. Ich tröstete mich damit, alle großen Künstler werden in der Öffentlichkeit angespieen.«
»Wirst du all deine abscheulichen Arbeiten erläutern?« flötete die Ehefrau.
»Ich werde der Reihe nach das Programm und die Personen vornehmen.« Er erzählte.
Signe hörte. Die Worte fielen tief. Sie nahm nicht logisch auf. Ragnvald hörte. Er rückte innerlich davon ab. Er war überzeugt, Signe hatte eine große Dummheit begangen. Immerhin war auch für ihn, was hier gesprochen wurde, neu. Es duftete nach frischer Haut, nach Pferden, nach Wirklichkeit. Es war eine Welt ohne Gefühle, nur voller Abläufe. Und die Leistung grenzte manchmal ans Asketische. Irrte er sich? Signe zog mit bebenden Nasenflügeln ein? War sie tief verfangen in diese Geschichte nackter Tatsachen? Hunger. Phantastische Bemühungen und Gebräuche. Seltsame Schlüsse aus Taten des Geschlechtes.
Signe erhob sich. »Policinello muß sich ankleiden«, sagte sie. Zu der Ehefrau beugte sie sich nieder. »Schönes Mädchen, freuen Sie sich ihres Kindes –« Und küßte sie. »Ingar«, rief sie, »Ragnvald, wir wollen unsere Plätze einnehmen. Es kommt Publikum.«
»Eine Königin, eine Königin«, heulte der Clown.
»Sie ist schön, sie ist unmenschlich schön«, stammelte die Ehefrau, »bin ich so schön wie sie?« Sie bettelte bei dem alten Mann: »Halb so schön wie sie?«
Der alte Mann nahm ihren Kopf und küßte den Tau, den Signes Mund hinterlassen. Dann wühlte er sich in die Lippen der Achtzehnjährigen. Zum erstenmal widerstrebte sie nicht.
Es erschien der Herr Direktor. Er sagte sehr milde: »August, es wird Zeit für dich.«

»Ich bin schon geschminkt. Es wird gehen: eins, zwei, drei.«
Ab.
Zuschauer, Landleute der umliegenden Höfe. Knechte und Mägde vor allem. Sie feilschten um die billigsten Plätze. Das Manegezelt halb leer. Ganz nahe dem Sand aus Sägespänen, eingefaßt durch einen Ring, rotbetucht, schmutzweiße Kasten, auf zwei Klappstühlen aus Buchenholz: Signe und Ragnvald. Zu Füßen der Frau: Ingar. Auf erhöhten Bänken, weit hinter ihnen: das schmale Publikum.
Gongschlag.
Anfang.
Gongschlag.
Nun aber doch.
Gongschlag.
Von erhöhter Tribüne setzte meckernd, sägend, dick und kurzatmig eine Kapelle Blechinstrumente Blasender ein. Eröffnungsmarsch.
Sie spielen falsch. Sie sind nicht im Takt. Der Baßbläser kennt nur einen Ton. Nach vieler Mühe findet er einen zweiten. Eine Klarinette verirrt sich in der Melodie. Alle kennen sie, die Klarinette kennt sie anders.
Signe fühlte sich gequält. Sie blätterte verzweifelt in der Geschichte des Kunstinstitutes. Musik, zusammengestoppelt von verzweifelten Straßenmusikanten.
»Welche Beleidigung für die Ohren«, sagte Ragnvald.
»Du verstehst nichts von der Atmosphäre.«
Signe atmete Kloroform.
Der Baßbläser kennt nur einen Ton, die Klarinette erfindet falsche Melodieen. Warum auch nicht.
Zu beiden Seiten des Stalleingangs, brauner Vorhang, standen sechs Jungen. Ihre harmonischen Glieder waren durch beschmutzte rote Röcke verhüllt. Viel zu weit für so viel Jugend. Die Lumpen ließen an Jahren die Burschen weit hinter sich. Der Halbwüchsigen hatte der Zirkus übergenug. Sie alle hatten gestohlen oder ein Mädchen betrogen.
Ein Pferd. Auf ihm die Achtzehnjährige. Flitter und Cowboy. Starke milchstrotzende Brüste. Sie ritt wie ein Knabe. Das Pferd schwarz. Eine kurzbeinige Stute mit fetter Kruppe. Mit den Füßen darauf. Tanzen. Die Schatten der Augen lichten

sich. Sie wird nicht fallen. Sie winkt gegen Signe. Signe klatscht in die Hände. Die übrigen Zuschauer ahmen nach. Brausender Beifall.
»Dank, Dank«, schreit Policinello. »Dank, Dank für mich. Es ist meine Frau.«
Gelächter.
Ein Witz. Man versteht nicht. Policinello fällt, er rollt unter die Füße des Pferdes. Das Pferd weiß das. Die Ehefrau sieht lässig rückwärts auf des Pferdes Kruppe. Peitschenknall. Policinello auf den Beinen. Leichter Trab. Der Bekalkte hängt am Schwanz des Tieres. Die Achtzehnjährige tanzt. Friedrich kommt, der Genosse Policinellos. Er trägt einen Schirm. Er schreit, er kugelt sich. Seine Beine sind zu lang, seine Arme zu kurz. Ein Riese ohne Hirn. Verkrüppelte Drüsen. Das Publikum lacht. Tusch.
Zwischenakt.
Policinello spricht mit Signe. Sie antwortet lebhaft. Eine Angst zwingt sie, sehr laut ihre Stimme tönen zu lassen. Sie sucht. Es ist eine Veränderung in ihr vorgegangen. Sie weiß nicht einmal deren Namen. Sie ringt um Hilfe. Sie schreit nach Perrudja. Perrudja ist nicht im Zirkus. Nicht Hein. Nicht ihre Eltern. Niemand, der sie kennt. Da ruft es herab: »Die zwei sind Angestellte des Zirkus.« Friedrich ist peinlich berührt durch den Zwischenruf. Policinello trollt sich. Er findet keine passende Entgegnung. Signe fühlt eine ungeheure Leere um sich. Ein nackter Stern im Weltenraum. Ihr Blut ist Ton oder Fall. Tusch. Lachen. Es ist ein Etwas vor ihren Augen gewesen. Sie hat es nicht aufgenommen.
Pferde. Vier Ponnies, zwei braune, zwei schwarze. Drei Stuten, ein Wallach. Geschirr aus grünem Lackleder. Peitschenknall. Ein Mensch im Frack, dürftig schwarz, abgetragen. Der Hals in einem Gummikragen. Ärmlich. Die Pferde sind blankrund. Schöne schwarze Schamteile. Sie turnen, trippeln, springen, tänzeln. Peitschenknall. Vorbei. Ein kleiner Verwandter der Frau Direktor. Mehr über ihn hatte der Bericht des Clowns nicht gesagt. Armer Antreiber, der selbst getrieben wurde. Niemand liebte ihn. Die Pferde bissen ihn.
Friedrichs Kampf mit dem unbelehrbaren Wildpferd. Seine Glanznummer. Herein trabte ein winzig kleiner Hengst,

schwarz. Mähne über die Augen. Er trabte einsam. Er tänzelte ohne Antrieb. Richtete sich auf, warf sich nieder. Als Friedrich erschien, lärmend, ahnungslos, blieb das Pferd stehen, senkte den Kopf, trat von einem Bein aufs andere. Friedrich, blind, sah nicht, ging rückwärts, lärmte. Stieß gegen den gesenkten Kopf des Pferdes. Wie ein Ball wurde er zurückgestoßen. Schlag in den Rücken; Schlag in den Bauch. Der Hengst kugelte den Clown vor sich hin. Angstgeschrei. Jubel bei den Zuschauern. Policinello kam zuhilfe. Das Pferd nahm eine unbewegliche Haltung ein. Friedrich wurde vom Kameraden theoretisch belehrt, wie ein Pferd zu zähmen sei und begann danach die Lehren in die Praxis umzusetzen. Mit dem Erfolg, der Hengst schritt auf den Hinterbeinen gegen ihn, schlug mit den Vorderfüßen auf ihn ein, umarmte ihn, warf ihn nieder. Er, wieder aufgerichtet, packte das Pferd. Tanz zu zweien. Er wird unterliegen, wird zusammenbrechen. Da läßt es von ihm ab; zwei Sprünge Galopp; Trab in die Manege. Flucht über die Steppe. Die Phantasie schafft eine Unendlichkeit flachen Landes. Plötzlich blieb das Pferd vor Signe stehen. Sie wollte sich geschmeichelt fühlen. Sie flüsterte ein paar leise Kosenamen. Streckte die Hand aus, um die Nüstern zu streicheln. Aber die verzogen sich, die Lippen warfen sich auf, daß die Zähne frei wurden. Der Kopf ging in die Höhe, von einem starren Hals getragen. Leise begann er zu schaukeln wie ein Kahn auf plätscherndem Teich. Die Augen des Tieres verhängten sich träumend. Bewundernd halb, halb ängstlich gewahrte Signe die Veränderung. Kurzes Lachen der Zuschauer. Dann atemlose Stille. Signe fühlte ein Stillestehen der Zeit. Eine Angst und ein Glück, das sie nicht begriff. Das Pferd dienerte vor ihr. Dann sprangen die Sekunden sie an. Das Tier richtete sich hoch auf vor ihr. Es schlug mit den Vorderschenkeln erregt durch die Luft. Signe erkannte, männliche Gefühle waren in ihm erweckt worden. Sie würde überrannt werden. Peitschenknall. Pfiff. Wieherndes Gelächter. Umstürzen von Bänken. Signes Gesicht verbrannte in roter Farbe. Sie fühlte sich gezeichnet. Sie wußte sich verloren. Verdammt. Ihre Existenz würde sich wandeln.

Ich muß mich fallen lassen.

Trompen aus einer Ewigkeit in ihre Herzschläge hinein.

Ich bin erkannt.
Die Flutwelle in ihr stieg an. In ihr Bewußtsein grub sich ein, aus allen Poren ihres Körpers tritt bleicher Schweiß. Gelbliche Topase wie das Fruchtwasser aufgeschnittener schwangerer Rehweibchen. Im Kuppelrund der verschlossenen Zimmer im Hause Perrudjas schritten die Tiere um den Zodiak. Bei der Schildkröte hielten sie an. Es wurde ganz kühl über ihrer Haut. Und wie sie es gewahrte, ging ein Pfeil durch ihr Hirn. Ein winziges Metall, von der einen Schläfenwand bis zur anderen. Und ein zweiter vom Hinterkopf zur Stirn. Es schmerzte sehr. Ein Kreuz, sagte sie sich. Es ist sehr gut, sagte sie sich. Die Gedanken des alten Hirnes sind tot. Dafür sind Schmerzen gekommen. Es ist sehr gut. Schmerzen sind zu ertragen. Signe lächelte. Das eine ihrer Augen war gläsern. »Wir werden bis zum Schluß der Vorstellung bleiben«, sagte sie zu Ragnvald. Sie entnahm den Händen ihres Dieners das gedruckte Programm und vertiefte sich hinein. Sie würden noch zu sehen bekommen das Auftreten der Frau Direktor, die das Mittel erfunden hatte, daß diese armseligen Menschen allesamt ernährt wurden. Die unmenschlich dick war. Für die sich kein Liebhaber auftreiben ließ; weshalb der Ehemann im Würfelspiel mit den Angestellten den Verlust seines Ehebettes gewinnen wollte; was zumeist mißlang. Die ein schwarzseidenes Kleid mit Eiseneinlagen besaß, in das sie sich zu jeder Vorstellung zwängte; wodurch ihre Taille soweit an Umfang einbüßte, daß ihre Gestalt die mythische Verbundenheit zwischen Himmel und Erde darstellte. Das Fleisch ihres Busens war nicht zu bändigen und strebte quellend nach oben und das der Schenkel saugend nach unten. Die vom Geschäft mehr verstand als alle Taugenichtse des Zirkus zusammen ahnen konnten. Unter deren Fett Blut echten Glaubens pulste. Die um einer unvorstellbaren Leidenschaft willen zu Pferden und Menschenschweiß eine Nebenbuhlerin, eine Schulreiterin duldete – eben jene, die auch noch auftreten würde, reitend auf einem Vollbluthengst. Die unbeirrt Abend für Abend jenen Trick vorführte, der das Brot für alle schaffte. Die peitschenknallend die majestätische Kunst eines größten Artisten abschätzen ließ, indem sie es dahin brachte, daß sieben prächtige Hengste sich hoch aufrichteten, zweibeinig, zu einem andeutungsweisen

Beweis, sie seien wie geschaffen zu Sologastspielen in den Dörfern auf den Höfen; und die acht Stuten des Zirkus ein zu kleiner Harem für so viel männliche Kraft. Sie würden zu sehen bekommen den Herrn Direktor selbst, wie er in einem nicht ganz korrekten Frack steckte, angetan mit weißen Handschuhen über groben Händen, mit blendend weißem Gummikragen um den Hals – nicht festlicher gekleidet als jener kleine Verwandte der Frau Direktor, der nun schon, da seine Nummer vorüber, im Arbeitskittel den Stallburschen beim Anschirren und Putzen der Pferde half – wie er einen Zebuochsen mit gewaltiger Wamme, einem Euter gleich, vorführte, ihn niederknieen ließ, hölzerne Stufen auf und absteigen. Die Kapelle würde bei seinem Erscheinen einen Tusch blasen, weil es der Herr Direktor war, der sich in der Manege betätigte. Man würde einen schmerzlichen Zug um seinen Mund bemerken können, bedingt durch die Unabänderlichkeit seines persönlichen Geschickes, vertieft durch den Umstand, der Zebuochse konnte noch immer nicht gegen einen Elefanten getauscht werden. Sie würden zu sehen bekommen das Geschwisterpaar, das, jedenfalls dem Namen nach, als solches galt, es auch scheinen konnte, Sohn und Tochter des Herrn Direktor. Der Sohn hieß André. Von Beruf war er Schlangenmensch. Während der Vorstellung trug er einen Anzug aus rotem Samt. Er war gut gewachsen. Er verstand sein Handwerk. Er war hochmütig. Die Schwester hieß Philomele. Sie tanzte, während er sich von rückwärts den Kopf vor den Bauch schob. Des Nachts schliefen die beiden, trotz ihres vorgeschrittenen Alters, in der gleichen Wagenhälfte. Aber es war nur halb so unsittlich wie es hätte sein können. Denn sie war seine Halbschwester; und auch das bestritten. Ihre Mutter war jene Schulreiterin, die Nebenbuhlerin der Frau Direktor, die in jüngeren Jahren sich so benommen hatte, als wäre sie mit dem Herrn des Zeltes verheiratet. In der Gemeinde aber war niemand, der ihr glauben wollte, sie hätte den Direktor einem halben Dutzend Stallburschen und einem ganzen männlicher Artisten vorgezogen. Sie war die einzige der Truppe, die es behauptete; und der Schwächling im Frack mußte es, gegebener Verwicklungen wegen, glauben. Man würde sie zu sehen bekommen, einen Vollbluthengst reitend, geduldet mit ihren unbestrittenen Erfolgen durch die Matrone, die die verbriefte Gattin des Herrn Direktor war. Sie würden zu sehen bekommen die fünfe, die das Fliegen am Trapez gelernt. Sie wollten gerne als eine Familie erscheinen, drei Männer und zwei Frauen. Aber es ging ein Riß durch diesen Anspruch. Ein Neger war unter ihnen. Er offenbarte den Betrug. Sie hätten in üppigerem Sold stehen können, da sie Bewundernswertes leisteten; aber die dunkle Farbe des einen Mannes war nicht abzuwaschen. Sie würden zu sehen bekommen die Matrosin. Ihre Geburtsstadt war Marseille. Ihr Geburtsname war sogar vor den Zugriffen der Polizei sicher gewesen. Man kannte ihn nicht. Die Zirkusleute sagten ihr nach, sie besitze einen Stammbaum wie die Pferde; und deren Adel war verbürgt. Sie trat mit ihrem Sohn gemeinsam auf; einem hübschen Knaben ohne verbriefte Abstammung. Er war stets fröhlich und einfältig, wie geschaffen, nur geliebt zu werden. Er konnte beweisen, sein Vater mußte ein schöner Bursche gewesen sein. Er genoß das Sonderrecht, mit seiner Maman eine ganze Wagenhälfte zu bewohnen. Er besaß sogar ein Bett. Was die beiden zu zeigen hatten, war wenig und viel zugleich. Sie wiegte in den Hüften senkrecht eine Bambusstange. Er kletterte hinauf und setzte, oben angekommen, den Stab sich gegen den Nabel, der bei ihm nach klassischer Regel Schwerpunkt und goldenen Schnitt bezeichnete. Er klatschte in die Hände, sobald er frei balanzierte, und schrie hinunter: »Maman, ma chère –« Sein Nabelgrübchen faßte sicherlich eine Unze Rosenöl. Es war wie die Nabe eines Rades. Er begann den Leib zu drehen, ein fliegender Vogel.

Signe erinnerte sich deutlich, der Clown hatte gesagt, des Knaben Nabelgrübchen fasse sicherlich eine Unze Rosenöl.

Mit wachsender Spannung nahm sie Teil am Ablauf der Vorstellung. Es war eine Leere in ihr geworden. Sie goß sie aus mit den Bildern, die durch ihre Augen kamen, mit dem dürftigen Wissen um die Geschichte der Phantasten, die sich mühten, die wenigen Tropfen Ewigkeit zwischen Geburt und Tod selbst in der Ärmlichkeit auszukosten nach einem selbstverfaßten Rezept. »Dank der Geschicklichkeit der Matrone sind sie vor den Zugriffen der Polizei sicher«, dachte Signe. Darum gewiß verehren sie den Kloß aus Fleisch und Fett, der für sie denkt.

Ein Stallbursche schaufelte Pferdedung fort.

»Ist es nicht ein herrlicher Zirkus«, fragte Signe Ragnvald.
»In Amerika soll es bessere geben«, antwortete er.
Signe verstummte sogleich. Nach einer sehr langen Pause wandte sie sich ihm wieder zu: »Es gibt bessere Menschen als du bist«, sagte sie leise.
»Frau Signe«, stöhnte er, »ich will mir Mühe geben, Ihnen zu gefallen.«
»Sieh den Neger«, sagte sie.
Der Zirkus leerte sich. Signe, Ragnvald, Ingar der Hund, verließen als letzte das Zelt. Niemand der Zirkusleute hatte sie noch angesehen. Signe war halb enttäuscht darüber. Aber sie verstand sehr wohl, es konnte anders nicht sein. Es hatte zu schneeien begonnen. Lautlos fielen die Flocken. Waren gefallen seit Stunden vielleicht schon, unbemerkt. Der Fuß sank tief, weich, ohne Geräusch. Ingar fuhr mit der Schnauze in den Neuschnee, begann zu niesen, wölterte sich über und über, bestäubt bis auf die nackte Haut mit Eiskristallen. Eine Lampe vorm Eingang des Zirkuszeltes wurde ausgeschaltet. Signe erschrak. Es war sehr finster.
»Werden wir den Weg finden«, fragte sie Ragnvald.
»Wir werden es versuchen«, antwortete er.
Dann schritten sie stumm. Nach einer Viertelstunde Weges schon hatte Ingar Beschwerden an den Füßen. Zwischen seinen Zehen hatte sich der Schnee an den feinen Haaren zu Eis verharscht. Er sog von Zeit zu Zeit mit der Zunge an den kalten Tropfen, die seine Füße schmerzhaft spreizten. Signe bemerkte es. Sie sagte nichts. Der Schnee fiel unaufhörlich, dicht, lautlos, großflockig. Sie mußten die Füße stark anheben, um nicht beim Ausschreiten gehemmt zu sein. Gelegentlich blieb sie stehen. Sie schüttelte den Schnee von sich, schloß den Mantelkragen bis hoch an den Hals hinauf. Ragnvald, der weiter gestampft war, rief sie an. Er wandte sich um, näherte sich ihr, ließ es geschehen, daß sie auch ihm den Kragen höher aufknöpfte. Er nahm dabei nicht einmal die Hände aus den Taschen. Sie schritten eine Stunde, ohne ein Wort zu sprechen. Ingar blieb von Zeit zu Zeit zurück.
»Der Hund ist geplagter als wir«, sagte sie.
Ragnvald antwortete nicht.
»Wir sind doch noch am Wege«, fragte sie.

»Gewiß. Wir sind nur langsam vorwärts gekommen. Die Stelle links, die soeben licht herabschien, das war die große Flößerschneise. Die Straße der Stämme aus den Wäldern zum Glomm. Ein Viertel des Wegs, ein Drittel des Wegs. Zwei bis drei Stunden noch.«
Signe hatte nichts anderes erwartet.
Da es außen finster war, sahen ihre Augen nach innen. Das Innen war ein Leichnam. Ein bloßer toter Kopf. Ein Schädel, schwarze Maske, Grinsen, Maul zum Fressen. Augen, Viehaugen, ausgestochen. Sie beruhigte sich an den roten Punkten, die sie sah, die durch alle Fratzen hindurchflammten. Dennoch machte sie eine Bewegung, hängte sich an den Arm Ragnvalds. Schweiß ging allmählich aus ihr. Von der Anstrengung. Sie empfand es angenehm. Sie hätte sonst wohl Harn lassen müssen. Um Mittag das letzte Bedürfnis erledigt. Ragnvald würde sich bald an den Wegrand stellen. Der Schweiß war lästig nur zwischen den Schenkeln. Unbekleidet, würde das Wasser nicht aus den Poren treten. Es würde nicht erkannt werden, wenn sie nackend neben dem Burschen einherschritte, der Finsternis wegen. Unter den Kleidern war der Leib stets in Finsternis. Baum der Erkenntnis war die aufgehende Sonne. Apfelrund. Dunkelfarbige Menschen hatten noch Nacht über sich, am Tage selbst. Schnee ein Widersinn zur Nacht. Olme ein Widersinn zur schwarzen Grotte. Weiße Kartoffelkeime ein Widersinn zum finsteren Keller. Ragnvald blieb am Wege stehen, als ob Signes Gedanken ihn gezwungen. Sie verharrte unmittelbar in seiner Nähe. Sie hörte das wässrige Rauschen in den Schnee. Ingar stieß mit seiner Schnauze gegen ihren Arm. Sie schaute mit aufgerissenen Augen zu Ragnvald hinüber. Sie vermochte nichts zu erkennen. Aber sie wollte hingeschaut haben, um eine Übereinkunft beleidigt zu haben. Sie hängte sich wieder an seinen Arm. Ich werde sehr müde werden, sagte sie bei sich. Traumlos schlafen. Morgen liegt weißer Schnee. Werde wissen, was heute mit mir geschehen ist. Gewicht ist von mir genommen. Ich falle. Im Fallen ist jeder federleicht. Bis er aufschlägt. Tot. Federleicht. Im Fallen ist man ohne Verantwortung. Ich gehe ohne Verantwortung. Sie dachte nicht an die Straße. Sie hob nur die Füße. Das Ziel bestimmte der andere. Die Stunden werden bestimmt. Der Schnee fällt. Er wählt den

Ort seines Aufschlagens nicht. Ob André und Philomele Geschwister waren? Ob sie sich zueinander legten? Siebenzehn und sechzehn Jahre alt. Es ist das Alter der Versuchungen. Versuchungen sind das einzige Gut des Menschen. Ihnen erliegen die einzigen Erfüllungen. Sehr unmoralisch gedacht, darum nicht minder wahrhaftig. Die Frauen liebten den Neger mehr als den weißen Mann. Er war nächtlich. Sein Benehmen war verschwiegen. Das des weißen Mannes öffentlich. Die Sterne waren heut nicht. Konnten verlöscht sein. Der Mond im Meer. Woran der Schnee oben aufgehängt war? Ob er geradeswegs aus dem Himmelsäther kam wie die Meteore? In Rußland war eine Feuerkugel gefallen, tausend Meter im Durchmesser. Auf wen sie fiel, verging er schneller als ein Blitz zucken kann? Schmerzen? Gedanken? Zischen? Mitgerissen werden in die Erde hundert Meter tief. Und die Seele? Haben ungeborene Kinder im Mutterleib eine Seele? Wenn ja, auch der nackte Same des Mannes. Julius Cäsar wurde aus dem Leib der sterbenden Mutter herausgeschnitten. Beginn des Lebens, während benachbart der Tod sich breitmachte. Den Bauch öffnen, erträglicher Gedanke. Den Mutterschoß öffnen, unerträglicher Gedanke. Signe würde es an sich nicht zulassen. Seltsame Wahl: sich sterben oder das Kind sterben sehen. Selbst zerstückt werden oder das Kind zerstückt zu sehen. Schwanger werden ein Wagnis. Lebend ließ man sich fallen in Ungewisses. Einzige Rettung die Übereinkunft. Gezwungenermaßen sehr förmlich sterben. Zwiefach sterben, mit zwei Seelen begabt. So würde sie entscheiden. Wenn es dahin käme. Oder würde sie das Kind hinopfern, schlachten lassen, in ihrem Schoße Fleischerhände an der Arbeit? Sie konnte es noch nicht wissen. Das Leben war eine Kraft. Ein Zustand, den man wohl verabscheuen, aber nicht fortwerfen konnte. Ob Ragnvald an seinen Fingern naß vom Harn geworden war? Sie hatte sie berührt. Oder Schweiß? Gleichgültig. Beides aus seinem Körper. Man durfte keine Maßstäbe erfinden. Schäme ich mich nicht, diesem die Hand zu reichen, weshalb befangen werden vor seinem Rotz und Harn? Es war ein Unterschied; aber er wurde im Augenblick nicht deutlich. Ragnvald ein schlechtes Beispiel. Kräftiger und appetitlicher Bursche. Und jung. Sich fortdenken vom Trott auf der Landstraße. Olaf Budde, der Däne.

Fünfzig Jahre alt, aber geil wie zweiundzwanzig. Die Hände wie eine Mißgeburt, Holz und Qualle. Die Augen tränten beständig. Das Lachen seines Mundes wie die schwarze Brühe aus dem Farbschlauch eines Tintenfisches. Man flieht oder ist schon gefangen in den Polypenarmen. Die Hand ihm reichen, Ekel. Weitere Berührungen, Strafe. An das Innere seines Körpers denken, Schüttelfrost. Häßlich, häßlich. Gestank ist der Name. Antipathie, wachsende Abneigung mit deutlicherer Berührung. Sympathie, wachsender Genuß bei zunehmender Nähe. Ach, Perrudja. Hand, Lippen, Nase, Brustwarzen, Nabel, Speichel, Same, Harn, Kot, Rülpsen in deinen Eingeweiden. Von ihm besudelt werden. Würde das Gefühl der Lust verfliegen können? War er nicht dumm? Empfindlich? Ein kleiner Lügner? Manchmal schien seine Hand ungeschickt und tot. Wie sein Auge. Krank von innen. Unverständiges Tier. Kuß, Kuß. Ich bin eine Sünderin, ich bin eine Sünderin. Perrudja. Bespeie mich, berotze mich. Der Nabel, eine Unze Rosenöl, Buchsbaumholz, Ebenholz, Brustwarzen. Der Hengst fand mich reif zum Begatten. Perrudja, deine Hand, Perrudja, dein Atem, dein Atem, der nach deinen Lungen riecht und nach deinem Speichel. Du bist kein Held, Perrudja, du hast mich nicht niedergelegt auf dein Bett, du hast mich nicht schwanger gemacht. Perrudja, du hast das Wichtigste vergessen. Schwächling! Geweint, Tränen. Seine Faust unter meinem Kinn. Gegen meine feisten Brüste. Tritt mich nieder! Betäube mich! Zwanzigtausend Kronen. Kaufe die Hure. Ich bin eine Hure. Besieh meine Schenkel. Er flennt. Ob ich ihn hasse? Ob ich ihn hasse? Er hat mich ziehen lassen. Ob ich ihn hasse? Rotes Ebenholz, gelbbraunes Buchsbaumholz, seine runden kleinen Brustwarzen. Der Elende, der Elende. Der Schöne, der Herrliche. Meine Hand an seinem Maul zwischen seinen Zähnen, irgendwo an seinem Blut. Zerbissen werden. Seinen Atem muß ich riechen. Thorstein Hoyer verfault. Totenschädel. Schwarze Fratze. Verflucht, sein Totenhemd ist von ihm abgefallen. Wenn er mich vergewaltigt, schreie ich. Ich will keine Gemeinschaft mit Thorstein Hoyer. Thorstein, du bist tot. Scher dich. Scher dich. Ziehe dein Hemd an. Ich habe dich einmal gesehen. Ich will dich nicht wieder sehen. Ich bin warm. Du bist kalt. Du bist häßlich. Deine Augen ohne Lider.

Dein Mund ohne Lippen. Du stinkst. Perrudja, ich hasse dich. Ich hasse dich. Du schützest mich nicht. Deinen Atem brauche ich. Ich brauche deinen Atem, weil mich die Kälte des Toten erstickt. Deine schwächliche Stimme. Deine Nägel, mich zu kratzen, daß ich aufhöre zu fallen. Deine Füße, mich zu treten. Das Haus. Erlösung. Es schneeit unaufhörlich. Schlüssel. Wo ist Ingar? Ingar hinkt. Schließe auf, Ragnvald. Schweiß auf der Haut. Ich werde müde sein. Licht. Warme Stuben. Ingar eilte zum Ofen. Legte sich. Begann mit Inbrunst die Zunge um die wunden Zehen zu schlagen. Eiskristalle zerfransten sein Fell, verwässerten sich allmählich. Runde Tropfen. Er begann mit dem Schwanz zu wedeln. Signe entkleidete sich des Mantels. »Ich bin müde, Ragnvald. Es ist schön, müde zu sein. Ich werde traumlos schlafen.« Nach solchen Worten ging sie in die Speisekammer, trug Brot herbei, Butter, Schweizerkäse, braunen Ziegenkäse, bereitete einige Butterbrote, schob sie dem untätig stehenden Ragnvald zu. Im Herde suchte sie nach versteckter Glut. Die Asche wirbelte auf, mischte sich in ihren Atem. Sie fühlte es warm und trocken mit einem leichten Beigeschmack von Lauge. Tot das Feuer. Kleingespaltenes junges Holz. Papierballen. Zündholz. Züngelnde Flammen. Kurze Kloben darauf, nicht zu mächtige. Birkenrinde bog sich versengt, brannte mit roter Flamme, blakte tiefschwarz. Kristallisches, das fließen konnte, Wasser. Es zwirbelte saugend, hohlbollernd in den Kessel. Ein Ton benachbart, der anstieg. Knistern. Eine Maus sang. Flammen umspielten das Gefäß. Tee, braun, dörr. China liegt weit im Osten. Im Westen liegt es auch. Runde Welt.

»Ich bin müde. Ich werde traumlos schlafen.«

Im Schlafzimmer Licht. Fleischfarbengrün das steinerne Weib. Apfelbrüste, fast ohne Warzen. Die Schenkel kristallisches Fett. Signe deckte das Bett auf. Sie brachte Ragnvald heißen Tee. Sie schlürften das heiße Getränk.

»Es schneeit unaufhörlich«, sagte Ragnvald.

»Die Nacht ist stille«, sagte Signe.

Ingar wedelte mit dem Schwanz. Mit Inbrunst schlug er die Zunge um die wunden Zehen. Er schnappte nach einem Fleischrest, den Signe ihm zuwarf. Im Wohnzimmer löschte man das Licht. Geleerte Tassen, Speisereste blieben zurück. In der Küche löschte man das Licht. Das Feuer versank in duffe rote Glut. Ingar schüttelte das ertaute Fell. In der Halle löschte man das Licht. Signe reichte Ragnvald die Hand. Gute Nacht. Ingar wedelte mit dem Schwanze. Er folgte Signe ins Schlafzimmer. Ragnvald stieg eine Treppe hinauf. Es schneeite unaufhörlich. Ich werde traumlos schlafen. Ich bin müde. Der Weg war milde. Ich bin durch die Stunden gegangen, lautlos. Nacht. Niemand hat es gesehen. Morgen sind die Spuren verwischt. Sie kleidete sich langsam aus, nahm einen frischen Nachtanzug über sich, legte sich. Ingar stand an ihres Bettes Seite. Auf seinem Kopf ihre Hand. Sie löschte das Licht. Leg dich, Ingar. Ich werde traumlos schlafen. Augen schließen. Grünes Quadrat im roten Hof. Die Lider bewegen, es fällt, es steigt. Rotierende Kugel, rotierender Zylinder. Zehntausend Punkte. Augen öffnen. Violettes Quadrat im gelben Hof. Grüner Hof. Zehntausend Punkte fallen, kreisen. Sternenhimmel. Das Herz schlägt hörbar. Die grüne Kugel flammt golden, verfinstert sich wieder zu rot. Ein Haar fällt durch den Raum. Sehr gekrümmtes Haar. Ein zweites. Viele. Sehr viele, doch zählbar. Man müßte zählen. Im Verfolgen fließen sie. Das Herz schlägt hörbar. Ich habe vergessen, die Blase zu entleeren, ich werde ohne es getan zu haben nicht einschlafen. Licht. Wieder erheben. Die Notdurft verrichten. Zurück ins Bett. Licht löschen. Kaltwarme Schauer des Behagens unter der leichtwarmen Decke. Ich werde gut schlafen. Ich bin sehr müde. Das Herz pocht hörbar. Es pocht. Sonderbar, sehr sonderbar. Grünes Quadrat im roten Hof. Die Ränder beginnen in Facetten zu leuchten. Feuer bricht hervor wie durch einen Kristall. Das Auge weiß den Namen nicht. Der Brillantschliff des Kardinals Mazarin. Der grüne Diamant in der quarzenen Schale. Wie ein Schleier schiebt sich über ihn goldgelber brasilianischer Topas. Ein großer Stein wie das Fruchtwasser einer aufgebrochenen schwangeren Rehin, in dem das Kitzchen schwimmt. Wasserklar. Sind es Tränen? Ein runder Aquamarin. Er schrumpft ein, ein Tropfen, blauer Saphir. Sie starrt in die Schale. Heftige Amethyste malen das Dunkle, auf dem wie Eingeweide das Flimmern der Kleinode liegt. Über Eingeweiden ein Nabel, gefüllt mit einer Unze Rosenöls. Taubenblutroter Rubin, der ausfließt wie eine Wunde, zu einem

Spalt. Die Schale kreist, die tausend Punkte fallen. Das Schwarze ist Amethyst. Das Herz schlägt hörbar. Ich hätte die Schale mit mir nehmen sollen. Schwarzes Gesicht. Was hat es mit dem Gefäß zu schaffen, was mit Edelsteinen? Rotes Gesicht. Grüne Fratze. Grüne Verwesung. Ich fürchte mich. Ich werde Licht entzünden müssen. Die Nacht hat keinen guten Anfang genommen. Ich werde schlafen. Ich bin sehr müde. Rotierende Fackeln. Angenehmes Feuerwerk. Fürchterliches Maul. Verschlingt mich. Ich gehe hindurch. Bin in einem roten Bauch. Ich kann atmen. Gottseidank. Das Herz schlägt hörbar. Sonderbar, sehr sonderbar. Die Nacht ist still. Es schneeit unaufhaltsam. Ingar schläft. Ingar! Er wedelt mit dem Schwanz. Ich träume nicht. Woher kommt soviel Gestalt in mein Auge? Wer sind die Ruhelosen? Mit der Hand kann ich nicht nachbilden, was mein Auge deutlich sieht. Seelenwanderung. Wird man erfüllen müssen, was versteckt in den heimlichsten Kammern eines wölfischen Schaffens? Gespenster? Perrudja glaubt, es gibt welche. Ich werde doch schlafen. Es schneeit unaufhaltsam. Knack. Ein Geräusch. Ich habe geschlafen. Es ist jemand im Zimmer. Ingar? Nicht Ingar. Die unsichtbaren Rosse. Das Herz hämmert. Füße eiskalt. Der Kopf brennt. Sei stille. Es wird ein Holz gewesen sein, ein Balken. Durch die Augen fließt ein Strom voll schwarzer Tusche. Blind. Manchmal der Blitz einer furchtbaren Eingebung. Untermensch. Untier. Homunkulus. Man sieht Sehne und Muskel. Thorstein Hoyer, ich habe nichts mehr mit dir zu schaffen. Knack. Ich fürchte mich. Licht. Ingar! Licht. Was bedeutet das? Niemand ist im Zimmer. Das steinerne Weib steht unbeweglich. Die Bronzemenschen prangen. Ingar schläft. Es ist nichts. Nur der verfluchte Muskel Herz. Ich hasse dich, Perrudja. Ich hasse dich. Du hast mein Leben nicht verändert. Es ist grundlos älter geworden. Ich bin nicht schwanger, du hast mich nicht überlistet zu dem, was mir wohlgetan hätte. Es ist eine Schönheit an dir, eine tote, toter als Stein und Bronze. Glattes Buchsbaumholz deine Brüste. Kenne ich sie noch? Nicht deutlich mehr. Sieht mein Herz dich noch? Nicht deutlich mehr. Deinen Namen weiß ich noch. Zwiefach nenne ich dich, mit meinem Bruder nenne ich dich. Ich hasse dich. Ich beginne, dich zu vergessen. Ich könnte dich nicht malen. Buchsbaumholz ist blank und glatt. Ich halte dich nicht mehr in meinem Hirn. Ich kenne dich nur noch in deinen Attributen. Ich habe dich zu lange nicht mehr gesehen. Raubtierfell um deine Schultern. Zitternde, tastende Hände. Du bist kein Held. Du bist kein Mann. Du hast mich nicht gekauft. Du bist kein Rüpel. Du hast mich nicht geprügelt. Du bist schwach. Ich hasse dich. Niemals wirst du zu mir kommen. Ein Wort hält dich ab. Ich liebe dich. Mehr hasse ich dich, weil du mich nicht errätst, weil du mich von dir stößt. Ich hasse dich. Aber ich fürchte mich, allein zu sein. Ich hasse dich. Ich hasse dich. Ich hasse dich. Ich hasse dich. Ich hasse dich. Ich hasse dich. Ich will mich erheben. Mich ankleiden. Ein Gespenst ist im Zimmer, ein gläsernes, durchsichtiges, ein weniger als Licht, ein machtloses, ein kraftloses, ein gestaltloses, ein tatenloses, fast ein Nichts und doch ein Etwas, namenloses, vor dem ich mich fürchte. Noch diese Nacht will ich ins Gebirge. Zu Perrudja. Den ich hasse. Ich will zu ihm, weil meine Augen ihn lieben. Weil meine Schenkel, meine Brüste, mein Nabel ihn lieben. Weil meine Lippen ihn lieben, meine Hände, meine Ohren. Mein Herz haßt. Es pumpt stündlich dicke rote Ströme, die ihn lieben. Es ist ausgepicht mit einer Schicht Liebe. Aber es haßt. Ich möchte seine Brustwarzen ihm abbeißen. Er ist eitel. Seine Eitelkeit läßt nicht zu, daß er mich aus der Verbannung abberuft. Er will, ich soll mich mit dem Gang zu ihm demütigen. Er zwingt mich, daß ein Rest in meinem Herzen bleibt, Haß. Sie war schnell aus dem Bett, kleidete sich an. Ins Gebirge. Pelzmantel. Der Schnee liegt hoch. Grobe Stiefel. Fünf Stunden Wanderung. Ein Fläschchen Burgunderwein. Sie war bereit.

XXXXII

In der Halle trat Ragnvald ihr entgegen. »Wohin«, fragte er gespannt. Keine Antwort. Signe zuckte es gereizt um die Mundwinkel. »Zu den Zirkusleuten?« Die Frage des Burschen hatte etwas Unheimliches. Signe hätte ihn gegen die Brust schlagen mögen. Das Herz dahinter glimmt. Das Blut spratzt wie kochender Teer. Sie ballte die Faust. Es sagte ein Etwas in ihr: Prügle ihn. Gegen die Zähne, daß seine Lippen blutend aufspringen. Es ist gut, wenn du es tust. Er hat dir nichts zuleide getan. Du mußt ihm zuleide tun. Es ist gut. Du wirst dann deinen Weg leichter gehen. – Seine Lippen sind nicht häßlich. Weshalb soll ich schlagen? Tu's nur. Schöne Lippen zerspalten ist wollüstig. Mach ihn ohnmächtig. Seine Hände zittern. Schlägst du ihn nicht nieder, mußt du die Wahrheit bekennen. Das eine und das andere wird dir wohl tun. Sie grinste verlogen auf ihn. Sie ließ die Hände geballt. Sie sprach auf seine Frage: »Ja.« Und wollte die Fäuste benutzen. Mit einem Schritt war er an der Haustür, riegelte ab. Nahm den Schlüssel zu sich. Dann stand er dicht an ihrer Seite, umklammerte ihre geballten Fäuste und sagte: »So.« Sie fühlte deutlich seine Knochen, die rauhen Innenflächen der Hände. Sie schloß die Augen. Vielleicht schwindelte ihr. Ihr Herz schlug hörbar. Sie ahnte es warm um ihren Mund wehen. Duft wie von Honig, ein wenig fleischig. Sie wurde geküßt. Brennend heiße Lippen, plump und wulstig. Ihr Mund ging auf. Es schob sich ein Weiches zwischen ihre Zähne, seine Zunge; machte sich breit unter ihrem Gaumen. Sie konnte sie zerbeißen. Er ließ ihre Hände; legte die seinen um ihren Hals. Er war warm. Jung. Ein Mann. Es gab Nachbarschaft, wo Signe im kalten Raum aufhörte. Seine Hände nestelten an ihrer Kleidung;

glitten vom Hals fort. Ihre Brüste wölbten sich in seinen Händen. Keine Gedanken im Hirn. Existent sein an den Gliedmaßen des anderen. Wollen, was seine Hände befehlen; fühlen, was sie vordenken. Gegen seine Lippen schlagen, daß sie zerspringen. Seine Zunge zerbeißen, daß er verblutet. Nichts, nichts von allem. Die Brustwarzen schwellen. Seine Hände wissen, wozu sie berufen. Er geleitet mich ins Schlafzimmer. Was wird er tun? Licht. Nimmt den Mantel von mir. Mit seiner Zunge wieder an meinem Gaumen. Seine Hände haben einen Weg zu meinen Schenkeln gefunden. Er erkennt mich. Ich stoße seine Zunge aus meinem Mund. Er läßt seine Hand nicht von mir. Er lächelt. Er lächelt sehr glücklich. Er ist ein grobmaseriger Junge. Er spielt mit mir. Ein unerlaubtes Spiel. Weshalb unerlaubt? Schäme ich mich? Er schämt sich nicht. Meine Feuchtigkeit an seinen Fingern ekelt ihn nicht. Ich habe Speichel von ihm geschluckt. Mich ekelt nicht vor ihm. Er prüft mich. Ich muß bekennen. Er tut mir wehe. Er errät. Er lächelt sehr weise. Perrudja hat mich unberührt gelassen. Weshalb bin ich verflucht, daß der Knecht meinen Jammer entdekken muß? Was wird er denken? Krankheit. Kraftlosigkeit. Er strotzt. Sein Mut schwillt. Ihm werden Rechte gegeben, die er nicht besitzen dürfte. Ich muß sprechen, ihn belehren. Er wird sonst sehr weit gehen in seiner Kraft. Was will denn ich? Will ich seinen Willen? Er überwindet Perrudja. Ich hasse Perrudja. Dieser ist warm. Er hält mich. Er ist nicht von mir; ist bei mir. Er faßt mich unter das Kinn. Er beugt mich zurück. Ich falle rückwärts. Er hält mich, daß ich nicht aufschlage. Vielleicht bin ich ohnmächtig. Er läßt mich aufs Bett gleiten. Er entblößt mich. Ich muß sprechen. Hier geschieht ein Betrug. Ich bin nicht gefragt. Will ich seinen Wunsch erfüllen? Will ich Lust? Will ich Schwangerschaft? Mich ekelt nicht vor ihm; aber ich kenne ihn nicht. Ich liebe ihn nicht. Der Augenblick ist in mir. Ein Hengst tänzelt vor mir. So bin ich reif. Ich kenne den Hengst nicht.

»Werde ich schwanger an dir oder krank, morde ich dich. Ich morde dich dann, Ragnvald.«

»Ich höre und gehorche.«

Wie bedrohlich der Augenblick. Wie schmerzhaft kurz das Unvermeidliche. Sie befahl ihm, auf sein Zimmer zu gehen.

Sie würde schlafen können diese Nacht. Ragnvald ist schön. Knochen wie ein Pferd. Ich liebe dich, Perrudja. Der Schlaf kam nicht augenblicks. Sie mußte nach einem Tuch greifen. Nach Lavendelwasser. Ein Geruch erschreckte sie. Es war ein Wille geschehen. Eine Rechnung war beglichen worden. Sie konnte zu Perrudja gehen. Hier bin ich. Nichts wert. Keine Krone. Konnte sie nicht? Sie konnte. Rache? Worum eigentlich handelte es sich? Ein Mann hatte sie tiefer berührt als Perrudja. Ich liebe dich. Ich hasse dich. Was für neue Gedanken sprangen ihr ins Hirn? Krieg. Die Männer werden erschlagen. Väter und Brüder und Gatten. Am Leben nur läßt man die Weiber. Und Feinde begatten sie. Zwingen sie, daß ihr Leib sich auftut. Und empfangen, die Vergewaltigten. Ihr Blut ist nicht feind dem Feindesblut. Sie trauern um Tote und gebären Kinder den Feinden. Und sind ihre Kinder, die sie lieben und tränken müssen. Wuchsen in ihnen. Sonderbar, sehr sonderbar. Folgt daraus ein Schluß? Man kann ein Weib betäuben, ohnmächtig machen. Kloroform, Äther, Schlag gegen das Hirn, Betören mit Düften oder fleischlichen Muskeln. Ein Eber besteigt sie; Menschengestalt. Da ihr Geist abwesend, sträubt sich kein Tropfen Blut in ihr. Ihr Leib ist willig, Same und Krankheit aufzunehmen. Es schwillt ihr Leib, und sie weiß nichts darum. Sie gebiert, weiß nicht, wen sie gebiert. Muß lieben und tränken einen Unbekannten; weil er in ihr wuchs; aus ihrem Schoße kam. Sonderbar, sehr sonderbar. Jeder Same in ihrem Schoß bleibt unbekannt. Sie kennt keinen Mann. Alexander suchtete aus dem kleinen Mazedonien in eine große Welt. Er machte sich auf, musterte Heere, setzte über nach Asien. Bei Granikus vergoß er viel Blut, persisches, griechisches, mazedonisches. Was am Leben blieb an Männern, hatte Samen in den Lenden und säte in die Schöße der entsetzten Weiber. Tod, wo ist dein Stachel? Das Meer war grün; feuchter Strand; Sand; Kiesel; Schnecken; Algen. Purpurne Nacht darüber. Alexander träumte. Wirklich Unwirkliches. Ferne Länder. Länder sind Erde. Erde ist leer. Das Gras auf den Feldern. Menschen. Männer morde ich, meine Feinde. Weiber gebären. So wird mein Land. Schiffe mit Segeln. Flotten. Meine Feinde. Die Fluten mit Ketten peitschen. Wer tat es? Schiffe benötigen Häfen. Verbrenne die Häfen; verschütte die Rinnsale. Ich machte das Schicksal. Ich töte die Männer. Meine Krieger bezeugen die Weiber. Sie schreien? Sie gebären! Ich siege. Asien ist ein großer Erdteil. Ich klettere in den Steinsenkungen Kleinasiens umher. Nachts ist der Himmel purpurn voll zitronengelber Sterne. Fieber. Kleiner König. Meer, Meer, abermals Meer, Golf von Alexandretta. Wie ich dich hasse. Wie ich dich liebe. Mein Schicksal ist das Land. Steine unter den Füßen; Sande; Sträucher; Gräser; Menschenblut. Ich ziehe mit Männern; sie säen neu, was alt ich zerstören muß. So wird mein Reich. Kleines Mazedonien, große Welt. Issos. Bunte Völker Asiens. Dareios gebeut über sie. Duck dich, kleiner König. Pomp und Pracht. Gebräuche Asiens. Sie schleppen Weiber mit sich, Harem des Dareios. Mazedoniens Krieger finden doppelte Arbeit. Denke klüglich, handle kühl; laß deinen Soldaten die Brunst, Asien springt dich an mit gewaltigen Pranken. Du aber bist kein Löwe. Du bist die Maus. Meer, verschlinge mich nicht. Zum Schicksal ist mir das Land bestimmt. Ich siege, ich siege. Sidon fällt. Rauch über der Erde. Tyrus will erobert und zerstört sein. Gaza will erobert und zerstört sein. Rauch über der Erde. Sie wollen schwach werden. Sie wollen jammernde Weiber werden. Beschlaft die Schwachen! Reißt aus das männlich Zeugende meiner Feinde. Zeugt für mich. Meine Gegner sind Weiber. Er lacht. Er lacht. Wird er bis an sein Lebensende lachen? Bei seinem vierzigsten Lebensjahr können hunderttausend Alexander ihn umstehen. Seine Freunde? Seine Feinde? Juden und Phönizier flüchteten, brachen ihre Bazare ab. Alexandreia sammelte sie wieder. Asien, ich komme. Babylon, du wirst mich sehen. Ruinen von Ninive. Weinst du? Deine Augen trockne, Dareios naht. Seine Heere versperren den Weg dir. Kriegshandwerk hast du gelernt. Reiterei; der Gegner hat Schlachtwagen. Ich muß Babylon sehen. Schlachtet Männer, bezeugt die schreienden Weiber. Babylon. Weiter. Susa. Weiter. Persepolis. Bist du nicht trunken Alexander? Asien, das du nicht kennst, liegt vor dir. Meine Erde soll werden. Wein. Brennt nieder, brennt nieder den Palast, den Palast des Königs der Könige. Dareios muß sterben. Mein Wunsch mordet ihn. Ekbatana. Gebirg, weißer Kalkstein, harte Gläser, Basalt nennen sie's. Nichts wächst. Schwarzer Sand. Wüste. Spärlich die Menschen. Sie müssen die Weiber umwerben. Ich gründe eine

Stadt; Herat. Baut Häuser. Pfercht die Weiber darein. Hörige sollen ihnen das Brot schaffen. Gebirge. Kein Weg hindurch. Ich will. Dein Wille ist ein Nichts. Südlich ziehen die Truppen, umschleichen die Felsmassen. Über Kabul ist ein Weg. Khaiberpaß nennen sie die Straße. Indien. König Porus. Schlacht. Sieg. Heiliger Fluß. Menschen, die ich nicht kenne, nicht verstehe. Auf dem gelben Fluß segeln. Eure Lenden sind müde, müder als eure Schwerter. Habe ich gesiegt? Ich habe ein Land gesehen. Wächst mein Erbe? Nein, nein, nein, nein. Die Weiber haben ihre Söhne geboren, nicht meine. Nimm die Tiara. Werd du ein Perser. Kleines Mazedonien, großes Asien. Mach eine Ehe aus der Vergewaltigung. Die Hochzeit des Ostens und des Westens. Zehn Jahre lang. Ich sterbe. Was ist von dir geblieben, Alexander? Dein Name. Ein Dichter singt, ob du verwest. Vergebens dein Mord. Die schwachen Weiber gebaren ihre Kinder. Sie erhielten das Land ihren Nachkommen. Wie die Weiber vor ihnen getan, wie die Weiber nach ihnen tun werden. Dreißigmal erschlug man die Männer Mesopotamiens; die Weiber vergewaltigt. Und die Überwältigten siegten zuletzt. Die Überwältigten siegten, als die Hunnen China überschwemmten, gebaren das neue Reich der Suy-Tang-Dynastie. Die Überwältigten siegten, als die Araber die Mittelmeerländer unterjochten. Siegten, die Überwältigten, als die Mongolen unter Tschingis Khan und Agdai Khan das Kin-Reich eroberten, Westturkestan, Persien, Indien, Lahore, Rußland, Polen, Ungarn. Siegten gegen das Schießpulver, das jene aus China mitgebracht; gegen das Gemetzel, dem alle Männer zum Opfer fielen. Siegten mit dem ohnmächtigen Fleisch ihrer Becken. Gebaren ihre Kinder; Kinder ihres Stammes; die nichts vom Samen ihrer Väter wußten. So ist die Welt noch nicht zertrümmert, weil es unheldenhafte Menschen gibt. Männer, die sich verkriechen; Weiber, die schwanger von den Feinden ihrer Männer werden, ohne zu sterben. Tiglath Pileser, dein Name nur. Sardon, dein Name nur. Esarhadder, dein Name nur. Psammetich, dein Name nur. Necho, dein Name nur. Kyaxares, dein Name nur. Nebukadnezar, dein Name nur. Kyros, dein Name nur. Dareios, dein Name nur. Kam eine Ahnung dir, als du in den Stein schreiben ließest:

Der du später diese Inschrift sehen wirst, die ich geschrieben habe, oder diese Bilder, zerstöre sie nicht; soweit du kannst, erhalte sie. Wenn du diese Inschrift siehst und diese Bilder, sie nicht zerstörst, sondern soweit du kannst erhältst, möge Ahuramazda dein Freund, deine Familie zahlreich sein, sollst du lange leben, und was du tust, soll dir Ahuramazda gelingen lassen!

Glaube was durch mich getan worden ist! Wenn du diesen Bericht nicht verbirgst, sondern den Menschen verkündest, möge Ahuramazda dein Freund, möge deine Familie zahlreich sein, sollst du lange leben! Wenn du diesen Bericht verbirgst, den Menschen nicht verkündest, möge Ahuramazda dich schlagen, Familie dir nicht sein!

Du der du diese Inschrift lesen wirst, glaube was durch mich getan worden ist, halte es nicht für Lüge! Nach dem Willen Ahuramazdas ist durch mich auch vieles andere getan worden. Das ist in dieser Inschrift nicht beschrieben. Deshalb ist es nicht beschrieben, damit nicht dem, der später diese Inschrift liest, das zuviel scheine, was von mir getan ist, er dieses nicht glaube, für Lügen halte!

(Wo es notwendig ist zu lügen, da lüge.)

Du bist der Nichtheld, Perrudja. Ich bin ein Weib. Ich liebe dich, ich liebe dich, ich liebe dich. Du hast dich verkrochen. Ein Knecht ist über mich gekommen. Er war ein Held, denn er tat seinen Willen. Du warst ein Schwächling. Ich werde zu dir kommen. Du bist der Mensch.

Am nächsten Morgen wollte Signe Ragnvald fortjagen. Als sie den Mund auftat, um zu sprechen, schaute er sie an. Er stand kraftvoll da, dem Helden gleich. Ihre Stimme verzagte.

Ich kann nicht zu Perrudja gehen. Ich verstehe nichts von der Geschichte dieser Welt. Sie hat kein Erbarmen. Sie kennt kein Erbarmen für Feige und Schwache.

»Werde ich schwanger oder krank an dir, ermorde ich dich.«

»Ich höre und gehorche.«

An einem Herbsttage gewahrte sie im Gartensande die Abdrücke von Pferdehufen. Sie verbarg das Angesicht. Tränen tropften durch ihre Finger.

Ende des ersten Romans Perrudja

PERRUDJA

ROMAN. ZWEITES BUCH

Fragmente aus dem Nachlaß

Der Frühling verzaubert noch immer die nördlichen Länder

Da war wieder der Granit und Gabbro der heimatlichen Berge unter den Sohlen ihrer Schuhe. Der duffmetallene Vogel, der sie aus Oslo hergetragen, schwebte surrend in der Luft, trieb schon ab gegen Süden. Blitzte vor der mittäglichen Sonne. Veraschte weiß gegen den reinlichen Himmel. Die Geheimagenten waren beschäftigt, das ausgelandete Gepäck fortzuschaffen. Sie verschwanden hinter Klippen, vermischten sich mit dem Grau eines ungefähren Weges, der zum Haus hinabglitt. Holprig und busig. Grünmoosig und braunscharfkiesig. Sie standen allein. Hein und Perrudja. Hein schurrte mit den Füßen, indem er die Kniegelenke auseinanderbog und dann mit Wucht zusammenstoßen ließ. Es erschütterte die Wadenmuskeln und das Fleisch der Schenkel und machte die Verdauung fühlbar. Perrudja atmete schwer. Er machte seine Lungen so weit, die Rippen so hoch er konnte.
Sie folgten nicht den Agenten. Sie bogen ab von der Nachhauserichtung. Die Sonne war warm. Und das Moos duftete torfig und käferblau. Sie schritten aus, bis sie erschraken. Die Erinnerung war in ihnen schwach geworden. Aber der Augenblick war stark. Auf dem Grunde eines ⟨Hinabs⟩ von allen Seiten, steinig, grün umrahmt, buschig, lag ein kleiner See. Und warme Dämpfe der Frühlingsluft stiegen von seinen Ufern auf. Und es war still in dieser Einsamkeit wie an den Lippen Gottes. Sie erlebten nichts als die Stille und die Wärme und den ausgeloteten Wasserspiegel und das junge Grün, das heimliche Versteck des unbekannten Getiers und die mittäglichen Farben. Und es verwandelte ihren Atem. Und sie wandten sich ab. Verwandelt. Denn sie weinten. Über die Ränder der Berge gegen den grünblauen Himmel tauchten die mächti-

gen Knochenbäume der Geweihe von Elchbullen auf. Und ihre Köpfe. Und ihre Rümpfe und der ungeduldige Wuchs ihrer überlangen Beine. Und sie schritten zum Wasser hinab. Wehten mit dem Staubduft ihrer Haare an den Freunden vorüber. Wichen nicht aus und sahen nicht. Gingen vorüber. Senkten den Kopf und tranken.

Das Haus duftete nach versengendem Birkenholz. Alt nach Erinnerung. Nach Schweiß, der längst verdampft, ihrem eigenen. Nach den Menschen, die sie kannten. Vor allem nach Oful, dem Neger, nach den Kindern Hjalmars, nach ihm selbst, dem Knecht. Nach den Weibern, die ihm Dienst waren. Nach den Stuten. Nach Pferdemaul, Pferdeharn, nach der Haut, die keinen Nüstern zuwider. Hein sagte:

»Wir werden ins Gudbrandstal reiten müssen. Zu Hengsten.«

Perrudja antwortete:

»Wir haben hier oben andere Pflichten als in der Stadt.«

Hein sagte:

»Die überschwenglichen Genüsse sind uns lange versperrt gewesen.«

Perrudja verstand nicht. Er sprach es nicht aus. Er schwieg. Hein wurde deutlicher:

»Ich möchte, meine kleine Geliebte könnte mitansehen, wenn ein Hengst geil wiehernd ein Muttertier umwirbt.«

Perrudja zögerte betroffen mit einer Antwort. Nach einer Weile lispelte er: »Das samtene Kind.«

Am Abend war Hein gespannt voll des Unsäglichen. Er lief über vor Sehnsucht. Zum ersten Mal schien seine Leidenschaft mit vorbedachten Wünschen durchsetzt. Er quälte Oful. Er packte ihn, warf ihn zu Boden. Biß ins dunkel verhangene Fleisch des Negers. Stellte sich Perrudja.

»Ich muß zur Ader gelassen werden«, sagte er. »Ich muß einmal krank werden. Ich kann nicht mehr für mich einstehen. Ich habe zuviel Blut. Ich bin zu wohl genährt. Bitte, prügle mich.«

Dann begann er zu schmeicheln. Er fingerte mit den Händen auf der Tischplatte. Und seine Augen wurden blank. Er knöpfte sich die Jacke los. Perrudja sollte seine Brust sehen.

»Ich möchte ein Pferd besitzen, groß wie ein Walfisch«, sagte er, »mit einer schwarzen Mähne wie ein Baum. Ach, ich mag kein Mensch sein. Ich bin gar kein Mensch. Was würdest du dazu sagen, wenn ich kein Mensch wäre? Wenn ich gar nicht Hein wäre? Vielmehr sein Doppelgänger? Nur seine Gestalt. Was du siehst, ist Hein. Gewiß. Aber das Blut, das ist aus einem Sumpf gekommen. Ein modernder Riesenhirsch steckt im Moor. Sein Skelett. Ich bin sein Blut. An welchem Platz seines Leibes man wohl untrüglich man selbst ist? Komm, leg deine Hand auf meinen Magen. Mir ist übel. Ich möchte schwanger werden. Ich möchte ein Weib sein. Ob es in unserer Leibeshöhle ein Organ gibt, das männlicher Same befruchten kann? Wächst nur deshalb in uns nichts, weil wir zu feige, ein Loch in uns hineinzumachen? Ein Experiment, das noch niemals gemacht wurde.«

»Es gibt kaum einen Gedanken, der nicht vor unserer Zeit auch gedacht wurde; – kein Gelüst, das sich unterdrücken ließ. Unsere Grausamkeiten und Verbrechen sind Wiederholungen. Nur die Formen der Dolche haben sich gewandelt. Dies Fleisch ist Fleisch geblieben. Dies Fleisch liebt. Dies Fleisch haßt.«

Mörder. Kindsverführer.

Hein ernüchterte sich.

»Dies Fleisch fault«, sagte er, »der Riesenhirsch fault. Man kann den Sinn nicht erkennen. Wenn ich lange nachdenke, bleiben Heins Knochen.«

»Man könnte die Erfindung der Giftgase, der Atomzertrümmerung bejahen, wenn bei ihrer Anwendung alles Fleisch ein Ende nähme«, sagte Perrudja.

Sie dachten plötzlich an Krieg.

»Ich bin selbstverständlich Hein«, sagte Hein, »ich wollte dir vorschlagen, ein Fest zu feiern. Du ladest Signe ein. Ich das samtene Kind.«

»Es ist, wie es ist«, sagte Perrudja, »du wirst das samtene Kind einladen.«

Hein brauste auf. Er schwor einige Eide. Er fühlte sich sehr stark. Beherrscher der Welt. Die Sonne machte den Frühling, Grigg zertrümmerte die Erde. Ein Weib sollte stärker sein als Himmel und Krieg? Man würde sehen. Er werde seiner Schwester einige Worte sagen. Das Gestern ist vorbei. Alle Worte vorbei.

Mörder. Kindsverführer.
Unwichtig. Wie habe dies Leben angefangen?
Der Frühling verzaubert noch immer die nördlichen Länder.
Gut. Wie werde es weitergehen? Nach Plänen. Nach Vorschriften. Er, Hein, habe Teil an der Ausarbeitung der Zukunft. Er habe sich einiges vorgenommen.
Perrudja sagte:
»Der Frühling verzaubert noch immer die nördlichen Länder.«
»Ein vollkommen ungehöriger, unpräziser Ausspruch«, sagte Hein.
»Eine Tatsache«, sagte Perrudja.
»Steine in den Weg legen«, sagte Hein.
»Hein strotzt wie ein Stier«, sagte Perrudja.
»Schluß«, sagte Hein.
»Tatsachen«, sagte Perrudja.
Am nächsten Tag ritt Hein durch den Wald. Es begegneten ihm, daherschlendernd, die ortsansässigen Geheimagenten. Sie hatten gehört, zwei Kameraden von ihnen waren gestern mit einem Flugzeug angekommen. In Begleitung der hohen Herren. Man wollte Gedanken austauschen. Die Langeweile war beträchtlich. Hein fragte nach seiner Schwester. Nach dem Weib, das sie unauffällig bewachten.
Strenges Verbot von Grigg, Auskunft zu erteilen.
Hein sagte ihnen einige Grobheiten. Sie konnten ihre Bestürzung, ihr Eingeschüchtertsein verbergen. Sie sagten ja, nein, bewegten die Schultern. Hein kitzelte mit der Reitgerte den Nabel seiner Stute. Sie schlug aus. Die Geheimagenten mußten beiseite springen. Es konnte manches vermutet werden. Sie begriffen, es war nicht übermäßig klug, einem der Herren dieser Welt eine Bitte abzuschlagen. Sie begannen zu beteuern, ach und oh, Mister Grigg sei ihr Auftraggeber. Hein war blaß geworden. Die Sonne lag gelb und grün am Boden. Er hätte einen Dolch in den Nacken der Stute stoßen mögen. Diese Schwester trieb etwas, das zu verheimlichen war. Er wollte das Pferd prügeln. Er besann sich. Pferd. Man müßte Hein prügeln. Heins Herz. Er fuhr nach Oslo. Er sprach Grigg. Grigg sagte ihm: der Knecht Ragnvald hat Signe beschlafen.
Hein langte wieder an. Er sah Ragnvald. Ragnvald war jung.

Ein Knecht. Hein sagte sich, es ist etwas Natürliches geschehen. Er dachte an die eigenen Lenden. Es ist etwas sehr Natürliches geschehen. Er wurde zahm. Es ist meine Schwester Signe, die gesund ist. Er dachte daran, wie viele Frauen Hein beschlafen, er selbst. Er dachte an das samtene Kind. Thorstein Hoyer hat Signe nicht beschlafen. Perrudja hat Signe nicht beschlafen. Hein hat Signe nicht beschlafen. Ragnvald hat Signe beschlafen. Das Natürliche war nicht länger aufgehalten worden. Er richtete es so ein, daß Ragnvald mit ihm in die Berge ging.
Die Sonne lag gelb und grün am Boden. Es war eine nach Eisen schmeckende Luft, die sie atmeten. Hein sprach Gedanken aus, ehe er sie geordnet.
»Wer von uns zweien, glaubst du, ist kräftiger?«
»Man wird keine Probe zu machen brauchen, Sie sind kräftiger«, sagte der Knecht.
»Wer von uns beiden ist jünger«, fragte Hein.
»Vielleicht sind wir gleichaltrig«, sagte der Knecht.
»So einer, wie du bist«, sagte Hein, »der Ehefrauen zur Untreue verführt, mußte in früheren Jahren auf der Hut sein, nicht entmannt zu werden.« Ragnvald biß sich die Lippen.
»Wenn es zwischen uns zweien zu einem Kampf kommen sollte«, sagte Hein, »ist damit zu rechnen, du wirst unterliegen.«
Ragnvald schaute verwundert auf. Es lag ein Schatten um seinen Mund. Und seine Stirn war bleich.
»Die alte Form der Rache«, sagte Hein, »ist scheußlich, ganz wider den Sinn der Natur. Erst die entmenschte Wissenschaft unserer Tage, umnebelt von Gedanken der Zweckmäßigkeit, erneuerte die Bedrohung sogenannter Verbrecher mit Geschlechtsverstümmelung.«
Ragnvald fühlte sich außer einer Gefahr. Er lächelte. Sein Begleiter hatte eine Aussprache über einen empfindlichen Gegenstand eingeleitet, über den man, war er enthüllt, nur sprechen konnte, es ist, wie es ist. Dieser Bruder war, trotz einer klaren Stimme, sicher von einigen Graden der Undurchsichtigkeit, doch ein einfacher Mensch ohne Arg. Genau genommen, kurzen Erklärungen zugänglicher als langen Entschuldigungen. Sicherlich kein Feind der Realitäten. Ungepuderte Gesichter

ihm ein größeres Vergnügen als Masken voll salbiger Farben. Ragnvald spürte die nackte Haut seiner Hände und seines Gesichtes. Er konnte es empfinden; also war er furchtlos. Also war sein Lächeln keine Lüge. Vielmehr der Schatten eines befreienden Genusses. Er wurde aufdringlich. Er wollte unterrichtet werden von der mittelalterlichen Kastration der Ehebrecher und der Unfruchtbarmachung solcher, die dieser menschlichen Gesellschaft unbequem geworden. Es war eine lüsterne Neugierde. Das empfindliche Geschehen war plötzlich nahe bis in Gegenwartsstunden. Mit allem Mißbrauch. Mit aller Qual. Mit der Zweideutigkeit. Wie das sommerliche Verschneiden der jungen Schafböcke, denen die alten Schäfer die männlichen Organe mit den Zähnen auszogen. Es war in der Tat gespenstisch, unter der Frühlingssonne daran zu denken. Hinzunehmen: der Mensch aß das Fleisch der Verschnittenen und pries es als milde, als geruchlos, als keusch der Nase, dem Gaumen. Abstrakter Genuß. Frömmigkeit, von Scheinheiligkeit nicht unterschieden. Der Mensch fuhr dahin des Weges, ritt dahin des Weges, und das Tier, das ihn trug, war seines Schöpfers Gespött.

»Mord«, schrie Hein, »ist ein Kleines an Schuld verglichen mit dem Zuschandenmachen einer weisen Anordnung, das Leben betreffend.«

Warum nur schreit er, dachte Ragnvald.

»Ich werde dich töten«, sagte Hein. Er hatte sich wieder beruhigt.

Das war kein angenehmer Ausspruch. Ragnvald konnte sich nicht entschließen, ja oder nein zu antworten. Er prüfte heimlich, fast widerwärtig heimlich, vor die Wahl gestellt, welches der beiden Übel er wählen würde. Ganz fern von sich, nicht deutlich, mußte er Hein recht geben. Er war, genau so fern von sich, froh, daß er seine Hände schlendern lassen konnte, da sie nichts zu schützen hatten. Dieser Mord war, er gestand es sich ein, eine mehr hypothetische Forderung, keine, die in die Realität umgesetzt werden sollte. Man würde auf jeden Fall noch einige Worte wechseln.

Unterdessen schritten sie heftig aus. Vor lauter Sonne war der Himmel grau und der Boden warm wie die Fliesen eines Backofens.

»Sie war noch vom Manne unberührt, als du sie nahmst«, fragte Hein.
»Ja«, antwortete Ragnvald.
Hein wurde rot. Es war zu erkennen, die Antwort hatte ihn befriedigt. Es war, wie es war. Er war nicht neugierig.
»Es war deine erste Liebschaft«, fragte Hein.
»Nein«, antwortete Ragnvald, »diese Frau hätte niemals meine erste Geliebte sein können. Sie ist stolz. Ihren Stolz konnte ich nur mittels der Erfahrung überwinden.«
Gut. Der Bursche war schlagfertig. Es war nicht abzusehen, was für eine Wendung noch das Gespräch nehmen würde. Hein fühlte sich unlustig, es fortzusetzen. Er hatte sich nicht getäuscht, etwas Natürliches war geschehen. Es war bestätigt worden. Er war nicht ausgegangen, jemanden zu zerstückeln. Er war nicht ausgegangen, jemanden zu ermorden. Er war ausgegangen, daß etwas geschähe, daß er etwas täte zwischen Himmel und Erde. Daß etwas sich auswirkte an diesem Ragnvald, diesem Knecht, diesem hübschen Burschen, diesem Stück Lehm aus den Händen des Schöpfers. Das geworden war, wie es werden sollte. Zweifellos. Wie er selbst geworden war, Hein, zweifellos. Und doch war dieser Mensch die Ursache eines schlimmen Geschehens; das Signe gehindert hatte, den Weg zu Perrudja zu gehen. Da sie zufrieden jetzt. Oder schuldbeladen. Beides. Gibt es ⟨Lachenderes⟩ als schuldbeladene Zufriedenheit? Sie zukünftig hindern würde.
Hein begriff, seine Pläne zergingen. Sein Wille, seine Meinung zergingen. Es war, wie es war. Aber es war anders, als Hein es sich gewünscht. Er verfluchte die Geheimagenten. Er war unzufrieden mit Grigg. Er war mißgelaunt gegen sich selbst. Er fand, allein dieser Ragnvald passe in diese Schöpfung. Sie schritten heftig aus. Die Poren ihrer Haut gingen auf. Schweiß floß von ihnen. Es war ein erregender, ein aufpeitschender Schweiß. Es kam der Augenblick, wo sie sich vornahmen zu triefen. Eine heimliche Probe für dieses morsche Herz. Fast liefen sie. Es war selbstverständlich, sie brauchten keine Reden mehr zu wechseln. Sie troffen. Die Hemden klitschten sich gegen ihren Körper. Die Jacken hatten sie noch geschlossen. Ragnvald verlor die Wette. Eine Wette, die sie nicht geschlossen hatten. Er riß sich als erster die Jacke auf. Da klebte das

Hemd wie ein nasses Tuch an seiner Brust. Hein lachte kurz auf. Ragnvald prustete sich ab. Hein blieb stehen. Er setzte sich. Entledigte sich seiner Jacke. Er wollte zeigen, er war nicht etwa trocken wie eine Palme. Er fand, in der Nässe des Schweißes roch er stark. Nicht widerlich, doch heftig wie ein Tier. Übrigens wehte von Ragnvald ein ähnlicher Geruch herüber. Kreatur auf dem Felde. Etwas vom süßen Duft eines Pferdefells. Etwas vom gärenden Krautgeruch der Kuhflotzen. Etwas von der Strenge des Bocksgeruches.
Er zog sehr gemächlich das nasse Hemd von sich ab. Er dachte, Burschen stehen auf einer Diele. Mädchen sitzen prall und gerade an einer Wand aus rohbehauenen Balken. Burschen mit den bunten Kniebändern tanzen und preisen sich an. Drehen sich, strecken die Arme, werfen den Halling vom hohen Balken herab.
Er fühlte, hier würde er Sieger bleiben. Es waren harte Knochen. Heins harte Knochen. Und seine festen Muskeln.
Ragnvald zog, seinem Beispiel folgend, das nasse Hemd von sich ab. Hein lächelte und zeigte seinen glücklichen Mund. Ragnvald war kein zu verachtender Bursche. Glatt und fest. Ein Gegner von gewissen Qualitäten.
Hein erhob sich. Ging abwärts. Lackfarben glitt ein Wasser über die Granitbarren. Er entledigte sich noch der gegürteten Hose, der Stiefel, der Strümpfe. Er wusch sich in der kalten strudelnden Flüssigkeit. Die Sonne glühte herab aus dem grauen Kugelgewölbe des Himmels.
Ragnvald ahmte ihm auch diesmal nach. Wusch sich.
Hein lächelte. Die Gedanken in ihm waren wie fortgewischt. Die Erinnerung verdünnte sich über das zulässige Maß hinaus. Er fühlte sich zu nichts mehr verpflichtet, verzeichnete keine Zuneigung, keine Abneigung mehr. Das Ferne war plötzlich unabtastbar fern. In seinen Wirkungen nicht abschätzbar. Das kalte Wasser rann aus hohlen Händen ihm über die Brust, umfloß den Nabel, sickerte durch buschige Haare, trennte sich, ein Delta, ein Lambda, den zwei Renfleischschenkeln folgend, um die Zehen zu beplätschern. Er setzte sich rücklings in eine Mulde. Haarscharf mit einem Strich grenzte das Kalte sich in Nierenhöhe gegen das Warme, Sonnbestrahlte des Rückens. Die Bauchhaut war fühlloser. Sie unterschied kaum zwischen

Wasser und Luft. Sie wuschen sich, um geruchlos zu werden. Um frisch zu werden. Um die Sonne an ihrer blanken Haut zu ertragen. Um zu genießen.
»Es ist ausgemacht«, sagte Hein, »ich kann dich nicht entmannen und nicht ermorden. Doch muß ich mich rächen. Wir werden etwas erfinden müssen.«
Sie schritten zu den Kleidern zurück. Sie legten sich auf das braunwarme Gestein. Verkniffen die Augen. Ein Tropfen zwischen den Lidern verdichtete die Sonnenschlieren über der Landschaft, so daß es wie von Strudeln brandete. Auf dem Grunde eines Meeres.
Es war still wie für Fische gemacht. Hein erdachte nicht, was er tat. Aber er tat etwas. Er nestelte an seinen Kleidern. Er ertastete etwas Hartes. Er richtete sich halb auf, das Harte in Händen haltend. Er sah ausgestreckt bäuchlings an seiner Seite Ragnvald. Er stieß ihm einen kleinen Dolch in den Oberarm. Ragnvald schrie auf. Der Schrei glich in der Stille einem ungeheuren Lärm. Aber es gab kein Echo. Und so war er schnell vorbei. Es rann Blut. Ragnvald besann sich sehr schnell und schloß den Mund. Er dachte nicht an Schmerzen. Es war gar kein Schmerz mehr in seinem Arm.
Hein sagte:
»Nun ist auch das vorüber. Wir haben einander nichts mehr vorzuwerfen.«
Er konnte sich selbst nicht erklären, wie es so plötzlich zu seiner Heftigkeit gekommen war. Unwichtig, nach Gründen zu suchen. Es war, wie es war.
Er verband Ragnvald die Wunde. Sie sprachen nicht mehr darüber. Ragnvald konnte sehr beruhigt sein. Ihm waren Rechte zugefallen. Er begriff. Hein hatte Rache genommen.
Bis zum Nachmittage lagen sie wie Krokodile in der Sonne. Reglos. Ohne Bedürfnisse. Als sie sich erhoben, setzte das Leben des Leibes wieder ein. Hunger, Durst. Sie ließen Wasser. Hein verschwand hinter einem Busch.
Sie gingen zutal und sprachen nichts mehr. Perrudja wurde nicht unterrichtet, daß Hein ein Erlebnis gehabt. Das samtene Kind wurde zum Feste eingeladen. Signe wurde nicht geladen. Es wurde vergessen. Hein schlug es nicht vor. Er erinnerte sich nicht, daß er es jemals gewünscht. Jedenfalls waren Wünsche

solcher Art widerlegt. Er dachte nur an das samtene Kind. Er dachte nicht an die Schwester, nicht an ihre Liebhaber. Nicht an Perrudja. Und war unbefangen.
Agnes zog ein. Hein hatte sie aus Oslo heraufgebracht. Er glomm nur für sie. Er war ein ganzer Himmel voll Sonne, voll Wolken, voll Blitzen, voll Sternen. Es kamen milde und laue Winde von ihm. Eishauche wie aus nördlicher Nacht. Er war ein großer und warmer Körper, der sie umfing. Ein Mund, der sie schmeckte. Eine Nase, die sie beroch, ein Ohr, das ihr lauschte, Augen, die an ihr hingen. Ein starkes schönes gezähmtes Tier. Sie lachte über ihn. Sie freute sich an ihm. Sie spielte mit ihm. Sie nahm ihn so ernst, wie eine Religion von Gläubigen genommen wird. Sie fürchtete sich nicht vor ihm. Mit keiner Regung. Sie hatte gelernt, ihn zu genießen.
Perrudja hielt still. Er faltete sich in sich hinein. Er wurde anspruchslos, unscheinbar. Ohne Trotz befangen. Er sah, eine Welt voll Genüsse lag als Angebot vor ihm. Er nahm nichts. Er hatte kein Verlangen nach dem Erreichbaren. Signe war nicht gekommen. Signe war nicht geladen worden. Hein hatte vergessen, die Schwester heraufzubitten. Er versuchte es einzuordnen. Er stellte fest, sein Herz schmerzte nicht. Er fand, das samtene Kind war hübsch und jung. Er dachte (ach die Torheit, solches zu denken), sie würde sich eines Abends in der Tür irren, da das Haus rund gebaut. Sie würde zu ihm ins Bett steigen, es nicht gewahrend, für Hein den andern nehmend. Das war eine so kurze Sehnsucht, daß sie kaum einen Ausschlag auf den Meßinstrumenten der Seele gab. Und wie unsicher war die Anordnung des Zufalls gewählt. Als ob es nicht planmäßig, sie liebte Hein. Der Mann konnte nicht vertauscht werden, ob auch der Irrtum, eine unrichtige Tür zu wählen, bestand. Es war immer nur die eine Möglichkeit: Auflauern. Vergewaltigen. Dieser Aufwand für ein fast Nichts an Sehnsucht. Er hielt still. Es war keine Katastrophe zu erwarten. Der Glücksstrom der beiden Liebenden rauschte dahin. Man ritt ins Gudbrandstal. Ein Hengst umwieherte die Stuten. Agnes lachte. Hein lachte. Perrudja stand unbewegt. Mit sachverständigen, mit kritischen Augen sah er. Flau und nüchtern waren seine Lippen. Er war so gering geworden, daß

er an die Heiligkeit des Zweckes glauben mußte. So neugierig nur, wie man auf das Sichpaaren wohlgebildeter und kraftvoller Tiere sein kann. Die Scham der Stuten hat einen herrlichen Zuschnitt.

Aus der Steinwüste der Grossstädte ziehen junge Menschen aufs Land

Sie verbrachten das Wochenende in dünner gläserner Luft, die genau nach ihrem Maß warm oder kühl war. Nicht schwül mit Eishauch, nicht kalt mit Fieberwärme. Und der Nebel wurde mittels eines sinnvollen physikalischen Vorganges gebildet. Rußfrei, unqualmig. Als aber der Sonntag gegen den Abend sich neigte, fluteten sie zurück. Es fuhr ein Omnibus von... nach Paris, Rue.... Es war kein übermäßig vollkommenes Gefährt. Es war alt. Abgenutzt. Eine verlassene Station technischer Fertigkeit. Eine kleine schorfige Zwischenstufe zur Vollkommenheit. Nicht wichtiger und unwichtiger als alles andere, das vergänglich. Abbild der Zwecklosigkeit aller Bemühungen, die Endgültigkeit maschineller Funktionen zu erlangen. Immerhin saßen in dem Omnibus dreißig junge Menschen. Es war ein Gegensatz zwischen ihnen und dem Altersinvaliden des Verkehrs. Man konnte sie sich nicht sogleich als blühendes Gebein denken, das vor Verwesung troff. Die Vorstellung der Bedrohungen durch eine Gas- und Stahlhölle, die das Fleisch zerfetzt, die Lungen zerfrißt, war noch nicht zu allgemeiner Wirkung fortgeschritten. Dreißig junge Menschen. Und keiner dachte an den Tod. Keiner unter ihnen, der melankolisch-sadistisch in Übungen der Gedanken verfiel, Ungeschehenes, weil es doch geschehen konnte, sich auszumalen, die Zeit überspringend, mit Überdeutlichkeit auszufließen in einen Vergleich zwischen Fleisch und Holz, Knochen und Stahl.

Der Omnibus hielt. Der Motor lief aus, stand. Der Fahrer verließ seinen Sitz. Das Wagengestell neigte sich mit Mäusetönen nach rechts. Hatte der Mann Holzsohlen an seinen Schuhen? Jedenfalls polterten seine Füße hölzern. Hölzern auf Holz, hölzern auf Eisen, hölzern auf dem flachen Boden der Landstraße (Erde und Stein). Oder doppelte Ledersohlen aus dem Fell eines alten Zuchtbullen. Man konnte es nicht wissen, wenn mans nicht wußte. Nur Gott wußte, wenn es ihm wert war zu wissen. Oder er die polternden Füße gehört. Ohne vorher gewußt zu haben. Doch mußte er gewußt haben, weil er allwissend. Er hat sie auch gehört. Warum hat er gehört? Weil er alles hört. Aber es war nicht so laut wie der Donnerkrach einer just in diesem Augenblick durch Explosion sich schüttelnden, verschüttenden, zerstäubenden, verblitzenden, Menschen zermahlenden, selbst gemahlenen, nämlich Ziegelstaub, rot, verschmiertes Blut, Wange rot, Sprengstoffabrik. Pikrinsäure. Nitroglyzerin. Was es auch sei. Zweihundertdreizehn Tote. Dreizehn Zweibeinlose, die, da nicht zu den Toten gezählt, hinterher, nicht unmittelbar an der Beinlosigkeit starben. Sieben Einbeinlose. Elf Einbeineinhandlose. Drei Zweihandlose. Siebenunddreißig Einhandlose. Ein Ohrloser. Sieben Blinde. Zwei Quetschnasige. Einer mit zerquetschten Hoden. Acht mit Hautabschürfungen. Es war sonst zweifelhaft, ob das Materialproblem der Sohlen dieses einen Autobusfahrers zu einer Würdigung, im Sinne einer Fragestellung und Beantwortung, in die Bezirke des Höchsten vordrang. Wenn ja, wußte er, ohne vorher gewußt zu haben, richtiger, menschlich betrachtet, wußte er, ohne zu wissen. Da er allgegenwärtig, allwissend, allweise, allgenießend, alleidend, war es, was es war, auch ihm, ein Problem.

Selbstverständlich geschahen in einer Sekunde nicht nur diese zwei Dinge: Ton wie von hölzernen Sohlen, Explosion einer Sprengstoffabrik, zweihundertdreizehn Tote und so fort. In der Tat waren diese zwei Dinge an sich schon viele Dinge. Zum Beispiel an einem Sterbenden (Gestorbenen [Lebenden]) wurden gleichzeitig einige Milliarden einzelner Zellen zermalmt. Zu schweigen von den Ziegelsteinen, die in Staub oder selbst Molekulartrümmer gingen, von den Explosivstoffen, die chemische Hochzeiten mit Freudenfeuer begingen. Und sich vereinigten zu Gaskristallen, zahlloser, als es jemals in allen Meeren zusammengenommen Heringssamenfädchen geben kann. Gewiß geschahen, sei es auch auf ihre Abbreviaturen zurückgeführt, noch manche Dinge in dem einen Augenblick. So brannten prasselnd, singend, unaufhaltsam vierzig Millionen Sonnen. Ihre Zahl weiß man nicht genau. Gott weiß sie genau. Wenn er sie wissen will. Wir aber wissen nicht, ob er sie wissen will. Wir schätzen. Wir rechnen. Weltraum. Abbreviaturen. Irrtümer. Wir wissen nichts von den Sonnen. Wir wissen nichts von den Monden. Wir wissen nichts von den Planeten. Die Fernrohre sind alberne Spielzeuge. Die Raketenflugzeuge werden Gottes Auge niemals berühren. In der Tat, sich beschränken ist weise. Schranken aufzurichten allerdings Schulmeisterei. Eine Milliarde Menschen erlebten, starben diesen Augenblick. Einige wurden in ihm. Die Abrechnung. Hie Lust, hie Schmerz, Debet, Kredo, der Saldo und zu welchen Gunsten konnte nicht vorgelegt werden. Nur Gott wußte ihn. Er aber war gewiß kein Anhänger der Buchführung. Dennoch, wie es ein Ganzes gab, gab es ein Einzelnes. Und wer das Ganze sieht, sieht auch das Einzelne. Und so gab es am ⟨Ende⟩ ein Erlebnissaldo für alle Gewissen, für alle getrennt. Nach Arten wieder, nach Gruppen. Tiere und Pflanzen. Luft und Meer und Erde. Die einundsiebzig Elemente und ihre Verbindungen. Es war, wie es war. Sonnen rannten gegeneinander. Und es gab im Hauptbuch keinen Saldo zugunsten des Schmerzes oder zugunsten der Lust. o, o. Oder ∞, ∞. Es war, wie es war. Es ist, wie es ist. Es wird sein, wie es sein wird.

Die Menschen sprachen: Gott schuf die Menschen nach seinem Bilde.

Die Pferde sprachen: Gott schuf die Pferde nach seinem Bilde.

Die Leoparden sprachen: Gott schuf die Leoparden nach seinem Bilde.

Die Adler sprachen: Gott schuf die Adler nach seinem Bilde.

Die Weisen sprachen: Gott mit des Menschen Leib, mit dem Kopf des Raubtiers, mit dem Fuß, der die Kralle des Adlers hat, der auf einem Pferde dahinreitet, Bastard. – Die ihn fürchteten, sagten: Labartu, Göttin, Eselsgeliebte, Pesthauch, die auf dem Wasser im Nachen dahinfährt. Alle sagten: Ein Weib hat ihm einen Sohn geboren. Daß es drei seien.

Die Herren Perrudja, Skaerdal, Pjuol und Bourdinot aber

machten ihm einen Prozeß. Und siehe, er war trotz seines großen Alters noch sehr jung. Zu jung befunden, um verantwortlich zu sein.

Auf diesem Platz der Landstraße tat sich eine große Stille auf. Dreißig junge Menschen schwiegen. Die Nacht war schwarz. Und die Augen der Menschen stießen sich an der Schwärze und waren abhängig von den drei kleinen gelb strahlenden elektrischen Glühlampen. Gelb war Schein und Widerschein, weil blanke Messingschirme (leicht verbeult) als Reflektoren dienten. Und gelb war der glimmende Draht, weil die Batterie lahm, mit verschlechterter Spannung die Elektronen des Stromes weiterschob.

Die Holzbänke, auf denen die dreißig jungen Menschen saßen, waren Leichenteile des Buchenbaums. Billiges Rotbuchenholz, einstmals lackiert, jetzt schwärzlich verschrammt. Es wird bald, Flamme, Wärme, Rauch, Asche, zerspellt, zerknickt, unansehnlich, fast zwecklos am Ende einer vorläufigen Verwesung sein. Neuer Anfang. Speise und Same.

Die Dreißig schwiegen. Sie dachten etwas. Sie träumten etwas. Kleine winzige Raubtiere spielten in ihnen. Diese Lüste und Sehnsüchte, die sie kaum im Schlafe wagten. Das gewiegte, geschüttelte, landstraßengerüttelte Fleisch wagte es. In ihren Schößen war es aufgestiegen. Pansflötenklänge. Faunische Kraft. Ihre Hände lagen plötzlich da wie ein Stück von ihnen selbst. Und ihr Gesicht gehörte ihnen. Mit all den Schatten und den gewölbten Lippen. Es war sehr selbstverständlich, daß sie garnichts taten, garnicht sich einbezogen in die Schöpfung, nur sie selbst waren. Ganz verschieden. Jeder mit besonderen Tiergerüchen an sich und dem unaussprechlichen Gewinn unterbewußter Taten.

Und zwischen ihnen stand der Raum, dieser Teil der Unendlichkeit, und schaute sie an. Und schaute in sie hinein, durch sie hindurch, da er in ihnen, allgegenwärtig, Gott selbst. Und er erkannte sie und sich in ihnen und sagte, es ist mein Bild. So bin ich. Und so war er. Eine Lunge, die Atem zog. Hier folgt ein Brevier der Darstellung innerer Organe. Anatomie des Menschen. Pathologische Anatomie des Menschen. Der männliche Körper, der weibliche Körper. Der geschlechtsreife Körper, der noch nicht voll entwickelte Körper. Alles in situ,

schön und geordnet. Anatomie in Röntgenbildern. In plastischen Röntgenbildern. Farbig, wiewohl ohne Licht. Wozu? Weshalb sind wir nicht Haut: durch und durch? Hier ist zu erklären: das Göttliche, der Raum. Das Durcheinander in drei Dimensionen. Oh, kein Klischee. Hier geschieht das Dasein. Es wird bewiesen sein, wenn es zerschlitzt, zerspalten, zerstückelt. Breite Becken, schmale Becken, feste Knochen, weiche Knochen. In ihrem Mark finden sich, neben dem Fett, zahlreiche Eisenverbindungen, die dem Erdmagnetismus unterworfen sind. Auch das Eisen in unserem Blute folgt dem Zug nach Norden und Süden. Wie die Magnetnadel. Lege dich nieder wie eine Magnetnadel. Untersuche, ob der Kopf oder die Zehen nach Norden oder Süden weisen. Ziehe daraus die Schlußfolgerung. Zweiteilung. Feste Herzen, zitternde Herzen. Tadellos funktionierende, leicht erregbare. Durchaus kranke. Versuche zu ergründen, ob und auf welche Weise die Sexualorgane und das Herz zusammenhängen. Besteht ein Zusammenhang oder hat der Volksmund, in Unkenntnis der anatomischen Verhältnisse, ein unhaltbares Postulat aufgestellt? Mußt du dich auf die Untersuchung gegenseitiger chemischer Wirkungen beschränken oder gibt es direktere Wege des Zusammenhangs? Ist es zulässig, die Selbstverständlichkeit zuhilfe zu nehmen? Herz und Sexualorganen, Gehirn ⟨...⟩ denselben Menschen? Und wie weit kann das Gehirn als Vermittler in Betracht gezogen werden?
Jedenfalls ist festzustellen: Es wird in einem Magen ein in Öl erhitzt gewesener Kleinfisch gefunden (vielleicht finden sich auch Leichengifte in ihm), der dem Verdauenden Widerstände entgegensetzt und infolgedessen eine Überbelastung des Verdauungsapparates herbeiführt, die später, sobald der Omnibus sich wieder in Bewegung gesetzt haben wird, den Auswurf durch Speiseröhre und Schlund, kurz Erbrechen herbeiführen wird. Einstweilen äußert sich seine unheilvolle Wirkung nur in einer Gesamtträgheit dieses einen menschlichen Organismus. Also, die Absonderung der Leber ist gehemmt. Der Magen ist sparsam mit der Verausgabung von Salzsäure. Der Speichel im Munde fließt nicht. Die Milz ist widerwillig in ihrer Ausdehnung. Vorläufige Folge: das Membrum virile richtet sich auf. Suche die Erklärung, wieso es möglich, daß ein verdorbener oder subjektiv unbekömmlicher Fisch Wirkungen auf die Be-

zirke der Organe ausüben kann, die gemeinhin den Komplexen der Liebe ein Tummelfeld? Ist der Rückschluß möglich, daß, da der Mensch primär keine Agenzien etwa durch das Idol einer Liebe vom Gehirn zu den freudvollen Organen gab, der verdorbene Fisch einen Einfluß auf das Herz im Sinne eines Liebesrausches nehmen kann? Oder ist hier zu erklären: Der Mensch ist eine Einheit, zum wenigsten eine räumliche Einheit, in der chemische Wirkungen im Austauschverhältnis zueinander stehen. Und der Weg vom Herzen zum Hirn, zum Sexualapparat, zurück zur Zentrale, zum Magen kann auch, umgekehrt beschritten, subjektiv die gleiche Wirkung erzielen? Versuche, alle Zwischenstufen in diesem chemischen, magnetischen, elektrischen Haushalt zu ergründen. Versuche, in diesem Haushalt Störungen oder künstliche Potentiale zu schaffen, indem du ihm von außen her Ingredienzen einfügst. Verfaulten Fisch, Herzhormone, männliche oder weibliche Drüsensekrete, was auch immer hinzufügst. Versuche, die Stationen der Lymphgefäße zu überrennen. (Krankheit.) Was siehst du? Von Alkohol, Äther, Chloroform wird er betäubt, schmerzunempfindlich. Man kann ihm Arme, Beine absägen, die Schädeldecke öffnen, ausweiden. Und er merkte es nicht, oder doch nur in Transformation. Er stirbt oder merkt es erst hinterher. Man kann seinen Charakter verändern. Man kann die männliche Chemie in eine weibliche umwandeln. Er liebte zuvor ein Mädchen, jetzt liebt er einen Knaben. Er fand vorher Gefallen am Geruch des Lavendelwassers, jetzt hält er sich mit Vorliebe in Aborten auf. Ziehe daraus deine Schlüsse und sage mir deine Erkenntnisse. Es ist, wie es ist. Der Mensch ist nicht durch und durch Haut. Er ist ein Raumgebilde. Das Raumgebilde ist angefüllt. Mit Gestalt. Mit Kristallen, Formen, und den Wirkungen ihrer Gesetze aufeinander. Alles der Gestalt ist wichtig, wahrscheinlich gleich wichtig. Alles der Gestalt ist gleichermaßen schön und häßlich. Alles der Gestalt ist gleichermaßen gut und böse. Alles der Gestalt ist gleichermaßen göttlich und teuflisch. Aber das eine und das andere ist erst erstanden am Geist. Und ist darum kein Gegensatz, sondern nur eine Eselsbrücke. Die wahren Gegensätze heißen anders: Männlich und weiblich. Denn sie schließen sich zur Vereinigung. Die Vielheit nach allen Seiten, denn sie ruht in der Eins. Die Bewegung nach allen Seiten, denn ihr Kern ist die

Ruhe. Die Finsternis aller Räume, denn ihre Erlösung ist das Licht. Bekenne dich: des Menschen Inneres ist eine Finsternis, die sich nach dem Licht seiner Haut sehnt.
Es ist festzustellen: Ein kräftiger Bursche ist unter den dreißig mit Situs inversus totalis thoracis et abdominis. Das heißt: seine Brust- und Baucheingeweide insgesamt sind ihm von rechts nach links vertauscht. Wahrscheinlich sind ihm auch die Augen vertauscht, die Gehirnhälften, die Ohren, die Hände, die Füße. Er ist ein Spiegelbild aller anderen. Aber niemand weiß es. Es gibt keine genaue Bezeichnung alles symmetrischen Äußeren. Das linke Auge ist seinem Wesen nach vom rechten nicht unterschieden. Es bleibt das Geheimnis des dunklen Raumes: Das Herz ist ihm nach rechts gerückt, die Leber nach links, nach links die Milz, nach rechts der Magen, nach links der Blinddarm, die linke Lunge ist größer als die rechte. Und alle Arterien, Venen, Nervenstränge, Lymphbahnen vertauscht von rechts nach links, von links nach rechts. Der Aortabogen wölbt sich rechts nach hinten, und die warmen Ströme des Blutsaftes pressen sich von rechts zwischen die Rippen, die Knochensäule des Rückens. Und er weiß es nicht. Und niemand weiß es. Niemand wird es je erfahren. Er wird nach seinem Tode nicht seziert werden. Daß einige erführen, was bis dahin unbekannt geblieben. Linkshändig ist er. Wen kümmert das? Nur der Höchste weiß alles. Er weiß auch dies. Hier ist zu fragen: Wie kann diese Abweichung begründet sein? Was kann sie bezwecken? Und welche Wirkung geht von ihr aus? Hier ist zu fragen nach den größeren und kleineren Unterschieden. Hier ist ein großer, ganz unbemerkter Unterschied. Gibt es ähnliche, unbemerkte Unterschiede? Es ist zu fragen: sind nicht alle auf diese oder jene Weise voneinander unterschieden, bleibe es nun verborgen oder werde es öffentlich? Ist es erlaubt, das Gespenst des Normalmenschen zu bemühen? Wird es uns erscheinen? Wo ist es denn? Du siehst es nicht. Du siehst dreißig voneinander unterschiedene Menschen. Sie denken dreißig verschiedene Straßen. Sie lieben dreißig verschiedene Lieben. Sie haben dreißig verschiedene Maße des Guten und Bösen. Sie denken dreißig verschiedene Gottheiten. Sie sprechen: Gott machte mich nach seinem Bilde. Situs inversus totalis thoracis et abdominis. Links, rechts. ER könnte ihre Mitte sein. Die Mitte

ist immer nur ein Punkt. Abbild der höchsten Symmetrie: die Kugel. Hier ist zu fragen: Ist dieses der Normalmensch? Es ist zu antworten: Es gibt ihn nicht. Die Kugel ist nicht das Bild des Menschen. Es ist zu fragen: Was folgt daraus? Es muß einiges bejaht werden. Es kann nicht immer nur gerichtet werden. Es muß hier ein Etwas anerkannt werden. Du mußt bekennen: es ist, wie es ist. Willst du reden: ich weiß, was ich weiß?
Es ist festzustellen: Sie wissen nichts von sich und sie wissen nichts voneinander. Dieser hier würde sich wundern, machte man es öffentlich, sein vierter Halswirbel ist mißgebildet, ein verfehlter Knochen, gemessen an der klassischen Form der Übereinkunft, eine Eins gegen eine Vielheit. Und dieser, würde es ausgesprochen, quält Tiere, weil seine Eltern arm, oft Hülsenfrüchte verzehren, von früh auf eine Knickung des Dickdarms, in der sich Gase fangen, die zwar ⟨nach innen polsterig⟩, die Milz beengen und unnatürlich lang und flach drücken.
Gib dich nicht zufrieden mit willkürlichen Feststellungen. Schrick nicht vor unappetitlichen Gedanken zurück. Es ist notwendig, daß die Einigkeit und die Trennung aller Menschen, aller Wesen offenbar werde. Sonst wirst du den Lügen der Abbreviaturen verfallen, die mit ihren Aussagen an der Oberfläche bleiben und den Normungen als Vorwand dienen. Frage denn. Gewiß ist dieser wohlgenährt und satt und jener hat manchmal darben müssen. Und ein anderer kam kränklich, sag angefault, sag gehemmt, wie ein Ertrinkender auf diese Welt. Er hat sich durchgekämpft. Er hat gerudert mit Armen und Beinen. Er wollte im Genuß der Sonne bleiben. Ob sie ihm auch Fürchterliches zeigte. Er hat einen Pakt mit seiner Seele geschlossen oder wie du die Lebenskraft in ihm nennen willst. Und die Wirkung ihres Daseinslaufes ist an ihnen deutlich geworden. Ihre Vorfahren mit ihren Tugenden und Gebrechen sind an ihnen deutlich geworden. Sie sitzen da. Und des einen gesamte Darmlänge beträgt fünf Meter siebzig, die des anderen elf Meter fünfzig, mehr als das Doppelte. Sie unterscheiden sich in diesem wie in vielem anderen. Der eine besitzt eine sparsame Körperwirtschaft, der andere eine verschwenderische. Stelle eine Betrachtung an, welcher Art Ethos helfen könnte, etwa die Ungerechtigkeit auszugleichen, wenn

der verschwendende Körper einem Armen, der höchst rationelle aber einem Reichen verliehen wird. Beschränke dich nicht darauf, nur an Speise und Verdauung zu denken, beziehe die Funktionen des Gehirns hinein. Die aller Lymphgefäße und Drüsen. Erinnere dich, was Leonardo da Vinci über einen gewissen Gegengeist aussagen wollte, als er berichtete... Und wo dies zu ergänzen ist durch die Worte eines Inders... Bedenke endlich, daß zwischen der Eins und dem Doppelten alle Bruchzahlen liegen, mit denen du die Wirkung der einzelnen Körperhaushalte ausdrücken kannst. Sei nicht furchtsam, eine direkte Ursache dafür anzugeben, daß sie alle unterschieden voneinander werden. Erachte es als bewiesen, die Chemie ihres Körperhaushaltes ⟨braut unterschiedliche Säfte in den geheimen Retorten.

In ihrem Schweigen war zu erkennen, es waren ihre Hände, die dalagen, und ihre beschatteten Gesichter, die geädert waren von den Lust- und Schmerzerlebnissen hinter ihrer Stirn. Und⟩ ein flüchtiges Wahrnehmen war ausreichend zu erkennen, sie waren Kinder oder Vertreter zweier grundverschiedener Stände. Die Ordnung dieser Menschenwelt hatte sie weiter voneinander getrennt, als die Physis ihrer Leiber getan hätte. Proletarier die einen. Grobe Hände. Hände von Lehrlingen, die Spezialisten des Zupackens, Festhaltens, Hämmerns, Biegens werden mußten. Geschwollener Musculus biceps, Musculus triceps, Musculus pectoralis major, Musculus brachioradialis, schwieliger Thenar und Hypothenar: Arme, Fäuste, die nicht von Pappe, sondern von Bein, Sehnen, Muskeln. Der eine unter ihnen hatte einen linksseitigen Leistenbruch. Im übrigen konnte man von ihnen gemeinsam sagen, von den Waden aufwärts, die Schenkel, die Bauchdecken, die Rückenbeuger und -strecker, der Brustkorb, alles Fleisch und Bein von einiger Zuverlässigkeit und Qualität. Nicht gerade gefeit gegen Krankheit und Anfechtung, aber einigermaßen zur Fron körperlicher Anstrengung geübt. Diese Einen nun kamen darauf, sich zu einer gemeinsamen Beschäftigung einig zu werden, da der Autoomnibus noch immer nicht sich in Bewegung setzte.

Hugues. Er hatte die helle Hose eines dünnen Sommeranzuges über sich. Ein schwarzes glänzendes Kattunhemd. Mit weißen

Säumen. Einen Schlips aus dem gleichen Stoff. Am Kragen des Hemdes waren links und rechts Perlmutterknöpfe, sieben auf jeder Seite, als Zierat befestigt. Nicht zwei der Knöpfe waren von gleicher Form und Größe. Sie waren beritzt. Mit quadratischen Mustern, mit rhombischen Mustern, mit Buchstaben, mit Kreiskurven. Er hatte ein junges fast fettes ebenmäßiges Gesicht, frische und feste Lippen, eine fleischige Nase, milde und schattenlose Augen. Er hob eine Hand. Er faßte nach dem Hals eines Kameraden. Es war der Hals Eugènes. Hugo spürte, unwägbar kurz nur, ein weicher Sammethals, Fingerzusammenkrampfen. Er riß Eugènes Oberkörper herab, beugte den Menschen. Stand selbst, preßte des anderen Kopf sich zwischen die Schenkel. Da sauste die Hand eines Dritten wild, mit Wucht auf die runden fleischigen Muskeln Eugènes. Schadenfreude. Der Kopf wurde freigelassen.
»Dieser da wars«, sagte Eugène.
Alle der Gruppe wieherten, schrien nein. Hugo packte den Hals erneut, zwängte den Körper hinab, Kopf zwischen seine Schenkel, holte mit einem Arm aus, schlug selbst. Alle verbargen ihre Hände. Eugène nannte den Russen, einen gutmütigen aufgedunsenen Halbmongolen; schwammige Augenlider, vorgestülpte Lippen, kleine runde Ohrmuscheln. Er war es nicht gewesen. Beuge dich, mein Lieber. Hugo schlug, ein anderer mit ihm gemeinsam. Ungültig. Nochmals. Wieder zwei. Ungültig. »Au«, schrie Eugène, »gemeine Hunde. Nicht zwischen die Beine.«
Dann fand er den Schläger. Er rächte sich, rannte mit der Faust gegen das Gesäß des Entdeckten, von Hugo sorgsam Niedergebeugten. Verriet sich, mußte seinerseits den Kopf wieder zwischen die Schenkel Hugos. Der Omnibus hielt lange. Es kam die Reihe an alle. Auch Hugo mußte sich beugen. Wie nun alle rote Ohren, geschwollene Hände, brennende Hintermuskeln hatten, alle Glieder gelockert und beweglich waren, vom Aneinanderstoßen, Einanderbetasten, kleinen Kraftproben, nebenher, verliebten Kitzeleien, rückten auch die drei Mädchen heran, fielen gestoßen, gezogen, angehalten diesen auf die Knie, jenen an die Brust. Wurden betastet, sanft gestreichelt, geküßt. Sie lachten heiser. Ein Schimpfwort. Fanden einen Platz zum Sitzen. Einen Beschützer. Einen, dem sie zugehörig.

Dessen Mund sie suchten. Dessen Hand ihnen angenehm. An dessen Seite ihre Lippen zugingen. Hier ist zu erklären, was Liebe sei. Ein paar Burschen rieben wechselseitig die nackten Knie gegeneinander. Einige begehrten die Tätauierung des Burschen… zu sehen. Sie waren bereits bis zu den Oberarmen vorgedrungen. Sie hatten ihm die Hemdsärmel heraufgeschoben. Blaue und rote Farben in der Haut. Hammer und Amboß. Der Oberkörper einer starkbebusten Frau. Jetzt wollten sie an seine Brust. Da sollte ein Dolch ihm ins Herz gehen. Wunde in natürlicher Farbe. Sie wollten Waffe und Blut sehen. Er wehrte sich. Er prahlte von seinem Bauch. Seine Heldentaten mit Weibern waren dort verewigt. Sagte er. Sie ließen ihn. Sie waren geil und schwach. Sie dachten an Mädchen, jeder für sich allein. Der eine an seine Schwester. Sie hatte noch nicht menstruiert. Nichts zu befürchten. Außerdem unbehaart. Sie konnte schweigen. Ein anderer an seine Braut. Eine dünne Verkäuferin. Mit Hängebrüsten. Abgemagerte Kuh. Was finde ich an ihr? Schmeichelkatze. Bequem. Eigene Dachwohnung. Eine andere suchen. Es gibt hübschere. Werde die Stockdürre nie heiraten. Wenn sie schwanger wird, erledigt. Stirbt. Kaiserschnitt. Oder ähnliches. Andere an die Straßen mit holprigem Pflaster. Fünf Franken oder zehn Franken. Weshalb tun wirs? Was finden wir daran? Die Hände sind billiger. Es ist süß. Du mußt. Wer es unterdrücken kann, ist nur ein halber Kerl.
Die Münder waren lose geworden. Sie dachten träumten nur noch Zerrissenes. Sie redeten. Gemeinsame Sprache. Gemeinsame Ziele. Proletarier. Klasse der Ausgebeuteten, denen Kirche und Staat sogar die Religion des Leibes vergällen wollten. Mit Moralbegriffen. Sie wußten sich zu wehren. Sie trommelten mit Schlagworten gegen die toten Greifzangen des Geistes. Die dünnen Begriffe umschlossen ihre Sehnsucht. Blut muß fließen. Dann faß ich dich, dann halt ich dich, Julie, dann bist du mein, dann trennt uns nichts, dann hab ich Geld. Dann schlaf ich mich aus. Dann esse ich Wecken mit Milch. Dann stoße ich dem Köter eine Eisenstange in den Bauch. Betriebsunfall. Stiefel aus Kapitalistenhaut. Mit einem Mistanzug in die Comédie Française. Madame, sag ich, mit mir ins Bett. Vor mir auf die Füße. Eine goldene Uhr hätt ich. Eine Wohnung hätt ich, ein eigenes Bett

hätt ich. Die Trambahn fährt für kein Geld. Auto ist besser. In einem Kaffeehaus sitz ich. Einen Acker hätt ich, zwei blanke Pferde. Wenn Gerechtigkeit wär. Diktatur des Proletariats. Ein roter Richter. Alle fetten Männer, Bauch auf, Fett auslassen. Müßte der Russe auch dahin? Guter Kerl, kenne schon ein Dutzend russische Schimpfworte von ihm. Nur beim arbeitenden Volk ist Tugend. Wir sind tugendhafter. Wir erfüllen unsere Pflicht. Wir sind gerecht. Wir bauen eine neue Welt. Wir zertrümmern den Kapitalismus. Wir lösen die Rassenfrage. Gleichberechtigung der Neger und Asiaten. Weltfriede. Brot und Arbeit. Die Wissenschaft eine Dienerin des Volkes. Die Maschine ein Freund des einfachen Mannes. Geld nur noch Scheidemünze ohne Zinsprofit. Wer nicht arbeitet, soll auch nicht essen. Alle Toten werden verbrannt. Wir sind die rote Garde. Unsere Kinder erzieht der Staat. Die Schmarotzer können betteln gehen. Keine Gnade. Ich scheiße, und sie müssen das Maul aufhalten. Sind unsere Brüder nicht vermauert worden? Wie krankes Vieh totgeschlagen? Niedergeknüppelt? Schwindsucht. Auf den Anatomien totoperiert. War einem die Niere losgerissen, die Treppe hinabgestoßen. Befahl der Gefängnisarzt: massiert ihm die Geschwulst. Und so geschahs. Kneteten die losgerissene Niere. Kneteten ihn tot. Schwangere Proletarierfrau. Die Sau. Jammerte. Wurde festgeschnallt. Was machten sie mit ihr? Als sie tot war, war sie ein blutender Fetzen. Woher stammen die weißen Gerippe, Menschenknochen, zweihundert Franken? Proletarier. Und all das Gekröse, das sie mit Spiritus begießen? Ich denke, wir werden uns rächen. Als ob man die Universität besucht haben müßte, um jemanden zutode schneiden zu können. Nervenkranke legen sie in fast verbrühendes Wasser. Wenn wir streiken, piff, paff. Tränengase. Feuerwehr. Wir haben mehr ertragen, als ertragen werden kann. Auf Brüder! Genossen, vereinigt euch in der dritten Internationale. Heil Rußland. Es lebe der Kommunismus. Liebe ist eine Körperfunktion. Wir werden rein an der unverlogenen Erkenntnis. François, du stammst von Negern ab. Du bist ein Mischling. Sie redeten laut. Sie blähten sich. Sie sangen den Gesang ihres verzweifelten Daseins. Und den ihrer Hoffnung. Sie waren Burschen mit Muskeln. Sie hatten keinen Grund sich zu fürchten. Schlag in die Kaldaunen. Betriebsunfall.

Sie hatten sich vorgenommen, die Mitfahrenden zu reizen. Die zweite Gruppe, die Jüngelchen der Bourgeoisie. Diese Milchgesichter. Diese Hosenscheißer mit den zarten Händen. Diese Puppen mit Lockenfrisuren oder Fettscheiteln. Die keinen Geruch hatten, tägliches Baden, außer dem nach Puder und Riechwasser. In die man sich nur vergaffen durfte, wenn man entschlossen war, Lustmorde zu begehen. Schlag in die Schnauze. Ein paar Rippen ihnen brechen. Tritt in den Arsch, daß er platzt. Sie tragen Windjacken oder weiße Mäntel. Und ein Gesicht, als ob sie niemals aus dem Halse stinken könnten. Wir aber wissen. Freiheit und Gleichheit. An ihnen ist alles wie an uns.
Mérope versteht sich darauf, seine Faust jemand in die Kniekehle zu drücken, daß er sich die Nase an der Rinnsteinkante blutig schlägt. ... soll einem Jüngelchen die Nase abgebissen haben beim Ringen. Pierre boxt gegen die empfindlichste Stelle des Unterleibes. Niemand ist darauf vorbereitet. Ein gemeiner Trick, der ihn stets zum Sieger macht.
Matthieu wagte, den Angreifern in die Rede zu fallen. Sie waren beim Singen und Schelten, bei Drohungen. Ihre Fäuste waren sichtbar. Er sagte, die Kameradschaft, der er angehört, ist kein Lumpenpack. Keine Proletenfresser, keine Anbeter der blinden Göttin Gerechtigkeit, man wisse schon, deren Augen nur mit einem Gazeschleier verbunden, daß sie Kleider machen Leute richten könne. Mit dem Schwert herunter die Köpfe der zur Schuld Getriebenen. Er gehört zu einer Bruderschaft anständiger Menschen, die gerne die Armen streicheln wolle wie liebe Tiere. Gar keine Beleidigung und Anmaßung. Er schluckte. Es war plötzlich unheimlich still. Nur seine Rede war da. War da gewesen. An seinem Jackenaufschlag ein Abzeichen. Wenige metallene sich kreuzende Linien. Er dachte an die Narbe auf seiner Brust. Goldener Siebenstern. An die Parole. Unsere Zahl muß sich verdoppeln, verdreifachen, verzehnfachen. Er war über Felder dahingezogen. Mit zufälligen Kameraden. Redend. Von den Idealen. Von neuer Weltordnung. Manches war aus ihm geschossen, gesproßt. Seht den Käfer. Und die Sonne kreist. Und das Leben dampft. Nur der Mensch senkt den Hals. Und hungert. Und friert. Der Löwe tötet. Aber der Mensch rottet aus. Wale. Seine eigenen Brüder. Keine

Anmaßung. Er hat an seinen Hund gedacht. Den er liebt. Für den er manchmal sterben möchte. Er weiß nicht warum. Genau genommen liebt er ihn mehr als die gebrandmarkten Kameraden vom goldenen Siebenstern. Mehr als die Eltern. Und er denkt, er erklärt es sich nicht, daß er die gliederstarken Proletarier, seine Gegner im Augenblick, liebt mit ähnlichem Maß, mit ihnen redet, offenen Herzens wie mit Ami, durchaus nicht vernünftig. Durchaus unterlegen. Es muß hier etwas gesagt werden. Und er sagt es. Er spricht von Ami, dem Hund. Er deutet an, er fühlt sich nicht erhaben, er würde es nicht abgelehnt haben, seinen Hinterteil von den arbeitsstarken Fäusten bearbeiten zu lassen. Er hört den aufgedunsenen Russenjüngling sagen, ein feiner Junge. Er spürt, die Wanderkameraden, seine Partei verläßt ihn. Sie verachtet ihn. Stößt ihn aus. Sie ist Klasse. Er ist in keiner Klasse beheimatet. Er hat nichts geschafft. Er hat den goldenen Siebenstern nicht verdoppeln, nicht verdreifachen, nicht verzehnfachen können. Soll er sich zu den Proletariern setzen. Hat der fette Russenjunge ihn nicht gelobt? Er sieht Gesichter. Er muß erklären. Der goldene Siebenstern. Er hat schon zu oft erklärt. Nur Worte, keine Begeisterung mehr. Gesundheit. Rassenmischung. Gleichberechtigung aller, der Neger und Asiaten mit den Weißhäutigen. Gegnerschaft zur Liga der gesinnungstreuen Europäer. Verfehlte Kapitalwirtschaft. Das ist fast Kommunismus. Er fühlt es. Er sagt den anderen nichts Neues. Der Unterschied zwischen ihnen und ihm selbst ist nur gering, nur bei schärfster Formulierung herauszustellen. Er sieht François. François, den weißhäutigen Neger. Er begreift in einer Sekunde mehr als sonst in einem Jahre. François hat dichte goldblonde Locken. Was für eine Chemie mag es bewirkt haben? Welche Säfte sind zusammengekommen? Ist er nur eine Erscheinung? Ein Bild? Eine Mahnung? Ein Augenblick, der wie Nebel zerrinnt? Goldflachsblonde dichte krause Negerlocken. Seine Nase ist breit, aufgestülpte Öffnungen, kreisrunde Nüstern. Der Mund wulstig, schwielig, himbeerblutrot, vorgestülpt, eingekerbte Mundwinkel. Die Ohrmuscheln laden unten und nach vorne aus, große Beerenfleischläppchen. Ein Negerkopf. Ein Menschenkopf, wie er nur nahe dem Äquator geformt werden konnte. Die bleichblasse Rosahaut. Nordische Haut. Rückfall

des Fleisches in die wilde Form, in die heiße Ahnenvatermutterform. Aber die Haut ist europäisch. Viel nordisches Blut. Hier wird der weiße Neger gezeigt. Und es ist keine Trübung der Sinne festzustellen. Es ist Fleisch und Blut, was sich den Augen preisgibt. Es äußert sich in einer leidenschaftlichen Gestalt. In einer irdischen Gestalt. Acker ist darin. Und Tier und Pflanze. Was ist nicht darin? Welche Erscheinungen sind spurlos an dieser Sonnenfleischform vorübergeglitten? Wessen Prägestempel sind nicht in dem Antlitz? Matthieus Herz pumpt es durch alle Adern. Des Geistes Narben, der die Vernunft einer exakten Wissenschaft unterwarf. Keine Anbetung der Maschine ist zu entdecken. Keine Ehrfurcht vor dem hohen Lied der Fabrikation.
Er fühlte, die Leidenschaft der Idee, die ihn schon einmal als Opfer verlangt hatte, erglomm aufs neue an dieses Menschen Bild. Er mußte vor Verkünden überlaufen. Er war stark, solange seine Sprache ging. Er sagte fast schreiend dies: Das Geld ist nicht ein Ding dieser Welt. Dinge dieser Welt haben ein Schicksal. Ihr Schicksal heißt: abzunehmen, weniger zu werden, verschlissen zu werden in ihrer Form, um Stoff neuer Formen zu werden. Vom Gelde gilt es nicht. Der kapitalistische Mensch will nicht, daß es vom Gelde gilt. Er will das Naturgesetz durchlöchern. Er will etwas Unabnützbares, Unvergängliches schaffen, er will ⟨Tolleres⟩, er will, es soll wachsen in seinem Bestande, sich vermehren, ohne doch zeugend zu sein, pulsend, etwa Fleisch, das Samen zeugt. Ein altes Haus soll von Jahr zu Jahr neuer werden, sich aufputzen, fester werden mit der Zeit. Prunkvoller. Ein Tier soll jünger werden, man denke, wachsen, bis es in den Himmel ragt. Also die Profitprozente, an die sie glauben wollen. In zehn Jahren soll die Welt doppelt so reich sein wie jetzt und nach abermals zehn ein gedoppeltes Maß. Und so fort. Sie ahnen wohl, es ist ein Unsinn. Es ist ein Verbrechen, solches zu glauben. Doch um des Systems willen, um der Zinsen willen, um der Begriffe willen, um der Kapitalistenordnung willen konstruieren sie Wirtschaftskatastrophen, ruinieren, wen es trifft. Und sagen nicht, es ist nur, um die Lüge zuzudecken. Er kann nicht ausmalen, wie tief und wie schlimm die Qual aller ist, die mit einem mühseligen Leben herhalten müssen, alle Lügen bezüglich des Geldes zu stützen.

Aber sagen kann er, dem papierenen, erlogenen Reichtum kann ein wirklicher gegenüberstehen, das Arbeitspotential. Das Werk, in dem die Arbeitszeit von Menschenhänden ein Maximum an Dauer erlangt. In dem das gegenwärtig Geschaffene den späten Enkeln noch von Nutzen ist. Es wächst nicht mit dem Korn auf den Feldern, das wir essen, nicht mit den Rinderherden, die dahingehen durch uns. Nicht mit den vergeudenden Bedürfnissen unserer kleinen Wünsche, daß wir feine Hemden tragen und Anzüge nach der Mode. Es ist, wenn es erschrecken und überzeugen soll, ein Großes an Gestalt. Eine Stadt, in der die Häuser Festungen, stark, sicher. Werke für Jahrhunderte, die das Land fruchtbar machen. Wie die Pyramiden ein Reichtum waren, der bis in unsere Tage gedauert hat. Und unsere kleinen Sachen für die Alltage könnten etwas vom großen Vorbild annehmen. Sie könnten das längere bei uns Bleiben erlernen, das sich nur langsam Verbrauchen, das Einsparen an Arbeitskraft. Aber die Gegnerschaft der Kapitalistenordnung steht auf. Sie will nichts Dauerndes. Sie will Umsatz, Verbrauch, Vergeuden. Sie will ein Maximum an Bedürfnis, ein Minimum an Befriedigung. Sie will, daß der Verbrauch so anwachse, daß der Schrei nach Mehr anwachse, nicht verstumme. Sie will das Unbefriedigtsein hervorkitzeln, daß sich das Vergeuden ausdehne, die verschwendete Arbeitskraft anwachse, die Arbeiszeit sich dehnt, die Herrschaft der Maschine wachse. Sie will das Regiment des Belanglosen, Unwichtigen. Sie haßt die Qualität dem Wesen nach, denn die Qualität einer Sache zeigt sich auch in Dauer ihrer Form (Griggs Lehren). Und er ist verpflichtet worden auszusprechen, welche Namen dem Taumel vorangeschrieben wurden, die die Kapitalistenordnung beschworen. Industrie. Er meint die Maschine. Diese Gegnerin des Lebens, diese Feindin des Bodens, der Pflanzen, der Tiere, des Menschen. Er meint ihre gespeicherte Kraft, die sich wegwirft, verführerisch, verführend, ganz sündig, weil sie den Fäusten überlegen. Er meint die Wissenschaft, die kalt, ein Fetzen nur, losgerissen aus dem Hirn des Menschen, Leichenteil. Destillat, entstanden in der flauen Luft der Städte. Er meint die gottwaltenden Religionen, die den Frieden vom Unfrieden nicht länger unterschieden, nicht den Mord von der Charitas. Er bricht vom Zaun. Er denkt an die Reden in den

Parlamenten und an den Staub. An die Sentenzen in den Gerichtssälen und an den Staub. Immer nur Staub. An die Straßen, an die Häuser. Und er sieht hindurch wie durch Glas. Und es ist, wie es ist. Und es ist fürchterlich. Und die Menschenwürde und Menschenarbeit ist am Boden. Aber die Worte der Lüge, die juristischen Begriffe, die Kulissen der Moral, die Dünste der Übereinkunftsvokabeln schleimen sich an die Leiber heran. Und keine Hilfe. Alle Nachbarschaft ist des Menschen Feind geworden. Kaum daß er noch atmet. Es ist ein Geschrei in der Luft, man soll das Erniedrigende anbeten. Es wird angepriesen. Fortschritt. Arbeitserleichterung. Amerikanisierung. Bequemlichkeit. Schlagworte. Kein Raum mehr für die Vernunft des Fleisches. Hier siegt die fetteste Anpreisung. Die Klugheit unterliegt der bestochenen Dummheit.
Das Murren gegen ihn begann. Es wurde gesagt: Die Dinge seien. Sie wurden beschrieben. ⟨Mit⟩ den Schmerzen und der Lust, die sie bereiteten. Man sagte: es ist, wie es ist. Man sagte: Jedwedes Ding hat seine Berechtigung in und durch sich selbst. Man sagte: wir brauchen keine Moral als Führerin durch das Labyrinth. Man sagte: Niemand wird die Entwicklung zurückschrauben können. Man pries die Maschine. Man tadelte nur die Anwendung, die Verwaltung, die Ungerechtigkeit. Schnell und billig. Man pries die Kommunikationen. Diesen Regulator, der Hungersnöte bekämpfen würde. Schöne Schiffe. Schöne Eisenbahnen, schönes Geflatter in der Luft. Nur der Mann an der Maschine wird die Weltrevolution vorbereiten, erleben. Der Produktionsprozeß. Die Aufklärung. Der Rundfunk. Der Bauer wird einsichtig. Die Revolution gewinnt an Macht. Viele Millionen lauschen auf den Atem, den der Geist der Revolution durch seine berufenen Vertreter in den Äther verkündet. Die heilige Vereinigung mittels des gedruckten Wortes, der elektrischen Schwingungen, der Filmstreifen, die ⟨hie⟩ zeigen: das Leben; die da ausrufen, die Ausrufe des Lebens. Wer wird auf den Fortschritt verzichten wollen? Narren und Pfaffen.
Wo sie mit Matthieu einig waren, verschwiegen sies. Wo sie sich mit ihm entzweit fühlten, ließen sie aufklaffen den Spalt. Beschönigten nicht. Sprachen von Zahlen, von Menschenzahlen, rechneten, priesen ihre Resultate.

Er entgegnete ihnen, rechnend, mit Zahlen. Widerte sie an mit krassen Beispielen. Sprach von den fleischzersetzenden Wirkungen der Ätherwellen, von der Narkose aller Maschinengenüsse, daß Ohren aufhörten zu hören, Augen zu sehen, die Hoden ihnen schrumpften, die Religion der Sinne abgewürgt hinter einer verdorrten Haut.
Jetzt fühlten sie sich beleidigt. Sie schrien seine Mathematik zuboden. Seine Prognosen, seine Meinung vom lebendigen Fleisch. Sie ließen nicht gelten: seine Sehnsucht nach einer guten Zukunft. Sie nahmen von seiner Zunge die Worte Natur, Schöpfung, Boden, Frucht, Vieh, Wald, Wachstum, Gesundheit. Und entgegneten ihm: Auch die Maschine ist ein Glied der Schöpfung. Das Werk der Menschenhände ist gesetzt. Die Ätherwellen der elektrischen Ströme sind wie die Entladungen des Blitzes, die Lichtströme der Sonne. Die Präparate der chemischen Fabriken wie Früchte, wie Fleisch. Die Straßen der Städte mit ihrem Steinharten, mit Licht und Dunkelheit, mit den Gerüchen, mit den Kindern und Männern und Weibern, mit dem Verkehr, mit Geburten und Verlöschen eine Landschaft wie ein Wald, ein Gebirg. Als ob ein Ameisenhaufen kein Vergleich, kein Beispiel. Sie begannen zu stampfen, wie in frühen Zeiten der Menschheit: Stein ist Stein, Regen ist Regen, Schlaf ist Schlaf. Aber sie sagten andere Vokabeln, solche, die sie angingen. Ihre Wichtigkeiten. Stufen, auf denen sie emporstiegen, wie sie meinten: Film ist Film. Zeitung ist Zeitung. Rundfunk ist Rundfunk. Jedwedes Ding hat seine Berechtigung in und durch sich selber.
Matthieu brüllte.
»Und doch wird gerichtet, gepriesen, verdammt. Es wird unterschieden: Tugend und Mord. Wozu begeht ihr den Widerspruch? Weshalb seid ihr milder gegen eure Feinde als gegen eure Genossen? Weshalb speit ihr nur immer Fleisch an, Tiere und Menschen, und nicht die furchtbaren Verbrechen der Materie, die sich euch verschließt, nicht enthüllt? Ist es das Wesen des Menschen? Soll immer nur die Religion der Schenkel sündig sein?«
Sie hörten ihn nicht an. Sie fühlten sich ganz Helden. Sie priesen im Loblied die Maschinenleistung, die Kommunikation, die Aufklärung, wie sie sie meinten, die eiserne Revolu-

tion, das Proletariat an den Hebeln der Automaten, vor den Feuern der Kessel, tief in der Erde, hoch auf schwankenden Konstruktionen. Sie priesen sich, sie priesen das Heute, weil es die Vorstufe einer besseren Zeit.
Er entgegnete: –
Sie hörten ihn nicht an. Sie verschwiegen, wo sie einig mit ihm. Sie priesen die Maschinenleistung als Überwinderin des Kapitalismus. Wer konnte ehedem seine Stimme Millionen, Abermillionen vermitteln? Gluten entfachen? Zusammenbrechende trösten? Lob der schwarzen Schrift, immer und immer wieder. Rotationspressen. Lob der elektrischen Wellen. Sie hören, sie sehen, sie schmecken, sie riechen den, der sie führen will. Er ist der neue Gott, der in alle Hütten gleichzeitig eintritt, der durch die Lüfte kommt, mit Millionen Zungen redet.
Er entgegnete: Gott ist im ganz Kleinen. Im kleinsten, im dünnsten Punkt der Materie. Sie fanden ihn nicht, als sie ihn suchten, und sagten: Molekül. Sie fanden ihn nicht, als sie suchten, und sagten: Atom. Sie fanden ihn nicht, als sie suchten, und sagten: Elektron. Sie zertrümmern Atome. Sie sind ihm sehr nahe gekommen. Muß er hervortreten, wird er urteilen: Tod.
Nur einer hatte ihn angehört. Er antwortete: Sie fanden ihn nicht, als sie suchten, und sagten: Dünnster Punkt. Er entfloh auch aus ihm. Er entfloh. Er war nicht. War nie gewesen. Null. Du Tölpel. Affe mit Gottkomplex. Man sollte dir eine Dynamitpatrone in den Magen lassen und dich in den Himmel befördern. Höre die Engel singen, ehe du Asche wirst. Tröste dich mit dem Naturgetier, den Würmern. Singe das Loblied, daß dich das Kleinste vergessen. Preise die Allmacht, die hilflos zum Dünnsten zerflattert!
Und er: Nichts hat der Mensch ergründet, nur Lügen erhoben, Unglück bereitet. Zu seinem Glück nichts erfunden. Nichts überwunden. Strahlende Technik. Und frißt Brot. Licht in der Nacht Augen. Tränen zählt niemand. Worauf beruht das Gebäude? Wo sind die Fundamente? Schlagworte heraus. Reklame. Frechheit voran. Ehrgeiz voran. Dummheit voran. Macht künstliche Menschen, ⟨auch⟩ selbst hodenlos, ohne Geschlecht, wie Arbeitsbienen. Herausreißen das bißchen Ich.

Gift in die Adern, der Schmerz läßt nach. Statt Blut dunklen Asphaltsaft. Ein Gramm Salz. Ein Gramm Metall. Wie auf dem Schlachtfeld der tägliche Tag. Künstlicher Same ersetzt die Menschen. Bekennt doch, daß ihr sein wollt, was ihr anpreist.

Sie drangen auf ihn ein. Da erhoben seine Kameraden sich, beschützten den Verrückten (wie sie meinten) ihrer Klasse. Es trennte und vereinigte sich, was durch Konventionen gebunden, gezeichnet. Es war, wie es war. Scheinwerfer mit blauem Licht. Scheinwerfer mit gelbem Licht. Es kam zu keiner Prügelei. Die Stehenden glitten auf die Bänke zurück. Mit den Gesäßmuskeln auf Holz und Tuch. Dieser oder jener seufzte, schüttelte mit dem Kopf. Dachte Blitzgedanken. Schädelspalten oder Weib oder mein Bett oder grünes Moos oder Nebel im Orion oder Integralrechnung. Oder Vater. Oder wenn ich krank geworden, begehe ich Selbstmord, oder Henry hat doch mit einem Herrn eine Nacht verbracht. Oder draußen ist es finster, oder ich habe einen schlechten Geschmack im Munde. Oder hoffentlich riecht mein leiser Furz nicht stark, sage, ich bins nicht gewesen. Oder schmutzige Fingernägel.

Es war zu keiner Prügelei gekommen. Auch war der Motor angesprungen. Der Wagen zitterte. Setzte sich in Bewegung. Holperte über die Straße. Schaukelte in der Finsternis. Klagte mit heiserem Ton an den Wegbiegungen. Pierre erbrach sich zum Fenster hinaus. Matthieu dachte an seine Kameraden, daß sie ihn anwiderten, daß er lieber Prügel hingenommen hätte als ihr laues Einstehen für ihn. Er fühlte sich leer und nur von dünnen Gedanken durchzogen. Enttäuscht. Er hatte verworren gesagt, was er bei einiger Ruhe auch klar hätte formulieren können. Unkluges Jüngelchen. Schweigen wir. Übrigens ist morgen ein Montag. Und du wirst Unglück haben.

Der fette Russenjüngling war eingeschlafen, saß zusammengesunken mit halboffenem Munde, röchelte leise, tiergleich, Töne wie aus einer tiefen verworrenen Seele. Und es war doch nur der Zug des Atems, von dem er selbst nichts wußte. Pierre wischte sich den Mund, sagte leise: Ölsardine. Der blonde Neger schlürfte mit behutsamen Bewegungen der Nasenmuskeln Schleim in den Schlund, schluckte, äugte, stellte fest, war befriedigt. Die meisten schwiegen. Dachten Blitzgedanken.

Waren zornig. Oder müde. Der alte Omnibus fuhr dahin. Kam durch erleuchtete Straßen. Vorstadt, Stadt. Hielt. Jedermann muß aussteigen.
Matthieu verabschiedete sich von seinen Kameraden. Allein sein. Nicht sehen: halbe Menschen. Sie hassen mich. Ich verabscheue sie, wie ich nie ein Tier verabscheuen würde.
Sie gingen davon. Toter Händedruck zuvor. Köter würden sich anbellen. Wir sind höflicher. Matthieu stand allein. Wollte in Tränen ausbrechen. Schaute auf einen Pferdekopf unmittelbar vor ihm. Weinte nicht. Streichelte den Pferdekopf. Haare, Nüstern. Möchte Landwirt werden. Er blickte sich um. Da standen seine Gegner vom Proletariat noch. In Gruppen. Einer wies mit der Hand auf ihn. Matthieus Herz machte einen harten Schlag. Keine Furcht. Ein Gedanke.
Sie werden mir nachschleichen. Mich niederschlagen. Irgendwo hineinstürzen.
Er wartete. Beklopfte das Pferd. Dachte nicht an das Pferd. Dachte nur: ich werde niedergeschlagen. Aber seine Hände fühlten das Pferd. Er war nicht unglücklich. Er war wunschlos. Empfand keine Langeweile. Konnte warten, ohne Bewußtsein der Zeit. Ein Abend in der Stadt vor einem öffentlichen Gebäude. Ein Pferd, Menschen, Matthieu, Licht, hinter dem Licht Dunkelheit. Pflastersteine. Platten aus Sandstein. Niemand wußte vom andern. Wenn es ein Glas gäbe, vor die Augen gehalten durchschaut man so tief man will. Die Kleider ab. Die Haut ab. Die Muskeln ab. Die Knochen bleiben. Oder das Herz. Oder die Seele. Dies Etwas, das ungeschminkt, nicht lügt. Das, was seine Berechtigung in und durch sich selber. Über das man nicht diskutieren kann.
Seine Feinde vom Proletariat waren verschwunden. Er blickte sich mehrmals um. Schritt dann hastig aus.
Das Glas, die Tarnkappe, die Wünsche, die sich erfüllen müssen, Unverwundbarkeit, uralte Träume der Jungen. Die Dome, in denen die heißen Gebete der Sinne empordampfen. Die Straßen wurden dunkler, ganz leer von Menschen. Nur steinerne Wände der Häuser rechts und links. Ihm war warm. An seiner Stirn Schweißperlen. Er verlangsamte den Marsch. Schaute sich um. Ein Mensch folgte ihm. Oder folgte ihm nicht. War in seinem Rücken, ging in gleicher Richtung.

Erschrick nicht. Ein Mensch bewegt sich auf einem öffentlichen Weg, wie du selbst. Der Mensch hatte es eilig. Fast lief er. Kam näher.
Abwarten. Wechsle die Straßenseite.
Er überschritt die Straße. Der andere überschritt die Straße. Kam näher. Unruhe. Matthieu wechselte zurück. Der andere tat es ihm nach. Kam näher.
Es gilt mir.
Matthieu begann zu laufen. Nahm den Kopf einmal zurück. Sah auch den anderen laufen.
Es gilt mir.
Er hat keine Furcht, nur sehr deutliche Vorstellungen. Der andere würde ihn erreichen. Der andere würde ihn zuboden werfen. Ein Messer zwischen die Rippen jagen. Oder anderswohin. In Matthieus Fleisch. Er fühlte den Schmerz. Er erkannte sehr klar, was alles in ihm zerrissen werden konnte. Darum lief er. Nicht sich fürchtend. Mehr wie aus Pflicht. Er würde nicht schreien, nicht nach Hilfe rufen. Der andere kam näher. Längere Beine oder ein Kerl mit mehr Kraft. Oder Matthieu war faul. Jedenfalls würde sein Blut aufs Pflaster kommen. Er war sehr verwundert, daß seine Furcht so gering, daß er sichs ausmalte und nicht ohnmächtig wurde, nur lief. Der andere kam heran. Klapp klapp mit den Füßen. Atemstöße ein aus. Es ging alles ein durch Matthieus Ohr. Bald würde der Geruch auch da sein. Der andere würde ihn erreicht haben. Bruchteile einer Minute, das Eisen würde den Weg ins Fleisch nehmen. Matthieu war wunschlos, nicht wollüstig. Er stirbt oder wird krank. Ein Krüppel. Ein Niedergeschlagener. Er ist vorbereitet oder ganz dumm. Der Augenblick ist da. Er verlangsamt den Lauf. Eine Sekunde noch. Die Sekunde ist vorüber. Ein paar Sekunden gehen vorüber. Matthieu schreitet nur noch. Will stehen bleiben. Viele Sekunden sind ihm zuviel. Er will sich nicht wehren. Er fühlt kein Untier in seiner Nähe. Er ist beruhigt. Aber ein Ende muß das Abenteuer nehmen. Da schob sich ein Arm an ihn heran. Umfaßte seinen Arm. Eine Stimme kam:
»Ich möchte dich begleiten. Vielleicht, jemand will dir auflauern. Ich möchte dich beschützen.«
Es war der blonde Neger. Da kippte der Kahn um, der mit

Matthieus Seele beladen war. Sie trieb, es war kein Grund und kein Ufer nahe. Und er fürchtete sich. Er schrie:
»Hund, belüg mich nicht!«
Der andere packte ihn fest an, begütigte: »Ruhig, ruhig, es ist, wie ich sage.« »Nimm das Messer fort! Laß mich!«
Der blonde Neger war von großer Gestalt, Matthieu war von mittlerer Gestalt. Der blonde Neger hatte schon viele Frauen beschlafen, Matthieu hatte noch keine Frau beschlafen. Matthieu war jünger. Und er fürchtete sich, denn er verstand nichts des Vorgangs und fühlte sich wie ein Fisch in einem Netz.
Sie gingen schweigend eine Strecke Wegs.
»Wir wollen es kurz machen«, begann der weiße Neger zu sprechen, »du heißest Matthieu, ich heiße François.«
»Woher kennst du mich«, fragte Matthieu.
»Du gehörst zum goldenen Siebenstern« sagte François.
»Geh deiner Wege«, sagte Matthieu.
»Mein Weg ist dein Weg«, sagte François.
Matthieus Gedanken wurden stumpf. Er sagte sich, billige Auflösung eines Abenteuers. Oder ich werde mit Worten betrogen. Ich gehe in eine Falle. Ich werde verschleppt. In einem Keller, in einem Kloakenloch kalt gemacht. Der Bursche hat mir gefallen, als wir im Omnibus fuhren. Weshalb bin ich nicht glücklich? Weshalb spreize ich mich, die vergangenen Augenblicke anzuerkennen?
»Bist du bewaffnet«, fragte er.
»Ja«, antwortete François. Zog eine Schußwaffe hervor. Eine kleine bronzene Pistole. Drückte ab, den Lauf gegen das Straßenpflaster gerichtet. Ein Funke, ein Knall, die Kugel schlug auf einem Stein auf. Klatschte. François ließ die Waffe in die Tasche zurückgleiten.
»Verstoß gegen die Straßenordnung«, sagte mit Frost in der Stimme Matthieu.
»Alle Ordnungen sind papieren«, antwortete François, »ich wollte dir nur zeigen, ich verheimliche dir nichts. Dein Mißtrauen ist grundlos.«
»Ich kenne mich nicht aus«, sagte mit Tränen in der Stimme Matthieu.
François umfaßte seine Schultern.
»Es kommt eine neue Zeit«, sagte er, »und auf unsern Schul-

tern werden die Zukunftsjahre sich breit machen und sehr gewichtig auf den Fundamenten ruhen, unseren Schultern.«
»Du bist einer vom goldenen Siebenstern«, fragte Matthieu.
François schwieg. Matthieu mußte nochmals fragen.
»Sozusagen«, antwortete François endlich.
»Nein«, bestätigte Matthieu, »es gibt kein Sozusagen. Lauwarm, laukalt. Betrügen kannst du mich nicht. Es gibt ein Merkmal, ein Zeichen, das alle Brüder tragen. Das sie nicht abwaschen können.«
»Ich bin auf eine absonderliche Art feige«, sagte François.
»Du sprichst in Rätseln«, sagte Matthieu. Seine Stimme war trocken, leicht erregt. Sein Herz war noch nicht beruhigt.
»Ich fürchte mich vor Schmerzen, die mir mit Gewißheit bevorstehen. Und brülle, wenn sie an mir wirksam sind«, sagte François.
Matthieu dachte sich plötzlich dies und das. Gebrandmarktwerden schmerzt. Einige ertragen die Schmerzen mit Wollust. Manche erinnern sich ihrer Geliebten oder Freunde. Manche winden sich, zerbeißen sich die Lippen. Manche werden ohnmächtig. Manche schreien. Sie gelten als mit einem Makel behaftet. Bleiben Fremdlinge. Alle empfanden den Schmerz, aber sie umstellten ihn mit unterschiedlichen Hintergründen. Die da schrien, befanden sich in keiner Landschaft, waren sehr allein, genaue Apparate, die das Dasein registrierten. Geringere Lügner als die anderen. Ihre Ächtung ungerecht. Die Protzen, die sich Helden dünkten, hatten ein falsches Ideal aufgestellt.
»Also Spitzel«, sagte Matthieu. »Sozusagen«, antwortete François. »Ja«, bestätigte Matthieu. »Oder Geheimagent dieser verfluchten, vollkommen undurchsichtigen Gifico und Debaco.«
François schwieg.
»Ich werde blaß, wenn ich an manches denke«, fuhr Matthieu fort, »die Führer beten einen vollkommen unbekannten Gott an. Ein Rätsel.«
»Maulhalten«, kommandierte François.
Sie waren mit ihren Reden so weit gekommen, wie es erlaubt schien. Sie gingen schweigend nebeneinander dahin. In Matthieu lagen noch manche Fragen. Da war ein ganz neuer Ton in der befehlenden Stimme François' gewesen. Das anmaßende

Getöse einer Obrigkeit. Fischkaltes Besserwissen. Wie ein Richter, der das Leben mit Buchstaben bemißt. Matthieu fühlte sich auf eine ihm bis dahin unbekannte Art erregt und neugierig. Alle Bangigkeit war vorüber. Ein Vorgefühl, als ob er mißbraucht werden solle, verführt, Dieb oder Hehler oder Hure werden müßte.

Sie waren bei der Wohnung Matthieus angelangt. Standen einen Augenblick vor der Gittertür des kleinen Hausgartens.

»Komme mit mir ins Haus, auf mein Zimmer«, sagte Matthieu.

»Das trifft sich gut«, antwortete François, »ich habe heute nacht keinen Platz, wo ich schlafen könnte.«

So weitgehend, wie hier angenommen wurde, war das Angebot Matthieus nicht gemeint gewesen. Doch widersprach er nicht. Sie gingen ins Haus. Zwei Treppen hoch lag Matthieus Zimmer. François war verwandelt. Sein Gesicht strahlte. Er war weniger strenge. Jugendlicher. Arglos wie vor zwei Stunden im Omnibus. Mehr träge als forschend. Heftiger Fleisch als Gedanke. Er warf seine Vorratstasche von sich. Reckte und streckte sich. Setzte sich. Matthieu zeigte Gastgebereinfälle, klingelte dem Mädchen, ließ Essen herbeitragen, heißen Tee, fragte nach den Eltern. Sie waren ausgegangen. Er bereitete einen Salat, prahlte mit seiner Wohlerzogenheit. Vielleicht bemerkte François, daß der andere ein wenig zur Puppe wurde. Übertünchte Hände, eingezogenes Gesicht. Und es gab nur die eine Entschuldigung, es war Fleisch, auch dies, in der Gestalt des Menschen. François begann zu sprechen. Und seine Stimme war wie der Ton einer Glocke. Und Matthieu fühlte, daß er mitsummen mußte, mitschwang. Er erkannte wenige Sekunden lang ganz klar, daß er mißbraucht werden sollte, verführt, Dieb oder Mörder oder Hure oder Hehler zu diesen Verbrechen zu werden. Daß er in eine Falle gegangen. Daß François sich verwandelt hatte in den letzten Stunden, durch manche Stationen hindurch. Und daß jetzt der endgültige Antrag geschah. Ganz und gar erstaunlich aber war, daß der Inhalt des Verbrechens am Ende leidenschaftliche, sehr jugendliche, sehr revolutionäre Reden waren. Eine Morallehre, die von den Sternen abgepflückt. Die von Bejahen und Sinnlichkeit dampfte wie eine blühende Frühlingswiese. Deren Theorie man durch Küsse

unterbrechen konnte, ohne daß sie Schaden nahm. Das Sträfliche, das aller Obrigkeit Widerstreitende wurde äußerlich dadurch gekennzeichnet, François drehte den Schlüssel herum, verriegelte die Tür. Danach wurde seine Stimme wie der Orgelton eines fernen Sturmes. Ganz unwiderstehlich. Sie redeten. Sie hatten kein anderes Ziel, als eine Nacht lang zu reden. Abzuirren in Tiefen, wieder emporzutauchen, sich wieder fallen zu lassen, abwechselnd zu postulieren: alles ist Traum, alles ist nacktes Dasein. Alle Erscheinung ist süß vergoldet, alles Seiende ist schwarz vom Schmerzerleiden.
Die Eltern kamen nachhause. Die Mutter hörte und horchte. Sie sagte:
»Matthieu hat einen Besuch bei sich.«
Der Vater kam die Treppe zum zweiten Stock herauf. Er vernahm das Getön der Stimmen. Und erkannte den Irrsinn aller Schlußfolgerungen und die ungesunde Leidenschaft. Und das Verbrechen in den jugendlichen Anschauungen. Und die Unfruchtbarkeit der Postulate. Das Krankhafte falsch geleiteter Energien. Doch bezwang er sich. Er kannte die Stimme des Fremden nicht. (Er kannte auch die Stimme seines Sohnes nicht; aber es war eine Ähnlichkeit mit der Stimme seines Sohnes.) Er ging wieder hinab. Es wurde Mitternacht. Aber die Wechselreden der zwei, des Sohnes und des Gastes, nahmen kein Ende. Die Geduld des Vaters ging zuende. Er stieg zum anderen Mal die Treppe hinauf. Er horchte und hörte. Und es waren Inhalte, die besprochen wurden, verbrecherisch, ungestüm, unbrauchbar wie beim erstenmal seines Horchens, gedankliche Werte, dem Leben nicht antragbar, unübersetzbar in die Wirklichkeit bestehender Ordnungen und Anschauungen. Utopien. Religiös-sinnliche Astrologie. Mars sollte verblassen. Venus Siegerin sein. Er hörte ein Gequassel über Raubtiere, daß sie schön, daß die Rechtfertigung im Rhythmus ihres Ausschreitens gegeben sei, daß trotz offenkundiger Gegenbeweise anzunehmen sei, ihre Opfer verbluteten in einer Art sadistischen Liebesrausches, in der der Schmerz eine Narkose der Angst vor dem Ungewissen des Sterbens. Hoffnungsloser Gegensatz: der Fisch an der Angel, der harpunierte Wal, das Vieh an der Schlachtbank.
Es wurde dem Vater zuviel. Er nahm die Türklinke. Die Tür

war verschlossen. Er pochte mit der Faust. Er sagte mit harter belegter Stimme:

»Matthieu, du wirst ins Bett gehen.«

Ehe Matthieu bereit war zu einer Antwort, geschah etwas sehr Befremdliches. François sprang auf, warf den Stuhl, auf dem er gesessen, zuboden, schritt zur Tür, trommelte mit den Händen dagegen und schrie den, den er nicht kannte, den Vater, der auf der anderen Seite stand, mit einem unflätigen, ganz und gar ungehörigen Wort an. Und seine Stimme war eisern, unbarmherzig plötzlich wie die der Obrigkeit. Matthieu war gepeinigt. Sehr enttäuscht. Er erwartete, daß alsbald ein Zorn sich entladen, der gereizte Vater keine Grenze seines wütenden Eifers finden, eine Kette lästiger Geschehnisse sich ergeben würde. Und Matthieu zürnte der groben Art François', der Ungezogenheit, dem Einsatz an falscher Stelle.

Nichts von dem, was Matthieu erwartete, trat ein. In dem Mann hinter der Tür ging etwas vor. Panische Furcht vor den Ordnungen, vor der Gewalt, vor dem Unklaren, nicht genau Bezeichneten. Dies war es, was er empfand und dachte: Die Stimme, die gar nicht infrage stellte, ob sie im Recht oder Unrecht. Die gleich alle Rechtstitel und Wissenschaften für sich hatte. Weil sie behauptete, aufrecht erhielt, was sie behauptete. Sie konnte nicht ohne Beweise sein. Der Schauer, der von einem Spitzel ausgehen kann. Schlimmer, als einer bestimmten Sache überführt zu werden. Er verband blitzschnell den Ausfall gegen sich mit dem ganzen Gewebe seiner Tätigkeiten und Meinungen. Er beschränkte seine Eindrücke plötzlich nicht mehr auf Rede und Gegenrede zwischen Sohn und Gast (den er nicht kannte). Er fühlte in sich hineingeleuchtet. Und erschrak.

In diesem Augenblick machte er sich klar, daß seine Fabrik-Anlagen unter der Kontrolle der Gifico und Debaco standen. Daß unverbindlich lächelnde Herren in seinem Kontor ein- und ausgingen. Daß sein Herz einer orthodoxen Meinung anhing, die offenbar den zweideutigen Herren nicht gefiel. Wie ihm jetzt, gerade in dieser Sekunde schien. Daß Spannungen des Mißtrauens entstanden, weil er Monsieur... Delegierten der Liga gesinnungstreuer Europäer zum Vortrag empfangen. Zu einem sehr langen Vortrag. Einem beinahe auffälligen Gespräch. Wie ihm jetzt, gerade in dieser Sekunde schien. Er war also

hellhörig. Er begriff Untertöne, die, wie er meinte, mitgeschwungen. Aber er war mannhaft genug, alles wegzuwischen. Er brauchte keine Obrigkeit zu fürchten. Er war Verehrer des Gesetzes, folglich war das Gesetz für ihn. Und es blieb ihm, wie er meinte, die Klugheit. Und er handelte, wie er meinte, klug und menschlich, ganz überlegen, ganz gesittet, leidenschaftslos, gentlemanlike, indem er sich überlegte: Gast meines Sohnes. Ich werde Matthieu morgen den Kopf zurechtsetzen wegen der Ungehörigkeit. Abrechnung erfolgt morgen. Also morgen. Weshalb soll ich mich eines Feuerkopfes wegen ärgern. Also morgen. Und belog sich, daß er eine Sekunde lang Furcht vor der Stimme gehabt hatte, die wie Obrigkeit klang. Er ging hinab. Wortlos.
François und Matthieu sprachen durch die ganze Nacht. Matthieu wurde trunken von den Worten. Und es schien ihm, es war kein Unterschied zwischen Worten und Fleisch. Wie es auch in den Religionen heißt. Und es kam ein Augenblick, da schluchzte und weinte er auf. Und es schien ihm besser, er würde im Fleisch befriedigt, als in Worten. Dann wieder erschien ihm François als Bösewicht, als ein Mörder, der seinen ersten Schlaf dazu mißbrauchen würde, ihn zu schlachten. Und er fürchtete sich. Doch er verwarf wieder. Und er fühlte sich geborgen. Und die Augen gingen ihm zu.
Gegen Morgen schliefen sie gemeinsam in Matthieus Bett. Übersatt. Es wurde zum Aufstehen nicht gegen die Tür gepocht. Matthieu versäumte die Schule. Plötzliche Unordnungen, die fast unbegreiflich. Gegen Mittag verschwand François. Matthieu wollte eine Rechnung aufmachen. Unmöglich. Er hatte mit François keine Verabredung getroffen.
Die Auseinandersetzung mit dem Vater blieb aus. Matthieu sah ihn an diesem Montag gar nicht. Ein Schulkamerad kam, fragte nach, was Matthieu fehle. Matthieu gähnte und sagte: Faulkrankheit. Es war ein leerer Tag. Matthieu erinnerte sich. Knaben, Mädchen, Kontordamen, vertraglich verpflichtete Herren fuhren des Morgens an ihre Arbeitsplätze, in die Schulen, automatenhaft. Matthieu war grundlos nicht dabei gewesen. Es kamen zwei Herren ins Haus. Fragten nach dem Vater, besprachen sich mit der Mutter. Das Telefon schrillte unaufhörlich. Die Mutter sagte zu Matthieu:

»Die Börse ist schlecht. Ich glaube, Vater erleidet heut große Verluste.«
»Ich verstehe nichts von der Geldwirtschaft«, sagte hochmütig Matthieu.
Und dieser Tag ging zuende. Matthieu legte sich früh schlafen.
Es geschah, daß er auch am Dienstag nicht in die Schule ging. Am Frühstückstisch traf er den Vater. Sie rechneten nicht miteinander ab. Der Vater war zuvorkommend, sehr nachsichtig. Er sagte:
»Matthieu, Lieber.«
Als der junge Mensch sich erheben wollte, auf die Uhr blikkend, war des Vaters Stimme wieder da:
»Es ist schönes Wetter. Maman hat den Wunsch, du möchtest mit ihr aufs Land fahren. Die Schule wird dir weniger geben als ein Frühlingstag und der Geruch neuen Ackerbodens.«
Er drückte sich in so romantischer Weise aus. Er fügte hinzu:
»Der Wagen ist bestellt. Ich kann euch nicht begleiten.«
Matthieu fuhr mit der Mutter aufs Land. Die Sonne schien. Mutter und Sohn sprachen nicht miteinander, ein paar Worte der Höflichkeit nur.
Matthieu meinte, er gäbe sich Gedanken hin; es waren nur wirre Träume, Einfälle, die aus der Landschaft, einem ungenauen Erinnern, den Wirkungen zweier Gläser Wein, dem prickelnden Gefühl leichten Sonnenbrandes auf den Wangen zusammenflossen. Von Zeit zu Zeit nur wurde es so hell in ihm, daß er den Namen François erkannte.

Parteien, Schlagworte, Zettelkleber

Er kam niemals wieder in die Schule. Es war plötzlich deutlich geworden, es gab Ereignisse, stärker als die Obrigkeit papierener Schulverordnungen. Sie waren für Matthieu am Mittwoch nicht mehr belangvoll, ausgelöscht. Denkbar, daß alle Ordnungen, Verordnungen, Gesetze, Pflichten, automatische Regler brandenden Lebens, eines Tages ihre lähmenden oder einengenden Wirkungen verlieren konnten, Vergangenheit waren, zerrissen. Daß der papierene Thron des papierenen Zeitalters, die ganze geschäftliche Weltordnung zusammenbrach.

In den beschäftigungsdünnen Tagen, durch die Matthieu ging, dachte oder empfand er dergleichen. Er sagte vor sich hin: »Auslöschen, auswischen, zerreißen, verbrennen. Alles Geschriebene, Gedruckte, Gelehrte, alle Geistesgüter, die als gähnende Löcher den Raum um uns schwierig machen. Dunkelheit und Helligkeit, Dichtes und Dünnes vorgaukeln. Niemand doch kann so weise werden, daß er Kenntnis von allen Überlieferungen und Praktiken hat. Niemand doch kann Allbelesenheit und Allhandfertigkeit erringen. Immer nur werden Spezialisten gezüchtet. Auswahlgelehrsamkeit, Auswahlhandfertigkeit. Teile, Teilchen des Wissens und Könnens neben Meeren der Dummheit und Unfähigkeit. Und sie verstehen und denken, begreifen, was an ihnen wirksam gewesen ist. Bejahen es. Und verneinen, wo ihr Nichtwissen allmächtig wird. Und werden Partei. Entscheiden sich. Richten auf die Schranken der Dummheit, der Unerfahrenheit, des Nichterlebens, der Nichtleidenschaften, der Nichtkräfte, der Nichtsehnsucht, des Nichtblutvollen, des Nichtgeistvollen, des Nichtseelenvollen, des Nichtgläubigen. Und die Unduldsamkeit schweißt ihre Norm.

Und der Unglaube ihre Moral. Und ihr Nichterleben bringt Schauder vor der Kraft. Und die Nichtleidenschaft das Wort Verbrechen. Im Nichtblutvollen, im Nichtgeistvollen, im Nichtseelenvollen sind sie tot. Dreifach tot. Die Dreifachtoten bekennen sich zu Parteien. Denn sie sind Tote verschiedener Räume.«

Manchmal dachte er das Wort François. Und ihm war, als ob er sich sehne. Er ging auf die Straße, schlenderte dahin, hoffend, dem Menschen zu begegnen. Er fand ihn nicht. Kein Zufall führte sie zusammen. Am Ende wurde es ihm bewußt, er litt. Seine Gedanken suchten. Und sein Herz fürchtete. Ein Mißgeschick, einen Unfall, Gefängnis oder Tod, Hunger, Krankheit.

Nach vielen Monaten erst berührten sich ihre Wege wieder. Weit hinter der Zeit, die sich Jetzt nannte. Die sich vorwärtsschob bis zu der Begegnung und darüber hinaus in den blauen Raum der Ewigkeit.

Eine nächtliche Straßenecke. Zwei Straßenzüge schoben sich unter spitzem Winkel gegeneinander, kreuzten sich, divergierten wieder. Das Pflaster war grau, nur dürftig erleuchtet. Ein Trupp junger Menschen kam dahergezogen. Einige trugen eine Leiter, andere einen Eimer voll Leim, noch andere Packen weißer Zettel, einseitig mit großen schwarzen Lettern bedruckt. Sie hielten an der Straßenecke. Die Leiter wurde gegen eine Hausmauer gelehnt. Der Kleisterquast beschmierte die Wand. Ein Bursche mit einem Zettel hüpfte die Sprossen hinauf, klatschte das Papier gegen die feucht klebrige Stelle. Ein anderer machte die Arbeit gründlicher, indem er mit dem Quast von unten über das Plakat fuhr.

Matthieu sah es mit an, zufällig. Bemerkte, der Trupp hatte es eilig. Wir müssen unbelästigt zur nächsten Straßenecke kommen, zur übernächsten, zu allen. Da geschah es, daß François auftauchte, wie Matthieu bald erkannte. Ein Wort, ein Schrei. Eine Flucht begann. Ein Schuß fiel. Ein Mensch stürzte zuboden. Die anderen kümmerten sich nicht darum, liefen davon. Es blieben am Platz Matthieu, François, ein Toter. François schob seine kleine bronzene Pistole in die Hosentasche, bemerkte Matthieu, trat zu ihm, reichte ihm die Hand. Matthieu fragte nicht. Er erstaunte nicht, war nicht entsetzt. Es war schon eine andere Zeit. Nicht nur die Schulordnungen waren ungültig geworden. Viel Papierenes war zerrissen. Und die Erde zitterte, weil sie das Leben witterte, das wieder breit und mächtig auf ihrer Kruste wurde. Und ein Windatem war unter dem Himmel, der roch frisch, und die Gefängnisse öffneten sich. Und die Alten fürchteten sich; aber die Jungen fürchteten sich nicht. Matthieu wußte nun, François war ein Spitzel, ein Geheimagent, denn er blieb am Platz, nachdem er einen Menschen niedergeschossen. Matthieu begriff, in jener für ihn so wonnesamen Nacht war er ausgehorcht, geprüft, gewogen worden. Er fragte mit leiser Stimme:

»Hast du auch bei jenem im Bett geschlafen?«

An einigen Haustüren rührte sich etwas. François schrie:

»Straße frei!«

Zog die Pistole, schoß.

»Ja, Gamelin«, sagte er zu Matthieu.

Sie gingen zu dem Toten.

»Gut getroffen«, sagte François. Er durchsuchte die Taschen des Reglosen, entnahm ihnen Geld, eine Uhr, ein Messer, einen Schlagring, einige Schlüssel, eine Brieftasche. Steckte alles zu sich.

»Ein hübsches Gestell«, sagte François. Er riß die Kleider dem Toten ab, daß er halbnackt wurde, wendete ihn, schlug mit der Faust auf einen der Schenkel, wiederholte:

»Ein hübsches Gestell.«

Dann ging er davon, achtete nicht mehr auf Matthieu. Kein Abschiedsgruß. Matthieu verbrachte noch ein paar Minuten bei dem Erschossenen. Er hatte sich vorgenommen, etwas Geordnetes zu denken. Aber es waren immer nur Sätze, die aus dem Unterbewußten emportrieben. Alle papierenen Ordnungen sind zerrissen. Er hat mit ihm im gleichen Bett geschlafen. Dort liegt Matthieu. Matthieu könnte dort liegen, wenn er zufällig von der Partei der Zettelankleber. Die Gewalt hat sich andere Herren gesucht. Es ist anders geworden, als es ehedem war. Er las die Aufschrift des Plakats: »Werdet Mitglied der Liga gesinnungstreuer Europäer.«

Und er erkannte sehr klar den Zeitraum, der zwischen der ersten und der zweiten Begegnung mit François lag. Und dies war das letzte Zusammentreffen. Erste und letzte Seite eines

Buches. Matthieu hatte Tränen in den Augen. Wut, Schmerz, Trauer. Nur Trauer. Er war weich. Er rief nach Gerechtigkeit. Er kam vom Nun und Jetzt und ging zum Dann und Dann. Manchmal fand er den Namen François. Und es erschien ihm besser, er würde im Fleisch befriedigt als in Worten. Aber die harten Tatsachen waren mächtig. Und es geschah ihm viel, das seinen Geist mit Beschäftigung erfüllte.
Der Vater wünschte, daß er die Schule nicht mehr besuchte. Nach drei Monaten ging er, Matthieu, vergleichbar einem Block aus Bronze, an Gestalt der gleiche Mensch, doch ein Koloß inmitten industrieller Produktionsvorgänge, ein Machthaber, an der Tastatur eines Befehlsturmes, eine Puppe, geführt, die Stimme zweier lächelnder Herren, deren Unverbindlichkeit sich als ein vorgehaltenes Tuch erwies, die um keines Lohnes willen fanatische Arbeitstiere waren, die sich verschworen hatten, der Menschheit, ihren Brüdern zu dienen inmitten des großen Kollektivs, das die Organe der Gifico und Debaco, den goldenen Siebenstern, Grigg, Bourdinot, ... umspannt, ein Generaldirektor, ach dumm, nur ausersehen zu wirken in dem Kollektiv, weil sein Herz intakt, gewogen und nicht zu leicht befunden, ein Mensch guten Willens, Matthieu, jung und elastisch, der phantasiereichen Geschäftsführung zugängig, selbstverständlich beim Zertrümmern unnützer oder gemeingefährlicher Ordnungen und Obrigkeiten, tollkühn in geschäftlichen Kombinationen, wenn sich Aussicht bot, daß ihr Erfolg auf der Seite der Ideale wirken konnte, Matthieu ging an der Seite eines Mannes, der Olivier Regaleur hieß, in den Senderaum der großen Funkstation von ..., um mit Augen und Ohren zu tasten und zu schmecken dies Ereignis. Wie einsame Gedanken bei jedermann einbrachen. Umwarfen. Wie die Welt des Geistes, der Vernunft entkleidet, sich zurückfand zu Prinzipien der Verantwortung. Es war die Einleitung des Kampfes, Beginn anarchischer Zustände, die der Reife klaren Handelns vorangehen mußten. Anfang einer gnadenreichen Verwirrung, Auflösung entschiedener Parteilichkeit. Olivier Regaleur predigte. Er sprach französisch. Pete, der Gott, der geopferte, verkaufte, traurige, mit dessen Leib etc., sprach lesend eine Übersetzung, englisch. Lord Anstruther sah ihm zu, sich weidend, dahinschmelzend bei dem Gedanken, daß

dies Gesicht, Pete, der Gott, millionenfach gesehen würde, redend. In Hütten, auf dem flachen Lande, in den Städten, in bequemen Wohnungen. Auf den Höhen, in den Tälern. Zwanzig Menschen sprachen in zwanzig Sprachen die Predigt Oliviers. Und die den Gott Pete sehen wollten, konnten, wenn sie die englische Sprache nicht verstanden, den Prediger Olivier hören. Oder Fritz Langohr, deutsch, oder... russisch oder...

Der Sendetrust der Gifico und Debaco ließ ausholen. Schlagen. Traf unvorbereitet. Platzte mit Forderungen in die Melancholie der Friedensstimmung hinein. Vorbereitung einer Eventuallösung, die Grigg vor den Kriegsgedanken schaltete. Als ob er erraten, die Männer waren mit ihrem Samen nicht behutsam umgegangen, die Zahl der Schwangeren war angewachsen. Was hinterher antag kam. Da fand er die Stimme Oliviers. Und er trieb die Stimme über die Erde, verzwanzigfacht, die Gestalt Oliviers verzwanzigfacht.

Und Olivier sprach, wie man von einem Dinge bescheidenen Ausmaßes und sicherer Form spricht. Eine Nadel ist blank, von rundem Querschnitt, spitz an der einen Seite, versehen mit einem Öhr an der anderen Seite. Blank und weiß, und im Scheine des Lichts spiegelt sie, ihrer Gestalt entsprechend, rund verzerrt die Welt. Und man kennt eine Nadel. Und sie ist ein Wort. Aber sie ist auch ein Spiegel der Welt, der nicht richtig zeichnet. Ein Gerät von Menschenhand. Und darum kein Instrument einer guten Ordnung an sich. Ihre Anwendung ist zwiespältig: Gebrauch und Mißbrauch, weil ihr Führer, der Mensch zwiespältig: weise oder dumm, guten Willens oder verstockt, locker oder versteint, bereit oder richtend, verzeihend oder vergeltend.

Und er sagte, den Dingen, von Menschen Hand gemacht, ist nur eine Schranke vor dem Abirren in Mißbrauch gesetzt, die gute Urnatur der gerechten Sinne und die religiöse Gewalt des menschlichen Herzens.

Und er wurde weitschweifig, sprach von der Bildungskraft des sinnlichen Daseins, beschrieb ein Pferdeauge. Die Muskeln der Tiere, den Lauf des Rehs, die Geschmeidigkeit der Katze, den Wuchs der Bäume, die Pracht der Blumen, die Vielheit und Buntheit der Kristalle. Die Wunder des Protoplasmas und der

Raumbegrenzungen. Jagte nach dem Rhythmus der Materie, den Proportionen im All und im Kleinen. Kam zurück, mit trunkener Stimme, fiel ein in die gute Schöpfung mit den Eisenhämmern der Schmerzwirkung, dem Prinzip der Zerstörung, zerfetzte fast den aufgebauten Glanz. Um die Gewalt aller Entscheide, die Tugenden des menschlichen Herzens ins rechte Licht zu setzen. Auch, um nicht wie ein Lügner angesichts donnernder Taten zu stehen, denen vorangeschrieben steht, im Anfang waren der Formwille und das Variationsbedürfnis, die Erzeuger alles Existenten, die in Mann und Weib schieden und in die Tiere aller Gattungen und in die Liebe verschiedener Neigungen und in die Energien mannigfacher Erscheinung. Die aus dem Stillstand den Ablauf gebaren und das Bildnis Gottes als Bastard, als Gleichnis des Ewigen. Als nun der Mensch geschaffen, eine Art Fleisch, ein Geistzweig des Protoplasmas, und die Sorgen seiner Existenzwerdung vorüber und blieb das sich ausbreitende Wachstum, sich ablagerte Generation nach Generation, und an der Zahl derer, die da Männer und Weiber und Kinder waren, deutlich wurde, sie waren ein Augentraum des Höchsten gemeinsam und an der Vermehrung zur Masse geworden, ergriff sie abermals das Gesetz des Variationsbedürfnisses und schuf Schluchten und Trennungen, Einsamkeiten unter ihnen. Und mit unterschiedlichen Namen und unterschiedlichen Gestalten, unterschiedlich gezeichnet am Geruch, an der Wachstumskraft, schieden so sich Neger, Gelbhäutige, Weißhäutige, blauäugige, braunäugige, glatthaarige, gelockte. Und schieden sich weiter und weiter, bis die Sünde des Ehrgeizes aus ihnen aufschlug und sie die Trennung erfanden Herr und Knecht. Und den Kampf, den sie zu kämpfen hatten, ungleich machten.
Bei diesem Punkt seiner Rede brach er in Geschrei aus. Hier sei der Beginn menschlicher Geschichte und Überheblichkeit. Die Wurzel des Unheils, die Geistzersetzung, das Prinzip des Wachstums verletzt, die Schleusen der Scheußlichkeit geöffnet. Die Erfindung keines Sittengesetzes habe sich als wirksamer Damm gegen das Verbrechen erwiesen. Jede Forderung der Gerechtigkeit ins Gegenteil verkehrt. Die Krankheit, die Relativität der Worte erfunden. Die Sprachverwirrung. Parteien. Frömmler und Geschäftemacher.

Matthieu dachte wieder: Auslöschen, auswischen, zerreißen, verbrennen. Alles Geschriebene, Gedruckte, Gelehrte, alle Geistesgüter, diese Farbkleckse, Fahnen, die wir hinaushängen. Pferdeauge. Das ist ein Etwas. Pete, das ist ein Etwas. Worte mag ich nicht. Überzeugungen mag ich nicht. Olivier. Das ist ein Mund. Man kann sich etwas nicht Zugehöriges, Unzüchtiges denken, rotes Fleisch. Dann ist es erträglich, schön, wertiger als Dreck. Man kann sich fallen lassen. Dann hat man ein Glück. Vierundzwanzig Stunden lang. Oder achtundvierzig. Er ging davon. Er warf dem Bild Pete eine Kußhand zu. Er ging allein durch die Nacht. Er dachte Pete oder François oder rotes Fleisch. Oder nackter Mensch. Oder Hure oder Steißverkäufer. Gesetzlosigkeiten. Wenn alle Worte amende wären, abgenutzt, unverständlich, vollkommen unbrauchbar. Wenn ein neuer Anfang wäre. Nur dieser Anfang: Matthieu erkennt keine Verpflichtungen an. Die Vergangenheit ist unverbindlich. Matthieu sucht das Glück. Unsinn. Er nimmt es. Wenn dies Nun und Jetzt der Anfang wäre. Er denkt: Pferdeauge. Das ist ein Etwas. François. Er weinte. François ist ein Bursche. Er sehnt sich nach einem Burschen. Er wird einen Burschen finden. Er kann einen Burschen sich kaufen. Er kann. Er darf. Es ist jetzt der Anfang. Die Sender der Gifico und Debaco predigen den Anfang. Die Gesetze sind hinab in die Schlucht alles Vergänglichen. Olivier ist ein Mensch. Das Animalische ist das Beste an ihm. Rotes Fleisch. Er redet. Er wäre tugendhafter, wenn er sich verkaufte. Fançois, ich glaube, ich habe ihn geliebt.

Er trat in ein Kaffeehaus ein. ›Neptun‹ nannte es sich. Oder ›Diogenes in der Tonne‹ oder ›Halbmond‹. Oder ›Zum krummen Türkensäbel‹. Er wurde mit einem jungen Menschen handelseinig. Hundert Franken. Aber er wußte kein Absteigequartier. Das Erlebnis scheiterte daran. Er wußte kein Hotel. Und wagte nicht zu gestehen, daß er ein Anfänger. Ein Zaungast. Daß er verwirrt. Nur überdrüssig aller Ordnungen und Verbote: Laß dich nicht gelüsten. Du sollst nicht. Er beglich die Rechnung. Er bezahlte den Burschen. Er lief davon. Er dachte François oder Pete oder Olivier oder Armand, den Namen des Letzten oder rotes Fleisch. Er sagte sich: ich kann mir ein

Automobil nehmen. Ich kann in der Welt umherfahren. Ich besitze Geld. Aller Anfang ist schwer. Ein Mädchen sprach ihn an. Er wischte sich die Augen. Es war dreizehn Jahre alt. Oder sechszehn. Es gab Auskunft: sechszehn Jahre. Lüge. Er begriff: die Vergangenheit war hinab. Er bebte vor Neugierde, vor Verlangen. Ein Glück vierundzwanzig Stunden oder achtundvierzig Stunden. Er rief einen Wagen herbei. Sie fuhren davon.

Olivier und seine Auftraggeber ernteten, was sie gesät: Worte, Meinungen, Bekenntnisse, Postulate, Schlagworte. Zettel, Schrift, Kanzelgedonner, den Zorn der Beter. Gescheite Lebensanschauungen. Den kompakten Bestand der Vergangenheit. Das Votum der Mehrheit. Die Stimme der Gereizten. Die klare Frage der Beunruhigten. Ordnungsliebenden. Traditionsverbundenen. Matthieu erkannte: Kein Anfang war gewesen, nur ein Erlebnis. Allüberall bellten die Worte. Und es war ein Geschrei. Und die Münder der Redenden liefen über vor Geschrei. Und sie sprachen von der großen Hure Babylon. Und viele Worte, die überliefert waren. Und sprachen, wie sie sprechen mußten. Als Spezialisten. Mit Auswahlgelehrsamkeit, Auswahlhandfertigkeit. Bewohner nur einer Haut. Die den Anfang nicht wollten, das neue Reich. Nur die Fortsetzung. Matthieu erkannte: Vierundzwanzig Stunden Glück. Ein ziemlich ungetrübtes. Er ist nicht krank. Sein Herz hat keinen Schaden genommen. Er wird arbeiten. Er will arbeiten. Er muß arbeiten. Daß ein Anfang werde. Er fühlte keine Verpflichtung, sich vor den Brüdern vom goldenen Siebenstern zu rechtfertigen. Er war gesund. Olivier, Pete, ... Jewgeni... gaben Antwort auf das Gebell. Sie traten ein in jedermanns Haus. Jedermann sah sie, hörte sie, spürte ihren Geruch. Und alle hatten die Gäste erwartet. Auch die beim ersten Mal nicht aufmerksam gewesen waren oder abwesend. Bei der Arbeit. In den Fabriken, die die Gifico und Debaco kontrollierte, waren Lautsprecher und Fernseher aufgestellt worden. Auf den öffentlichen Plätzen der Städte. Es erschien auf einem weißen Schirm Pete. Olivier erschien nicht. Pete redete in zwanzig Sprachen. Vielmehr, er redete gar nicht. Er war nur da. Man erkannte seine Augen. Und den zuckenden dummen Mund, den ein Schmerz kräuselte. Und seine Hände erschienen auf der

Leinwand, Hände, die aus dem Nichts kamen, und die doch deutlich waren wie irgendeine andere Hand, mit Falten und Schatten.

Die elektrischen Wellen nahmen Abbilder von ihm und zerstreuten sie in den Äther hinein. In jeder Sekunde viele Abbilder. Und seine Form wurde allgemein, hämmerte sich durch Bäume, Pflanzen, Steine, Mauern, Winde und Gewitter hindurch. Durchdrang alles wie ein Geist. Aber es war nur Pete, der Dumme, nach dem Ebenbilde Gottes. Er schwieg, so war er Gott. Es redete Olivier, der weder schön noch bevorzugt mit anderen Kennzeichen an seinem Körper, der nur Worte erfand, Predigten, Erklärungen für alle Rhythmen, für das Gewebe dieser Welt. Also Pete, der dem Lord Anstruther verkauft worden war um eine große Summe. Ich werde alles bezahlen. Der vor dieser Zeit schon Ursache gewesen, daß Erz, wasserdünn gekocht, grün fließend, Formen füllen mußte, damit es, erstarrt, ein Denkmal wurde, errichtet der verwirrenden Gestalt.

Als nun die Stimme neben ihm, die Stimme Oliviers, die zwanzigsprachige, anschwoll, vor Erregung umzuschlagen drohte, zornig und verhangen bebte, vor Trauer in ein Nichts abzufallen sich anschickte, geschah es, daß von den Lidern Pete zwei große Tränen herabliefen. Und die Augen wurden hilflos wie die eines Kalbes. Und er fühlte einen Schmerz, den er nicht hätte beschreiben können. Und der grenzenlos war. Und die Gestalt des Schmerzes, das veränderte Gesicht Petes umraste die Erde, brach ein in die Bahnen aller sich bewegenden Teile und Teilchen, der Elektronen und Atome. Und es gab einen Tumult. Die Frauen auf den Plätzen ertrugen nicht. Einige begannen zu schreien. Fielen um. Sie konnten Pete nicht weinen sehen. Als ob ein Gott weinte. Es war zuviel für sie, die sie doch bereit zu Liebe und Mitleiden. Sie weinten mit ihm. Es entstand ein Schrecken, eine Alarmbereitschaft. Hemmungen fielen ab. Auch die Gegenmeinung war plötzlich stark. Die Beleidigten, die Entrüsteten, die da Anstoß nahmen, die die Religion verletzt sahen und die Ordnung, die nicht begriffen, warum der Staat nicht verbiete, weshalb nicht die Polizei eingreife. Die den Schutz ihrer Meinung begehrten. Fortsetzung der Überlieferung. Die auf ihre Stimme bei den Wahlen

pochten. Die Rechenschaft verlangen würden. Die Zeitung. Das Parlament. Und je heftiger sie sprachen, um so enger wurde ihr Hirn, um so deutlicher begriffen sie Gleichnisse, die zwar noch gehinkt hatten, jetzt aber makellos wie gebleichtes Elfenbein. Und sie stritten miteinander, füreinander. Sie hörten nicht aufeinander. Jeder war eine Welt. Und das war die Welt. Und sie dachten an gar nichts als an diese eine Welt. Und es war, wie es war. Unabänderlich. Eng und dumm. Wie Pete. Nur nicht sein Ebenbild. Wo zweie standen, war plötzlich auch ein dritter. Und der Dritte schrie: »Schwein.« Oder »Fettes Bauchfett« oder »Klapphengst«. Oder was ihm in den Sinn kam. Und niemand wußte, wer all die Dritten waren. Und die Dritten hielten sich durchaus nicht mit Argumenten auf. Sie brüllten: »Maul halten. Anfangen.« Jemand schrie nach der öffentlichen Sicherheit. Andere waren für Feuerwehr. Die Dritten schlugen plötzlich mit Gummiknüppeln auf die anderen ein. Polizei. Durchaus keine Beamte. Junge Menschen rückten heran, sangen, schrien. Sie begrüßten Pete. Sie huldigten ihm. Sie sagten: »Seht diesen Menschen.« Dann war Pete verschwunden, und die Stimme Oliviers. Und die Geprügelten waren verschwunden. Doch langten Beamte der öffentlichen Sicherheit an. Und die Feuerwehr machte sich bereit, die Menschenmenge mit Wasser zu überfluten. Aber es gab keine Arbeit mehr für sie. Da waren die Dritten plötzlich Geheimagenten, die ihre Schilder vorzeigten. Die jungen Menschen marschierten vorüber. Die Weiber winkten mit Taschentüchern. Es bildeten sich Arbeitergruppen, die die »Internationale« sangen.
Dies geschah auf einem Platz. Und Matthieu erlebte es mit. Und er war wie einer dieser Menschen, eng und dumm. Und die Welt war klein wie dieser Platz. Der Gedanke spannte ein Gewebe aus, das sich Wunder nannte. Knie nieder vor den Geheimnissen dieser Schöpfung und vor der Technik von Menschenhand. Der Mensch steht neben der Gottheit. Du hast eine Offenbarung erlebt. Die Träume sind zu dir in den Tag herabgestiegen. Pete hat in weniger als einer Sekunde die Welt umwandert. Er ist gleichzeitig überall gewesen wie der Geist Gottes. Es ist ein Pfingstwunder gewesen. Er zog sich aus dem Gewühl zurück, warf sich in ein bereitstehendes Automobil,

wollte davonfahren. Da schrillte ein Klingelzeichen. Er hob einen Telephonhörer, vernahm Stimmen. Berichte. Plötzlich wurde die Welt weit und vielgestaltig und verwirrend, ohne Urgrund. Und Matthieu einer der Herren dieser Welt. Regent. Dessen Ja und Nein galt. Der eine Platz war verzehntausend-, verhunderttausendfacht. Städte, Länder. Es hatte Tote gegeben. Verwundete. Polizei hatte Tränengas geschleudert. Tumulte, bei denen Frauen und Kinder zertreten wurden. Männerbünde, die Pete in ein Gotteshaus gebracht. Weiber, die ohnmächtig im Bett wurden bei seinem Anblick, nichts hörten, nur noch zuckten an einem Erlebnis. Gasthäuser, in denen die Empfangsgeräte zertrümmert wurden. Faustschläge der Frommen gegen den Antichristen, den heidnischen Gegenbaal, den Verführer, Lügner, gegen neue Anfänge. Dörfer, die bebten in Erwartung eines Jüngsten Gerichtes. Skeptiker, die lachten. Gleichgültige.
Entscheidungen wurden von Matthieu verlangt. »Ich komme«, sagte er. Aber er fuhr nicht an seine Arbeitsstätte. Er fürchtete sich. Er sah im Geiste, sechs oder sieben Herren erwarteten ihn. Er selbst saß in einem großen Stuhl, hörte an, schrieb nieder, warf ein. Ein großes Büro. Viele Herren leisteten dort Arbeit. Viele Damen nahmen Diktate auf, druckten einen sachlichen oder ungewöhnlichen Text mittels Schreibmaschinen. Die Post verteilte das Geschriebene in die Welt hinaus, die Ordner sammelten es. Archivalischer Wert. Geschäftsvorgänge. Nicht zu erkennen, welcher Idee all dieses diente.
Inspektionsreise Griggs. Matthieu fürchtete sich. Dieser Mensch, den er nicht kannte, der vielleicht garnicht war. Nur Name. Der Name aber vergleichbar einer gläsernen Kugel. Sie rollt. Sie hat Gewicht. In ihrer Nähe verzerren sich die Dinge. Licht wird gesammelt zu Strahlen. Das Kleine wichtig groß. Unberechenbar. Die Sonne kann zu zündenden Hitzegraden verdichtet werden. Gesichtspunkte, die niemand ihm vorgedacht. Der Herr, dem wir alle dienen. Der da sagt, wir dienen einer Idee. Wir kennen die Idee nicht. Sie wird uns nur deutlich in seiner Nähe. Nachher ist sie wieder zerronnen, weil Eigenerlebnisse sich vordrängen. Aber wir müssen glauben. Wir glauben. Wir wollen glauben.
Matthieu fühlte sich zu jung, diesem Menschen gegenüberzu-

treten. Der Wagen fuhr ohne ihn davon. Matthieu durchwanderte viele Straßen. Er ermüdete nicht. Er erlebte die Straßen. Er wurde von Verzweiflung angepackt. Er sah nur noch die Statik des Lebens. Nur noch die rationalen Dimensionen. Diese Straßen voll Elend, Armut, Krankheit. Keine Leidenschaft, nur noch Leiden. Er war bereit, sich wegzuwerfen an den Schmerz, den er empfand. Er wollte nicht mehr er sein, der Proletarier einer, Masse Mensch. Aber er begriff, daß er in einer Gesellschaftsschicht aufgewachsen, der er nicht mehr entrinnen konnte. Die Art des Elends war ihm fremd. Fast widerwärtig. Er hätte sich in der Tortur der Zuchthäuser hinmorden lassen mögen, in Katastrophen der Arbeit, als Barrikadenkämpfer; aber das dünne Leben voll Einschränkungen, kleinlicher Berechnung, der fade Geruch wässeriger Speisen, schlechter Seifen, unsauberer Kinder sprang ihn mit Ekel an. Er fühlte die Wunschträume in sich erloschen. Keine Sehnsucht nach einer Befriedigung. Endlose Häuserreihen. Straßen. Straßen. Steinkästen. Wären sie nackt gewesen! Backstein und Mörtel. Aber sie besaßen Fassaden. Schwarze Verzierungen. Stuck, von Staub und Ruß ⟨beblakt⟩. Und es war gräßlich und amusisch. Es würde sich kein Weg finden, die Hölle der großen Städte aufzulösen, hinzuschmelzen in eine freudigere Landschaft. Er lief die Straßen entlang. Läden im Keller. Noch niemals vorher hatte er eine Vorstellung von einer Million, von zwei Millionen Menschen bekommen. Jetzt war sie da. Abgebildet in den Straßenzügen. Er kam endlich an den Wundrand der Großstadt, wo sie mit Schutt, Drähten, Schrebergärten, Lauben, Sandgruben, aufgefahrenen Ziegelsteinen in eine luftbessere Landschaft eiterte.
Er war verzweifelt. Er vermochte nichts mehr zu denken. Er spürte die Luft voll Staub und Feuchtigkeit. Er wünschte sich Tränen in die Augen. Aber es war ganz leer in ihm. Er spürte, er war mit allen Worten am Ende und mit aller Philosophie. Er würde ein Bücherfeind werden. Ein Feind aller Begründungen. Ganz und gar anarchisch. Doch ohne Erlebnisse für sich selbst. Er versuchte, einen Ausweg zu nehmen. Er schritt aus. Das taten seine Füße. Sein Kopf schien geschwollen und ganz angefault von halben Gedanken, die sich zu keiner Kette schlossen. Plötzlich standen ein paar Kiefern am Wege. Dun-

kel. Ich bin weit gegangen, sagte er sich. Ein Fabriktor war zu erkennen. Ein Schornstein. Eine Mauer.
»Das Leben dieser Bäume wird bald vorüber sein«, sagte er sich. Er kam darauf, an die Vergänglichkeit alles Irdischen zu denken. Es besserte seinen Zustand nicht. Es machte ihn wund. Er erwog einen Selbstmord. Er war sehr jung. Er hatte sich in den Maßstäben geirrt.
»Warum nicht«, fragte er sich, »ich werde eines Tages sterben, diese Stunde ist nicht schlechter als eine andere.«
Er tat nicht dergleichen, wie er dachte, daß er tun könnte oder tun würde. Er war sehr erschöpft. Er fand ein Schild, darauf stand: »Nach dem Bahnhof«. Er nahm die Richtung, die der Wegweiser zeigte. Eine Eisenbahnstrecke: Schienen, aufgerichtete Holzschwellen, in die Erde gegraben, mit Draht bespannt als Gitter. Ein Stationsgebäude aus gelben Ziegeln. Im erhabenen Stil öffentlicher Gebäude errichtet. Hohe Fenster. Verglaste Türen. Unmenschlich in der Wirkung vor lauter schlechten Proportionen. Er löste ein Billett. Er bemerkte einen schmutzigen abgetretenen Holzfußboden. Auszug aus den Betriebsvorschriften. Düngt mit Kainit. ... Motoren sind die besten. Die Bänke im Wartesaal sollen nur dem Sitzen von Personen dienen. Hunde und Katzen sowie kleine Tiere dürfen die Sitzgelegenheit nicht benutzen. Wenn du auf den Fußboden spuckst, schadest du deinem Nächsten. Das Fortwerfen von Gegenständen zum Fenster der Züge hinaus birgt Gefahren für Bahnanlage und Menschen. Die Schienen dienen dem Verkehr der Züge. Darum sei vorsichtig bei Bahnübergängen. Mit Bleistift: Charles hat Maya gef. ... Ein Zug lief ein. Matthieu fand ein leeres Abteil. Er warf sich in ein Polster, nahe dem Fenster, mit dem Gesicht in der Fahrtrichtung. Das Licht im Abteil war gelöscht. Es war finster draußen, hinter den Scheiben. Aber seine Augen waren blank und klar, er konnte die Finsternis durchdringen. Als der Zug ins Gleiten gekommen war, mit einem Takt daherrollte, Maß für den zurückgelegten Weg, 27,50 Meter oder 31 Meter, schlug weißer Dampf der Lokomotive sich wolkig zur Erde nieder, ballte sich gegen den Bahndamm, deckte die Schwärze des Horizontes zu. Die kleinen Abschnitte der Erde, die sichtbar wurden, ein Grabenstück, eine Böschung, ein paar Sträucher, Grashalme, waren die einzigen

Maßstäbe für die Gestalt dieser Welt. Landschaft wie Wüste. Trostlos. Unfruchtbar. Sandig. Dünen am Meer. Nur die geblähten Formen der Dampfwolken als Zeichen einer Schwangerschaft. Matthieu konnte denken, er hatte den kleinen Schritt des Sterbens vom Leben zum Tod getan. Unbemerkt. Wie es vielleicht geschah. Allen. Heut oder morgen. Allen in der Zukunft. Und er fuhr dahin ohne Wünsche, ohne Bedürfnisse in der trostlosen Landschaft der Finsternis und des weißlichen Quarzsandes, daß er die Finsternis sähe und das dürre Gras in der Kälte und Finsternis. Er fuhr nur fünf oder zehn Minuten in dieser Geistwelt, die zwischen Wirklichkeit und Traum lag. Dann tauchten, dunkel zwar, aber doch genau genug erkennbar, Fabrikgebäude auf. Die Stadt. Er wußte, es würden keine Entscheidungen von ihm verlangt. Nur ein paar Stunden, in denen die Einflüsse der Umgebung auf dem Instrument seines Leibes spielten. Und nicht einmal schrille Akkorde. Noch immer weich leere und harmonische Quinten, den ersten Musengesang in der dreidimensionalen Welt. Das bedeutete nur Traurigkeit, an der das Herz nicht zerbrach. Gewiß, die Sehnsucht nach höheren Harmonien, nach der Vollkommenheit des Schöpfungsgesanges konnte anwachsen und aufpeitschen, daß er abwanderte in das Reich unfruchtbarer Träume, in dem hohl und satt zugleich die Sterne der Qualitäten fünf und sieben in den Raum hineinsangen, der sich von den Zenithen zwischen Osten und Westen, Norden und Süden spannte. Einen Augenblick ⟨hörte⟩ er den ⟨Schrei⟩ des Lichtes, der gelb war. Dann war es wieder Matthieu, der dasaß, nicht Perrudja, nicht Grigg, nicht François, nicht Armand, nicht Pete, Matthieu. Er entstieg dem Zug. Mietete einen Wagen. Fuhr nach dem Bürohaus in der Rue...

Am Tor ließ er halten. Er ging in den Hof.

Der Portier sprach ihn an:

»Man erwartet Sie.«

»Ich weiß es«, sagte Matthieu.

»Sie waren nicht im Automobil. Das Automobil fuhr leer in den Hof. Der Fahrer hatte es nicht bemerkt«, sagte der Diener.

»Ich hatte unauffällig den Wagen verlassen, als er sich in Bewegung setzen wollte«, sagte Matthieu.

»Wir waren sehr erschrocken, wir fürchteten einen Unfall«, sagte der Diener.

Matthieu lachte in sich hinein. Er sah mehrere Wagen im Hofe stehen.

Der Traum

Perrudja bat Hein, geduldig zu sein und ihn anzuhören. Hein bewegte den Kopf. Er fühlte sich gelangweilt. Er wird nicht genau hinhören. Er weiß das. Er erkennt es als nicht taktvoll, ganz ab von der Freundschaft. Aber Perrudja ist seit Monaten ohne Saft und Kraft. Findet kein Ende seiner Betrachtungen und Schlüsse. Will immer erklären, bis ans Ende ergründen. Beschreiben, bis in das Feinste die Maschen entwirren. Das Leben braust, trommelt, singt. Überschlägt sich, bettet sich wieder wie Wind und Wasser. Perrudja fühlt den Strom nicht mehr. Hein versteht etwas vom Blut.

Er dachte an die Geliebte. Seine Zähne haben in ihren Schenkeln Male hinterlassen. An das Zaumzeug seiner Stute. Er sah es vor sich, blank, er roch es erinnernd nach neuem Leder. Er hörte es erinnernd knirschen. Frisch. Präludium. Man reitet in den Morgen. Durch Nebel. Zwischen Stämme. Man weitet die Rippen. Gläserne Luft in den Lungen.

Er war wie gelähmt, narkotisiert, getroffen von dem starren Blick einer Schlange. Er konnte sich nicht wehren. Er würde anhören müssen. Totes Gefasel. Philosophie eines ausgelaugten Hirns. Was ist mit Perrudja?

Ich wage keine Antwort. Es ist, wie es ist. Vielleicht Krankheit. Zu großes Leid. Zu große Sehnsucht. Dünne Säfte. Kein richtiges Darmwerk. Er hat nur schwache Schenkel. Geringe Lendenkraft. Ich bin ihm nichts mehr. Er wird es fühlen, demnächst. Er hat es bereits gefühlt. Vor geraumer Zeit. Jetzt. Er will es aussprechen. Einen Schlußstrich machen. Mich hinausweisen. Unsinn. Ich liebe ihn ja. Die Lebenspraxis nur ist schwerer geworden. Immer neuer Wust, der weggeräumt werden muß.

Er nahm sich zusammen.
Perrudja erzählte: Er hat schlafend mehrmals den gleichen Traum geträumt. Lief ab in seinem Hirn. Einmal, zweimal, dreimal, viermal, fünfmal. Er weiß die Zahl nicht mehr mit Genauigkeit. Der eine Traum die Kopie des andern. Doch deutlicher von Mal zu Mal, weil er bei Beginn der Traumhandlung vorahnend, vorwissend, die Traumsinne geschärft. Es ist eine Lebensäußerung, um es kurz zu sagen. Es ist eine Nachahmung des Taglebens, aufgewachte Erinnerung. Er kennt Beispiele. Den Zirkel. Ein ganzes Sonnenjahr war ausgelöscht. Tauchte wieder auf wie Sandbänke im Meer bei Ebbzeit. Mensch, der nach vierundzwanzig Stunden sein Erinnern einbüßt, aber träumend zurückgeworfen wird in abgelaufene Vergangenheit. Aufhebung des Prinzips versickernder Zeit. Jugend wird zurückgegeben. Lüsternheit wird zurückgegeben. Alle die unverhinderten Handlungen leidenschaftlicher Entladungen. Er kann theoretisch das Prinzip der Erinnerungsrevolutionen verstehen. Darum spricht er. Darum ist der Traum wichtig. Und das ist der Inhalt. Er steht da. Wie er dagestanden haben könnte oder dagestanden hat. Vor vielen Jahren. Sehr jugendlich. Menschliche Hände fassen ihn, führen ihn hinaus, ins Gebirg. Da findet sich ein Ort. Er ist bezeichnet wie eben ein Ort in der Landschaft. Aus sich selbst durch Gesicht. Durch besondere Schwingungen aus ihm selbst durch seine Untergründe, die Wassergerinnsel und die Menge Metalls und Gesteins und den Gesang der in Schmelz erstarrten Kristalle, der dort verwesten Pflanzen und Tierleiber, der an ihm gestrandeten und verwitterten Exkremente, des Regens und der Winkel der Sonnenstrahlen, tiefer vulkanischer Gluten. Aber auch real, durch eine Triangulatur bestimmbar. Ermeßbar mit Maßen. An diesen Ort muß er gehen. Er muß über diesen Ort seinen Rücken krümmen. Und je mehr er ihn krümmt, um so deutlicher erkennt er einen Menschen. Ein Mädchen. Entkleidet. Ermordet. Halb dahingeschwunden. Von Üppig zum Mageren geschrumpft. Und es stehen um sie beide, ihn selbst und die Tote, solche, die sprechen: ›Du hast sie ermordet. Du bist der Mörder.‹ Er erinnert sich nicht, gewiß nicht. Aber er erwägt bei sich, vermag keine Gründe für die Unmöglichkeit beizubringen. Der Ort ist nicht zu leugnen. Der Mord ist nicht zu

leugnen. Einer muß der Mörder sein. Der Mörder braucht nicht schlimmer zu sein als er. Nicht wissender als er. Er braucht nicht unterschieden zu sein von ihm, Perrudja. Und ist es doch Perrudja, der träumt, nicht der Mörder, wenn ein Mord geschehen, wenn der Ort vorhanden. Wenn er auf dieser Erde bezeichnet wurde, wie er auf der Erde des Traums bezeichnet wurde. Mit seinen Kräften, mit Maßen. Es handelt sich doch um den Fall, daß er, Perrudja, träumt. Nicht ein anderer, nicht Hein, nicht dieser Mörder, den niemand kennt.
Er will den Vorschlag machen, Hein soll mit ihm auf der Tagerde an den Ort gehen, der ihm bezeichnet ist. Den er finden wird. Der genaue Gestalt hat.
Perrudja griff mit den Armen in den leeren Raum. Hein blickte auf, weil das Weiß der sich bewegenden Hände wie ein Licht war, aufgehängt über dem Boden. Die plötzliche Helligkeit war ihm gräßlich. Gespensterhaft. Etwas zwischen gerade Totem und noch nicht Verwestem. Er sah, Perrudja zeichnete Linien in die Luft. Dreiecke. Wellige Landschaft. Das genaue Bild, das nicht geleugnet werden konnte, das da war. Das aus irgendeiner Hölle aufgestiegen war. Aus einer fluchbeladenen Friedlosigkeit. Die Gespenster spielten auf einer vergreisenden Seele. Stürzten sich aus den Wolken herab, oder vom Mond herab, oder krochen aus dem Boden heraus. Aus den sickernden Poren dieser Erde. Oder wehten von unheimlichen Orten heran wie das schwere Abendbild einer Landschaft. Oder wie das Sterben des milliardenfach verschütteten unnötigen Samens. Alles Ekelerregende und Klägliche zugleich schleusten sie in das vereinsamte und hilflose Fleisch, von wunden Organen durchsetzt, die den Traum von Fischpanzern und Vogelgefieder, vom köstlichen Mark des Pflanzendaseins nicht mehr träumen konnten. Und Hein, ein Fremder, begriff nichts mehr von diesem Alter, an Kummer und Unerlöstheit gereift. Es war wie ein klatschender Schlag in Heins Gesicht. Er wurde mit einem fast tötenden Schamgefühl übergossen. Es waren nur Fetzen von Gedanken und Worten, die sein Hirn durchjagten. Von Schuldbeladenheit.
Er geht hin und beschläft eine unsaubere Kuhmagd.
Nicht einmal das. Er beschläft niemand. Keinen Menschen, kein Tier, keinen Baum. Nur noch Scherbenworte.
Mörder.

Kindsverführer.
Verrat. Verrohtheit. Ein Stück geschlachteter Ochse war er, auf der Fleischbank, zum Ausgeweidetwerden hingelegt. Nicht mehr. Wie schwer auch die Anstürme waren, die ihn beschuldigten. Deutlicher war doch die Erkenntnis von dem grenzenlosen Jammer, in den sein Freund untergestrudelt war. Da reihten sich plötzlich all die schlaflosen leeren kindischen Nächte auf, die sich um den Freund abgelagert. Gleiche Nächte, in denen Hein sich an süßem Mädchenfleisch schlafmüde gesonnt.
Sinnlose Gespräche mit Oful. Oder waren sie halbgeil gewesen? Bewegungen vor einem Spiegel. Nackt und angekleidet. Seufzen ohne Ton. Entzünden von Kerzen. Löschen von Kerzen. Blick auf den Sternenhimmel. Blick auf den Boden. Tote Buchstaben vor ausgehöhlten Augen.
Und Hein wußte, wußte und duldete, daß Signe, die Schwester, ein warmes Bett hatte, Abend für Abend, wie er selbst. Ein höchst bequemes Bett mit einem hübschen und starken Burschen darin. Hein schämte sich. Sein Kopf begann zu glühen. Er sah wie in einem Dunst einen ausgebrannten Körper, von Flammen verzehrt. Rauchschwarz von innen. Nur ein buntes Tuch hing heraus. Um den Kopf, die Hände waren noch nicht verbrannt. Aber auch sie würden abfallen. Sich selbständig machen.
Verflucht, jetzt drängt sich auch das Gerippe Thorsteins hier hinein. Er fuhr auf. Er sah mit Bestürzung, die weißen Hände Perrudjas zeichneten noch immer große Bewegungen in den Raum. Es war keine Zeit vergangen. Hein war im Schwund einer Sekunde unter Anklage gesetzt worden. Und es gab keine Verteidigung für ihn. Er wurde niedergestaucht. Er hatte keine Entgegnung. Er fand auch keine Worte für Perrudja. Tiefste Verzweiflung. Es mußte etwas geschehen. Plötzlich schrie er: »Wir werden den Wohnraum Signes in diesem Hause aufbrechen.«
»Nein«, antwortete Perrudja, einigermaßen fassungslos über den Einfall des Freundes. Hein aber konnte erkennen, jener tauchte aus ⟨aufgeschreckten⟩ Tiefen wieder zur Oberfläche. Aus diesen Gespensterkloaken zu einem frischeren Augenaufschlag. Das bedeutete keineswegs gewonnenes Spiel. Mit dem

Traum mußte er sich auseinandersetzen. Es gab keine Flucht. Er war von einem massiven Schlag getroffen worden, nicht nur berührt von ungefähr. Er sagte plötzlich sehr ruhig:
»Wir werden gemeinsam den Ort suchen, der dir bezeichnet worden ist.«
Während er sprach, war er überzeugt, man werde diese verhexte Stelle innerhalb der Schöpfung finden. Nachdem die Worte vorbei waren, machte sich eine flaue Weichlichkeit in seinem Kopf breit. Und er bezweifelte dies. Und manches andere. Und es war ein häßlich unbefriedigender Geschmack an seinem Gaumen, der deutlich den ganzen Menschen unappetitlich und mit ungenauen Empfindungen durchwachsen machte.
Er sagte sich, daß es das beste sei, bei dem Beschluß zu bleiben. Darüber hinaus entschloß er sich, den Versuch zu unternehmen, Perrudja so angenehm wie möglich zu sein. Er spürte, daß es ihm schwerfallen würde. Daß diese Zeit keine Ähnlichkeit mit der Vergangenheit hatte. Der Stoff Alter war dazwischen gekommen. Die Häufung von Gewesenem. Und die unvergleichliche Süßigkeit eines pfirsichsamtenen Mädchenkörpers. Der an allen Stellen der Haut zu einer Lust für ihn knospete. Vor dem alle geheimen und so geschickt ineinander fassenden Riegel der Zurückhaltung aufsprangen. Er empfand eine unvergleichliche Erlösung des Fleisches, wenn er nur an sie dachte und dabei wußte, sie war nicht fern. Ihm erreichbar über ein paar Stunden oder mit wenigen Sprüngen. Er hätte sich erschlagen mögen, als er sich dabei ertappte, daß sein Umgang mit Perrudja durch das Gefühl eines Verpflichtetseins trüber geworden war.
Einen Augenblick lang wurde ihm deutlich, daß in jedem Frühjahr das Gras ersprießt. Und das Zweigwerk der Bäume sich weitet. Und das Moos wuchert. Und noch manche andere Veränderungen unter dem Himmel vor sich gehen. Und daß der Ort, von dem hier gesprochen wurde, wenn er nicht nur in einer Traumlandschlaft läge, sondern unter einem veränderbaren Himmel, allen Wandlungen unterworfen sein müsse, ⟨sozusagen⟩ mit Gras bewachsen, zuwuchern müsse. Das waren Einwände von einigem Gewicht, gegen Traum, schien ihm. Am Ende hatten sie doch keine Schwere. Gegen die Triangulatur war nichts vorzubringen. Dann war die peinigende Wahr-

nehmung deutlicher als zuvor, daß es schief zwischen ihm und Perrudja geworden. Er begann störrisch zu grübeln. Er pirschte auf den Schleichwegen des Opferbereiten⟨s⟩. Er wollte zum soundsovielten Male sein Herz gebraten dem Freund anbieten. Das war so ehrlich und so verlogen, wie alle ähnlichen und unähnlichen Anfälle, die auf Selbstvernichtung abzielen. Es war nicht zu leugnen, daß ihm die Pfirsichhaut des weiblichen Kindes gut mundete. Und das sich hinopfern schmeckte durchaus nicht gut. Und der Gedanke war schief und nutzlos und unfruchtbar. Man könnte noch mehr dergleichen tugendlose Eigenschaften zusammentragen. Er sagte nach einer Weile, und es wurde ihm sehr schwer, es auszusprechen, er errötete dabei und sein Gesicht wurde nicht hübsch daran, vielmehr müde:
»Ich kann mit dir ins Bett gehen. Oder Agnes. Wenn es dir nicht zuwider ist.«
Die Wirkung des Ausspruches auf Perrudja war eine unerwartete. Sein Gesicht wurde licht und faltenlos. Eine kleine Welle des Lächelns legte sich um seine Lippen. Seine Augen wurden blank. Allmählich öffnete sich sein Mund, und ein sehr freundliches Nein kam aus dem Zahnspalt hervor. Perrudja war lustig geworden. Etwas Warmes war gegen seine Haut geschlagen. Es entstand eine ungetrübte Stille, schön wie eine Nebellandschaft, in der alle Farben tuschigbraun sind. Perrudja begann mit weicher Stimme zu sprechen.
»Ach Hein«, sagte er mit dem Ausdruck eines bescheidenen Glücks, »du irrst noch in der Vergangenheit umher. Du willst junge Schwüre in eine alternde Gegenwart tragen. Ich werde dich niemals schlachten. Ich werde niemals nach deinem Herzen graben. Ich werde deine starken Pferdeknochen nicht heftiger anbeten als den losen Schatten eines angenehmen Traumes. Wenn ich an dein festes und junges Fleisch denke, so denke ich daran. Und was an der Erinnerung süß ist, diese kleine Süßigkeit, die dich nicht bedroht, belasse mir und gönne mir. Die Schwüre waren schön. Und das blutgetränkte Tuch ist ein Heiligtum. Und es wird noch vorhanden sein, wenn von deinen Eingeweiden manches vergangen ist. Also ist die verworrene Sehnsucht und der Anfall eines schweren Rausches zweckmäßig gewesen. Ich sehe keinen Makel daran. Und es ist mir nicht lästig, in eine entfernte Zeit zurückgeworfen zu

werden. Aber neue Taten dürfen daraus nicht folgen. Die alten hatten ihr Maß. Die neuen würden plump und anstößig sein. Ich würde mir häßlich vorkommen. Vielleicht ist mein Körper inzwischen wirklich häßlich geworden. Nicht, daß ich unfähig geworden wäre, an dir einen Genuß zu nehmen. Und eine Freude an Agnes würde für mich ein Kitzel sein, beträchtlich groß. Kindsverführer, das ist ein Wort, das an mir haften bleibt. Das Alter macht den Menschen nicht schuldlos. Und die Tugend der vielen Jahre verkleidet heimliche Laster. Nicht Unfähigkeit, nicht Mangel an Bereitschaft läßt mich Zurückhaltung wählen. Ein nicht eben zartes Lebensgesetz gewinnt an Raum. Das ist alles. Ich kann diese Dinge nicht mit Willen, mit Bewußtsein tun. Berechnend. Ich kann es nicht auf mich nehmen, eine Ernüchterung, eine Trennung zu erleben, die vorauszusagen ist. Ich bin zum Genießen nicht stark genug. Ich habe nicht die Fähigkeiten, nach den Wiederholungen von Lust und Reue zu lechzen. Und eine Gemeinheit kann sich zwischen uns auch nicht auftun. Das Gemeine kann ich nur mit Fremden tun. Als unwissender Verbrecher.«

»Was denn besteht noch von den Absprachen, die wir getroffen haben«, stammelte Hein. »Du gibst alles zurück, was ich dir je angeboten. Ich bin hier nutzlos geworden. Ich verstehe deine Regeln von der Freundschaft nicht. Es gibt auch eine Folgerung aus deiner Belehrung, daß ich ein Schmarotzer bin.«

»Wir werden uns sehr bald einigen. Deine Selbstbeschuldigung fällt ins Leere. Mein Nichtstun ist beträchtlicher als das deine. Meine Rechte sind nicht begründeter als die deinen. Am Ende weiß meine dunkle Seele noch nicht, was sie eines Tages mit dir anstellen will. Wir müssen einfach warten, bis sie sich entschieden hat. Wir müssen in Bereitschaft sein. Vielleicht mußt du manchen Genuß noch teuer bezahlen. Fast kann es scheinen, ich warte nur auf den Anlaß, um auszubrechen in einen Wald von Finsternissen. Es gibt keine Sicherheit, daß sich nicht mein Hirn verwirrt. Oder meine Lust verirrt. Oder dieser schmale Leib anschwillt zu einem verstockten Ballen der Grausamkeit. Es ist bis jetzt kein Verrat an mir gefunden worden. Ist das ein Beweis, daß ich des Verrats nicht fähig bin. Ich bin bis jetzt der Kindsverführung nicht gescholten. Ist es ein Beweis, daß ich nicht ausbreche und mich in junges Fleisch verbeiße? Ich habe

selbst viel geschworen, habe dich viel schwören lassen. Meinen Sinnen und meiner Seele habe ich nur einen Anker gegeben, Signe. Das alles ist gefahrvoll. Ich täusche mich nicht. Der beruhigte und gesicherte Geist ist weniger gründlich in seinem Begehren. Alles hätte anders kommen müssen, wenn nicht ein Stachel tief in meinem Fleische säße. Ein Makel an meiner Substanz. Ein schwerer Baufehler am Turm meiner Seele.«
Er hatte sehr ruhig ausgesagt. Hein aber spürte, wie Schluchten aufgingen. Und auf ihren Gründen brannten rote Feuer. Rotes Fleisch. Rote Wolken. Rotes Blut. Ach, diese Farbe. Nach einem Augenblick des Schweigens fuhr Perrudja fort:
»An meinem Finger sitzt ein Ring voll tiefer Kräfte. Ich könnte ihn wünschend bewegen und mir die Geliebte an meine Seite bringen. Aber eine Warnung steht in mir auf, eine noch nicht entschleierte Gewißheit, daß ich warten muß. Daß noch schlimmer verschleißende Brandungen meine Gestalt berennen werden als diese Liebe, die mir die Glieder nicht lösen will, die mich genarrt hat. Als Signe mich verließ, in den Wochen danach, dachte ich niemals an die Kraft des Ringes. Ich wünschte und wünschte; aber ich wünschte nicht gemeinsam mit seiner Kraft. Und doch hatte sie ihn mir erst in der Hochzeitsnacht gegeben. Und mit Schmeichelworten seine Fähigkeiten ins Licht gestellt. Und mir, ihn preisend, die Preisgabe einer Lüge entlockt. Als mir zum ersten Mal der Gedanke kam, das Geschenk zu erproben, zögerte ich schon. Du kannst erkennen, ich habe nicht aufgehört zu zögern. Ich will sie nicht als eine Gefangene vor mich bringen. Ich habe ihretwegen schon zuviel Unfug angestellt. Ich gebrauche einen Beistand in der schuldvollen Zukunft. Es gibt eine dampfende gelbe Wiese in mir. Ich wiederhole dir. Die gesicherte Existenz ist weniger gründlich in ihrem Begehren als ich es bin.«
Perrudja wollte sogleich das Drohende, das in seiner Stimme gewesen war, fortwischen. Er stand auf. Er sagte:
»Ihr könnt mich ins Bett bringen.«
Hein war, als die Worte an sein Ohr schlugen, zu allem bereit. Unklug. Ohne Hemmung. Er hatte auf einen Augenblick sich den Freund mit Genauigkeit vorstellen können. Sozusagen die innere Anatomie, wenn man die Seele der Gestalt verhaftet

annahm. Er lief hinaus, fand Agnes und brachte sie. Zu dritt gingen sie in Perrudjas Schlafzimmer. Oful betrieb mit Feierlichkeit die Vorbereitung des Zubettgehens. Er hantierte mit Decken. Ordnete Flaschen. Nahm und gab. Gab und nahm. Es war ein großes Zubettgehen. Plötzlich stand Perrudja in seinem gelben Schlafanzug neben den Bettungen. Er beugte sich zurück, sank in die Kissen, zog Decken über sich. Lächelte, schloß die Augen. Nach wenigen Augenblicken bemerkte Hein, daß er fest und zufrieden schlief. Und verwunderte sich. Er konnte kaum fassen, daß das ins Bett bringen zuende war. Agnes war mit keinem Wort, mit keinem Blick beteiligt worden. Und was war von Hein vollbracht worden? Nichts. Nur ihre Anwesenheit hatte ihn ruhig gemacht.
Am nächsten Morgen war Perrudja verändert. Er verlangte von Hein kühl die Erklärung der Zusage, daß sie gemeinsam den Traumort suchen wollten. Er gestattete keinen Aufschub. Er fühle sich frisch und ausgeruht, sagte er. Er wolle das Aufgelegtsein nützen. Die Pferde wurden gesattelt. Die Zwei ritten in die Berge. Alte Zeiten schlichen sich zu ihnen heran. Hein hätte sich behaglich gefühlt, wenn nicht Perrudja eine mystische Triangulatur auf dieser ihnen bekannten Gebirgsebene abgesteckt hätte. Sie nahmen eine bestimmte Richtung. Das Pferd Perrudjas, als ob es an einem Kompaß dressiert worden wäre, mußte kleine Hügel, hohe Gebüsche, Wassertümpel durchqueren, Gesteinsbrocken mit engen Kreisen umzirkeln. Das war eine Linie. In einem scharfen Winkel wurde abgebogen. Es ging lange Zeit sanft ansteigend weiter. Sie waren sehr weit ab von jeder Behausung. In dieser unbewohnten und unbeschrittenen Gegend schlug Perrudja die Winkel und Haken seines Weges. Er schien sich zu verlieren. Nur die Sucht, kreuz und quer auf genauen Linien die Hochebene zu bereiten. Auf diese Weise an Plätze zu kommen, die sonst nie aufgestöbert wurden. Mulden, rot und grün von Moosen. Gebüsche dicht und verschlungen. Schlupfwinkel für Getier, in denen es starb oder die Frucht der Begattung niederlegte.
Es war ein guter Tag aus den unhastigen Händen des Schöpfers. Eine milde dünne Luft hob sich warm vom angestrahlten Boden ab. Nur die Winkelwege Perrudjas waren nicht zum Entzücken. Er trieb einen schlechten Spaß. Hein hätte lachen

mögen. Aber es lag ein Stein an seinem Herzen. Ein kleiner Stein, versteht sich. Er konnte nicht spotten. Und mit der Zeit wurde ihm der Ausflug unheimlich. Hier konnte nicht festgestellt werden, was im Kopfe Perrudjas vor sich ging. Sie sprachen kein Wort. Mit den Kräften der Pferde wurde nicht gespart. Warum der gute Tag nicht zum Genuß anregte, war nicht zu ergründen. Allmählich kam eine Spannung auf. Hein stellte es fest. Der Stein wuchs. Dies Unbehagen. Als das Herz unruhig pochte und der Schlund die Schluckbewegung vergessen hatte, hielt Perrudja, sprang vom Pferd, sagte:
»Ich muß mich ein wenig umsehen.«
Hein begriff nicht, ob dies bedeuten sollte, sie wären am Ziel. Er blieb im Sattel und wartete. Perrudja ging ein paar Dutzend Schritte in die Weite. Bückte sich, schaute aus. Er kam zurück. Er sagte zu Hein:
»Hier ist der Platz.«
Hein erschrak. Seine Eingeweide machten einen Satz, daß ihm übel wurde. Er ging aus dem Sattel, stellte sich auf taube Beine und sagte:
»So.«
»Ja«, antwortete Perrudja. »Der Platz ist ein wenig anders, als ich ihn in der Erinnerung hatte. Er ist deutlicher. Und dabei gewöhnlicher. Nicht hervorgehoben.«
Hein räusperte sich und dachte, daß das seine Einwände wären, Kraut und Gras wuchsen durch die Jahre, und das Moos und der Schnee ließen die Felsen nicht ungeschoren. Schließlich konnte aus einem Strauch ein Baum werden. Dieser Ort war etwas Ungefähres. Das Abenteuer konnte harmlos enden. Sie banden die Pferde an einen Busch. Und die Mäuler der Tiere rupften sogleich Blattwerk und Zweigwerk. Es waren realistische Pferdemäuler mit gelben festen Zähnen darin. Die Tiere waren etwas, was man anfassen konnte und das mit seiner Wärme bewies, daß es keine Täuschung. Hein beklopfte ihnen die Kruppen, ließ die harten Schwanzhaare durch seine Hände gleiten. Schaute auf After, Geschlecht und Hufe. Er war vorbereitet und siegessicher. Perrudja zog ihn mit sich fort an einen Platz, an dem Gras üppig wuchs. Eine Humusstelle, offenbar tief über stark abgeschliffenem Fels, elliptisch, zwanzig Schritt auf dreißig Schritt. Perrudja suchte mit den Händen im Gras.

Er bog die Halme voneinander, kniete nieder, schob sich vorwärts. Er kam bis an die Mitte des Platzes. Tastete ein paar Meter im Umkreis um sich, das Gras umlegend.
»Hier«, sagte er sehr leise.
Hein kam heran, kniete nieder, folgte den Linien, die Perrudjas Hände beschrieben. Es war zu erkennen, eine längliche Mulde, einen Schuh breit und lang wie ein Mensch, wie ein winziger Mensch, hatte sich, handrückentief, in den Boden gesenkt. Keine Wichtigkeit. Es gab überall solche Mulden. Wie sie entstehen, man weiß es nicht. Wie diese entstanden, man konnte es nicht wissen. Jedenfalls war sie mit Gras bewachsen. Alte Scholle. Und doch unbehaglich. Wie konnte Perrudja sie finden, diese verwucherte Stelle? Und Ähnlichkeit mit einem eingefallenen Kindergrab war auch vorhanden. Perrudja würde verlangen, daß man prüfe. Immerhin würde man nicht sehr tief graben brauchen, ehe man auf Felsen stieß. Und dann würde der Traum verflogen sein. Und Hein würde dazu kommen, einige Worte zu sagen, die aus seinem natürlichen Fleisch entsprungen waren.
Sie hatten es unterlassen, Grabgeräte mit sich zu nehmen. Ihr Unternehmen war noch nicht zur Wirklichkeit verdichtet gewesen. Jetzt wurde das geringe Vorbereitetsein offenbar. Sie schweiften in der Nähe umher, um Zufallsgeräte zu finden. Geschmeidige Stöcke, um den Boden zu lockern. Flache Steinscheiben, um scharfes Gras zu bewältigen. Die Hände waren gute Schaufeln für den lockeren Humus. Sie hoben die Grassoden aus. Hein arbeitete mit seinem Dolchmesser, schnitt das Wurzelwerk heraus. Ihre Arbeit kam schnell voran. Sie stießen auf kein Hindernis. Dann war es Perrudja, der einen Knochen aus dem dunklen Erdreich hervorzog. Und zwar gleich das abscheulichste und anzüglichste Stück, das der Boden barg, einen Beckenknochen, breites Lager für vergangene Eingeweide. Menschlich. Hein sagte gar nichts. Er schaufelte weiter. Er hob einen Knochen nach dem anderen aus der Grube, reichte ihn Perrudja. Der beteiligte sich nicht mehr an der Arbeit, säuberte das Gebein, versuchte es zu ordnen. Hein fand auch den Schädel. Es konnte kein Zweifel mehr sein. Sie hatten ein menschliches Skelett ausgegraben. Es konnten keine Erklärungen gegeben werden. Eine Tatsache stand fest. Sie legten es

zurück in die Grube, ohne es mit Erde zu bedecken. Sie gingen in die Sättel und trabten davon.

Hein dachte so viel wie nichts. Geschlagenes Heer, das dunkle Kräfte ausdampft.

Perrudja war frisch. Schweigsam, versteht sich. Es türmten sich keine Empfindungen hinter seiner Stirn. Keine Erinnerungen brachen auf. Der Boden zerlöste sich nicht vor seinen Füßen. Er ritt dahin mit einer ungewöhnlich reinen Wahrnehmung dieser Tätigkeit. Er genoß die Bewegungen. Er nahm die Einzelheiten des Weges mit Genauigkeit wahr. Die Blätter der Büsche strahlten Farbe und Gestalt und Reinheit in ihn hinein. Das Fell des Pferdes, die Mähnenhaare, die flauschigen Ohrmuscheln waren wie Eisblumenkristalle, überaus köstlich ziseliert, gut gearbeitet und den Augen so einprägsam, daß man es nie vergessen würde. Geradezu wichtiger als das Skelett. Perrudja dachte nicht an das Skelett. Er fürchtete sich nicht davor. Er würde Ordnung in diese Angelegenheit bringen.

Als sie im Hause angekommen, begann er sich zu entfalten. Er wuchs. Er machte sich zum Sachwalter einer erhabenen Ordnung. Der Mörder Perrudja war für ihn ohne Belang. Die Feststellung von unbekannten Tatsachen erschien ihm als so hohes Ziel, daß kleinliche Bedenken ihn nicht erreichten. Mit den Methoden objektiver Untersuchungen konnte ihm eine Vergangenheit zurückgegeben werden, die bereits im Vergessen untergetaucht. Eine neue Art Mensch konnte sich aus ihm selbst herausschälen. Nichts Erbauliches, eher etwas Tierisches, aber etwas Ungedankliches. Die Existenz in unverfälschten Vorgängen. Wer konnte sich in die Tataugenblicke eines Lustmörders hineindenken, ohne die Wirklichkeit gespürt zu haben? Wer konnte ermessen, was es ⟨bedeutete⟩, sozusagen unvorbereitet, ohne Vorsatz vom Unschuldigen zum Schuldigen zu werden nur mittels dieses ungewöhnlichen Vorganges, daß, von außen her, die Erinnerung bloßgelegt wurde? Und wie anders als andere Menschen, mit welcher Kraft der Objektivität würde er, Perrudja, den Mord beurteilen. Welches Gewicht würde das Schuldig haben, das er sich spräche. Oder das Unschuldig, wenn ein solches in Frage käme. In welche Bezirke der Lust oder des Rausches oder der Unwissenheit, der Wirklichkeit würde er hineingedrängt wer-

den als Schuldiger oder Unschuldiger. Eine Verurteilung durch ihn selbst erschien ihm eine Kleinigkeit, verglichen mit dem Reichtum einer reichen Schuld.
Er verbrachte eine unangenehme Nacht. Die Kraft des Erhabenen reichte nur bis an die Grenze der Müdigkeit. Und vor dem grauen Wall, den erschöpfte Sinne aufwarfen, brach er zusammen. Er schritt die Kreisbahn an der Mauer seines Zimmers ab. Die alten Machtrequisite und Denkmale junger Sünden und Sehnsüchte, die an seiner Bahn standen, beließen eine Lücke in der Erinnerung. Wie er zu wissen glaubte. Es war nur noch ein moderiger Duft, der von ihnen ausging. So und so stark. Die blutige Fahne war getränkt vom Blute Heins. Was unwichtig war für diese Stunde. Wiewohl, nicht zu leugnen, der dunkle Fetzen alles Fleisch und Eingeweide des Lebenden überdauern würde. Was zu denken bemerkenswert, sozusagen Nahrung für eine mehr schmerzliche als süße Melancholie. Dieser Abguß der beiden Hände und des Gesichts Perrudjas, Rotguß oder Messing, sittsame Teile, die den schamlosen ganzen Leib, damals und einmal jung, nicht abbildeten, den zu sehen jetzt eine Befriedigung, ein Mehr an Erinnerung, eine Gewalt, die in die Sinne hinabstieße und ihr Meer erweckte, daß es aus den Tiefen die Schätze der Genüsse brächte. Einen Blutrausch. Dieser kaum faustgroße Götze mit breitem lachenden Mund, geschlitzten, fast geschlossenen Augen, fettem faltigen Bauch, vierfach verschieden: bleiern, eisern, bronzen, silbern, in höchster Freude der Sinne. Daß er den Saft in den Adern umrührte, damit der Schaum emporquölle, gärenden Hefesaft der Genüsse. Dieser Smaragd, ungefaßt, gekauft in einem Laden an der Straße, auf der er ging mit so und so vielen Empfindungen, die nachweisbar in den vergangenen Stunden verbrannt waren. Weshalb er litt. Weil sie vielleicht ein Schlüssel zu den unbekannten Genüssen. Dieses Petschaft mit dem Elchgeweih und eingraviertem Quadrat. Harmonikales Symbol, nicht genau gedeutet. Animalisch und streng. Wild und einfach. Pulsend und abstrakt. Eine Andeutung; aber keine Quelle zu den Genüssen. Diese plastischen Formen der Kurven. Seltsam gebuchtete Stäbe aus gedrechseltem Messing. Schiffsmodelle. Genaues und notwendiges Abbild der Fahrzeuge, die Spante um Spante gewachsen. Wertvolle und nicht zu verachtende Leistung. Einst

auf hartes weißes Papier mit Hilfe gebogener Lineale in feinen Tuschelinien gezeichnet. Einmalige Gestalt längst abgewrackter, untergegangener, gestrandeter Schiffe. Segler, erste Propellerdampfer. Hier war wie nichts so sehr der Tod durch Ertrinken zu fürchten. Im Wasser als Leiche treiben. Von Fischen angefressen. Aber die Furcht war ferner als vor Jahren. War nur ein dünner Schatten noch. Fraglich, ob der alternde Leib dem jüngeren Gnade gab. Worum es hier ging.
Mörder.
Kindsverführer.
Borde mit vielen hundert Flaschen. Reine Grundstoffe der Chemie. Komplizierte Präparate. Gifte darunter. Kolloidale Lösungen. Hier war zu fragen, ob der verzehrende oder schleimkriechende Inhalt jemals gegen einen menschlichen Leib entfesselt würde. Mit dieser oder jener Absicht. Dieser oder jener Wirkung. Also zuckend und vergehend. Warmes Fleisch bis unter die Haut; aber im Magen schon den Tod. Oder in der Herzhöhle. Oder ob er jemand mit langsamem Schlaf überfallen. Diese sechsunddreißig Arten des Beischlafes, schwarze Gravur auf weißlichem Grund. Die man nur denken, nicht voll auskosten konnte. Lügen der ruhelosen Phantasie. Zange der Sinne. Unlöschbarer Durst. In die Wüste getrieben.

O Durst, im Mittag stehe ich und warte.
O tauber Traum! Noch duftet meine Haut
Nach ihrem Öl. Mein Lager ist ein Tümpel,
Das Bad, darin sie sich gekühlt.
Jetzt duftet sie an andern Brunnen.
O morsche Lust! Zuviel hat sie versprochen.

In die Wüste getrieben. Bis die Hände sich schließen, würgend. Um einen Hals. Bis ein Dolch, ein Nagel, kleine Kugel ein Loch in fremdes Fleisch brechen. Diese Regale mit Büchern, aus denen kein Wissen zu schöpfen, keine gültige Erinnerung. Diese Gewänder, mit Lustgedanken entworfen, zwecklos hinterher. Wieder und wieder erhärtet: Tand. Lüge wie die Schule der Bücher. Wie die Parfüms. Die Bilder und Webmuster.

Verkleidungen alles, weil das Fleisch ekelhaft, unertragbar, ein gelber Gestank oder Werkzeug des Verbrechens. Diese Minerale und Gesteinsarten, Drusen voll bunter Kristalle, Reichtum der Welt, Spielzeugkasten der Seele. Harmonikale Offenbarung, die den Durstenden und Müden ein Hohn, den Leidenden und Kranken die Verdammnis, den Unruhigen der Schrecken. Nur den Weisen ein Anhalt. Diese Stäbe aus unterschiedenen Metallen. Angemaßte Lehre von der Substanz. Außenseite der Ordnung. Dieser Stamm, auf hundert Bäumen gewachsen. Unter hundert Klimaten. Und den unterschiedlichen Wassern, den Böden mit ihrer Gärung und den Salzen und Säuren. Ein Erdrund in Andeutungen. Ein Modergeruch an allem, allem.

Er beichtete eine Sünde.

Mörder. Kindsverführer.

Aber keine Mauer brach ein, die ihn abgesperrt von der Vergangenheit. Er entstellte nichts, was er mit Vorsatz oder Nachlässigkeit aus seinem Leben herausgeschnitten. Es war keine Rechnung mehr aufzumachen. Kein schwerer Schatz an widerwärtigen Stationen. Nichts Getriebenes, nichts Gewolltes. Da ist nichts zu bekennen, nichts aufzufrischen. Er steht unwissend, vollkommen ungerührt und unangetastet vor seiner Tat. Vergebliche Gedanken, die Geschichte des Zirkels weiterzuspinnen, Haakons, Killingmos II., Verbrechen der Notzucht und die eigene Beihilfe zu einem Morde umzufälschen, vergeblich, sich allein auf ebendiesen Weg zurückzudenken. Saeterhütten liegen sehr einsam. Das Drücken der Brüste. Vielleicht hatte er es einmal versucht. Als er kinddumm war. Ein Nichts an Wirkung. Welche Magd würde einem Knirps die Schenkel entblößen? Und wie hätte daraus so etwas wie ein lüsternes Morden kommen können? Vergeblich, den Tod des minderjährigen Mädchens, das in sein Haus floh, um zu gebären, in die Anklage einzuflechten. Kein Erinnern, das ihn als Beischläfer des Kindes bezeichnete. Nur der starre Leichnam hatte ihn gerührt mit den knospenden Brüsten, aber gleich darauf mit Furcht gestraft.

Am Morgen war er, trotz eines nur kurzen Schlafes, ausgeruht. Die unfruchtbaren Grübeleien waren von ihm gewichen. Er traf Hein nur bei Tische. In den übrigen Stunden saß er zurückgezogen in seinem Wohnraum und schrieb. Er verfaßte einen ausführlichen Bericht an Grigg. Er schloß mit der strengen und mit nichts abgebogenen Anweisung, eine polizeiliche Untersuchung gegen ihn, Perrudja, in die Wege zu leiten. Er sagte klar aus, daß nichts in dieser Welt ihn mehr befriedigen würde als die Tatsache, eines Lustmordes überführt zu werden. Denn die Erinnerung, das müsse er allmählich bekennen, sei das einzige Gut des Menschen. Und ihm sei, offenbar, ein wesentliches Stück entrissen und in die Sphäre des Todes entrückt worden. Beschattet, ehe er selbst im Dunklen. Nach Tagen erst, zufällig erfuhr Hein von diesem Brief. Er telefonierte sogleich mit Grigg. Er wollte etwas sich Bewegendes anhalten. Er wußte nicht genau, wo er anpacken würde. Griggs Weisheit und Erfahrenheit würde ihm zuhilfe kommen. Mit dem nackten Gerippe in den Bergen mußte etwas geschehen. Versteht sich. Der Sekretär kam nicht zuhilfe. Ganz im Gegenteil. Er sagte, er müsse Befehle zur Ausführung bringen. Hein mußte feststellen, daß Griggs Nerven brüchig geworden. Er sprach nicht sehr ordentlich. Die Stimme war abwechselnd leise und polternd. Ermüdet und aufgepeitscht. Unnatürlich erregt. Man könne dem Meer nicht untersagen, daß es die Oberfläche zu Wellen kräusele. Man könne das Geschick eines Menschen nicht einmauern. Am Ende handle es sich nicht nur um das Wohlsein oder die Unpäßlichkeit des Herrn. Er selbst, Grigg, habe mit geschärften Augen den Ablauf dieses vielleicht trägen, aber ungewöhnlichen Menschenlebens beobachtet. Seit der Geburt eines Kindes. Durch die Knabenjahre. In den Zeiten des Jünglings. Er habe mit Eifer, mit Liebe, mit Aufopferung und Entsagen, wie ein Gott fast, mit unbarmherziger Verehrung einer blinden Kraft die Kurven, die Anläufe und Stockungen, die Ziele und Irrungen nachgezeichnet. Er habe einen Menschen, einen ihm höchst fremden, für alle genommen. Als ihr Inbegriff. Gezwungen zwar. Denn die Geburt und die Abstammung und die Verknüpfung des Einen mit der Macht war vorbestimmt, war das Schicksal des Wurfes. Da hatte er keine Wahl. Das Gesicht hatte er nicht suchen dürfen. Nicht ein Kind von der Straße aufgelesen. Und mit der Vaterschaft hatte er nichts zu tun. Sein Blut war unbeteiligt. Aber nach diesem Anfang, den das Schicksal gemacht, war dies fremde Leben seines Daseins Inhalt. Und er bangte und litt. Und gehorchte und sorgte. Und er hätte geglaubt, dies Leben des Einen zu kennen. Mit allen Abläufen. Die Organisation seiner Beobachtung wäre lückenlos gewesen, hätte er geglaubt. Dieser Mord aber, dieser irgendwann ausgebrochene Wahnsinn der Triebe stehe nirgendwo verzeichnet. Sei ohne Spur versickert in den Zeiten. Geprellte sie alle. Die Geheimagenten, die wachsame Verwaltung, der Sekretär, der Herr selbst, der Täter. Da wäre ein Loch in der Organisation, in der Erinnerung. Die Berichterstattung erwiese sich als mangelhaft. Alle Sorgen und Hoffnungen wären an falschen Voraussetzungen gewachsen. Ein nutzloses Tagebuch das Ganze. Dieser Eine, für alle genommen, anders als er selbst. Grigg könne nur einig gehen mit dem Herrn. Unbarmherzige Untersuchung. Tatsachen müßten erobert werden. Ihm sei im Geistigen eine Welt aus den Angeln gehoben. Er habe für alles zu fürchten. Daß das Vergangene falsch angelegt. Und das Zukünftige anderen Zielen zustrebe als vorberechnet. Dieser Mord müßte aufgeklärt werden. Eingeordnet werden in die Jahre. Gleichgültig, was darüber in Trümmer ginge. Er fürchte keine Schlußfolgerung. Ihm seien Verzweiflung, Reue und Sühne gleichgültig. Höchst wichtig aber der Tatbestand. Er gestehe, er habe noch niemals sich mit dem Herrn in gleicher Einigkeit schwingen fühlen, der in Aufopferung sein Leben für eine reife Erkenntnis einsetze. Und der Sekretär wäre bereit, geradezu wahnsinnig genug, die Unordnung, die vorbereitet war, in die Welt gestreut zu werden, daß sie sich wandle, nicht loszulassen, wenn die Fundamente der menschlichen Existenz so brüchig, wie sich hier anzudeuten schien. Es handle sich nicht um Galgen oder Zuchthaus. Kindisch, daran zu denken. Eine Untersuchung würde jetzt angestellt werden, ob der Mensch eine Fehlkonstruktion des Protoplasmas. Dies Fleisch unvereinbar mit den Regungen des Geistes und der Vernunft. Die Ängste und Schmerzen eine bizarre Form von Erdausstrahlungen oder Sternendunst. Die Harmonik eine Fiktion, deren Ziel in der Materie nicht verwirklichbar.

Hein war sehr niedergeschlagen. Er gestand sich ein, daß er nichts tun konnte, dem Ablauf auch nur einen Stachel auszuziehen. Er verstand aus den Andeutungen des Sekretärs, daß Grigg fähig war, die ganze Mobilisation des goldenen Siebensternes zu zerschlagen, Riesenanlagen versinken zu lassen, Millionen und Abermillionen friedlicher Arbeiter und ihre Familien dem Hunger preiszugeben, die Staaten und die Moral der Gesundheit mit unlösbaren Aufgaben zu verwirren. Ohne ein eigenes Ziel zu vertreten. Schließlich wünschte Hein selbst die Aufklärung, weil er keinen anderen Vorschlag erfinden konnte.

Die Kriminalkommissare packten hart zu. Perrudja wurde verhaftet und isoliert. Ein Gelehrter der Medizin, Prof. Aage Finsen, bemühte sich tagelang, mittels Fragen, durch Einflößen narkotisierender Drogen, im Dämmerzustande das Geheimnis zu lüften. Man pumpte dem Selbstbeschuldiger die Lungen voll Gasgemische. Erschöpfte sein Herz, durchspülte seine Eingeweide. Das Hirn gab nichts preis. Alle psychoanalytischen Methoden versagten. Auf allen Protokollen erschien nur der Traum, immer wieder, genauer herauspräpariert von Mal zu Mal. Die Tagebücher Griggs wurden als Bausteine dieser Existenz bewertet. Man trug den Menschen ab, zerschlug alles an ihm, um mit der Kindheit wieder zu beginnen. Sie setzten das Leben zusammen. Aus Worten, Anstößen, Traumgesichten...

Die Bruchstelle wurde nicht entdeckt. Ja, es erwies sich, daß dieser Perrudja überhaupt keine Fundgrube für Verdrängtes war. Er war ein dünner klarer Inhalt ohne Ablagerungen. Ein immer ehrlich verausgabtes Leben mit soundsoviel eingestandenen Süchten.

Hein war Hauptzeuge. Er wurde beträchtlich gepeinigt. Mit seiner Hilfe wurde die Triangulatur in den Bergen gemacht. Alles geschah mit unerbittlicher Gründlichkeit. Auch ihm versuchte man die Zunge zu lockern. Was nicht im Hirn ist, kann nicht über die Lippen kommen. Seine Phantasie war kürzer als die Perrudjas. Er streifte mit den Beamten in den Bergen umher. Das Skelett wurde geborgen. Der Ort wurde photographiert, gemessen, umgewühlt. Die Knochen wurden den medizinischen Sachverständigen anvertraut. Einstweilen in Obhut gegeben. Perrudja wurde diesen Trümmern eines Menschen gegenübergestellt. Einmal, vielmals. Die Aufklärung kam nicht voran. Der Richter der Untersuchungskammer ordnete die Leichenschau an. Er leistete sich den Luxus, erste

Autoritäten zu betrauen. Die Herren gaben ein kurzes Protokoll ab. Nicht eben freundlich im Tonfall, sozusagen Angelegenheit unter ihrer Würde: Männliches Skelett. Gedrungener Bau. Kräftige Knochen. Todesursache nicht feststellbar. Gestorben in den Lebensjahren vierzig bis fünfundvierzig. Verwitterung der Gebeine fortgeschritten. Einfluß des Humus wenigstens fünfzehn Jahre.

Grigg war nicht erleichtert, als er von der Feststellung der Autoritäten erfuhr. Immerhin schien es ihm erwiesen, daß Perrudja mit diesem Mord oder diesem toten Manne, vielleicht schon ausgelöscht, ehe das Kind geboren, nichts zu tun habe. Es blieb rätselhaft, daß der Unschuldige den Ort der Vergrabung erfuhr. Über Meilen hinweg. Und dann mit unrichtigen Vorzeichen. War es so weit, daß die Luftschlieren auf dem Instrument dieses schwachen Körpers spielten? Einem Empfangsapparat für die Stimmen der Geister in den Bergen? Konnten sich dann nicht gräßlichere Untergründe auftun?

Grigg machte sich gleich auf den Weg, fuhr beim Untersuchungsrichter vor. Hier wurde ihm erklärt, das Verfahren müsse eingestellt werden. Der Freiheit Perrudjas stehe nichts mehr im Wege. Grigg hatte nichts anderes erwartet. Er hätte auf alle Fälle die Entlassung Perrudjas aus der Haft erwirkt. Der Justizbeamte war ungehalten. Er fühlte sich genasführt. Ein großer Apparat war nutzlos bewegt worden. Man hätte die Männlichkeit des Skeletts schon zehn Tage früher feststellen können. Aber eine Einmischung von oben hätte größte Vorsicht, Gewissenhaftigkeit, ja geradezu Langsamkeit befohlen. Er hätte jeden Tag über die kleinen Schritte der Aufklärung berichten müssen.

»Das Oben bin ich«, sagte Grigg. »Und ich bin gekommen, mich zu entschuldigen.« »Danke«, sagte der Mann.

»Bei aller Mühe ist leider das Rätsel nicht gelöst worden. Und ich habe Grund, diesen Ausgang für den gefährlichsten zu halten«, sagte Grigg.

Der Justizbeamte verstand nicht. Grigg mußte in ihn dringen und verlangen, daß Perrudja das Protokoll der Ärzte nicht bekanntgegeben würde. Der Mann bedauerte, den Wunsch nicht erfüllen zu können, das Untersuchungsergebnis sei schon vor einer Stunde dem Professor Aage Finsen überreicht worden. Grigg verabschiedete sich. Nach wenigen Minuten schon betrat er die geschlossene Anstalt des Arztes.

»Was ist mit Perrudja«, fragte Grigg.

»Er studiert den Leichenschaubericht«, sagte Finsen.

»War die Eile so groß, ihm das Schriftstück auszuliefern«, fragte Grigg.

»Eile oder Weile. Der Mann ist zwecklos gequält worden. Und die Wissenschaft wurde blamiert«, sagte Finsen.

»Und mit dieser Feststellung geben Sie sich zufrieden«, fragte Grigg.

»Ich gebe mich geschlagen«, sagte Finsen. »Ich habe mitgeholfen, Unfug zu treiben.«

»Wie deuten Sie die rätselvollen Zusammenhänge«, fragte Grigg.

»Leichte Wunschträume. Überschuß an Sexualstoffen. Eine Kleinigkeit. Jeder Mensch gleitet einmal ab in die Zone des Raubtiers. Wir nennen das intellektuellen Sadismus. Durchaus kein katastrophaler Ausbruch. Spuren davon. Vielleicht weniger. Eine erotische Reminiszenz«, sagte Finsen.

»Das erklärt nicht die Auffindung des Skeletts«, sagte Grigg.

»Es ist nicht die Aufgabe der Wissenschaft, Erscheinungen zu interpretieren, die sich der Erforschung erfolgreich verschlossen haben. Wir kennen nur wenige der Energien, die in die Ferne wirken. Elektrische Wellen haben wir registriert, Geschlechtstöne von Insekten haben wir in niedere Tonskalen transponiert. Nach beiden Seiten des Spektrums sind wir in das für unser Auge Dunkle vorgedrungen. Breite Zonen der Wellenbewegungen sind uns unbekannt. Und den Durchschnittssinnen nicht aufgetan. Die wissenschaftliche Erkenntnis ist manchmal zu kurz«, sagte Finsen.

»Das alles ist mir bekannt; aber die Unruhe ist mir damit nicht genommen«, sagte Grigg.

»Der Herr ist frisch. Gesund, soweit das festgestellt werden kann. Jedenfalls liegen keine Gegenanzeichen vor. Es ist kein Grund zur Beunruhigung. Der Haftbefehl ist aufgehoben«, sagte Finsen.

»Ich weiß«, antwortete Grigg, »führen Sie mich zu Perrudja.«

Sie gingen durch Türen. Über lange Korridore. Es roch nach Äther und Jodoform. Nach Sauberkeit und kluger Unbarm-

herzigkeit. Wie es in Krankenhäusern riecht. Zum Krankwerden.
»Der Mensch kann sich irren«, sagte Perrudja und faltete das Dokument zusammen.
Finsen verschwand.
Grigg sagte:
»Es freut mich, daß eine Last von Ihnen genommen ist.«
»Davon habe ich nichts bekundet«, sagte Perrudja, »im Gegenteil, zum ersten Mal stehe ich im Vorgefühl einer Schuld. Die Aussprüche der Ärzte darf man nicht genau nehmen. Es gibt die zehntausend Beweise, daß sie sich geirrt haben. Gewiß werden sie ein männliches und ein weibliches Skelett voneinander unterscheiden können. In den Knochen der Mütter ist der Geburtsweg vorgebildet. Ich weise also nicht die Feststellung der Herren als Ganzes zurück. Nicht einmal in meinem Gefühl. Was verdächtig ist. Nur das Unwahrscheinliche ihrer Feststellung. Das aus der Dummheit, aus der Verkennung der Zusammenhänge Hinzugefügte. Ich habe sicherlich nichts mit dem Skelett eines groben Mannes zu schaffen, der vor fünfzehn Jahren das Alter von vierzig hatte. Er müßte sonst eine sinnliche Kraft oder geistige Wünsche von solcher Gewalt besessen haben, daß er sich aus seinem Grab noch fortstehlen konnte und sich, wenn auch aus dünnerem Stoff als der gewohnte ist, als Wesen, Weib oder Tier, wie er mir erschien, viele Meilen von seinen Gebeinen entfernt hinlagern konnte.«
»Sprechen Sie weiter«, sagte Grigg.
»Und diese Gestalt hätte sich äußern müssen, als ich allein mit den Knochen gelassen wurde. Man hat mich stundenlang mit ihnen zusammen eingeschlossen. Aber ich habe nichts von jener Regung wahrgenommen, nichts des süßen Grausens, aus dem der Traum zusammengewebt war. Und ich habe das Skelett für die Trümmer eines Weibes gehalten. Und es ist kein Protest von ihnen ausgegangen. Sie waren etwas bereits Totes. Die Zuckungen des Gewesenen, die zu Träumen sich auffüllten, sind in mir. Ich habe mit dieser Sache zu tun. Nicht ein alter Mann mit mir, der sich an mich hängt und wie ein Teufel sich als junges Weib verkleidet.«
»Was soll daraus folgen«, fragte Grigg bekümmert.
»Sie irren sich, diese Handwerker in der medizinischen Wissen-

schaft«, sagte Perrudja, »die Knochen sind jünger als sie glauben. Vielleicht sind die Knochen alt, aber das Fleisch des Menschen, seine Eingeweide, die sie trugen, waren jung. Man kann wahrscheinlich gar nichts über das Alter der einzelnen inneren Organe eines Lebenden sagen. Man hat keine Erfahrung in diesen Sachen. Und kennt die Ausnahmen nicht. Es sind Lücken der Erkenntnis vorhanden. Hier wie überall. Ein junger Mann, ein Halbwüchsiger. Etwas, das zu meinen jungen Sünden gepaßt hat. Mein Alter hat das übersetzt. Es ist ein weibliches Kind daraus geworden im Traum. Das kann ich ohne Anleitung verstehen. Das hat fünfzehn Jahre lang oder zwanzig Jahre lang gemodert. In mir und in der Erde. Und die Erinnerung ist so brüchig geworden wie der Leib. Alle genauen Formen sind abgefault. Man will nichts mehr damit zu tun haben. Auch ich nicht. Ich will durchaus kein Lustmörder sein, jetzt, wo mir das Vorgefühl aufsteigt, daß ich es vielleicht bin.«
»Sie müssen innehalten«, sagte Grigg. »Sie zerstören sich. Sie sind kein Irrer. Sie sind nicht der Mann, dessen Erinnern nach vierundzwanzig Stunden in Nebel untergeht.«
»Durchaus nicht«, sagte Perrudja. »Ich kenne manche Station meines Lebens. Vieles ist deutlicher als mir lieb ist. Am Ende bin ich ein Mörder sowieso. Es ist unaushaltbar, daran denken zu müssen. Und daß es ein nutzloses Werk war. Ich bereue es nicht. Aber es war ein nutzloses Werk. Ich bin kein Kämpfer, noch weniger ein Held. Jemand hat mir ein Gewehr in die Hand gegeben. Und ich habe geschossen. Wie die Millionen Friedliebenden in den Kriegen tun. Etwas Sinnloses. Etwas Unfruchtbares. Etwas, das jenseits der Natur ist. Etwas Notwendiges nur für Kronisten. Das war gemeiner Totschlag. Nichts Getriebenes. Etwas Ausgewürfeltes. Dieses war nicht Hoyers Skelett. Hoyers Skelett liegt auf dem Kirchhof unter einer schweren Granitplatte. Eingesargt.«
Grigg faßte ihn bei den Schultern.
»Mord«, schrie Perrudja, »Mord, das ist ein Lustgemisch für den Mörder. Das ist mehr als blutig. Das ist ein Überschwemmen der Grenzen des Fleisches. Ein Abfall von der Süßigkeit der Liebe in die Bitterkeit des Hasses und des Mißtrauens.«
»Sie werden jetzt schweigen«, sagte Grigg.

»Nein«, sagte Perrudja. Seine Stimme klang erschöpft und kalt. »Ich erinnere mich, daß ein junger Bursche mich vor langer Zeit gebeten hat, ihn zu ermorden. Ich erinnere mich, daß ich eine beträchtliche Lust genoß. Ich weiß, daß ich ihn niemals wiedergesehen habe. Wahrscheinlich hat man mich mit seinen Knochen eingesperrt. Damals erscholl ein erträglicher Gesang des Untergangs. Betörende Entblößung. Eine junge Haut. Ein tiefer Geruch, tief bis in das geheime Mark der Knochen. Die Tiere des Himmels umschritten den Zodiak. Sie umschreiten auch jetzt den Zodiak. Den erträglichen Gesang des Untergangs kann ich auch jetzt träumen. Und die betörende Entblößung. Ich kann bei schwerem Herzschlag mit tausend Wurzeln in fremdes Fleisch einwachsen. Wie eine Mispel auf Bäumen wächst, immergrün. Das ist vollendeter Mord.«
»Schluß«, schrie Grigg. »Sie lügen. Sie wissen, an wen Sie denken. Und daß Sie sich als Lebende trennten.«
»Sie scheinen genau unterrichtet zu sein«, sagte Perrudja.
»Er lebt«, sagte Grigg.
»Alexander«, sagte Perrudja.
»Die Auskunft der Ärzte ist nicht erschüttert«, sagte Grigg.
»Unser Gespräch ist am Ende«, sagte Perrudja.
Grigg zerbiß sich die Lippen.
»Ich kann Sie nicht allein lassen«, sagte er endlich.
»Sie werden mich allein lassen«, sagte Perrudja.
»Was wollen Sie beginnen», fragte Grigg.
»Ich weiß es nicht«, antwortete Perrudja.
»Ich werde Sie bis auf die Straße begleiten«, sagte Grigg.
Sie gingen. Sie standen auf der Straße.
»Was wollen Sie beginnen«, fragte Grigg.
»Ich weiß es nicht«, sagte Perrudja.
»Sie wollen sich zerstreuen«, fragte Grigg.
»Ich möchte es schon«, sagte Perrudja.
Sie gingen die Bygdøalle entlang.
»Ich ertrage es nicht, daß Sie mich begleiten«, sagte Perrudja, »ich weiß nicht, was ich will. Sie hindern mich daran, es zu wissen.«
»Es geht darum, daß Sie das Urteil der Ärzte anerkennen«, sagte Grigg. »Sie können keine Ruhe finden, wenn Sie die alten Knochen in der Vorstellung verjüngen.«

»Also auch Sie haben etwas gelernt«, sagte Perrudja.
»Ich sorge mich um Sie, das ist alles«, sagte Grigg.
»Der Berg ist ausgehöhlt. Er ist von Schächten durchfurcht. Bauwerke, die keine Fundamente haben. Ein Stück Holz, vom Wurm zernagt. Außen ist es noch blank, nur ein paar unscheinbare Nagelöcher. Muschelschale. Das Tier ist längst verspeist. Ausgeblasene Bälge.«
»Es ist so schlimm, wie Sie aussprechen«, sagte Grigg.
»Und jetzt trennen wir uns«, sagte Perrudja.
»Gewiß«, sagte Grigg. »Ihre Wohnung ist jederzeit gerichtet. Sie können auch in einem Hotel absteigen. Nehmen Sie meine Brieftasche für alle Fälle.«
Er wendete grußlos. Rief seinen Wagen heran. Wechselte mit daherschlendernden Männern ein paar Worte. Fuhr davon.
Perrudja trabte weiter, Karljohansgatan zu. Er bemerkte anfangs gar nicht, daß er allein war. Er hatte die Brieftasche eingesteckt, gewiß. Er überlegte sich, daß er ein wenig essen würde. Ein wenig Wein trinken. Das Licht der Hauptstraße kam näher. Da fühlte er, daß er ohne Begleitung war. Es erschien ihm, daß seine Beine unsicher aufträten. Er überlegte, daß er vierzehn Tage lang nur notdürftig sich bewegt. Er bog bei der Universität in die Karljohansgate ein. Er würde in ein Kino gehen. In das Admirals-Palads-Kino-Theater in der Torvgate. Verwunderlich, daß er es wußte. Er würde sich niedersetzen müssen. Es war noch ein gutes Stück Weges dahin. Er würde sich Rechenschaft geben. Der Abend war noch jung. Er konnte später speisen. Er ging durch die Flut des elektrischen Lichtes, das leicht sauer an seinen Lippen sich absetzte. Wie ihm schien. Er kam zum Ekertorv, wo die Straße dunkler wurde. Und die Menschen stießen einander, weil der Fußsteig schmal. Sie stießen gegen Perrudja, weil er langsam ging. Er trieb zum Markt, auf dem das Denkmal Kristians IV. stand. Er schaute zum Turm der Heilandskirche hinauf. Gerade bewegte sich der Klöppel in einer der Glocken. Er würde in den nahen Abtritt gehen. Er wußte es. Es war an der Zeit. Nach den Gesetzen seines Körpers. Und er folgte dem untergründigen Ruf. Weil er an das Kino-Theater gedacht mit den Engeln aus Stuck an den Rangbrüstungen, mit Karyatiden seitlich der Logen, Frauen mit hohen und festen Brüsten, mit vielen und

schönen Bauchfalten, und an den Abort mit den lebenswahren, unübertrefflichen Zeichnungen, die das verborgene Liebesspiel des Leibes in natürlicher Größe gaben, kam dieser Ruf, auch in das Pißhaus bei Vor Frelsers Kirke einzutreten. Und er schämte sich nicht. Er stand da. Und ein paar junge Matrosen standen da, die sich abmühten, so zu erscheinen, als ob sie zuckerkranke alte Männer waren oder Infizierte mit geschwollener Prostatadrüse, die ihr Wasser nur beschwerlich ablassen konnten. Und sie wollten doch nur dastehen. Auch Perrudja gab sich sehr gemächlich, schaute sich um. Plötzlich fühlte er sich auf unerklärliche Weise ertappt. Das Blut schoß ihm in den Kopf. Er glaubte zu spüren, daß der Mensch an seiner Seite sich ihm anbieten wollte. Er sah nichts einer Annäherung. Er fühlte Augen an seiner Haut. Auf seinen Händen. Neuartige Wahrnehmung. Er ordnete sich, trat hastig hinaus. Überquerte den Platz. Er wollte wieder nach der hell erleuchteten Karljohansgate. Ein wenig essen, ein wenig Wein trinken, warm werden im Magen. Übrigens waren die Sohlen an seinen Füßen feucht. Da schritt jemand ihm im Rücken. Er wußte, daß er ein Liebesangebot zurückweisen mußte. Jemand faßte ihn flüchtig am Arm. Er blieb stehen. Ein Mensch in grauer Uniform legte die Hand an die Mütze, grüßte. »Entschuldigen Sie bitte«, sagte eine Stimme, »ich habe Sie sogleich erkannt. Aber es schien mir ein unpassender Ort, mich in Erinnerung zu bringen. Sie kennen mich gewiß nicht mehr.«
Perrudja erkannte nicht. Er lächelte nur.
»Alexander«, sagte der andere.
»Ich habe Sie nicht gesehen«, sagte Perrudja. Er war vollkommen verwirrt. Er überlegte, wiewohl zerrüttet, ob er den anderen abstreifen sollte. Er verwarf es. Er war ausgegangen, sich zu zerstreuen. Diese Begegnung war ein Geschenk. Er erkannte die Zusammenhänge nicht. Grigg trat den Beweis an, daß die Knochen, mit denen man ihn eingesperrt hatte, die Trümmer eines alten Mannes waren. Er hörte seinen Freispruch. Er durfte aufs neue sündigen. Er begriff, daß es erst der Anfang des Abends war. Sie schoben sich vorwärts, Seite an Seite. Perrudja dachte noch einmal: Admirals-Palads-Theater. Er machte einen Strich hindurch.
»Wir werden zusammen ein wenig essen«, sagte er.

Da war das Gesicht Alexanders, das er nicht mehr kannte. Der Unterkiefer machte beinahe einen rechten Winkel. Das Kinn war vorgeschoben. Schwere Lippen standen noch weiter vor. Und verschleierten den Knochenbau. Der Schwung der Nase ergänzte die harten Linien des Unterkiefers im Profil fast zu einem Parallelogramm. Sie sprang also weit vor, fiel aber hoch über dem Munde ab. Die Augenlider gingen in das Fleisch der Wangen über. Aber sie waren nicht mehr bleich, eher dunkel. Über der gefurchten Stirn saß die Mütze. Ein Busch dunkler Haare quoll hervor. Ein nicht gewöhnliches, aber unhübsches Gesicht. Also Perrudja kannte es nicht mehr. Es würde sich erweisen, ob er noch etwas von der Seele des anderen begriff.
»Wie haben Sie die Jahre zugebracht«, fragte er.
»Ich besaß Geld«, sagte Alexander, »eine beträchtliche Summe, wie Sie sich erinnern werden.«
»Ich habe ein heftiges Erlebnis gehabt«, sagte Perrudja, »alles, was mit Ihnen zusammenhängt, ist in mir sehr ungeordnet, sehr ungenau.«
Er schluckte. Er fühlte sich plötzlich schwach. Die Welt um ihn ging mit Nebeln zu. Er schritt neben einem Gerippe. Er fühlte Wasser in seinen Augen. Er versuchte es mit dem Rockärmel fortzuwischen. Aber es sickerte nach.
»Sie gaben mir Geld«, sagte Alexander, »ziemlich lange wußte ich nicht, was ich damit beginnen sollte. Ich tat die losen Scheine und den Scheck in einen Beutel, den ich mir um den Hals hängte. Ich wohnte mit einem jungen Arbeiter zusammen, der mich liebte. Der die Gerechtigkeit anbetete und alle anderen Götter abgeschafft hatte. Er war ein guter und starker Mensch. Er hatte die Kraft zu leiden wie zehn Märtyrer. Und er hat vieles erleiden müssen. Er war nicht besitzsüchtig. Er wußte von meinem Reichtum. Aber er erbat sich nichts für sich. Wiewohl ich mit ihm beim leisesten Anstoß geteilt hätte. Ich liebte ihn nicht, aber ich glaubte damals, daß ichs täte. Ich unterlag seiner großen und starken Einfachheit. Er nahm nichts von mir, er gab mir von seinem Lohn. Er arbeitete mit für mich, weil es ihm schien, daß ich für niemand anders da war. Eines Tages kaufte ich mir französisches Parfüm. Und ein schönes Wollwams. Das mißfiel ihm. Mich aber retteten diese Kleinigkeiten vorm Verfall. Ich hätte noch sagen müssen, daß ich oft, wenn ich allein war,

stundenlang weinte, nicht weil ich mit mir unzufrieden war oder einen Kummer hatte, der einen Namen aufwies, ich schmolz hin, taute ab unter einer unsichtbaren versengenden Sonne.«

Perrudjas Augen wurden trocken, da er den anderen von seinen Tränen erzählen hörte.

»Ich richtete mich an den Spuren eines Wohllebens auf. Sicherlich war ich anfällig für großstädtische Genüsse wie selten ein junger Mensch. Da meine Neigung dem Freund mißfiel, steigerte sich meine Sucht. Eines Tages löste ich den Scheck ein. Ich wurde Besitzer. Ein selbständiger Mensch. Ich fühlte mich unabhängig. Ich verließ den anderen. Mietete mir ein Zimmer. In dem Zimmer begann ich zu lesen. Aus dem Lesen wurde ein Lernen. Ich tat mir ein wenig Parfüm auf die Brust, täglich. Und las und lernte vier Jahre lang. Und ich erfuhr, mit welchen Bausteinen die menschliche Welt errichtet war. Die Dummheit ist mächtiger als die Weisheit, und der geringe Glaubenssatz stärker als der große. Die Statistik erdolcht das Leben. Und die Klugheit des Menschen ist nicht zeitgemäß. Ihn erschlagen die Vorurteile, weil sein Urteil kurz ist. Aber die Menschheit jammerte mich nicht. Ich fühlte mich nicht berufen zum Propheten. Ich nahm die bösen Tatsachen hin und schwor mir, der Wissenschaft und den Staatsmännern zu mißtrauen. Wenn man vier Jahre lang Kenntnisse aufgesogen hat und dabei mit seinem Körper wuchs und keine Leidenschaften hatte und keine Ferien, keine Vergnügungen, dann ist man ein anderer Mensch geworden. Ich war allmählich so klar wie ein reines Wasser. Und wie es so weit war, erkannte ich, daß ich es wieder trüben mußte, weil ich so viel erfahren hatte. Und ich fragte mich, was ich anstellen wollte. Ich fand nichts Besseres, soviel ich auch grübelte, als erstens das Lesen und Lernen aufzugeben, weil es genug war. Dann an Frauen und junge Männer zu denken, weil ich dazu das richtige Alter hatte. Ich bin seitdem gut gekleidet gegangen, habe viel geraucht, bin meinen Leidenschaften und denen der anderen nicht ausgewichen. Habe nie ein Schuldgefühl erlebt.«

»Ach«, sagte Perrudja, »Sie vertrauen mir sehr. Vielleicht wollen Sie mir auch nur die Emanation von Wünschen leicht machen. Oder Sie danken mir nachträglich mit einer friedlichen Offenheit, höchst überflüssig. Ich weiß nicht, was mich heute abend noch bewegen wird. Ich habe kein Vorgefühl von irgendeiner Sache. Um etwas zu sagen, ich komme aus der Untersuchungshaft. Ich war mordverdächtig. Ich könnte gestehen, daß ich auf Augenblicke glaubte, Sie ermordet zu haben. Die Erklärung für die Vorgänge in meinem Hirn kann ich so schnell nicht geben. Ich fühle mich hungrig. Ich habe Schmerzen im Wadenfleisch. Wir werden sogleich zusammen speisen. Vielleicht erklären Sie mir noch, wie Sie zu der grauen Uniform gekommen sind.«

»Ich bin Flieger«, sagte Alexander.

»Der Gifico und Debaco?« fragte Perrudja.

»Goldener Siebenstern«, sagte Alexander.

»Jedenfalls einbezogen in den Kreis der Gebrandmarkten«, sagte Perrudja. »Ich kann es nicht leugnen«, sagte Alexander.

»Viele sind einbezogen«, sagte Perrudja, »und es werden ihrer mehr von Tag zu Tag. Die Straßen verändern das Aussehen. Die Uniformträger prägen den Menschenstrom. Graue Burschen, blaue Burschen, braune Burschen. Man erkennt kaum die Gesichter. Wer die Organisation nicht durchschaut, kann Freund und Feind nicht voneinander unterscheiden.«

»Die blauen sind der unsrigen welche«, sagte Alexander, »die Seefahrer, brillante Kapitäne, der eine wie der andere.«

»Und die grauen beherrschen die Luft«, fragte Perrudja.

»Jedenfalls ist einer von dreien Flugzeugführer«, sagte Alexander.

»Und die braunen«, fragte Perrudja.

»Wahrscheinlich verkappte Garde der Gifico und Debaco«, sagte Alexander.

»Das müßte ich wissen«, sagte Perrudja halblaut, »und wie kleidet sich die Liga der gesinnungstreuen Europäer?«

»Schwarz«, sagte Alexander, »ein armer Haufen. Bei uns zulande selten wie der Kometenfall. In Mitteleuropa, am Rhein und in Paris, soll die Jugend sich häufiger verirren und dem Teufel den Afterkuß bewilligen.«

»Der Ausdruck ist hart«, sagte Perrudja, »es werden doch ordentliche Burschen darunter sein. Und sie träumen gewiß von einem wieder aufgerichteten Europa, in dem das Dasein eines jeden Raum hat.«

»Wenn ordentlich, dann dumm«, sagte Alexander, »jedenfalls ist die schwarze Horde gegen uns. Man wird sehen, was daraus wird.«

Er glühte.

»Bekanntlich kann jeder Grundsatz verteidigt werden. Warum sollte der ihre eine Ausnahme bilden? Es handelt sich darum zu vernehmen, wohin der Zug des Weltgeistes treibt. Der bekanntlich immer die Jungen zuerst aufruft. Und die freien Geister, die nicht im Joch der Systeme gehen. So ist dies Europa aus Technik und Romantik unzeitgemäß wie seine Wissenschaft. Das Fleisch hat keine Heimat mehr. Es gibt erschütternde Bestätigungen. Ein Beispiel für viele: Der Vorurteilslose weiß seit langem, daß eine menschliche Existenz, die von Krankheit befallen wurde, nicht dadurch geheilt werden kann, daß man aus dem Körper Organe herausschneidet. Der Appell an den tüchtigen Chirurgen bedeutet die Pleite der Medizin, weil seine Hilfe Trümmer hinterläßt. Die Erkenntnis der Wenigen war aber keinesfalls nützlicher als irgendein Geschwätz unter den Sternen. Es bedurfte erst der Vorausnahme der Erkenntnis im Fleisch der Vielen, eines dummen Erfahrungssatzes. Die Fälle von Embolie nach gut gelungenen Operationen mehrten sich, nachdem eine gewisse Konstellation erreicht war, erschreckend. Und bedrohten die Existenz des Chirurgen. Danach durfte der unterdrückte Geist das uranfänglich Vernünftige beweisen. Und es war kein Geschwätz mehr. Der Mensch ist am Zerfallen. Aber er ist wieder einmal zur Umkehr aufgerufen. Und wir folgen diesem Ruf. Und fühlen uns als Unschuldige vor dem Sündenfall. Auch wir werden gewiß ärgerlich werden. Auf unsere Weise. Einstweilen sind wir gesund. Die Kameradschaft ist verläßlich. Die Argumente der anderen dringen nicht zu uns. Wir wollen die Landschaft an die gute Luft zurückgeben. Wir wollen die Tiere sich ausbreiten lassen, daß wir selbst nicht Vereinsamte im Protoplasma werden, Kümmerlinge, denen die Lust und der Genuß dazusein abhanden kam. Freiheit endlich, damit der Ruf darnach den Himmel nicht unsicher macht.«

Sie standen vor den Türen des Grand Hotel.

»Der Spaziergang hat mich angestrengt«, sagte Perrudja, »heute abend sind Sie mein Gast, wenn meine Gesellschaft Ihnen nicht lästig ist.«

Sie stiegen zum Speisesaal hinauf. Sie fanden Platz in einer Nische. Um noch abgetrennter von den anderen Gästen zu sein, veranlaßten sie den Diener, einen Paravent aufzustellen.

Sie aßen. Sie tranken. Allmählich begann Perrudja zu erzählen. Seine Erschöpfung wich. Er machte den anderen mit den Erlebnissen der letzten Wochen bekannt. Es schien ihm, daß er an den rechten Menschen gekommen, den er befragen konnte nach den Zusammenhängen, die ihm selbst verschlossen. Er sprach also aus, wie sehr er gequält würde durch das ungelöste Rätsel. Alexander meinte, es würde kaum schwer fallen, eine Erklärung zu finden. Ein fremder Erinnerungsspeicher habe sich aufgeschlossen. Das Insektengezirpe eines kleinen Knochengeistes. Eine jener Ausstrahlungen, die gelehrte Herren so gerne leugnen, weil sie unter kein Mikroskop zu zerren sind und feine Sinne, seitdem es grobe Apparate gibt, nichts gelten.

»Immerhin«, sagte Perrudja, »ist es unvorstellbar, daß ein ältlicher vermoderter Mann mich über viele Meilen hinweg suchte und mir vorgaukelte, eine kindliche Geliebte zu sein, die ich ermordet.«

»Man darf die Mitteilungen der Nacht nicht zu wörtlich nehmen«, sagte Alexander. »Die Töne kommen aus dem Empfangsapparat, nicht aus dem Gebein.«

»Sie würden mich glücklich machen, wenn Sie mich überzeugen könnten«, sagte Perrudja, »und vielleicht vermögen Sie es, mich frei zu machen wie schon einmal. Ich brauche von Zeit zu Zeit einen Erlöser. Sie kreuzen meinen Lebensweg jedesmal, wenn es gefährlich mit mir steht. Ich hätte dankbarer gegen Sie sein sollen, als ich war. Ich habe damals zu wenig vom Menschen und seinem Fleisch verstanden. Ich hatte die Fähigkeit zum Genießen; aber die Reue war eine schlechte Beigabe des Erlebnisses.«

»Das Vergangene kann nicht aus seinem Käfig. Und was wir hinterher daran richten möchten, wäre zu seiner Zeit schädlich gewesen. Alle Gestorbenen sind gleich alt. Ich hätte Sie enttäuscht. Ich bin nur in den Augenblicken verläßlich. Habe ich einmal jemand süß geschmeckt, so kann ich mich mit ihm über mich selbst freuen. Aber die Freundschaft habe ich niemals ernsthaft versucht. Ich tauge nicht dafür.«

»Vielleicht versuchen Sie doch, mir noch etwas über meine Träume zu sagen«, lenkte Perrudja zurück.
»Sie haben in der Tat Glück mit mir«, sagte Alexander, »ich kann eine Geschichte erzählen, aus der etwas sehr Eindeutiges folgt.«
Er entzündete sich seine Zigarette.
»Ich bin einmal nach Mitteldeutschland gekommen, um Kameraden eine Botschaft zu bringen. Es war die Zeit lauwarmer Nächte. Die Tage waren nicht übermäßig lang. Ich wanderte allein. Die Dunkelheit brach an, ehe ich mein Ziel erreicht hatte. Es kam mir in den Sinn, im Freien zu schlafen, weil die Luft zwischen den Hügeln, die unter der Sonne gelegen hatten, tierwarm war. Ich wollte einen geschützten Platz suchen. Fand ihn nicht sogleich. Ich nahm ein Gehölz wahr, schlug mich dahin an Feldrainen entlang durch. Unter dem Laubdach war es sehr finster, unbehaglich still. Man hörte das ⟨stapfige⟩ Gehen hartbepanzerter Insekten. Man sah brennende Kreise auf dem Boden vor Dunkelheit. Die Sinne spannten sich auf den höchsten Grad der Reinheit. Ich beschloß weiter vorzudringen, daß ich eine Lichtung fände, einen offenen Platz oder Bäume mit starken Stämmen, an deren Wurzelwerk das Unterholz verdrängt war. Ein Pfad kam mir unter die Füße. Ich tastete mich ihm nach. Er verlor sich nach geraumer Zeit; aber ich konnte feststellen, daß ich an einen Ort gekommen war, wie ich ihn mir gewünscht hatte. Mächtige Bäume umstanden einen, wie mir schien, kreisrunden Kahlschlag. An der Stelle, wo ich heraustrat, fiel das Gelände mit einem Wall gegen Süden ab. Ein kuchenwarmer Boden roch süßdürr und rein wie frisch gebleichtes Linnen. Ich beschloß, nicht einen Schritt mehr zu tun. Mir zu Häupten als Schutz gewissermaßen konnte ich einen Jahrhunderte alten Erlenstamm wählen. Vor mir, im Sternenlicht, der unbewaldete oder abgeholzte Platz. Ich breitete eine Decke aus, legte den Rucksack zwischen zwei Wurzelausladungen für meinen Kopf zurecht, löste Hosenträger und die Knöpfe einengender Kleidungsstücke, legte mich, zog eine zweite Decke über mich. Und schlief sogleich ein. Jedenfalls verließ ich im Wachen oder Träumen nicht den Ort, an dem mein Körper lag. Nach geraumer Zeit bemerkte ich, daß neben mir, recht nahe sogar, ein anderer Mensch schlief. So unvorbe-

reitet mich die Wahrnehmung auch traf, ich erschrak nicht. Ich hatte sogar die Regung, mich um ihn zu kümmern. Da sah ich, daß er vollkommen unbekleidet war. Trotz der linden Nacht, schien mir, müßte er in solchem Zustand frieren. Ich schlug deshalb meine Decke auf und breitete sie mit über den unbekannten Nachbarn. Und schlief weiter. Oder wachte weiter. Ich wendete mich, so daß ich Rücken gegen Rücken mit dem Fremden lag. Und gewahrte, nicht erfreut und nicht erschreckt, daß bäuchlings, also vor mir, ein zweiter Mensch, wie der erste ganz unbekleidet, lag und schlief. Ich stellte fest, ein jugendlicher Mensch, etwas Angenehmes. Ich zerrte an meiner Decke, um auch ihn in die wärmende Lagerstatt einzubeziehen. Was ich dem Linken gab, mußte ich dem Rechten fortnehmen. So blieben sie beide halb unbedeckt. Ich konnte es nicht ändern. Und, um es zu gestehen, es bekümmerte mich nicht sonderlich. Um die Anordnung für mich selbst so bequem zu machen, wie es ging, und die Decke mit größter Fläche auszubreiten, richtete ich mich auf. Und da sah ich, daß vor mir auf der Lichtung, in Reih und Glied wie links und rechts, den ganzen Platz ausfüllend, unbekleidete Menschen lagen und schliefen. Ich war offenbar in eine Gesellschaft geraten, die ich nicht kannte, recht abgehärtete Leute mit festem Schlaf. Verträglich, genügsam. Und jung allesamt. Zwischen vierzehn und achtzehn. Jedenfalls erkannte ich die Gestalt jedes Einzelnen sehr gut. Ich war ein wenig zu Gedanken angeregt, erklärte mir das seltsame Nachtlager mit der warmen Nacht. Für mich fühlte ich keine Gefahr oder daß man etwa an mir Fremdem Anstoß nehmen könnte. Ich kroch wieder unter meine Decke, bettete meinen Kopf, schloß die Augen und schlief fest und behütet bei freundlichen Menschen ein. Als ich erwachte, stand die Sonne hoch am Himmel. Beim Augenaufschlagen fiel mir sogleich die seltsame Schlafversammlung ein. Ich war gespannt, sie zu sehen. Ich freute mich, mit ihnen zu sprechen. Ich richtete mich auf. Aber niemand war bei mir. Ich rieb mir die Augen. Da waren vor mir viele kleine längliche Hügel. Neben mir, links und rechts kleine beetartige Hügel, eingefallen, fast bodengleich. Ich hatte auf einem Kirchhof geschlafen. Doch nicht auf einem dieser feierlichen Plätze, wo die Gräber Kreuz und Grabsteine, Bäume und Rankenwerk schmückt. Eine Abfallgrube, ein Ausscheideplatz. Verendete Zuchthäusler. Oder Irre. Oder Selbstmörder. Heimatlose. Geringe Werte, die auf keiner Anatomie ausgenutzt worden waren. Vielleicht etwas Scheußliches, das die Allgemeinheit in einem Wald versteckte. Fortsetzung einer alten Schädelstätte. Unter manchen Äckern liegen tote Krieger zu Zehntausenden. Hier lagen tote Sünder oder nur halb entfaltete Propheten an die hundert oder hundertundfünfzig. Im Boden. Nicht darüber. Nicht herabgefallen von einem Galgen. Schlecht oder recht eingescharrt. Eingesargt oder in Löschkalk gebettet.«

»Das alles ist keine Lüge«, fragte Perrudja.

»Man wird dergleichen schwer erfinden können«, sagte Alexander, »die Auflösung der nächtlichen Erscheinung könnte dem Zuhörer vielleicht den Eindruck des Unheimlichen oder Beängstigenden erwecken. Ich möchte betonen, daß das Nachtgesicht ohne Beschwernisse war. Ein angenehmer Zusammenhalt zwischen mir und den Toten. Ich war einer der Ihren. Und sie waren Menschen, was sie gewesen.«

»Sehr sonderbar«, sagte Perrudja.

»Es läßt sich manche Betrachtung daran knüpfen. Einmal, daß die unzerbrochenen Knochen ein guter Erinnerungsspeicher sind, ein singender Apparat voller Märchen aus der Vergangenheit. Duftende Flöten, die in lauen Nächten tönen können. Und daß jene, die kostbare und ruhmreiche Leichen zerstükken, nicht wissen, was sie tun. Und andere, die den Körper veraschen, die letzten Spuren einer gewesenen Existenz vernichten, das Reich der Unterwelt abriegeln, die Geschichte auslöschen.«

»Shakespeare belegte den mit einem Fluch, der sein Gebein berühren würde«, sagte Perrudja, »es steht auf seinem Grabstein eingemeißelt.«

»Es umschwirren die Erde Millionen solcher Bannformeln. Das süße Fleisch wünscht, und die Knochen fordern Erfüllung. Und der halbgelehrte Mensch ist unvernünftig und versündigt sich mit Wissen«, sagte Alexander, »frühe Menschen, die die Toten fürchteten, hatten Grund, die Leichname zu verbrennen oder im Grabe festzunageln. Es war eine gewisse Weisheit darin enthalten, daß man getöteten Verbrechern die harten Schenkelknochen zerbrach, Hexen verbrannte, vorausgesetzt, daß sie das waren, wofür man sie hielt, was wiederum auf der Seite des Unwahrscheinlichen.«

»Die Ägypter haben offenbar etwas von den Toten verstanden«, sagte Perrudja. »Die Ägypter haben darum etwas von den Bannformeln verstanden, haben sie stark zu machen gewußt, eingekapselt in Steine, als Schlinge vor den Gräbern ausgelegt. Und wir erleben es noch heute, daß Übermütige und Fürwitzige daran krepieren«, sagte Alexander, »eine ungemein beruhigende Tatsache.« »Sie wollten mir noch weitere Betrachtungen mitteilen«, sagte Perrudja.

»Es ist unwahrscheinlich«, sagte Alexander, »daß die Unterirdischen mir alle in dem Alter erschienen sind, in dem sie starben. Es war ja kein Sonderkirchhof für Halbwüchsige. Meines Wissens gibt es dergleichen gar nicht. Es werden Knochen aller Zustände im Boden gewesen sein. Es lag aber auch nicht mehr das alte oder junge Fleisch darin. Nur noch der Hauch des abgelaufenen Lebens. Und das war durch die Jahre vierzehn oder achtzehn gegangen. Und diese Jahre waren genauso wichtig oder wichtiger als die Minuten des Todes. Diese waren nichts Festes und Endgültiges, was mittels des schrumpfenden Fleisches nach dem Augenblick zu beweisen wäre, mittels rostroter Knochen, die auch noch schwarz werden konnten. Diese Jahre vierzehn bis achtzehn waren das Festeste der Existenz, eingebettet in das Mark oder in heimliche Knochenzellen, die wir nicht kennen.«

»Wie alt sie auch waren bei ihrem Tod, sie hatten einmal in anfälligen Jahren gestanden«, wiederholte Perrudja.

»Auch so herum bestätigt sich der Satz, den ich vorhin oberflächlich aussprach, daß alle Toten gleich alt sind«, sagte Alexander, »eine andere Erklärung ist noch zulässig. Die Dahingeschwundenen wollten mir angenehm sein, mich nicht bedrängen, mich mit den häßlichen Zuständen ihres Körpers nicht beleidigen. Sie benutzten das metaphysische Wissen um meine Neigungen oder Süchte dazu, sich mir als glatte junge Burschen zu zeigen. Jedenfalls erinnere ich mich nicht, daß ein weibliches Wesen unter ihnen war, was wiederum zwiefach gedeutet werden könnte, ein Männerfriedhof oder daß ich, der Apparat, der aufsog, teilhatte an der Bildung der hingestreckten Körper. In jedem Falle war mein Fleisch bei dieser Sache genauso wichtig wie das hingemoderte, das sich verströmte.«

»Das Letzte wäre zu sehr Traum«, sagte Perrudja.

»Es war ein Traum«, sagte Alexander, »ein Traum, der nur in der Landschaft des Gräberfeldes geträumt werden konnte. Genaue Ortsbezeichnung. Die Zahl der Leiber vorgeschrieben, auch ihre hingestreckte Lage. Die Augen aufwärts gegen die Sterne gerichtet. Entblößte Schenkel und entblößte Brust.«

»Sehr sonderbar«, sagte Perrudja.

»Wenn nicht die Anatomen irren, und daß sie einfältig irren, ist nicht anzunehmen, die Knochen, im Gebirge aufgefunden, gehörten einem Manne, der erst nach vierzig Jahren seines Lebens starb, dann ist der Beweis Ihrer Unschuld ableitbar.«

»So schnell bei meinem Fall angelangt«, fragte Perrudja.

»Mein Traum hat keine Fortsetzung gehabt. Er konnte keine haben. Ich hatte kein Verlangen, noch einmal auf dem Kirchhof zu nächtigen. Warme Leiber sind mir lieber als kalte. Ein zweites Mal wäre ich auch nicht unschuldig gewesen«, sagte Alexander.

»Mein Traum kam oft zu mir«, sagte Perrudja.

»Der vierzigjährige Mann ist Ihnen nicht als er selbst erschienen«, sagte Alexander, »er hatte keine Rache zu nehmen, er hatte keine Ursache, fürchterlich zu werden, seine Verpflichtung war, eine angenehme Gestalt anzunehmen. Er kam als Mädchen. Das wird seinen Grund in Ihnen haben.«

»Oh, gewiß«, jammerte Perrudja auf, »Mörder, Kindsverführer. Er war aus zwei Ruchlosigkeiten zusammengeschmolzen.«

»Jedenfalls hat mein Beweis keine Lücke«, sagte Alexander.

»Jedenfalls ist er mir nicht als Alexander erschienen«, sagte Perrudja, »er hätte wissen müssen, daß ich einen glücklichen Tag in meinem Leben hatte. Und der war nicht von einem Mädchen geschenkt.«

»Er wußte es wohl. Doch wußte er mehr, daß diesem Alexander auch bei Tage begegnet werden konnte. Und daß Perrudja

ein höchst veränderter Mensch war, der einem Weib nachgejagt. Und deshalb manches Erlebnis ausgestrichen«, sagte Alexander.
»Was wollen Sie von mir«, fragte Perrudja.
»Ich helfe Ihnen, so gut ich kann«, sagte Alexander.
»Aus eigenem Willen oder herbefohlen«, fragte Perrudja.
»Was ich tue, tue ich aus mir«, sagte Alexander. »Aber ich bin zum Freund untauglich«, fügte er mit Deutlichkeit hinzu.
»Ich erkläre mich überzeugt«, sagte Perrudja, »sind jetzt die gemeinsamen Stunden vorüber? Werden Sie jetzt fortgehen?«
»Das liegt bei Ihnen«, sagte Alexander, »ich habe mich für alles angeboten, die Freundschaft ausgenommen.«
»Wir werden noch eine Flasche Wein trinken«, sagte Perrudja, »ich verstehe Sie recht gut. Aber ich verstehe mich schlecht. So bin ich jetzt nicht restlos glücklich, wiewohl ich es sein müßte.«
»Ich habe keine Eile. Ich bin niemand verpflichtet«, sagte Alexander.
»Würden Sie mir morgen Ihre Flugmaschine zeigen mögen«, fragte Perrudja.
»Gewiß«, sagte Alexander.
»Und mich ins Gebirge fahren«, fragte Perrudja.
»Gewiß«, sagte Alexander.
»Wie wollen wir es mit dem Schlafen halten? Wollen wir im Hotel übernachten oder in meiner Wohnung«, fragte Perrudja.
»Wie Sie es bestimmen«, sagte Alexander.
Perrudja rief den Diener herbei, trug ihm auf, zwei Schlafräume herrichten zu lassen. Sie tranken Wein. Die Stunden schwanden. Perrudja erwartete sich etwas. Aber er nutzte die Vorteile, die ihm der andere gab, nicht. Sobald er den Mut zu seinem Vorstoß locker gemacht hatte, schaute er Alexander ins Angesicht. Das schien unbewegt, unschuldig und tierisch zugleich. Weder anziehend noch abstoßend. Ein unbekannter Mensch mit unübersichtlichen Kräften und Neigungen. Und der Begierige riegelte sich wieder zu. So kam der Augenblick, wo sie auf dem Flur des Hotels vor den Zimmertüren standen, sich die Hand reichten und für die Nacht verabschiedeten.

Perrudja zerschnitt die Trennung das Herz. Er meinte, wieder eine jener großen Gelegenheiten des Daseins zu verschleudern. Das Blut schlug ihm wie mit schmerzendem Druck in den Adern des Halses. Aber er ließ des anderen Hand aus der seinen, kraftlos, lässig, wie einer, der entsagt. Als er in seinem Zimmer Licht gemacht, stellte er fest, daß eine Tür zum Nebenraum, in dem Alexander schlafen würde, führte. Er betrachtete diese Tür. Stand davor stille. Horchte auf die Geräusche von nebenan. Überlegte Vorwände, sie aufzuriegeln und einzutreten. Er tat, wiewohl er unsäglich litt, nichts. Er konnte das Gesicht Alexanders nicht behalten. Ein unbekannter Mensch. Er sagte es sich wieder vor. Ein unbekannter Mensch. Irgendein junger Mann mit einer bleichen Haut. Perrudja kleidete sich aus. Er legte sich ins Bett. Er wurde von einem so brennenden sinnlichen Verlangen nach Alexander befallen, daß er glaubte, zertrümmert zu werden. Er wurde sich selbst darüber klar, er hatte dergleichen noch nicht erlebt. Er zweifelte, ob die Gedanken an Signe jemals so sehr die Fassungskraft seines Fleisches überschritten hatten. Gewiß waren Wochen und Monate gewesen, in denen ihr Bild den Raum in ihm bis in den letzten Winkel ausgefüllt hatte. Aber dies Begehren, das er sich nur als den Ruf der mißhandelten Blutkräfte nach Wiederholung eines schattenlosen Erlebnisses erklären konnte, war sozusagen außer ihm, war kaum noch mit dem Gegenstand des Begehrens in Zusammenhang. Es waren Lasten von ihm genommen worden, er war überströmt worden von dem Gefühl, in Freiheit zu sein, unschuldig zu sein. Und wäre dieser Alexander ein trauriger Geschäftemacher gewesen, ein tagscheues Gespenst, das Fallen für geringe Kunden aufstellt, das Verlangen wäre nicht schwächer gewesen. Dennoch wollte Perrudja überwinden. Er wollte nicht unterliegen. Er wälzte sich auf den Bauch, kreuzte die Arme, legte sich mit den Augen darauf. Und begann zu denken. Gewiß fielen ihm, wie bestellt, die Verse ein:

Die Adern in meiner Haut schlagen.
Äußerlich ist sie bleich und braun.

Er sagte sich das ganze Gedicht her. Und fand, es war ein schöner Ausfluß seines Gefühles. Es war klar darin abgebildet, daß er Alexander nicht behalten konnte. Daß ein Naturgesetz mit Belohnung und Strafe in ihnen zum Blühen gekommen war. Neue Knospen waren getrieben worden. Er wollte nicht an der Erinnerung straucheln. Er durfte nicht. Damals vielleicht hätte er den Kurs seines Lebens umlegen können. Ach, damals schon schrie er nach einem Weib. Und er schrie noch. Die Ursache der Versuchung war das Mißgeschick seiner Liebe. Er sah diese Trümmer eines Schiffbruches. Er schmeckte den salzigen Haß gegen Signe. Er verfluchte den Tölpel Hein, der ihm nicht helfen konnte trotz der Menge gesunden Fleisches. Er weinte vor Einsamkeit. Er fühlte sich unschuldig mißhandelt. Er erkämpfte sich durch Herbeirufen aller gegen ihn verübten Ungerechtigkeiten die Kraft zur Keuschheit.
Und er wurde belohnt. Er schlief allmählich ein. Er schlief traumlos. Er erwachte erquickt. Er sah Alexander wieder. Und dieser Mensch wirkte mit einer neuen Anziehung auf ihn. Ohne Aufreizung. Wie eine verläßliche Sache. Wie eine Brükke, die trägt, ein Schiff, das schwimmt. Perrudja erkannte klarer als am Vortage, daß die Sendung dieses Menschen eine andere war als damals, da sie beide im frischen Saftstrom ihrer jungen Jahre standen. Gewiß war jener auch jetzt zu jeder weitgehenden Hilfe bereit gewesen. Und er hatte keinen Zweifel darüber belassen, daß sein Stolz geringer als seine Anfälligkeit. Und daß seine uneingeschränkte Gleichgültigkeit gegen das Beispiel der Mitmenschen eine natürliche Haltung seiner unverpflichteten Seele. Es war unwichtig auszumachen, ob der Zufall sie gestern zusammengeführt oder ob Grigg eines seiner Kunststücke zum besten gegeben hatte. Das eine wie das andere war wunderbar, weil die Begegnung aus der Substanz der Menschheit vorbereitet war. Es griff die Existenz des einen in die des anderen ein. In das Leibgefängnis des einen drang von außen, sozusagen brüderlich, die notwendige Hilfe. Und es konnten daraus Schlüsse abgeleitet werden, die zu erhabenen Gedanken führten, zum Vorschmack harmonischer Erfüllungen durch das Schicksal. Perrudja sah, auf Augenblicke, im Geiste alle Menschen seiner Vergangenheit auferstehen, geläutert, mit neuen Bedeutungen erfüllt. Er sagte sich, daß das Jetzt

eine Folge des Voraufgegangenen. Und die Taten dieser Tage ruhten auf den Schultern derjenigen, die schon seit Jahren dagewesen. Die Veränderungen waren planvoll gewachsen. Transmutationen der Sehnsüchte. Und was geschehen sollte, geschah, weil es im Fleisch der Lebenden als Ahnung vorbereitet, in Eigenwilligkeiten längst aufgerichtet wurde. Das Zertrümmern der papierenen Ordnungen. Das Aufrichten junger und besserer Menschenrassen. Die gute Verteilung dieser Erde. Die richtige Achtung vor der Schöpfung, die das Überwuchern eines vordringlichen Lebewesens ausschloß. Und Grigg war eines unendlich scharfen Horchens und Betrachtens fähig. Er konnte die Anlässe aufbauen wie ein Gott ein Gehäuse. Er konnte den schweren Anfang aller äußeren Wandlung hinstellen als Fertigfabrikat. Er konnte wie keiner den Betrug an den Alten verüben, um ihren Widerstand zu lähmen. So konnte eine Generation als auserwählte die Vorurteile ihrer Väter, ohne zu straucheln, überspringen.

Der Vormittag nahm einen schönen Ablauf. Nach dem Frühstück telefonierte Perrudja mit Grigg, um ihm mitzuteilen, er werde ins Gebirge zurückfahren. Alexander sei ihm über den Weg gekommen. Ein ausgezeichneter Pilot, wie Grigg wohl wisse oder erfahren könne. Ausgebildet auf den Elektro-Flugzeugen. Zur Heimreise bitte er deshalb ein Fahrzeug bereitstellen zu lassen. Er fügte noch hinzu, die Mitreise irgendwelcher Geheimagenten müsse unterbleiben. Er wolle allein mit Alexander in den Schwaden der Luft getragen werden.

Grigg erhob keine Einwendungen. Er bat, noch mit Alexander reden zu dürfen. Schon um die technischen Dinge ins Reine zu bringen.

So besprach sich Alexander mit Grigg.

Perrudja und der Pilot nahmen einen Wagen, fuhren ein paar Straßen kreuz und quer. Sie hielten vor dem Hause, in dem Alexander als Untermieter einer Wohnung ein Zimmer innehatte. Alexander stieg ein paar Treppen aufwärts. Perrudja folgte. Türen wurden aufgeklappt. Sie standen in einem saalartigen Raum. Ein eichener Parkettfußboden, eine holländische Bleckdecke, geschmacklos gepreßte Reliefs, Rhomben und erstarrte Lotosblumen, alte Blüten des Knabenkrauts oder verkümmerte Buschrosen, ein Stuckgesimse mit kraftlosen Voluten, genormten Putten, die sämtlich erkennbar männlichen Geschlechts, Ranken und Akanthusblättern. Zwei Fenster zur Straße. Die Luft in dem Raum roch süß nach Parfüm und Seidenstoffen, untermischt mit den Dunststoffen eines Menschen, eines mehr wilden als klaren Menschen. Perrudja war betroffen von dieser Wahrnehmung. Er versuchte sich frei zu geben, schaute sich um, wanderte umher, schnupperte in die Winkel. Er wollte alles vorurteilslos hinnehmen. Auf einem breiten, sehr niedrigen Bett lag ein grellfarbener, mit durchbrochenen Aufschlägen versehener Nachtanzug. Es fand sich ein Putztisch mit drei gegeneinander bewegbaren Spiegeln, mannshoch. Ein anderer Spiegel, der vom Fußboden bis gegen das Stuckgesimse reichte. In einer Ecke waren Bücher unverpackt mit Stricken zu Stapeln gebündelt. Auf die Knoten war Siegellack geträufelt und irgendein Petschaft gedrückt worden.

Alexander öffnete einen Schrank und sagte: »Hier wohne ich. Sollte die Luft schlecht sein, ein Fenster kann geöffnet werden.«

»Nein, danke«, sagte Perrudja.

Alexander warf die Uniformjacke ab und sagte: »Sobald ich ein Dach über dem Kopf habe, ist mir die männliche Straßenkleidung widerlich.«

Er zeigte aus der Tiefe des Schrankes ein Phantasiekostüm vor. Weite Hose aus gelbem Stoff, Jacke, schwarz und gelb gestreift, rotseidene Einfassung des Halsausschnittes.

Er hängte das Kleidungsstück zurück und sagte: »Ich bin in keiner Weise ausschweifender als andere Menschen. Vielleicht nicht weniger ausschweifend.«

Er zerrte eine Fliegeruniform hervor. Er kleidete sich ungeniert ganz aus, verstäubte etwas Puder, preßte den Ball einer Parfümflasche, bestrich sich die Brust mit den kleinen Tropfen eines Öles. Dann kam ein feingewebiges Hemd über ihn, ein grobgewebiges, ein Unterkleid, der Fliegeranzug.

»Ich bin fertig«, sagte er, warf die Schranktür zu, »wir gehen. Es gefällt Ihnen nicht bei mir.«

»Doch, doch«, sagte Perrudja, »jedenfalls gefallen Sie mir sehr.«

»Warum«, fragte Alexander, »Sie haben mich soeben gesehen.

Oder hätten mich sehen können. Ich bin nicht hübsch gewachsen. Ich möchte, daß ich hübsch gewachsen wäre. Meine Haut ist zu blaß. Meine Großmutter war eine Lappin.«

»Es gibt nur wenige Menschen, die mit der Lüge auf so schlechtem Fuß stehen wie Sie«, sagte Perrudja.

»Meine Großmutter war eine Lappin«, sagte Alexander, »hohe Beine, breites Becken, fette Schenkel, bleiche Haut.« Er sah bekümmert aus. »Ich kann der Frau nicht böse sein. Sie war reine Rasse. Und die Ihren haben sie mit reinen Augen angeschaut. Ich bin nicht reinrassig. Ich werde mit unreinen Augen angeschaut.« Er riß die Tür auf. »Anwandlungen von Schwäche«, sagte er. Auf der Treppe nahm er drei Stufen zugleich mit einem Schritt.

Sie fuhren nach dem Hafen. An einem Kai, in der Nähe von Akershus, lag eine graue Pinasse. Sie stiegen ein. Zwei harte Propeller begannen im Wasser zu strudeln. Der Kai entschwand. Die Stadt entschwand. Nach Ablauf einer Viertelstunde hielten sie neben einem schwimmenden metallgrauweißen Flugzeug. Die Pinasse machte fest. Perrudja und Alexander stiegen durch ein Mannloch in den Rumpf des Flugzeuges. Ein Monteur schwang sich grußlos hinaus. Die Pinasse machte los. Die Propeller strudelten im Wasser. Die beiden Männer im Flugzeug nahmen ein leises Schaukeln wahr.

Alexander fragte: »Wollen wir hoch fliegen?«

»Man wird das später entscheiden können«, sagte Perrudja.

»Auf alle Fälle werde ich die luftdichten Schotten vorlegen«, sagte Alexander. Er tat Bolzen in die Kerben des metallenen Rahmenwerkes der Tür, begann mit Schlüsseln den Eingang zu verschrauben.

Ein zweites Mannloch führte nach achtern in den Rumpf. Alexander stieg nach rückwärts, prüfte einiges Gestänge, warf einen Blick auf die Amalkiera-Akkumulatoren, zerrte an den Kabelanschlüssen, ob sie sicher verschraubt. Dann kam er wieder nach vorn, verbolzte die Luke, ging zum Prüfstand. Er warf den Hauptschalter ein. An einer Glassäule las er die Kapazität der Akkumulatoren ab: »Zweimillionenvierhunderttausend Kilowattstunden«, sagte er, »das reicht für einen Dauerflug von dreißig Tagen.«

Er schloß die Leitung zu den zwölf Motoren, tastete die

einzelnen Prüfschienen mit dem Gegenpol ab, überzeugte sich, daß die Kollektoren der Maschinen blank und sicher den Bürsten anlagen, Felder und Anker ohne Störungen waren. Er sagte:
»Bewundernswerte Maschinen. Je drei Motoren sitzen auf einer Achse. Vier Propeller. Man kann das Fahrzeug senkrecht daran aufhängen. Überall Leistungsüberschüsse.«
Er ging an einen Apparat, den er als Sauerstoffverteiler bezeichnete, stellte die Düsenöffnungen auf zwei atmende Menschen ein. Er setzte sich in den einen Stuhl des Führerstandes, forderte Perrudja auf, den anderen einzunehmen. Er schnallte Perrudja fest, dann sich selbst. Vor ihnen eine gläserne Wand, unter ihnen ein Glasgewölbe, dazwischen eine schmale Metallkonstruktion, die die Apparate trug. Alles war zwiefach vorhanden, aufgebaut vor den beiden Stühlen, Handräder mit Steuerseilen zur Betätigung des Höhensteuers und der Verwindungsklappen, Pedale, um die Seitenbewegungen des Flugzeuges zu lenken. Die Einschaltung der Motoren geschah mittels einer bronzenen Klaviatur. Je zwei symmetrische Propellerwellen besaßen drei und fünf Tasten, die die elektrischen Widerstände steuerten und so die Auflaßzahlen der Motoren. Eine globusartige Kapsel umschloß zwölf Zylinderscheiben, deren Ränder mit Zahlen bedeckt waren, die Auskunft über die Leistung jeder einzelnen Maschine gaben. Sie waren, wie Alexander erklärte, kardanisch aufgehängt und kippten, sobald zwei symmetrische Triebwellen ungleiche Leistungen machten, windschief nach hinten über, indem sie mit dem Winkel, unter dem sie kippten, sofort anzeigten, welche Windschraube von der Störung betroffen wurde. Ein Kompaß mit genauen Peilvorrichtungen. Ein Staudruckmesser, um die Geschwindigkeit zu schätzen. Ein Höhenmeßwerkzeug. Ein Kreiselneigungsmesser. Ein Statoskop. Quecksilbersäulen, die den Kapazitätsabgang der Akkumulatoren registrierten.
»Fertig«, sagte Alexander. Er schaute nach vorn, ob die Bahn frei, drückte die drei untersten Tasten einer Motorengruppe. Die Nockenkontakte der Widerstände im Rumpf gaben ein leichtes knackendes Geräusch. Auf dem Wasser schien ein Wind aufzukommen. Das Fahrzeug glitt ab gegen die Wellen. Alexander schaltete auch die zweite Gruppe ein. Das Brausen

verdoppelte sich. Die Schnelligkeit des Gleitens wuchs. Alexander schaltete auf die zweite Tastengruppe um.
»Das genügt«, sagte er.
Das Wasser unter ihnen gischtete, zerstäubte, spaltete sich. Dann lag die Maschine auf der Luft, hob sich ab vom Fjord. Ließ unter sich. Alexander schaltete auf die dritte Tastengruppe. Die Windschrauben begannen zu donnern. Die Luft sang, sich an den Flächen reibend, hohe Töne. Perrudja saß still da. Er schaute auf den Fjord hinab, dessen Wellen allmählich unwichtig wurden, auf die Stadt Oslo, die klein und zufällig dalag, ein wenig Dunst über den Häusern. Irgendwo gelber Rauch.
»Ich möchte zeigen, was ich kann«, sagte Alexander, »wollen wir hoch fliegen?«
»Ich bin der Fahrgast«, sagte Perrudja.
»Es ist ungefährlich. Zehntausend Meter erreichen wir spielend.« Die Maschine ging eine schräge Bahn aufwärts. Der Ton der Windschrauben wurde hohler. Die Landschaft unter ihnen wurde flach. Sie dehnte sich. Das ferne Meer hob sich mit grauen Rändern hoch. Plötzlich erschien es Perrudja, als ob sie den Zusammenhang mit der Erde verlören, losgetrennt in einem dünnen Stoff schwebten. Sie schienen sich nicht zu bewegen. Nur langsam wechselte die genaue Landkarte unter ihnen das Aussehen. Der Standort verschob sich gemächlich, etwa wie der Zeiger einer Uhr sich vorwärtsschiebt. Sie sahen in der Ferne Dunst, weißen Schnee der Berge wie Stücke Leintuch und den graufinsteren Abgrund des Meeres. Inmitten des hohlen Donners der Propeller machte sich eine unbeschreibliche Stille breit. Wie Augenblicke einer Narkose. Perrudja schaute zur Seite. Alexanders Hände ruhten groß knochig auf dem Steuerrad. Das Gesicht des Menschen war unbewegt. Die Augen huschten von Zeit zu Zeit abwärts zu den Apparaten. Perrudja wollte etwas denken, etwas genau sich einprägen. Aber er fand nur ein undeutliches Glücksgefühl. Irgendeine Wunschlosigkeit. In seinem Hirn löste sich der Satz ab: »Wer hätte das gedacht.«
»Zehntausend Meter«, sagte Alexander, »wollen wir höher steigen?«
Er schaute auf ein Manometer.

»Alles luftdicht«, sagte er.
Perrudja bewegte den Kopf. Alexander drückte die vierte Tastengruppe. Gleich darauf die fünfte. Ein Lärm wie von Lawinen umbrandete den Flugkörper.
»Keine Gefahr. Wir steigen langsam.«
Seine Augen schweiften zu den Apparaten. Perrudjas Hirn wiederholte den Satz: »Wer hätte das gedacht.« Er schaute zurück in die Vergangenheit. Ihm schien der jugendliche Alexander noch einmal gegenwärtig zu sein. Und die Stunden zwischen den Klippen. Sein Hirn wiederholte den Satz: »Wer hätte das gedacht.« Das Herz schlug ihm hart gegen die Rippen. Das Land unter ihnen wurde weißer. Die Einsamkeit wuchs. Die Stille hinter dem Lawinendonner wuchs.
»Bis auf siebzehntausend steig ich«, sagte Alexander.
Seine Augen schweiften nach den Apparaten. Perrudja neigte das Haupt zur Seite. Er war ohnmächtig geworden. Die Hirnmasse unter der Schädeldecke verselbständigte sich und warf in immerwährender Wiederholung den Satz dem Himmel entgegen: »Wer hätte das gedacht.« Alexander hatte sich gänzlich der Maschine hingegeben. Mit höchster Anspannung hielt er die Steuerruder, horchte auf die feineren Geräusche, durch den Lärm hindurch, tastete die Nachrichten von den Kraftzentren her ab. Plötzlich atmete er tief. Er hatte sein Ziel erreicht. Er richtete etwas an den Verwindungsklappen. Er hatte keine Muße, an Perrudja zu denken. Er fuhr in der eisigen Klarheit geläuterter Luft. Er prüfte Zeit und Kompaß. Allmählich ließ er die Maschine fallen. Die dichtere Luft knisterte und jammerte um die Metallflächen. Die Geschwindigkeit wuchs. Die Bewegung wurde am Boden sichtbar. Allmählich trat das Reliefbild des Gebirges hervor. Alexander bemühte sich, den Ort zu bestimmen. Er drosselte den Gang der Motoren, ließ die Maschine weiter fallen. Er hatte Glück gehabt. Er war nur wenig abgetrieben. Er war am Rondeschloß. Er umkreiste das Bergmassiv. Er sah das Haus. Er kannte den Landeplatz aus Beschreibungen. Er vergewisserte sich noch einmal der genauen Lage auf der Karte. Prägte sich ein, daß die Auslauffläche ein wenig geneigt war. Er strich niedrig über das granitene Haus hin, dessen Entstehung er erlebt. Dessen Innenräume er nicht kannte. Nur von den Kuppeln wußte er etwas Undeutliches.

Die rund ausgebuchteten Mauern frischten seine Erinnerung auf. Er konnte schräg in den bogenbeschirmten quadratischen Hof blicken. Ein Mensch überquerte den Platz. Ein Pferd tänzelte, angebunden, mit dem hinteren Körperteil. Der Mensch am Steuer seufzte, aber er wußte es nicht. Wie auf dem Rücken einer Welle ließ er noch einmal das Flugzeug steigen. Dann suchte er den Boden. Setzte auf, ließ auslaufen. Er schnallte sich los. Sah Perrudjas Ohnmacht. Sprang auf. Lockerte die Bolzen der Tür. Stieß sie auf. Dann zog er den Fahrgast vom Sitz, schleifte ihn zur Tür. Da waren Menschen angekommen. Hein. Oful. Sie nahmen den Betäubten in Empfang. Er schlug die Augen auf, lispelte:
»Wer hätte das gedacht.«
Dann gingen die Lider wieder zu. Er atmete schwer. Er stützte sich auf die Schultern der beiden Menschen, des weißhäutigen und dunkelhäutigen, und schritt, die Augen noch geschlossen, davon. Alexander verschloß die Fahrkabine von innen. Ließ die Propeller laufen, stieß ab, kreiste, flog davon.
Perrudja sagte:
»Ich werde ihn nicht wiedersehen, nicht zum dritten Mal.«
Sie kamen ins Haus. Perrudja war ruhig geworden. Die Schwäche war gewichen.
Hein sagte: »Was hast du erlebt?«
Perrudja sagte: »Eine Geschichte, die man mir erst deuten mußte.«
Hein sagte: »Ich habe davon gehört. Ein männliches Skelett.«
Perrudja sagte: »Es hat sich nicht zu erkennen gegeben.«
Hein sagte: »Thorstein Hoyer ist doch auf dem Kirchhof begraben worden.«
Perrudja sagte: »Laß das. Er hat keinen Doppelgänger. Oder fürchtest du dich?«
Hein sagte: »Ich habe mich gefürchtet.«
Perrudja sagte: »Man lernt das Gruseln eines Tages. Man verlernt es eines Tages wieder.«
Hein sagte: »Du hast es verlernt?«
Perrudja sagte: »Vorläufig nur. Nicht auf immer. Die Hölle hat keinen Boden. Bis das süße Fleisch verwest ist, kann noch manches geschehen. Wahrscheinlich ist die letzte Wegstrecke

des Lebens gräßlich. Weniger angenehm als das Vergangene, mag es auch übel gewesen sein.«
Sie trennten sich. Perrudja ging zu den Pferden. Hein schlich sich zur samthäutigen Braut.

Das vollkommene Glück oder die indische Ernährung

Signe hatte einmal zu Ragnvald gesagt:
»Du sollst mich nicht küssen. Ich will dich nicht küssen. Es ist ein Mißverständnis. Pferdehufe haben im Gartensand Abdrücke hinterlassen.«
Sie kam nicht weiter. Ihr Gesicht wurde ganz flach und undeutlich. Ragnvald erschrak. Er spürte sein Herz. Er kam unter die Füße der Frau. Sie hatte seinen Speichel geschluckt. Seine Zunge war an ihrem Gaumen gewesen. Seine Hände an ihren Schenkeln. Er hatte sich mit seinen Kräften hervorgetan. Mit braun behäuteten Muskeln, mit dem Tier in ihm, mit all dem guten Fleisch, das an seinen Knochen gewachsen war. Jetzt sollte er unter ihre Füße. Er begriff es. Es war so weit, er liebte sie. Er konnte keinen Widerstand leisten. Das Unaussprechliche war an Wonnen und Vorwonnen gediehen. Jetzt müßte er davongehen. Aber er konnte es nicht mehr. Fortgejagt würde er am Platze verharren. Betteln. Jammern. Er stand da mit einer Unendlichkeit an Verlangen. Mit Träumen. Und Augen voll Bildern. Die Stunde war ungut. Er schlich in den Schuppen, ohne ihr zu antworten. Er hörte sich schluchzen. Er bemerkte, daß er seine Hände betrachtete. Hände, mit denen er das Teuerste berührt, das Warme. Erobert hatten sie, aber nur schlecht verteidigt. Dieser Perrudja war nicht ausgelöscht worden. War nicht zu überwinden. Nicht küssen. Was denn würde er dürfen? Er fragte sich. Aber eine Antwort wußte er nicht. Er stellte sich den weiblichen Menschen vor. Den er kannte. Die Gestalt, die er in allen Grübchen und Schwellungen beschlichen hatte. Er zerschmolz. Sein Hirn schien auszulaufen. Ein großer schwarzer Würfel stand in der Landschaft. Nach ein paar Stunden war er vollkommen zerweint. Er roch übel nach

Schweiß. Er hatte Angst vor allen zukünftigen Stunden. Er war ein gesunder und starker Mensch. Aber er war der Liebe unterlegen. An diesem Tage wurde es bewiesen.
Signe bemerkte am Abend, daß eine große Veränderung mit ihm vorgegangen war. Sie nahm es gelassen. In der Tiefe kostete sie einen Triumph. Der Mann hatte sie einmal überrumpelt. Jetzt hatte sie Macht über ihn. Das Verhältnis konnte wieder so kühl werden, wie es ihrer Zerrissenheit entsprach. Wieder Gewalt über die verfluchten Abgründe ihrer Innenlandschaft gewinnen. Sie hatte nichts genossen. Sie war hingestürzt zwischen den Fratzen, die Haß und Liebe schrien. Sie war gieriger geworden mit jedem Genuß, weil sie sich nicht hingab. Sie hatte sich gefürchtet, von einem neuen abwegigen Gefühl der Liebe bekrochen zu werden, dem Eroberer mit allen Kräften zu erliegen. Schon oft hatte es sie geschwindelt. Sie war in ihrem Bette ohnmächtig geworden. Nur noch an Worte hatte sie sich geklammert. Sie sah Perrudja nicht mehr in sich. Seinen Namen. Die geschliffenen Edelsteine. Fruchtwasser aufgeschnittener schwangerer Rehweibchen. Einen Tropfen. Blauer Saphir. Das Dunkle heftiger Amethyste, darüber wie Flimmern schaumig zergehender Eingeweide. Perrudja hatte sie gekauft. An diesem Tage stand es wieder fest. Sie wollte es ein für alle Male anerkennen. Bar bezahlt. Die übrigen Erlebnisse waren Beiwerk. Vielleicht konnte sie nichts dawider. Träume überfallen den Wehrlosen. Schließlich aß sie Speisen, um nicht zu verdorren. Sie haderte nicht über die Früchte, die Hähnchen und Rindermuskeln, die sie verschlang. Sie hielt ihren Körper in Ordnung. Und die Pflege hatte Folgen, eben die Folgen, daß die Chemie des Protoplasmas die Süchte braute, die sich zu Forderungen aufschwangen, die der Wille nicht erledigte oder doch nur unvollkommen. Wäre sie wie Glas gewesen, sie hätte von allem Anfang etwas Genaues über sich aussagen können. Jetzt mußte ihre Seele die trübe Zeit klären.
Als Signe an diesem Tage sich zum Zubettgehen anschickte, nur ein paar Worte an Ragnvald richtete, den Hund Ingar streichelte, ins Schlafzimmer verschwand, brach der Mann zusammen. Signe, die sich entkleidete, hörte ihn laut heulen. Sie glaubte wahrgenommen zu haben, er war vor ihrer Türe

zusammengesunken und schlug die Stirn gegen den Fußboden. Sie streichelte Ingar. Der Mann machte die Lippen breit und preßte sie gegen den Lack der Tür. Sie hatte kein Mitleid. Sie war erstaunt, ein so teures Stück zu sein, daß sich ein Liebhaber deswegen zerfleischte. Das gab ihr Hoffnung für die Zukunft. Sie hatte sich ja schon für ein Nichts an Wert, für etwas sehr Allgemeines gehalten. Mit einer Krone zu teuer bezahlt. Sie brachte den Schmerz Ragnvalds in Beziehung zu den Gefühlen, die Perrudja bewegten. Es schien ihr wahrscheinlich oder doch möglich, er konnte auch so am Boden liegen, hingeschleudert von einem Verlangen oder von der Liebe. Sie fand ihre Rolle nicht gut. Sie wollte ja nicht, daß sich jemand ihretwegen zerfetzte. Sie begriff weniger denn je, was sie von Perrudja getrieben hatte. Sie erinnerte sich durchaus nicht an die Einzelheiten. An ihre Reden. An die Versuchung. Sie hatte in einem Ozean an Wollust und Verschwenden versinken wollen. Unerklärbar, wie eine Einflüsterung alle Zukunft zertrümmern konnte. Als ob sie blutende Wunden zu sehen begehrte. Und wäre es Grausamkeit gewesen, was sie getrieben, die Sucht zu schaden, über Trümmern weinen zu können, sie hätte Perrudja das Fell in Riemen vom Leibe schneiden können. Es war nicht die Sucht der Tigerin gewesen. Der Zauberring hatte sie verführt. Jetzt aber war eine Zeit um. Sie konnte erwachen aus einer Unvernunft, einer Betäubung. Sie war bereit für alle Worte und Anträge. Sie sagte zu Ragnvald:
»Du kannst hereinkommen.«
Langsam öffnete er die Tür, wischte sich das Gesicht, tappte ins Zimmer. Er trat ans Bett. Ingar stieß ihn mit der Schnauze.
»Was soll ich«, fragte er.
»Ich denke, du willst dich an mir wärmen«, sagte Signe.
»Ob ich will«, stieß er hervor.
»Weshalb weinst du«, fragte sie, »es ist dir etwas Nebensächliches verboten worden. Dir ist ja auch anderes verboten.«
»Ich verstehe dich nicht«, sagte er.
»Es ist nicht nötig, daß du dir Gedanken machst«, sagte sie.
»Ich kann mich doch nicht an deine Seite legen«, begann er zu schreien, »wenn du mir verbietest, dich zu küssen.«
»Du mußt nicht kommen, aber du darfst es«, sagte sie gelassen.

Er warf sich wieder auf den Boden, schickte seine Hände nach ihr aus, faßte ihren Mund, streichelte ihre Augen. Furchtsam tastete er unter die Decke. Signe war nackt. Er fühlte ihren Rücken, ihre Hüfte. Er wußte nicht, was er beginnen sollte. Er glaubte zu verbrennen.
»Komm doch«, sagte sie mitleidig.
Er entschloß sich, entkleidete sich, legte sich behutsam an ihre Seite. Sie blieb rücklings gegen ihn liegen. Er versuchte seinen Mund gegen ihre Schulter zu drücken. Sie zuckte zusammen, sagte: »Nein.« Ihre Fußsohlen wollte er küssen, ihre Kniekehlen. Sie wehrte ihn ab. Er umschlang sie mit den Händen. Das gestattete sie. Er fühlte, wie nachgiebig sie seinem sinnlichen Verlangen war. Ins Gesicht wollte sie ihm nicht schauen. Seinen Atem wollte sie nicht an ihrem Munde haben. Sie beharrte auf ihren Grundsätzen. Sie schien ganz ohne Schwere. Er spürte, wie ihre Schenkel sich spielend für ihn bequem machten. Er fiel in eine purpurrote Lust. Nie vorher schien sie ihm betäubender, verschlingender gewesen zu sein. Aber er wußte nicht, was Signe empfand oder dachte. Er lag an ihrem Rücken mit trockenen Lippen.
Sie lernten es, einander angenehm zu sein, ohne eine Verpflichtung anzuerkennen. Es kamen glückliche Zeiten. Sie lebten mit indischer Ernährung. Sie aßen das Fleisch von Tieren und dachten nicht an deren Sterben. Sie schmeckten die Süße des Honigs und eingekochter Früchte, schärften das Empfinden ihres Gaumens und lachten, wenn ihre Eingeweide warm wurden von der Verdauung.
Sie scheuten die Ausschweifung nicht. Signe bog nur ihren Kopf weg. Zeigte den Rücken. Sie stürzte sich über Ingar, zerwühlte dessen Fell. Sie schien wie ohne Gedanken. Sie sprach wenig. Sie suchte das Angenehme und bereitete es dem Mann. An ihren Grundsätzen hielt sie fest. Das war die Schranke, die nicht überschritten werden durfte. Und Ragnvald überschritt sie nicht.
Das Gefühl vollkommenen Glückes ist noch niemals beschrieben worden. Es ist zweifelhaft, ob es jemals geschehen ist, daß die ganze Persönlichkeit eines Wesens davon ergriffen wurde. Es besteht Grund anzunehmen, daß immer nur ein Bezirk der weiten Leibeslandschaft Teil daran hat. Vielleicht jener, den der

Mensch oder das Tier als den ihm bewußtesten, als den bevorzugten, als den jeweiligen Inbegriff des Daseins empfindet. Da geht eine Herde grasender Rinder über eine frische Kleeweide. Die Mäuler senken sich gegen den duftenden Boden. Die rauhen Zungen umschlingen das grün und bunt Gewachsene. Dunst von Speichel und zermahlenem Gras dringt mit dem Atem in die allgemeine Luft. Das Glück der nährenden Stunde ist nicht zu bezweifeln. Es scheint durch und durch und allüberall in den Tieren zu sein. Und doch löst sich eine Kuh aus der Herde, brüllt dumpf, irrt umher, sucht, bietet dem Stier ihre Hörner, beginnt mit ihm den Aufforderungskampf. Und auch, als die Herde, ermattet vom Genuß des in sich Schlingens, sich hinlagert, um im rülpsenden Wiederkäuen die höchsten Wonnen der Verdauung zu genießen, plagt die Unruhe der Bestimmung das unbefruchtete Tier. Es hängt sich über Genossinnen. Es läßt sich durch den Männlichen in die Knie zwingen. Es vergißt die Funktion des milchstrotzenden Euters. Jeder Tropfen Ausströmens ist ein unausweichliches Gleichnis. Es ist wie ein Schrei, wie eine Dissonanz, die von den Sternen herabtönt. Und nur der Same des Fremden erlöst sie. Was ist ein reich gedeckter Tisch, wenn Kummer in uns nistet? Was die Zärtlichkeit der Geliebten, wenn Hunger uns krümmt? Oder die Angst? Und vergessen wir nicht, betäuben wir nicht die Abgründe, indem wir Schnaps in uns gießen oder Wein? Pülverchen schlucken oder mit nadelfeiner Spritze uns Gifte ins Blut tropfen? Will der Selbstmörder etwas anderes als das bescheidene Werk, an die Stelle seines Ungemaches eine Handlung zu setzen, die ganz ihm gehört, ganz sich nur auf ihn bezieht, sich so weit in den Schatten zurückzudrängen, daß das Glück seines Todes wie ein Tuch über ihn gehängt wird? Und ihn verbirgt. Ist das Glück, das vollkommene, nicht immer dem Nebel gleich, der das Peinvolle, das in uns seinen Platz hat, zudeckt? Wie sollte die Zufriedenheit auch gleichermaßen in unseren Körpern sich einnisten und unseren Geist durchtränken? Wann bliebe nicht eine Sehnsucht in uns? Ein ungestilltes Verlangen? Schauen wir nicht aus uns heraus wie aus einem Fenster und sehen das Unglück unserer Nächsten? Ist nicht die uns eingepflanzte sittliche Ordnung unablässig beleidigt? Geht der unschuldig Verunstaltete uns nichts an? Die Krankheit unseres Freundes? Ein Krieg gegen dunkelhäutige Menschen? Ist es nichts, daß die Richtung unseres Denkens und Schaffens verhöhnt wird? Daß wir Mangel leiden an allen Enden? Daß wir keinen Mund haben, laut genug, daß jeder ihn hört? Vermögen wir denn unser Recht klarzulegen? Das vollkommene Glück ist eine Betäubung. Es wuchert aus unserem Hirn hervor oder aus den Ackerfurchen unseres Fleisches. Aber es ist zeitlich. Es kann nicht dauern. Es erledigt sich, wenn das Untere nach oben kommt. Es schwindet mit dem Schlaf einer Nacht. Ein Traum bläst es aus. Ein Gedanke des Mißtrauens, ein Mißverständnis. Es erlischt an einem Schmerz. Das Gewebe der Welt ist nicht voll davon. Die Zeit hat keinen Raum dafür. Die Stunden sind verschieden. Die Sterne wandern am Himmel.

Signe hatte ihre Erinnerung verhangen. Sie wußte, das Glück des Leibes konnte nicht dauern. Eine Welt stand noch hinter ihrer Stirn. Sie würde Ragnvald niemals lieben. Sie wollte es nicht. Ihre Liebe zu Perrudja würde hervorquellen. Sie wartete auf den Tag dieses Unglücks. Der Haushalt würde einstürzen. Wenn sie satt war und sich nicht mehr fühlte, gingen ihre Gedanken ins Weglose. Kleine braune Brustwarzen. Amethystener Zwölfflach. Die Welt des Zauberrings. Ach, Perrudja, dein Atem. Worte, die von seinen Lippen kommen.

Grigg ertrug es nicht länger, daß Perrudja litt. Die Beweise schienen unausweichlich, der Mensch war an einem äußersten Punkt angekommen. Die Seelenkräfte zerflatterten wie bei einem langsam Sterbenden. Die Gesänge der Zwischenwelt zirpten an seinen Ohren. Die Einflüsterungen geschahen. Die Triller der elektrischen Wellen schlugen Schlieren auf der Purpurhaut der Augäpfel. Die Schubkasten der Stunden und Tage eines wirren, von Denken und Leiden ausgefransten Lebens rissen sich auf, schütteten sich in Unordnung aus und überschwemmten das widerstandslose Hirn mit den Scherben der Vergangenheit. Deutlich glaubte Grigg zu erkennen, Perrudjas Geist war schon bei den Wiederholungen angelangt, beim letzten schmerzlichen Genuß des sich überstürzenden Sicherinnerns. Grigg selbst war durch die Ereignisse eines verruchten Jahres zerquält. Seine Vernunft war ausgehöhlt. Er hatte sich gefühllos gemacht und undurchsichtig wie Blei. Sah er junge Menschen auf der Straße marschieren, kamen ihm doch Tränen in die Augen. Er ging einmal in ein Schlachthaus. Der Mensch geht in Museen, Bahnhofshallen, Markthallen, über Brücken, Plätze, Straßen. Warum nicht in ein Schlachthaus? Es ist kein verbotener Ort. Man könnte es denken, man dringt dort ein wie in eine Zuchthauszelle, unerlaubt oder verurteilt. Aber es ist nur ein Kirchhof, ein Krankenhaus, eine Anatomie, Ort für beleidigte Leichname. Eine ehrenwerte Einrichtung, die man grundlos fürchtet. Dort geht Fleisch seinem Ende entgegen.

Hein kam vor das Haus Signes geritten. Gesattelt, neben sich, führte er ihr Pferd. Er brauchte nicht erst über ihre Schwelle. Als das Pferdegetrappel vom Weg heraufklang, eilte sie an die Türe. Sie sah zwei Pferde und einen Reiter. Sie erkannte Hein nicht. Ihre Augen nahmen nur oberflächlich wahr: zwei Pferde und einen Reiter. Die Herzschläge quollen ihr in den Hals. Ein Augenblick war da, den sie in tausend Vorstellungen schon an sich gerissen hatte. Dies war eine Wirklichkeit. Nichts, was den Bildern entsprach. Aber doch stark wie die Wirklichkeit, gegen die man sich nicht auflehnt, wenn sie dem Ziel dient, dem man zustrebt. Sie hörte Heins Stimme. Sie hatte nicht Hein erwartet. Sie war nicht blind, so erkannte sie ihr Pferd. Und es gab keinen Zweifel darüber, welche Bedeutung die Ankunft des Bruders hatte. Aber sie hatte nicht von zwei Pferden geträumt. Immer nur von einem Tier, einem ungesattelten, und jemand zog sie auf den warmen Pferderücken. Und ihr schien, es müßte Abend gewesen sein. Jetzt war es hellichter Tag. Die Sonne blendete. Es kam alles zusammen, um das große Ereignis so arm wie möglich zu machen. Wie irgendein Händler war Hein des Weges gekommen.
Hier muß festgestellt werden, der Geist in ihr war wirksam gewesen und hatte sie davon überzeugt, daß sie mit allen Fasern ihrer Existenz zu Perrudja zurückstreben müßte. Ihr Fleisch nannte das ein Unglück, eine Ungewißheit, Ortsveränderung, Entwurzelung. Und man begreift, daß es sich nicht ohne Anlaß beugen wollte. Es war schuldig geworden, und die Schuld war ein Triumph. Das war eine Ernte an Glück, die Ragnvald in die Scheuern der zufälligen Gemeinschaft einbrachte. Es ist gezeigt

worden, wie die Frau ihr Tun bezähmte, wie sie genau unterschied zwischen Erlaubtem und Unerlaubtem. Das war nötig gewesen, nachdem sie die traurige Gewißheit der Sünde und deren Rechtfertigung durch ein ehernes Gesetz erfahren hatte. Es wird begreiflich, daß ihre Gedanken mit ihrem Fleisch einen Pakt schlossen. So bestand die Abmachung, auch ein kleiner Anlaß sollte gewichtig genug sein, die Ortsveränderung, den Schmerz herbeizuführen. Kam kein Zeichen, wollte sie in der Gruft ihrer belanglosen Sinne verharren. Ein Fisch kann nur im Wasser leben, sagte sie sich. Sie hatte erfahren, ihre Gedanken wurden erst stark, wenn der Körper sie nicht bedrängte.
Hein wollte sie also holen. Dagegen konnte ihr Herz nichts vorbringen. Das war ein runder Antrag. Das war mehr als ein flüchtiges Zeichen der Umwelt. Sie mußte etwas antworten. Sie suchte nach Widerständen. Auf dem Herde brodelten in Töpfen noch ungare Speisen. Die Kleidung, die sie trug, war für einen langen Ritt ungeeignet. Sie war einfach nicht vorbereitet, wie sich versteht. Sie mußte für Ingar, den Hund, ein Schicksal erfinden. Das Kätzchen mußte untergebracht werden. Ragnvald, der Mann, war im Hause. Was war mit Ragnvald anzustellen? Er konnte sich für die weite Zukunft keine gewissen Hoffnungen gemacht haben. Es war klug genug zwischen ihnen ausgemacht worden, es waren nur zeitliche Genüsse, die sie einander bescherten. Aber waren ihre gemeinsamen Mahlzeiten vielleicht deshalb so fortlaufend festlich, ihre Umschlingungen so makellos innig, die Laune ihrer Tage so schimmernd gewesen, weil sie das Ende des Zustandes erwarteten? Und ihn bis an das Ende auskosten wollten als rechte Genießer? Und die Fülle gläserner Gedanken, dieser Vorschmack einer himmlischen Weltordnung, die reine Phantasie, die Signe von ihrem Alltag abgetrennt hatte, die Pracht der Zauberringgeschehnisse, das freudige Ausschreiten durch eine Nebellandschaft, waren es nicht Segnungen eines gesunden Lebens? Sie konnte den Mann, der es ihr bereitet hatte, nicht grußlos, ohne ihm zu allem anderen noch ein erklärendes Wort zu geben, verlassen. Es fiel ihr in diesem Augenblick noch nicht ein, was sie nach Stunden erst klar erkannte, daß man nicht aus dem Bett eines Mannes in das eines anderen steigen kann, ohne sich als Hure zu fühlen. Vielleicht bereitete diese

gräßliche Erkenntnis sich in ihr vor. Und sie klammerte sich an das überwältigende Gefühl, nicht vorbereitet zu sein, mit Hein davonzuziehen. Sie sagte es ihm, nachdem sie einander begrüßt hatten.
Er antwortete kurz: »Du wirst mit mir ziehen.«
»Ja«, sagte sie, »das will ich, aber nicht in dieser Stunde. In der nächsten oder übernächsten.«
»Flausen«, sagte Hein.
Sie schaute zu ihm auf. Er saß noch im Sattel und schien nicht die Absicht zu haben, herabzusteigen. Es war eine Flut, die von den Bergen kam und das Tal überschwemmt. Man ist darauf nicht vorbereitet. Man rettet das Vieh oder man rettet das Leben. Nachher, an irgendeinem sicheren Ort, wenn die Tränen kommen, entdeckt der eine oder andere, daß er nur mit einem Hemd bekleidet war. Man konnte das Vieh oder das eigene Leben auch, nur mit einem Hemd bekleidet, retten. Es war sehr schwer, Triftiges gegen Hein vorzubringen. Und sie hätte sich sofort aufs Pferd geschwungen, wenn sie nicht noch hätte mit Ragnvald sprechen müssen. Eine Frage. Eine Sicherheit. Ein Schwur. Ein Wort von seinen Lippen, das sie bewahrte, in einen Abgrund zu stürzen. Hein ließ es dazu nicht kommen. Er war mehr als unfreundlich. Signe versuchte, in sein Gesicht einzudringen mit beredten Augen. Aber sie fand, es war gröber geworden, leer und hart wie nach ungründlichen Genüssen. Und unsicher dazu, ohne Hoffnung. Sie sagte sich sogleich, daß sie sich irren müsse. Und sie irrte sich. Hein war ja nicht am Ende aller Kräfte. Es war lange kein frischer Wind gewesen, gewiß. Die toten Gespräche mit Perrudja hatten ihm das Herz gelähmt. Jetzt sollte ein Ende sein des Atmenmüssens in staubiger Luft. Und er hatte sich vorgenommen, den Widersacher, seine Schwester, grob anzufassen. Zu rauben. Keine Gegenrede zu dulden.
Sie begriff, daß mit Vernunft nichts auszuhandeln war. Sie gab einfach nach, nach einer Minute oder nach zweien. Hein warf ihr die Zügel zu. Sie schwang sich in den Sattel. Wie sie war. Trotz der brodelnden ungaren Speisen in der Küche. Sie floh von Ragnvald. Im scharfen Trab machten sich Bruder und Schwester davon. Aber Signes Gedanken blieben bei dem Knecht. Sie bemühte sich, sich auf das Wiedersehen mit Per-

rudja vorzubereiten. Es gelang ihr nicht. Ihre Vorstellungskraft versagte. Vor ihr war eine Ungewißheit. Möglichkeiten, die sie nicht vorwegschmecken konnte. Genauer vermochte sie sich die Gemütsbewegungen Ragnvalds vorzustellen. Ein verratener Mensch. Er hatte keine Erklärungen bekommen, keinen Gruß. Sie vermeinte, den Fluch seiner verzweifelten Augen an ihrem Rücken zu spüren. Irgendeine Kälte. Einen tödlichen Haß. Ein Unglück bereitete sich vor. Jedenfalls konnte sie nicht an Perrudja denken. Immer nur an Ragnvald. Sie müßte etwas wiedergutmachen. Es war ja ganz unnatürlich, wie sie sich aufgeführt hatte. Sie hatte Nacht für Nacht, monatelang, neben ihm im Bett gelegen. Sie würde, wahrscheinlich, Nacht für Nacht, monatelang, neben Perrudja im Bette liegen. Auf diese Veränderung war sie nicht vorbereitet. Sie kannte den Kern ihres Unbehagens noch nicht, noch nicht die Mutter aller Zweifel, die sie befielen; aber sie begriff doch, daß etwas falsch war. Eine Woche lang nach Oslo reisen, fiel ihr ein. In vierzehn Tagen würde sie menstruieren. Vierzehn Tage lang nach Oslo. Oder sonstwohin. Aber nicht zu Perrudja. Sie wollte mit Hein sprechen. Er würde ihren Plan abweisen. Zwecklos, Worte zu machen. Sie würde Perrudja ihre Meinung vortragen. Wußte er überhaupt, daß sie auf dem Wege zu ihm war?
Die Straße wand sich bergauf. Die Pferde gingen im Schritt. Signe fragte:
»Weiß Perrudja, daß ich komme?«
»Nein«, antwortete Hein.
»Wer hat dich aufgefordert, mich zu holen«, fragte sie zurück.
»Niemand«, antwortete er.
»Das ist schlimm«, sagte sie. Ließ das Pferd halten und versuchte, etwas zu denken. Es fiel ihr nichts ein. Sie brachte das Tier wieder in Gang und ritt Hein nach.
Der Mensch verändert sich mit den Stunden und mit dem Ort. Aus Sattheit wird Hunger und Durst, aus Qual Taubheit, aus Freude Leere. Kühle Haut bedeckt sich mit Schweiß. Entschlüsse entblättern oder verhärten sich. Ungewißheiten sammeln sich zu Plänen. Und die wachsende Müdigkeit überzieht die Gefühle mit Mißbehagen. Aber auch die Freiheiten und Überraschungen der Landschaft umwehen den Sichbangenden.

Die unbekannten Farben und Tiefen lockern ihn auf, fügen ihn mit neuer Bedeutung in die Schöpfung ein. Die Plastik des Bodens, das Relief der Klippen und Hügel erfüllt ihn mit Staunen und mit einer Art Beglückung, wie wenn er in eine Kathedrale tritt oder die Säulenhallen von Karnak ihn umdauern. Er wird reiner und schuldiger zugleich. Durchsichtiger. Wie eine zuckend schwebende Qualle über den schwarzgrünen Abgründen des flüssigen Meeres. Und so schutzlos gegen den Rhythmus der langgezogenen Dünung.
Daß der Ritt unendlich lange währen möchte, daß sie niemals beim Hause Perrudjas ankämen, daß kein Ende würde des Tages und der Zeit und der weitgespannten Landschaft, das wünschte Signe. An Gedanken hatte sie, wenn auch mit Mühe, genug zusammengebracht, wie ihr schien, in diesen Stunden und in anderen. Ihre Gefühle lagen wie ein angesäuerter Teig in den Fußsohlen oder sonstwo, jedenfalls unter den Knien, abwärts: Es war ganz luftig in ihr, oberhalb der Knie. Sie atmete tief, immer wieder. So wurde ihr ein steinerner Teil bekannt, der sich eingebettet hatte, wo sie am weichsten war. Sie fühlte sich nicht verpflichtet, mit genauen Nachforschungen gegen den Stein vorzudringen. Sie hatte keine Neigung, mit Lust oder Ekel zu beschreiben, als was sie sich fühlte: eine Hure. Sie war nicht angetan von sich und nicht entsetzt über ihr Fleisch. Sie ersparte ihrem Geiste peinliche Einzelheiten. Sie ertränkte Vorstellungen der Art, daß ihre Schenkel, ihre Eingeweide ein unkeusches Geschäft besorgt hatten, wie hier festgestellt wurde, mit Müdigkeit. Es ging um vieles weniger als eine Schuld. Und Reue war ihr ferner denn je. Es mußte nur einer Vernunft, die noch keinen Namen hatte, blindlings gefolgt werden. Vierzehn Tage nach Oslo oder sonstwohin. Sie würde mit Perrudja sprechen.
Der Empfang in seinem Hause war ein unvorbereitetes und schlackenloses Glück. Der Wunsch eines Traumes, längst vergessen, enthüllt sich einem und erfüllt sich sogleich mit unverwüstlicher Wirklichkeit. Perrudja hatte Signe nicht erwartet. Heins Abwesenheit war ihm nicht bekannt geworden. Er war nicht im Pferdestall gewesen. Er hatte das Getrappel der Hufe nicht gehört, nichts der Unruhe, die mit der Ankunft von Menschen und Tieren verbunden ist. Auf dem oberen Umgang

standen die beiden Menschen einander unvermittelt gegenüber. Er war aus seiner Tür herausgetreten, sie bewegte sich zögernd zwischen den granitenen Wänden. Als er ihrer gewahr wurde, sagte er ihren Namen. Nichts weiter. Es war ein ganz freier Klang. Nicht abgründig wie ein Glockenton. Eine Meerlandschaft mit Wind und Sonne. Weiße Segel, dahinziehende Boote. Eine gepfiffene Melodie. Irgendwelche Töne aus einer Skala. Eine Freude so wenig hinterhältig. Ein zahmes Tier frißt arglos aus der hingehaltenen Hand. Es war nicht so, als ob Signe entflohen, umhergeirrt, in der Zeit verschollen gewesen wäre. Sie war ihm einen Tag aus den Augen gewesen. Oder zwei. Die gräßlichen Abläufe, die Zerwürfnisse mit ihm selbst waren weggewischt. Sie war gekommen. Sein Herz stand nicht still. Es freute sich nur. Er lächelte. Eine Sekunde lang schloß er die Augen. Signe sah, daß die gekräuselten Lippen gefroren. Er schaute in eine schwere Nacht. In der es keinen Willen und kein Bewußtsein gab. Aber die Ohnmacht war kurz genug, um nicht gewesen zu sein. Man sieht eigenes Muskelfleisch durchsäbelt; aber ehe der Schmerz sich meldet, ist es ein Traum oder der hingestürzte Leichnam eines geschlachteten Tieres.

Er umarmte sie. Er küßte sie. Mehr flüchtig als leidenschaftlich. Sogleich fiel ihm ein, daß er sie in ihre Wohnung führen müsse. Daß die Türen versiegelt seien. Daß er das Siegel brechen müsse. Daß er etwas zu bestellen habe. Er machte sich sogleich daran. Lief davon, entschwand im Rund des Ganges. Signe eilte ihm nach. Er brach den Lack von den Schlüssellöchern, sperrte die Türen auf. Dann standen sie in der Kuppelhalle. Und der Raum war, wie Signe ihn verlassen hatte. Die Ampel der hundert Kerzen hing von der Mitte herab, ein schwarzes Segel. Teppiche in zwei und drei Lagen übereinander geschichtet am Boden. Die granitene Kuppel, hineingeritzt: Tiger, Gazelle, Leopard, Pferd, Panther, Hirsch, Schildkröte, Fuchs und Menschenpaar. Das niedrige Ruhebett. Auf einem Tischchen die quarzene Schale, die die neunundvierzig Edelsteine umschloß. Die wie das Geheimnis von Eingeweiden waren. Daneben der Dodekaeder, violett und fremd. Die harten Bronzen, Menschen und Tieren nachgebildet. Es war zum Erschrecken. Das Ganze wie ein Bild des Todes. Das Unbewegliche. Und eine fade Luft stand in dem Raum. Eine sehr

alte Luft. Und machte die Gegenstände bleich. Die zwei Menschen waren auf die verwesten Düfte nicht vorbereitet. Das waren Spuren ihres Atems, ihres Schweißes, ihrer Küsse, der Parfüms, die sie betäubt hatten, der Kerzen, in deren Schein sie sich gebadet hatten. Sie ermaßen plötzlich die Trennung, die sich zwischen ihnen aufgetan hatte. Die Kälte durfte nicht überhand nehmen. Es mußte dagegen etwas getan werden. Signe sprach als erste. Sie sagte:
»Man kann an der Einrichtung einiges verändern. Wenn die Gegenstände benutzt worden wären, hätten sie ihr Aussehen dem Gebrauch angepaßt. Oder wären uns an die Hand gewachsen. Oder es wäre etwas mit unseren Augen geschehen.«
»Ja«, sagte Perrudja.
Signe nahm ein geschliffenes Fläschchen, das neben dem Bette stand, drehte den Stöpsel herum und goß den Inhalt, ohne sich zu bedenken, auf den Teppich, der weißgelb und rot, mit wenig tiefblauen Linien durchzogen, in breiten Lachen der Farben floß. Sogleich verbreitete sich ein betäubender, aus Tier und Süßigkeit gemischter Geruch. Perrudja begann zu husten.
»Besser so als anders«, sagte Signe.
»Man erkennt«, sagte Perrudja, »das Fleisch ist nicht widerlicher als die Geilheit der Blumen.«
»Zu süß, viel zu süß«, sagte sie, »irgendein Holzöl müßte es sein.«
»Rauch«, sagte er, »Feuer in den Kamin.«
»Es gibt ein paar Dinge, die haben mich durch die öde Zeit begleitet«, sagte sie, »man könnte sie hierherbringen.«
»Ja«, sagte er.
»Ein granitenes Weib und ein bronzenes. Und einen Mann, zwei Menschen«, sagte sie, »und den Hund Ingar.«
Er griff den Vorschlag auf. »Heute noch«, sagte er, »hier muß etwas verändert werden.«
Sie wollte seinen Eifer dämpfen. Sie wollte ja wieder fort. Nach Oslo. Oder sonstwohin. Es war noch nicht ausgesprochen worden. Aber sie vermochte nicht, ihn aufzuhalten. Er hörte nicht mehr auf sie. Er war schon hinaus. Er telefonierte. Ein Lastautomobil wurde bestellt, Transportarbeiter. Eine Git-

terkiste für Ingar. Perrudja war sehr befriedigt. Ihm fiel ein: Rauch, Feuer, Kamin. Er schleppte Holz herbei. Er gab Oful den Auftrag, in der Küche ein gutes Essen für den Abend zu bestellen. Den Grund nannte er auch. So wußte denn jeder, daß Signe wieder da war. Allmählich wurde die Luft in Signes Kuppelwohnung wieder frisch. Das Abgestandene wurde durch die Bewegung ausgetrieben. Mit neuen Gerüchen hatte man nicht gespart.
Hein fand sich ein. Er hatte eine Flasche Burgunderwein bei sich. Und Gläser. So trank man hastig ein paar Schlucke. Man fand, es tat wohl. Man wollte einander erzählen. Aber es entstand nur einiger Lärm ohne Inhalt.
Unerwartet schnell trafen der Hund und die Plastiken Signes ein. Man begriff nicht, war die Zeit so schnell dahingegangen. Oder hatten die Männer die Hilfe übernatürlicher Kräfte gehabt. Man schaute durch die Fenster hinaus gegen den Himmel, als ob dort die Hast der Stunden oder das Wunderbare aufgezeichnet sein müßte. Ihrer aller Herzen schlugen rasch. Und der Kopf brannte von Einfällen. So konnte man die Dämmerung erklären, die schon grün aus den Bezirken der Sterne kam. Ingar umsprang Signe, leckte ihr die Hände, warf sich winselnd auf den Boden. Das granitene Weib bewegte sich, geschoben, gehoben, auf Bretterbahnen gerollt in den Raum. Es sollte neben dem Bette stehen. Halblinks. Perrudja beim Anblick der blanken und nackten Formen, die den Inhalt Weib beschrieben, erregte sich. Seine Schenkel zitterten.
Zwei runde feste Brüste. Wie Früchte.
Er krümmte sich. Wie es in ihm brannte! Vor seinen Augen das ganz entblößte Weib. Er dachte nicht mehr Signes. Er dachte: Fleisch, Fleisch. Er stöhnte. Wie in jungen Jahren stellte er sich selbst in Frage. Seine Abstammung zerfiel. Seine Leidenschaften schienen eine Krankheit. Die Magd Lina mit dem großen Oberkörper. Das tote unbekannte Mädchen. Alexander. Signe schien seine Verwirrung zu bemerken. Sie drängte ihn hinaus. Sie war sehr kühl. Sie behauptete, unmenschlichen Hunger zu haben.
»Ich bin ein Mensch. Ich bin ein Mensch. Denn ich trage des Menschen Gestalt«, sagte sich Perrudja. Eine Wiederholung aus irgendeiner Kammer seiner Erinnerung. Der Sturm in

seinen Adern war so schnell vorüber, wie er gekommen. Er wunderte sich, daß seine Seele an den Bildern der Vergangenheit nicht zersprungen war. Plötzlich war es wichtig, daß man aß. Signe hatte es gesagt. Es war nicht die Gelegenheit da, auszulaufen und ein leerer Schlauch zu sein. Die Kräfte der blinden Wünsche waren oberflächlich. Das Ausgeliefertsein an die eigene Haut mehr ein Schatten als ein Messer, das zerschlitzte. Man war vollgestapelt mit den ohnmächtigen Augenblicken. Trauer und Lüsternheit hatten sich aneinander abgewetzt. Die Einfälle waren willkürlich. Schließlich war er kein Ertrinkender, vor dessen Augen die eigene Existenz rückläufig sich abhaspelt. Er war einfach älter geworden, und das bedeutete schuldloser. Man konnte überschauen, die Ereignisse hatten sich zu bestimmten Zielen verdichtet, um Erfahrungen zu vermitteln. Und die Erfahrungen schwächten die Torheiten ab. Hinterher. Perrudja hatte sich in diesen Stunden geradezu musterhaft betragen. Er mußte sich selbst loben. Kein Augenblick einer peinlichen Verschlossenheit war da gewesen. Eine sinnliche Wallung war über ihn gekommen. Es war weder verwunderlich noch beschämend. Sein Dasein äußerte sich noch selbständig, jenseits genauer Gedanken und Gefühle, die sein Hirn vorzuschreiben sich bemühte. Alles in allem ein befriedigendes Resultat. Und es war wichtig, daß man aß. Schließlich mußte das Wiedersehen in eine Landschaft der Leidenschaft führen. Die Freude mußte brennender werden. Unvernünftiger. Geradezu wahnwitzig. Dieser Wiedersehenstag mußte voll werden wie mit Donner angefüllt. Sturmfluten zerbrechen Deiche. Stürme entwurzeln Baumriesen. Lawinen, die zutal gehen, reißen überhängende Felsbrocken mit sich. Oder legte ein unbekannter Gegenspieler seine Netze aus? Gitter, hinter denen die große Freiheit zerfiel? Würde man gleich die Schulden der vielen Jahre einbehalten, wo er erwartete, daß eine große Summe ihm zufiel? Und die Veränderung seines Daseins würde wie ungeschehen sein? Es war wichtig, daß man aß. Auch er fühlte sich erschöpft. Seine Vorstellungskraft war schwach. Er fürchtete sich vor Gesprächen. Wiewohl er einsah, es mußte zu Erklärungen kommen.

Die Menschen in der Küche schienen das Ereignis des Tages höchst feierlich zu bewerten. Die Köchin war in Schweiß gebadet. Sie hatte ihr Hirn geradezu überanstrengt. Viertelstundenlang hatte sie in einem Kochbuch gelesen. Und dann waren die Vorräte hervorgeholt worden. Auf den Arbeitstischen häuften sich Päckchen, Tüten, Eier, Gewürze, Butter, Öl, Korinthen und Sukkade, Mandeln, Rahm, Einmachgläser, Fleisch, Geflügel, ein Lachs. Und nun waren die Werke der Kochkunst zum Garsein gediehen. Gerade in dem Augenblick, wo Signe gesagt hatte, daß sie unmenschlichen Hunger verspüre. Es war ein harmonisches Zusammentreffen. Die Hausverwalterin war nicht müßig gewesen. Oful war nicht müßig gewesen. Die Geheimagenten waren nicht müßig gewesen. Es waren Kerzen auf einem Tisch aufgebaut worden. Blumen hatte man in große Kübel getan. In blitzende Karaffen Wein, braunrot. Hein stand in einem dunklen Anzug da. An seiner Seite eine Unbekannte, das samtene Kind, Heins Geliebte. Signe erschrak. Die Zeit hatte ein Gewicht. Sie war das Mittel zu Veränderungen. Eine Frau in einem rot, blau und gelb durchwirkten duftigen Kleid. Sie war angenehm anzusehen. Signe verglich sich mit ihr.

Gespräche der Dritten von der Analyse des Existenten und der Vernichtung des Hypothetischen

Am frühen Morgen schon begann Georg Frey durch einen kleinen Vorstoß kundzutun, daß in ihm eine Erregung platzgegriffen hatte, die der Entspannung bedurfte. Er hatte nur wenige Stunden in der Nacht geschlafen, war entgegen seiner Gewohnheit um sieben Uhr angezogen gewesen, hatte zuvor das Waschen des Gesichtes unterlassen, es vielmehr nur mit einigen Tropfen Eau de Cologne aufgefrischt und dann recht unbarmherzig Emil, Emil Binder, den Mitschläfer in seiner Wohnung, seinem Schlafzimmer, in einem Bett, das an einer entgegengesetzten Wand wie das seine stand, geweckt, sich bequemt, auf Emils Bettrand niederzuhocken, und erzählt.

»Es kann sich nicht darum handeln, ob Gott durch diese oder jene mehr oder weniger begründete Annahme zur Wahrscheinlichkeit des Vorhandenseins herangeführt wird. Zwar werden wir nicht, wie einige Laffen vielleicht vermeinen, auf die Herausdestillation eines unverweslichen Greises hoffen können. Wir vermögen selbst bei viel gutem Willen nicht bei Begriffen und Gesetzen stehen zu bleiben, die eine Vorzeit uns vererbte. Die Konstellation des Menschengeschlechtes hat sich gewandelt. Das Vollkommene ist sauer geworden. Es ist gesagt worden durch die Asiaten, daß das Vollkommene das Nichts. Das Vollkommene ist nach Deskartes Gott. Gott ist, des Begriffes wegen, ewig, folglich ist das Nichts ewig, und wir selbst sind das Arom des Nichts. Das sind Zirkelschlüsse, die sich den Arsch lecken, wie Büchner sagt. Wir könnten fortfahren mit derlei Späßen und würden, müßten wir nicht lachen, in das Netz fallen, das unser, ach, so unruhiges Herz stets bereit hält. Doch die Mediziner sind uns dazwischen gekommen. Sie wissen, wie es zu beruhigen ist. Sie schalten es uns aus. Sie geben Gifte ins Blut, winzige Tröpfchen, oder Gas in die Lungen. Sie zerlegen uns und wechseln an uns aus, was ihnen beliebt oder unser Schade werden soll. Es ist die allgemeine Methode des Jahrhunderts, die wir nicht weniger benutzen als sie. Wir haben oft darüber gesprochen. Du verstehst mich. Das Phänomen, also das Bild, die Erscheinung, die Totalität, die unbrauchbar, unwichtig, zufällig, letztlich uninteressant, das Gebiet des Schönen, Erhabenen, der Kunst und der Schwärmerei, des Urprozesses versucht der Kopf unserer Zeit aufzulösen in einzelne Funktionen, in Brüche, in Ingredienzen einer synthetischen Methode. Die Kunst ist zertrümmert, die Naivität ist tot, das Erleben relativiert. Wir sind, bei einigen normalen Gehirnen, nichts Erbaulicheres als Selbstmordkandidaten. Die Methode unseres Jahrhunderts hat uns ausgeblasen, ausgewischt, hingerichtet. Wir isolieren, filtrieren, setzen um, geben neue Synthesen und prägen verblüffende Resultate. Den Ton schicken wir durch Filter, und siehe, die Dreidimensionalität wird abgebrochen, der Raum wird zur Strecke gebracht, und aus der Ebene sammeln wir Streifen, Pfeile, Bänder wie aus einem Morsetelegraphen, die wir jetzt in jeder Maschine senden können, um ohne unser Zutun elektrische Wellen, Geheimkodes, gedruckte Schriften, Katastrophen und Befruchtungszauber daraus zu bilden. Den Atomen sind wir mit unserer Zerfaserung so weit auf den Leib gerückt, daß die Transmutation nur eine Frage der Energie ist. Wir werden übermorgen unterräumliche Spannungen entdecken und zum Antrieb von Raketenmotoren benutzen, die uns nichts weiter entziehen, als das Vorhandensein unserer Lungennahrung. In solchem Laboratorium, in dem weder der Same des Mannes noch die Gebärmutter des Weibes heilig, wo es keine Keuschheit und Schamlosigkeit, kein Kind und keinen Greis, wo es nur noch Selbstmordreife gibt, ist zu verlangen, daß auch Gott zu entdecken versucht wird mittels der Isolierung seiner mutmaßlichen oder zu ⟨explorierenden⟩ Funktionen. Diese Forschung könnte uns vielleicht vor dem vollkommenen Untergang bewahren, dann nämlich, wenn es gelänge, einige seiner Funktionen zu entdecken, die dann, synthetisch, ausreichten, die Existenz des

Teufels zu beweisen, experimentell, was immerhin mehr bedeutet, als Gott zu vermuten.«
Emil rieb sich schlaftrunken die Augen.
»Sie haben Gott, den traditionellen, wegbewiesen. Die Pfaffen, die Staats⟨trommler⟩, die anderen. Ich habe schlecht geschlafen. Das ist nicht zu leugnen. Ich fürchtete mich. Möglicherweise bin ich der letzte Mensch des Altertums. Jedenfalls: Fraß, Kot, Pisse, Same, Blut und Drüsen, recht unverschnitten, das bin ich auch. Das sind sie. Ich unterscheide mich, ich bin gemartert an einer Art Bestialität als Funktion der Anderen.«

Die durchsichtige Mauer

Die Svalbard-Werke berichteten, daß das Stadium des Experimentierens vorbei und die Produktion begonnen werden könne. Die Herren Ingenieure Clark Morse Pratt und George Frey meldeten ihre Besuche an. Pujol überraschte Grigg mit der Tatsache, daß er die Gesellschaft der Freunde des goldenen Siebensterns gegründet. Auf die Frage weshalb, antwortete er, es müßten mehr Uniformen auf die Straße. Die Liga der gesinnungstreuen Europäer erdrücke mit ihrer Zahl in den südlichen Ländern den Mut der Brüder. Für krisenhafte Tage brauche man die Kraft der Zahl. Zahlen, in Uniformen gesteckt, bildeten geradezu einen Ersatz für Qualität. Einwendungen ließ er nicht gelten. Man habe zu viel Zeit verloren. Der Verlust müßte durch neue Künste der Organisation ausgeglichen werden. Tüchtige Leute seien gefunden worden, die etwas von Rattenfang verstünden und ihr Maul zu gebrauchen wüßten. Man müßte eine Reservestellung bereit haben, wenn die Verschworenen und Gebrandmarkten im schwarzen Strudel der Ereignisse umkommen sollten. Grigg war zu müde, um alle Gedanken, die ihm durch den Kopf gingen, gegen Pujol ausfallen zu lassen, daß jener auf bestem Wege sei, blind zu werden und das wertvolle Fleisch zu verraten. Er sagte nichts dergleichen. Er mußte sich selbst eingestehen, daß er von der Konstruktion des Menschen nichts verstand. Perrudja hatte mit seiner Existenz den unerwarteten Beweis gebracht, daß selbst ein zu Niedergang und Zusammenbruch gestimmter Mensch Aufnahmegerät für mancherlei sein konnte, dem Grigg verschlossen war. Die Klugheit, Überheblichkeit, die Organisation war wieder einmal vom Einzelnen geschlagen. Hinter den Bergen wohnen auch Menschen, was man schon einmal den kriegstollen Vordermännern einer Nation gesagt hatte. Der Verfall des Einen war nicht uninteressanter als das Treiben, Steigen, Blühen oder Abbröckeln des anderen. Grigg war alt geworden, an die Erde zu denken, die eines Tages den Spuk des Fleisches verzehren würde. Er fand keine feste Hoffnung weder für sich noch für die andern. Im Grunde war der äußere Ausgang einer Handlung nicht einmal entscheidend für das Nachher. Er fand sich zum Inhalt seiner Pflicht zurück. Er gestand sich, daß er einiges versäumt. Er überschaute, sozusagen statistisch, in Zahlen, in der Aufzählung, das Werk des letzten Jahres. Inbegriff der schlaflosen Nächte. Die Invasion der Zwanzig- und Dreißigjährigen in den Betrieben. Elektro-Unterwasserboote. Tausendtonnenschiffe. Flugzeuge. Kraftstationen. Schwimmende Elektrizitätswerke. Maschinengewehre mit Gasprojektilen. Georg Frey hatte einen Nervenzusammenbruch erlitten. Hatte im Geiste Hunderttausende, Millionen Tote gesehen. Nicht erbaulich, versteht sich. Grigg war müde. Die Generalprobe stand bevor. Er würde für Perrudja etwas unternehmen müssen. Pujol mochte die Straßen mit Uniformträgern ausfüllen. Die Generalprobe stand bevor. Es mußte dafür einiges getan werden.

Er schloß sich mit den Herren Clark Morse Pratt und Georg Frey ein. Telegrammtexte ratterten in die Textverstümmelungsmaschinen des Herrn von Kryha, dann in den Äther. Die dreißig Kraftstationen gossen ihre Energien aus den Elektroreservoiren in die Amalumen-Akkumulatoren der Schiffe und Flugzeuge. In Berlin gab es einen Straßenkampf. Etwa tausend Zettelankleber der Liga der gesinnungstreuen Europäer wurden durch Gegner und durch eingreifende Polizei niedergemacht. Die Organisation wurde für Deutschland, die Schweiz und Holland verboten. Aus England kam die Nachricht, sie hätte ihre Mitgliedszahl innerhalb kurzer Zeit verdoppeln können. Die Uniformfabriken mußten innerhalb eines Monats vier Millionen Kleidungsstücke anfertigen. Auf der Werft von Blohm und Voß in Hamburg wurde ein bepanzertes Flugzeugmutterschiff von mehr als 60000 Tonnen Wasserverdrängung vom Stapel gelassen. Für Rechnung dessen, der nicht genannt sein wollte. Es wurden Maschinenaggregate für Stromerzeugung von annähernd 80000 PS eingebaut. Dazu Elektroreser-

voire mit einer Kapazität von 780 Millionen Kilowattstunden. Ein schwimmendes Ungeheuer, einer Insel vergleichbar. Erstarrter, aufgedunsener Fisch der Vorzeit. Vier Elektroschiffe durchschnitten das Meer, um bei den Svalbardwerken armiert zu werden. Pujol, Matthieu, Pratt, Frey fuhren im Flugzeug nördlich. Auf ein Telegramm hin verließ auch Grigg Oslo. Bei den Svalbardwerken am Eisfjord gingen die fünf Herren anbord eines Elektroschiffes. Zum Überfluß stachen auch die drei anderen Tausendtonner mit in See. Zwei Flugmaschinen umkreisten den Konvoi. Die Herren Pratt und Frey übernahmen das Kommando. Grigg hockte beim Bordfunker, ließ sich, nachdem die Küste entschwunden, vom Schiffsführer die Position des Schiffes aufgeben. Besprach sich mit Pratt, sagte, die Verantwortung müsse einen treffen. Die Herren möchten die technischen Aufgaben unter sich verteilen. Den Ort des Experimentes möchte er selbst wählen. Aus Gründen. Er zog sich wieder zum Bordfunker zurück. Nahm die Verbindung mit einem schnelläufigen Walfänger auf. Trankocherei anbord, Fleischdarren, Knochenmühlen. Modernes Schlachthaus.
Die Vorbereitungen zum imaginären Angriff wurden getroffen. Die Flugzeuge schraubten sich in 10000 Meter Höhe hinauf, um gefahrlos genau beobachten zu können. Grigg hielt den Chemiker Frey noch mit Fragen auf. Lebensdauer des Gases mindestens zwei Stunden. Frey bestätigte. Nur heftiger Regen vermöchte es schneller ins Wasser zu schlagen, zu lösen, ohne die Giftwirkung zu verringern. Tod der Fische, meinte Grigg.
»Ich bin halb krank geworden«, sagte Frey, »ehe mir die Lösung gelang, das Gas in zwei aufeinander wirksame Komponenten zu zerlegen. Als ungespaltener Stoff bedeutete es wegen seiner unvorstellbaren Giftigkeit eine beständige Bedrohung für alle, die während des Produktionsprozesses oder bei der Anwendung damit zu tun haben.«
»Gelöst«, sagte Grigg.
»Wir werden es aus zwei Maschinenkanonen abschicken. Gefahrlos für alle. Falls keine Windhose uns mit dem fertigen Stoff überfällt. Allenfalls werde ich die Gasmauer 7000 Meter vorverlegen.«
Klar zum Gefecht. Die Herren gingen auf die Brücke. Vorne

und achtern stand je eine Maschinenkanone. Die Geschützrohre hoben sich, richteten etwas. Zwei Wände aus Sprühregen schossen als Schutzkulisse quer über Deck empor, leiseste Gasspuren der einen oder anderen Mischung fortzuwaschen. Der Funker signalisierte den Flugzeugen und den Mitschiffen Achtung, Achtung. Volle Fahrt. Pratt ließ die Explosionsmaschinen an. Geknatter wie nah einschlagende Blitze. Er bestrich den Horizont mit neunzig Grad. Eine Viertelminute lang. Dann schwiegen die Geschütze. Die Herren mit Gläsern vor den Augen tasteten den Horizont ab. Kleine Rauchwolken hatten sich über den Wellen gebildet, hatten sich gedehnt und dann zerlöst. Aber das Licht des Himmels brach sich anders an den Orten, wo die Dunstwolken sich zerlöst hatten. Der Horizont wurde klarer, wie wenn das Entfernte in einen Glasblock eingegossen.

»Gut«, sagte Frey, »die durchsichtige Mauer steht.«

»Wir werden die Wirkung erwarten«, sagte Grigg.

»Wieso«, fragte Frey.

Er erhielt keine Antwort. Grigg entfernte sich. Ging zum Funker. Die Flugzeuge meldeten, ein Fahrzeug nähere sich. Grigg ließ zurückfunken, ärgerlich, Nachrichten, die seit einer Stunde bekannt, wären ohne Interesse. Im übrigen ließ er Befehl geben, die Flugzeuge möchten ihre Position um zehn Kilometer südlicher legen und sich in geringer Höhe halten. Auch die drei Begleitschiffe mußten Kurs nach Süden nehmen. Die Maschinen des Befehlsschiffes wurden auf geringen Umlauf gebracht. Die Propeller rührten nur träge das Heckwasser um. Man glitt vor der Gasmauer entlang. Auf der Kommandobrücke wurde diskutiert. Plötzlich erschien Frey in der Kabine des Funkers, packte Grigg beim Ärmel, schrie:

»Rauch am Himmel. Ein Fahrzeug kommt über die Kimmung. Steuert gegen die Mauer.«

»Und«, sagte Grigg, »ist das wichtig?«

»Die Mannschaft ist verloren«, sagte Frey.

»Hoffentlich. Und hoffentlich ohne viel Quälerei«, sagte Grigg.

»Wie soll ich das verstehen«, lärmte Frey, »man muß versuchen, Verbindung mit dem Schiff zu erhalten, daß es den Kurs wechselt.«

»Walfänger«, sagte Grigg, »seit zwei Stunden hat es Kurs auf die Mauer. Wir haben bis jetzt in einträglicher telegraphischer Verbindung gestanden.«
»Sie haben das Fahrzeug in eine Falle gelockt«, sagte Frey.
»Unwissende und unschuldige Leute«, sagte Grigg, »sofern man das von Leuten mit einem blutigen Handwerk behaupten kann. Jedenfalls kenne ich keinen dieser Menschen. Weder dem Namen nach, noch ihre Gestalt. Ihre Gesundheit nicht und ihre Krankheit nicht. Von ihrem Fahrzeug habe ich eine bessere Vorstellung als von ihnen selbst. Das Schiff ist sieben Jahre alt. Wie alt die Menschen anbord, unbekannt.«
»Das Unglück muß verhütet werden«, sagte Frey.
»Sie glauben uneingeschränkt an die Wirkung des Gases«, fragte Grigg.
»Ja«, sagte Frey.
»Dann muß das Unglück nicht verhütet werden«, sagte Grigg.
»Ich bin kein Mörder«, schrie Frey.
»Der Mörder bin ich«, sagte Grigg, »jedenfalls geschieht mein Wille. Ich bin verpflichtet, die Versuche, die hier angestellt werden, mit aller Gründlichkeit zu betreiben. Ich bin nicht bis vor die Küste von Grönland gefahren, um mir eine Dunstmauer zu betrachten. Hier soll erprobt werden, ob die Waffe, die gewissen Menschen in die Hand gegeben werden soll, etwas taugt. Ob sie auf dem Meer und unter dem Himmel hält, was sie mittels der Theorie und im engen Bezirk der Fabriksäle versprach. Hat es auf den Svalbard-Werken noch keine Toten gegeben?«
»Ich möchte daran nicht erinnert sein«, sagte Frey.
»Sie denken an drei junge Burschen«, sagte Grigg.
»Gewiß denke ich daran«, sagte Frey.
»Man hat Sie wie einen Feigling behandelt. Wie einen Nervenschwachen. Wie jemanden mit krankem Blut«, sagte Grigg.
»Was soll das? Ich verstehe nicht«, sagte Frey.
»Wir haben Sie gebraucht. Wir haben Ihre Fähigkeiten Ihnen abgepreßt. Wir haben Ihnen Gedanken eingetrichtert. Wir haben Ihnen eine Kolonne tollkühner Assistenten beigesellt. Wir haben Sie belogen und betrogen. Wir wußten, wie gefährlich Sie uns waren. Einmal schon, vor dieser Zeit, als die Zeichen

nicht auf Krieg gestellt waren, sind Sie durch Geheimagenten verschleppt worden. Damals wollten wir verhindern, was jetzt begünstigt wird. Damals glaubte ich noch, die Tollheit könnte von Menschen abheilen wie die Narbe von einer Wunde. Und das widerliche Wüten gegen das Protoplasma im Menschen könnte dieser Schöpfung erspart werden. Es hatte sich in dieser frühen Zeit schon erwiesen, daß Sie ein schwächlicher Riese, ein sentimentaler Grobian, ein weinender Henker, kurz eine bestellte Arbeit dieses verlogensten und grausamsten Jahrhunderts waren, ein Nichts, das alles anrichtet«, sagte Grigg.

»Was ist Ihnen? Es steht nicht zur Aussprache, ob meine Veranlagung Ihnen gefällt oder nicht«, sagte Frey.

»Jaja«, sagte Grigg, »eine lange und heftige Einleitung, um Ihnen mitzuteilen, daß auf den Svalbard-Werken im letzten halben Jahr reichlich dreihundert Menschen an Vergiftung umgekommen sind.«

»Dreihundert«, sagte tonlos Frey.

»Belogen«, sagte Grigg, »Binden vor die Augen gebunden. Genasführt.«

Er war außer sich.

»Verwundern muß ich mich«, fuhr er mit kleiner Stimme fort, »daß Menschen wie Sie nicht bis ans Ende denken. Also dreihundert Tote. Eine Kleinigkeit, gemessen an dem, was kommen kann. Worauf wir uns vorbereiten. Denken Sie, ich möchte vierzigtausend oder fünfzigtausend der Besten in den Tod jagen, nutzlos, wie ein Feuerwerk abbrennt, Scheiterhaufen junger Leiber, weil mir das Leben von ein paar Dutzend Schlächtern nahegeht. Die ihrerseits Leben vernichten, nicht eben schüchtern, höchst grausam, und denen die Ohren nicht gellen, weil die Kreatur keine Stimme hat, ihren Schmerz auszudrücken. Und was für ein Frevel für den Wissenden, die Grenze zwischen Krieg und Frieden zu ziehen, solange es die Möglichkeit des Krieges gibt. Worin soll der Vortag des Massenmordes sich von dem Gespenstischen des Schlachtens unterscheiden? Weil ein paar gefallsüchtige Hirne mit Hilfe von Haarspalterei ethische Hintergründe geschaffen haben? An welchem Platz dieser Erde ist die wilde Barbarei verschwunden? Wo findet sich der reine Zusammenfluß materieller Gerechtigkeit und sittlicher Kraft? Ist der Humanismus nicht eine

ideelle Forderung geblieben, nach dem die Lauteren unter uns wohl streben, den aber niemand auf die Erde bringen kann außer in einer dünnen Einmaligkeit, in sich selbst? Und ist unser Tun, das wir vorbereiten, nicht ein gewagter Schritt der Gewaltanwendung, weil wir den Zustand der Ungerechtigkeit und Schöpfungswidrigkeit nicht länger ertragen? Und glauben Sie, jemand würde dies alles verantworten, wenn er nicht in den irdenen Boden dieser Humuskruste geschaut hätte, ihn durchdringend, umpflügend, und das Gejammer der Unterwelt, den Schleim des Fleisches, milliardenfach vergangen, vergehend, angetroffen, stummer Gesang der Gestorbenen, die anklagen, daß nichts Besseres geworden, daß dem Schmerz der Sekunden keine Größe der Harmonie entgegensteht? Nur einmal dem Tod vorzugreifen, gilt es. Nur einmal dem Ablauf voranzueilen. Nur eine Generation bis auf einen erhabenen Rest auszurotten. Zu wiederholen, was die Sage als Tat Gottes berichtet, daß er die Menschen und alles Getier ersäufte. Nur ein Heide ohne Hoffnungen kann das denken in jenem Zustand, wo das Geschehen rein von Leidenschaft ist.
Sie wollen den Funker anfallen, um das Leben einiger Unbekannter zu retten. Warum wollen Sie nichts Größeres und allen Sterbenden helfen? Warum arbeiten Sie nicht daran, den Schmerz abzuschaffen und noch einiges mehr, das unwürdig an der Seite unseres rechtschaffenen Geistes sich breitmacht? Ich jedenfalls will das Mehr selbst um den Preis, ein Henker zu heißen, wie Meer und Luft und zitternde Erde zusammengenommen. Ich werde dabei nichts Schlimmeres, als was ich bin. Die dreihundert Toten sind schon zu meinen Lasten verbucht. Denn ich habe ihr Ableben registriert und zur Kenntnis genommen. Schuldig ist bekanntlich nur der Wissende. Der Dumme ist sündlos in Zeit und Ewigkeit. Aber weiter. Das Sekretariat, dem ich vorstehe, ist der letzte organisatorische Extrakt aus der Tätigkeit von hundert Millionen Menschen. Das geborene Leben, diese Einfalt, die mit einer Lust begann, im Bett oder auf dem Operationstisch ans Licht kam, diese Wiederholungen Säuglinge, Kinder, Halbwüchsige, wieder Zeugende, Sterbende. Diese Welten hinter den Wölbungen der Schädeldecken. Dies harmonische Fleisch, dies Gesetz, dies Unfromme oder Erhabene, das Unbegreifliche oder Ver-

dammte. Jede Bezeichnung paßt, jeder Unflat, jede Schönheit kann genannt werden, sie erschöpfen die Erscheinung nicht, nach dem Ebenbilde des Höchsten gemacht. – Das geborene Leben also gleitet eines Tages in den Produktionsprozeß der Industrien hinein. Wird dort langsam stückweis gefressen. Man mag das leugnen, abschwören, behaupten, der Tod sei der Preis der Lust, Parabeln erfinden, Tatsache bleibt, bei unserer Zivilisation wird das Leben in den Fabriken verbraucht. Und in ihren Annexen, den großen Städten. Fünfzig Jahre lang wird es den Sklaven abgewartet. Dann ist es soweit. Sie verschwinden, ohne eine Spur zu hinterlassen. Jährlich zwei Millionen werden in den Kartotheken unserer Betriebe ausgestrichen. Drei Jahre lang danach bleiben sie noch auf dem Papier ein unverfängliches Wort. Fünfzehn Jahre lang noch gibt es von ihnen ein Zeichen auf einem Grabacker. Dann sind sie vergessen. Fünf- bis sechstausend Menschen täglich. Sie umschwirren, nicht mehr gebundene und ohnmächtige Geister, die Dachfirste meiner Scheinburg. Fahren zurück in die Schöße noch fruchtbarer Weiber, oder welcher Kreislauf ihnen beschieden sein mag. Die Flügelschläge in der Luft kenne ich. Ich sehe niemand. Mich schreckt niemand. Aber ich weiß. Solange das natürliche Absterben des Fleisches in der Luft verbrandet, können die Entschuldigungen gehäuft werden. Sie müssen sterben sowieso, die vielen, das Fleisch hat keine Dauer. Die Wiederholungen der Tage machen das schöne Gebäude aus Muskeln abgestanden. Lehm bleibt Lehm. Und der Sinn der vielen kleinen Tierchen, Pilze, krausen Flechten und Schimmel ist eindeutig. Die Gestalt geht zurück, verschwindet, wird verzehrt. Dünger für einen Kreislauf. Höchst unerbaulich, daß dem allen ein begreifendes Hirn gegeben. Schlimmste Wunden werden mit Tröstungen und Verheißungen verstopft. Das ist Ihnen bekannt. Das ist in den Religionen und Weisheitsbüchern gesagt. Das haben die Dichter mit blutenden Worten gesungen. Und die Hände der Bildner haben sich abgemüht, harmonische Zirkelschlüsse daraus zu fertigen. Jeder wehrt sich, so gut er kann, gegen das Grauen vor dem Unabänderlichen. Und mich trifft es nicht. Die Flügelschläge der Millionen berühren mein Angesicht nicht, trüben mir nicht die Augen. Es ist ein Wind über dem Lande. Oder eine Flut peitschenden Regens. Oder

ein Seufzen der Materie. Schlimm nur, wenn Säurebehälter krepieren. Bergwerksstollen einstürzen. Maschinen zerfleischen. Waghalsige Schiffe versinken. Die starken Stoffe als Giftpfeile in den brennenden Strömen und sengenden Feuern gegen die Sklaven wüten und einen Strom von Leichen hinterlassen, manchmal nicht einmal das tote Gerippe wieder ausspeien.
Die Betriebsunfälle, die Katastrophen aus ungenauer Vorberechnung. Die Matratzengrüfte der Berufskrankheiten. Das sind eindeutige Anklagen. Viele tausend Tode werden jährlich auf mein Konto verbucht. Ich habe sie nicht zu vertreten, gewiß nicht. Aber ich weiß. Ich bin nicht blind gehalten worden. Ich hasse diese Ordnung, die in den Maschinen des Menschen Geist verehrt. Ich sehe die Grenzen der Moral nicht dort gezogen, wo eine einfältige Sittlicheit sie wähnt. Du sollst nicht töten, ein Gebot von Wert, wenn Faustrecht überhandgenommen hat. Ein früher Zuruf an Verwilderte. Wir müssen zeigen, was daraus folgt, daß die Klugen vergaßen, Sünde an der Menschen Werk zu finden. Nicht mehr sind es Mörder und Wegelagerer, die die Welt gefährden, die anständigen Leute mit Ehrbegriffen bringen das Chaos des Untergangs.«
Er schwieg. Er hatte sich ausgegeben. Seine Hände zitterten. Pratt, Pujol, Matthieu waren hereingekommen, blickten fragend auf die zwei.
»Also«, fuhr Grigg fort, lächelnd, »das war ein wenig lang, auch nicht sehr genau in den Argumenten. Indessen muß es genügen, meinen Entschluß zu begründen. Das Schiff wird über der Kimmung sein. In einer halben Stunde muß sich manches entschieden haben.«
Es wurde nicht mehr gesprochen. Die Neuangekommenen mochten begriffen haben, welche Entscheidung gefallen war. Freys Gesicht war unordentlich. Er hatte keinen Standpunkt. Er fand sich nicht zurecht. Er war weit davon entfernt, beleidigt zu sein. Auch überzeugt war er nicht. Ihm saß nur der Schrecken in den Gliedern, daß es Tote geben würde, die auf irgendeine Art mit seinem Tun verquickt waren. Er begriff nicht, daß seine Erfindungen sich längst verselbständigt hatten, eine Vielzahl geschickter junger, vielleicht auch skrupelloser Hände den Mann ersetzt hatten, der selber eine unnütze wei-

nerliche Puppe; und daß Reue oder Vorbehalte der Gesinnung eine fragwürdige Demonstration. Pratt wußte, was er tat. Frey konnte nicht einmal belehrt werden.
Der Bordfunker wechselte Fragen und Antworten mit dem Walfänger. Mitten in einer Auskunft brach der unbekannte Telegraphist ab. Grigg starrte auf die Uhr. Pujol, Pratt, Matthieu eilten auf die Brücke. Das fremde Schiff fuhr mit voller Fahrt von Norden nach Süden. Dicke Rauchschwaden preßten sich aus dem Schornstein. Nichts schien sich ereignet zu haben. Den Männern auf der Brücke schlug das Herz zum Hals hinaus. Sie strengten sich an, mit ihren Gläsern etwas wahrzunehmen. Sie schätzten, daß die Gasmauer passiert sein mußte. Allmählich wurde der Rauch aus dem Schornstein dünner. Man glaubte zu bemerken, daß das Schiff aus dem Kurs lief. Dieser Eindruck verstärkte sich mit der Zeit. Je näher das Fahrzeug herankam, desto mehr drehte es bei. Auch Grigg hatte sich auf der Brücke eingefunden, nachdem alle weiteren Bemühungen, wieder in Funkverbindung mit dem Walfänger zu kommen, fehlgeschlagen. Allmählich zeigte das ferne Schiff die Breitseite. Die Fahrtgeschwindigkeit, deutlich erkennbar, war beträchtlich.
Der Führer des Elektroschiffes setzte dem Walfänger nach, zumal er gegen den Wind strich und den Raum der Gasschleier verließ. Nach Verlauf einer halben Stunde wurde es deutlich, die Maschinen auf dem Fänger erlahmten. Der Wind, da es gegen Abend ging, wurde härter. Das Meer schied sich oberflächlich in schwarze Glastäler und grünweiße Kämme. Und die Landschaft des Auf und Ab, der strudelnden Farben wanderte über die Wasseröde. Die Gasmauer zerstob. Niemand mehr konnte feststellen, wohin sie sich zerteilt. Ins Meer hinabgeschlagen oder in die Wolken aufgesogen. Das Elektroschiff näherte sich dem treibenden Fahrzeug. Die Gewißeit wuchs, daß anbord alles erstorben. Man erkannte andeck zwei ausgestreckte Körper. Signale blieben ohne Antwort. Abgefeuerte Schüsse verhallten. Man hielt sich noch vorm Wind in gewissem Abstand von dem vergifteten Fahrzeug.
Seine Maschinen schienen stillezustehen. Pratt schätzte, daß es allmählich gefahrlos geworden, heranzufahren. So kam man mit der Dämmerung längsseits des Walfängers. Der kalte harte

Wind pfiff traurig mit ⟨Zunge und Lefzen⟩ in der Takelage. Die Wirklichkeit eines mit Leichen besetzten Schiffes war unfeierlich gräßlich. Die Stille außer der Melodie der Elemente hatte etwas peinigend Aufreizendes. Die andeck ausgestreckten Matrosen lagen mit dem Gesicht nach oben. Als ob jemand sie, Tote seit Tagen, unordentlich für weitere Zwecke hingelegt. Auf der Brücke war niemand zu sehen. Der Mann am Steuer war gewiß umgekippt, lag hinter Gitter und Persenning. Der Steuermann oder Kapitän mochte liegen, wie er lag. Und was im Schiffsrumpf vorgegangen, war verborgen.
Die Herren anbord des Elektroschiffes gaben Befehl, die treibende Trankocherei zu umfahren, schwiegen, ließen den Wind sich an die Rippen gehen. Ein Geruch von fauligem Tran strich über das Meer. Pratt meinte, nachdem er ein paar Gedanken in sich bewegt hatte, man müsse sich überzeugen, ob noch lebende Menschen anbord. Schon in die Schiffsräume einzudringen, hielt er nicht für geraten. Aber man könnte gegen die Planken feuern, möglichst viel Lärm entfalten. Grigg war gegen Getöse. Er sagte, man solle die Angelegenheit schlicht und ohne Erregung betreiben. Bis zum nächsten Morgen alle Maßnahmen und Untersuchungen ruhen lassen. Er hoffe, das Experiment sei gelungen und ein gründlicher Handstreich des Todes ausgeführt. Ihn friere. Er werde sich unter Deck wärmen. Man möge eine Trosse an dem unversehrten Wrack befestigen. Sollte wider Erwarten sich etwas auf dem Eisensarg rühren, sei es früh genug, anders zu beschließen.
Man handelte danach. Während der Nacht rührte sich nichts anbord des Walfängers. Kein Licht kam auf, keine Gestalt stieg herauf, kein Stöhnen außer dem Ächzen in den Holzstriemen gestorbener Bäume. Die drei übrigen Elektroschiffe zogen sich um den Schleppzug zusammen. Die zwei Flugzeuge konnten sich nicht aufs Wasser setzen, weil die See zu rauh. Sie umkreisten in weiten Kurven niedrig den Konvoi. Manchmal schwang sich einer der Riesenvögel auf, stieg, entschwand gegen die Sterne, kehrte aus einer anderen Himmelsrichtung wieder. Unnützes Manöver ohne neue Belehrung für die Führer. Dauerfahrten bei Nacht. Sie hatten sich im Nonstopdienst über Wochen bewährt. Man trieb in der Nacht. Die Leute auf den Brücken nicht eben mit erbaulichen Gedanken erfüllt. Die

Brust der jungen Menschen füllte sich mit dem Schmerz dieser Welt, der unter dem Nachthimmel groß wird. Sie fürchteten sich nicht. Aber sie erlahmten in der Hoffnung. Sie waren stark genug, die Kälte abzuschütteln und die Kraft für eine Tugend zu nehmen; aber sie sehnten sich danach, gefühlloser zu sein und den Aberglauben niemals gekannt zu haben. Sie waren an ein ungewöhnliches Ereignis gekettet. Und starrten bösen Wildheiten entgegen. Aber eine Nachtwache mußte lang werden, wenn die Liebe keinen Raum in der Vorstellung einnahm.
Grigg aß ein paar belegte Brote, trank ein Viertel Wasserglas voll Kognak, streckte sich fröstelnd in einer Koje aus, um zu schlafen. Fand auch sogleich Schlaf, da sein Körper überbürdet und angestaut mit Ruhebedürfnis. Die Herren Pujol, Pratt, Matthieu, Frey saßen noch zusammen. Niemand war zum Sprechen aufgelegt. Matthieu schlug vor, man solle Würfel spielen. Es fanden sich zwei Würfel anbord. Man spielte eine Stunde lang in zwei Partien um die Schnitzel eines aufgemesserten Bleistiftes. Niemand verlor sonderlich, niemand gewann sonderlich. Es gab nur gewöhnliche Würfe. Man trennte sich, legte sich.
Am nächsten Morgen, nach dem Ankleiden, aß Grigg ein paar belegte Brote, trank ein Viertel Wasserglas voll Kognak, danach mit den übrigen Herren gemeinsam starken Kaffee. Man schwieg andeck.
Ein schöner Tag war angebrochen. Die Flugzeuge waren aufs Wasser niedergegangen. Drei Elektroschiffe trieben in gehörigem Abstand voneinander ohne wahrnehmbare Fahrt auf dem Meer. Das Befehlsschiff zog einen dunklen, sozusagen leblosen Walfänger hinter sich her. Ein in seiner Nüchternheit schauriger Anblick. Pratt befahl sogleich, die See sei ruhig genug, längsseits des toten Schiffes festzumachen.
Nachdem das Manöver ausgeführt, gingen Grigg, Pratt, Pujol in Begleitung zweier Matrosen über die Reeling. Frey und Matthieu blieben zurück. Die beiden Deckstoten hatten ruhige Gesichter, offene Augen. Das Aussetzen der Lungen war schmerzlos gewesen. Oder die feierliche Glätte des Ausdrucks war in die inzwischen friedlichen Muskeln als Täuschung der Auflösung eingeschlichen. Auf der Brücke zwei Tote, der Kapitän und ein Leichtmatrose. Der Gestank anbord war

schwer süß und häßlich von Verwesung. Aber nicht die Menschen stanken, die Ausdünstung der Materie der großen tranigen Tiere verpestete die Luft.
Man muß einen Walfänger gesehen haben, um zu wissen, welche Anblicke und Gerüche einem zustoßen können. Grigg, Pratt und Pujol waren ohne genaue Kenntnisse in dieser Hinsicht. Und so wurden sie überrascht. Achtern, am Ende einer Art Rutschbahn, die vom Meer heraufführte, lagen die Trümmer eines Wales. Das ist keineswegs wie der Anblick eines zusammengestürzten Hauses oder eines zerschossenen Waldes. Oder wie Tinte, die über weißes Papier ausgelaufen ist. Es ist wie ein Massengrab, in dem entkleidete Soldaten liegen, die in offener Feldschlacht zerfetzt wurden. Der wertvolle Speck, in unregelmäßigen Rechtecken vom Körper heruntergeschnitten, nicht unähnlich den Eisblöcken, die aus der zugefrorenen Decke eines Sees herausgesägt sind. Das Fleisch, man kann vermuten mit Äxten, vom Knochenwerk abgeschlagen. Und Eingeweide, plump wie in einem Traum, ein Hügel, blutig graue Schläuche, gewunden, ein Exzeß der Phantasie, ein vorgeschichtliches Laboratorium zur Erzeugung des rätselhaften Lebens. Und alle Formen stanken. Inmitten der blutigen Landschaft lagen, in hohe Wasserstiefel getan, mit Gummi oder Öltuch beschürzt, wieder zwei Menschen. Grigg, der betroffen dagestanden war, ging hinzu, schaute den Hingestreckten ins Gesicht. Burschen, kaum achtzehn Jahre alt. Milchgesichter. Von irgendeiner Mutter geboren. Unwissende.
»Schnell weiter«, sagte Pratt.
Die Männer flohen unter Deck. Durchstöberten die Mannschaftsräume. Ein paar Schlafende, die nicht mehr zu wecken waren. Transiederei. Knochenmühle. Fleischdarre. Dunkle Löcher, voll kalter Pestluft. Die beiden Matrosen leuchteten mit den Taschenlampen in die Winkel. Sie ließen die Lichtkegel über den Boden huschen.
»Tot«, sagte der eine oder andere.
»Weiter«, sagte Pratt.
Man tastete sich über den schlammfeuchten Boden. Blut oder Muskeln. Fässer voll wertvoller Ware, Tran, ehemals über den Rippen großer Tiere.
»In die Maschine«, sagte Grigg.

Sie fanden den Schacht. Die Luft wurde leichter, angenehmer, wärmer, vermischt mit dem Dunst emulsierten Schmieröles. Man stieg die eisernen Stabtreppen hinab. Die Matrosen mit den Lampen voran. Auf den Stahlplatten des Maschinenraumes fand man keine Leiche. Man leuchtete die Ecken aus, den Gang zwischen Steuerbord- und Backbordmaschine. Im Kurbelraum der einen fand man zerfetzte Kleidung, Fleischmasse, einen verwüsteten Kopf, losgerissene Schenkel. Der Maschinist war zerstampft worden.
»Alle Leichen werden unter Deck getragen«, sagte Grigg kurz, klomm die Stiege wieder hinauf.
»Vor den Feuern wird keiner am Leben geblieben sein«, sagte Pratt.
»Gründliche Arbeit«, sagte Pujol.
Die Deckstoten wurden in die Mannschaftsräume getragen.
»Versenken«, sagte Grigg zum Schiffsführer des Elektroschiffes.

TEXTE AUS DEM UMKREIS DES PERRUDJA

Über den »Perrudja«

Aus der Voranzeige des Gustav Kiepenheuer Verlages

Raphael hätte kein Maler sein können, wäre er ohne Hände auf die Welt gekommen. Die gegenteilige Behauptung ist nur als Versuch zu werten, mit Hilfe der Mystik faule Konstellationen zu berichtigen. Der Schriftsteller schreibt, weil es ihm erlaubt ist. Und nur solange es ihm erlaubt ist. Das beste Mittel der Gesellschaft, sich vor Überraschungen durch die Literatur, die Kunst schlechthin zu bewahren, ist die Abdrosselung mit allen Mitteln. Voran der Hunger, dann Krankheit – notfalls Zensur und Gefängnis. – Der Roman »Perrudja« ist trotz seiner Länge und Unbequemlichkeit als Druckwerk zustande gekommen. Einige Inhalte des Werkes sind:

Der Mensch wird auch in seinen Sünden ernst genommen, und die Verfehlungen nicht anders gewertet als die guten Taten. Die schwarzen Männer Afrikas und die gelben Asiens werden nicht den Affen gleichgesetzt, um das Ausgebeutetwerden zu rechtfertigen. Es werden auch keine Helden über Feige gehoben. Die Tiere werden nicht für ehrlos erklärt, weil ihre Macht vor des Menschen Macht gering ist. Es ist überhaupt nicht von den erschreckend vielen äußeren Grenzen die Rede, die die Kreaturen voneinander trennen. Die feineren mußten anerkannt werden. Die Frau Signe zum Beispiel liebt Perrudja, aber sie kann ihn nicht lieben, weil ihre Existenzen unter verschiedenen Vorzeichen blühen. Perrudja ist nur eine gelbe Blume. Den anderen, den sie lieben könnte, liebt die Frau nicht, weil er, gemessen an ihrem Alter, mit ein paar häßlichen Jahren zuviel bedacht wurde. Die Nachbarschaft ist immer das Nächste und das den Sinnen Gefälligste. Und wer erliegen kann, erliegt. Die Sehnsucht nach dem Unbekannten kann das Nahe hinwegtreiben. Und es entsteht die grauenhafte Verkettung zwischen hier und dort, ein Gordischer Knoten, den nur Alexander zerschlagen könnte. Aber es gibt keine Helden in dem Buch, und Alexander ist ein kleiner Bursche, der sein bißchen Schönheit als Liebesware verhandelt. Ein Orchestrion wird der Anlaß zum Sturz durch die Welten. Kraft und Jugend zu Taten des Geschlechts. Fernando Cortez muß manches bezeugen, was nicht zum Vorteil der göttlichen Weltordnung gereicht. Von Kolonialkriegen und Giftgasen ist auch die Rede. Vom Kapitalismus. Von dieser Welt schlechthin. Von ihren Äußerungen, wo sie brüderlich und fromm wird, von der Landschaft, von den Elementen, von den Wirkungen der Materie. Wie ein melancholischer Regen träufeln die Gebilde der Einsamkeit, die fast zwecklos sind, in die Handlungen hinein.

Selbstanzeige des »Perrudja«

Das Tage-Buch, Berlin, 21.12.1929

Das Werk ist von erheblichem Umfang. Zwei starke Bände. Schreibend habe ich an meine andere Heimat gedacht, Norge; in breiten Stunden.

Der Roman hat manche Tendenzen. Ich liebe die kapitalistische Weltordnung nicht. Nicht die angewandte Wissenschaft der Kriege und Giftgase. Nicht die sinnlose Vermehrung der Menschen mit dem Ziel der Armut und Arbeitslosigkeit, der Katastrophen für alle Tiere. Ich bin noch niemals dem Normalmenschen begegnet, habe ihn deshalb auch nicht schildern können. Eine positive Leistung habe ich mich bemüht zu vollbringen, das Dasein zu bejahen. In vollkommenem Gegensatz zu den meisten Vertretern augenblicklicher Religionen: die mit ihrer Kritik den Schöpfungsgedanken zerfetzen; die von wirksamen Kräften die Moral einer bestimmten Richtung verlangen; die Verfertiger jener Wunschblamagen, die den Höchsten regional deutsch, französisch, amerikanisch erscheinen ließen. Die nackte Existenz von Stein, Baum, Tier, Mensch, wie sie gewachsen, Träger von Funktionen, keine Helden, Gezeichnete, im Daseinsmechanismus Bezeichnete, hat mich gepackt. Der Mensch wird auch in seinen Sünden ernst genommen, und die Verfehlungen nicht anders gewertet als die guten Taten. Die schwarzen Männer Afrikas und die gelben Asiens werden nicht den Affen gleichgesetzt, um das Ausgebeutetwerden zu rechtfertigen. Die Tiere werden nicht für ehrlos erklärt, weil ihre Macht vor des Menschen Macht gering ist. Es ist nicht von den erschreckend vielen äußeren Grenzen die Rede, die die Kreaturen voneinander trennen. Die feineren mußten anerkannt werden. Schließlich schwankt die Darmlänge bei den einzelnen Menschenindividuen zwischen 5,70 und 11,50 Meter. Man kann von der Verdauung bedenkenlos Rückschlüsse auf die Mannigfaltigkeit der Art, Intensität und Richtung der Liebe und der Sehnsucht nach einer ertragbaren Gerechtigkeit ziehen. Es ist jedenfalls sehr schwer, zu sehen, zu bejahen. Zu hören, zu bejahen. Mit allen Sinnen zu bejahen. Eigentlich steht die Todesstrafe auf Bejahung seit jeher. – Die Sehnsucht nach dem Unbekannten und Unerprobten ist auch ein Motor. Es kann die grauenhafte Verkettung zwischen hier und dort entstehen, ein gordischer Knoten, den nur Alexander zerschlagen könnte. Aber es gibt keine Helden in dem Buch, und Alexander ist ein kleiner Bursche, der seine Schönheit als Liebesware verhandelt. Fernando Cortez muß manches bezeugen, was nicht zum Vorteil der göttlichen Weltordnung gereicht. Es ist die Rede von dieser Welt schlechthin. In der kein Saldo zugunsten des Glücks oder Unglücks sich ergibt. In der unter vielen Milliarden Samenzellen eine nur das Los des Wachstums zieht. Und du hast die Möglichkeit, Selbstmord zu begehen oder ohne deine Hilfe ins Dunkle zurückgeschüttet zu werden. Aber du hast nicht das Recht, zu kastrieren, umzubiegen, zu zerlügen, den unbekannten Gott anzuspeien. Und diese Welt hat Äußerungen, wo sie brüderlich und fromm wird. In der Landschaft, in den Elementen, in den Wirkungen der Materie. Kauft das Buch, es ist nicht schlechter als das meiste andere, für das ihr Geld aufwendet.

Vorwort zur Neuausgabe 1958

Perrudja, Frankfurt 1958

Im Jahre 1929 veröffentlichte die Lichtwark-Stiftung zu Hamburg den Roman Perrudja in einer limitierten Auflage von etwa 1020 Exemplaren. Der Autor hatte den Plan, einen zweiten Roman mit dem gleichen oder einem ähnlichen Titel folgen zu lassen. Die politischen Abläufe in Deutschland zerschlugen die Absicht. Der limitierten Ausgabe der Stiftung folgte auch keine weitere. Von der Fortsetzung der Arbeit erschien nur ein einziger Abschnitt: Commission remplie – ein Auftrag wird ausgeführt – in französischer Sprache.
Eine zweite Behinderung brachte die Entwicklung der Naturwissenschaften. Der Autor hatte für die Zukunft der kriegerischen Menschheit mit Atom-Waffen gerechnet; es finden sich darüber hie und da Andeutungen in dem Buch. Mehr noch aber glaubte er an eine Umgestaltung des chemischen Krieges – ins Schreckliche und technisch Vollkommene hinein. Die Atom-Energie vermutete er, werde sich zu sogenannten O-Waffen verwenden lassen, also ausschließlich als Sperrmittel gebraucht werden. In einem Kapitel »die unsichtbare Mauer« hat er Wirkung und Anwendungsart beschrieben. Die Atombombe erledigte seine Phantasie – und zugleich die Hoffnung, daß die Menschheit als solche dauernd davonkommen werde.
Das Erledigtwerden einer Konzeption hat für den Schreibenden weitreichende Folgen – sofern er sein Handwerk ernst nimmt und seine dichterischen Vermutungen an der Wirklichkeit und einem nicht nur oberflächlichen Wissen orientiert. Es fiel also das Hauptstück meiner Absicht: Krieg und Errettung – aus. Das Manuskript wurde beiseite gelegt. Teile davon kamen auch abhanden.

Ich bin mir indessen bewußt, daß ich dem aufmerksamen Leser noch etwas vom Lebenslauf der Frau Signe schuldig geblieben bin. Auch das Interesse an ihrem Bruder Hein ist wahrscheinlich für viele nicht erloschen, wenn das Buch mit der letzten Seite endet. Schließlich wird man sogar nach dem Schicksal des »Nichthelden« Perrudja fragen. Eine Bemerkung zu seinem Namen: man könnte ihn auch Perryddja schreiben – der zerrüttete Peter.

Ich habe mich darum entschlossen, die erhaltenen Teile der Handschrift soweit zu ergänzen, daß der Leser wenigstens an den Hauptpersonen sich noch eine Weile erfreuen und entsetzen kann.

Daß ich die jugendlich expressionistische Ausdrucksform in den noch zu ergänzenden Teilen nicht wieder werde verwenden können, betrübt mich zwar, erscheint mir aber für den Leser ein nur geringer Nachteil. So hoffe ich denn nur, daß mir die Zeit günstig sein möge.

Unser Zirkus

Zuckerbrot und Peitsche.
Zeitschrift für Dompteure und verwandte Berufe. Festalmanach
für das Kostüm-Künstlerfest Curioser Circus.
Hamburg, Februar 1927

Er war ein Staat im Staat; das ist nichts Auffallendes. Er wurde regiert. Auch das ist selbstverständlich. Er wurde regiert von der Frau Direktor. Uns schien das natürlich, denn ihr Regiment war unvergleichlich. Der Herr Direktor war nur Prinzgemahl. Sie ernährte uns eigentlich allesamt.

Sie war unmenschlich dick. Beim besten Willen ließ sich kein Liebhaber für sie auftreiben. Der Prinzgemahl wollte mit uns das Würfelspiel um sein Ehebett treiben. Wir streikten. Er drohte, uns auf die nackte Straße zu entlassen, ohne eine Brotrinde. Wir zogen den Hungertod vor. Bei soviel Heldenmut durften wir im Amt bleiben.

Sie besaß ein schwarzseidenes Kleid mit Eiseneinlagen, in das zwängte sie sich zu jeder Vorstellung. Ihre Taille wurde dann so dünn, daß zwei Männer sie gerade umspannen konnten. Sie bekam etwas vom Mythos einer Diagonale. An ihren Endpunkten war das Fleisch trotz schwedischen Stahls nicht zu bändigen. Sie führte einen Trick vor, eben jenen, durch den wir alle unser Brot aßen. Wir besaßen acht Hengste und ebenso viele Stuten. Die waren aber keineswegs für die Hengste da. Die mußten vielmehr auf den Dörfern Sologastspiele geben. Man sieht, daß unser Unternehmen sorgfältig durchdacht war. Für uns blieb es freilich stets ein jämmerlicher Augenblick, wenn wir unsere Kunst an der Majestät abschätzen mußten, mit der sie, peitschenknallend, es dahin brachte, daß die sieben Hengste (der achte trat später in Erscheinung) sich aufrichteten, so daß jeder sich an ihrer Schönheit sattsehen konnte. Es waren alles prächtige Tiere. Stallburschen hatten wir denn auch stets

übergenug, wenn sie auch fast alle irgendwo gestohlen oder ein Mädchen betrogen hatten.
Der Herr Direktor durfte allabendlich einen Zebuochsen mit gewaltiger Wamme, einem Euter gleich, vorführen, der auf Befehl niederkniete. Dabei blies die Kapelle einen Tusch. Einen Elefanten besaßen wir nicht. Der Prinzgemahl war in einen Frack gesteckt und stand den Rest des Abends mit blinkend weißem Gummikragen in der Nähe der Stalljungen, deren harmonische Glieder durch beschmutzte rote Röcke verhüllt wurden, die an Jahren die Burschen weit hinter sich ließen.
Der Ehe unseres Herrscherhauses war ein Geschwisterpaar entsprungen. Sozusagen. Der Sohn hieß mit Künstlernamen André. Er war Schlangenmensch von Beruf. Er trug einen Anzug aus rotem Samt. Er war gut gewachsen, er war hochmütig, er verstand sein Handwerk. Er arbeitete zusammen mit seiner Schwester. Sie tanzte, während er sich von hinten den Kopf vor den Bauch schob. Die beiden schliefen des Nachts in einer Wagenhälfte.
Aber es war nur halb so unsittlich, wie es hätte sein müssen, denn sie war nur seine Halbschwester. Und auch das nur halb. Ihre Mutter war eine Schulreiterin, die einzige unseres Instituts. Und wenn eine junge Reiterin sich auch benimmt, als ob sie verheiratet wäre – wer würde glauben, daß sie diesen Direktor einem halben Dutzend Stallburschen und einem ganzen männlicher Artisten vorgezogen hätte? In der Tat war sie die einzige, die das behauptete. – Unbestritten aber war ihr Erfolg, wenn sie des Abends nach dem Akt der Frau Direktor einen Vollbluthengst zu reiten hatte. Wir ordneten es als eines der sieben Weltwunder ein.
Vielleicht verstand die Matrone das Geschäft besser, als wir Taugenichtse es ahnten. Und Zirkusblut mußte auch unter ihrem Fett pulsen, sonst hätte sie wohl Pferde und uns an den ersten besten Trödler verkauft, samt Zelt mit Pauken und Trompeten, Zebuochsen und lebenden Bildern, und sich eine bequeme Zweizimmerwohnung gemietet.
Wir Artisten waren in gleicher Klasse mit den Stalljungen engagiert (die Musikkapelle war stets lokal) auf trocken Brot, Salz und Malzkaffee nebst Garantieschein, sicher vor den Zugriffen der Polizei zu sein. Darauf verstand sie sich. Wenn das

Geschäft ging, gab es Bargeld und Schweinebraten. Dank ihrer Grundidee, gestützt durch gute Papiere der männlichen Rosse, waren die schlechten Zeiten dünner gesät als die guten.
Unter dem Troß des Personals gab es also keine Standesunterschiede. Doch: eine Ausnahme. Die Matrosin. Ihre Geburtsstadt war Marseille, ihren Geburtsnamen kannten wir nicht. Wir sagten ihr nach, daß sie einen Stammbaum habe wie die Pferde, und deren Adel war verbürgt. Sie trat mit ihrem Sohn auf, einem hübschen Knaben ohne Stammbaum. Er war stets fröhlich und einfältig, wir liebten ihn alle. Jedenfalls konnte er beweisen, daß sein Vater ein schöner Bursche gewesen war. Gibt es ein sichereres Dokument? – So gönnten wir ihm gern, daß er mit seiner Mama eine ganze Wagenhälfte bewohnen durfte. Ja, er besaß sein eigenes Bett. Und wenn sie des Abends eine Bambusstange senkrecht in den Hüften wiegte und er hinaufkletterte und oben den Stab sich gegen den Nabel setzte, der nach klassischer Regel Schwerpunkt und Goldenen Schnitt bezeichnete, und in dem Nabelgrübchen, das sicherlich eine Unze Rosenöl gefaßt hätte, den Leib drehte wie ein Rad in der Nabe und lachte und in die Hände klatschte und hinunterschrie: »Maman, ma chère –«, dann hatten wir die gottselige Predigt vor uns, die uns immer wieder begreifen machte, weshalb wir das Hundeleben so schön fanden wie den Garten Eden, nur daß wir an den Äpfeln der Erkenntnis uns den Magen übernommen.
Fünf waren unter uns, die hatten das Fliegen am Trapez gelernt. Es war keine Familie, obgleich sie so taten. Drei Männer und zwei Frauen, eine Gemeinschaft, die Bewunderungswürdiges leistete. Sie hätten in üppigeren Sold gehen können, aber es war ein Neger darunter. So fehlte es ihnen an einem Familiennamen.
Eine andere Gruppe, zwei Männer und vier Frauen, spielten allabendlich Ball mit Tellern, Weinflaschen, Tischen, Stühlen, Hüten, Leuchtern, Lampions – kurz, sie warfen durch die Luft, was nicht niet- und nagelfest war. Einer der Männer trat für Befestigung der Sitten ein und stand im Begriff, sich als Haremsvorsteher zu fühlen. Eines Nachts verprügelten ihn die Stallburschen. Am nächsten Morgen war er verschwunden. Vier Wochen später hatte ein Pferdejunge das Werfen mit den

Gegenständen genügend begriffen, um als Ersatzmann eintreten zu können. Dann war da mein Genosse, Kollege, Mitarbeiter. Er war ungeheuer dumm. Und ich. Ich bin natürlich noch viel dümmer. Ich heiße ganz authentisch August. Über uns lachte man. Der Tölpel neben mir hieß Friedrich und schielte. Ein Zwischenakt hieß die Biene. In seinem Verlauf wurde mir Wasser ins Gesicht gespuckt. Zuerst hat es mich sehr gekränkt, öffentlich angespuckt zu werden. Ich tröstete mich damit, daß alle großen Künstler von der Öffentlichkeit angespuckt werden. Des Nachts schliefen wir in der zermürbten Wagenstadt, anzusehen wie ein geschlagenes Heer. Auf Strohsäcken, dicht gedrängt, ohne Unterschied, ohne heiße Liebe, aber gut zu einander, vereint durch gleiches Schicksal.
Die Menschen nannten uns Zirkus. Der Direktor nannte uns Künstler. Wir pfiffen durch die Zähne und wußten nichts, als daß wir keusch waren wie die Vögel im Frühling.

Europas Werk

Berliner Börsen-Courier, 30.4.1927, 1. Beilage

Viellieber Seas-Ainso.

Du wirst nicht ermessen mögen, wie es mir seit Deiner Fortreise ergangen ist. Während Deines Hierseins wurde der Inhalt meines Lebens getragen durch die starken, fast uferlosen Reden, die wir wechselten, die alle dennoch harte Bausteine zu einem schönen Haus für uns späten Menschen wurden. Wir kamen überein zu einem Werk. Wenn auch nicht zu einem Werk der Hände, zu einem Plan, so will ich einschränken, der uns im Blut diktiert wurde. Du sagtest mit weisen und milden Worten, nachdem Du Europa gesehen: »Ihr werdet sterben.« Und Du weintest fast, als Du hinzufügen mußtest: »Ich habe unter Euch einige gefunden, die ich liebe, denn sie sind wie wir, wenn auch blaß in der Hautfarbe.« – So etwa sprachst Du anfänglich, als wir uns kennen gelernt und nicht voneinander gewichen, weil wir unterschiedlicher Rassen – bis sich unsere Worte heftiger ineinander verbissen. Da geschah es, daß Du offen bekanntest von Dir und Deinen Brüdern im Blut: »Viele sind vergiftet, krank, sie haben eine Wunde, aus der ihre heilige Seele ausfließt. Sie behalten wenig ihres eigentlichen Samens und gehen dahin wie Fleisch, das verwest und nicht wieder auferstehen kann.« Du fügtest hinzu, und nur mit Mühe vermochtest Du Fluch und Haß zu unterdrücken: »Es ist Europas Werk, zumeist ist es das Werk Europa.« Aber Du wurdest auch wieder gelassen, und es war, als ob wir Deine Brüder und die meinen gemeinsam in ein großes Sieb würfen, und nun zu rütteln begännen, und siehe, die große Zahl fiel wie blutleer durch die Maschen und wir sahen sie nicht mehr. Von den meinen blieben einige, mehr von den Deinen, und Du stelltest fest, was ich zu sagen nicht wagte: »Ihr Herz ist nicht ungleich,

und ihr Geist auch nicht. Sie haben nur unter verschiedenen Sonnen gelebt. Das wird jeder dem anderen nachsehen.«
Wir beharrten bei diesem Satz, und Du erweitertest ihn, indem Du aussprachst: »Die Zehntausend werden errettet werden, wenn Europa an seinen eigenen Freveln verbrennt. Unsere Frauen werden willig ihr Blut annehmen, und wir werden die weißen Frauen nicht verschmähen. Und es wird Tüchtiges daraus werden. Zwar zuvor müssen wir bei uns selbst reinigen, denn Du sahst ja in dem großen Sieb, was nicht bleiben konnte. Wir werden den Mut finden, die europäische Krankheit an unsern Brüdern auszurotten, indem wir die Befallenen erschlagen oder ins Meer treiben.« – Leise Zweifel kamen mir, als Du, wie ohne Erfahrung, von dem Mischen der Massen redetest, aus dem – ich verstand Dich nicht falsch, Du wolltest es so gesagt haben – der neue Mensch geboren werden sollte. Ich erinnerte an Erfahrungstatsachen, sprach von schlechten Zähnen der Bastarde, von ihren schwachen Knochen als einem äußerlichen Zeichen der Warnung. Da lächeltest Du anfangs ein leises Lächeln, das ich übersehen wollte und sprach weiter Schlechtes von den Menschen aus zweierlei Blut. Bis es mit Zorn aus Dir fuhr: »Deine Erfahrung gilt nichts. Du verneinst das Beispiel des Siebes. Du wiegst nur das Wägbare. Du nimmst Fleisch wie Salz und Säure. Du wartest auf ein Schlußergebnis aus den Bezirken der Chemie. Du wertest mit dem Maßstab europäischer Medizin von heute, die vor den Millionen Krankheitsfällen nur noch das Typische registriert. Ich entgegne Dir: Ihr habt uns Eure Brutalen ins Land gesendet, Seeräuber, Abenteurer, Tolle. Francis Drake, den sie einen Helden nennen, er setzte wilde Aufrührer an eine Insel, Gottlose, die sich paaren konnten. Die spanischen Schiffe taten nichts anderes. Die Jesuitenpatres, die fromm von uns als den schönen Indiern sprachen und sich darin gefielen, eine Staffel über die Schattierung unserer Haut anzulegen, um danach auf unsere Seelen zu schließen, wiewohl sie milder waren als die Schiffspatrone. Sie waren heillos genug, uns einem unmenschlichen Glauben und der Brutalität geiler Verbrecher auszuliefern. Wehrten die Vorfahren sich, so sengte es Feuer aus Stahlrohren. – Doch was war das aufrührerische Blut der Abenteurer verglichen mit dem Einfall Eures Abschaums, der sich im vorigen

Jahrhundert über uns Arme ergoß? Wir sind zerschunden worden, abgeurteilt, geschlachtet, unsere Mädchen vergewaltigt, erdrosselt im Fallen einer überlegenen Macht der Rohheit. Beweisen die Bastarde, die sie uns hinterließen, auch nur ein Geringes? Ich will nicht an Kinder glauben, die über uns verhängt wurden wie unsägliche Not.« Du fügtest nach langem Schweigen hinzu: »Es gibt sogar europäische Ärzte, die begreifen, daß nichts bewiesen ist.«
Allmählich zogst Du mich in den Bund hinein, den Du errichtet sehen wolltest, denn Du bist nicht bedingungslos unser Feind, bist nur denen Feind, die im Grunde auch meine Gegner sind. So zogen wir durch die Nationen andere, weisere Grenzen. Ich versprach Dir, an dem Bund eine schwere Aufgabe zu arbeiten. Ich wollte den Traum der Befreiung, der in uns schlummerte, zu wirklichen Worten machen, daß er allgemeiner würde, wie wir es besprochen hatten, im Gewand der Wirklichkeit, die wir sahen und erfahren hatten. Betrübt heut schreibe ich Dir, denn das Werk ist immer noch nicht vollendet. Und kaum ermesse ich, wie ich's vollenden soll, denn alles Tun in Europa wird bald müde, taub und nutzlos. Hundertmal am Tage tritt mir ein Ding, ein Ereignis entgegen, angesichts dessen ich vermeine mich regen, protestieren, kämpfen zu müssen. Aber die nächste Minute mit neuen Ungerechtigkeiten ist Gift ihrer Vorgängerin, sie kündet in uns: zuviel, alles ist zwecklos, verblute nur, das darfst du, schreien ist lästig.
Gewiß ist es so: Ihr seid den Handelsherren und Staaten als Sklaven verfallen; aber wir Kinder Europas sind es nicht minder, nur Gradunterschiede trennen uns in dem. So will ich versuchen zu schildern, wie es um uns steht, nachdem ich selbst erfahren, wie mit meinem letzten Gelde meine letzte Freiheit dahinging, zugleich eine Erklärung, weshalb ich Dir nicht das Buch senden kann, ja nicht einmal den ersten großen Abschnitt. Und doch habe ich von Dir längst das Honorar bekommen: eine Insel. Eine kleine Insel, eine ganz kleine mit ein paar Palmen darauf. Das Meer geht um ihre Klippen. Ich werde, so denke ich mir, sie niemals zu sehen bekommen, niemals auf ihr wohnen können. Aber es ist meine Insel. Drei Frauen und ein Mann behüten sie, vielleicht inzwischen ein

paar Kinder. Blut hat bei euch noch ein Recht, sich zu vermehren – bei uns stirbt es.
Das Brotverdienen macht mich unfrei, nimmt Zeit, Kraft. Du hast bewundert, daß ich Orgeln baue, hast nicht einmal mißtrauisch auf meine Apparate und Konstruktionen geblickt, bist mir gefolgt in mathematische Gleichungen und physikalische Gesetze hinein, gefreut hast Du Dich, daß Holz, das von weit her, von euren Inseln kam, jetzt mir diente, um Klänge auszuströmen. Du hast große Hoffnungen auf mich gesetzt, weil ich Dir wie ein Zauberer vorkam. Sieh, mein Herz selbst hat sich in diese Wissenschaft verfangen und wird wohl nie davon lassen können, weil Wirklichkeiten und Zusammenhänge sich mir enthüllten, die vorher verschlossen waren. Aber ich bin immerhin so verkommen, daß ich die Dinge, die ich um einer Liebe willen tat, ansehen muß nach dem Verdienst, den sie mir einbringen. Damit bin ich gleich an sie gekettet. Nicht um ihretwillen, sondern um des Geldes willen muß ich ihnen über die Maßen viel Zeit geben. Zehn Stunden, zwölf Stunden des Tages, und zwar meine besten. So bleibt nicht Zeit für den Geist und die Formulierungen. Besäße ich Geld, ich wäre frei. Armut ist die schlimmste aller Fesseln. Hätte ich ein halbes Jahr Freiheit zu leben, das Buch würde in Deinen Händen sein. Schwer noch wird mir meine Arbeit als Orgelbauer, weil jene, die mir in diesem Beruf nicht wohlwollen, mich meiner Schriften wegen schelten. So bin ich doppelt belästigt. Gehe ich im Augenblick auch in Niederungen, so hoffe ich doch, daß ich nicht am Ende bin. Dich bitte ich um Geduld. Einiges unserer Gespräche habe ich wiederholt, daß Du nicht wähnst, ich sei abtrünnig geworden.

Der Deine
Hans Henny Jahnn

Die liebenswürdige Leidenschaft

Die Lupe.
Halbjahresschrift der Firmen M. H. Wilkens & Söhne
und Carl M. H. Wilkens GmbH. Hamburg 1927

Die bunten Steine, unsere Kleinodien, wuchsen im Verborgenen. Sie wußten ihre Farbe nicht, die doch ihre Seele war, sie wußten im Dunklen das Gesetz ihrer Kristallform nicht, obgleich sie doch ihren Leib bildete. Ans Licht gebrochen, enthüllt, kapselten die Gewachsenen in ihrer reinen Offenheit ein Geheimnis ihres früheren Verborgenseins ein, das wir nicht enträtseln können, weshalb wir sie lieben. Sie verschweigen uns etwas. Sie blinken, und wir erinnern uns, daß ihr Auge mit dem zuckenden Sternenlicht an purpurdunklen Himmeln zu schaffen hat und vermögen leise zu erahnen, daß sie uns begleiten können wie unser guter Stern. Die Liebe zu Steinen kann Leidenschaft werden, wie das Grübeln in den Bezirken der Astrologie, der Alchimie.

Khosro II., der im ersten Viertel des 7. Jahrhunderts Großkönig des sassanidischen Reiches war, dessen Heere Byzanz, die Provinzen Mesopotamien, Syrien, Palästina, Phönizien, Armenien, Kappadozien, Galatien, Paphlagonien entrissen, war einer der größten Anbeter von Kleinodien. »Nach Juwelen wie kein anderer gierig«, berichtet ein muslemischer Chronist. In den Schatzhäusern von Ktesiphon und Dastagerd hatte er den grenzenlosen, unvergleichlichen Besitz angehäuft, der später durch den Christen Herakleios und glaubenstolle Araber verstreut wurde. Es befanden sich in seiner Sammlung Kleinodien von fast sagenhaftem Wert. Ein Schachspiel, dessen Figuren aus Smaragden und Rubinen geschnitzt waren. Gold, das wie Wachs knetbar. Zwei Schätze: den Gandj i badhaward, der den ganzen Reichtum Alexandreias ausmachte, bei der Belagerung der Stadt von Griechen auf Schiffe verladen und dann gekapert, der andere, Kanzal-thaur, beim Pflügen im Boden gefunden. Endlich die Krone mit den drei größten Juwelen der Welt. Es sind offenbar die gleichen Steine, von denen im Buch der Erzählungen der 1001 Nächte in der Geschichte des Königs 'Omar ibn en-Nu'-man und seiner Söhne Scharkan und Dau-el-Makan berichtet wird. Sie waren »groß wie Straußeneier, aus feinstem reinen und weißen Edelgestein, dergleichen sonst nie gefunden wird«. Auf jedem war eine geheimnisvolle Inschrift eingegraben, die der Schlüssel zu nutzbringenden Kräften war, die ihnen innewohnten. Einem neugeborenen Kinde, dem man eins der Juwelen umhängte, konnte kein Übel zustoßen. Die drei Steine waren wahrscheinlich durch Alexander den Großen aus Indien mitgebracht worden.

König Khosro glaubte zu ahnen, daß er mit den harten Kristallen und ihren Farben Macht bekomme über die Kraftströme der Erde. Eine Welle unerhörten, bis dahin ungekannten Glükkes hatte ihn erfaßt. Aus dem Harem seiner 3000 Konkubinen blühte ihm Shirin, der »Garten der Schönheit« entgegen, die »nächtliche« Stute Shabdez, das schönste der Pferde, trug ihn hinaus ins Land, das sein war. Die Sänger Sardijs und Pahlbadh würzten mit der Anmut ihrer Gebärden und Stimme die zitronenfarbenen Nächte im Palast von Ktesiphon.

Des Königs Wunsch war es, wie die Kräfte der Erde, so auch die Gewalten des Geistes zu regieren. Da zog im Jahre 614 sein großer Feldherr Shahrbaraz Farrukhan in Jerusalem ein und entführte das heilige Kreuz, das Symbol der Christenheit. Wie ein Rausch kam es über Khosro. Er sperrte die Reliquie ins Staatsgefängnis, das »Haus der Finsternis«. Aus den Ruinen Babylons hatte man die Labartu, die Pestgöttin, in seine Gewalt gegeben. Sie war alt, sehr alt, mächtiger als das Kreuz nach dem Vermeinen Khosros. Löwenhäuptig, mit spitzen Eselsohren, Körper eines Weibes, das an seinen Brüsten ein Schwein und einen Wolf säugt. In den Händen hält sie Schlangen, Greifsklauen an ihren Füßen. So hockt sie auf einem Maultier. Auch diese entsetzenerregende Gottheit der Unterwelt kam ins Staatsgefängnis. Mit Hilfe dieser Schatztherapie wuchs fast ungehemmt, übernatürlich Glück und Gelingen um den Großkönig.

Aber den Zwölfflach, den Amethyst besaß er nicht, den uns Albrecht Dürer auf dem Stich, den er Melancholie nannte, abgebildet hat – der durch Flächen mit je fünf Kanten begrenzt wird, die sich auf die fünf Elemente beziehen: Feuer, Wasser, Luft, Erde, Metall, mit den fünf Wirkungen auf den Menschen. – So konnte Khosros Ende und Untergang heimlich heranreifen.

Die symbolischen Kräfte der Steine wuchsen aus ihrer Farbe, ihrer Form, ihrer Schwere. Allmählich tasten auch wir uns zurück zu ihrer Bedeutung. Die liebenswürdige Leidenschaft zu ihnen, von deren Geschichte ich ein kleines Kapitel zum besten gegeben habe, keimt in uns wieder auf. Sie dünken uns plötzlich ein Schlüssel zu stärkeren Kräften in uns, denen wir nicht entgehen. Wir fühlen, daß sie uns ein Tor der Liebe sein können.

Vielleicht ist die Zeit nicht mehr gar zu fern, daß wir anstatt eines schlichten Goldreifens einem geliebten Menschen einen Ring mit einem Stein schenken von bestimmter Farbe, bestimmter Form und Schwere, sein Kleinod, unter dessen Kräften er sich wohl fühlt und das somit besser Lebensschicksale ineinanderfügt als das einerlei Metall.

Die gewachsenen Kristalle gemahnen uns, daß wirksam in uns tellurische Kräfte, die sich betätigen wollen. Die leuchtenden Sterne ziehen Bahnen, von deren Wirkung wir nur Ungewisses erahnen.

Polarstern und Tigerin

Erste Fassung
Die silbergrüne Dschunke. West-östliche Begegnungen.
Ein Almanach zu dem chinesischen Feste der Hamburger Gruppe 1927.
Hamburg 1927

In der letzten Hütte eines Dorfes, das halb hinaufgetrieben gegen die nördlichen Berge liegt, wohnten vor einiger Zeit zwei Liebende, die aus der großen Stadt Si-Ngan-Fu heimlich entflohen waren. Fu-Tungs Vater war eines Morgens von den Bütteln der Stadt von der Bettmatte gestoßen und zum Jamen geschleppt. Als es ruchbar wurde, daß alles Vermögen, Güter, Gärten und Häuser des reichen Mannes beschlagnahmt waren, fürchtete Fu-Tung für sein Leben. Aber er wollte Cho-Wen nicht verlassen. So schlich er sich des Abends in den Garten Cho-Wangs, ihres Vaters, der wegen seiner veränderten Vermögenslage ihrem Bund widerstrebte, und drang von dort in das Zimmer Cho-Wens ein. Bevor der Morgen graute, war es ihm gelungen, sie zur Flucht zu überreden. Die Sonne war noch nicht erschienen, als sie miteinander durch das kleinste Tor der Stadtmauer, der Pforte der Schiffer, sich davonhoben. So lebten sie in dieser kleinen Hütte, fünfzehn Meilen von ihrer Vaterstadt entfernt, und Fu-Tungs Glück ward nur getrübt durch die Furcht vor dem Groll seiner Ahnen, weil er ihre Grabstätte ohne Pflege und ohne Rache den Tod seines Vaters gelassen hatte. Jeden Abend aber führten sie ein Gespräch, in dem sie ihre gegenseitige Liebe beschrieben. Sie dichtete die Worte: »Wenn ich in deinem Schoß ruhe, vernehmen meine Sinne den Duft junger Kaktusblüten«, und er antwortete: »Der Liebende, der vereint ist mit der Geliebten, vergißt alle Mühe vor der Bestätigung seines Glückes.« Sie wieder: »Der Durst ist vergangen. Wie sollte wohl die Lotosblüte, die auf dem Wasser schwimmt, nach Trank verlangen?« Als Antwort er: »Die Musik webt mit ihren Tönen ein Kleid so weich wie die Strahlen des Mondes, der Hauch der Geliebten aber ist samte-

ner als die Melodie der Flöte. Es ruht der Geist des Genossen auf dem Schleier der Milchstraße.« – Mit solchen Reden und Spielen verbrachten sie die ganze Nacht. Ihr Glück wuchs mit jedem Tage ihrer Vereinigung.
Aber es nahm ein jähes Ende. An einem Abend, als sie wieder bei einander hockten, gewahrte Cho-Wen, daß von außen eine Hand den Vorhang der Fensteröffnung zurückschlug. Ein platter Kopf zwängte sich in das Licht der Hütte, und sie erkannte in dem Eindringling das Gesicht eines Mannes, der im Dienst ihres Vaters stand. Die Angst gab ihr ein, zu fliehen. Ohne Gruß riß sie sich los von Fu-Tung, eilte zur Tür und in die finstere, regenschwere Nacht hinaus. Sie kannte den Weg nicht, aber er war dunkel und verriet sie nicht. Der Schrecken trieb sie, ohne Absicht umherzuirren. Sie wußte nicht, daß sie gegen den großen Fluß eilte. Dichte Nebel stiegen vom Boden auf und hüllten sie ein. Sie war dankbar jedem Versteck. Über ebene Sande ging ihr Fuß. Der Sand ward feucht und moosig; aber sie achtete nicht darauf. Halb dürres Schilf begann von allen Seiten zu wuchern. Sie war in den Sumpf geraten, der in der Niederung des Hoang-Ho sich ausdehnt; aber immer noch glaubte sie an eine Brücke vorwärts, bis ein Windstoß in den dampfenden Nebel fuhr und ihr die nähere Umgebung mit zehntausend Tümpeln entblößte. Sie begriff, daß sie verirrt und gefangen war und begann zu weinen. Doch die Himmel enthüllten sich, der Polarstern sah ihre Gefangenschaft.
Er regierte gerade den hündischen Monat, und da sie schön war, beschloß er, sie zu seiner Geliebten zu machen. Er verließ sein Haus und schwebte hinab, auf den Sumpf zu. Sie gewahrte in der Luft ein feuriges Rad, das gezackt war, ähnlich den Flügeln einer Windmühle. Es rollte auf sie zu und stand plötzlich neben ihr im Sumpf als ein fünfstrahliger Stern, dessen Arme hart und kräftig schimmerten und wie lebendig leuchteten, doch ohne daß ein Feuer sie erwärmte. Sie fühlte es von dem Stern sich entgegenströmen wie Worte, auch glaubte sie eine menschliche Gestalt zu erkennen. Sie befolgte sein Geheiß, sich auf eine der Sternzacken zu setzen und sich dort festzuklammern, und der Stern entschwebte mit ihr. Bald aber fühlte sie, daß sie betrogen war, und daß der Geist sie nicht an einen guten Platz der Erde führen würde. Sie dachte an Fu-Tung, daß

er ihr unerreichbar bleiben würde, wenn der Polarstern sie am Himmel gefangen hielt. Da übermannte der Schmerz sie von neuem, und, obgleich sie schon sehr hoch über der Erde schwebten, ließ sie sich hinabfallen. Bei dem Sturz schwanden ihr die Sinne.

Am Rande der unermeßlichen Schneewüste des Altai-Gebirges hatte eine Tigerin ein Junges zur Welt gebracht. Das Kind der Tigerin aber konnte nicht zum Leben kommen, weil kein Geist nahe war, der in seinen Körper hätte einziehen können.

Cho-Wen war viele hundert Meilen fortgetragen. Ihr Leib fiel nicht unweit der Stätte, wo die Tigerin ihr Junges geworfen hatte, zur Erde und zerschlug sich auf dem nackten Felsen. Sogleich verließ ihr Geist den toten Leib. Die Tigerin aber, die sie hatte herabfallen sehen, packte den Geist und zwang ihn, in den Leichnam ihres Kindes einzuziehen. So ward Cho-Wen an den Zitzen der Tigerin ernährt in der Gestalt eines Raubtieres.

Sie vergaß Fu-Tung nicht. Als sie der Mutter entwöhnt und zu einem kräftigen Tier herangewachsen war, beschloß sie das Wagnis der tausend Gefahren auf sich zu nehmen und machte sich zur Wohnung Fu-Tungs auf den Weg. Als sie in Wo-Tschen angekommen war, umschlich sie das Haus Fu-Tungs; aber sie vernahm aus dem Innern keinen Laut. Da stieß sie die Tür auf. Ein Lämpchen brannte; auf Matten ausgestreckt lag der Geliebte. Er war krank. Er hatte die Hoffnung, Cho-Wen je wiederzusehen, aufgegeben. Sehnte sich zu sterben.

Als er die Tigerin an seinem Lager stehen sah, erschrak er nicht, er sagte vielmehr: »Der Tod kommt eilends, denn ich habe ihn gerufen. Mein Leib ist träge und stirbt langsam, meine Seele ist fleißig und hat einen guten Wunsch getan.« Traurig fragte die Tigerin: »Erkennst du mich nicht?« Er verwunderte sich über das Wort und antwortete: »Woher sollte ich dich kennen?«

Da begann sie zu seufzen und zu klagen: »Weshalb bin ich verwandelt? Wirst du mich nie mehr in deine Arme schließen?« Plötzlich aber hub sie an zu deklamieren: »Der Durst ist vergangen. Wie sollte wohl die Lotosblüte, die auf dem Wasser schwimmt, nach Trank verlangen?« Da rief er ihren Namen aus: »Cho-Wen!« Sie antwortete: »Ich bins.«

Langsam begannen seine Lebensgeister wieder sich zu regen. Sie aber klagte dringlicher: »Du wirst mich nicht lieben können.« Er versicherte es Mal um Mal, aber ob er auch das zauberhafte Fell streichelte, er erkannte Cho-Wen nur an der Süßigkeit ihrer Stimme. Rätselhaft lagen wilde Pranken, ein noch wilderer Schädel nahe seinen Augen. Da hörte er die Frage an seinem Ohr: »Würdest du mein Los teilen, um mich lieben zu können?« Freudig bejahte er. Da senkte die Tigerin ihre weißen Zähne gegen seinen schmalen Hals und sog ihm das Blut aus. Wie er reglos dalag, begann sie seinen Leib zu verschlingen. Als sie ihn fast ganz verzehrt hatte, so daß nur sein Herz übrig war, bemerkte sie, daß es noch schlug. Da verschlang die Tigerin auch das zuckende Herz. Aber auch in ihrem Leibe hörte es nicht auf zu schlagen, und bald fühlte sie, daß sie schwanger geworden sei. Sie lief zurück in die Berge und gebar dort ein Junges. Sie säugte es und es wuchs heran. Es wurde ein stattlicher Tiger. Sie vergaß, daß sie es geboren. Sie wußte, es war Fu-Tung. Fortan lebten sie als Tiger und Tigerin.

Polarstern und Tigerin

Zweite Fassung
Sinn und Form. Beiträge zur Literatur.
Berlin 1955, 7. Jg., Heft 5

Fu Tung wohnte am Rande eines Dorfes, das halb hinaufgetrieben gegen die nördlichen Berge lag. Wenn die Luft dünn und trocken war, konnte er silbern in der Ferne den großen Fluß erkennen, der von Norden kam und in hartem Winkel sich nach Osten gegen das Meer wälzte. Aber nur selten war die Luft gläsern, meist klebrig und wie Rauch, zumal wenn die südlichen und östlichen Winde sich vor den hohen Bergen fingen, so daß die Gipfel zu dampfen begannen und Nebel hinabfloß in die Täler. Der Schaum des Südwindes, so sagten die Bauern, gebäre den Regen, der, wenn er einmal zu rinnen begonnen, sich oft wochenlang nicht erschöpfte. Zehntausend schmutzige Bäche zerlösten den Boden und trugen ihn fort gegen den großen Fluß, der gelb und hoch in den Ufern ging mit lautlosen Wirbeln.

Fünfzehn Meilen von der Stadt Si Ngan Fu entfernt lag das Dorf, zu dessen Rechten Fu Tungs Hütte gezählt wurde. Er selbst war vor Monaten heimlich in ärmlichen Kleidern durch ein Tor der dicken Mauer geflohen, gleich nachdem es des Morgens geöffnet worden war, vor dem erwachenden Lärm der großen Stadt Si Ngan Fu. Er hatte die staubige Straße mit seinen Tränen genetzt – und dieses ist seine Geschichte.

Sein Vater war ein reicher Salzhändler gewesen, der einen großen Stapel- und Umschlagplatz an der Straße nach großen Ebenen zu besessen hatte. Sein Sohn hatte die ersten Examen bestanden, und die Familie hoffte, ihn bald als Tao-tai im Gerichtsyamen beglückwünschen zu können.

Eines Tages war in die Stadt Si Ngan Fu der Fürst der Provinz gekommen. Mitten im Sommer hatte er seine Güter verlassen, sich losgerissen von den Teichen, auf denen blaue Lotosblumen schaukelten. Bald wußte jeder, daß die Untersuchungen begonnen hatten. Eine Woche nach dem Eintreffen des Großmächtigen und Unfehlbaren hingen am Südtor der Stadt zum Entsetzen der Einwohner sieben abgeschlagene Köpfe in der Sonne. Fu Tungs Vater wurde von den Bütteln eines Morgens von der Bettmatte gestoßen und zum Yamen geschleppt. Er kehrte von dort nicht zurück. Es wurde ruchbar, daß alle Vermögen, Güter, Gärten, Häuser des reichen Mannes beschlagnahmt waren. Ob er selbst noch lebte, wußte man nicht. Man war der Meinung, daß er nach Peking geschafft werden sollte, um dort abgeurteilt zu werden. So standen die Dinge, als Fu Tung durch das kleinste Tor der Stadtmauer, die Pforte der Schiffer, entwich.

Er war arm geworden, ohne das Geschick zu kennen, arm zu sein. Er fürchtete den Groll der Ahnen, weil er ihre Grabstätte ohne Pflege und ohne Abwehr die Verhaftung des Vaters gelassen hatte. Doch waren diese Sorgen leicht gegenüber dem, was ihn bewegte.

Er liebte Cho Wen, die Tochter des reichen Cho Wang. Ihr Vater hatte der Heiratsvermittlerin mitteilen lassen, er werde ihre Bemühungen honorieren, da ja ihr Auftraggeber neuerdings ein Strolch geworden. Aber weiteren Bemühungen in der Sache Fu Tung möge sie sich nicht hingeben. Die Tochter wurde in diesen verhängnisvollen Tagen behütet, so daß niemand sie von Angesicht zu Angesicht zu sehen bekam, ausgenommen eine alte Dienerin mit hängenden Brüsten, wie es Cho Wen schien, aus gelbem Leder, weshalb sie Furcht vor ihr empfand und bei ihrem Anblick in eine Ecke zu den Ahnentafeln floh. Fu Tung hatte sich in der Nacht vor seiner Flucht dem Hause Cho Wangs zu nähern gewagt, um, wenn nicht anders, so doch als Dieb das Gesicht der Geliebten noch einmal zu sehen. Aber das Unternehmen hatte einen bösen Ausgang genommen. Er war im Garten des reichen Mannes durch einen Wächter niedergeschlagen worden. Lautlos war er auf den Rasen geglitten, ohnmächtig; der Wächter aber mußte ihn über die Straße in die dunkle Vorhalle eines benachbarten kleinen Tempels geschafft haben. Dort erwachte der Jüngling aus seiner Ohnmacht, begriff allmählich den Ort seines Aufenthaltes und was ihm geschehen war. Die Schmerzen über seinem

Herzen waren groß, so daß er die Furcht halb vergaß, die der Ort ihm bereitete, und bis zum Morgen verweilte er zwischen Pein und ohnmächtigem Schlaf.
Am nächsten Tag war er fern der Stadt auf den Straßen der Provinz. Er kam in das Dorf Wo Tschen. Seine Füße weigerten sich, ihn weiter fortzutragen von der großen Stadt, von dem Ort, wo Cho Wen gefangengehalten wurde. Eine unkluge Hoffnung pflanzte sich ihm ein. Er trug noch einen kostbaren Ring am Finger. Dafür erstand er einen kleinen Garten und eine Hütte am Rande des Dorfes.
Unentwegt dann begann er sich einzureden, daß er warten müsse auf die Entwirrung seines Geschicks. Wie hoffnungslos auch seine Liebe geworden war, er vermochte nicht, sie zu begraben. Er fühlte, daß vor Trauer seine Kräfte abnahmen und Siechtum an seiner Türe lauerte. Dennoch beharrte er, die gleiche Glückseligkeit zu fordern, die sich einmal in seinen Augen verfangen hatte und die nicht Raum ließ für eine andere Welt.
Wer aber würde glauben wollen, daß es Cho Wen anders ergangen? Die Verzweiflung verbarg sie. Die Tränen unterschlug sie dem Tag und ließ ihnen nur des Nachts freien Lauf. Die Furcht um das ungewisse Los Fu Tungs trieb sie zu Findigkeiten. Bald wußte sie von jener unglücklichen Nacht, in der er gekommen, um sie noch einmal zu sehen. Sie erfuhr auch von seiner Flucht ins Land. Sie rief die Winde an, ihr zu verraten, welche Straße er gegangen. Sie schlich zu Zauberern, zu alten Frauen, die es aus der Schwere halberbrüteter Eier ablesen wollten. Aber alle Auskunft war eitel.
Endlich beschloß sie, ihn zu suchen. Sie hatte die Zuversicht, daß er sich nicht weiter von Si Ngan Fu verborgen halten würde, als die Furcht um sein Leben ihn fortgetrieben. Sie nahm einige Kostbarkeiten mit sich, stahl sich vom Hause fort und machte sich auf die Wanderschaft. Sie ging die Straße südlich, aber sie fand ihn nicht. Wen auch immer sie fragte, niemand hatte den Fu Tung ihrer Beschreibung gesehen. Als sie nach vielen Wochen sich auf dem Heimweg befand, ging sie nicht durch die Mauern der Stadt. Sie versuchte, die Straße zu gewinnen, die östlich führte. Sie gelangte in die große fruchtbare Ebene, wo sich die Städte und Dörfer unentwirrbar

drängten. Aber nach einigen Tagen ward ihr Herz verzagt; sie sagte sich, daß sie Fu Tung hier nicht würde finden können. Abermals wanderte sie die Straße zurück, und die Mauern der unheimlichen Stadt tauchten vor ihren Augen auf. Jetzt wanderte sie westlich. Die Gegend wurde öde und menschenleer. Meile um Meile, die sie zurücklegte, brachte sie der großen Gebirgsmauer näher, aus deren Eiswüsten der Hoangho sein Wasser zog. Da schoben sich die Gneisbarren ineinander und voreinander, so daß Berg und Tal entstanden, hoch genug, daß man übersehen konnte, eine ärmliche Straße suchte nach Pässen und flüchtete in die Niederung der Täler. Einsiedler und fromme Mönche hatten unterhalb der Pässe ihre Wohnstätte aufgeschlagen und bannten die Geister, die um die bleichen Gebeine der im Schneesturm Umgekommenen frierend jammerten. Bei der Klause eines Einsiedlers, der das Dunkel seiner Hütte mit der unnahbar lächelnden Gebärde vieler Buddhas angefüllt hatte, beschloß Cho Wen, in Furcht vor dem stummen Drohen der Steinwüste, eine mildere Straße zu wählen. Sie ließ den Segen des frommen Mannes auf ihr zerrissenes Herz tropfen; im Dunkel der Hütte schluchzte sie zu den Göttern, die nur zu lächeln wußten. Die nächste Woche schlich sie am Rande der nördlichen Berge entlang auf krausen Pfaden, wurde durch die Felsen immer wieder gegen den Fluß gedrängt, den sie fliehen wollte, weil er der bösen Stadt Si Ngan Fu zustrebte.
Endlich erreichte sie die Straße, die vor Monaten Fu Tung genommen hatte. Sie ahnte es nicht. Ihr Mund fragte voll leerer Hoffnung nach dem Geliebten. Da geschah es, daß ein Bettelmönch, den sie angeredet, ihr Auskunft geben konnte. Ihr Herz stand still vor Freude; aber ihre Füße strebten zu ihm.
Sie trat in seine Hütte. Sie erkannten sich und sanken wie tot aneinander hin. Am Abend dieses Tages führten sie ein Gespräch, in dem sie ihre gegenseitige Liebe beschrieben. Sie dichtete die Worte: »Wenn ich in deinem Schoß ruhe, vernehmen meine Sinne den Duft junger Kaktusblüten«, und er antwortete: »Der Liebende, der vereint ist mit der Geliebten, vergißt alle Mühe vor der Bestätigung seines Glücks.« Sie wieder: »Der Durst ist vergangen. Wie sollte wohl die Lotosblüte, die auf dem Wasser schwimmt, nach Trank verlangen?« Als Antwort er: »Die Musik webt mit ihren Tönen ein Kleid,

so weich wie die Strahlen des Mondes. Der Hauch der Geliebten aber ist samtener als die Melodie der Flöte. Es ruht der Geist des Genossen wie auf dem Schleier der Milchstraße.« – »Die Stirn des Geliebten ist flach und von schöner Glätte, vergleichbar dem Jadestein.« – »Und der Geliebten Brüste wie edle Pferde, die sich hoch aufbäumen.« Mit solchen Reden und Spielen verbrachten sie die ganze Nacht. Ihr Glück wuchs mit jedem Tage ihrer Vereinigung.

Aber es nahm ein jähes Ende.

An einem Abend, als sie wieder beieinander hockten, gewahrten sie, daß von außen eine Hand den Vorhang der Fensteröffnung zurückschlug. Ein platter Kopf zwängte sich in das Licht der Hütte, und Cho Wen erkannte an dem Eindringling das Gesicht eines Mannes, der im Dienst ihres Vaters stand.

Die Angst gab ihr ein, zu fliehen. Ohne Gruß riß sie sich los von Fu Tung, eilte zur Tür und in die finstere regenschwere Nacht. Sie kannte den Weg nicht; aber er war dunkel und verriet sie nicht. Der Schrecken trieb sie, ohne Absicht umherzuirren. Sie wußte nicht, daß sie gegen den großen Fluß eilte. Dichte Nebel stiegen vom Boden auf und hüllten sie ein. Sie war dankbar jedem Versteck. Über ebene Sande ging ihr Fuß. Der Sand war feucht und moosig; aber sie achtete nicht darauf. Halbdürres Schilf begann von allen Seiten zu wuchern. Sie war in den Sumpf geraten, der sich in der Niederung des Hoangho ausdehnt. Sie sah sich von Rinnsalen umgeben; aber immer noch glaubte sie an eine Brücke vorwärts, bis ein Windstoß in den dampfenden Nebel fuhr und ihr die nähere Umgebung mit zehntausend Tümpeln entblößte. Sie begriff, daß sie verirrt und gefangen war, und begann zu weinen. Doch die Himmel enthüllten sich.

Der Geist des Polarsternes sah ihre Gefangenschaft. Er regierte gerade den hündischen Monat, und da Cho Wen schön war, beschloß er, sie zu seiner Geliebten zu machen. Er verließ sein Haus und schwebte hinab, auf den Sumpf zu. Sie gewahrte in der Luft ein feuriges Rad, das gezackt war, ähnlich den Flügeln einer Windmühle. Er rollte auf sie zu und stand plötzlich neben ihr im Sumpf als ein fünfstrahliger Stern, dessen Arme hart und kräftig schimmerten und wie lebendig leuchteten, doch ohne daß ein Feuer Cho Wen erwärmte. Sie fühlte es von dem Stern ihr entgegenströmen wie Worte, auch glaubte sie eine menschliche Gestalt zu erkennen. Sie folgte dem Geheiß, sich auf eine der Sternzacken zu setzen und sich dort festzuklammern, und der Stern entschwebte mit ihr.

Bald aber fühlte sie, daß sie betrogen war und daß der Geist sie nicht an einen guten Platz der Erde führen würde. Sie dachte an Fu Tung, daß er ihr unerreichbar bleiben würde, wenn der Polarstern sie am Himmel gefangenhielte. Da übermannte der Schmerz sie von neuem, und obgleich sie schon sehr hoch über der Erde schwebten, ließ sie sich hinabfallen. Bei dem Sturz schwanden ihr die Sinne.

Am Rande der unermeßlichen Schneewüste des Altaigebirges hatte eine Tigerin ein Junges zur Welt gebracht. Das Kind der Tigerin aber konnte nicht zum Leben kommen, weil kein Geist nahe war, der in seinen Körper hätte einziehen können. Cho Wen war viele hundert Meilen fortgetragen. Ihr Leib fiel nicht weit von der Stätte, wo die Tigerin ihr Junges geworfen hatte, zur Erde und zerschlug sich auf dem nackten Felsen. Sogleich verließ der Geist ihren toten Leib. Die Tigerin aber, die sie hatte herabfallen sehen, hatte sich der Stelle genähert. Sie packte den Geist und zwang ihn, in den Leichnam ihres Kindes einzuziehen. So ward Cho Wen an den Zitzen der Tigerin ernährt, in der Gestalt eines Raubtieres.

Sie vergaß Fu Tung nicht. Als sie der Mutter entwöhnt und zu einem kräftigen Tier herangewachsen war, beschloß sie, das Wagnis der tausend Gefahren auf sich zu nehmen, und machte sich nach der Wohnung Fu Tungs auf den Weg. Als sie in Wo Tschen angekommen war, umschlich sie das Haus Fu Tungs; aber sie vernahm aus dem Innern keinen Laut. Da stieß sie die Tür auf. Er war krank. Er hatte die Hoffnung, Cho Wen je wieder zu sehen, aufgegeben. Er sehnte sich, zu sterben.

Als er die Tigerin an seinem Lager sah, erschrak er nicht; er sagte vielmehr: »Der Tod kommt eilends, denn ich habe ihn gerufen. Mein Leib ist träge und stirbt langsam; meine Seele ist fleißig und hat einen guten Wunsch getan.«

Traurig fragte die Tigerin: »Erkennst du mich nicht?« Er verwunderte sich über das Wort und antwortete: »Woher sollte ich dich kennen?«

Da begann sie zu seufzen und zu klagen: »Weshalb bin ich

verwandelt? Wirst du mich nie mehr in deine Arme schließen?« Plötzlich aber begann sie zu deklamieren: »Der Durst ist vergangen. Wie sollte die Lotosblume, die auf dem Wasser schwimmt, nach Trank verlangen?« Da rief er ihren Namen aus: »Cho Wen!« Und sie antwortete: »Ich bin's.«

Langsam begannen seine Lebensgeister sich wieder zu regen. Eine kleine Röte fächelte auf seinen Wangen. Wechselreden gingen hin und wider. Sie aber klagte dringlicher von Tag zu Tag: »Du wirst mich nicht lieben können.« Er versicherte es Mal um Mal; aber ob er auch das zauberhafte Fell streichelte, er erkannte Cho Wen nur an der Süßigkeit ihrer Stimme. Rätselhaft lagen wilde Pranken, ein noch wilderer Schädel vor seinen Augen. Traurigkeit ließ Tränen in seine Augen treten. Da hörte er die Frage an seinem Ohr: »Würdest du mein Los teilen, um mich lieben zu können?« Freudig bejahte er. Da senkte die Tigerin ihre weißen Zähne gegen seinen schmalen Hals und sog ihm das Blut aus. Als er reglos dalag, begann sie seinen Leib zu verschlingen. Als sie ihn fast ganz verzehrt hatte und nur sein Herz übrig war, bemerkte sie, daß es noch schlug. Da verschlang die Tigerin auch das zuckende Herz. Doch auch in ihrem Leibe hörte es nicht auf zu schlagen, und bald fühlte sie, daß sie schwanger geworden war. Sie lief zurück in die Berge und gebar dort ein Junges. Sie säugte es, und es wuchs heran. Es wurde ein stattlicher Tiger. Sie vergaß, daß sie ihn geboren. Sie wußte: es war Fu Tung. Fortan lebten sie als Tiger und Tigerin.

Der Raub der Europa

Eine Pantomime von Hans Leip
Text des Sprechers von Hans Henny Jahnn
Musik von Hermann Erdlen

Das Mondhaus zu Bimbelim.
Almanach, im Auftrag der Hamburger Gruppe hg. v. L. Beil.
Hamburg 1928

Personen

Der ewig junge Hafis als Magier (Sprecher)
Der Zeltwirt Afrika
Der erwachende Orient
Die Tänzerin Asien
Das Fräulein Europa.

Runde Bühne. In der Mitte ein Zelt, ohne Dach. In dieses tritt der Magier in einem prächtigen, dunkelblau und silbernen Mantel, und er wird daraus hervor über die Bühne emporgezogen.

Die musikalische Einleitung erklingt.

Der Magier spricht:

(Prolog)

Es ist ein Gleichnis ausgegangen
Verständlich jedem. Zeit, die uns
Entflieht und zugemessen wird
Und deren Sinn ein Wagnis ist zu nennen,
Die Fließende nach Massen, die
Kein Weiser je ermißt – sie kargt nicht uns,
Bereitend anderm Erdteil das Entzog'ne:
Gleichmäßig ist ein jeder Tag der Mahner:
Für uns und unsre Antipoden.
So ist, trotz mancher Tüftelei
Gerechtigkeit als Norm uns vorgeschrieben.

Daß Übermut ein frühes Ende fände
Und nicht verwischte, was kein Weiserer als wir
Uns zum Erraten aufgegeben,
Befahl er unerbitterlich Gleichheit:
Geburt, das Leben und den Tod.
Den edlen Wettstreit hat er nicht verboten.
Ungleich, obgleich in vielem ähnlich
Umlagern rund den runden Stern
Die Kontinente unsrer Erde.
Und was an Früchten jedes Land gebiert –
Die Menschen mein ich auch und nenne sie gewachsen –
Sei Beispiel für den Segen seiner Scholle.
Was wir als Heimlichstes der Form
Im Unverstand verneinen, ist
Vielleicht nur unsrer Zukunftsschule Teil
Wie nicht zur gleichen Zeit
Hier und in Afrika
Wir weilen können, so haben wenig
Wagen wir, die uns nach Ost und West
Im gleichen Augenblicke fahren:
Den Traum, Magie und unser Fest.

Musik.

Es nahen von außen der Neger Afrika mit der ihm vertrauten Tänzerin Asien. Er führt das widerstrebende Fräulein Europa halb unter Lockungen, halb unter Drohungen mit sich. Die Tänzerin ist belustigt, aber auch ein wenig eifersüchtig, auch sogar ein wenig mitleidig mit dem blonden, zarten Mädchen. Sie betreten die runde Bühne und verschwinden im Zelt.

Musik endet in einem aushaltenden Akkord.

Der Magier spricht:

(Tigerin)

Wir sind empfangen in des Chaos Mitte,
Und mancher Zorn in uns sinnt auf Zerfleischen.

Fünf Elemente kreuzen sich auf unsrer Zunge,
Zwölf Sternenhäuser zeichnen unsrer Zwiespalt Bahn.
Das Gute ist das ungeeichte Maß.
Zerstören heißt die Sucht, mit der wir herrschen
Und niedertreten, was zu andern Zwecken
Gefügt, als unsrer dumpfen Lust genehm.
Ein Beispiel sind wir uns allmählich Opfer
Der Wut des angeschweißten Gegensatzes:
Des Honigs Süße und der Galle Bitterkeit,
Des Kusses Speichel und der Trennung Leiden.
Damit wir nicht im Sieg verleugnen,
Was nur dem Horcher aufgetan wird,
Bleibt eine letzte Mahnung, der
Wir glauben müssen. Ganz verwandelt
Sie unsrer Seele Haus und treibt
Sie fort von den ererbten Formen
In eines heißen Atems Fächeln,
In gelb und schwarz geflammtes Fell. –
Im Schnee des weißen Bauches wartet
Besänftigung verborgner Zitzen.
Als Tigerin die Kraft Abraxas
Mit neuen Massen abzugreifen
Ist Prüfung, der wir alle reifen.

Die Musik setzt lebhaft wieder ein.

Er naht auf einem Pferdchen der erwachende Orient, einem jungen Sultan des Märchens gleich. Er sprengt wie durch eine weite abendliche Landschaft. Das Licht der runden Bühne wird dunkler. Flötenspiel scheint fern zu ertönen. Er erblickt das Zelt und begehrt Einlaß. Der Neger und Zeltwirt blickt grinsend heraus. Der Fremde erschrickt. Schon will er weiter. Da tritt die Tänzerin Asien hervor und bittet ihn hereinzukommen. Noch zögert er. Da erscheint mit angstvoller Gebärde das Fräulein Europa, läuft einmal um das Zelt herum, wird aber von dem Neger rasch wieder eingefangen und hineingezogen. Der Fremdling steigt ab. Er beschließt zu bleiben. Die Zeltwände sinken nieder. Der Neger steht herrisch in der Mitte, in seinen roten Mantel gewickelt, ihm zur Seite das weiße Mädchen, in sanftes Gelb verhüllt, furchtsam. Die Tänzerin bemüht sich um den Gast, Weihrauch steigt auf. Es ist sehr hell.

Die Musik verhallt wieder.

Der Magier spricht:

(Gott und Göttin)

Als Apsu sich zum erstenmal
Am Bett der duftreichen Tiâma fand,
Sprach er die Verse, die sein Herz ihm eingab:
»Wie eines Maultiers Nüstern weich sind deine Schenkel.
Des Safrans Übergelb umschattet deine Brüste
Der Saphirstift der Nacht hat blau dein Weiß geläutert.
Ich ständ versteint, wenn ich geheimen Wunsch nicht wüßte.«
Und nach dem süßesten der Schlafe
Gab sein entzückter Sinn Befehl,
Daß nichts im Wasser, in der Luft, auf Erden
Je fruchtbar würde und sich mehrte,
Ohne den Vorgeschmack hochzeitlichen Rausches.
Als nun sein Auge schwanger des Gefühls
Genoss'ner Pracht auf ebne Fluren fiel,
Da brachen tausendfältig Farben auf
Als Blumen, duftend, wie versteint, doch wünschend.
Und laut ward um ihn her der Vögel Werben
Und Röhren, Brüllen, und Trompeten, Locken
Durchschnitt die Luft in quellenweichem Takt.
Und in den Meeresbuchten weiß
Vollzog der Fische stumme Hochzeit sich.
Nie hätte goldener Gedanke
Vollbringen können dieses Schaffens Ernte,
Als ein Gefühl, das aus verborg'nen Grotten
In Ungeheures wie ein Bildner tastet.
Und in der Kraft des gleichen Schicksals
Mahnt er uns abermals gerecht zu sein.
Der Unterschied, den wir betonen,
Ist winzig klein.

Verführerisch setzt die Musik wieder ein.

Der Fremdling ist nachdenklich. Die braune Tänzerin soll ihn aufmuntern. Sie tanzt mit einer Schlange. Fast gelingt ihr, die Sinne des Jünglings zu betören. Aber immer wieder wendet er sein Gesicht dem weißen Mädchen zu. Der Neger bietet sie ihm an. Aber sie fleht verzweifelt um Gnade. Der schöne Gast winkt ab. Anscheinend nun beginnt er mit der Asiatin zu kosen. Er lullt den Neger in Vertrauen ein und ebenso seine Vertraute, die Tänzerin Asien. Der Zeltwirt scheint einzuschlafen. Süß und schwer ist die Musik. Sehnsüchtig, schwermütig und lauernd. Da erfaßt auch das Fräulein Europa unbekanntes Verlangen. Sie hatte doch gehofft, ein Befreier werde sich nahen. Nun sieht sie den schönen Fremden mit der Tänzerin kosen. Sie fängt an, aus ihrer Angst sich zu lösen. Ihre Arme beginnen zu flehen. Sie wagt ein paar Schritte fort von ihrem schnarchenden Wächter, sie wirbt auf eine inbrünstige, keusche, verzweifelte, ein wenig gehirnliche Art. Als der Fremde sie berühren will, zieht sie sich erschauernd zurück. Sucht Schutz hinter dem Neger. Zwischen Afrika und dem Orient pendelt sie ratlos hin und her.

Die Musik bleibt, so leise sie wird, schmelzend und werbend.

Der Magier spricht:

(Afrika)

Doch aller Gottheit Ähnlichkeit
Ist Wurzel für den tiefsten Schmerz.
Zwar seh' Gereiftes ich, mein Ohr jedoch
Vernimmt der Erntelosen Schrei:
»O Durst, der in den Schlund mir wächst!
Dem Kraut gleich, das verdorrt, bin ich geachtet.
Der staube Wegrand trinkt den letzten Schweiß,
Den fahle Sonne aus mir brät.
Vergessen ist der Spruch des Weibes:
»Wir fangen zusammen zehn Haie für uns.
Das Maul erhältst du, ich den Schwanz.«
Kein Reisig brennt so schnell zu Asche
Wie ihre Treue. Uns entzweite

Des andern Schönheit, ihren Namen
Flötet er statt meiner, was
Einst mir bestimmt, im Dunkeln gibt sie's ihm.
O Durst, im Mittag stehe ich und warte.
O tauber Traum! Noch duftet meine Haut
Nach ihrem Öl. Mein Lager ist ein Tümpel.
Das Bad, darin sie sich gekühlt.
An andern Brunnen blüht sie heute.
O morsche Lust, zuviel ließ sie versprechen!
Jetzt droht ein Fremder, ihren Schoß zu brechen.

Die Tänzerin lacht das weiße Mädchen aus. Auf einmal aber schleudert der Orient die ihres Sieges so Sichere zurück, und er ergreift die Weiße. Jedoch der Neger war heimlich auf der Hut. Auch er packt zu, doch Liebe ist rascher als Gewalt. Nur den Safranmantel hält er in den Händen. Vor Scham versinkend, nackt, wenngleich ihrer Reinheit und Schönheit nicht gänzlich unbewußt, steht das Fräulein Europa da. Aber der Fremde, ihr Befreier, nimmt der Tänzerin das bunte, seidene Tuch und hüllte die Bebende ein, schwingt sich auf sein Roß, nimmt sie vor sich und enteilt, während die Tänzerin selber mit ihrer Schlange den rasenden Zeltwirt Afrika im Zaume hält, froh, daß die Rivalin davon ist. Und da sie ihm den vollen Beutel Goldes zeigt, den sie in dem Augenblick, da er ihr das Tuch entriß, von des Gastes Gürtel stahl, so gibt sich Freund Afrika des zufrieden; er reißt das Gold und sie an sich, und über sie beide schließt er unter sinnlich jauchzender Musik das Zelt.

Die Musik bricht ab.

Der Magier spricht:

(Epilog)

In seiner Haut dünkt jeder sich gerecht
Und quält den Nächsten mit Vereinigung und Trennung.
Es ist das Los geworfen. Herr und Knecht.
Das wahre Glück reift in der Selbsterkennung.

Das Zelt öffnet sich. Die Tänzerin entflieht schleichend von der runden Bühne herab, mit dem Golde und eingehüllt in den Mantel der Europäerin. Der Neger tritt schläfrig hervor und folgt ihr zähneknirschend, in komischer, schon halb sich selber tröstender Wut. Die Plattform mit dem Magier senkt sich herab, und weise lächelnd unter rauschender, übersinnlicher Musik steht er da, während die Spieler zurückkommen und ihn, miteinander versöhnt, huldigend umtanzen. Von ihm angeführt, Hand in Hand, das Fräulein Europa hinter ihm, dann der Orient, dann die Tänzerin Asien, zuletzt der Neger, verlassen sie heiter die Bühne.

Die Familie der Hippokampen

KURZE ANLEITUNG ZU IHRER ERKENNUNG, NEU BEARBEITET AUF GRUND ÄLTERER QUELLEN.

Das Mondhaus zu Bimbelim.
Almanach, im Auftrag der Hamburger Gruppe hg. v. L. Beil. Hamburg 1928

Der sehr weise Herr Thomas von Ramsgate hat in seinem Buch über die medizinischen Erdgeister, das, wie wir wissen, keinem geringeren als dem Meister Thomas Moore als Anleitung diente, im Augenblick, da die Finanzen des englischen Staates dank des weiland gegenwärtigen Königs verschwenderder Tätigkeit in größte Verwirrung geraten waren, aus unedlen Metallen als plumbum metallicum etc., mit Hilfe der Transmutation edles Gold zu machen, aus dessen Substanz einige Prägstücke bis auf den heutigen Tag im englischen Kronschatz aufbewahrt werden, während die übrige ungezählte Zahl der Dukaten dazu diente, des Teufels Machwerke zu bezahlen – jener sehr weise Herr Thomas vom Ramsgate also, als auch der gelehrte Doktor Theophili Spizelii in seinem Buche DE RE LITERARIA SINENSIUM KOMMENTARIUS, IN QUO SCRIPTURAE PARITER AC PHILOSOPHIAE ETC. ETC. haben uns in würdiger und gründlicher Weise Aufschluß über das Geschlecht der Hippokampen gegeben, die zu Zeiten noch immer unsere Träume bewohnen. Hören wir also, was der eine oder der andere darüber zu berichten wissen, deutsch.

»Die Zeugung dieser Geschöpfe kann auf mannigfache Weise geschehen, wiewohl es feststeht, daß sie ohne Unterschied vom Menschenweibe geboren werden. Allein jene seltenen Exemplare, an denen man nichts Menschliches entdecken kann, also weder Kopf, Bein, Bauch, Arme noch Brüste des homo sapiens müssen von Stuten, Eselinnen, Löwinnen, Pantherinnen, selbst Hündinnen, Kamel-, Rind- und Elfantenkühen geboren worden oder den Eiern der Adler entkrochen sein.« (Th. S.)

»Die Zeugung (gemeint ist der gleiche Gegenstand wie oben)

ist entweder eine vorgeburtliche oder nachgeburtliche. Die häufigste, die vorgeburtliche, ist so sehr mit den verwerflichen Akten einer verwirrten Liebe verbunden, was man aus der Gestalt der Geborenen erraten kann, und was aus der ungeheuren sich über zwei Jahrtausende erstreckenden kasuistischen Literatur der Babylonier auch einwandfrei erwiesen ist, in der uns erzählt wird, daß vom Weibe mehr denn fünfhundertfünfundfünfzigerlei Gestalt Wesen außer dem menschlichen geboren wurden – daß die Gebote der Sittlichkeit ein weiteres Eingehen verbieten. Nur ein Hinweis sei gestattet, eben darauf, daß der römische Schriftsteller Lukian in seinem »Goldenen Esel« uns berichtet hat, wie ein Weib die Gunst an eine Art Eselhengst verschwendete, von dem wir, um nicht zu sehr betrübt zu werden, erfahren, daß er ein verzauberter Mensch, der durch den Genuß eines Strauches wohlriechender Rosen in die ursprüngliche Gestalt zurückverwandelt wird. – Die nachgeburtliche Zeugung geht auf die Weise vor sich, daß eine dem Wochenbett entstiegene Frau an ihren Brüsten einen Wolf, ein Schwein, ein Eselsfüllen, einen jungen Panther, Löwen, Tiger, Bullen etc. tränkt.
Wie wir von den Alten erfahren, vor allem aber durch Aqu. Public. lib. XXV, im 16. Absatz, wo von den Kaukasiern erzählt wird, daß die Blutrache gegen einen Mörder erlischt, wenn der mit seinem Munde die Brüste der Mutter des Ermordeten berührt, wodurch er selbst in die Gestalt des Ermordeten verwandelt würde – ist der Muttermilch die gleiche Wirkung beizumessen wie der Kraft des Mannes.« (Th. v. R.)
»Die Gestalt der Fabelwesen«, so fährt Thomas von Ramsgate fort, »muß notgedrungen so vielfältig sein, wie die Verfehlungen des Menschen, die in der Schwäche seiner Natur sich begründen. Das bezieht sich sowohl auf die vorgeburtliche als auch nachgeburtliche Zeugung.« Er will offenbar das Gechlecht der Hippokampen den Unterwesen zuzählen und sieht in der Tatsächlichkeit der nachgeburtlichen Zeugung mit Hilfe von Weibsmilch einen besonderen Beweis für die dämonische oder teuflische Natur der Frau, wobei er sich vor allem auf achtundzwanzig heilige Kirchenväter bezieht, die ausgesagt haben, daß ganz im Gegensatz zum Gesang des Mannes die tönende Kehle des Weibes auf nixenhaftes Wesen schließen

lasse, was schon der blinde Homer gewußt, als er vom Gesang der Sirenen berichtete.
Ganz anderer Meinung über die Art der Fabelwesen ist der Doktor Theophili Spezelii. Wegen der Häufigkeit ihres Auftretens in der Mythologie, mehr noch aber wegen ihrer Aufstellung, nachgebildet in Stein, vor den Tempeln und Palästen der Könige Assyriens und Babylons, nicht zu vergessen die pyramidenbenachbarte Sphinx Ägyptens, glaubt er sie als göttlich, zum wenigsten doch als halbgöttlich ansprechen zu müssen.
»Die Familie der Kentauren, gemeinhin Mannpferde genannt, muß in mehrere Spezies geteilt werden.
Zum Ersten: eigentliche Kentauren, hier Pferdekentaur, männlich und weiblich, Pferdeleib, hengstig oder stutig, mit Kopf und Oberkörper von Mann oder Weib. Dieselben zweiköpfig mit Menschen- und Löwenhaupt. Dieselben mit und ohne Flügel des Adlers. Dieselben mit auswechselbarem Kopf aller Tierrassen.
Zweitens: Stierkentauren, männlich und weiblich, Rinderleib, bullig oder kuhig, versehen mit Kopf und Oberkörper von Mann oder Weib. Dieselben zweiköpfig mit Menschen- und Löwenhaupt. Dieselben mit und ohne Flügel des Adlers. Dieselben mit auswechselbarem Kopf aller Tierrassen.
Drittens: Löwenkentauren, männlich und weiblich, Löwenleib, katrig oder katzig, versehen mit Kopf und Oberkörper von Mann und Weib etc. etc.
Viertens: Fischkentauren, männlich und weiblich, Fischleib, Dorsch oder Kabeljau, versehen mit Kopf und Oberkörper von Mann oder Weib etc. etc.
Fünftens: Baumkentauren, männlich und weiblich, Dattelpalmleib, Saffran oder Zapfen, versehen mit Kopf und Oberkörper etc. etc.
Sechstens: Vogelkentauren, männlich oder weiblich, befiederter Leib, hahnig oder hennig, mit Krallen oder ohne Krallen, versehen mit Kopf und Oberkörper etc. etc.
Siebentens: Schlangenkentauren, nur weiblich etc. etc.
Achtens: Geflügelte Männer (sogenannte Aviatiker), nur männlich etc. etc.
Neuntens: Die nicht vom Menschenweibe geborenen Kreuzungen, eigentlich Hippokampen, Harpyen, Greife, Drachen

mit den Unterarten, geflügelte Stiere, Pferde, Löwen, Schlangen, Skorpione, Löwen mit Hörnern und Stiervorderbeinen, (das Einhorn gehört auch hierher), Schlangen mit zwei Füßen, vier Füßen, sechs Füßen, bis zum Tausendfuß, Schlangen mit Adlerkopf, Menschen mit Schafsköpfen etc. etc.« (Th. S.)

Dieser nicht unerheblichen Reihe teils schrecklicher, teils humorvoller, teils schöner und erhabener Geschöpfe (man denke an den Pegasus, der im Augenblick in Irland stationiert ist) weiß der weise Thomas von Ramgsgate Erkleckliches nicht hinzuzufügen – bis auf zwei Individuen, die von ausgemachter Scheußlichkeit.

Die Labartu, Pestgöttin, die, soviel bekannt wurde, im Jahre des Heils 614 durch Khosro II., sassanidischem König, im Staatsgefängnis zu Ktesiphon gefangengesetzt wurde, die Eselsgeliebte, löwenköpfig mit spitzen Maultierohren, Brüste vom Weib, an denen Schwein und Wolf saugen; in den Händen hält sie Schlangen, aus ihrem Schoße wachsen Adlerbeine. Mit ihrem Geliebten, dem Esel, fährt sie in einem Kahn, in den stillen Buchten der Flüsse, Lotosblumen schwimmen, Fieber kocht aus dem Sumpf, – ihr Werk, – und

der Südsturm Pazuzu, ihr Verwandter, Krankheitsbringer, vierflügelig, überwiegend menschlich, doch mit fratzenhaftem Hundskopf mit langen Hörnern, Löwenvordertatzen, Adlerhinterbeinen, Skorpionsschwanz.

Über die eigentliche Heimat der Hippokampen haben hundert Gelehrte sich nicht einigen können. Wenn nicht alle ausgemachte Lügner, schwirren die Existenzen, die oben beschrieben wurden, zwischen Island, welches kalt und vulkanisch, recht eigentlich nach Fischen stinkend ist, und China, das, wie bekannt, das Reich der Geister von je, hin und her. Es ist berichtet worden, daß bei dem Fluß Qarasu, nahe dem Taq i Bustan, eine Straße beginnt, die über die Pässe bei Kabul durchs Gebirg in die Wüsten Asiens führt, die noch heute von den Fabeltieren benutzt wird, und der Vogel Greif brütet seine Eier in den chinesischen Wüsten aus Quarz und Korunth, in denen taubeneigroße Saphire liegen wie Kiesel.

Über den Zweck der Bastarde weiß man weniger als über den aller anderen Tiere. Wäre unser Verstand Führerin bei solcher Betrachtung, so müßten sie zwecklos gezeugt, zwecklos geboren, zwecklos gewachsen, zwecklos schlechthin sein. Ich aber meine vielmehr: Des Menschen Phantasie und seine Sinne sind reich. Vergeben wir darum der Unzucht, denn wir müssen auch unseren Träumen vergeben. Wer das nicht will oder nicht kann, von dem müßte man billigerweise verlangen, daß er den Mut aufbrächte, eine Expedition zu den Fabeltieren auszurüsten, wobei die Labartu und der Pazuzu gern ihre Unterstützung leihen. Und die lassen nicht mit sich spaßen, was wir menschlichen Schwächlinge leider gezwungen sind zu tun.

Klaus Mann
Der Roman der dritten Generation »Perrudja« von Hans Henny Jahnn

Neue Zürcher Zeitung, 28.9.1930

Der Einfluß eines so enormen, isolierten, unwiederholbaren Phänomens wie James Joyce kann verheerend werden. Begeben sich erst kleine und mittlere Geister in seine Nachfolge, müssen Monstrositäten an Unmaß, Unflat, Formlosigkeit zutage kommen. Bis jetzt taten es in Deutschland nur Zweie großen Formats. Der eine, Döblin, wird nun seinerseits Unheil anrichten. Er rückte mit »Alexanderplatz« in den Brennpunkt eines sensationellen literarischen Interesses. Nun werden die kommen, die, so lange es zieht, im »Stil – Alexanderplatz« dichten.

Hans Henny Jahnn stand abseits von jeher. Er gehörte zu dem geheimen Reiche einer inoffiziellen deutschen Literatur, einem Reich von ungekannten, ungekrönten Fürstlichkeiten (zu denen etwa Gottfried Benn zählt, oder der verhüllte, majestätisch unzugängige Franz Kafka, oder, bis vor kurzem, beinah noch Döblin). – Auch das riesenhaft angelegte Romanwerk »Perrudja« (Verlag Kiepenheuer, Berlin) wird Hans Henny Jahnn nicht populär machen.

Es steht an epischem Ausmaß, an Tiefe des seelenerkennenden Blicks nicht hinter »Alexanderplatz« zurück. Aber schon durch die Wahl des Milieus stellt es sich selbst, mit einer hochmütig verzichtenden Geste, abseits, in den Schatten. Döblin schafft Sinfonie und Epos der großen Stadt; Jahnns Landschaft aber ist das Gebirg, die entlegene Hütte, der märchenhaft aufgekuppelte Palast. Wenn Franz Biberkopf der passive Heros des Proletarierviertels ist, der mit breiten Schultern aber blindem Herzen sein Schicksal herausfordert, ohne es zu verstehen, bis es so faustdick, so hageldick schließlich über ihn kommt, daß ihm – o langsamer, qualenreicher Prozeß, o schwere Wiedergeburt aus dem Abgrund der Schmerzen! – endlich, endlich die einfältigen Augen sehend werden; so stellt sich Perrudja zugleich bäuerischer und verfeinerter dar, hysterischer und unzivilisierter; geheimnisvoller Sohn des höchsten Gebirgs, menschenferner Abkömmling des Trolls, leidender Liebhaber der Tiere, Knaben und einer einzigen bis zur Störrischkeit spröden Frau; passiv auch er, ein Held des Hinnehmens, nicht des Tuns, »sich annähernd dem Tiere, das unschuldig schuldig die Süchte und Schlafe des Daseins erträgt und ihnen folgt«. Seine Heimat ist ein legendäres Norge, eisige Gegend mit wundervollen Stuten, Hengsten, Stieren und Elchen; zuweilen erinnernd an die Sphäre, in der Strindbergs bösartige Märchenspiele, etwa die »Kornbraut«, sich zutragen.

Man hat Döblins epischen Stil mit einem reißenden Strom verglichen, der alles, was am Wege und noch weitab gedeiht, an sich und in sich hinein zieht. So wie bei Döblin überstürzen sich bei Jahnn die Anekdoten und die Aufzählungen, die Liederrefrains, medizinischen Konstatierungen, alten Sprüche, Kochrezepte, Obszönitäten, Legenden; die Namen von Edelsteinen, spanischen Generalen, Fleisch-, Gemüse-, Marmeladensorten, Südseeinseln, Tierarten, Blumenformen, technischen Einrichtungen wirbeln, jagen sich durcheinander. Es ist die gleiche epische Urgewalt. (Nieder der Roman, es lebe das Epos!) – Es ist die gleiche Schule: der große Ire.

Auch dieses Abwechseln zwischen einer rasend vorüberschießenden Andeutung und einer plötzlich über einem Gegenstand Halt machenden, wie erstarrenden, mikroskopisch genau werdenden Ausführlichkeit haben beide gemeinsam; ich nenne, als auffallende Parallele, die grandiose Schlachthausschilderung bei Döblin und die ebenso unvergeßliche im »Perrudja«, aus der Kindheitserinnerung von Haakon.

Diese Kindheitserinnerung ist eines der Glanzstücke des Buches, sie ist große Dichtung, von einer Trauer und Innigkeit ohnegleichen: ohnegleichen an Konzentration des Gefühls, an Dichtigkeit der Luft, Deutlichkeit des Geschauten. Ich habe sie nicht zufällig genannt. Aber ich hätte auch irgendeine andere Geschichte nennen können, ein anderes Märchen, eine andere Erinnerung, die eingestreut, hineinverwoben sind in das große Gewebe. Da sind die vielen vielen Märchen, die Perrudja erzählt, als die bis zur Störrischkeit spröde Geliebte das erstemal leibhaftig an seinem Bette sitzt; die Geschichte von den Zwillingsbrüdern, die sich so genau ähnlich sehen, daß sie sich in lasterhafter Weise miteinander verwechseln; oder die bittersüße Liebesgeschichte von Nils und seiner Ragna, die Kinder vom Ertrunkenen empfing, da er übers Meer zu ihr gegangen kam (man denkt an Tausendundeine Nacht, so unersättlich verschränken die Geschichten sich ineinander). – Oder die Geschichten der Nacht, da Perrudja sterben zu müssen glaubt und der Knecht Hjalmar ihn rettet, indem er nämlich Geschichten erzählt. – Und all die eingestreuten Episoden, die zur ursprünglichen Handlung in loser oder gar keiner Beziehung stehen; die Episode vom Zirkus, der so lebendig wird, daß man ihn riecht; oder die vom wunderlichen englischen Millionär und dem verhängnisvoll schönen Knaben Pete; oder die von dem Jungen, der auf dem Rummelplatz zu weinen anfängt. (Tausendundeine Nacht, Tausendundeine Nacht.)

Dies uferlose, entgleitende Fabulieren ist nicht der einzige orientalische Zug des Werkes. Passivität als Tragik, Passion durch Untätigkeit: das ist östliches Pathos. Östlich die Erkenntnis, »wie wenig schuldbeladen unsere Existenz ist, wenn auch verflucht«. (Wo Schuld ist, muß es einmal Tat gegeben haben; wo von vorneherein Fluch herrscht, wagt sich die Tat nicht hervor.) »Die Erzählung kann lästig genannt werden«, heißt es einmal. »Weil sie nichts besagt, das eine nur, wer auch immer geboren wird, muß leiden.«

In die abseitig zerklüftete Welt seiner Herrschaft bricht die Problematik unserer Zeit, die soziale Problematik überhaupt mit einer katastrophalen Vehemenz ein. Eine Gruppe von jungen Leuten, die unvermittelt vorgeführt werden – ein kommunistischer Gymnasiast, ein kraftstrotzender Bäckerjunge, ein nachdenklicher und sanfter Milchausträger – eröffnen in einer schneidenden Szene die Diskussion. Gleichzeitig erscheint bei Perrudja ein Freund, ein Franzose, mit dem Namen Pujol, der in einer anklagenden, aufrüttelnden, enthüllenden Rede das Bild dieser Zeit und ihrer Furchtbarkeit hinstellt. Die letztliche Bösheit des Menschen, insbesondere des weißen Mannes, steht greuelhaft auf, Untat über Untat wird aufgezählt. Der Krieg, die Vergewaltigung der fremden Rassen, die lügenhafte Justiz;

Imperialismus, Kapitalismus. Ein utopischer Plan von abenteuerlichem Radikalismus wird dargelegt und entwickelt; ein Geheimbund junger Menschen, auszudehnen über die ganze Erde; eine kriegerische Organisation, durch Eide und Zeichen unverbrüchlich verbunden, dazu bestimmt, das Alte abzuwürgen, auszureißen das Schlechte, nach Strömen vergossenen Blutes Gesundheit, Frieden, Liebe, Gerechtigkeit zu bringen. »Die Geschichte muß zu Ende sein. – Und außer der jungen Sehnsucht gibt es keine Hoffnung.«

Wer ist dieser Perrudja, zu dem ein solcher Plan kommt? Perrudja, inmitten eines sagenhaften Reichtums, von dessen Herkunft niemand etwas weiß; fernab, in einer bäuerisch-neurasthenischen Einsamkeit, hausend mit dem göttlich starken Bruder seines angetrauten Weibes, weil diese, aus Herzenssprödigkeit und da sie sich beleidigt wähnte, ihn verlassen mußte? Wir sahen ihn um diese Signe werben, wir sahen ihn sein schönes Pferd lieben, mit Edelsteinen spielen, sich von einem Neger massieren lassen, mit Gott hadern. Die Schilderungen seines Reichtums und seiner kostspieligen Launischkeiten waren manchmal etwas ärgerniserregend, vor allem eben, weil konsequent verschwiegen blieb, wer sie finanzierte. – Nun aber zeigt sich, wer Perrudja ist.

Perrudja ist, kurz und gut, der reichste Mann dieser Erde. Er ist es, dem ein Konzern, ein weltumspannender Trust von phantastischem Ausmaß untertan. Durch geheime Fügung wußte er von nichts. Ein korrekter Herr mit Namen Grigg verwaltete alles. Perrudja war der Mann, der nicht genannt sein wollte. Ein heimlicher Kaiser; Kaspar Hauser des großen Kapitalismus.

Diese Wendung der Dinge erstaunt, ohne zu überwältigen. Und da Perrudja nun seine unermeßlichen Mittel und Mächte in den Dienst der Sache, der Idee stellt, die der Utopist entwickelt hat, schlägt die Erzählung, die gedrängt und bis zum Zittern voll Leben war, ins unverbindlich Phantastische, ins unplastisch Andeutende um. Die beiden dicken Bände bleiben Fragment. Freilich sind sie auch nur »der erste Roman Perrudjas«.

Ich muß abschließend feststellen: dieses enorme Fragment bedeutete für mich, mit »Alexanderplatz« zusammen, das stärkste Erlebnis, das mir aus der deutschen Literatur in letzter Zeit gekommen ist. »Ein unerbittliches Gericht, durch das jener gegangen sein mußte«, heißt es von Perrudja, »hatte ihm die Leidenschaft des Zerfaserns gebracht.« Das Buch ist klug bis zum Rausch, seine Kritik ist streng wie ein Gerichtstag. Des Dichters Seele aber war stark genug, jenseits des Zerfaserns, zu einem Ja-Sagen zu finden. Er liebt die Kreatur; Perrudja, der Nichtheld, liebt sie. Der kriegerische Geheimbund des Siebensterns will, daß die Kreatur unbeschädigt gedeihe auf Erden. Dann fände auch der Mensch noch das Glück, denn er gehörte wieder zu ihr, die er so lange übervorteilt und schlecht benützt hat.

Wir finden zwar den verzweiflungsvollen Satz: »Der Mensch ist verdammt. Es ist ihm keine Hoffnung gelassen. Wäre er nicht hoffnungslos, er würde nicht so viel zu einem unbekannten Gotte beten.« Aber an einer anderen, zugleich sanften und befehlshaberischen Stelle wird gefordert: »daß wir es nötig haben uns zu bekennen, nicht zu Seiner Gewalt, sondern zu Seiner Existenz«.

Denn es ist nicht zu gehorchen dem Gott, der befiehlt, sondern dem Gott, der da lebt, sich offenbart in den Körpern und in jeglicher Kreatur.

ZU DIESER AUSGABE

Von Hans Henny Jahnns erstem veröffentlichten Roman existieren zwei vollständige Druckfassungen: die 1929 im Gustav Kiepenheuer Verlag Berlin erschienene zweibändige Erstausgabe und die überarbeitete Ausgabe der Europäischen Verlagsanstalt in einem Band aus dem Jahre 1958. Ein einbändiger Neudruck der Erstausgabe, der 1948 beim Willi Weismann Verlag erschien, gelangte nicht in den Handel.
Die EVA-Ausgabe weicht in zahlreichen, jedoch nicht immer bedeutsamen Einzelheiten von der Erstausgabe ab. Es läßt sich erkennen, daß Jahnn bestrebt war, stilistische Unsicherheiten auszumerzen, aber die Überarbeitung ist insgesamt von solcher Uneinheitlichkeit, daß inhaltliche oder formale Aspekte im strengen Sinne für die Wahl der Druckvorlage nicht ausschlaggebend sein konnten. Abgesehen von der Authentizität jeder Erstfassung waren es pragmatische Überlegungen, die zu der Entscheidung führten, den Text der ersten Ausgabe wiederzugeben. Diese wurde, bibliophil ausgestattet, in einer kleinen Auflage von 1020 Exemplaren gedruckt und ist heute nahezu unauffindbar. In den Bibliotheken, die sie besitzen, ist sie häufig nicht ausleihbar. Die Neufassung hingegen ist während der letzten zwanzig Jahre mehrfach nachgedruckt worden, nicht ohne stattliche Vermehrung der Druckfehler.
Die vorliegende Neuausgabe bietet ohne jede Veränderung den Text der Erstausgabe dar. Lediglich einige *offensichtliche* Druckfehler wurden berichtigt. Alle Eigenheiten der Orthographie und Interpunktion Jahnns blieben unangetastet.
Die Abweichungen der Ausgabe 1958 werden im Anhang verzeichnet. Eine vollständige Auflistung aller Varianten hätte diesen unnötig aufgebläht und seine Benutzung erschwert. Bei

einem Großteil der Abweichungen handelt es sich um durchgängige, wenn auch nicht völlig konsequent erscheinende Bearbeitungsmerkmale. Sie werden unten summarisch beschrieben.

Berücksichtigt wurden auch die Varianten der Vorabdrucke, von denen »Perrudjas Werbung« zweifellos die meiste Aufmerksamkeit verdient, da er weitgehend der Handschrift der ersten Fassung entspricht.

Die handschriftlichen Fragmente des »Perrudja 2«, die Rolf Burmeister 1968 im Heinrich Heine Verlag herausgegeben hat, wurden mit dieser hier zugrundegelegten Ausgabe verglichen. Bei abweichender Lesung wurde deren Text entsprechend verändert, Burmeisters Lesart im Anhang verzeichnet. Einen Abschnitt des Kapitels »Aus der Steinwüste der Großstädte ziehen junge Menschen aufs Land« hat Burmeister nicht nach der Handschrift, sondern nach einem überarbeiteten Typoskript wiedergegeben. Die vorliegende Ausgabe bringt auch in diesem Fall den Text der Handschrift; die Abweichungen des Typoskripts werden – unter Hinweis auf den Sachverhalt – als Lesarten Burmeisters behandelt. Einige schwer lesbare Stellen, für die Burmeisters Lesart übernommen wurde, sind zusätzlich durch Winkelklammern gekennzeichnet worden. Im übrigen verweise ich auf Burmeisters detailliertes Nachwort, wo auch die Gründe für die (hier unveränderte) Anordnung der Fragmente dargelegt werden.

1954 erschien als rororo-Taschenbuch der Band »13 nicht geheure Geschichten«, Jahnns einzige Sammlung von Erzählungen, die allerdings ausschließlich Auszüge aus »Perrudja« und »Fluß ohne Ufer« enthält. Auch diese Texte weichen teilweise erheblich von der Fassung der Romane ab (vgl. hierzu das Nachwort). Da die »13 nicht geheuren Geschichten« im Rahmen der Neuausgabe von Jahnns Werken nicht mehr zum Abdruck gelangen, werden auch deren Varianten verzeichnet, sofern sie nicht mit den unten genannten der EVA-Ausgabe übereinstimmen.

Nicht berücksichtigt wurden bei den Vorabdrucken und den »13 nicht geheuren Geschichten« die ohnehin recht willkürlichen Abweichungen der Interpunktion, es sei denn, sie fallen mit einer verzeichneten Variante zusammen; ferner die Ausschrei-

bung von Zahlen, Groß-/Kleinschreibung von Zahlwörtern sowie zusätzliches oder fehlendes Genitiv- und Dativ-›e‹.
Erstmals werden jene kleinen Texte Jahnns, die in unmittelbarem Zusammenhang mit dem »Perrudja« stehen – Äußerungen über den Roman, Vorstufen oder Abwandlungen einzelner Abschnitte –, zusammen mit diesem abgedruckt. Gegenüber den »Werken und Tagebüchern« enthält diese Abteilung zusätzlich die Bemerkungen aus der Voranzeige des Verlags, »Der Raub der Europa« und »Europas Werk«.
Weder war Jahnn – trotz der Vielfalt seiner Fähigkeiten und Interessen – ein poeta doctus, noch wollte er es sein. Er pflegte sogar mit seiner »Unbelesenheit« zu kokettieren. Seine Romane und Dramen erwuchsen nicht aus Zettelkästen, und was an ihnen rätselhaft ist, verdankt sich in den seltensten Fällen dem Rückgriff auf entlegenes Bildungsgut. Gleichwohl finden sich Niederschläge seiner Lektüre in allen Werken, und nirgends sind sie so deutlich, nirgends so produktiv, nirgends aber auch so der Erhellung bedürftig wie im »Perrudja«.
Der zusammen mit den Varianten dargebotene Kommentar ist ein erster Versuch, mittels Nachweis der Quellen, aus denen Jahnn geschöpft hat, Querverweisen innerhalb des Werks, Hinweisen auf autobiographische Aspekte, sowie Erläuterungen zu einzelnen Stellen die genaue Lektüre des Romans und die weitergehende Beschäftigung mit dem Autor zu erleichtern. Er erhebt keinen Anspruch auf Vollständigkeit. Er versteht sich dokumentarisch, nicht kritisch. Skepsis ist insonderheit bei den zitierten Äußerungen Jahnns aus Walter Muschgs »Gesprächen« geboten, die nicht frei von Ungenauigkeiten und Übertreibungen sind. Zu manchen kommentarbedürftigen Stellen konnte ich trotz vielfacher freundlicher Unterstützung nichts ausfindig machen. Ergänzungen und Verbesserungen sind erwünscht und sollen bei späteren Auflagen berücksichtigt werden. Verzichtet wurde insbesondere auf eine durchgängige Kommentierung geographischer Namen (die jedoch überprüft wurden), sowie detaillierte Anmerkungen zum Kapitel »Sassanidischer König«, da hierfür die Frage der Quellen erfreulicherweise nahezu vollständig geklärt ist und eine exemplarische Untersuchung (die in Deutschland leider nicht gedruckt vorliegt) dazu existiert.

Nachfolgend werden diejenigen Abweichungen der Ausgabe von 1958 genannt, die in den Varianten nicht erfaßt sind. Die mit Abstand am häufigsten vorgenommene Änderung ist die Ergänzung von Hilfsverben. Rund hundertmal wurde das Reflexivpronomen umgestellt. Statt »selbst« steht fast immer »selber«. Die Schreibung der Zahlen 16 und 60 wurde zu »sechszehn» und »sechszig« vereinheitlicht, der Beiname des sassanidischen Königs zu »Parwez«. Statt »Trondhjem« steht die seit 1931 gültige Form »Trondheim«. Großgeschrieben wird stets als Name der »Goldene Siebenstern«. Schwankend ist die Groß-/Kleinschreibung von »Million«. Genitiv- und Dativ-›e‹ wurde teils ergänzt, teils entfiel es. Die häufigste Änderung der Interpunktion besteht erwartungsgemäß im Einfügen von Kommata, wenn auch längst nicht an allen Stellen, wo sie nach den Regeln stehen müßten. Einige Kommata wurden getilgt; statt Komma stehen Kolon, Punkt, Semikolon und Gedankenstrich. Ein Punkt wurde getilgt; statt Punkt stehen Ausrufe-, Fragezeichen, Komma, Semikolon und Kolon. Eingefügt wurden schließlich Gedankenstriche und ein Kolon. Zu den meisten dieser Änderungen finden sich Gegenbeispiele, wo sie ohne ersichtlichen Grund unterblieben. Auch wurden einige offensichtliche Interpunktionsfehler nicht verbessert.

Ich danke allen, die mich bei der Arbeit an dieser Ausgabe unterstützt haben; insbesondere Dr. Rolf Burmeister von der Hamburger Staats- und Universitätsbibliothek, Renate Martienssen, Dr. Jochen Meyer, Dr. Uwe Schweikert, Dr. Henry Smith, sowie Peter Schuler, der mir vor zehn Jahren »Das Holzschiff« anempfahl und dem ich manchen Hinweis für den Kommentar verdanke.

G. R.

VARIANTEN UND ANMERKUNGEN

Umgestellte, veränderte, zusätzliche oder gestrichene Textteile sind durch *Kursivdruck* hervorgehoben, kommentierte Stellen durch **Fettdruck**. Streichungen *innerhalb* einer verzeichneten Variante sind nicht gekennzeichnet. Zur leichteren Orientierung werden teilweise vorangehende und nachfolgende Textteile wiedergegeben. Die Zeilenzählung versteht sich ohne Überschriften, Leerzeilen und Noteneinschübe.

Abkürzungen

1. Hans Henny Jahnn

B — **Perrudja 2.** Fragment aus dem Nachlaß. Hg. von Rolf Burmeister. Frankfurt a. M. 1968

EVA — **Perrudja.** Frankfurt a. M. 1958

F — **Frühlingssturm.** In: Der Kreis. Zeitschrift für künstlerische Kultur. Hamburg, April 1929 (6. Jg., Heft 4)

N — **Nacht-Gespräch.** In: Berliner Tageblatt, 61. Jg., 21. 2. 1932

NGG — **13 nicht geheure Geschichten.** Hamburg 1954

S — **Der Sturm.** In: Hamburger Anzeiger, 22. 1. 1927

T — **Die andern Tiere.** In: Der Kreis. Zeitschrift für künstlerische Kultur. Hamburg, November 1928 (5. Jg., Heft 11)

W — **Perrudjas Werbung.** In: Der Kreis. Zeitschrift für künstlerische Kultur. Hamburg, Februar 1927 (4. Jg., Heft 2)

WuT I-VII — **Werke und Tagebücher** in sieben Bänden. Hg. v. Th. Freeman und Th. Scheuffelen. Hamburg 1974

2. Andere Autoren

Herodot	**Die Geschichten des Herodotus.** Übersetzt von Friedrich Lange. Leipzig 1919
Herzfeld	**Ernst Herzfeld: Am Tor von Asien.** Felsdenkmale aus Irans Heldenzeit. Berlin 1920
Mitchell	**Breon Mitchell: Hans Henny Jahnn and James Joyce.** The birth of the inner monologue in the German novel. In: Arcadia 6. 1971
Muschg G	**Walter Muschg: Gespräche mit Hans Henny Jahnn.** Frankfurt a. M. 1967
Smith	**Henry Adelmon Smith III: »Sassanidischer König«.** Hans Henny Jahnns »Perrudja« in Microcosm. Diss. University of Southern California 1969 (Ann Arbor, University Microfilms 1974)
Ulysses	**James Joyce: Ulysses.** Vom Verfasser autorisierte Übersetzung von Georg Goyert. Zürich 1956 (u. ö.)
Ungnad	**Die Religion der Babylonier und Assyrer. Übertragen und eingeleitet von Arthur Ungnad.** Jena 1921
Wagner	**Rüdiger Wagner: Hans Henny Jahnns Roman »Perrudja«.** – Sprache und Stil. Phil. Diss. München 1965

7 Zur **Inhaltsangabe** vgl. S. 483

12/*1* »Den ersten Satz des ›Perrudja‹ habe ich bestimmt mindestens fünfzig Mal geschrieben und endlos hin und her gewendet, und zuletzt lautete er einfach: ›Perrudja aß seine Abendmahlzeit.‹« (Muschg G, S. 123)

13/*13* **Das Licht des weißen Mondes...:** Verse des bedeutenden chinesischen Lyrikers Li Tai Po (701–762). Eine Übersetzung, die Jahnn hier zitiert oder an die er sich mit seiner bemerkenswert lapidaren Formulierung anlehnt, ließ sich nicht feststellen. Jahnn nimmt mehrfach Bezug auf Li Tai Po, so in »Vereinsamung der Dichtung« als Beispiel für die »Aussage aus erster Hand« in den Dichtungen früher Zeiten (vgl. WuT VII, S. 52 u. 53). In der »Niederschrift« komponiert G. A. Horn den 2. Satz seiner Symphonie zu diesem Text (vgl. WuT II, S. 626; III, S. 116).

14/*1* **Kyklopenmauern:** In der griechischen Mythologie erscheinen Cyklopen von dreifacher Art und Herkunft. Hier sind die Lykier gemeint, die in Argolis Bauwerke errichteten, die unter dem Namen »cyklopische Mauern« bekannt waren. Der Begriff wurde bereits in der Antike für jede Art von monumentalen Bauwerken gebraucht.

14/*36* **Etemenanki:** Der sumerische Marduktempel in Babylon, von dem man annimmt, daß es sich dabei um den »babylonischen Turm« der Bibel handelt. Jahnn gebraucht den Begriff durchweg in diesem Sinne.

16/*2* **Glomm:** Glomma, der längste Fluß Norwegens (587 km).

18/*23* **Mjoesa:** Größter norw. Binnensee, an dessen Nordostseite die Stadt Hamar liegt.

22/*17* EVA *erbaute*

22/*36* **Domkirche in Hamar:** Erbaut im 12. Jh., 1567 von den Schweden zerstört. Erhalten sind nur vier mächtige, von Rundpfeilern getragene Bogen. / *39* **Helgoey:** Insel im Mjoesasee.

26/*1* **Lars Grisung:** grisunge (norw.) = Ferkel; galte (norw.) = Eber.

28/*1* **Skysstation:** Ein staatlich beaufsichtigtes System der norw. Personenbeförderung mit festen Stationen; zumeist Gasthäuser, die sich verpflichtet hatten, Pferde für die Reisenden bereitzuhalten. Zu einem festgesetzten Tarif konnte man auf diese Weise 80–100 km am Tag zurücklegen.

29/*18* **leiden müssen wie ein Baumfrevler unter seinen Vorfahren:** Die Verehrung von Bäumen herrschte bei allen germanischen Volksstämmen. »Wie ernsthaft man es in früherer Zeit mit dieser Verehrung nahm, kann man aus der barbarischen Strafe schließen, welche die alten deutschen Gesetze denen auferlegten, die es wagten, die Rinde von einem lebenden Baume abzuschälen. Der Nabel des Verbrechers mußte herausgeschnitten und an den Teil des Baumes genagelt werden, den er abgeschält hatte, und er mußte immer wieder um den Baum herumgejagt werden, bis alle seine Eingeweide sich um den Baum geschlungen hatten. Der Zweck der Strafe war augenscheinlich der, die tote Rinde durch etwas Lebendes von dem Körper des Verbrechers zu ersetzen.« (Frazer, J. G.: Der goldene Zweig, Ffm./Bln./Wien, 1977, Bd. I, S. 161)

32 Die beiden Vorabdrucke »Ein Sturm« und »Frühlingssturm« umfassen den Text von S. 32 bis »ging er zutal.« auf S. 35 / *2* S/F *ward* / *6* S/F *die* Täler / *13* S/F *ward* / *26* S/F Sein Hals *ward zu*.

33/*2* S/F *ward* / *5* S/F *ward* / *7* S/F *Husch* / *9* S/F *zu Tal* / *10* S/F *Feuchtheit* / *11* S/F *ward* / *17* S Nebel, *Schnee*, rasendes Sprühen; F fehlt: *Hagel*

34/*7* S/F *irgendwas* / *8* S/F *hier zwischen* / *26* S/F fehlt: *halb Mann ... Südens.* / *34* S/F *Renntiere*

35/*1* S/F *ward* / *4* F *brandeten* / S/F *zu Tal* / *5* S/F mit *den* Händen / *9* S/F *Er roch sich selbst*, seinen Atem / *13* S/F *Und ohne Adel dünkte er sich, ein Gottverlassener, der in Sünden verstrickt*, einst gerichtet *wird, schuldlos* und *schuldig* zugleich, weil *er* faul und stinkig. / *18* S/F vor seiner *Hütte* / *19* S/F *daß* seine Brust naß / *20* S/F *Knie* / *22* S/F fehlt: *graupigen, triefenden* / *34* S/F *zu Tal*

36/*15* S/F *klebt*

42/*25* S/F auf die ein tosender Fall voll beglückender Wirklichkeiten *hereinbrach*

46/*25* **Grundlose Furcht...:** Worte der Amme in Jahnns »Medea« (vgl. WuT IV, S. 471)

50/*23* **Unbekanntes China:** Vgl. »Die Familie der Hippokampen« (S. 850) und »Die liebenswürdige Leidenschaft« (S. 829)

52/*33* EVA *Papstsuppe*

54/*35* **Ja, wir lieben dieses Land:** »Ja, vi elsker dette landet«, norwegische Nationalhymne (Text von B. Björnson, Musik von Björnsons Vetter R. Nordraak).

61 Sassanidischer König: Vgl. zu diesem Kapitel grundsätzlich Smith. Dort wird auch der Text der Erstfassung wiedergegeben.

61/*19* **Seele, Form der Formen:** Aus Aristoteles, De Anima. Mit dieser Definition der Seele beschäftigen sich auch die Gedanken von Stephen Daedalus in Joyces »Ulysses« (vgl. Ulysses, S. 33 u. 53). Die Frage, ob sich Jahnn hier an Joyce anlehnt oder ob er Aristoteles zitiert, ist noch nicht befriedigend gelöst. Während Smith annimmt, »it seems clear that Jahnn was familiar with Aristotle's De Anima« (S. 114), schreibt Mitchell, daß Jahnn »does not seem to have been intimate with the writings of Aristotle« (S. 67). Smith kommt zu dem Schluß, »that the passages from Joyce ... were of no importance in the composition of ›Sassanidischer König‹« (S. 113). Mitchell, der den Begriff der Entlehnung generell sehr weit faßt und merkwürdigerweise dem Perrudja-Text stets den des englischen »Ulysses« gegenüberstellt (Jahnn kannte nur Goyerts Übersetzung), hält diese und andere Stellen der nächsten Seiten für Joyce-Zitate bzw. -Reminiszenzen. Immerhin auffällig ist dabei die Erwähnung von Luzifers Sturz bei Jahnn (S. 63) wie auch bei Joyce (S. 60). Da sowohl Smith als Mitchell lediglich englischsprachige Aristoteles-Übersetzungen anführen, bleiben beide Thesen fragwürdig.

62/*35* **Roßmäulige Schenkel...:** Vgl. hierzu und zu den folgenden Versen **Mein warten roßmäulig weich...** S. 97 und »Der Raub der Europa« (S. 846)

63/*15* **Die Japaner töten sich...:** Das sogenannte Harakiri, bei dem der

Bauch von links nach rechts durchschnitten wurde. Die Tötung selbst erfolgte jedoch mit einem Schnitt durch die Kehle oder indem ein Freund den Betreffenden mit einem Schlage köpfte. Der Ursprung der Sitte liegt wahrscheinlich darin, daß der Unterleib nach alter Anschauung als Sitz der Gefühle galt und man durch seine Eröffnung die Reinheit der Gesinnung beweisen wollte.

64/*37* **Karl der Sachsentöter:** Karl der Große war Jahnn aus dem gleichen Grunde suspekt wie der Heilige Olaf. Er betrachtete Karls Christianisierung als verhängnisvoll, als eine »Katastrophe« gleichen Ausmaßes wie der Dreißigjährige Krieg (vgl. Muschg G, S. 29); *37* **der heilige Olaf:** Norwegischer König (1015–1030) und Schutzpatron des Landes, das er einer gewaltsamen Christianisierung unterwarf. 1028 wurde er vom Dänenkönig Knut d. Gr. vertrieben. Als er versuchte, sein Reich zurückzuerobern, fand er am 29. 7. 1030 den Tod in der Schlacht bei Stiklestad. Er wurde heimlich in dem von ihm gegründeten Nidaros (dem späteren Trondheim) beigesetzt. Schon bald verbreiteten sich Wundergeschichten über den Toten. Im Jahr darauf erwirkte der Bischof Grimkjel die Ausgrabung des Sarges, in dem man ihn der Legende zufolge unverwest vorfand. In einem prunkvollen Schrein wurde er auf dem Hochaltar der Clemenskirche aufgestellt. An der Stelle, wo zuvor der Sarg in der Erde gelegen hatte, soll eine wunderwirkende Quelle entsprungen sein. 1564 plünderten die Schweden den Schrein und entführten die Leiche des Königs. 1568 wurde sie an unbekannter Stelle im Trondheimer Dom erneut beigesetzt. / *38* **Tordenskjold:** Unter diesem Namen (»Donnerschild«) wurde der norwegische Seeheld Peder Wessel (1691–1721) von Friedrich IV. in den Adelsstand erhoben.

65/*17* **Otto Heinrich Leopold Ulfers...:** Die nachfolgend berichtete Geschichte der fünf Knaben geht zurück auf die Erzählung »Blod-Tirsdagen (Desember 1901)« in dem Band »Unge Sjaele« des norwegischen Autors Sigurd Mathiesen (1871–1958), erschienen 1903 in Kopenhagen. Vgl. hierzu Smith, S. 89ff. In dem Aufsatz »Frühere Generationen im gleichen Alter« gibt Jahnn den Inhalt der Geschichte unter Hinweis auf Mathiesen nochmals in gedrängter Form wieder (vgl. WuT VII, S. 336).

70/*29* **Hengst Rakhsh:** Vgl. Herzfeld S. 88, Smith S. 50f.

71/*3* **Des Nachts... wandern Fabeltiere die weite Straße nach China:** Vgl. »Die Familie der Hippokampen« (S. 850), Herzfeld S. 1 u. 52, Smith S. 53f. / *8* **Pazuzu:** Welche Quelle Jahnn für seine Beschreibung des Sturmgottes und der Pestgöttin Labartu (vgl. S. 86f.) benutzt hat, ist ungeklärt. Sie scheint sich jedoch auf eine bestimmte Darstellung beider Gottheiten zu beziehen, eine Bronzetafel (Sammlung Clercq, Paris), die z. B. in Karl Franks Buch »Babylonische Beschwörungsreliefs« (Leipzig 1908) beschrieben wird (vgl. Smith S. 139). / *28* **die beispiellos große kasuistische Literatur der Geburtsomina in Alt-Babylon:** Vgl. Ungnad S. 325ff., Smith S. 120ff., sowie die »Niederschrift«, WuT II, S. 418; ferner die in Ungnads Anm. 325 genannten Autoren.

72/*29* **DAREIOS...:** Diese Inschrift zu einer Reiterstatue, die Dareios anfertigen ließ, wird berichtet bei Herodot, 3. Buch, Abschn. 88. Das Zitat zeigt, daß Jahnn die Übersetzung Friedrich Langes benutzte, die erstmals 1810–1813 erschien und 1919 auch als Reclam-Band aufgelegt wurde.
73 Die Dareios-Geschichte folgt der Darstellung Herodots im 3. Buch, Abschn. 67–88 (vgl. Smith S. 69ff.).
75/*9* **Ahuramazda:** Ormuzd, der Lichtgott und Erhalter der Welt in der zoroastrischen Religion. Die folgende Passage über Ahuramazdas Liebe zu Pferden geht nicht auf Herodot zurück, sondern auf Herzfeld S. 18 (vgl. Smith S. 83). / *14* EVA gesattelt *Er* edle Hengste erwarte
76/*16* **Der Sklave begann seine Geschichte:** Mit diesem Satz beginnt »Die Geschichte des Sklaven« in den »13 nicht geheuren Geschichten«. Sie umfaßt folgende Textpartien: S. 76, Z. 16 bis S. 78, Z. 2; S. 123, Z. 34 bis S. 131, Z. 5; S. 142, Z. 3 bis S. 144, Z. 3; S. 144, Z. 6 bis 32; S. 145, Z. 6 bis S. 148, Z. 11. Zwar verweisen Gestalten, Handlung und Tonfall der Erzählung auf »Tausend und eine Nacht«, doch ließ sich eine direkte Entlehnung bisher nicht nachweisen (vgl. Smith S. 141ff.). Vgl. hierzu auch S. 221. / *27* EVA/NGG um nicht *im glänzenden Gesicht* lästig zu werden / *39* EVA/NGG weil ich Euch *gefiel*
77/*9* NGG *Riechwässer* / *10* NGG/EVA *verrieb* / *11* NGG *ausließe* / *19* EVA/NGG gestr.: *an mir* / *26* NGG gestr.: *Was für... erfüllen.* / *30* NGG *anderen*
78/*26* **Colleoni:** Gemeint ist Verocchios Reiterstandbild des Bartolomeo Colleoni (1400–1475) in Venedig. / **Gatamelata:** Eigentlich Erasmo de' Narni (1370–1443); gemeint ist Donatellos Reiterstandbild in Padua. / *27* **die rossebändigenden Riesen des Monte Cavallo:** Kolossalstatuen, die heute auf dem Quirinale in Rom stehen. Ob es sich bei dem Paar um die Dioskuren (Kastor und Pollux) handelt, ist umstritten. / *30* **die Pferde der Han-Dynastie:** Gemeint sind wahrscheinlich die Pferdestandbilder am Grab des Generals Ho Ch'ü-p'ing in der chinesischen Provinz Shensi vom Ende des 2. vorschristlichen Jahrhunderts.
79 Die Geschichte Khosros II. entnahm Jahnn dem Buch von Herzfeld. In einem Teil der Erstausgabe des »Perrudja« wurde nachträglich ein Zettel mit folgendem Text eingeklebt: »Beim Zitat der Enzyklopädie 1228 folgte ich mit wenigen Abweichungen der Übersetzung Ernst Herzfelds. H. H. J.« Einige historische Details, die bei Jahnn erwähnt werden, fehlen jedoch bei Herzfeld (vgl. Smith S. 67ff.). Welche Quellen Jahnn dafür benutzte, ist ungeklärt. Smith schließt Th. Nöldekes »Geschichte der Perser und Araber zur Zeit der Sassaniden« (Leyden 1879) aus und weist für einige Punkte auf F. Justis »Geschichte des alten Persiens« (Berlin 1879) hin. Eine andere mögliche Quelle hat Jochen Meyer ausfindig gemacht: Kretschmann, »Die Kämpfe zwischen Heraclius I. und Chosroës II.« (Güstrow 1875–1876). Vgl. Smith S. 44ff.
»Sassanidischer König« umfaßt in den »13 nicht geheuren Geschichten« den gesamten Abschnitt X mit Ausnahme der Passage S. 79, Z. 11 bis S. 80, Z. 4 und der Noten auf S. 92–93. / *1* EVA/NGG gestr.: *Nicht* (ein Fehler

Jahnns, der auch auf S. 119, Z. 15 erscheint und dort für EVA nicht korrigiert wurde)

80/*35* **Anahit:** Die Wassergöttin in der iranischen Mythologie. Wie ihr männliches Pendant, Apam Napat, verleiht sie dem Helden starke Rosse. »Die Volksanschauung hält Anahit für Shirin und sieht in Ohormizd ihren Geliebten Farhad.« (Herzfeld S. 82)

81/*5* **Parasange:** Antikes Längenmaß. Die persische Parasange entspricht ca. 10 km.

83/*37* NGG gestr.: *Fast hättest du deine Hoden daran geben müssen.*

85/*6* **Labartu:** Vgl. Anm. zu S. 71 / *8* NGG gestr.: *Fast die Hoden zerritten.* / *29* NGG gestr.: *Waren es ... Sie stanken nach ihrem Geschlecht.* / *32* NGG gestr.: *Sie sangen ... verbrannten.*

87/*11* **Abraxas:** Vgl. Anm. zu S. 845.

89/*10* EVA gestr.: *und*

91/*27* **Tchintamani:** Ein Wort des Sanskrit, welches einen »Gedächtnisstein« bezeichnet. Vielleicht sind hier Khosros Kronjuwelen gemeint, jene Steine, die auch in »Tausend und eine Nacht« erwähnt werden (vgl. Smith S. 144f.).

92 **Die da ruht...:** Bei diesen und den folgenden Noten handelt es sich um Kompositionen Jahnns zu Texten aus dem Gilgamesch-Epos (vgl. Ungnad S. 115). / **Sag an mein Freund...:** Vgl. Ungnad S. 117f. Zu diesem Text komponiert G. A. Horn in der »Niederschrift« den letzten Satz seiner Symphonie (vgl. z. B. WuT III, S. 173ff.).

95/*23* EVA *Siebzigvätrige*

97/*26* **Exaltatio Sanctae Crucis:** Das Fest wird am 14. September begangen zur Erinnerung an Herakleios' Wiedereroberung des verlorenen Kreuzesteils. / *32* **Wie eines Maultiers Nüstern...:** Vgl. »Der Raub der Europa« (S. 846)

98 Der Vorabdruck im »Kreis« trägt den keinen Sinn ergebenden Titel »Die andern Tiere«, also den des Folgekapitels im Roman. Dort und in den »13 nicht geheuren Geschichten« umfaßt der Text den gesamten Abschnitt XI.; *1* **17. Mai:** Norwegischer Nationalfeiertag zur Erinnerung an die Annahme der Verfassung im Jahre 1814. / *5* **Ja vi elsker dette landet:** Vgl. Anm. zu S. 54 / *17* T *zu Tal* / *22* **Orchestrion:** Dem Orgelforscher K. Bormann zufolge handelt es sich bei der beschriebenen Karussellorgel um ein Instrument der Firma Limonaire, das von der Firma Wilh. Bruder Söhne aus Waldkirch im Jahre 1907 umgebaut wurde (vgl. R. Wagner, Der Orgelreformer H. H. Jahnn, Stgt. 1970, S. 63 Anm. 2).

99/*7* **heilige Stadt Oslo:** Oslo (von 1624 bis 1924: Kristiania) war bereits vom Stadtheiligen St. Hallvard geweiht worden, bevor Olav Kyrre (Haraldson, 1066–1093) die Stadt zum Bischofssitz erhob und die Domkirche errichten ließ. / *11* **Pfingstgemeinden:** Entstanden in den siebziger Jahren des 19. Jhs. in Amerika aus der sog. ›Heiligungsbewegung‹, die ein ›neues Pfingsten‹ erflehte, was am 9. 4. 1906 auf einer Veranstaltung in Los Angeles eingetreten sein soll (›Zungenrede‹ etc.). In Norwegen 1906 eingeführt durch den methodistischen Stadtmissionar von Oslo, Barrat. Die Pfingstgemeinden sind noch heute die größte freikirchliche Vereinigung Norwegens. / *12* **vom Hause Elim:** Die ›Elimsgemeinden‹ sind ebenfalls aus der Pfingstbewegung entstanden. / **Zoar:** In der Bibel Name einer Stadt (vgl. 1. Mose 13,10; 14,2 und 8; 19, 22–30). / EVA konnten ihre Gesänge und Predigten *zorniger* ertönen lassen / *20* NGG erhalten *blieb* / *29* EVA Obgleich auf den breiten Wegen *sich drängend* die Menschen hin- und herfluteten

101/*36* T *so lange*

102/*17* NGG gestr.: *Schnallenschuhen ... mit* (vermutlich Setzfehler)

103/*28* T *näherzukommen*

104/*17* T *aneinanderreihen*

105/*16* NGG gestr.: *hörte (hört)*

106/*23* **Euch sage ich allen...:** Klagelieder Jeremia 1,12 / *33* NGG Und *jener* antwortete

107/*16* T *melancholisch*

109/*31* NGG gestr.: *»Er hat ... halt's Maul.«*

112/*9* EVA überschlank *darin*

114/*9* **Lendsmand:** Ein Amt, das etwa dem des deutschen Schultheiß entsprach. / *12* EVA den *jener* davon ging

120/*23* EVA daß ein *schwarzer* Strudel zuweilen *alles* aufleckte / *33* EVA daß er *nur* mit Mühe

122/*32* EVA gestr.: *verirrte sich schon jemand auf den Kirchhügel*

124/*8* NGG daß *jener* / *16* NGG gestr.: *sehr*

125/*15* EVA *Wohlsein* / NGG *wohlsein* / *32* EVA/NGG geschehen *könnte*

127/*33* EVA Ich *verwand* alle Schmerzen

128/*14* NGG *zur Stelle* / *21* EVA/NGG *wandte* / *22* EVA *gewahre* / *28* NGG weil sie *an der Elternliebe* erwachsen / *32* EVA/NGG *War* ich auch / *34* NGG *wiedererkannte*

129/*2* EVA/NGG *zerfetzte*

130/*23* NGG an der *Unordnung* / *24* NGG gestr.: *deren Dasein ... langweilten*

131/*1* EVA/NGG gestr.: *sich* / *4* NGG *Sie* stießen

132/*20* EVA *Mietschlitten* / *39* EVA *Mietschlitten*

134/*31* EVA *verschneiten*

135/*33* EVA Dann brach *es* mit seiner Stimme *schrill hervor.*

136/*20* **abhanden gekommenes Herz...:** Das Zisterzienserkloster Ebrach, wo die Herzen der Fürstbischöfe von Würzburg beigesetzt waren, wurde im Bauernkrieg zerstört. / *21* **Das Grab des St. Olaf:** Vgl. Anm. zu S. 64

137/*39* EVA *Erstaunen*

140/*9* **O Durst...:** Vgl. »Der Raub der Europa« (S. 847) / *23* EVA *Vorgeschmack*

143/*15* NGG *mich ihm* frech mit zweideutigen Reden stellte / *20* EVA an der Last seines Herzens *einschrumpfte*

145/*14* EVA/NGG *Bitternis* / *23* EVA/NGG Die Arme waren mit pergamen-

tenen Schuppen *gepanzert.* / *35* EVA/NGG weil mein Erinnern trübe *wurde*
146/*3* EVA *meines* Armes / *29* NGG gestr.: *Er begann eitrig zu gären.* / *31* NGG gestr.: *Ich tauchte ... unter.* / *35* NGG gestr.: *Sie dachte gewiß ... Plante erneut.*
147/*3* EVA *wässrig* / *7* NGG *Sie aber* riß
150/*36* EVA um sich auf eine Stunde *anzukleiden*
154/*27* EVA *so daß* / *30* EVA *besondern*
155/*22* EVA der den Weg *herauf* hastete
161/*11* EVA *während* der Same noch taub
163/*36* **Das Geld aber geht erst sehr spät in Verwesung über:** Anspielung auf die Szene der Handwerksburschen in Büchners »Woyzeck«, wo es zweimal heißt: »Selbst das Geld geht in Verwesung über!«
171/*30* **er, um den die Zeiten wuchsen:** vgl. Anm. zu S. 397, Z. 19.
172/*17* **In abgerissenen Schlafbildern pflegte er französisch zu sprechen:** »Mit einem friedlicheren Lehrer, Dr. Grüner, lasen wir Zolas ›Débâcle‹ mit seinen naturalistischen Schilderungen des Kriegsgeschehens; einmal fühlte ich, wie ich dabei ohnmächtig werden wollte, und um dem zuvorzukommen, erhob ich mich und hielt – französisch! – eine furchtbare Rede gegen den Krieg, die für mich zu einem entscheidenden Ereignis wurde (ich erkläre es aus der schweren Erregung dieses Augenblicks, daß ich noch jetzt im Traum immer französisch spreche).« (Muschg G, S. 95)
174/*16* EVA War in der langen Krankheit eine Hälfte Perrudja *verlorengegangen*
175/*5* EVA Hinauf- und *hinabziehen.*
177/*1* EVA Allmählich wälzte *Perrudja* von sich ab eine schwere Last. / *13* EVA Er hatte seine Rede *bangend* mit sich umhergetragen. / *22* EVA daß *er*
181/*21* **Die Schlächter waren auf das Gut der Tanten gekommen:** In der Haakon-Episode greift Jahnn auf autobiographisches Material zurück. Während eines Besuchs bei den Verwandten seiner Mutter in Bützow lernte er den Schlachtersohn Alfred kennen. »Dort, in Bützow, erlebte ich mit 13 Jahren meine erste Liebe; ich wußte aber nicht, daß es Liebe war. Im Haus der mecklenburgischen Verwandten waren zwei Kusinen, die recht auffällig mit mir zu flirten versuchten; ich verstand aber gar nicht, was sie wollten. Dagegen war da ein sehr entfernt verwandter, etwa fünfzehnjähriger Junge, ein Schlächterssohn, der für seinen Vater mit Pferd und Wagen Besorgungen durch die ganze weite Gegend zu machen hatte. Das gefiel mir außerordentlich, ich fuhr mit ihm auf den Mecklenburger Chausseen. Es war die glücklichste Zeit meines Lebens.« (Muschg G, S. 43) Die früheste Erwähnung dieses Erlebnisses findet sich in der Tagebucheintragung vom 28. 10. 1915 (vgl. WuT VII, S. 616ff.). Als Kindheitserinnerung Horns hat es Jahnn in der »Niederschrift« nochmals gestaltet (vgl. WuT III, S. 62ff.). In den »Gesprächen« äußert Jahnn über den Schlachterberuf: »Keinen Beruf habe ich als Kind so gehaßt wie diesen, und doch brachten mich fast alle meine Freundschaften gerade in Berührungen mit ihm.« (Muschg G, S. 71)

183/*29* **Eystina:** So hieß eines der Dienstmädchen im Hotel Ellend Vangen, wo Jahnn und Harms während des norwegischen Exils mehrfach logierten (vgl. Muschg G, S. 126).
184/*9* EVA *Ich* ahmte ihm nach. / *14* EVA nicht *weit* von mir (vgl. Anm. zu S. 79)
188/*16* EVA gestr.: *an* / *24* EVA *rauchdunkel* geschliffen
192/*13* EVA *hätten* der Onkel und er
197/*9* EVA *überschreite* / *20* EVA Er *habe*
201/*13* EVA gestr.: *in*
204/*25* EVA was für ein Schade *es* für mich war
205/*23* EVA Haakon zertrümmerte dem Tiere *mit einer Axt* das Stirnbein. / *37* EVA seine Nerven seien *zu* schwach
208/*3* EVA *entledigte* sich der Stiefel
220/*20* **Chloroform:** Die erwähnten Chloroformierungsversuche hat der junge Jahnn selbst angestellt (vgl. Muschg G, S. 67f.).
224/*4* EVA *vorm* Vergießen
225/*6* EVA daß hinter den Reden des Menschen *Verborgenes* war. Vielleicht nicht zum Nachteil *des jungen Menschen.* / *13* EVA abermals mit Reichtum *beglückte*
227/*13* EVA durch *Wasser* / *19* **Karnak:** Dorf im Stadtbezirk des alten Theben; hier ist der Ammontempel gemeint. / **Der Begabte sieht auch mit der Oberfläche der Haut:** »Die Baukunst wendet sich nicht nur an das Auge und den Tastsinn, sondern an ein fast verlorenes Organ: an das innere Ohr, das Gleichgewichtsorgan, das uns erst den aufrechten Gang erlaubt. Ein dummer Gelehrter hat einmal behauptet, der Tempel von Karnak sei wie für Blinde gebaut, und ohne es zu wissen eine große Tatsache ausgesprochen: eine ägyptische Säulenstellung kann noch ein Blinder wahrnehmen, nämlich mit dem inneren Ohr.« (Muschg G, S. 118)
228/*8* EVA Er beschloß, *die Wände* mit reichen Teppichen zu behängen.
232/*1* EVA ihre Energie *ausströmen*
234/*7* **Hausenblase:** Die innere Haut der Schwimmblase verschiedener Fischarten.
236/*32* EVA Ihm selbst zerrann die Vielheit; *es wurden Einzelne daraus.* / *35* EVA notwendig war, *drängte es ihn.*
241/*20* EVA *den Geheimnissen*
242/*22* EVA *entschwand*
246/*11* **Abhacken und als Amulett über der Brust tragen:** Eben dies tut Gari mit Matthieus kleinem Finger in Jahnns letztem, unvollendetem Roman »Jeden ereilt es« (vgl. z. B. WuT VI, S. 342).
247/*23* **Abtritt bei Vor Frelsers Kjirke:** Vgl. hierzu und zum »Admirals-Palads-Kino-Theater« Jahnns Brief an Ellinor vom 28. 2. 1935 (WuT VII, S. 699).
249/*12* **Tempel von Konarka:** Die »schwarze Pagode«, ein im 13. Jh. erbauter Sonnentempel in Orissa (Indien), mit einer reich dekorierten Kulthalle der Bajaderen, in der erotische Motive von Liebespaaren vorherrschen.

251/*1* EVA *Einen* Tag Glück. / *33* EVA Ich weiß *sein Angesicht* nicht mehr genau.

253 Der Vorabdruck unter dem Titel »Perrudjas Werbung« umfaßt den Text des Abschnitts XX bis zu S. 273, Z. 3. Er entspricht weitgehend dem Manuskript der ersten Fassung, wo insbesondere die gleichen Passagen fehlen wie dort. / *1* W Perrudjas häusliche *Gewandung näherte* sich mehr und mehr *der* eines Mohrenkönigs, bunte Seidentücher, übersät mit der fünfblättrigen Lotosblume, hing er sich über den entblößten Körper, kriegerischen Schmuck tat er sich an: / *11* EVA *taubenroter* (Druckfehler) / *13* W *Damaszenerdolche* / *15* W fehlt: *und breite* / W *Schwerte* / *16* W fehlt: *In dem Raum* ... bis Z. 28 ... *abschußbereit.* / *18* EVA *gingen*

254/*2* W seines zukünftigen *neuen* Lebens, probte es mit hundert Effekten *in allen Stationen,* / *5* W *wurde* auch *sein Hofstaat eingezogen* in den Glanz der neuen Meinung vom Leben. *Eine Köchin aus der Stadt war gedungen worden, eine ausländische Haushälterin stand als Herr dem Gewese vor, ein junger Neger mußte bereit sein für persönliche Handreichungen und Dienste. Jalmar hatte zu seiner Hilfe einen Burschen bekommen, Linas täglicher Dienst war so gemächlich geworden, daß sie begann, das Faulenzen für eine Tugend zu halten. Die Sorge um das wenige Vieh war ihre einzige Pflicht in dem neuen Hause. So wuchs sie mehr und mehr zur Gattin Jalmars heran.* Die langen Winterabende ... (Vgl. hierzu S. 252) / *10* W *in* Erwartung / *13* W *ward* / *17* W seines *zukünftigen Lebens* / *20* W *Auf dem* Hofe war eine *riesige bronzene* Glocke aufgehängt worden. / *23* W fehlt: *Tiefer Ton. Das Maul voll Metall.* / *24* W wie nadelfeine Blitze *stob* der Schall in alle Buchtungen des Hauses. *Und schon bildete sich* auf dem runden Wandelgang eine Prozession. *In weite orientalische Gewänder gehüllt,* traten *die Dienenden* aus ihren Stuben hervor. Sie bewegten sich, geführt durch die Kreisbahn, und kamen immer wieder *schreitend* zum gleichen Punkt zurück. Wie die Sonne unter dem Zodiak wandelt, so die Geputzten *als Narren* einer traurigen Verzerrung zwischen den *granitnen* Wänden. / *35* W *der* Halle / *38* W fehlt: *man sah ... Bauch*

255/*1* W mit *herrlichen* gezuckerten Früchten / *5* W von denen sie nichts begriffen, *ausgenommen vielleicht der Negerknabe.* / *6* W allmählich in *rhythmischen* tanzartigen Verbeugungen / *14* W *bronzenen* Leuchtern

256/*3* W einem schweren, *zottig* weißen Grund / *8* W im *Munde* / *15* W die ihm gleich *in seidenen Gewändern* ausgelassen schwatzend und *schmatzend die* Leckerbissen verzehrten. / *18* EVA *eingeschneit* / *20* W Reichseins, *gleichzeitig* einfältig / *22* W einen echten Hintergrund *mit weiter Gebärde gestellt* / fehlt: *Das waren ... Blut.* / *24* W in der Verhaltung *ihres Gebundenseins* / *26* W fehlt: *Immerhin ... geboren.* / *37* EVA *zum besten* / *38* W fehlt: *Schminke, Fleisch und Blut*

257/*3* W fiel *lang hin* / *9* W *daß* er noch immer nicht glücklich, / *11* W *in* den Hof / *21* W So läutete Perrudja das Ende des Festes ein. *Ähnliches wiederholte sich oft.* / fehlt: *Alsbald kam eine Harpyie* ... bis S. 258, Z. 29 ... *doch tat sich keine Kluft auf.*

258/*30* W *Er* hatte / *31* W *vorzubringen* / *34* W *solle,* / *37* W war *im Grunde* glücklich

259/*2* W an *der Gebärde seines Wunsches* nach einem Weibe / *5* EVA dufteten ihm aus allen Wölbungen seines Hauses *entgegen* / *8* W *schon* im Sarge / *10* W *ward* / *11* W *barst* zusammen. *Alle* Überlegungen / *16* W in *Ophus* / *18* W In *Ilsung* / *19* W im *Undredal* / *20* W *könnte* / *21* W Es war Nachmittag geworden, *ehe* er bei Einar anlangte. / *30* W der Waldbesitzer *aus Ophus, von dem in letzter Zeit* so viele Reden *in* Umlauf *gewesen.* / *32* W *daß* er alles aufs *Beste* besorgen *werde,* / *34* W *, in wenig Augenblicken*
260/*2* W *daß* ihre Gesichtszüge seinem Herzen unbekannt geworden / *4* W *müsse* / *8* W *Aber er* mußte / *15* W *Wenig Augenblicke* später / *19* EVA daß sie beide *einander nicht mehr kannten* / *24* EVA sahen *sich an* / *26* W *In diesem Augenblick* stehe ich / *28* W erscheint. *Da waren wir ungleich mit dem Jetzt.* Wir waren jünger / *33* W Ehe er *denn*
261/*1* W Er betrachtete sie *jetzt* fest. / *6* EVA gab sein Besserwissen *preis* / W sein *besseres Wissen. Zerknirschtsein* und Auflodern in einem, / *11* W Ich bin deinetwegen *heute zu euch* gekommen / *12* EVA *weil* er / *16* W *einem* Rohr / *eine* Amsel / *18* EVA *bis* an ihr Ohr *vorgedrungen* / *22* W niedergeschlagenen *Lider* / *25* W *weißen* Händen / *28* W *gegen mein Ohr* gekommen / *33* W *daß* du *dir* / *34* W aus der Stadt *hast* / *35* W fehlt: *eine dürftige Feststellung*
262/*5* W *aufgebrochen* / *6* W *An ihrem Halse hätte er gelegen, weinend,* ein Laut hätte die Größe und Kraft seiner Sehnsucht geoffenbart. / *14* W *an dem* / *25* EVA Was auch immer *man* als Glauben bekennen will. / W , was *man* auch *glauben will.* / *26* W Wir *sind zu wachsen* begonnen (Fehler schon in der Handschrift) / *28* W *daß* sie waren / *32* W aus *zehntausend* / *38* W *zum* selbstbereiteten *Tode* / *39* W *Nach unserer Geburt*
263/*5* W *aber* verschießen / *6* W *Manchen treffen sie, manchen* tödlich, *manchen* gefährlich, / *10* W *Da* saugen *sie* hinein in lauter Menschenleib und trinken, was der ihnen bereitet hat. *Vorbereitet zu der Geburt, die die ihre war.* Anders / *12* EVA an den Folgen einer Geburt *genießen* / *13* W die *um eines andern willen geschah* / *18* W Man kann *aber* / *23* W die man *aus der Milch der Kühe* mischt. Ob sie auch *kräftig werden,* sie werden unmenschlicher. Gewiß *werden sie freier* von dem dicken Blut ihrer Vorfahren. / *38* W Wir wissen *nicht wozu,* wir alle möchten *eine* Glückseligkeit *verlangen.* Und tappen *vielleicht doch immer wieder Mal um Mal* daneben, weil wir keine Kentauren geworden *oder* am Strand *irren.*
264/*21* W *etwas* zu verhandeln / *28* W *bald* Tier, *bald* Mensch / *29* W Die Sehnsucht war *auf* einmal in ihr *aufgestiegen.* / *32* W oder *mit Widerstreben* / *33* W nicht *einmal* / *34* W *Andern* / *35* W *Torstein* / *39* W die *hin und wieder gingen*
265/*1* W *Stapfen* / *6* W *tue* / *10* W fehlt: *ob es dich auch schmerzt* / *11* W Anna, *tue gut mit ihr.* / *34* W Dann *setzte* / *38* W *, auf die* er keine Antwort *bekam*
266/*1* W daß sie *etwas falsch gemacht* / *12* W Stube ab, *Mal um Mal.* / *13* W *entzündet* / *16* **Aeggedosis:** (norw.) Eierpunsch / *18* W , erschien *aber schnell* wieder, / *21* W Als man das *weißliche* schaumige Gericht verzehrt, *lag die gleiche Öde um den Tisch.* Der alte Bauer *wurde zudem* müde und schlief auf seinem Stuhl ein. Seine Tochter ließ *ein Mal über das andere* feststellen, daß die Speise gut gelungen sei / *31* W *daß* er lästig / *32* W

Handel *mit ihm* vorhabe. / *33* W Er *jedoch* wollte / *38* W die Gläser *aufsprangen und* klirrend

267/*3* W schlafen, *wie ich es gewohnt bin.* / *8* W geschworen hast. *Muß ich dich daran erinnern? Ich werde dich an deinen Schwüren erdrosseln, wenn du mit ihnen nicht leben kannst in Frieden.* Ich werde nicht fortgehen, / *21* W *Reden* / *25* W Wir *gebrauchen* / *27* W fehlt: *Maus.* / *Verdächtigst du mich weiter,* werde ich tun, was *dir unlieb. Gibst du mir ein Beispiel, wie man Eide und Vertrauen bricht, ich bin gelehrig.« Erkannte* Hoyer *auch,* / *31* W , *so* konnte er *doch* / *33* W verstockte *Rechthaberei* / *36* W *vorbrachte*

268/*1* W *ward* / *10* W Wie soll ich es *dulden,* / *11* W Wissen will ich, ob auch du *bereit bist,* ihren Hochmut *mit dem Verlust eines schuldenfreien Gutes zu bezahlen.* Mein Eigentum *schenke* ich ihr. Für diese eine Nacht auf dem Dachboden *schenke ich ihr mein Eigentum.«* Signe begann in unmäßigen Scheltworten *gegen ihn* zu toben. Auch ihr waren Tränen gekommen. *»Du willst mich zu einer Dirne machen«, bebte sie. Die Hin- und Widerreden* verloren allmählich *ihr klares Ziel. Torsteins peinvolle* Erregung *verschonte* auch den Vater nicht. *Beleidigung warf* er gegen ihn, der doch nichts *verstand.* / *12* EVA will ich *dir* / *21* W , *denn* sein Ehrgefühl / *23* W beschlafen, *man könne* morgen *darüber reden.* / *27* W *todbereit* / *30* W der in jagenden Augenblicken *sich mittelalterliche Foltergeräte für seinen Leib wünschte,* hatte er doch begriffen, *daß* jener Gutsbesitzer gültige Rechte gegen ihn *ausspielte.* / *35* W gekommen *und habe etwas nicht gewußt.* / *38* W *forthebe*

269/*1* W *daß* ich durch meine Anwesenheit euer Haus enge *mache* / *2* EVA *das* Haus / *3* W *unterkommen* / *ebenso wohl* / *4* W Vielleicht auch *kann ich nach Hause reiten heute Nacht, wenn mein Pferd ein wenig ausgeruht. Wer könnte wissen, ob ich überhaupt Schlaf fände.* / *8* W *Wem, wäre er unbegabter,* / *14* W *daß* du mir *gefällst. Und* ich will noch mehr vorbringen. Was hier über deine *Zuneigung* zu *Anne* gesagt worden ist, *davon glaube ich nichts.* Man kann / *15* EVA gesagt *wurde, ist Lüge.* / *17* W *daß* man es nicht glauben *soll* / *19* W einen Schwur *darauf* getan / *25* W *Anne* zerlöste sich während der Rede *in* Tränen. / *27* W *hineinstoßen* und fürchtete sich, *sich zu bewegen.* / *28* W Anwesenheit *in dem fremden Hause* und / *30* W nach *allen* möglichen Umständen / *32* W *weitab.* Es ist keine böse Absicht *in allem* gewesen. / *35* W Ich habe *keine tiefe Schuld daran, denn es* wird mich unglücklich machen, / *38* W *Ich wüßte gar nicht, was ich* gegen dich vorzubringen *hätte.*

270/*1* W *Sonst* könnten *wir ganz* gute Freunde sein, *denn ich muß gestehen, daß* ich dich *achte.* / *4* W dich *vielleicht* nicht hinaustreiben / *6* EVA gestr.: *gut* / *7* W *Dritter* / *10* W *etwas* mißgönnen / *11* W *eben* vorgebracht. / *14* W Ich *muß* / *15* W *begegnen* / *16* W fehlt: *zukünftig* / *17* W *Schulden aber* machen / *23* W *Aber* du / *24* W auf *ein Gewisses,* an *dem* / *25* EVA *deuteln* / W *Das* will / *26* W wie *es* / *27* W *Dann* nahm / *28* W *daß* deine Anerkennung nur *schadet. Verschwiegen* hast du, *wer du bist,* und daß es nicht Freude macht, *dich* in die Arme *zu schließen.* / *32* W *daß* wir nicht begreifen können, deine Mäßigung wird genährt *durch das Nachgeben* des *anderen* / *34* W In *seiner* Mutlosigkeit / *35* W *Oh seine einzige Untugend* ist es in meinen Augen, daß er sich vor dir verkriecht, *daß er* nicht lärmt / *37* W *daß er* mit seinen Fäusten / *39* EVA *erniedrigt*

271/*1* W Gedanken, *die nicht in mir zu finden sind.* / *6* W fehlt: *Eine Rede... keinen Zweck.* / *14* EVA weil sie beide, *zwei Männer,* elendes frierendes Fleisch / *20* W *seine* Entgegnung / fehlt: *aus der Öde... seine Lippen.* / *26* W *ob* ich auch *fühle, daß ich mich ungeschickt benehme und* das Unrichtige *nur finde.* / *28* W ob *ich ein Unrecht täte* / *30* W *Aber* meine Hände / *32* W leidbereitend *wird.* So *weiß* ich / *37* W ausmachen würde. So werde ich zur unrechten Zeit verdorren *oder verrotten und werde vielleicht* in der Öde leben, *werde meinen Gegner umhalsen und meinen Freund beleidigen. Oh, wie unausdenkbar schwer ist mein Schicksal!* Welche Leiden

272/*5* W Ich bin bereit zu *allem,* / *7* W Der Herr *thront ohne Leib hoch oben* im Gebirge *über* Gold und Kerzen. Der Leib ist ein Knecht geworden. *Das Los hat es entschieden.* Der Knecht / *9* EVA daß sein Herz *blutet* / *13* W fehlt: *Das war nun... Er fügte noch hinzu:* / *17* W fehlt: *Signe* / *20* W fehlt: *Und sie antwortete... Hilflosigkeit:* / W *daß* du gefesselt *bist* / *25* W Wünsche *für all das Leben,* / *26* W Wie armselig *ist der Wunsch* für diese Nacht. / *28* W *kenn* / *30* W *vollführen* / *31* W müßte *um ihn* trauern / *34* W der *Schlimmere? Ist Lebenwollen das Schlimme?* Will *nicht ich*

273/*1* W nicht *ganz* zu deuten weiß, ob ich's auch ahne. Mein *schwacher* Befehl / *16* EVA *glomm*

275/*13* EVA Äußerungen *meines Karakters* / *24* EVA gestr.: *immer* / *32* Bei den hier, S. 277, 278 und S. 310 zitierten Gedichtanfängen handelt es sich fast durchweg um Kunst- bzw. Volkslieder, die Johannes Brahms vertont hat. So darf vermutet werden, daß diese Vertonungen die eigentliche Anregung für die betreffenden Zitate darstellen. / **Schwesterlein, Schwesterlein...:** Anfangszeile des Volksliedes (Brahms, Deutsche Volkslieder, 1894). / *33* **Es pochet ein Bursche leise:** Entstellt aus der Anfangszeile des Volksliedes »Es pochet ein Knabe sachte« (Brahms, Deutsche Volkslieder). / **Du milchjunger Knabe:** Gedicht von Gottfried Keller (Brahms, op. 86, Nr. 1). / *34* **Ich muß hinaus, ich muß zu dir:** Anfangszeile des Gedichts »Liebe und Frühling II« von Hoffmann von Fallersleben (Brahms, op. 3, Nr. 3). / **In den Garten woll'n wir gehen:** Anfangszeile des Volksliedes »Der Überläufer« aus »Des Knaben Wunderhorn« (Brahms, op. 48, Nr. 2).

276/*34* EVA *auszusöhnen* / *36* EVA *Warum* soll es

277/*37* **Es spielt ein Ritter mit seiner Magd:** Anfangszeile des Volkslieds »Der Ritter und die Magd« (Brahms, Deutsche Volkslieder).

278/*24* **Es wird dein schöner Knabe:** Vielleicht entstellt aus der Anfangszeile des Lieds »Der verlorene Schwimmer«, welche »Es wirbt ein schöner Knabe« lautet.

280/*18* EVA *Seine Verfehlungen werden in mir gebüßt.*

281/*16* EVA *wandte*

282/*2* EVA das Verlangen *hatten* / *31* EVA *in* mir

283/*1* EVA der von sich *selber* singt, über sich *selber* trauert / *31* EVA *damit* ich / *38* EVA Die »Geschichte der beiden Zwillinge«, die am meisten veränderte Episode aus dem »Perrudja« in den »13 nicht geheuren Geschichten«, beginnt dort mit dem Satz »Es wurden zwei Knaben als Zwillinge geboren.«, und endet auf S. 290, Z. 36 (vgl. die Anm. hierzu).

284/*3* EVA/NGG Und als man *sie* nach einem Jahrzehnt / *4* NGG waren sie *noch* ähnlicher geworden / *10* NGG wie die *Mühe* des anderen / NGG *vom einen* / *17* NGG zusammengekommen *war* / *19* NGG gestr.: *(so hätte man meinen können)* / *22* NGG mit Augen und Ohren *begabt* / *23* NGG mit *ihrem* / *24* NGG gestr.: *Ein verwegener Mensch ... überflüssig geworden.* / *35* NGG *Sie* umschlichen sich / *38* NGG *von einander*

285/*4* NGG *aufs neue* / *7* NGG *im Zorn* / *8* NGG gestr.: *Und hatten ... gekommen.* / *10* NGG kicherte *es wie Hohn* hinter dem Plan / *13* NGG wollten *sich ein* Unterscheidungszeichen / *17* NGG bis auf die Rippen. *Als das Geschehene* mit einer wulstigen Narbe *verheilt war*, zeigte *der Gezeichnete* eines Abends beim nächtlichen Entkleiden dem *anderen* das heimliche *Mal.* / *24* NGG *vor einander* / *35* NGG gestr.: *Und hoben ... sähe.* / *36* NGG *Er* horchte auf / *39* NGG Seit *jenem kranken Tage*

286/*3* NGG gestr.: *Sie fühlten ... jeder Minute.* / *5* EVA *sitze* / NGG *säße* / *6* NGG Was auch immer *über sie gesagt wurde* / *7* NGG *verträglich* / NGG gestr.: *Man kann ... erkennen* / *9* NGG gestr.: *Es war ... gewaltsamste.* / *10* NGG *von einander* / *12* NGG gestr.: *(und es war doch die gleiche)* / *13* NGG *Denn* sie hatten / *14* NGG gestr.: *Auf Augenblicke.* / *15* NGG Immer wieder *hatten sich diese Schwankungen verwischt.* Mit *Anstrengung* würde man den Wagebalken aus dem Gleichgewicht *herauswuchten.* / *17* NGG gestr.: *Verschiedene Welten ... Fortsetzung ihrer Gedanken.* / *23* NGG *vor einander* / *24* NGG *in See* / *26* NGG *Reling* / NGG *Er hatte* in seiner Kabine / *28* EVA die *einer* kleinen *Ungewißheit* galt / NGG die *dem Ungewissen* galt. *Tief* in ihm / *29* NGG *außer Landes* / *31* NGG eine der *Türen* / *34* NGG *still stehen* / *36* NGG gestr.: *Es flammte ... auf.* / *39* NGG an *keine* Brust

287/*3* NGG *anlief* / NGG *von Bord* / NGG *sollte* sie trennen / *4* NGG die *an Land gingen* / *5* NGG *damit* seine List / *6* NGG *an Bord* / *7* NGG *die selbe* / NGG *So hatten sie* einen kurzen Abstand *von einander gewonnen.* / *8* EVA gestr.: *sich* / NGG gestr.: *Wußten nicht ... darzubringen.* / *13* NGG gestr.: *Nebeneinander ... enthüllt.* / *14* NGG *Es war* gegen Abend / *16* NGG aus einem kleinen *Café heraus* / *21* EVA Nachbarn *waren* / *22* NGG Jetzt *war* die *Straße* / *23* NGG gestr.: *und sezierte* / *27* NGG gestr.: *Der erste ... andere.* / *29* NGG gestr.: *Man sagt ... empfing.* / *31* NGG als verfehlt, *weniger: als halbiert* / *34* NGG gestr.: *durch Wein und Schnaps* / *36* NGG sein *vollkommenes* Vorbild / *37* NGG Moralisches oder *.Unsinniges*

288/*1* NGG gestr.: *(ihr Herz liebte)* / *3* NGG *zur* Frau / EVA/NGG Sie weinten *einander* nächtelang vor. / *4* NGG Sie *erschöpften sich unter* Tränen. / *5* NGG gestr.: *ein wenig* / *9* NGG gestr.: *Entäußerten ... Einsamkeit.* / *11* NGG Der eine *sollte* / *13* NGG *Er* sollte genießen / NGG gestr.: *Die gemeinsame ... wirken.* / *16* NGG der *gegenseitigen* Bemühungen / *17* NGG *denn* das billige Orakel / *18* NGG *Es* entschied / *19* NGG *der* Haß / *20* NGG *Aber sie* wußte / *22* NGG gestr.: *Wie auch ... Winde waren.* / *25* EVA *noch* in

ihnen spielte / *26* NGG Der Verheiratete *mußte* sich um den Ledigen mühen. / *27* NGG er *hatte* / NGG gestr.: *So mußte ... erfahren hätte.* / *31* NGG der gleiche *Lebensstrang* / *32* NGG gestr.: *Die Abende ... verankern.* / *36* NGG deklamierten *diesen Ausweg* und feilschten *dann* / *37* NGG Eine *geängstigte* Frau stand daneben *und* begriff nichts. *Sie* unterschied *nicht einmal* die Redenden voneinander. / *39* NGG gestr.: *Das Leben ... betätigen.*
289/*3* NGG gestr.: *Verfluchte ... seiner Gestalt.* / *8* NGG beschloß *endlich*, leer überwunden, überdrüssig der Worte, sich nach einer geeigneten Ehefrau für den Bruder *umzutun* / *10* NGG gestr.: *Er sagte ... sein Wasser.* / *12* NGG das er *vorgab zu lieben* / *14* NGG küßte *und* umarmte / *15* NGG gestr.: *Verletzte ... verflucht.* / *17* NGG *Er* erfand freche und spitze Redewendungen, *um* ihn zu reizen. / *18* NGG gestr.: *Stieß ... Liebestaumel.* / *20* NGG trat er, der Schauspieler, *jenem* die Geliebte ab. Alle Spannungen *lösten sich*. Der eine zog sich, *unschuldig*, in die alte Ehe *zurück*. / *24* NGG gestr.: *Das Leiden ... geformt.* / *28* NGG gestr.: *So beurteilten es die Uneingeweihten.* / *31* EVA der *Zwei* / *35* NGG gestr.: *auch* / *36* NGG gestr.: *ein* / *37* NGG gestr.: *Sein Bewußtsein ... in ihm.*
290/*3* NGG den Bruder *schon ins Haus gehen sehen* / NGG gestr.: *auch* / *8* NGG gestr.: *ein* / NGG gestr.: *Sein Bewußtsein ... Rauch.* / *14* NGG Und *diese* / *17* NGG eines *verhaltenen* Lippenzuckens / NGG gestr.: *Das einmalige Geschehen wiederholte sich.* / *21* NGG gestr.: *Die Maske ... der auffliegt.* / *36* NGG Hier ist die Geschichte aus, *und es ist eine traurige. Traurig darum, weil sie beweist, wie wenig wir über uns vermögen, wie vorgeschrieben unser Weg ist.*
291/*29* **die Geschichte vom Knaben und dem Leoparden:** Sie geht zurück auf ein Erlebnis des jungen Jahnn. »Mit etwa 14 Jahren war ich in einen Negerknaben bei Hagenbeck verliebt, mit einer wahnwitzigen Leidenschaftlichkeit, ich baute ganze Romane um seine Gestalt.« (Muschg G, S. 63) Des Raubtiers wird in den »Gesprächen« nicht gedacht, wie umgekehrt des Negers in der Tagebuchaufzeichnung vom 18. 12. 1915 (vgl. WuT VII, S. 630f.), wo die Begegnung mit Löwen und einem sibirischen Tiger festgehalten wird, die als Vorbild für Perrudjas Erzählung anzusehen ist. Schließlich kehren beide Motive wieder als Kindheitserinnerung Horns im ersten Band der »Niederschrift« (vgl. WuT II, S. 362ff.).
292/*12* EVA kamen *herüber*
293/*14* EVA *wirkte* / *37* EVA *es* störrisch *blieb*
296/*26* **Es war ein junger Fischer Nils:** Hier beginnt der Text von »Ragna und Nils« in den »13 nicht geheuren Geschichten«. Er endet mit ... *in einem Gefängnis.* auf S. 305, Z. 17. / *32* EVA pflegte ein Bursche *zu schlafen*
298/*6* NGG *Ragna* mußte *ihn* / *14* EVA gestr.: *golden* / *21* NGG *immer*
299/*15* NGG dieser *NILS* / *31* NGG geliebt *war* / *32* NGG gestr.: *nur*
301/*16* EVA über die Lippen *zu bringen*
302/*5* EVA ehe *denn* mein Schoß gesegnet ist (Diese Veränderung sicher auch dem Anklang an das »Ich lasse dich nicht, du segnest mich denn« zuliebe [1. Mose 32, 26].) / *13* NGG *immer* / *19* EVA krank *schien* / *31* NGG *weil* der Pfarrer *es*

303/*3* EVA *fühle* / *12* EVA *doch auch* strenge / *37* NGG ihrem *Ruf*
304/*4* EVA *war* beladen / *16* NGG *kam ein schlechtes* Schweigen / *28* NGG gestr.: *Björn hat Ragna geschwängert,*
305/*3* NGG *an Bord*
306/*8* EVA Über die *aufgewölbte* Brust
308/*4* EVA *begriff* / *8* EVA *wurde*
310/*16* **Phosgen:** Die hochgiftige Verbindung wurde im 1. Weltkrieg als Gaskampfstoff eingesetzt. / **Sulfurychlorid** ist als Kampfstoff unbekannt. Die Namen der beiden anderen Verbindungen sind offenbar erfunden, wobei in **Dimethylsulfochlorarsincyanid** allerdings »Diphenylarsincyanid« (»Clark II«) anklingt. / **Diphenylchlorarsen:** Wurde ebenfalls im 1. Weltkrieg als Kampfstoff (»Blaukreuz«, »Clark I«) verwendet. / *21* **Die Sonn' die ist verblichen:** Volkslied, wie zum Teil die folgenden enthalten in der von Arnim und Brentano herausgegebenen Sammlung »Des Knaben Wunderhorn«. / *22* **Auch das Schöne muß sterben:** Anfangszeile von Schillers »Nänie« (Brahms, op. 82; vgl. Anm. zu S. 275) / **Es reit ein Herr ...:** Anfangszeile des Lieds »Der Mordknecht« (Brahms, Deutsche Volkslieder). / *23* **Ich fahr dahin mein Straßen:** Anfangszeile des Volksliedes »Abschiedslied« (Brahms, Deutsche Volkslieder). / **Wie schnell verschwindet so Licht als Glanz:** Anfangszeile eines Gedichts aus Ludwig Tiecks Volkserzählung »Liebesgeschichte der schönen Magelone und des Grafen Peter von Provence« (Brahms, op. 33, Nr. 11). / *24* **Des reichen Schlossers Knab:** Anfangszeile des Liedes »Der Schlosserknabe«. / *25* **Ich hört ein Fräulein klagen:** Anfangszeile des Lieds »Das große Kind«. Bei dem vollständigen Text auf der folgenden Seite hat Jahnn in der drittletzten Zeile das keinen Sinn ergebende »mit Listen« im »Wunderhorn« durch »mit Lüsten« ersetzt.
311/*20* **»Rotzgrünes Meer«:** Ein Zitat aus Joyces »Ulysses«; dort sagt im 1. Kapitel Buck Mulligan zu Stephen Daedalus: »Des Barden Rotzfahne. Eine neue Nuance für unsere irischen Dichter: rotzgrün. Schmeckt das ordentlich, was?... Lieber Gott... Das Meer ist wirklich, was Algy sagt: eine große, liebe Mutter. Das rotzgrüne Meer. Das scrotumzusammenziehende Meer.« (Ulysses S. 9) Man darf also mit Mitchell annehmen, daß es sich bei dem Buch, welches Perrudja gerade liest, um den »Ulysses« handelt (vgl. Mitchell S. 54, Smith S. 108). Die Stelle hat Jahnn offenbar so sehr imponiert, daß er sie noch mehrfach zitiert, wenn er auf Joyce zu sprechen kommt, so in »Klopstocks 150. Todestag« und »Vereinsamung der Dichtung« (vgl. WuT VII, S. 45 und 60).
316/*22* EVA wurde es *in ihm* deutlich
317/*10* EVA Er verdeckte den kleinen Leichnam *sehr behutsam.*
318/*25* EVA Lina trug *ihnen nach* das Bündel mit der Kindesleiche.
320/*31* EVA *im* eigenen Zimmer
322/*10* EVA kam *es*
328/*21* EVA seit *jeher*
331/*7* EVA *zudecken* / *12* EVA gegen *meine Brust* / *32* EVA *kam*

332/*6* EVA als wären *sie* / *7* EVA *Das* Pferderennen / *15* EVA *vorbringen*
336/*8* EVA *bilden* konnte / *16* EVA *verschaffte* / *22* EVA wurde *aufgerieben* / *35* EVA Da hatte Perrudja sich *eines Tages* entschlossen
338/*22* EVA die *seinetwegen* halb sorgenvoll waren
340/*28* EVA *hinzusinken* / *33* EVA *die* Obrigkeit
341/*3* **Wie lange noch müssen wir schmutzig sein:** In Jahnns Drama »Die Krönung Richards III.« sagt dieser von den beiden ermordeten Knaben Euryalus und Hassan: »Das Weltall ist ein großes Tuch, und wir ein Faden des Gewebes; zupft man nun Fäden aus, gibt es ein Loch, unzweifelhaft. ... Nur dieses noch: zupft man uns Abgetragnen aus, heißt es nicht viel, weil wir schon vorher mürbe waren; die Starken aber, die aus Darm und Gold, zerreißt man die, kann sein, daß das Gewebe sich zerstäubt und birst ... Da liegen zwei aus Gold und Darm. – Das ist der Sinn, ein Tuch aus Gold und Darm zu weben; noch aber immer, Frevel, Unrecht! webt man Schmutz und Lumpengarn hinein.« (WuT IV, S. 183f.)
342/*21* EVA nicht *übersehen*
346/*12* EVA für *die*
352/*13* **Origines:** Der gelehrteste Theologe des christlichen Altertums (ca. 185–254), dessen asketischer Eifer ihn dazu trieb, sich in jungen Jahren zu entmannen. Unter den erhaltenen seiner angeblich 6000 Schriften findet sich auch eine Abhandlung über das Gebet. / *15* EVA *vom* Schweiß / *30* EVA Sein Gekröse *ist* leer und *ekelt* sich
353/*16* EVA *Geängstigt*
354/*28* EVA *an* dem
357/*7* EVA *Da* ist mein Versprechen.
358/*12* EVA gestr.: *bleiches* / *37* EVA wie *es* die Heiligen
359/*15* EVA Ehe die Wolken sich von den Peitschen der eisigen Winde und den gläsernen Kristallen *entluden* / *18* EVA *feinem* / *25* EVA herbeigeschafft. *Mit warmem Wasser gefüllt.* Tat Handreichungen.
360/*27* EVA da er *für sie* / *39* EVA von beiden Liebhabern *verlassen*
362/*1* EVA *unabtragbare* / *25* EVA Stunden *lang*
363/*27* EVA gestr.: *ein* / *29* EVA nicht ganz einsam *verwese*
366/*5* EVA *Verbreitete* / *9* EVA *Gelangte* aufs Hochland. / *16* **Odelsthing:** Eine der beiden Kammern des norw. Parlaments.
367/*4* EVA gestr.: *Ich sage dir, sie ist ein Weib.*
369/*11* EVA Er schüttelte *den Kopf.* / *27* EVA *die* sein Blut
370/*6* EVA Die *härteste Vorstellung seines nackten Begehrens* konnte er in eine *frechsüße* Vokabel kleiden. / *22* EVA für *die* Ehe / *23* EVA Die Frau sollte *dem Manne*
371/*9* EVA *durch die törichte* Gaukelei / *16* EVA erlösen *müßte*
372/*17* EVA auf *die* Jagd / *26* EVA Und wurde weich *mit sich selber.*
374/*12* **Die ihr vorübergeht ...:** Vgl. Anm. zu S. 106.
378/*3* EVA *durch* Entschuldigungen
380/*31* EVA Kraft *brauner warmer* Lenden
384/*5* EVA *habe*

386/*2* EVA Begleitet *vom* Bruder / *24* EVA *Goldschätzen*
390/*36* EVA konnte *jedoch*
391/*20* EVA *Die* Augen schließen. / *38* EVA dem *Tierbereich*
393/*3* EVA *sodaß*
395/*9* EVA Kraft dazu *vonnöten wäre* / *27* EVA von seinem Speichel *benäßt* / *39* EVA vom Ruhebett *zu der nächtlichen Katze*
396/*23* EVA *den* Kopf / *37* EVA *den gierigen Blicken* keine Betrügerin
397/*19* **Die Zeiten wuchsen und wurden lang:** Aus der ersten Tafel des babylonischen Weltschöpfungsgedichts (vgl. Ungnad S. 27). / *27* EVA Er war *ein geringer Mensch* / *31* EVA *formen*
400/*27* EVA Er fühlte *sich* nicht mehr *gezeichnet von den* Wirkungen der Vergangenheit.
401/*3* EVA *vor* platter Nase *her* / *15* EVA mit *gleicher* Beschämung für sich *selber* / *26* EVA zu unfaßbaren Tatsachen *entblättert*
404/*11* **der Propst:** Er trägt Züge des Aurländer Propstes Juul, wie ihn Jahnn in den »Gesprächen« schildert (vgl. Muschg G, S. 126f.).
405/*23* EVA *Hummern*
406/*15* EVA *künstliche*
407/*10* EVA mit immer neuen Reizen *einher* / *12* EVA Er *sprach* sie *mit* kalten *Worten*.
408/*5* EVA ohne Sehnsucht *da* / *13* EVA *seine* Schwermut / *17* EVA oder ein *dummes* Lächeln *sein Gesicht verändern* würden
411/*28* EVA nicht gut *an*
412/*20* EVA Er *kam sich* nüchtern, ungesalzen, *schäbig vor.* / *31* EVA *noch* nicht
413/*33* EVA *verfluchteste*
414/*2* EVA ihn *in* einen / *7* EVA *daß* Signe und Perrudja einander geliebt *hatten* / *16* EVA die einzige Lüge, *die ich log* / *20* EVA als entlarvter Lügner *zurück*
415/*7* EVA Als sie beharrlich *im Weigern* blieb,
417/*7* **Origines:** Vgl. Anm. zu S. 352
418/*10* EVA die Geliebte *heftiger* bezwungen
419/*24* EVA *so* daß
420/*3* EVA von sich *fort*
422/*36* EVA er *es* bewußt
427/*17* EVA Die *Arglosigkeit* ist
429/*24* EVA Wir lassen *uns den* jungen Meergott nicht rauben
431/*32* EVA *Perrudja* war / *33* EVA sagte *er*
434/*14* EVA Bis auf *die hervorgesickerte* geronnene Flüssigkeit, Blut,
436/*6* EVA eines *Menschen* / *28* EVA *damit* du
438/*27* EVA Doch erwähnte sie, *redend*, nicht *das Vorhandensein* des Gatten
440 **»Die Marmaladenesser«** umfaßt in den »13 nicht geheuren Geschichten« den gesamten Abschnitt XXIX. Der Text wurde dort – wie auch »Die Geschichte der beiden Zwillinge« – durch zahl- und umfangreiche Streichungen stark verändert. Dem Titel hat Jahnn hinzugefügt »(geschrieben

1928)«. In NGG herrscht durchgängig die Schreibung *Marmelade.* / *21* NGG gestr.: *eine klebrige Crème* / *22* NGG *der*

442/*12* NGG *siebzehn* und ein halb *Jahr* / *14* NGG gestr.: *Sie hatte ... gewaschen.* / *17* **Aretin:** Pietro Aretino (1492–1556), italienischer Schriftsteller. Gemeint sind entweder die »Ragionamenti« (Kurtisanengespräche) oder die »Sonetti lussuriosi«, gedichtet zu (verschollenen) Stichen Raimondis nach Giulio Romano. Möglicherweise kannte Jahnn die Stiche H. Fr. Maximilians von Waldeck, die dieser in Anlehnung an Fragmente von sieben Originaldrucken Marcantonio Raimondis geschaffen hat (vgl. dazu Pietro Aretino, Die sinnlichen Sonette / Sonetti lussoriosi, hg. u. übers. v. R. R., München 1982). / *18* **Boucher:** François Boucher (1703–1770), franz. Maler. Jahnn spielt hier auf die priapischen erotischen Gemälde an, die Boucher im Auftrag Ludwigs XV. für das Boudoir der Marquise de Pompadour angefertigt hat (vgl. Eduard Fuchs, Illustrierte Sittengeschichte vom Mittelalter bis zur Gegenwart. Die galante Zeit. Ergänzungsband. München o. J. Abb. nach S. 40 und S. 320). / *23* NGG gestr.: *Mit dem Realen ... niemals.*

443/*1* NGG gestr.: *Manchmal glaubte sie ...* bis ... *zugeben mußte.* / *7* NGG gestr.: *Mit sechzehn Jahren ... nur sechs.* / *17* NGG gestr.: *ein wenig* / *30* NGG gestr.: *Unter einer ... war.*

444/*3* NGG gestr.: *des* / *10* EVA *fünfundsiebzig* / *16* NGG und hielt *ihm* / *23* NGG nichts *von* der

445/*2* NGG das *sie* / *25* NGG (wie auch stets im folgenden:) *Knie* / *26* EVA *einem* weißen / *37* NGG gestr.: *Blitz ... Rinder.*

446/*5* NGG gestr.: *in sich* / *6* EVA/NGG *Schicklichen* / *8* NGG *so daß* / *12* EVA/NGG hinein in diese Narbe *zu fühlen* / *36* NGG gestr.: *Die Strafgesetze ... Existenzberechtigung.*

447/*4* EVA *Hintern* / *5* NGG gestr.: *ließ einen lauten Wind ...* bis Z. 29 ... *Unrecht getan.* / *34* NGG *künftig* / *35* NGG *klarstellen* / *39* NGG gestr.: *Ich verzeihe ... verhüllen.*

448/*3* NGG gestr.: *Du kannst ... hineindenken.* / *15* NGG gestr.: *Du bist abscheulich ...* bis Z. 24 ... *anzuerkennen.* / *27* EVA *ausgeprägte Blutsphantasien* / NGG gestr.: *oder ... Blutsbewußtsein.*

450/*28* NGG zur *Küche*

451/*3* NGG *aussprechen* / *21* EVA gestr.: *und* / *36* EVA gestr.: *Herrn* / *39* EVA Die Tiergerüche der Straße *trafen sich auf seiner Haut.*

452/*11* EVA gestr.: *Er blickte sich nach seiner Mutter um.* / Er hatte die Brille aufgesetzt. *An seiner Stirn perlte blasser Schweiß.* Die Knie / *15* EVA *einen Stoff* zu erfinden / *23* **Wir verzeihen ihrem Gott die Erfindung der Schmerzen nicht:** Anspielung auf Paynes Atheismus-Begründung im 3. Akt von »Dantons Tod«, wo es heißt: »Man kann das Böse leugnen, aber nicht den Schmerz ... Merke dir es, Anaxagoras: warum leide ich? Das ist der Fels des Atheismus. Das leiseste Zucken des Schmerzes, und rege es sich nur in einem Atom, macht einen Riß in der Schöpfung von oben bis unten.« Der Einfluß Büchners macht sich fast überall in Jahnns Frühwerk geltend. / *36* EVA/NGG Ein junger Gelehrter hat es abgelehnt, *sich* einen gewissen chemischen Prozeß, den er allein *beherrscht*, für eine halbe million Mark abkaufen zu lassen. *Das* Angebot *ist* innerhalb einer kurzen Zeit auf zwei millionen Goldmark erhöht *worden*.

453/*6* EVA So ist die Möglichkeit gegeben, – *unter bestimmten Verhältnissen, die bei Kernzertrümmerung oder in magnetischen Kraftfeldern außerordentlicher Beschaffenheit* erzwungen werden können – *katalysatorische Vorgänge einzuleiten, die* unsere atmosphärische Luft in ein tödliches *Gasgemisch verwandeln*. / NGG *einen Zustand* zu erzeugen, *der* / *11* NGG *Gas* / *31* NGG kugelschleimfettsonnenblumenrindsmaul*ig* / *37* **Wilhelm von Rubruk:** Der flämische Reisende (ca. 1210–1270) brachte als erster Nachrichten über Zentralasien nach Europa. / *39* EVA *Vorgeschmack*

454/*19* **Olav Haraldsön:** Vgl. Anm. zu S. 64

455/*6* **Kaiser Otto:** Otto III. ließ im Jahre 1000 das Grab Karls des Großen in der Aachener Pfalzkapelle öffnen. Sein Schwertträger hat das Begebnis zwanzig Jahre später in einer Klosterchronik aufgezeichnet. / *7* EVA sitzend, *unverwest* wie diesen Olav / *20* NGG gestr.: *mich ernährt . . . Alter.*

456/*1* NGG *antwortete dieser* / *4* NGG gestr.: *Wir können . . .* bis S. 457, Z. 16 . . . *erschöpfen.* / *12* **Kosmas und Damian:** Heilkundiges Brüderpaar (Schutzheilige der Ärzte und Apotheker), das 303 unter Diocletian enthauptet wurde. Ihr Gedächtnistag ist der 27. September, stimmt also nicht mit dem von Peter und Paul (29. Juni) überein. / *31* EVA nicht *zu Geschlechtswesen* erziehen

457/*11* EVA gestr.: *die* / *17* NGG *Das* Zeichen

458/*16* NGG gestr.: *im* / *33* EVA gestr.: *es*

459/*12* EVA gestr.: *Wir werden . . . Strömen.* / *28* NGG gestr.: *Das ist . . . gesagt.*

460/*1* NGG gestr.: *Oder . . . säen willst.* / *3* EVA Oder *es* mit dem guten Willen hapert. / *4* NGG gestr.: *Es gibt . . . sagte Frau Inge.* / *8* EVA *gesetzeswidrig* / *11* NGG gestr.: *Du darfst heiraten . . .* bis Z. 31 . . . *zu dritt.* / *14* EVA (wie auch im folgenden:) *Schwesternschaft* / *22* EVA gestr.: *nach einem Weibe* / *31* EVA gestr.: *Es gibt keine Blutsbrüderschaft zu dritt.* / *33* NGG Egil Berg *sprach gequält,*

461/*6* NGG gestr.: *Nicht immer . . . geduldig.* / *11* NGG gestr.: *auch Wege . . . hoch.* / *13* NGG gestr.: *es gibt . . . wünschen.* / *27* NGG gestr.: *Die kindergesegnete Ehe . . . lassen.*

462/*9* NGG gestr.: *Wir sind darüber hinaus.* / *12* NGG gestr.: *»Darüber hinaus«, zischte Harald* / NGG pöbelte *Harald* / *13* EVA *mit* Giftgasen / *15* NGG *erwerben*

463/*26* NGG *Sorgen* / *33* NGG *Tatauierung*

464/*1* NGG gestr.: *zum einsamen Onanisten* / *27* NGG gestr.: *Das erzählte . . . verloren zu gehen.* / *36* NGG gestr.: *Neues Leben . . .* bis S. 465, Z. 4 . . . *wirkt.* / *37* EVA *Überwindung* / *39* EVA daß es wie Gier nach Brot *wurde*

466/*2* NGG *Edleres* / *9* NGG auserwählt *sind* / *18* NGG gestr.: *Und daß . . . war.* / *24* EVA/NGG gestr.: *selbst* / *31* NGG gestr.: *Es ist hier . . . gesprochen worden.* / *32* EVA/NGG Ich bin *ohne eigenes Leben.*

467/*16* NGG *Rundbebusten* / *37* NGG gestr.: *Sie bot . . . Dirne.*
468/*17* EVA *Fünfundsiebzig*
469/*18* EVA/NGG gestr.: *Ich kenne den Duft vieler Frauen.* / *26* EVA gestr.: *weite* / *35* NGG *Sinnliche* Maschine / *36* NGG *Verschwendung*
470/*2* NGG gestr.: *Die mit . . . erschrecken.* / *26* NGG gestr.: *Den Beruf eines Frauenarztes wählen.* / *32* EVA hätte *sie* nicht *heiraten* sollen / *39* EVA *Burgunders*
471/*10* NGG Du hast *jemand einzuladen* vergessen, Mutter
472/*10* **Vor Frelsers Gravlund:** Der Erlöser-Friedhof in Oslo mit den Gräbern von Björnson und Ibsen. / *11* NGG gestr.: *Bei der* . . . bis Z. 26 . . . *Meine Geliebte.* / *35* EVA/NGG *Vier* Flaschen Beaujolais / *36* EVA/NGG *vier* / *39* EVA/NGG *Sechs*
473/*13* EVA und *den* sehr neuen / *14* EVA/NGG *gekleideten* / *20* EVA in *die* schmale / *24* EVA gestr.: *meine*
476/*13* EVA mit *einem* röchelnden Atem
477/*3* EVA wann *er* wieder / *20* EVA/NGG Ein *Sterngekritzel* / *22* NGG gestr.: *eigenen*
478/*5* NGG gestr.: *Du hast . . . antwortete Sven.* / *26* NGG wie *Trunkene* / *29* NGG gestr.: *Sie wußten . . . unirdisch.*
479/*6* EVA *fragte* er / *12* NGG gestr.: *Was wollt ihr . . . ein wenig ratlos, der Bursche.*
482/*28* EVA in die Augenlinsen *einschneidet*
483/*7* EVA wenn er nicht mit Ausnahmen von seiner Umwelt *bezeichnet war* / *36* EVA Er *ist* auch nicht
487/*8* EVA aus den Händen eines Mädchens *kaufen*
488/*7* EVA doch von *der Feinheit des Nichttoten* / *27* EVA Ihn in einfacher Notwehr *verprügelte.*
489/*15* EVA auf *den* Kreisel / *26* EVA *vielleicht* die letzte / *38* EVA Da *war*
490/*8* EVA von ihr *weit ab* / *23* EVA *damit* wir bestünden, *und nicht die* Rolle des ehebrecherischen Angeklagten *hätten* / *35* EVA weil wir *unsere Genüsse* sehr unverantwortlich nehmen
491/*10* EVA was auch immer *ich*
492/*14* **Rutil:** Rotes bis schwarzes Mineral in säulen- oder nadelförmigen Kristallen (Titandioxyd). / *19* **demosthenische Kiesel:** Demosthenes (384–322 v. Chr.), der berühmteste Redner des Altertums, soll seine anfangs durch Stottern und Atemschwäche beeinträchtigte Aussprache trainiert haben, indem er beim Deklamieren kleine Kiesel in den Mund nahm.
493/*9* EVA von sich *fort*
496/*1* EVA *Sorgen*
497/*6* EVA zu keinem anderen Schluß *kommen*
499/*18* **Syrien und Marokko:** Syrien war 1922–1944 franz. Mandatsgebiet. Marokko stand seit 1912 unter franz. Protektorat. 1921–1926 fanden mehrere Aufstände unter Abd el-Krim statt. / *20* EVA *Die Generale sich* ohne Nötigung / *23* **von Trotha:** Lothar v. Trotha (1848–1920) war der Oberbefehlshaber der gegen den Hereroaufstand im damaligen Deutsch-Südwestafrika 1904–1906 eingesetzten Truppen.

500/*15* EVA *Andrew* de Urdareta (vermutlich Druckfehler)
501/*37* EVA sind *von beweisbarer* Gemeinheit
502/*5* EVA ein *unerhörter* Vorschlag
503/*28* **Die Töchter des Mannes...:** Anspielung auf Lots Töchter (vgl. 1. Mose 19, 31 f.). / *32* EVA vergossen *worden*
504/*36* EVA *Stirne* / *39* EVA zuende *führen*
506/*3* EVA gestr.: *gefertigt* / *23* **Trepanghändler:** Trepang ist eine aus bestimmten australischen Arten der Seegurke (Holothurie) gewonnene Delikatesse, die vor allem in China als Aphrodisiakum begehrt war.
508/*37* EVA Wir *haben keine Geschichte und* kein Geschick *zustande gebracht.*
510/*20* **Policinello:** Vgl. Anm. zu S. 654.
511/*4* **Baphomet:** Androgynes Symbol der Tempelherren, angeblich gnostischen Ursprungs. / *10* **Maximkanonen Armstrongs:** Hiram Maxim (1840–1916), Erfinder eines Maschinengewehrs und eines Gasgeschützes; William G. Armstrong (1810–1900), englischer Ingenieur und Industrieller, entwickelte verschiedene Geschütze, vorwiegend Hinterlader. / *11* **Welldongas:** Walter Weldon (1832–1885) gelang 1867 als erstem die Umwandlung von Chlorwasserstoff in Chlorgas.
512/*18* EVA Sklavenhalter von hundertmillionen Menschen *zu sein*
513/*11* EVA Plötzlich fiel Perrudja *abwärts.*
517/*14* EVA *daß* ich ein Trollkind *bin*
518/*27* EVA *Farben* / *36* EVA von den übrigen *ausmustern müßte*
519/*23* EVA vom Erinnern an Vater und Mutter *verlassen*
520/*13* EVA gestr.: *an Land* / *23* EVA Die in ihrer Schönheit *nicht zu beschreiben.* / *35* EVA zu *dem* Nachfolgenden
521/*4* EVA *Kolonieen*
523 **Gesang:** Wagner zufolge handelt es sich auch bei diesen Noten um eine Komposition Jahnns zu einem Text aus dem Gilgamesch-Epos (vgl. Ungnad S. 117, »Der Vater Ea hörte diese seine Rede...«). Wagner führt jedoch keinerlei Belege für seine Behauptung an. In den »Gesprächen« äußert Jahnn: »Die Musik in Perrudja. II S. 244/5 ist aus meiner Gilgamesch-Komposition...« (Muschg G, S. 91). Vgl. hierzu Smith S. 125.
524/*5* EVA Wie *am* Anfang / *13* **Zwickel, Trompen, Pendentivs:** Verschiedene Konstruktionen zur Errichtung einer Kuppel über einem quadratischen Grundriß. / *39* **Konchen:** Halbkuppeln
525/*2* **Karnak:** Vgl. Anm. zu S. 227 / *11* EVA Wenn *er* um dieses Bauches willen. / *26* **Lilie auf dem Felde:** Anspielung auf Matth. 6, 28.
526/*8* EVA gestr.: *zu*
527/*21* EVA *Mitglieder* einer Organisation
528/*7* EVA nicht vor Unglücksfällen *geschützt* halten / *31* EVA Die Auflösung des Vergeudungswahnes *erst* am Ende
529/*36* EVA gestr.: *sagte nur: »O.« Und*
530/*14* EVA gestr.: *Ihr Weg... Unvollkommenheit.*
533/*32* EVA *der* Pendel
534/*29* **Pinasse:** Zweitgrößtes Beiboot eines Kriegsschiffes.

537/*8* EVA *wurde* / *31* EVA *voraussagt*
539/*34* **Interkolumnien:** Zwischenräume der Säulen.
541/*19* EVA keine *plumpe Anmaßung*
544/*21* EVA *Wählte* Weine. / *22* EVA übermannte *Hein*
552/*33* EVA seiner *Eigenheit*
553/*9* EVA ihm *nahestand*
554/*13* EVA Niemand wird *aber*
557/*16* EVA *anfangs* / *21* EVA zu *kümmern* / *23* EVA gestr.: *ein*
559/*11* EVA gestr.: *fast*
560/*4* EVA *rund* vor / *7* EVA unnatürlich *plump*
562/*5* EVA *Außenbordtreppe* / *10* EVA gestr.: *es* (Druckfehler)
563/*2* EVA *reifen*
564/*15* EVA mit seinem Munde *eingeweiht* / *27* EVA in *der* Dunkelheit
568/*10* EVA *Geräusch* / *23* EVA *Meeresgötter*
570/*26* EVA *Kind*
573 **Sag an mein Freund:** Vgl. Anm. zu S. 92.
574/*3* EVA *Und meine Augen* / *12* EVA es *geworden* war / *17* EVA Ich stand *in mir* unbeweglich still. / *18* EVA Wiewohl *mir* keine Wahrnehmung, keine Bewegung, kein Erinnern, keine Gestalt, kein Schicksal mehr *blieben, war ich vorhanden.* / *25* EVA würde die Zeit *wohl* stille stehen
575/*15* EVA größer *ein* als
576/*10* EVA fleischig, *weich* und tief / *20* **Pflugseich:** Das Sech ist das vordere, senkrecht abschneidende Pflugeisen.
578/*14* EVA *zehn oder zwölf* seinesgleichen / *33* **Und steigt der Mond herauf...:** Bei den beiden Passagen »aus dem Werk eines zwanzigjährigen Dichters« handelt es sich um Zitate aus Jahnns erstem publizierten Drama, dem »Pastor Ephraim Magnus« (vgl. WuT IV, S. 88f. und 112).
579/*28* EVA von den Worten *abhängig war* / *32* EVA durch *die*
580/*21* EVA *Samen*
581/*36* EVA von *der* Welt
582/*2* EVA *Damit* kein / *3* EVA *Damit* er / *30* EVA *bei* der
587/*16* EVA *ihre* Tätigkeit
589/*13* **Almidano Artifoni:** In der langen Liste mehr oder weniger sonderbarer Namen fallen zumindest drei auf. Almidano Artifoni war zur Zeit, als Joyce dort Englisch unterrichtete, Leiter der Berlitz-Schule in Triest. Im »Ulysses« verlieh Joyce den Namen einem Italienischlehrer (vgl. Ulysses S. 258), und auf diesem Wege gelangte er schließlich in Jahnns Roman (vgl. Mitchell S. 54f.). Etwas weiter unten folgen kurz nacheinander die beiden Namen **Andrew Macfie** und **Lionel Escott Thorne, Esq.** Daraus setzte Jahnn im »Holzschiff« den Namen von dessen Erbauer zusammen, Lionel Escott Macfie.
590/*29* EVA geballten *Strahlungen* / *37* EVA von *seiner* Liebe
591/*4* EVA *sondern* ein Arbeitstier / *39* EVA In *der*
592/*1* EVA *unserer* / *22* EVA zu steinernen Wunderbildern *erstarre* / *31* EVA *Zuviele* Hände. *Zuviele* Frauenschöße.

593/*14* EVA Mathematikers *oder Physikers*
594/*23* EVA die *Perrudja* einige Tage
596/*30* EVA *Vorbedingung: die* einstweilige Errichtung
597/*27* EVA Giftgase. *O-Waffen.*
599/*1* EVA *achtzehn* Monate
601/*20* EVA *Punkte*
602/*12* EVA gestr.: *XX* / *36* EVA gestr.: *Elaborate der Dechiffriermaschinen*
603/*18* EVA Verträge *abschließen*
605/*1* EVA gemeißelt, *geformt,* mit den Linien schärferer Konturen *gewirkt hatten* / *3* EVA diese *Wirklichkeit* / *6* EVA enthüllt werden *können* / *11* EVA erwünschen könnte; *und sogleich dahin entwiche. Daß er sei wie* die edelsten Rosse. / *17* EVA in ihm *fand sich* keine / *32* EVA *Bewußtsein* oder *Unterbewußtsein*
606/*2* EVA – *zu*
607/*22* EVA So einig *wie*
608/*22* EVA gestr.: *Daniell benötigte . . . begleiten.* / *23* EVA Daniell, *der sich als Erwachsener fühlte,* hatte / *39* EVA wandte sich *um*
609/*5* EVA *Schmerzen* / *13* EVA *zerstückeln* / *20* EVA *Nachbarskinder* / *24* EVA Pete *flüchtig* zu berühren
610/*26* EVA seines *Reifseins* / *32* EVA *Gesicht*
612/*25* EVA am *Bootskiel*
613/*1* EVA Daniells *Selbsthinrichtung* / *9* EVA zehnjähriger *und* fünfzehnjähriger / *26* EVA mit den Lippen *berührte* / *31* EVA so *war*
614/*5* EVA *nach* Schulschluß / *31* EVA *sofern* ich / *32* EVA gestr.: *Und die Trennung . . . Unvermeidlichen.* / *35* EVA Er hatte das Gefühl, *nicht das Richtige gesprochen* zu haben.
615/*20* EVA *Gesicht* / *38* EVA *Jener* verbeugte sich
617/*14* EVA gestr.: *den* / *22* **Lionardo:** Vgl. Jahnns Aufsatz »Anatomische Zeichnungen Lionardos« im Berliner Börsen-Courier vom 4. 5. 1926, wo Menschenbild und Kunstauffassung Leonardos und Giorgiones miteinander konfrontiert werden. Leonardo war zumal für den jungen Jahnn und seine Auseinandersetzung mit den »Elementen des menschlichen Leibes« ein sehr einflußreiches Beispiel. / *23* **der Bildner des Hem-On:** »Der Erbauer der Cheops-Pyramide war ein Pharao Hemon, der einen kleinen Landedelmann, seinen Freund Cheops, auf den Thron setzte und selber das Amt des Oberbaumeisters von Ober- und Unterägypten vorzog. Unter-Baumeister gab es in ganz Ägypten vierundzwanzig; der Oberbaumeister war dem Pharao im Rang ebenbürtig. Seine Statue steht im Pelyzäusmuseum in Hildesheim; es ist ein Mann von riesigem Körper, mit mächtigen Brüsten und wohl zwei Zentner schwer. Er verfügte über 24 Unterbaumeister und 100000 Arbeiter – damit wurde alles ausgeführt.« (Muschg G, S. 30)
618/*18* **Plica inguinalis:** (lat.) Leistenbeuge / *22* EVA *damit* dünner Atem / *27* EVA gestr.: *zu*
619/*24* EVA Pujol *und seine* Burschen *kamen.* / *33* EVA *Religion* / *35* EVA *Als er sah,* Gleichaltrige

620/*31* EVA in ganzer *Weise*

621 Noten: Es handelt sich um eine Choralbearbeitung des anonym überlieferten Kirchenliedes »O Lamm Gottes, unschuldig« von Samuel Scheidt, die Wagner fälschlich mit Noten in der »Niederschrift« (vgl. WuT II, S. 312) identifiziert (vgl. S. Scheidt, Werke, ed. Harms/Mahrenholz, Bd. 1, Hamburg 1923, S. 6; Wagner S. 27, 64 und 166; Smith S. 256 ff.).

623/*3* EVA Gefühl inneren Zerrüttetseins *angefaßt worden*

624/*8* EVA *diese* Wissenschaft

625/*9* EVA gestr.: *Lächelnd.* / *35* EVA *von* Pfauenfedern

626/*13* EVA zu sein, *ihre Sehnsucht* nach fremden Worten, die *sie nicht kannte, blieb*

627/*36* **Mor:** (norw.) Mutter / *38* EVA Sie wollte sie nicht *gegen sich* anwenden

628/*9* **ein Gemälde von Munch:** Die zusammen mit anderen Wandmalereien für die Osloer Universität 1910–1914 entstandene und 1916 enthüllte »Alma Mater«. / EVA *wie* er *es* für die Aula / *13* **ein Stich von demselben Meister:** Munchs Lithographie »Madonna«.

629/*19* EVA *unter* den Achselhöhlen

630/*1* EVA *im schwarzen* Frack

631/*26* EVA in diese sinnliche Unterhaltung der Europäer *hineingesprossen*

632/*4* **Qebracho:** Eine südamerikanische Baumart, deren Holz und Rinde als Gerbmittel Verwendung finden. / *27* EVA *sodaß*

633/*5* EVA sie *hatte* / *26* EVA mit unvollkommenen Erlebnissen *betrogen*

634/*6* EVA sie *ist*

636/*11* EVA *Bestimmte* / *18* EVA halb Zweck *halb* Lust. / *20* EVA *alle* / *25* EVA nicht wie eine Fabel *war sie,* / *29* EVA Der *über sich* verletzende Äußerungen

638/*2* EVA Nicht *daß* Perrudja oder Hein träge gewesen *wären,* / *8* EVA Angesichts *der* vernagelten Kisten und Kasten, die zum Transport *bereitstanden.* war sie in *ein* verzweifeltes Schluchzen ausgebrochen. / *14* EVA die nicht durch das Gefühl einer Hoffnung *gewürzt wird*

641/*8* EVA *ruhigen* Leben / *16* EVA gestr.: *sich* / *30* **»Fick mich lieber Peter«:** Aus Georg Forsters Sammlung »Frische Teutsche Liedlein« (»Es wolt ein meydlin grasen gan ...«).

642/*10* EVA sprang *sie* plötzlich *an*

643/*29* EVA unter *freiem* Himmel

644/*26* EVA gestr.: *ganz*

645/*5* EVA vor sich *selber*

646/*7* EVA ohne *neuen* Schneefall

649/*8* EVA Signe, die seinem Ausruf *den zutreffenden Anlaß* unterschob, / *9* EVA gestr.: *aus* / *24* EVA Bis ihm aus der Rede des halbfertigen Harlekins *Aufklärung wurde.*

650/*27* EVA *schwerfällt*

651/*35* EVA gestr.: *starke*

652/*15* EVA Wenn wir das Zelt *stark* heizen / *19* EVA nur noch auf *fünf*
653/*24* EVA Sie flackerte *kaum merklich*
654/*5* EVA *bezahlte* / *36* **Policinello:** So heißt der unverschämte, listige Diener in der commedia dell' arte.
655/*20* EVA gestr.: *sich*
659 Vgl. zum folgenden »Unser Zirkus« (S. 821)
660/*3* EVA *soviel*
662/*30* EVA von sich *ab*
663/*13* EVA Schweiß *befeuchtete* allmählich *ihre Haut.*
665/*20* EVA Perrudja, deine Hand, dein Atem
666/*5* EVA mich zu *retten* (vermutlich Druckfehler) / *6* EVA *schneeite* / *12* EVA Signe *entledigte* sich
667/*22* EVA gestr.: *es* (Druckfehler)
670/*15* EVA gestr.: *auf ihn*
671/*2* EVA *Vorhanden* sein / *13* EVA Ein unerlaubtes Spiel. *Er spielt ein unerlaubtes Spiel mit mir.* Weshalb unerlaubt? / *25* EVA von mir *weg*
674/*29* EVA *nicht* / *33* Mit seiner Aufzählung historischer Namen evoziert Jahnn die sich über 250 Jahre erstreckenden Machtkämpfe im vorderasiatischen Raum und die Abfolge der antiken Weltreiche vor Alexander. **Tiglath Pileser III.** (745–727 v. Chr.) war der Begründer des assyrischen Weltreichs. Ihm folgten Salmanasser V., Sargon (nicht: **Sardon**) II. (722–705), Sanherib und dessen Sohn Asarhaddon **(Esarhadder)** (680–669). Der Pharao **Psammetich** (663–609) befreite Ägypten von der Herrschaft der Assyrer. Sein Nachfolger **Necho** wurde 604 von **Nebukadnezar** II. (604–562) geschlagen. **Kyaxares** (623–585) gilt als Begründer des Mederreiches. Sein Sohn Astyages wurde besiegt von **Kyros** II. (559–529), auf den Kambyses und schließlich **Dareios** I. (521–486) folgte, der Persien zur Weltmacht erhob. / *39* **Der du später ...:** Die Inschrift des Dareios entnahm Jahnn dem Buch von Herzfeld (S. 19).
675/*4* **Ahuramazda:** Vgl. Anm. zu S. 75
683/*8* B nicht *lange*
686/*8* **Kuhflotzen:** Der feuchte Teil der Tiernase (vgl. »Flotzmaul«, S. 349). / *14* **Halling:** Ein lebhafter norwegischer Männertanz. Mitten im Tanz hält einer der Tänzer einen Hut auf einer Stange empor, den die andern herunterzuholen versuchen.
692/*36* B *fürchten*
693/*39* **in situ:** (lat.) in der richtigen Lage
697/*16* B *beengt* / *17 drückt* / *18* **Gib dich nicht zufrieden ...:** Diese und andere Textpartien hat Jahnn in überarbeiteter Form seinem 1931 erschienenen Drama »Straßenecke« eingefügt (vgl. WuT V, S. 45f.). / *26* B *sogar* angefault, *sogar* gehemmt
698/*25* **Musculus pectoralis major ...:** Großer Brustmuskel; Oberarmspeichenmuskel; Daumenballen; Kleinfingerballen.
699/*25* B gemeine *Hände*

704/*24* B *Volleres*
705/*15* B *Beiunsbleiben* / *16* B *Sichnurlangsamverbrauchen* / *24* B *dehne*
707/*30* B Tugend und *Moral*
709/*21* **Es war zu keiner Prügelei gekommen ...**: Hier beginnt der Text des elfseitigen Typoskripts, das Burmeister für seine Ausgabe anstelle der Handschrift zugrunde gelegt hat, und die 1932 in der »Revue d'Allemagne« erschienene Übersetzung Longauds, der das Typoskript als Vorlage diente. Beide umfassen jeweils den gesamten Rest des Kapitels. – Bei den folgenden mit »B« bezeichneten Varianten handelt es sich also nicht um Lesarten, sondern um die Abweichungen des Typoskripts.
710/*3* B *mußte* / *18* B Dachte nur: ich werde niedergeschlagen. *Eisenstange. Oder eine bepanzerte Faust. Ein Sielgitter.* Aber seine Hände / *29* B diskutieren kann. *Harmonikales Gesetz.* Seine Feinde
712/*27* B Eine kleine *weißblanke* Pistole.
713/*16* B dies und das, *was er gar nicht willens zu denken.* Gebrandmarkt werden schmerzt. / *21* B behaftet. *Rudimente studentischen Ehrbegriffs.* Bleiben Fremdlinge. / *25* B Ihre Ächtung *ein Akt der Ungerechtigkeit.* / *36* **Sie waren mit ihren Reden so weit gekommen ...**: Hier setzt der unter dem Titel »Nacht-Gespräch« im »Berliner Tageblatt« erschienene Vorabdruck ein, der den Text bis zum Ende des Kapitels enthält. Dort herrscht durchgängig die Schreibung *Mathieu.*
714/*5* N *sollte* / gestr.: *oder Hure* / *30* N *sehr* klar / B/N klar, er *soll* mißbraucht werden / *31* N gestr.: *oder Hure* / *32* B/N *Er ist* in eine Falle gegangen. François *hatte* sich in den letzten Stunden *verwandelt,* durch manche Stationen hindurch. / *34* B Und jetzt *geschah* der endgültige Antrag. / N gestr.: *endgültige* / *36* B/N sehr jugendliche, *sehr aufpeitschend logische, kurz* revolutionäre Reden/ *39* B/N Deren Theorie man durch *Berühren des anderen* unterbrechen konnte
715/*9* N alles ist *nackteste Abtastbarkeit* / *10* N *vor* Schmerzerleiden. *Mathieu sollte erschöpft werden. Auslaufen.* Die Eltern kamen *nach Hause.* / *18* N *Der krankhaften, falsch geleiteten* Energien. / *24* B/N Die Geduld des Vaters *erschöpfte sich.* / N *anderenmal* / *26* N Inhalte, die besprochen wurden, ungestüm, unbrauchbar, wie beim erstenmal seines Horchens *verbrecherisch,* gedankliche Werte. / *27* B *ersten Mal* / *32* B/N die Rechtfertigung *ihres Tuns* im Rhythmus / *39* B/N *Das war zuviel für den Vater.*
716/*4* N Ehe Mathieu zu einer Antwort *bereit war* / *6* N *zu Boden* / *9* N war *eisig* / *14* B/N der groben *und gewalttätigen* Art / *20* N *in Frage stellt,* ob sie im Recht oder Unrecht *ist* / *22* B/N *So* konnte *sie* nicht ohne Beweise sein. / *26* N Meinungen. *Er hatte auf der Straße verdächtige Menschen gesehen.* Er beschränkte / *29* B/N hineingeleuchtet. *Sich umstellt.* Und erschrak. / *32* B/N in *seinen Büros* ein- und ausgingen. *Merkwürdig jugendliche Gestalten. Daß sie ihn nach seinem Sohn fragten, zuweilen. Lächelnd.* Daß sein Herz / *36* B/N Monsieur *Alfons Gontez* / *39* B/N Er war also hellhörig. *Er entdeckte bei sich einige befremdliche Gedanken.* Er begriff Untertöne, die, wie er meinte, mitgeschwungen *hatten in dem Trommelwirbel gegen die hölzerne Tür.* Aber er

war mannhaft genug, alles wegzuwischen. Er *hatte keine Ursache, eine* Obrigkeit zu fürchten.

717/*14* B/N *Und* Matthieu wurde *erschöpft* und trunken *zugleich* von den *vielen Möglichkeiten der Worte.* / *16* B/N *Wort* / *18* B/N da schluchzte er auf. *Und es war ihm, als würde er in Stücke zerrissen.* Und es schien ihm besser, *wenn er zu wünschen hätte,* er würde im Fleisch befriedigt / *19* N in *den* Worten / *20* B/N der *den jungen* ersten Schlaf dazu mißbrauchen würde, *Matthieu* zu schlachten. Und er fürchtete sich *mit der gleichen ersten Furcht dieses Abends.* / *23* N geborgen. *So verstrichen die verschiedenartigen Sekunden und Minuten.* Und die Augen / *25* B/N Übersatt *und sehr leer.* / N *geklopft* / *33* B/N ein *unausgefüllter* Tag

718/*6* B/N in die Schule *kam* / *13* N du *mögest* / *15* B/N Geruch *frischen* Ackerbodens / *26* B/N erkannte. *Der Name war untermischt mit der Gewißheit, daß über ihn etwas beschlossen worden war.*

719/*13* **Auslöschen, auswischen...:** Auch diese Passage hat Jahnn in die »Straßenecke« übernommen (vgl. WuT V, S. 46f.).

720/*37* B kleine *weißblanke* Pistole

724/*9* **Formwille und Variationsbedürfnis:** Dies (auch in der Abwandlung »Rhythmus und Variantenbedürfnis«) ist gleichsam die Chiffre für das »Schöpfungsprinzip«, für die harmonikale Weltanschauung, die sich Jahnn im Anschluß an die Forschungen des Freiherrn v. Thimus und Hans Kaysers um 1930 zu eigen machte (vgl. etwa »Aufgabe des Dichters in dieser Zeit«, WuT VII, S. 27f.; ferner R. Wagner, Versuch über den geistesgeschichtlichen und weltanschaulichen Hintergrund der Werke H. H. Jahnns, in: Text + Kritik, Heft 2/3, München [3]1980, S. 109ff.; J. Hassel, Der Roman als Komposition, Phil. Diss., Köln 1971, S. 85ff.; Th. Freeman, Structure and Symbolism in H. H. Jahnns »Perrudja«, Phil. Diss., Stanford 1970).

726/*4* B *sechzehn* / *sechzehn* / *20* B *Und* Auswahlgelehrsamkeit

729/*28* B *gar nicht*

737/*3* B zum *Ausgerichtetwerden* hingelegt/ *20* B Er ⟨*sah, wo:*⟩ *einen Rumpf wie ausgebrannt.* Körper

738/*35* B *sowegen* mit Gras

739/*8* B *Sichhinopfern* / *22* B *untergetauchte* Stille

741/*8* B *Aber Hein* spürte

742/*10* B *Insbettbringen*

744/*16* B tief *zu* graben

745/*19* B *Sachverwalter*

751/*20* **Traumgesichten...:** Hier folgt eingeklammert in der Handschrift die Notiz »alle Kapitel«. Offensichtlich sollten an dieser Stelle noch einmal – entsprechend S. 491 – sämtliche bisherigen Kapitelüberschriften eingefügt werden.

755/*6* B *Man* kennt die Ausnahmen nicht. / *38* B Süßigkeit *des Lebens*

759/*1* **Der Unterkiefer...:** Im Manuskript steht »Der Jochbogen des Unterkiefers«, wobei Jahnn vor und nach »Jochbogen« ein Fragezeichen

gesetzt hat, da er über die anatomische Korrektheit dieser Formulierung im Zweifel war. Das Jochbein gehört nicht zum Unterkiefer.
767/*17* B Nur noch *die Haut* des abgelaufenen Lebens.
768/*13* B *und* die Knochen, im Gebirge aufgefunden, *einem Manne gehörten,* der
769/*33* B zu *einem* Vorstoß
771/*22* B im *frühen* Saftstrom
784/*12* B *Insichschlingens* / *36* B fehlt: *aus uns*
785/*16* B das Glück des *Lebens*
796/*25* B *Atom* des Nichts / **Das sind Zirkelschlüsse, die sich den Arsch lecken:** »Erst beweist ihr Gott aus der Moral und dann die Moral aus Gott. Ein schöner Zirkelschluß, der sich selbst den Hintern leckt.« So lautet die Stelle noch in der Ausgabe von Büchners »Dantons Tod« (III, 1), die Jahnn, einem vermutlich Anfang der zwanziger Jahre entstandenen Bücherverzeichnis zufolge, besaß (Insel-Bücherei Nr. 88, Lpz. o. J., S. 56). Der zweite, von Büchner im Manuskript gestrichene Satz fehlt in späteren Ausgaben.
798/*5* B *Staats⟨stimmler⟩*
801/*26* B *Und die* Fische
803/*30* B Sie denken an *die* drei *jungen* Burschen
804/*33* B der *Vorgang* des Massenmordens
805/*1* B nach dem die *besten* unter uns wohl *schreien*
845/*21* **Abraxas:** Mit diesem Namen bezeichnete die gnostische Sekte der Basilindianer die Gesamtheit der Weltgeister. Später fand diese Vorstellung Eingang in eine Vielzahl von magischen und alchymistischen Lehren. Die sogenannten Abraxasgemmen zeigen häufig Fabel- und Zwitterwesen, wie Jahnn sie beschreibt.
846/*6* **Apsu, Tiâma:** Das uranfängliche Götterpaar der babylonischen Mythologie. Tiâmat verkörpert als weibliches Element das Meerwasser, Apsu als männliches das Süßwasser. Jahnn bezieht sich hier wieder auf das babylonische Weltschöpfungsgedicht (vgl. Ungnad S. 25 ff.).
850/*1* **Thomas v. Ramsgate:** Eine scherzhafte Mystifikation Jahnns. Ein Gelehrter dieses Namens ist nicht bekannt. Es handelt sich hier wie auch bei den angeblich aus Spitzels Buch stammenden Stellen um fiktive Zitate. Th. v. Ramsgate wird schon in Jahnns zweitem publizierten Drama »Die Krönung Richards III.« erwähnt. Dort sagt Pulter, Elisabeths Leibarzt, im Anschluß an deren Äußerungen über die Wunderwirkung kannibalischer und vampiristischer Praktiken: »Einen ähnlichen Fall berichtet auch der berühmte Thomas von Ramsgate in seinem Buch über die medizinischen Erdgeister« (vgl. WuT IV, S. 176, Smith S. 131 ff.). / *13* **Theophili Spizelii:** Anders als im Falle Th. v. Ramsgates existiert nicht nur der Autor, sondern auch das Buch, aus dem Jahnn zu zitieren vorgibt. In den »Gespräche« sagt Jahnn: »Ich habe aus der Familienbibliothek einen Frühdruck in Kleinformat für mich gerettet, er behandelt die Symbolik der chinesischen Schrift.« (Muschg G, S. 27) Es ist wahrscheinlich, daß es sich bei dem

genannten »Frühdruck« um das Buch von Theophilus Spizelius (zu deutsch: Gottlieb Spitzel) mit dem barocken Titel »De re literaria Sinensium commentarius« etc. handelt, erschienen 1660 in Leyden (Lugduni Batavori). Daß die angeführten Stellen Übersetzungen aus diesem Text sind, ist anzuzweifeln, da Jahnn nicht einmal die Genitivform des Autorennamens erkannt hat; naheliegend indessen, daß er von den Illustrationen zu Spitzels Buch, unter denen sich auch Fabelwesen abgebildet finden, Anregungen empfing.
851/5 kasuistische Literatur der Babylonier: Vgl. Anm. zu S. 71 / *11* **Lukian in seinem »Goldenen Esel«:** »Der goldene Esel« ist der gebräuchliche Titel der »Metamorphosen« des Apuleius (ca. 125–180), deren Handlungsgerüst weitgehend übereinstimmt mit »Lucius oder Der Magische Esel«, als dessen Autor lange Zeit Apuleius' griechischer Zeitgenosse Lukian angesehen wurde. Seine Verfasserschaft ist jedoch zweifelhaft. Beide Werke gehen wahrscheinlich auf eine verschollene gemeinsame Quelle zurück, die Aufzeichnungen eines gewissen Lucius aus Patrae. Nach dem in der Anm. zu S. 796 erwähnten Bücherverzeichnis besaß Jahnn eine Ausgabe von Lukians »Milesischen Märchen«, also höchstwahrscheinlich Albert Ehrensteins Erneuerung der Wielandschen Übertragung des »Magischen Esels« und der »Wahren Geschichte« (Weimar o. J.).
853/7 man denke an den Pegasus...: Anspielung auf James Joyce, der allerdings schon seit 1904 nicht mehr in Irland »stationiert« war. / *12* **Labartu, Pazuzu:** Vgl. Anm. zu S. 71.

NACHWORT

»Unsere Hoffnung ist der Mitmensch, daß er mit uns gehe in den Jahren und unser Bett zu dem seinen mache. Wo wir allein schlafen, sind wir ohne Heimat. Wo wir zu zweien schlafen, hat uns die Traurigkeit nicht.« (S. 151)

»Es ist notwendig, daß die Einigkeit und die Trennung aller Menschen, aller Wesen offenbar wird. Sonst wirst du den Lügen der Abbreviaturen verfallen, die mit ihren Aussagen an der Oberfläche bleiben und den Normungen als Vorwand dienen. Frage denn.« (S. 697)

I

Mit dem Erscheinen des »Perrudja« im Jahre 1929 trat ein in jedem Sinne großformatiger Epiker auf den Plan, der bis dahin – abgesehen von Beiträgen zum Almanach des »Hamburger Künstlerfests« und Vorabdrucken einzelner Abschnitte des Romans – keinen einzigen Prosatext veröffentlicht hatte. Allenfalls als skandalumwitterter Dramatiker konnte er sich einer höchst fragwürdigen Bekanntheit erfreuen. Sein mit dem Kleist-Preis ausgezeichneter Erstling »Pastor Ephraim Magnus« hatte dem 1894 in Stellingen geborenen Hans Henny Jahnn den

Ruf eines blutrünstigen Erotomanen eingetragen, unter dem er zeit seines Lebens zu leiden hatte und der mitunter auch heute noch der unvoreingenommenen Beschäftigung mit seinem Werk im Wege steht. Trotz dieser ungünstigen Vorzeichen war das Echo der zeitgenössischen Kritik[1] auf das gewaltige Romanfragment mit zwei bezeichnenden Ausnahmen[2] positiv, ja sogar begeistert. Der »Perrudja« wurde neben Döblins einen Monat zuvor erschienenem »Berlin Alexanderplatz« das literarische Ereignis des Jahres, und der Kritiker Franz Goldstein forderte nichts Geringeres als den Nobelpreis für Jahnn. Es ist kein Zufall, daß Jahnn »Berlin Alexanderplatz« wohlwollend rezensierte[3], andererseits Döblin in seiner Antwort auf eine Umfrage nach den besten Büchern des Jahres[4] als einziges belletristisches Werk den »Perrudja« nannte. Beide Autoren wußten genau, was sie jenseits von Stoff oder Weltanschauung verband: sie waren durch die ›Schule des großen Iren‹ gegangen, hatten die 1927 erschienene Übersetzung von Joyces »Ulysses« gelesen und daraus wesentliche Anregungen für ihre eigene Arbeit empfangen.

Die für ein Werk Jahnns ungewöhnliche Einmütigkeit der Rezensenten[5] fand jedoch keine Entsprechung in der Reaktion des Lesepublikums. Sowohl die geringe Auflage[6] und der enorm hohe Preis wie auch Umfang und Schwierigkeitsgrad des Romans schlossen eine breitere Rezeption und einen kommerziellen Erfolg von vornherein aus. Der Absatz des Buches war so schlecht, daß der Verlag sich genötigt sah, es in veränderter Ausstattung zu einem niedrigeren Preis zu verkaufen.

Die Entstehungsgeschichte des »Perrudja« läßt sich anhand von Jahnns Briefwechsel und anderen Äußerungen sowie der erhaltenen Manuskripte in groben Zügen verfolgen. Wann Jahnn erstmals die Konzeption des Romans ins Auge gefaßt hat, ist freilich nicht feststellbar; und wenn im folgenden von der ersten Fassung gesprochen wird, so handelt es sich um eine überlieferte Handschrift, die zwar zahlreiche Merkmale einer ersten Niederschrift aufweist[7], doch selbstverständlich frühere, vernichtete oder verlorene Entwürfe nicht ausschließt.

Stoff und Schauplatz des Romans weisen zurück bis in die Zeit des Ersten Weltkrieges. Am 7. August 1915 begeben sich Jahnn und sein Freund Gottlieb Harms als konsequente Pazifisten ins norwegische Exil; Ende 1918 kehren sie in ihre Heimatstadt Hamburg zurück. Abscheu und Ohnmacht angesichts der Kriegsgreuel und der vaterländischen Propaganda haben zu dem Entschluß geführt, Deutschland zu verlassen. Doch für den jungen Dichter sind die Jahre in Norwegen[8] mehr als ein resignierter Rückzug: dort vollzieht sich die Grundlegung einer vordem nur erträumten Künstlerexistenz; er schreibt den »Pastor Ephraim Magnus«, »Die Krönung Richards III.«, den Anfang des Romanfragments »Ugrino und Ingrabanien«; er beginnt, sich mit den theoretischen Grundlagen der Baukunst vertraut zu machen, selbst auf dem Reißbrett sakrale Kultbauten zu entwerfen, und kommt auf diesem Wege schließlich zu Fragen des Orgelbaus. Kein anderer Lebensabschnitt ist für seine geistige und künstlerische Entwicklung fruchtbarer als diese drei Jahre[9]. Es ist nicht unwahrscheinlich, daß Jahnn sich schon damals mit Gedanken und Plänen getragen hat, die später Eingang in den »Perrudja« finden; daß er jedoch zu diesem Zeitpunkt »größere Abschnitte... bereits... konzipiert hatte«[10], wie Werner Helwig behauptet, muß aufgrund von Jahnns Bemerkungen über den Roman wie auch der Manuskripte im Nachlaß ausgeschlossen werden. In seiner 1932 publizierten »Kleinen Selbstbiographie« heißt es: »Breite Teile des norwegischen Lebens haben sich im Roman ›Perrudja‹ niedergeschlagen. Ich habe vier Jahre mit dem Schreiben der ersten beiden Bände verbracht. Ich habe versucht, die Natur abzubilden und einen Mechanismus Mensch. Seine Anatomie, wie es sich nach außen schlägt als Häßliches und als Märchen. Als einfachen Ablauf und als Unwahrscheinlichkeit. Nach dem Erscheinen der ersten Bände dieses Werkes haben viele meine Mühe anerkannt und die Arbeit gelobt. Der Vollständigkeit halber möchte ich erzählen, daß es beinahe unmöglich war, einen Verleger für den Roman zu finden. Ausmaß, Ungewöhnlichkeit der Problemstellung schreckte selbst Mutige ab.«[11] So unzuverlässig mitunter Jahnns Angaben über Entstehung und Datierung seiner Werke sind: was er über den »Perrudja« sagt, stimmt im wesentlichen mit den Tatsachen überein, die durch Manuskripte und Briefe bezeugt sind.

Der früheste Zeitpunkt, der sich mit der Arbeit am Roman verknüpfen läßt, ist der 5. Dezember 1922. Dieses Datum findet sich unter dem Titel auf der ersten Seite der Kladde, die Jahnn für die erste Niederschrift des »Perrudja« benutzte[12]. Es bleibt das einzige Indiz für einen so frühen Beginn und läßt sich schwer mit den übrigen Zeugnissen in Einklang bringen.[13] Setzt man dagegen die erste Phase kontinuierlichen Schreibens im Jahre 1926 an, ergibt sich ein stimmiges Bild, dem sich auch Jahnns Aussage einfügen läßt, die Niederschrift habe sich über vier Jahre erstreckt. Die Spuren einer Beschäftigung mit dem Roman zwischen Ende 1922 und Anfang 1926 sind dürftig[14] und lassen keine Rückschlüsse auf den Umfang oder die Gestalt bereits geschriebener Textpartien zu. So schreibt z.B. am 25. Januar 1924 Harms an Jahnn, der in Norwegen auf Reisen ist: »... geht doch in die Berge noch... das wird... Dir und Perrudja sehr gut tun.« Noch im November 1926 beklagt sich Jahnn in einem Brief an Harms, die Arbeit am »Perrudja« gehe nur sehr langsam vorwärts[15]. Im gleichen Monat findet im Rahmen der »Schriftsteller- und Buchwoche« im Hörsaal des Hamburger Völkerkundemuseums die wohl erste öffentliche Lesung aus dem Roman statt. Wie aus einem Artikel im »Hamburger Anzeiger« vom 3.11.26 hervorgeht, hat Jahnn bei dieser Veranstaltung Passagen vorgetragen, die von Einar Skaerdal, dem Ehebruch seiner Frau und der Kindheit Signes erzählen. Da Skaerdal im Manuskript auf S. 114 eingeführt wird, müssen zu diesem Zeitpunkt mindestens 120 Seiten der ersten Fassung existiert haben, wahrscheinlich jedoch weitaus mehr.

Ausführlicher als in dem zitierten Absatz der »Kleinen Selbstbiographie« äußert sich Jahnn über den »Perrudja« in den Gesprächen mit Walter Muschg, auf dessen Einladung er Ende 1933 für einige Monate nach Zürich übersiedelt. »Zur Zeit, als die ›Medea‹ in Berlin aufgeführt wurde, zeichnete mich eine Verwandte von Dr. Elias (Ullstein-Verlag) für eine illustrierte Zeitschrift. Während der Sitzung erschien Dr. Elias kurz unter der Tür und knüpfte ein Gespräch mit mir an. Er forderte mich auf, doch einmal einen Roman für die ›Berliner Illustrierte‹ zu schreiben, er biete mir 20000 Mark dafür. Da dies für mich eine amerikanische Summe war, versprach ich, mir die Sache zu überlegen. Ich fing an, ein Anfangskapitel zu schreiben (es war die Urform des ersten Kapitels des ›Perrudja‹), sah aber rasch ein, daß daraus nie ein Roman für die ›Berliner Illustrierte‹ würde, und warf es weg. Erst später nahm ich es wieder vor. Daraus wurde der ›Perrudja‹.«[16] – Befremdlich an dieser Anekdote ist nicht allein die fürwahr ›amerikanische‹ Summe von 20000 Mark, sondern auch die Vorstellung, daß einem derart umstrittenen Dramatiker ein Illustriertenroman in Fortsetzungen angetragen wird. Man ist geneigt, an eine vorsätzliche Mystifikation Jahnns zu glauben. Doch der im Nachlaß überlieferte Briefwechsel mit dem Ullstein-Verlag zeigt, daß er tatsächlich mit Julius Elias über sein Werk verhandelt hat. Von einem Fortsetzungsroman oder einem bestimmten Honorar ist darin freilich nicht die Rede. Die Uraufführung der »Medea« unter der Regie Jürgen Fehlings fand am 4. Mai 1926 statt. Am 22. Mai schreibt Elias an Jahnn: »Wir würden es mit Freude begrüßen, wenn wir Sie als Mitarbeiter gewinnen könnten. Es scheint uns der beste Weg zu sein, wie schon mündlich angedeutet, daß Sie uns möglichst bald (an Herrn Krell) den bis jetzt fertigen Teil Ihres Romans einsenden. Wir würden nach Einblicknahme in der Lage sein, präzisere vertragliche Vorschläge zu machen, die selbstverständlich auch die finanzielle Situation klären würden.« Am 26. Juni schickt Jahnn »den hauptsächlichen Teil des bereits Vollendeten« an Krell und schreibt in seinem Begleitbrief: »Im zweiten Kapitel ist die Geschichte des sassanidischen Königs Khosro II. und seiner Stute Shabdez nicht ausgeführt. Ich habe in das Manuskript hineingeschrieben, wo sie zu stehen kommt. Der Ihnen vorgelegte Teil dürfte etwa ein Fünftel bis ein Viertel des gesamten Werkes darstellen. Über den weiteren Verlauf der Handlung möchte ich nur das eine andeuten, daß sie vom Hochgebirge in die Bezirke allgemeinen europäischen Lebens verlegt werden wird, und die bis jetzt kärgliche Personenzahl sich um ein Beträchtliches erhöht.« Mit der Erwähnung Khosros in diesem Brief ist auch ein Anhaltspunkt für die Kenntnis von Herzfelds Buch »Am Tor von Asien« und die Konzeption des Kapitels »Sassanidischer König« gegeben, dessen erste Niederschrift Smith auf den Winter 1927/28 datiert[17]. Am 23. Juli schickt Krell das Manuskript an Jahnn zurück mit der Ankündigung: »Da in Ihrem Fall das Schwergewicht auf der dramatischen Seite liegt, hat es Herr Dr. Elias liebenswürdigerweise übernommen,

Ihnen in ausführlichen Worten die Meinung des Verlages mitzuteilen. Ich bitte Sie also, sich noch 1-2 Tage gedulden zu wollen...« Diese Beurteilung Elias' ist entweder verlorengegangen oder gar nicht zustande gekommen. Krells euphemistische Formulierung und die Rücksendung des Manuskripts lassen keinen Zweifel daran, daß der Verlag ablehnt. Dies ist die erste Station von Jahnns Suche nach einem Verleger für den »Perrudja«.

Seine chronischen Geldnöte sind in jenen Jahren besonders drückend. Die »Glaubensgemeinde Ugrino«, die er 1920 ins Leben gerufen und als deren Leiter er für Bauvorhaben über beträchtliche Summen verfügt hat, ist 1925 materiell wie ideell gescheitert. Im Mai fährt Harms, der seit frühester Jugend an einer Nierenkrankheit leidet und dessen Zustand sich durch Hinzutreten eines Augenleidens verschlimmert hat, mit Jahnns zukünftiger Gattin Ellinor Philips zur Erholung nach Italien. Jahnn bleibt im nun verwaisten Eckel (Kreis Harburg) zurück, wo er einst die monumentalen Kultbauten der Glaubensgemeinde errichten wollte. Er leidet unter der Einsamkeit; die kärglichen Einkünfte, die er nach Italien schickt, reichen nicht aus, um Ellinor und Harms die Rückreise zu ermöglichen. In dieser Verfassung schreibt er die »Medea«, nach deren Vollendung er sich ganz dem »Perrudja« widmet. Als Harms und Ellinor endlich zurückkommen, zieht er mit ihnen nach Hamburg, wo er zögernd versucht, »Anschluß an die Welt zu finden«[18], was unter anderem in seiner Beteiligung an den Hamburger Künstlerfesten zum Ausdruck kommt. Die Arbeit an der Wiederherstellung der Schnitger-Orgel in der Jacobikirche hat ihm neben heftiger Befehdung durch die Kirche zwar Anerkennung als Orgelfachmann, aber kein Geld eingebracht. Nun gelingt es ihm, bei der an der Restaurierung beteiligten Firma Kemper ein monatliches Fixum zu erwirken; Ellinor, ausgebildete Gymnastiklehrerin, trägt durch Stundengeben zum Unterhalt bei. »In dieser Situation beschloß ich, den ›Perrudja‹ fertig zu schreiben. Es wurde mir möglich, diesen Plan auszuführen, weil es mir gelang, den Verlag Gebrüder Enoch zu einer Zahlung von 300 Mark monatlich zu bewegen – dafür hatte ich ihnen das Manuskript zu liefern. Unter diesem Druck wurde der zweite Band fertig gemacht. Ich habe z. B.

das Kapitel ›Der Zirkel‹ in einem Tag geschrieben, indem ich mich nach Mittag hinsetzte und bis tief in die Nacht sitzen blieb. Als das Ganze abgeliefert war, schickte mir der Verlag eine große Liste der Stellen, die abgeändert oder gestrichen werden sollten – ich habe sie noch, sie ist ein Dokument. Ich kriegte einen Wutanfall und schickte das Manuskript zu allen möglichen Verlegern – da trat eine zweite glückliche Fügung ein: auf Betreiben Benninghoffs von der ›Hamburger Bühne‹, der von dem Roman begeistert war, wurde die Lichtwarkstiftung gegründet, und zwar von vornherein halbwegs in der Absicht, mit ihrer Hilfe die Drucklegung zu finanzieren.«[19] Auch diese Darstellung in den »Gesprächen« wird durch Jahnns Korrespondenz bestätigt. Am 21. Januar 1927 erscheint im »Hamburger Anzeiger« der erste Vorabdruck aus dem »Perrudja« unter dem Titel »Der Sturm«. Einen Monat später folgt in der von Ludwig Benninghoff herausgegebenen Zeitschrift »Der Kreis« ein Teil des später »Werbung und Vorhölle« benannten Kapitels als »Perrudjas Werbung«. Aufgrund dieser Veröffentlichung wendet sich am 22. Februar der Verlag Gebrüder Enoch, bei dem unter anderem Werke von Klaus Mann erschienen sind, an Jahnn mit der Bitte um Einsicht in das Manuskript des Romans. Im Verlauf dieses Jahres finden Verhandlungen im Vorfeld eines Vertrages statt. Der nächste erhaltene Brief von Enoch stammt vom 10. Dezember 1927. Darin ist von einem in monatlichen Beträgen von 300 Mark zu zahlenden Honorarvorschuß die Rede, ferner von einer »3 Monate hindurch zu leistenden Zahlung von circa Rmk. 150,– bis 200,– wöchentlich für die von Ihnen geplante Afrika-Reise, wofür Sie sich verpflichten würden, wöchentlich einen auf diese Reise bezüglichen Artikel für Zeitungen zur freien Verwertung durch meinen Verlag zu liefern.« Daß die erwähnte Afrika-Reise keineswegs ein Vorwand war, um an zusätzliche Vorschüsse zu kommen, geht aus einem Brief Jahnns an einen Herrn Ebert vom 27. 9. 1928 hervor, der ihm von Hagenbeck als kundiger Abessinien-Reisender genannt worden ist. Jahnn schreibt: »Im Oktober–November ds. J. gedenke ich nach Abessinien zu reisen und habe die Absicht, von Adis Abeba aus eine längere Reise in das Innere zu unternehmen. Dauer ca. 2 bis 4 Monate. Es handelt sich für mich in der

Hauptsache darum, möglichst genaue Kenntnisse der verschiedenen Eingeborenenstämme zu bekommen, da ich sie für eine schriftstellerische Arbeit benötige.«[20] Bei dieser »schriftstellerischen Arbeit« handelt es sich fraglos um den zweiten Teil des »Perrudja«. Auch bei seinen späteren Verhandlungen mit Kiepenheuer legt Jahnn stets Wert darauf, daß die Finanzierung der Reise zum Vertragsbestandteil gemacht wird; außerdem ersucht er die verschiedensten Stellen um Zuschüsse für dieses Unternehmen, bei dem ihn der Maler Heinrich Stegemann begleiten soll. Doch seine Bemühungen bleiben ohne Erfolg. Die Anlage des ersten Teils und zumal die Pläne Pujols lassen es durchaus plausibel erscheinen, daß die Fortsetzung des Romans teilweise in Afrika, dem »heiligen, Mutter der Menschheit«[21], angesiedelt werden sollte. Perrudjas von Geschichten oder auch nur Namen entfachte Sehnsucht nach exotischen Ländern und Menschen lebte auch in seinem Schöpfer, und es liegt auf der Hand, daß Jahnn dem erschauten und erlebten Norwegen kein aus Reiseberichten und Handbüchern kompiliertes Afrika zur Seite stellen wollte. Doch in den Fragmenten des »Perrudja 2« fehlt jeder Hinweis auf einen derartigen Schauplatz, statt dessen wird die Matthieu-Handlung nach Paris verlagert. Und erst in der »Niederschrift des Gustav Anias Horn«, die im zweiten Exil auf Bornholm entsteht, läßt der Autor Horn und Tutein auf ihrer »Flucht« in einigen meist namenlosen Hafenstädten der afrikanischen Westküste Station machen[22].
Ende 1927 erhält Jahnn die erste à conto-Zahlung über 300 Mark, am 28. Januar unterzeichnet er den Vertrag[23], der eine Vereinbarung über einen Zuschuß von 3000 Mark zu der geplanten Reise beinhaltet. § 5 enthält den Passus: »Herr Jahnn erklärt sich grundsätzlich bereit, Wünschen des Verlages auf Abänderungen, Milderungen des Ausdrucks und Kürzungen nach Möglichkeit zu entsprechen.« Der Roman soll im April abgeschlossen sein. In den folgenden Monaten beschränkt sich die Korrespondenz auf die Anforderung neuer Manuskriptteile. Am 7. Juli schreibt Jahnn an Enoch: »... durch die Angelegenheit mit der Jacobikirche bin ich in einen derartigen Strom von Arbeit hineingekommen, dass er mir zeitweilig einfach über den Kopf gewachsen ist. Ich arbeite trotzdem am Perrudja weiter und habe zum Schluß noch grosse Veränderungen vor-

genommen. Das Kapitel ›Die Chemiker‹ habe ich herausgenommen, um es in den zweiten Band zu nehmen. Dafür bringe ich ein Kapitel ›Die Marmeladenesser‹, welches ich neu schreibe.« Mit diesem Brief ist die Datierung gesichert, die Jahnn in den »13 nicht geheuren Geschichten« für die »Marmaladenesser« nennt. Worum es sich bei dem herausgenommenen Kapitel handelt, ist unklar[24]. Am 23. September kündigt er an, »mit der eigentlichen literarischen Arbeit« im Oktober fertig zu sein, und bittet um baldige Entscheidung über die Annahme des Manuskriptes. Der Verlag fordert daraufhin »das letzte Kapitel« an[25], ohne dessen Kenntnis er sich zu einer endgültigen Stellungnahme außerstande sieht. Am 17. Januar 1929 erhält Jahnn das Manuskript mit den Korrektur- und Kürzungswünschen Enochs[26] zurück. Zu den »auszumerzenden und zu verändernden Stellen« zählen darin beispielsweise die Zitate aus dem »Pastor Ephraim Magnus«, die Kataloge der Suppen- und Ortsnamen, aber auch ganze Kapitel wie »Ein Knabe weint« (»da keinerlei Zusammenhang«), die Geschichte der beiden Zwillinge und die von Ragna und Nils. Gekürzt werden sollen »Der Zirkel«, der Auftritt des Propstes im Kapitel »Hochzeit«, der Anfang der »Marmaladenesser«, »Die Rede des Franzosen« und der Zirkusbesuch. Da letzterer in den dem Verlag ausgehändigten Manuskripten enthalten ist, muß es sich bei dem »letzten Kapitel« schon um »Das Hohelied des Gesetzes« oder zumindest eine Vorstufe des Schlusses der Druckfassung handeln. – Es ist nur zu verständlich, daß Jahnn über diese Zumutung in Wut gerät. Er reagiert postwendend und sieht keine Verständigungsmöglichkeit. »Das was da vorgeschlagen ist, ist nicht mehr und nicht weniger als ein Zerschlagen des Stils des Romans.«[27] Der Verlag unterbreitet daraufhin das Angebot einer Subskriptionsausgabe[28], doch Jahnn hat sich bereits anderweitig umgetan, um die Drucklegung zu beschleunigen. Am 20. März schließt er einen Vertrag mit der neugegründeten Lichtwarkstiftung, die die Abnahme von 250 Exemplaren garantiert und ihrerseits eine Subskription eröffnet[29]. Doch die Rechte liegen weiterhin bei den Gebrüdern Enoch. Jahnns Vertrag wird von seinem Freund und Förderer Ernst Eggers am 2. April im Einvernehmen mit dem Verlag aufgelöst[30], der jedoch sein Optionsrecht auf weitere Werke behält, insbesondere auf die Fortsetzung des Romans, dessen ersten Teil er in Kommission nehmen soll. Anfang 1930 erklärt sich Enoch bereit, auch auf die Option zu verzichten, falls von anderer Seite die Finanzierung der Afrikareise davon abhängig gemacht werden sollte.[31]

Die bisher in Betracht gezogenen Zeugnisse machen es wahrscheinlich, daß der »Perrudja« Anfang 1929 im wesentlichen vollendet war. Jahnn muß Schwierigkeiten mit den Gebrüdern Enoch vorhergesehen haben, denn parallel zu dieser Verbindung sucht er Samuel Fischer, den Verleger des »Pastor Ephraim Magnus«, für den Roman zu gewinnen. Bereits am 13. Dezember 1926 hat sich Fischer aufgrund der Lesung im Völkerkundemuseum mit ihm in Verbindung gesetzt. Jahnn möchte Oskar Loerke, der ihm den Kleist-Preis zugesprochen hat und für Fischer als Lektor tätig ist, erneut zu seinem Fürsprecher machen, und sendet ihm am 21. Februar 1927 die beiden Vorabdrucke. Zwar lehnt Fischer im Juli dieses Jahres ab[32], doch rechnet Jahnn weiterhin mit Loerkes Einflußmöglichkeiten. Am 8. 1. 1928 schickt er ihm eine unvollständige Schreibmaschinenabschrift des Romans und bittet ihn, seinen Eindruck von dem Werk mitzuteilen[33]. Im Februar 1929 schreibt er ihm: »Ich habe nun eine große Bitte an Sie: Möchten Sie die beiden anliegenden Kapitel des Romans Alfred Döblin geben mit der Bitte, sie zu lesen, und wenn er sie für wert hält, einige Zeilen darüber zu schreiben.«[34] Im April lehnt der Fischer-Verlag auch eine Kommissionsübernahme des Romans ab.[35]

Unterdessen ist ein weiterer Vorabdruck im »Kreis« erschienen, »Die andern Tiere« (in der Druckfassung: »Ein Knabe weint«), sowie verschiedene Texte, die in engem Zusammenhang mit dem Roman stehen: im Februar 1927 als Vorstufe des vorletzten Abschnitts »Unser Zirkus«, Ende des Jahres »Die liebenswürdige Leidenschaft« und schließlich Anfang 1928 »Die Familie der Hippokampen«.

Am 8. März 1929, kurz vor dem Vertrag mit der Lichtwarkstiftung, bekundet auch der Gustav Kiepenheuer Verlag, der fünf Jahre zuvor Jahnns Drama »Der gestohlene Gott« herausgebracht hat, Interesse am »Perrudja«[36]. Jahnn bietet an, den Roman in Kommission zu geben. Kiepenheuer übernimmt den

Vertrieb, und im November werden die ersten Exemplare ausgeliefert. Das Werk liegt nun in einer Auflage von tausend Exemplaren der ›Normalausgabe‹ zu 48 Mark und zwanzig der Luxusausgabe auf Velinpapier zum immensen Preis von 180 Mark vor[37]. Nur ein Teil der Auflage wird, wie vom Verlag angekündigt, in rotes Halbleder gebunden. 1931 wird der Rest infolge des schlechten Absatzes in Leinenbänden für 15 Mark angeboten.
Wie alle Romane Jahnns ist auch der »Perrudja« Fragment geblieben. Die Gründe dafür sind teils in den Lebensumständen des Autors, teils in der politischen und militärisch-technischen Entwicklung nach 1933, teils aber auch in der Anlage des Werkes selbst zu suchen. Hat Jahnn 1926 bis 1929 fast ausschließlich am »Perrudja« gearbeitet, so wendet er sich nach dem Erscheinen des ersten Teils wieder seiner dramatischen Produktion zu; in den letzten Jahren vor dem zweiten Exil entstehen der »Neue Lübecker Totentanz«, »Straßenecke«, sowie das erst 1948 veröffentlichte Drama »Armut, Reichtum, Mensch und Tier«. Für die Unterbrechung der Arbeit an der Fortsetzung des Romans spielt gewiß auch das Scheitern der Afrika-Pläne eine Rolle. Den schwersten Schlag versetzt ihm der Tod des Freundes Gottlieb Harms im Februar 1931. Nachdem Jahnn sich 1934 nach Bornholm zurückgezogen hat, wo er bis 1950 lebt, gilt sein Hauptinteresse bald einem neuen Roman, dem »Holzschiff«, aus dessen ›zehntem Kapitel‹ schließlich das opus maximum »Die Niederschrift des Gustav Anias Horn« erwächst. Im Vorwort zur Neuausgabe des »Perrudja« nennt er 1958 als schwerstwiegende Behinderung seiner Fortsetzungspläne »die Entwicklung der Naturwissenschaften«. »Die Atombombe erledigte seine Phantasie – und zugleich die Hoffnung, daß die Menschheit als solche dauernd davon kommen werde. Das Erledigtwerden einer Konzeption hat für den Schreibenden weitreichende Folgen – sofern er sein Handwerk ernst nimmt und seine dichterischen Vermutungen an der Wirklichkeit und einem nicht nur oberflächlichen Wissen orientiert. Es fiel also das Hauptstück meiner Absicht: Krieg und Errettung – aus. Das Manuskript wurde beiseite gelegt. Teile davon kamen auch abhanden.«[38] Schon Burmeister hat darauf hingewiesen, daß von einer Erledigung der literarischen

Fiktion durch die Atombombe allenfalls für die Zeit nach 1945 die Rede sein kann, doch nicht in den Jahren, als Jahnn tatsächlich an der Fortsetzung schrieb[39]. Zudem erweist sich die Parallelisierung der ominösen O-Waffen im Roman mit der Atombombe als nachgetragene Prophetie: jene wurden erst 1958 in den Text hineinkorrigiert. Zwar wußte Jahnn von Experimenten mit der Atomenergie[40], die Vision der »unsichtbaren Mauer« aber steht noch ganz unter dem Eindruck der grauenhaften Giftgaseinsätze im 1. Weltkrieg. Erledigt wurde allerdings durch den deutschen Faschismus und den 2. Weltkrieg das utopische Konzept des Romans, der Gedanke der gerechten Weltherrschaft, die notfalls mit einem rücksichtslosen Krieg durchgesetzt werden soll, um einer neuen, durch Vermischung der Rassen entstandenen Menschheit Raum zu schaffen. Skepsis gegen die eigene Utopie wird vereinzelt schon im ersten Teil des Romans, unmißverständlich in den Fragmenten der Fortsetzung deutlich. Geschichtspessimismus bestimmt Jahnns Werk vom Anbeginn seiner Schreibversuche. Als politischer Mensch, als »Revolutionär mit guten Zielen«[41], versucht er dennoch, zu retten was zu retten ist, propagiert etwa eine rationale Geburtenkontrolle[42], kämpft gegen Nationalismus und Militarismus im Vorfeld der NS-Diktatur; nach seiner Rückkehr aus dem zweiten Exil erhebt er seine Stimme gegen die atomare Aufrüstung der Bundesrepublik und den blinden Antikommunismus der fünfziger Jahre – sicherlich nicht ohne das Gefühl, Sisyphusarbeit zu verrichten. Bereits der »Perrudja 2« zeugt von Desillusionierung nicht allein über die Wirkungsmöglichkeiten des engagierten Dichters, sondern auch des erdichteten unheldischen Protagonisten. Die Mission der Schwäche bleibt unerfüllt. Die erhaltenen Fragmente berichten kaum noch von einer Einflußnahme Perrudjas auf die Absichten Griggs und Pujols, die sich zunehmend dubioser Mittel der Propaganda und Massenmobilisierung, des blinden Gehorsams ihrer wissenschaftlichen Schergen bedienen. – Vollends verdächtig und verwerflich mußte schließlich nach 1945 jeder Gedanke einer ›eugenischen‹ Menschheitserneuerung erscheinen, so unmißverständlich der Autor seine Hoffnung auf den unverbildeten Bastard von jedem Herrenmenschentum und NS-Rassismus abgegrenzt hat[43].

Jahnns Behauptung, Teile des »Perrudja 2«-Manuskripts seien verlorengegangen, läßt sich nicht überprüfen. An der Fortsetzung schreibt er schon vor der Publikation des ersten Teils. Keines der überlieferten Fragmente scheint nach 1933 entstanden zu sein; 1932 erscheint im »Berliner Tageblatt« das »Nacht-Gespräch« und in der »Revue d'Allemagne« die Übersetzung »Mission remplie«[44], beides Auszüge aus dem Kapitel »Aus der Steinwüste der Großstädte ziehen junge Menschen aufs Land«. Ansonsten fehlt jedes Indiz für eine exakte Datierung. In den »Gesprächen« versichert Jahnn: »Auch heute habe ich eigentlich nur noch den Wunsch, die Fortsetzung des ›Perrudja‹ fertig zu schreiben.«[45] Ende November 1933 hält er sich, wie angekündigt, in Marseille auf, »um die Atmosphäre für die ›Gespräche von Marseille‹ im zweiten Teil des ›Perrudja‹ und für diese Fortsetzung überhaupt zu bekommen«.[46] Dort verlieren sich die Spuren. Die Notizen, die er sich auf dieser Reise gemacht hat, haben keinen Niederschlag in den Texten gefunden, die uns heute zugänglich sind.[47]
Die Versuche, den »Perrudja« nach 1945 neu verlegen zu lassen, stehen im Schatten seiner Bemühungen um die Trilogie »Fluß ohne Ufer«. Die Liaison mit Willi Weismann mißglückt in den Wirren der Währungsreform und den generell unübersichtlichen Bedingungen für die Verlegung belletristischer Bücher in der Nachkriegszeit. Eine »Perrudja«-Ausgabe des Weismann-Verlages existiert jedoch, wenngleich nur in einigen seltenen Exemplaren: ein unveränderter Neudruck der Erstausgabe, der niemals in den Handel gelangte[48]. 1953 nimmt Jahnn Verhandlungen mit dem Rowohlt-Verlag auf, in der Hoffnung, sein Werk dort unterbringen zu können. Doch außer der Neufassung des »Neuen Lübecker Totentanzes« mit der Musik von Yngve Trede erscheint bei Rowohlt nur noch das Prosabändchen »13 nicht geheure Geschichten«, das ausschließlich Abschnitte aus »Perrudja« und »Fluß ohne Ufer« enthält. Vorgesehen sind ursprünglich mehr als diese dreizehn Geschichten. Der damalige Lektor Willi Wolfradt schickt Jahnn am 3.6.1953 eine Übersicht der vom Verlag gebilligten bzw. mit Vorbehalt akzeptierten Texte und wünscht »gewisse stilistische Reinigungen, die ja sowieso auch in anderen Fällen allen drei Begutachtern stellenweise recht erwünscht erschienen.«[49]

Am 22. Januar 1957 schließlich äußert Wolfradt sein Bedauern darüber, daß keine Möglichkeit bestehe, den »Perrudja« im Rahmen der Taschenbuchreihe herauszubringen, nicht zuletzt, weil »Teile des PERRUDJA identisch sind mit einigen Erzählungen, die wir... schon vor den Leser gebracht haben«. Der Brief vom 3.6.1953 läßt keinen Zweifel daran, daß die Textgestalt der »13 nicht geheuren Geschichten« nicht auf Jahnn zurückgeht, wie bereits Meyer in seiner Kommentierten Auswahlbibliographie andeutet[50]. Die Kürzungen, die in manchen Fällen als Verstümmelungen bezeichnet werden müssen, sind in den Varianten dieser Ausgabe nachzulesen. Getilgt wurde nicht nur vermeintlich Obszönes, sondern auch Passagen wie die über die Fehlgeburt der Frau in der »Geschichte der beiden Zwillinge« oder über die Zielsetzung des »Goldenen Siebensterns« in den »Marmaladenessern«.
Erst ein Jahr vor dem Tod des Dichters kommt 1958 eine Neuausgabe des Romans bei der Europäischen Verlagsanstalt zustande, deren Leiter Hans Riepl sich mit mehr Erfolg für Jahnns Werk einsetzt als Weismann.[51] Aus eigenem Antrieb unternimmt Jahnn eine Überarbeitung des »Perrudja« und verfaßt ein zusätzliches Vorwort, aus dem indes nicht hervorgeht, daß es sich um einen revidierten Text handelt. Am 11. Juni 1958 schreibt er an Herbert Jäger: »Gestern wurde ich mit der Durchsicht des ›Perrudja‹ fertig. Ich habe nichts verändert und nichts gestrichen. Einzig ein paar unklare Stellen verdeutlicht. Und hin und wieder Sätze, ohne ein Wort wegzunehmen, zum Fließen gebracht.«[52] Mit dem letzten Satz ist zweifellos die häufige Umstellung von Satzteilen gemeint, die neben stilistischen Verbesserungen (der »Verdeutlichung unklarer Stellen«) den größten Teil der Abweichungen ausmacht. Weitere Charakteristika der Überarbeitung werden in den editorischen Bemerkungen zu dieser Ausgabe benannt. Ergänzungen und Streichungen sind relativ selten. Als Beispiel dafür, wie stilistische Korrekturen auch eine inhaltliche Modifizierung mit sich bringen, sei hier nur die Ersetzung des Wortes »Existenz« einmal durch »Karakter«[53], ein andermal durch »Vorhandensein«[54] angeführt. Daß Jahnn auch Änderungen wie der von »selbst« in »selber« Bedeutung beimaß und dabei sogar die Uneinheitlichkeit des Gebrauchs beabsichtigte, geht aus einem

Brief an Riepl vom 2. Juli 1959 hervor, wo er im Zusammenhang mit den »Holzschiff«-Korrekturen auf diese Frage zu sprechen kommt.
Über mehr als 30 Jahre erstreckt sich seine Beschäftigung mit dem »Perrudja«, die bisher vorwiegend anhand des Briefwechsels rekonstruiert wurde. Die Handschriften des Romans verraten nur in Ausnahmefällen etwas über ihre Entstehungszeit; ihre genauere Betrachtung vermag indessen Aufschlüsse über die Entwicklung von Jahnns Darstellungstechnik und die Konstruktionsprinzipien des Werks zu geben.

II

Gleich zweimal – und mit konträren Vorzeichen – wird der »Perrudja« in Rezensionen der ersten Ausgabe als »verwilderter Roman« bezeichnet[55], in Anlehnung an Clemens Brentanos »Godwi«, der diesen Untertitel trägt. In Brentanos Roman wird ein geistvolles Vexierspiel mit dem Leser getrieben, indem sich fortwährend die Erzählebenen und -perspektiven verschieben, in scheinbar willkürlicher Folge Brief- und Tagebuchform, eingestreute Erzählungen und Reflexionen, Lieder und Gedichte einander ablösen. Und in der Tat bietet sich dem Leser des »Perrudja« ein zum Teil ähnliches Bild. »Die Geschichte des mehr schwachen als starken Menschen« wird oftmals unterbrochen durch Erzähleinschübe, die auf den ersten Blick in keinem Zusammenhang mit der Haupthandlung stehen, angereichert mit bruchstückhaften Versen, langen Katalogen von Orts-, Personen- und Suppennamen, mit »Erkenntnissen der Geschichte…, mit rührseligen Erzählungen und alltäglichen Märchen«[56], wie es der Autor in seiner »Inhaltsangabe« formuliert. Zuweilen muß sogar das Ausdrucksmittel Sprache dem der Musik weichen. Die verwirrende Vielfalt von Motiven und Erzählweisen hat dem »Godwi« wie dem »Perrudja« den Vorwurf der Formlosigkeit eingetragen. Unvermögen – Willkür – Fabulierlust sind denn auch die Orientierungsmarken der kritischen Skala, welche viele der damaligen Rezensenten an das Werk anlegen. So schreibt Paul Fechter, auf dessen »Peinlichkeiten« noch zurückzukommen ist: »Das Ganze ist derart verworren, daß selbst ein verhältnismäßig aufmerksamer Leser sich beim besten Willen durch das Wirrsal nicht hindurchfindet.« Aber auch jene Kritiker, die Jahnns Roman geradezu feiern, allen voran Wolfgang Koeppen und Klaus Mann, loben eher Einfallsreichtum und Sprachgewalt des Dichters denn die Konstruktion des Werkes. »... hier ist mehr Erleben und Gefühl als Technik und Bewußtheit, die aus ahnender Vision empfangenen Gedanken graben sich wie ein Pflug in die alte Sprache, und wie Schollen, schwer und keimig, voll Urgeruch, fallen gewendet die Worte in die Sätze. Aus denen gemauert werden: kleine Geschichten, große Geschichten, Fabeln, Gleichnisse, Legenden, Gebete, Schreie, Abschnitte, Kapitel, das Buch.«[57] Und Klaus Mann spricht von einem »orientalischen Zug« des »uferlosen, entgleitenden Fabulierens«.[58] Verdanken sich also die großen und kleinen Geschichten, wie auch die Gestalt des Romans im Ganzen, nur der Fabulierlaune des Autors, der Lust am freien Spiel der Phantasie, die zwar die tiefste Wurzel allen Erzählens ist, doch allein höchstens eine Zufallsform hervorbringen kann? So wäre der Vorwurf der Formlosigkeit gerechtfertigt, und der Leser hätte nicht mehr und nicht weniger als eine bunte Sammlung von Texten vor sich, gleichsam als freundliche Zugabe zur eigentlichen Handlung des Romans.

In seinem letzten Lebensjahr kommt Jahnn in einem Brief an den Schweizer Kritiker Ernst Nef auf diese Frage zu sprechen. »Die ›Geschichten‹, die Sie im ›Perrudja‹ finden, sind von Anfang an für den Roman bestimmt gewesen und zwar wurden sie geschrieben in der Reihenfolge in der der Roman abläuft. Es war also für mich nicht so, daß ich Teile des Werkes vorweg geschrieben habe, um sie dann hinterher auf gewisse oder ungewisse Weise zusammenzubasteln.«[59] Mit diesen Sätzen begegnet Jahnn dem unausgesprochenen Argwohn, er könne aufs Geratewohl disparate Teile seinem Roman einverleibt haben. Es wird sich zeigen, daß dieser für seine literarische Arbeitsweise wenig schmeichelhafte Verdacht ungerechtfertigt ist – aber auch, daß die Behauptung, mit der er ihn auszuräumen versucht, nicht zutrifft.

Die Parallelisierung von »Godwi« und »Perrudja« zielt auf die vermeintlich ›verwilderte‹ Konstruktion beider Werke. Häufiger und eingehender wird der »Perrudja« mit einem Roman verglichen, der ihm nicht nur zeitlich nähersteht: mit James Joyces 1922 publiziertem »Ulysses«, dessen deutsche Übersetzung durch Georg Goyert erstmals 1927 erschien. »Gleich dem Iren hat der Hamburger Orgelbauer versucht, seine sämtlichen Lebensinhalte, aber auch wirklich seine sämtlichen ohne Widerstände und Hemmungen in Worten umgesetzt von sich zu geben. Aber Joyce ist ein beinahe gesellschaftsfähiger und feiner Mann und vor allen Dingen ein Mann, gemessen an den schwächlich femininen Phantastereien der Literatenseele, die sich hier mit prinzipieller Schamlosigkeit enthüllt.« So Paul Fechter. Genüßlich wittert er Unrat, kann sich dabei gar noch mit seiner Aufgeschlossenheit brüsten, und seine Gegenüberstellung der beiden Romane besagt nichts anderes als: wenn schon Schweinereien, dann bitte stammtischreif. Derlei Verwechslung von Zensur und Kritik wäre heute nur noch lächerlich, wenn nicht zu guter Letzt der erregte Zensor deutlich machte, woher der Wind weht, in dem sein Verriß segelt, und sich als Vorbote der Bücherverbrennung zu erkennen gäbe: »Das Witzigste aber ist, daß sich angesichts einer solchen Literatur, angesichts der Tatsache, daß solche Dinge nicht nur geschrieben, sondern gedruckt und verbreitet, der Nation als Lebensäußerungen ihrer dichterischen Repräsentanten angehängt werden, – daß angesichts dieser Fakten naive Leute sich darüber wundern, wenn immer mehr Menschen sich zu den Parteien schlagen, die diesem Unfug ein Ende machen wollen.« – Während Fechter sich allein fürs angeblich Obszöne des Stoffes interessiert, machen andere Kritiker zu Recht auf die Verwandtschaft von »Perrudja« und »Ulysses« im Hinblick auf die Anwendung bestimmter neuer Darstellungsweisen aufmerksam. Was beide Romane gemein haben, ist die partielle Ausschaltung des Erzählers, die unvermittelte Wiedergabe von Eindrücken und Gedanken der Romanfigur: der innere Monolog. Lutz Weltmann erblickt darin einen Niederschlag psychoanalytischer Erkenntnisse und kommt zu dem Schluß: »Die Vertiefung der Wiedergabe unseres Innenlebens bedeutet für Hans Henny Jahnn seine Erlösung zur Kunst.« Er läßt auch keinen Zweifel daran, wen er für den Erlöser hält: »Joyce hat Jahnn zu sich selbst geführt.« Und Klaus Mann, dessen Besprechung auch Döblins »Berlin Alexanderplatz« behandelt, stellt

für die beiden wichtigsten Neuerscheinungen des Jahres 1929 fest: »– Es ist die gleiche Schule: der große Ire.« Auch für ihn ist ausgemacht, daß Jahnn Joyces Werk kennt und den entscheidenden Anstoß vom Ahnherrn der literarischen Avantgarde dieses Jahrhunderts empfangen hat, selbst von neuen Erzähltechniken Gebrauch zu machen. Doch was heißt neu? Für Joyce war der »annonciateur de la parole intérieure« Edouard Dujardin, und Jahnn hätte sehr wohl vor dem Erscheinen der »Ulysses«-Übersetzung bei deutschsprachigen Autoren wie Schnitzler oder Tucholsky Bekanntschaft mit der Darstellungsweise des inneren Monologes schließen können. Breon Mitchell hat den Nachweis erbracht, daß Jahnn tatsächlich bei Joyce gelernt hat.
Im Juli 1930 erscheint im »Kreis« Jahnns ebenso kurze wie begeisterte Rezension des »Ulysses«.[60] Sie bezieht sich auf die zweite, öffentliche Ausgabe von Goyerts Übersetzung, die im gleichen Jahr herausgekommen ist. Gelesen hat er den Roman schon lange zuvor. Am 18. Juni 1927 bestellt er bei der deutschen Geschäftsstelle des Rhein-Verlages ein Exemplar des für den Herbst angekündigten Privatdruckes. Noch heute finden sich in Jahnns Bornholmer Bibliothek diese Subskriptionsausgabe wie auch die zweibändige Ausgabe von 1930. Eine Ausgabe des englischen Originaltextes enthält sie nicht, und es ist unwahrscheinlich, daß der Rhein-Verlag Jahnns in dem obengenannten Brief geäußerter Bitte entsprochen hat, ihm »irgend eine« der raren englischen Ausgaben zu beschaffen. Er kennt also den »Ulysses«, als er am »Perrudja« arbeitet, und das Manuskript der Erstfassung läßt keinen Zweifel daran, daß er Joycesche Techniken erst benutzt, nachdem er ihn gelesen hat.
Eine detaillierte Beschreibung der Handschriften im Hamburger Nachlaß und in der Öffentlichen Bibliothek der Universität Basel würde den Rahmen dieses Nachworts sprengen. Sie können hier nur in groben Umrissen skizziert werden; wenige Beispiele müssen genügen, die Entwicklung anzudeuten, die von jener ersten Niederschrift zum Drucktext von 1929 führt. Abgesehen von einigen fragmentarischen Typoskripten und Korrekturfahnen fehlen leider alle Zwischenstufen. Die heute bekannten Manuskripte sind von dreierlei Art. Als Erstfassung kann lediglich die erste Kladde im Hamburger Nachlaß gelten,

in der auf den Titel[61] das bereits erwähnte Datum des 5. 12. 1922 folgt, sodann der in vielen Punkten von der Druckfassung abweichende Text des Romans bis etwa zur Mitte des Kapitels »Die Bergpolizei«. In dieser Fassung fehlt nicht nur jede Spur für eine Untergliederung in numerierte Abschnitte[62], sie läßt auch ganze Kapitel vermissen (»Sassanidischer König«, »Ein Knabe weint«). Auch die »Geschichte des Sklaven« fehlt noch. Von den Geschichten, die Perrudja in der Nacht ihres Wiedersehens Signe erzählt, ist die der beiden Zwillinge wie auch die vom Knaben und dem Leoparden hier bereits vorhanden; nur »Ragna und Nils« fehlt. Schon eine flüchtige Betrachtung der Handschrift führt also zu dem Schluß, daß Jahnn keineswegs, wie er in seinem Brief an Nef behauptet, die Geschichten »in der Reihenfolge in der der Roman abläuft« zu Papier gebracht hat. Die Tatsache, daß bereits in dieser Fassung die Szene zwischen Perrudja und Signe längere Erzähleinschübe enthält, und die Erwähnung des Khosro-Kapitels im Brief an den Ullstein-Verlag vom 22. Mai 1926 legen andererseits klar genug davon Zeugnis ab, daß die Geschichten keine nachträgliche Zutat sind, vielmehr vom Autor frühzeitig als integrale Bestandteile des Romans konzipiert wurden, wenn auch ihre Niederschrift teilweise in einen späteren Arbeitsabschnitt fällt. Es ist nur zu begreiflich, daß er ein derart kunstvoll aus verschiedenartigstem Quellenmaterial montiertes Kapitel wie »Sassanidischer König« nicht im gleichen Zuge schreibt wie die Geschichte des Waldbesitzers.
Ein weiteres Merkmal der Erstfassung ist der gänzliche Mangel an Passagen, die in der Form des inneren Monologes gehalten sind. Nirgends findet sich ein Hinweis auf Noteneinschübe, eine leitmotivische Verwendung einzelner Worte und Sätze ist nicht feststellbar; es fehlen die Wort- und Klangspielereien, die katalogartigen Listen, die Gedichtzitate: kurz, alle jene für den »Ulysses« wie für die Druckfassung des »Perrudja« typischen Stilmittel und Erzähltechniken. Im für den Druck mit VII numerierten Abschnitt[63] fehlen etwa die folgenden Partien: »Bauch ist rund und sehr stramm. Ganz verborgen zwei kleine Zitzen. Zukünftiges Euter.«; das sich anschließende lautmalerische »Lied« und die übrigen Phantasiewörter; »Weich wie Rotz...« bis »Kann es wiederholen bis die Hand erlahmt.«;

»Aufrechter Gang.« bis »... sich so sehr zu lieben.« und die Aufzählung der Sternbilder bzw. Tierkreiszeichen. Ergänzungen und Erweiterungen kennzeichnen auch sonst die endgültige Fassung. Nirgends greifen sie jedoch in den Gang der Handlung ein, wie er im Manuskript vorgebildet ist. Durchgängiges Prinzip dieser Ergänzungen ist vielmehr die sprachliche Variation, die assoziative Reihung, die direkte Wiedergabe von Wahrnehmungen, Gefühlen, Gedanken in der ersten, gelegentlich auch der zweiten Person. Wo in der Niederschrift außerhalb der direkten Rede die Ich-Form in Erscheinung tritt, meldet sich ausnahmslos der Erzähler zu Wort. Dort hebt zum Beispiel der Abschnitt XV[64] mit den folgenden Sätzen an:
»Eine andere Liebesangelegenheit muß ich noch erzählen, weil sie in den Zusammenhang der Geschichte Perrudjas gehört. Sie ist klein und alltäglich. Die heimliche Geliebte eines jungen Mannes war die Kuhmagd Lina. Sie roch auch in ihren Festkleidern nach dem Stall. So durften ihre Verehrer den Geruch der Pferde an sich haben oder den mehligen Schweißes. Lina war kaum zwanzig Jahre alt und schön. Sie besuchte die Versammlungen der ›Tungetaler‹ und der Heilsarmee. Trotz dieser Neigung war sie nicht fromm.«[65]
Den Vergleich eines längeren Abschnittes erlauben die Varianten des Vorabdruckes »Perrudjas Werbung« in dieser Ausgabe, der nur unwesentlich von der Handschrift abweicht[66]. Zwei weitere Kladden von etwas geringerem Umfang enthalten Teile einer deutlich späteren Niederschrift, ergänzen also nicht die obengenannte. Die erste dieser beiden Kladden befindet sich nicht im Hamburger Nachlaß Jahnns, sondern in demjenigen Walter Muschgs in der Öffentlichen Bibliothek der Universität Basel. Jahnn hat – neben anderen – dieses Manuskript dem Freund und Förderer geschenkt. Es beginnt im Kapitel »Der Zirkel« (S. 195), überschneidet sich also für 70 Druckseiten der vorliegenden Ausgabe mit der Erstfassung. Der Text dieser Kladde weist nun nicht allein eine dem Druck entsprechende Numerierung von Abschnitten auf, hier macht Jahnn auch Gebrauch von Joyceschen Techniken, von Leitmotiven (wenn auch nicht mit der gleichen Häufigkeit wie in der Druckfassung) und Katalogen (derjenige der Inselnamen etwa ist bereits rudimentär ausgeführt), er interpoliert Verse und

Zitate, und einige Noteneinschübe sind durch eine gestrichelte Linie markiert. Offensichtlich bezieht sich ein Teil dieser Niederschrift auf eine frühere – wahrscheinlich die erste – Fassung, denn vom Kapitel »Die Nebenbuhler« an bis zu den »Marmaladenessern«, die hier vollständig enthalten sind, ist sie in numerierten Abschnitten geschrieben, zwischen denen immer wieder kleine Lücken gegenüber der endgültigen Version auftreten. Aus Gründen der Ökonomie hat Jahnn anscheinend nur Ergänzungen und Korrekturen vermerkt. Einmal findet sich sogar eine reguläre Korrekturliste mit dem Vermerk »bis S. 105 oben korrigiert«. Korrekturen erfährt auch die Geschichte der Zwillinge, hinzu tritt nun die von Ragna und Nils. Als Beispiel für den Arbeitsprozeß, der zwischen der Erstfassung und dieser Kladde liegt, mag der Anfang des Gesprächs zwischen Signe und ihrer Schwester Anna dienen. Ist es in der ersten Niederschrift nahezu rein dialogisch notiert, so treten in der Baseler Kladde Sätze wie »begann Anne ihre Entgegnung auf die lästige Rede der Schwester« oder deskriptive Einschübe wie »Sie atmete schwer« hinzu, ferner die Liedzitate. In zahllosen Einzelheiten unterscheidet sich dieses Manuskript von der Erstfassung, wobei wiederum die Ergänzungen die Streichungen überwiegen. Deutlich geringfügiger sind die Unterschiede zum Druck, mit dem es insbesondere in der Textabfolge übereinstimmt. Es kann daher vermutet werden, daß diese Fassung einem Typoskript voranging, das als Druckvorlage dienen sollte und von Jahnn nur noch leicht überarbeitet wurde. Rückschlüsse auf die Entstehungszeit der Episoden läßt diese Handschrift leider nicht zu. Ihr liegen zwei lose Blätter (davon ein Briefbogen der Orgelfirma Kemper) mit dem Text S. 424 bis 426 bei, wo von Perrudjas Aufenthalt in dem »frommen Ort« und dem Bauern erzählt wird, den man des sexuellen Mißbrauchs seiner Stute bezichtigt. Er wird fortgesetzt mit der letzten Seite der Kladde, die Jahnn auch vom Ende her in der Folge verso – recto – verso beschrieben hat, bis auf S. 279 beide Niederschriften aufeinandertreffen.

Der Satz »Sie schüttelten dem Herrn und dem Freund die Hände« (S. 534) ist die Bruchstelle, an der die zweite im Hamburger Nachlaß aufbewahrte Kladde die Baseler unmittelbar fortsetzt. In dieser Kladde[67] endet nun überraschenderweise der Text des ersten Romanteils mit dem Kapitel »Abraham und Isaak«. Darauf folgen ein neuer Titel, »Perrudja. Roman, Zweites Buch« und drei Kapitel der Fortsetzung. Diese Tatsache läßt mehrere Schlußfolgerungen zu. Möglicherweise hatte Jahnn zuerst die Absicht, den ersten Teil mit dem Kapitel »Abraham und Isaak« zu beschließen. Auffallend ist die Ähnlichkeit der bedrohlich lakonischen letzten drei Sätze mit dem Schluß des »Holzschiffs«[68]. Auch unter formalen Aspekten erschiene es plausibel, daß der Autor noch in diesem späten Stadium nicht an »Das Hohelied des Gesetzes« dachte. Oder aber, dieses Kapitel ist schon vor bzw. neben der Fassung der beiden Kladden entstanden und sollte ohne größere Veränderungen für den Druck übernommen werden.

Jedenfalls ist das Schlußkapitel zu einem sehr späten Zeitpunkt geschrieben worden. Es gehört zur dritten Gruppe von Manuskripten, die auf losen Blättern Niederschriften einzelner Kapitel und Notizen umfaßt, und bietet keinen Hinweis für eine Datierung.[69] Überdeutlich verweisen jene Stellen, wo die schlaflos im Bett liegende Signe ihre Gedanken zu Perrudja und in längst versunkene historische Epochen schweifen läßt, auf ihr Vorbild: den großen, ohne jedes Satzzeichen dahinströmenden Schlußmonolog der Molly Bloom im »Ulysses«. Jahnn muß davon so beeindruckt gewesen sein, daß er den ursprünglichen Plan für den Abschluß des ersten Teils aufgegeben hat, um seine nach Oslo verbannte weibliche Hauptfigur noch einmal darzustellen. Ihre Gedankenfluchten sind Pinselstriche eines Selbstportraits, dessen Züge sie weicher erscheinen lassen als bisher, und ähnlicher dem ›schwachen‹ Perrudja, dem sie verfallen bleibt.

So verblüffend die Übereinstimmungen sind, so eng sind auch die Grenzen für einen Vergleich beider Romane zu ziehen. Stellt Joyce das Stimmengewirr der Großstadt Dublin in hunderten von Nuancen dar, so ist Jahnns Sprache aus einem Block gemeißelt. Sie besitzt archaische Qualitäten, ganz im Sinne seiner Auffassung des »Schöpfungsprinzips« als »Rhythmus und Variationsbedürfnis«[70]. Kurze Parataxen, Aufzählungen, Gleichordnung von Nebensätzen[71], die Vorherrschaft von Konkreta und anschaulichen, wenn auch mitunter ungewöhnlichen Adjektiven und Adverbien schaffen einen Stil von lapidarem Pathos und einer sinnlichen Präzision, die in der deutschen Literatur kein Seitenstück hat. Die Kehrseite einer derart ›monolithischen‹ Sprache ist ein Mangel an Differenzierung in der Ausdrucksweise der Romanfiguren, auf die schon Werner Helwig aufmerksam gemacht hat. In seinem Brief an Jahnn vom 4. August 1946 moniert der erfundene Kritiker »C.«: »Jahnn läßt viele Gestalten durch seine 2000 Seiten geistern, aber wenn sie zu sprechen anheben, öffnen sie alle einen Jahnnschen Mund. Sie sind alle, unterschiedslos, die Träger der einen, universal gestimmten Aussage dieses Mannes, sie kreisen alle um das Problem, an das er genagelt ist: das Fleisch und der Tod.«[72] Die gleichen Kennzeichen, die es dem Leser leicht machen, einen Text sofort als ›Jahnn‹ zu identifizieren, führen dazu, daß auch ein gründlicher Kenner seines Werkes schwerlich in der Lage sein dürfte, ein Stück Dialog aus der »Niederschrift« einem bestimmten Sprecher zuzuordnen, ohne sich auf inhaltliche Hinweise zu stützen. Für den »Perrudja« muß freilich Helwigs Bemerkung relativiert werden. Zwar sind auch hier der Protagonist, Signe, Hein, Pujol auf den gleichen Ton gestimmt; doch einige Nebenfiguren, beispielsweise der nur halb bäurische Georg Mattisen, verfügen durchaus über eigene Ausdrucksweisen. Vor allem aber ist es die virtuose Handhabung älterer Formen des Sprechens und Erzählens – des Märchens, der historischen Chronik, der religiösen Beschwörung –, was den Roman vor stilistischer Monotonie bewahrt. Bezeichnend ist hierbei, daß jenes Kapitel, dessen Funktion am wenigsten offenkundig ist, »Ein Knabe weint«, auch stilistisch für den Autor völlig untypisch ist[73].

Die beiden wörtlichen Zitate aus dem »Ulysses«, die Jahnn in sein Buch eingeschmuggelt hat, ergänzen die Reihe der Indizien, sind für sich genommen jedoch belanglos[74]. Entscheidend sind für ihn nicht die Thematik oder bestimmte Passagen bei Joyce[75], sondern dessen Technik. Eine Technik freilich, in der er weit mehr erblickt als nur ein literarisches Stilmittel: ein Erkenntnisinstrument, das der Tatsache Rechnung trägt, daß weder in der Literatur noch anderswo der Mensch länger als bekannt vorauszusetzen ist. Diese Auffassung Brechts macht er sich 1932 in seinem Essay »Aufgabe des Dichters in dieser Zeit« zitierend zu eigen. Darin versucht er, die Gemeinsamkeiten zwischen seinem eigenen Schaffen und dem von Joyce und Bernanos herauszustellen. »Die sinnlichen Eindrücke, die von außen kommen, werden nicht aufbewahrt, sondern durch vielfältige Filter geschickt. Sie werden nicht verdichtet, sie werden geschieden. Und dann gedeutet. Wobei das Verdeutlichen unvermeidbar wird. Das genaue Sehen, Riechen und Schmecken wird bis zu großer Gründlichkeit ausgebildet; und das mit den geschärften Sinnen Wahrgenommene wieder wird als Ausdruck einer nicht mehr an der Oberfläche liegenden Ursache genommen. Die Erkenntnis ist da, der Mensch handelt von mehreren getrennten Bewußtseinsebenen aus. Sein Wille hat zwar das Bestreben, immer nur Maximen von der Oberschicht her zu beziehen, die Organisation seiner Leiblichkeit aber durchstößt die Krusten der verschiedenen Ebenen, so daß seine Totalgestalt in viel höherem Maße als zugegeben Abbild seiner ganzen Tiefe wird. Von einem Helden im Sinne der Alten kann bei einer solchen Kenntnis und Betrachtung des Objektes nicht mehr die Rede sein.«[76] – Dies sind die experimentellen Bedingungen für einen Roman, dem es darum zu tun ist, die »Totalgestalt« des Menschen zu erfassen, ihn nicht mehr als Exempel philosophischer Abstraktionen zu beschreiben, sondern als von getrennten Ebenen aus handelndes und fühlendes Wesen, in der »Organisation seiner Leiblichkeit«, in seinen Ängsten, seinen Träumen, seinem Unbewußten. Damit wird auch die ›heroische‹ Romanfigur im weitesten Sinne, wie sie noch dem Entwicklungsroman zugrunde liegt, hinfällig, denn ihre erste Voraussetzung ist die Selbstgewißheit eines zwar im Konflikt bedrohten aber doch letzten Endes einheitlichen und autonomen Ichs.[77] Es ist nicht zuletzt das Unheldische und Alltägliche eines Protagonisten wie Leopold Bloom, was Jahnn am »Ulysses« fasziniert. Zur Durchführung des Experiments gehört, daß Perrudja eine Kaspar-Hauser-Existenz führt, daß er nichts über seine Herkunft und seine Kindheit weiß, daß er sich selbst fremd ist. Der Eine, der wie alle ist, bringt anfangs nicht mehr mit als seine natürliche Konstitution[78], seine Leiblichkeit und seine ›Süchte‹, wie Jahnn so treffend alle triebhaften Äußerungen nennt. Sie zwingen ihn, seine Isolation aufzugeben; erst in der Begegnung mit seinem Füllen, mit Hjalmar, Lina, Hein und Signe, und vor allem in der Konfrontation mit Bruchstükken der verschütteten Vergangenheit, entwickelt sich daraus der Umriß einer Gestalt, eines Ichs. Die Fortsetzung des Experiments macht es notwendig, daß Grigg und Pujol in Erscheinung treten, daß sich Perrudja unversehens als reichster und mächtigster Mann der Welt entpuppt. So muß er lernen, daß auch das bescheidene Dasein eines Waldbesitzers, den seine Mitmenschen ironisch ›König‹ nennen, verwoben ist mit den Plänen dieser Welt, daß auch dem Entscheidungen scheuenden Melancholiker nicht erspart bleibt, Verantwortung und Schuld auf sich zu laden. Bloom träumt vom Neuen Bloomusalem, vom Reich Gyntiana Peer Gynt[79] – für beide sind das mehr oder weniger harmlose Tagträume vom Schlage des »Si j'etais roi«. Perrudja aber ist – weil das experimentum mundi noch einmal vonstatten gehen, die Menschheit einer neuen Sintflut ausgesetzt werden soll – wirklich der »Sklavenhalter der hundertmillionen Menschen«. Diese utopische Komponente des Romans ist eine (anfechtbare) seiner Stärken; ihre dürftige Verbindung mit der Liebesgeschichte von Signe und Perrudja seine größte Schwäche. Wohl läßt sich Griggs Auftauchen als deus ex machina aus der Intention des Buches rechtfertigen – daß hingegen Signe schlicht vom Schauplatz der Ereignisse verbannt wird, um für die breite Ausgestaltung einer Erlösungsvision Raum zu schaffen, ist ein unbeholfenes Verfahren, welches dadurch nicht besser wird, daß sich Perrudja im zweiten Teil gänzlich seinem messianischen Auftrag entzieht und die Weltverbesserung dem Sekretär und seinen ahnungslosen Handlangern überläßt.

Ähnlich, zum Teil identisch ist die Methode von Joyce und Jahnn, verschieden der Gegenstand und das erzielte Ergebnis. Es sei dahingestellt, ob Jahnn mit seiner Vereinnahmung des »Ulysses« für sein eigenes ästhetisches Credo dem Werk des großen Iren gerecht wird, wenn er in seiner Besprechung schreibt: »Wichtig ist nur, daß in diesem Werk Form und Variantenbedürfnis, das ungeschminkte Schöpfungsprinzip ersehen, errochen, ertastet wird.«[80] Wichtig ist jedenfalls die Forderung nach genauer Sinnlichkeit, der beide Dichter jeweils auf ihre Weise entsprechen. Jahnn ist durch die Schule des Iren gegangen. Die Lektüre des »Ulysses« war eine Lektion, die ihn ermutigt hat, neue Wege des Erzählens einzuschlagen. Es ist der gleiche Weg, doch er tritt nicht in die Fußstapfen seines Vorgängers. Nicht anders als für Döblins »Berlin Alexanderplatz« war der »Ulysses« ein »guter Wind«[81] in den Segeln des »Perrudja«.

Es bleibt die Frage, ob und wie die in der ersten Fassung fehlenden Kapitel und Episoden mit dem Hauptstrang der Erzählung zusammenhängen, welche Aufgabe sie für die Komposition des Romans erfüllen. Bisher wurde aus der zweiten Gruppe von Handschriften lediglich das Schlußkapitel der endgültigen Fassung betrachtet. Diese Abteilung enthält außerdem die Erstfassungen von »Sassanidischer König«[82], »Ein Knabe weint«[83], »Alexander«[84], ferner zwei sich überschneidende Fragmente der »Geschichte des Sklaven«[85], die nicht in der dritten Kladde enthaltenen Partien des »Perrudja 2«[86] sowie Blätter und Zettel, auf denen Jahnn Notizen für den Roman festgehalten hat, unter anderem eine wohl nach einem Adreßbuch oder einer Firmenliste erstellte Aufzählung von Namen, die sich in der vorliegenden Ausgabe auf S. 589 findet, und die Liste der Suppen[87] (S. 52f.).

»Sassanidischer König«, »Die Geschichte des Sklaven«, »Ein Knabe weint«, »Die Geschichte der beiden Zwillinge«, »Ragna und Nils« und »Die Marmaladenesser« hat Jahnn selbst aus dem Roman herausgelöst und in den «13 nicht geheuren Geschichten« separat veröffentlicht. Als eingeschobene Erzählungen wären des weiteren zu bezeichnen die Geschichte der fünf Knaben, die des Dareios, »Der Zirkel«, und die vom Knaben und dem Leoparden. Vier Gruppen dieser Einschübe lassen sich mehr oder weniger klar unterscheiden. Die erste besteht aus Geschichten, die Perrudja liest oder erzählt, wodurch zumindest eine formale Verknüpfung mit dem Roman besteht. Dabei verschwimmen die Grenzen zwischen Ge- und Erfundenem. Erscheint die Geschichte des Sklaven zuerst unzweideutig als Lektüre Perrudjas, so heißt es später: »Diese Geschichte des Sklaven hat mein Hirn erdacht. Die Entscheide der Edelmütigen sind meine Dichtung.«[88] Eben dies Ineinandergleiten von Gelesenem und Gelebtem kennzeichnet auch die übrigen Binnenerzählungen dieser Gruppe. Lesend identifiziert sich der identitäts- und geschichtslose Nichtheld mit den Gestalten der Märchen und Liebesgeschichten, mit den Helden des Altertums. Seine Lektüre ist Selbstbegegnung. Die Suche nach einem Namen für sein Pferd liefert nur den vordergründigen Anlaß, sich mit Büchern über Dareios, Alexander und Khosro zu beschäftigen. Was ihn zum Lesen treibt, ist vielmehr sein »Bedürfnis nach Definitionen«.[89] Nacheinander versucht er Klarheit zu gewinnen aus den Schriften der Philosophen, der Geschichtsschreiber und der Dichter. Die Philosophie läßt ihn unbefriedigt, die grausamen Heroen einer »Zufallsgeschichte« stoßen ihn ab. Auch mit dem listigen Dareios, dem Begründer des persischen Weltreiches, kann seine Phantasie nur auf Augenblicke verschmelzen. Erst mit dem letzten Sassaniden, Khosro II., der glaubt, kein Schicksal zu haben, von dem gesagt wird, er sei kein Held, kann er sich wirklich identifizieren. In der Geschichte dieses reichen, schwachen, melancholischen Königs, seiner Geliebten und seiner Stute Shabdez, findet er nicht allein einen Namen für sein Pferd, sondern auch ein alter ego, dem er fortan in orientalischer Prachtentfaltung nacheifert. In zahllosen Einzelheiten verwebt Jahnn spätere Abschnitte des Romans mit diesem Kapitel[90]. Wie Perrudja flieht der vermeintlich Glückreiche vor der Last der Entscheidungen in sinnliche Genüsse und Träumereien, hier erklingt das Thema des Verzagten, der seine Geliebte verliert, weil er sich der Lüge bedient, um sie zu halten. Von einem Nebenbuhler, der sich schinden läßt, um die Geliebte vor dem Tod zu bewahren, erzählt dagegen die Geschichte des Sklaven. Die Demütigungen, die er erleiden muß, entsprechen denen, die Perrudja infolge seiner Krankheit widerfahren.[91] Versucht Perrudja derart, ein Stück eigener Geschichte zurückzugewinnen oder vorauszuahnen, so antwortet er umgekehrt auf Signes Bitte »Erzähle mir, was für ein Leben in dir ist« mit erdachten Geschichten. Es sind Parabeln ohne Lehre, Beispiele für die ›traurige Geschichte der Menschen‹, von Liebe und Verrat, erzählt von einem, der das Leben »nur undeutlich kennt«[92]. Selbstbegegnung war sein Lesen, Selbstdarstellung sind diese an die Umworbene gerichteten Erzählungen. Jochen Meyer hat in seinem Aufsatz »Der Romanheld als Leser und Geschichtenerzähler« diese Wechselwirkung ausführlich behandelt. »Nicht Abschweifungen vom eigentlichen Romangegenstand, von der Lebensgeschichte Perrudjas, sind jene Einschübe; sie sind vielmehr mit diesem Gegenstand identisch, fallen mit ihm zusammen. Der Mangel an äußerer ›Handlung‹ in der ersten Hälfte des Romans bis zur Werbung um Signe verursachte die Konzentration auf die innere Biographie Perrudjas. Dessen Innenwelt konkretisierte sich in erdachten, geträumten, irgendwo gelesenen und dann den eigenen Bedürfnissen angepaßten Geschichten. ... Die Geschichten, die er liest und in jener Nacht Signe erzählt, sind sein zweites Ich und Ursache der Halb-Menschlichkeit, der Zwitterhaftigkeit und Gespaltenheit, deren er sich bezichtigt. Wie sich der Sklave mit seiner Geschichte seinem neuen Herrn ausliefert, so überantwortet sich Perrudja durch seine Geschichten der umworbenen Signe.«[93] Meyer zeigt auch, wie am Ende des Romans Signe, die es einst ablehnte zu lesen und erklärte, »alle Geschichten seien arm«[94], lesend und anteilnehmend an den Erzählungen Ragnvalds oder des Clowns sich dem schwachen, in Phantasien flüchtenden Perrudja annähert.

Unter den Geschichten, die Perrudja Signe erzählt, nimmt die vom Knaben und dem Leoparden eine Zwischenstellung ein. Von ihr darf angenommen werden, daß es sich nicht um eine Erfindung, sondern um eine Kindheitserinnerung Perrudjas handelt, auch wenn sie nirgends als solche ausgewiesen wird. Sie ist zumindest eine des Autors, der sie in der »Niederschrift« nochmals verarbeitet hat[95]. Eine Erinnerung des Protagonisten aus der Zeit seiner Pubertät ist erklärtermaßen das Kapitel »Der Zirkel«, das ein Jahr verdrängter Vergangenheit heraufbeschwört, seine ersten erotischen Erfahrungen, seine erste Verstrickung in Schuld. Erst mit seinem Bekenntnis zu diesem aus seiner Erinnerung »herausgeschnittenen« Jahr, mit seinen Sehnsüchten und »Sünden«, wird er reif für die Wiederbegegnung mit Signe. Dieses Kapitel und – mit Einschränkungen – die Leoparden-Episode gehören zur zweiten der obengenannten Gruppen; in beiden Fällen ist die Beziehung zur Haupthandlung ohne weiteres einsichtig.

In keine dieser Gruppen fällt »Ein Knabe weint«. Wohl ließe sich auch in dieser Parabelerzählung eine Reminiszenz Perrudjas erblicken, doch bliebe dann erst recht rätselhaft, aus welchem Grund Jahnn sie so vollständig isoliert hat. Auch der Schauplatz Oslo spricht gegen diese Annahme. Weder Zeitnoch Erzählebene lassen sich bestimmen, und auch der Inhalt des Kapitels ist nur schwer auf den Handlungsrahmen zu beziehen, in dem es steht. »Ein Orchestrion wird der Anlaß zum Sturz durch die Welten.«[96] Diesen Sturz erlebt der Knabe, der versucht, angesichts der gesetzmäßigen Funktionen des Apparates dessen Geheimnis zu ergründen, indem er Parallelen zum Aufbau des menschlichen Körpers zieht. Verstört, trostlos, von den Passanten ob seiner Tränen verspottet, doch um eine Ahnung reicher, verläßt er den Jahrmarkt. Was er erlebt hat, ist eine Art Epiphanie, ein jäher und kaum zu verarbeitender Einblick ins harmonikale Gefüge der Welt. Die Totalität einer solchen Erfahrung ist unvermittelbar – für den schluchzenden Knaben wie für den Autor, der hier mit äußerster Distanz im Gleichnis das uralte Thema der Harmonie von Mikro- und Makrokosmos zur Sprache bringt.[97]

Ähnlich abgekapselt scheinen »Die Marmaladenesser«. Dieses Kapitel gibt indes weniger Rätsel auf. Ort der Handlung ist wiederum Oslo, und keine der auftretenden Gestalten erscheint an anderer Stelle im Roman[98]. Eine in die Manuskripte des »Perrudja 2« eingelegte Notiz verrät jedoch, daß Jahnn die Absicht hatte, »Die Marmaladenesser« mit der Haupthandlung zu verknüpfen[99]. Auch in diesem Fall läßt sich die Zeitebene nicht genau bestimmen. Ganz gleich, ob man darin einen Vorgriff oder eine Parallelhandlung sehen will, ist doch die Intention des Kapitels klar genug zu erkennen: hier wird – noch vor der Rede des Franzosen – der Streit um die utopischen Ziele des »Goldenen Siebensterns« ausgetragen; sie werden konfrontiert mit den Ansichten des jungen Kommunisten Harald und des egoistischen Genußmenschen (und mutmaßlichen Sympathisanten der ›Liga gesinnungstreuer Europäer‹) Eilif Borg. Doch nicht als abstrakte Debatte, sondern als »Satyrkomödie«[100] voller erotischer Verstrickungen bringt Jahnn diesen Zwist zur Darstellung.

Wie die Stimmen einer polyphonen Komposition ergänzen, vermischen, kontrastieren die verschiedenen Erzähleinschübe das Grundthema des Romans. Henry Smith hat in seiner Untersuchung des Kapitels »Sassanidischer König« gezeigt, daß Jahnn nicht erst im »Fluß ohne Ufer« den Versuch unternimmt, im Aufbau des Romans musikalische Strukturen nachzuahmen, aber auch auf die Grenzen jeglicher Analogisierung von Literatur und Musik hingewiesen.[101] Was er für die kunstvolle Verflechtung der Darstellungsebenen in einem einzigen Kapitel als Strukturierungsprinzip herausgestellt hat, gilt auch für die ganze Konstruktion des Romans. Die merkwürdige Akkumulation der Kapitelüberschriften versucht, das bloße Nacheinander der einzelnen Stimmen zu überwinden und im Fortgang der Erzählung alles Bisherige mitklingen zu lassen. Nur in der Verschmelzung der analytischen Erzählweise, die den Menschen nicht mehr als bekannt voraussetzt, zum Unbewußten vordringt, zum Zersplitterten und Nichtidentischen, mit der kompositorischen kann der Entwurf der »Totalgestalt« und ein Werk wie der »Perrudja« – seinem Fragmentcharakter zum Trotz – gelingen.[102]

III

Thematisch knüpft der »Perrudja« in vielem an ein Jugendwerk an, das Jahnn größtenteils in Norwegen verfaßt hat: das Romanfragment »Ugrino und Ingrabanien«[103]. Zu eben der Zeit, da er an der Fortsetzung des »Perrudja« schreibt, nimmt er es wieder hervor; am 16. Juli 1932 wird in der »Hamburger Illustrierten« eine überarbeitete Version der ersten Seiten abgedruckt. Sie trägt den Titel »Litanei aus ›Der Mann, den nach 24 Stunden das Erinnern verläßt‹«[104]. Leitmotivisch kehren diese Worte im »Perrudja« wieder. Auch die Eingangspassagen beider Romane weisen eine erstaunliche Ähnlichkeit auf und erfüllen die gleiche Funktion einer zusätzlichen Fiktionalisierung der folgenden Erzählung. Sie sind prologartige Gebilde, schillern undeutlich zwischen Tagtraum und Erinnerung und lassen sich kaum einer bestimmten Zeit- oder Erzählebene zuordnen[105]. Wie Perrudja anfangs in einen solchen Tagtraum gleitet, der schattenhaft die späteren Ereignisse des Romans und die Wandlungen des Nichthelden vorwegnimmt, so schweift die Phantasie des namenlosen Ichs zum fernen Inselreich Ugrino und Ingrabanien; seine Vision verselbständigt sich und wird bis zum Abbruch des Fragments nicht mehr zur Ausgangssituation zurückgeführt.[106] Bereits hier begegnet man der eigentümlichen Verschränkung von Erinnerung und Antizipation, vom Kampf um die Rekonstruktion der verschütteten, verdrängten Vergangenheit mit einem utopischen Entwurf. Vermutlich ist dies die Keimzelle des Gedankens einer »Inversion der Zeit«, den Jahnn zur Grundlage einiger rätselhafter Begebenheiten im »Fluß ohne Ufer« erklärt[107]. Der aufs äußerste gespannten Beziehung der Zeitebenen korrespondiert die zweier psychischer Wirklichkeiten, Wunsch und Reminiszenz. In beiden Romanen findet diese Spannung keine Auflösung, die Utopie wird überholt von der unbewältigten Vergangenheit und scheitert schließlich daran, daß die jeweiligen Hauptgestalten ihr verdrängtes Vorleben nicht zurückgewinnen, noch weniger sich mit ihm aussöhnen können. – Wie Perrudja weiß der Namenlose in »Ugrino und Ingrabanien« nichts über seine Herkunft, doch sein Erinnerungsverlust beschränkt sich nicht auf die Kindheit. Nach 24 Stunden hat er vergessen, er ist und bleibt sich bis zuletzt fremd. Weit mehr als Perrudja ist er ein Nichtheld, ein von Ängsten und vagen Schuldgefühlen Getriebener, und am Ende hält auch er sich für einen Mörder. Im Traum bzw. in der Erinnerung gelangt er nach zwei seltsamen Überfahrten zur Insel Ugrino, die ausschließlich von leidenschaftlichen, ganz der Kunst und der Liebe ergebenen Menschen meist jugendlichen Alters bevölkert ist. Hier wird er, der anscheinend auf der Insel einst das Amt eines Oberbaumeisters bekleidet hat, als langersehnter Vollender seines Werkes willkommen geheißen. Und schon vorher, während der ersten Überfahrt, sind ihm die Mitreisenden mit einer Ehrfurcht begegnet, wie sie nur einem Propheten gelten kann. Er ist ein Jonas auf der Flucht vor seiner Mission, ein vom Zweifel an jedweder Erlösung zerfressener Messias. Da er auch auf der Insel nicht den wiederfindet, den er verlassen zu haben glaubt – den Geliebten, die Mutter, Gott –, mißlingt seine Integration in das Leben auf den glückseligen Inseln; sein eigenes Werk, seine eigene Phantasie treten ihm fremd und bedrohlich entgegen. Die letzten Seiten des Fragments berichten von seinem Gang zur Nachbarinsel Ingrabanien. Dort liegt der Tempelbezirk der Gemeinschaft, dort erhofft er sich die Begegnung mit demjenigen, von dem er gegangen ist – und der nun Engidu heißt. Erstmals erklingt hier die Klage Gilgameschs, die fürderhin ein ostinates Thema in Jahnns Werk bleiben wird.[108] Verzweifelt trachtet der Namenlose endlich danach, von der Insel zu fliehen, auf der er sich von Anfang an eher als Verbannter denn als ins Gelobte Land Zurückgekehrter empfunden hat.

»Ugrino und Ingrabanien« ist das wichtigste literarische Zeugnis von Jahnns Auseinandersetzung mit der Rolle des Vates, des Dichter-Priesters, des messianischen Künstlers. Als solcher empfindet er sich selbst in den Jahren vor der ersten Emigration und schreckt dabei auch vor den hybridesten Identifikationen nicht zurück. Sein Schreiben ist – einschließlich der ersten gedruckten Dramen – Predigen, und im Kontext dieses Selbstverständnisses ist es nur konsequent, wenn er in dem Sommer 1913 abgeschlossenen Drama »Jesus Christus« diesen als lautespielenden Dichter auftreten läßt. Seine Hinwendung zu einer realistischeren Auffassung vom Auftrag des Künstlers geht anfangs einher mit seiner Ablösung vom fanatischen Christentum während der Pubertät. Der »Pastor Ephraim Magnus« zieht bekenntnishaft das Fazit aus der Kritik des christlichen Erlösungsdogmas. Dessen Verwerfung impliziert die Absage an das Opfer und die Leibfeindlichkeit. Gerade in diesem Punkt erliegen jedoch auch aufgeklärte und wohlmeinende Jahnn-Interpreten immer wieder einem Mißverständnis, bedingt durch das skandalöse Beharren auf dem Skandalon des Todes und der Darstellung von Opferhandlungen. Sie sehen in Jahnn einen Prediger von Ritualen, die er lediglich zitiert. Hätte er eine Lehre zu vermitteln, so wäre es die von der Vergeblichkeit des Opfers, von der Sinnlosigkeit der Qual und Mißachtung des Leibes. So sind die folgenden Sätze aus »Ugrino und Ingrabanien« der Schlüssel zum Verständnis der Grausamkeiten im »Pastor Ephraim Magnus«: »Das Dogma vom Mysterium der Qual hat sich verkrochen, es ist nur Qual geblieben vor diesem Anlaß, ungeordnete, frische.«[109] Und im »Perrudja« heißt es unmißverständlich über Hein, der auf den »Schleichwegen des Opferbereiten⟨s⟩« pirscht: »Das war so ehrlich und so verlogen, wie alle ähnlichen und unähnlichen Anfälle, die auf Selbstvernichtung abzielen. ... Und das Sichhinopfern schmeckte durchaus nicht gut. Und der Gedanke war schief und nutzlos und unfruchtbar.«[110] Jahnn kündigt die Stellvertre-

tung des Opfers. Unabhängig davon bleibt für ihn die Wunde Eröffnung des Körpers zu seiner Erfahrbarkeit.
Die Idee eines Refugiums für Kunst und Künstler, eines kultzentrierten Gemeinwesens, dessen Leben sich in allen Äußerungen auf die ›Elemente des menschlichen Leibes‹ bezieht, ist älter als das eben skizzierte Romanfragment. Schon in den frühen Tagebüchern träumt Jahnn von einer »Fahrt ins heilige Land«[111], die ihn und eine kleine Freundesschar der Bevormundung der Eltern und der Trivialität des Schulalltags entrückt. Daraus entwickelt sich die Vorstellung des Schlosses Ugrino, das vor langer Zeit im Meer versunken ist und das es nun wiederzufinden gilt.[112] Der Name Ugrino erscheint erstmals in dem 1913/14 entstandenen Stück »Du und Ich«, und so heißt auch das Schloß auf einer Insel, das die neuromantische Kulisse bildet für das erste im norwegischen Exil geschriebene Drama »Die Mauer«. Stets ist das »heilige Land« eine Insel – anders als der Ausgangspunkt für die Menschheitserneuerung im »Perrudja« jedoch in nördlichen Gefilden. Jahnn greift einen Topos auf, der seit Bacons »Nova Atlantis« zum Arsenal der literarischen Utopie gehört. Technische Neuerungen, die das Bild der Utopien im 18. und 19. Jahrhundert prägen, spielen vor dem »Perrudja« für ihn keine Rolle, und wenn es ein zeitliches Korrelat der geographischen Entrückung gibt, so weist es in diesen frühen Versuchen eher in ein mißverstandenes Mittelalter denn in die Zukunft. – Schwankend ist darin die Auffassung, ob die ideale Gemeinschaft jenseits materieller Not und wilhelminischer Sexualmoral erst zu gründen ist oder nur neu entdeckt werden muß; wechselnd auch ihr Charakter als private Fluchtburg zur Austragung von (autobiographisch gefärbten) Liebeshändeln, andererseits als gesellschaftlicher Entwurf, der sich als realisierbare Alternative zur entsinnlichten, bigotten und autoritätsgläubigen Welt der Väter versteht. Es bleibt nicht beim Gedankenspiel; die ›Fluchtversuche‹, die Jahnn und Harms zusammen unternehmen, werden getragen von dieser Hoffnung auf ein ihren Sehnsüchten gemäßeres Dasein. Intendiert ist stets, was im »Perrudja« fast ironisch als Überschrift eines Kapitels erscheint: neue Lebenspraxis. Die Flucht gelingt erst mit der Emigration nach Norwegen; und noch an Bord des ›Kong Sigurd‹ notiert Jahnn: »... wir müssen unser Land

suchen und das Schloß Ugrino dazu.«[113] Mit vielen Zweifeln und Zurücknahmen hält Jahnn am gesellschaftlichen Wirkungsanspruch der Kunst fest. In den zwanziger Jahren vertraut er darin noch einer Re-Auratisierung des Kunstwerks, der Wiederherstellung eines kultischen Bezugssystems, dessen letzter Zweck die Besinnung auf die Leiblichkeit ist. Zentraler Begriff solcher Sakralästhetik ist die ›Gebärde‹.

1920 tritt Jahnn aus der evangelisch-lutherischen Kirche aus; im gleichen Jahr gründet er die »Glaubensgemeinde Ugrino«. Was bisher private Schwärmerei, literarische Fiktion und Reißbrettarchitektur war, soll Wirklichkeit werden. »Die Glaubensgemeinde Ugrino... ist eine Religionsgemeinschaft und bezweckt das Wecken einer letzte Konsequenzen umfassenden Gewissenhaftigkeit jedes einzelnen seiner Lebensführung, Lebensgestaltung und Lebensarbeit gegenüber und das Schaffen von Dingen, an die ein Wille zu solcher Gewissenhaftigkeit sich zu wenden vermag, um Gefühlsklarheit und Kraft zu gewinnen.«[114] So heißt es in der »Verfassung« der Glaubensgemeinde, deren Mitglieder in schöpferische »Wissende« und bloß fördernde »Willige« aufgeteilt sind. Bedeutsamer als die pedantisch festgehaltenen hierarchischen Organisationsprinzipien der Gemeinde ist ihr ästhetischer Kanon. Kanonische Geltung haben die Musik der vorbachschen Meister, die romanische und mehr noch die ägyptische Architektur, in der bildenden Kunst Michelangelo, Rembrandt und Giorgione. Dies ist die Tradition, in der sich Jahnn verstanden wissen will und zum Teil auch verstehen läßt. Ein literarisches Erbe[115] kann er nicht gleichermaßen für sich reklamieren; die großen Beispiele dieser Gattung fehlen im Kanon. – Die Glaubensgemeinde soll eine eigene Gerichtsbarkeit besitzen, eigene Schulen, Ländereien, die ihre wirtschaftliche Unabhängigkeit garantieren; ihre erste und vornehmste Aufgabe ist die Errichtung von Kultbauten. Mit der Unterstützung von Lorenz Jürgensen und Ernst Eggers wird zu diesem Zweck ein großes Heidegrundstück gekauft; Jahnn versucht allenthalben, als ›Reisender in Sachen Ugrino‹ Mitglieder und Geldmittel zu gewinnen. Die Bauten kommen nicht zustande, die »Kleinen Veröffentlichungen« der Glaubensgemeinde stellen schon nach einem Jahr ihr Erscheinen ein, und 1925 zerschellt der Traum an den Mißhelligkeiten im Triumvirat der »Oberleitung« (Jahnn, Harms, Franz Buse) und finanziellen Schwierigkeiten. »Klecken ist die interessanteste und die schlimmste Zeit meines Lebens. Ich habe ein Vermögen verwüstet mit dem unbedingten Ziel vor Augen, etwas zu erreichen, einmal mehr als nur Worte zu schaffen. Und der Versuch ist mir zu hundert Prozent vorbeigelungen, der ganze große Lebensabschnitt ist für mich verloren. Es ging um Ugrino. Ich wollte, daß es Realität werde. ... Es war der nüchterne Versuch, auf Biegen und Brechen ein neues Weltbild in die Wirklichkeit einzubauen. So etwas tut man nur einmal. Wenn man damit scheitert, erholt man sich von der Niederlage nicht mehr. Was damals geschah, habe ich bis heute nicht verarbeitet.«[116] – Es würde zu weit führen, die Wurzeln des Ugrino-Gedankens in der Tradition der mittelalterlichen Bauhütte einerseits, andererseits in der Ideologie der deutschen Jugendbewegung nachzuzeichnen. Hinweise müssen genügen. Der große Einzelgänger Jahnn steht durchaus im Strom seiner Zeit und damit in einer Kult-Konkurrenz zum expressionistischen Gemeinschaftspathos, zum religiösen Sozialismus, zu Hillers Aktivismus, zu den architektonischen Utopien eines Scheerbart und Taut, und nicht zuletzt zum handwerklichen Ethos des Bauhauses.

›Nüchtern‹ kann man Jahnns Versuch wahrlich nicht nennen, »auf Biegen und Brechen« in der Wirklichkeit der Weimarer Republik ein heidnisch-leibbezogenes Weltbild zu installieren. Dessen Scheitern hat er sehr wohl verarbeitet, und zumindest für seine weitere literarische Entwicklung war dieser Lebensabschnitt keineswegs verloren. Der »Perrudja« ist unter anderem ein Nekrolog auf die Idee Ugrinos. Zum letzten Mal greift Jahnn die Vorstellung eines gigantischen Tempels auf, eines Friedensmonumentes, das die Erinnerung an die kriegerische Vergeudung von Menschenleben und schöpferischer Energie wachhalten soll. Aber das einigende Symbol ist zum Zitat geronnen. »Die Steine müssen den Menschen predigen... Und all die Kulturen, die Europa gefressen, würden ein Denkmal finden können. ... Doch das Urteil wird nicht gesprochen werden. Den Tempel werden die leidenden Millionen nicht errichten.«[117] Mit Pujol zieht der Autor die Bilanz aus der Geschichte des christlich-imperialistischen Europa und der

Vergeblichkeit aller bisherigen Revolutionen: »Reformieren läßt sich die Menschheit nicht.«[118] Die Umkehr soll nicht länger gepredigt, sie soll erzwungen werden mit allen Mitteln der Intrige und der politischen Erpressung, die dem riesenhaften Trust zu Gebote stehen, als dessen Herr sich Perrudja herausstellt. Aber dies ist nur ein Vorspiel jenes letzten Schrittes, eines Weltkrieges, der die Sintflut wiederholen soll. Übrig bleiben nach den Plänen des Franzosen nur sorgfältig ausgewählte, gesunde und unverbildete Jugendliche aller Rassen und Nationen. Mit ihrer ›Lendenkraft‹ soll die neue Menschheit gezüchtet werden, deren Typus der seiner Leiblichkeit und seiner Stellung in der Schöpfung bewußte Bastard ist. Hier findet die allgemeine Virulenz von Züchtungs-Utopien in den Jahren vor 1933 ihren Niederschlag. Doch mit Gottfried Benns Träumereien von »Gehirnen mit Eckzähnen«[119], mit faustisch-nordischem Machtfieber hat Jahnns Roman nicht das geringste zu tun. »Sie dürfen keine Herren sein. Lebende müssen sie sein«[120], heißt es von der kommenden Rasse. Die Zielutopie des »Perrudja« ist eine radikale pazifistische Diesseitigkeit und steht somit in diametralem Gegensatz zu Benns »militanter Transzendenz«[121]. Folglich versteht Jahnn den faschistischen Rassenmythos »als Ausdruck der biologischen Minderwertigkeit, als Geschrei eines verunglückten Gesindels.«[122]
Seine Zivilisationskritik ist emotional, ihrem Wesen nach antiintellektualistisch (darin berührt er sich mit Benn) und religiös. Nicht auf einen persönlichen Gott ist diese Religion gerichtet, sie fordert vielmehr eine Besinnung auf die elementaren Gesetze des Daseins im Fleische. Jahnn verkündet indes keine naive Leibfrömmigkeit, sondern reflektiert die kulturell durchgesetzte Verdinglichung des Leibes zum entfremdeten, verstummten Körper. Seine Hoffnung aber ist, daß sich dieser Prozeß umkehren läßt, dessen Paradigma er in der Entsinnlichung von Kunst und Religion durch die Gotik erblickt. So ist denn auch die im »Perrudja« entwickelte Utopie keine, die die Geschichte zu ihrem immanenten Ziel führt – sie bezweckt im Gegenteil ihre gänzliche Auslöschung[123]. Jahnns Denken ist unhistorisch. Die Geschichte gilt ihm als »das große Buch der Fälschungen«[124], ein unordentliches Kabinett von Grausamkeiten und Beispielen anthropozentrischer Überheblichkeit. Dem-

entsprechend kann es ihm nicht ernstlich darum gehen, noch eine »Theorie des Kapitalismus« darzubieten; die gleichnamige Überschrift eines winzigen Kapitels läßt sich nur als Ironie verstehen. Wenn überhaupt der Roman eine solche Theorie enthält, so findet sie sich im achtzehnten Abschnitt, wo Perrudja seine ersten Erfahrungen mit der »Zahl der Menschen« macht, die ihm in Gestalt der Handwerker bei der Errichtung seiner ›Burg‹ entgegentritt. Hier werden, lange vor der Rede des Franzosen, die Fetische des technischen Fortschritts und der blinden Unterjochung der Natur angegriffen. »Es ist alles vergeudet: die Dinge, die Tiere, die Menschen. Es steht unbegreiflich einsam neben dem Zweibein sein Werk. Das er nicht nutzen, nicht genießen kann. Das ihn nicht glücklich macht, ihn versklavt. In dem er die Welt verbrennt, die Landschaft zerstört. ... Sie tragen herauf die Dinge, aus denen sie schaffend eine neue Welt fabulieren. Eine Welt voller Wunder, die flügellahm. Die niemals am Ende ist, niemals vor einer Vollkommenheit stillsteht und tief atmet vor dem Erreichten. Jedes Halt muß gesprengt werden. Sind sie hoch gedrungen, höher muß es gehen. Sind sie tief gefahren, tiefer müssen sie stechen. Sind sie schnell geeilt, schneller muß es sie tragen. Sie können nicht länger denken, nicht länger wünschen, daß etwas von Dauer wäre. Sie klammern sich nicht an das Dauernde, das in Wahrheit ihre einzige Hoffnung sein könnte. ... Nur Flammen des Vergänglichen blaken als Handlungen über ihrer Tätigkeit. ... Und werden sich ärmer fühlen, weil das Verborgene ihnen verschlossen bleibt, auch in der engen und bekannten Erde. Die sie übervölkern; keine Wüste mehr leer von ihnen. Oder werden verkümmern, sich hinausstürzen in den Weltenraum, aussterben an den Giften, die sie in großen Retorten abdestillieren.«[125] Das Fazit dieser Perspektiven ist nicht Maschinenstürmerei oder ein neuer Rousseauismus – Jahnn weiß genau, daß es keine Natur mehr jenseits der vom Menschen zugerichteten gibt –, sondern ein Appell an die Verantwortlichkeit jedes einzelnen seinen Mitgeschöpfen wie dem von ihm Geschaffenen gegenüber.[126] Die Zielsetzungen Griggs, Pujols und des »Goldenen Siebensterns« setzen nicht einfach das Programm der Glaubensgemeinde und die frühen utopischen Entwürfe fort, von denen sie sich erstens durch die Thematisierung der

Machtfrage, zweitens durch die Skepsis gegen die Erwekkungs- und Erneuerungspotenz einer aus dem 19. Jahrhundert herübergeretteten Kunst-Religion unterscheiden. Diese Wandlung kommt unter anderem darin zum Ausdruck, daß die Idee des Tempels für die Gattung Mensch von vornherein als illusionär verworfen wird. Der »Goldene Siebenstern« ist gedacht als soziale Bewegung, als Kampfverband, nicht mehr als ruhige Enklave in der kapitalistischen Wirklichkeit. Seine Ziele sind global, doch konkret. – Alles deutet darauf hin, daß Jahnn den entscheidenden Schritt zum bewußten gesellschaftlichen Engagement, zur Wahrnehmung von Klasseninteressen und -konflikten erst Mitte der zwanziger Jahre vollzieht.[127] Es ist ein Schritt, der ihn kommunistischen Auffassungen näher bringt. Schlußpunkt dieser Entwicklung ist das Drama »Straßenecke«, ganz ähnlich, wie es für die Loslösung vom Christentum der »Pastor Ephraim Magnus« war. Kaum nötig zu sagen, daß für einen Menschen wie Jahnn aus dieser Sympathie keine Aneignung materialistischer Dialektik resultiert, sondern ein Sozialismus des Herzens, den er in einem 1927 geschriebenen Artikel bekennt: »Ich glaube an einen Triumph des Kommunismus. Ich glaube an seinen Untergang oder seine Wandlung durch Privatgefühle – wenn er nicht durch die große Rassenumwälzung von Osten her erledigt wird.«[128] Geradeso fürchtet im Roman Grigg nicht »die Umgestaltung des Weltbildes durch die Kräfte des Kommunismus«[129], sondern daß sie zu spät kommt. Nur auf diesem Hintergrund konnten »Die Marmaladenesser« geschrieben werden. Doch die lauteren Ziele der kapitalkräftigen Revolutionäre im »Perrudja« ersticken in der Anpassung an die Spielregeln des Gegners. Die Sintflut von Menschenhand muß sich gerade der Mittel bedienen, die Perrudja einst angeprangert hat; auch über diese Umwälzung entscheiden zuletzt die höher entwickelte Technik, die besseren Waffen, die skrupellosere Verführung der Massen. Für den Nichthelden zerbricht die Utopie an seiner Unfähigkeit, eine Identität zu gewinnen, für Grigg und Pujol an der Verfälschung des Ideals durch die unausweichliche Eigenlogik der Macht.

So ist der »Perrudja« auch eine Aufarbeitung der Vergangenheit seines Autors, eines über ein Jahrzehnt verfolgten Traumes, ein Gedankenspiel, das aus den Trümmern Ugrinos noch einmal und mit verändertem Bewußtsein das Gebäude einer herrschaftslosen, friedlichen, sinnlichen Welt zusammenfügen will. Danach spielt die soziale Utopie in Jahnns Werk keine Rolle mehr. Ganz privat geht der Traum vom abgeschiedenen Inseldasein – trotz mancher Widrigkeiten – für ihn in Erfüllung, als er sich 1934 nach Bornholm zurückzieht und auf seinem Hof Bondegaard neben dem Schreiben der Pferdezucht und der Landwirtschaft widmen kann.

Die Spuren, die das Scheitern der »Glaubensgemeinde Ugrino« hinterlassen hat, sind nicht der einzige autobiographische Aspekt, unter dem sich der Roman betrachten läßt. Nirgends ist es bei Jahnn möglich, Existenz und literarische Arbeit zu trennen: stets zieht sein Schreiben Konsequenzen in der Lebensführung nach sich; mit gleicher Regelmäßigkeit wird die eigene Biographie zum Gegenstand der Dichtung. Symptomatisch ist hierfür der Übergang von Tagebuchaufzeichnungen in erzählerische Fiktion. Geradezu monomanisch dienen die Jugenddramen einer oft märchenhaft überhöhten Selbstdarstellung des Autors, seiner engsten Freunde, seiner pubertären Nöte und Obsessionen. Diese völlig distanzlose Ichbezogenheit ist ein Durchgangsstadium, und zugleich das Fundament für seinen beharrlichen Rekurs auf jugendliche Selbstfindungskonflikte. Wenn es für ihn eine Antwort auf die Frage gibt, die er in seinem Essay »Über den Anlaß«[130] stellt, wann der Mensch der Eigentliche sei, so würde sie lauten: in der Pubertät. Daraus erklärt sich auch die eigentümliche Ambivalenz in Jahnns Behandlung des Identitätsproblems: sie schließt eine Kritik der Charakterbildung ein, die nichts anderes als Verhärtung ist, einer Reife, die in fortgesetztem Verrat besteht. Das meint Horn, wenn er sagt: »Wir sind nicht an einem Tage zum schäbigen Erwachsenen geworden.«[131] Alle Gestalten Jahnns leiden unter einem partiellen Identitätsverlust – jene Identität aber, die ein als unwahrhaftig durchschautes Leben ihnen aufprägen will, empfinden sie als Fluch. So wird für sie das Abirren von der »Hauptstraße der Gefühle«[132] zum einzig gangbaren Weg der Selbsterfahrung. Doch der ephemere Idealzustand der Pubertät läßt sich nicht wieder erreichen. – Nach der Rückkehr aus Norwegen nimmt die Darstellung eigener Erlebnisse eine andere Qualität an. Zwar enthalten auch die großen Romane eine Vielzahl autobiographischer Elemente, doch werden sie nun als funktionalisierbares und formbares Material begriffen, dessen Gestaltung weniger vom Selbstbild des Dichters als von kompositorischen Erfordernissen abhängt. Hervorragende Beispiele solcher Funktionalisierung sind die ›Zoo-Episode‹ und die Beschreibung der Liebe zu dem Bützower Schlachtersohn Alfred, die Jahnn sowohl in den »Perrudja« als auch in die »Niederschrift« aufgenommen hat. Sie wird jeweils als Jugenderinnerung des Protagonisten erzählt; in der »Niederschrift« jedoch ist der Knabe Konrad nur eine von zahlreichen Figuren in dem großartigen Panorama, das die Erinnerungen Horns an einen Besuch in Nebel[133] mit der Familiengeschichte seiner Mutter verbindet. Schlachtszenen wie im »Perrudja« fehlen, da Konrad die Lehre bei seinem Vater erst antreten soll, desgleichen eine Parallele zur Vergewaltigung der Sennerin, die zum Zerwürfnis zwischen Haakon und Perrudja führt; die gemeinsamen Ausfahrten werden nur am Rande geschildert. Nahezu identisch ist dagegen das Motiv der beiden Jungen, die einander bei Kerzenlicht in gegenüberliegenden Fenstern betrachten, und das der Verführung zum Trinken von Stutenmilch. Für Horn endet das Erlebnis folgenlos mit der Enttäuschung über Konrads Antwort auf den Brief, in dem er ihm seine Liebe gestanden hat. Aber er muß bekennen, daß der damalige hohe »Pegelstand der Gefühle«[134] niemals wieder in gleicher Unschuld erreicht wurde. Für Perrudja ist mit der Erinnerung an Haakon das Eingeständnis einer Schuld verbunden, und durch die zeitliche Koinzidenz der ersten Begegnung mit Signe wird sie zum Anlaß, die einstige Gespielin als Braut zu begehren. Weder Konrad noch Haakon sind also bloße Nachzeichnungen ihres realen Vorbildes Alfred. Und es wäre verfehlt, in Perrudja ein Selbstportrait des Dichters als norwegischer Waldbesitzer zu erblicken. Norwegen bleibt für lange Zeit Jahnns zweite Heimat – eine literarische Heimat vor allem. Im »Perrudja« entspricht der Distanz zwischen Autor und Romanfigur eine räumliche Verschiebung des Schauplatzes. Nicht in Aurland, wo Jahnn den größten Teil der norwegischen Jahre verlebt hat, sondern nordöstlich in der Gegend des Atnasees und des Rondanegebirges spielt der Roman. Doch auch diese Landschaft, die er vermutlich auf seinen Reisen nach Oslo kennengelernt hat, wird als elementare Architektur wahrgenommen und geschildert. – Die Konstellation des Dreibundes Perrudja – Signe – Hein spiegelt sicherlich auch das spannungsreiche Verhältnis zwischen Jahnn, Ellinor und Harms in der Entstehungszeit des Romans. Die Beschreibung Signes, ihrer Sprödigkeit gegen Perrudjas Werbung, geht freilich auf ein anderes Erlebnis zurück.[135] Während seines letzten Jahres in Norwegen begegnet Jahnn der Tochter eines Bergener Ingenieurs, Signe Christie, die zu dieser Zeit kaum älter als elf oder zwölf Jahre ist. Erst 1924, als er sich für einige Monate in Norwegen aufhält, trifft er sie wieder. Er verliebt sich in sie, und zurück in Deutschland hält er brieflich um ihre Hand an. Doch Signes Vater mißbilligt die Verbindung und weiß sie erfolgreich zu verhindern. Die unerledigte Liebesgeschichte wird zum Romanstoff. Lange nach der Veröffentlichung des »Perrudja« sieht Jahnn Signe Christie zum letzten Mal. In einem Brief an Ellinor hält er am 28. Februar 1935 ernüchtert das Zusammentreffen fest: »Es hat sich in mir nur das eine geändert: Meine Sehnsucht nach dem wirklichen Norwegen stirbt ab. Abermals eine Landschaft weniger. ... Es ist in Norwegen auch noch etwas anderes zu Ende gegangen. Ich habe Signe Chr. wiedergesehen. Ein paar Worte mit ihr gewechselt. Ich kann nicht behaupten, daß sie das Vorbild der Heldin meines Romans ist. Ich würde es auch abgeschmackt finden, das natürliche Leben zu konterfeien mit den Zügen einer natürlichen Person. Und doch, die Laune eines Kindes, das sie einmal war, ist der Einflüsterer gewesen. Der Kern, um den meine Phantasie einen erfundenen Lebensprozeß ablagerte. Irgendwo, in der Zeit gibt es die genaue Übereinstimmung von Dichtung und Leben. Das Mädchen, das einen jungen Menschen mit einem Dornbusch ins Angesicht schlug, war identisch mit der Romangestalt. So identisch wie ihr Name. Danach entfaltete sich die Trennung, die durch meinen Karakter und durch ihren bedingt war. ... Ich lernte ein sehr entwickeltes zwölfjähriges Mädchen kennen. Entdecke ein paar Jahre später, daß ich sie, von der ich ebensoviele Jahre getrennt war, geliebt haben mußte. Abermals Jahre später gestaltete ich einen erwachsenen Menschen, von dem ich meinte, daß er Ähnlichkeit im Verhalten mit dem haben müßte, den ich eineinhalb Jahrzehnte nicht gesehen hatte. Genau zwei

Jahrzehnte später trete ich einer unverheirateten Frau gegenüber, von der mit gutem Grund behauptet wird, sie ist die und die, trägt den und den Namen, ist der und der Abstammung, kurz, die von mir gesuchte Person. ... Aber die Identität mit dem zwölfjährigen Mädchen besteht nicht mehr. Ich erkenne, die Übereinstimmung mit dem Verhalten der von mir erdichteten Person besteht nicht mehr. ... Ich schlage ein gemeinsames Mittagessen mit der Fremden vor, um zu erkunden, ob es bei ihr Spuren von Erinnerung gibt, die mit meinen vergleichbar sind. Nur noch ein Experiment. ... Am Morgen nach der Verabredung erhielt ich telefonischen Bescheid, ich möchte mir nicht die Mühe machen, sie zu erwarten. Ich weiß nicht, ob das ein folgerichtiger Ausgang ist. Aber daß die Signe meines Romans jetzt ganz ohne Vorbild ist, das weiß ich.«[136] Sie bleibt die schönste und tiefstempfundene Frauengestalt in Jahnns Werk. Treu ihren fleischlichen Eiden, treibt sie die Nebenbuhler gegeneinander, obwohl ihr Herz sich längst für den Schwachen entschieden hat, genießt den Kampf um ihre Person und leidet doch darunter. Sie verkörpert all das, wovon Perrudja nur träumt: Einverständnis mit der Existenz in einem Zwischenreich, mit ihrem Trollwesen, mit ihrer Verfallenheit an die Süchte des Leibes. Ihre Stärke und ihre Unbeständigkeit sind eins: die proteische Kraft einer sich wandelnden, verwandelnden Natur, die sich im Wechsel der Gestalt doch gleich bleibt. Unter ihrem Blick vollziehen sich die Metamorphosen des »Hochzeit«-Kapitels. Gewiß, als schönes wildes wahres Tier ist auch sie männliche Projektion; aber indem der Roman sich auf weite Strecken ihre Perspektive zu eigen macht, durchbricht er die bloße Mythisierung der Weiblichkeit.

Wie kein anderer Autor seiner Generation hat Jahnn das Janusantlitz des Eros portraitiert, seine gesellschaftsstiftende Seite wie auch die auf Absonderung drängende und alle Übereinkunft negierende. Sein ganzes Werk kreist um den Gedanken einer Wiedervereinigung von Eros und Erkenntnis. Er, dem sich die Begriffe von Schicksal und Tragik zunehmend in dem der leiblichen Konstitution auflösten, war nicht naiv genug, an eine ›freie‹ Sexualität zu glauben. Der die Macht der Liebe pries, litt unter ihrer Despotie und wußte, daß die Ewigkeit, welche alle Lust will, im lebendigen Organismus unerreichbar

74 Vgl. hierzu die Anmerkungen zu S. 311 und 589

75 Neben dem Schlußkapitel des »Ulysses« kämen als direkte Anregungen noch in Frage: Stephens Beschäftigung mit der aristotelischen Definition der Seele (vgl. die Anmerkung zu S. 61), die Namenslisten mit den augenfällig gehäuften Titelabkürzungen (z. B. Ulysses S. 357), und für den inneren Monolog im Abschnitt XV eine Stelle im Kalypso-Kapitel, wo Bloom über seine Katze nachdenkt: »Sollen dumm sein. Was wir sagen, verstehen sie besser als wir sie verstehen. Sie versteht alles, was sie verstehen will. Auch rachsüchtig. Möchte doch wissen, wie ich ihr vorkomme.« (Ulysses S. 65) Jahnn scheint diese Neugier aufzugreifen und treibt das Verfahren auf die Spitze, wenn er im gleichen Stil die Gedanken des Pferdes über seinen Reiter wiedergibt. – Leider ist nicht feststellbar, ob die Episode mit dem Mädchen am Mjoesasee (S. 424) schon in der ersten Fassung des »Perrudja« ausgeführt war. Sie gleicht auffällig Blooms voyeuristischer Begegnung mit Gerty Mac Dowell im Nausikaa-Kapitel (Ulysses S. 412f.). Schließlich wäre noch beim »Perrudja 2« an eine Beeinflussung der Passage auf S. 694ff. durch das ›katechetische‹ Ithaka-Kapitel zu denken.

76 WuT VII, S. 25

77 Vgl. hierzu insbesondere Jürgen Hassel, Der Roman als Komposition, Phil. Diss. Köln 1971

78 Im Begriff der Konstitution löst sich für den späten Jahnn der des Schicksals auf. Die drastischste Formulierung für diese Überzeugung gibt er in »Mein Werden und mein Werk«, wo er über den »Fluß ohne Ufer« sagt, der Roman verwirkliche »ein Prinzip der Darstellung, das ich seit langem angestrebt habe, aber wegen mangelnden Wissens nicht früher verwirklichen konnte: alle darin handelnden Menschen nicht als Charaktere erscheinen zu lassen, die als Absichten des Autors immer einen Rest von Unglaubwürdigkeit behalten, sondern als Ergebnisse einer innersekretorischen Beschaffenheit...« (WuT VII, S. 315) Dies ist der überspitzt biologistische Hintergrund seiner Auffassung des Menschen als »Schauplatz von Ereignissen«.

79 Jahnn kannte Ibsens Dramen, wahrscheinlich auch den »Peer Gynt«, der zum Teil in der gleichen Region Norwegens spielt wie der »Perrudja«. Gewiß lassen sich Peer und Perrudja in einigen Punkten vergleichen. Knud Brynhildsvolls Versuch, auf 600 Seiten die These zu erhärten, daß der »Peer Gynt« eine kontinuierliche »substrukturelle Bezugsebene« für Jahnns Roman liefert, ist jedoch bis zur unfreiwilligen Parodie mißlungen. Brynhildsvoll hat weder einen Begriff von Struktur noch von Substruktur; die angekündigte »psychoanalytische Betrachtungsweise« beschränkt sich auf sehr sporadische Freud-, meist aber Stekel-Zitate (Groddecks ausführliche »Peer-Gynt«-Interpretation kennt er nicht). Statt dessen schließt das Traktat mit breit ausgewalzten Heidegger-Paraphrasen. Stellen wie die folgenden sind keine Entgleisungen, sondern symptomatisch für die ›Methode‹ dieses Autors: »Wie Grigg in dem Roman Jahnns ein Leben ›verwaltet‹, das er selbst nicht geschaffen hat, aber an dem er von der ersten Stunde an Anteil nimmt, so hat die Musik Griegs das Werk Ibsens ebenfalls von Anfang an mitverwaltet und zur Deutung der Peer-Gynt-Gestalt mitgewirkt.« (S. 63) »Hier wie dort stellt die Wüste einen dem Berg inhärenten Zustand dar, der sich mit dem Ablauf der Zeit immer mehr ausbreitet, so daß er am Ende alles Leben tötet. So wird die innere Verödung der Hauptperson als die logische Konsequenz ihres triebhaften Lebenswandels gezeigt und zugleich auch topographisch mitgestaltet.« Soviel zur Allusion durch Namen und zur Psychotopographie des ›Wüst-lings‹! Vgl. K. Brynhildsvoll, Henrik Ibsens Peer Gynt

ist. Dennoch bleibt sie in allen ihren Äußerungsformen, als sinnliches Be- und Ergreifen der Welt, das Urbild jeder Harmonie, der »einzige Sinn und das einzige Verhältnis«[137], Ziel des individuellen Glücksstrebens wie des Gemeinschaftskultes. »Sie ist das Einfallstor des Schicksals, das sich niemand mit seiner Vernunft erwählt. Aber sie drückt doch alles in allem auch das positive Verhalten zur Umwelt aus, das Aufgeschlossensein, das Sichhinneigen zur Schöpfung, das Hinhorchen auf alle Erscheinung. Sie ist die Bereitschaft zu einer Zärtlichkeit, zur Milderung des so unfreundlichen Selbsterhaltungstriebes. Sie ist der Eingang in alle Abgründe der Berührung, der unzweckmäßigen Fürsorge, des widersinnigen unklugen Verhaltens, das das Dasein reich macht.«[138] Die ästhetische Konsequenz dieser Überzeugung wird in der »Niederschrift« formuliert: »Kunst wächst auf dem Felde des Eros; darum einzig haftet ihr die Schönheit an.«[139]

Der »Perrudja« läßt sich einordnen in die Tendenzen seiner Entstehungszeit, in die Biographie seines Autors, in die Geschichte der modernen Literatur. All das mag hilfreich sein für die kritische Würdigung eines der größten Prosawerke dieses Jahrhunderts. Aber eine derartige Betrachtung schafft eine Distanz, die den Absichten des Dichters zuwiderläuft, sie unterschlägt das, was sich aller Objektivierung entzieht: die Erfahrung einer Lektüre, die Fragen aufwirft, denen man sich nur um den Preis jenes Vergessens entziehen kann, gegen das Jahnn so eindringlich protestiert. Hans Erich Nossack hat diese Erfahrung in die Worte gefaßt: »Einem elementaren Ereignis gegenüber ist es nicht möglich, sicheren Abstand zu wahren, um von dort aus gleichsam unbeteiligt zu beobachten und zu berichten. Plinius hat es beim Ausbruch des Vesuv im Jahre 79 versucht und ist dabei ums Leben gekommen, ein Zeichen dafür, daß er keineswegs den Standpunkt des unbeteiligten Forschers einnahm. Ein solches Ereignis, ganz gleich welcher Art, zieht uns in Mitleidenschaft. ... In der Situation des Plinius sieht sich jeder, der mit Hans Henny Jahnn in Berührung kommt.«[140]

Gerd Rupprecht

ist. Dennoch bleibt sie in allen ihren Äußerungsformen, als sinnliches Be- und Ergreifen der Welt, das Urbild jeder Harmonie, der »einzige Sinn und das einzige Verhältnis«[137], Ziel des individuellen Glücksstrebens wie des Gemeinschaftskultes. »Sie ist das Einfallstor des Schicksals, das sich niemand mit seiner Vernunft erwählt. Aber sie drückt doch alles in allem auch das positive Verhalten zur Umwelt aus, das Aufgeschlossensein, das Sichhinneigen zur Schöpfung, das Hinhorchen auf alle Erscheinung. Sie ist die Bereitschaft zu einer Zärtlichkeit, zur Milderung des so unfreundlichen Selbsterhaltungstriebes. Sie ist der Eingang in alle Abgründe der Berührung, der unzweckmäßigen Fürsorge, des widersinnigen unklugen Verhaltens, das das Dasein reich macht.«[138] Die ästhetische Konsequenz dieser Überzeugung wird in der »Niederschrift« formuliert: »Kunst wächst auf dem Felde des Eros; darum einzig haftet ihr die Schönheit an.«[139]

Der »Perrudja« läßt sich einordnen in die Tendenzen seiner Entstehungszeit, in die Biographie seines Autors, in die Geschichte der modernen Literatur. All das mag hilfreich sein für die kritische Würdigung eines der größten Prosawerke dieses Jahrhunderts. Aber eine derartige Betrachtung schafft eine Distanz, die den Absichten des Dichters zuwiderläuft, sie unterschlägt das, was sich aller Objektivierung entzieht: die Erfahrung einer Lektüre, die Fragen aufwirft, denen man sich nur um den Preis jenes Vergessens entziehen kann, gegen das Jahnn so eindringlich protestiert. Hans Erich Nossack hat diese Erfahrung in die Worte gefaßt: »Einem elementaren Ereignis gegenüber ist es nicht möglich, sicheren Abstand zu wahren, um von dort aus gleichsam unbeteiligt zu beobachten und zu berichten. Plinius hat es beim Ausbruch des Vesuv im Jahre 79 versucht und ist dabei ums Leben gekommen, ein Zeichen dafür, daß er keineswegs den Standpunkt des unbeteiligten Forschers einnahm. Ein solches Ereignis, ganz gleich welcher Art, zieht uns in Mitleidenschaft. ... In der Situation des Plinius sieht sich jeder, der mit Hans Henny Jahnn in Berührung kommt.«[140]

Gerd Rupprecht

ANMERKUNGEN

1 Die wichtigsten Besprechungen – neben der in dieser Ausgabe wiederabgedruckten Klaus Manns – sind die von L. Benninghoff in ›Der Kreis‹, 6. Jg., Heft 4, April 1929 (noch vor der Drucklegung); F. Goldstein in der ›Buch- und Kunstrevue (Gratisbeilage der ›Wirtschaftskorrespondenz für Polen‹)‹ vom 1.3.1930 unter dem Titel ›Pandaimonium‹; W. v. Trott in ›Die Literarische Welt‹, 6. Jg., Nr. 3; H. Liepmann in ›Die Weltbühne‹, 26. Jg. (1930), S. 879ff.; P. Fechter in ›Die Neue Literatur‹, 32. Jg., 1931, H. 1 unter dem Titel ›Peinlichkeiten‹; L. Weltmann in ›Die Literatur‹, 32. Jg., 1930, S. 447f.; und von W. Koeppen im ›Berliner Börsen-Courier‹ vom 15.7.1932, wiederabgedruckt in der 3. Aufl. des ›Text + Kritik‹-Heftes (Nr. 2/3) über Jahnn, München 1980, S. 17ff. Keine Rezension, doch eine eingehende Würdigung des Romans (wie bei Benninghoffs Aufsatz noch vor dem Erscheinen) enthält Paul Th. Hoffmanns Abschnitt über Jahnn im zweiten Band seines Werkes ›Neues Altona‹, Jena 1929, S. 385ff.

2 Fechter und v. Trott, der den Roman bei weitem zurückhaltender bespricht als jener, dabei aber mit großem Behagen eine wunderlich verquaste Feuilleton-Philosophie absondert.

3 ›Der Kreis‹, 6. Jg., H. 12, Hamburg, Dezember 1929. Vgl. WuT VII, S. 253 (*im folgenden werden die gleichen Abkürzungen benutzt wie in den Varianten und Anmerkungen*).

4 ›Das Tagebuch‹, hg. v. L. Schwarzschild, 10. Jg., H. 49, Berlin, 7.12.1929

5 Vgl. hierzu Jochen Meyer, Jahnn-Kritiker, in: ›Text + Kritik‹, H. 2/3, Göttingen o.J. (1. Aufl., 1964), S. 38ff.

6 1020 Exemplare; zum Vergleich: »Berlin Alexanderplatz« hatte eine Startauflage von 10000 Exemplaren, das 11.–20. Tausend folgte schon eine Woche später.

7 Die Flüchtigkeit der Niederschrift und die große Zahl von während des Schreibens vorgenommenen Streichungen bzw. Korrekturen deuten darauf hin.

8 Vgl. hierzu insbesondere die »Norwegischen Tagebücher« (WuT VII, S. 563ff.) und Muschg G.

9 Vgl. Jochen Meyer, »Die flüssigsten Jahre«, in: ›Text + Kritik‹, H. 2/3, München [3]1980, S. 1ff.

10 Werner Helwig, Die Parabel vom gestörten Kristall, Mainz 1977, S. 95.

11 WuT VII, S. 301

12 Alle unveröffentlichten Briefe von und an Jahnn, wie auch die Handschriften des Romans, werden mit freundlicher Genehmigung der Hamburger Staats- und Universitätsbibliothek nach den im dortigen Jahnn-Nachlaß befindlichen Originalen zitiert, die zweite Kladde der Handschrift nach dem Original in der Öffentlichen Bibliothek der Stadt Basel (Nachlaß Walter Muschg).

13 Ein Wechsel von Schriftbild und Tinte auf der fünften Manuskriptseite läßt die Annahme zu, daß Ende 1922 lediglich diese ersten Seiten entstanden sind (vgl. Mitchell, S. 59). Möglicherweise vermischt Jahnn in seiner im folgenden zitierten Erinnerung aus den »Gesprächen« die beiden Ansätze zur Niederschrift des Romans. Die Aussage »Ich fing an, ein Anfangskapitel zu schreiben« bezöge sich dann auf das Jahr 1922, nicht 1926.

14 Eine vollständige Durchsicht von Jahnns Korrespondenz wird gewiß wertvolle Hinweise zur Entstehungsgeschichte des »Perrudja« zutage fördern.

15 Brief vom 22.11.1926

16 Muschg G, S. 26

17 Vgl. Smith, S. 42

18 Muschg G, S. 161

19 ibid. S. 166

20 Dem Brief liegt ein handschriftlicher Fragebogen Jahnns über Kosten und zweckmäßige Planung der Reise bei.

21 S. 50

22 Von den Büchern über Afrika, die er von Werner Benndorf, dem Lektor des Payne-Verlags erhält, macht er für die Schilderung der Lokalitäten wenig Gebrauch (vgl. R. Brown, H.H. Jahnns »Fluß ohne Ufer«, Bern 1969, S. 39f.).

23 Jahnn geht auf das Angebot Enochs mit einer Zurückhaltung ein, die ein wenig sonderbar anmutet, wenn man an seine Schwierigkeiten denkt, überhaupt einen Verleger zu finden. Er holt Auskünfte über den Verlag ein, und zwar nicht bei den von Enoch als Referenzen benannten Firmen, sondern unter anderem bei einer Handelsauskunftei.

24 In Frage käme vielleicht das Fragment »Gespräche der Dritten...«.

25 Postkarte des Verlags an Jahnn vom 24.9.1928

26 Diese Korrekturliste, die auch in den »Gesprächen« erwähnt wird, fehlt in dem Ordner, der die Korrespondenz mit Enoch enthält. Eine solche Aufstellung findet sich jedoch in einer Sammlung von Rezensionen zum »Perrudja« im Nachlaß – ohne Briefkopf, Datierung oder sonstige Hinweise für die Einordnung des Schriftstücks. Da aber von anderen Verlagen im Zusammenhang mit dem »Perrudja« keine Korrekturwünsche geäußert worden sind, muß zwingend angenommen werden, daß es sich um die fragliche Liste handelt, zumal sie sich auf *zwei* Bände bezieht.

27 Brief von Jahnn an Enoch, 18.1.1929

28 Brief von Enoch an Jahnn, 8.2.1929

29 Vgl. hierzu die Meldung im ›Hamburger Fremdenblatt‹ vom 23.3.1929 (»Gründung der Lichtwarkstiftung«)

30 Die Vorschüsse, die Jahnn bereits erhalten hat, werden von Eggers bar zurückgezahlt.

31 Vgl. den Brief von Enoch an Jahnn, 13.1.1930

32 Brief von Fischer an Jahnn, 2.7.1927

33 »Dazu möchte ich bemerken, daß es nur oberflächlich und nicht auf Ausdruck korrigiert ist. Die ersten einige hundert Seiten, die Sie seinerzeit in veränderter Form schon kennengelernt haben, sind bei dem Exemplar nicht enthalten, da ich sie nicht besitze.« – Mit Smith ist zu vermuten, daß Jahnn den fehlenden Teil zurückhält, weil er noch nicht vollendet ist und sowohl »Sassanidischer König« wie auch »Ein Knabe weint« noch eingefügt werden müssen. Loerke kannte bis zu diesem Zeitpunkt lediglich die Vorabdrucke »Der Sturm« und »Perrudjas Werbung«. (Vgl. Smith, S. 29ff.).

34 Brief von Jahnn an Loerke, 24.2.1929

35 Brief von Fischer an Jahnn, 5.4.1929

36 In diesem Zusammenhang ist von Interesse, daß Jahnn vom Kiepenheuer-Verlag am 4.4.1929 ein Rezensionsexemplar von Hans Kaysers »Orpheus« erhält, was eine direkte Beeinflussung des »Perrudja« durch Gedanken des großen harmonikalen Theoretikers zumindest unwahrscheinlich macht. Von einem ›spezifisch Kayserschen Sinn‹ des Wortes »unharmonikal« kann bei der von Wagner angeführten Stelle des Romans (S. 164) nicht die Rede sein (vgl. R. Wagner, Versuch über den geistesgeschichtlichen und weltanschaulichen Hintergrund der Werke Hans Henny Jahnns, in: ›Text + Kritik‹, H. 2/3, München [3]1980, S. 115). Unbestreitbar ist dagegen die Übernahme von Vorstellungen Kaysers in die Fragmente des »Perrudja 2«.

37 Um die Ausstattung der beiden Bände hat sich Jahnn persönlich gekümmert, wie aus seinem Briefwechsel mit der Buchbinderin Liesel Ewers-Nocht hervorgeht. Auch unter buchkünstlerischen Gesichtspunkten ist die Ausgabe bemerkenswert.

38 S. 819

39 Vgl. Burmeisters Nachwort in B, S. 157f.

40 vgl. S. 453

41 »Aufgabe des Dichters in dieser Zeit«, vgl. WuT VII, S. 30

42 Z.B. in seinem Essay »Der Dichter und die religiöse Lage der Gegenwart«, dessen Thema derlei nicht gerade vermuten läßt.

43 Solche Bedenken sprechen auch aus einem Brief Weismanns an Jahnn vom 17.1.1950, wenn er schreibt: »Zum Dritten glaube ich, dass ein späteres Erscheinen des ›Perrudja‹, d.h. nachdem der ›Fluß ohne Ufer‹ vorliegt, gerade für dieses Buch günstiger ist. Wir haben es doch erlebt, auf wieviel Unverständnis schon ›Das Holzschiff‹ gestossen ist. ›Perrudja‹ nun gar, aus der Situation nach dem vorigen Krieg entstanden, wird heute solchen Menschen geradezu Entsetzen einflössen.«

44 Jahnn nennt im Vorwort zur EVA-Ausgabe irrtümlich »Commission remplie« als Titel. Longauds Übersetzung ist insgesamt ungenau, häufig falsch, und läßt kaum etwas vom Stil des Originals übrig.

45 Muschg G, S. 161

46 ibid. S. 94

47 Ein schwarzes Oktavheft enthält auf den ersten Seiten einige französische Muschel- und Austernamen, zahlreiche frz. Personennamen, ein Fragment mit dem Titel »Die Gespräche von Toulouse und die Entsprechung zu ›Ein Knabe weint‹«, einen Dialog zwischen einem Geistlichen und einem »Monsieur«, ferner Notizen Jahnns über verschiedene Kirchen, die er auf dieser Reise besichtigt hat. Dem Heft liegt die Karte eines Hotels in Arles und eine Hotelrechnung aus Marseille bei.

48 Weismann ließ im August 1948 nur wenige Bürstenabzüge herstellen, um damit englische und amerikanische Verleger für eine Übersetzung zu gewinnen. Ein regulärer Druck kam wegen der Schwierigkeiten bei der Papierbeschaffung niemals zustande. Weismann ließ zwar Matern herstellen, die jedoch beschlagnahmt wurden, nachdem die mit der Herstellung beauftragte österreichische Druckerei bankrott war. Am 5.8.1952 schreibt Weismann an Jahnn: »Gewiß, ›Perrudja‹ ist noch nicht erschienen«, und schlägt eine Kooperation mit Kiepenheuer vor (vgl. hierzu Marbacher Magazin Nr. 33: Broch, Canetti, Jahnn. Willi Weismann und sein Verlag 1946–1954, bearbeitet von Jochen Meyer, Marbach 1985, S. 52f. und 78).

49 In dieser Liste fehlen die Auszüge aus der »Niederschrift«: »Mov«, »Ein Herr

wählt seinen Diener« und »Gestohlene Pferde«. Wolfradt erkundigt sich in seinem Brief nach zusätzlichen Texten. Nicht aufgenommen wurden in die publizierte Sammlung – dem zitierten Brief entsprechend – »Hengst und Stute«, »Melania«, »Junge Seelen« (die Geschichte der fünf Knaben aus dem »Perrudja«) und »Der gehorsame Kuckuck«. Am 23.6.1953 übersendet Jahnn dem Verlag »zwei weitere Novellen« und am 1.7. »die letzte Novelle für den Ro-Ro-Ro-Band«. Man darf annehmen, daß es sich bei den »Novellen« um die erwähnten Partien aus der »Niederschrift« handelt. Am 5.5.1955 schickt Wolfradt die Manuskripte von fünf Erzählungen an Jahnn zurück, worunter sich neben den erwähnten »Der Streit« und »Das Zeichen der Entzweiung« befinden.

50 J. Meyer, Kommentierte Auswahl-Bibliographie zu Hans Henny Jahnn, in: ›Text + Kritik‹, H. 2/3, München [3]1980, S. 142

51 Bemerkenswert ist die aufwendige Werbung, die der Verlag für das Werk betrieb: als »Leseprobe« brachte er (im Gewand der »Perrudja«-Ausgabe) einen Band heraus, der rund hundert Seiten aus dem Roman, dazu einen Essay von Johanna Zimmermann und eine Sammlung bereits anderweitig publizierter Äußerungen über Jahnn enthält.

52 Zit. nach WuT VII, S. 756

53 S. 275

54 S. 438

55 Von Weltmann und Fechter, der sich für den Vergleich bei Brentano entschuldigen zu müssen glaubt.

56 S. 8

57 Wolfgang Koeppen, Der mehr schwache als starke Mensch, in: ›Text + Kritik‹, H. 2/3, München [3]1980, S. 19

58 S. 859

59 Brief vom 16. April 1959, zitiert nach: R. Brown, Hans Henny Jahnns ›Fluß ohne Ufer‹, Bern 1969, S. 45

60 Vgl. WuT VII, S. 254

61 Hs 61a. Der Titel lautete ursprünglich »Perrudjan«; das »n« wurde von Jahnn gestrichen – gewiß auch, um einer Identifizierung von Autor und Romangestalt nicht schon im Titel Vorschub zu leisten.

62 Einzelne Kapitelüberschriften wurden – allerdings mit Verschiebungen – in die Druckfassung übernommen.

63 S. 58ff.

64 vgl. S. 169

65 Hs 61a

66 vgl. die Varianten zu S. 253ff.

67 Hs 61b

68 Vgl. WuT II, S. 173: »Die Errettung ihres nackten Lebens. Nackt, vom Weibe geboren. Gierig nach nacktem Fleisch. Die Auslieferung an das Gericht.«

69 Hs 61h

70 Vgl. z.B. WuT VII, S. 27 und S. 58

71 Jahnn hatte eine deutliche Abneigung gegen »daß«-Sätze und strich sie im »Perrudja«-Manuskript schon während des Schreibens.

72 Werner Helwig/H. H. Jahnn, Briefe um ein Werk, Ffm. 1959, S. 33. Ausführlich wird Jahnns Stil behandelt bei Wagner, Smith, S. 190ff., sowie in Karlheinz Deschners Streitschrift »Kitsch, Konvention und Kunst«, München 1957 (u.ö.).

73 Es gehört gleichwohl zum besten, was er geschrieben hat. Daß allerdings gerade dieser Text Aufnahme in zwei der gängigsten Taschenbuchanthologien gefunden hat, verdankt sich wohl eher seinen für Jahnn nicht repräsentativen Qualitäten.

74 Vgl. hierzu die Anmerkungen zu S. 311 und 589

75 Neben dem Schlußkapitel des »Ulysses« kämen als direkte Anregungen noch in Frage: Stephens Beschäftigung mit der aristotelischen Definition der Seele (vgl. die Anmerkung zu S. 61), die Namenslisten mit den augenfällig gehäuften Titelabkürzungen (z. B. Ulysses S. 357), und für den inneren Monolog im Abschnitt XV eine Stelle im Kalypso-Kapitel, wo Bloom über seine Katze nachdenkt: »Sollen dumm sein. Was wir sagen, verstehen sie besser als wir sie verstehen. Sie versteht alles, was sie verstehen will. Auch rachsüchtig. Möchte doch wissen, wie ich ihr vorkomme.« (Ulysses S. 65) Jahnn scheint diese Neugier aufzugreifen und treibt das Verfahren auf die Spitze, wenn er im gleichen Stil die Gedanken des Pferdes über seinen Reiter wiedergibt. – Leider ist nicht feststellbar, ob die Episode mit dem Mädchen am Mjoesasee (S. 424) schon in der ersten Fassung des »Perrudja« ausgeführt war. Sie gleicht auffällig Blooms voyeuristischer Begegnung mit Gerty Mac Dowell im Nausikaa-Kapitel (Ulysses S. 412f.). Schließlich wäre noch beim »Perrudja 2« an eine Beeinflussung der Passage auf S. 694ff. durch das ›katechetische‹ Ithaka-Kapitel zu denken.

76 WuT VII, S. 25

77 Vgl. hierzu insbesondere Jürgen Hassel, Der Roman als Komposition, Phil. Diss. Köln 1971

78 Im Begriff der Konstitution löst sich für den späten Jahnn der des Schicksals auf. Die drastischste Formulierung für diese Überzeugung gibt er in »Mein Werden und mein Werk«, wo er über den »Fluß ohne Ufer« sagt, der Roman verwirkliche »ein Prinzip der Darstellung, das ich seit langem angestrebt habe, aber wegen mangelnden Wissens nicht früher verwirklichen konnte: alle darin handelnden Menschen nicht als Charaktere erscheinen zu lassen, die als Absichten des Autors immer einen Rest von Unglaubwürdigkeit behalten, sondern als Ergebnisse einer innersekretorischen Beschaffenheit...« (WuT VII, S. 315) Dies ist der überspitzt biologistische Hintergrund seiner Auffassung des Menschen als »Schauplatz von Ereignissen«.

79 Jahnn kannte Ibsens Dramen, wahrscheinlich auch den »Peer Gynt«, der zum Teil in der gleichen Region Norwegens spielt wie der »Perrudja«. Gewiß lassen sich Peer und Perrudja in einigen Punkten vergleichen. Knud Brynhildsvolls Versuch, auf 600 Seiten die These zu erhärten, daß der »Peer Gynt« eine kontinuierliche »substrukturelle Bezugsebene« für Jahnns Roman liefert, ist jedoch bis zur unfreiwilligen Parodie mißlungen. Brynhildsvoll hat weder einen Begriff von Struktur noch von Substruktur; die angekündigte »psychoanalytische Betrachtungsweise« beschränkt sich auf sehr sporadische Freud-, meist aber Stekel-Zitate (Groddecks ausführliche »Peer-Gynt«-Interpretation kennt er nicht). Statt dessen schließt das Traktat mit breit ausgewalzten Heidegger-Paraphrasen. Stellen wie die folgenden sind keine Entgleisungen, sondern symptomatisch für die ›Methode‹ dieses Autors: »Wie Grigg in dem Roman Jahnns ein Leben ›verwaltet‹, das er selbst nicht geschaffen hat, aber an dem er von der ersten Stunde an Anteil nimmt, so hat die Musik Griegs das Werk Ibsens ebenfalls von Anfang an mitverwaltet und zur Deutung der Peer-Gynt-Gestalt mitgewirkt.« (S. 63) »Hier wie dort stellt die Wüste einen dem Berg inhärenten Zustand dar, der sich mit dem Ablauf der Zeit immer mehr ausbreitet, so daß er am Ende alles Leben tötet. So wird die innere Verödung der Hauptperson als die logische Konsequenz ihres triebhaften Lebenswandels gezeigt und zugleich auch topographisch mitgestaltet.« Soviel zur Allusion durch Namen und zur Psychotopographie des ›Wüst-lings‹! Vgl. K. Brynhildsvoll, Henrik Ibsens Peer Gynt

als substrukturelle Bezugsebene in Hans Henny Jahnns Roman Perrudja, Phil. Diss. Bonn 1979.

80 WuT VII, S. 254

81 Alfred Döblin, Berlin Alexanderplatz, Olten/Freiburg i. Br. 1961 (u. ö.), S. 506 (= Ausgewählte Werke in Einzelbänden, Bd. 3)

82 Hs 61d; unter der Überschrift »Perrudja (Geschichte Khosros II.)«. Die letzten beiden Blätter, die Jahnn für die Niederschrift benutzt hat, sind Briefbogen mit der aufgedruckten Anschrift »Rothenbaumchaussee 187«. Da Jahnn diese Wohnung 1927 bezog, ist zumindest ein Hinweis für die Entstehungszeit des Textes gegeben.

83 Hs 61e; unter dem Titel »Die andern Tiere«. Auch dafür verwendete Jahnn einen der erwähnten Briefbogen. Eine auf die Khosro-Geschichte bezügliche Notiz auf der Rückseite des zweiten Blattes läßt vermuten, daß – entgegen der Reihenfolge in der Druckfassung – dieses Kapitel vor »Sassanidischer König« geschrieben wurde.

84 Hs 61g

85 Hs 61f; der Briefkopf der hierfür benutzten Bogen, »Kartell Hamburger Künstler-Verbände« etc., bezeugt, daß diese Fragmente zu den spätesten Ergänzungen zählen: das Kartell, dem Jahnn vorstand, wurde am 22. Februar 1929 gegründet.

86 Hs 61i–m

87 Auf der Rückseite eines Briefes der Eltern mit Glückwünschen zu Jahnns Geburtstag, der das Datum des 17. 12. 1927 trägt.

88 S. 221

89 S. 61

90 Vgl. Smith

91 Wie z. B. der Sklave Manipulationen an seiner Wunde anstellt, versucht Perrudja, sein verletztes Knie zu formen, um kein Krüppel zu werden.

92 S. 283

93 ›Text + Kritik‹, Nr. 2/3, München [3]1980, S. 26ff.

94 S. 157

95 Vgl. WuT III, S. 63ff., H. Wolffheim, Hans Henny Jahnn. Der Tragiker der Schöpfung, Ffm. 1966; R. Brown, a. a. O., S. 14

96 S. 816

97 Eine Interpretation dieses Kapitels findet sich in Rüdiger Wagners Abhandlung »Der Orgelreformer Hanns Henny Jahnn«, Stuttgart 1970, S. 63ff.

98 Es ist daher ein erzähltechnischer Mißgriff und eine aufdringliche Einmischung des allwissenden Erzählers, wie sie sonst nirgends im Roman vorkommt, wenn es auf S. 492 heißt: »Perrudja furzte sehr laut als wäre er Harald Tidemann...«

99 Diese Notiz lautet: »Das Ende Heins: Er schwimmt von der toten Insel hinaus ins Meer zu den Kriegsschiffen. Eilif Borg klammert sich an ihn, will mit. Er tötet ihn mit Fußtritten. Schwimmt. Wird nackt gefangen genommen. (Siebenstern erkannt.) Stirbt, ⟨gefilmt⟩, qualvoll ohne Narkose viviseziert (Dr. Meyer) (50 Mischlinge geboren) denkt er. Zerstückt ins Meer geworfen.«

100 L. Benninghoff, a.a.O.

101 Vgl. Smith, S. 148ff.

102 Vgl. J. Hassel, Der Roman als Komposition, a.a.O., S. 95f.

103 Während er die aus der gleichen Zeit stammenden unpublizierten Dramen später als »Schwulst« und »unmögliche Gebilde« (Muschg G, S. 70) abtut, bekennt er sich nachdrücklich zu diesem Text, mehr noch: 17 Jahre nach dem Entstehen des ersten Teils will er ihn vollenden. In den »Gesprächen« sagt er 1933 darüber: »Es ist das Werk der umfassenden Fülle, der strömenden Eingebungen, die ich gar

nicht bewältigen konnte. Wenn ich einmal den ›Perrudja‹ fertig habe, werde ich dieses Werk zu Ende führen; das ist meine felsenfeste Absicht.« (Muschg G, S. 113) Sie blieb ebenso unverwirklicht wie der Abschluß des »Perrudja«.

104 Daß Jahnn nach dem Scheitern der »Glaubensgemeinde Ugrino« einen neuen Titel wählte, ist nicht verwunderlich.

105 Zwei Sätze auf S. 114 lassen sich als Rückverweis auf den Anfang des »Perrudja« verstehen und würden damit dessen Stellung im zeitlichen Ablauf festlegen: »Von des Reiters Stirn waren die Träume des vergangenen Abends verscheucht; die Welt seiner Wünsche beherrschte er. Seine Flotten lagen versenkt auf dem Grunde unendlicher Meere; seine Heiligtümer verzaubert auf unnahbaren Inseln.«

106 Diese ›Gegenwart‹ des Ich-Erzählers, ein stürmischer Abend in einer Fjordlandschaft, entspricht weitgehend einer Tagebucheintragung Jahnns vom 11. März 1916 (vgl. WuT VII, S. 646f.). Auch die anschließende Beschreibung der ersten Überfahrt trägt autobiographische Züge. Ihr liegt das Erlebnis eines Schiffbruchs bei der Reise nach Amrum im März 1913 zugrunde.

107 Vgl. u.a. W. Helwig/H.H. Jahnn, Briefe um ein Werk, a.a.O., S. 18

108 Vgl. hierzu insbesondere Hans Wolffheim, Hans Henny Jahnn. Der Tragiker der Schöpfung, Ffm. 1966

109 WuT VI, S. 93

110 S. 739

111 Tagebucheintragung vom 20.4.1913, zitiert nach: J. Meyer, Die flüssigsten Jahre, a.a.O., S. 6

112 Vgl. W.P. Lagerwey, Hans Henny Jahnns »Ugrino und Ingrabanien«: Utopia and Its Failure, Phil. Diss. Northwestern University, 1974, S. 48

113 WuT VII, S. 566

114 Verfassung der Glaubensgemeinde Ugrino, WuT VII, S. 131f.

115 In seinem Essay »Vereinsamung der Dichtung« heißt es: »Es ist erkennbar geworden, daß die ausdrucksvollsten Ur-Aussagen in geschichtlich frühen Zeiten anzutreffen sind. Das Anheben fast jeder menschlichen Kultur ist voll dichterischer Weisheit, Kühnheit und Unerbittlichkeit. Und alle Stilarten begegnen uns. Wahrnehmungen werden in die knappste Wortform gekleidet, so daß das Wort gleichsam erst entsteht, frisch aus der Form genommen wird.« (WuT VII, S. 55)

116 Muschg G, S. 136

117 S. 493f.

118 S. 503

119 Gottfried Benn, Gesammelte Werke in zwei Bänden, hg. v. D. Wellershoff, Wiesbaden 1968, Bd. 1, S. 782

120 S. 503

121 G. Benn, a.a.O., S. 783

122 Muschg G, S. 32f.

123 Vgl. S. 503

124 S. 648

125 S. 232f.

126 Vgl. hierzu beispielsweise »Der Dichter und die religiöse Lage der Gegenwart«, WuT VII, S. 17

127 Kennzeichnend für seine ganze Haltung während des norwegischen Exils ist der Satz: »Ahnen sie nicht, daß ihre soziale Not ein Nichts ist gegen den Zusammenbruch vor beschnittenen Trieben?« (Tagebuch, 14.9.1915, WuT VII, S. 571)

128 Alchimie des gegenwärtigen Dramas, in: ›Die literarische Welt‹, Berlin 1927, 3. Jg., Nr. 26, S. 7

129 S. 528
130 Vgl. WuT VII, S. 76
131 WuT III, S. 17
132 »Vereinsamung der Dichtung«, WuT VII, S. 61
133 Das reale Vorbild dieser Ortschaft ist Güstrow, woher Jahnns Mutter stammte. Güstrow liegt an der *Nebel,* einem Nebenfluß der Warnow.
134 Vgl. WuT III, S. 33 und 91
135 Ausführlich wird sein Verhältnis zu Signe Christie behandelt in Thomas Freemans demnächst erscheinender Jahnn-Biographie, die eine Fülle bisher unbekannten Materials verarbeitet. Vgl. auch J. Serke, Die verbrannten Dichter, Weinheim/Basel 1977, S. 176ff.
136 WuT VII, S. 700
137 Norwegisches Tagebuch, 19.12.1915, WuT VII, S. 634
138 Mein Werden und mein Werk, WuT VII, S. 314
139 WuT III, S. 503
140 H.E. Nossack, Die Fuge Wozu?, in: Hans Henny Jahnn (Festschrift zum 60. Geburtstag, hg. v. R. Italiaander), Hamburg o.J. (1954), S. 32f.

INHALT

In Kursivschrift die Titel aus den »13 nicht geheuren Geschichten«, auch wenn sie im Roman nicht erscheinen.